U0949543

北京社会科学年鉴

Beijing Social Sciences Yearbook

2023

北京市社会科学界联合会
北京市哲学社会科学规划办公室　编

北京出版集团
北京出版社

图书在版编目（CIP）数据

北京社会科学年鉴．2023 / 北京市社会科学界联合会，北京市哲学社会科学规划办公室编．— 北京：北京出版社，2024.6. — ISBN 978-7-200-18697-0

Ⅰ．C121-54

中国国家版本馆 CIP 数据核字第 2024QL6022 号

策划编辑　杜冬梅
责任编辑　杜冬梅
版式设计　名人时代
责任印制　陈冬梅

北京社会科学年鉴　2023
BEIJING SHEHUI KEXUE NIANJIAN　**2023**
北京市社会科学界联合会
北京市哲学社会科学规划办公室　编
*
北京出版集团
北京出版社　出版
（北京北三环中路 6 号）
邮政编码：100120
网　址：www.bph.com.cn
北京出版集团总发行
新华书店经销
北京建宏印刷有限公司印刷
*
787 毫米 × 1092 毫米　16 开本　46 印张　彩插 8 页　1473 千字
2024 年 6 月第 1 版　2024 年 6 月第 1 次印刷
ISBN 978-7-200-18697-0
定价：280.00 元
如有印装质量问题，由本社负责调换
质量监督电话：010-58572393

《北京社会科学年鉴2023》编纂委员会名单

编辑说明

一、《北京社会科学年鉴》是一部全面系统记述首都北京哲学社会科学事业发展状况和学术动态的年度资料性文献学术工具书，由北京市社会科学界联合会、北京市哲学社会科学规划办公室（简称北京市社科联、北京市社科规划办）主持编纂。

二、本年鉴高举中国特色社会主义伟大旗帜，以马克思列宁主义、毛泽东思想、邓小平理论、“三个代表”重要思想、科学发展观、习近平新时代中国特色社会主义思想为指导，坚持为人民服务、为社会主义服务的方向，坚持百花齐放、百家争鸣的方针，坚持立足中国、借鉴国外，挖掘历史、把握当代，关怀人类、面向未来，解放思想、实事求是，与时俱进、开拓创新，客观翔实和较全面地记述北京地区哲学社会科学领域的基本情况，力求年鉴编纂的科学性、客观性、全面性。

三、本年鉴从 2000 年创刊起，每年出版一卷。当年编纂出版记述上一年度北京哲学社会科学事业各方面的发展状况，收录的资料来自在京的党政机关，社会科学教学、研究和科研管理机构，市社科联所属社科类社会组织等。

四、本年鉴宗旨：体现市社科联、市社科规划办秉持的“学者为本、学术为根、学会为基、繁荣学术、服务首都”宗旨。努力为党和政府科学决策提供哲学社会科学方面的参考，为哲学社会科学工作者从事学术研究及教学提供资料和借鉴，为国内外了解首都北京哲学社会科学领域的现状和前沿热点提供有价值的信息，努力促进首都北京哲学社会科学的繁荣发展。

五、本年鉴采用分类编辑法，包括文章和条目，行文力求规范、准确、简练、流畅。全书除文字表述外，配以彩色照片、表格，力求具体、形象、生动地反映首都北京哲学社会科学的发展面貌。

六、本卷年鉴栏目设置为特载、学科综述、科研课题、学术活动、大事记。

本年鉴在资料收集、编写、出版、发行过程中，得到了有关单位领导、学者、同仁的大力支持，谨在此表示衷心感谢！

《北京社会科学年鉴》编辑部

2024 年 5 月

Editing Specification

I, *Beijing Social Sciences Yearbook* is an annual informative academic reference book, compiled by Beijing Federation of Social Science Circles, Beijing Planning Office of Philosophy and Social Science, accounting comprehensively and systematically the development of philosophy and social sciences in Beijing.

II, This yearbook holds high the great banner of socialism with Chinese characteristics, guided by Marxism-Leninism, Mao Zedong Thought, Deng Xiaoping Theory, the important thought of Three Represents, the Scientific Outlook on Development, and Xi Jinping Thought on Socialism with Chinese Characteristics for a New Era. The Yearbook adheres to the direction of serving the people and socialism, the policy of letting a hundred flowers bloom and a hundred schools of thought contend, and the principle of basing itself on China and learning from foreign countries. It excavates history, grasps the contemporary, cares for mankind, faces the future, emancipates the mind, seeks truth from facts, keeps pace with the times, pioneers and innovates. It objectively, accurately and comprehensively describes the basic situation in the field of philosophy and social sciences in Beijing, and strives to be scientific, objective and comprehensive in its compilation.

III, This yearbook from the publication in 2000, published a volume every year. It was compiled and published to record the development of philosophy and social sciences in Beijing in the previous year. The materials came from Party and government organs, academic societies, institutions for teaching, research and scientific research management of social sciences in Beijing.

IV, Purpose of the yearbook: embody the tenet of "scholar oriented, academic rooted, society based, prompting academic prosperity and serving the capital" upheld by Beijing Federation of Social Science Circles and Beijing Planning Office of Philosophy and Social Science, strive to provide reference for the scientific decision-making of the Party and the government in philosophy and social sciences, provide materials and reference for philosophies and social scientists engaged in academic research and teaching, provide new and valuable information for domestic and foreign scholars to understand the current situation and cutting-edge hot spots in the field of philosophy and social sciences in Beijing, and do our best to promote the prosperity and development of philosophy and social sciences in Beijing.

V, This yearbook adopts classified editing method, including articles and entries, words and writing should be standardized, accurate, concise and fluent. In addition to the written expression, the book is accompanied by colorphotos and tables, and strives to reflect the development of philosophy and social sciences in the capital Beijing concretely, figuratively and vividly.

VI, The columns of the yearbook of this volume are set as Special Reprints, Discipline Overview, Lists of Research Topics, Academic Activities, Chronicle.

In the process of data collection, compilation, publication and distribution, this yearbook has received the strong support from leaders, scholars and colleagues of relevant units.We would like to express our sincere thanks

Editorial Department of *Beijing Social Sciences Yearbook*
May 2024

9月26日，由北京市委宣传部、北京市习近平新时代中国特色社会主义思想研究中心、北京市中国特色社会主义理论体系研究中心、北京市社会科学界联合会、北京日报社、北京大学、清华大学、中国人民大学、北京师范大学共同主办的“首都当代中国马克思主义论坛·2022”在北京市社科联举办，论坛主题为“习近平新时代中国特色社会主义思想的科学体系”

11月3日，由北京市委宣传部、北京市习近平新时代中国特色社会主义思想研究中心、北京市社会科学界联合会共同主办的首都理论界学习贯彻党的二十大精神座谈会在京举行

8月18日，由北京市社会科学界联合会和北京市科学技术协会共同主办、怀柔区科学技术协会协办的北京自然科学界和社会科学界联席会议高峰论坛在怀柔科学城举办。本届论坛主题为“国际科技创新中心：科学·技术·文化·经济·社会”

9月9日，由北京市社会科学界联合会、北京市哲学社会科学规划办公室主办的“2022·学术前沿论坛——首都哲学社会科学学科学术发展报告”举办

9月18日，由北京市委宣传部，北京市社会科学界联合会、北京市哲学社会科学规划办公室主办的第十六届北京中青年社科理论人才“百人工程”学者论坛在京举办。本届论坛主题为“中国式现代化：理论自觉与实践自觉”

9 月 19 日—25 日，北京市委宣传部，北京市科委、中关村管委会，北京市科协，北京市社科联、北京市社科规划办，西城区委区政府联合举办以“奋进新征程 建功新时代”为主题的“2022·北京社会科学普及周”活动

4月9日，首届中非文明对话大会在京举行。大会的主题为“文明交流互鉴推动构建新时代中非命运共同体”

11月18日，“全国史学界深入学习贯彻落实党的二十大精神座谈会”在京举行

3 月 2 日，《中国社会科学院大学学报》新刊发布会暨哲学社会科学创新与学术期刊繁荣发展研讨会在京召开

4 月 23 日，北京大学国家安全学学科建设研讨会暨国际关系学院国家安全学系成立大会举行

4 月 23 日，由中国政法大学国家监察与反腐败研究中心主办、中国政法大学法治政府研究院承办的“首届监察法学学科建设与发展”研讨会在京召开

7 月 9 日，由首都经济贸易大学和社会科学文献出版社共同举办的《京津冀发展报告（2022）——数字经济助推区域协同发展》信息发布会举行

7月24日，由国家新闻出版署主办、北京大学承办的首届全国出版学科共建工作会在北京大学举行

8月12日，外交学院与中国—东盟中心、防灾科技学院共同举办“携手共建韧性社会”中国—东盟防灾减灾合作研讨会

8月27—28日，由北京大学历史学系、中国古代史研究中心共同主办的北京大学中国古代史研究中心成立四十周年纪念会举行

9月3日，由北京联合大学、中国人民大学国际货币研究所主办的“2022数字货币技术与应用论坛”在北京首钢园举办

9月5日，由北京市科学技术研究院主办的2022年中国国际服务贸易交易会“绿色低碳城市国际科技创新论坛暨北京国际前沿科学对话会”在京举办。论坛主题是“共推绿色发展，同创低碳未来”

9月9日，国际儒学联合会、清华大学联合主办“2022和合文明论坛”

9月17日，北京教育学院举行习近平新时代中国特色社会主义思想“三进”研究中心启动仪式

10月29日，首都师范大学艺术学部成立大会暨“面向新时代的中国艺术学科建设”高端论坛举行

11 月 3 日，习近平新时代中国特色社会主义思想的世界观和方法论研讨会暨深化党的创新理论合作研究签约仪式在中国人民大学举办

11 月 6 日，第三届首都高端智库北京交通发展论坛暨北京交通蓝皮书发布会在北京交通大学举办，论坛主题为“构建高质量发展的综合交通运输体系”

11 月 18 日，由北京大学、北京市教育委员会和韩国崔钟贤学术院联合主办，联合国教科文组织支持的第十九届北京论坛——“北京论坛（2022）”在钓鱼台国宾馆开幕。论坛主题为“文明的和谐与共同繁荣——共创人类文明的未来：信任、对话与合作”

12 月 8 日，由教育部中外语言交流合作中心主办，北京外国语大学、外研社承办的 2022 年国际中文教育大会在京举行

目 录

·学术活动·

经济学

法 学

政治学 国际关系

历史学

管理学

新闻传播学

其　他

Contents

Features

Overview Of the Subjects

Appendix

Scientific Projects and Topics

Academic activities

·特　　载·

习近平致信祝贺国史学会成立30周年强调

坚定历史自信增强历史主动 更好凝聚团结奋斗的精神力量

贺　信

值此国史学会成立30周年之际，我向学会全体同志、向全国广大国史研究工作者致以热烈祝贺和诚挚问候！

国史学会成立30年来，为推动新中国史研究、宣传和教育事业发展作出了积极贡献。希望国史学会深入学习贯彻党的二十大精神，坚持正确政治方向，坚持历史唯物主义，以马克思主义中国化时代化最新成果为指导，进一步团结全国广大国史研究工作者，牢牢把握国史的主题主线、主流本质，不断提高研究水平，创新宣传方式，加强教育引导，激励人们坚定历史自信、增强历史主动，更好凝聚团结奋斗的精神力量，为全面建设社会主义现代化国家、全面推进中华民族伟大复兴作出新贡献。

习近平

2022年12月8日

（新华社北京12月8日电）

新华社北京12月8日电　在中华人民共和国国史学会成立30周年之际，中共中央总书记、国家主席、中央军委主席习近平发来贺信，向学会全体同志、向全国广大国史研究工作者致以热烈祝贺和诚挚问候。

习近平在贺信中指出，国史学会成立30年来，为推动新中国史研究、宣传和教育事业发展作出了积极贡献。

习近平希望国史学会深入学习贯彻党的二十大精神，坚持正确政治方向，坚持历史唯物主义，以马克思主义中国化时代化最新成果为指导，进一步团结全国广大国史研究工作者，牢牢把握国史的主题主线、主流本质，不断提高研究水平，创新宣传方式，加强教育引导，激励人们坚定历史自信、增强历史主动，更好凝聚团结奋斗的精神力量，为全面建设社会主义现代化国家、全面推进中华民族伟大复兴作出新贡献。（贺信全文另发）

8日上午，推动新中国史研究事业繁荣发展暨庆祝中华人民共和国国史学会成立30周年大会在京举行。中共中央政治局委员、中宣部部长李书磊在会上宣读习近平的贺信并讲话。他说，要认真学习贯彻习近平总书记重要指示精神，坚持用习近平新时代中国特色社会主义思想统领新中国史研究，把唯物史观贯穿研究工作全过程，继承发扬中国源远流长的史学传统，重视学术学科建设与人才培养，推动新中国史研究事业繁荣发展，更好服务新时代党和国家工作大局。

中国社会科学院、社科院当代中国研究所、国史学会负责同志在会上发言。

中华人民共和国国史学会成立于 1992 年 12 月，是全国学术性社会组织。学会的宗旨是团结从事国史研究的专家、学者和热心国史工作的人士，共同推进国史研究、宣传和教育事业。

《人民日报》(2022 年 12 月 9 日第 2 版)

中办印发《国家“十四五”时期哲学社会科学发展规划》

新华社北京 4 月 27 日电　近日，中共中央办公厅印发了《国家“十四五”时期哲学社会科学发展规划》(以下简称《规划》)，围绕贯彻落实党中央提出的加快构建中国特色哲学社会科学的战略任务，对“十四五”时期哲学社会科学发展作出总体性规划。

《规划》要求，哲学社会科学工作要坚持以习近平新时代中国特色社会主义思想为指导，增强“四个意识”、坚定“四个自信”、做到“两个维护”，坚持立足中国、借鉴国外，挖掘历史、把握当代，关怀人类、面向未来，以加快构建中国特色哲学社会科学为主题，以提升学术原创能力为主线，以加强学科体系、学术体系、话语体系建设为支撑，以重大项目、重点工程、重要平台为牵引，以体制机制改革创新为动力，努力建设学科布局优、学术根基牢、科研水平高、服务能力强、国际影响大的中国特色哲学社会科学，为全面建设社会主义现代化国家提供有力思想和智力支持。

《规划》明确，哲学社会科学工作必须坚持党的全面领导，把党的领导落实到工作的方方面面；坚持“二为”方向、“双百”方针，树立以人民为中心的研究导向；坚持内涵式发展，增强哲学社会科学持续发展能力；坚持守正创新，增强哲学社会科学的主体性、原创性；坚持统筹协调，形成统一领导、分工合作、科学高效的哲学社会科学工作格局。

《规划》强调，要切实发挥马克思主义对哲学社会科学的引领作用，深入实施马克思主义理论研究和建设工程，深化拓展习近平新时代中国特色社会主义思想研究阐释，形成党的创新理论学术支撑体系。要坚持把马克思主义基本原理同中国具体实际相结合、同中华优秀传统文化相结合，继续推进马克思主义中国化时代化，发展当代中国马克思主义、21 世纪马克思主义。

《规划》指出，要加快中国特色哲学社会科学学科体系、学术体系、话语体系建设。按照突出优势、拓展领域、补齐短板、完善体系的要求，促进基础学科健全扎实、重点学科优势突出、新兴学科和交叉学科创新发展、冷门学科代有传承，打造具有中国特色和普遍意义的学科体系；创新学术理论体系、学术研究组织体系、学术平台支撑体系、学术评价考核体系，增强我国哲学社会科学的主体性、原创性、本土化和竞争力；坚持以中国传统、中国实践、中国问题作为学术话语建构的出发点和落脚点，提炼出具有中国特色、世界影响的标识性学术概念，加快中国学术走出去步伐，深化人文交流，在博采众长中形成中国学术的大视野、大格局。

《规划》提出，要加强中国特色新型智库建设，着力打造一批具有重要决策影响力、社会影响力、国际影响力的新型智库，为推动科学民主依法决策、推进国家治理体系和治理能力现代化、推动经济社会高质量发展、提升国家软实力提供支撑。

《规划》提出，要加强新时代哲学社会科学人才队伍建设，坚持党管人才原则，实施以育人育才为中心的哲学社会科学整体发展战略，建设种类齐全、梯队衔接、结构合理、专业突出的哲学社会科学人才体系。

《人民日报》(2022 年 4 月 28 日第 1 版)

中共中央宣传部、教育部联合印发

面向2035高校哲学社会科学高质量发展行动计划

本报北京5月27日电　近日，中共中央宣传部、教育部联合印发了《面向2035高校哲学社会科学高质量发展行动计划》（以下简称《行动计划》），围绕贯彻落实习近平总书记关于哲学社会科学工作的重要论述，贯彻落实党中央关于加快构建中国特色哲学社会科学的重大决策部署，充分发挥高校作为我国哲学社会科学“五路大军”中的重要力量作用，不断推进知识创新、理论创新、方法创新，建构中国自主的知识体系，更好回答中国之问、世界之问、人民之问、时代之问，更好彰显中国之路、中国之治、中国之理，对高校哲学社会科学事业高质量发展作出中长期规划。

《行动计划》要求，高校哲学社会科学工作要以习近平新时代中国特色社会主义思想为指导，深刻领悟“两个确立”的决定性意义，增强“四个意识”、坚定“四个自信”、做到“两个维护”，牢记“国之大者”，坚持自信自强、守正创新，坚持百花齐放、百家争鸣，以育人育才为中心、体系构建为主线、能力提升为重点、深化改革为动力，全面落实“立足中国、借鉴国外，挖掘历史、把握当代，关怀人类、面向未来”的总体思路，充分体现继承性、民族性、原创性、时代性、系统性、专业性，推动新发展阶段高校哲学社会科学高质量发展，为提升国家综合国力和国际竞争力、建设社会主义现代化国家、构建人类命运共同体提供重要战略支撑。

《行动计划》明确，高校哲学社会科学工作必须坚持党的全面领导，为加快构建中国特色哲学社会科学提供根本保证；坚持立德树人，培养德智体美劳全面发展的社会主义建设者和接班人；坚持系统观念，加强前瞻性思考、全局性谋划、战略性布局、整体性推进；坚持服务需求，提升科研活动的时代性、理论性、实践性；坚持交流互鉴，加强中国话语和中国叙事体系建设。

《行动计划》强调，要以育人育才为中心，坚持马克思主义指导地位，旗帜鲜明地讲清楚习近平新时代中国特色社会主义思想是当代中国马克思主义、二十一世纪马克思主义，是中华文化和中国精神的时代精华，实现了马克思主义中国化新的飞跃；旗帜鲜明地用习近平新时代中国特色社会主义思想铸魂育人，加强马克思主义学科建设，推进思政课改革创新和课程思政建设，创新哲学社会科学人才培养模式，强化教材体系建设，推动中国特色案例建设，引领新时代社会文化风尚，更好发挥新时代高校哲学社会科学育人功能。

《行动计划》指出，要以体系构建为主线，将党的创新理论引领贯穿中国特色哲学社会科学各学科知识体系，优化学科专业布局，推进学科交叉融合，打造一流学科专业群，构建适应国家需求支撑知识创新的学科体系；传承发展中华优秀传统文化，扎根中国推进理论创新，创新研究方法手段，加强创新平台建设，提升教育出版水平，构建有效提升国家文化软实力的学术体系；提升话语体系创新能力，推进学术话语的大众传播，强化中国话语的国际传播，构建融通中外开放自信的话语体系。要围绕三大体系建设特别是加快建构中国自主知识体系的目标任务，通过实施习近平新时代中国特色社会主义思想研究重大专项和中国特色哲学社会科学研究重大专项，加快建设哲学社会科学创新平台体系，建立哲学社会科学创新团队，打造国际学术品牌等一系列举措，以有组织科研推动新时代中国特色哲学社会科学知识体系创新。

《行动计划》提出，要以能力提升为重点，统筹推进高校智库建设，优化高校智库发展环境，打造专业化创新型高质量高校智库矩阵，加强和改进国别与区域研究，建强中国特色新型高校智库；坚定“中国教育是能够培养出大师来的”的自信，强化思想政治引领，加快高层次人才引育，深化人才发展体制机制改革，建强政治素质过硬、专业能力精湛、育人水平高超、师风学风清正的新时代高校哲学社会科学人才队伍，有力支撑世界重要人才中心和创新高地建设。

《行动计划》提出，要以深化改革为动力，遵循哲学社会科学发展规律和科研管理规律，推进评价体系改革，推动组织方式变革，实施学风清源行动，为高校哲学社会科学高质量发展营造风清气正、互学互鉴、积极向上的学术生态；加强各地各高校哲学社会科学管理机构和工作队伍建设，继续通过倾斜政策提高中西部地区发展水平，促进高校哲学社会科学均衡发展；完善资源要素配置机制，建立适应高校哲学社会科学高质量发展的项目经费管理、绩效管理和科研财务服务体系，赋予科研人员更大的人财物支配权和学术研究自主权。

《人民日报》(2022 年 5 月 28 日第 4 版)

李书磊在学习习近平总书记《序言》暨《复兴文库》第一至三编出版座谈会上强调

以史为鉴 察往知来 增强实现中华民族伟大复兴的精神力量

新华社北京11月23日电　11月23日，学习习近平总书记《序言》暨《复兴文库》第一至三编出版座谈会在京召开。中共中央政治局委员、中宣部部长李书磊出席并讲话，强调要深入学习领会习近平总书记为《复兴文库》所作《序言》的重要精神，坚定历史自信、把握时代大势，以史为鉴、察往知来，增强实现中华民族伟大复兴的精神力量。

与会代表表示，编纂《复兴文库》，是以习近平同志为核心的党中央批准实施的重大文化工程。习近平总书记所作的《序言》，以历史与现实相贯通的宏阔视野，深刻阐述了中华民族伟大复兴的历史进程、主题主线、光明前景，精辟论述了编纂出版《复兴文库》的重要意义、丰富内涵和时代价值，是一篇思想深邃、鼓舞人心、催人奋进的重要文献。

会议强调，党的二十大擘画了以中国式现代化全面推进中华民族伟大复兴的宏伟蓝图。要把学习习近平总书记《序言》的重要精神同学习宣传贯彻党的二十大精神有机结合起来，学好用好《复兴文库》，始终把握推进民族复兴伟业的历史主动，不断推进马克思主义中国化时代化，着力构筑中华民族共有精神家园，广泛凝聚实现中华民族伟大复兴中国梦的磅礴力量，鼓舞全社会以奋发有为的精神状态，为全面建设社会主义现代化国家、全面推进中华民族伟大复兴而团结奋斗。

《人民日报》(2022 年 11 月 24 日第 4 版)

·学科综述·

概　述

本栏目收录由北京地区哲学社会科学基础学科学会、特约课题组撰写的学科综述文章，以及由基础学科学会推出的“年度推荐论文和著作”。这些学科综述文章和推荐论文、著作较为客观地记述、分析、总结、呈现了本年度相关研究领域的学科发展情况、学术研究状况、学术热点难点问题及前瞻思考等。本栏目还收录了《光明日报》载《2022年度中国十大学术热点》。

马克思主义理论

2022年对于党和国家来说是一个极为重要的年份。2022年10月16日至22日党的第二十次全国代表大会隆重召开，这在党和国家发展历程中具有标志性意义和里程碑意义。党的二十大是在全党全国各族人民迈上全面建设社会主义现代化国家新征程、向第二个百年奋斗目标进军的关键时刻召开的一次十分重要的大会，具有鲜明的政治意义、战略意义和世界意义。党的二十大基于新时代以来尤其是党的十九大以来的鲜活实践，提出了一系列的新思想新理念新论断，为马克思主义理论研究领域提供了新的研究主题和空间，也对加快建构马克思主义理论的学科体系、学术体系和话语体系以及自主的知识体系提出了更高的要求。

一、马克思主义理论学科发展整体情况

整体来看，本年度马克思主义理论学科发展呈现出三个方面的特点：一是理论阐释与实践审视相结合，既注重从马克思主义理论渊源、中华优秀传统文化渊源等出发研究重大时代课题，也注重从当前尤其是新时代以来的鲜活实践中总结中国经验，推动中国理论发展；二是历史考察与现实回应相统一，既注重对重大课题的历史性梳理与分析，从而深刻把握其中的历史逻辑、理论逻辑和实践逻辑，也重视坚持问题导向，不断推进理论创新、范式创新、方法创新，为现实问题的解决提供现实路径；三是中国观照与世界视野相统一，既注重马克思主义中国化时代化最新成果的研究阐释，也注重中国理念、中国主张、中国智慧的国际传播。本年度，马克思主义理论学科体系、学术体系、话语体系的发展取得了一定成绩，但仍存在一些薄弱点和短板，尤其是马克思主义理论的整体性研究、基础理论研究与应用对策研究相结合、建构中国自主的知识体系等方面，仍然有一些亟待攻克的难题。

二、2022年度马克思主义理论学科学术热点

（一）围绕着重要时间节点开展的研究

以重要时间节点为线索对马克思主义发展史、世界社会主义发展史上的重要人物、重大事件、重要会议、重要著作等进行研究，始终是马克思主义理论研究领域的鲜明特点。2022年度，马克思主义理论相关

领域围绕着重要时间节点开展的研究主要包括两个方面，分别是围绕着重要历史事件开展的研究和围绕着重要经典著作开展的研究。其一，2022 年是苏联成立 100 周年、中国共产主义青年团成立 100 周年、党的第二次全国代表大会召开 100 周年、毛泽东在延安文艺座谈会上的讲话发表 80 周年、党的第十二次全国代表大会召开 40 周年、邓小平南方谈话 30 周年，等等。相关研究成果立足唯物史观和大历史观进行了深度研究。其二，2022 年是《整顿党的作风》《反对党八股》《在延安文艺座谈会上的讲话》等著作发表 80 周年，等等。相关研究成果对这些著作的历史价值和时代意义进行了阐述，尤其是突出研究了其中蕴含的方法论意义。学术界、理论界从历史和现实的结合上对重大历史课题进行了深入研究，两个方面的研究都取得了较为丰硕的成果。

（二）围绕着学习党的二十大精神开展的研究

相关研究成果主要分为三类，一是对党的二十大精神的整体性研究和系统性阐述，重点阐述了党的二十大报告的内在逻辑、丰富内涵、精髓要义等。二是对党的二十大提出的重大理论创新成果的研究，一些研究成果侧重对党的二十大提出的新概念、新论断、新理念的研究，比如分析“三个务必”与“两个务必”的逻辑关系，研究新征程中国共产党的中心任务，阐释中国式现代化的鲜明特点、本质特征等。三是从党史、新中国史、改革开放史、社会主义发展史、中华民族发展史的角度审视党的二十大的重大意义和历史地位。

（三）围绕着中国式现代化开展的研究

现代化是当今世界各国共同的发展趋势，中国式现代化符合社会主义建设和人类社会发展规律，既体现了世界现代化发展的一般性特征，同时开创了一种崭新的文明形态。党的二十大报告提出党的中心任务是团结带领全国各族人民全面建成社会主义现代化强国、实现第二个百年奋斗目标，以中国式现代化全面推进中华民族伟大复兴，对中国式现代化的本质要求、鲜明特征以及发展路径作出了战略判断。学界围绕中国式现代化的研究成果主要集中在三个方面，一是中国式现代化的历史逻辑、理论基础、文化根基和本质内涵研究；二是从世界现代化历程、社会主义运动史、推进中华民族伟大复兴和深化中国特色社会主义实践中审视中国式现代化的独特价值；三是以中国式现代化开创的现代化发展道路即中国式现代化道路，关于这条道路的生成、特征及世界意义的研究。仍须深入研究的方面主要包括，中国式现代化理论、道路、实践较之西方现代化的本质区别和特殊表现，总结中国式现代化发展经验对于后发现代化国家的借鉴意义，总结中国式现代化的世界影响及其国际传播等。

（四）围绕着人类文明新形态开展的研究

作为人类文明的崭新形态，人类文明新形态这一概念自提出以来立刻在学术界掀起了研究热潮，党的二十大报告将“创造人类文明新形态”作为中国式现代化的本质要求之一。深化人类文明新形态的理论阐释和学理分析，是马克思主义理论学科的重大学术命题。相关研究成果主要是从三个维度展开的，一是就人类文明新形态的本体而言，是包含物质文明、政治文明、精神文明、社会文明、生态文明的文明体系，重点研究其形成逻辑、本质内涵和重要作用；二是关于人类文明新形态与生态文明、中国式现代化道路、人类命运共同体等关系开展的研究；三是从人类文明新形态的深远意义来看，具有广泛世界意义及其蕴含的共同价值观和普遍性特征。可以发现，人类文明新形态是一个创新概念和理论命题，要准确把握其中的科学内涵、鲜明特点与实现机制，就要在世界文明发展角度和中国语境中厘清其概念含义。同时，加强人类文明新形态对于实现人的全面发展、对于马克思主义文明观创新性贡献、对于现代文明突出价值的研究。

（五）围绕着“两个结合”开展的研究

中国共产党的百年奋斗历史是一部不断推进马克思主义中国化理论和实践发展的历史，习近平新时代中国特色社会主义思想是“两个结合”的最新成果。“两个结合”命题的提出，对于深刻把握马克思主义中国化时代化的内在逻辑和基本规律具有重要意义，学术界、理论界对此进行了多维度、多视角、多领域的研究。相关研究成果主要集中在以下几个方面，一是对“两个结合”的提出过程、丰富内涵的研究，从“一个结合”到明确提出“两个结合”，是对理论、实际和文化三者关系认识的升华，也是对“第二个结合”的高度突显。二是对“两个结合”辩证关系的研究，对于马克思主义基本原理必须同中国具体实际相结合，学理界已经取得普遍共识，并取得了较为丰硕的研究成果。但对于马克思主义基本原理同中华优秀传统文化为什么要结合、是否可以结合、怎样结合等基本问题，学界还要进行深入探讨和分析。三是对“两个结合”

对推动马克思主义中国化时代化的方法论意义的研究，相关成果主要从中华优秀传统文化的创造性转化和创新性发展、实现中华文明现代化等角度进行了研究。

（六）围绕着全面推进中华民族伟大复兴开展的研究

中华民族伟大复兴是百年党史的主题，反映了全国各族人民的共同心愿。经过长期积累，中国发展具备了坚实的物质基础和完善的制度保证，实现中华民族伟大复兴进入了不可逆转的历史进程。学术界围绕全面推进中华民族伟大复兴的研究主要集中在三个方面，一是全面推进中华民族伟大复兴的领导力量、正确道路和精神力量，不少成果聚焦于弘扬伟大建党精神推进中华民族伟大复兴；二是以中国式现代化推进中华民族伟大复兴的理论内涵、方法路径和时代价值；三是在思政课教学方面，相关研究成果围绕如何推进中华民族伟大复兴这一主题融入教学过程进行了深度分析，也有成果侧重于要善用“大思政课”以培养推进中华民族伟大复兴的先锋力量。目前，关于全面推进中华民族伟大复兴的研究是学术界研究的热点，今后还要在中华民族伟大复兴与社会主义现代化、中国式现代化、中国特色社会主义的内在关系，中华民族伟大复兴的逻辑进路等方面加强学理研究。

（七）围绕着马克思主义中国化时代化新的飞跃开展的研究

长期以来，马克思主义中国化时代化都是马克思主义研究领域的重要课题。党的二十大报告指出，习近平新时代中国特色社会主义思想实现了马克思主义中国化时代化新的飞跃。这一重大论断的提出，不仅深化了人们对马克思主义中国化重大命题的理解，而且深刻揭示出了习近平新时代中国特色社会主义思想的精髓要义。有关研究成果主要围绕以下几个方面展开，一是关于马克思主义中国化时代化新的飞跃时代背景、现实条件和历史进程的研究，相关研究成果深入分析了“马克思主义中国化的第一次历史性飞跃”“马克思主义中国化新的飞跃”“马克思主义中国化时代化新的飞跃”之间的辩证关系，较为系统地揭示了马克思主义中国化时代化的演进历程及其宝贵成果。二是关于马克思主义中国化时代化新的飞跃主要依据的研究，马克思主义中国化时代化的飞跃具有重要的政治意义、理论意义和学术意义，学术界、理论界围绕其“飞跃”的标准等进行了深入思考与阐述。三是关于马克思主义中国化时代化新的飞跃时代价值的研究，“新的飞跃”的实现不仅推动了党和国家指导思想的与时俱进，而且为人们面对新形势、应对新挑战提供了科学理论遵循，一些研究成果从理论与实践的结合中分析了马克思主义中国化时代化新的飞跃的理论价值与实践价值。

（八）围绕着“两个确立”开展的研究

党的十九届六中全会提出“两个确立”重大政治论断，学术界、理论界深化了对“两个确立”的学理研究。相关成果主要集中在以下几个方面，一是对“两个确立”的历史逻辑、理论逻辑和实践逻辑的研究，一些研究成果通过对马克思、恩格斯、列宁、毛泽东、邓小平等的经典著作和重要思想的研究，深入揭示了确立马克思主义政党的“核心”，以及坚定捍卫党中央权威和集中统一领导的极端重要性。二是对“两个确立”重大现实意义的研究，当今世界正经历百年未有之大变局，国内外、党内外的情况都发生了极为深刻的变化，面对诸多的不确定性不稳定性，深刻领悟“两个确立”的决定性意义、坚决做到“两个维护”具有极为重要的现实意义，相关研究成果从不同领域进行了阐述与分析。三是对“两个确立”现实路径的研究，相关研究成果分别从党的组织和党员等主体进行了研究与阐释。

（九）围绕着习近平新时代中国特色社会主义思想的世界观和方法论开展的研究

自党的十八大以来，世界形势和国内外局势出现新变化提出新要求，继续推进实践基础上的理论创新，集中体现为以“十个明确”“十四个坚持”“十三个方面成就”概况为主要内容的习近平新时代中国特色社会主义思想。党的二十大报告提出把握好习近平新时代中国特色社会主义思想的世界观和方法论，是这一思想的理论精髓。相关研究成果主要聚焦在两个方面，一方面，习近平新时代中国特色社会主义思想的世界观和方法论是辩证唯物主义和历史唯物主义在新时代的运用和发展，主要围绕“六个坚持”的相互关系和重要作用开展相关研究；另一方面，关于把握习近平新时代中国特色社会主义思想世界观和方法论的科学思维研究，坚持好运用好贯穿其中的立场观点方法，关系到以什么样的方式学好用好这一世界观和方法论。当前学术界关于习近平新时代中国特色社会主义思想的世界观和方法论相关研究成果丰硕，但是仍然缺乏标志性代表性成果，要继续深入研究习近平新时代中国特色社会主义思想世界观和方法论的理论贡献，尤其是继承发展了马克思主义世界观方法论的突出表现。除此之外，对于习近平新时代中国特色社会主义思想世界观和方法论的形成机理和实践指向的相关研究有待加强。

三、问题思考与未来展望

2022 年是党的理论创新取得重要突破的一年，北京地区学术界、理论界，始终坚持以马克思主义为指导，坚持正确的政治方向、学术导向、价值取向，坚持中国特色哲学社会科学学科体系、学术体系、话语体系建设，坚持马克思主义理论与现实情况的结合，运用马克思主义的立场、观点和方法来阐释、分析社会热点和难点问题，取得了一定的研究成果和学术进展。今后，北京地区马克思主义理论研究领域，一是要进一步加强习近平新时代中国特色社会主义思想的整体性、系统性、学理性研究，切实推出一批具有标识性意义的研究成果。二是要始终坚持问题意识，胸怀“国之大者”，不断增强回应现实问题、热点问题、难点问题的能力和水平。三是要进一步加强哲学社会科学“五路大军”之间的交流合作，凝聚研究合力、展现整体优势，充分发挥马克思主义理论学科在建构中国特色哲学社会科学学科体系、学术体系、话语体系中的引领性、先导性作用和价值。

（北京市科学社会主义学会供稿）

中共党史党建学

总　论

2022 年，中共党史党建学一级学科正式确立，适应一级学科建设要求成为中共党史学科学术发展的一个基本动向。学界从中共党史党建学一级学科的视野重新审视中共党史学科建设，对中共党史党建学一级学科的功能定位、学科性质、学科理论、内部结构、外部边界、建设路径等问题展开了理论探讨；同时，以中国人民大学、清华大学为代表的高校设立中共党史党建学一级学科硕士和博士学位授权点，开启了中共党史二级学科建设的新阶段。这有力地促进了中共党史学术研究的繁荣发展。站在新起点，北京市中共党史学界紧紧把握全党开展党史学习教育的重大战略机遇，持续推进党史学习教育，举办多场以庆祝党的二十大、推动党史研究、加强党史学科建设等为主题的学术会议，出版一系列关于百年党史的文献著作和影像作品，在史实考证与澄清、学科建设与创新、热点难点问题等方面取得重要进展，从期刊建设、课题立项、学术会议等方面推进学术共同体建设，取得良好的社会服务效果。

第一，中共党史学科建设呈现出转向和适应“中共党史党建学”一级学科的新动向。同时也延续着原有的学科建设工作，整体上处于过渡转型状态。启动中共党史党建学一级学科建设，从根本上改变了中共党史学科建设的发展态势。2022 年度，清华大学率先设立中共党史党建学一级学科，下设中国共产党历史、党的建设、中共党史党建学理论与方法、党的建设实务 4 个研究方向；中国人民大学建立独立的实体的中共党史党建学院，设立中共党史党建学一级学科，下设中共党史党建学理论、中国共产党历史、党的建设、党内法规学、中华人民共和国史五个二级学科。可见，在自主探索“中共党史党建学”一级学科建设的实践中，“中共党史”仍然是一个基本的二级学科。从人才培养、课程建设、培养方案等方面来看，目前的中共党史二级学科延续原来状态，仍然在政治学一级学科之下进行建设，而对此问题，尚无明确的制度规定或政策对策。展望未来，一方面需要从实践层面推动原属政治学一级学科的中共党史学科转入中共党史党建学科，整合建立师资队伍、课程体系和培养体系；另一方面需要尽快构建中共党史学的基本学科理论和自主知识体系，避免陷入空心化状态。

第二，学界从中共党史党建学一级学科视域探讨了中共党史学科的学科体系、学术体系、话语体系等问题。中共党史党建学一级学科的确立，为中共党史学科、党的建设学科创造全新的制度环境和发展前景，而整合党史研究与党建研究的已有力量亦是推动中共党史党建学发展的基础和前提。学界较为一致地认为应当增强一级学科意识，实现党史研究与党建研究融合发展，统筹规划和提升学科建设。对于中共党史学科的学科体系、学术体系、话语体系问题，学界主要从《中共中央关于党的百年奋斗重大成就和历史经验的决议》的角度加以探讨，认为该决议提供了构建中共党史学科“三大体系”的指导原则、思想方法、知识体系以及一系列新概念、新话语，探求学科体系的基本结构与二级学科，将其转化成为学术研究议题，形成自主知识体系和话语体系。在理论层面，学界从一级学科视域讨论了中共党史二级学科的学科属性、内涵外延、研究对象、学术规范等问题。在实践层面，清华大学的中共党史党建学一级学科包括中国共产党历史、党的建设、中共党史党建学理论与方法、党的建设实务；中国人民大学的中共党史党建学包括中共党史党建学理论、中国共产党历史、党的建设、党内法规学、中华人民共和国史。对比之下，既有相同点，但也存在较大差异。对于未来研究，需要进一步突破长期以来党史、党建二级学科带来的视野局限，从一级学科视域探究党史研究与党建研究的融合之道，形成整体研究中国共产党历史与建设问题的理论方法体系。对于中共党史党建学科体系的整体逻辑需要加强研究，结构合理、逻辑自洽是二级学科体系的基本设置原则。这也要求从制度层面加强顶层设计，统筹规划学科体系建设。

第三，新民主主义革命时期是中共党史研究的重心，研究领域更加细化、研究创新更加凸显，但需要从大历史观的视角进行整体考量，深化理解中国革命对中国现代化事业的奠基作用。相对于其他时段，新民主主义革命时期历来是中共党史研究的重心所在，研究时间最久、研究资料最全、研究人员最多，基本趋势是研究领域细化、研究方法创新。一方面，学界从重大事件、领袖人物、重要问题深入到一般事件、普通人物以及日常生活之中，甚至延伸到党内交通史、白区工作、电报技术、军事武器装备，等等，可以说研究领域更加广泛而细致。另一方面，学界不断尝试研究视角和研究方法的创新，从国共博弈竞争、国际国内互动、中央与地方互动等层面展开组织史、经济史、军事史、社会史研究。譬如，从历史地理学角度深入研究中共革命从南方转移到北方的客观因素，揭示山川地理、经济地理对革命规模的支撑作用。然而，在研究领域越来越细化的趋势下，从整体上重新审视新民主主义革命历史成为一个崭新课题。这要求我们树立大历史观，审视中国革命与中国现代化的内在关联，揭示中国革命对独立自主的中国式现代化的基础作用，在国际视野中揭示广大殖民地、半殖民地的现代化之内在规律。新民主主义革命及其理论完整地揭示了广大殖民地、半殖民地所面临的内部阶级状况和外部民族矛盾，揭示了革命对扫荡腐朽生产关系和保持独立发展环境的基石作用，为广大亚非拉美殖民地、半殖民地的民族解放和现代化事业提供了典范。

第四，推动中共党史研究的理论方法创新，综合运用新方法、新史料形成新成果，加强中共党史学基本理论建设。在中共党史学基本理论研究方面，一方面注意唯物史观、大历史观、正确党史观的研究和运用，尤其是聚焦大历史观和正确党史观对探究百年党史的指导价值；另一方面，注意总结中共党史研究的基本经验，阐明中共党史研究的基本方法，比如鲜明的资政育人导向，强烈的现实关怀；注重宏观历史，着力于重要历史节点和重要问题研究；注重史论结合、论从史出。在史料挖掘与利用层面，学界一方面关注新史料的发掘，尤其是海外红色档案的整理与公布；同时也强调加强对已出版资料的利用率，利用不同党政派系所形成的文献相互参证；在扎实推进高质量党史研究基础上进行党史宣传与教育方面，警惕中共党史研究中乱贴“历史虚无主义”标签问题，坚决拒绝“新八股”文风，开展具有真正史学价值的党史研究。此外，学界也注重从新视角、新方法来利用史料。譬如，探讨日记对于深化党史研究的作用。党史人物的日记具有独特的史料价值，对于深化中共党史研究、书写好中国共产党的革命故事具有重要史料价值。在治学理念与研究范式层面，学界围绕“新革命史”继续展开讨论。“新革命史”的兴起在革命史领域掀起了一股研究热潮，《重访革命：中共“新革命史”的转向（1921—1949）》一书改进了传统革命叙事的单向解读框架，对引领革命史研究具有重要意义。从“他者”视角审思中国共产党的实践成为中共党史研究的重要路径，考察国外关于中国共产党历史和实践研究，从中共的对立面反观中国共产党实践。概念史方法在中共党史研究中的应用不断升温。一是关于概念史研究的理论与方法问题，考察党的历史文献中核心概念的演变过程，如“社会主义工业化”“政治家办报”等概念话语的研究，丰富了中共思想史研究的维度。

第五，展望未来，中共党史学科学术发展应当着重解决学科理论研究与学术体系规范建构问题。深入推进中共党史党建学科的学科体系、话语体系与学术体系建设，明确中共党史学科的新定位、新要求。在确立中共党史党建学是法学门类下的一级学科的基础上，在明确中共党史党建学的综合性、政治性、意识形态性等特征之后，需要从本体论上回答“中共党史党建学是什么”这一根本问题，通过界定研究对象、形成研究范式而确立学科主体性，确证中共党史党建学在法学门类诸多一级学科之中的独立属性。中共党史党建学是中国特色哲学社会科学的重要组成部分，直接担负着研究党的历史、党的建设、党的领导等重大战略问题的任务，应当深入学习和运用习近平新时代中国特色社会主义思想，通过总结党的历史经验、探究党的建设规律以及提炼党中央治国理政新理念新思想新战略，形成中共党史党建学的自主知识体系，回答好中国之问、世界之问、人民之问、时代之问。面向中共党史党建学一级学科建设，探究中共党史学科的转型过渡问题，解决教材知识体系、人才培养体系等问题。扩展中共党史研究的内涵和边界，以大党史研究来连接新中国史研究、改革开放史研究、社会主义发展史研究、中华民族发展史研究，适应中共党史党建学一级学科的建设要求，应当提高看待中共党史内涵与外延的视野层级。面向党的百年历史和党的建设规律，中共党史党建学不仅要通过唯物史观、大历史观和正确党史观来拓展观察视野，从各个维度审视百年党史，产生规律性认识，全面系统地提出解决现实问题的科学理念、有效对策；而且要充分认识中共党史的丰富内涵和巨大体量，在已有的党史研究中更加关注党的建设作用，在已有的党建研究中注重提炼党的历史经验，在党史党建研究中更加全面地研究党领导中国特色社会主义事业的历史进程与基本经验，培育高质量的政策咨询和理论阐释能力，形成真正适配一级学科的学术研究布局。

（北京市中共党史学会供稿；执笔人：杨凤城、吴起民、张保军）

中共党史党建学

在中共党史党建一级学科设立、全党开展党史学习教育的形势下，2022 年度北京地区中共党史研究坚持以习近平关于党史重要论述和党的二十大精神为指导，在文献著作出版、学术会议、研究动态热点涌现等方面取得显著成就。在党的创新理论的指导、研究热点的聚焦、多学科的介入和党史成果的转化方面，呈现更加显性的研究趋向。但应当指出，中共党史研究的学理性仍然有待加强。未来研究创新之路在于：聚焦中共党史学科建设的问题与思考，以习近平总书记重要讲话为遵循推进中共党史研究创新，全面探索“中共党史党建”一级学科建设问题。

一、学科发展基本情况

中共党史党建学一级学科设立，使中共党史学科建设突破了制度瓶颈，进入崭新的发展空间，也开启了中共党史二级学科转入中共党史党建学一级学科的过渡阶段。北京高校不仅围绕中共党史党建学一级学科建设进行理论探讨，而且付诸实践，设立“中共党史党建”一级学科，创建“中共党史党建研究院”等教学科研机构。

从 2021 年 12 月教育部公布《博士、硕士学位授予和人才培养学科专业目录（征求意见稿）》，到 2022 年 9 月教育部正式公布《研究生教育学科专业目录（2022 年）》，中共党史党建学一级学科正式设立。围绕这一主题，北京高校开展学科建设研讨。

2022年7月30日，中国人民大学马克思主义学院、中共党史党建研究院举办“中共党史党建学科的新定位与建设进路——第二届中共党史党建学科建设高层论坛”。与会专家从中共党史党建学科的学科定位、学科设置、学术研究、教育教学、人才培养、课程建设等方面发表一些观点和见解，表达了建强建优中共党史党建学科、发挥存史资政育人学科功能、更好服务党和国家工作大局的共同愿望。12月17日，张静如中共党史党建基金会主办、北京师范大学马克思主义学院、北京师范大学中共党史党建研究院共同承办“学习党的二十大精神 建设中共党史党建学科研讨会暨第34届全国中共党史党建（含马克思主义中国化研究）学位点会议”。与会专家一致呼吁，“如何实现这两个学科的融合发展，进而推动中共党史党建一级学科高质量发展，成为新学科建设首先要考虑的问题”。这些会议系统全面探讨了中共党史党建学科的学科定位、学科设置、学术研究、教育教学、课程体系、话语体系、人才培养、师资队伍、教材编写、资源配置、制度保障等当务之急的现实问题，对于建强建优中共党史党建学科、发挥存史资政育人学科功能以及更好服务党和国家工作大局具有实践指导意义。

启动中共党史党建学一级学科建设，从根本上改变了中共党史学科建设的发展态势。经过缜密筹备和专家论证，清华大学启动建设中共党史党建学一级学科博士硕士授权点工作。2022年6月23日，清华大学学位评定委员会2022年第3次全体会议召开，审议通过中共党史党建学一级学科博士硕士授权点建设方案。清华大学中共党史党建学一级学科包括中国共产党历史、党的建设、中共党史党建学理论与方法、党的建设实务4个研究方向。与依托马克思主义学院建设中共党史党建学一级学科的方式不同，中国人民大学凭借深厚的党史党建研究基础，依托独立的中共党史党建学院来建设中共党史党建学一级学科。同年10月6日至8日，中国共产党中国人民大学第十五次党员代表大会召开，提出“成立党史党建学院”。2022年10月26日，中国人民大学学位评定委员会召开会议，审议通过马克思主义学院新增中共党史党建学目录外交叉一级学科博士学位授权点论证方案。该方案提出中共党史党建学下设中共党史党建学理论、中国共产党历史、党的建设、党内法规学、中华人民共和国史五个二级学科，探索构建“一体五翼”的一级学科发展布局。2022年11月11日，中国人民大学发布《关于成立中国人民大学中共党史党建学院的决定》，成立中共党史党建学院。2022年12月12日，中国人民大学党委下发《关于成立中共党史党建学院党委的通知》，成立中国共产党中国人民大学中共党史党建学院委员会。

中共党史党建学一级学科的确立与设置，使中共党史党建学科人才培养进入到一个转轨的过渡阶段。一方面，中共党史党建学一级学科的人才培养尚未启动。2022年9月13日，国务院学位委员会、教育部联合发出《关于印发〈研究生教育学科专业目录（2022年）〉〈研究生教育学科专业目录管理办法〉的通知》，规定新版目录自2023年起实施，2023年下半年启动的新一轮研究生招生、培养工作按新版目录进行，在校生及2022年启动招生、2023年9月入学学生的培养仍按原学科专业执行。另一方面，中国共产党历史本科专业正常运转；政治学一级学科之下的中共党史二级学科仍然存在，且博士学位点、硕士学位点并无显著变化；马克思主义理论一级学科的党的建设二级学科蓬勃发展，博士学位点、硕士学位点增多，招生规模迅速扩大。据教育部《学位授予单位（不含军队单位）自主设置二级学科名单（截至2022年6月30日）》显示，自主设置“党的建设”二级学科的高校已达49家。对照教育部《学位授予单位（不含军队单位）自主设置二级学科名单（截至2021年6月30日）》，自主设置“党的建设”二级学科的高校增加8家。总的来看，由于党史学习教育实践以及“四史”学习的深入，党史党建人才培养得到重视，但主要是依托政治学一级学科和马克思主义理论一级学科进行，尚未解决以往存在的党史党建分离、本硕博脱节以及师资教材匮乏等问题。

北京地区的高校通过举办学术论坛、学术研习营等形式，加强中共党史人才培养机制建设。2022年1月10—12日，北京大学第十二届未名论坛的主题是“百年中国共产党与21世纪马克思主义”；7月10日，清华大学马克思主义学院主办第五届“中共党史研究青年学者论坛”；9月25日，北京大学马克思主义学院举办“中共党报党刊研究”学术研讨会；12月24日，中国人民大学马克思主义学院主办“党的二十大精神与马克思主义中国化时代化”——第五届全国高校马克思主义理论及相关学科研究生学术论坛。这些研讨会对于加强中共党史学科、党的建设学科的学位建设具有重要作用，推动新形势下高校中共党史党建人才的高质量发展。

二、学术研究基本情况

（一）中共党史基本著作的出版

2022 年度北京地区中共党史研究著作的出版数量可观，既有权威文献和政治读物的出版，也有百年通史、阶段史、人物史和专题史论著的问世。

一是关于习近平总书记系列重要论述、重要讲话的文献出版。中共中央党史和文献研究院编辑出版的《习近平关于依规治党论述摘编》《习近平谈治国理政（第四卷）》《习近平书信选集（第一卷）》等文献，人民出版社出版的习近平《在庆祝中国共产主义青年团成立 100 周年大会上的讲话》《高举中国特色社会主义伟大旗帜，为全面建设社会主义现代化国家而团结奋斗》等重要讲话单行本，构成本年度党史文献出版的基础成果。

二是中国共产党百年党史和阶段史论著的出版。百年党史方面的著作运用大历史观，在中华民族伟大复兴的视角下，总结百年大党的奋斗历程、伟大成就和历史经验。金冲及担任总主编的《复兴文库》（第一编 / 第二编 / 第三编）（中华书局）、李捷著《从五条脉络看百年党史》（当代中国出版社）、为反映党和国家的历史发展和推动党史学习教育，中共中央党史和文献研究院编辑的《中国共产党的一百年》（四卷本）。

关于新民主主义革命时期，王姗萍著《延安时期党的思想政治工作与马克思主义大众化研究》（人民出版社）系统梳理了关于思想政治工作与马克思主义大众化的理论阐述及延安时期党的思想政治工作与马克思主义大众化的历史进程，探讨了不同群体开展思想政治工作的内容、基本途径、特点及其与马克思主义大众化之间的关系。在新中国史研究方面，王巧荣著《新中国外交战略与实践研究》（当代中国出版社）从历史和现实两个方面研究中国外交面临的国际形势背景和外交环境，分别从宏观和微观视角探讨了中国外交政策及外交实践，并对毛泽东、周恩来对中国领土主权安全的巨大贡献进行了探讨。在改革开放史研究方面，赵朝峰著《改革开放以来中国共产党领导自然灾害救助工作的历史经验》（人民出版社）研究改革开放以来中国共产党领导的自然灾害救助工作，对于深化中共党史和中国当代史的研究，促进中国经济社会的健康发展，全面建设社会主义现代化国家，具有重要的学术意义和现实价值。

三是党史党建学科发展建设专著的出版。杨凤城等主编《中共党史党建学科建设论稿》（中共党史出版社）采用总论和专题探讨相结合的方式，贡献智慧，特别对于学科建设的定位、体系、建设路径等基本问题，以及涉及党史、党建、国史、党内法规学、科学社会主义与国际共运史、历史政治学、海外中共学等交叉学科的讨论等，建言献策，助力学科发展。王炳林主编《中共党史党建研究年度报告（2021）》（中共党史出版社）系统总结了 2021 年中共党史党建研究的重要学术活动、重要前沿问题、重要学术观点和人才培养等系列重大问题，附录中收录了中共党史党建学科重要学术成果目录。崔友平主编《海外中国研究信息跟踪报告（2021）》（中共党史出版社）反映了 2021 年海外学界对四个重点议题的关切（庆祝中国共产党建党百年、党的十九届六中全会、新时代中国特色社会主义及国家治理现代化），同时收录了 11 篇区域性研究报告，较好地呈现出海外地区在 2021 年关于中国问题研究的整体情况、研究热点、代表性观点以及特点趋势。

四是党史人物研究专著的出版。李捷著《真实的毛泽东》（北京联合出版公司）以信史为凭，以档案为据，勾勒毛泽东不平凡的人生轨迹，尤其注重对毛泽东思想变化的分析和重要历史关头所思所行的呈现。朱佳木主编《陈云与当代中国：第三辑》（当代中国出版社）、中共中央文献研究会陈云思想生平研究等编《陈云与党的历史》（中央文献出版社）和房中等著《周恩来与陈云》（中央文献出版社）相继出版，涉及陈云同志在经济、文化、社会、外交建设和党的建设及思想方法等领域的重要实践活动与生平思想，对于深化相关研究具有重要的理论和现实意义。此外，《梦回千古 少奇永在——漫忆父亲刘少奇与新中国（下集）》（人民出版社）、《聂荣臻回忆录：上 / 下》（人民出版社）和《粟裕回忆录》（人民出版社）的相继出版发行，则有助于推进关于中共党史重要人物的生平思想研究。

（二）中共党史领域主要期刊学术论文

关于新民主主义革命时期的党史研究成果，主要分布于中国共产党创建时期、大革命时期、抗日战争时期和解放战争时期，从组织史、经济史、军事史、社会史层面拓展研究领域，且日益注重国际背景下的考量和与国民党的比较研究，展现国际社会和中国革命的复杂关系以及中共与国民党斗争的多元面相。

1. 中国共产党创建史研究

在建党百年语境下，中国共产党创建史研究成果突出。李颖在《党的二大与党的自身建设》中指出，党的二大通过党的历史上第一部党章，对党的组织建设、纪律建设、制度建设等作出开创性贡献，为党的自身建设提供了根本遵循；党的二大奠定了党的自身建设制度化、规范化的坚实基础，对新时代加强党的自身建设具有重要启示意义[1]。孙会修在《中国共产党早期发展策略转换与群众性政党的成长》中指出，1921—1925年，因推行质量优先策略，中国共产党发展缓慢，难以建立群众性政党。从1925年起，中国共产党改行数量优先策略，放宽入党标准，采用多种方式主动吸收成员，疏通团员转党员的渠道，量化分配吸收党员的指标，实现快速发展。同时，中国共产党积极改造组织，改变制度以适应组织规模，努力训练党员，营造艰苦卓绝的组织文化[2]。应星的《主力红军在“五湖四海”的崛起（1927—1930）——再论中共革命的地理学视角》一文以红军于1927年至1930年在“五湖四海”崛起的地理学视角为线索，先对影响红军崛起的诸地理因素（包括南北之分、军阀割据的势力划分和统治类型、山带分布和山匪分布等）作出分析，然后对中央关于主力红军的规划以及各主力红军建军的实际情况尤其是背后的地理学因素逐一作出剖析，有助于深化中共革命及其组织研究的地理学视角[3]。

2. 抗日战争史研究

抗日战争史持续受到关注，尤其是围绕全民族抗战爆发85周年的个案实证研究和中共战时对外交往研究持续产生一批具有影响力的学术文章。《中共党史研究》2022年第1期集中刊发《华北事变前后地方实力派政治行为再考察》《抗战时期环县事变再研究》《抗战时期昆张支队的日常斗争研究》，以这些典型个案实证研究作为重要切口，呈现中共力量在抗战时期生存和发展的一个缩影。《抗日战争研究》2022年以“中国共产党与抗日战争”为主题刊登6篇文章，考察中共冀豫晋省委的成长、整风运动的技术史、九一八事变与中国共产党的抗战、“相持阶段何时到来”在中共抗日根据地的认知演变、太原会战期间八路军的作战原则及实施和陕甘宁边区盐业发展中的合作制实践等。《北京党史》2022年第3期名家主持栏目，主持人左玉河，以“纪念全民族抗战爆发85周年”为主题刊发3篇文章，论述抗战时期北平话剧团体概览（1931—1945年）、北平爱国师生与根据地的抗日斗争和林迈可与中国抗战[4]。

3. 解放战争史研究

关于解放战争时期，王广义、刘艳静在《解放战争时期人民军队的思想政治教育工作》一文中指出，在党的领导和组织下，人民军队通过丰富多样的形式，开展了形势任务教育、阶级教育等工作。解放战争时期人民军队的思想政治教育工作，成功改造了军队中的非无产阶级思想，提高了部队的团结力和战斗力，为解放战争的最终胜利提供了重要保障[5]。吴淑丽在《反“左”、防右与均平化：聊城地区土改纠偏研究》一文中提出，解放战争时期，聊城地区的土改纠偏过程呈现出从反“左”到防右再到均平化的阶段性特征，体现了中国共产党在不同时期的施政意图与工作重点。共产党在开展土改与稳定生产之间、在中农与贫雇农等不同阶层之间的斡旋与调整，既有“不得不为”的权衡应变之意，也彰显出“主动寻求”的阶级立场与治理理念[6]。

4. 社会主义革命和建设史研究

关于社会主义革命和建设时期，有关研究主要集中于新中国成立后党的政治建设、经济建设、文化建设、社会建设、外交工作等领域。刘志的《统购统销前粮食价格波动原因新探》阐释了统购统销政策出台的一个直接原因是1953年上半年粮食价格上涨、粮食市场供求紧张。粮价之所以上涨，既与政府为激励农民种棉而制定的较高的棉粮比价有关，也与粮食定价机制方面存在的品种差价、地区差价、购销差价等与市场状态下相差较大有关[7]。黄庆林的《1949—1971年中国外贸工作中的社会动员研究》从社会史角度分析1949—1971年外贸工作领域所进行的社会动员举措缘于西方国家的封锁与禁运以及国内物资相对匮乏的历史背景，在党和政府的集中统一领导下开展了多种社会动员方式。最后，在新中国多措并举的成功应对下，打破了以美国为首的西方国家对华封锁与禁运[8]。

5. 改革开放史研究

在关于改革开放和社会主义现代化建设新时期的研究方面，注重考察经济改革等实践过程和总结成功经验。李永康的《改革开放初期中国对东欧改革经验的借鉴》认为从最初大量引介东欧改革资料、形成赴东欧考察和邀请东欧经济学家访华热潮，到计划经济理论回潮背景下质疑东欧改革经验的适用性，再到因实现对商品经济的理论突破而超越东欧改革经验，中国对东欧改革经验的态度转变既体现了自身改革思路的不断深化，又是一个双方在认识上互相塑造的过程[9]。此外，萧冬连的《关于改革开放起步时期国际环境的考察》集中考察改革开放起步时期的国际环境，着重于这种外部条件的形成过程、变化背后的地缘政治因素和经济因素，以及中国决策者对战略机遇的洞察、把握和利用[10]。

6. 中国特色社会主义新时代研究

在关于中国特色社会主义新时代的研究中，中国式现代化是2022年度党史研究的热点话题。伴随党的二十大的胜利召开，学界从历史与现实、理论与实践相结合的角度，深入总结其中的历史经验，并作出前瞻性的理论思考。秦宣在《中国式现代化的历史逻辑探析》一文中提出，中国共产党百年史不仅是为中华民族伟大复兴而奋斗的历史，也是为实现中国式现代化而奋斗的历史[11]。杨凤城、肖政军的《论“中国式现代化”话语体系的历史生成、现实构建与未来展望》考察中国式现代化的历史生成、现实构建与未来展望[12]。辛向阳的《中国共产党的领导与中国式现代化》强调中国式现代化最本质的要求就是坚持中国共产党的领导[13]。

三、学术研究的热点与难点

（一）中共党史学科建设研究

2022年中共党史党建一级学科的设立，对于中共党史学科建设和发展而言具有标识性意义。学界对于中共党史学科建设历史和现状、党史学习教育融入思政课、党史学科人才培养等问题进行了深入研究。

《中共党史研究》2022年第3期设立“面向新时代的中共党史学科建设”笔谈。总体来看，这些笔谈以“面向新时代的中共党史学科建设”为题，分别从重塑党史研究学科风格、厘清“大党史”概念、树立“大党史”研究风格和理念、创新发展传统党史研究、加强党史与世界史的交流对话等方面对党史一级学科建设建言献策。具体来看，郭若平在《在守成与开新中重塑党史研究的学科风格》中提出，中共党史学科要在承接学术传统下的学术开新，坚持历史叙事与理论分析的统一，开出马克思主义学术新气象，坚定党史期刊的学术担当[14]。李金铮在《什么是“大党史”》中提出“大党史”概念，认为一切和中国共产党领导有关的革命史和新中国史，无论是党的路线、方针、政策还是政治、经济、社会、文化、外交等现象，无论是传统社会、近代社会和党的革命的关系还是党与革命时代、新中国的关联，无论是中共党史本身还是和中国共产党有关系的其他党派势力乃至其他国家的政治力量与革命力量，皆可作为党史研究的对象和内容[15]。罗平汉等的《一级学科视阈下的中共党史学科建设》强调要推进中共党史学科建设，不应以学者所在的研究机构为据，将其从事的研究加以简单划界，应当打破隔膜与疏离，发挥党史学科共同体的最大潜力[16]。杨凤城强调，要“把传统党史研究带回来，让主流党史研究强起来”[17]。梁志指出，在中共党史研究即将迎来一个新的发展起点的情势下，“从各个层面加深与世界史学科的对话更显必要”[18]。

李捷、王炳林等就党史党建一级学科建设展开讨论，分别从中共党史党建学科的创新发展、“三大体系”建设、中共党史党建两个二级学科建设以及中共党史学“三大体系”建设方面提出了建议。李捷的《中共党史党建学科的创新发展》围绕加快构建中国特色哲学社会科学学科体系、学术体系、话语体系的总体要求，针对中共党史党建一级学科设立后的新形势和新问题，对中共党史党建学科建设的基本问题作出回答[19]。王炳林的《中共党史党建学科建设的基本问题探析》提出中共党史党建作为一级学科，应注重党史与党建的有机融合，合理设置研究方向，加强马克思主义政党理论、中国化马克思主义党建理论体系、党史、新中国史、改革开放史、社会主义发展史、党的领导和党建理论与实践问题的研究[20]。在党史学习教育常态化机制下，如何推进党史学习教育与思想政治理论课的融合发展，是中共党史学科建设面临的重大实践问题。宋学勤等在《中共党史党建学科与思想政治理论课建设关系刍议》中提出，把思想政治理论课建设与中共党史党建学科建设有机结合起来，科学认识、把握和研究二者之间的相互关系，有助于构建符合时代发展需要和学科建设规律的中共党史党建学一级学科的学科体系、学术体系和话语体系[21]。

（二）中共党史研究理论方法研究

以党史党建一级学科设立为契机，立足新时代发展新方向，党史学界围绕中共党史研究理论与方法的创新发展进行探讨。在中共党史学基本理论研究方面，杨凤城在《把传统党史研究带回来，让主流党史研究强起来》中提出，传统党史学的突出特征或范式主要表现在以下三个方面：鲜明的资政育人导向，强烈的现实关怀；注重宏观历史，着力于重要历史节点和重要问题研究；注重史论结合、论从史出[22]。杨凤城在《大历史观与中华人民共和国史研究》中指出，大历史观是唯物史观的必然要求和重要体现，唯物史观所提供的立场和原则构成大历史观的灵魂和根本遵循，运用大历史观能够更好地总结历史发展规律、廓清历史发展趋势、总结历史经验。具体表现在以下三个方面：在中华文明长程中深化新中国历史研究；在历史长时段中深化对重大事件、重要人物的研究；在国际宽视野中深化新中国史研究[23]。陈金龙在《从第三个历史决议看中共党史研究的方法论》中强调，基于实现中华民族伟大复兴的主题研究中共党史，基于大历史观研究中共党史，基于历史辩证法研究中共党史，基于历史、现实、未来的结合研究中共党史[24]。李玉、李莹在《中共党史研究进路蠡测》中提出，准确把握中共党史研究的“立意”与“立题”，提高研究成果的“文质”与“文气”，提升中共党史文论的“说礼”性与“说理”性，处理好中共党史研究“材质”与“材料”的关系，从而使中共党史朝着“大党史”的目标进一步迈进[25]。此外，《当代中国史研究》设立“第三个历史决议与新中国史研究”笔谈栏目，对深化当代中国史研究理论与方法进行专题探讨。

运用新视野、新史料研究中共党史成为中共党史研究的重要路径。目前中共党史研究的文献整理和对党史问题研究的深度成绩斐然，但在史料和史学方面仍有一定拓展空间，诸多学者从新史料的讨论层面提出了思考。黄正林认为要加强对已出版资料的利用率，利用不同党政派系所形成的文献相互参证；在扎实、高质量党史研究基础上进行党史宣传与教育，警惕中共党史研究中乱贴“历史虚无主义”标签问题，坚决拒绝“新八股”文风，开展具有真正史学价值的党史研究。

在史料挖掘与利用层面，学界讨论了日记对于深化党史研究的作用。党史人物的日记具有独特的史料价值，对于深化中共党史研究、书写好中国共产党的革命故事具有重要史料价值。周湘宁以周恩来、林伯渠、谢觉哉、恽代英、俞秀松等人的早期日记为史料，考察了他们在成为马克思主义者前的思想与行动转变，从对日本帝国主义的不屈抗争到对封建主义的批判与抵抗再到对被压迫民众生活的关切，逐步成长为马克思主义者。[26]

在治学理念与研究范式层面，学界围绕“新革命史”继续展开讨论。“新革命史”的兴起在革命史领域掀起了一股研究热潮，《重访革命：中共“新革命史”的转向（1921—1949）》一书改进了传统革命叙事的单向解读框架，对引领革命史研究具有重要意义。张太原从学术演进和时代变迁的视野下探析了“新革命史”的提出与发展。首先，“新革命史”与传统革命史表现出“对着干”的一面，但并未中断其“学统”；改革开放以后，“革命史范式”和“现代化范式”之争给革命史研究带来了新的生机与活力，中国近现代史研究与中共党史研究汇通结合，提出了“新革命史”；学术演进与时代变迁交相辉映场景下，“新革命史”研究日渐兴起，中共革命史和中共党史研究则成为中国革命史研究的中心。[27]

（三）构建中共党史叙事体系研究

围绕百年党史的“一个主题”（实现中华民族伟大复兴）和党史党建一级学科正式设立等，党史学界深入探讨了百年中共党史叙事的构建原则、叙事方式和问题把握等。杨凤城在《大历史观与建构民族复兴的党史新叙事》中指出，建构民族复兴的历史新叙事，首先需要从大历史观出发，将中国共产党的百年奋斗置于中国近代以来180多年的历史长时段中、置于中华5000多年文明的历史长程中。民族复兴历史叙事需要全球眼光、国际视野，这有两方面的含义：一是只有把中国共产党为民族复兴而奋斗的成就置于国际视野中才能看出其在人类文明史上的独特贡献。二是要有为讲好中国故事、增强国际话语权贡献力量的时代意识[28]。同时，杨凤城在《把传统党史研究带回来，让主流党史研究强起来》中强调，主流党史学不能止步于历史过程建构，而是需要再向前走一步，在写“信史”的同时要有理论思考和历史解析，特别是在存有重大争议的历史曲折问题上更须如此[29]。

四、关于中共党史研究的未来展望

（一）深入推进中共党史党建学科的学科体系、话语体系与学术体系建设，明确中共党史学科的新定位、新要求

在确立中共党史党建学是法学门类下的一级学科的基础上，在明确中共党史党建学的综合性、政治性、意识形态性等特征之后，需要从本体论上回答“中共党史党建学是什么”这一根本问题，通过界定研究对象、形成研究范式而确立学科主体性，确证中共党史党建学在法学门类诸多一级学科之中的独立属性。此外，需要进一步突破长期以来党史、

党建二级学科带来的视野局限，从一级学科视域探究党史研究与党建研究的融合之道，形成整体研究中国共产党历史与建设问题的理论方法体系。这要求深入研究中共党史党建学研究方向的设置问题，尤其是科学把握二级学科之间的有机联系与整体逻辑，推动中共党史党建学的学科理论建设，形成内在逻辑自洽与符合现实需要的学科体系。

鉴于学科建设的迫切需要，学界应当继续加强中共党史党建学的学科体系、学术体系与话语体系的研究。一是面向高校、社科院和党校的不同状况与功能定位，探讨中共党史党建学一级学科建设的实践布局与整体关联，以便在“三大体系”建设上形成制度合力与共同体意识，避免混淆属性、功能重复等潜在问题；二是处理好政治性、宣传性与学理性的关系，把党史工作部门、党建工作部门同高校党史党建教学与研究有机地衔接起来，避免同质化，加强高校党史党建教学与研究在学理建设上的作用；三是推动高校中共党史党建学“三大体系”建设从理论探讨进入实践产出阶段，以教材体系、课程体系、著作产出为依托，加快“三大体系”的落地扎根；四是加强中共党史党建学“三大体系”的基础理论研究，深入研究能够反映研究对象内在规定性的学科属性，深入总结前辈学者的治学经验，把以往研究经验提炼上升成为具有本学科特点的方法体系。

（二）面向中共党史党建学一级学科建设，探究中共党史学科的转型过渡问题，解决教材知识体系、人才培养体系等问题

2022年度，在确立中共党史党建学一级学科之后，已有9家高校自主探索设置中共党史党建学一级学科，开启了中共党史党建学一级学科的建设阶段，呈现三个重要特征。一是中共党史党建学的依托机构主要是马克思主义学院，成立虚拟的中共党史党建研究院；中国人民大学设立对应中共党史党建学一级学科的独立学院。从现状来看，依托马克思主义学院、促进中共党史党建学与马克思主义理论两个一级学科的学科群建设是符合多数高校的师资状况的，也是统一进行思想政治理论课教学的现实要求。二是目前9家高校的中共党史党建学的二级学科设置，既有区别，体现了研究特长和地域特点；也有共性，基本上都设置了党史、党建两个二级学科。从设置逻辑上来看，主要是从党史、党建两个方面进行增量设置，体现了历史状况的现实影响；而不是从研究对象内在规定性进行整体规划与合理分化。由此可见，党史与党建融合发展，立足研究对象进行整体规划仍然是一个不容回避的实践难题与理论课题。三是人才培养问题引起共同关注，对中共党史党建知识体系问题的研究相对不够。人才培养的基础前提是构建本学科的公共性基础知识体系，尤其是基本原理与基本方法，避免“因人设课”等随意性，因此需要推进课程体系、教材体系的研究，在组织制度上需要加强顶层设计，成立专家指导组。

中共党史党建学，是以中国共产党的全部活动及其内在规律为研究对象，从学理上深入总结中国共产党历史经验，研究新时代党的建设新的伟大工程面临的重大理论和实践问题。在人才培养方向上，坚持为党育人、为国育才，培养政治过硬、专业精深的党史专门人才。在专业人才培养方面，坚持系统思维、整体原则，建立本硕博一体化培养体系。推动新时代中共党史党建人才培养的高质量发展，要加强中共党史党建学一级学科意识，实现党史和党建融合发展，形成学科发展共同体，创立新的学术规范。立足学科整体视野，坚持问题导向，全方位改革优化培养标准、培养环节、培养内容，形成覆盖不同层次、梯次衔接递进的人才培养标准体系、课程体系、教材体系。从学科发展现状来看，尤其需要在师资培训、教材建设等方面加强协作，尽快充实学科力量，推动新的一级学科全方位运转起来。

（三）扩展中共党史研究的内涵和边界，以大党史研究来连接新中国史研究、改革开放史研究、社会主义发展史研究、中华民族发展史研究

适应中共党史党建学一级学科的建设要求，应当首先提高看待中共党史内涵与外延的视野层级。中国共产党是一个百年大党，不仅需要总结领导中国人民进行不懈奋斗的百年历史经验，还需要研究一个拥有9500多万名党员的执政党建设问题。解决学科属性与发展空间问题是党史党建学科建设的内部条件。一方面，应当从党的历史视野中深入认识和研究党的建设史。党的历史是党加强自身建设、坚持和完善党的领导的历史，党的建设是党汲取历史经验、完成历史任务的过程，二者相互支撑、密不可分。另一方面，中国共产党是中国革命建设改革事业的领导核心，领导着整个中华民族，领导着社会主义政治建设、经济建设、文化建设、社会建

设以及生态建设，担负着治国理政的重任，为世界和平发展作出持续努力和重大贡献。因此，中共党史与新中国史、改革开放史、社会主义发展史具有同构性，应当深刻认识中共党史的丰富内涵。

在新设立的一级学科之下，中共党史学科应当以新时代党的创新理论为指导，以习近平总书记关于党的历史与党的建设的重要论述为遵循，围绕中国共产党管党治党、治国理政的重大战略需求，从新的历史条件下坚持党的全面领导、全面从严治党和推进自我革命的新课题出发，以自主知识体系建构为导向，集中提炼标识性概念、原创性理论、独特研究范式与体系化知识，加快构建全方位、全领域、全要素的学科体系、学术体系、话语体系，产出一批具有时代性、思想性、理论性、影响力的重大原创学术成果，凸显中国特色、世界一流学科的高位引领作用，更好回答中国之问、世界之问、人民之问、时代之问，更好彰显中国之路、中国之治、中国之理，为坚持和发展中国特色社会主义、全面建设社会主义现代化国家、全面推进中华民族伟大复兴贡献学科应有的智慧和作用。

（北京市中共党史学会供稿；执笔人：杨凤城、吴起民、张保军）

注：

［1］李颖：《党的二大与党的自身建设》，《党的文献》，2022 年第 4 期。

［2］孙会修：《中国共产党早期发展策略转换与群众性政党的成长》，《近代史研究》，2022 年第 6 期。

［3］应星：《主力红军在“五湖四海”的崛起（1927—1930）——再论中共革命的地理学视角》，《中共党史研究》，2022 年第 4 期。

［4］陈清茹：《抗战时期北平话剧团体概览（1931-1945 年）》，《北京党史》，2022 年第 3 期；巫涵、夏清：《北平爱国师生与根据地的抗日斗争》，《北京党史》，2022 年第 3 期；苏峰：《林迈可与中国抗战》，《北京党史》，2022 年第 3 期。

［5］王广义、刘艳静：《解放战争时期人民军队的思想政治教育工作》，《党的文献》，2022 年第 2 期。

［6］吴淑丽：《反“左”、防右与均平化：聊城地区土改纠偏研究》，《北京党史》，2022 年第 6 期。

［7］刘志：《统购统销前粮食价格波动原因新探》，《中共党史研究》，2022 年第 6 期。

［8］黄庆林：《1949—1971 年中国外贸工作中的社会动员研究》，《当代中国史研究》，2022 年第 2 期。

［9］李永康：《改革开放初期中国对东欧改革经验的借鉴》，《中共党史研究》，2022 年第 6 期。

［10］萧冬连：《关于改革开放起步时期国际环境的考察》，《中共党史研究》，2022 年第 4 期。

［11］秦宣：《中国式现代化的历史逻辑探析》，《当代中国史研究》，2022 年第 2 期。

［12］肖政军、杨凤城：《论“中国式现代化”话语体系的历史生成、现实建构与未来展望》，《中国矿业大学学报》（社会科学版），2022 年第 6 期。

［13］辛向阳：《中国共产党的领导与中国式现代化》，《马克思主义研究》，2022 年第 10 期。

［14］郭若平：《在守成与开新中重塑党史研究的学科风格》，《中共党史研究》，2022 年第 3 期。

［15］李金铮：《什么是“大党史”》，《中共党史研究》，2022 年第 3 期。

［16］罗平汉、石瑶：《一级学科视域下的中共党史学科建设》，《中共党史研究》，2022 年第 3 期。

［17］杨凤城：《把传统党史研究带回来，让主流党史研究强起来》，《中共党史研究》，2022 年第 3 期。

［18］梁志：《作为一级学科的中共党史与世界史的对话》，《中共党史研究》，2022 年第 3 期。

［19］李捷：《中共党史党建学科的创新发展》，《高校马克思主义理论研究》，2022 年第 3 期。

［20］王炳林：《中共党史党建学科建设的基本问题探析》，《北京师范大学学报》（社会科学版），2022 年第 4 期。

［21］宋学勤：《中共党史党建学科与思想政治理论课建设关系刍议》，《思想理论教育导刊》，2022 年第 2 期。

［22］杨凤城：《把传统党史研究带回来，让主流党史研究强起来》，《中共党史研究》，2022 年第 3 期。

［23］杨凤城：《大历史观与中华人民共和国史研究》，《当代中国史研究》，2022 年第 4 期。

［24］陈金龙：《从第三个历史决议看中共党史研究的方法论》，《高校马克思主义理论研究》，2022 年第 8 期。

［25］李玉、李莹：《中共党史研究进路蠡测》，《苏区研究》，2022 年第 6 期。

［26］周湘宁：《关于“反帝反封建”的历史记忆——对若干重要党史人物早期日记的检视》，《北京党史》，2022年第2期。

［27］张太原：《学术演进和时代变迁视野下的革命史研究——从“新革命史”的提出和讨论谈起》，《近代史研究》，2022年第3期。

［28］杨凤城：《在大历史观与建构民族复兴的党史新叙事》，《百年潮》，2022年第10期。

［29］杨凤城：《把传统党史研究带回来，让主流党史研究强起来》，《中共党史研究》，2022年第3期。

年度推荐著作和论文

著　作

1. 中共中央党史和文献研究室编：《中国共产党的一百年》，中共党史出版社，2022年。

2. 中国人民大学中共党史党建研究院编：《中共党史党建学科建设论稿》，中共党史出版社，2022年。

3. 清华大学马克思主义学院编：《中共党史党建学科发展年鉴（2017—2021）》，党建读物出版社，2022年。

4. 李捷：《从五条脉络看百年党史》，当代中国出版社，2022年。

5. 邵维正：《东方欲晓——中国共产党是如何诞生的》，人民日报出版社，2022年。

6. 金冲及：《百年道路：〈生死关头〉二集》，生活·读书·新知三联书店，2022年。

7. 曲青山：《从五个维度认识把握两个确立》，人民出版社，2022年。

8. 崔禄春：《中国共产党百年制度史》，中国工人出版社，2022年。

9. 章百家：《风雷激荡：中国共产党百年征程》，人民出版社，2022年。

10. 柳建辉等：《辉煌之路：中国共产党全国代表大会一大至十九大》，新华出版社，2022年。

论　文

1. 郭若平：《在守成与开新中重塑党史研究的学科风格》，《中共党史研究》，2022年第3期。

2. 李金铮：《什么是“大党史”》，《中共党史研究》，2022年第3期。

3. 杨凤城：《把传统党史研究带回来，让主流党史研究强起来》，《中共党史研究》，2022年第3期。

4. 翁有为：《试论李大钊的“中心势力”思想》，《中共党史研究》，2022年第3期。

5. 侯中军：《美军延安观察组与中共对美外交的转变》，《中共党史研究》，2022年第2期。

6. 关海庭：《中国共产党成功启动改革开放原因再分析》，《中共党史研究》，2022年第3期。

7. 萧冬连：《关于改革开放起步时期国际环境的考察》，《中共党史研究》，2022年第4期。

8. 章百家：《记忆与研究：尼克松访华与中美关系正常化》，《中共党史研究》，2022年第4期。

9. 牛军：《中美和解与东亚地区秩序变革的开端》，《中共党史研究》，2022年第4期。

10. 黄一兵：《第三个历史决议与中共党史研究的几个重大问题》，《中共党史研究》，2022年。

哲 学

总 论

北京作为中国的首都，拥有全国最为齐全的哲学学科设置，最为雄厚的哲学队伍和研究力量。2022年度，北京哲学界创新学术活动方式，深入开展学术研究，不断开拓新领域，提出新问题，深化理论创新，取得一系列富有特色的高质量研究成果，在若干前沿热点问题研究上取得明显突破。

一、马克思主义哲学研究进展和发展态势

在新时代，马克思主义哲学学科在完善现有的学科知识和思想体系、建构中国自主的知识体系、推动中国式现代化、人类文明新形态等方面具有举足轻重的重要作用和基础地位。2022年，北京各高校和研究机构的马克思主义哲学研究力量，紧扣新时代的新任务、新发展和新问题，对中国式现代化的哲学探索，马克思主义哲学的经典著作、基础理论和基本概念，马克思主义人学，马克思主义政治哲学和政治经济学批判与现代社会研究等展开了卓有成效的研究。

一是举办马克思主义哲学领域的重要学术会议，集思广益地对马克思主义哲学中国化、马克思主义哲学基础理论和当代价值等议题进行研讨。为深入学习贯彻党的二十大精神，深化马克思主义哲学中国化时代化新境界研究，中国人民大学哲学院举办“马克思主义哲学中国化时代化的新境界”学术研讨会；从黑格尔和马克思的关系角度出发研究马克思主义哲学及其当代价值，清华大学哲学系举办第五届清华大学中日哲学论坛“黑格尔与马克思”；为思考和应对在变化的不确定的世界凝聚价值共识问题，北京师范大学哲学院举办“变化世界中的价值观2022”国际学术研讨会。这些会议的成功举办在一定程度上反映了当前马克思主义哲学的问题意识和现实关怀，推动了马克思主义哲学学科建设和知识体系建设的发展。

二是对中国式现代化的哲学探索取得了新进展。围绕党的二十大的主要议题之一“中国式现代化”，马克思主义哲学界展开了多维度、多方面的研究，如从理论逻辑和实践逻辑、物质文明和精神文明、文明形态和文化根基等角度，丰富和深化了对中国式现代化的哲学探索，推动了中国自主知识体系的建构进程。从目前的研究来看，对中国式现代化的特定实践逻辑和特定文化根基的论证和阐发是重中之重，这从根本上也是切中了中国式现代化的哲学探索的本质规定。

三是马克思主义哲学的经典著作、基础理论、基本概念等方面的研究取得新推进。学界主要围绕《德意志意识形态》的版本问题、《资本论》的研究范式、《政治经济学批判大纲》的思想阐发等议题做了主题聚焦、观点鲜明的研究，重新阐发了马克思哲学的当代价值、唯物史观的内涵、思维与存在的关系问题、马克思的平均概念等基础理论和概念。这些研究一方面体现了国内马克思主义哲学研究在文本文献方面较高的水平，另一方面也体现了我们根据时代发展状况和要求，秉持守正创新原则，推动马克思主义哲学基础理论研究往纵深方面发展的使命感和责任感。

四是马克思主义人学理论、马克思主义政治哲学、马克思主义政治经济学批判与现代社会等领域的研究取得了新观点。有学者主张马克思主义人学研究应面向新时代，加强对新时代新阶段的新问题的人学问题研究。有观点指出“塔克—伍德命题”虽然是一个研究热点，但是它不能代替对“马克思与正义”问题的关注。有研究认为马克思对近代资本主义社会转型的认识是建立在异化逻辑、生产逻辑、资本逻辑基础上的。还有学者从金融资本元宇宙帝国的内在矛盾及发展进路、元宇宙叙事语境下的非物质劳动批判等方面展开了论述。可以说，马克思主义哲学分领域的研究丰富和深化了马克思主义哲学基本理论的发展，是颇具活力和创见的。

尽管如此，马克思主义哲学学科的发展还有以下待进一步改进的问题：一是对中国式现代化的哲学探索还有待进一步丰富和深化，如生产方式、生产关系、思维方式、价值评价等方面的现代化还需更深入的哲学探索；二是对马克思主义哲学基础理论和基本概念的阐发还有待进一步加强，从而增强其对现实问题的解释力度和广度，如马克思主义哲学的历史观、文明观、资本观等基础理论和概念；三是马克思主义哲学分领域的研究应紧扣中国自主知识体系建构的时代任务，力争首先做出具有中国特色、中国风格、中国智慧的研究成果。

二、中国哲学研究进展和发展态势

2022 年度，中国哲学学科举办多次学术会议，发表了大量论文，出版了多部重要著作。北京地区的中国哲学研究引领着全国中国哲学学科的发展方向。

重要学术活动。本年度，北京地区召开多个儒家、道家道教和佛教哲学会议，这些会议促进了相关问题的解决。2022 年 11 月 29 日，中国哲学史学会在中国政法大学海淀校区举行换届会议，华东师范大学杨荣国当选第十届中国哲学史学会的会长，清华大学陈来被推选为名誉会长。

学科理论建设。清华大学哲学系丁四新的《主体性的彰显：中国哲学史的新书写》等文，通过回顾百年中国哲学史的书写历史，认为"中国哲学的主体性"是中国哲学史研究的主导原则，并指出郭齐勇主编《中国哲学通史》彰显和建构了中国哲学的主体性。丁四新的说法对于中国哲学学科重新认识百余年中国哲学史的研究及其学科建设具有指导意义。清华大学哲学系唐文明发表了《中国哲学研究中的真理与方法问题》一文，他认为学界关于中国哲学研究方法论的讨论集中于其初创时期和大约二十年前关于中国哲学之合法性讨论时期。第一阶段的讨论与中西比较有关，第二个时段与中国文化主体意识的彰显有关。

主要研究进展。清华大学哲学系陈来发表《论朱子学"未发之前气不用事"的思想》等论文，从多个方面推进了朱子学的研究。丁四新出版《洪范大义与忠恕之道》和《上博楚竹书哲学文献研究》两书。前者是研究《尚书 · 洪范》的代表作，后一书是研究上博简哲学文献的重要著作。北京大学哲学系干春松的《公天下与家天下：大同、小康与儒家的社会理想》梳理和研究了大同、小康观念之近代演化，推进了中国人对于近现代家国观念的认识。

关于早期人性论，中国社会科学院哲学研究所任蜜林发表了《心、生为性——早期"性"观念的发生学考察》一文，他认为"性"的观念在西周早期已经形成。中国人民大学哲学院曹峰发表了《先秦儒道性论研究的两重框架》一文，认为研究儒家性论应使用"具体属性—根本属性"框架，研究道家性论应使用"差异性—统一性"的框架。

清华大学哲学系圣凯出版了《佛教观念史与社会史研究方法论》一书，对近代以来的各种佛教研究方法进行了全面的总结与分析，贡献突出。北京大学哲学系宗教学系李四龙发表《历史上的佛教中国化及其文化主体性的确立》一文，探讨了历史上佛教中国化及其文化主体性的确立问题。北京大学哲学系章启群发表了《唯识学与现象学的六个理论分野》一文，以六大理论分野澄清唯识学与现象学的差异。

三、外国哲学研究进展和发展态势

2022 年，外国哲学研究蓬勃发展，举办了多场重要的学术活动，在古希腊哲学和近现代哲学的许多领域都取得了不少重要成果。

2022 年举办的重要学术活动中，既包括对传统哲学问题的深入探讨，也有对哲学和科技前沿问题的前瞻性探索以及批判性反思。4 月 8—10 日，由北京大学哲学系宗教学系与北京大学外国哲学研究所主办，北京大学人工智能研究院与北京大学哲学与人类未来研究中心协办的"人工智能基础与应用国际会议"在北京大学召开。2022 年是北京大学王太庆先生的百年诞辰，北京大学哲学系和外国哲学研究所为了纪念王太庆先生，在《外国哲学》（第 43 辑）杂志上设立"大师百年"专栏，其中收录 4 篇纪念王太庆先生的文章，从不同角度论述了王太庆先生的哲学与翻译思想。6 月 15 日，《纯粹理性批判》（韩林合新译本）出版座谈会在商务印书馆举办。

2022 年取得的重要学术成果中，在古希腊罗马哲学领域还是主要集中于柏拉图哲学和亚里士多德哲学，前苏格拉底哲学和古罗马时期的成果仍然较少。中世纪及文艺复兴时期的哲学研究是多年来的短板，2022 年相关研究成果仍然较少。在近现代哲学领域，笛卡尔哲学和斯宾诺莎哲学大家较为重视，成果较多。而莱布尼兹哲学的相关研究一直不够，我们对这位伟大哲学家的重视程度与他自身的重要性相比是远远不匹配的。在德国古典哲学领域，我们历来是非常重视的，研究成果也比较多。近年来，相对较少研究的谢林哲学在北京大学哲学系教授先刚的大力推动下也取得了不少重要成果，可以说整个德国古典哲学的研究短板正在补齐。

值得注意的另外一个现象是，分析哲学与现象学的研究，近年来在北京地区（甚至包括整个北方）的热度不断下降。现象学研究的热潮从北向南转移。这不能仅仅看作是北京学者们研究兴趣的转移，更内在的原因还是分析哲学与现象学运动自身的问题。

总的来看，2022年北京的外国哲学研究在传统的哲学领域还是取得了非常多的研究成果，在人工智能等前沿问题方面也举办了重要的学术活动，对相关问题进行了深入的反思。

四、美学研究进展和发展态势

新的时代发展给美学研究提出了新的要求，面向时代和回应时代，是美学界共同关注的话题。2022年，北京美学学科研究在传统领域不断深入、在前沿领域上不断开拓，在学术观念上不断创新，美学学者发表了不少论著，取得了一系列学术成果，引领着全国美学学科走向，出现高水平、高质量的发展态势。

2022年12月24日，北京市哲学会美学专业委员会召开年会，主题是“美学的时代使命”。主要围绕着中国美学与西方美学研究；艺术门类美学研究；艺术与乡村建设研究；美学与城市发展研究；美育与当代社会发展研究等展开。

北京师范大学哲学学院教授刘成纪在《中国美学史研究：限界、可能与目标》中认为，美学学科意味着它是对人和世界普遍存在性状的描述，并不仅限于一种专门的知识。由这种理论和学科性质建构的历史，则必然是一种看待世界的普遍视野。于此，一切历史都是美学史。

中国人民大学国学院教授袁济喜的《默：从人生态度到审美心智》，认为“默”在人生态度上，与一定的立场与价值观相联系；在认识论与审美观上，又与特定的思维方式相联系，彰显出审美心智。

中国传媒大学人文学院资深教授张晶在《中国古代美学命题研究有待突破的空间指向》文中说，急需为学术界进行古代美学命题研究提供一套资料汇编；大力推进古典美学命题、功能研究的整体突破。探讨美学命题的经典化进程，也是当下研究的重要学术价值之所在。

中国社会科学院哲学研究所研究员王柯平在《中华传统审美意识四原理》中认为，以儒、道、墨、释诸家为主要根源的中华传统审美意识，核心关切均指向理想人格修养与审美敏悟能力相融合的艺术化人生。

中国社会科学院文学研究所研究员刘方喜在《美学属性、奢侈品与自由时间：马克思美学/经济学二重性重构》中认为，艺术美学属性与货币属性的对抗，在消费领域体现的是使用价值与交换价值的二重性对抗，在生产领域体现的是自由时间与直接的劳动时间的抽象对立，扬弃这些对立和资本的支配，艺术创造就会成为每个人的真正自由的劳动而获得充分发展。

北京大学中文系教授陈晓明的《论“新理性精神”的审美意涵——钱中文的文艺理论思想再探讨》，把“新理性精神”看作是融合感性并形成新的统一体。“审美意涵”构成了其内在特质，它决定了“新理性精神”具有人文品格、内化的丰富性品格、可共享的交流对话的伦理品格。

中国艺术研究院研究员张颖的《论法国现代美学的缘起与体系性》，认为法国美学从19世纪开始自觉展开学科化探索，既吸纳德国古典美学，又回归并发扬自身的“美之学”传统。法国古典主义美学体系呈现出起源、成熟与衰朽的生命历程。法国古典主义现代美学与这一传统之间有亲缘关系。

首都师范大学文学院教授王德胜在《生活美育：价值、策略与在场性改良》中说，“去熟悉化”作为生活美育的实践策略，其内部体现了指向意义生产及其增值的转换。这一转换的实现，着重于通过训练和强化人在日常状态下的个体意识专注，完成生活的日常经验向审美感知方向的转移。

首都师范大学哲学系教授史红在《舞蹈审美接受要素与特点》中认为，舞蹈审美接受的理解是对作品意义呈现不同理解；舞蹈审美接受的期待目标不同，与作品存在着“审美距离”；另外，舞蹈审美接受具有不确定性、历时性与共时性。

五、科学技术哲学研究进展和发展态势

随着人工智能技术的广泛应用，元宇宙的经济、社会与文化影响的日益凸显，加强科学技术哲学研究尤为重要。2022年，北京科学技术哲学界继续聚焦学科基础理论问题和重大现实问题开展学术交流和学术研究，在科学哲学、技术哲学、工程哲学、STS（科学技术与社会）、自然哲学等领域都取得了丰硕成果，推进了科学技术哲学学科的高质量发展。

中国科学院大学人文学院的《科学与人文讲座》、纪念库恩诞辰100周年学术研讨会、当前科技重大风险的伦理治理研讨会等学术活动内容丰富、讨论深入，拓宽了学术视野，体现了理论研究的现实针对性。

科学哲学研究既对库恩思想、“内在主义—外在主义”争论等一般科学哲学的许多基础性问题进行了重新认识，也对分支科学哲学开展了一般性研究，还对科学家的科研方式等具体性问题给予了阐释，提出了许多富有创新性的新观点，无论是研究的广度和深度都较以往有较大推进。

技术哲学研究既关注技术内涵及本质等基础性问题，更侧重对人工智能这一颠覆性技术的理论反思与实践探究，技术哲学的国际化也呈现出新特点。

作为一门新兴学科，工程哲学研究仍着力于学科建设，在围绕工程哲学创立者提出的基本命题及思想进行拓展性研究和总结梳理的同时，在教材建设上也有重大推进。

技术治理仍然是科学技术与社会研究的热点，学者们既注重对技术治理思想与现象的正反两方面的总体考察，又关注大数据时代技术治理的独特性；既表明了科学家和工程技术对政治生活和政策的重要影响，又指出了在诸如建立现代医疗体系等具体问题上技术治理的限度。

科技的伦理治理、元宇宙、虚拟交往等问题与新事物新现象同样引起了学者们的深入思考与探究，并提出了许多富有前瞻性的观点。自然哲学聚焦进化理论、马克思主义自然观进行理论阐释，直面环境危机寻求破解之道。

六、小结

综上所述，2022年北京哲学学科各分支成果丰硕，亮点突出。从各分支学科的研究来看，以下几点比较突出：

（1）马克思主义哲学研究的现实性增强。紧扣新时代的新任务、新发展和新问题，对中国式现代化的哲学探索，对马克思主义哲学经典文本、基础理论的研究取得明显进展，同时对马克思主义人学理论、马克思主义政治哲学和政治经济学批判与现代社会等展开了卓有成效的研究，体现出理论与现实相结合，以现实问题研究带动基础理论研究的突出特点。

（2）中国哲学研究的主体性和学科自觉。中国哲学研究的主体性和学科自觉性得到强化，多领域的研究取得明显进展。学者们总结了中国哲学学科的属性和方法，在中国哲学史书写范式上实现了以主体性为特点的创新，进一步凸显了中国哲学的特色，同时关注中国哲学研究的世界化，以及马克思主义哲学和中国传统哲学的结合问题。在儒家心性论、经学哲学、朱子理学、佛教观念史、道教性命学、中国政治哲学、简帛哲学文献等领域，研究取得了明显进展，提出了许多新颖的观点和结论。

（3）外国哲学研究优势明显亮点突出。既包括对传统哲学问题的深入探讨，也有对哲学前沿问题的前瞻性探索和批判性反思。在古希腊哲学和近现代哲学这两个传统优势方向，学者们的研究进一步深化。以前研究相对较少的谢林哲学在北京大学哲学系教授先刚的大力推动下取得了不少重要成果，德国古典哲学的研究短板正在补齐。

（4）美学研究进一步分化和深化。美学学科分支发展很快，美学知识生产和理论供给越来越丰富。学者们深掘中国美学精神本体，探索美学史研究边界；用现代美学思维分析西方美学思潮与人物；重审美学基础的原生问题；转向美学的实践性策略与方法；阐释门类艺术里的美学语言、范式；开启科技领域审美探索天地。北京美学学科在传统领域不断深入，在前沿领域不断开拓，在学术观念上不断创新，引领着全国美学学科走向，出现高水平、高质量的发展态势。

（5）科学技术哲学研究全面推进。继续聚焦学科基础理论问题和重大现实问题开展学术交流和学术研究，在科学哲学、技术哲学、工程哲学、STS（科学、技术与社会）、自然哲学等领域都取得了丰硕成果，推进了科学技术哲学学科的高质量发展。在科技的伦理治理、元宇宙、虚拟交往等研究方面，提出了一些富有前瞻性的观点，在人工智能技术的应用，元宇宙的经济、社会与文化影响等方面的研究取得进展。

总体来看，2022年度北京的哲学研究继续走在全国前列，在一些前沿学术问题和重大现实问题研究上取得突破，引领着全国哲学学科的发展。

不过，如果从更高的标准来看，北京哲学学科学术发展还有进一步提升的空间。（1）学科交叉融合有待进一步加强。虽然近年来学科之间对话有所进步，但长期形成的二级学科各自为政的局面还没有根本突破。（2）学术体系和话语体系有待进一步更新。这就需要聚焦于前沿问题研究，特别是对重大现实问题的哲学概括，同时也包括对中国传统哲学话语和西方哲学话语的创造性转化，这样才能形成一整套适应时代和实践发展需要的概念范畴体系，从而为学术体系创新奠定坚实基础。只有走出观念论的误区，直面当今时代和当代中国现实，凝聚一切可资利用的哲学资源，富有创造性地开展哲学研究，破解“世界百年未有之大变局”的重大难题，才能为实现中华民族的伟大复兴做出无愧于哲学学科的新贡献。这也是北京乃至全国哲学界应该为之而努力的方向。

（北京市哲学会供稿；执笔人：杨学功）

马克思主义哲学

一、主要研究进展

1. 中国式现代化的哲学探索

围绕党的二十大报告的重要主题，北京哲学界对“中国式现代化”展开了多维度、多方面的研究，如从理论逻辑和实践逻辑、物质文明和精神文明、文明形态和文化根基等角度，丰富和深化了“中国式现代化”的哲学探索。

中央党校教授韩庆祥发表《论中国式现代化的逻辑》一文[1]。文章认为，深入学习研究二十大报告，发现贯穿其中的一个大逻辑，就是中国式现代化逻辑。它包括生成逻辑、理论逻辑、实践逻辑和世界逻辑。生成逻辑，就是十八大以来我们党在理论和实践上的创新突破，聚焦于成功推进和拓展了中国式现代化，新中国成立特别是改革开放以来的长期探索和实践是这一创新突破的基础，十八大以来我们党在理论和实践上具有根本性的创新突破都聚焦于推进和拓展了中国式现代化，这就意味着，习近平总书记提出的创新突破和成功拓展“中国式现代化”的历史起点是十八大以来；理论逻辑，在于第一次较为系统地阐述了中国式现代化理论；实践逻辑，就是以中国式现代化全面建成社会主义现代化强国、全面推进中华民族伟大复兴；世界逻辑，就是中国的现代化在世界现代化发展历程中的地位，经历了从“世界失我”到“世界有我”再走向“世界向我”的历史演进。以中国式现代化全面推进中华民族伟大复兴是贯穿二十大报告的一条主线。二十大报告第一次从总体上构建起中国式现代化的理论体系和话语体系，掌握了解释中国式现代化的话语权。

中国人民大学教授郝立新发表《物质文明和精神文明协调发展的中国式现代化》[2]。文章认为，中国式现代化是多维度的社会发展进程。人们在关注物质世界和物质丰裕的同时，越来越关注人的精神世界和人的全面发展问题。党的二十大报告指出，中国式现代化的本质要求之一就是要“丰富人民精神世界”，中国式现代化是“物质文明和精神文明相协调的现代化”，要“促进物的全面丰富和人的全面发展”。这些论断深刻揭示了中国式现代化的丰富内涵、本质特征和发展要求，丰富和发展了马克思主义关于社会全面进步和人的全面发展理论，为全面推进中国式现代化、全面推进中华民族伟大复兴指明了方向。为什么要强调丰富人民精神世界？精神世界的内涵是什么？丰富人民精神世界的路径是什么？这是我们迈向现代化新征程后迫切需要弄清楚的问题。本文侧重阐述了对丰富人民精神世界的理解，提出丰富人民精神世界和实现人的全面发展是科学社会主义理论与实践的价值目标；丰富人民精神世界和实现人的全面发展是新时代中国式现代化的本质要求；并且对丰富人民精神世界的基本思路和现实路径作了具体探讨。

北京大学教授杨学功发表《从“现代化在中国”到“中国式现代化”——重思全球化背景下的中国现代化道路》[3]。文章认为，现代化无疑是近现代中国所面临的最大时代课题，而且也只有到了近代，这一课题才具有特别突出而紧迫的意义，因为现代化首先是一个时代性概念。由于中国所面临的现代化课题从一开始就是与全球化即西方资本主义的全球性扩张联系在一起的，所以如何处理现代化与西方化的关系，始终是一个充满着矛盾的复杂问题。经过一百多年为现代化而持续探索和奋斗的过程，中国已经走过了“西天取经”的阶段，开启了独立探索“中国式现代化”的新阶段。这无论对中国和世界的未来发展都具有重大意义。

清华大学教授邹广文教授发表《中国式现代化道路的文化解析》[4]。文章认为，改革开放以来，中国在坚持和发展中国特色社会主义的基础上，创造性地走出了一条中国式现代化道路，创造了人类文明新形态。中国式现代化道路体现为既要遵循现代化一般规律又要葆有中国特色。这一道路的实践展开表明：党的领导是中国现代化实践的前提保障，改革开放是中国现代化实践的动力之源，社会主义市场经济是中国现代化实践的必由之路，人民主体是中国现代化实践的价值旨归。中国式现代化道路突出彰显了物质文明与精神文明的协调发展，有效释放了中国和西方、传统与现代的文化张力，在人类文明新形态的意义上，中国式现代化道路为世界和平发展贡献出了可资借鉴的方案与智慧。

中国人民大学教授臧峰宇发表《马克思的现代性思想与中国式现代化的实践逻辑》[5]。文章认为，马克思既是资本现代性的批判者，也是新现代性的构建者，他在肯定现代社会生产力发展水平的同时，指出资本逻辑的现实化体现为资本无限增殖和膨胀的过程。在批判资本现代性的同时，马克思提出现代化发展的新版本，从而提升了现代文明的品质。马克思主义为中国的民族解放事业提供了科学指导，激活了支撑中国现代化的现实历史的伟力。中国式现代化道路体现了社会主义建设规律和人类社会发展规律，促进了中华优秀传统文化创造性转化和创新性发展，其中创造的人类文明新形态表明，特定的世界历史民族选择了符合自身发展实际的现代化道路，取得的成就具有世界历史意义。

北京师范大学教授沈湘平发表《中国式现代化道路的传统文化根基》[6]。文章认为，现代化与传统并非简单二元对立，中国式现代化道路有其传统文化的根基。中华优秀传统文化蕴含着对西方现代化道路总问题的解答，同时也是人类总体性危机的基本提示，这是中国式现代化道路扬弃和超越西方现代化道路的重要逻辑之一。作为中国传统文化精髓之一的“中和位育、安所遂生”理念与实践正是中国式现代化道路的内在底蕴和传统文化基因，其核心要义在于：天地乃生命之本体，人与万物共生、并育，安所、守位方能并育、遂生，致中和而参赞化育是人的最佳选择，生而有道则存之。中国式现代化道路对这一理念的继承、发展可以从“生”“位”“所”“育”四个角度体现出来，即生命至上和追求美好生活，正确处理改革发展稳定关系和防范化解重大风险，各得其所和各尽所能，以存在看待发展和以发展成就生命。文章强调，“中和位育、安所遂生”理念对中国式现代化道路的底蕴式作用目前尚未得到足够自觉的彰显，亟须引起高度重视与深入开掘。

从上述研究成果可以看出，对“中国式现代化”的特定实践逻辑和特定文化根基的论证和阐发是目前研究的重中之重。这也从根本上切中了“中国式现代化”哲学探索的本质规定，有助于推动中国自主知识体系的建构。

2. 马克思主义哲学经典文本研究

学界主要围绕《德意志意识形态》的版本问题，《资本论》的研究范式，《政治经济学批判大纲》的思想阐发等议题作了主题聚焦、观点鲜明的研究。

清华大学教授韩立新发表《〈德意志意识形态〉在线版的特征及其意义》[7]。文章指出，《德意志意识形态》第一章“费尔巴哈”在线版是一个读者可在网上自行查阅的《德意志意识形态》原文版（https://www.online-dif.com）。它把手稿看作一个包括底稿、修订稿和最终文本在内的三个阶段的产物，通过将右栏的信息完整保留，实现了对手稿彻底的两栏编排，并用不同图层、颜色和字体表示手稿的层次性和作者的笔迹。这种组版方式在《德意志意识形态》编辑史上尚属首次，其对成稿过程的再现在实用性上超越了新MEGA系列，在直观性和精准度上超越了广松版。通过在线版，我们可以发现和追踪两位作者的思想在《德意志意识形态》中的形成过程及其差别，甚至可以追踪唯物史观的形成过程。这个在线版也为我国编译《德意志意识形态》中文版提供了重要的参考。

北京大学教授聂锦芳发表《刍论马克思主义政治经济学研究方式的转换——从〈资本论〉的“郭、王译本”及当代研究谈起》[8]。文章认为，在中国《资本论》翻译史上，“郭大力、王亚南译本”不仅是建立在之前各种试译、节译和第一卷全译基础上的集大成之作，而且由于较为准确地把握了从古典经济学到《资本论》的逻辑发展，统一了政治经济学的核心范畴，并通过不断地修改提供了更为准确的中文表达，彰显出重要的学术价值。在当代要推进马克思主义政治经济学研究，除了传承他们的学风，在他们奠定的“回到古典经济学”思路的基础上，还需要在“从完整、权威的文献出发”“全面认识资本的功能及其效应”“在全球视野中探究经济学的当代发展”等方面实现观念、视野和研究方式的转换。

中国政法大学教授文兵发表《蒲鲁东在马克思思想形成中的不同理论面相——马克思从政治哲学走向政治经济学的理论意义探析》[9]。文章认为，马克思青年时期就投身于对现实政治的批判并倾注于对政治哲学的探究，但马克思思想的成熟则是伴随着他对古典政治经济学的批判而不断深入的。虽然马克思的政治哲学的规划即人的解放是他的恒久的思想主题，但在马克思看来，要解决政治哲学中的问题，还必须将之建立在坚实的科学的基础之上，必须对资本主义的生产方式和社会结构进行科学的分析。从《神圣家族》到《哲学的贫困》，马克思都将蒲鲁东的思想作为考察对象，但他对蒲鲁东思想的态度则是从辩护走向了批驳，这深刻反映了他从对政治哲学的关注走向对政治经济学的研究的必然性。

中国人民大学教授黄志军发表《论自由个性的显现——基于〈政治经济学批判（1857—1858年手稿）〉的研究》[10]。文章认为，在《政治经济学批判（1857—1858年手稿）》中，马克思对自由个性显现的理解与社会形式的三阶段理论息息相关。沿着“自我异化的扬弃同自我异化走的是同一条道路”的逻辑，马克思揭示了以交换价值为基础的生产方式对个性的压制过程，即“物的胜利”的历史进程，但同时也借此论证了自由个性由潜藏到显现的必然逻辑和现实道路。在以交换价值为目的的劳动和交往体系中，与其说第二阶段即以物象为基础的人格独立性为第三阶段即自由个性准备了物质条件，倒不如说自由个性在第二阶段便开始了自身的显现过程。由此，自由个性在马克思的世界历史理论中才可以说是以历史唯物主义的方式为自身奠定了基础。这对于我们进一步把握人类文明形态发展的历史进程与可能空间提供了理论上的启示。

清华大学副教授陈浩发表《“扬而不弃”的市民社会——〈法哲学批判〉之后的〈法哲学〉筹划》[11]。文章认为，面对市民社会与国家的分裂难题，黑格尔试图运用国家来“扬弃”市民社会。但问题在于，黑格尔究竟是通过“消解”市民社会的独立性，运用国家统摄甚至消融市民社会，来完成对于市民社会的“强扬弃”？还是在“保留”市民社会之独立性的前提下，借助市民社会与国家的沟通与和解，来促成一种“弱扬弃”？两种看似区别不大的扬弃之间，暗含了对于“市民社会”完全不同的理解和定位。当马克思批评黑格尔未能成功克服市民社会与国家的分离时，马克思认为黑格尔理应施行一种“强扬弃”方案。不过，鉴于黑格尔的初衷是要维持市民社会与国家的两分结构，保证市民社会相对于国家的张力，黑格尔似更倾向于主张一种“弱扬弃”方案，即在承认市民社会之独立性与正面价值的前提之下，对市民社会施展一种“扬而不弃”。

上述研究成果一方面体现了国内马克思主义哲学文本文献研究方面较高的水平，另一方面也体现了学者们根据时代发展状况和要求，秉持守正创新原则，推动马克思主义哲学文本研究与基础理论研究相结合的特点。

3. 马克思主义哲学基础理论研究

基础理论研究主要集中在重释马克思哲学的理论特质和阐发其当代价值，哲学基本问题的当代阐释，生产关系与唯物史观的关系，马克思的平均概念等方面。

北京师范大学教授杨耕发表的《走进马克思哲学深处与展现马克思哲学当代价值》[12]是他的自选文集的总序。文章认为，马克思的哲学是在法的批判、政治批判和社会批判、形而上学批判、意识形态批判和资本批判等多重批判过程中形成的，马克思的哲学是“批判的哲学”；马克思的哲学关注的不是所谓的“终极存在”，而是“对象、现实、感性”何以成为这样的存在，马克思的新唯物主义中的“物”不是所谓的“初始物质”，而是具有社会关系内涵的“可感觉而又超感觉”的“社会的物”；历史唯物主义不仅是“唯物主义历史观”，更重要的是“唯物主义世界观”，是“真正实证的科学”和“真正批判的世界观”的统一。文章提出，应当把马克思的哲学放置到马克思主义哲学史、西方哲学史、现代西方哲学、后现代主义哲学以及政治经济学、社会主义理论、当代社会发展理论这样一个广阔的历史背景和理论背景中进行重释。

中国人民大学教授罗骞发表《思维与存在的关系——哲学基本问题的当代阐释》[13]。文章认为，思维与存在的关系是黑格尔书写哲学史的基本线索，恩格斯在不同于黑格尔的意义上将思维与存在的关系作为哲学的基本问题，并且建构了哲学派性的判析框架。恩格斯提出的哲学基本问题框架对哲学尤其是马克思主义哲学发展产生了广泛影响。围绕着思维与存在作为哲学的基本问题和思维与存在的关系本身，中国哲学界四种代表性观点颇具特色，在哲学和马克思主义哲学的当代阐释方面都做出了创造性的尝试。在与四种代表性观点相互关联和相互区别的意义上，能在论以“能在”概念为核心阐释思维与存在的关系，并在后形而上学的思想视域中重构了哲学基本问题的两个方面。在能在论看来，思维与存在的关系仍然是哲学的基本问题。这一基本问题的两个方面，即第一性问题和同一性问题需要在以实践为基础的统一性和否定性过程中才能得到正确理解。以生存实践为基础的“能在”概念就是把握思维与存在统一性和否定性过程的存在论范畴。

北京大学教授丰子义发表《“生产关系”与唯物史观关系的再认识》[14]。文章认为，“生产关系”是唯物史观的一个核心概念。从史实来看，马克思从理性→国家→市民社会→生产→接近生产关系→生产关系的思想发展过程，也就是唯物史观的创立过程，“生产关系”概念的形成与唯物史观的创立是一致的。生产关系对于唯物史观的系统阐发有其决定性的意义，其影响一方面体现于唯物史观基本概念的科学制定，另一方面体现于唯物史观基本原理的科学阐释。要准确地理解和把握生产关系，应当注意马克思研究生产关系的这样一些基本观点，即整体性的观点、“普照的光”的观点、世界性的观点、历史性的观点。

中国人民大学教授黄志军发表《论马克思对“平均”概念的两种理解及其理论效应》[15]。文章认为，在政治经济学批判的视域中，马克思对“平均”概念有两种不同的理解。第一种“平均”概念，即把各个要素简单相加进而平分出一个结果。它以事物的同质性为前提，实质上消解了事物内部各要素之间的差异，仅具有形式的普遍性，而无法保存个别性。其理论效应主要表现为，马克思在《巴黎手稿》中对“粗陋的共产主义”的批判。第二种“平均”概念，是以均分为中介推动事物内部各个要素否定自身，同时改变事物的“平均”状态的过程，是推动事物发展的现实力量。它既具有形式上的普遍性，也内含各要素的差异性，所以是辩证的“平均”概念。其理论效应主要表现为，马克思在《政治经济学批判大纲》和《资本论》中把它视为事物自我否定的环节，且以它为理论中介建构起了平均利润等概念。这两种理解分别为我们把握马克思“平均”概念的复义性和利润率下降趋势等议题提供了有益视角。

4. 马克思主义人学理论研究

北京大学教授丰子义发表《面向新时代的人学研究》[16]。文章认为，我国的人学研究是改革开放后适应新时期的需要而兴起和发展的。在 40 多年的发展进程中，人学研究大致形成了这样几种较有代表性的研究路向，即基础理论研究、现实问题研究、“对话式”研究、交叉式研究。文章强调，在新的历史条件下，要推进人学研究，应着力加强对新时代新阶段的新问题、全球化大变革中的人学问题、人学基础理论问题、理论与现实中重点难点问题的深入研究。在研究方法上，也需要加强和改进，重点是加强专题性研究、跨学科研究、比较研究以及宏观研究和微观研究的结合。

中国社会科学院哲学所研究员魏小萍发表《从双重对象性关系中解读马克思人的本质思想》[17]。文章认为，以人与人、人与物的双重对象性关系为主线，可以重新解读马克思关于人的本质是一切社会关系总和的思想。通过双重对象性关系，可以分析人的本质中的自然属性和社会属性及其意识中的双重因素——非理性与理性，从而理解两种理性因素即经济理性与政治理性的区别，进而分析这两种理性在经济关系与政治关系中的功能差异。在此基础上，还可以深化对唯物史观基本理论的认识。马克思和恩格斯从生产力与生产关系的矛盾运动中理解和把握客观社会发展规律，这一矛盾运动是通过人的有意识的社会实践活动体现出来的，而这种意识既包含反思性的理性（经济理性、政治理性）认知活动，也包含社会存在论意义上的非理性意识活动。

中国社会科学院哲学所研究员周丹发表《智能时代的劳动与人的劳动解放》[18]。文章认为，人工智能的发展和运用，正在深刻改变人们的生产方式、生活方式、思维方式，逐渐形成了人的劳动新形态——智能劳动。站在人类社会发展的角度，深入理解智能劳动和马克思劳动价值理论的关系，思考智能劳动在资本主义生产方式条件下产生的新的劳动异化，以及智能时代人类的解放，具有重要的理论和现实意义。文章提出，我们要完善有关人工智能的顶层设计，构建符合智能时代特点的人机协同关系，真正通过智能劳动推动人的自由全面发展，实现人的劳动解放。

北京大学张梧助理教授发表《重建人伦日用：当代中国人学研究的重大课题》[19]。文章认为，随着我国对家庭家教家风建设的日渐重视，人伦日用的重建问题成为当代中国人学研究的重要课题。人伦规范是在人们的交往实践中凝结的，是人与人交往关系的合理规范形态，具有深刻的人学意蕴。然而，在现代社会中重建人伦日用的问题呈现出复杂性和难题性，即如何处理个体性与伦理性的关系，仍然是现代社会悬而未决的普遍问题。在当代中国的现实语境中，重建人伦日用体系，既需要中华优秀传统文化的创造性转化，也需要立足当代中国的社会生活实践。当代中国的人伦重建，既是追求美好生活的心灵需求，更是创造人类文明新形态的生动实践，具有深远而重大的理论意义。

5. 马克思主义政治哲学研究

历史唯物主义与政治哲学的关系是哲学界存在分歧和争论的重要问题。中国人民大学教授张文喜发表《历史唯物主义与政治哲学之间关系的探讨》[20]，对这个问题提出了新的观点。文章首先提出这样一个问题：在当代复兴对马克思政治哲学的关注意味着什么呢？有些人担心这意味着拥护现代性观念（如"正义""公平"等）或者当代政治哲学所拥护的那种政治拟制。然而，马克思政治哲学之根基在于历史唯物主义，深入社会历史现实便是首要的任务，透过当前关于马克思政治哲学论辩可以看到这个转变。不过，当代马克思政治哲学是否还要进入到另一个不同的基准点上呢？或者马克思主义政治哲学发展是否属于"现代性观念"发展呢？这种问题意识必然被标注为对历史唯物主义进行观念反思，其观念反思意味着各种不同的原则形成了我们称之为以好生活或好社会为导向的马克思政治哲学。在这方面，施特劳斯把马克思的观点带到政治哲学中来，并且扮演着不可小觑的角色。

北京师范大学教授鲁克俭发表《马克思对权利范式的超越》[21]。文章认为，近代政治哲学是基于以个体、权利、自由、私有财产为关键词的权利范式，而马克思的共产主义政治哲学正是对这种权利范式的超越。一方面，马克思以自我所有权来解释私有财产的产生，批判私有财产带来的人的异化和剥削现象；另一方面，马克思认为权利观念的消失是一个历史过程，因而在共产主义第一阶段仍然会有市民权利的痕迹。超越了权利范式的马克思政治哲学，以建立在个体与社会和谐统一（自由人联合体）基础上的个体自由（个体潜能得以自由而全面的发展）为核心价值。

"塔克—伍德命题"是近十几年我国政治哲学研究中为很多学者关注的一个热点问题，2022 年的两篇文章值得注意。中国人民大学教授段忠桥发表《"塔克—伍德命题"辨析》，文章从"塔克—伍德命题"的提出和含义、发源和形成、作用和影响三个方面，揭示了我国一些学者在对这一命题理解中存在的诸多误区，尤其是认为它引发了英美学者 20 世纪 70—90 年代关于"马克思与正义"的争论并且是争论的核心问题，指出不应以对"塔克—伍德命题"的关注取代对"马克思与正义"问题的关注。

北京师范大学教授郑伟发表《"塔克—伍德"命题的恩格斯视角解读》[22]，文章独辟蹊径，认为"塔克—伍德"命题的关键在于，它试图在历史唯物主义框架内部建立一种阶段性的"正义评价模式"并认可其"历史合理性"。对于"正义评价模式"与历史唯物主义关系问题的解答，强调"意识形态的规范性作用"或建构"生产正义"理论等诸种尝试均以失败告终，即无法真正解答"塔克—伍德"命题。而在《反杜林论》等著作中，恩格斯阐释了价值观评价"元模式"的历史生成及其局限性，在资产阶级"正义观"问题上集中表达了历史唯物主义的态度，揭示了马克思及他本人没有从"正义"视角进行资本主义批判的原因。恩格斯的这一视角，有助于我们在区分事实判断和价值判断的基础上，澄清"塔克—伍德"命题的"泛主体性"逻辑缺陷，摆脱价值形而上学的思维方式。

6. 政治经济学批判与现代社会研究

北京大学教授仰海峰发表《马克思的社会转型思想》[23]。文章认为，马克思所处的时代正是西方社会从传统向现代的转型时代，不同的学者从不同的立场出发，对这一转型进行了不同的分析，浪漫主义、自然主义、批判的改良主义构成了当时的主要思潮。马克思在其思想发展的不同阶段，对资本主义社会变迁有着不同的理解。在撰写博士论文及主编《莱茵报》时期，他以理性的自我意识为基础批判德国封建的专制制度。而在 1844 年之后，马克思通过整合哲学、政治经济学和社会主义思潮，描述了从中世纪到近代资本主义社会的转型过程，形成了以异化逻辑、生产逻辑、资本逻辑为基础的三个不同阶段的批判性话语。相比于浪漫主义、自然主义、批判的改良主义，马克思提出了面向未来的重建这一思路。马克思对资本主义社会转型的思考，为我们理解当下的社会发展和变迁提供了理论指导。

北京大学教授宋朝龙发表《金融资本元宇宙帝国的内在矛盾及发展进路》[24]。文章指出，元宇宙技术不是中性的技术，而是从属于一定的所有制关系。在西方，元宇宙技术是金融资本积累的工具，它开拓了金融资本积累的新空间，也加剧了金融资本帝国的既有矛盾。社会主义市场经济具有更大的制度禀赋来推动元宇宙技术的发展。在打造统一有序、超大规模市场，以及推动国有企业和国有资本发展的过程中，如何在参与全球化顶层设计中推进元宇宙技术建设，实现元宇宙时代社会主义的新追赶战略，是具有世界历史意义的时代课题。

清华大学教授夏莹和潘沈阳合作发表《元宇宙叙事语境下的非物质劳动批判》[25]。文章认为，“元宇宙”作为一种指向未来的“叙事”，被界定为不受现实时空条件限制的极具临场感的数字空间，其中劳动被构想为带有最大的“非物质性”。根据“自治主义马克思主义”基于非物质劳动概念对诸众取得阶级斗争胜利的乐观推演，它应当是最适合诸众脱离资本逻辑、迈向理想未来的场所。基于对作为当代资本逻辑之表达的元宇宙叙事中可能存在的劳动形态的分析，却发现其呈现出与自治主义的乐观推理相悖反的态势。出现这种悖反的原因，一方面在于自治主义者对马克思资本与劳动思想的误读，一方面则在于他们没有把握马克思协作理论对资本主义管理机制的批判。在资本逻辑的分析框架中，非物质劳动概念本质上正是资本主义生产关系中劳动的特殊表现形式，而资本主义生产关系中劳动的协作形式依旧服务于价值自我增殖的内在动力，因此，可充分发展非物质劳动形态的元宇宙叙事不是劳动者的“绿洲”，而是他们的“囚笼”。

总之，对现代社会的哲学探讨离不开马克思的政治经济学批判的有力支撑，缺乏政治经济学批判的研究，对现代社会的反思就会显得抽象而空洞。政治经济学批判研究的深化将进一步推动学界对现代社会的理论把握和哲学反思，反过来又可以推动马克思主义哲学研究形成新的气象。

二、研究特色和发展态势

总的来看，2022 年北京的马克思主义哲学研究富有特色，在若干领域取得明显突破，主要体现在以下几个方面。

一是对中国式现代化展开了多维度的哲学研究，而对“中国式现代化”的特定实践逻辑和特定文化根基的论证和阐发是研究的重中之重。这就从根本上切中了“中国式现代化”哲学探索的本质规定，有助于促进马克思主义哲学研究与中国哲学研究之间的对话，从而推动中国自主知识体系的建构。

二是马克思主义哲学经典文本和基础理论研究向纵深发展。虽然研究中所涉及的经典文本数量不算多，但研究质量体现了国内马克思主义哲学文本文献研究方面的较高水平。更重要的是，在研究中体现了文本文献研究与基础理论研究密切结合的特点。而在基础理论研究方面，无论是重释马克思哲学的理论特质和阐发其当代价值，还是对哲学基本问题的当代阐释，以及对生产关系与唯物史观的关系和马克思的平均概念的研究方面，都有明显的深化或突破。

三是马克思主义人学研究体现了宏观与微观相结合的特点。一方面从宏观上对人学研究的历史进程和基本思路加以梳理，倡导新的研究方法；另一方面对智能时代的劳动解放以及体现在人伦规范中的人学问题展开具体研究。

四是马克思主义政治哲学以及政治经济学批判与现代社会研究方面取得突出进展。政治哲学研究方面的进展主要体现在马克思政治哲学与近现代西方政治哲学的关系，以及对“塔克—伍德命题”的新解读视角方面。而对金融资本元宇宙帝国的内在矛盾及发展进路、元宇宙叙事语境下的非物质劳动批判的研究则是重新开拓的课题。

（北京市哲学会供稿；执笔人：杨学功、黄志军）

注：

［1］韩庆祥：《论中国式现代化的逻辑》，《政治学研究》，2022 年第 6 期。

［2］郝立新：《物质文明和精神文明协调发展的中国式现代化》，《中国人民大学学报》，2022 年第 6 期。

［3］杨学功：《从“现代化在中国”到“中国式现代化”——重思全球化背景下的中国现代化道路》，《中国社会科学文摘》，2022 年第 2 期。

［4］邹广文：《中国式现代化道路的文化解析》，《求索》，2022 年第 1 期。

［5］臧峰宇：《马克思的现代性思想与中国式

现代化的实践逻辑》,《中国社会科学》,2022年第8期。

[6] 沈湘平:《中国式现代化道路的传统文化根基》,《中国社会科学》,2022年第8期。

[7] 韩立新:《〈德意志意识形态〉在线版的特征及其意义》,《马克思主义与现实》,2022年第1期。

[8] 聂锦芳:《刍论马克思主义政治经济学研究方式的转换——从〈资本论〉的“郭、王译本”及当代研究谈起》,《现代哲学》,2022年第1期。

[9] 文兵:《蒲鲁东在马克思思想形成中的不同理论面相——马克思从政治哲学走向政治经济学的理论意义探析》,《学术研究》,2022年第8期。

[10] 黄志军:《论自由个性的显现——基于〈政治经济学批判(1857—1858年手稿)〉的研究》,《马克思主义理论学科研究》,2022年第10期。

[11] 陈浩:《“扬而不弃”的市民社会——〈法哲学批判〉之后的〈法哲学〉筹划》,《清华大学学报(哲学社会科学版)》,2022年第6期。

[12] 杨耕:《走进马克思哲学深处与展现马克思哲学当代价值》,《江海学刊》,2022年第1期。

[13] 罗骞:《思维与存在的关系——哲学基本问题的当代阐释》,《武汉大学学报(哲学社会科学版)》,2022年第5期。

[14] 丰子义:《“生产关系”与唯物史观关系的再认识》,《北京大学学报(哲学社会科学版)》,2022年第5期。

[15] 黄志军:《论马克思对“平均”概念的两种理解及其理论效应》,《哲学研究》,2022年第12期。

[16] 丰子义:《面向新时代的人学研究》,《江海学刊》,2022年第1期。

[17] 魏小萍:《从双重对象性关系中解读马克思人的本质思想》,《四川大学学报(哲学社会科学版)》,2022年第1期。

[18] 周丹:《智能时代的劳动与人的劳动解放》,《学术前沿》,2022年第4期。

[19] 张梧:《重建人伦日用:当代中国人学研究的重大课题》,《江海学刊》,2022年第1期。

[20] 张文喜:《历史唯物主义与政治哲学之间关系的探讨》,《长白学刊》,2022年第5期。

[21] 鲁克俭:《马克思对权利范式的超越》,《马克思主义与现实》,2022年第1期。

[22] 郑伟:《“塔克—伍德”命题的恩格斯视角解读》,《哲学研究》,2022年第6期。

[23] 仰海峰:《马克思的社会转型思想》,《中国社会科学》,2022年第2期。

[24] 宋朝龙:《金融资本元宇宙帝国的内在矛盾及发展进路》,《人民论坛》,2022年第7期。

[25] 夏莹、潘沈阳:《元宇宙叙事语境下的非物质劳动批判》,《华中科技大学学报(社会科学版)》,2022年第3期。

中国哲学

一、研究概况

2022年,中国哲学学科理论建设取得进展。清华大学哲学系教授丁四新在《主体性的彰显:中国哲学史的新书写》[1]一文中,将百年中国哲学史的书写历史分为五个阶段,提出“中国哲学的主体性”概念,并以此概念来考察百余年中国哲学学科的建设及其发展。1990年以来,“中国哲学的主体性”逐渐成为中国哲学史书写和研究的主要原则。“中国哲学的主体性”是丁四新对中国哲学史方法论的总结和反思,对于认识百余年中国哲学学科的建设及其未来发展具有一定的指导意义。在《洪范大义与忠恕之道》的《序言》中,丁四新讨论了研究经书的方法论问题,他认为研究经书经学应当确立经学方法或哲学方法的主导地位。所谓经学方法,指以常道常理来看待经书和经学,进而发明经义和推阐其常理常道的方法。[2]清华大学哲学系教授唐文明发表《中国哲学研究中的真理与方法问题》[3],对中国哲学研究方法进行了反思和展望。他强调,关于中国哲学研究方法论的讨论主要集中于两个时段:现代中国哲学研究的初创时期和20世纪90年代以来。唐文明指出经典的权威性是超越历史的,教化哲学是对中国哲学方法论问题的可能回答。北京师范大学哲学学院教授刘笑敢从“概念考古”“诠释取向”和“体系义”三个维度对《老子》的“自然”进行了分析，推进了研究的深化。清华大学圣凯教授在佛学佛教研究中成功运用了观念史的研究方法。北京大学哲学系教授章启群以六大理论分野澄清唯识学与现象学的根本差异。[4]

儒家哲学研究主要体现在本体宇宙论、心性工夫论、伦理政治思想和经学与出土文献研究等四个方面。北京大学教授安乐哲从过程主义的角度诠释中国宇宙论，指出中国宇宙论有其自身的因果和逻辑：特定事物既是其他事物的原因，也是其他事物的结果，为理解中国宇宙论提供了新的视野。[5]清华大学哲学系教授陈来梳理了“气不用事”思想在中国朱子学和朝鲜性理学中的发展和演变，指出中国朱子学有主心和主性两种理解，朝鲜朱子学形成了本然之性派和气质之性派的对立。陈来教授运用语言概念和哲学问题结合的方法，挖掘了“气不用事”这一朱子学重要命题，深化了对东亚朱子学心性工夫论的研究。[6]北京大学哲学系教授干春松出版了《公天下与家天下：大同、小康与儒家的社会理想》一书[7]，该书较为详细地梳理了大同、小康观念的近代演化，勾勒了儒家对天下国家的认知途径，立足于文明的多样化、民族国家的世界体系，指出建立突破民族、地域、国家局限的人类共同意识的必要性。清华大学哲学系教授丁四新出版了《洪范大义与忠恕之道》一书。[8]该书以大量新材料考证了《洪范》的著作时代问题，以经学方法或哲学方法为主导，结合多种方法比较系统而深入地阐发了《洪范》的大义。《洪范大义与忠恕之道》在《洪范》著作年代考证、大义阐发和经学方法的运用上都取得了重要突破，观点和结论可信。同时，丁四新出版了《上博楚竹书哲学文献研究》一书，[9]是学界第一部全面、系统研究上博楚竹书哲学文献的专著。

道家、道教哲学研究主要体现在儒道思想比较、老子学及道家出土文献、庄子学以及道教思想与文化四个方面。北京师范大学哲学学院刘笑敢教授从“概念考古”“诠释取向”和“体系义”三个维度，对《老子》之“自然”在古今中外的比较中所凸现的独特性进行分析，推进了学界对于老子“自然”观的整体认识。[10]北京大学哲学系教授王中江对老子的“道恒”思想作了新的解读，从“时间与永恒”的向度揭示了《老子》文本中的深奥义理。[11]中国人民大学哲学院曹峰教授围绕先秦儒道两家的“性”论思想展开探讨，认为研究儒家的“性”论应使用“具体属性—根本属性”的框架，研究道家的“性”论应使用“差异性—统一性”的框架，体现了儒、道思想在根源性上的碰撞与交流。[12]北京师范大学哲学学院教授章伟文、强昱在道教思想研究上有所突破。前者立足生命哲学的视域，阐发了道教的“性命双修”理论；[13]后者则从思想分析入手，梳理了残唐五代时期内丹学大师烟萝子的丹道学说。[14]这些研究成果在道家诠释方法及人性问题的研究上有所推进。

中国佛教哲学研究主要体现在佛教哲学与历史、佛教中国化理论以及比较佛学的探讨上。在佛教哲学与历史方面，清华大学哲学系教授圣凯出版了《佛教观念史与社会史研究方法论》一书，[15]该书对近代以来的各种佛教研究方法进行了全面的总结与分析，勾勒出佛教观念史与社会史研究兼行方法论，又辅以多个案例展示方法论的具体应用情况，为中国佛教研究的方法论发展作出了一定贡献，值得重视。在佛教中国化理论方面，北京大学哲学宗教学系李四龙教授探讨了历史上佛教中国化及其文化主体性的确立，认为佛教在中国得到了丰富和发展，形成了适合中国农耕文明、宗族社会的佛教形态，在教理教义、修行体系和组织制度等方面具备了鲜明的中国特色。[16]北京大学哲学系教授章启群以六大理论分野澄清唯识学与现象学的根本差异，深化了佛教与西方哲学的比较。[17]

二、主要研究进展

1. 儒家哲学研究进展

（1）儒家本体论与宇宙论

陈来《朱子理气论研究的比较哲学视野》[18]一文以希腊哲学为主，围绕柏拉图理型论及分有、分离、动静问题和亚里士多德论形式、质料、动力因、不动的动者的思想，对照朱子哲学中的类似思想进行了细致的比较分析，扩大了比较的视野，加深了诠释的深度。在另一篇文章《张荫麟、贺麟朱子太极动静说论辩简析》[19]中，陈来细致地考察了20世纪30年代张荫麟、贺麟关于朱子太极观的争论，揭示了这场争论背后的比较哲学背景。陈来的上述文章视野开阔，从多维度拓展和深化了当代朱子学的研究。

北京大学教授安乐哲发表了《中国宇宙论及“其自身的因果与逻辑”》[20]一文，通过反思汉学家提出的“关联性思维”概念，从“焦点-场域”的解读方式理解中国宇宙论的关系性特征，并指明诸关系本身所具有的那种富有创造性的、相互依赖的因果性。他认为，在中国古代宇宙观中，一切事物可以产生任何事物，故而任何特定事物既是其他一切事物的原因，也是其他一切事物的后果。这种因果论及其逻辑，与西方哲学的因果论和逻辑存在明显区别。在《比较哲学视域中的〈易经〉宇宙论》[21]一文中，安乐哲通过参考唐君毅的早期易学，对《易经》宇宙论作了过程主义的解读。在唐君毅“无定体观”“一多不分”等易学观念的基础上，安乐哲从谱系性、改良性、具体主义、涌现生成等角度对《易经》的宇宙论作出新的诠释。安教授提供了一条从过程主义借鉴、反思现代新儒家本体宇宙观的路径，这也是未来学界应该重视的方向。

2022年度儒学本体论、宇宙论的研究呈现出一个显著的特征：中西比较的视野在一定程度上得到了凸显。20世纪90年代以来，大陆中国哲学界由于追求特殊性而逐渐呈现自我孤立、自我封闭和自高自大的特征，井蛙式的研究和边缘性的研究彰显。近年来，中国哲学界在逐渐反思这一状况，国际视野、比较哲学视野逐步增强，这是一种好的发展趋势。

（2）儒家心性论与工夫论

丁四新发表了《儒家修身哲学之源：〈尚书·洪范〉五事畴的修身思想及其诠释》一文，[22]将“敬用五事”视为儒家修身哲学的源头。他指出，“敬用五事”指君王以貌、言、视、听、思五事敬慎其身。联系庶征畴来看，此一命题处于王道政治和天人感应的语境中，其基本逻辑是王者之身修则天应之以休征，其身不修则天应之以咎征。天子处位的合法性根源之一在于修身，这是中国政治思想的一大变化。而且，他认为，汉宋儒学普遍重视五事畴，丰富和充实了“敬用五事”的思想内涵。以往学者往往重视“子学时代”的工夫论，丁四新则将儒家修身哲学的源头追溯到《洪范》，在学术上具有突破性意义。

清华大学教授陈来发表了《论朱子学“未发之前气不用事”的思想》[23]一文，从黄榦论性时所引述朱子“气不用事”的思想出发，梳理分析明清朱子学和朝鲜性理学中对这一问题的看法。陈来指出，对于朱子学中所说的“未发”，如果从性去理解可称为主性派，从心去理解则是主心派。主性派中，又可细分为主“天地之性”说和主“气质之性”说。主心派中，又可细分为“未发为中”说和“未发不中”说。在另一篇文章《朝鲜朱子学关于“气未用事”的讨论》[24]中，陈来指出，朝鲜时代的性理学比起中国的朱子学更为重视“气不用事”对“未发”理解的重要性，形成了本然之性派和气质之性派的两种主张对立。“气未用事”是朱子学内部的重要命题，但是现代学者并未充分重视该命题，陈来教授的两篇文章立足于东亚朱子学的视野，运用“语词、概念与问题相结合”的方法，推进了相关讨论的深入。

清华大学副教授高海波在《王阳明“知是行之始，行是知之成”新诠》[25]一文中指出，多数学者将“知是行之始，行是知之成”中的“始”“成”理解为“开始”“完成”，这意味着知行之间还存在极短的时间差。他认为“始”与“成”应该被理解为“方始”和“作为”(或“表现”)，知行是体用同时的关系，而不是时间先后的关系。高海波的研究突破了学界的以往解释，使我们对王阳明的知行合一观有了更深入、更内在的认识。

另外，中国社会科学院哲学研究所研究员任蜜林发表了《心、生为性——早期“性”观念的发生学考察》[26]一文，对学界存在争议的早期中国“性”概念的起源问题提出了自己的意见和看法，认为在西周时期“性”概念已经形成。但其观点是否正确，值得商榷。北京师范大学教授许家星发表了《贫困身与圣贤梦——吴康斋《四书》工夫论及其意义》[27]一文，将儒者生命实践、经典世界与工夫理论三者结合起来，在工夫论的研究方法上具有一定的典范性。

工夫论是近几年儒学研究的增长点，北京地区专家学者对儒家心性论和工夫论的研究主要集中在先秦哲学和宋明理学，取得了一些具有突破性、原创性的成果，拓展和深化了儒家工夫论。

（3）儒家政治伦理思想

社会起源论是政治哲学的一个论域。北京大学哲学系教授王中江发表了《圣创论的图像和形态：社会起源论的中国版本》[28]一文，立足于中西比较的视野，指出圣创论是中国社会起源论的主要理论。他认为，先秦时期子学家们所构建和塑造的社会起源论正是圣创论，在基本形态上与社会契约论不同。王中江从中西古今对比的角度作了研究，凸显了儒家社会起源论的独特性。

清华大学哲学系副教授高海波发表了《从“师道”与“君道”关系看晚明清初社会改革理论与实践的三种路向》[29]一文，通过反思余英时关于明代师道运动的主流判断，指出明代阳明学的师道运动是社会改革的“下行路线”；管志道、杨起元、张居正等人主张恢复以皇权为中心的政教秩序，是“上行路线”；东林学派和黄宗羲等主张限制君权，是“中间路线”。上述考察展现了晚明儒学中师道与君道两种伦理之间纵横交错的复杂图景。

北京大学哲学系教授干春松出版了《公天下与家天下：大同、小康与儒家的社会理想》[30]一书。在第一章中，他描述了中国经典中的理想社会以及大同、小康观念的演化史，认为大同体现了中国古人对共有和共享的理想社会的向往，可以深化我们对诸如贤能政治、禅让和世袭、礼制以及亲亲、尊尊等儒家政治思想核心概念的理解。在第二章中，他从公、私这一对概念出发，讨论了禅让与革命两种儒家政治模式。在第三章中，他具体分析了近代思想史上康有为、无政府主义、民生主义、新儒家、历史学家等不同学派的大同理想，展现了大同思想的近代图景。该书详细梳理了大同、小康观念的演化，勾勒了儒家对天下国家的认知途径，立足于文明的多样化、民族国家的世界体系，指出建立突破民族、地域、国家局限的人类共同意识的必要性。这可以帮助现代人理解中国传统的秩序原理，体察近代中国政治发展的复杂面向。

北京师范大学教授李祥俊的《儒家人伦及其现代转化》[31]一文，考察了儒家人伦的历史特点和基本特征，并指出其在现代化的社会中转化的可能性。他指出，儒家的人伦观奠基于中国传统家庭、家族本位基础上的君主专制主义等级社会，因而具有反对个体独立的特征。近现代的中国社会转型对儒家人伦观产生了巨大冲击，批判和维护儒家人伦观的论争在多层面展开。在此基础上，李祥俊指出，回到人类社会生活实践，实现儒家人伦观的创造性转化，是儒学理论发展的内在要求，更是当代中国社会发展的现实要求。

中国社会科学院哲学研究所研究员刘悦笛发表了《从“情本伦理学”观当代道德情感主义——论李泽厚对迈克尔·斯洛特的批判》[32]一文，处理了李泽厚和斯洛特在“情感”问题上的分歧。他指出，李泽厚对斯洛特以移情为内核的当代情感主义进行了批驳，彰显出其情本伦理学以理性为主力、以情感为助力的基本取向。当斯洛特以中国之阴反西方之阳时，也忽视了李泽厚所强调的阴阳互动的中国传统。上述研究立足于中国传统哲学的立场，对当代的伦理学理论进行回应，推动了中西哲学的对话。

北京地区学者对儒家政治伦理思想的研究既有对儒家传统政治模式的诠释，又显示出强烈的现实关怀，从多个角度探索了儒家伦理如何应对现代社会的问题。

（4）经学与出土儒家文献

清华大学教授教授丁四新出版了《洪范大义与忠恕之道》[33]，该书分为上下两篇，上篇共六章，论“洪范大义”；下篇共四章，论“忠恕之道”。该书对《洪范》进行了系统化的哲学诠释，其主要贡献有三点。第一，丁四新批判了民国以来将《洪范》成书年代推至战国晚期的观点，利用新的材料、新的视野和新的方法来论证《洪范》为周初的著作。这些考证成果摆脱了疑古的窠臼，为学者重写西周哲学及尚书经学奠定了基础。第二，丁四新基于经学家、哲学家的立场来进行写作，力图揭明《洪范》所包含的常理至道。他认为洪范九畴蕴含了丰富的治道哲学内涵，进而对每一畴的奥义及其各畴之间的逻辑关系作了阐明。他认为洪范九畴在数序上呈现出一定的系统性，其中五行畴、皇极畴和福殛畴分别具有基础、核心和目的的地位。该书对洪范大义的阐发接续了汉宋《尚书》学的传统，并能推陈出新，有许多颇具创新性的观点。在经学研究方法上，丁四新综合了考据方法、哲学方法和寻流探源法等多种研究方法。该书无论是在《洪范》著作年代考证、大义阐发和经学方法上都取得了重要突破，是当代《洪范》经学的集大成的研究，也为当代经学研究提供了典范。

在经学史研究方面，学者们比较关注汉宋的礼学、春秋学以及尚书学。清华大学教授陈壁生发表《从“礼经之学”到“礼学”——郑玄与“礼”概念的转化》[34]，全面介绍了郑玄在汉代礼学发展过程中的重要作用。中国社会科学院任蜜林研究员发表了《刘歆的春秋学思想新探》[35]一文，认为刘歆的春秋学以左氏学为主，但不排斥公羊学和穀梁学。北京师范大学教授许家星发表了《“〈四书〉之宗祖，往往出于〈书〉”——以陈栎为中心管窥元儒的〈四书〉〈六经〉观》[36]一文，以元代新安朱子学者陈栎为例，重新考察了元儒的经学观，为反思流行的“《四书》阶梯”说提供了启发。许家星细致地展现了元代经学的丰富性和复杂性，从经学的角度拓宽了宋明理学的研究视野。

在出土文献方面，丁四新等出版了《上博楚竹书哲学文献研究》[37]。该书是学界第一部全面、系统研究上博楚竹书哲学文献（包括思想与文本）的著作。全书分为“思想研究”和“竹书注译”两个部分，既注重大义的抉发，又兼顾文献研究。在“思想研究”部分，著者较为全面地梳理、论述和讨论了上博楚竹书的哲学内容和内涵，在广泛参考学界成果的基础上取得了一系列具有创新性的观点。在“竹书注译”研究部分，著者从上博楚竹书中挑选出了一批思想性较强的篇目作了简明而直接的注译，并分析和归纳其思想主旨。由于该书对于上博楚竹书哲学文献的注译建立在集释的基础上，故该书的竹简编联、释文和注释更为可靠。

2. 道家道教哲学研究进展

（1）儒道思想比较

中国人民大学哲学院教授曹峰比较了先秦儒道语境中的“性”概念，发表了《先秦儒道性论研究的两重框架》[38]一文。这篇文章指出，研究儒家的“性”论应使用“具体属性—根本属性”的框架，研究道家的“性”论应使用“差异性—统一性”的框架。就道家而言，差异性和统一性同时产生于“道生万物”的过程。其中统一性是道未分化时物性的整全状态，差异性是道分化后物性的个别状态。在道家思想中，回归事物的统一性是进入理想境界的最佳途径，而对于差异性的认识与有效利用则是把握事物的最佳入口以及解决矛盾的关键。曹峰关于先秦儒道“性”论框架的反思，促使我们在立足道家思想之独特性的基础上，对儒道关系和儒道会通等问题重新进行思考，具有一定意义。

中国社会科学院大学文学院教授刘国民发表了《〈春秋〉“微言大义”与〈庄子〉“寄言出意”辩示》[39]一文。文章指出，公羊学家之标举微言大义，有其文本性的基础，即《春秋》本身含有微言大义，公羊学家加以增饰，不仅把《春秋》神圣化、神秘化，且借之建构了公羊学的思想体系，而为大一统的专制政治服务。郭象倡导寄言出意，也有文本性的基础，即《庄子》主要以寓言叙事说理，其言辞谬悠、荒唐。郭象进一步将其夸大，以重新建构玄学的思想体系，来解决庄子思想在魏晋时期所面临的课题。刘国民关于“微言大义”和“寄言出意”的对比，对我们理解儒、道传统中的“言意之辨”有积极的促进作用。

（2）老学及出土道家文献

北京师范大学哲学学院教授刘笑敢发表了《〈老子〉之自然的独特性——多元视角的思考与发现》[40]一文。其文指出，《老子》的“自然”指向的是“人类文明社会中自然而然的秩序”，简称“人文自然”。只有通过对“自然”概念的考古、将“自然”与西方语言中的“Nature”进行比较、剖析对比前人对于“自然”的多元解读、立足《老子》文本分析“自然”在其中的体系义、考察“自然”概念在老子之后的语义演变，才能充分彰显出《老子》“自然”的独特性。刘笑敢对老子“自然”观的关注已30余载，近年来由其所倡导的“自然”之体系义研究又在方法论及观念上推动了相关论域的发展。本篇论文可视作刘笑敢教授“自然”观研究的一个阶段性总结及纲要。

北京大学哲学系教授王中江发表了《老子之根源性时间概念：作为“道”的谓词的“恒”》[41]一文，对老子的“道恒”思想作出解读。其文指出，根据《老子》中“恒”字的用法以及“象帝之先”“谷神不死”“死而不亡”“长生久视”等时间概念，可知老子具有“道恒”的根源性时间概念。“道恒”在工夫论、人生论方面揭示了具体事物获得时间上的长久性不仅值得向往，而且完全可以期望。期望的根据在于事物必须与道合一，必须合乎道、持守道。王中江对于“道恒”的阐释，向人们呈现了老子“时间”观念的一个重要侧面。

中国人民大学哲学系教授罗安宪发表了《老子“水几于道”思想解说》一文，其文指出，老子对“道”的标榜主要不是为了解释世界，而是将一切事物（包括人）当成一个整体，探索其如何、当如何等根本性的哲学问题。“道”不可言，但又不得不言，故老子以水喻“道”。水的无处不在，体现了“道”的无处不在；水的本体的“一”，体现了“道”的本体的“一”。更为重要的是，水“善利万物而不争”的特性，体现了“道”的两个基本原则，即“利而不害”“为而不争”。老子讲“道”，本质上是要为人类立法，所以“利而不害”“为而不争”就是道的根本，也是人应当坚守的根本。[42]

首都师范大学哲学系教授白奚发表了《〈恒先〉的宇宙生成论及其思想价值》一文。[43]其文指出，《恒先》中的“恒”与“或”实为二位一体的关系，类似于《老子》的“道”与“一”。“或”是最高本体“恒”在生成论中的代名词，以“或”为起点的生成论本质上是古代哲学中常见的“气生论”。从“或”开始的宇宙演化，经形上之“气”的过渡阶段，最终落实为形下之“有”，展现了一个关于宇宙万物生成的更为哲学化的解释系统。上述研究对了解先秦（尤其是道家）的“生成论”思想有一定帮助。

中国人民大学国学院副教授林光华发表了《非境界、非境域的〈老子〉诠释可能——从牟宗三到列维纳斯》一文。[44] 其文指出，牟宗三先生从主观心境切入、将道家哲学解释为“境界形态形上学”的解说，在阐释方法上打开了一条在中西方哲学互照下的新的道家诠释进路，但其对道“主客未分”之特点的诠释不够充分。受列维纳斯“反境域”思路的启发，我们或许可以将《老子》视作一个陌生化的“艺术作品”，道是人的“意向”尚未抵达客体，人的“感觉”尚未被还原成某种质、尚未变成某个观念的主客未分的存在状态。这样的“道”拒绝被概念化、对象化，从而避免语言带来的二元分裂。这种立足于哲学比较、中西贯通的诠释思路，拓宽了老子学的研究视野。

清华大学哲学系教授丁四新发表了《老子思想研究的文本依据：观念及其原则》一文。[45] 文章认为，当代学界仍以王弼本或河上公本作为研究老子思想的主要文本依据，这造成了通行本与出土古本的严重脱节。陈旧过时的文本观念应当放弃，切合实际的新文本观念应当得到承认和推广。应当以汉简本作为研究老子思想的主要文本依据。研究老子思想应当遵循三个原则，即以汉简本为主要依据，以原子分章为依据，以及全面检讨和反省通行本《老子》及王弼注和河上公注。

（3）庄学研究

北京师范大学哲学学院教授刘笑敢发表了《船山〈庄子〉分篇说今证——兼答一些疑问》[46] 一文。文章指出，王夫之断定内篇为庄子所作、外杂篇为后人所作的观点基本正确，只是缺乏客观证据，应予以补充。而他对于外、杂篇一些具体篇目的评价和归属判断则有待商榷，应予以斧正。这部分的主要内容在《庄子哲学及其演变》一书中已有系统的阐证。此外，该论文还涉及刘笑敢对学界关于其上述观点之质疑的回应，主要围绕“西汉前无人引用《庄子》内篇”“用了复合词就不会再用单纯词”两个方面展开。在此前，刘笑敢以道德、精神、性命三词论证了《庄子》内篇为庄子本人所作、外杂篇为庄子后学所作的观点。但后来李锐等学者反对他的此一观点，并撰文，作了正式的批评。刘笑敢坚持自己的观点，对李锐的批评作了回应。我们看到，刘笑敢在这篇文章中对于自己的观点继续作了回护，在一定程度上深化了对于相关问题的讨论。

中国人民大学国学院教授梁涛发表了《玄学的兴起与内圣外王语义的变化》[47] 一文。其文指出，“内圣外王”的说法在《庄子》中相对沉寂，郭象《庄子注》对其作了玄学化的阐释并使之进入士人的视野。其中，“内圣”取道家之旨，顺乎自然，“外王”取儒家之旨，不废名教，将儒道融合在一起。结合对“独化于玄冥之境”“适性逍遥”等理论的分析，梁涛教授认为《庄子注》“内圣外王”思想较之《庄子》的重要变化，即在于“逍遥”“内圣”在郭象思想中不再是少数圣人的专利，而成为每一个体安身立命之可能。上述研究对澄清“内圣外王”思想的转变、促进庄子学及玄学的研究有一定作用。

中国社会科学院大学文学院教授刘国民发表了《俗知与真知：庄子的知识论新释》和《论郭象对庄子之知的诠释和建构》[48] 两篇论文，探讨了《庄子》的知识论思想以及郭《注》对其的理论重构。刘国民指出，庄子否定众人之俗知，而标举真人之真知。真知不是追求真实性的知识，也不是体道之知，而是心斋、坐忘之后内外俱丧，从而与天地万物混而为一的存在形态。郭象基于“性分论”而强调知识之相对性，其理论主要包括三个方面，即承认个体之知的差异性与独特性、肯定众人合于性分之知、反对众人逾越性分之知。而圣人则遗知忘知，即无独知而涵融众人之知以为一，即全知，从而冥合万物之知，助成万物之任性逍遥。刘国民教授的文章不仅对庄子“知识论”研究中的一些争议作出了回应，而且在一定程度上填补了学界对郭象“知识论”思想研究的不足。

（4）道教思想与文化

北京师范大学哲学学院教授章伟文发表了《身心“趋衡”的生命哲学初探》[49] 一文。文章指出，道教的生命哲学属于一种性命双修的趋衡论，强调的是人的身心健康与平衡。道教所谓“修身”，旨在使人的身体各项机能趋于平衡、稳定；道教所谓“修心”，是要在保持人的心理平衡基础上，寻求其形上精神境界之超越。道教的生命哲学不仅试图尽可能地延长、保持人的肉体生命，还要从生命体中创造出更高级的精神境界来时时更新自己。这个过程有其变化规律，道教的生命哲学就是要探讨、实践这种规律，使人的生命存在得到超越、升华。章伟文教授从“性命双修”理论出发，对个体生命之身心趋恒与超越的思考，使我们对道教生命哲学的特征有了进一步的认识。

北京师范大学哲学学院教授强昱发表了《烟萝子的内观丹道论》[50]一文。其文指出，烟萝子的内丹思想大致可概括为五个方面，即“与道通真，内明中正”“绝虑忘思，神气调和”“壶中自有长生术，返老还童天地齐”“中有白元君，肌肤凝皓雪”“吾心如海，吾意如风”，这些主张均蕴含着丰富的哲学思考。如作者所言，“虽然其精神贡献长期湮灭不彰，但是随着对内丹学历史的认识不断深入与全面，烟萝子的劳作必然将大放异彩。”强昱对于烟萝子思想的进一步神会与解读展现了中国思想的另一个侧面。

除了道教哲学、道教思想研究的不断推进与完善，2022年度北京地区学者对道教史、道教仪轨、道教文化等领域的探索也有较大突破。北京大学哲学系张广保教授发表了《明代茅山、齐云山的道教与官道》《正一真人统领下的龙虎山道教与明代官道》《武当山皇室家庙与明代官道的形成》[51]三篇专文，对明代官道的历史现象进行研究，观点和结论令人信服，值得重视。中国人民大学哲学系姜守诚教授发表了《汉代“直符”观念的神秘化》《宋元道教科仪中的“直符”神》《宋元道教科仪中的“天医”观念》和《宋元道教天医醮仪考述》[52]四篇论文，对道教科仪中的“直符”与“天医”观念着重进行了考察。中国社会科学院世界宗教研究所副研究员刘志发表了《唐代老子经像西传考——敦煌文化与丝绸之路典范探析》[53]一文，梳理了老子经像由长安向敦煌、西域以至天竺传播的相关情况。

3. 佛教哲学研究进展

（1）佛教哲学与历史

佛教文化是中国文化的重要组成部分，佛教的哲学理论、方法论、文化和历史是佛学研究的核心和重心。北京地区的佛教哲学研究比较活跃，处于全国领先的位置。

在方法论研究上，北京大学宗教学系李四龙教授，探讨了汉语佛教哲学文体和方法的沿革。[54]他认为，学界今天使用的“佛教哲学”是现代词汇，源于现代西方佛教学术体系，其内涵以知识论、逻辑学、心理学、伦理学和语言哲学为主。但是，在中国佛教史上，“佛教哲学”实有其对应的历史名称——义学，而精于此道的义学僧、义学沙门或义学大德，既有着相对集中的议题，也有基本类似的讨论方法，又有参与翻译与讲解佛经的共性。然而，由于在中唐以后，随着译经高潮的消退，讲经活动的衰微，这个群体在中国佛教史上逐渐失去主导地位，中国中古时期的佛教解经文献更一直未获学者的重视。有见及此，他提出中国佛教研究应重新提炼这些解经文献的讨论方法和重要议题，以还原及呈现中华民族历史上一个全新的哲学图景。

清华大学哲学系教授圣凯出版了《佛教观念史与社会史研究方法论》[55]。这本书以观念史与社会史为方法，以“作为人类文明的佛教”“佛教中国化”“中国佛教的世界传播”为问题意识，以“全球文明史”为视角，以“经典”“观念”“制度”“生活”为内涵，以真理、神圣、历史为维度，以信仰生活、制度生活、政治生活、文化生活、物质生活、寺院生活、寺院生活空间等为 主要内容，建构起一种“长时段”“结构性”“整体性”佛教研究，旨在呈现出“具体的”“鲜活的”“有血肉的”佛教观念与社会互动的生活图景。圣凯教授突破了各学科研究路径之间的抵牾与限制，为中国佛教研究的方法论发展作出了重大贡献。

北京大学艺术学院助理教授柯伟业（Michael Cavayero）对《佛说阿惟越致遮经》中“心源”的词义进行了详细的研究。[56]他提出，“心源”一词，是在中古时期经过早期大乘佛典的翻译而产生的“新词”。然而，“心源”虽说是新词，但其不仅在字面上延续了传统汉语中对“心”与“源”字本身的原义，更在词上融入了大乘佛教利他的核心思想，当中也受到了菩萨行、佛凡相应与宇宙认识论的影响。“心源”一词的演进不仅体现了其深刻的佛教源头，也是外域佛教词汇与其概念在汉地的本土化这一复杂过程的缩影。

（2）佛教中国化理论探讨

研究佛教的中国化具有重大意义，这不仅有利于人们了解佛教在中国的发展脉络，从而促进学界对于中华优秀传统文化思想的理解，而且有利于佛教在新时代的融合及创新。

在宗教中国化的大方向上，北京大学教授张志刚对于宗教中国化研究的几个认识论问题进行了回应。[57]他认为，假若学界要深入推进宗教中国化研究，那么便必须加强基础理论建构，而首要的是探究并破解诸多认识论难题，如：世界性宗教、各宗教传承、本土性宗教与宗教中国化的关系。这些认识论难题的解决，将有助于印证宗教中国化与世界宗教史的共相及发展契合性。在另一篇文章中，张志刚从“两个大局”的视域为宗教中国化研究的发展把脉。[58] 他指出，“坚持我国宗教中国化方向”可谓中国特色社会主义宗教理论的创见。为了进一步加强其基础理论建构，他使用了“世界百年未有之大变局”和“中华民族伟大复兴的战略全局”为思考方法，致力于以历史哲学的进路论述宗教中国化的意义，并提出“以中华文化认同凝聚共识”的倡议。

在佛教中国化的历史研究上，北京大学宗教学系教授李四龙探讨了历史上佛教中国化及其文化主体性的确立。[59] 他认为，佛教在中国得到了丰富和发展，形成了适合中国农耕文明、宗族社会的佛教形态。中国佛教，不但在这样的氛围里确立了文化主体性，还在教理教义、修行体系和组织制度等方面具备了鲜明的中国特色。其中，悲智双运与中道圆融，是其文化主体性的两大思想支柱。另一方面，他指出中华传统文化从早期的“儒道互补”到后来“儒释道合流”的样态演变，更是中国化佛教对中国文化产生了持续影响的凭证。

北京大学宗教学系教授王颂从五四学人的观点入手讨论佛教对中国文化传统的影响。[60] 他打破了既往西化派和传统派的分析框架，从一个侧面揭示了近代知识分子对于与佛教与中国文化传统交流的洞见。

另外，在佛教中国化的理论及仪式研究上，北京语言大学文学院教授刘宗迪讨论了佛教神话宇宙观的中国化。[61] 他们认为，源自古印度的神话宇宙观曾经过佛教的继承并改造，并随着佛教东传流入中土。当中，因为印度须弥宇宙观与中国昆仑宇宙观存在很多相似之处，一些僧人译经时采用“格义”法，而将须弥或阿耨达山译为昆仑山。到了唐宋时期，佛教的发展日益壮大，此时僧人便倾向将宇宙观作为塑造自身神圣与优越的利器，以至于“指昆仑山为天竺须弥山”，更便得须弥中心说一度取代昆仑中心说而重构了华夏中心的世界观。而到了明清时期，佛教宇宙观更加入了中国的堪舆成分，而佛教宇宙观亦反向地影响了对清代西北的地理学。

（3）比较佛学研究

比较佛教研究可以让我们了解佛教与其他优秀文化的异同、观察佛教与人类文明交流互鉴的发展成果，且为中国优秀传统文化更好地吸收外来文化提供借鉴。

有鉴于使用现象学比附各种传统文化及宗教的研究日趋风行，北京大学哲学系教授章启群以六大理论分野澄清唯识学与现象学的根本差异。[62] 兴盛于7世纪的佛教唯识学和成书于7世纪的《成唯识论》，与诞生于20世纪初的胡塞尔现象学之间，相差一千三百余年。章启群教授从六个方面比较了“识”与“意识”、“悬置”与“二空”、“二分”与“显现”、“自证分”与“意向性”、“现量”与“本质直观”、“修行”与“认识论”等理论之间的根本差异，指出以日常经验为基础的公元7世纪佛教认知体系描述，与在现代科学背景下的20世纪认知体系描述的本质不同。这个巨大的历史长度及理论距离，基本上可以展示这两种哲学思想存在深深的鸿沟。

在佛教与儒家哲学的比较研究上，北京外国语大学历史学院教授李雪涛探讨了“韩愈辟佛”对中国文化发展的深层影响。[63] 他指出，一方面韩愈曾对佛教展开猛烈的批判，并试图恢复“独尊儒术”时期儒学的社会地位，以捍卫孔孟之道。但是，另一方面韩愈却借助佛教理论建立了儒家的道统与心性学说。总之，“韩愈辟佛”的矛盾促进了宋明理学对佛教的系统性改造和吸收，形成了全新的中国文化思潮。北京大学哲学系张峥讨论了程颐“性即理”与佛教心性论之关系。他指出，对于“性即理”的原文，[64] 大陆通行标点作“性即理也，所谓理，性是也”，而中国港台地区及日本学者如牟宗三、劳思光、市川安司、土田健次郎等都将其引作“性即理也，所谓理性是也”。市川安司指出此中的“理性”有佛教意味，故而朱熹《近思录》才刻意将其删去。作者从文本与义理等多个角度考校，点出“理性”本于中国佛教，连读相较于点断，具有合理性。当中，程颐主动援引“理性”解说其“性即理”说，体现了理学家对佛教义理既吸取又批判的微妙意趣。而后，朱熹在《近思录》中删去此语，南宋以后“理性”逐步成为道学话语，剔除了其佛教意味，体现了理学理论建构的成功。

在佛教与道家哲学的比较研究上，北京大学宗教学系教授王颂连续发表了两篇有关于以佛教哲学诠释《庄子》哲学的文章。[65] 一篇是关于以佛教义理解释《齐物论》，另一篇则是对章太炎《齐物论释》“以佛解庄”的分析和评议。他提出，中国古代向来有“以佛解庄”的传统，即运用佛教义理诠释《庄子》，或者借注释《庄子》阐发佛教义理。而注疏家以佛解庄的目的，有的是出于扬佛抑道的意图，有的纯粹是出于心智的愉悦。他认为《齐物论释》

借鉴佛教哲学而多有创新，其哲学价值值得重视。例如，章氏以“平等”释“齐物”，以语言的“平等性”为“平等”的形而上学基础，以佛教心识说来统摄名言等说法，都超出了前人的范围，这值得进一步的研究。

在藏传佛教与其他哲学的比较研究上，北京大学社会学系博士后、中国藏学研究中心《中国藏学》杂志编辑朝告才让，以甘青川民间收藏苯教古籍文献为主对藏族的宇宙观进行了深刻的探析。[66]他认为，甘青川地区民间收藏苯教古籍文献的问世给藏族宇宙观的研究提供了崭新的研究视角。由于，他发现藏族宇宙观的实际内容远大于佛苯经典《俱舍论》和《斯巴佐普》，而三界宇宙观对藏族传统地理方位、民居建筑结构、民间文化创造模式等更产生了深刻影响。因此，他表示藏族宇宙观实系以多种文明互动交流为基础，以契合本土观念为主线，所形成的独特的传统宇宙认知体系。北京师范大学教育学部的王文修以《中黄督脊辨》一文为中心，阐释及辨析了道家内丹学与藏密中脉修练之异同。[67]他指出，陈健民是道密合流的阐释的专家。其藏密巨著《曲肱斋文集》中的《中黄督脊辨》篇，曾对道家内丹学所涉“黄道周天修证系统”与藏密“中脉法身修证系统”做了详尽的比较。但是，陈氏对“道家黄道周天”与“藏密中脉法身”所依据的哲理背景，却未有展开论述及比较。他认为，内丹学所秉持的哲理是老庄的“清净无为”之道，但藏密的哲理却是“随教唯识见”与“中观应成见”；前者禅修的内容是开发人体的“黄道周天”，后者的却是与人身无关的“色空本尊身”。由此可见，道家内丹学与藏密中脉修练不属于同一范畴的事物。

总之，我们看到北京地区的佛教佛学研究是比较兴盛的，汉传佛教佛学和藏传佛教佛学都受到了人们的重视。但是，我们也看到，对佛教的研究胜过了对佛学的研究，对佛学的研究又胜过了对佛教哲学的研究，呈现出泛化和边缘化的哲学史观，甚至非哲学化的宗教研究指导观念。换言之，佛教哲学研究近一二十年来不断呈现出下落的趋势。不但佛教哲学研究如此，实际上道教哲学研究也是如此。

三、研究特色和总体评价

2022年度，北京地区中国哲学学科主办了一系列学术活动，如“旧邦新命与中国哲学”“中国哲学视域下的汉代经学”“东林学派与明清儒学”“早期道家哲学的新路径”“近代中国佛教与全球化”“汉传佛教制度与亚洲法律”等学术会议。中国哲学史学会在中国政法大学完成了换届选举。

在方法论上，丁四新提出了“中国哲学的主体性”观念，并运用于对近百年中国哲学研究的描述，具有一定新意。他同时辨析了“经学研究”的概念，肯定了哲学研究在经学研究中的正当性。刘笑敢从“概念考古”“诠释取向”“体系义”三个维度研究《老子》的“自然”观念，在一定程度上推进了他的老子诠释学。唐文明讨论了中国哲学研究中的真理与方法问题，特别强调了经典的权威性、超历史性，具有一定的方法论意义。佛学领域重视观念史的研究，道教领域重视科仪的研究，这都是受到了一时代之方法论的影响。综合来看，“主体性”观念受到普遍重视，本年度的中国哲学研究和中国佛学研究都强调了这一观念。这种强调是文化自信的表现，也是中国精神的一种反映。同时，北京地区学者也更加重视中西比较哲学视域。一方面是经学研究高歌猛进，一方面是哲学研究的回归，这是两股力量，处于竞争之中。

陈来、许家星、高海波等推进了宋明理学的研究，任蜜林、温海明、刘悦笛等推进了儒家心性论的研究，干春松、王中江等推进了儒家政治哲学的研究，丁四新、陈壁生等推进了经学哲学的研究。其中陈来的朱子学研究、干春松的政治哲学研究、丁四新的《洪范》经学思想研究，具有代表性。老子思想和庄学是道家哲学研究的两个重点，刘笑敢、王中江、罗安宪、林光华等发表了老子思想研究的论文，刘笑敢、黄克剑、梁涛、刘国民等发表了庄学研究的论文。另外，张广保、姜守诚、章伟文、强昱、刘志等发表了道教研究的论文。总体看来，道家、道教哲学研究的成绩不如儒家哲学研究，缺乏突破性的进展。北京地区佛教哲学和佛教思想的研究比较活跃，李四龙、圣凯、柯伟业、陈明、王嘉宜、张志刚、王颂、刘宗迪、湛如、章启群、李雪涛、张峥等人的论文值得注意，其中既有具体问题的研究，也有理论研究。

中国哲学研究方法论在整体和局部上都取得了突破，但是对于学者群体来说，其影响始终是局部的。就问题或专业领域来看，学者的研究比较分散，不够集中，成绩一般是局部的。虽然发表和出版了一些重要成果，但是突破性的成果不多。同时，理论创新是北京中国哲学学科的薄弱环节，近三十年的中国哲学研究模式已日趋固化，亟需理论创新，实现研究的自我突破，引领海内外的中国哲学研究迈上新台阶。

（北京市哲学会供稿；执笔人：王振辉、王子航、赵卓凡、丁四新）

注：

［1］丁四新、冯鹏：《主体性的彰显：中国哲学史的新书写》，《孔子研究》，2022 年第 2 期。

［2］丁四新：《洪范大义与忠恕之道》，商务印书馆，2022 年版，第 4–8 页。

［3］唐文明：《中国哲学研究中的真理与方法问题》，《哲学动态》，2022 年第 10 期。

［4］章启群：《唯识学与现象学的六个理论分野》，《云南大学学报（社会科学版）》，2022 年第 1 期。

［5］安乐哲、欧阳霄：《中国宇宙论及“其自身的因果与逻辑”》，《孔子研究》，2022 年第 4 期。

［6］陈来：《论朱子学“未发之前气不用事”的思想》，《哲学研究》，2022 年第 1 期。

［7］干春松：《公天下与家天下：大同、小康与儒家的社会理想》，四川人民出版社，2022 年。

［8］丁四新：《洪范大义与忠恕之道》，商务印书馆，2022 年。

［9］丁四新等：《上博楚竹书哲学文献研究》，河北教育出版社，2022 年。

［10］刘笑敢：《〈老子〉之自然的独特性——多元视角的思考与发现》，《哲学研究》，2022 年第 1 期。

［11］王中江：《老子之根源性时间概念：作为“道”的谓词的“恒”》，《船山学刊》，2022 年第 2 期。

［12］曹峰：《先秦儒道性论研究的两重框架》，《北京大学学报》，2022 年第 5 期。

［13］章伟文：《身心“趋衡”的生命哲学初探》，《当代中国价值观研究》，2022 年第 7 期。

［14］强昱：《烟萝子的内观丹道论》，《宗教学研究》，2022 年第 4 期。

［15］圣凯：《佛教观念史与社会史研究方法论》，宗教文化出版社，2022 年。

［16］李四龙：《历史上的佛教中国化及其文化主体性的确立》，《中国宗教》，2022 年第 11 期。

［17］章启群：《唯识学与现象学的六个理论分野》，《云南大学学报（社会科学版）》，2022 年第 1 期。

［18］陈来：《朱子理气论研究的比较哲学视野》，《船山学刊》，2022 年第 2 期。

［19］陈来：《张荫麟、贺麟朱子太极动静说论辩简析》，《现代哲学》，2022 年第 1 期。

［20］安乐哲，欧阳霄：《中国宇宙论及“其自身的因果与逻辑”》，《孔子研究》，2022 年第 4 期。

［21］安乐哲，欧阳霄：《比较哲学视域中的〈易经〉宇宙论》，《江西社会科学》，2022 年第 8 期。

［22］丁四新：《儒家修身哲学之源：〈尚书·洪范〉五事畴的修身思想及其诠释》，《哲学动态》，2022 年第 9 期。

［23］陈来：《论朱子学“未发之前气不用事”的思想》，《哲学研究》，2022 年第 1 期。

［24］陈来：《东亚哲学研究朝鲜朱子学关于“气未用事”的讨论》，《世界哲学》，2022 年第 3 期。

［25］高海波：《王阳明“知是行之始，行是知之成”新诠》，《国际儒学（中英文）》，2022 年第 3 期。

［26］任蜜林：《心、生为性——早期“性”观念的发生学考察》，《哲学研究》，2022 年第 11 期。

［27］许家星：《贫困身与圣贤梦——吴康斋〈四书〉工夫论及其意义》，《现代哲学》，2022 年第 4 期。

［28］王中江：《圣创论的图像和形态：社会起源论的中国版本》，《中国社会科学》，2022 年第 6 期。

［29］高海波：《从“师道”与“君道”关系看晚明清初社会改革理论与实践的三种路向——以王艮、管志道、黄宗羲为中心》，《哲学研究》，2022 年第 5 期。

［30］干春松：《公天下与家天下：大同、小康与儒家的社会理想》，四川人民出版社，2022 年。

［31］李祥俊：《儒家人伦观的思想特质与现代转化》，《河北学刊》，2022 年第 2 期。

［32］刘悦笛：《从“情本伦理学”观当代道德情感主义——论李泽厚对迈克尔·斯洛特的批判》，《道德与文明》2022 年第 5 期。

［33］丁四新：《洪范大义与忠恕之道》，商务印书馆，2022 年。

［34］陈壁生：《从“礼经之学”到“礼学”——郑玄与“礼”概念的转化》，《清华大学学报（哲学社会科学版）》，2022 年第 1 期。

[35] 任蜜林:《刘歆的春秋学思想新探》,《甘肃社会科学》,2022年第3期。

[36] 许家星:《"〈四书〉之宗祖,往往出于〈书〉"——以陈栎为中心管窥元儒的〈四书〉〈六经〉观》,《哲学动态》,2022年第11期。

[37] 丁四新等:《上博楚竹书哲学文献研究》,河北教育出版社,2022年。

[38] 曹峰:《先秦儒道性论研究的两重框架》,《北京大学学报》,2022年第5期。

[39] 刘国民:《〈春秋〉"微言大义"与〈庄子〉"寄言出意"辩示》,《中国社会科学院大学学报》,2022年第8期。

[40] 刘笑敢:《〈老子〉之自然的独特性——多元视角的思考与发现》,《哲学研究》,2022年第1期。

[41] 王中江:《老子之根源性时间概念:作为"道"的谓词的"恒"》,《船山学刊》,2022年第2期。

[42] 罗安宪:《老子"水几于道"思想解说》,《社会科学战线》,2022年第6期。

[43] 白奚:《〈恒先〉的宇宙生成论及其思想价值》,《船山学刊》,2022年第5期。

[44] 林光华:《非境界、非境域的〈老子〉诠释可能——从牟宗三到列维纳斯》,《人文杂志》,2022年第7期。

[45] 丁四新:《老子思想研究的文本依据:观念及其原则》,《社会科学战线》,2022年第6期。

[46] 刘笑敢:《船山〈庄子〉分篇说今证——兼答一些疑问》,《船山学刊》,2022年第1期。

[47] 梁涛:《玄学的兴起与内圣外王语义的变化》,《中国社会科学报》,2022年10月25日。

[48] 刘国民:《俗知与真知:庄子的知识论新释》,《中南民族大学学报(人文社会科学版)》,2022年第1期。刘国民:《论郭象对庄子之知的诠释和建构》,《学术界》,2022年第2期。

[49] 章伟文:《身心"趋衡"的生命哲学初探》,《当代中国价值观研究》,2022年第7期。

[50] 强昱:《烟萝子的内观丹道论》,《宗教学研究》,2022年第4期。

[51] 张广保:《明代茅山、齐云山的道教与官道》,《宗教学研究》,2022年第2期。张广保:《正一真人统领下的龙虎山道教与明代官道》,《世界宗教文化》,2022年第3期。张广保:《武当山皇室家庙与明代官道的形成》,《世界宗教研究》,2022年第10期。

[52] 姜守诚:《汉代"直符"观念的神秘化》,《贵州社会科学》2022年第3期。姜守诚:《宋元道教科仪中的"直符"神》,《中国本土宗教研究》2022年第1期。姜守诚:《宋元道教科仪中的"天医"观念》,《东方论坛》2022年第2期。姜守诚:《宋元道教天医醮仪考述》,《宗教学研究》,2022年第2期。

[53] 刘志:《唐代老子经像西传考——敦煌文化与丝绸之路典范探析》,《世界宗教文化》2022第1期。

[54] 李四龙:《汉语佛教哲学的文体和方法》,《外国哲学》,2022年第2期。

[55] 圣凯:《佛教观念史与社会史研究方法论》,宗教文化出版社2022年版。

[56] 柯伟业(Michael Cavayero):《〈佛说阿惟越致遮经〉中"心源"词义的研究》,《世界宗教文化》,2022年第4期。

[57] 张志刚:《"宗教中国化"研究的几个认识论问题》,《北京大学学报(哲学社会科学版)》,2022年第4期。

[58] 张志刚:《"两个大局"视域下的"宗教中国化"研究》,《世界宗教研究》,2022年第12期。

[59] 李四龙:《历史上的佛教中国化及其文化主体性的确立》,《中国宗教》,2022年第11期。

[60] 王颂:《五四学人论佛教与中国文化传统》,《中国哲学史》,2022年第1期。

[61] 沈婉婷、刘宗迪:《须弥与昆仑:佛教神话宇宙观的中国化》,《广西民族大学学报(哲学社会科学版)》,2022年第6期。

[62] 章启群:《唯识学与现象学的六个理论分野》,《云南大学学报(社会科学版)》,2022年第1期。

[63] 李雪涛:《韩愈辟佛及其对中国文化的深层影响》,《中华文化论坛》,2022年第3期。

[64] 张峥:《"性即理"与佛教心性论之关系——程颐"性即理也,所谓理性是也"考辨》,《中国哲学史》,2022年第2期。

[65] 王颂:《齐物与圆融:哲学视域下的佛解〈齐物论〉》,《世界宗教研究》,2022年第9期。王颂:《名言与心识:〈齐物论释〉对佛教语言哲学的阐发》,《哲学研究》,2022年第12期。

［66］朝告才让：《藏族宇宙观探析——以甘青川民间收藏苯教古籍文献为主》，《青海社会科学》，2022 年第 4 期。

［67］王文修：《道家内丹学“黄道”与藏密“中脉”异同之辨析——以〈中黄督脊辨〉为中心的阐释》，《世界宗教研究》，2022 年第 1 期。

外国哲学

一、主要研究进展

1. 古希腊罗马哲学研究

古希腊罗马哲学领域，2022 年学者们还是主要围绕着柏拉图和亚里士多德这两位伟大的哲学家展开研究，在形而上学、宇宙论和伦理学等方面都取得了一些重要成果。

《蒂迈欧篇》是柏拉图的宇宙论作品，其中的世界“本原”问题历来是学者们关注的重点。中国人民大学哲学院教授聂敏里在《柏拉图〈蒂迈欧篇〉中的本原理论》[1] 中探讨了柏拉图的宇宙论，尤其是“第二本原”问题。聂敏里指出，在《蒂迈欧篇》中，柏拉图为了详细说明宇宙的生成，提出了宇宙生成的本原的问题，并在“形式本原”之外设置了“第二本原”。和传统观点认为第二本原是质料不同，也和现代主流的观点认为第二本原是空间不同，聂敏里教授对柏拉图有关第二本原的文本做了深入的分析，认为柏拉图的第二本原是不确定性，形式本原决定的是生成变化中的不变的部分，而作为不确定性的第二本原决定的恰恰是生成变化中的变的部分。在此基础上，他对以上两种不同的观点提出了具体的反驳，并且指出恰恰是亚里士多德带有误读性质的文本支持了本文对第二本原的看法。

在传统的柏拉图主义和漫步学派看来，柏拉图《蒂迈欧篇》中的“第二本原”就是“不定之二”（indefinite dyad），而它也就相当于“原始质料”（primary matter）或者“空间”（space）、“无限的广延”（infinite extension）。只不过，亚里士多德似乎是在字面意思上来理解“空间”的，而亚历山大和一些新柏拉图主义者则更多是从“比喻”的意义上来看待它的。无论如何，“不定之二”在柏拉图的哲学中都是“质料”，“一”则是“形式”。而作为“不定之二”的“质料”乃是“原始质料”，不是物理学中的“第二质料”（second matter），“原始质料”没有任何性质，而“第二质料”则有了某种性质。因此，它也就不是物理学中的“空间”。聂敏里在文章中强调了“不定之二”与物理“空间”的不同，具有积极的意义。

Idea 与 Idealism 是西方哲学的基本范畴。聂敏里教授在《Idealism：古典与现代的思想转换》[2] 一文中，详细地考察了从古希腊到近现代哲学中“Idealism”一词的含义，以及相应的翻译问题。在聂敏里教授看来，“Idealism”按其词源来自柏拉图的“Idea”，但正是在 Idealism 这一概念中蕴含着古典与现代的思想转换。无论是巴门尼德的“存在”还是柏拉图的“理念”，已经包含思维的主观运用和建构，从而，Idealism 作为一个二阶哲学概念，其“唯心论”的内涵同样适用于他们的思想。近代以来笛卡尔通过“我思故我在”，赋予了它以某种主观的思维性。无论是英国的经验论，还是德国古典哲学中，“Idealism”都包含了这种主体思维的主观性在内。聂敏里教授还指出，“Idealism”作为一种“唯心论”，不但适用于西方哲学，也同样适用于中国哲学，比如阳明心学。作者最后的结论是，把“Idealism”理解并翻译成“唯心主义”或“唯心论”都是有充分理由的，这也提醒我们思维主体与存在本身之间的不同。

“Idealism”作为西方形而上学的核心概念，如何正确地理解和翻译它，无疑是一个重要而根本的问题。聂敏里教授这篇文章对此做了较深入的探讨，具有积极的意义。当然，这不是说这个问题就不需要进一步的研究了。所谓“人心惟危、道心惟微，惟精惟一，允执厥中”（《尚书·大禹谟》）。事实上，无论是巴门尼德、柏拉图，还是阳明心学，他们把“思想”与“存在”直接等同起来，或者认为“心即理”时，他们谈的“心”都是在“道心”意义上的，而不是指“人心”。因此，“道心”虽然有精神性的“思想”活动，但它不是任何主观的思维，也不存在所谓主观和客观的对立。这个问题，无疑牵涉到对中西哲学的基本理解。毫不夸张地说，正确地理解了这个问题，就正确地理解了中西哲学。

“友爱”是伦理学的一个重要主题，在亚里士多德的伦理学体系中它的地位甚至高于正义。中国人民大学哲学院教授刘玮在《亚里士多德论完美的友爱》[3]一文中，围绕亚里士多德的三部伦理学，即《大伦理学》、《欧德谟伦理学》和《尼各马可伦理学》详细地考察了他对“完美友爱”问题的讨论。“完美友爱”问题是这样一个问题，如果说最高意义上的好人，或者哲学家是“自足”的，因此是毫无欠缺的，那么他还需要“朋友”吗？这个问题在亚里士多德的不同文本中是有不同论述的。在刘玮看来，亚里士多德在《欧德谟伦理学》和《尼各马可伦理学》中都花了很大的篇幅，用相当复杂的论证讨论了这个问题，在另一部有时被归于亚里士多德的作品《大伦理学》中也有对这个问题的回答。这些问题在解释者中间引起了巨大的争议。他认为，《大伦理学》的核心观点是“非自足自我认识模式”，这一观点确实与另外两部伦理学存在着实质性的差别。《尼各马可伦理学》和《欧德谟伦理学》虽然在细节上存在一些差别，但是都表达了相同的核心学说：自足之人虽然达不到神的自足性，但就他是自足的而言，依然需要朋友，因为与朋友的共同行动、共同生活，给他提供了观看美好行动和幸福个体的机会，他会在这样的观看中，体会到类似欣赏美丽画作、听到美妙旋律的审美愉悦。刘玮指出，“自足型审美模式”是亚里士多德回答自足之人是否需要朋友这个问题的最终答案。同时，这也是最贴近文本、最不需要依赖伦理学以外的文本支持、最不损害朋友作为一个独立个体、最不需要把朋友工具化的理解。刘玮教授这篇文章，通过对三部伦理学文本的细致梳理，为我们更好地理解“友谊”问题提供了重要见解。

Being是西方哲学的一个基本概念，如何理解和翻译这个基本概念，一直是学界比较关注的问题。有人主张把它翻译为“存在”，有人主张翻译为“是”。中国社会科学院哲学研究所研究员詹文杰在《汉语哲学语境中的Being难题——评王路教授的“一是到底论”》[4]一文中，批评了王路的“一是到底论”。詹文杰认为，王路的“一是到底论”主张应当把西方哲学概念Being翻译为“是”，而且这种译法要贯彻到底，不仅针对同一个哲学家的不同文本和不同语境，而且针对古今所有的西方哲学家。他批评了这种“一是到底论”，并且提出如下几点主张：首先，“to be”不仅仅是系词，而且是表示某种特殊活动的动词；其次，简单地应用“一词一译”原则来支持“一是到底”的译法是有困难的；再次，尽管西方传统形而上学与“to be”的语义和句法问题相关，但不能将它全然混同于逻辑学。文章最后，詹文杰研究员把汉语语境中翻译和理解Being的困难归结为跨文化翻译和理解本身的困难。

王路的“一是到底论”曾引起学界的一些争论。其核心是形而上学中的“Being”是否指的是一个系词。Being一词确实具有多种含义，比如它可以指语言中的系词to be，也可以在逻辑学中表达真值，也有存在的含义。亚里士多德认为，形而上学是研究“being as being”的，Barnes等学者指出，后一个being指的就是“存在”（existence）意义上的，不是其他语言或逻辑意义上的。因此，形而上学研究的就是作为“存在”意义上的Being。这个问题其实涉及对形而上学或西方哲学的一个基本理解。对这个问题的深入探讨，可以加深我们对西方哲学本身的理解。

古希腊哲学是西方哲学的源头与根基。对古希腊哲学的深入探讨就是对西方哲学根基的深入理解。2022年北京古希腊哲学领域的学者们，对Idealism、Being等核心概念的讨论，具有基础性意义。

2. 中世纪与文艺复兴时期哲学研究

相比较于中国的古希腊罗马哲学和近现代哲学研究，中世纪与文艺复兴时期的哲学研究历来偏弱。但是2022年也还是取得了一些重要成果。中国人民大学哲学院谢地坤教授撰文研究了埃克哈特的神秘主义思想，这个主题在历年的研究中是不多见的。中国人民大学哲学院副教授雷思温撰文研究了中世纪晚期的单义性革命问题，通过这个问题的研究，可以使我们更好地理解那个时期的哲学发展状况。

埃克哈特是中世纪著名的神学家，中国人民大学哲学院教授谢地坤在《在真理探索与灵魂拯救之间——埃克哈特神秘主义研究》[5]一文中，着重研究了中世纪神学家埃克哈特的神秘主义思想及其对后世西方哲学的影响，指出神秘主义是人类探索真理、认识真理过程中一个不可避免的环节，而且是西方哲学的一个重要思想资源。谢地坤教授认为，从西方文明而言，神秘主义作为一种宗教观念和哲学观念，普遍而持久地存在于他们的宗教和哲学传统之中。埃克哈特之所以一方面接近新柏拉图主义的流溢说，另一方面甚至提出有些离经叛道的近似于泛神论的命题，这既与他所处的13世纪与14世纪之交的大背景有关，也与他重视宗教信仰与自然理性和生命体验有直接联系。那个时代，新柏拉图主义面对着亚里士多德的形而上学和托马斯主义的挑战。新柏拉图主义在基督教神学中只是提供了一种拒斥知识的神学，即更接近于基督教所要求的对上帝的单纯而直接的信仰，但是，在虔诚的信仰中却没有自然理性和超自然信仰之间的过渡和连续性，因而不可能阻挡更接近于自然理性的阿奎那式的亚里士多德主义。与之不同的是，阿奎那则利用亚里士多德的哲学思想，提出了另一种通向上帝的道路，即信仰不可能由某种不同的经验来加以补充，而是反过来，信仰是对知识的补充。恰恰是这两种不同的神学主张的争辩在信仰与知识之间留下了空白，从而给神秘主义创造了产生和发展的机会。埃克哈特的神秘主义对德国哲学的影响是深远的，从中世纪的库萨的尼古拉（Nicholas von Cusa，1401—1464）到宗教改革时期的马丁·路德（1488—1546）和雅各·波墨（Jacob Boehme，1575—1624），再到德国古典哲学，这种影响都是以或显或隐的方式存在着，甚至一直延伸到现代哲学。

西方的神秘主义一直是西方哲学和宗教中除了理性主义以外的另一个重要组成部分，我们给予较多研究和关注的一直是理性主义部分，对神秘主义则关注得较少，这当然跟“神秘主义”本身比较“神秘”，不容易理解有关。谢地坤的这篇文章，深入浅出地梳理了埃克哈特的神秘主义思想背景、主要特色以及影响等，具有重要的意义。

存在的“类比”问题是中世纪亚里士多德主义神学的一个重要问题。托马斯·阿奎那使用这个概念来说明上帝与他的造物之间的既相似又有存在论差异的关系。中国人民大学哲学院副教授雷思温在《类比的崩溃：中世纪晚期的单义性革命与一本二元问题》[6]一文中比较深入地讨论了亚里士多德主义的类比问题，以及它与中世纪晚期的单义性革命的关系问题。雷思温指出，自阿奎那将亚里士多德主义系统地整合入基督教神学后，基督教神学与存在论的类比学说就发生了整体性融合。相比新柏拉图主义的太一论与基督教神学的融合，这一基督教的“存在论神学”具有更深的危机和张力，并产生了存在论系统中上帝的超越性与内在性无法整合的困境。这一困境在 14 世纪造成了“类比的崩溃”，致使存在的类比学说分裂成两条单义性道路：埃克哈特、库萨等依据神性单义性所建构的一本之路，以及司各脱、奥卡姆等凭借心灵内在单义性所建构的二元之路。这一分裂意味着基督教语境中的“存在论神学”在一本与二元关系上的无法调和，从而塑造了路德、笛卡尔、斯宾诺莎等人的思想前提。此外中世纪晚期发生的这一崩溃还造成了深刻的思想革命与近代效应。

“存在的类比”问题是中世纪哲学的一个重要问题，它要处理的是上帝与被造物之间既存在差异，又有某种相似性的问题。而柏拉图主义与亚里士多德主义的一个表面上的区别在于，亚里士多德主义主要表现为一种“存在论”，而柏拉图主义则把“太一”置于“存在”之上，因为“一”是“多”的本原，是高于“多”的，而“存在”是“一多”，它虽然是一，但是这个一是“多”的统一，这样在“存在”之上就需要一个没有任何多的“太一”。基督教传统内，上帝是至高无上的，因此当有些学者把上帝等同于“存在”时，就会遇到柏拉图主义的某种挑战。一些学者就用柏拉图主义的“太一”而非亚里士多德主义的“存在”本身来解释上帝。这两派在基督教内部有着复杂而长期的争论。雷思温的这篇文章，有助于我们更好地把握基督教传统内部的这种争论的复杂性，以及它对近代以来哲学的深远影响。

3. 近现代哲学研究

西方近现代哲学一直是我国哲学界关注较多，每年研究成果也较多的领域。2022 年，北京的学者们围绕笛卡尔、培根、德国古典哲学以及现象学等展开了深入研究，取得了较为丰富的成果。

斯宾诺莎与笛卡尔哲学之间的关系问题是近代哲学的一个基本但是又复杂的问题。北京大学哲学系教授吴增定在《因果性与力量——笛卡尔、斯宾诺莎与当代哲学争论》[7]一文中，对笛卡尔与斯宾诺莎形而上学中的“因果性与力量”问题展开了深入研究。吴增定教授指出，笛卡尔的形而上学与斯宾诺莎的形而上学之间的关系，以及斯宾诺莎对于前者的批评，无论是在德国唯心论哲学中，还是在当代法国哲学中，都是一个非常重要的问题。笛卡尔和斯宾诺莎的形而上学有两个核心的原则：其一是因果性原则，其二是实在性或力量原则。但是，对于这两个原则之间的关系，笛卡尔和斯宾诺莎分别给出了不同的解释。对于笛卡尔和斯宾诺莎的形而上学，德国唯心论和当代法国哲学给出了不同的评判。德国唯心论肯定了斯宾诺莎形而上学对于笛卡尔形而上学的内在困难的克服，但批评前者缺乏主体性和自由。德勒兹和马里翁作为当代法国哲学的代表则对笛卡尔与斯宾诺莎形而上学给出了截然对立的看法。德勒兹认为，斯宾诺莎将邓·司各脱的“存在的单义性”原则推进至一种彻底的内在性原则，由此肯定了力量的无限能动性和多元性。马里翁则认为，斯宾诺莎的自因学说错失了笛卡尔形而上学的深刻和谨慎，因为后者认识到上帝作为一个“匿名的他者”不可能被自因概念完全包容。但是，无论德勒兹还是马里翁，都不再关注笛卡尔和斯宾诺莎最重视的因果性原则，而仅仅是强调力量原则。

吴增定这篇文章对相关问题展开了较为细致的分析，具有重要的意义。把上帝看作是最高的原因或者“自因”，或者无限的力量（全能），这些都是中世纪经院哲学的传统看法，它们并不会直接导致一种彻底的内在主义。只有斯宾诺莎把“上帝”和“自然”等同起来以后，才导致了一种否定上帝的超越性的内在主义，这点深刻地影响了谢林与黑格尔的哲学。在笛卡尔那里，上帝确实还保留着一种传统意义上的超越性，他是严格地高于自我以及任何有限实体的。而且笛卡尔认为在上帝那里，严格地说他的意志与理智是完全统一的，这避免了神学信仰的唯意志论，更接近哲学意义上的神。上帝的无限的力量也不是指物理学上的力，因此笛卡尔的哲学是更传统的。

培根是近代哲学的奠基人之一，他对现代哲学、宗教、政治与科学之间的复杂关系的阐释仍值得人们去深思。北京市社会科学院哲学研究所王双洪副研究员在《现代乌托邦的科学寓言——培根〈新大西岛〉中的政治、宗教与科学》一文中，深入地研究了培根的政治理想，以及他的思想中科学与宗教的关系。与笛卡尔一样，培根同样被看作是近代哲学的开创者。但是我国哲学界对培根的研究，一直热度不高，研究成果较少。王双洪副研究员的这篇文章，可以让我们更深入地理解培根哲学。

王双洪指出，《新大西岛》在培根著作中是比较独特的一部，它以寓言和故事的形式表达了培根对理想政制的描述。《新大西岛》是培根与柏拉图的一场隐秘对话，他们同样设计了理想的共同体，这个共同体建立在绝对的真理之上。新旧两个大西岛都几近完美，但结局却迥异。区别在于，柏拉图始终对技术（科学）统治抱以警惕，而在培根的新大西岛中科学是最为重要的公共事业。培根的现代信仰是科学拥有征服自然的力量，这种力量将哲学、宗教纳入自己的麾下，用科学统治整个共同体，在这个共同体中，科学永远在进步，而政治和宗教则是稳定不变的。与此同时，培根《新大西岛》也以未竟之作的形式，保留了对现代事业之不足的思考。

王双洪认为，作为站在现代科学事业开端的思想者，培根从政治、宗教和哲学（自然）几个角度给了技术发明以无以复加的地位。如果说他这样做是为了给当时在宗教和政治夹缝中的现代科学开辟道路，意在让当时政治和宗教接纳科学，那么培根似乎也意识到，大西岛上的科学统治还需要与科学不同的东西。萨罗门学院的元老在公布新的发明之前，要确定哪些可以公之于众，哪些应该保守秘密，适合公布的标准是什么。这似乎又从科学问题回到了政治问题，新大西岛的科学在超越政治的同时需要政治，培根身处现代事业中隐约意识到了现代事业的不足。在科学高度发展的今天，科学带来的问题较之培根那个时代更为清晰，科学真的能独立于政治存在吗？王双洪的这篇文章为这些问题提供了自己独特的视角，具有重要的理论和现实意义。

近年来，谢林哲学得到了很多学者们的深入研究，他的很多重要作品也被陆续翻译过来。北京大学外国哲学研究所先刚教授翻译团队在 2022 年出版了谢林的《神话哲学之历史批判导论》（先刚译）、《启示哲学》上下卷（王丁译）和《一种自然哲学的理念》（庄振华译）。近年来，先刚团队在谢林作品的翻译与研究方面取得了引人注目的成就。这些翻译与研究补齐了德国古典哲学研究方面的短板，加深了人们对整个德国古典哲学的理解。以往人们往往认为谢林是处于康德与黑格尔哲学之间的过渡，谢林哲学似乎没有达到黑格尔哲学的高度，但是随着研究的深入，人们逐渐改变了对谢林哲学乃至整个德国古典哲学的刻板印象。

先刚在《谢林论神话的起源和本质》[8]一文中，深入浅出地讨论了谢林对神话的起源与本质的看法。先刚教授指出，谢林在同一性哲学时期曾经把神话看作哲学的外衣，随后在世界时代哲学时期甚至试图把神话当作哲学本身来处理。但是只有到了后期的神话哲学，他才深入研究了神话的本质与起源。在这个问题上，谢林的基本立场是拒绝把神话看作“人为的发明”（既不是任何个人的发明，也不是单个民族的发明），进而批驳了各种诗意的、历史的、科学的、宗教的神话解释，最终从民族的起源和分化以及人类原初意识的角度揭示出了神话的起源和本质。

先刚认为，谢林后期的神话哲学（乃至启示哲学）的最终目标，仍然是遵循“自我意识的推进史”这一线索，去建立他一直以来宣扬的“大全一体”（All-Einheit）学说，因此，他既不会放弃自然哲学，也不会放弃艺术哲学、哲学史等其他精神领域，而是要将它们完全包揽在自身之内。在谢林的这个宏大体系构想里，神话问题始终是一块试金石，以验证他的哲学体系能否真正圆融地建立起来。

现象学传入中国后，就逐渐开始了与传统中国思想的对话。近年来有些学者在现象学与法相唯识学之间进行比较研究。北京大学哲学系教授章启群在《唯识学与现象学的六个理论分野》[9]一文中比较详细地从六个方面讨论了法相唯识学与现象学的重要区别。章启群指出，唯识学与现象学的六个概念之间，即“识”与“意识”、“二空”与“悬置”、“二分”与“显现”、“自证分”与“意向性结构”、“现量”与“本质直观”、“真如”与“事物本身”等，其意涵虽然有一定交接，但从根本上来说，它们的含义是完全不同的。因此，不能在现象学与唯识学之间进行简单的“对话”或比较研究。如果看不到上述根本分歧，那种简单的对话只会产生严重误导。

胡塞尔的现象学仅仅是一种“认识论”，不是传统的形而上学。而且，作为一种认识论，它具有一种鲜明的调和论色彩。胡塞尔的现象学既具有经验论的残余，比如他认为我们认识的对象是严格意义上“被给予的”，也具有一些唯理论的特征，比如他认为我们的意识具有某种先验的结构。他的现象学首先要求一种对认识对象存在的“悬置”，也就是所谓的“现象学还原”，然后仅仅回到意识的纯粹内在性中，并进行“本质直观”等。但是，起源于印度的法相唯识学其旨趣与现象学是完全不同的。它把万法建立在“阿赖耶识”（第八识）基础上，通过详细分析第八识与七转识之间的关系，论证了“万法唯识”的基本佛学道理。显然，法相唯识学并不仅仅是一种单纯的认识论，它还是一种形而上学和宇宙论。

我们对于任何新事物都有一个认识的过程，对于现象学也不例外。一开始有人觉得它比较新颖，随着认识的深入，我们会获得关于它更充分的知识。章启群教授这篇文章的意义在于，它提醒我们在中西哲学比较的过程中，要充分注意中西哲学旨趣的某些根本差异。

海德格尔无论在早期还是后期都非常关注时间与存在的关系问题。首都师范大学政法学院教授朱清华在《海德格尔后期时间观念辨析》[10]中详细地分析了海德格尔后期时间观的主要特点。朱清华指出，在《存在与时间》中，海德格尔试图经由此在的生存论分析把握存在，时间性是此在存在的可能性条件，是追问存在的超越的视域。海德格尔在后期没有放弃早期时间解释的一些基本特征，而是力图突破《存在与时间》中一些形而上学残余导致的对时间以及存在的解释的局限。后期海德格尔提出了时间和存在更源初的来源——“居有”（Ereignis）。在居有中发生的是存在的天命“派送”（Schicken）和源初时间的伸展到达。本真的三维时间是居有作为“esgibt Zeit”（有时间）中的“es”所给出的礼物。礼物的接受者是被居有的“此—在”，后者作为建基存在的真理的“时机之所”恰恰是深渊，即无根据之根据。在基础存在论中意图用时间解释存在的超越论在后期也被存在历史的历史时间所取代。海德格尔试图以这种方式克服追问存在的形而上学框架和主体中心，为存在之思打开新的视域，但是否成功仍是有疑问的。

从“时间”出发来理解“存在”的意义其实是海德格尔前后期现象学的一个主旨，只不过前后期的说法稍有不同罢了。这体现了海德格尔一贯的反形而上学思路。因为在传统的形而上学中，存在（Being）是永恒的，它超越了一切“流变”（becoming），而时间仅仅是运动的一个属性，所以不可能用时间来衡量存在的意义。现象学与传统的形而上学之间有着一种完全颠倒的关系。如何评价这种颠倒，仍然属于现代哲学反思的一个重要任务。

二、重要突破和薄弱环节

2022 年，北京学界在外国哲学研究的许多方面都取得了重要的进展：

一是通过学者们深入的对话和研究，西方哲学中的一些基本概念得到了进一步的澄清，西方哲学史上的一些基本理论也得到了更加准确的理解。比如，对于“being”（to on）这个基本的哲学概念，以前一些学者主张应该翻译为“是”而不是“存在”。最早提出这种主张的著名学者是陈康先生，在他的《巴曼尼得斯篇》译注中，他就把“to on”都翻译成了“是”。在他之后，著名的哲学翻译家王太庆也遵循了陈康的意见，把“to on”都翻译成了“是”。王路则坚持一种“一是到底”的理解和翻译态度。近来一些学者则采取更为灵活的翻译态度，主张在不同的语境中可以把它分别翻译成“存在”或“是”，而且在形而上学中的一些特定语境中，必须把它理解和翻译成“存在”，而不是逻辑判断的真值或者系词意义上的“是”。这些讨论和对话，对于我们加深古希腊哲学的基本概念、基本理论的理解都是很有意义的。

二是对谢林著作的翻译与研究，推进了中国哲学界对德国古典哲学深入理解，也逐渐地补齐了中国德国古典哲学研究的短板。近年来，在北京大学哲学系先刚教授的大力推动下，我国的谢林哲学翻译与研究均取得了重要进步。从2016年开始，先刚就开始组织翻译《谢林著作集》，这个计划是开放性的，它计划在德文经典全集本的基础上选取那些谢林哲学最具代表性的作品加以翻译（计划是16种）。2022年先刚教授团队翻译出版了谢林《神话哲学之历史批判导论》等4种作品。谢林是一位极其早慧的天才哲学家，以前我国哲学界更多地关注康德、费希特和黑格尔等其他德国古典哲学家，而对谢林的关注较少，近年来先刚教授团队对他的著作的较为全面的译介和深入研究无疑是具有重要突破意义的。

三是在中西哲学的深层对比研究方面也取得了重要进步。一些学者在把现象学引入中国后，就逐渐地展开了现象学与中国传统思想的比较研究。其中，有些学者研究了海德格尔哲学与儒家天道之间的关系，取得了很多启发性的成果。也有些学者则开始进行现象学与佛学，尤其是与法相唯识学之间的对比研究。这些研究一方面加深了我们对现象学的理解，另一方面也提醒我们它和佛学之间某些根本的区别。

2022年北京学界的外国哲学研究仍然存在一些薄弱环节：

一是中世纪哲学研究仍然缺少重量级作品。相比于古希腊罗马哲学和近现代哲学研究，我国的中世纪哲学研究一直较为薄弱。无论是研究学者的数量，还是优秀作品都较为缺乏。这既有历史的原因，也有思想的原因。从思想倾向上来看，我国学界对高度原发性的古希腊哲学和高度思辨性的德国古典哲学具有更强烈的兴趣，因此这两个领域集中了很多优秀的学者，也取得了很多杰出的成果。而对强调信仰高于理性的中世纪哲学，我们一直兴趣不甚强烈，近年来这个局面仍然没有得到大的改观。

二是近代哲学中对莱布尼茨的重视不够。莱布尼茨是近代一位全面的天才，他也被称为近代的亚里士多德。他在数学、逻辑学和物理学等领域成就斐然，在哲学上则提出了著名的单子论。遗憾的是，这样一位全才的哲学家，在中国并没有受到应有的重视。在近代哲学中，笛卡尔、斯宾诺莎和莱布尼茨并称三大唯理论哲学家。我们对笛卡尔和斯宾诺莎都有较为深入的研究，对于莱布尼茨之后的德国古典哲学也给予了充分的重视，但是对于莱布尼茨的研究则是相当不充分的。尤其是人才聚集的北京哲学界，常年缺乏对莱布尼茨的研究，这是明显的短板和不足。

（北京市哲学会供稿；执笔人：王玉峰）

注：

［1］聂敏里：《柏拉图〈蒂迈欧篇〉中的本原理论》，《现代哲学》，2022年第4期。

［2］聂敏里：《Idealism：古典与现代的思想转换》，《世界哲学》，2022年第5期。

［3］刘玮：《亚里士多德论完美的友爱》，《道德与文明》，2022年第4期。

［4］詹文杰：《汉语哲学语境中的Being难题——评王路教授的“一是到底论”》，《现代哲学》，2022年第6期。

［5］谢地坤：《在真理探索与灵魂拯救之间——埃克哈特神秘主义研究》，《社会科学研究》，2022年第2期。

［6］雷思温：《类比的崩溃：中世纪晚期的单义性革命与一本二元问题》，《哲学研究》，2022年第5期。

［7］吴增定：《因果性与力量——笛卡尔、斯宾诺莎与当代哲学争论》，《同济大学学报（社会科学版）》，2022年第10期。

［8］先刚：《谢林论神话的起源和本质》，《学术月刊》，2022年第7期。

［9］章启群：《唯识学与现象学的六个理论分野》，《云南大学学报（社会科学版）》，2022年第1期。

［10］朱清华：《海德格尔后期时间观念辨析》，《南京大学学报（哲学·人文科学·社会科学）》，2022年第1期。

美　学

一、主要研究进展

1. 中国美学向历史与本体的深度掘进

中国美学不仅继承和发展了传统美学资源，而且在精神传承、意识分析、命题研究等方面做出新的思考和推进。

中华美学精神的内涵深刻、内容丰富，贯穿了艺术创作的始终，对文艺创作具有鲜明的指导意义。中华美学精神究竟是什么？对它的总结、提炼与分析是中国美学研究的重中之重，虽已有一些学者进行了专题性研究，而由北京师范大学教授王一川主编的《中华美学精神的当代传承》一书还是显示出了其特点，它立足于中国当代各艺术门类领域中的作品、现象，通过研究中华美学精神的含义、现代性转化、与西方诸美学思想的比较等方面获得理论依据，聚焦大量当代具体艺术案例、热点现象进行分析论证，力求重点突出中华美学精神对当代文艺事业的针对性与现实性，同时兼顾理论性与传播性。该书涉及当代文学、美术、电影、设计、音乐等艺术门类，是总体性的基于艺术之上的中华美学精神的研究。[1]

在对中国传统美学总结性研究上，除了对中华美学精神提炼之外，还有就是对传统审美意识的分析。中国社会科学院研究员王柯平的《中华传统审美意识四原理》认为，以儒、道、墨、释（禅宗）诸家为主要根源的中华传统审美意识，虽然各自理路与特征相对有别，但在目的论意义上，其核心关切均指向理想人格修养与审美敏悟能力相融合的艺术化人生。儒家基于礼乐文化的传统，持守中和为美的原理；道家基于道法自然的理念，推崇自然为美的原理；墨家基于崇俭尚用的立场，力倡功用为美的原理；禅宗基于大乘空观的思想，标举空灵为美的原理。这四项原理因革相济，绵延至今。[2]

在中国现行的美学学科框架内，中国美学史可能是最让人无法以个人之力穷极的领域。对中国美学史本身的本体反思，是站在哲学维度上的跳脱于外的更高的思考，这有利于更好地看清研究对象。北京师范大学教授刘成纪的《中国美学史研究：限界、可能与目标》，提出就美学理论与美学史的交互关系看，中国美学史既接受理论给予的限定，又以本土经验重建学术视域，并通向美的普遍历史；就美学与时代精神的关联看，这一领域既映显现实，又表现出种种偏至，但这种偏至正预示了美学史研究的全新可能。可以认为，在现代学术视域内，美学学科无论是它理论的弹性、思维方式的一般性，还是研究对象的无限广延，均意味着它是对人和世界普遍存在性状的描述，并不仅限于一种专门的知识。由这种理论和学科性质建构的历史，则必然是一种看待世界的普遍视野。于此，一切历史都是美学史。[3]

中国古代美学命题、范畴研究，是国内学术界近几年兴起的研究领域。中国古代美学领域有大量的“理论命题”“审美范畴”，这些“命题”“范畴”需要进行学理性、综合性、实践性的全面整理与研究。中国传媒大学教授张晶《中国古代美学命题研究有待突破的空间指向》一文认为，急需为学术界进行古代美学命题研究提供一套资料汇编；大力推进古典美学命题、功能研究的整体突破。探讨美学命题的经典化进程，也是当下研究的重要学术价值之所在。[4]“默”作为一个词语，原本是指沉默不语、背诵记忆的意思，中国人民大学教授袁济喜的《默：从人生态度到审美心智》，认为在中国文化中，它具有很深的哲学与美学意蕴。“默”在人生态度上，往往与一定的立场与价值观相联系；在认识论与审美观上，又与特定的思维方式相联系，彰显出审美心智。从先秦迄至六朝时代，这一词语的内容与人生态度、与审美方式的联系愈益紧密，经历了不断的变迁，在清代叶燮的《原诗》中获得了新的阐发，成为中国文论与美学的重要范畴。[5]“兴”这一范畴在中国美学中有着丰富的内涵，北京大学教授彭锋在《兴与激情》中提出“兴”在中国美学中有两种解读，一是作为一种修辞手法，二是作为一种存在状态。以杜博斯为代表的激情导向的西方美学，认为艺术可以激发出激情，让生命力活跃起来，从而解除生存的沉闷。中国美学中作为存在状态的“兴”

与这种激情美学相似，同样认为诗歌等艺术形式能对人的精神从总体上起到感发、激励、升华的作用，使人摆脱昏庸猥琐的境地，还原到本然的生存状态。这种生存状态，就是一种审美状态，不能用理性和逻辑来解释。无论中西美学，都强调对“兴”和激情的理解无法按照理性和规则，只能诉诸感觉，不能诉诸分析。中国艺术有太多关于永恒的纠结，关于永恒的“作业”。[6]

中国人有独特的时空观，并且进行了艺术性的表达。在时间感上，北京大学教授朱良志的《中国艺术的“永恒感”》，探讨的是中国艺术追求的境界。他说唐宋以来中国艺术追求的永恒，根本特点是非时间的，总在“四时之外”徘徊。时间的绵长、功名的永续、终极价值的追求等，不是很多艺术家考虑的中心。他们追求的永恒，是关乎生命存在的基本问题：面对脆弱易变的人生，到艺术中寻找底定力量；身处污秽生存环境，欲在艺术中觅得清净之所；为喧嚣世相包围，欲到艺术中营建一块宁静天地；为种种“大叙述”所炫惑的人，要在当下直接感悟中，重新获得生命平衡。不是追求永恒——物质的永远占有、精神的不朽，而是追求永恒感，那当下此在从容优游的生命体验。[7]在中国古代，空间同样是一个重要的美学问题，尤其是其中的方位。北京师范大学教授周律含在《中国早期方位观及其美学意识》中说，方位观念的形成，从一开始就不仅是人对空间的物理性认知，更是一种具备美学特性的空间规划。以早期中国“六合”的空间模式建构为例：它将人置于空间中央，由此诞生的华夏地理就成为一种经验性的人化空间，而并非纯粹的客观地理，这种非客观性恰恰为美学的发生提供了契机。从上、下的建构到四方的展开，方位承载了中国人独具特色的空间想象。这一空间想象及方位建构在农耕文明紧密的人地关系促使下逐渐成为华夏民族的方位共识，为中国人提供了一种稳定的归属感，最终涉及的是一个如何建构精神家园的“安居”问题。总之，空间方位不仅关乎物理，更关乎人文、关乎审美，它发源于感性，又从感性活动升发至价值观念甚至哲学思辨，为早期华夏文明的建构开出了一条独特的美学路径。[8]

中国美学在汉语世界里的典型存在方式需要从总体上进行学术探索。北京语言大学教授韩经太的《中国美学与汉语智慧》，探索的具体切入点有三：关注中国美学以“道”论建构为中心的终极追询方式，聚焦中国哲学美学之原点《老子》“五千精妙”之最具代表性的“道可道，非常道”章和“大象无形”“大音希声”章，重新解读并揭示文本的整体玄同语境所生成的玄同命题之丛集原理；关注中国美学以“人的关怀”为中心的人文关怀方式，聚焦中国文人主体的历史命运变迁和话语能力养成机制，凸显其大语言艺术自觉的本体观念以及“微言”褒贬和“景语”抒情的特殊传统；关注中国美学以“意象”范畴为中心的文艺批评传统，聚焦“意象”原生语境的文本特质和“言意之辨”的思想动因，重新认识并深化推进“言意之辨”和“意象”阐释，揭示超绝言象而又执着于言象的汉语艺术智慧。[9]

钱中文提出的“新理性精神”文论具有中国当代性品格，曾经引起热烈讨论。北京大学教授陈晓明的《论“新理性精神”的审美意涵——钱中文的文艺理论思想再探讨》，认为应该在审美的意义上去理解“新理性精神”，因为审美的出发点和为着审美的需要，“新理性精神”可以融合感性并形成新的统一体。因此，“审美意涵”构成了“新理性精神”的内在特质，它决定了“新理性精神”具有人文品格、内化的丰富性品格、可共享的交流对话的伦理品格。这充分体现了钱中文对中国当代文艺理论的贡献。[10]

2. 西方美学中对现代美学研究热度不减

在西方美学研究中，北京学者关注西方现代美学多于关注古典美学，并且用现代眼光反思古典美学。古典美学的代表康德美学经常被当代学者批判为过时，因为它无法解释现今艺术的多样性，也无法说明当前社会中审美现象的复杂性，但是北京师范大学教授周黄正蜜有不同看法。她的《康德美学被超越了吗？——浅析韦尔施对康德美学的批判》一文认为，康德美学并未过时，也尚未被超越，其反思性保证了它对各种审美对象的接纳，其对形式性原则的强调为质料层面复杂多变的审美经验留下了空间，而审美再自律作为一种柔软开放的立法形式为美学存有自己的独立空间提供了保证。[11]在对德意志浪漫派研究方面，中国人民大学教授冯庆的《德意志浪漫派的隐喻哲学》认为，德意志浪漫派渴望基于文学艺术的隐喻机制，探究一种对绝对者之同一性进行全面把握的哲学方法论，其动机则是探求康德式认识论哲学和斯宾诺莎主义泛神论的“中道”，从而进一步推进审美启蒙。在谢林的艺术哲学构想里，哲学之“思”成为自然不断进行着的自身显现；施勒格尔则认为，艺术的创作性、感受性本质及其形象表征应当成为“思”的生活基础，引领尚未熟悉哲学的主体通向最终的哲学“自由”。基于对作为起点的特殊自我和作为终点的普遍自我的区分，浪漫派设定了一种无限类比关联中的反思观，并使之获得更为通俗的有机自然的隐喻外观，在开展审美启蒙的同时，也让启蒙的重心发生根本性的转变。[12]德国法兰克福学派主要代表阿多诺关于审美经验的思考，不可回避其前后介入的两大问题史论争语境的重要影响。中国社会科学院研究员汪尧翀在《内在批判的极限：阿多诺论审美经验的否定性》文中，认为问题史之一涉及布莱希特及本雅明就“艺术社会学”的论争，围绕“艺术自律”的合法性问题；问题史之二涉及马尔库塞“文化的肯定性批判”，围绕艺术的超越性问题。相比之下，阿多诺最终选择了介于两大问题史路径之间的居间路径，将内在批判推向极限，坚持悖论运思的方式，从而建构起一种作品美学，继续推动理性批判。因此，这种悖论的作品美学沿着艺术自律—媒介分化—哲学的运思路径，规定了审美经验的否定性特定。简言之，阿多诺从内审美意义上为艺术自律辩护，捍卫艺术的超越性；从媒介分化的意义上捍卫具体艺术门类的认知意义；从悖论运思的意义上，捍卫审美经验的否定性特征，视之为通往艺术作品真理的起点。[13]对德国学者阿比・瓦尔堡，中国学者研究并不多。中国人民大学教授吴琼的《阿比・瓦尔堡的幽灵学》，提炼出阿比・瓦尔堡学术贯穿始终的一个主题，即古代“遗存”在各历史时代的“重生”。因为时空的错置，因为古代“遗存”中表达生命能量的象征形式不断变形，使得每一次重生就像原初生命能量在历史性中的幽灵般返回，尤其在文艺复兴早期这种“危急的时刻”，生命能量的极性化通过象征形式的两极性获得最为充分的表达，后者也因此成为历史的症候、生命的症候和艺术的症候。[14]

现代美学与古典美学有着时间的连接，现代美学是古典美学的发展，甚至于其性质中包含古典，如法国现代美学就属于一种古典主义美学体系。在17世纪的现代民族国家法兰西大力发展古典主义文化中成型，占据现代欧洲普通知识核心区。中国艺术研究院研究员张颖的《论法国现代美学的缘起与体系性》认为，法国美学从19世纪开始自觉展开学科化探索，既吸纳德国古典美学，又回归并发扬自身的“美之学”传统。这一学科化进程经实证主义渗透后发生质变，专注于艺术“事实”的科学实证美学越来越远离形而上的“美之学”，古典主义逐渐淡出历史舞台。法国古典主义美学体系呈现出起源、成熟与衰朽的生命历程。拜泽尔力主后康德时代的美学回归从莱布尼茨到莱辛的审美理性主义传统，法国古典主义现代美学与这一传统之间有亲缘关系。“民族美学”视角的引入，或许能够给美学通史增补新观念，灌注新活力。在法国哲学家梅洛－庞蒂中后期哲学对其早期哲学概念及架构的修正和充实中，关于弗洛伊德的“无意识”概念的讨论扮演着非常关键的角色。北京大学哲学系长聘副教授宁晓萌的《“无意识”概念与梅洛－庞蒂中后期哲学的改造》，认为梅洛－庞蒂揭示出“无意识”具有沉默的、含混的以及实存论的特征。他看到了一种既不破坏无意识自身特性，又能够让无意识活动的意义呈现出来的独特的表达方式，即以精神分析治疗中的谈话为典型的话语的表达，这种表达以象征、偏离字面意义和沉默为特征，在其运行中包含着治疗与改变的要求，因而具有实存论的意义而非仅仅停留在语词含义之中。这种表达所揭示出的与他人的关系，为其后期哲学中的交互主体性问题、交织的存在论提供了模型，实在地影响着其后期哲学的核心概念及理论框架。“无意识”概念作为一种“他者”，已经参与到梅洛－庞蒂后期哲学的构造中。[15]

维特根斯坦是20世纪最重要的哲学家之一，占据维特根斯坦思想核心地带的，是其艺术气质而不是科学精神。中国社会科学院研究员吴子林在《“哲学应当作诗来写”——维特根斯坦的语言批判及其写作》一文中认为，对维特根斯坦而言，音乐是最重要的艺术形式，是衡量精神事物的尺度；作为深层的精神背景，音乐深刻影响了维特根斯坦哲学著作的结构形式，其还有以音乐阐述哲学思想的偏好。新的思想方式必然伴随新的述学文体。维特根斯坦是出色的文体家，“语言批判”贯穿其思想脉络的始终，并赋予其哲学著作以长久的文学价值。维特根斯坦将哲学视作一种语言行动，即一场与语言的搏斗，由此而展开了以思其非思、以言其不可言的“诗化哲学”；后期维特根斯坦修正了“唯名论”思想，把语言从形而上学返回到日常生活的使用当中，使哲学成为一种“生活方式”；基于语言“构成性”“生成性”双重结构的认识，维特根斯坦以“描述性”语言克服了“语言的空转”，立体呈现超因果思想的生成过程。维特根斯坦思想的强度使自己成了未来知识界的智慧来源之一。[16]

西方美学中现代性与后现代性究竟有什么特征？如何把握？中国社会科学院大学教授卢春红的《从“怪诞”到“时尚”：西方美学中现代性与后现代性的分野和过渡》认为，“怪诞”与“时尚”因其不同的形式特征显示出关键性区分：构成“怪诞”之对立一极的普遍性是关联着理性的纯粹的普遍性；而构成“时尚”之对立一极的普遍性则是依托于感性的有限的普遍性。现代性与后现代性由此在审美表征上呈现出各自的分野。在现代性的推进过程中，“怪诞”与“时尚”亦透露出内在的关联：由感性因素的出现到感性视角的转换，构成了由“怪诞”到“时尚”的关联平台。通过形式结构中“异”与“怪”的叠加，“怪诞”呈现的是普遍性实际上寻而不得的状态，这一审美存在由此显示出自身的过渡性质。而“时尚”则通过植根于变化中的“新”与“异”的交错，实际上建构着一种新的普遍性。于是，由“怪诞”到“时尚”，现代性得以完成其在审美存在中向后现代性的过渡。[17]

对马克思主义美学，传统研究方法是就美学而论美学，中国社会科学院文学研究所研究员刘方喜的《美学属性、奢侈品与自由时间：马克思美学/经济学二重性重构》，把马克思主义美学与经济学相连，认为生存资料（必需品）由社会必要劳动时间或直接的劳动时间创造，具有美学属性的艺术等享受资料（奢侈品）则由剩余劳动时间转化的自由时间创造；在资本框架下，交换价值（货币）支配作为使用价值的生存资料、享受资料和发展资料的生产；而艺术美学属性与货币属性的对抗，在消费领域体现的是使用价值与交换价值的二重性对抗，在生产领域体现的是自由时间与直接的劳动时间的抽象对立，扬弃这些对立和资本的支配，艺术创造就会成为每个人的真正自由的劳动而获得充分发展。面对当今艺术、文化与经济越来越交融的新现实，重构马克思美学/经济学二重性结构，具有多方面重要意义。[18]

3. 美学基础研究重新回归感性与体验

如今的美学领域越来越宽泛，几乎找不到边界了。一个学科要立得住，需要有明确的维度，有不变的内核，并与其他学科之间存在较为明确的界限，这是美学的基础性研究。北京师范大学教授严春友在《感性作为美的维度：为美学奠基》中提出，美学的内核就是感性，是感性中的美与丑，因此美学应当回到鲍姆嘉通的“感性学”那里去。唯有从感性这个维度出发，才可以确立美学牢固地位，才能够明确其与相关领域之间的分野。不指向这样一种感性维度的，就不能说是美学的。一些流行观点没有分清美与真、美与善、美与艺术、美与想象、美与情感之间的界限，无法说清一些基本问题；而前述感性维度作为评判的准则，就可做出明确区分。人的心灵是一个整体，心灵的所有活动几乎都伴随着审美环节，只要立足于感性维度，就可以将美从整体的活动中区分开来。审美维度的这个“感”当然也不可能离开理性，它是理性伸向感性维度的触须，是以感性表现出来的理性，正如理性是以抽象的形式表现出来的感性。对于上述观点，可从五个方面进行具体的分析和论证：美感与感官；美感与真理；美感与想象；美感与情感；美感与崇高。[19]

“审美亲知”是美学研究难点，近几十年来，美学学界不断质疑亲知原则，原因之一在于该原则未能清晰地交代审美亲知是否能够传递。清华大学教授章含舟的《论图像与审美亲知的传递性——为洛佩斯一辩》，认为以洛佩斯为代表的学者们肩负起了解难题之任，提出了图像理论，旨在说明审美亲知的传递性是什么，以及这类传递性何以成为可能。然而图像传递理论难以抵御威廉姆斯的批评：观摩图像之人究竟是接收到了图像提供者的审美亲知体验，还是说观摩者自主地做出了一个审美判断？为了澄清相关纷争，有必要精细区分两种意义上的审美亲知，即“第一手审美亲知”和“知觉性审美亲知”。事实上，在图像观摩者的知觉性审美亲知的内部，渗透着图像提供者的第一手审美亲知，正是在此意义上，审美亲知得到了传递。[20]

4. 美育研究的实践落实转向生活与身体

美育是美学的教育学的延展，具有实践性。以美育人、以美化人、以美培元，是美育的重要课题。首都师范大学教授王德胜提出了生活美育的观点，他在《生活美育：价值、策略与在场性改良》中说，“去熟悉化”作为生活美育的实践策略，其内部体现了指向意义生产及其增值的转换。这一转换的实现，着重于通过训练和强化人在日常状态下的个体意识专注，完成生活的日常经验向审美感知方向的转移。在当下生活中锐化人的感知、激发内心的反思意识，在现实人生行动中敞开创意表现的冲动、张扬意义创造的精神追求，是生活美育立于现实而又超越生活现实的介入性实践。[21]关于生活，可以导向美育，而它本身就是一种日常生态。中国社会科学院研究员刘悦笛的《“后人类纪”人类艺术的生态使命：走向一种“日常生态美学”》，指出人类艺术要肩负起生态责任，日常生活美学也要与生态美学融合起来，由此促成“日常生态美学”的拓展。当今时代的艺术在此路向上，将持续地“上下而求索”。[22]人类经由这种虚拟互联与生物科技的发展之途，正在走向“后人类生存”状况，这个事实已被彰显出来。危机恰恰便出现在生态上面，因为科技发展很多时候恰恰是“反生态”的，现代科技产生了大量的废弃芯片之类的垃圾，强调人类艺术的生态使命就变得尤为突出。

美育不仅是理论，更需要身体实践，美育应结合身体进行。首都师范大学教授史红在《具身、舞蹈与美育》中认为，以具身认知为基础的具身美育是一种身心交互影响、和谐共促的教育。舞蹈美育是具身美育最为典型的代表。具身美育特点表现为强调身体的感知性、亲在性、开放性、主体性。“舞蹈”概念的形成不能脱离身体的活动体验，舞蹈的身体、认知与环境有关，三者融为一体。舞蹈美有的功能是使身体成为自我生命体验的最佳觉知体，效应是使身体成为动作行为最佳表达体，目的是使人达到身心和谐最佳状态。舞蹈美育是身体力行的实践性、体验性美育，强调将身体运动感觉内化为个体自觉追求的生命体验。[23]

美育重要的任务之一是塑造与培养能推动社会现代化的新人。中国人民大学教授廖亦奇在《情感启蒙：论沙夫茨伯里的趣味教育观》里说，沙夫茨伯里提出了以情感为中心的趣味教育主张，通过对人进行情感启蒙，确定了人类情感的限度、规范和价值，打通了在美的范畴内教化人、改造人的现代化之路。趣味教育将人对自我价值的发掘与审美经验结合起来，从而带来了政治、经济、伦理、文化艺术等多方面的革命。趣味教育是现代审美教育的先声，其内涵超越了纯粹艺术技艺培养的范畴，体现了沙夫茨伯里的改革构想，它从个人情感出发，转向了宏大的社会目的，承担着启蒙初期以美育人、改良社会风尚和重塑国家秩序的重责。[24]

5. 艺术美学形成多维度的新阐释

艺术有着永恒的美和一切美的原型，北京的学者从不同层面和角度揭示美的规律和艺术规律的奥秘。如音乐有理性信息，也有感性信息。二者相关而不同。中央音乐学院教授宋瑾在《阐释音乐的三种语言：异质性、近质性与同质性》中认为，阐释音乐有三种语言。其一，异质性语言。采用口头和书写的表义性语言来阐释音乐，主要功效在揭示理性信息，特点是异质同义，多见于音乐批评和音乐分析文论。其二，近质性语言。采用文学的表现性语言或美术的视觉语言来阐释音乐，特点是近质通感，主要功效在阐发感性信息；反之，音乐亦可阐释文学和美术作品，出现互文现象。其三，同质性语言。用音乐来阐释音乐感性信息的各种方式，特点是同质同感，多见于表演和改编。具体包括复述（表演，二度创作）、再述（借用，转义）、转述（转换，改编）、引述（引用，有机拼贴，无机拼贴）、恶述（坏乐，bad musicing），等等。[25]

艺术中的图像隐喻与词语语言中的诗性隐喻，都是人通过语言—符号进行意义生产的主要方式。中国人民大学教授牛宏宝的《图像隐喻及其运作》，揭示和把握图像隐喻的意义生成是如何运作的，以及这种运作与意义的关系，对于研究美学和艺术哲学具有枢纽性的价值。讨论图像隐喻，须融合图像符号学、哲学和美学相关理论，涉及图像隐喻与词语隐喻的异同、图像隐喻的类型、图像隐喻的运作、图像隐喻与意义等四个核心议题。语言要成为语言，就必须保持对于本真状态的敏感和对意义创新的敞开。对图像隐喻的思考，可以把我们带入对图像符号意义生成的自觉中。[26]受英国历史学家彼得·伯克对文艺复兴时期“趣味”思考的启发，意大利历史学家金斯伯格创造了一个概念——“图像环路”——旨在解释一定时空条件下某个或某类图像的流动，及其地位与作用。《美术》杂志编辑盛葳在《图像环路：视觉、文化与社会》中认为，通过这一具有浓郁文化史色彩的理论，金斯伯格在16世纪的意大利艺术中区分出公共和私人两种主要的图像环路，以破除传统社会史在特定图像和特定社会阶层之间建立的简单对应关系，以及传统图像学从文本到文本的研究方法。这一理论视野下的图像流动跨越了媒介与阶层，解除了精英与大众之间的对立，并充分说明了一个社会中视觉活动的复杂性。研究领域对时代、地域和文化的跨越，显示出环路理论广泛的适用性。因此，在今天这个全球化的图像时代，它仍具有继续发展的可能。[27]

影像美学范式，是指电影所据以建构人物、景物、场景、背景等影像系统及其表意方式的基本价值理念构架，正是这些基本价值理念构架成为影像系统所据以构型的意义来源。北京师范大学教授王一川在《通向电影强国的影像美学范式》总结出了六种范式：第一种为国族美学范式，是基于现代中华民族的民族国家意识而建构起来的确证和宣示中国国家主权的正义性和认同感的影像模型。第二种为家庭美学范式，这是以现代家庭和家族关系为中心而建构的个体据以认同的影像模型。第三种为地缘美学范式。这是体现中国当代城市和乡镇的地缘内生力和地缘美学密码的影像模型，其中可以细分为都市地缘美学范式和乡村民间地缘美学范式两种。第五种为传统美学范式。这是基于中国艺术传统的当代传承意向而创造的影像模型。第六种为公共法理情理美学范式。这是指较为显著地表达公共法律和公共情理、呈现其人类共同价值的影像模型。[28]本土化的电影美学建构是中国电影学术话语和体系建构的一个重要方面，其必要性在于西方还没有建构出在学理上有说服力且在实践上具有可行性的电影美学。然而，由于电影美学的问题至今还未得到解决，作为电影美学方法论的美学发展得并不乐观，我们需在进行本土化电影美学的建构之时，进行本土化美学的建构。因此，北京电影学院教授王志敏《电影美学建构与电影之美探究》提出一个电影美学的总体理论表述：电影作品在表达系统内部嵌入了表达保障系统，是两个系统叠合交错的结合体。如果说电影艺术学是研究电影作品表达了什么及如何表达的，那么电影美学作为电影艺术学必须解决的问题，则是侧重研究如何在特定时代下设置并组织特定的单元结构，以确保观众接受其艺术表达。[29]近年来，剧集创作中叙事时空的多变极大地改变了我国传统电视剧的叙事格局。中国传媒大学教授戴清、石天悦的《“时空魔方”：剧集创作中的叙事新变与审美潜能》，以“时空魔方”比喻剧集创作中叙事时空的多样呈现，将打破顺时序叙事的创作模式具体归纳为交叉时空、折叠时空和混杂时空等三种叙事时空类型；进一步探讨作品中叙事时空的转换机制，分别为设置时空“开关”、建构相似场景之间的关联以及借助内聚焦多视角的透视手段等；在此基础上，分析了多重时空对应的丰富隐喻、精神蕴含及其背后的哲学思考。[30]

新时代以来，书法领域在创作和理论研究方面都取得较大发展。我国现行的书法美学研究体系，是在20世纪末基于传统书法观念、书法问题所形成的，不能适应和阐释当代书法中所出现的新的美学特征和时代特色。在这种背景下，建立一个面向新时代的中国汉字书法美学理论体系，已势在必行。北京大学副教授祝帅的《新时代书法美学理论体系的建构》，提出书法美学理论体系的基础理论研究，根据历时性和共时性，可以划分为历代书法美学范畴研究和当代书法审美特征研究两部分。在应用理论研究的新领域上，一是汉字书法审美评价研究，二是汉字书法审美教育研究，三是汉字书法审美传播研究。[31]

6. 科技创新引发美学全新思考

现代科学的飞速发展，如数字艺术、虚拟现实、元宇宙等，使美学研究获得了新的意义和内涵。北京学者对科技美的关注与其他美学思想的探索是并存的，他们有敏锐的观察力，其美学思考也是超前的。从基本理论上分析，艺术与技术究竟是什么关系？中国社会科学院研究员尚杰在《艺术与技术》中认为，原始艺术的灵光体现在此时此地仅此一次的现场感，但出于想留住“瞬间美好”的天性，人类发明了文字、印刷术、摄影、电影以及当代人工智能技术，它们都是广义上的复制，而艺术越来越依附于机械复制，它的升级就是如今的互联网和人工智能。在效果上，不仅艺术而且人类精神也进入了“后真相”时代。艺术与技术之间的关系，既是冲突的，又是互补和相互促进的。[32]

信息时代科技的迅猛发展改变了社会生活习惯，媒体技术也造就了媒体艺术多元的创新态势。中央美术学院教授靳军的《虚实的交融——信息时代媒体科技推动数字沉浸艺术体验创新》，提出数字沉浸艺术领域的形成，尤其是在技术、空间、媒介、内容的相互配合下塑造出新的独特的动态艺术景观与体验，也构成了一种新的沉浸媒体。该文讨论数字沉浸艺术的展现方式、审美特征、体验塑造，解构其创新特点，特别是通过媒体科技作为数字艺术的基础支撑来探讨艺术与科技融合的未来趋势与社会价值。[33]

关于虚拟现实艺术，是一个热点话题。中国人民大学教授顾亚奇、王立锐的《可供性视角下虚拟现实艺术的实践与思考》一文，认为虚拟现实艺术是自成独立体系、完全有别于传统门类艺术的新艺术形态，从可供性视角探究人与技术之间的互构，将揭开虚拟现实艺术的生成逻辑。人机一体构造具身性沉浸场景，虚拟空间搭建交互式叙事平台，虚拟现实艺术的生动案例呈现了创作新范式，带来全新的参与方式与接受体验。从虚拟现实艺术的未来演化看，艺术主体的重塑需要技术的“可供”更要求技术的“可控”，现实与虚拟一体化将实现两种时空文明的融合，也将开辟未来艺术整体性变革的新路径。[34]

元宇宙作为一种全新的时空存在形式，通过建构三维虚拟影像世界实现对现实时空的深度拓展，其中也显示出值得思考的美学问题。清华大学教授向安玲、陶炜、沈阳的《元宇宙本体论——时空美学下的虚拟影像世界》认为，时空拓展性构成元宇宙第一性，实现了从信息流、场景流到时空流的延伸：基于静态和动态空间拓展建立拟真孪生体，可随时“进入”、“在场”和“体验”；基于多重时间线的并构与拼接构建新型数字虫洞，可随时“跳转”、“回溯”和“联结”。时空美学构成元宇宙虚拟影像世界的底层要素，实现多尺度视角切换、激活人类创作想象力，但同时也存在虚实边界混淆等诸多风险。[35]

二、重要突破和薄弱环节

从总体上看，2022 年北京的美学研究具有探索性、创新性与前沿性，保持了高标准、高质量，在许多问题上进行了深入思考，提出了不少令人耳目一新的见解，推动了美学领域的进展。主要突破有：

其一，中国美学重点在于古典美学的内在精神、史学边界、命题探讨。在中华美学精神的分析与总结基础上，关注其如何传承。在中国美学史上，反思限界研究与目标的问题。古代美学命题的研究，指出了有待突破的空间。

其二，西方美学关注现代美学概念、思想的分析以及现代美学家研究，如维特根斯坦、阿多诺、梅洛－庞蒂，阿比·瓦尔堡等，以德国美学与法国美学为多。对传统古典美学也有新的挖掘，如韦尔施对康德美学的批判、德意志浪漫派的隐喻哲学等。另外，对马克思美学 / 经济学二重性重构、现代性与后现代性的分野进行了思考。

其三，美学基础性研究再次回归，美学的感性性质受到重新审视。审美亲知的难点研究关联了图像理论，有了新的切入点。

其四，美育研究从理论转向强调实践与落实，如生活美育价值与策略，舞蹈作为具身美育的方法、手段与路径等，进一步明确了美育实施方向。

其五，艺术美学在音乐、图像、电影、书法等专题上不断出新，如在音乐语言、图像隐喻、影像美学范式、书法美学理论体系等方面都有新阐释，推进了以往研究的深度。

其六，科技发展引发美学前沿话题，如新媒体科技与数字沉浸艺术体验创新，虚拟现实艺术思考，元宇宙美学下的虚拟影像世界等，这些新问题打开了美学研究新领域。

北京的美学研究还存在一些薄弱问题有待进一步解决，如美学基础性的理论问题；中国现代美学的思想、学派、人物等；西方古典美学、国别美学；学校美育理论实践与评价等都需要加强与深化。

（北京市哲学会供稿；执笔人：史红）

注：

[1] 王一川等：《中华美学精神的当代传承》，北京大学出版社，2022 年。

[2] 王柯平：《中华传统审美意识四原理》，《美育学刊》，2022 年第 1 期。

[3] 刘成纪：《中国美学史研究：限界、可能与目标》，《南京大学学报（哲学 · 人文科学 · 社会科学）》，2022 年第 4 期。

[4] 张晶：《中国古代美学命题研究有待突破的空间指向》，《河北学刊》，2022 年第 2 期。

[5] 袁济喜：《默：从人生态度到审美心智》，《社会科学战线》，2022 年第 1 期。

[6] 彭锋：《兴与激情》，《中国文学批评》，2022 年第 1 期。

[7] 朱良志：《中国艺术的“永恒感”》，《学术界》，2022 年第 5 期。

[8] 周律含：《中国早期方位观及其美学意识》，《人文杂志》，2022 年第 11 期。

[9] 韩经太：《中国美学与汉语智慧》，《中国高校社会科学》，2022 年第 6 期。

[10] 陈晓明：《论“新理性精神”的审美意涵——钱中文的文艺理论思想再探讨》，《学术月刊》，2022 年第 11 期。

[11] 周黄正蜜：《康德美学被超越了吗？——浅析韦尔施对康德美学的批判》，《外国美学》，2022 年第 1 期。

[12] 冯庆：《德意志浪漫派的隐喻哲学》，《文艺研究》，2022 年第 11 期。

[13] 汪尧翀：《内在批判的极限：阿多诺论审美经验的否定性》，《外国美学》，2022 年第 1 期。

[14] 吴琼：《阿比 · 瓦尔堡的幽灵学》，《社会科学战线》，2022 年第 1 期。

[15] 宁晓萌:《“无意识”概念与梅洛-庞蒂中后期哲学的改造》,《哲学动态》,2022年第8期。

[16] 吴子林:《“哲学应当作诗来写”——维特根斯坦的语言批判及其写作》,《求是学刊》,2022年第2期。

[17] 卢春红:《从“怪诞”到“时尚”:西方美学中现代性与后现代性的分野和过渡》,《哲学动态》,2022年第8期。

[18] 刘方喜:《美学属性、奢侈品与自由时间:马克思美学/经济学二重性重构》,《云南社会科学》,2022年第5期。

[19] 严春友:《感性作为美的维度:为美学奠基》,《河北学刊》,2022年第5期。

[20] 章含舟:《论图像与审美亲知的传递性——为洛佩斯一辩》,《外国美学》,2022年第1期。

[21] 王德胜:《生活美育:价值、策略与在场性改良》,《社会科学辑刊》,2022年第6期。

[22] 刘悦笛:《“后人类纪”人类艺术的生态使命:走向一种“日常生态美学”》,《美术观察》,2022年第1期。

[23] 史红:《具身、舞蹈与美育》,《北京舞蹈学院学报》,2022年第5期。

[24] 廖亦奇:《情感启蒙:论沙夫茨伯里的趣味教育观》,《外国美学》,2022年第2期。

[25] 宋瑾:《阐释音乐的三种语言:异质性、近质性与同质性》,《中央音乐学院学报》,2022年第1期。

[26] 牛宏宝:《图像隐喻及其运作》,《文艺研究》,2022年第6期。

[27] 盛葳:《图像环路:视觉、文化与社会》,《美术研究》,2022年第6期。

[28] 王一川:《通向电影强国的影像美学范式》,《中国电影报》,2022年8月31日。

[29] 王志敏:《电影美学建构与电影之美探究》,《电影艺术》,2022年第6期。

[30] 戴清、石天悦:《“时空魔方”:剧集创作中的叙事新变与审美潜能》,《中国电视》,2022年第12期。

[31] 祝帅:《新时代书法美学理论体系的建构》,《中国书法》,2022年第11期。

[32] 尚杰:《艺术与技术》,《社会科学战线》,2022年第1期。

[33] 靳军:《虚实的交融——信息时代媒体科技推动数字沉浸艺术体验创新》,《美术研究》,2022年第6期。

[34] 顾亚奇、王立锐:《可供性视角下虚拟现实艺术的实践与思考》,《美术研究》,2022年第2期。

[35] 向安玲、陶炜、沈阳:《元宇宙本体论——时空美学下的虚拟影像世界》,《电影艺术》,2022年第2期。

科学技术哲学

一、主要研究进展

1. 科学哲学

科学哲学研究既对库恩思想、“内在主义—外在主义”争论等一般科学哲学的许多基础性问题进行了重新认识,也对分支科学哲学开展了一般性研究,还对科学家的科研方式等具体问题给予了阐释,提出了许多富有创新性的新观点,无论是研究的广度还是深度较以往都有较大推进。

一般性科学哲学问题一直是国内科学哲学界研究的重点。托马斯·库恩思想研究在本年度尤其具有特殊意义。为纪念库恩的《科学革命的结构》出版60周年、库恩诞辰100周年,科学哲学界对库恩思想及其影响进行了再解读再认识。王巍研究了库恩思想在当代科学哲学中的影响,指出库恩的“后达尔文式康德主义”在逻辑实用主义传统中起了承前启后的作用,带来了当代的科学实在论之争,推动了科学哲学界关注科学知识的社会维度,引发了“认知转向”,促进了科史哲的整合,也是分支科学哲学兴起的原因之一,特别是库恩提出了第三次相对主义挑战,这有待新时代的“康德”来回应。[1]崔伟奇、程倩春认为,库恩科学哲学所实现的三个转向——“历史的转向”、“解释学的转向”和“进化论的转向”,有助于我们进一步反思库恩对科学创新的理解,从而深化对库恩科学哲学创新意义的认识。[2] 中国人民大学哲学院陈石磊等则强调库恩在“范式”定义上的模糊性导致“范式”一词已失控，“范式”一词已成为人们的日常用语，在各领域具有举足轻重的地位。他们站在理性主义的立场重新考察该概念及其定义，以库恩在《科学革命的结构》中展现出的矛盾的立场为线索反驳相对主义的“范式”定义，提出技术实践无论是在范式的诞生还是崩溃阶段都发挥着重要作用。[3]

科学的社会维度在近年来日益受到关注，朗基诺（Helen Longino）提出的“非个人主义的个人”，与基切尔（Philip Kitcher）的“个人主义的理性观”，成为当代科学哲学中关注科学的社会维度的两大重要立场。王巍等认为，上述两种立场有所区别，但不矛盾。如果把它们统合起来，同时坚持方法论的多样性和本体论的统一性，就可以将朗基诺的观点发展成为“批判的逻辑经验主义”，使之成为比较均衡的新 HPS 研究纲领，从而形成关于科学技术的哲学、历史和社会科学的新视域。[4]

福曼命题（Forman Thesis）在国际科史哲领域具有长期的影响力。清华大学科学史系刘杭深入剖析福曼的“福曼命题 1”和梳理争议中的“福曼命题 1”，认为“福曼命题 1”所承载的绝大多数的争议性实质仍是“内在主义—外在主义”之争，而这种二元划分正是福曼试图避免的。争议中的“福曼命题 1”的重点在于科学的内容是否受到外部因素的决定性影响，拒斥者认为其决定性因素仍是科学的内部因素。她特别指出，福曼的研究里并不缺乏科学上的理由，而“文化”因素的突出作用是自 20 世纪 90 年代以来参与讨论的学者不断强化的结果。[5]

丘奇兰德（Paul M. Churchland）在批判逻辑实证主义的基础上，应用人工神经网络技术概念，建立了以联结主义思想为中心的自然化认识论。北京师范大学毛郝浩等指出，丘奇兰德的自然化认识论为科学哲学中的一系列议题提供了新的解释和思路。他认为，理论和知识既不是通过归纳也不是通过演绎获得的，而是在经验上通过感官输入形成理论输出；科学发现是通过向量补全来实现的，即将混乱的自然环境用熟悉的原型解释，例如星座、太阳系的旋涡等。科学理论的评价则可以通过概念框架或原型来实现，它允许真理以一种程度的方式呈现。科学实在论不应该建立在全称命题的基础上，而应该使用概念框架或原型这样的工具来描述科学实在，从而对科学实在论提出了新看法。[6]

人们通常认为培根所倡导的实验方法只是在近代以来的自然科学中发挥着重要作用。中国科学院大学人文学院王业飞等则指出，培根的实验哲学不仅是科学探索的方法，也是科学和工程之间的联系。所罗门宫作为代表现代社会创新和发展的新实验系统，展示了科学与工程在组织上结合起来的可能性。实验才是同时代表着知识与力量并完成知识向力量过渡的枢纽性环节。[7]

动物模型作为现代生物实验室中的缺省配置，被广泛应用于理解人类情况的实验中。尽管有人批评使用动物模型是一种简化人类情况的还原主义，但很少有人说清使用动物模型的合理性是如何构建出来的。北京大学哲学系廖新媛等认为，使用动物模型的合理性不是固定事实，而是处于不断建构、修补、完善甚至重建当中，研究者应该在承认“复杂性”的同时，合理地开展动物实验。[8]

中国科学院科技战略咨询研究院研究员范岱年等翻译的马里奥·邦格（Mario Bunge）《搞科学：在哲学的启示下》[9] 一书聚焦发展过程中的科学（science in the making），即许多自然、社会和生物社会科学的实例显示的过程及其哲学前提，诸如合理性、实在论等等，主张哲学前提构成了构思和孕育科学研究计划的某种母体，提出这些前提大多是隐含且容易被忽略的，但实际上它们却极其重要，因为有些前提有利于科学研究，而其他的一些前提却阻碍科学研究。

中国科学院高能物理研究所研究员张双南的《科学方法与美学》[10] 一书横跨科学的起源、人类对天体与宇宙的认识，最后在哲学高度上对美学进行了讨论。这三方面的连接正好反映了人类在宇宙（天）、自然（地）以及美的认识（人）三方面的认识是如何作用与促进的。

分支科学哲学（philosophy of specific sciences）在国际上是主流，但在国内相对重视不够。王巍的《分支科学哲学导论》[11] 介绍了分支科学哲学的主要内容，从逻辑哲学、数学哲学、物理学哲学、生物学哲学、社会科学哲学、认知科学哲学、经验的与实验的哲学等 7 个领域，探讨了非经典逻辑、真理论、数学基础、时空哲学、量子力学的哲学解释、生物学有无定律、生物学中的还原论、自然选择单位、社会科学中的其他情况均同定律、说明与解释、强人工智能、延展认知与延展心灵、社会认识论、实验哲学等 14 个问题，推动了国内分支科学哲学的发展，促进了科学与哲学的密切互动。

2. 技术哲学

技术哲学研究既关注技术内涵及本质等基础性问题，更侧重对人工智能这一颠覆性技术的理论反思与实践探究，技术哲学的国际化也呈现出新特点。

中国“技术”概念的演变对于中国的技术哲学研究具有基础性意义。中国社会科学院哲学研究所雷环捷认为中国传统阶段的“技术”概念是非对应且多元的，包括技能和艺术、处方和卜卦，近代阶段的“技术”概念是外来和工业化的，涵盖了从古典到现代、从局部到普遍、从概念到实体的意义转变，当下阶段的“技术”概念是科学化和泛在的，融合了科学和技术，体现了“科技”概念的普及。他梳理出工匠技术、产业技术与科学化技术发展的线索，愈来愈指向广义技术的见解，有助于思考中国近现代技术（科技）思想史的分期问题，促进中国技术哲学的新时代发展。[12]

技术建构论自身的缺陷与当代技术社会发展的生态化趋势要求技术观做出新转变，而在学科交叉背景下，生态学为技术哲学研究提供了新的思路与方法，这两个背景导向了技术哲学语境下的“技术生态”概念的形成。中国人民大学哲学院孙恩慧等深入分析了技术生态概念，认为技术生态论是一门“关系”哲学，它强调社会与技术之间、不同技术体系之间的依存性、共生性与和谐性，追求发展过程的科学性、协调性与可持续性。因为技术生态是对技术体系内部或外部各层次、各要素之间在共同演化过程中所形成的联动关系的一种形容与描述方式；技术生态的判定标准有两条，至少由两种功能不同的技术构成，且技术之间要具有互补关系；技术之间能够产生协同效应；技术生态的基本结构分为由技术间互动构成的内部生态和技术与环境互动构成的外部生态。[13]

法国技术哲学家贝尔纳·斯蒂格勒（Bernard Stiegler）提出“技术是药”，并倡导“技术药理学”，这一思想实则源出德里达（Jacques Derrida），中国社科院哲学研究所研究员孟强通过分析古希腊语境中药的含义，发现书写既是良药又是毒药，书写作为一种文化传承的重要载体，既能够弥补记忆力不足，也能毒害记忆、背离真理。化解书写的毒性，需要从辩证法角度强调恢复书写的附属、补充和协助角色，使之安于其位，从药理学角度强调学会与药共存，以达到消除毒性的目的。[14]

伴随着人工智能技术的迅猛发展和广泛应用，对人工智能本质的分析与批判正在成为技术哲学研究的重要内容之一。符号奠基问题是人工智能中的重要理论问题。这一问题是指在不借助外部中介的条件下，一个纯粹的符号系统应如何获取意义？毛郝浩等探讨了人工智能中符号奠基问题的几种解决策略，如以哈纳德（S. Harnad）的杂合系统为代表的认知主义方案、以布鲁克斯（R. A. Brooks）的物理奠基策略为代表的生成主义方案和以福格特（P. Vogt）等人为代表的指号学方案，认为这些解决方案都受到塔迪欧（M. Taddeo）和弗洛里迪（L. Floridi）批评，他们提出“零语义承诺”，要求这些方案不能借助任何形式的内在主义和外在主义，但是“零语义承诺”本身也面临诸多责难。[15]

符号主义人工智能把智能理解为逻辑推理、符号抽象等可以被表征的能力。蔚蓝与中国科学院大学人文学院教授孙小淳分析了德雷福斯（Hubert L. Dreyfus）从海德格尔现象学哲学出发对符号主义人工智能的批判，指出德雷福斯认为智能是此在在世存在（In-der-Welt-Sein）的智识能力，是人在生存过程中对环境局势的经验性认知和熟练应对，需要由实践性和体会性知识汇合而成，主张符号主义根本谈不上是一种新的“范式”，真正的“人工智能”还处于孕育之中。[16]

使用新技术工具从事传统哲学问题研究，即技术化地做哲学是技术哲学研究的一个新视角。北京理工大学副教授薛少华等在考察了电子游戏为哲学研究提供新工具并凭借其优势深化理解传统哲学问题的可能性之后，认为由于游戏虚拟技术可以生成很多可能世界，因此传统哲学领域中的道德困境、语言概念理解、反事实感官刺激和其他形而上的思想实验场景等都可以使用游戏虚拟技术设计出来，研究者和被试不仅能够身临其境地感受到一些物理世界中无法实现的思想实验场景，还能使一些思想实验和哲学思辨结论得到沉浸式的经历和身临其境的验证。[17]

技术哲学研究的国际化趋势不断加强，在众多国际技术哲学家被引介到国内的同时，国际技术哲学研究也对中国有更多的关注。中国人民大学哲学院卡尔·米切姆教授注意到了美国技术哲学家阿尔伯特·伯格曼（Albert Borgmann）对中国的关切及其思想对中国的意义。他指出伯格曼虽然从未到过中国，但在作品中数次提及中国，并表达了对汉语这门独特语言的欣赏。伯格曼提出了“装置范式”和“焦点物及实践”这两个核心概念，并主张哲学意义上的物与焦点实践相伴相生，构成了一切富于美感、令人满足的文化的基础；病态的社会性“多动症”归结为焦点物和实践的缺失。他认为伯格曼对技术物质文化弊病的诊断以及为此开出的药方对于当今中国社会同样具有启发和借鉴意义。[18]

3. 工程哲学

作为一门新兴学科，工程哲学研究仍着力于学科建设，在围绕工程哲学创立者提出的基本命题及思想进行拓展性研究和总结梳理的同时，在教材建设上也有重大推进。

中国科学院大学人文学院教授李伯聪的《工程哲学引论——我造物故我在》[19]一书，是世界上首部专论工程哲学的著作，其出版标志着工程哲学作为一个学科领域的正式创立。2022 年是该书出版 20 周年，学者们纷纷撰文阐释和拓展其思想。王大洲拓展了“我造物故我在”这一命题，认为工程活动是一个“造物”与“成人”的双向建构过程；只有做到造物—成人的耦合，才能形成人与人、人与物、物与物之间的三重耦合，从而使工程达成“工程自身”；这个三重耦合的实现又有赖于以现场感和工程记忆作为媒介的工程人与工程现场之间的耦合。这有助于理解工程实践的微观逻辑，人、物、技术和制度之间的交互作用，特别是关于工程现场的现象学分析应成为未来工程哲学的一大主题。[20]

卡尔·米切姆等则从跨文化视角对李伯聪的技术哲学和工程哲学研究进行了梳理和分析，指出李伯聪哲学思想中的三个主题对西方学者关于技术和工程的哲学思考具有重要价值，即工程不只是工程设计；工程共同体不是同质的社会结构；工程伦理不只是职业伦理。[21]

中国科学院大学教授王佩琼以亚里士多德目的最终因以及黑格尔逻辑为理论依据，讨论科学、技术、工程三元论的内在逻辑矛盾，提出并论证技术不宜作为一元的观点，进而主张将李伯聪提出的科学、技术、工程“三元论”发展为科学、工程“二元论”。他认为将“三元论”发展为“两元论”，并在此基础上阐述科学活动、工程活动的“自为”本质及技术活动的“为它”本质，阐述三者之间相互转化的辩证关系，有助于巩固工程哲学的本体论及认识论基础。[22]

中国人民解放军装备学院研究员贾玉树通过研究李伯聪装备哲学思想，发现工程哲学走向装备哲学是哲学向人的本质的一种自我回归，也是工程哲学的自我完善，认为李伯聪先生高度重视装备哲学发展，其工程哲学就是致力于人类自由和解放的一种装备哲学，换句话说工程本身也可以理解为人类自由和解放的装备。[23]

工程哲学研究不断拓展新领域。在语言转向之后，“日常语言”和“学科学术语言”的哲学分析受到许多关注。李伯聪也特别重视跨学科分析方法的运用和对工程价值的经济学研究成果的哲学分析，尤其是从创造论观点和过程论方法研究工程价值的哲学分析问题，如分析了工程产品的技术设计、价值需求设计和美学设计及其提出的若干哲学问题，讨论了工程活动的生产主体、生产程序、工程产品的交换价值与价值交换、工程的价值形态转化、价值实现和工程价值的生命周期等问题，论述了产品、商品、消费品的价值内容与价值形态转化问题。[24]

工程哲学教材建设不断推出新成果。中国工程院院士殷瑞钰等著的《工程哲学（第四版）》[25] 2022 年度出版。该书由理论篇和实践篇组成，理论篇中详述了中国工程哲学理论体系，实践篇中分析了我国高铁、航天、通信、水利、桥梁、建筑、钢铁、石化、医药等行业的一些典型案例，是对中国工程哲学理论创新成果的系统概括和总结，代表着中国工程哲学研究的最高水平。殷瑞钰主编的《工程与哲学（第三卷）——工程知识与工程创新（2019）》[26]一书是数十位院士、专家在首届中国工程科学高峰论坛、中国工程科技论坛“工程知识与工程创新”（2019）、第九次全国工程哲学学术会议上发表的观点和论文的汇编专辑，内容涵盖工程知识论、工程与哲学、工程伦理与工程教育、工程与社会、工程史与工程文化等相关领域，反映了我国工程与哲学——工程方法论研究领域权威专家的最新研究成果。

4. 科学、技术与社会（STS）

技术治理仍然是科学技术与社会研究的热点，学者们既注重对技术治理思想与现象的正反两方面的总体考察，又关注大数据时代技术治理的独特性；既表明了科学家和工程技术对政治生活和政策的重要影响，又指出了在诸如建立现代医疗体系等具体问题上技术治理的限度。科技的伦理治理、元宇宙、虚拟交往等问题与新事物新现象同样引起了学者们的深入思考与探究，并提出了许多富有前瞻性的观点。

20世纪七八十年代以来，技术治理逐渐成为全球范围内公共治理领域的基本趋势。21世纪初，随着智能革命的推进，社会中的技术治理活动更是向智能治理的新阶段迈进。中国人民大学教授刘永谋认为从技术治理的角度看，科学世界观和统一科学为技术治理奠定了认识论和方法论的基础。纽拉特技治主义的最终目标是实现向实物经济和社会主义的转变，实现的手段是社会化和完全社会化，从而纽拉特技治主义思想对于构建新的技术治理理论有重要价值。[27]

刘永谋还认为，对新科技的误读与滥用易导致伪技术治理现象的存在。因为伪技术治理实施的操控活动产生明显的压迫感，人们总是将之怪罪于技术治理和现代科技，容易走向完全否定的极端立场，极大地伤害科学和治理。因此要警惕伪技术治理，揭露以科技为名的社会操控行为。[28]

刘永谋等也提出，在大数据时代，应该以“小设计”取代自上而下的“大设计”的社会规则。“小设计”在认识论上认为不能给出既定社会蓝图，反对大数据的精确性、客观性，在方法论上主张社会规则应当进行渐进主义的局部调整与修正，在科学观上秉持谦逊主义，同时注重公众参与、实时反馈、多元融合、面向未知。[29]

科学日益成为当代社会发展的重要动力，科学家参与到国家政策制定中，能够为国家发展做出重大贡献，也引领政策制定更加科学化和民主化。中国科学院大学人文学院教授尚智丛等聚焦于美国DDT政策制定过程中科学家的角色扮演，阐述其价值观与行为变化。他们认为，20世纪以来，身为专家的科学家倾向于将知识应用于相关的政策领域，其角色由科学研究者转变为咨询专家。当科学家转变为专家时，内心承受着社会责任和价值观的冲突，同时也必须考虑决策者和公众的价值观、需求和认知基础。[30]

米切姆把政治哲学与技术问题结合起来，通过考察这一主题与施特劳斯思想可能的交集来探讨如何提升“主权”这一概念。他认为主权概念不仅应用在国家政治中，也可以应用在工程和技术中，这个交汇点的复杂性和挑战性要求建立一种“政治技术论（Tractatus Politico-Technologic）”，进而深入分析了工程和技术对主权的影响。[31]

人们通常认为现代医疗体系的建立过程本身，就应该是技术化、科层化和专业化——即去人化的。清华大学科学史系副教授王程韡通过回顾我国疫苗诞生以后到“冷链”系统建立之前的麻疹防治史发现，在技术基础设施外，以黄祯祥、诸福棠等为代表的国际一流病毒科学家，担当“及时报告”和“切断传播”大任的以赤脚医生为主体的基层卫生人员（包括配合其工作的家长），以及总结经验教训并适时推广预防接种卡制度的受过良好医学和公共卫生训练的技术官僚和专家，共同构成了决定麻疹防治成败的关键因素，从而呼吁重新重视人作为医疗基础设施的可能性和重要性。[32]

鉴于人工智能等新技术的发展和应用带来的巨大伦理风险与挑战，科技伦理治理尤其是人工智能伦理治理日益成为人们普遍关切的重要议题。段伟文指出，当前数据驱动的算法认知的观念正在从根本上决定着深度智能化时代的伦理与政治结构。算法治理之道不能仅仅关注透明度和问责等一般性的科技伦理和法律治理框架，而应该从算法认知对伦理与政治的重新安排入手，探寻如何恰当运用技术赋予的权力构造一种可以让人们能够共处的生活方式，进而走出机器役使和社会驯化的困境，获得超越技术解决主义的足够智慧。[33]

作为整合多种新技术而产生的新型虚实相融的互联网应用和社会形态，元宇宙正在给我们的生活和社会经济发展带来巨大改变，从哲学高度研判其发展趋势和潜在风险尤为重要。元宇宙倡导者普遍主张，下一代技术将带来更多创新并解决现有技术存在的问题，通过创新与投入的相互激励将会实现可持续创新。段伟文则主张，不能将元宇宙简单地视为技术系统或技术经济系统，而应该从技术社会系统、技术与人的关系和面向科技未来的“行星智慧”等视角出发，对元宇宙的发生学、本体论、认识论和价值论等问题展开更深入的探讨和追问。[34]

在信息技术蓬勃发展、虚拟交往方兴未艾的今天，关于虚拟交往及其意义可谓众说纷纭。北京印刷学院曾祥富出版《虚拟交往的哲学探析：基于历史唯物主义的视角》[35]一书，以辩证唯物主义和历史唯物主义为认识工具，用辩证的、批判的、历史的眼光观察虚拟交往，在对人类交往方式变迁历史的考察中找到了贯穿其中的虚拟化这一客观趋势，论证了虚拟交往出现的历史必然性，进而探讨了虚拟交往对信息时代人的自由全面发展、社会历史发展等产生的深远影响。

1939 年出版的贝尔纳《科学的社会功能》，第一次“对科学做了科学的分析”，为后来科学学的发展奠定了基础。中国科学院科技战略咨询研究院研究员樊春良用历史研究的方法，从“科学的社会功能”的开创性这一视角，对从普赖斯（Derek John de Solla Price）“科学学”到“科学的社会研究”再到最近美国“科学的科学”计划的科学学历史演变做了探讨，对当代科学学发展具有启示作用。[36]

“Sociotechnical Imaginary”概念是分析科学技术与社会秩序共生现象的有力工具，被当代 STS 学者广泛采用。尚智丛等通过考察 Imaginary 含义的演变过程，结合与 STS 中试图弥合主客二元的研究趋势，比较、辨析“Sociotechnical Imaginary”概念与其他近义词汇及社会意象，秩序工具、行动者网络等概念，认为“Sociotechnical Imaginary”是一种具备实在性、存于主客二元之间，有集体性、一定程度的规范性、稳定性、灵活性、多样性等多种特征的特殊想象形式，“社会技术意象”这一中文词汇能够较好地表达这一概念。[37]

5. 自然哲学

自然哲学聚焦进化理论、马克思主义自然观进行理论阐释，直面环境危机寻求破解之道。进化研究是自然哲学研究中的重要议题。北京师范大学李建会教授等通过梳理朱利安·赫胥黎（Julian Huxley）早期、中期和后期有关进化的进步性思想，总结出他如何面对生物学家是否有资格使用“进步”这类价值性术语的争论以及如何推出对进步的定义。[38]北京大学教授刘华杰以演化理论为中心讨论了科学理论的复杂性和化简的必要性以及化简可能存在的局限和偏见，指出达尔文之后，“达尔文理论”一再被重新表述，其中最有影响的一次是《物种起源》出版之后 80 多年所谓的“现代演化论综合”，重构后的理论被打扮得简洁、漂亮、具更强的解释力。他特别强调的是，模型化方法是当今科学研究使用的最基本方法，可以为了方便而建构“干净的”没有大毛病的达尔文理论，但要交代清楚这是事后建构的，是美化的产物，而且这种建构具有多样性和可修改性。[39]

人们对于恩格斯与马克思自然观的关系一直存在不同理解。北京师范大学教授鲁克俭考察了马克思和恩格斯对“自然史”的看法的异同与关联，认为自然史是恩格斯与马克思具有高度共识性的话题，马克思《博士论文》中的原子论自然哲学是缺乏历史性的物活论，其后续与马克思试图完善唯物史观自然史基础的努力相契合，恩格斯自觉承担起发展基于大历史观的自然史方法的理论任务，其切入点是辩证唯物主义新自然观。所谓马克思历史辩证法与恩格斯自然辩证法相对立的说法，是对马克思和恩格斯的双重误读。[40]

2022 年是罗马俱乐部报告《增长的极限》发表 50 周年，也是《生物多样性公约》和《地球宪章》发布 30 周年，亦是人类面临新冠肺炎疫情和环境危机的紧要关口，北京师范大学教授刘孝廷从一种哲学性的超越论视角来反思生物多样性的本质，提出了基于生物多样性的“共”哲学的构建，以推动人类提升对该问题的认识高度，深刻把握治之“理”，或可间接为后续可持续发展和生物多样性保护提供一种稍具长远眼光的精神治理的建议。[41]刘华杰提出，自然辩证法并不等同于科技辩证法，我们有必要重新重视博物学，甚至抬博物而抑科学，以减少自然与人类系统的可持续生存风险。[42]

二、问题与展望

2022 年科技哲学研究成就显著，但也存在一些不足。

第一，科学技术哲学比其他的哲学学科更加迫切需要进行国际交流。科学技术的发展速度极快，瞬息万变，只有透过交流才能及时把握时代的科技脉搏。科技哲学研究，早已超越了单一的技术或科学领域，走向了全球性的技术性科学（techno-science）研究。相对而言，科技哲学研究方式和方法，却在很大程度上还停留在较为单一的层面。当下科技哲学研究，往往只是对某一领域、某一问题的深入研究，而忽视了科技问题本身的全球性特征。科学技术背后的伦理、道德问题，在当今时代常常是在跨国家和跨文化情境中发生的。要深入理解并考察这一现象，就需要我们打破地域、文化、语言的界限，加强国际科学技术哲学研究交流，将全球性视角融入科技哲学研究中。这势必要求科学技术哲学研究与国际同行保持密切的联系，频繁地交流思想。只有这样才能够敏锐准确地把握科学技术哲学研究的核心议题。

第二，面对科技发展的快速步伐，科学技术哲学研究仍未能及时、全面且深入地跟踪前沿技术所带来的各种风险与挑战。例如，2020 年，OpenAI 发布了 GPT-3，这是迄今为止最大的语言模型，具有 1750 亿个参数。2022 年下半年，ChatGPT 已经在全球掀起了热潮。ChatGPT技术虽然带来了很多方便，但其所带来的挑战是前所未有的。这一技术一定程度上实现了通用智能，能够用来实现多样具体的目标。这其中，ChatGPT语料训练中牵涉到隐私泄露问题，ChatGPT对人类的工作岗位的取代问题，其对人类的认知和思维方式的深刻影响，对社会伦理和道德有何冲击等都是我们在科技哲学研究中需要深入探讨的问题。遗憾的是，针对这一问题的研究并未能充分深入下去。当下的研究仅止于一般介绍，未能从特定的角度深入讨论人工智能大语言模型可能对人的生活世界造成的影响。更未能就此问题向外输出中国话语，提供中国化的治理思路。

第三，值得注意的是科学技术哲学的研究中，科学哲学和技术哲学处于相对独立的状态，这在一定程度上阻碍了科技哲学研究的深化和拓展。因为历史和学术传统的原因，科学哲学研究和技术哲学研究之间的交流并不充分，但现代科学技术的复杂性已经使得科学和技术两者的边界变得越来越模糊。从20世纪80年代开始，美国的科技哲学界就开始出现实践转向，科学哲学家越来越关注技术。例如哈金、希伦等人对实验仪器对认识的影响进行了非常深入的考察。科学哲学家——现在通常被认为是技术哲学家——唐·伊德从后现象学和实用主义的角度出发对技术对知觉经验调节做了非常系统的研究，发展出了后现象学。这都显示了科学和技术的交叉研究可以为我们提供更丰富、更深入的视角。科学哲学和技术哲学的交叉研究能帮助我们更好地应对科技发展带来的挑战，因此能更好地服务于社会发展。近来科学哲学家大卫·查尔默斯提出的技术化的哲学的说法，正是有感于技术对当下科学的巨大影响和塑造作用。在此语境下，科学哲学和技术哲学之间的进一步交叉与融合，势必成为一个趋势。

科学技术哲学研究需要更加开放、敏捷和全球化的视角。未来需要打破研究的界限，加强国际交流，关注科技热点，深化科学哲学和技术哲学的交叉研究。只有这样，我们才能更好地应对科技发展带来的挑战，更好地服务于社会发展。

（北京市哲学会供稿；执笔人：王小伟、程倩春）

注：

[1] 王巍：《库恩与当代科学哲学》，《自然辩证法研究》，2022年第10期。

[2] 崔伟奇、程倩春：《论托马斯·库恩科学哲学的创新意义：纪念〈科学革命的结构〉出版60周年》，《自然辩证法研究》，2022年第10期。

[3] 陈石磊、王伯鲁：《基于理性主义的“范式”流变考察》，《科学技术哲学研究》，2022年第1期。

[4] 王巍、郑金连：《知识的本体论与方法论命运：略论新HPS的研究纲领》，《哲学分析》，2022年第2期。

[5] 刘杭：《“福曼命题1”研究述评》，《自然辩证法通讯》，2022年第9期。

[6] 毛郝浩、李建会：《丘奇兰德的自然化认识论研究》，《关东学刊》，2022年第1期。

[7] 王业飞、王大洲：《实验就是力量：培根的实验哲学思想新论》，《自然辩证法通讯》，2022年第9期。

[8] 廖新媛、周程：《科学家如何构建并维持使用动物模型的合理性？——〈行为建模：动物实验，复杂性，以及精神疾病的遗传学〉评介》，《科学与社会》，2022年第3期。

[9] 马里奥·邦格：《搞科学：在哲学的启示下》，范岱年、潘涛译，浙江大学出版社，2022年。

[10] 张双南：《科学方法与美学》，北京理工大学出版社，2022年。

[11] 王巍：《分支科学哲学导论》，科学出版社，2022年。

[12] 雷环捷：《中国“技术”概念的历史演进与当代启示》，《自然辩证法通讯》，2022年第10期。

[13] 孙恩慧、王伯鲁：《“技术生态”概念的基本内涵研究》，《自然辩证法研究》，2022年第3期。

[14] 孟强：《论书写与“药”：德里达对〈斐德罗〉的解读》，《南京社会科学》，2022年第6期。

[15] 毛郝浩、李建会：《人工智能中符号奠基问题的几种解决策略》，《哲学分析》，2022年第1期。

[16] 蔚蓝、孙小淳：《称不上“范式”：德雷福斯对符号主义人工智能的批判》，《自然辩证法研究》，2022年第3期。

[17] 薛少华、王宇轩：《电子游戏如何助力哲学研究》，《自然辩证法研究》，2022年第12期。

[18] 卡尔·米切姆、陈雨晴：《阿尔伯特·伯格曼和中国》，《山东科技大学学报（社会科学版）》，2022年第1期。

[19] 李伯聪:《工程哲学引论——我造物故我在》，大象出版社，2002年。

[20] 王大洲:《工程实践何以可能：关于“我造物故我在”的拓展性分析》,《工程研究——跨学科视野中的工程》，2022年第4期。

[21] 卡尔·米切姆、王楠:《从跨文化思维看李伯聪工程哲学研究的特色》,《工程研究——跨学科视野中的工程》，2022年第4期。

[22] 王佩琼:《从“三元论”到“二元论”——工程本体论新探》,《工程研究——跨学科视野中的工程》，2022年第4期。

[23] 贾玉树:《从工程哲学到装备哲学——李伯聪装备哲学思想钩沉》,《工程研究——跨学科视野中的工程》，2022年第4期。

[24] 李伯聪:《略论工程的价值创造、价值形态转化和价值寿命》,《工程研究——跨学科视野中的工程》，2022年第1期。

[25] 殷瑞钰、李伯聪、汪应洛、栾恩杰:《工程哲学（第四版）》，高等教育出版社，2022年版。

[26] 殷瑞钰:《工程与哲学（第三卷）——工程知识与工程创新（2019）》，西安电子科技大学出版社，2022年。

[27] 刘永谋:《论纽拉特的技治主义思想》,《学术前沿》，2022年第3A期。

[28] 刘永谋:《伪技术治理：类型、逻辑与应对》,《探索与争鸣》，2022年第11期。

[29] 刘永谋、李尉博:《从“大设计”到“小设计”：大数据时代的社会规则之变》,《哲学分析》，2022年第1期。

[30] 尚智丛、刘源、薛承会:《美国DDT政策制定过程中的科学家角色转变》,《自然辩证法研究》，2022年第7期。

[31] 卡尔·米切姆: Political Philosophy of Technology: After Leo Strauss（A Question of Sovereignty）, NANOETHICS，2022（3）.

[32] 王程韡:《医疗基础设施何以可能——新中国成立初期的麻疹防治史》,《自然辩证法通讯》，2022年第1期。

[33] 段伟文:《深度智能化时代算法认知的伦理与政治审视》,《中国人民大学学报》，2022年第3期。

[34] 段伟文:《元宇宙与数字化未来的哲学追问》,《哲学动态》，2022年第9期。

[35] 曾祥富:《虚拟交往的哲学探析：基于历史唯物主义的视角》，社会科学文献出版社，2022年。

[36] 樊春良:《科学学的历史演变与当代使命》,《科学学与科学技术管理》，2022年第10期。

[37] 尚智丛、冯础:《“Sociotechnical Imaginary”的含义辨析及中译讨论》,《科学与社会》，2022年第1期。

[38] 李建会、邹昕宇:《朱利安·赫胥黎进化的进步性思想研究》,《长沙理工大学学报（社会科学版）》，2022年第3期。

[39] 刘华杰:《杂多的演化理论与干净的教科书重构》,《生物多样性》，2022年第9期。

[40] 鲁克俭:《恩格斯自然哲学与马克思自然哲学之关系》,《学术研究》，2022年第4期。

[41] 刘孝廷:《基于生物多样性的共哲学之构建》,《学术前沿》，2022年第2B期。

[42] 刘华杰:《博物学伴随人类行稳致远》,《自然辩证法通讯》，2022年第8期。

年度推荐著作和论文

著　作

1. 臧峰宇:《文本语境中的马克思政治哲学研究》，中国人民大学出版社，2022年。
2. 杨耕:《思考的痕迹：重读马克思的记忆与思考》（上、下卷），四川人民出版社，2022年。
3. 丁四新:《洪范大义与忠恕之道》，商务印书馆，2022年。
4. 干春松:《公天下与家天下》，四川人民出版社，2022年。
5. 康德:《纯粹理性批判》，韩林合译，商务印书馆，2022年。
6. 谢林:《神话哲学之历史批判导论》，先刚译，北京大学出版社，2022年。
7. 王一川等:《中华美学精神的当代传承》，北京大学出版社，2022年。

8. 王巍：《分支科学哲学导论》，科学出版社，2022 年。

9. 殷瑞钰、李伯聪、汪应洛、栾恩杰：《工程哲学（第四版）》，高等教育出版社，2022 年。

论　文

1. 丰子义：《“生产关系”与唯物史观关系的再认识》，《北京大学学报（哲学社会科学版）》，2022 年第 5 期。

2. 黄志军：《论马克思对“平均”概念的两种理解及其理论效应》，《哲学研究》，2022 年第 12 期。

3. 陈来：《朱子理气论研究的比较哲学视野》，《船山学刊》，2022 年第 2 期。

4. 刘笑敢：《〈老子〉之自然的独特性——多元视角的思考与发现》，《哲学研究》，2022 年第 1 期。

5. 吴增定：《因果性与力量——笛卡尔、斯宾诺莎与当代哲学争论》，《同济大学学报（社会科学版）》，2022 年第 5 期。

6. 谢地坤：《在真理探索与灵魂拯救之间——埃克哈特神秘主义研究》，《社会科学研究》，2022 年第 2 期。

7. 刘成纪：《中国美学史研究：限界、可能与目标》，《南京大学学报（哲学·人文科学·社会科学）》，2022 年第 4 期。

8. 牛宏宝：《图像隐喻及其运作》，《文艺研究》，2022 年第 6 期。

9. 段伟文：《深度智能化时代算法认知的伦理与政治审视》，《中国人民大学学报》，2022 年第 3 期。

10. 崔伟奇、程倩春：《论托马斯·库恩科学哲学的创新意义：纪念〈科学革命的结构〉出版 60 周年》，《自然辩证法研究》，2022 年第 10 期。

逻　辑　学

逻辑学作为一门既古老传统，又深邃而有活力的学科在当下发展迅速。一些经典逻辑学问题因逻辑学家们的研究与挖掘得以活力重现；与此同时，现代科学发展开辟新的科学领域，带来大量新的科学问题。在此背景下，2022 年，北京逻辑学的学科建设和发展总体上取得了一定的进步，不仅在逻辑学基本研究领域成果丰硕，逻辑学与其他学科的交叉与应用也得到大力发展，涉及人工智能的逻辑基础、博弈逻辑与策略推理、道义逻辑和法律逻辑等。同时，紧跟时代潮流，中国古代逻辑经典著作得到深入研究，逻辑理论的应用与推广得到重视，逻辑基本常识得到大力普及。

逻辑学研究的对象繁多，近年来学界更加关注人工智能逻辑及其应用，以及逻辑与统计学、概率论在方法论层面上如何结合等问题，并采用逻辑学形式化的方法对其进行深入研究。2022 年，北京逻辑学界研究成果主要体现在哲学逻辑与逻辑哲学、逻辑学交叉研究、中西方逻辑史研究等方面，学者们一直在积极研究国内外逻辑学经典问题与当代前沿问题，并深入探讨逻辑学发展趋势与方向。以下选取五个当代逻辑学领域中的热点难点问题，以此见微知著，探索未来发展趋向。

1. 中国逻辑史和因明研究

中国古代逻辑有丰富的内涵，挖掘其中瑰宝有助于丰富并弘扬中华优秀传统文化。通过现代逻辑重新解读墨家经典文本，以“侔式推理”为代表的墨学中更为丰富、多元的研究内容正在逐步进入研究视野；现代中国逻辑史研究对形式逻辑、数理逻辑在中国的发展还有待更加完整、深入的探索；辩证逻辑作为近百年来中国逻辑学的重要课题正逐渐被模糊和遗忘，亟须抢救性研究。

孙中原提出“新元墨学—元墨学纲领”构想，阐发墨学的科学人文精神与辩证哲理。指出今墨学研究的主体是现代学者；研究的主题是现代课题的墨学应对；研究的成果是现代课题的墨学答案；研究的方法是现代哲学方法；研究的机理是结合墨学对象与现代需要，达成创立新墨学的结果、目的、宗旨、动机和理想；研究的元语言工具是渗透现今人类共同知识的现代语言；研究层次是第二层次的元研究，以广义模态逻辑为工具性元理论，对墨学“兼爱”说施加超越总体的元研究。从而依据全部墨学和广义模态逻辑语境的理解，创造性诠释的结果，与墨学“兼爱”说全部话语的语义协调一致，切合墨学原意，有助于墨学的现代发展与创造性转化。

辩证逻辑是近百年来中国逻辑学的一个重要课题，是当代中国马克思主义研究的重要事件。然而，辩证逻辑缺乏关注的现状令人叹惋，研究这些尘封的学术史和推动辩证逻辑在中国的进一步发展，却有着非常重要的学术意义。

越来越多的学者开始研究中国逻辑学和中国逻辑学史，试图拓宽该领域的研究范围，扩大中国逻辑学的影响，明晰中国逻辑学的发展历程。而其他逻辑主题研究者则可以通过借助中国逻辑史中的研究方法或成果，获得实现某些领域创新的重要灵感。

2. 具有统一性的逻辑基础理论研究

逻辑学具有基础学科、工具学科和人文学科三重学科性质。虽然按照我国目前的学科分类，把其看作是哲学门类下的一个二级学科，但实际上因为其作为思维研究的工具性和系统性，很多学科都建立在逻辑学或者逻辑基础之上，现代逻辑在哲学、数学、计算机科学与人工智能、语言学、心理学、量子物理学、信息科学以及生命科学、经济学、社会学、政治学、法学等领域得到广泛而卓有成效的应用，涉及多学科的各类逻辑学分支也得到磅礴发展。

然而，从逻辑学的发展初衷来看，它又是一门普遍性的学科，是“社会理性化的支柱性学科”，不能将其视为可用或可不用的纯粹使用工具。如果不同的“领域”只是选择性地按照截然不同的“逻辑”来运行，显然不符合逻辑学的初衷。所以有必要从更抽象、更深刻的视角为现在各类丰富的“逻辑”构建统一、有序的基础理论。

3. 逻辑与知识论等其他哲学领域的交叉研究

逻辑始终是哲学的一种重要方法。传统哲学的思维模式是概念、判断、推理的体系，是以传统逻辑的模式为基础。对于一些基本和重大的问题、哲学中的永恒的问题来说，现代逻辑的发展极大地推动了这些问题的研究。

20 世纪 30 年代末、40 年代初以后，现代西方悖论研究逐渐转移到以语义悖论研究为重点，研究者从以逻辑学家、数学家为主体，逐渐过渡到以逻辑学家、哲学家为主体。20 世纪 70 年代中叶直至现在，将形式化的技术性研究和非形式化的哲学性分析结合起来，回归自然语言，在语形、语义、语用的统一中研究逻辑问题，通过修正背景知识和思维方式破解悖论难题，仍是目前逻辑研究的热门前沿。

知识论作为现代哲学的一个重要分支，如果能够借助逻辑工具尽可能地表述和分析清楚，将有助于某些哲学领域比如分析哲学的发展。反过来，哲学本身的进步和新问题的出现可能成为推进逻辑丰富和深化的动力。

例如，陈磊和周斡旋在《理智与行动：一种温和版本的理智论进路》中指出，可以基于帕维希的观点来构造一种温和版本的理智论，并调和极端理智论与极端反理智论之间的矛盾。这种温和版本的理智论一方面不会导致无穷后退（RA），另一方面刻画了如何之知（KH）和如是之知（KT）两种知识的必然联系。它将如是之知作为如何之知的证据来源，提出了判断行为是否理智的标准：人能否进行解释作为判断行为是否理智的依据。这些为解决理智行为与知识之间关系的难题提供新的思路。

如琚凤魁在讲座“A logical theory for strong and weak ontic necessities in branching time”中对本体必然性进行了探讨，并在其后续研究“A logical theory for conditional weak ontic necessity based on context update”中进一步探讨了一种基于上下文更新的条件弱本体必然性的逻辑理论。

又如，桂海斌在其论文《金岳霖对怀疑论的回应——从“事”和“理”两个角度看》中梳理了金岳霖《知识论》文本，发现金岳霖先生以正觉立论，对能否通过官觉经验获得知识的怀疑做出了回应。桂海斌指出，金岳霖对怀疑的回应虽然清晰，但仍不是完整的，问题出现在知道事实和知道固然的理的依据上：其一，在事的方面，涉及正觉的定义，需要说明对于一个个体，其所属的类的法则是什么；其二，在理的方面，涉及真的普遍命题的发现，还需要说明意念图案的固化机制是什么。

4. 逻辑与数学、计算机科学等其他学科的交叉研究

现代逻辑的核心特征就是数学化的思维方式，数学和逻辑是许多学科的基础，而人工智能的快速

发展和多方面应用对数学和逻辑提出了更高要求。认知机制的逻辑表述、语言认知和理解中的结构与规律、自然语言和逻辑论证的互动研究等，应该是下一阶段逻辑学科的重要研究课题。

当前，许多前沿数学领域如代数拓扑、模糊代数、数论图论领域的前沿问题等，都大量吸引了逻辑学家的关注，采用数学研究的方法进行逻辑学研究逐渐被更多逻辑学学者所接受，运用逻辑学的研究成果与知识，也在一定程度上有助于数学知识体系的完整性构建。

与数学领域不同，计算机科学的发展使得人们更有理由认为对于任何一个知识领域，只要严格地给出它的表达方式和推理方式，我们便可利用计算机解决它的一些问题。计算机系统的严谨性正是逻辑学家们所需要的。此外，在计算机科学领域，人工智能更是近年来的热点领域，人工智能的研究离不开大数据，离不开计算机，也就离不开逻辑。2022年，在逻辑学与计算机、人工智能领域，北京逻辑学界取得了一些成果。

陈龙在《哥德尔与人工智能》中指出，哥德尔不完全性定理可以表述为没有机械定理证明机器（或程序）能够只证明全部真的数学命题，它不仅仅是一个确定的逻辑定理，还对数学真理的本性以及人心与机器的关系等哲学问题有着深远的影响。该文从两个角度讨论了哥德尔与人工智能的关系：一是从哥德尔不完全性定理出发，以此为工具来考察“人心胜过机器”反机械论中著名的“卢卡斯—彭罗斯论证”以及“哥德尔析取式论证”；二是集中讨论哥德尔对图灵关于机械程序分析的看似不一致的评论，一方面他毫无保留地赞成图灵关于机械程序的分析，但是另一方面他又断言图灵的分析中包含一个“哲学错误”，这个错误会导致图灵的分析为“人心无法超出机械程序”提供证据。陈龙认为，人工智能的最新发展所揭示的数学直觉与机械方法的互动和互惠，揭示了哥德尔和图灵对超越纯粹形式主义和机械主义探索的丰富性，对相关问题的进一步深入研究最终会促进数理逻辑、认知哲学和人工智能的进步与发展。

张建云研究了马克思主义理论视域下人工智能的本质与价值，指出新生产力发展推动数据资源共享共用和生产即时协同，使劳动社会化向纵深推进，劳动过程全面解放，并由此创造出更多自由时间、促进个性自由全面发展。

张伟特从笛卡尔的“我思故我在”出发，给出了三个不同等级的智能测试标准的可能性。他认为，笛卡尔哲学具有极大的复杂性，其对人工智能的不可能性预言并未耗尽笛卡尔哲学思考人工智能问题的理论潜力，他的身心三元论框架在理论上并未排除人工智能机器的可能性，而且最具启发性的是，《沉思集》还潜在地提供了更有潜力的智能测试标准——“我思故我在”测试。

此外，李雪研究了“中文屋”论证视角下的意向性语义与计算语义问题；沈宏梁剖析了“有理解力的人工智能”并对AI未来进行了思考；石运宝探析了向量语义学中的组合问题。

在构建人工智能的认知模型时，基于实际需要，依据情形或者语境选择变量、划分变量是带有主观性的，可做一种偏好选择的思考，有待从偏好动态逻辑角度考察因果关系。这将是此后很长一段时间逻辑学领域的热门问题。

认知逻辑从20世纪以来就一直是逻辑学的热门领域，逻辑学家们也一如既往地在认知逻辑领域不断探究与探索。例如，杨武金、谢立民、王彦晶等关于逻辑学规范性之适域、动态认知逻辑研究、“知道如何 (knowing how)”的认知逻辑研究等。

一些自然科学与逻辑的渊源也非常深厚，2022年，冯琦出版专著《逻辑与发现——物理学领域经典范例启示录》，展示了从公元前350年左右到1930年左右物理学领域的先贤们在物理学发现过程中如何使用逻辑这门工具的经典事迹；杜国平在《何谓科学思维》一文中探讨了科学思维和逻辑思维的密切关系是如何从学者们的研究中逐渐显现出来的。

用逻辑学的方法考察语言学中的问题，研究日常生活中的语言现象，长期以来备受逻辑学家的青睐。2022年，司马亭出版专著《走向意义：形式语义学与维特根斯坦》，系统探索了形式语义学的基础；闫佳亮在其论文 *The Overtone of Monotonicity under Desire* 中讨论了关于欲望的述谓中涉及的单调性问题；魏达格与其合作者在论文 *The Semantics of Exceptives* 中讨论了关于例外的语义学。

5. 逻辑在法律、医疗、教育、经济等领域的应用研究

逻辑在法律、医疗、教育、经济等领域的应用前景十分广阔，对人类日常生活和工作的有效帮助也逐步受到重视。

如在医疗领域，根据医护工作者的临床病例和

医学知识，借助逻辑工具和人工智能技术，尝试构建相应领域可能的模式识别判断方案和智能诊断系统，作为医生诊断和决策的重要辅助手段和参考。描述逻辑在医疗诊断中有着很高的研究价值，模糊逻辑理论也对医生的病情诊断和医疗手段的选择有着有效的实践应用。

近几年，学者们愈发意识到逻辑学与法律之间的深刻联系。2022 年，中国政法大学的几位教授在逻辑的法律应用领域做出了重要贡献。王洪的著作《制定法推理与判例法推理（第三版）》一书，从法律逻辑的视角聚焦制定法与判例法适用的论证与推理，比较制定法推理和判例法推理二者的共性与差异，在此基础上研究法律推理、法律论证的机制与机理，总结概括相应的推理模式与准则。王洪的《法律逻辑学（第三版）》一书，以事实推理、法律推理（狭义）、司法判决推理、法律论证为研究对象，尝试运用逻辑方法来分析法律领域中的问题，阐明逻辑在法律制定、法律解释与法律适用中的作用。徐海燕的著作《侦查中的逻辑问题与研究》，以侦查活动中的思维形式、逻辑方法及侦查假设中的逻辑问题等为研究对象，探讨刑事侦查中的逻辑问题，力图提升人们运用逻辑方法全面、准确分析和处理案情的能力。

在 2022 年中国逻辑学会第五届全国学术大会上，人们就逻辑教学是全民逻辑普及和逻辑素养提升的关键达成了普遍共识。通过逻辑和批判性思维的训练培养大众对信息的筛选、判断、推理能力十分重要，可以提升社会整体思维水平，合理发挥逻辑学社会服务效能。同时，逻辑学对经济决策目标的确定、经济决策方案的优选与实施都有着积极正面作用。

（北京市逻辑学会供稿；执笔人：郭佳宏）

年度推荐著作和论文

著　作

1. 贾青：《STIT 逻辑研究》，中国社会科学出版社，2022 年。

2. 孔红：《逻辑导论学习指导》，中国政法大学出版社，2022 年。

3. 孙中原：《中华先哲思维技艺趣谈》，商务印书馆，2022 年。

4. 王洪：《法律逻辑学（第三版）》，中国政法大学出版社，2022 年。

5. 徐海燕：《侦查中的逻辑问题与研究》，中国政法大学出版社，2022 年。

6. 杨武金：《墨家学派研究》，商务印书馆出版，2022 年。

论　文

1.Fenrong Liu and Dazhu Li：Ten-Year History of Social Network Logics in China，Asian Studies，(2022)10(2)，pp.121-146.

2.Lei Li，Chenwei Shi and Haoxuan Yin：Hybrid sabotage modal logic，Johan van Benthem，Journal of Logic and Computation，(2022)exac006.

3.Yanjing Wang，Yu Wei and Jeremy Seligman：Quantifier-free epistemic term-modal logic with assignment operator，Annals of Pure and Applied Logic ，(2022)Volume 173，Issue 3，103071.

4. 周北海：《指涉方式与语言整体观视角下的名称理论》，《哲学分析》，2022 年第 3 期。

5. 许涤非：《同一的必然性与偶然之物》，《中国人民大学学报》，2022 年第 4 期。

6. 裘江杰：《初等类的一个注记》，《逻辑学研究》，2022 年第 4 期。

7. 贾青：《活动类连续行动的逻辑刻画》，《哲学研究》，2022 年第 6 期。

8. 杜国平：《经典否定蕴涵系统定理的能行证明》，《重庆理工大学学报（社会科学）》，2022 年第 10 期。

9. 王雪君，郭佳宏：《对“意外考试”悖论的一种非确定论解释《，《世界哲学》，2022 年第 1 期。

10. 陈龙：《哥德尔与可计算性理论——哥德尔可以有丘奇－图灵论题吗？》，《自然辩证法通讯》，2022 年第 11 期。

伦 理 学

一、学科发展概况

2022年北京伦理学学者，围绕国内外伦理学重要的理论与实践问题，进行了广泛而深入的探究，发表了一批紧扣时代脉搏、凝聚社会共识、引领价值导向的高水平理论成果，具有研究重点突出、研究领域拓新、研究特色鲜明、研究成果丰硕等特征。

研究重点突出。年度北京伦理学界在全面关注国内外伦理学理论前沿问题基础上，将其理论研究视角聚焦于国内外伦理学重大议题，并展开深入探究。2022年是党和国家历史上极为重要的一年。围绕党的二十大胜利召开，从伦理学的视角理解和把握习近平新时代中国特色社会主义思想，特别是党的二十大报告中提出的一系列重大理论观点，成为北京伦理学研究的重中之重。学者们围绕中国式现代化的伦理意蕴、“两个结合”理念指导下中华优秀传统道德文化的“双创”、共同富裕的伦理基础等重要议题展开深入研究。代表性成果有：清华大学吴潜涛《结合时代要求践行人心和善的道德观》、中国社会科学院孙春晨《实现共同富裕的三重伦理路径》、首都师范大学王淑芹《实现共同富裕的思想源流、风险挑战与关键路径》等学术论文。

研究领域拓新。马克思主义伦理学、伦理学原理、中西方伦理思想得到深入研究，应用伦理学研究领域不断扩展。在加强原有的经济伦理、医学伦理、建筑伦理、教育伦理研究的同时，伴随科技的发展以及科技对社会生活方式的重大影响，数字时代的平台经济伦理、元宇宙伦理、人工智能伦理等新兴领域的理论研究全面展开，代表性成果有：清华大学万俊人《理性认识科技伦理学的三个维度》、中国人民大学曹刚《元宇宙、元伦理与元道德》、中国社会科学院段伟文《深度科技化时代科技伦理治理的三重思考》、北京航空航天大学谢惠媛《民用无人驾驶技术的伦理反思——以无人驾驶汽车为例》等学术论文。

研究特色鲜明。北京伦理学学者依托各自所在院校和科研院所的专业特色开展系列研究。中国人民大学作为教育部人文社会科学的重点研究基地，伦理学团队注重对伦理学基础理论和应用伦理学的全面研究；北京大学伦理学团队较为侧重对中西方伦理思想、当代伦理问题的研究；清华大学伦理学团队注重对马克思主义伦理学、美德伦理、新儒家伦理、应用伦理学等问题的研究；北京师范大学伦理学团队主要关注古希腊伦理思想、中国传统伦理以及科技伦理；中国社会科学院伦理学团队着力于应用伦理学的研究；首都师范大学伦理学团队注重新时代社会诚信建设、道德动机、中西方传统伦理以及师德建设方面的研究；北京市委党校伦理学团队比较关注政治伦理建设；中国政法大学伦理学团队注重法治与德治关系问题的研究；北京中医药大学注重医学伦理方面的研究；北京建筑大学注重城市空间与建筑伦理方面的研究。

研究成果丰硕。北京伦理学学者在2022年出版了10余部高质量学术著作和译著，分别是《文明的两端》（何怀宏）、《当代中国公民道德状况跟踪调查研究》（吴潜涛等）、《中国特色社会诚信建设研究》（王淑芹）、《人工智能的神话或悲歌》（赵汀阳）、《中国近代伦理学文献丛刊》（李义天、张远航）、《为政以德政者正也》（姚新中等）、《公正：何谓正当之为？》（译著，朱慧玲）、《康德论人类尊严》（译著，王福玲等）、《道德实在论及其认知向度》（译著，魏犇群）等。

新增应用伦理学专业硕士。2022年，国务院学位委员会和教育部印发的《研究生教育学科专业目录(2022年)》，在哲学一级学科之下增设了“应用伦理”专业硕士学位，这是中国伦理学发展史上具有里程碑意义的重大事件，是中国伦理学学科服务于经济社会和科技发展的时代机遇。哲学门类中第一个专业硕士学位“应用伦理”首次在中国人民大学哲学院增设。

二、年度学术热点

1. 马克思主义伦理学基本理论研究

随着“两个结合”重大命题的提出，马克思主义伦理学基本理论研究越来越受到北京伦理学界的关注，学者们围绕马克思主义伦理学的基本问题、马克思主义对资本主义价值观的批判以及社会正义等主题进行了阐释。关于马克思主义伦理学的基本问题，李义天、刘雨濛提出，在20世纪50年代，民主德国多位学者围绕“道德的物质基础”“道德的评价标准”“道德进步与社会进步之关系”等马克思主义伦理学的基本问题展开了一场激烈的大讨论，开启了民主德国学界在“二战”之后研究、探讨马克思主义伦理学的第一次热潮，其影响力波及苏东地区，在德国乃至世界马克思主义伦理思想史上都具有重要意义。[1]在马克思主义批判资本主义价值观的问题上，戴木才、田楚妍认为，以抽象人性论为基础的资本主义价值观在其诞生之初虽然体现了人类对美好价值的追求，但究其实质是特定历史条件下人为建构的产物，是维护资产阶级政治统治的思想工具。马克思、恩格斯早就注意到这一点并深刻地揭示了资本主义价值观建构过程中理论起点的空洞性、推演手法的歪曲性、自我认识的虚幻性。[2]关于社会正义，金德楠认为社会正义是马克思主义视域下现代道德形态的价值内核。它蕴含了解释性、规范性及制度性等重要特征，从而在构建集体德行时，必须加强社会正义建设，以制度正义建构为基础最大限度地保证道德公正。[3]

2. 中国式现代化的伦理意蕴

中国式现代化具有深厚牢固的伦理基础，是由多种伦理价值支撑的现代化。为更好地揭示中国式现代化的独特道德境界，伦理学者对其伦理意蕴进行了解读。首都师范大学王淑芹探析了物质文明与精神文明协调发展的理论根源，提出物质文明与精神文明协调发展是马克思主义哲学物质与精神辩证统一关系的内在要求，是科学社会主义理论的核心要义，是马克思主义中国化的社会全面进步发展观的要求。[4]中国人民大学郝立新结合中国式现代化进程中物质文明和精神文明相协调的特征，侧重阐述对丰富人民精神世界的理解，提出为了丰富人民精神世界，需要着力解决精神文明建设中存在的不平衡不充分的问题，着力加强理想信念和社会主义核心价值观的教育，着力推动各项文化事业的发展，大力发展教育事业，大力开展公民道德教育。[5]中国社科院孙春晨探讨了实现共同富裕的三重伦理路径。[6]中国人民大学李萍从公民道德建设的角度探讨了中国式现代化的根本特性。[7]

3. 共同富裕伦理研究

中国社科院孙春晨探讨了实现共同富裕的三重伦理路径，即基于市场机制的初次分配是实现共同富裕的经济伦理路径，依靠政府力量的再分配是实现共同富裕的制度伦理路径，秉持道德信念的第三次分配是实现共同富裕的道义伦理路径。[8]王淑芹在《马克思主义研究》《思想理论教育导刊》和《光明日报》等期刊和报纸上撰文，对共同富裕的思想源流、风险挑战与关键路径、精神生活共同富裕以及物质文明和精神文明相协调的现代化等问题进行了阐述。王淑芹认为，共同富裕的思想源于社会主义理论和实践，新时代对共同富裕内涵的理解和把握，不仅更加理性、科学和全面，而且在实践层面更加坚定、广阔和富有成效。实现共同富裕需要应对我国区域经济发展不平衡、城乡收入差距鸿沟、“中等收入陷阱”、基尼系数“警戒线”预警等挑战，应当在提高劳动报酬在初次分配中的比例、遏制资本的掠夺性以及严惩权力寻租的腐败行为这三个方面扎实推进。[9]在精神生活共同富裕方面，王淑芹指出，精神生活共同富裕思想是对马克思主义精神生活理论的继承和发展，是马克思主义中国化理论新飞跃的重要维度，要实现精神生活共同富裕，应当强化社会主义核心价值观的引领，持续加大教育投入，大力发展公共文化事业，加强精神文明的宣传教育，加强对农村地区的价值引导。[10]

4. 公民道德建设研究

李萍认为中国共产党领导人从公民道德入手培养合格的现代化建设者，解决了现代化主体的意识更新和道德成长问题，也从意识形态和社会道德观念上进一步证明了中国式现代化的根本特性，是思想建设方面的重要突破。[11]李萍提出，中国式公民道德建设一方面有助于社会主义经济建设，完善社会主义市场经济体系；另一方面也将推动落实公民的国家主人地位，动员公民参与公共事务。中国式公民道德建设可以被称为发展主义模式，“团结”这一从当代中国政治逻辑推导出来的核心理念将成为中国式公民道德建设的基本精神。[12]王维国认为，新时代应从宏观上深刻把握社会公德建设与治理所处的历史方位和发展阶段，加强顶层设计，坚持目标导向与问题导向相统一，在中国特色社会主义事业整体推进中寻求治理社会公德困境、加强社会公德建设的应对方略，推动全民公德素质和社会文明程度达到一个新高度。[13]

5. 新时代社会诚信建设研究

在社会诚信文化与社会信用体系建设方面，王淑芹在专著《中国特色社会诚信建设研究》中，围绕诚信文化与社会信用体系共建互济何以必要、何种原则、如何建设的问题，从理论分析、模式借鉴到融通构建，形成一个具有内在逻辑关系的理论与实践体系，以建立和完善中国特色的社会诚信建设体系。[14]胡敏中提出，治理当今社会认同与信任的失范和危机，除了进行思想道德教育外，更主要的是要合理地调整人民的利益机制和利益关系。[15]

6. 中国传统伦理道德的双创研究

中国传统伦理道德的价值转化一直是北京伦理学者关注的焦点问题，研究主要聚焦于人的尊严、人与他人的关系、传统孝道、传统社会治理思想等方面。北京大学王中江认为，儒家在人与人之间、在自我与他者之间建立了普遍性的关系伦理、交往价值理性和相与之道，这种伦理不仅对中国古代社会中人与人之间的交往有效，而且对中国现代社会中陌生人处理自我与他者的关系也是有效的。[16]中国人民大学肖群忠认为，弘扬中华优秀传统文化的核心与根本在于弘扬中华文化的崇德向善特质与精神。中华文化的崇德精神在引领整合社会、协调人际关系和培育高尚人格等方面具有重要的当代价值。[17]中央党校靳凤林认为，建构中华民族现代国家治理体系，必须对“阳儒阴法”进行创造性转化和创新性发展才能使其“脱胎换骨”，为现代国家治理提供合理性思想资源。[18]中国人民大学姚新中从哲学思想发展的视角审视儒学，不仅详细梳理了儒学传统中的主要学说，而且反思了儒学在现代性转化过程中遇到的问题和挑战，力图从哲学问题意识出发，呈现出儒学这一古老传统的多样性和复杂性特征以及当代魅力，为儒家道德的传承创新研究提供了一个广阔而清晰的视野。[19]

7. 西方伦理思想研究

古希腊罗马伦理思想是近现代西方伦理思想发展的理论源点，特别是柏拉图和亚里士多德的伦理思想，历来是伦理学界研究的热点和重点。在柏拉图伦理思想方面，北京大学李猛以《法律篇》中划分和分配为出发点，系统考察了城邦中的统治关系与友谊、平等性质的分析，帮助我们重新理解古典时代共同体的性质及其面临的主要挑战。[20]在亚里士多德伦理思想方面，北京师范大学廖申白探讨了幸福的实现与潜在问题，认为能力、感受与品行这三种生成于其灵魂的性质状态会通过合乎德行的行动而基于其自然获得新的发展，而这种发展将帮助实践者从“潜在地是幸福的”真正跨越到“实现地是幸福的”。[21]北京师范大学戴茂堂等则探讨了亚里士多德《尼各马可伦理学》中德行的张力问题，认为亚里士多德的德行理论表现在他根据实践与生活的不同将德行区分为个人性的和公共性的，在二者之间凸显出来的张力最终表现为“为己之学”的道德哲学和“待人之学”的政治哲学。[22]

在功利主义理论方面，兰久富分析了功利主义理论体系的逻辑结构，认为功利主义是一种具有复杂结构的理论体系，它由三个层次的理论即价值理论、伦理理论和政治理论所构成。功利主义价值理论界定基本价值，功利主义伦理理论协调个体之间的利益关系，功利主义政治理论为群体行动设定目标和原则。功利主义理论体系内部存在个体立场和群体立场的分歧，导致其自身出现难以弥合的结构性矛盾。[23]王代月认为，功利主义构成了古典自由主义治理的道德论证，马克思通过对功利主义的产生和发展阶段的梳理，揭示了功利主义具有的资产阶级性质。由于商品生产的所有权规律在资本主义社会转变为了资本主义的占有规律，所以功利主义的公益论在资本对劳动的权力关系中会因具有内在的困境而难以真正实现。[24]

在美德伦理学方面，戴茂堂等认为，伴随西方美德伦理学的复兴，中国对美德问题的研究也逐渐展开。不过，无论是中国传统伦理学还是中国当代伦理学都或隐或显地包含了对构建美德伦理学不利的因素。中国传统伦理学热衷于外在的礼法制度和道德规范的制定，十分接近规范伦理学的风格，徒有美德伦理学的表象。中国当代伦理学关注的是行为规范正当与否，而判断行为规范正当与否的根据就是借助科学理性而确立的道德原则，这恰是构建美德伦理学所要回避的。因此，在中国构建美德伦理学存在着一定的困难。[25]

8. 经济伦理思想研究

经济的高质量发展不仅需要科技创新、产业优化等要素，同时也离不开价值目标的重要引导。年度北京伦理学界主要对资本伦理、市场伦理、数字经济伦理与平台经济伦理等经济伦理前沿问题展开了深入研究。在资本伦理方面，陈经伟认为新时代需要坚持以马克思关于资本本质属性理论为基础，结合把社会主义核心价值观融入法治建设的基本要求，为中国构建与高水平社会主义市场经济体制相适应的现代资本市场监管体系和加快高质量发展提供价值支撑。[26]在市场伦理方面，莫志宏、张曙光提出，市场经济到底趋向于文明化还是趋向于野蛮化，直接取决于其中的实践者在多大程度上对于自己实践的内在道德性有所自觉。而这首先要求在认识上必须根本摆脱孤立个体的决策理性的视角，并转向人际间的视角，以及认识到主流经济学把市场实践还原到个体的最大化决策理性的做法是错误的。[27]在数字经济伦理与平台经济伦理方面，肖红军、商慧辰提出，要进一步推动数字企业社会责任可持续发展，需要从理念融入、企业战略、制度供给、文化建设、协同治理层面协同发力，推动数字企业发挥数字优势，构建多维主体协同发力、综合价值共创共享的责任生态。[28]

9. 人工智能伦理研究

人工智能技术的飞速发展，在增进人类福祉的同时也催生了诸多伦理问题，使得人工智能伦理成为伦理学界关注的一个焦点。中国社会科学院赵汀阳通过分析人工智能的伦理学和存在论问题、人工智能的自我意识、未来的合法限度等，探讨了现代人工智能的区分、本质、危险、可能的解决办法等问题，具有前沿学术价值。[29]李珍珍等探讨了人工智能的伦理关切与治理路径，认为当前以及未来的人工智能伦理治理，应在我国人工智能发展规划下，以六大核心价值为方向构建人工智能的伦理治理体系。[30]刘哲从现象学角度反思人与智能机器人的交互关系，分析了人工智能时代身体异化的隐忧，认为当代前沿科技的迅猛发展为人们的身体带来不同形式的异化，在人工智能时代，人类个体情愿形成对人工智能体的单向情感依赖。[31]钱圆媛认为，应逐步发展与自主性相适应的、可望负责的人工智能道德体。伦理人工智能体的道德建构，最好采用结合自上而下的伦理规则与自下而上的伦理学习的混合设计，注重在联合承诺及合作互动中促成共同体成员的善，创造更负责任、更可预期的角色行动。[32]

10. 科技伦理治理研究

科学技术的飞速发展也产生了诸多伦理问题，针对这些问题所进行的科技伦理治理成为北京伦理学学者关注的热点之一。围绕科技伦理治理，肖巍提出三个问题：为谁治理？谁来治理？如何治理？他将对这个三个问题的回答与科技向善的价值导向、科技伦理治理的责任要求、科技治理体系与制度保障联系起来，并指出中国科技发展不仅可以为世界科技发展领航，也应当为全球科技伦理治理树立典范。[33]中国社会科学院段伟文针对科技活动中所蕴含和负载的伦理价值、构建适切的伦理原则以及科技活动中行为主体的伦理责任等问题展开研究，认为要使伦理价值考量和伦理原则的构建落实为科技活动中行为主体的伦理责任，需要在形成科技伦理治理共识、预防潜在风险和构建多元治理体系等方面做出切实努力。[34]姚新中讨论了科技伦理治理的传统与现代、中心与边缘以及滞后与前瞻问题，认为科技伦理治理必然要涉及诸多的关系、观念与活动，只有在伦理与科技良性互动中才能理解科技伦理的实质，也只有通过妥善处理科技发展所提出的道德问题和挑战，才能真正建立健全多方参与、协同共治的伦理治理机制，塑造科技向善的文化理念和保障机制。[35]

（北京市伦理学会供稿；执笔人：王淑芹）

注：

[1] 李义天、刘雨濛：《马克思主义与道德基本问题——对20世纪50年代民主德国马克思主义伦理学大讨论的回顾与反思》，《马克思主义与现实》，2022年第2期。

[2] 戴木才、田楚妍：《马克思恩格斯对资本主义价值观的批判》，《思想理论教育导刊》，2022年第2期。

[3] 金德楠：《马克思主义视域下社会正义的道德本质与集体德性的建构路向》，《东北大学学报(社会科学版)》，2022年第6期。

[4] 王淑芹：《中国式现代化：物质文明与精神文明协调发展的理论根源》，《道德与文明》，2022年第6期。

[5] 郝立新：《物质文明和精神文明协调发展的中国式现代化》，《中国人民大学学报》，2022年第6期。

[6] 孙春晨：《实现共同富裕的三重伦理路径》，《哲学动态》，2022年第1期。

[7] 李萍：《论中国式现代化进程中的公民道德建设》，《社会治理》，2022年第9期。

[8] 孙春晨：《实现共同富裕的三重伦理路径》，《哲学动态》，2022年第1期。

[9] 王淑芹：《实现共同富裕的思想源流、风险挑战与关键路径》，《马克思主义研究》，2022年第8期。

[10] 王淑芹：《深化对精神生活共同富裕的认

识》,《思想理论教育导刊》,2022年第1期。

[11] 李萍:《论中国式现代化进程中的公民道德建设》,《社会治理》,2022年第9期。

[12] 李萍:《论公民道德建设的二重性》,《广东社会科学》,2022年第2期。

[13] 王维国:《当代中国社会公德困境治理探析》,《道德与文明》,2022年第1期。

[14] 王淑芹:《中国特色社会诚信建设研究》,北京:人民出版社,2022年。

[15] 胡敏中:《论认同与信任》,《首都师范大学学报(社会科学版)》,2022年第3期。

[16] 王中江:《"自我"与"他者":儒家关系伦理的多重图像》,《北京大学学报(哲学社会科学版)》,2022年第1期。

[17] 肖群忠:《论中华文化的崇德精神特质及其当代价值》,《西北师大学报(社会科学版)》,2022年第6期。

[18] 靳凤林:《我国古代"阳儒阴法"政治策略的伦理辨析》,《湖南社会科学》,2022年第4期。

[19] 姚新中:《儒学导论》,中国人民大学出版社,2022年。

[20] 李猛:《分裂之家的友谊:柏拉图〈法律篇〉中的共同体》,《中国社会科学院大学学报》,2022年第6期。

[21] 廖申白:《从"潜在地是幸福的"到"实现地是幸福的"——论亚里士多德对实践原理的论证》,《云梦学刊》,2022年第5期。

[22] 戴茂堂等:《德性的张力:在个人性与公共性之间——以〈尼各马可伦理学〉为文本》,《湖北大学学报(哲学社会科学版)》,2022年第3期。

[23] 兰久富:《功利主义理论体系的逻辑结构》,《当代中国价值观研究》,2022年第4期。

[24] 王代月:《马克思的功利主义辨析及对国家治理的启示》,《高校马克思主义理论研究》,2022年第3期。

[25] 戴茂堂、李累:《构建德性伦理的中国之难》,《江汉论坛》,2022年第10期。

[26] 陈经伟:《为资本设置"红绿灯"的理论逻辑与实践逻辑——基于社会主义核心价值观与金融伦理建设相契合的视角》,《中共中央党校(国家行政学院)学报》,2022年第6期。

[27] 莫志宏、张曙光:《一种回归:市场经济的道德性》,《探索与争鸣》,2022年第10期。

[28] 肖红军、商慧辰:《数字企业社会责任:现状、问题与对策》,《产业经济评论》,2022年第6期。

[29] 赵汀阳:《人工智能的神话或悲歌》,商务印书馆,2022年。

[30] 李珍珍、严宇、孟天广:《人工智能的伦理关切与治理路径》,《中央社会主义学院学报》,2022年第5期。

[31] 刘哲:《人工智能时代身体异化的隐忧》,《外国哲学》,2022年第2期。

[32] 钱圆媛:《责任缺口、道德图灵测试与可担责的人工智能道德体》,《自然辩证法研究》,2022年第6期。

[33] 肖巍:《科技伦理治理:为谁治理?谁来治理?如何治理?》,《云梦学刊》,2022年第6期。

[34] 段伟文:《深度科技化时代科技伦理治理的三重思考》,《光明日报》,2022年7月4日。

[35] 姚新中:《科技伦理治理三论》,《中国社会科学报》,2022年6月14日。

年度推荐著作和论文

著 作

1. 王淑芹:《中国特色社会诚信建设研究》,人民出版社,2022年。
2. 万俊人:《万俊人集》,岳麓书社,2022年。
3. 吴潜涛等:《当代中国公民道德状况跟踪调查研究》,人民出版社,2022年。
4. 何怀宏:《文明的两端》,广西师范大学出版社,2022年。
5. 姚新中:《儒学导论》,中国人民大学出版社,2022年。
6. 赵汀阳:《人工智能的神话或悲歌》,商务印书馆,2022年。
7. 李义天、张远航:《中国近代伦理学文献丛刊》,中央编译出版社,2022年。
8. 刘丹:《微公益时代的公民慈善及其实践模式研究》,中国社会科学出版社,2022年。

9.［美］桑德尔著：《公正：何谓正当之为？》（修订版），朱慧玲译，中信出版集团股份有限公司，2022 年。

10.［德］奥利弗·森森：《康德论人类尊严》，李科政、王福玲译，商务印书馆，2022 年。

论　文

1. 王淑芹：《实现共同富裕的思想源流、风险挑战与关键路径》，《马克思主义研究》，2022 年第 8 期。

2. 孙春晨：《实现共同富裕的三重伦理路径》，《哲学动态》，2022 年第 1 期。

3. 廖申白：《亚里士多德对"幸福"原理的"人的活动"论证》，《东南大学学报（哲学社会科学版）》，2022 年第 4 期。

4. 焦国成：《孔子"仁者寿"发微》，《中州学刊》，2022 年第 6 期。

5. 吴潜涛：《结合时代要求践行人心和善的道德观》，《人民日报》，2022 年 6 月 20 日。

6. 曹刚：《元宇宙、元伦理与元道德》，《探索与争鸣》，2022 年第 4 期。

7. 靳凤林：《中西政商关系伦理规则的历史根性差异》，《哲学动态》，2022 年第 10 期。

8. 李猛：《分裂之家的友谊：柏拉图〈法律篇〉中的共同体》，《中国社会科学院大学学报》，2022 年第 6 期。

9. 李义天：《再论马克思主义伦理学的初始问题》，《道德与文明》，2022 年第 5 期。

10. 李薇：《论休谟对哈奇森道德感理论的改造和发展》，《哲学研究》，2022 年第 4 期。

经　济　学

总　论

习近平经济思想是马克思主义政治经济学发展的最新形态，也是构建中国特色社会主义政治经济学的基本遵循。2022 年，北京地区经济学界进一步深化对于习近平经济思想的研究，加速推进习近平经济思想的原创性和学理化研究。代表性学者如邱海平认为，习近平经济思想为马克思主义政治经济学的发展注入了新的思想方法与工作方法，丰富了理论体系并发展了理论范畴，原创性提出了新发展理念，并创新发展了经济社会发展理论，为中国特色社会主义经济发展提供了有力的理论支持和实践指导。谢富胜等学者认为，人类文明新形态的基本内涵是指中国共产党带领中国人民在实践中建构的中国特色社会主义社会，是对马克思主义政治经济学的重要原创性贡献。韩保江将习近平经济思想的基本内容具体提炼为：新时代中国为什么发展、实现什么样的发展、怎样实现高质量发展、如何保障高质量发展。

在习近平经济思想的指导和引领下，北京地区经济学界深入学习贯彻党的二十大精神，继续关注重大理论问题、聚焦时代命题。各二级学科在不断夯实学科基础理论研究的同时，研究内容方面更具创新性。学者们坚持现实导向，积极探讨理论经济学领域的热点问题，努力反映我国经济建设实践中的机遇和挑战，不断提升理论对复杂经济现象的解释力，在经济研究方法论方面做出原创性贡献，为实际应用和实践发展提供了坚实的理论支持。

综合党和国家相关文件的重要表述和学术热点讨论的深度、广度，根据建构中国自主知识体系的现实需要以及经济社会实践的具体要求，本年度学术热点可归纳为以下十一个主题：

一、习近平经济思想研究

2022年，北京地区学术界进一步深化对于习近平经济思想的研究，取得了一系列新成果。

一是关于习近平经济思想的原创性和学理化研究。2022年6月，中共中央宣传部、国家发展和改革委员会组织编写出版了《习近平经济思想学习纲要》，进一步推动了北京地区学术界对习近平经济思想的原创性贡献和学理化研究。

二是新发展理念是习近平经济思想的主要内容。2022年，北京地区学术界主要围绕新发展理念的内涵、完整准确全面贯彻落实新发展理念、新发展理念对高质量发展的引领作用、新发展理念与中国式现代化等方面展开研究。

三是新发展格局明确了我国经济现代化的路径选择。2022年，北京地区学术界对新发展格局的深刻内涵、生成逻辑和实现路径等方面继续展开深入的研究。

四是高质量发展是全面建设社会主义现代化国家的首要任务。2022年，北京地区学者围绕高质量发展的科学内涵、基本特征、生成逻辑、实现路径等问题展开了研究。

五是以中国式现代化全面推进中华民族伟大复兴。习近平总书记在二十大报告中指出，在新中国成立特别是改革开放以来长期探索和实践基础上，经过十八大以来在理论和实践上的创新突破，我们党成功推进和拓展了中国式现代化。2022年，北京地区学术界对中国式现代化的主要特征、历史分期、比较研究、价值意义等方面展开深入研究。

二、资本特性和规范引导资本健康发展研究

在社会主义市场经济条件下规范和引导资本发展，既是一个重大经济问题也是一个重大政治问题，既是一个重大实践问题也是一个重大理论问题。2022年度，北京地区经济学界从资本的一般性与特殊性、资本的运行规律、社会主义市场经济条件下规范和引导资本健康发展、反垄断和不正当竞争以及防止资本无序扩张等方面展开了深入研究，发表了一批既有理论深度又有现实意义的高水平研究成果。

学者们对资本的性质、特征、作用和运行规律进行了研究和分析，一致认为，研究资本特性问题的出发点和基本原则一是要以马克思主义基本原理为指导，二是要结合我国的社会主义经济建设实践。学者们总结了马克思在其经典著作特别是在《资本论》及其手稿中对资本属性和特征的论述，认为社会主义市场经济体制下的资本，既具有一般市场经济条件下的资本一般属性，又受到社会主义经济制度诸因素的制约而呈现出其特殊性。承认并肯定资本在社会主义市场经济中的存在及其积极作用，以及在社会主义市场经济条件下规范和引导资本发展，是中国改革开放的一个重大理论突破和实践创新。

同时，在对资本的历史作用和行为规律进行分析的基础上，针对资本无序扩张和野蛮生长问题，在给资本设置红绿灯、规范和引导资本健康发展方面，学者研究主要集中在数字经济特别是平台经济的反垄断和反不正当竞争、防止金融资本无序扩张和金融风险防范等方面，分析其扩张逻辑及路径，探讨体制机制和法律法规的完善，从而实现依法依规，引导和规范资本健康发展。

三、数字经济与实体经济融合发展研究

习近平总书记在《不断做强做优做大我国数字经济》中强调，“充分发挥海量数据和丰富应用场景优势，促进数字技术和实体经济深度融合，赋能传统产业转型升级，催生新产业新业态新模式，不断做强做优做大我国数字经济”。党的二十大报告也强调要“加快发展数字经济，促进数字经济和实体经济深度融合，打造具有国际竞争力的数字产业集群。”作为全新经济形态的数字经济，通过与实体经济深度融合深刻地改变人类社会的生产方式、生活方式和治理方式，是中国进入高质量发展阶段的思想指引，也是创新经济增长方式、实现跨越式发展的重要依托。关于数字经济与实体经济融合发展，2022年学术界重点探讨融合发展的战略意义、理论机制、主要问题与实践路径等四个方面，为中国特色社会主义新时代的伟大实践提供理论支撑。

四、当代世界经济研究

2022年以来，世界经济增长动力明显不足，经济增速大幅下降，同时伴随着巨大的通胀压力、高企的债务水平和动荡加剧的金融市场。从国际上看，保护主义依然盛行，国际制裁升级，国际贸易投资增长面临更大掣肘。除了通胀加剧、货币政策转向、供应链受损、大国关系与地缘政治博弈等因素外，俄乌冲突以及疫情反复也对世界经济造成严重负面冲击。2022年学术界研究热点丰富，重点就当代世界经济形势，收入分配、贫富两极分化、全球不平等，全球经济治理等话题展开了丰富的讨论，见微知著，充分体现了当今世界经济的复

杂性。

五、当代资本主义经济研究

2022年，处于百年未有之大变局下的资本主义经济，经历了动荡、充满不确定因素的一年。俄乌冲突后西方国家的制裁措施等导致国际大宗商品价格高涨，新冠肺炎疫情仍未完全结束，资本主义国家内部经济问题突出，让尚未走出低迷状态的世界经济雪上加霜。在此背景下，随着新一代信息技术的深入发展，数字经济成为推动经济社会发展的新业态。在多重不确定因素下，当代资本主义经济发展呈现何种特征、其矛盾有何变化，资本主义经济治理面临哪些困境，成为2022年政治经济学界学者们关注的重点话题。具体而言，学者们讨论较多的话题为：数字经济与数字资本主义的特征和矛盾，美国加息、债务违约问题与美元霸权，经济金融化和金融动荡，阶级现状与新自由主义批判，资本主义国家经济治理困境等。

六、共同富裕研究新进展

党的二十大提出“中国式现代化是全体人民共同富裕的现代化”的重要论断，为共同富裕注入了新的时代内涵。北京地区经济学专家学者围绕“共同富裕”这一主题展开了丰富的讨论和研究，进一步深化了共同富裕的理论意蕴和现实价值。2022年我国已经进入扎实推进共同富裕的阶段，这就要求共同富裕研究突出现实导向的底色。北京地区经济学界在继续深化完善对共同富裕内涵特征及理论阐释的同时，进一步聚焦实践层面如何扎实推进共同富裕的问题，如“共同富裕与中国式现代化”“共同富裕的理论认识与现实导向”“共同富裕相关制度的优化和完善”“共同富裕与高质量发展”“共同富裕与数字经济”“共同富裕与乡村振兴”“推进共同富裕的具体实践路径”等七大重点领域展开研究，并产出大量相关研究成果。

七、数字劳动基本问题研究

习近平总书记强调，“要加快建设数字中国，构建以数据为关键要素的数字经济，推动实体经济和数字经济融合发展。”数字劳动是推进数字经济发展的重要组成部分。2022年度，北京地区经济学界对数字劳动基本问题进行了深入研究，主要围绕数字劳动与价值创造、数字资本主义、数字资本主义时代资本主义生产方式的矛盾和危机等方面开展研究并形成了丰富的学术成果，对于推进马克思主义政治经济学的创新发展、探索数字经济发展的内在逻辑具有重要意义。

八、高水平对外开放与构建对外开放新格局研究

2022年，在我国积极推进更高水平对外开放，加快构建新发展格局的现实背景下，大量学者就我国对外开放的历史逻辑、理论逻辑和实践逻辑进行了研究和探讨。内容主要涵盖以下几个方面：第一，关于扩大制度型开放的研究。学者主要围绕制度型开放的概念和内在逻辑，我国制度型开放取得的成就、面临的堵点，制度型开放的实现路径三个方面展开。第二，关于国内国际两个市场两种资源联动的研究。学者主要围绕国内国际双循环的内涵、推进国内国际两个市场两种资源联动的必要性及实践举措三个基本方面展开。并重点强调我国推进国内国际两个市场两种资源联动的关键在于：通过科技创新促进内生增长；推进要素市场改革；吸引集聚全球要素资源。第三，关于建设贸易强国的研究。学者主要围绕数字贸易理论、中国数字贸易发展现状、推进数字贸易发展的举措、我国应如何加快建设贸易强国等展开研究。第四，关于营造一流营商环境的研究。学者主要围绕营造一流营商环境的意义、如何营造一流营商环境以加快构建新发展格局；营商环境的优化与改善及相应的政策建议展开研究。第五，关于优化区域开放布局的研究。学者主要围绕区域对外开放现状、实质、特征，缩小区域开放差异的意义等展开研究。第六，关于扩大高标准自由贸易区网络的研究。学者主要围绕自由贸易试验区建设发展的积极效应、自由贸易区在实现高质量发展过程中存在的问题及对策等展开研究。第七，关于参与全球产业分工和合作的研究。学者主要围绕全球产业链重构的新趋势和我国面临的挑战、如何提升我国在全球产业链中的地位等展开研究。

九、现代化进程中的区域协调发展与城镇化研究

2022年召开的二十大是在全党全国各族人民迈上全面建设社会主义现代化国家新征程、向第二个百年奋斗目标进军的关键时刻召开的一次十分重要的大会。二十大报告指出，城乡融合和区域协调发展是推动我国高质量发展的着力点。北京地区经济学界针对区域协调发展和新型城镇化的问题，围绕以人为核心的新型城镇化、完善城镇化空间布局、城乡融合等主题展开丰富研究。

十、建设现代化产业体系研究

建设现代化产业体系，是党中央从全面建设社会主义现代化国家的高度作出的重大战略部署，是激发高质量发展新动能的关键一招，是着眼经济提质增效的主动战略选择，对百年未有之大变局背景下的国际竞争力提升具有重要意义。党的二十大报告涉及经济领域部分将“建设现代化产业体系”作为五大重点工作方向之一，从现代农业化建设、新型工业化推进、现代服务业融合、优势产业巩固、新兴产业加快发展、产业链供应链安全水平提升等等诸多方面予以系统部署。2022年度中，在往年产业发展相关的文献基础上，经济学界从宏微观两方面深入研究如何加快建设现代化产业体系，剖析建设现代化产业体系的时代背景、理论意义和可行路径，围绕产业提质增效、产业协调、产业安全等方面重点分析，旨在厘清现代化产业体系建设规律和内在机制。

十一、生态文明建设与实现双碳目标研究

生态文明建设关乎未来，事关民族永续发展的根本大计。党的二十大报告中指出，促进人与自然和谐共生是中国式现代化的本质要求，中国式现代化是人与自然和谐共生的现代化。在此背景下，分析当代生态问题的发展变化，研究发展趋势，构建完善生态文明理论体系并探索“双碳”目标下我国乃至全球生态文明治理路径成为当前学术界研究的重点话题。具体而言，学者们主要围绕习近平生态文明思想、人与自然和谐共生的现代化建设、党的领导下的生态文明建设、生态文明建设和国家治理现代化、“双碳”目标的内涵意义及其实现路径等问题展开了热烈讨论。

放眼未来，北京地区经济学界努力方向如下：

一是进一步加强学科体系、学术体系和话语体系的构建。

应当牢牢坚持马克思主义的指导，致力于马克思主义中国化的发展，把握学理化、规范化、系统化的视角，进一步推动学界在经济学理论基础范畴方面达成共识，从而更好推动将扎根于中国大地的实践经验不断转化为系统性知识体系。

二是推动马克思主义经济学理论的时代化和创新发展。

理论研究应挖掘马克思主义经典文本、增强问题意识，继承与发展马克思主义的经典内核，积极回应时代发展变化过程中涌现的新议题，不断对新问题进行横向拓展和纵向深化，兼顾微观层面与宏观视角，兼顾理论分析与实证经验，推动马克思主义经济学理论的时代化和创新发展。

三是坚持学术研究在交流中焕发生机。

在学术研究中，既要立足本土化，也不能忽视吸收国外最新理论成果，既要加强学科之间的交叉研究，也不能忽视不同流派之间的对比研究。应在辩证批判的基础上进行拓展，不断推动理论经济学学术研究发展，力争在研究的深度、广度以及方法上取得更大突破。

（北京市经济学总会供稿）

经济思想史

经济思想史作为理论经济学中最为基础的学科，对于理论经济学乃至整个经济学的学科发展具有至关重要的作用。对于经济思想和经济学科进行历史的研究，是诊断和解决经济学理论和学科发展问题，探索理论发展前景，开辟理论创新路径，寻求现实问题对策，形成新的学术话语体系的基本途径。2021年11月，党的十九届六中全会通过的《中共中央关于党的百年奋斗重大成就和历史经验的决议》提出要“防止资本无序扩张”。2021年12月召开的中央经济工作会议又指出：“要正确认识和把握资本的特性和行为规律”。在此背景之下，“资本”问题成为2022年学术界的热点话题。除此之外，近年来党中央提出的“国家治理现代化”“高质量发展”“共同富裕”等重大命题，在2022年度的经济思想史研究中也有体现。2022年，党的二十大胜利召开，描绘了以中国式现代化全面推进中华民族伟大复兴的宏伟蓝图。中国式现代化理论是党的二十大的一个重大理论创新，是科学社会主义的最新重大成果。随着学习贯彻党的二十大精神的不断深入，经济思想史学界关于中国式现代化的研究逐步增多。

一、学术研究概况

（一）外国经济思想史

1. 经济思想史视野下的中国经济学的构建研究

自党的十八大以来，经济学界持续探讨中国

（特色）经济学的构建，经济思想史学界着重于从各种不同经济学体系的演化、西方经济学说在中国的传播以及经济学的自主创新等角度，论证和阐释构建中国经济学的可行性和路径。

孟捷[1]追溯了马克思主义经济学和新自由主义经济学作为知识体系的形成和发展过程，从权力—知识共生关系的角度比较了两种知识体系的生产；梳理了改革开放以来中国经济学知识体系的演进和分化过程，围绕市场和国家的关系等问题，对中国特色社会主义政治经济学和新自由主义经济学作了扼要的比较；着眼于社会主义初级阶段知识治理的目标和任务，提出了一个包含制度和策略初步的分析框架。

19 世纪末传入中国的《国富论》，不仅是近代学者了解外国经济学说的窗口，也是他们反思中国传统经济思想的参照物。缪德刚[2]通过对《国富论》在近代中国传播的早期、中期和末期发展演进过程进行全面考察，从经济学汉语表述术语的使用与规范、中外经济思想的解读和比较以及经济学理论与现实社会经济发展相互结合三方面展开深入探讨，认为《国富论》的传播在一定程度上促成了近代中国经济学话语体系的初步构建、推动了经济学学术体系的早期形塑、促进了经济学学科体系的不断完善，并逐步与现实社会发展需求相融合，孕育了具有本土特色的中国经济学学科。

中国老一辈经济学家中，在毕生致力于东西方经济理论沟通、力图在新剑桥经济学理论和马克思经济理论之间架起一座桥梁，努力践行“马克思经济理论中国化”方面，宋则行堪称一位杰出的代表。早在大学时代，他就开始接触马克思主义通俗读物和西方经济学家的市场经济理论。在研究生学习期间，对西方马克思主义的最新研究产生了浓厚兴趣，对中国如何走向社会主义经济发展道路进行了初步探索。林木西[3]系统分析了斯拉法、琼·罗宾逊、宋则行之间的师承关系以及新剑桥学派在中国的传承和发展。

2. 经济思想史视角下的重大现实问题研究

经济思想史视角探讨重大现实问题的出路，是一种以史为鉴、以古鉴今的思想史研究进路。2022 年经济思想史学界深入挖掘斯密、李嘉图、马克思、穆勒、凯恩斯等经济学家，以及调节学派、实验经济学等经济学流派思想养分，探究当今资本、数字经济、平台经济、数字劳动、贸易与产业转型升级、市场道德与理性、共同富裕以及劳资关系等重大现实问题的运行规律和破解路径。

2021 年 12 月召开的中央经济工作会议指出，“要正确认识和把握资本的特性和行为规律。社会主义市场经济是一个伟大创造，社会主义市场经济必然会有各种形态的资本，要发挥资本作为生产要素的积极作用，同时有效控制其消极作用。”如何从经济思想史的角度认识资本的特性和行为规律，是一个重要的学术和理论维度。为此，2022 年 4 月 20 日，中国社会科学院当代中国马克思主义政治经济学创新智库以“经济思想史视阈下的资本”为主题，约请邱海平、孟捷、周建波和杨虎涛四位经济思想史方面的专家，就中外各思想流派对资本的定义以及经济思想史上对资本认识的变化、如何把握市场经济条件下和社会主义市场经济条件下的资本等内容展开对话交流。[4]

经济学围绕进口贸易开放的争论从未停止过。邵军和司增绰[5]从经济思想史的视角考察了进口贸易开放与产业转型升级之间的关系。20 世纪 90 年代以来内生增长理论及异质性企业贸易理论，分别从内生技术进步及生产率提升的角度，为进口开放与产业转型升级的关系提供了新视角。观点相异的各学说流派并非相互否定的关系，发展阶段的不同在很大程度上决定了相关理论的适用性以及相应的政策导向。围绕进口贸易开放与产业转型升级的讨论，如果不考虑发展阶段的具体因素，是难以达成“共识”的。

共同富裕的目标包括建构完善的社会保障体系和优质的公立教育。优良的税收制度是实现共同富裕的制度保证。效率和公平是评价税收制度的两个重要价值支点。李石[6]讨论了亚当·斯密与罗尔斯税制理论对当前实现税收公平和共同富裕的启示。在何谓“税收公平”的问题上，亚当·斯密和罗尔斯存在分歧。亚当·斯密认为，税收公平就是依据人们的财富状况同比例地征税。罗尔斯的公平合作理论将合作的公平条件定为最小受惠者的期望最大化，支持累进制的税收体制。在现实层面，税收制度受到效率原则影响，往往偏离税收公平。公平优先于效率，税收制度的设计应优先考虑税收的公平性。

随着优步等数字平台的发展，“平台经济”或“共享经济”这两个术语已经广泛使用。平台经济在改变资本主义的同时，还对资本主义的本质提出了质疑。平台经济究竟是一种新的嵌入过程，还是危机之后金融化积累机制放松管制的结果？抑或已经形成了一种新的增长机制？蒙塔尔班等[7]利用法国调节学派的方法分析了平台内竞争形式的本质及其转变。研究发现，尽管平台经济可能促进了某些形式的再嵌入过程，但同时也使金融化积累机制加速形成了某些趋势和制度特征，成为这场危机的内生产物。由于调节模式失灵和可能衍生的冲突，平台经济是否具备长期的、稳定的增长能力尚不明确，这一点引发了广泛的关注。

（二）马克思主义经济思想史

马克思的经济思想一直是马克思主义经济思想史的研究重点，对马克思本人经济思想的辨析、梳理和阐释是马克思主义经济思想史研究的一项重要工作。2022年度，很多学者从不同角度，围绕着不同的文本，推进了这一研究。根据研究类型的不同，这里又可以进一步划分为对马克思经济思想的形成史研究，对马克思著作的文本研究，以及对马克思本人某一特定经济思想的研究，以下分别予以说明。

1. 对马克思经济思想的形成史研究

马克思的经济思想有一个逐渐发展的过程，研究他从哲学和历史批判转向政治经济学批判的过程中，如何通过对前人的批判，确立自己的政治经济学理论，有助于我们把握马克思经济思想的形成特征，掌握经济思想的形成规律。

聂锦芳[8]从“政治算术”范式与资本社会的“内部联系”之间关系的角度，探讨了配第的经济思想及其对马克思的影响，作者认为，配第借助对货币、土地和劳动的分析阐述了其财富思想，更开创了观照和把握复杂社会的“政治算术”范式，并对“资产阶级生产关系的内部联系”及其结构进行了初步的探索。配第的思想在其去世160年后获得马克思最深刻的理解和高度评价。马克思在探究资本主义最新发展和历史变迁的同时，将这一时期包括数学在内的科学进展及其方法引入对现代经济现象及其规律和结构的实质分析中，创作了《资本论》等杰作。文兵[9]研究了马克思从政治哲学走向政治经济学，特别是蒲鲁东在马克思思想形成中的作用，作者认为，马克思青年时期就投身于对现实政治的批判并倾力于对政治哲学的探究，但马克思思想的成熟则是伴随着他对古典政治经济学的批判而不断深入的。在马克思看来，要解决政治哲学中的问题，必须把它建立在坚实的科学的基础之上，必须对资本主义的生产方式和社会结构进行严肃的分析。从《神圣家族》到《哲学的贫困》，马克思都将蒲鲁东的思想作为考察对象，但他对蒲鲁东思想的态度则是从辩护走向了批驳，这深刻反映了他从对政治哲学的关注走向对政治经济学的研究的必然性。

张雄和付冬梅[10]考察了早期马克思政治经济学批判思想的缘起，指出理解马克思政治经济学批判思想的缘起需要回到西方现代文明的起点。苏格兰启蒙运动以人性为基础提出了三大现代性逻辑预设，即“市民社会”是未来文明社会的经济共同体形式；国家治理是政治哲学的现代艺术；同情或怜悯是解决贫富对立矛盾的心理平衡器。古典政治经济学则以自由市场教条与个人资本动力学原理启动了西方现代社会的高速运转。青年马克思正是在西方现代性逻辑与历史的辩证运动中走向了政治经济学批判。黑格尔法哲学批判是其起点，“市民社会决定国家”是第一命题，《〈黑格尔法哲学批判〉导言》中无产阶级立场的确立更是划定了马克思思想体系的价值坐标，开启了对现代文明新形态的探索。

2. 对马克思著作的文本研究

马克思一生对政治经济学的研究做出了重大贡献，留下了丰富的经济学著作，这些著作中包含的经济思想具有重要的研究价值，这里可以从对经济学手稿和其他本文的研究中进行考察。

顾海良[11]研究了马克思在《1857—1858年经济学手稿》中“资本章”对资本理论的开创性探索这一问题，他认为，“资本章”对资本理论的开创性探索，一是在资本理论“六分结构”和“三分结构”基础上所作的开创性探索，确定了马克思政治经济学体系结构的理论基础和学理依循；二是在“资本一般”和“许多资本”范畴及其关系为主线的资本理论“二分结构”探索基础上，形成了资本特性和资本行为规律研究的理论主题；三是在对资本理论“总体”关系及其特征所作的创造性探索基础上，揭示了资本关系内在的历史性、社会性和阶级性的基本规定。陈长安[12]探讨了马克思的《危机笔记（1857—1858）》这一文本对于马克思政治经济学批判计划的重要意义，认为它为研究马克思的政治经济学批判计划提供了独特的视角。作者指出，从《危机笔记》研究马克思的政治经济学批判计划，有助于理解“五篇计划”和“六册计划”的整体性，以及马克思的危机革命论、世界市场论和辩证方法等政治经济学批判计划及相关的理论问题。

张一兵[13]研究了马克思《1861—1863 年经济学手稿》中的劳动异化理论的重大科学意义，他指出，如果说在《1857—1858 年经济学手稿》的研究中，马克思还只是在历史现象学的构境中运用科学的异化概念来分析复杂的资本主义经济关系的事物化畸变现象的话，那么在《1861—1863 年经济学手稿》中，马克思则开始在他的经济学研究中确立一种全新的劳动异化理论。作者认为，这是一种建立在狭义历史唯物主义基础之上的历史现象学批判构境，也是一种在全新的科学批判认识论的系统塑形中透视经济物相化的更深一层的批判话语，可以把它称为科学的劳动异化批判构式Ⅲ。因此，全面介绍马克思科学的劳动异化批判构式Ⅲ，无论是对全面把握历史唯物主义的科学批判话语，还是深入理解马克思对资本主义生产方式的科学认识进程，都具有重要意义。

王峰明[14]研究了马克思在《〈政治经济学批判〉导言》第 1 节中，对现实的个人及其物质生产问题所作的批判性阐释。马克思对资产阶级经济学中“孤立个人的观点”及其客观基础和前提进行了批判性的考察，认为现实的人是独立性和依赖性的辩证统一，物质生产是一般性和特殊性的辩证统一。根据马克思所作的批判性考察，作者认为，由于生产、个人和社会是不可分割的有机整体，所以，资产阶级经济学家的“孤立个人的观点”，虽然无视人的社会性和社会联系，但却是以成熟的市民社会即商品经济条件下发达的社会联系为基础的。

3. 对马克思本人某一特定经济思想的研究

马克思在对政治经济学的研究中形成了丰富的经济思想，因此，学者们对于马克思本人经济思想的研究也较为广泛，内容涉及价值、机器大生产、资本市场与信用、分配等范畴。

劳动价值论是马克思政治经济学的理论根基，也是马克思进行政治经济学批判研究的重要理论前提，本年度对马克思劳动价值论的历史考察有了一些新的成果。张秀琴和梅文韬[15]通过研究马克思在 19 世纪 40 年代，逐渐从法学和哲学研究转向政治经济学研究过程中的相关经典文本，发现马克思的政治经济学研究与唯物史观的创立过程是相互交织与促进的，特别是他对劳动价值理论进行改造使之成为剩余价值理论的基础。陈祥勤[16]探讨了马克思的劳动价值论，作者认为，作为一种价值理论，劳动价值论首先是关于商品世界的本体论，是探索劳动何以被抽象为商品、货币和资本等价值形式的历史科学，其次才是关于价值决定和价值度量的经济科学。郗戈[17]研究了马克思劳动价值论和劳动所有权论的关系问题，认为重新研究劳动价值论与劳动所有权论的关系问题，可以深化马克思主义理论研究，有助于澄清马克思如何从早期“否定”劳动价值论转变为继承发展劳动价值论的深层思想逻辑。

王国刚和罗煜[18]研究了马克思的资本市场理论，梳理了马克思有关生息资本、虚拟资本和收入资本化，货币市场、交易所和国债券，以及股份资本、股份公司和股票市场的理论观点：收入资本化机制是生息资本转化为虚拟资本的关键机制；证券交易所有着传递利率信号、推进资本集中、加剧投机交易和倒置因果关系等作用；股份公司既是市场竞争的产物，也是信用机制的产物，有着推进生产力发展、实现所有权和经营权两权分离、减缓平均利润率的下降趋势、强化市场竞争和垄断、扬弃资本主义私有制等功能，股票价格波动并不直接影响国民财富的增减。田超伟[19]研究了马克思和恩格斯的共同富裕思想，认为马克思恩格斯共同富裕思想是贯穿于马克思主义理论体系的重要内容。这一思想既生成于唯物主义历史观的方法论基础上，又生成于对资本主义贫富两极分化的政治经济学批判中，也生成于对科学社会主义本质特征的科学预见里。马克思恩格斯科学阐明了共同富裕的基本特征，强调以生产资料公有制为核心的社会主义经济制度是共同富裕的制度基础，高度发展的社会生产力是其物质基础。

张国胜[20]研究了马克思的机器大生产理论，指出马克思深入系统地阐述了机器的产生及其在社会生产过程中所扮演的重要角色，形成了一系列重要思想。其中，有三点最为关键：一是机器大生产推动资本主义飞速发展，但导致了工人收入的停滞不前；二是机器大生产带来了“机器对工人的排斥”并促进了工人对机器的全面依赖；三是机器大生产产生了它的对立物并导致了机器与工人的相互对立。殷林飞、程恩富和张国献[21]研究了马克思的劳动者发展思想，认为马克思劳动者发展思想有清晰的起点逻辑、发展逻辑、斗争逻辑和政治逻辑，物质再生产与劳动力再生产是人发展的前提，消费方式反映劳动力生存和发展状态，人不仅为生存而且为增加自己的享受而斗争，消除资本的统治促进工人发展等。

（三）中国经济思想史

1. 中国共产党经济思想史研究

中国共产党经济思想史是经济思想史、中共党史、当代中国经济史等学科共同研究的领域。中国共产党的经济思想是理论性与实践性的统一。从理论性上看，中国共产党经济思想史，就是马克思主义政治经济学中国化史。从实践性上看，中国共产党的经济思想与党的战略决策、经济政策和经济实践紧密相关，是理解中国经济发展道路和经济发展成就的关键要素。

关于党的共同富裕思想，赵学军等[22]认为，继承和发展了马克思主义实现共同富裕的理论，在建设现代化国家的实践中，中国共产党形成了系统的共同富裕思想。党的共同富裕思想的理论逻辑是：建立社会主义制度，奠定共同富裕的社会制度基础；实现工业化，奠定共同富裕的生产力基础；广大农村走集体经济的道路；城市发展社会主义公有制的国营经济、集体经济；先富带动后富；兼顾效率与公平；统筹城乡发展；缩小区域差距；以按劳分配为主体。

关于党的分配理论，张雷声[23]认为，马克思以所有制与分配的关系分析为前提，以社会再生产过程中生产与分配的关系分析为基础，研究了个人消费品的分配问题，在揭示特定社会条件下收入分配特殊规律的同时，也分析了人类社会收入分配的一般规律。

关于党的城乡关系理论，张桂文等[24]考察了新民主主义革命时期、社会主义革命和建设时期、改革开放和社会主义现代化建设新时期、中国特色社会主义新时代党的领导核心对马克思城乡关系理论的创新与发展，从坚持以人民为中心的价值理念、在生产力与生产关系的矛盾运动中协调城乡关系、与时俱进地推进马克思城乡关系理论的创新、正确处理政府与市场的关系四个方面总结了马克思城乡关系理论中国化的实践经验。

关于党的财政理论，邓力平[25]回顾了党领导下中国财政发展的实践经验和理论支撑：一是毛泽东思想指引下的中国社会主义财政理论建立；二是中国特色社会主义理论体系指引下的中国特色社会主义财政理论形成；三是习近平新时代中国特色社会主义思想指引下的新时代中国特色社会主义财政理论构建。在此基础上，提出了构建新时代中国特色社会主义财政理论体系的一些看法。

2. 中国当代经济思想研究

总结中国经济思想的光辉成就和世界意义，始终是中国经济思想史研究的重要任务。进入21世纪以来，中国当代经济思想日益成为研究热点。2022年，学界总结了近三十年来社会主义市场经济研究的成就，以及中国经济思想史研究的百年成就，并探讨了薛暮桥、孙冶方、王亚南、费孝通、沈志远、赵靖、尹世杰、吴易风、刘方棫等当代经济学家的贡献和成就。

中国特色社会主义市场经济思想与实践，是对传统理论的重大突破。张旭等[26]认为，将社会主义市场经济体制确立为改革目标的三十年来，学界对社会主义市场经济的性质进行了明确界定，其理论和实践上的发展主要沿着两条主线展开：一是从所有制或基本经济制度的深层，探讨公有制与市场经济的兼容或结合问题；二是从资源配置方式或经济运行机制的表层，探讨政府与市场的关系。这两者共同构成了社会主义市场经济的有机整体。不同所有制的市场主体在对外开放的发展环境中不断完善社会主义市场经济运行体制。其中，国有企业是社会主义公有制的主要载体，是检验公有制与市场经济兼容性的试金石；非公有制经济是我国经济社会发展的重要基础。

中国经济思想史研究的发展是中国经济思想成就的组成部分。程霖等[27]通过回顾百余年来学界前辈投身中国经济思想史研究的初心及努力，发现每一代学者始终将总结中国经济思想的光辉成就、提供解决现实问题的历史借鉴、挖掘构建中国经济学的理论要素以及推动中国经济思想史走向世界，作为全力肩负的学科使命。未来中国经济思想史研究须在发展方向上紧扣中华民族复兴的伟大愿景，在治学方法上融通古今中外，在研究与探索中践行前述四个维度的历史初心，从而在大有可为的历史机遇期充分发挥学科价值。

薛暮桥是20世纪中国杰出的经济学家和经济工作领导人，为后人留下了浩瀚的经济思想遗产。《薛暮桥年谱：1904—1952》[28]于2022年出版。该书以日为基本单元，记录了薛暮桥的生活经历和思想轨迹。该书序言指出，在薛暮桥的一生中，革命者、经济学家和经济工作领导人3个身份最为重要。作为革命者，薛暮桥年轻时代即有直面死亡的体验，这使得他能不避艰危，在困难条件下独立工作和思考，革命者身份还成为他参与核心决策的必要条件。

作为经济学家，薛暮桥毕生以中国经济问题为主要研究对象，强调理论联系实际，并以改进社会为主要宗旨。作为经济工作领导人，薛暮桥在山东根据地主持对敌货币战卓有成就，在西柏坡协助周恩来处理解放战争时期的财经、后勤工作，从1947—1967年，他一直在中央财经机关工作，领导工商业调整，创立全国统一的统计体系，建立物价管理体制。改革开放后，薛暮桥创立经济决策咨询事业，并在市场化改革方面做出卓越贡献。[29]

3. 中国古代、近代经济思想的当代启示研究

为解决当代理论和现实问题提供历史借鉴，是中国经济思想史研究的重要功能。2022年，学者们深入挖掘了中国古代的司马迁、桑弘羊、刘晏、丘濬的经济思想，中国近代的张謇、晏阳初、梁漱溟、卢作孚的经济思想，以及中国传统人口思想、明清货币思想、晚清财政思想，阐述了对于今天认识资本特性、发展数字货币、制定人口政策、发展海洋经济、推进乡村振兴等问题的启示。

周建波等[30]认为，如何从经济思想史的角度认识资本的特性和行为规律，不仅是一个重大的理论问题，更是一个重大的现实问题。中国经济思想史上对于资本的认识有大量论述，它一方面承认资本能够带来新的价值，另一方面也强调要抑制资本的负作用，控制资本的无序扩张。

何平[31]认为，明清中国在货币形态选择和组合上的理据，可为回应当前数字货币热潮下货币选择的问题提供思想资源。新大陆被发现后，欧洲各国逐渐走向近代资本主义，并以本位制和信用货币制度的建立实现货币制度的近代转型。从中西比较的视角来看，与转型期的西方处于相同时期的明清中国货币思想家设计的铜钱、纸币与白银多元并存互补使用的结构性货币方案中，各种货币形态没有通解的价值决定机制，属于分轨并存流通，与近代西方走上“一国一通货”道路的本位制度方案形成本质区别。

毕学进等[32]梳理了晚清朝廷从外债思想到内债思想的转变过程，探讨了其对晚清财局政局的影响。甲午战争前，时人呼吁“用洋人之本，谋华民之生”，建议清廷筹借外债以厚库帑。然而，部分知识分子发觉，外债不仅利息甚高，折扣又大，且致利权旁落，因而反对国家举借洋债。他们从传统爱国伦理出发，呼吁政府汇民众报国之心筹集内债。这影响了清廷中枢财政决策，清廷随即发行了息借商款、昭信股票、爱国公债等多只内债。但受限于晚清中国的债信与金融网络环境，内债募集只能强征硬勒，因此在民众看来，“爱国”的公债无非是变相的“苛捐”，最终募款寥寥。这也表明，无论是“外债救国”论，还是“内债报国”论，都难以挽救江河日下的晚清财政。

缪德刚[33]认为，中国传统经济思想在近代的经济学学科化构建，对当前中国特色社会主义政治经济学的构建具有启示意义。18世纪末，经济学在欧洲地区发展成为系统化的经济科学，而此时的中国经济思想仍然处于前科学阶段。19世纪中期以后，中国传统生产方式与思想文化受到西方工业文明的冲击。随着外来学术思想的传播，中国近代知识分子参照欧美地区的经济科学从中国传统思想文化中解构出经济思想，奠定了中国经济思想学科化发展的基础。这些尝试或许是初步的，但中国传统经济思想在近代的经济科学化推动了经济学研究的本土化发展，可以说是中国哲学社会科学早期发展的一个缩影。

二、问题分析与研究建议

学科建设方面，目前依然比较薄弱，亟待振兴和加强。经济思想史学科人才队伍十分有限，随着老一辈学者的相继去世，呈现出后继乏人的态势。

相比于学科建设，经济思想史学术研究较为活跃，研究人员学科背景较为多样，涉及经济学、历史、哲学和马克思主义等学科，研究视角因而也较为多元。但是，从研究成果上看，却与其他学科有一定差距。在内容方面，我国的经济思想史研究一方面往往缺乏持续性和系统性，多受国内学术风气的左右和摇摆；另一方面也缺乏有效的跨学科和国际合作，国际化水平较低，同国外经济思想史学界未建立常规联系，未在国际学界产生影响。未来经济思想史研究需要进一步凝练和集中研究领域，加强同国际学界的交流，通过更紧密地与“中国故事”和“中国经济学”相结合来向世界传播自身的声音。

马克思主义政治经济学的中国化是中国经济学构建的重要途径。从马克思主义经济思想史研究成果作者的学科背景来看，相较于马克思主义理论学科，来自经济学学科的作者占比较低，这体现出经济学学科对这一研究领域缺乏足够的重视和支持。相较于2020年和2021年，2022年度马克思主义经济思想史研究呈现出一些新的发展：第一，一些学者着重考察了马克思经济思想的形成史；第二，价值

理论重新获得关注；第三，对国外马克思主义经济学的研究取得丰富成果。此外，除了顾海良、张一兵等少数学者外，研究人员对于马克思主义经济思想史的研究缺乏持久性和系统性，不利于该领域形成深入、系统的研究，进而也就不利于马克思主义经济思想史学科的繁荣和发展，对于政治经济学的发展也难以起到足够的推动作用。有鉴于此，我们认为，研究人员应注意在该领域的深度耕耘，形成一批深入、系统的代表性研究成果。

（北京外国经济学说研究会供稿；执笔人：李黎力、兰无双、贾子尧）

注：

［1］孟捷：《中国特色社会主义与中国经济学知识的生产和治理》，《经济思想史学刊》，2022年第3期。

［2］缪德刚：《经济思想转型与经济学的早期本土化——基于〈国富论〉在近代中国传播的考察》，《财经问题研究》，2022年第9期。

［3］林木西：《皮埃罗·斯拉法、琼·罗宾逊、宋则行以及新剑桥学派在中国的传承和发展》，《政治经济学评论》，2022年第6期。

［4］邱海平、孟捷、周建波、杨虎涛、张旭：《经济思想史视阈下的资本》，《经济思想史学刊》，2022年第2期。

［5］邵军、司增绰：《进口贸易开放与产业转型升级：经济思想史的考察》，《经济思想史学刊》，2022年第2期。

［6］李石：《共同富裕与税收公平——亚当·斯密与罗尔斯税制理论的当代启示》，《中州学刊》，2022年第4期。

［7］马修·蒙塔尔班、文森特·弗里甘特、伯纳德·朱利安、郑舒婷、张洋：《作为资本主义新形式的平台经济：调节学派的视角》，《国外理论动态》，2022年第4期。

［8］聂锦芳：《“政治算术”范式与资本社会的“内部联系”——重新理解威廉·配第的经济思想及其对马克思的影响》，《马克思主义理论学科研究》，2022年第7期。

［9］文兵：《蒲鲁东在马克思思想形成中的不同理论面相——马克思从政治哲学走向政治经济学的理论意义探析》，《学术研究》，2022年第8期。

［10］张雄、付冬梅：《西方现代性逻辑预设的历史追问——再论早期马克思政治经济学批判思想的缘起》，《马克思主义与现实》，2022年第3期。

［11］顾海良：《马克思“资本章”对资本理论的开创性探索——兼论社会主义市场经济条件下的资本理论问题》，《学术界》，2022年第10期。

［12］陈长安：《从〈危机笔记〉看马克思的政治经济学批判计划》，《国外理论动态》，2022年第2期。

［13］张一兵：《经济学革命语境中的科学的劳动异化理论（上）——马克思〈1861—1863年经济学手稿〉研究》，《马克思主义与现实》，2022年第2期。

［14］王峰明：《现实的个人及其物质生产——马克思〈政治经济学批判〉导言第1节的批判性阐释》，《马克思主义研究》，2022年第7期。

［15］张秀琴、梅文韬：《劳动价值理论：马克思的接受与发展——基于马克思19世纪40年代经典文本的考察》，《江汉论坛》，2022年第8期。

［16］陈祥勤：《劳动价值论：商品世界的历史科学》，《哲学动态》，2022年第5期。

［17］郗戈：《重释“劳动价值论”与“劳动所有权论”的关系问题——基于马克思政治经济学批判的视野》，《马克思主义理论学科研究》，2022年第5期。

［18］王国刚、罗煜：《马克思的资本市场理论及其现实意义》，《教学与研究》，2022年第8期。

［19］田超伟：《马克思恩格斯共同富裕思想及其当代价值》，《马克思主义研究》，2022年第1期。

［20］张国胜：《马克思机器大生产理论在数字经济时代的实践与启示——基于19世纪英国与1980年以来美国的比较》，《马克思主义研究》，2022年第4期。

［21］殷林飞、程恩富、张国献：《马克思劳动者发展思想的逻辑机理与当代价值》，《毛泽东邓小平理论研究》，2022年第2期。

［22］赵学军、钟李隽仁：《中国共产党的共同富裕思想与实践》，《经济思想史学刊》，2022年第3期。

［23］张雷声：《马克思分配理论及其中国化的创新成果》，《政治经济学评论》，2022年第1期。

［24］张桂文、王子凤：《马克思城乡关系理论中国化的历史演进及实践经验》，《政治经济学评论》，2022年第6期。

［25］邓力平：《马克思主义中国化指引下的中

国财政理论发展》,《经济理论与经济管理》,2022年第1期。

［26］张旭、郭义盟:《社会主义市场经济三十年:理论进展及其评价》,《经济思想史学刊》,2022年第4期。

［27］程霖、夏艳秋:《中国经济思想史研究的历史初心与未来使命》,《中国经济史研究》,2022年第4期。

［28］范世涛、薛小和:《薛暮桥年谱:1904—1952》,北京:中信出版集团,2022年。

［29］范世涛、薛小和:《革命者·经济学家·经济工作领导人——〈薛暮桥年谱:1904—1952〉序言》,《管理世界》,2022年第7期。

［30］周建波、陈洲扬:《对资本特性和行为规律的认识——基于经济思想史的考察》,《广东社会科学》,2022年第6期。

［31］何平:《转型期明清中国货币的结构性使用方案及其局限》,《经济思想史学刊》,2022年第3期。

［32］毕学进、马金华:《"由外而内":晚清外债善恶之辩到内债思想萌生发端》,《经济思想史学刊》,2022年第2期。

［33］缪德刚:《中国传统经济思想在近代的学科化建构》,《经济思想史学刊》,2022年第1期。

经 济 史

经济史是研究经济发展历史的一门学科。经济史学科可博采经济学与历史学两大学科之长,对各个时期的经济运行情况及其运行机制进行分析,从而对上层建筑进行更为深刻的"经济基础"诠释。

2022年北京地区经济史学界的研究成果总体上表现以下几个特点:一是研究领域广泛,对现实热点问题研究深刻,对现实问题的研究既包括中国式现代化、城乡融合等理论命题,也包括共同富裕等重大实践思考。针对财政金融和贸易经济领域的研究深刻,而对于城市地方经济和宗族社团、国家宏观经济的研究也比较深入。二是研究地域范围及历史时间跨度较广,对中外各时期的经济史理论及事件均有涉及,对明清和新中国研究较为深入,但是对国外经济史专门研究和明清之前的经济史研究仍有不足。其中就地域而言,研究国内的期刊和书籍最多,占总体文献的百分比为79.31%,就时期而言,研究明清时期的期刊图书最多,占比29.5%,现代(新中国成立之后)时期次之,占比22.99%,近代(民国时期)再次之,占比20.69%,其中占比最少的是明清之前,为11.49%。三是研究作者来源广泛,京内京外的作者都在北京地区经济史学界的期刊及出版社发表论文或著作,但京内各科研院所和高校的具体发表数量则有一定差异,中国社会科学院、清华大学、中国人民大学发表最多。本报告的学术研究概况部分主要选取2022年北京经济史学界的重要研究成果,分10个议题进行总结。

一、学术研究概况

(一)中国式现代化与经济史研究

习近平总书记在党的二十大报告中指出:"我们必须把马克思主义思想精髓同中华优秀传统文化精华贯通起来……不断夯实马克思主义中国化时代化的历史基础和群众基础,让马克思主义在中国牢牢扎根。"而这也是当代中国经济史研究的重点所在。2022年北京地区经济史学界正秉持着这一点,对当今中国的现实热点问题提供坚实的经济史视角下的历史阐释与支撑。

就共同富裕问题而言,马金华、杨宏、刘宇[1]从税收角度对共同富裕的历史逻辑、理论渊源和现实选择进行了探讨。马海涛、毕学进、马金华[2]则认为新时代中国共产党创新的财政治理模式是实现共同富裕的基础。赵学军,钟李隽仁[3]则对中国共产党的共同富裕思想的来源与实践历史进行了总结。张晓晶[4]从规范财富积累机制的角度对如何实现共同富裕这一目标进行了思考。柳平生[5]针对"农商社会"和"富民社会"两种理论学说进行了解读比较。

就城乡协调发展问题而言,孙圣民、陈家炜[6]基于"三农"要素变化的动态分析对城乡融合背景下如何实现涉农政策的精准聚焦进行了分析。郑有贵[7]则对农业农村问题和乡村振兴进行了深入的诠释。郭旭红、武力[8]则将新中国成立后的城乡发展分为四个阶段进行理论阐释与实践总结。

就中国式现代化问题而言，武力[9]对新时代中国式现代化的经济内涵进行了总结。针对中国式现代化这一关键命题，郑有贵分别从破解不平衡不充分发展问题[10]、中国式现代化对人类现代化的重大突破及其创新意义[11]和国家现代化目标的丰富提升[12]三个方面进行了说明。此外，贺耀敏[13]在其《谱写发展奇迹：新中国重大经济成就精讲》一书中将重要史实、关键数据和理论分析结合起来，对新中国成立以来特别是新时代我国经济建设重大成就进行精要阐释。

而在具体的新发展阶段方面，巫云仙、张智建[14]强调了新发展阶段对于强化企业创新主体地位的要求。李天健、赵学军[15]则对新中国保障产业链供应链安全的探索历史进行了充分说明。顾海良[16]则在《人间正道是沧桑——世界社会主义五百年》中全面展示世界社会主义五百年发展的历史进程。

（二）经济史领域相关理论思考

2022年北京地区经济史学界，分别从宏观和微观的视角对经济史研究理论进行了深刻总结，其中既有对于整体理论研究的反思，也有对于具体事件、具体人物、具体时间的研究与思考。

针对总体宏观视角下经济史领域的理论思考而言，仲伟民[17]对西方中心论的“是”与“非”进行了说明。周建波[18]从经济思想的角度对于资本特性和行为规律进行了再认识。孙睿、李育[19]则对经济史中的“国家能力”问题进行了反思。曾少聪，吴曼[20]采用整体观的视角阐述中华文化的深层结构。而就具体时间、具体事件和具体方面的经济史理论思考而言，倪玉平[21]认为近代经济史研究中学科体系建设宜宽不宜严，学术体系建设宜精不宜泛，话语体系建设宜实不宜虚。贺耀敏[22]从《中国近代经济史（1937—1949）》的出版入手，对其从研究成果整体设计、框架结构等方面进行评价。魏明孔[23]对近年来尤其“十三五”时期中国经济史研究的现状进行了比较系统的梳理。马国英、魏明孔[24]则对20世纪以来的隋代经济史研究进展进行了论述。此外，魏明孔[25]还对近年来中国经济史研究的成就与不足进行了说明。王祥伟[26]则从敦煌写本“便物历”的起源与性质角度，探讨了简牍资料的使用方法与经验。耿洪利[27]对上海图书馆藏古籍纸背明初小黄册复原与研究进行了说明。叶坦[28]对中国经济学术史中赵靖先生所做的贡献和学术成就进行了总结概括。

（三）财政金融和贸易经济领域

在财政研究领域，顾成瑞[29]从陆广微《吴地记》所载唐苏州税额疑点探讨了唐宋地方志书中财赋事目的流变。靳小龙、陈明光[30]重点研究了唐朝两税法时期的税外科配与地方治理。张亦冰[31]对五代宋初幕职、州县官料钱制度演进进行了考证。董春林[32]对北宋时期的衙前酬奖进行了说明。李华瑞[33]对宋代的财经政策与社会经济进行了探讨。姜瑞雯[34]则对明代丝绢税进行了探讨。任智勇、水海刚[35]对早期厘金史进行了阐释和研究。林源、马金华[36]以明清以来的六次重大疾疫为研究对象，探究财政视角下的疾疫治理演化路径。倪玉平[37]对清代咸丰同治时期的政府借债进行了说明，认为由于传统、文化和制度等方面的差异，咸同时期的政府借债步履蹒跚，与西方大规模长时段借债实践形成鲜明对比。毕学进、马金华对清末西式财税理论在中国的实践进行了分析，认为其历史价值不应该被高估[38]。武力[39]则从目标和规划、体制变革、政策执行能力等角度对党领导经济工作的历史经验进行了概括。

在贸易经济领域，李伯重[40]对明清时代的江南生丝和丝织品的国内外市场变化进行了研究。刘婷玉[41]从财政视角对明代的胡椒及其海外贸易进行了研究。张永帅[42]认为1895—1913年间亚东关贸易变动的趋势为徘徊不前。贾瑞[43]对清代恰克图和广州的对外贸易进行了研究。庄泽虹[44]总结了1956年至1965年新中国现汇贸易支付结算的经验与局限。

在金融经济领域，田晓霈[45]通过对新译释西夏契约文书的梳理和观察，对西夏担保与处罚制度有了更为新颖的阐释。李金闯[46]对整个宋代的货币比价进行了详细梳理。张文、宋小明[47]则具体谈及了在华会计信息披露的本土化调适过程。胡萤、戴建兵[48]以担保制度为视角具体研究了民国时期合会的风险规避行为。兰日旭、沈泽权[49]对前中国近代金融市场主体的变迁进行了说明。苏颂、张侃[50]对近代台湾银行在中国南部的银圆扩散与通货统一历史进行了研究。燕红忠、谢萍萍[51]研究了传统金融市场对新式银行发展的影响。

（四）城市、区域经济与宗族社团研究领域

在宗族社团研究方面，李华瑞[52]考证了宋代“兼并之家”的含义。郑榕[53]研究了明代福建屯军家族的土地经营制度。龙登高、王明、陈月圆[54]阐释了传统士绅与基层公共品的供给机制。陈强、刘春雨、郝煜[55]对中国姓氏人口进行了历史计量分析。

在城市地方经济研究方面，袁钰莹[56]探讨了五代两宋荆湖地区商业城镇发展及其格局演变的历史。徐冉[57]探讨了明清时期的贺兰山环境变迁与区域社会的变化情况。黄一彪、龙登高[58]基于清代民国时期的茶亭对传统中国小型公共品的民间供给进行了探讨。李小庆、陆玉芹[59]详细分析了清乾隆时期“老少盐”政策实施的区域差异。郭玉龙[60]以民国不动产登记制度为研究对象。李金铮[61]研究了华北根据地、解放区之间的商贸往来。

（五）国家宏观经济与制度经济领域

在国家宏观经济领域的经济史研究中，李伯重[62]基于信息收集和国家治理两个方面对清代荒政信息收集系统进行了研究。倪玉平[63]对清代经济重心的东移进行了研究。彭建[64]以云南省为例直观呈现了清代云南粮食供需情况。韩祥[65]具体分析了甲午战后全国性钱荒危机的爆发及其对城乡社会的冲击。石建国[66]则针对新中国成立70多年来的六次经济结构调整进行了研究。张晓晶、王庆[67]《传统中国的财富积累与分配》一书中研究了19世纪初期的华娄地区的财富存量和内部结构。

在制度经济的经济史研究中，刘世梁[68]具体探讨了南宋桩管米的赈灾及其实效。赵亮、龙登高[69]比较了西欧与中国地权市场的制度基础和长期演变的差异。佘雪琼、龙登高[70]从制度与集体身份交互的理论视角重构了明清桑园围管理制度的演变过程。胡鹏、魏明孔[71]具体研究了对粮食市场产生影响的国家行为。张鑫敏[72]对清代江西省奏销册内人丁、食盐课数字进行共时性和历时性比勘。李玉蓉[73]考察了计划商业体制的建立与演变过程。

（六）工业、技术、国防经济领域

余康[74]研究了清代两淮盐务中的引窝资本市场。周建波、于水婧、曾江[75]梳理了西方医疗事业在该地区的早期发展历程。袁为鹏[76]对抗战时期沦陷区的机器棉纺织业历史进行了探讨。郑有贵[77]以攀枝花钢铁生产基地为例对嵌入式开展三线建设的历史逻辑和转型发展进行了深入阐释。李天健[78]考察了“一五”计划时期实施建设的156项工程对中国工业集聚的长期影响。林超超[79]对20世纪50年代职工储蓄动员与现代国家建设的关系进行了说明。王方舟、孙圣民[80]以陕西省为例详细说明了三线建设对地方科教发展的促进。

（七）农业经济、土地经济和交通经济领域

在农业经济史研究领域，陈丽[81]阐释了地方土贡在唐宋时期的变化情况。朱丽双、荣新江[82]对唐代于阗地区农业生长和种植进行了整体考察。李昕升[83]研究了美洲粮食作物在中国的引种、推广、分布、变迁、影响等。苏绕绕、潘威[84]重建了晚清民国时段新疆的地表各灌溉指标。

在土地经济领域，王正华[85]从观念演变和实际交易中的产权转移表现对典与活卖进行研究。胡英泽[86]对山西省文倚村自1713年至1892年的地权分配长期趋势进行了研究。熊双风[87]重点研究了1949—1950年天津郊区的土地改革。凌鹏[88]在《中国传统租佃的情理结构》中引入“关系”视角，深入研究中国传统的租佃关系。

在交通经济领域，许天成、佘雪琼、龙登高[89]对中国疏浚史考古根源及文字训诂进行了阐释。倪玉平[90]认为大运河是保障和维护国家大一统的重要手段和工具，与国家的治理能力息息相关。熊金武、陈碧舟、龙登高[91]对中国自1949年至2000年的疏浚变迁史进行了梳理。邹进文、黄范文[92]则以留学生英文博士论文为中心对民国时期运输经济思想进行了研究。

（八）企业经济和劳动经济领域

就企业经济史的理论研究方面来说，龙登高、秦依依[93]对国企的渊源流变进行了梳理。李晓[94]重点阐释了弘扬以晋商文化为代表的中华优秀传统商业文化的方式及其重要意义。曾江等[95]重点阐释了“生态文化”方法的企业史研究。张忠民[96]归纳了前近代中国合伙企业组织的产权制度特征。徐建生、徐卫国[97]对吴慧先生的学术生平和其对中国商业史学做出的贡献进行了总结。

就具体的企业实践而言，张喜琴、赵永斌、刘建生[98]对乾隆至民国晋商股权结构演变进行了探析。许檀[99]利用商人会馆碑刻等资料，对清代中叶甘肃山陕商人的来源及其经营活动进行了较详细的考察。李锦彰、曹树基[100]利用山西当铺账本证明中国传统会计制度存在一种独特的记账方式。段志鹏[101]以榆次纺织厂等四厂为例对战后国民政府对接收民营企业的处理进行了研究。杜恂诚[102]以在华外商企业为中心对中国近代企业中的代理经营制度进行了研究。石建国[103]重点探讨了中国共产党在根据地企业管理中呈现的战时经济特点和军事色彩。郑有贵[104]以农民参与视角对乡镇企业组织制度变迁进行了说明。卢忠民[105]在其所著的《北京五金商铺研究（1914—1940）》构筑了商铺史研究的基本框架。

在劳动经济方面，龙登高、李玥晨[106]考察了三种移民群体及其融资网络。陈瑶[107]对抗战前后湖南民船同业团体的变迁进行了说明。李耀华、李凯琪[108]则分析了近代员工所动用的社会资本。

（九）世界经济史及各国比较经济史研究领域

在中国与世界经济比较领域，王正华、仲伟民[109]对17—19世纪中英禁酒的异同进行了比较。葛夫平[110]在《法国与晚清中国》一书中考察了法国对清末最后十年政局的观察和反应。复旦大学文史研究院所编的《全球视野中的明清鼎革》[111]突破国别史框架，从东亚区域史乃至全球史的视角重新研究明清鼎革。韩香[112]在《波斯锦与锁子甲》一书中着重探讨了萨珊波斯与中国的互动关系。

在针对具体中国之外的国别经济史研究中，沈博、张亚光[113]以第二次世界大战前新加坡华人社会中的商学教育活动为例，梳理商学教育的发展状况。巫云仙、陈芑名[114]从美国国有企业200多年的发展史论证其国有企业的重要意义。陈芑名、张春华[115]分析了伦敦的人口结构及出生人口增长。曾少聪、万顺[116]探讨了海外少数民族华侨中的美国苗族文化的传承与适应。曹寅[117]在《自行车、港口与缝纫机》中展现了西方基建带来的社会变迁和普通人日常生活的巨大改变。

（十）具体案例研究领域

在书评案例领域，就民国之前的内容，李伯重[118]认为《商旅安否——清代重庆的市场、商人与商业制度》一书对清代重庆的市场、商人与商业制度进行了深入研究。佟譞[119]指出《白银与战争：晚清战时财政运筹研究》重新发掘晚清咸丰朝以降之战时清廷财政制度变化。

就近代时期的内容，魏明孔[120]认为《近代华商股票市场制度与实践（1872—1937）》重点说明了1872—1937年华商股票市场的制度与实践变化。熊昌锟[121]则认为《近代中国的资本市场：生成与演变》考察了不同主体在资本市场上发挥的作用及各自特点。张跃[122]认为《点债成金：私人信用下的中国近代企业资本》较好分析了中国近代企业缺乏工业化资本的深层次原因、中国近代企业吸收社会存款现象以及社会存款的长期资本化方式等。

针对现代及通史，董志凯[123]认为《百年“三农”：中国共产党解决“三农”问题的战略维度和实现路径》一书充分解释了中国农民摆脱贫困，农业发展迅速，农村社会改变得最深入的沧桑巨变的历史原因。王华[124]对《剑桥太平洋岛民史》的学术史价值进行了评介与反思。

在人物案例领域，熊金武、高楚依[125]对王亚南的经济理论和治学经历进行了概括。熊金武、侯冠宇[126]对中国经济思想史学科的奠基者胡寄窗进行了研究。

二、问题分析与研究建议

针对北京地区经济史学界2022年的相关研究情况，笔者对未来研究提出以下几点建议，以供参考：

一是需要有更为宏大且贯通的研究视野，亟须有重大理论突破的经济史研究成果。经济史学界对于2022年的热点问题研究较多，但是对于现实和历史的思考仍然存在不清晰地带，为此需要从多视角、多学科对现实和历史问题进行深入探讨，充分发掘现实问题的历史根源，促进不同学科范式之间的学术交流。

二是需要开拓更为广泛的经济史研究领域，从世界视野来理解经济史的发展历程。近年来人类命运共同体的相关研究趋向深入，但是中国经济史学界对于国外尤其是非洲、拉丁美洲等地的经济史研究几近空白，而针对具体国别史的研究也不深入。对于上述领域问题的研究，对理解世界发展脉络，引领未来世界发展走向具有关键作用。

三是需要对史料进行充分辨析，对部分研究方法和工具的使用应当慎重。近年来经济史的相关资料披露较多，但是很多成果只是对关键词进行量化统计，缺少对于资料背景的辨析与研究；一些学者的研究方法和计量工具求新求快，但是使用的大多是二手数据或未经辨析与历史考证的旁门资料，虽然在计量结果上是稳健的，但是其具体结论究竟是否与实际情况相符仍然存在较多争议。

四是需要尽可能地避免重复研究，鼓励学术争鸣。目前部分研究者针对某一问题或某一问题的具体方面往往会进行低水平的重复研究，仅仅针对某个特定人物或者某个特定的微小事件进行研究，数量虽多，但质量一般。同时学术评论文章往往是互相鼓吹，缺少真正在学理上评论的佳作，只有更有质量学术评论不断问世，才能够搅动一池春水，推动经济史学界的不断进步。

（北京外国经济学说研究会供稿；执笔人：王珏、白天鹏）

注：

［1］马金华、杨宏、刘宇：《税收学理下的共同富裕：历史逻辑、理论渊源与现实选择》，《税务研究》，2022 年第 10 期。

［2］马海涛、毕学进、马金华：《中国之治与中国之智：新时代中国共产党的财政治理创新》，《财政研究》，2022 年第 1 期。

［3］赵学军、钟李隽仁：《中国共产党的共同富裕思想与实践》，《经济思想史学刊》，2022 年第 3 期。

［4］张晓晶：《关于规范财富积累机制的思考》，《中国金融》，2022 年第 22 期。

［5］柳平生：《“农商社会”说与“富民社会”说：解读、比较与启示》，《中国经济史研究》，2022 年第 6 期。

［6］孙圣民、陈家炜：《城乡融合背景下如何实现涉农政策的精准聚焦——基于“三农”要素变化的动态分析》，《理论学刊》，2022 年第 2 期。

［7］郑有贵：《着力解决“三农”问题　推动乡村振兴》，《红旗文稿》，2022 年第 10 期。

［8］郭旭红、武力：《新中国城乡关系的理论与实践》，《当代中国史研究》，2022 年第 3 期。

［9］武力：《略论新时代中国式现代化的经济内涵》，《马克思主义理论学科研究》，2022 年第 12 期。

［10］郑有贵：《中国式现代化演进中破解不平衡不充分发展问题的路径》，《中南财经政法大学学报》，2022 年第 6 期。

［11］郑有贵：《中国式现代化对人类现代化的重大突破及其创新意义——基于中国式现代化的中国特色的考察》，《经济社会体制比较》，2022 年第 6 期。

［12］郑有贵：《国家现代化目标的丰富提升》，《当代中国史研究》，2022 年第 6 期。

［13］贺耀敏：《谱写发展奇迹：新中国重大经济成就精讲》，安徽人民出版社，2022 年。

［14］巫云仙、张智建：《新发展阶段对强化企业创新主体地位的要求》，《政治经济学研究》，2022 年第 2 期。

［15］李天健、赵学军：《新中国保障产业链供应链安全的探索》，《管理世界》，2022 年第 9 期。

［16］顾海良：《人间正道是沧桑——世界社会主义五百年》，中国人民大学出版社，2022 年。

［17］仲伟民：《“西方中心论”的“非”与“是”》，《学术前沿》，2022 年第 9 期。

［18］周建波、陈洲扬：《对资本特性和行为规律的认识 ——基于经济思想史的考察》，《广东社会科学》，2022 年第 6 期。

［19］孙睿、李育：《经济史中的“国家能力”：问题与反思》，《中国人民大学学报》，2022 年第 3 期。

［20］曾少聪、吴曼：《中华文化的深层结构研究——基于整体观的视角》，《中华民族共同体研究》，2022 年第 2 期。

［21］倪玉平：《“三大体系”建设与近代经济史研究》，《近代史研究》，2022 年第 4 期。

［22］贺耀敏：《几代学人，一部精品》，《中国经济史研究》，2022 年第 2 期。

［23］魏明孔：《坚持改革开放主旋律：近年来中国经济史研究的成就与展望》，《中国经济史研究》，2022 年第 4 期。

［24］马国英、魏明孔：《20 世纪以来隋代经济史研究综述》，《中国经济史评论》，2022 年第 1 辑。

［25］魏明孔：《近年来中国经济史研究的成就与不足》，《新华文摘》，2022 年第 20 期。

［26］王祥伟：《再论敦煌写本“便物历”的起源与性质——与简牍资料的比较研究》，《中国经济史研究》，2022 年第 4 期。

［27］耿洪利：《上海图书馆藏古籍纸背明初小黄册复原与研究》，《中国经济史研究》，2022 年第 4 期。

［28］叶坦：《中国经济学术史中的赵靖先生》，《中国经济史研究》，2022 年第 5 期。

［29］顾成瑞：《试析唐宋地方志书财赋事目的流变——从陆广微〈吴地记〉所载唐苏州税额疑点说起》，《中国经济史研究》，2022 年第 3 期。

［30］靳小龙、陈明光：《唐朝两税法时期的税外科配与地方治理》，《中国经济史研究》，2022 年第 4 期。

［31］张亦冰：《财政集权与五代宋初幕职、州县官料钱制度演进》，《中国经济史研究》，2022 年第 2 期。

［32］董春林：《北宋衙前酬奖考论》，《中国经

济史研究》，2022 年第 3 期。

［33］李华瑞：《宋代的财经政策与社会经济》，《中国社会科学》，2022 年第 7 期。

［34］姜瑞雯：《明代丝绢税研究》，《中国经济史研究》，2022 年第 3 期。

［35］任智勇、水海刚：《厘金起源脞考》，《中国经济史研究》，2022 年第 3 期。

［36］林源、马金华：《财政视角下的疾疫治理演化——基于历史维度的考察》，《财经研究》，2022 年第 6 期。

［37］倪玉平：《清朝咸同时期的政府借债》，《清华大学学报（哲学社会科学版）》，2022 年第 37 卷第 2 期。

［38］毕学进、马金华：《清末西式财税理论中土融适、移植及其价值再审视》，《中国经济史评论》，2022 年第 2 辑。

［39］武力：《中国共产党领导经济工作的历史经验》，《中国党政干部论坛》，2022 年第 6 期。

［40］李伯重：《明清江南生丝与丝织品的国内外市场及其变化》，《山西大学学报（哲学社会科学版）》，2022 年第 2 期。

［41］刘婷玉：《从财政角度看明代胡椒及其海内外贸易》，《中国经济史研究》，2022 年第 2 期。

［42］张永帅：《外部市场、腹地区域与近代亚东关贸易的变动趋势（1895—1913）》，《中国经济史研究》，2022 年第 4 期。

［43］贾瑞：《清代恰克图和广州对外贸易比较研究》，《中国经济史研究》，2022 年第 5 期。

［44］庄泽虹：《新中国现汇贸易支付结算的经验与局限（1956—1965）》，《中国经济史研究》，2022 年第 6 期。

［45］田晓霈：《西夏文契约的担保制度与处罚制度补考——以新译释西夏文契约文书为中心》，《中国经济史研究》，2022 年第 3 期。

［46］李金闯：《宋代货币比价研究》，《中国经济史研究》，2022 年第 3 期。

［47］张文、宋小明：《外商银行在华会计信息披露的本土化调适——以汇丰银行 1874 年至 1906 年账略为中心》，《中国经济史研究》，2022 年第 2 期。

［48］胡萤、戴建兵：《民国时期合会的风险规避研究——以担保制度为视角》，《中国经济史研究》，2022 年第 2 期。

［49］兰日旭、沈泽权：《中国近代金融市场主体的变迁：基于金融组织的视角》，《现代金融》，2022 年第 7 期。

［50］苏颂、张侃：《近代台湾银行在中国南部的银圆扩散与通货统一》，《中国经济史研究》，2022 年第 3 期。

［51］燕红忠、谢萍萍：《冲击与延续：传统金融市场对新式银行发展的影响》，《中国经济史研究》，2022 年第 6 期。

［52］李华瑞：《宋代“兼并之家”考析》，《历史研究》，2022 年第 2 期。

［53］郑榕：《试论明代福建屯军家族的土地经营——兼及户籍转换与屯制演变》，《中国经济史研究》，2022 年第 1 期。

［54］龙登高、王明、陈月圆：《传统士绅与基层公共品供给机制》，《经济学报》，2022 年第 2 期。

［55］陈强、刘春雨、郝煜：《中国姓氏人口的历史计量分析：典型特征、决定因素与作用机制》，《中国经济史研究》，2022 年第 6 期。

［56］袁钰莹：《五代两宋荆湖地区商业城镇发展及其格局演变》，《中国经济史研究》，2022 年第 5 期。

［57］徐冉：《明清时期贺兰山环境变迁与区域社会研究》，《中国经济史研究》，2022 年第 1 期。

［58］黄一彪、龙登高：《传统中国小型公共品的民间供给及其特征——基于清代民国茶亭的研究》，《河北师范大学学报（哲学社会科学版）》，2022 年第 6 期。

［59］李小庆、陆玉芹：《清乾隆朝“老少盐”政策实施的区域差异》，《中国经济史研究》，2022 年第 4 期。

［60］郭玉龙：《“法政纠结”与民国不动产登记制度的演进》，《中国经济史研究》，2022 年第 2 期。

［61］李金铮：《内与外：华北根据地、解放区之间的商贸往来》，《中国经济史研究》，2022 年 第 5 期。

［62］李伯重：《信息收集与国家治理：清代的荒政信息收集系统》，《社会科学文摘》，2022 年 第 6 期。

［63］倪玉平：《清代经济重心的东移》，《南国学术》，2022 年第 3 期。

［64］彭建：《粮食与边疆安全：清代云南粮食供需研究（1736—1856）》，《中国经济史研究》，

2022 年第 1 期。

［65］韩祥:《甲午战后全国性钱荒危机的爆发及其对城乡社会的冲击》,《中国经济史研究》,2022 年第 6 期。

［66］石建国:《新中国经济结构调整的历程、特点及启示》,《北京党史》, 2022 年第 6 期。

［67］张晓晶、王庆:《传统中国的财富积累与分配：1820 年代长三角地区社会财富研究》，中国社会科学出版社，2022 年。

［68］刘世梁:《循环籴粜与储粮备荒：南宋桩管米的赈灾及其实效》,《中国经济史研究》, 2022 年第 3 期。

［69］赵亮、龙登高:《前现代西欧地权市场的制度基础与长期演变——兼与近世中国的对比》,《江西社会科学》, 2022 年第 8 期。

［70］佘雪琼、龙登高:《明清桑园围管理制度的演变：一个与集体身份交互的过程》,《东南学术》, 2022 年第 5 期。

［71］胡鹏、魏明孔:《清代粮食市场中的国家调控》,《中国社会科学文摘》, 2022 年第 5 期。

［72］张鑫敏:《五年编审与逐年奏销：清代江西人丁数字的史源考察》,《中国经济史研究》, 2022 年第 1 期。

［73］李玉蓉:《供销社、物资流通与计划经济：计划商业体制的逻辑与困境（1948—1962）》,《中国经济史研究》, 2022 年第 6 期。

［74］余康:《清代两淮盐务中的引窝资本市场》,《中国经济史研究》, 2022 年第 6 期。

［75］周建波、于水婧、曾江:《传教士活动与近代青州医疗事业的发展——基于创新理论视角》,《安徽师范大学学报（人文社会科学版）》, 2022 年第 2 期。

［76］袁为鹏:《抗战时期沦陷区的机器棉纺织业》,《贵州社会科学》, 2022 年第 8 期。

［77］郑有贵:《嵌入式开展三线建设的历史逻辑和转型发展——以攀枝花钢铁生产基地为例》,《当代经济研究》, 2022 年第 8 期。

［78］李天健:《历史冲击下的工业集聚：来自 156 项工程的经验证据》,《中国经济史研究》, 2022 年第 1 期。

［79］林超超:《20 世纪 50 年代的职工储蓄动员与现代国家建设》,《中国经济史研究》, 2022 年第 1 期。

［80］王方舟、孙圣民:《三线建设对地方科教发展的促进——以陕西省为例》,《宁夏社会科学》, 2022 年第 2 期。

［81］陈丽:《地方土贡在唐宋时期的变化》,《中国经济史研究》, 2022 年第 2 期。

［82］朱丽双、荣新江:《出土文书所见唐代于阗的农业与种植》,《中国经济史研究》, 2022 年第 3 期。

［83］李昕升:《明清以来美洲粮食作物经济地理研究》,《中国经济史研究》, 2022 年第 6 期。

［84］苏绕绕、潘威:《清末民国新疆农田水利建设成果可视化及分析（1909—1935）》,《中国经济史研究》, 2022 年第 3 期。

［85］王正华:《合与分：清代乡村土地交易中的典与活卖》,《中国经济史研究》, 2022 年第 5 期。

［86］胡英泽:《山西省文倚村地权分配长期趋势研究（1713—1892）》,《中国经济史研究》, 2022 年第 3 期。

［87］熊双风:《追求稳定与发展：1949—1950 年天津郊区的土地改革研究》,《中国经济史研究》, 2022 年第 4 期。

［88］凌鹏:《中国传统租佃的情理结构》，商务印书馆，2022 年。

［89］许天成、佘雪琼、龙登高:《中国疏浚史溯源及演变》:《金融博览》, 2022 第 4A 期。

［90］倪玉平:《大运河是国家治理能力的重要体现》,《北京社会科学》, 2022 年第 10 期。

［91］熊金武、陈碧舟、龙登高:《中国疏浚的变迁与发展（1949—2000 年）》,《金融博览》, 2022 年第 9 期。

［92］邹进文、黄范文:《民国时期运输经济思想研究——以留学生英文博士论文为中心》,《中国经济史研究》, 2022 年第 4 期。

［93］龙登高、秦依依:《国企源流及其理论启示》,《河北学刊》, 2022 年第 3 期。

［94］李晓:《弘扬中华优秀传统商业文化》,《红旗文稿》, 2022 年第 9 期。

［95］克里斯汀·梅森尔·罗森、克里斯托弗·C. 塞勒斯、曾江:《企业的性质：走向企业的生态文化史》,《企业史评论》, 2022 年第 4 期。

［96］张忠民:《前近代中国合伙企业组织的产权制度特征》,《中国经济史研究》, 2022 年第 1 期。

［97］徐建生、徐卫国:《吴慧先生学术生平

与对中国商业史学的贡献》,《中国经济史研究》,2022年第2期。

[98] 张喜琴、赵永斌、刘建生:《乾隆至民国晋商股权结构演变简析》,《中国经济史研究》,2022年第6期。

[99] 许檀:《清代中叶山陕商人在甘肃的经营活动——以碑刻资料为中心的考察》,《中国经济史研究》,2022年第1期。

[100] 李锦彰、曹树基:《传统时代山西当铺账本的复式簿记与会计核算》,《中国经济史研究》,2022年第2期。

[101] 段志鹏:《战后国民政府对接收民营企业的处理——以榆次纺织厂等四厂为例》,《中国经济史研究》,2022年第2期。

[102] 杜恂诚:《中国近代企业中的代理经营制度——以在华外商企业为中心》,《中国经济史研究》,2022年第3期。

[103] 石建国:《戎装厂社:根据地时期中国共产党企业管理及其特点》,《中国井冈山干部学院学报》,2022年第5期。

[104] 郑有贵:《农民参与视角的乡镇企业组织制度变迁》,《宁夏社会科学》,2022年第2期。

[105] 卢忠民:《北京五金商铺研究(1914—1940)》,中国社会科学出版社,2022年。

[106] 龙登高、李玥晨:《人力资本跨国流动及其融资网络——基于特殊移民群体的历史考察与比较》,《金融评论》,2022年第2期。

[107] 陈瑶:《抗战前后湖南民船同业团体的嬗变》,《中国经济史研究》,2022年第1期。

[108] 李耀华、李凯琪:《近代中国员工社会资本与工资差异——基于上海商业储蓄银行行员档案的分析》,《中国经济史研究》,2022年第4期。

[109] 王正华、仲伟民:《清代禁酒演变与酿酒发展——兼论17—19世纪中英禁酒的异同》,《学术界》,2022年第3期。

[110] 葛夫平:《法国与晚清中国》,中国社会科学出版社,2022年。

[111] 复旦大学文史研究院编:《全球视野中的明清鼎革》,中华书局,2022年。

[112] 韩香:《波斯锦与锁子甲》,社会科学文献出版社,2022年。

[113] 沈博、张亚光:《商学教育与新加坡华人经济的近代化转型》,《华侨华人历史研究》,2022年第1期。

[114] 巫云仙、陈艺名:《美国是否有国有企业?》,《金融博览》,2022年第8A期。

[115] 陈艺名、张春华:《伦敦出生人口增长借鉴及启示》,《当代经济》,2022年第10期。

[116] 曾少聪、万顺:《海外少数民族华侨的文化适应——以美国苗族为例》,《中南民族大学学报(人文社会科学版)》,2022年第9期。

[117] 曹寅:《自行车、港口与缝纫机》,北京大学出版社,2022年。

[118] 李伯重:《一部"后浪推前浪"的城市史研究力作——读周琳〈商旅安否——清代重庆的市场、商人与商业制度〉》,《中国社会经济史研究》,2022年第1期。

[119] 佟讓:《〈白银与战争:晚清战时财政运筹研究〉出版》,《中国经济史研究》,2022年第1期。

[120] 魏明孔:《〈近代华商股票市场制度与实践(1872—1937)〉简介》,《中国经济史研究》,2022年第6期。

[121] 熊昌锟:《〈近代中国的资本市场:生成与演变〉出版》,《中国经济史研究》,2022年第2期。

[122] 张跃:《〈点债成金:私人信用下的中国近代企业资本〉出版》,《中国经济史研究》,2022年第6期。

[123] 董志凯:《中国共产党与"三农"的百年信史——〈百年"三农":中国共产党解决"三农"问题的战略维度和实现路径〉评介》,《当代中国史研究》,2022年第5期。

[124] 王华:《太平洋史学的修正主义及其困境——〈剑桥太平洋岛民史〉的学术史价值和反思》,《全球史评论》,2022年第1期。

[125] 熊金武、高楚依:《王亚南:以马列为矢,以育人为先》,《金融博览》,2022年第13期.

[126] 熊金武、侯冠宇:《胡寄窗:中国经济思想史学科的奠基者》,《金融博览》,2022年第7期。

数量经济学

数量经济学是一门交叉学科，它将经济学、统计学、数学和计算机技术相结合，以我国经济建设中的实际问题为背景，研究各种经济变量间的数量关系及规律。数量经济学既研究方法，又研究理论，将定量分析与定性分析相结合。数量经济学大致涵盖数理经济学和计量经济学两个主要研究领域。按照 JEL 学科分类，C 类为数理和定量方法（Mathematical and Quantitative Methods），国内统一涵盖在数量经济学学科中。本报告借鉴 JEL 学科分类 C 开头的研究领域将数量经济学的相关问题进行分类，主要分为计量经济学理论和应用、数理方法与数学规划、博弈论理论与应用、实验设计四个子类别进行归纳和总结。通过搜集整理 2022 年北京地区数量经济学相关领域的研究成果，可归纳出数量经济学学科的研究呈现出以下几个特点：

第一，数量经济学研究继续保持多种方法共同繁荣发展的趋势。计量经济学理论方法与应用研究依然是数量经济学研究的主要内容，研究成果大约占本学科成果的 44%，与 2022 年持平。同时，各种数量分析方法，特别是基于算法与实验设计、一般均衡模型的研究，关于数字经济与大数据技术的研究，以及投入产出方法的理论与应用，成为新的研究热点和增长点。

第二，数量经济学研究成果体现了多学科交叉研究的特点，如统计学、应用数学、计算机技术的结合，发表论文也是涵盖了经济学、管理科学、计算机、应用数学等多个领域的期刊，体现出多学科研究融合的趋势。

第三，2022 年的研究成果显示，数量经济学研究更加与国际接轨，与 2021 年相比，中文发表有一定程度下降，大约占 30%。2022 年的英文发表占 70%，以理论方法研究为主，其中计量经济学理论方法研究大约占其中的 80%。这说明我国数量经济学研究在建立中国特色经济学的学科体系和学术体系的大背景下，逐步实现了理论方法与国际先进水平接轨，同时研究问题也结合中国经济实践，与加快构建中国特色哲学社会科学的要求合节应拍。

第四，在各级经济学专业培养方案中，数量经济学的相关课程均被加入，除计量经济学外，也包括机器学习、人工智能与 Python 程序设计等方法类课程。北京各高校及社科院的数量经济学硕士和博士点，都越来越注重与计算机、统计学、管理科学等学科的交叉，特别是结合数字经济、数据要素、平台经济等新经济问题，数量经济学正在努力建设更加完善及多学科交叉的学科体系。

一、学术研究概况

（一）中文期刊发表的重点科研成果

1. 计量经济学

计量经济学研究分为理论计量经济学和应用计量经济学，2022 年的研究成果主要集中在以下几个方面：

（1）理论计量经济学：多个方程以及多个变量的计量模型（C3）

在多变量多方程领域的中文文献集中在计量方法的改进和现实经济问题的应用。理论计量模型的改进方面，洪永淼等[1]拓展了基于部分和方差的长期方差估计值的自正则统计推断，借鉴采用部分和调整样本值域的长期方差估计值为自正则因子，设计了一个新的基于调整样本值域的统计量。杨翰方等[2]构建了高维模型，利用大量相对高频的宏观及行业经济指标对中间投入进行即时有效的估计和预测，其拟合和预测效果均优于传统时间序列模型和传统动态因子模型。多方程多变量计量模型的应用研究主要涉及高校研发创新、出口贸易、政府与企业债务、企业创新型研究、贸易开放程度、宏观财政政策配合效果以及制造业发展等。魏浩等[3]运用中国工业企业数据和中国海关贸易数据建立了面板数据的固定效应回归模型，发现了纯进口企业的生产率溢价低于进出口企业、高于纯出口企业，并进一步研究了纯进口企业生产率较高的原因，为我国积极扩大进口提供了理论基础。张杰和白铠瑞[4]运用中国地级城市层面、省份层面、企业层面的创新数据构建双重差分（DID）模型，发现中国高校基础研究推动政策未能有效促进地区内微观企业创新投入，揭示了中国当前高校基础研究对企业创新活动可能存在“脱节”效应的现象，为中国如何促进高校基础研究能力提升以及如何通过科技创新夯实经济增长基础，提供重要的政策参考依据。

（2）理论计量经济学：专题和各类模型的拓展（C4）

本部分的主题包括指数的构建与估计、假设检验方法的分析与构建、统计决策理论以及机器学习等，许多方法主要应用于金融领域。陈松蹊等[6]对大数据情境下数据完备化问题进行了系统梳理，重点给出在超高维度、多源异构、时空关联的情境下的大数据完备化问题的主要挑战、求解思路及其对管理学研究的启示，以期为大数据完备化及赋能管理决策奠定理论和方法学基础。洪永淼[7]从经济学视角阐述了概率论与统计学一些基本概念、思想、方法和工具的含义及其应用。许宪春等[8]从统计和核算的角度围绕个人数据进行系统研究，为后续针对个人数据的调查、研究和开发提供指导。在指数方面，潘慧峰等[9]构造了对股票横截面收益具有良好解释力的个股趋势因子。党印等[10]运用混频动态因子模型构建了基于传统金融统计数据和网络搜索大数据的日度频率中国金融压力指数（FSI），度量并监测中国的系统性金融风险。

（3）理论计量经济学：各类模型的扩展（C5）

本部分的相关研究成果主要集中在模型构建与评估、预测以及模型应用等方面，应用领域包括投资组合优化、宏观经济等方面。

在总论方面，刘冲等[11]梳理了断点回归设计的理论前沿进展与新的应用场景。李戎等[12]则针对动态随机一般均衡模型在中国的研究进展进行了分析并展望。在模型构建和评估方面，段倩倩等[13]考虑到投资收益率的不确定性，建立鲁棒二阶随机占优投资组合优化模型，经过实际数据的训练，结果表明该模型得到的投资策略能够获得较高的样本期望收益。周晓光等[14]基于犹豫模糊语言环境的投资组合，通过设置不同的语言尺度函数的参数值及犹豫模糊语言优化模型的临界值，针对激进型、稳健型和保守型三类投资者分别提出了收益最大化和风险最小化犹豫模糊语言投资组合模型。周末等[15]构建了新的模型，修正了约束条件和最优化方法，通过估计需求弹性而不是产出弹性避免了DLW模型的识别错误问题，使得新模型可以直接使用常见的工业企业数据库“产值”数据计算，极大地扩展了DLW模型在我国的适用性。赵大萍等[16]基于均衡收益率和投资者观点的不确定性及参数的不确定性两方面构建鲁棒性投资组合选择模型。刘丽萍和吕政[17]构造了基于SCGARCH模型的含有范数约束的高维时变最小方差投资组合模型，将其记为NC-MVP-SCGARCH。刘小军等[18]对经典的指数加权滑动平均模型进行了拓展，提出了非对称二次滑动平均模型，该模型可以有效捕捉波动率均值回复特征、长短期成分特征以及非对称特征。

2. 数理方法与数学规划

数理方法与数学规划的研究主要包括投入产出模型与应用、优化方法与数学规划、一般均衡理论与动态优化。

（1）投入产出模型与应用

2022年在投入产出方面的研究多为产业关联、技术进步、生产网络结构、产业政策。刘维刚[19]将企业创新引入生产网络框架，分析了生产投入结构变动对企业创新的效应及作用机制，并使用中国投入产出数据和工业企业数据进行实证检验。倪红福[20]基于BF（2020）模型框架，构建了嵌入间接税、成本加成和进口中间投入品的非竞争型投入产出网络结构一般均衡模型，并提出了一种扭曲—调整的索洛余值的事后核算和结构分解新方法，进一步利用中国投入产出表数据、WIOD数据库等编制了与模型匹配的社会核算矩阵，实证测算分析了1997—2017年中国全要素生产率及其结构变化。杨翰方等[21]利用大量相对高频的宏观及行业经济指标对中间投入进行即时有效的估计和预测。祝坤福等[22]在Wang et al.（2017）所提出的全球价值链生产分解框架的基础上，纳入跨国公司异质性，提出了一个能够识别和测度跨国公司活动的全球价值链核算新框架，并识别出传统框架中“被忽视”的FDI相关全球价值链生产活动。

（2）一般均衡理论及应用

2022年，该部分研究可分为宏观和微观两个层面，宏观方面的研究集中于税收、人口流动、贸易、财政支出、技术进步、产业结构转型等方面，微观层面的研究集中于数字经济、数据要素、企业资产等方面。

汪昊等[23]基于一般均衡税收归宿理论和模型，

综合运用GDP价格基准、差别税收归宿和一次性总付税，构建了一套间接税归宿测算方法。韩松等[24]将经典的贸易模型推广到技术进步内生化，研究了在两国相对劳动力禀赋不同时后发国家技术进步路径的选择问题。李戎等[25]通过展望DSGE研究的前沿领域，特别是具有微观基础的异质性个体宏观建模方法和动态全局求解为主的定量分析方法，探讨其在研究中国宏观经济重大问题中的应用前景。

蔡继明等[26]基于广义价值论，建立了纳入数据要素的一般均衡分析框架。他们认为，数据要素可以通过数据的初始存量，前期收集处理数据所投入的劳动以及当期在收集处理数据所投入的劳动等3种途径提高绝对生产力，进而通过综合生产力和比较生产力的提升引起价值量的增加。由此表明数据自身、前期物化在数据收集处理中的劳动以及当期用于数据收集处理的活劳动均参与价值创造。同时，数据要素的正外部性特征还能够推动综合生产力提升并进一步增强消费—生产者的比较优势。倪红福[27]构建了嵌入间接税的中国投入产出网络结构一般均衡模型并创新性地提出间接税效率损失的事后测算方法。利用1992—2017年的中国投入产出表和税收等数据，编制了与模型匹配的社会核算矩阵，并进一步进行了实证测算分析。

3. 博弈论及在数字经济中的应用

2022年，博弈论方面的研究内容多在数字经济、平台经济、反垄断等方面。其中新增的文献中，与实际问题的联系更为紧密，比如，将博弈论与扶贫联系起来，为现在的精准扶贫提供方向上的指导；将算法与博弈论结合起来，为物联网选取最优防御策略提供理论支持。李三希等[28]指出，在总结中国平台经济反垄断进展的同时，要注意到当前平台经济反垄断的潜在问题，包括大量依赖静态的分析框架和分析指标、反垄断执法存在短视倾向、反垄断执法的后续影响缺乏妥善处置等。谢丹夏等[29]构建了一个信贷市场模型，分析当银行和金融科技公司分别通过不同的商业模式采集不同类型数据时，数据要素配置对信贷市场竞争和借款者福利产生的潜在影响。张娜和李波[30]基于博弈论的基本思想方法，针对地方政府精准扶贫合作机制进行研究。李三希等[31]从反垄断机构和数字平台企业两个视角分析我国数字平台反垄断的目标选择问题。

4. 算法与实验设计

该领域的中文期刊研究热点可分为三部分：一是将统计学、机器学习等计算方法与经济学相结合的综述。如洪永淼[32]从经济学视角阐述概率论和统计学一些基本的概念、思想、方法与工具的经济含义及其在经济学的应用，将这些工具用于测度经济因果关系、识别经济周期以及宏观经济区间管理等。二是对数字化时代的数据作为一种新型要素进入市场进行定价和买卖相关的研究。如汪寿阳等[33]从数据要素市场建设的基本问题出发，讨论了数据要素在确权、定价和交易上的困境，随后回顾了国际数据要素市场化建设的战略布局和我国数据交易市场发展进程中应对困境的关键举措，最后，立足于我国数据要素市场建设实践，从建设统一数据市场制度、试点数据分类分级确权、探索差异化的定价机制、布局多元化的交易市场等方面提出了建设高水平数据要素市场的政策建议。三是在算法背景下对金融市场投资组合的优化和股价预测的研究。如姜富伟等[34]采用惩罚线性回归方法和主成分分析等多种机器学习算法，充分挖掘我国A股上市公司财务基本面大数据信息，尝试构建我国资本市场的简约的多因子定价模型。

近期，随着学者们探索的深入，经济学和算法结合的应用领域呈现多元化发展的趋势，逐渐扩展到股票投资策略研究、数字经济和实验经济学等方面，从某种程度上说，大数据、算法等要素成为推动现代经济学研究的一个重要助力。而随着数字化时代的到来，数据作为一种要素进入市场进行交易，对于这种要素的市场机制研究和定价方式也成为一个研究热点。中文研究热点可主要分为两部分。一是对于将新技术融入实验经济学的综述分析。如王云[35]认为人工智能和大数据技术的应用拓展了实验经济学的技术可能，如大数据的个性化匹配与推荐算法、机器学习算法对数据挖掘和预测的帮助，高维数据统计方法在分析非选择性数据时的应用，大规模线上实地实验的普及等。二是实地实验方法的具体应用。如李彬等[37]利用在微信群中进行的实地求助实验，研究了基于社交网络平台（SNS）形成的在线社会网络能否使个体有效积累社会资本。陈菊慧等[36]基于一项随机干预实验，实证分析了友好型标签对农药减量的影响。

（二）英文期刊发表的重点科研成果

1. 计量经济学

（1）计量经济学和统计学方法（C0和C1）

洪永淼等[38]将计量经济学模型与统计学方法结

合，通过引入基于广义自回归条件异方差模型的得分统计量检验条件方差是否存在随机趋势，并通过模拟和实证研究证明了其性质，该方法也可以推广到其他条件方差模型。赵婉迪等[39]运用统计学方法扩展了常用的LOT流动性模型，显著提高了流动性模型的拟合优度和现有低频流动性指标的估计性能。李勇等[40]提出了一种新的Wald统计量用于基于贝叶斯后验分布的假设检验，该统计量具有较好的统计学性质，可广泛应用于微观计量经济学和金融计量经济学。王钛宁等[41]通过在未知函数中引入线性指数结构，为面板数据的Cobb - Douglas生产函数构建了一个半参数变系数估计器。此方法可以规避维度诅咒，并且具有良好的统计学性质。

（2）理论计量经济学：单方程和单变量模型（C2）

本部分的研究重点在计量模型的方法改进以及计量模型的应用方面。

计量模型方法的改进方面，章永辉等[42]改进了面板数据的概率模型，其中个体效应通过与未观察到的因素相互作用而随时间变化，通过对个体效应采用相关随机效应方法来解决附带参数问题，为平均边际效应构建渐进无偏估计量。苏良军等[43]研究了l2松弛的凸优化问题，可应用于具有多个预测的预测组合或具有多个资产的最小方差组合。洪永淼等[44]提出了两个测试方法来区分时变系数向量的特性，两种检验统计量都遵循各自零假设下的渐近正态分布，并在相应的备选方案下发散到无穷大的概率。王霞等[45]引入了一个时变（TV）因子增强向量自回归（FAVAR）模型来捕捉因子载荷和VAR系数中的时变行为，并建立了所提出的估计量的极限分布。

（3）理论计量经济学：多个方程和多个变量模型（C3）

在理论方法方面，研究成果在面板数据方面有一定进展。洪圣杰等[46]发表在*Journal of Econometrics*上的论文研究了具有交互式固定效应的面板数据模型，提出了一个两步剖面GMM估计方法来估计目标参数，并提出一个有效的轮廓GMM估计量。苏良军等[47]研究了当斜率系数在个体和时间维度上表现出异质性并且它们可能与回归变量相关时，线性面板数据模型中的均匀推理，提出了一种广义双向固定效应（GTWFE）估计程序来估计模型。

在实证研究方面，胡毅等[48]从宏观和微观角度提出了“功能属性 - 微观主体响应 - 关键影响因素”的理论分析框架，基于中介效应模型识别绿色信贷对碳排放的作用路径，运用2005—2019年中国30个省份的面板数据进行实证检验，提出中国绿色信贷抑制碳排放的三个路径。汪寿阳等[49]考虑了根据研发支出定义的创新对碳排放的影响，运用一个面板数据模型，基于世界银行数据，纳入涵盖经济、空间和环境因素的控制变量，发现了虽然更大的创新减少了高收入国家的二氧化碳排放量，但这种影响在其他地区未出现。

（4）计量经济学和统计学方法：专题（C4）

本部分的论文主要集中在统计决策理论、神经网络等领域。

涂云东等[50]研究了变系数回归模型中的伪回归问题，提出了基于均衡回归的稳健统计推断方法来解决该问题，该方法能够实现对伪回归的检测，并且结果是稳健的。涂云东等[51]考虑了具有平稳和非平稳协变量的非线性分位回归的推断问题，提出了一种恒定的局部非线性分位估计量，用于估计未知的分位函数。李勇等[52]提出了一个新的Wald型统计量，用于正确模型规格下的基于贝叶斯后验分布的假设检验，并具有几个很好的性质。神经网络和机器学习相关领域方面，苏良军等[53]提出了一个Logistic间接网络形成模型，该模型允许在观察到的个体特征上进行同态匹配，并存在边缘固定效应。

（5）计量经济模型（C5）

本部分英文文献主要集中在计量模型的构建和估计方面。陈松蹊等[54]提出了一个沙尘时间检测和跟踪程序，该程序基于地面监测网络的空气质量数据，以高时间分辨率和更好的天气适应性补充了现有方法。此外，陈松蹊等[55]还围绕新冠疫苗接种率等主题进行模型构建和估计。李辰旭等[56]针对当连续时间模型具有部分潜状态变量时，其极大似然估计量的估计方法进行了拓展，提出了一种新的高效灵活的估计方法。王莹等[57]提出了有共同平滑协变量的面板数据变系数模型，解决了该模型的估计和统计推断等理论问题。

2. 数理方法与数学规划

（1）投入产出理论及应用

2022年投入产出多集中在中国碳达峰、全球碳排放等现实问题。安海忠等[58]提出了一种新颖的基于网络的优化模型。结果表明，随着 GDP 增长 5.53%，碳排放将分别下降 4.31%、6.26% 和 8.07%。祝坤福等[59]提出了一个可以区分国内企业和跨国企业的国家间投入产出分解框架，并重新计算了全球价值链排放，包括国际贸易隐含排放（与贸易相关的 GVC 排放）、外商直接投资排放（与 FDI 相关的 GVC 排放）和两者的排放（与贸易和外国直接投资有关的 GVC 排放）。

（2）一般均衡理论及应用

本专题下的英文文献大多集中在金融领域。李凯[100]研究具有制度变迁的长期风险（LRR）模型下股票和债券市场的资产定价问题，模型考虑了消费和通货膨胀的动态变化。许振阳等[60]建立了具有金融抑制的动态随机一般均衡（DSGE）模型，并利用集合数据进行估计和仿真。

（3）其他优化方法

2022 年其他优化方法主要集中于使用数据包络分析（DEA）进行集中效率评价、碳排放和绿色发展等具有实践意义的方向。李桂君等[61]基于 2010—2020 年我国 30 个省级行政区域的绿色建筑面板数据，采用超效率 SBM 模型结合三阶段 DEA 模型，剔除环境因素和统计噪声的影响，得到更接近真实情况的绿色建筑效率值。牛华勇等[62]首先构建了低碳经济效率评价指标体系，并运用 SBM 模型对其进行测度。

二、问题分析与研究建议

本年度数量经济学研究呈现出在理论方法层面进一步与国际接轨，在应用研究层面以解决中国实际问题为重点的新趋势，对于构建中国经济学自主知识体系起到了一定的促进作用。然而，还应该在如下方面加强研究：

第一，进一步从中国的现实问题出发，提炼出解决问题的具体量化方法。理论方法的研究不应只局限于计量经济学理论，还应与统计学、人工智能、计算机技术、数学、管理科学等多学科交叉，发展出适用实际问题的数量分析方法。

第二，运用各种先进的数量分析方法分析解决我国现实经济问题。从 2022 年研究成果来看，除经典的计量经济学方法外，一般均衡模型、人工智能和机器学习方法、实地实验方法、投入产出方法、博弈论等多种方法的应用研究已显著增加，呈现出多种方法应用的趋势，但在将各种方法应用于解决实际问题方面还有待加强。

第三，数量经济学相关学科不同层次的教材建设需进一步完善。首批中国经济学教材中没有数量经济学或计量经济学相关教材。中国经济学体系下的数量经济学教材建设急需加强。

第四，数量经济学各相关学科应积极参与教育部经济学教材基地正在推进的《中国经济学研究手册》建设工程。作为经济学研究的方法论，《中国经济学研究手册》中，《数量经济学研究手册》应该是其重要的组成部分。

第五，我国经济进入高质量发展阶段，数量经济学学科还需要进一步加强与其他经济学学科的交流，从数量与性质的关系上，更好地认识中国特色社会主义市场经济的运行机制与发展规律，推动中国经济学知识体系的构建。

（北京外国经济学说研究会供稿；执笔人：韩松、杨斌）

注：

［1］洪永淼、孙佳婧、McCabe Brendan、汪寿阳：《基于调整样本值域的自正则结构性变化的检验》，《统计研究》，2022 年第 4 期。

［2］杨翰方、李一繁、王祎帆：《基于即时预测方法的中间投入估算》，《统计研究》，2022 年第 6 期。

［3］魏浩、连慧君、王超男：《中国纯进口企业之谜：进口的作用》，《统计研究》，2022 年第 5 期。

［4］张杰、白铠瑞：《中国高校基础研究与企业创新》，《经济研究》，2022 年第 12 期。

［5］姚东旻、朱泳奕、张鹏远：《政府债务的货币效应——基于新市场财政学“财政－央行双主体”货币调控理论》，《财经研究》，2022 年第 10 期。

［6］陈松蹊、毛晓军、王聪：《大数据情境下的数据完备化：挑战与对策》，《管理世界》，2022 年第 1 期。

［7］洪永淼：《概率论与统计学在经济学中的应用》，《计量经济学报》，2022 年第 1 期。

［8］许宪春、唐雅、张钟文：《个人数据的统计与核算问题研究》，《统计研究》，2022 年第 2 期。

［9］潘慧峰、代盛、袁军等：《趋势因子与股票横截面收益》，《科学决策》，2022 年第 5 期。

［10］党印、苗子清、张涛：《中国金融压力实时监测研究——基于混频大数据动态因子模型的分析》，《经济学报》，2022 年第 4 期。

［11］刘冲、诸宇灵、李皓宇：《断点回归设计：

理论前沿进展与新应用场景》,《经济学报》, 2022年第3期。

［12］李戎、刘岩、彭俞超等:《动态随机一般均衡模型在中国的研究进展与展望》,《经济学（季刊)》, 2022年第6期。

［13］段倩倩、彭春、李金林:《基于鲁棒二阶随机占优的投资组合优化模型研究》,《运筹与管理》, 2022年第8期。

［14］周晓光、何欣、王晓岭:《基于犹豫模糊语言环境的投资组合优化研究》,《运筹与管理》,第2022年第12期。

［15］周末、张宇杰、张杰等:《如何在缺乏产量数据的条件下计算行业成本加成率? ——对DLW模型的修正与改进》,《南开经济研究》, 2022年第11期。

［16］赵大萍、柏林、房勇等:《基于投资者观点的鲁棒性投资组合选择模型》,《中国管理科学》, 2022年第9期。

［17］刘丽萍、吕政:《高维时变投资组合模型的构造及估计》,《系统科学与数学》, 2022年第9期。

［18］刘小军、汪寿阳、谢海滨:《已实现波动率预测:非对称二次滑动平均模型》,《计量经济学报》, 2022年第4期。

［19］刘维刚:《生产投入结构变动与企业创新:基于生产网络内生化的分析》,《经济研究》, 2022年第4期。

［20］倪红福:《扭曲因子、进口中间品价格与全要素生产率——基于非竞争型投入产出网络结构一般均衡模型事后核算方法》,《金融研究》, 2022年第2期。

［21］杨翰方、李一繁、王祎帆:《基于即时预测方法的中间投入估算》,《统计研究》, 2022年第6期。

［22］祝坤福、余心玎、魏尚进、王直:《全球价值链中跨国公司活动测度及其增加值溯源》,《经济研究》, 2022年第3期。

［23］汪昊、郭玉清、陆毅:《中国增值税转嫁、归宿及减税效应:一般均衡分析》,《经济研究》, 2022年第2期。

［24］韩松、刁媛杰、赵进钢:《技术进步路径选择——基于一般均衡的研究》,《经济学（季刊)》, 2022年第2期。

［25］李戎、刘岩、彭俞超、许志伟、薛涧坡:《动态随机一般均衡模型在中国的研究进展与展望》,《经济学（季刊)》, 2022年第6期。

［26］蔡继明、刘媛、高宏、陈臣:《数据要素参与价值创造的途径——基于广义价值论的一般均衡分析》,《管理世界》, 2022年第7期。

［27］倪红福:《中国间接税的效率损失——基于中国生产网络结构一般均衡模型方法》,《管理世界》, 2022年第5期。

［28］李三希、张明圣、陈煜:《中国平台经济反垄断:进展与展望》,《改革》, 2022年第6期。

［29］谢丹夏、魏文石、李尧、朱晓武:《数据要素配置、信贷市场竞争与福利分析》,《中国工业经济》, 2022年第8期。

［30］张娜、李波:《基于重复博弈的地方政府精准扶贫合作机制研究》,《运筹与管理》, 2022年第11期。

［31］易靖韬、陈煜、李三希:《数字平台反垄断的目标考量》,《中国人民大学学报》, 2022年第4期。

［32］洪永淼:《概率论与统计学在经济学中的应用》,《计量经济学报》, 2022年第1期。

［33］刘金钊、汪寿阳:《数据要素市场化配置的困境与对策探究》,《中国科学院院刊》, 2022年第10期。

［34］姜富伟、薛浩、周明:《大数据提升了多因子模型定价能力吗? ——基于机器学习方法对我国A股市场的探究》,《系统工程理论与实践》, 2022年第8期。

［35］王云:《大数据与人工智能背景下的实验经济学未来展望》,《学术研究》, 2022年第3期。

［36］李彬、翁慧敏:《社交网络平台中的社会资本积累:一个微信群实地实验》,《世界经济》, 2022年第4期。

［37］陈菊慧、白军飞、马英辉:《友好型标签能促进农药减量吗? ——来自随机干预实验的证据》,《中国农村经济》, 2022年第9期。

［38］Hong Y, Linton O, Mccabe B, et al. A score statistic for testing the presence of a stochastic trend in conditional variances［J］. Economics Letters, 2022, 213.

［39］Zhao W, Gao Y, Wang M. Measuring liquidity with return volatility: An analytical approach based on heavy-tailed Censored-GARCH model [J] . The North American Journal of Economics and Finance, 2022, 62.

[40] Liu X, Li Y, Yu J, et al. Posterior-based Wald-type statistics for hypothesis testing [J] . Journal of Econometrics, 2022, 230.

[41] Wang T, Henderson D J. Estimation of a varying coefficient, fixed-effects Cobb - Douglas production function in levels [J] . Economics Letters, 2022, 213.

[42] Jie Wei, Yonghui Zhang, 2022, "Panel Probit Models with Time- Varying Individual Effects: Re-estimating the Effects of Fertility on Female Labor Participation." , Oxford Bulletin of Economics and Statistics, Vol.84.

[43] Zhentao Shi, Liangjun Su, Tian Xie, 2022, "l2-Relaxation: With Applications to Forecast Combination and Portfolio Analysis." , The Review of Economics and Statistics, Vol.1-44.

[44] Zhonghao Fu, Yongmiao Hong, Liangjun Su, Xia Wang, 2022, "Specification tests for time-varying coefficient models." , Journal of Econometrics, Available online 20 September 2022.

[45] Fu, Zhonghao, Liangjun Su, and Xia Wang. "Estimation and Inference on Time-Varying FAVAR Models." Journal of Business & Economic Statistics just-accepted (2023) : 1-31.

[46] Shengjie Hong, Liangjun Su, Tao Jiang, 2022, "Profile gmm estimation of panel data models with interactive fixed effects." , Journal of Econometrics, available online 13 September 2022.

[47] Xun Lu, Liangjun Su, 2022, "Uniform inference in linear panel data models with two-dimensional heterogeneity." , Journal of Econometrics, Available online 17 August 2022.

[48] Yi Hu, Jiayu Zheng, 2022, "How does green credit affect carbon emissions in China ? A theoretical analysis framework and empirical study." , Environmental Science and Pollution Research, Vol.29.

[49] Weimin Jiang, Michael Cole, Jiajing Sun, Shouyang Wang, 2022, "Innovation, carbon emissions and the pollution haven hypothesis: Climate capitalism and global re-interpretations." , Journal of environmental management, Vol.307.

[50] Jing Wang, Dan S. Rickman, Yihua Yu, 2022, "Dynamics between global value chain participation, CO_2 emissions, and economic growth: Evidence from a panel vector autoregression model" , Energy Economics, Vol.109.

[51] Yundong Tu, Han-Ying Liang and Qiying Wang , 2022, "Nonparametric Inference for Quantile Cointegrations with Stationary Covariates" , Journal of Econometrics, Vol. 230, No. 2.

[52] Li, XB., Li, Y, Zeng, T.and Yu, J, 2022, "A Posterior-type Wald test for hypothesis testing" , Journal of Econometrics, Vol. 230.

[53] Ma, S., L. Su, and Y. Zhang, 2022, "Detecting Latent Communities in Network Formation Models" , Journal of Machine Learning Research, Vol, 23.

[54] Tong, P. F., Chen, S. X., and Tang, C.Y, 2022, "Detecting and evaluating dust-events in North China with ground air quality data" , Earth and Space Science, Vol. 9.

[55] Yuru Zhu, Jia Gu, Yumou Qiu, and Song Xi Chen, 2022, " Real-World COVID-19 Vaccine Protection Rates against 1 Infection in the Delta and Omicron Eras" .

[56] Aït-Sahalia, Y., Li, C., Li, C. X., 2022, "Maximum Likelihood Estimation of Latent Markov Models Using Closed-Form Approximations" , Journal of Econometrics, forthcoming.

[57] PCB Phillips, Y Wang , 2022, "Functional coefficient panel modeling with communal smoothing covariates" , Journal of Econometrics, Vol. 227, Issue 2,

[58] Jiang Meihui, An Haizhong, Gao Xiangyun, 2022, "Adjusting the lobal industrial structure for minimizing global carbon emissions: A network-based multi-objective optimization approach" , The Science of the total environment, Vol.829.

[59] Zhu Kunfu, Guo Xuefan, Zhang Zengkai, 2022, "Reevaluation of the carbon emissions embodied in global value chains based on an inter-country input-output model with multinational enterprises" , Applied Energy, Vol.307.

[60] Huabin Wu, Zhenyang Xu, Ping Yan, 2022, "Financial repression, SOE reform and fiscal-monetary policy coordination" , China Economic Quarterly International, Vol.2.

[61] Li Guijun, Ma Xiaoteng, Song Yanqiu,

2022, "Green Building Efficiency and Influencing Factors of Transportation Infrastructure in China: Based on Three-Stage Super-Efficiency SBM - DEA and Tobit Models Buildings", Vol.12.

[62] Niu Huayong, Zhang Zhishuo, Luo Manting, 2022, "Evaluation and Prediction of Low-Carbon Economic Efficiency in China, Japan and South Korea: Based on DEA and Machine Learning", International Journal of Environmental Research and Public Health, Vol.19.

微观经济学

微观经济学主要从分析单个经济单位的经济行为出发，经由市场结构解释市场经济运行的机制。微观经济学的分析基于资源稀缺的假设而展开，进而讨论资源配置在市场经济运行中是如何被决定的。

当前我们正处在迈上全面建设社会主义现代化国家新征程、向第二个百年奋斗目标进军的关键时刻，全面建设社会主义现代化国家、全面推进中华民族伟大复兴的目标任务对深入推进中国特色社会主义市场经济提出了更高要求，而发展有中国特色的社会主义市场经济也面临着解决资本、劳动、土地等生产要素协作进而构建社会主义市场经济现代化体制的问题，所以在这一意义上，如何有鉴别地、有批判地吸收微观经济学分析市场经济运行机制的理论内涵、研究方法和政策思考进路是十分重要的。我们需要批判性地学习西方经济学在微观层面的研究成果，结合我国时代背景，市场运行，微观机制中的新变化、新问题，构建有中国特色的微观经济学知识体系。2022 年微观经济学学科主要聚焦于我国经济社会发展过程中的重大理论与现实问题，从两个方面开展研究：一是从供求关系、产权政策、个体决策、市场竞争、价格机制等微观经济学主要概念入手，总结和提炼中国特色社会主义经济建设实践的先进经验和系统思想，对有中国特色的经济学理论体系进行深化与发展；二是从不同角度和侧重点概括提炼当前我国经济社会发展面临的一系列现实问题，采用微观经济学的分析框架与现代研究方法对经济现象进行剖析，进而给出经济事实背后的理论解释与政策蕴含。本报告从五个方面呈现中国经济学界在微观经济学领域对中国式现代化进行理论研究的特点。

一、学术研究概况

（一）中国式现代化的经济阐释与微观逻辑

蔡昉[1]指出，中国需要探索中国式现代化的发展战略与路径。学者们尝试从微观经济学的角度给出中国式现代化的理论内涵，或者利用微观视角探讨中国式现代化在供需两侧、要素市场、产业企业等层面的综合体现。林毅夫和付才辉[2]通过对西方式现代化和中国式现代化进行并置辨析，提出现代化的本质不是西方化，中国的现代化也不需要照搬照抄西方的现代化。洪银兴[3]讨论了中国式现代化的经济学维度，作者考察了中国式现代化思想的提出、目标、道路、新征程的开启和制度基础，提出在微观层面实现中国式现代化有两个着力点，分别是建设现代化的市场经济体系与以创新作为引领现代化的第一动力。中国式现代化研究课题组等[4]基于当前和下一阶段的经济前景和战略任务给出了作者关于中国式现代化的理论认识，作者提出，在微观层面的思想、物质和制度准备有利于推动中国产业结构继续优化升级，需求结构进一步改善，进而加快实现中国式现代化。

微观经济学领域的相关研究还给出了中国式现代化的实现路径和关键着力点。宋华和杨雨东[5]结合产业经济学的研究视角，提出网络结构、运营流程和价值要素这三个微观要素是推动中国产业链供应链现代化的重点。中国社会科学院工业经济研究所课题组等[6]认为产业链链长是衡量现代化程度的关键指标之一，提出中央企业可以通过多个途径实现产业链链长的产业链治理功能。戴翔[7]认为构建双循环发展格局需要我们切实提高供需两侧各市场主体的创新水平、效率水平，优化要素市场的资源配置。盛朝迅等[8]采用宏微观结合的研究视角，指出在微观层面，国内大循环仍存在不少“卡点”和“堵点”，要尽快打通制约国内大循环的“卡点”“堵点”，进一步深化供给侧结构性改革，强化创新驱动，注重质量提升，推动效率变革。杨穗和赵小漫[9]认为社会保障是促进社会成员共享国家发展成果、调节收入再分配的重要手段，提出面向共同富裕，要着力缩小社会保障的城乡差距、地区差距和人群差距，规范社会保障体制机制建设并提升其治理效能。

有一部分文献认为中国式现代化意味着经济发展在微观层面实现质量、效率和动力的协同变革。洪银兴[10]认为供需两侧互为表里，一方面要大力发展实体经济，另一方面要牢牢抓住扩大内需的战略基点。胡家勇[11]提出要在中国式现代化建设中更好发挥资本的作用，作者结合马克思对资本的“伟大的文明作用”和历史局限性的讨论，指出自工业革命以来资本要素就不断追逐先进技术和先进生产要素。高培勇等[12]指出在中国式现代化的进程中，金融要为资源配置转型提供有效信号与载体，通过深化金融体制改革、规范财富积累机制、加强和完善现代金融监管以支撑现代化国家建设。林东杰等[13]将金融摩擦异质性与资源错配程度结合起来，指出政府需要通过供给侧改革缓解广大市场主体信贷错配等问题，这有利于优化经济结构，改善配置效率，进而增加社会总福利。

（二）收入分配与共同富裕

中国式现代化是全体人民共同富裕的现代化，微观经济学领域采用本学科的研究方法对调节收入分配、完善分配制度与推进共同富裕等问题进行了广泛讨论。

如何改善当前的收入分配状况并完善分配制度成为微观经济学研究的一个热点话题。陈东和秦子洋[14]讨论了人工智能引发收入差距过大，并展望了社会不平等与包容性增长等问题，指出人工智能总体上促进了产业内的包容性增长，缩小了不同阶层劳动者的劳动收入差距，但是人工智能应用也带来了产业间的负面溢出效应，加剧了其他产业的收入差距。万广华等[15]基于城乡分割视角考察了我国收入不均等与消费之间的理论关系，指出城乡分割导致了收入不均等与人均消费正相关。沈春苗和郑江淮[16]基于宏观替代弹性讨论了资本要素和劳动要素间的要素收入分配问题，有助于厘清关于制造业中资本和劳动二者关系的争论，劳动收入份额的持续提升亦有利于要素收入分配格局的改善。张军等[17]对中国劳动报酬份额变化进行了动态一般均衡分析，通过构建一个开放经济下的动态一般均衡模型，作者研究发现偏向型技术进步冲击是解释中国劳动报酬份额U形变化的主要因素。李芳华和肖寒[18]探讨了贫困家庭高中阶段教育选择，为研究低收入群体的风险偏好和合理调节低收入人群的收入水平提供了来自中国的证据。张熠等[19]结合再分配问题讨论了完善我国退休制度的核心要素和实现路径，研究表明，从再分配效应来看，随着退休年龄延迟，应提高提前退休期间的待遇水平以防止劳动力市场弱势群体利益受损。马述忠等[20]考察互联网使用对不同技术劳动力劳动收入的影响，作者由此得到结论，数字技术扩散具备普惠性，这导致了劳动收入差距问题显现。柏培文和罗永春[21]论证了提高劳动收入占比是否会降低企业绩效，指出劳动收入占比与企业业绩呈正相关关系，并存在时间、地区、企业性质、人均资本水平等方面的差异。刘长庚和柏园杰[22]调整劳动收入份额测算方法，对中国劳动收入份额进行了国际比较，为完善收入分配格局提供了一定参考。张雅淋等[23]的研究表明，住房财富增加会显著缓解青年群体的消费相对剥夺程度，作者从缓解青年群体消费相对剥夺、促进社会公平、增进民生福祉的角度为全面推进共同富裕提供了理论依据。

微观经济学领域关于共同富裕研究的学术文献从共同富裕的理论内涵、共同富裕的微观逻辑及影响因素、共同富裕的实现路径三个方面开展了研究。李实和朱梦冰[24]从收入差距、财产分配差距和公共服务等方面论述我国实现共同富裕在微观层面存在的一系列挑战。林淑君等[25]研究了产业结构调整对生产要素收入分配格局的影响，作者认为，对于全面推进共同富裕，要以更大力度优化和调整产业结构，实现产业结构升级和分配结构改善的良性互动，走出不同于发达国家去工业化的高质量发展道路。史新杰等[26]认为机会不平等是实现全体人民共同富裕的主要障碍之一，该文为如何从机会公平的视角认识共同富裕问题提供了重要依据。王震[27]考察了共同富裕背景下医疗保障的公平性问题，基于社会保险的两个公平性原则，以职工医保基金为例，对基金区域差距的公平性进行了分析，并以基金收入与支出的公平性为基准估计了区域间的基金调剂比例。李实和杨一心[28]讨论了基本公共服务均等化的行动逻辑与路径选择问题，提出要动态满足群众基本公共服务需要、扩大并优化配置各类服务资源、持续推动基本公共服务供给方式创新、降低基本公共服务享有的户籍关联度。

（三）数字经济发展及其经济影响

如何高效利用数字信息技术、有效配置数字资源、实现数字经济赋能经济高质量变革等相关研究已成为微观经济学界的重大研究课题。

对于数字经济发展的经济影响这一问题的回答得到了学术界广泛关注。田鸽和张勋[29]发现数字经济能够显著促进非农就业，该研究认为其在微观层面的内在机制是，数字经济所带来的消费互联网（以数字金融为代表）的发展促进了农村低技能劳动力向低技能偏向的数字化非农行业流动，这意味着数字经济能够依据劳动力技能实现有效的社会分工。尹振东等[30]基于消费者信息的视角，研究数字化转型对线上线下竞争均衡和消费者福利的影响。陈德球和胡晴[31]讨论了数字经济时代下的公司治理问题，文章结合数字经济时代公司治理边界突破的微观逻辑与路径，遵循“技术赋能—数据驱动—治理重构”的逻辑思路，提炼归纳了数字经济下的研究范式和研究框架。张文魁[32]讨论了数字经济的内生特性与产业组织，指出数字经济产业组织的焦点不再是市场结构，而是自我优待、拒绝交易、差别化定价与激进补贴、杀手型并购等策略性新式行为。彭俞超等[33]讨论了数字经济时代的流量思维，该文的分析有助于从微观角度理解数字经济时代的企业运作方式，也有助于从新的视角理解经济“脱实向虚”问题。魏志华等[34]基于中国A股上市公司数据，利用准自然实验检验了税收征管作为外部监督机制对企业内部薪酬差距的治理作用，城市数字经济发展通过劳动力就业技能结构升级和行业结构升级表征的技能偏向型技术进步路径来降低不充分就业。戴翔和杨双至[35]通过实证研究发现数字赋能能够促进企业绿色化转型，这一研究结论在各种稳健性检验下依然成立，而且上述效应在不同能耗强度的行业之间存在异质性。唐要家等[36]指出当前在微观层面的必要工作是切实强化反垄断政策在促进数字经济创新中的重要作用，以最大化释放数字经济促进创新的潜能。

微观经济学领域关于数字经济的研究围绕数据要素的概念、价值、属性与影响等问题而展开。许宪春等[37]，基于国民经济核算研究范式，结合理论研究及实地调研，提出描述数据生产过程的“数据价值链”，以明确“数据”作为关键生产要素的概念及生产属性，结合数据的特征，提出数据资产的概念。甄艺凯[38]针对大数据“杀熟”这一互联网经济中出现的价格歧视新问题，构建了一个三阶段动态博弈，分析了寡头竞争市场中企业的“杀熟”动机。杨俊等[39]旨在揭示大数据对经济增长的内生影响，同时文章采取了宏微观结合的视角，以大数据作为生产要素拓展了内生增长理论，该文为厘清数据要素的经济影响提供了来自微观层面的理论支撑。蔡继明等[40]基于广义价值论，建立了纳入数据要素的一般均衡分析框架。王超贤等[41]以经济学分析为主线，辅以管理学、信息系统和数据工程科学等多学科的理论和证据，对数据要素报酬性质的基本原理等进行跨学科分析。谢丹夏等[42]构建了一个信贷市场模型，其主要结论是数据要素的不同配置方式可以影响信贷市场的竞争或垄断，并具有显著的福利效应和分配效应。

（四）构建现代化市场经济体系

现阶段的经济形势驱使微观经济学领域的研究重点关注存在于供需两侧的体制性、结构性问题，可以从产业、企业和效率层面分别进行介绍。

对于微观经济学领域在产业层面的研究，朱奕蒙等[43]将商事制度改革引入Melitz模型，证明了市场准入办事门槛降低将促使更多新企业进入资本密集度较低的第三产业，揭示了产业结构变迁具有企业进入的微观基础，深化商事制度改革对构建现代化市场经济体系具有一定的支撑作用。权小锋和李闯[44]以中国智能制造示范项目的推广为准自然实验，研究和探索智能制造对企业成本粘性的影响效应及其机理。胡乐明和杨虎涛[45]强调传统制造业和服务业产业特征存在明显差异，以及现代制造业和服务业在产业特征上有“趋同”和“融合”等趋势，进而搭建出一个连接演进的解析框架以分析该问题的内在逻辑。郑世林和张果果[46]以制造强国规划十大重点领域为自然实验考察了制造业发展战略对企业研发强度和关键核心技术领域创新的影响，指出制造业发展战略显著提升了企业研发强度和专利产出，并对相近产业链企业研发行为产生溢出效应。宋旭光和左马华青[47]利用IFR工业机器人数据和中国制造业上市公司微观数据，从微观企业层面和宏观行业层面考察工业机器人应用对制造业就业变动的影响效应。张二震和戴翔[48]讨论了产业链供应链调整新趋向问题，提出如果不解决“卡脖子”问题，不抓住以数字技术为代表的新一轮信息技术革命带来的战略机遇，长期确实会对我国产业链供应链安全带来较大影响。米旭明[49]针对新型产业用地制度改革的自然实验，重点考察工业用地配置改革对产业结构调整的复杂影响。林木西和王聪[50]构建了现代化产业体系的指标评价体系，对现代化产业体系建设水平进行了具体测度，其中在微观层面的指标包括实体经济、科技创新、现代金融、人力资源四个维度。

对于微观经济学领域在企业层面的研究，田磊[51]采用宏微观结合的研究视角，构建了嵌入有效税率差异和非凸性投资成本函数的异质性企业随机动态一般均衡模型，这在技术上能够拟合出与代表性微观实证文献相一致的投资价格弹性。刘元春和丁洋[52]基于工时视角讨论了头部企业工资溢价及成因，发现产出波动时小企业和大企业雇员调整均不及中型企业灵敏，致使小企业人均工时不足、中型企业人均工时达标、大企业人均工时超额。何晴等[53]构建了一个包括政府补贴和企业研发投入的局部均衡模型，分析不同风险阶段政府补贴对企业研发行为的影响，厘清研发补贴政策产生激励作用和挤出效应的微观机制。程新生等[54]在微观层面的启发是，在研发投入正向波动过程中，由于短期业绩压力，管理层会进行向上盈余管理，并且创新文本信息更加彰显创新禀赋和创新成果，获得资本市场对于公司创新的包容。吕冰洋等[55]的研究表明，政府财政收入预算执行进度与企业纳税增长显著负相关，其结果是企业纳税在时序上的非平滑和在横向上的非中性，且政府年内预算执行波动越剧烈。周开国等[56]通过匹配博弈和基于机器学习的反事实分析，研究了银行负债结构对企业信贷获取的影响。祝继高和梁晓琴[57]以 2008—2021 年 A 股制造业上市公司为研究样本，检验企业标准化建设对成本弹性的影响。

对于微观经济学领域在市场运行、市场效率方面的研究，赵扶扬[58]基于资产泡沫理论框架，在微观层面引入地方政府土地融资行为和公共投资行为并构建模型，指出高估的土地价格为地方政府提供流动性，放松了融资约束，但地价高估导致了市场主体间的资源错配。李小克和李小平[59]引入新增长核算提出的“Solow 理论产出”和“二次理论产出”概念，该文在微观层面的发现是，我国改革开放以来的单位劳动生产率增长率效应普遍高于单位资本生产率增长率效应，劳动生产率水平提升弥补了资本生产率下降的不利影响。付敏杰和张平[60]在微观层面区分了经济增长研究中市场扭曲与政府激励共存的纵向机制和增长模式转变的横向机制，作者的研究在微观经济学层面的启示是，当前扭曲对产出的不利影响或者消除扭曲对产出的增加作用都被高估。陈强远等[61]在微观层面的研究发现，科技创新主体规模大、技术创新质量测度难、科技评估资源受约束，是中国现行技术创新激励政策设计以及“数量长足、质量跛脚”局面的重要原因。郭沛瑶和尹志超[62]研究了数字普惠金融对中国小微企业创新的影响，在微观层面，数字普惠金融对小微企业创新活动起到了明显的激励作用。卿陶和黄先海[63]基于新古典经济学的微观分析框架，使用中国微观企业数据分析了最低工资变动对企业自主创新和技术引进两种技术进步方式的影响及其主要机制，其中最低工资上升会导致企业技术进步路径偏向于自主创新，企业会有更多的自主创新，同时减少技术引进。

（五）规范和健全要素市场

微观经济学领域的研究围绕市场决定资源配置、健全要素市场功能、推进统一大市场建设、引导我国资本健康发展等问题展开。

微观经济学领域关于规范和健全要素市场的研究首先围绕劳动力市场展开。陈媛媛等[64]讨论了工业机器人在微观层面的普及应用对中国劳动力空间配置的影响，作者指出工业机器人的应用显著减少了地区外来劳动力的迁入率。余明桂和王空[65]检验了地方政府债务融资对企业劳动雇佣的影响，作者指出地方政府债务融资显著降低了企业的劳动雇佣，且地方政府债务融资加剧了企业融资约束和企业金融化，进而抑制了企业劳动雇佣。张熠和陶旭辉[66]关注了我国部分地区存在社会保障赡养负担重、资本和年轻劳动力流出等现象，指出在工资结构压缩机制作用下，年轻劳动力工资相对老年劳动力工资水平较低，这一方面引发年轻劳动力流出，另一方面导致企业对老年劳动力需求减少，未使用老年劳动力增加，两者共同推高赡养负担，并诱发资本流出，影响经济发展。赵伟光等[67]在微观层面的认识是，企业不仅在产品市场获取垄断租金，也会通过压低员工收入的方式获取劳动租金。罗楚亮等[68]实证检验了初始劳动力市场条件对个体劳动力市场表现的影响，指出不利的初始劳动力市场条件会降低个体未来的收入水平。

资本扩张是市场配置资源的表现方式之一，从学理化的角度讨论引导资本要素健康发展是有益的。胡怀国[69]讨论了社会主义市场经济条件下的资本要素的特性、作用和行为规律，指出资本要素在市场经济条件下的逐利性、流动性和扩张性赋予其优化资源配置、推动经济发展的重要作用，但同时也使之成为经济发展中的扰动因素和宏观不稳定的重要根源。胡家勇[70]强调新形态资本同样具有二重性作用，而资本所容纳的现代生产力还没有充分发挥出来。董志勇和毕悦[71]认为在微观层面，要结合马克思主义政治经济学理论与中国具体实践，正确认识资本的特性和行为规律，坚持和完善基本经济制度，通过稳定市场主体预期、维护公平竞争秩序、倡导企业家精神等路径，促进资本规范健康发展。逯东和宋昕倍[72]围绕如何扩大有效投资、优化供给结构、更好地鼓励和激发社会资本的活力和潜能开展了研究。马光荣和孟源祎[73]构建理论模型论证了转移支付的资本化效应及其福利分化影响，并且得出转移支付资本化效应的高低受到地区住房供给弹性和人口流动性的影响。许秀等[74]在理论上提出了带有灾难冲击风险的长期风险模型，得到了股权溢价的解析表达式，以期对引导资本要素健康发展提供理论支撑。王辉和朱家雲[75]在机构资产配置决策中引入银行稳健程度并构建一般性理论框架，研究资产抛售外部性存在时稳健银行与脆弱银行的最佳流动资产配置，综合讨论了地区脆弱性与金融监管对银行资产配置决策的影响。潘越等[76]结合风险资本持股上市公司的普遍现象，研究风险资本持股对缓解上市公司过度投资的作用。陈艳莹等[77]基于我国上市企业的微观数据，检验了相关绿色产业政策的股价效应及其内在机制。吴晓求等[78]探寻了中国资本市场的第三种模式，该文在微观层面的启示是作者总结提炼出了服务中国经济战略的市场与银行“双峰”主导型金融体系架构下的资本市场发展新模式。胡海峰和王灿灿[79]在微观经济学层面的见解是，信息披露相关的内部治理、外部治理、非正式机制三个方面是影响透明度的重要因素，且透明度对公司、资本市场、实际经济活动都会产生显著影响。

对规范和健全要素市场的研究延伸出了学界对统一大市场问题的关注，其中生产要素在各要素市场间的自由、高效流动是构建全国统一大市场的必要条件。刘晨晖和陈长石[80]构建了一个在微观层面包含异质性劳动者与技术溢出的中心—外围模型，讨论在生产率动态变化背景下不同类型劳动力流动对地区经济差距的影响，指出技能匹配度是劳动力流动所形成的地区经济差距是否稳定的关键因素。谢地等[81]将微观经济学理论与马克思主义政治经济学中关于级差地租的理论联系起来，指出城市宏观级差地租能够显著提升所在城市的高质量发展水平，而对毗邻城市的高质量发展产生明显的负向溢出效应。黄永颖等[82]指出费率统一改革有利于缓解区域间费率竞争引致的养老保险损失，均衡地区间的缴费负担分配，增强基金的可持续性对于优化社会保险制度设计，建设全国统一大市场具有重要的启示。邓忠奇等[83]定义了“有效市场势力”，指出在给定的垄断竞争行业中有效市场势力与福利损失存在近似线性关系，这为厘清市场份额、市场势力及福利损失的相互关系，为反垄断政策的制定提供了参考。

二、问题分析与研究建议

微观经济学作为现代经济学的一个分支，要解决的问题是资源配置问题，其理论不仅拥有丰富的科学内涵，也能为现实经济的运行提供重要的支撑。21世纪的微观经济学研究主要通过消费者行为理论、均衡价格理论、分配理论、福利经济学、一般均衡理论、生产者行为理论、市场失灵与微观经济政策等经典理论和现代分析方法开展研究，这使得微观经济学自21世纪以来持续展现出蓬勃的生命力。但是，微观经济学是西方经济学的基石，这在一定程度上引致了我国微观经济学研究中出现了政治经济学与西方主流经济学“两张皮”的现象。同时，马克思主义政治经济学的中国化是中国经济学构建的核心，由于制度环境与文化背景的差异，利用西方经济学经典理论、思想逻辑、研究方法指导学术研究推进的微观经济学与我们要构建的具有中国特色的微观经济学尚有一定的理论距离。如何在后续的微观经济学研究中更加注重学理化和系统性，构建中国自主的知识体系与话语体系，凸显中国导向和社会主义意识形态，是微观经济学研究在中国式现代化征程上要解决的关键问题。

（北京外国经济学说研究会供稿；执笔人：王军、马晓）

注：

[1] 蔡昉：《中国式现代化：发展战略与路径》，中信出版社，2022年。

[2] 林毅夫、付才辉：《中国式现代化：蓝图、内涵与首要任务——新结构经济学视角的阐释》，《经济评论》，2022年第6期。

[3] 洪银兴：《论中国式现代化的经济学维度》，《管理世界》，2022年第4期。

[4] 中国式现代化研究课题组、高培勇、黄群慧:《中国式现代化的理论认识、经济前景与战略任务》,《经济研究》, 2022 年第 8 期。

[5] 宋华、杨雨东:《中国产业链供应链现代化的内涵与发展路径探析》,《中国人民大学学报》, 2022 年第 1 期。

[6] 中国社会科学院工业经济研究所课题组、曲永义:《产业链链长的理论内涵及其功能实现》,《中国工业经济》, 2022 年第 7 期。

[7] 戴翔:《双循环推进中国式现代化的逻辑及路径》,《财贸研究》, 2022 年第 11 期。

[8] 盛朝迅、荣晨、吴迪:《中国式现代化背景下我国构建新发展格局的主要标志与对策研究》,《宏观质量研究》, 2022 年第 6 期。

[9] 杨穗、赵小漫:《走向共同富裕: 中国社会保障再分配的实践、成效与启示》,《管理世界》, 2022 年第 11 期。

[10] 洪银兴:《论中国式现代化的经济学维度》,《管理世界》, 2022 年第 4 期。

[11] 胡家勇:《在中国式现代化建设中发挥好资本的作用》,《经济学动态》, 2022 年第 10 期。

[12] 高培勇、李扬、蔡昉等:《深化经济与金融改革　推进中国式现代化——学习贯彻党的二十大精神专家笔谈》,《金融评论》, 2022 年第 6 期。

[13] 林东杰、崔小勇、龚六堂:《金融摩擦异质性、资源错配与全要素生产率损失》,《经济研究》, 2022 年第 1 期。

[14] 陈东、秦子洋:《人工智能与包容性增长——来自全球工业机器人使用的证据》,《经济研究》, 2022 年第 4 期。

[15] 万广华、罗知、张勋等:《城乡分割视角下中国收入不均等与消费关系研究》,《经济研究》, 2022 年第 5 期。

[16] 沈春苗、郑江淮:《中国制造业劳动收入份额变化: 宏观替代弹性视角》,《经济研究》, 2022 年第 5 期。

[17] 张军、张席斌、张丽娜:《中国劳动报酬份额变化的动态一般均衡分析》,《经济研究》, 2022 年第 7 期。

[18] 李芳华、肖寒:《贫困家庭高中阶段教育选择: 基于行为经济学的视角》,《经济研究》, 2022 年第 12 期。

[19] 张熠、张书博、陶旭辉:《中国退休制度设计: 基于激励、保险和再分配效应的研究》,《管理世界》, 2022 年第 7 期。

[20] 马述忠、吴鹏、潘钢健:《互联网使用、生活性服务业扩张与劳动收入分化》,《经济学动态》2022 年第 2 期。

[21] 柏培文、罗永春:《提高劳动收入占比是否会降低企业绩效》,《经济学动态》, 2022 年第 6 期。

[22] 刘长庚、柏园杰:《中国劳动收入居于主体地位吗——劳动收入份额再测算与国际比较》,《经济学动态》, 2022 年第 7 期。

[23] 张雅淋、吴义东、姚玲珍:《住房财富“寡”而消费“不均”? ——青年群体住房财富对消费相对剥夺的影响研究》,《财贸经济》, 2022 年第 3 期。

[24] 李实、朱梦冰:《推进收入分配制度改革, 促进共同富裕实现》,《管理世界》, 2022 年第 1 期。

[25] 林淑君、郭凯明、龚六堂:《产业结构调整、要素收入分配与共同富裕》,《经济研究》, 2022 年第 7 期。

[26] 史新杰、李实、陈天之等:《机会公平视角的共同富裕——来自低收入群体的实证研究》,《经济研究》, 2022 年第 9 期。

[27] 王震:《共同富裕背景下医疗保障的公平性: 以职工医保为例》,《经济学动态》, 2022 年第 3 期。

[28] 李实、杨一心:《面向共同富裕的基本公共服务均等化: 行动逻辑与路径选择》,《中国工业经济》, 2022 年第 2 期。

[29] 田鸽、张勋:《数字经济、非农就业与社会分工》,《管理世界》, 2022 年第 5 期。

[30] 尹振东、龚雅娴、石明明:《数字化转型与线上线下动态竞争: 消费者信息的视角》,《经济研究》, 2022 年第 9 期。

[31] 陈德球、胡晴:《数字经济时代下的公司治理研究: 范式创新与实践前沿》,《管理世界》, 2022 年第 6 期。

[32] 张文魁:《数字经济的内生特性与产业组织》,《管理世界》, 2022 年第 7 期。

[33] 彭俞超、王南萱、邓贵川等:《数字经济时代的流量思维——基于供应链资金占用和金融获利的视角》,《管理世界》, 2022 年第 8 期。

[34] 魏志华、王孝华、蔡伟毅:《税收征管

数字化与企业内部薪酬差距》,《中国工业经济》,2022年第3期。

[35]戴翔、杨双至:《数字赋能、数字投入来源与制造业绿色化转型》,《中国工业经济》,2022年第9期。

[36]唐要家、王钰、唐春晖:《数字经济、市场结构与创新绩效》,《中国工业经济》,2022年第10期。

[37]许宪春、张钟文、胡亚茹:《数据资产统计与核算问题研究》,《管理世界》,2022年第2期。

[38]甄艺凯:《转移成本视角下的大数据"杀熟"》,《管理世界》,2022年第5期。

[39]杨俊、李小明、黄守军:《大数据、技术进步与经济增长——大数据作为生产要素的一个内生增长理论》,《经济研究》,2022年第4期。

[40]蔡继明、刘媛、高宏等:《数据要素参与价值创造的途径——基于广义价值论的一般均衡分析》,《管理世界》,2022年第7期。

[41]王超贤、张伟东、颜蒙:《数据越多越好吗——对数据要素报酬性质的跨学科分析》,《中国工业经济》,2022年第7期。

[42]谢丹夏、魏文石、李尧等:《数据要素配置、信贷市场竞争与福利分析》,《中国工业经济》,2022年第8期。

[43]朱奕蒙、毕青苗、徐现祥等:《商事制度改革与产业结构变迁:微观视角》,《经济研究》,2022年第1期。

[44]权小锋、李闯:《智能制造与成本粘性——来自中国智能制造示范项目的准自然实验》,《经济研究》,2022年第4期。

[45]胡乐明、杨虎涛:《产业发展战略选择的内在逻辑——一个连接演进的解析框架》,《经济研究》,2022年第6期。

[46]郑世林、张果果:《制造业发展战略提升企业创新的路径分析——来自十大重点领域的证据》,《经济研究》,2022年第9期。

[47]宋旭光、左马华青:《工业机器人如何影响制造业就业变动——基于上市公司微观数据的分析》,《经济学动态》,2022年第7期。

[48]张二震、戴翔:《全球产业链供应链调整新趋向及其对策》,《经济学动态》,2022年第10期。

[49]米旭明:《工业用地制度改革与产业结构调整——兼论新发展阶段土地要素市场化改革的理论逻辑》,《经济学动态》,2022年第11期。

[50]林木西、王聪:《现代化产业体系建设水平测度与区域差异研究》,《经济学动态》,2022年第12期。

[51]田磊:《微观企业的投资行为特征和减税的宏观经济效应:动态一般均衡分析》,《经济研究》,2022年第2期。

[52]刘元春、丁洋:《工时视角下头部企业工资溢价及成因》,《经济研究》,2022年第4期。

[53]何晴、刘净然、范庆泉:《企业研发风险与补贴政策优化研究》,《经济研究》,2022年第5期。

[54]程新生、武琼、修浩鑫等:《企业研发投入波动与信息披露:投资者创新包容视角》,《经济研究》,2022年第6期。

[55]吕冰洋、陈怡心、詹静楠:《政府预算管理、征税行为与企业经营效率》,《经济研究》,2022年第8期。

[56]周开国、邢子煜、杨海生:《银行负债结构与企业信贷获取》,《经济研究》,2022年第8期。

[57]祝继高、梁晓琴:《企业标准化建设与成本弹性研究——来自中国A股制造业上市公司的证据》,《经济研究》,2022年第12期。

[58]赵扶扬:《地价高估、公共投资与资源错配》,《经济研究》,2022年第3期。

[59]李小克、李小平:《中国全要素生产率演变的测度和多重效应分解:偏向性技术进步视角》,《经济研究》,2022年第4期。

[60]付敏杰、张平:《社会主义市场经济体制改革中的经济增长——一种政治经济学探索》,《经济研究》,2022年第7期。

[61]陈强远、张醒、汪德华:《中国技术创新激励政策设计:高质量发展视角》,《经济研究》,2022年第10期。

[62]郭沛瑶、尹志超:《小微企业自主创新驱动力——基于数字普惠金融视角的证据》,《经济学动态》,2022年第2期。

[63]卿陶、黄先海:《最低工资与企业技术进步路径——技术引进还是自主创新》,《经济学动态》,2022年第8期。

[64]陈媛媛、张竞、周亚虹:《工业机器人与劳动力的空间配置》,《经济研究》,2022年第1期。

[65] 余明桂、王空:《地方政府债务融资、挤出效应与企业劳动雇佣》,《经济研究》,2022年第2期。

[66] 张熠、陶旭辉:《人力资本进步、工资结构与区域赡养负担差异》,《经济研究》,2022年第5期。

[67] 赵伟光、李伟、李凯:《企业势力向劳动力市场扩展——关联机理识别及竞争政策优化》,《经济学动态》,2022年第1期。

[68] 罗楚亮、高天一、邹先强:《初始劳动力市场条件与个体劳动力市场表现》,《经济学动态》,2022年第6期。

[69] 胡怀国:《社会主义市场经济条件下的资本要素:特性、作用和行为规律》,《经济学动态》,2022年第9期。

[70] 胡家勇:《在中国式现代化建设中发挥好资本的作用》,《经济学动态》,2022年第10期。

[71] 董志勇、毕悦:《为资本设置“红绿灯”:理论基础、实践价值与路径选择》,《经济学动态》,2022年第3期。

[72] 逯东、宋昕倍:《产业政策能否促进资本“联姻”——基于上市公司设立并购基金的视角》,《中国工业经济》,2022年第3期。

[73] 马光荣、孟源祎:《财政转移支付的资本化与福利分化效应》,《经济研究》,2022年第9期。

[74] 许秀、陈国进、于金杨:《灾难风险与资产定价——一个拓展的长期风险模型》,《经济研究》,2022年第11期。

[75] 王辉、朱家雲:《金融监管视角下银行稳健性与流动性资产配置》,《经济研究》,2022年第12期。

[76] 潘越、刘承翊、林淑萍等:《风险资本的治理效应:来自IPO暂停的证据》,《中国工业经济》,2022年第5期。

[77] 陈艳莹、于千惠、刘经珂:《绿色产业政策能与资本市场有效“联动”吗——来自绿色工厂评定的证据》,《中国工业经济》,2022年第12期。

[78] 吴晓求、何青、方明浩:《中国资本市场:第三种模式》,《财贸经济》,2022年第5期。

[79] 胡海峰、王灿灿:《资本市场透明度研究新进展》,《经济学动态》,2022年第6期。

[80] 刘晨晖、陈长石:《劳动力流动、技能匹配与地区经济差距》,《经济研究》,2022年第7期。

[81] 谢地、荣莹、叶子祺:《城市高质量发展与城市群协调发展:马克思级差地租的视角》,《经济研究》,2022年第10期。

[82] 黄永颖、刘庆、张克中:《从竞争到协调:养老保险费率统一的资本流动效应》,《经济研究》,2022年第12期。

[83] 邓忠奇、庞瑞芝、陈甬军:《从市场势力到有效市场势力——以中国化学药品制剂制造业为例》,《管理世界》,2022年第1期。

宏观经济学

宏观经济学是使用国民收入、经济整体的投资和消费等总体性的统计概念来分析经济运行规律的一个经济学领域。主要研究国家经济总量、总需求与总供给、国民收入总量及构成、货币与财政、人口与就业、要素与禀赋、经济周期与经济增长、经济预期与经济政策等宏观经济现象与宏观层面的政府政策,研究内容广泛庞杂,基本包含了目前市场环境下经济增长的因素、条件、政策等。因此,本报告涵盖了诸如宏观经济学、财政学、环境经济学、人口经济学、区域经济学、金融、数字经济等涉及国家整体发展的二级学科内容。

2022年政府工作把“稳增长”放在更加突出的位置,主张保持宏观政策连续性针对性,推动经济运行保持在合理区间。在宏观政策方面,学界主要围绕着财政政策和货币政策展开了一系列与现实相关的理论和实证研究。近年来,随着大数据的快速发展,财税与数字化成为最受关注的现实热点问题。学界主要从税收治理的数字化以及数字经济带来的财政收入增长量方面对现实问题进行了剖析。税收的公平与效率依旧是学者们最为关注的话题之一,不同的研究从不同的角度切入,运用理论经济学和实证经济学相结合的方法研究税负的转嫁问题、效率问题以及收入分配问题等。财政支出方面,学界主要关注政府的债务问题以及政府财政支出的效率问题。国际税收方面，关税和国际避税的话题在今年仍被学者们热切讨论。在货币政策方面，学界更加关注货币政策的传导机制，旨在使用理论经济学模型和实证经济学方法发现货币政策的有效传导机制，并提出相关的政策性建议。除此之外，学界开始关注税收与健康、税收与环境污染之间的关系。

一、学术研究概况

（一）国民收入核算与分配

国民收入核算体系的构建在学界基本达成统一意见。而对数字经济这一新兴概念，我国缺少测度指标。为填补这一空白，许宪春、胡亚茹、张美慧[1]梳理了国际上关于数字经济的概念、范围和分类，阐述了数字经济增长测算方法，进一步探讨了数据概念、特征与分类以及数据资产的概念和价值测度等问题。

冯科[2]为数据这一生产要素的价值核算提出了建议。数据生产要素化过程中，数字经济面临统计挑战，传统 GDP 核算方法会产生 GDP 规模的漏统计和增速被低估。因此，为了充分发挥数据生产要素的价值，应在个人隐私权益和经济收益之间进行合理取舍；完善数据交易机制设计，解决交易中的信用问题；转变测算思路，通过界定数字经济，识别核算主体和界定产业活动，构建新的数字经济核算体系。

在国民收入的分配方面，共同富裕依然是热点话题，2022 年关于共同富裕的研究聚焦于农村问题。黄季焜[3]在分析过去 40 多年农村经济转型与农民收入的关系基础上，展望未来 30 年中国农业的发展愿景与面临的主要挑战，提出未来在保障口粮安全的基础上，应推进以高值农业发展和农村劳动力非农就业为主的农村经济转型，大幅提升农业劳动生产率，实现农民与全体国民共同富裕。

罗楚亮、梁晓慧[4]根据中国居民收入分配课题组（CHIP）历次农村住户调查数据，讨论农村低收入群体的收入增长基本特征及其影响因素。他们提出为促进低收入人群的收入增长，需要完善针对老年人群的保障体系、改善受教育的均衡性、增加低收入群体的就业机会、促进劳动力流动以及区域经济平衡发展。

（二）经济增长

2022 年 5 月 17 日管理世界杂志社组织召开加快构建中国特色经济学体系研讨会（笔谈）。来自国内高校、科研机构的 26 位知名经济学家参加研讨学习[5]。会议强调要着力构建中国特色哲学社会科学，在指导思想、学科体系、学术体系、话语体系等方面充分体现中国特色、中国风格、中国气派。2022 年度宏观经济研究突出了这一思想特点，着眼于中国问题。

学界关注后疫情时代中国经济面临的挑战。杜丽群[6]指出国际货币基金组织在 2022 年《世界经济展望报告》中下调了全球经济增长预期，其中一条关键原因就是中国消费复苏低于预期。刘伟、苏剑[7]指出全国总人口减少、劳动力急剧下滑、生育政策调整、新冠肺炎疫情反复、国际经济形势变化、大宗商品价格变动、预期转弱等问题将成为影响未来中国经济发展的重要因素。中国经济自然走势将延续供给需求“双收缩”的局面。此外，房地产风险、滞胀风险、国际收支外债、地方政府债务、汇率及货币风险、能源危机风险等将成为未来中国经济发展的重要风险点。许宪春等[8]指出 2022 年一季度，整体经济承受较大压力。从生产角度看，第二产业对经济增长起到重要支撑，第三产业恢复势头放缓；从需求角度看，消费需求保持对经济增长的主要拉动作用，投资需求对经济增长的贡献由负转正，净出口需求走弱；从收入角度看，居民可支配收入保持稳定增长，规模以上工业企业利润小幅平稳增长；从价格角度看，CPI 同比涨幅扩大，PPI 受基数影响同比涨幅回落，但环比涨幅提高。疫情、俄乌地缘政治冲突和美联储加息等不稳定因素，对全年经济增长实现 5.5% 的目标带来严峻挑战。

尽管面临诸多挑战，宏观经济学者对我国经济增长仍坚定信心。路风[9]指出中国长期经济增长的主动力是大国基础结构之下，以工业体系为载体的有用知识体系和社会能力的累积性成长。在 21 世纪初出现高增长的主要原因是在一系列有利的条件下，蕴藏在中国工业体系和中国人民中的能量得以迸发。这种能量的内在经济机制可以由递增报酬来解释，而使其得以充分发挥的社会条件则是改革开放带来的人民广泛参与。因此，中国经济增长的“黄金时代”仍然可期。

经济增长的助力因素众多，学界多角度多维度地研究经济增长的影响因素及机制。林毅夫、文永恒、顾艳伟[10]基于基础设施的视角分析了国有企业对经济增长的影响。我国以调整国有企业布局、优化国有企业功能的创新性手段破解了普遍存在于发展中国家的基础设施供给不足的问题，形成了具有超大规模的基础设施网络，有力保障了国内国际经济循环畅通和要素高效流动。

巴曙松等[11]将普惠金融、创业与经济发展纳入创业生态系统框架，建立世代交叠模型加以理论分析，并基于我国 2008—2019 年的市级面板数据进行实证检验。研究发现普惠金融、创业与经济增长之间存在相互推动作用，可以通过推动普惠金融发展、优化创业生态系统进而实现可持续发展。

何晓贝、马骏[12]探讨了碳中和对中国宏观经济的影响。低碳投资和由此带来的技术进步是脱碳转型过程中促进经济增长的主要因素；而棕色资产搁浅、成本上升和转型过程中的失业问题会给经济造成负面影响。基于上述影响机制，碳中和政策对经济增长是推动还是拖累，受到产业结构、资源禀赋和进出口结构等因素的影响。我国的经济结构特点决定了中国更有可能在脱碳转型中获得长期增长收益。

王立勇、纪尧[13]借助合成控制法和 VAR 模型，构建内生增长 DSGE 模型分析贸易自由化对研发创新活动的影响及其内在机制。提出贸易自由化通过提高企业对专利中间品的购买使用间接促进本国研发和技术进步，进而提高全要素生产率。

张洪鸣，孙铁山[14]利用 2003—2019 年中国 12 个城市群 178 个地级及以上城市平衡面板数据，实证检验中国城市群城市经济增长的网络外部性及其作用机制。文章提出加强城市群内城市间联系，完善城市群内交通基础设施，促进城市群内城市间产业关联，是中国城市群未来实现城市经济协同增长的主要途径。

劳动力生产率是促进经济增长的重要动力。我国自 2012 年首次出现劳动力人口规模下降以来，老龄化水平逐步提高，并即将迎来总人口下行拐点，劳动力资源成为近期的关注热点。李展[15]从增长动力和行业层面两个角度解析中国劳动生产率在 1978—2018 年的增长来源，研究发现资本深化是劳动生产率增长的主要动力来源，制造业和市场服务业部门是劳动生产率增长的主要行业来源，合力促进了 2008 年以来劳动生产率增长率的上升。

然而老龄化问题严重影响劳动力质量。陆杰华、韦晓丹[16]提出劳动力老化对经济发展影响的分析框架，主要从劳动要素、经济结构、科技创新三方面展开：劳动力老化降低了劳动参与率和劳动生产率，放缓了产业结构的调整升级，削弱了以劳动密集型产品出口为主贸易模式的竞争优势，长远看也不利于国家和企业科技创新的发展。下一步超前应对劳动力老化的策略应从优化劳动力年龄结构、提升劳动力资源质量、促进劳动力有序流动、转变经济增长方式等方面展开。

教育是经济增长的底层基石。宏观经济学者着重分析了教育在经济增长中的促进作用。郝晓伟、闵维方[17]基于 2001—2019 年省级面板数据，使用双向固定效应模型和滞后模型对于各级教育投入与经济增长的关系进行比较分析。研究发现，教育具有长期投资和扩大消费的双重属性。低层级教育的经费投入、高层级教育的在学规模和教师资源投入与经济增长具有显著正向关系；教育经费投入对于短期经济增长有直接带动作用，在学规模的扩大和教师资源的增加可以推动长期经济发展。闵维方、曹晓婕[18]揭示了教育在促进共同富裕中的作用机制。文章提出教育提高人力资本质量，促进经济增长；教育增进人们对公共利益的理解；优质公平的教育提高每一个社会成员创造财富的能力；通过优质教育资源向低收入群体倾斜，能够阻断贫困代际传递，促进共同富裕。

环境治理是经济长期发展的保障，而其中的碳排放问题为今年热点。李堃等[19]重新测度 2010 和 2015 年中国省际完全碳排放强度，并分析其时空演变特征。结果表明，从时间变化看，“十二五”期间我国碳减排成效显著，各地区完全碳排放强度平均降低 26.25%，考虑碳排放与经济双重关联的完全碳排放强度测算和使用，不但可以避免隐含碳问题对强度测度的干扰，同时能够实现碳排放控制从属地范围向属地行为约束的转变，有助于实现全国整体的碳排放控制目标。张希良等[20]利用中国—全球能源模型（C-GEM）等模型工具，研究了碳中和愿景下我国能源经济转型的路径。

（三）宏观政策

在财政体系的建设方面，刘尚希等[21]认为在不同国家的不同历史时期，财政体制是随着国家职能及其履行方式的变化而调整的。在法治比较健全的国家，财政体制相对稳定。在体制转轨国家，尤其像中国这样的新型市场大国，财政体制随着改革的深化而不断调整优化，至今仍未完全定型。财政是国家治理的基础，财政体制则是国家纵向治理结构的基础。吕冰洋[22]研究中国财政的理论基础、运行规律与改革思路，提出构建现代化财政制度推进中国式现代化。

财税与数字化发展成为今年的热门话题。由中国人民大学数字税收研究所和中国人民大学数字税收跨学科交叉平台规划出版的年度学术报告《数字税收年度报告（2021—2022）》[23]梳理了数字税收领域的重要问题、重要进展等理论和实践成果。刘慧龙等[24]以我国分批实施金税三期这一准自然实验为研究场景，基于2009—2019年我国A股非金融类上市公司数据，运用双重差分法研究了税收征管数字化升级对关联交易的影响。研究发现金税三期减少了关联交易，当企业所处地区法治化水平较高、股权制衡度较低及最终控制人两权分离度较低时，金税三期对关联交易的影响更加明显。

在财政方面，研究依旧围绕税收的效率评估展开。倪红福[25]构建了嵌入间接税的中国投入产出网络结构一般均衡模型，并创新性地提出间接税效率损失的事后测算方法。研究表明，总体上，考虑到生产网络结构、微观替代弹性系数和间接税处理方式的影响，中国间接税效率损失率为0.5% ~ 10%。与往年相同，税收的公平与效率依旧是学界关注的话题之一。彭飞等[26]以“营改增”政策为准自然实验，基于对资本要素的减税激励，考察了间接税减税对劳动收入份额的影响。研究发现，试点期间的“营改增”政策显著弱化了劳动收入份额，相当于在改革前平均水平上降低了4.97%，且这一效应主要集中在中小型、非国有和非垄断的企业。冯笑和王楚男[27]以中国汽车行业为例，考察了寡头市场结构下进口税费调整对中国社会福利的影响。主要研究发现，国产汽车特别是中高端汽车较进口汽车存在明显的税费优势。吕炜等[28]利用1999—2007年我国地方政府财政和官员变迁数据，实证分析了地方官员个人效应对税收努力的影响。发现地方官员个人效应能够显著影响税收努力程度，而出于税权配置、征收策略等原因，其对地方税税收努力有显著的正向影响，对共享税和中央税税收努力则影响较小，甚至有负向影响。

在国际税收问题中得到最大关注的是关税和企业避税话题。魏浩和张文倩[29]考察了我国进口关税调整对一般贸易进口价格的传递效应以及经济效应。研究结果表明：进口关税下降会显著提高我国企业不含关税的进口价格，但是，不存在“准梅茨勒悖论”现象，即我国进口企业不含关税进口价格的上涨幅度小于进口关税的下降幅度。沈国兵和沈彬朝[30]基于地区和产品贸易模型及对中国进口非关税壁垒的测算，探究了降低进口非关税壁垒对中国拓展进口多元化的影响。研究表明：中国进口非关税壁垒主要集中在预制食品、动植物产品、鞋帽与羽毛制品等品类。刘亚琳和戴觅[31]采用2017—2019年的月度海关数据估计了这一政策对中国进口与消费者福利的影响。主要结果显示，关税下调对于消费品进口产生了显著的促进作用。

财政支出方面重点聚焦于财政的支付转移和地方政府债务问题。马光荣和孟源祎[32]构建理论模型论证了转移支付的资本化效应及其福利分化影响，指出转移支付资本化效应的高低受到地区住房供给弹性和人口流动性的影响。并且基于市级层面数据，检验得到转移支付对地区房价具有提升效应。李永友等[33]以省直管县财政改革为对象，基于1768个县级样本数据的实证研究，发现省直管县财政改革不仅激励了县级政府支出扩张行为，而且通过增强县级政府被救助预期进一步软化了县级政府业已存的软预算约束。在政府债务问题方面，熊琛等[34]从实证和理论两方面分析了地方政府隐性债务风险的外溢渠道和宏观影响。基于网络模型和SVAR模型的实证分析发现区域地方政府隐性债务风险存在外溢效应，且银行间市场是风险传导的重要渠道。

在货币政策方面，张嘉明[35]将银行风险承担异质性纳入DLM分析框架，探讨货币政策在银行资产端风险承担和负债端风险承担之间的传导机制，并利用1997—2019年银行层面的面板数据进行实证检验。研究结果表明，货币政策的银行风险承担渠道表现为，通过银行负债端风险承担传导至资产端风险承担。刘泽琴等[36]采用新的宏观经济政策评估方法——Rubin因果效应框架下的现代宏观经济政策评估方法，量化评估2007—2017年我国货币政策和宏观审慎双支柱调控框架对经济增长、物价稳定及金融稳定的影响。研究发现，在宏观审慎政策保持中性的情况下，货币政策工具基本能实现管理总需求并调整产出目标；货币政策主要通过调整货币供应量和信贷增速影响实体经济，但利率渠道的传导并不通畅。

除此之外，学界也开始关注财政与健康和环境之间的关系。田坤等[37]利用取消农业税政策分批分次、逐步推广的特点，采用渐进性双重差分法估计农业税改革对我国中老年人自杀行为的影响及其作用机制。结果显示，取消农业税显著导致了所在地区中老年人自杀数量的降低，该抑制作用主要通过增加农村居民福利水平和改善地方政府行为能力两个传导路径实现。李力行等[38]研究了增值税征收强度对企业排污强度的影响。本文发现，当国家能力不足以确保对税收和排污监管的严格执行时，企业通过比较两种违规行为的相对违规成本，在增加逃税和提高排污强度之间做出权衡取舍。

（四）其他宏观经济热点问题

2022年在人口、资源与环境，农业与区域经济，技术进步与社会发展等方面对宏观经济问题继续进行研究。

1. 人口、资源与环境

人口研究聚焦人口负增长、老龄化、城市化、人口红利问题。殷剑峰[39]以日本为例，在一个简单的世代交叠模型中引入非负投资约束和零利率下限，探讨在人口负增长情况下，资本产出比不断上升，资本边际产品和资本品相对价格不断下降，乃至整个经济陷入持久下滑的非均衡态机制。指出财政政策可以通过补贴生育、扩大教育科研和医疗卫生开支发挥作用。蔡昉[40]指出，生育率长期处于较低水平，导致人口老龄化不断加深，反过来会削弱经济增长潜力，拖慢经济社会发展的步伐，构成一个所谓的“生育率悖论”。生育率适度向更替水平的回升也需要经济社会的进一步发展。故此通过促进人类发展推动生育率回升不会是自然而然的，而是需要针对中国家庭面临的现实制约，在政策实施中更贴近问题，才能取得实际效果。

资源问题研究侧重于经济效率提升。杨震宁、杜双、侯一凡[41]提出实践中高新技术产业联盟的创新成果产出较低，联盟运行不稳，如何提升技术产业联盟的稳定性，促进联盟成果高效转化，提高国家开放式创新水平已经成为理论界和实践界亟待解决的重要议题，他们利用56个产业技术联盟中318个高新技术企业样本，探究了联盟目标期望与联盟目标实现的匹配效应对联盟稳定性的影响机制、联盟沟通的中介作用以及联盟运行风险和联盟运行规范的调节作用。江小涓、靳景[42]提出数字技术的广泛应用促进了经济的数字化转型和效率提升。尽管这个判断学界有共识，但系统全面的分析不多，她们尝试以数字技术促进分工与协作为主线，全面描述和深入分析数字技术提高经济效率促进经济增长的“三步曲”：一是通过服务产品内部分布式分工这种产业组织形态的重要创新，提高服务业分工与协作效率；二是数字服务通过向消费全域和生产全链赋能，提升全域全链业务贯通和协同能力，提高各类产业特别是平台的协同效率；三是通过数据全纳实现数字空间与现实空间全景融合，创造新的数实孪生叠加效率，提供双重价值。这三个方面继起和并存，能提高全社会经济活动效率，提供新的增长源泉。

针对环境问题学者研究聚焦绿色协同发展。史丹[43]提出数字经济条件下产业发展的四个趋势：一是数字技术主导的产业升级；二是融合式发展，包括不同产业的融合、产品的融合和市场的融合；三是平台型企业处于重要地位，对产业资源配置和优化具有重要影响，但是平台型企业反垄断也是数字经济发展面临的一个难点；四是拥有前置性的生态环境约束，数字经济的高耗能特性决定了数字经济发展必须与绿色化协同推进。

2. 农业与区域经济

农业经济聚焦种粮收益、耕地保护与农业强国推进研究。高鸣、姚志[44]研究指出，保障农民收益的政策主要是依据经济理论与实践经验而动态调整的，对提高农民收入和夯实我国粮食安全根基起到了至关重要的作用。现阶段中国保障种粮农民收益的制度设计是政策变迁的必然结果，也蕴含了固有的经济逻辑、制度依据和社会道义。保障种粮农民收益首先需要破除收益和收入的“等同论”、确立“包含论”与划清“外延论”。从长远来看，保障种粮农民收益的关键问题是对发展阶段与成果共享、长期目标与短期效益、政府管控与市场改革、自然环境与生产经营、地权分配与公平效率之间的平衡协调。

区域经济聚焦国内国际双循环、地区差距研究。苏剑、邵宇佳[45]针对全国统一大市场建设，阐述了全国统一大市场的内涵，认为打破地方保护和市场分割现象是全国统一大市场建设的关键；其次，采用相对价格法分别计算国内各类市场的一体化指数，从全国、四大地区、三大经济圈以及各省市层面进行详细分析，发现要素市场一体化进程显著慢于商品市场，甚至近年来出现“翘尾”现象，未来建设全国统一大市场应重点关注要素市场，尤其是劳动力市场。郑休休、刘青、赵忠秀[46]基于中国各省工业子门类销售产值数据，结合区域间投入—产出表与海关进出口交易数据，构建了出口和进口两类国际大循环指标、国内销售和国内购买两类国内大循环指标，利用面板数据联立方程组模型定量检验了国内大循环与国际大循环之间的相互影响，并检验产业关联和区域边界在“双循环”中的作用。蔡昉、贾朋[47]指出21世纪以来我国实施的区域发展总体战略取得了明显的成效，也对这一时期中国经济发展做出了贡献。计算和分解省际人均地区生产总值的泰尔指数表明，虽然地区发展差距仍然存在，但是其类型和特征与以往大不相同，正在发生着从具有发达与不发达二元反差的差距类型，到整体上更高发展水平上的多样化表现的变化。区域协调发展战略相应形成新的格局，政策重点也朝着多样化方向拓展。

3. 技术进步与社会发展

区块链、人工智能等数字经济成为研究热点。宋晓晨、毛基业[48]认为信任是在线交易的重要保障。区块链技术恰好可以作为在线声誉系统来降低交易风险，弥补基于平台的制度机制的不足，为信任构建提供新的途径。通过基于数字供应链金融情境的质性研究，提出基于区块链的声誉系统与基于平台的制度机制的有效结合可促进在线交易组织间信任的构建，并识别出“再中介信任”这一新现象。江小涓、靳景[49]认为数字技术的广泛应用促进了经济的数字化转型和效率提升，她们尝试以数字技术促进分工与协作为主线，全面描述和深入分析数字技术提高经济效率促进经济增长的“三步曲”：一是通过服务产品内部分布式分工这种产业组织形态的重要创新，提高服务业分工与协作效率；二是数字服务通过向消费全域和生产全链赋能，提升全域全链业务贯通和协同能力，提高各类产业特别是平台的协同效率；三是通过数据全纳实现数字空间与现实空间全景融合，创造新的数实孪生叠加效率，提供双重价值。这三个方面继起和并存，提高全社会经济活动效率，提供新的增长源泉。

（五）英文期刊中的宏观经济问题

Liu，Zehao 和 Andrew J. Sinclair[50]提出了一个担保贷款模型，其中（1）借款人是内生的确定抵押品质量和（2）贷款人可以提供昂贵的抵押品信息回报。他们的模型得出了几个新颖的预测：较富裕的经济体使用的产品质量较低。抵押品在均衡状态下，金融危机更严重，危机发生频率更低。

Zhi Wang 等[51]提出了一个框架，根据纯国内需求、传统国际贸易、简单全球价值链活动和复杂全球价值链活动，将国家、部门或国家－部门层面的总生产活动分解为不同类型。然后提出了一套全球价值链参与指标，改进了文献中使用的措施。将这一框架应用于国家间投入产出表后，发现了一些连接价值链和商业周期的有趣模式：首先，自1995年以来，全球生产的构成发生了巨大变化。其次，复杂全球价值链活动的生产活动比其他类型的生产活动更符合全球经济周期。最后，全球价值链参与水平影响经济增长绩效。

二、问题分析与研究建议

我国面临国际政治经济剧变及后疫情时代经济恢复等问题，切实需要理论指导与实践探索。第一，后疫情时代的经济复苏问题。我国亟须科学制订出疫情后经济救助、经济复苏方案，对于这一实践问题，需要宏观经济学者的探索。第二，俄乌局势、中美关系等国际形势的动荡时局会如何演变，将影响我们未来一段时期经济的复苏进程和具体路径。面临巨大的不确定性和风险，我国亟须宏观经济学者的建议以做好预案来对冲风险。然而宏观经济研究中针对中国经济面临不确定性的对策研究仍显不足。

中国宏观经济的表现有其自身的微观基础。数字经济和区块链、人工智能等成为研究热点，碳中和、劳动力老龄化等热门课题也亟须经济学给出系统的理论解读。关于碳中和的课题已形成了比较完善的体系，从理论建模到实证验证，再到宏观政策讨论，均有众多学者从不同角度进行了补充。多篇关于劳动力、人口老龄化问题的学术研究也与我国面临的现实困境紧密相关，提供了可靠的政策分析和建议。但是2022年北京学者关于数字经济的研究仍处于起步阶段，尚不成系统。研究多基于微观视角，从企业、行业出发，就数字要素、数字技术、数字治理、数字价值等问题进行讨论，未能从单纯的产业视角中转移到宏观经济的层面。故而缺少基于宏观视角探讨数字经济对宏观经济运行造成的影响及路径展望的研究。

（北京外国经济学说研究会供稿；执笔人：张巍、马思宇、姚璐）

注：

［1］许宪春、胡亚茹、张美慧：《数字经济增长测算与数据生产要素统计核算问题研究》，《中国科学院院刊》，2022年第10期。

［2］冯科：《数字经济时代数据生产要素化的经济分析》，《北京工商大学学报（社会科学版）》，

2022 年第 1 期。

［3］黄季焜：《加快农村经济转型，促进农民增收和实现共同富裕》，《农业经济问题》，2022 年第 7 期。

［4］罗楚亮、梁晓慧：《农村低收入群体的收入增长与共同富裕》，《金融经济学研究》，2022 年第 1 期。

［5］高培勇、樊丽明、洪银兴等：《深入学习贯彻习近平总书记重要讲话精神，加快构建中国特色经济学体系》，《管理世界》，2022 年第 6 期。

［6］杜丽群：《中国“双循环”的演进历程与实践路径》，《人民论坛 · 学术前沿》，2022 年第 12A 期。

［7］刘伟、苏剑：《2022 年中国经济形势展望与政策建议》，《开发性金融研究》，2022 年第 1 期。

［8］许宪春、唐雅、王洋：《2022 年一季度中国经济运行的若干特点与面临的挑战》，《上海经济》，2022 年第 3 期。

［9］路风：《中国经济为什么能够增长》，《中国社会科学》，2022 年第 1 期。

［10］林毅夫、文永恒、顾艳伟：《国有企业与经济增长：基于基础设施的视角》，《社会科学辑刊》2022 年第 6 期。

［11］巴曙松、张兢、朱雨彤等：《创业生态系统中的普惠金融与市域经济内循环》，《金融发展研究》，2022 年第 9 期。

［12］何晓贝、马骏：《碳中和对宏观经济的影响》，《金融论坛》，2022 年第 5 期。

［13］王立勇、纪尧：《贸易自由化、研发促进与全要素生产率增长》，《经济研究》，2022 年第 11 期。

［14］张洪鸣、孙铁山：《中国城市群城市经济增长的网络外部性及其作用机制》，《经济与管理研究》，2022 年第 2 期。

［15］李展：《中国劳动生产率增长的动力和行业来源分析：1978—2018 年》，《当代经济科学》，2022 年第 3 期。

［16］陆杰华、韦晓丹：《劳动力老化对经济发展的影响机理及其战略应对》，《中国特色社会主义研究》，2022 年第 3 期。

［17］郝晓伟、闵维方：《各级教育投入与经济增长的关系研究》，《清华大学教育研究》，2022 年第 5 期。

［18］闵维方、曹晓婕：《教育促进共同富裕的作用机制研究》，《教育经济评论》，2022 年第 6 期。

［19］李堃、姜明栋、王奇：《基于碳排放与经济关联的完全碳排放强度重新测度》，《北京大学学报（自然科学版）》，2022 年第 2 期。

［20］张希良、黄晓丹、张达等：《碳中和目标下的能源经济转型路径与政策研究》，《管理世界》，2022 年第 1 期。

［21］刘尚希、赵福昌、孙维：《中国财政体制：探索与展望》，《经济研究》，2022 年第 7 期。

［22］吕冰洋：《走向现代财政：“国家治理财政”视角》，中国人民大学出版社，2022 年 9 月。

［23］《数字税收年度报告 2021—2022》，中国人民大学数字税收研究所，经济科学出版社，2022 年 11 月。

［24］刘慧龙、张玲玲、谢婧：《税收征管数字化升级与企业关联交易治理》，《管理世界》，2022 年第 6 期。

［25］倪红福：《中国间接税的效率损失——基于中国生产网络结构一般均衡模型方法》，《管理世界》，2022 年第 5 期。

［26］彭飞、许文立、吴华清：《间接税减税与劳动收入份额——来自“营改增”政策的证据》，《经济学（季刊）》，2022 年第 6 期。

［27］冯笑、王楚男：《寡头市场结构下中国进口汽车税费改革的福利效应分析》，《世界经济》，2022 年第 4 期。

［28］吕炜、王友友、王睿新：《税收努力与官员个人效应》，《经济学（季刊）》，2022 年第 2 期。

［29］魏浩、张文倩：《进口关税调整、传递效应与中国企业进口价格》，《经济学（季刊）》，2022 年第 3 期。

［30］沈国兵、沈彬朝：《非关税壁垒对中国进口多元化的影响》，《世界经济》，2022 年第 10 期。

［31］刘亚琳、戴觅：《消费品进口关税下调的贸易与福利效应》，《世界经济》，2022 年第 10 期。

［32］马光荣、孟源祎：《财政转移支付的资本化与福利分化效应》，《经济研究》，2022 年第 9 期。

［33］李永友、刘炯、王芳：《财政改革与地方政府支出激励》，《经济研究》，2022 年第 8 期。

［34］熊琛、周颖刚、金昊：《地方政府隐性债务的区域间效应：银行网络关联视角》，《经济研究》，2022 年第 7 期。

［35］张嘉明:《货币政策、银行风险承担异质性与影子银行》,《经济研究》，2022年第5期。

［36］刘泽琴、蔡宗武、方颖:《货币政策和宏观审慎政策双支柱调控框架效应研究》,《经济研究》，2022年第4期。

［37］田坤、行伟波、石光:《税制改革的健康效应——基于中老年人自杀行为的证据》,《经济学(季刊)》，2022年第6期。

［38］李力行、聂卓、席天扬:《多维度治理与国家能力：增值税征管和企业排污的视角》,《世界经济》，2022年第6期。

［39］殷剑峰:《人口负增长与长期停滞——基于日本的理论探讨及对中国的启示》,《中国社会科学》，2022年第1期。

［40］蔡昉:《打破“生育率悖论”》,《经济学动态》，2022年第1期。

［41］杨震宁、杜双、侯一凡:《目标期望与实现匹配效应如何影响联盟稳定——对中国高技术产业联盟的考察》,《管理世界》，2022年第12期。

［42］江小涓、靳景:《数字技术提升经济效率：服务分工、产业协同和数实孪生》,《管理世界》，2022年第12期。

［43］史丹:《数字经济条件下产业发展趋势的演变》,《中国工业经济》，2022年第11期。

［44］高鸣、姚志:《保障种粮农民收益：理论逻辑、关键问题与机制设计》,《管理世界》，2022年第11期。

［45］苏剑、邵宇佳:《全国统一大市场建设的内涵、现状与政策建议》,《新疆师范大学学报》，2022年第6期。

［46］郑休休、刘青、赵忠秀:《产业关联、区域边界与国内国际双循环相互促进——基于联立方程组模型的实证研究》,《管理世界》，2022年第11期。

［47］蔡昉、贾朋:《中国地区差距类型变化及其政策含义》,《中国工业经济》，2022年第12期。

［48］宋晓晨、毛基业:《基于区块链的组织间信任构建过程研究——以数字供应链金融模式为例》,《中国工业经济》，2022年第11期。

［49］江小涓、靳景:《数字技术提升经济效率：服务分工、产业协同和数实孪生》,《管理世界》，2022年第12期。

［50］Liu，Zehao，and Andrew J. Sinclair. 2022，“Wealth，endogenous collateral quality，and financial crises.” Journal of Economic Theory 204（2022）：105526.

［51］Zhi Wang，Shang-Jin Wei，Xinding Yu，Kunfu Zhu. 2022，“Global Value Chains over Business Cycles. “ Journal of International Money and Finance，April 2022.

国际经济学

国际经济学是以经济学的一般理论为基础，研究国际经济关系、国际贸易产生与发展趋势，并在此基础上揭示经济运行的内在规律进而提供政策措施的学科。主要涵盖世界经济、国际贸易学和国际商务等专业。世界经济专业研究世界经济的基本特点和基本规律，通过阐述和分析世界经济的形成过程、发展现状和未来趋势，揭示国际经济关系和世界经济格局的发展变化及其内在矛盾和运行规律，主要研究对象包括国别与地区经济、国际经济关系和世界经济整体等。国际贸易学主要研究国际商品与劳务交换的理论和方法，涉及国际贸易产生与发展的原因和贸易利益在各国间进行分配的制约因素，并揭示其中的特点和运动规律，主要研究对象既包括国际贸易的基本理论，也包括国际贸易政策及国际贸易发展的具体历史过程和现实情况。

本报告对国际经济学学科在2022年关注的时事热点、重点文献和重要学术活动等进行了归纳和梳理，阐明了当前国际经济学科的重点研究方向、难点问题及发展前沿。在此基础上对本学科的发展给出问题分析与研究建议。

2022年，知网中“F74：国际贸易”相关期刊学术论文类文章共1072篇，其中被引数较高的主题包括国际贸易中的对外贸易、数字贸易、数字经济、跨境电商、双循环。根据CiteSpace分析，出现频率较高的关键词为：“国际贸易”（212）、“对外贸易”（86）、“数字贸易”（43）、“跨境电商”（35）、“数字经济”（28）、“双循环”（26）、“贸易网络”（14）；中心性较高的关键词为：“国际贸易”（0.57）、“数字贸易规则”（0.30）、“双循环”（1.27）、“贸易网络”（0.30）、“数字经济”（0.26）。结合关键词出现频率和中心性结果，2022 年国际贸易领域四大热点确定为“数字贸易规则”“以国内大循环为主体，国内国际双循环相促进的新发展格局”“贸易网络”“数字经济热潮”。

2022 年，科学网 WoS 中与“International Economics”和“International Trade”相关期刊学术论文类文章共 2207 篇，其中被引数较高的主题包括“国际贸易”“碳排放”“经济增长”“政策”。根据 CiteSpace 分析，出现频率较高的关键词为：“国际贸易”（357）、“影响”（185）、“贸易”（171）、“经济增长”（117）、“碳排放”（93）、“政策”（87）、“气候变化”（79）；中心性较高的关键词为：“碳排放”（0.41）、“经济增长”（0.33）、“协整关系”（0.21）、“国际贸易”（0.13）。结合关键词出现频率和中心性结果，2022 年外文文献国际经济领域热点为国际贸易中的“碳排放”和“经济增长”，以及“经济政策不确定性影响”和国际贸易中的“外国直接投资”。

一、学术研究概况

（一）中文期刊发表的科研成果研究热点

1. 数字贸易规则

在 2010—2022 年间，全球可通过数字形式交付的服务出口规模从 1.87 万亿美元增长至 3.8 万亿美元，数字贸易在全球服务贸易中的主导地位正逐步显现。数字化贸易对世界经济发展的冲击已经超过了传统贸易，成为推动经济发展的主要力量，贸易和投资已发生了变化。随着全球数字贸易的迅速发展，同时由于主要经济体所持立场不同，多边谈判进程受阻，全球数字贸易竞争日益激烈，数字贸易规则的制定成为国际关注的焦点，数字贸易规则谈判成为当前数字经济和国际贸易领域的热点问题。国际社会特别是发达经济体为抢占未来发展高地，进一步掌控国际经贸规则话语权，已经开始针对数字贸易加紧布局。数字贸易的影响已渗透至国家治理、意识形态、国际交往及社会生活的方方面面。中国作为数字贸易发展体量大且潜力巨大的国家之一，据中国商务部《中国数字贸易发展报告 2021》显示，2021 年我国可数字化交付的服务进出口额为 3596.9 亿美元，同比增长 22.3%；其中，可数字化交付的服务出口额为 1948.5 亿美元，占全球市场的 5.1%。数字贸易的迅速发展对相关规则也提出了新的要求和挑战，现行贸易规则并无法满足数字贸易的需求，形成应对数字贸易规则谈判的中国之策已成为新热点话题。北京在数字贸易发展方面的成绩也是有目共睹的，电信、计算机和信息服务业出口是北京服务贸易最大的顺差来源且数字内容是北京市发展数字贸易的优势领域，研究数字贸易规则至关重要。

王蕊等[1]对 CPTPP 与 RCEP 数字贸易规则的主要差异展开分析对比研究，得出我国参与 CPTPP 谈判在数字贸易规则层面可能面临挑战，研究发现数字产品非歧视性待遇可能影响我国文化市场现行开放政策；跨境数据自由流动规则可能对我国意识形态和国家安全形成挑战；禁止数据存储本地化等要求可能使我国网络信息安全面临风险；网络自由接入原则与我国现有国际联网要求存在冲突；电子商务章节适用协定争端解决机制可能对我国构成诉讼压力。进一步来说，面对发达经济体在数字贸易规则制定中的优势地位，我国应推动加入 CPTPP 谈判，并积极参与《数字经济伙伴关系协定》（DEPA）、WTO 电子商务议题谈判，着力增强在全球数字经济领域的话语权和影响力；与此同时进一步加快国内改革与试点步伐，优化数据传输、网络监管相关法律框架与政策体系，为我国参与全球数字贸易规则竞争奠定基础。

刘杰[2]从数字贸易的内涵与外延出发，基于 2010—2020 年美国、英国、日本、欧盟以及我国的可数字化交付的服务出口规模，系统研究全球及主要发达经济体数字贸易发展现状及特点，分析我国数字贸易发展现状及发展瓶颈，数字贸易发展定位亟待进一步明确；缺少数字贸易系统性战略布局；可数字化服务产业国际竞争力较弱；尚未推出我国数字贸易国际规则主张；数字贸易相关法律法规有待完善，并有针对性地提出新发展趋势下加快我国数字贸易发展的政策建议。

任吉蕾等[2]梳理了国际数字贸易规则制定现状与主要议题以及自由贸易协定中的数字贸易规则。研究发现关于数据的跨境传输、数据本地化、防止强制性技术转让、保障个人数据安全、竞争政策以及保障国家安全等方面，是国际关注的焦点问题，但是高开放水平的自贸协定，特别是采用模块化方式的 DEPA 以及最大程度上兼顾各方利益的 RCEP，则为推动国际数字贸易规则达成共识提供了借鉴和启发。

刘洪愧[3]从四个角度即交易成本角度、比较优势角度、平台经济角度和治理角度分别剖析了数字贸易下全球产业链的变革及其方向。研究认为数字服务对全球产业链的深度嵌入降低了相应的管理和组织成本，并催生出数字产品的全球生产分工；数据和数字技术成为新的生产要素，各国和企业的比较优势面临重构，由此引起全球产业链中国家和企业利益分配格局的变化；数字贸易下的各类平台形成虚拟集聚，创造出更大范围的规模效应和网络效应，平台可提供诸多现代化服务，创造巨大价值，但也可能导致市场参与主体两极分化；并且，数字贸易和数字技术成为组织和管理全球产业链和全球价值链的重要方式，原有的国际贸易规则不再适用，进而可能推动数字贸易新规则的建立。

2. 以国内大循环为主体，国内国际双循环相促进的新发展格局

2021年，中国国内生产总值达到114万亿元，出口占全世界的份额约为15%，制造业增加值占全世界的份额接近30%，经济发展取得了惊人的成绩。与此相伴随的是，近年来中国经济的发展遇到了很大的瓶颈，经济增长新动能不足、不同维度的结构失衡问题日益突出、外部发展环境日益复杂。在此背景下，中国提出要加快构建以国内大循环为主体、国内国际双循环相互促进的新发展格局。同时，构建“以国内大循环为主体、国内国际双循环相互促进的新发展格局”，是“十四五”时期应对新发展阶段机遇和挑战、贯彻新发展理念的重要战略选择。自此关于以国内大循环为主体、国内国际双循环相促进的新发展格局的文章逐年增加。

李自若等[4]基于1992—2019年中国28省份26部门的省际贸易、出口贸易，对内贸成本、外贸成本进行估算，并从宏观层面和企业层面出发，研究内贸成本、外贸成本对中国国内贸易和国际贸易的影响。研究发现，企业面临的内贸成本和外贸成本均经历了先下降后上升的过程，转折时点为2010年左右；中国贸易成本的地区差异非常大，东部地区内贸成本显著高于外贸成本，而中西部地区内贸成本显著低于外贸成本；较强的国内市场分割不利于发挥国内市场规模效应，阻碍了省际贸易交流，也阻碍了企业和产业以规模经济为基础降低成本，提升核心竞争力；沿海五省份凭借外贸成本优势可以通过独立外循环实现规模经济效应，而其他地区的经济发展则主要依靠国内市场驱动。

郑休休等[5]基于中国各省工业子门类销售产值数据，结合区域间投入—产出表与海关进出口交易数据，构建了出口和进口两类国际大循环指标、国内销售和国内购买两类国内大循环指标，利用面板数据联立方程组模型定量检验了国内大循环与国际大循环之间的相互影响，并检验产业关联和区域边界在“双循环”中的作用。研究表明：国内大循环与国际大循环在总体上存在显著的双向促进效应；其中，工业行业的出口分别与国内中间投入的购买、国内跨省最终消费的销售之间存在显著的双向促进效应；最后，异质性分析结果支持了优化国内资源配置、促进国内贸易畅通的必要性。

赵春明等[6]从内需主导模式的大国经济发展理论、高水平对外开放和主场全球化三个角度探讨“双循环”新发展格局下中国与东亚区域经贸合作的理论逻辑，进一步探讨中国以及东亚地区经贸发展的结构性变化，并提出中国与东亚区域经贸合作的路径优化策略。研究发现“新三角贸易”形成，中国成为东亚区域价值链核心，且中国对外直接投资区位向东亚回归，然而逆全球化浪潮兴起，东亚地区参与全球价值链进一步萎缩，区域经济一体化程度加深，区域内贸易依赖性增强。

张帅等[7]基于2017年中国多区域投入产出数据，通过构建一个多地区-多部门贸易模型来量化分析双循环及其经济增长效应，并从区域和行业层面分别分析降低省际贸易成本、促进国内循环和降低关税、促进国际循环的经济影响。研究发现，在宏观层面上，双循环、国内循环和国际循环分别使实际经济增长提高26.55%、15.91%和5.40%；在行业层面上，上述三种循环对应的经济增长效应平均值分别为36.94%、22.78%和6.05%。可见，国内循环的经济增长效应大于国际循环，且双循环的整体经济增长效应大于国内循环和国际循环之和。进一步分析发现，降低省际贸易成本、促进国内循环，有助于实现产业转移和缩小地区经济差距，但却不利于产业转型升级；降低关税、促进国际循环，有助于实现产业结构转型升级，但却可能进一步扩大区域发展不平衡。未来应权衡二者的关系，充分考虑产业的空间分布特点，用差异化的政策来推动经济高质量发展。

3. 贸易网络

随着经济全球化的不断推进，世界经济贸易规

则也在不断地革新与发展。世界贸易组织（WTO）的成立强化了多边贸易体制，但是随着 WTO 多次谈判受阻，多边贸易体制存在被边缘化的风险。同时，区域贸易协定日渐兴起，根据 WTO 统计，截至 2021 年全球向 WTO 报备了 568 个区域贸易协定（RTA），其中 350 个 RTA 处于有效实施状态，区域贸易协定显现出蓬勃发展的趋势。在此背景下，自贸区网络已成为中国对外开放新高地的建设重点之一。自由贸易协定（FTA）的谈判和签署是中国实现高水平对外开放、积极参与全球价值链（GVC）治理的重要内容。“十四五”规划明确提出要“实施自由贸易区提升战略，构建面向全球的高标准自由贸易区网络”。因此，对当前日益深化的自由贸易协定如何影响一国参与全球贸易网络展开深入研究的越来越多。

周文韬等[8]基于 2000—2016 年跨国双边贸易数据构建国别贸易网络指标体系，衡量一国在全球贸易体系中的相对位置，并由此对接中国企业层面出口数据构建企业出口网络指标，再进一步在引力模型中研究企业贸易网络对出口动态的影响。研究发现：将企业贸易网络指标引入引力模型后，模型对于企业出口动态的解释力更强。企业当期的一阶、二阶和高阶贸易网络指标提高一个单位，会使得企业—市场下期成功出口的概率分别提升 4. 86%、4.70% 和 8. 93%，出口额分别增加 68. 55%、65.25% 和 128. 86%，成功存活的概率分别提升 5. 97%、5. 76% 和 10. 90%。

吕越等[9]采用 2000—2014 年 WIOD 投入产出数据库，基于 WWZ 方法对增加值贸易进行分解并构造了考察全球价值链网络的关键指标，就当前日渐深化发展的自由贸易协定如何影响全球价值链网络问题展开了全面深入的研究。研究表明：首先，2000 年以来，全球价值链网络中世界各国的贸易强度均实现明显上升。其次，发展中国家在全球价值链网络中的参与度仍然低于发达国家。再次，自由贸易协定深度的提高能够显著促进一国在全球价值链网络中建立更广泛的联系，并且在一定程度上抵御金融危机对增加值贸易的负面冲击。

侯方淼等[10]基于全球 40 个国家 2002—2020 年的木质林产品贸易数据，探讨一国的木质林产品贸易网络特征对木材产业全球价值链分工地位的影响。研究表明，网络联系强度和网络异质性的系数分别是 0.036 和 0.005，而网络中心性的系数是 -0.363，这表明一国贸易网络联系强度每上升 1 个单位，该国在贸易网络中所占据的份额加大，全球价值链分工地位随之提升 0.036 个单位；一国贸易网络异质性每上升 1 个单位，其地理分布集中度就下降 1 个单位，降低了该国对外贸易依赖风险，全球价值链分工地位也随之提升 0.005 个单位；而一国的网络中心性每上升 1 个单位，表明与该国发生贸易关系的国家数量增多，但是盲目地扩张贸易对象的数量并不能提升该国的全球价值链分工地位。

4. 数字经济热潮

随着科技不断进步，近年来基于互联网、数字技术等通用目的技术的数字经济得到快速发展，成为中国培育经济增长新动能的重要抓手，与经济社会各领域融合的广度和深度不断拓展。党的二十大报告提出“加快发展数字经济，促进数字经济和实体经济深度融合，打造具有国际竞争力的数字产业集群”。数字经济于 2017 年首次写入政府工作报告，上升为国家战略。2021 年，中国数字经济规模达到 45.4 万亿元，占 47 个国家总量的 18% 以上，位居世界第二，其中北京数字规模占 GDP 比重超过 50%，位列全国第一。数字经济发展速度之快、辐射范围之广、影响程度之深前所未有，赋予了经济社会发展“新领域、新赛道”和“新动能、新优势”。数字经济凭借强大的搜寻匹配能力、打破地理距离限制、扩展成本低廉、全民共享等特性，改变了市场中消费者的消费行为和企业的营销模式，为国际贸易带来了发展机遇和市场空间。数字经济已经成为我国经济高质量发展的重要引擎，越来越多的学者研究数字经济给国际贸易带来的影响与冲击。

沈玉良等[11]通过比较各国在国际经济规则中的立场和诉求阐明了中国在国际贸易规则中的取向。中国货物贸易的比较优势决定了商贸便利化规则依然是中国关注的重点，同时数字技术和数字平台的相对优势地位以及国内完备的供应链体系决定了数字经济规则是中国新一代贸易规则的基本导向。

傅晓冬等[12]根据 1996—2019 年中国同 189 个国家和地区的贸易面板数据，构建扩展的引力模型，实证分析数字经济对中国文化产品出口贸易的影响，并探索了不同经济、文化、制度距离下数字经济影响的异质性。研究结果表明，数字经济显著正向地促进了中国核心文化产品出口额的提升，但是随着经济、制度、文化距离的增大，这种正向的影响作用会有所减弱。

郭风等[13]基于30个省份2011—2020年的相关数据，应用中介效应模型，基于绿色技术进步的中介效应视角，实证分析数字经济对低碳贸易竞争力的影响。结果发现：数字经济和绿色技术进步能显著促进中国低碳贸易竞争力的提升；绿色技术进步在数字经济对低碳贸易竞争力的影响中起部分中介作用；东部、中部地区数字经济显著推动了低碳贸易竞争力水平的提升，且对东部地区的促进作用大于中部和西部地区。

孟涛等[14]分析了数字经济视域下跨境电商高质量发展的理论基础，并基于推拉理论从数字技术赋能、数字品牌生态、数字规范治理和数字基础支撑四个方面构建跨境电商高质量发展的动力机制，探究跨境电商高质量发展的现实特征，提出我国应当充分利用数字经济新优势，通过数字核心技术赋能新动力、数字基础设施支撑新发展、数字品牌生态创造新价值、数字规范治理提供新保障四大对策。

（二）英文期刊发表的科研成果研究热点

1.碳排放与经济增长

首先，当前研究聚焦于国际贸易中的碳排放问题。Jiang, S. 等[15]基于G7国家1990—2020年的数据，结合几项先进的计量经济学测试和技术，解决计量经济学中的先进问题（即横截面依赖性、异质性和内生性）。CS-ARDL的估计表明，PRI和ERRD破坏了CCO_2e的有害影响，从而大大降低了环境质量。同样，出口的增加与CCO_2e的比率呈负相关。然而，由于GDP和进口的增加，CCO_2e明显趋于激增。Ojekemi，O.S. 等[16]基于常见的相关效应平均组（CCEMG）、增强平均组（AMG）与Dumitrescu和Hurlin（2012年）因果关系方法评估了国际贸易、可再生能源使用和技术创新对基于消费的碳排放（CCO_2）的影响，以及1990—2018年期间金融发展和经济增长在金砖国家经济中的作用。研究结果显示，可再生能源的使用、出口和技术创新缓解了CCO_2，而经济增长和进口在金砖国家经济体中触发了CCO_2。小组因果关系结果还显示，除金融发展外，所有变量都可以预测二氧化碳排放量。Bilal等[17]将1971—2016年的政府支出、通货膨胀动态和经济增长作为调节变量研究替代能源对德国环境质量的影响。研究证明：替代能源、政府支出和通货膨胀是负相关，而经济增长与德国的环境质量是正相关。Irfan Khan等[18]研究了1990—2015年能源转型、能源消耗、自然资源和城市化对选定的经济合作与发展组织（OECD）国家生态足迹和经济增长的影响。长期结果表明，能源转型、可再生能源消费和自然资源是负相关，而非可再生能源消费和城市化与生态足迹和经济增长是正相关。总体而言，结果意味着能源转型、可再生能源消费和自然资源改善了环境质量，并阻止了经济增长。

其次，当前研究还关注了国际贸易中的经济增长问题。Weimin, z. 等[19]基于1990—2019年前9个全球化国家的数据，采用完全修改的普通最小二乘和动态普通最小二乘面板共积分方法，确定了变量中因果关系方向的长期影响和Dumitrescu和Hurlin面板因果关系。研究发现，经济增长和电力消耗极大地促进了二氧化碳的产生。另一方面，平方增长和全球化减少了二氧化碳排放，并有助于环境的可持续性。然而，平方增长对二氧化碳排放的反向影响表明存在EKC假设的倒U形。此外，Dumitrescu和Hurlin的因果关系措施表明，电力消耗和经济增长与二氧化碳排放以及全球化和经济增长的双向因果关系。与此同时，从全球化到二氧化碳排放，从经济增长到电力消费，从电力消费到全球化，都存在单向因果关系。Alam, M. s等[20]基于自回归分布式滞后（ARDL）边界测试和矢量纠错模型（VECM）格兰杰因果关系共积分方法进行实证分析。调查结果表明，在碳排放、国际贸易、资本形成、经济发展和能源消费方面没有短期因果关系，但从外源变量到内源变量存在长期关联。研究结果还显示，巴林的贸易和经济增长对环境恶化产生了负面影响。Qing Ding等[21]使用面板矢量自回归模型方法，基于2005—2015年63个国家和地区的数据，研究了全球价值链参与、二氧化碳排放和经济增长之间的动态关系。发现：（1）GVC的参与通过增加人均国内生产总值（GDP）和减少人均二氧化碳排放来促进长期的环保增长。（2）GVC的参与度随着人均二氧化碳排放量的增加而增加；随着人均GDP的增长而减少。（3）这些关系因行业和收入而异。此外，与低收入国家相比，高收入国家从全球价值链参与中受益更多。

2.外国直接投资和经济政策不确定性影响

CiteSpace对外文文献的分析结果显示，国际贸易中的外国直接投资和经济政策不确定性影响问题已经成为国际经济和国际贸易领域的研究热点。研究主要集中于两个方面：

一方面，研究关注了国际贸易中的外国直接投资问题。如 Mahmood 等[22]基于 1990—2019 年期间和空间德宾模型（SDM）研究了贸易和外国直接投资（FDI）对海湾合作委员会国家基于领土的二氧化碳（TCO_2）和基于消费的二氧化碳（CCO_2）排放的直接和溢出影响。实证结果证实了 TCO_2 和 CCO_2 模型中经济增长和排放关联中存在环境库兹涅茨曲线（EKC）。外国直接投资对 CCO_2 有负面的直接和溢出效应，对 TCO_2 有正溢出效应。Aviral Kumar Tiwari 等[23]基于 1990 年至 2019 年期间 16 个亚洲经济体的小组数据集，研究了通过内生外国直接投资（FDI）、贸易开放、经济增长，股市发展对可再生能源消费的影响，研究结果解释了股票市场对亚洲地区可再生能源消费的影响微不足道，并且，贸易活动的扩大和经济增长的增强可以通过技术效应显著减少能源消耗。此外，PQR 结果显示，股票市场的发展鼓励可再生能源项目在股票市场相对更发达的高分（0.70）组中。外国直接投资通过在资本相对稀缺的亚洲国家促进投资活动来鼓励可再生能源的消费。

另一方面，研究关注了国际贸易中的经济政策不确定性影响问题。Kazi Sohag 等[24]调查了俄罗斯汇率对国内经济政策不确定性的反映，纳入不同经济环境下的油价和贸易量。实证研究表明，在管理浮动汇率的不同分位数下，当地货币升值是为了应对俄罗斯经济政策不确定性的增加，但在浮动汇率期间在大多数分位数下贬值。Fengxiu Zhou 等[25]研究发现贸易政策的高度不确定性极大地抑制了公司出口的广泛和密集利润率，而异质性关系效应发生在具有不同生存能力水平的公司中。违反比较优势的发展战略加剧了贸易政策不确定性对公司出口的负面影响。在贸易政策的高度不确定性下，出口市场多样化可以缓解发展战略对企业出口的限制性影响，而以工业为导向发展的地区的企业往往容易受到成本冲击，从而减少出口市场的多样化。

二、问题分析与研究建议

从世界范围来看，数字贸易规则具备区域属性。美国最先布局和谋划全球数字贸易规则，并对南太平洋区域产生了很大的外溢影响，两者的核心理念和重要议题也大体相同。欧洲在跨境数据流动和存储方面与美国存在较大的差异，在个人数据与敏感信息保护领域对全球数字治理产生了重要的影响。由中国主导的议题集中于跨境电子商务的便利化，其核心利益在于促进大型数字平台的跨境电子商务以及重视对国家安全的保护。未来的研究可在以下方面有所侧重：如何加快与国际高标准数字贸易协定对标；如何建立安全有序、分类指导的跨境数据流动监管体制；如何建立完善的数字知识产权保护体系；如何强化中国在亚太地区的数字规则影响力。

构建双循环新发展格局是关系到新发展阶段我国经济在高质量发展道路上行稳致远的系统性深层次变革，因而新发展格局及其构建问题现如今成为学界探讨的一个焦点。众多着眼于新发展格局的现有文献主要侧重于两个方面：在理论研究方面，分别从理论渊源、理论内涵和基本特征三个角度切入；在实践研究方面，分别从实践背景、核心问题和实现路径三个角度切入。未来可从生产、流通、分配、消费各环节对现代化新征程进一步开展新发展格局构建问题进行深入研究。

在复杂网络视角下，网络构建方面，国际贸易不同的网络构建模型，为国际贸易模式的机制研究和实证分析提供了新的视角；网络结构方面，学界广泛探讨了国际贸易网络基本统计测度、节点重要性和贸易网络社团结构；网络功能方面，贸易网络鲁棒性、危机传播以及演化模型与机制备受关注。虽然国际贸易网络的研究取得一系列重要的成果，但面对实际国际贸易问题时，应将国际贸易网络分析融入经济学意义，例如如何结合传统国贸理论深入了解贸易网络背后蕴藏的现象，也是未来考虑的一个重点。

国内外学者对于数字创新、数字经济内涵界定，以及数字创新赋能数字经济的内在机理和实现路径已进行了丰富研究。目前中国数字创新和数字经济的蓬勃发展为我国学者提供了巨大的研究空间，如何将西方发达国家数字创新、数字经济的先进经验与我国现实国情相连，摸索出一条适合我国数字创新和数字经济发展的特色道路，为我国数字创新提供先进理论指导，促进我国数字经济的高质量发展，是我国学者应当研究的重点问题。

已有研究对低碳经济的关注点主要集中在概念探讨、影响因素、增长路径、建模方法等几个方面。国内外众多学者主要从限制二氧化碳排放和能源消费对经济增长的影响这两方面展开研究，并讨论如何实现低碳转型。从系统理论的角度来看，经济增长、产业结构、消费结构、能源强度、能源消费、碳排放是相互依存和相互作用的，可把这些因素纳入一个整体统一的经济增长框架，全面综合性分析这些因素对低碳经济增长的影响。

贸易政策不确定性是近年来贸易政策研究领域一个非常重要的前沿课题，相关研究主要侧重两点：一是关于贸易政策不确定性如何影响贸易自身的研究，包括贸易量、贸易价格与利润、贸易产品创新与质量、出口的国内附加值等。二是关于贸易政策不确定性如何影响其他经济变量的研究，包括微观方面的企业效率、企业储蓄、企业采购模式，以及宏观方面的经济增长、就业、外商投资等。贸易政策不确定性的研究未来可以拓宽相关的理论机制，强化贸易政策不确定性产生的原因，拓展贸易政策不确定性的研究范围。总之，贸易政策不确定性的研究仍然具有广阔的空间。

（北京外国经济学说研究会供稿；执笔人：徐丹丹、邱玉娜、郭志超）

注：

［1］王蕊、潘怡辰、袁波等：《从 CPTPP 与 RCEP 差异看我国应对数字贸易规则竞争的思路》，《国际贸易》，2022 年第 3 期。

［2］任吉蕾、孟月明：《国际数字贸易及规则新动向研究》，《东北亚经济研究》，2022 年第 01 期。

［3］刘洪愧、赵文霞、邓曲恒：《数字贸易背景下全球产业链变革的理论分析》，《云南社会科学》，2022 年第 4 期。

［4］李自若、杨汝岱、黄桂田：《内贸成本、外贸成本与畅通国内大循环》，《中国工业经济》，2022 年第 2 期。

［5］郑休休、刘青、赵忠秀：《产业关联、区域边界与国内国际双循环相互促进——基于联立方程组模型的实证研究》，《管理世界》，2022 年第 11 期。

［6］赵春明、刘珊珊：《“双循环”新发展格局与东亚区域经贸合作：理论逻辑、结构变化与实现路径》，《国际经济合作》，2022 年第 1 期。

［7］张帅、王志刚、金徵辅：《双循环的经济增长效应：基于国内贸易的视角》，《数量经济技术经济研究》，2022 年第 11 期。

［8］周文韬、杨汝岱：《贸易网络与企业出口动态》，《国际贸易问题》，2022 年第 1 期。

［9］吕越、毛诗丝、尉亚宁：《FTA 深度与全球价值链网络发展——基于增加值贸易视角的测度与分析》，《世界经济与政治论坛》，2022 年第 1 期。

［10］侯方淼、萧建秀、张凤佳等：《全球贸易网络对价值链分工的影响——基于木质林产品的视角》，《林业经济》，2022 年第 6 期。

［11］沈玉良、彭羽、高疆等：《是数字贸易规则，还是数字经济规则？——新一代贸易规则的中国取向》，《管理世界》，2022 年第 8 期。

［12］傅晓冬、杜琼：《数字经济对中国文化产品出口贸易的影响研究》，《宏观经济研究》，2022 年第 3 期。

［13］郭风、孙仁金、孟思琦：《数字经济影响低碳贸易竞争力的中介效应研究》，《技术经济与管理研究》，2022 年第 7 期。

［14］孟涛、王春娟、范鹏辉：《数字经济视域下跨境电商高质量发展对策研究》，《国际贸易》，2022 年第 10 期。

［15］Jiang，S.，Chishti，M.Z.，Rjoub，H. et al. Environmental R&D and trade-adjusted carbon emissions：evaluating the role of international trade. Environ Sci Pollut Res 29，63155－63170（2022）.

［16］Ojekemi，O.S.，Rjoub，H.，Awosusi，A.A. et al. Toward a sustainable environment and economic growth in BRICS economies：Do innovation and globalization matter?. Environ Sci Pollut Res 29，57740－57757（2022）.

［17］Bilal，Irfan Khan，Duojiao Tan，Waseem Azam，Syed Tauseef Hassan，Alternate energy sources and environmental quality：The impact of inflation dynamics，Gondwana Research，2022，51-63.

［18］Irfan Khan，Abdulrasheed Zakari，Munir Ahmad，Muhammad Irfan，Fujun Hou，Linking energy transitions，energy consumption，and environmental sustainability in OECD countries，Gondwana Research，2022，445-457.

［19］Weimin，Z.，Sibt-e-Ali，M.，Tariq，M. et al. Globalization toward environmental sustainability and electricity consumption to environmental degradation：does EKC inverted U-shaped hypothesis exist between squared economic growth and CO_2 emissions in top globalized economies. Environ Sci Pollut Res 29，59974－59984（2022）.

［20］Alam，M.S.，“Is trade，energy consumption and economic growth threat to environmental quality in

Bahrain - evidence from VECM and ARDL bound test approach", International Journal of Emergency Services, Vol. 11 No. 3, pp. 396–408 (2022).

[21] Jing Wang, Dan S. Rickman, Yihua Yu, Dynamics between global value chain participation, CO_2 emissions, and economic growth: Evidence from a panel vector autoregression model, Energy Economics, 2022, 105965.

[22] Mahmood, H. The spatial analyses of consumption-based CO_2 emissions, exports, imports, and FDI nexus in GCC countries. Environ Sci Pollut Res 29, 48301 - 48311 (2022).

[23] Aviral Kumar Tiwari, Samia Nasreen, Muhammad Awais Anwar, Impact of equity market development on renewable energy consumption: Do the role of FDI, trade openness and economic growth matter in Asian economies ?, Journal of Cleaner Production, 2022, 130244.

[24] Kazi Sohag, Anna Gainetdinova, Oleg Mariev, The response of exchange rates to economic policy uncertainty: Evidence from Russia, Borsa Istanbul Review, 2022, 534–545.

[25] Fengxiu Zhou, Huwei Wen, Trade policy uncertainty, development strategy, and export behavior: Evidence from listed industrial companies in China, Journal of Asian Economics, 2022, 101528.

年度推荐著作和论文

著　作

1. 国务院发展研究中心对外经济研究部课题组:《服务贸易》,中国发展出版社,2022 年。

2. 中国社会科学院世界经济与政治研究所:《世界开放报告 · 2022》,中国社会科学出版社,2022 年。

3. 刘艺卓:《农业高水平对外开放》,中国商务出版社,2022 年。

4. 张宇燕:《2022 年世界经济形势分析与预测》,社会科学文献出版社,2022 年。

5. 余淼杰:《构建中国全面开放新格局》,科学出版社,2022 年。

6. 杨励、曹红兰、赖菲:《贸易开放、企业出口行为与城乡收入不平等》,知识产权出版社,2022 年。

7. 王小鲁:《市场经济与共同富裕——中国收入分配研究》,中译出版社,2022 年。

8. 李大伟、金瑞庭:《全面提升对外开放水平研究》,中国计划出版社,2022 年。

9. 中国人民大学经济学院国际经济系:《对外开放与中国经济发展》,中国发展出版社,2022 年。

10. 刘仁胜:《生态马克思主义与生态文明》,中国人民大学出版社,2022 年。

经济思想史

范世涛、薛小和:《薛暮桥年谱:1904—1952》,北京:中信出版集团,2022 年。

经济史

1. 贺耀敏:《谱写发展奇迹:新中国重大经济成就精讲》,安徽人民出版社,2022 年。

2. 顾海良:《人间正道是沧桑——世界社会主义五百年》,中国人民大学出版社,2022 年。

微观经济学

蔡昉等:《中国式现代化:发展战略与路径》,中信出版社,2022 年。

宏观经济学

1. 中国人民大学数字税收研究所:《数字税收年度报告 2021—2022》,经济科学出版社,2022 年。

2. 吕冰洋:《走向现代财政:"国家治理财政"视角》,中国人民大学出版社,2022 年。

论　文

1. 邱海平:《习近平经济思想的原创性贡献》,《前线》,2022 年第 5 期。

2. 顾海良:《马克思"资本一般"和"许多资本"理论与中国资本问题研究》,《马克思主义理论学科研究》,2022 年第 8 期。

3. 田秀娟、李睿：《数字技术赋能实体经济转型发展——基于熊彼特内生增长理论的分析框架》，《管理世界》，2022 年第 5 期。

4. 谢富胜、江楠、吴越：《数字平台收入的来源与获取机制——基于马克思主义流通理论的分析》，《经济学家》，2022 年第 1 期。

5. 丁晓钦、罗智红：《美国新自由主义危机与当前经济“滞胀”风险——以积累的社会结构理论为视角》，《教学与研究》，2022 年第 9 期。

6. 刘守英：《共同富裕的中国式现代化》，《中国人民大学学报》，2022 年第 6 期。

7. 齐昊、田勋：《平台经济中的“无保障工作”——一个马克思主义政治经济学的分析框架》，《国外理论动态》，2022 年第 4 期。

8. 裴长洪：《中国开放型经济学的马克思主义政治经济学逻辑》，《经济研究》，2022 年第 1 期。

9. 刘元春、丁洋：《工时视角下头部企业工资溢价及成因》，《经济研究》，2022 年第 4 期。

10. 张辉、徐越：《坚持和加强党的领导，推动生态文明建设取得历史性转折性全局性变化》，《管理世界》，2022 年第 8 期。

经济思想史

1. 邱海平、孟捷、周建波等：《经济思想史视阈下的资本》，《经济思想史学刊》，2022 年第 2 期。

2. 程霖、夏艳秋：《中国经济思想史研究的历史初心与未来使命》，《中国经济史研究》，2022 年第 4 期。

经济史

1. 武力：《中国共产党领导经济工作的历史经验》，《中国党政干部论坛》，2022 年第 6 期。

2. 叶坦：《中国经济学术史中的赵靖先生》，《中国经济史研究》，2022 年第 5 期。

数量经济学

1. 祝坤福、余心玎、魏尚进等：《全球价值链中跨国公司活动测度及其增加值溯源》，《经济研究》，2022 年第 3 期。

2. 李戎、刘岩、彭俞超等：《动态随机一般均衡模型在中国的研究进展与展望》，《经济学（季刊）》，2022 年第 6 期。

微观经济学

1. 许宪春、张钟文、胡亚茹：《数据资产统计与核算问题研究》，《管理世界》，2022 年第 2 期。

2. 万广华、罗知、张勋等：《城乡分割视角下中国收入不均等与消费关系研究》，《经济研究》，2022 年第 5 期。

宏观经济学

1. 刘尚希、赵福昌、孙维：《中国财政体制：探索与展望》，《经济研究》，2022 年第 7 期。

2. 张希良、黄晓丹、张达等：《碳中和目标下的能源经济转型路径与政策研究》，《管理世界》，2022 年第 1 期。

国际经济学

1. 沈玉良、彭羽、高疆等：《是数字贸易规则，还是数字经济规则？——新一代贸易规则的中国取向》，《管理世界》，2022 年第 8 期。

2. 郑休休、刘青、赵忠秀：《产业关联、区域边界与国内国际双循环相互促进——基于联立方程组模型的实证研究》，《管理世界》，2022 年第 11 期。

法　学

总　论

习近平法治思想是全面依法治国的根本遵循和行动指南，是马克思主义基本原理同中国具体实际相结合、同中华优秀传统文化相结合这“两个结合”在法治领域的具体体现。2022年，首都法律学人继续深化关于习近平法治思想的研究，在基础理论和实践应用方面均产生了一批优秀成果。代表性学者如张文显认为，习近平法治思想以一系列独创性概念、命题、论语和观点对马克思主义法治思想、中国特色社会主义法治理论、人类法治思想史作出了原创性理论贡献。[1]李林着眼于习近平法治思想的制度层面，深度剖析习近平法治思想中深厚的制度理论、丰富的制度实践和深刻的制度逻辑。[2]程琥深入分析了习近平法治思想指导下，新型诉讼格局的理论渊源、基本要义和实践遵循，[3]有力推动习近平法治思想向部门法方向的拓展和细化。

在习近平法治思想的指导和引领下，首都法学界在法学各二级学科领域均延续了往年的优异表现。在新的时代背景与社会发展格局之下，法理学研究正不断拓展着自身的理论视野与研究方向，呈现出兼收并蓄，多元融合的学科发展态势。法律史研究更加注重对中华法系的深入阐发、更加注重对“中国问题意识”的现实观照，更加彰显出中国优秀传统法文化的深厚底蕴。宪法学研究除了继续在宪法教义学领域深耕，基于法社会学、法政治学等视角对宪法现象进行研究的尝试也不鲜见。关于行政法典化的讨论和面向未来社会的数字行政法治化研究构成行政法研究的重点。随着民法典的编纂完成，民法学研究的重点转向民法典的体系化解读，为民法典在数字时代和智能社会的应用提供前瞻性思考。针对《公司法》和《企业破产法》修改的研究构成商法研究的热点话题。经济法研究立足实践需求，聚焦国内经济发展前沿问题，关注数字经济发展态势，从数字法学、信息法学等新兴法学视野出发，丰富和完善了经济法学科研究体系。解释学方法仍然是本年度刑法研究的主流范式，围绕刑事立法法典化、企业合规、信息犯罪等具体问题的研究表现出刑法学人强烈的现实关怀。在诉讼法领域，深化司法体制改革、认罪认罚制度、证据规则、诉讼程序等问题成为学者的共同关注。环境法学研究主要聚焦于环境法典编纂、“双碳”目标下的法律议题、生态环境损害赔偿的基础问题、自然保护地与自然资源管理及相关问题等主题。随着上一轮知识产权领域法律的修订完成，本年度的热门话题不再深度聚焦于法律修改，研究者们各自重新回到其兴趣话题，使相关研究呈百花齐放态势。社会法学者针对新就业形态的劳动保护逐步达成共识，相关研究更加集中于推进数字工业时代劳动法基础理论及制度、平台用工权利保护以及特殊群体权利保护等问题。在国际法领域，国际法学者愈发重视完善涉外法律规范体系从而增强对外斗争本领，更好地维护国家利益。

一、法学学科年度学术热点

（一）强调习近平法治思想对部门法的指导意义

习近平法治思想是不断发展的开放的理论，必将随着中国特色社会主义法治建设伟大实践的深入推进而持续发展、不断丰富、更加完善。如何使习近平法治思想在部门法领域得到全面、准确、深刻的阐释和应用，是法学工作者特别是部门法学工作者面临的重要课题。首都法律学人为此作出了颇有成效的尝试。代表性作者如胡云腾指出，习近平法治思想的刑事法治理论以坚持党对刑事法治工作的绝对领导、坚持以人民为中心、实现社会公平正义、坚持总体国家安全观等为立论基础，以刑事政策观、刑事立法观和刑事司法观为主要内容，以改革创新刑事司法体制、解决刑事法治实践中的顽瘴痼疾为突破口和着力点，是深入推进新时代刑事法治理论与实践创新发展的根本遵循和行动指南。[4]李建伟指出，习近平法治思想的营商环境法治观回应了新时代可持续经济发展的内在制度需求，揭示了深化改革的宏大意旨，同时也强调以人为本，从微观层面回应市场主体的个体需求，以此作为社会多元需求之间以及社会和个人之间的价值平衡点。在此基础上，全面加强党的领导为营商环境法治化提供一般指引，构建“亲清”政商关系是实现营商环境法治化的关键路径。[5]

（二）探索中国式现代化的法治保障

党的二十大报告对中国式现代化的丰富内涵和实现路径作出了深刻阐释，如何为中国式现代化提供坚实的法治保障，是首都法律学人的重点关切。舒国滢认为，重启法制现代化道路是一项宏伟的事业，涉及诸多的知识联结难题亟待法学家集体努力破解。需要法学家群体内部形成一种法学，以及在方法论上具有更新与建构体系的理论自觉与集体冲动，需要不同代际的学者心无旁骛、潜心供奉“天职”般在法学上持续努力用功作业，还需要其他哲学社会科学界的学术贡献，在世界观、方法论、概念论和文献学上对法学的支持。[6]莫纪宏提出，总结新中国成立后民主和法治建设的经验教训，要发展全过程人民民主，必须要在法治轨道上来推进各项民主制度建设，注重实现人民民主的制度、程序机制以及民主治理方式的法律界限，从而保证“全过程民主”健康、持续和有序地发挥在保障人民当家作主中的民主功能。[7]

（三）深化宪法实施与监督研究

党的二十大报告强调，坚持依法治国首先要坚持依宪治国，坚持依法执政首先要坚持依宪执政，坚持宪法确定的中国共产党领导地位不动摇，坚持宪法确定的人民民主专政的国体和人民代表大会制度的政体不动摇。张文显认为，这为党坚持依宪治国、依宪执政夯实了思想根基和政治定力，为全面实施宪法、充分发挥宪法在经国序民、治国安邦、治国理政、民族复兴中的重大作用提供了科学指引。[8]在现行宪法颁行四十周年之际，习近平总书记于2022年12月19日发表署名文章《谱写新时代中国宪法实践新篇章——纪念现行宪法公布施行40周年》，全面回顾我国宪法制度建设和宪法实施取得的历史性成就，深刻总结我国宪法制度建设的规律性认识，提出新时代新征程全面贯彻实施宪法的明确要求。过去一年，首都宪法学者围绕八二宪法施行四十周年的经验与启示、数字社会的个人信息与隐私权保护、国家机构权力配置、宪法实施和监督等问题展开学术讨论，从中国宪法实践中提炼标志性概念、原创性观点，取得了积极的学术成果。

（四）继续推进法典化研究

民法典的成功编纂为其他领域的立法工作提供了巨大鼓舞和良好示范，使得关于法典化的研究热度居高不下。在刑法领域，首都刑法学人围绕刑法典再完善的理念与技术、刑事合规制度、网络与金融犯罪、信息与数据犯罪、犯罪的法律后果以及其他刑法前沿问题展开了深入讨论，产生了丰硕成果。[9]在环境法领域，吕忠梅认为，从中国特色社会主义国家目的、国家目标、国家任务不断发展和国家治理体系不断演进的过程中，可以发现环境法典的“行政领域立法”属性的含义。以此为基础，通过完善法律体系分类方法，明确环境法典“领域性”特性，提出环境法典编纂方案。[10]在教育法领域，湛中乐等认为，我国教育法学的体系化之路应当重视宪法规范对教育法理论的统摄功能，将基本权利作为兼具解释价值和规范价值的理论起点，并进一步形成教育法学总论与分论的演绎式逻辑体例。在此基础上，还有必要坚持教育法立法论和解释论的二元并重，在当下尤其需要重视法解释学技术的养成和运用，以在整体上推进教育法学向纵深发展。[11]

（五）积极开展涉外法治研究

2022年，国际形势依旧严峻复杂，大国之间的博弈仍未停歇，围绕法律规则的斗争则是博弈的重要工具和场域。在此背景下，首都法律学人秉持高度的时代责任感，积极深化相关问题研究。代表性学者如黄进指出，当前应以推进涉外法治为重点，以遵循正确处理两个“法治对子”的关系、加强涉外法治工作战略布局、加强涉外法治体系建设、加强国际法的研究和运用、加强涉外法治人才队伍建设等路径，统筹推进国内法治和涉外法治。[12]刘静坤提出，为完善涉外法治建设的规则供给机制，需要坚持宪法至上原则以有效控制外源性规则的法律风险，立足柔性均衡策略推动国际规则演进，循序渐进地完善适应涉外法治需求的国内法体系。[13]杜焕芳认为，为了进一步提升涉外法治体系和能力现代化水平，应当加强涉外领域重点立法，推进涉外法律法规有效实施，优化涉外法治工作战略布局，建立涉外工作法务制度，加强涉外法治人才培养，提高涉外法律斗争能力。[14]

二、法学学术研究存在问题与应对建议

在高度肯定 2022 年度首都法学学科取得优异成绩的同时，也要看到其中存在的短板与不足。这些问题有些只在短期内存在，有些则是长期性、系统性问题，对此有必要在未来研究中加以克服和纠正。本报告将相关问题归纳为以下三个方面。

（一）理论阐释多，制度规划少

2022 年是党和国家法治发展史上具有特殊意义的一年。党的二十大胜利召开和现行宪法颁行四十周年，都成为首都法律学人重点关注的对象。这无疑具有重要的意义，但从相关论著来看，学者们把研究精力更多放在多党和国家大政方针的理论阐释上，对于如何使这些大政方针真正落地，缺少有针对性的思考。这在一定程度上使得相关研究具有较强的同质性，可辨识度不高，理论阐释的意义随着文章数量的增加而递减。

（二）规范研究多，实证分析少

毋庸置疑，作为一门以法律规范文本为基础的学问，法学学术研究离不开对文本的解释与分析。但与此同时，法学也是一门实践性较强的学科，文本中每一条规定都有可能对实践产生影响，而这又是对文本进行优化改进的重要依据。本年度首都法学研究更加偏爱对文本的规范分析，实证研究的作品数量较少，这不利于反映我国法治建设的全貌，也不利于法学学科本身的多元化发展。

（三）前瞻思考多，学术梳理少

习近平总书记在哲学社会科学工作座谈会上指出，只有以我国实际为研究起点，提出具有主体性、原创性的理论观点，构建具有自身特质的学科体系、学术体系、话语体系，我国哲学社会科学才能形成自己的特色和优势。应当说，对学术史的全面梳理，是推动相关学科走向成熟、树立自信的重要环节。但从法学学科的研究来看，当前对学术史的研究仍然不多，更多作品则是关注具有“科技感”“未来感”的议题。这些研究固然重要，但对本学科历史的充分了解和系统分析将帮助我们清醒地认识我们的法学知识从哪里来、存在哪些优势与不足，进而才能更好地判断该往哪里去，真正形成有中国特色、中国气魄的法学学科体系、学术体系和话语体系。

（四）应对建议

正所谓“谜底就在谜面上”，在提出上述问题的同时，相关的建议也就随之产生。面向未来，首都法律学人的研究应当更加“接地气”。在对党和国家的大政方针进行学理阐释时，应当更加关注在制度层面的实现机制；应当进一步增加实证研究的比重，在继续研究“纸面上的法”的同时，在法学领域大兴调查研究之风，更加注重了解“行动中的法”；应当加强对各二级学科学术史的研究梳理工作，对本学科的学术脉络和发展轨迹形成更加全面清楚的认知，为进一步优化学科体系、构建学术体系以及丰富话语体系奠定基础。

注：

[1] 张文显:《深刻把握习近平法治思想的原创性理论贡献》,《法制与社会发展》，2022 年第 4 期。

[2] 李林:《论习近平法治思想的制度逻辑》,《中国法学》，2022 年第 4 期。

[3] 程琥:《习近平法治思想中的构建新型诉讼格局理论》,《中国法学》，2022 年第 5 期。

[4] 胡云腾:《习近平法治思想的刑事法治理论及其指导下的新实践》,《法制与社会发展》，2022 年第 5 期。

[5] 李建伟:《习近平法治思想中的营商环境法治观》,《法学论坛》，2022 年第 3 期。

[6] 舒国滢:《中国法制现代化道路上的“知识联结难题”——一种基于知识联结能力批判的观察》,《法学》，2022 年第 12 期。

[7] 莫纪宏:《“全过程民主”的民主特征与法律界限》,《西北大学学报（哲学社会科学版）》,2022 年第 1 期。

[8] 张文显:《深刻把握坚持依宪治国、依宪执政的历史逻辑、理论逻辑和实践逻辑》,《现代法学》，2022 年第 5 期。

[9] 雷达:《刑法典再完善的中国道路——“法典化背景下的刑法典再出发”研讨会综述》,《人民司法》，2022 年第 34 期。

[10] 吕忠梅:《论环境法典的“行政领域立法”属性》,《法学评论》，2022 年第 4 期。

[11] 湛中乐、靳澜涛:《教育法学体系化的域外比较与中国路径》,《湖南师范大学教育科学学报》，2022 年第 4 期。

[12] 黄进:《论统筹推进国内法治和涉外法

治》,《中国社会科学》，2022 年第 12 期。

［13］刘静坤:《涉外法治建设的规则体系探究》,《武大国际法评论》，2022 年第 4 期。

［14］杜焕芳:《着力提升涉外法治体系和能力现代化水平》,《中国社会科学报》，2022 年 10 月 12 日。

法　学

2022 年，在习近平法治思想指导下，首都法学界对法学各主要学科的前沿理论问题进行了深入和系统的学术探讨，产出了丰硕的研究成果。本报告以法学二级学科设置为主要分类标准，将相关学术成果提炼总结如下。

一、法理学研究

党的二十大在深刻阐述新时代坚持和发展中国特色社会主义的一系列重大理论和实践问题的同时，也为我国的法学发展提供了新的精神指引，为法理学提供了丰富且极具深度的研究素材。本年度首都地区法理学的学术成果中，既有在习近平法治思想与法理学基本问题上的宏大叙事，也有围绕数字法学、人权法学、司法制度等具体领域进行的法学学科理论框架的完善工作。在新的时代背景与社会发展格局之下，法理学研究正不断拓展着自身的理论视野与研究方向，呈现出兼收并蓄、多元融合的学科发展态势。

1. 拓展基础理论研究

理论探索是法理学亘古不变的恒久主题。时代与社会的发展日新月异，法理学自身的理论素材和思辨空间也随之不断繁衍，本年度法理学研究继续在基础理论领域发力，不断追寻着学术世界中的理论明珠。

其一，习近平法治思想研究。习近平法治思想是马克思主义法治理论中国化的最新成果，是中国特色社会主义法治理论的重大创新发展，对习近平法治思想的讨论与解读是法理学研究的重要任务。当前法理学界对习近平法治思想的研究不断推进，在既有丰硕成果的基础之上，习近平法治思想的相关研究呈现出宏观解读与微观阐释并重推进，理论发展与道路建设兼顾拓展的全面格局。其中，张文显教授指出，习近平法治思想是科学的理论体系，展现了对法律本质的揭示、对法治规律的阐明、对法学真理的追求。正是习近平法治思想以其科学的理论思维将马克思主义法治思想和中华传统法律文化扎根于当代中国法治实践沃土，不仅为中国特色社会主义法治提供了正确认识和精辟阐释，而且为人类法治文明发展前程贡献了中国智慧和中国方案。它所蕴含的丰富而深邃的政理、法理、哲理，作为科学理论体系的构成和表征，诠释了“中国之治”的“中国之理”，传递着“人类文明”的“法治之道”。[1] 邱水平认为，习近平法治思想从根本上对上述西方法理学思潮进行学理性超越，实现了马克思主义法理学中国化的最新发展。这种学理发展对实践的鲜活指导证明，西方国家的法治现代化道路并非法治的必由之路，各国完全有可能在自身历史文化传统与现实国情的基础上探索适合自身政治实践的法治现代化路径。[2] 李林研究员指出，习近平法治思想明确提出，推进全面依法治国，建设中国特色社会主义法治体系，建设社会主义法治国家，应当加强国家制度和法律制度建设，在法治轨道上推进国家治理体系和治理能力现代化，形成一整套以宪法制度为核心的更加成熟定型的中国特色社会主义制度体系；应当全面加强和推进宪法法律实施，把国家制度、法律制度和国家治理体系的制度优势转化为治国理政效能，为全面建设社会主义现代化国家提供有力制度支撑和法治保障。[3]

其二，法理学基础问题研究。法理学的基础理论问题是法理学界的核心议题，深邃理论与自由思维的碰撞不断为法理学研究提供着新的热点与前沿，也收获了辐射范围广、研究视角多样的喜人成果。作为法理学的核心知识板块，法律解释的相关研究愈发深入。舒国滢针对“可为”一词进行了细致入微的分析，认为在法律上，“可以”作为一般指令道义情态助动词被用来表达法律上的“可为”指令。这种指令允许行动者的“可为”行动在方向和方式上存在“不定态”，可能会产生随行动者之行动选择意志变动的结果。这离不开对行动之前提(条件)

的分析、解释和论证，也离不开对“可为”指令的行动条件（“可为使能条件”）与“可为”行动之间关系的分析。在行动推理领域，应当把法条规定的“可为”指令的行动条件当作逻辑上的闭合推论规则的推论条件，在此限度内，“可以作为”和“可以不作为”之间不能相互推导。[4]这类极深研几的理论研究既凸显作者本人深厚的学术功底，更彰显了法理学研究的严谨与担当。此外，立法论、法律义务、法律价值、法律责任、法秩序、法律推理等方面的理论研究进一步推进，法理学对自身理论问题的研究既致力于解决我国法治道路建设中存在的现实问题，亦在理论道路上展望我国法学学科体系的发展未来。

2. 注重新兴领域问题回应

数字时代下社会生产生活形态变革对法理学领域的冲击和挑战仍在继续，新兴技术高速发展的背后不仅隐含着法律滞后性的难题，其催生的各类新兴法律领域与新兴权利也使既有的法律规范体系陷入捉襟见肘的窘境。基于这一现实，本年度法理学研究在数字权利、人工智能、数据交易等领域深入探索，聚精于厘清其法律规范的理论基础和逻辑脉络。

其一，数字时代下描绘法学图景。陈景辉认为，如果指引行动是法治的核心内容，那么，它会要求法治由字面意义的“法律的统治”转变成“法律是唯一统治者”这种确切含义。如此一来，所有类型的算法之治都不是具体的法治，也不满足法治的要求，而是法治的拘束对象。[5]齐延平认为，数智化后设机制统御一切行为及关系，法律与法学作业理念将由“如何修复和恢复社会”转向“如何规训和塑造社会”。法律对社会的调控应由“裁断行为后果”前移为“塑造行为逻辑”，由事后处置转向参与建设社会关系“架构”，由赋权与救济转向责任与义务的加载与规制。[6]法理研究在宏观视角上把脉数字法学发展动向的同时，亦着眼于具体数字问题的理论表达。例如，郑玉双认为，自动驾驶的伦理挑战体现在它改变了道德推理的基本形式和道德决策方式，法律挑战体现为它对生命安全价值和法律责任分配的冲击。解决自动驾驶的伦理和法律挑战需要重建算法正义观，并构建出符合算法正义观的自动驾驶道德算法。相比道义论和功利主义算法，最大化最小值算法具有理论和实践优势，能够在道德基础、功能主义和责任三个方面得到辩护。[7]除此之外，法理学者的研究还涉及数据安全、数据交易、数据开放等热点问题领域，数字领域下规范体系构建的理论指导正在逐渐强化。

其二，构建新兴权利发展理论。新兴权利的不断涌现是数字时代权利话语发展的显著特征，其既易引发权利在概念和理论上的混乱，也会对司法实践产生干扰。本年度法理学研究融合新兴权利的逻辑基础与实践应用视角，为新兴权利的发展提供理论指引。在新兴权利的本体研究上，张泽键认为，有学理意义的新兴权利概念要能体现出新兴权利的重要意义。符合该条件的新兴权利概念命题有情境命题和领域命题。因为辩护领域命题是一种辩护情境命题的方式，所以有学理意义的新兴权利概念命题只有情境命题。可以通过论证权利的有限具体化理论辩护情境命题。[8]此外，“数字人权”是本年度法理学界讨论热烈的议题。例如，丁晓东认为，“数字人权”具备明显的人权属性，尤其符合我国等发展中国家关于人权的价值取向。从道德政治哲学看，“数字人权”构成了人权理论的最低“重叠共识”，与人的安全、尊严与平等价值密切相关；从实证法角度看，“数字人权”在我国和域外国家构成了宪法基本权利。“数字人权”对人权法提出了挑战，应设计符合个人 / 集体—数字权力主体—国家三元结构，同时能够有效应对侵害与合作深度交融关系的法律制度。[9]

3. 省思司法体制改革

公平正义是司法工作的生命线，是人民群众的核心司法需求。在中国司法体制改革和司法体制综合配套改革稳步推进的局面下，法理学正以更全面、更深刻的研究视角积极主动省思我国司法体制改革过程中遭遇的困境及其成因，用理论知识寻求破局之道。本年度司法领域的法理学研究成果丰硕，大到司法原理的应用小到裁判文书上网制度的探究，代表着法理学界对中国特色社会主义司法制度完善与实现社会公平正义的不懈追求。

在司法裁判领域，关于司法裁判的原理、方法、智能化倾向的成果不断涌现。其中，雷磊撰文回应了“以事实为依据”和“以证据为依据”的论战，指明案件事实是认识论意义上的事实，其中预设了对客观真相的本体论承诺和规范性诉求，厘清事实与证据的关系并主张维系“以事实为依据”的裁判结论。[10]孙海波认为，道德主要以三种方式进入法律推理活动，即通过考量道德因素来主导裁判结果，以法伦理原则为根据裁判以及以道德理由强化释法说理。但是，应警惕直接将道德作为法源、以粗糙的道德判断直接取代法律判断的做法，从而严格地坚持道德裁判与依法裁判之间的界限。[11]此外，还有学者聚焦于裁判文书研究。李广德认为，当前我国已经建设了十余年的裁判文书上网制度向能动价值取向倾斜的趋势不符合社会信用的生成逻辑，有悖司法权威的作用机制，主张未来裁判文书上网制度应向规范价值取向回归。[12]钟林燕探讨了裁判文书说理的修辞及其限度，认为要给裁判文书说理中的积极修辞设定合理性界限，即逻辑的形式理性限度和可接受的价值理性限度，以防过度修辞或者滥用修辞导致负面影响。[13]

在司法体制建设的全局视角上，法理学者把脉我国司法实践中的理论症结，研究视野从司法改革的方法论反思到法院“案多人少”的实证评估，细致入微地检视我国司法制度中比例原则、判例制度、人民调解制度、法院人事管理与绩效考核等方面存在的种种问题。侯猛讨论了“科学”在司法中的应用，面对司法领域的科学挑战提供了法学学者与法官强化联系、凝聚“科学”共识，有机整合规范科学、社会科学和信息技术的法学知识体系建设思路。[14]朱明哲在比较法视野下讨论司法参与气候治理的实践路径，探寻气候问题上司法与政策的互动通路，并以小见大地为中国司法改革提供域外经验参考。[15]此外，还有学者分析了法院在实施社会经济权利方面的基本功能。例如，李广德认为，通过司法实施社会权，其实质是将应由政治决策机构来解决的资源分配和优先项设置等问题交由司法机构解决，是政治司法化的典型形态。传统人权理论认为法院在这一过程中面临三重正当性的挑战：法院侵蚀分权、破坏民主以及法院自身缺乏制度能力。证成社会权司法化的正当性事关社会权法理学和社会权制度实践的根基。基于规范主义的论证表明，社会权司法化的三重正当性挑战是对权力分立、民主原则和法院制度能力的某种原教旨主义的误解或者狭隘理解，通过司法实施社会权并不构成对宪制原则的根本挑战。基于司法功能主义的论证表明，社会权司法化作为权利与司法两种制度性存在的结构耦合，对于诉讼当事人的权利救济和社会正义的实现具有不可或缺的作用。[16]

二、法律史研究

与以往相类似，2022年度法律史领域的研究成果总体上仍然呈现出“对中国的研究多于外国、对中国古代的研究多于近代”的特征。本年度法律史学人继续肩负加快构建中国特色哲学社会科学的时代使命，研究成果更加注重古为今用和现代价值、更加注重对中华法系的深入阐发、更加注重中国法律史的重新建构、更加注重对中国问题意识的现实观照，更加彰显出中国优秀传统法文化的深厚底蕴，进而彰显出了鲜明的中国特色、中国风格和中国气派。

1. 中国法律史

就中国法律史而言，学界本年度的研究成果涵盖了通史，古代、近代、现代等所有历史时期，其中，尤以古代部分着墨为多。法律史学人继续贯彻落实习近平总书记“要注意研究我国古代法制传统和成败得失，挖掘和传承中华法律文化精华，汲取营养、择善而用”的指示精神，对中国古代的法律史展开深入研究。代表性学者如张晋藩教授指出，从夏、商、秦、隋四朝的兴亡史中可以看出，“得民者昌，失民者亡”是一条永恒不变的历史规律。中国古代思想家、政治家从实际出发，总结出民本思想的基本理念：兴国安邦，在得民心；以农为本，改善民生；宽以养民，改善民生；爱民富民，民安国强；富则教之，移风易俗；矜恤弱者，重视人命。民本思想虽然不可避免地带有阶段性和局限性，但依然为今天以人民为中心的发展思想提供了丰富的历史镜鉴。[17]

明清时期的法律发展史是本年度法律史学人的重点关注领域。陈国平研究员重点关注了明代监察制度的发展变迁，认为明代监察系统内部监察制度具有相互制衡、网络严密、全过程监察、规则明确、形式丰富多样等特点，对于充分发挥监察机关的监察效能，维护中央集权统治起到了重要促进作用。但是，因其为绝对君主专制制度的伴生物，核心在于维护以皇权为中心的君主专制统治，在专制统治走向衰败时就暴露出一些致命缺点，最终成了它的殉葬品。[18]此外，陈国平研究员还考察了《宪纲》的性质，认为《宪纲》属于基本法律，具有不可更改的特性。宣宗、英宗考定《宪纲》意在维护其权威，经考定后洪武四年《宪纲》的内容基本上都被保留下来，所增加的内容是以编例的形式附于其后，强化了洪武《宪纲》作为基本法律的地位与性质。正统四年后《宪纲》的名称一直相沿未改。学界对《宪纲》长期存在一些不准确甚至错误的说法，系误传或对史料的误读所致。在《宪纲》之外不存在其他监察类单行基本法律，这一点对从总体上认识明代法制的特点具有重要意义。[19] 张一民助理教授对清代司法进行深入研究。关于晚清杀尊亲属罪转型中的基本问题，她认为晚清政府借助近代西方法律之“器”修剪固有礼法伦常之“道”，杀尊亲属罪的近代转型试图在维系孝道伦理的同时，平稳推进晚清新政改革。[20] 此外，她还借助《淡新档案》研究清代地方司法裁判依据，指出通过对《淡新档案》的个案解读，可知地方官在查究案情过程中，所仰赖的断案依据，间接者为律法典章，直接者为地方民情；作为基层地方官员，淡水厅同知在“按律断案”时，可能会“选择性地忽略”《大清律例》和《福建省例》中的某些规定，运用闽省及台湾府的某些地方性常识去切中案件背后的利害关系，理清法律关系的主导性和附带性，以实现“先定分后止争”的目的。[21]

值得关注的是，清华大学教授聂鑫在 2022 一年发表多篇研究近代法律史的文章。关于中国最高审判体制中的刑民分立问题，他指出，中国最高审判体制的刑民分立由来已久，从先秦发生刑民区分后，刑事审判与民事审判逐渐走向分流；“重情”案件与“细故”案件在审判程序上截然两分，死刑复核成为最高审判机关的核心职能。清末以来，近代中国移植了德日司法制度，最高审判机关的刑民审判体制走向合流；在清末“就地正法”制度与民国“惩治盗匪”特别立法下，死刑核准权先后部分“下放”给地方。1949 年以来的最高人民法院的审判体制逐渐从“刑重民轻”走向“刑民并重”；在收回死刑复核权与改革民事再审制度后，刑民案件数量先后膨胀；最近启动的完善四级法院审级职能定位改革，可能会加剧最高审判机关的刑民分立。未来司法改革应考虑最高审判体制的刑民平衡，以及传统与现代的协调问题。[22] 关于第三审的性质问题，聂鑫认为，南京国民政府改四级三审为三级三审制后，对上诉案件的全面审查导致最高法院不堪重负，不得不向法定原则回归，“厉行法律审”；与此同时，最高法院也指出，这是一个“缓进”的过程。研究第三审为法律审的法定原则在近代中国的实践与妥协，对于我们认识今天的司法改革也有参考意义。[23] 关于公私协力传统与中国近代福利国家的起源，聂鑫指出，明末以来，随着居乡士大夫角色定位的变化，民间非宗教力量成为地方公共福利的主要推动者；政府在对民间慈善事业予以监管的同时，也对其提供了不可或缺的财政与行政支持。近代中国的慈善组织与地方市政建设高度相关，如上海的同仁辅元堂，甚至被认为是地方自治的起点。中国在慈善事业领域“官民合力”“官督民办”的历史经验，不仅是近代福利国家建构的基础，对于当代中国的社会福利建设亦有一定参考价值。[24] 此外，聂鑫还与何思萌合作对民国裁判文书公开的逻辑进行研究，认为在发挥判例的审判指导功能之外，裁判文书的公开建构起了中央与地方、审判机关与法律研究者对部分典型案件的共识，使裁判文书的书写风格完成近代化转向，推动了法学研究的深入，有效地促进了审判质量的提高与国家司法的统一。[25]

受多种因素影响，现代领域仍旧是中国法律史研究相对薄弱环节。本年度法律史学界的研究成果主要涉及习近平法治思想中的传统法律文化观、中国共产党领导律师职业建设的政策立场及其演进逻辑、以全面从严治党带动全面依法治国的中国式法治现代化道路、宗法文化的角色转换及其对现代法治的参与，法治社会建设研究等。同时，广大法学法律工作者深入学习贯彻党的二十大精神，坚持以习近平法治思想武装头脑、指导实践、推动工作，不断提高政治判断力、政治领悟力、政治执行力，对系列论述及时准确作出法理阐释。

2. 外国法律史

古人云：“他山之石，可以攻玉”。习近平总书记更是明确指出，“法治是人类文明的重要成果之一，法治的精髓和要旨对于各国国家治理和社会治理具有普遍意义，我们要学习借鉴世界上优秀的法治文明成果。但是，学习借鉴不等于是简单的拿来主义，必须坚持以我为主、为我所用，认真鉴别、合理吸收。”我们既要汲取中华法律文化精华，又需借鉴国外法治有益经验。在外国法律史领域，本年度首都地区外国法律史学的研究成果主要由法理学者贡献。《清华法学》编辑部于 2022 年第 1 期发表了印度法研究专题，使印度法这一传统上未得到充分关注的研究领域重回学术视野。高鸿钧教授指出，印度法可从时间维度分为传统印度法和现代印度法。传统印度法有广义和狭义之分。狭义传统印度法意指古代印度教法、王令、行会规章和习惯法所构成的法律体系，不包括古代印度的佛教法和耆那教法。狭义传统印度法的主要特征是，宗教法占据核心地位，具有多元性，具有"法学家之法"的特性，具有广泛包容性与和平主义气质。[26]鲁楠副教授指出，《薄伽梵歌》是古印度著名史诗《摩诃婆罗多》的组成部分，是印度人耳熟能详的诗化哲学作品，定型于古印度继孔雀王朝灭亡之后至笈多王朝期间，体现了改革后的新婆罗门教与帝国统治紧密结合的思想转变。《薄伽梵歌》蕴藏着意义丰富的平等思想，在语义上强调主观心态上的平等、消除差别的平等、在至高主体面前的平等，以及修行和解脱意义上的平等，具有主观性、超越性、普遍性与包容性四个特征。在印度近代思想启蒙与民族解放运动中，针对《薄伽梵歌》的平等观，形成了偏重继承与批判的两种态度，推动了印度平等事业的发展，展示出将平等与民主法治相结合，将超越性与世俗性相结合，将普遍性与包容性相结合的政治法律智慧。[27]

3. 中华法系研究

学习历史，非为标榜过去，实为借鉴现在，更为取法将来。包含中华传统法文化在内的中华文化不惟其古老悠久而闻名于世，更以其绵延性独步寰宇，光辉的历史总能给人以深刻启示。党的二十大报告强调，弘扬社会主义法治精神，传承中华优秀传统法律文化。中华优秀传统法律文化是社会主义法治精神的源头活水，是历史的瑰宝，其在制度层面主要表现为中华法系这个文化综合体，历经两千年的传承和变动，至今仍然产生着重要影响。本年度法律史学界对于中华法系的关注与研究格外引人注目，其热点与重点话题在于中华法系的创造性转化、中华法系的现代意义、中华法系的创新发展以及对中华法系的新诠。例如，张生研究员认为，律典作为中华法系之机枢，以其体系化的规范构造和精湛的立法技术，集中体现了中国古代法制文明的水平。在律典体系化演进的历史进程中，法经、唐律疏议、大清律例代表了三种不同类型的法典统编体系。法经是在类型归纳的基础上编纂完成的，初步形成了垂直构造的统编体系。唐律疏议是律文与疏议、总则与分则的复合体系，使垂直构造的统编体系臻于成熟。大清律例则是律文和条例的统编体系，其体系既具有垂直构造的简明性和严谨性，同时又具有水平构造的开放性和适应性。中国古代律典的统编体系及其立法技术，是中华法系活的法律基因，仍具有现代意义，可以为我们完善法典编纂提供法律文化的支撑。[28]文扬认为，认识中国古代法理是继承和弘扬中华优秀传统法律文化的一项重要课题。回溯清末，沈家本、梁启超为襄助法政改革，以高度的文化自觉阐发中国古代法理。通过辨别他们认识法理的取径、厘定他们言述法理的意涵，可以抽绎出认识中国古代法理的三个维度。从经验的维度看，"古人未尝离事而言理"，即事明理、断事以理，中国古代法理寓于政事、狱事与细事之中，是评定具体的社会生活事务是非曲直的依据。从历史的维度看，中国古代法理贯通流变的礼刑传统，礼有因革损益、刑有世轻世重，需礼书与法典并观，"于历代之沿革，穷源竟委，观其会通"。从哲学的维度看，"事不一而理有定在"，中国古代法理升华事理而上揆天理，内向超越于具体的社会生活事务，具有根本性与自明性。多维地认识中国古代法理，有助于跨越概念的中西分别和立场的古今悬隔，进而更加深入地理解中国法制文明。[29]

三、宪法研究

2022年是现行宪法公布施行40周年。习近平总书记于2022年12月19日发表署名文章《谱写新时代中国宪法实践新篇章——纪念现行宪法公布施行40周年》，全面回顾我国宪法制度建设和宪法实施取得的历史性成就，深刻总结我国宪法制度建设的规律性认识，提出新时代新征程全面贯彻实施宪法的明确要求。2022年，首都地区宪法学者围绕八二宪法施行40周年的经验与启示、数字社会的个人信息与隐私权保护、国家机构权力配置、宪法实施和监督等问题展开学术讨论，从中国宪法实践中提炼标志性概念、原创性观点，取得了积极的学术成果。

1. 八二宪法实施的经验和启示

当前，世界体系正在发生深刻变革，世界经济版图的改写、国家力量对比的革命性变化、新科技革命对世界的重塑以及全球治理体系的权力建构，为宪法学研究带来机遇和挑战。韩大元从"百年大变局之下的宪法学知识体系走向"出发，认为在百年未有之大变局下，宪法学学术使命与责任的履行，需要反思传统的理论范式与框架，以历史眼光梳理学术脉络，寻找具有生命力的知识谱系，构建适应"后疫情时代"的新的学术范畴与范式。在世界宪法学体系的转型中，中国宪法学应主动参与全球宪法问题的讨论，善于提炼中国人民的宪法经验，为世界宪法学的发展奉献中国智慧。[30]王旭教授将中国宪法学原理置于大一统国家观的视角下进行研究，并指出，大一统国家观对中国宪法的塑造，体现在政治—经济、基本权利—国家权力两对范畴的内容安排中，前者构成大一统的现代政治实质，后者则是这个实质在规范主轴上的展开。大一统国家观在当代也面临无组织力量的挑战，需要在保持宪法的公共哲学基础、确立法治统一的宪法原则、加强宪法的社会调控功能三个方向上全面贯彻实施宪法。[31]

2. 关于宪法学基本原理的研究

宪法解释。阎天认为，自现行宪法出台以来，我国劳动法学界形成了难以自洽的宪法观：一方面强调劳动法作为宪法实施法的地位，用宪法论证劳动法作为法律部门的独立性，支持其改革劳动法治的主张；另一方面并未将宪法当作法律规范加以准确解释，而是在基本原则和具体制度层面都反复偏出宪法原意，且这种偏出缺乏正当性。这种宪法观无法让劳动法真正融入以宪法为核心的法律秩序，应当引入部门宪法的理念加以改造。为此，既要积极将劳动法问题上升到宪法层面思考，又要采取温和的原旨主义解释立场，注重运用历史和体系的解释方法，准确衡量各种解释素材的权威性。[32]

宪法渊源。宪法渊源是宪法学的元问题，在全面推进宪法实施的背景下，这一问题具有重要的理论和实践意义。张翔通过进行“将宪法渊源作为方法”的视角转换，对宪法包括宪法概念、宪法解释、宪法发展、宪法实施、宪法变迁等宪法学基础性问题进行新的观察和反思，秉持开放的宪法渊源思考方式。[33]冯威[34]、左亦鲁[35]等学者也就宪法渊源与宪法解释的关系、宪法审查时代的宪法渊源适用进行了深入探讨。这些讨论使得“宪法渊源”这一概念更加明晰，对于形式宪法观与实质宪法观有了更为深入的理解，为宪法实施等问题的研究提供了新的思路。

部门宪法以及宪法与部门法的关系。全国人大常委会于2021年度启动了环境法典、教育法典、行政基本法典等条件成熟的行政立法领域的法典编纂计划。王锴针对环境法典的宪法编纂基础进行了深入研究，他指出：法典编纂是从“国家法制统一”走向“国家法治统一”的必由之路。宪法作为调整国家与公民之间关系的根本大法，为环境法典的编纂提供了双重基础，即国家的环境保护义务与公民环境权保障。环境权作为请求国家积极作为的社会权，其保护范围需要立法来形成。同时，公民的环境保护义务作为法律义务，也需要通过环境法典的编纂来形成其具体内容，从而构建起公私兼顾的、以环境权和环境保护义务为架构的环境法律关系。[36]翟国强讨论了行政诉讼制度的宪法基础，认为现行宪法秩序中的法治原则、基本权利体系以及依法审判条款共同构成了行政诉讼制度的宪法依据，进而塑造了行政诉讼法律关系的基本结构。[37]

3. 基本权利理论研究与数字时代的基本权利保障

基本权利私人间效力是宪法学界持续讨论多年的学术论题。杨登杰认为，基本权利私人间效力的概念需要澄清，不同层面的意义必须区分。在规范根据意义上肯定直接效力，以强调基本权利的私人间效力不必借道个人—国家关系，在司法援用意义上以间接效力为原则，以强调宪法与民法互补交融，如此便能使直接与间接效力各得其分、相容互补。在中国宪法下，不但应承认客观法意义上的直接效力，还应承认主观权利意义上的直接效力。[38]在基本权利面临的法益冲突与平衡上，谢立斌教授认为，学界无须纠缠法益权衡是否可行，而是应当致力于探索提高法益权衡的客观性和可预见性的途径。就此而言，宪法审查机构在大量个案中进行法益权衡，能够形成适用于同类案件的权衡规则，它们能够提高后续基本权利审查的可预见性。宪法教义学的研究应当关注法益冲突，发展出相应的权衡规则，用于指导法益权衡实践。[39]

面向数字时代的基本权利保护。数字时代对个人信息和隐私权产生了深刻影响，信息技术瓦解了传统隐私控制范式的基础，进而引发了隐私保护的困境，学者们针对数字人权，数字规则体系的宪法秩序等方面进行探讨。汪庆华认为，我们需要从宪法时刻的视角和公民权利的双重面向构建个人信息保护的法律框架，让人的尊严和人性自主的价值引领技术发展。《个人信息保护法》的公法属性、立法宗旨、权利体系、规制措施都体现了这一价值目标，其是数字时代公法秩序变迁的重要产物，它对公法边界的塑造仍需通过其实施来确立。[40]张翔教授认为，应将个人信息权确立为宪法位阶的基本权利，并以基本权利作为针对国家的主观防御权和辐射一切法领域的客观价值秩序的原理，协调个人信息保护的私法机制和公法机制。个人信息保护应当实现从支配权到人格发展权的思维转换，有助于规制对已收集信息的不当利用、破除“信息茧房”、缓和个人信息保护与利用之间的紧张，以及在“个人—平台—国家”的三方关系中有效保护个人的自决，同时为数据产业保留发展空间。[41]王蔚在讨论“数字规则体系中宪法的规范性”时指出，数字社会亟待以宪法规范为核心调适、整合数字技术治理规则体系，传统宪法实施也需要面向数字社会，从国家权力单向度行使走向多元主体共治，建设安全与信任的数字国家。[42]

4. 国家机构与国家权力配置研究

国家机构的横向关系。钱坤认为全国人大常委会的宪法地位具有三重面相，即作为最高国家权力机关的常设机关、作为行使国家立法权的机关、作为宪法监督与解释机关。全国人大常委会宪法地位的三重面相，由国家治理需要、政体结构特点及不同职权间的张力共同决定，应以此为框架，厘清全国人大常委会诸项职权的外部边界与内在界分。[43]王理万认为，全国人大具有政治机关、国家权力机关、工作机关、代表机关“四个机关”属性，四重属性之间存在政治逻辑和法治逻辑的紧密互动，需整合政治代表制和法律代表制，适当配置全国人大与其常设机关的职权，积极履行重大事项决定权和监督权。[44]

国家机构的纵向关系。郑毅对“地方性事务”的内涵进行规范分析，明确以《宪法》第100条为前提、《宪法》第104条为核心、《宪法》第107条及《立法法》第82条为重要辅助的地方性事务规范结构，构建六阶递进的动态判断体系，综合运用立、改、释多元手段，最终实现对地方性事务规范内涵的全面解读。[45]莫纪宏认为，不能把“特别行政区制度”在法理上简单地等同于“特别行政区内实行的制度”。在法治轨道上来实现“一国两制”政治构想必须在“一个宪法制度”的框架内对“两种制度”进行制度性安排。制定《中华人民共和国特别行政区法》有助于更好地实现“一国两制”政治构想。[46]在特别行政区宪法适用问题上，莫纪宏教授指出，宪法规定的特别行政区制度是一个完整地体现国家结构形式特征的地方治理制度，在法理上存在着全国人大制定一般意义上的特别行政区法的必要性和可行性。特别行政区、特别行政区机构、特别行政区全国人大代表以及作为中国公民的特别行政区居民，都具有宪法上的直接法律义务，必须自觉遵守宪法，维护宪法权威。[47]韩大元教授指出，基于宪法的认同是落实“一国两制”、制定和实施基本法的法律基础和政治基础，也是“一国两制”实践的根本保障。只有回到八二宪法的指导思想、制度体系与规范体系，我们才能全面、准确理解和把握“一国两制”的历史原点与核心要义，充分发挥宪法在依法治港中的根本法地位。[48]

5. 宪法实施与宪法监督的研究

宪法的生命在于实施，宪法的权威也在于实施。习近平总书记强调：“我们要以纪念现行宪法公布施行40周年为契机，贯彻党的二十大精神，强化宪法意识，弘扬宪法精神，推动宪法实施，更好发挥宪法在治国理政中的重要作用，为全面建设社会主义现代化国家、全面推进中华民族伟大复兴提供坚实保障。”这为我们在新时代新征程上全面实施宪法指明了方向，提供了根本遵循。杜强强倡导符合法律的宪法解释，即在宪法有复数解释时以法律为准据而选择宪法解释的方法。合法宪法解释主要在于使宪法经由立法的冲击而产生新的含义，这种方法既能维持宪法的最高性，又能容纳宪法含义新的发展。[49]刘志鑫对宪法实施和监督工作中的重要原则“法律保留”作出梳理，认为其语词翻译存在疏忽，应以“法律先定”取代之，以排除“保留”的干扰和阻碍，精准表达该原则的基本内涵。[50]王锴对法律位阶判断标准作出反思，认为一个法律形式只有在授权另一个法律形式产生的基础上并能够单向否定被授权产生的法律形式的效力时，两者之间才能形成上下位阶关系。[51]关于合宪性审查的方式，朱学磊助理研究员重点讨论了事中审查，认为它是在法律规范的起草和审议阶段落实宪法规定的主要途径。法律规范草案的合宪性需要从功能性和规范性两维度进行审查，根据不同类型审查主体的比较优势分配审查任务，明确违反宪法的处理方法。[52]

6. 宪法与国家治理体系现代化的研究

区域协调发展。根据二十大报告的要求，通过扎实推动西部大开发形成新格局，推动东北全面振兴取得新突破，促进中部地区加快崛起，鼓励东部地区加快推进现代化，必将形成更高水平和更高质量的区域经济协调发展新格局。于文豪教授在《区域协同治理的宪法路径》中指出，从宪法的内在价值和协同治理的合宪性链条出发，区域协同治理应当构建目标规则、不抵触规则、监督规则、关系平等规则、效力规则和形式规则。还须通过立法将规则具体化，形成协同治理的组织法、行为法和责任法制度。[53]

全过程人民民主。全过程人民民主是以习近平同志为核心的党中央深化对社会主义民主政治发展规律的认识，创造性提出的重大理论命题。全过程人民民主是社会主义民主政治的本质属性，有助于实现人民民主和国家意志的统一。李忠夏指出，中国经历了从传统社会主义向中国特色社会主义的变迁，以社会主义、政治整合、社会本位的基本权利体系为依托，形成了独具特色的宪法秩序，不仅有效完成了国家建构、社会调控和个体保护的三重任务，也为世界宪法的发展贡献了中国方案。[54]

党内法规问题研究。加强党内法规制度建设，是全面从严治党、依规治党的必然要求，是建设中国特色社会主义法治体系的重要内容，也是推进国家治理体系和治理能力现代化的重要保障。李霞认为，完善自我革命制度规范体系，必须以中国共产党的领导为根本保证，以党章为根本，以民主集中制为核心，将自我革命精神自觉融入党的自我革命制度规范体系建设，着力建构两个体系——以自我革命为逻辑起点的党内法规体系，党统一领导、全面覆盖、权威高效的监督体系；四个机制——坚持真理、修正错误的机制，权力监督制约机制，执纪问责机制和“三不腐”一体推进机制，切实将制度优势转化为管党治党、治国理政的治理效能。[55]

7. 外国宪法与比较宪法的研究

域外宪法学说是中国宪法学研究的重要理论渊源。我国宪法及其知识体系根植于中国社会土壤，具有鲜明的中国精神和中国元素。学者们从当代中国法治实践中汲取理论创新的动力源泉，重视不同宪法文化的相互激荡和交流互鉴，提炼易于为国际社会所理解和接受的宪法新概念、新范畴、新理论，为全球治理和构建人类命运共同体贡献中国智慧和中国方案。刘晗对中国比较宪法学研究进行了重新定位与方法论重构，认为在比较宪法学的研究定位方面，须适度改变以往的借鉴式研究，着重理解式研究，更新有关域外宪法的知识体系。在方法论层面，应在功能主义路径上补足文化主义路径，将宪法制度放到不同文化语境中予以深描；在司法中心主义之上补足政体视角，关注宏观政制结构和决策机制；在专题研究中扩大国别案例范围，克服“留学国别主义”和“西方中心主义”倾向。[56]王蔚以法兰西第五共和国总统职权运行为视角，指出政治事实并非“必要的恶”，对规范与事实相互影响过程进行研究亦可正当化宪法学多元研究方法。[57]黎敏分析了魏玛制宪的二元民主制探索及其思想意义，并指出德国宪制史上经历的民主制度与民主思想争锋，对当代思考宪法与议会制民主、民粹式民主、防御性民主的复杂关系，界定民主宪制的规范语义场依旧有镜鉴意义。[58]

四、行政法研究

党的二十大报告强调，“法治政府建设是全面依法治国的重点任务和主体工程”。在开启全面建设社会主义现代化国家新征程、向第二个百年奋斗目标进军的新阶段，展望“十四五”时期法治政府建设的方向，构建法治政府建设的新格局，对法治国家和法治社会建设等具有重要意义。首都地区行政法学人以习近平法治思想为指导，在以习近平法治思想引领行政法学研究、行政法学基础理论研究、行政行为理论研究、行政组织法研究、行政法法典化研究、行政救济法律制度研究、数字法治与政府治理研究、个人信息保护研究等方面进行了有益探索与研究，取得了较为丰硕的研究成果。

1. 以习近平法治思想引领行政法学研究

习近平法治思想为发展马克思主义法治理论作出了原创性贡献，开辟了中国特色社会主义法治理论和实践新境界，在全面依法治国工作中具有指导地位，也为行政法学研究提供了根本遵循。马怀德教授指出，要深入贯彻习近平法治思想，坚持在法治轨道上推进国家治理体系和治理能力现代化，充分发挥法治的规范、引领和保障作用，不断完善国家治理体系，提升国家治理能力，为坚持和发展中国特色社会主义制度，实现“两个一百年”奋斗目标、实现中华民族伟大复兴的中国梦提供有力法治保障。[59]周佑勇指出，习近平法治思想以系统观念和系统方法擘画了全面依法治国的工作布局，揭示了法治中国建设的核心要义，阐明了这一工作布局内部各方面的关系，为我们从全局上、整体上把握全面依法治国提供了科学指引，必须准确把握这一工作布局的科学思维方法及其实践要求。[60]程琥院长指出，构建新型诉讼格局理论是习近平法治思想的原创性成果和开创性贡献，是新时代为解决影响司法公正和制约司法能力的深层次问题而进行的重要司法体制和机制创新，目的在于构建普通案件在行政区划法院审理、特殊案件在跨行政区划法院审理的诉讼格局。[61]

2. 行政法学基础理论研究

行政法学基础理论是行政法学研究的基石，是开展其他行政法学主题领域研究的前提，只有在不断深化与拓展行政法理论体系的基础上，才能保证行政法学研究的与时俱进、推陈出新，为中国行政法治建设提供理论支持。2022 年首都地区行政法学基础理论研究主要集中于行政法基本原则、原告资格的确定和第三人权利保护基础等领域。在基本原则研究中，余凌云从诚实信用、信赖保护与合法预期的引入和发展角度深入研究了诚信政府理论的本土化构建。[62] 刘飞以授益行为的撤销与废止为基点深入考察了行政法中信赖保护原则的适用要件。[63] 王青斌教授提出，为了回应民法典蕴含的权利本位观念、新设的公私法规范对法治政府建设提出的转型要求，应当从观念、规则和模式上把握民法典时代法治政府建设的转型之道，实现新旧法治政府建设理论的跨越。[64] 王贵松教授提出，由于风险具有不确定性和变动性，因此风险规制要取得实效就需要一定的灵活性，基本权利动态保护理论为风险行政的这种特性提供了支持。[65]

3. 行政行为理论研究

行政行为素来是行政法学研究的重点领域，本年度继续成为首都地区行政法学界最为关注的主题领域之一。首都行政法学者以行政行为理论研究观照法律修改和司法适用等法治实践，又以法治实践为契机反思行政行为基本理论，聚焦相关热点重点问题。在行政行为基础原理研究中，胡建淼教授认为，在“确认无效”之诉普遍确立的今天，认定“无效行政行为”的标准尚未周全，有必要全面而深入地揭示无效行政行为的具体情形，推进无效行政行为认定标准的完善。[66] 行政处罚是最主要的行政行为类型之一，2022 年延续了 2021 年学界围绕《行政处罚法》修改和实施而展开的热烈讨论趋势。俞祺助理教授认为，《行政处罚法》上的处罚措施设定权条款难以有效化解惩罚手段泛滥和治理工具不足的矛盾，它们需要在基本原理层面被重新理解，从而提出“同位保留”原理。[67] 金成波还基于新《行政处罚法》第 33 条第 2 款的规定将主观过错纳入行政处罚的考量，通过讨论行政处罚中违法者主观认识，意图进一步确立起明确的过错责任原则。[68] 行政许可是行政法学界在行政处罚以外讨论较多的行政行为主题领域。林华认为，既有的行政许可条件设定模式面临着法律实施的困境，优化行政许可条件的设定需要约束空白授权的适用、规范兜底条款的设置、公开裁量基准的内容、明确有关规定的范围，进而塑造对行政许可条件设定的层次化约束。[69]

4. 行政法法典化研究

近年来，行政法典的制定成为学界的重点议题。行政法法典化是丰富行政法理论的必然要求，是“十四五”时期完善行政法律体系的核心任务，是建设法治政府法治中国的必然要求。习近平总书记指出：“民法典为其他领域立法法典化提供了很好的范例，要总结编纂民法典的经验，适时推动条件成熟的立法领域法典编纂工作。”民法典的成功编纂对行政法法典化提供了新的启示，引起了新一轮研究热潮，学者就如何借鉴成功经验推动行政法法典的编纂等问题展开了新的思考，在论述行政法法典化正当性阐释的基础上，立足本土法治需求系统研究行政法典制定的模式、立法技术、编纂方向等问题，持续推动行政法法典化相关理论和实践问题的研究不断纵深发展。

中国政法大学本年度在行政法法典化研究方面的发文几乎占了半壁江山，可谓成果丰硕。马怀德连写了 2 篇文章讨论了行政法法典的时代需求以及模式选择问题，[70] 对当前行政法法典化所具备的政治基础、实践基础、理论基础进行了阐明，就行政法法典化的必要性与可行性作深入探讨，认为我国行政法法典化应当坚持行政基本法典模式，对行政法的基础性、一般性规则作出系统规定。[71] 应松年与张航联合发文认为中国行政法典的编纂应当遵循“两步走战略”的总体思路，先制定行政法总则，再完成分则各编，按照“提取公因式”的方法建立行政法总则的立法结构，再采取“实质法典化”的立场完成各分编，最终形成一部体系型行政法典。[72] 周佑勇提出典范性是行政法典编纂的总体气质，要制定出一部具有典范性、通则性、良善性、民族性等内在精神气质的中国基本行政法典。[73] 杨伟东[74]、王敬波[75] 等对行政法典的编纂思路进行了细致探讨，赵英男对行政法总则的立法技术问题进行了深入研究。[76]

5. 行政救济法律制度研究

进入“十四五”时期，法治政府建设的系统性要求增强，更加要求多元化解纠纷的行政救济制度的完善。随着法治政府建设进程的加快，行政诉讼与行政复议制度作为保障公民、法人和其他组织合法权益和利益，监督行政机关依法行政的重要途径在本年度是学界关注的重点。

在行政诉讼制度研究方面，本年度的关注重点主要涉及对当事人诉讼资格的认定与反思、行政诉讼司法审查标准、规划许可诉讼中第三人权益保护、行政公益诉讼等领域。余凌云在对司法裁判及现有研究细致分析的基础上，阐释合理性审查中滥用职权、明显不当各自的内涵与边界，提出审查标准适用次序理论。[77]成协中探讨了规划许可诉讼中“合法权益”的内涵扩张问题，认为规划许可诉讼的保护法益，应当超越私法上的相邻权，迈向公法上的空间利益公平分配权。[78]赵宏教授通过对德国法上理论的梳理，分析了邻人公权力的产生、意涵、导出及保护体系等内容，为我国规划许可诉讼审查中对第三人公权利的识别与保护提供借鉴。[79]罗智敏就意大利行政诉讼原告资格的理论与实践对原告适格问题进行了探讨与反思。[80]

行政复议是多元化解纠纷的重要抓手，行政复议法的修订为行政复议机关依法行政奠定了坚实基础，是良法促进善治的重要体现，有利于推进法治政府建设。本年度学人围绕行政复议法修改仍需解决的重难点问题进行讨论，致力于推进多元纠纷化解法治体系发展与完善。例如，曹鎏认为中国特色行政复议制度体系的健全与完善是一个系统工程，其围绕主渠道的基本价值追求，对行政复议申请范围、申请人资格、程序优化、行政规范性文件附带审查以及复议决定体系化等方面的问题进行梳理、总结并回应，让行政复议充分发挥化解行政争议主渠道作用。[81]

6. 数字法治与政府治理研究

随着科技和互联网的发展，人类进入数字化时代。数字时代的到来对法治政府建设提出了新的要求，数字法治政府正在成为法治政府现代化建设的新方向。《法治政府建设实施纲要（2021—2025 年）》提出要全面建设数字法治政府。2022 年 6 月《国务院关于加强数字政府建设的指导意见》划定了数字政府建设的整体框架和路线图。党的二十大报告明确要求加快建设数字中国。因此，行政法应该如何回应数字时代的变化、如何推进数字政府建设还需要行政法学人的不断研究与探索。本年度热点主要集中在数字行政法的形成与构造、数字治理与信息保护、算法治理与数字正义、数字时代的政府规制、政府数据开放、平台监管、数据科技伦理等方面。总体来看，文章异彩纷呈、独创性较强，越来越多的学者在此领域发表了较多高质量的成果。于安从比较法的视角对数字行政法的兴起和形成问题进行了初步的探讨，揭示了数字化对当代行政法核心结构的挑战和数字行政法的转型特征。[82]刘权对平台主体责任进行了细致探讨，提出要求平台积极承担主体责任，是弥补数字时代法律治理缺陷的迫切需要，是发挥平台主观能动性以实现预防式治理的基本路径，也是推进包容审慎监管的必然要求。[83]赵鹏撰文对科技伦理治理问题进行了关注，认为应当反思将科技与科技使用行为相割裂的方法论，推动科技治理适度民主化、社会化。[84]

7. 个人信息保护研究

随着互联网、大数据、算法等数字技术的时代到来和快速发展，个人信息保护越发成为人们关注的事项，也是学术理论界开展研究的前沿热点。个人信息权利保护不仅是受私法调整的私主体间的法律问题，也是涉及国家与公民之间关系的公法问题。因而，从行政法角度研究对公权力部门处理个人信息活动的法律控制，建构个人信息权利保护的法律框架成为时下的热点和趋势。北京大学法学院是针对个人信息保护开展行政法研究的重镇。王锡锌教授认为，个人信息权利束并非个人民事权利的逻辑延伸，而是国家为了履行个人信息保护义务，通过制度性保障赋予个人的工具性权利。其与个人信息处理规则在内容上同构，二者共同构成个人信息保护的规制秩序。以行政监管为中心对个人信息权利束进行保障，是个人信息保护法内在逻辑的必然要求，同时并不排斥民事诉讼等私法救济途径。[85]在另一篇论文中，王锡锌认为，对行政机关处理个人信息活动的法律控制，既需要适用个人信息保护法的基本规制框架，也需要引入行政行为合法性分析框架，对行政机关处理个人信息的活动进行合法性控制，并引入相应的行政法律责任及归责机制。[86]彭錞认为，我国个人信息保护法对国家机关处理个人信息作出了特别规定，但未明文解释其适用对象或澄清处理的合法性基础。个人信息保护领域的国家机关应采广义，包括法律、法规授权提供公共服务的组织和规章授权组织。根据我国《个人信息保护法》第13条和民法典第1036条，国家机关处理个人信息具有多元的合法性基础。[87]此外，彭錞还以《个人信息保护法》第36条为切入点，深入讨论了国家机关处理的个人信息跨境流动制度，认为国家机关处理的个人信息出境，包括物理载体出境、国际合作出境和安全评估出境，安全评估由国家机关在网信部门支持下自行开展。[88]

五、刑法研究

观察2022年的首都刑法学研究动向可知，首都刑法学科能够紧密结合刑事立法的发展和司法实践的需要，形成了众多具有原创性、建设性的理论，推动了中国刑法学的发展，主要表现为以下几个方面：

1. 刑事立法与刑法立法模式的争鸣

自《民法典》颁布并实施以来，刑法的（再）法典化问题也被再次提起，成为本年度讨论的热点。首都法学家争论中不乏关于刑法法典化与立法模式的讨论，尤其是行政刑法的立法模式问题。清华大学教授周光权旗帜鲜明地反对采用附属刑法的立法模式。他认为，如果采用附属刑法立法模式，难以抑制犯罪范围大幅度扩张的冲动；行政刑法与治安管理处罚法的关系变得很微妙、复杂；附属刑法的重罚倾向明显，容易引发刑罚趋重攀比；犯罪之间的交叉、重叠关系可能徒增适用上的困难；行政法的旨趣是干预，其中所混杂的刑法规范在立法过程中难以得到充分讨论。基于此，我国当下统一刑法典的立法模式定位准确，未来仍应继续坚持。[89]相反，中国人民大学教授付立庆结合德国、日本的立法体例，论证了我国在刑法典以外同时采取单行刑法、附属刑法模式的可能性。他主张中国的刑事立法应该放弃单一制立法模式而选择双轨制立法以使得附属刑法名副其实，并且有必要制定轻犯罪法。[90]

2. 轻罪立法治理的实践与反思

随着中国犯罪结构正经历从自然犯到法定犯、从重罪到轻罪的历史转换，理论界和实务界对轻罪立法的诉求日增。一个无法忽视的现实是，晚近以来刑法修改大多是增设轻罪，带来首都法学界对轻罪立法治理的理论与实践。北京师范大学法学院教授卢建平指出，断言轻罪时代已经来临，既是基于客观统计数据的科学分析，更是基于国家关于社会治理战略决策的理性判断。轻罪时代论断的提出，要求我们尽快调整既有的犯罪治理体系及思想观念，完善社会治理体系，大力推行犯罪治理的法治化、科学化，从而提升犯罪治理的效能，建设更高水平的平安中国。[91]其在《轻罪时代的犯罪治理方略》一文中主张，轻罪时代的犯罪治理应该彻底摈弃严打重刑思维，从宽严相济转向以宽为主的刑事政策，刑罚应整体趋轻，更多关注出刑和制裁多元化，更加注重常态治理和依法治理，刑事程序制度也应更加轻缓与灵活，同时营造更为宽容的社会环境。[92]对外经贸大学教授冀莹副指出，中国建立科学合理的轻罪体系过程中，美国轻罪制度在缓解轻罪数量过多与司法资源有限的供需矛盾的同时，也因入罪门槛过低、程序任意性过度，以及罪刑不均而酿生刑法治理危机，美国在这方面的制度设计及其缺陷，可以给我国提供启示。[93]清华大学教授张明楷则主张“犯罪的成立范围与处罚范围的分离”，具体而言，在刑事立法的活跃化不可避免的当今时代，刑事司法应当摒弃“有罪必罚”的观念，积极推进“犯罪的成立范围与处罚范围的分离”；对于大量情节较轻的犯罪只需认定犯罪的成立（可以同时给予非刑罚处罚），不必科处刑罚，这是最大限度实现刑法的法益保护机能（实现预防犯罪目的）与自由保障机能的最佳路径。[94]

3. 数字经济时代新型犯罪的刑法应对

数字经济时代的新型犯罪涉及网络、数据、人工智能等众多领域，构建数字经济刑事法治保障体系，提升数字经济刑事安全防范与刑事治理水平成为紧迫的时代需求，也是首都刑法学者的时代使命。

在网络犯罪的刑法应对方面。中国政法大学教授夏伟副在《网络时代刑法理念转型：从积极预防走向消极预防》一文指出，积极刑法观是网络犯罪治理的主流刑法观，但积极刑法观具有本能的入罪倾向，单向度地强调积极预防容易激发网络犯罪的扩张性，应当在预防性网络犯罪中合理嵌入消极刑法观的限制刑罚权思想。在立法配置上，应当暂停增设新类型的网络犯罪，将前置法的义务性规范与违法排除规则嵌入犯罪评价，以重塑刑法与前置法关系。在司法适用上，应当慎用入罪扩大解释，对网络犯罪中的争议事实进行司法限缩，以畅通网络犯罪的出罪路径。[95]北京大学法学院教授江溯在《打击网络犯罪的国际法新机制》一文中指出，欧美国家主导的《布达佩斯网络犯罪公约》以西方国家的利益诉求为基础，不具有全球性公约的真正开放性和广泛代表性。同时，由于在实体层面定罪机制不明确、程序层面保障机制不合理、执行层面实施状况不乐观，其在新招迭出的跨国网络犯罪面前也显得应对乏力。为克服这种缺陷，以中俄为代表的新兴国家另辟蹊径，坚持以联合国作为缔结平台推进新公约的制定。中国应当基于维护国家安全和网络利益的需求，积极参与网络犯罪国际法律文件的缔结，并推动新公约在实体规则和程序规则的建构。[96]

在数据犯罪的刑法应对方面。清华大学法学院劳东燕教授在《“人脸识别第一案”判决的法理分析》中指出，两审法院的判决认可信息主体的删除权，有值得肯定之处，但同时也有令人遗憾之处。两审法院的判决在价值取向上支持产业界，故而对现行法律做了有利于信息处理者的选择性解读。从社会效果而言，判决所传递的信息并不利于加强对个人信息的保护，既难以有效激励信息主体在自身信息权益受到侵害时积极进行维权，也无法对信息处理者的侵权与违约行为形成有力威慑。[97]

在人工智能犯罪的刑法应对方面。中国政法大学教授刘艳红在《人工智能时代网络游戏外挂的刑法规制》一文中提出，网络游戏外挂通过使用特定的人工智能技术来代替人工操作发出指令，应根据网络游戏外挂的类别分别判断其制作出售或使用行为是否构成犯罪。制作、销售、使用辅助操作类和数据修改类游戏外挂不构成犯罪，只有制作、销售超出正常运行机理的“超规格数据修改类外挂”构成提供侵入、非法控制计算机信息系统程序、工具罪。个人只有以营利为目的，深度介入超规格数据修改类游戏外挂的制作、销售过程，和平台达成长期稳固的合作关系，才和平台成立共犯。[98]

4. 企业刑事合规不起诉实体法根据的积极探索

自 2020 年 3 月最高人民检察院开启多轮企业刑事合规不起诉试点以来，就引起了刑法学界的高度关注。在 2022 年度的刑法理论研究中，也有相当数量的研究围绕企业刑事合规的问题展开。在这一问题上，首先聚焦于尝试探讨并构建企业刑事合规制度的实体法根据。例如，清华大学教授黎宏在《企业合规不起诉改革的实体法障碍及其消除》一文中指出，虽然我国现行刑法在有关单位犯罪的规定上采用了单位自身犯罪的观念，但由于实务中将单位犯罪理解为单位法定代表人决定或者单位集体决定的犯罪，使得单位犯罪事实上成为一个“放大版”的单位特定人员的个人犯罪或者共同犯罪；同时，由于在单位犯罪的处理中，没有考虑单位自身所具有的可能导致其成员犯罪的组织特性，使得单位被笼罩在其组成人员的违法行为的阴影之下，没有自我救赎的可能。这种局面，不仅与单位犯罪的现实不符，也无法为当前进行的企业合规不起诉改革提供立锥之地。从组织责任的视角出发，修改单位犯罪的相关立法，加入企业合规不起诉的内容，在司法上贯彻企业自身犯罪的理念成为当务之急。[99]中国政法大学教授刘艳红撰写的《企业合规不起诉改革的刑法教义学根基》一文则基于单位犯罪的分离构造和实质犯罪论，论证了合规整改单位不受刑事处罚的实体法上的理由。具体而言，合规不起诉制度的犯罪论根基在于单位犯罪的分离构造。实质犯罪论要求只处罚值得处罚的行为人，以单位合规责任入罪、合规整改出罪和责任人行为责任入罪、罪行轻微出罪为基础，单位犯罪聚合形态下重罪案件责任人的分离追诉成为可能。合规不起诉制度的制裁论根基在于合规整改具有超越刑罚的制裁效果。[100]其次，有学者旨在构建企业刑事合规制度的具体规则，并提出对合规、整改企业的处理方案。例如，中国人民大学教授时延安撰写的《单位刑事案件合规不起诉的实体条件》提出从刑罚目的来确定作出合规不起诉决定的步骤。在设计合规不起诉的实体条件方面，应采取持平考量报应和预防的思路；采取偏重报应或者偏重预防的思路，都可能造成合规不起诉制度出现偏差，而且很可能背离这项制度提出的初衷。在设计单位刑事案件的附条件不起诉制度时，应认识到其与酌定不起诉制度设计目标的不同，并按照持平考量报应和预防的思路进行合理界分。[101]

5. 侵害妇女儿童犯罪的立法与司法动态

首先是针对买卖人口犯罪的刑法调整问题。为双向遏制拐卖行为，保障人民合法权益，2022 年全国两会期间，多名全国人大代表提出“对收买被拐卖妇女者实施买卖同罪”“加大收买被拐卖妇女罪量刑”的立法建议。2022年3月5日，李克强总理所作的政府工作报告中指出，要“严厉打击拐卖妇女儿童犯罪行为，坚决保障妇女儿童合法权益”。面对当前国家与社会对被拐妇女权益保障的重大关切，中国政法大学教授罗翔在《论买卖人口犯罪的立法修正》中提出，拐卖妇女、儿童罪与收买被拐卖的妇女、儿童罪构成共同对向犯，但两者的刑罚严重失衡，不符合共同对向犯的基本理论。我国刑法有必要在借鉴域外立法经验的基础上，结合本土实际情况，对买卖人口犯罪相关罪名进行体系性整合，审慎提高买卖人口犯罪中买方的法定刑，加大对公民人身权的保护力度。[102]清华大学教授劳东燕在《买卖人口犯罪的保护法益与不法本质——基于对收买被拐卖妇女罪的立法论审视》一文中指出，我国当前实务对收买被拐卖妇女罪与拐卖妇女罪区别对待，尤其是司法中对前者偏于做轻缓的处理。刑事立法上对收买犯罪给予较低的不法评价并配置轻刑，是导致司法宽纵收买犯罪的首要原因；故而，有必要对收买犯罪展开立法论层面的审视。鉴于当前实务在处理收买犯罪中存在的问题，从司法层面来说，有必要强化对收买犯罪的处罚，用足用好刑法中现有的相关规定，立法层面上则应当明确传达收买犯罪是重罪的价值立场，适当提升收买犯罪的法定刑。[103]可以说，尽管刑事立法有积极意义，但保护弱势妇女权益仍是一项系统性工程。

其次是关于性侵未成年人的刑法规制。近年来，以“鲍某某涉性侵养女”为代表的性侵未成年人事件引发社会的广泛关注。对此，《刑法修正案（十一）》专门增设了“负有照护职责人员性侵罪”，在织密刑事法网的同时加大了对未成年人的刑法保护力度，因而本罪也引起首都法学界的探讨。比如，中国人民公安大学教授杨金彪在《负有照护职责人员性侵罪构成要素比较分析》一文中提出，本罪的保护法益是复合法益，既保护女童性的自决权，也保护被害女童性的健康发展和正常性心理的养成。本罪犯罪主体是负有监护、收养、看护、教育、医疗职责的人员。本罪在客观上要求发生了事实上的性行为，并不要求利用影响力或支配性，只要具备负有照护职责的身份就足以形成鼓励性。本罪在主观上要求是故意，在发生认识错误的场合，根据主客观相一致的原则具体判断。至于特殊职责人员性侵女童的，要么构成与强奸罪的想象竞合犯，要么单独构成本罪。[104]再如，中国政法大学博士朱光星在《〈刑法修正案（十一）〉后我国的性同意年龄制度反思——以中国与欧洲之比较为视角》通过对比对欧洲59个司法管辖区在2004年和2016年的性同意年龄立法观察以及与中国的立法的对比，发现我国性同意年龄立法仍存在以下问题：普通性同意年龄偏低，为外国恋童癖利用差异化立法性侵我国未成年人留下了犯罪空间；新增设的“负有照护职责人员性侵罪”缺少对特殊关系中已满十六周岁不满十八周岁未成年人的保护；对已满十四周岁不满十八周岁未成年男性的性权益保护缺位。同时，学界还有不少立法论层面的研究成果。比如，中国社会科学院法学所研究员刘仁文在《论我国刑法对性侵男童与性侵女童行为的平等规制》一文中提出，为增强有关未成年人性权利平等保护的立法理念，改进立法技术，弥补处罚漏洞，化解解释难题，我国刑法需要体系化地对性侵男童与性侵女童进行一体规制。比如，在刑法中构建年龄分级体系，专设“妨害性自决权和性健康权的犯罪”专章或专节，改变性侵未成年人犯罪的条款附属于性侵成年人犯罪的条款之立法模式等平等保护男童性健康权。[105]

6. 金融安全视野下金融犯罪治理

2020年《刑法修正案（十一）》对破坏金融秩序罪作出系统修改，并加大对金融犯罪的刑事处罚力度，北京作为国家经济和金融中心之一，如何正确把握和使用相关罪名自然成为首都刑法学者研究的重点内容。

一是关于洗钱罪的理解与适用。清华大学张明楷教授在《洗钱罪的保护法益》一文中提出，洗钱罪的保护法益是金融管理秩序与上游犯罪的保护法益（双重法益而非选择性法益）；作为洗钱罪保护法益的金融管理秩序包括两个层面：阻挡层的保护法益是金融系统不能使犯罪所得及其收益合法化的管理秩序，背后层的保护法益是国民对金融系统的信赖及国家金融安全；将上游犯罪的保护法益作为洗钱罪的次要保护法益，既表明设立洗钱罪同时为了预防特定上游犯罪，也能说明自洗钱构成犯罪。[106]自洗钱入罪后产生了两个重要争论问题：一是如何确定我国刑法第312条赃物犯罪的成立范围，二是如何认定和处理自洗钱的罪数。《刑法修正案（十一）》对洗钱罪的修改，并不意味着间接修改了赃物犯罪的构成要件（尤其是行为主体）；由于赃物犯罪属于妨害司法罪，行为人为逃避刑罚处罚所实施的妨害司法的行为不具有期待可能性，故上游犯罪的本犯对洗钱罪 7 类上游犯罪之外的其他犯罪所得及其收益实施“自掩饰、自隐瞒”行为的，既不成立洗钱罪，也不成立赃物犯罪。[107] 中国政法大学时方副教授在《我国洗钱罪名体系的适用困局与法益认定》中指出，基于打击洗钱活动的国际化要求，我国刑法洗钱罪名体系的构建形成以洗钱罪为核心，以掩饰、隐瞒犯罪所得、犯罪所得收益罪和窝藏、转移、隐瞒毒品、毒赃罪为补充的格局。在此格局下，洗钱罪金融秩序法益认定应当落脚为特定上游犯罪所得资金转化为合法资金的金融监管失控结果。同时拓宽对国家经济运行产生侵害的上游犯罪类型，以更符合我国刑法洗钱罪立法体例与对金融监管秩序的保护要求。[108]

二是关于操纵证券市场罪的理解与适用。中国政法大学副教授耿佳宁在《操纵证券市场罪归属根基的重塑——以控制信息操纵的评价困境切入》一文中，主张突破存在论意义上交易型操纵与信息型操纵的传统二分，操纵证券市场罪根据归属原理的差异被重新划分为基于组织管辖的诈欺操纵与基于体制管辖的优势滥用。因而，只有具备动态信息优势从而承担积极义务的主体制造不对称信息，才能与占据资金、持股持仓等叙明优势者对体制建构义务的违反具有同质性，成立优势滥用型操纵证券市场罪的正犯。[109]

三是关于骗取贷款罪的理解与适用。中国政法大学副教授孙道萃在《骗取贷款罪新论》一文中指出，《刑法修正案（十一）》删除“其他严重情节”的规定后，有必要重新审视骗取贷款罪的立法旨意与司法政策，防止矫枉过正。在基本罪层面，应对构成要件要素做“减法”，成立犯罪的法定构成标准已然有变。应当立足“损失（数额）”与“情节”的二元定量因素，重构与基本罪、加重罪相适应的立案追诉标准。应当根据最新修正规定，从骗取行为、贷款目的、造成实际损失、通知后及时还款等方面，充分为骗取贷款罪开辟正当、合法的出罪通道。[110]

六、刑事诉讼法研究

2022 年度，首都刑事诉讼法学者主要对以下五个领域的学术问题和实践应用问题进行了深入的研究和探讨。

1. 认罪认罚从宽研究纵深发展，关注制度落地

尽管 2022 年首都刑诉学者关于认罪认罚从宽制度的发文量较去年有所减低，研究热情稍退，但是该热点仍然延续。这一年里，首都刑诉学者将目光聚焦于认罪认罚从宽制度的具体落实之上，结合企业合规、域外经验、证据理论、羁押措施等不同主题对认罪认罚从宽制度在刑事诉讼程序各环节的落实作了具体的展开，呈现出研究视角多元化，研究内容具体化的特点。

站在司法改革试点探索的背景之下，学者们首先探讨了以审判为中心的诉讼制度改革与认罪认罚制度之间的关系，致力于促进二者的协调融洽发展。比如，中国政法大学的博士研究生陈文聪分别分析了以审判为中心的诉讼制度改革与认罪认罚制度对诉讼构造所具有的不同影响和二者在诉讼中的不同价值取向两个问题，然后从法院对认罪认罚案件的实质审查和审判当中的诉讼协商两个角度，对认罪认罚从宽制度在刑事诉讼中的具体体现和落实展开论述。[111] 李章仙则将目光转向同样建立了刑事协商制度的德国，以其为镜鉴，认为中国认罪认罚从宽制度改革应当坚持客观真实的主导性地位；厘清认罪认罚量刑协商与“以审判为中心”之间的非对立关系；强化程序性保障措施，保障认罪认罚的自愿性。[112]

不同于既往研究，2022 年学者们更加关注认罪认罚从宽制度在具体案件当中的准确、妥当的适用，更加关注认罪认罚从宽制度与其他具体制度之间的良性互动。中国人民大学教授陈卫东将认罪认罚从宽制度与企业合规相结合指出，认罪认罚与企业合规两项具体制度改革作为鼓励犯罪嫌疑人改过自新的具有正向意义的激励因子，在一些地方实践中异化，遭遇了“逮捕筹码化”问题，值得引起我们的警惕和防范。[113] 中国政法大学的罗海敏副教授则从未决羁押适用问题的角度，审视了协商性司法与具体制度之间所存在的双向影响关系，强调要充分发挥认罪认罚从宽这种新兴司法模式在减少未决羁押适用方面的积极作用，并预防、抑制未决羁押的适用可能对认罪认罚自愿性造成的负面影响。[114] 此外，还有学者从认罪认罚案件的性质和特征出发，对此类案件的证据开示制度进行了研究，并主张要加强证据开示制度中的权利保障，避免该制度被过多的职权行使元素渗透，保障认罪认罚的自愿性、合法性。[115]

最后，应该注意的是，随着认罪认罚制度的纵

深发展，认罪认罚从宽制度作为我国的协商性司法模式，其鲜明的本土特色越发明显，并逐渐对其他具体制度的运作产生影响。

2. 企业合规研究如火如荼，坚持回应实践关切

与认罪认罚从宽制度研究热情回落相比，2022年学界对于企业合规制度的研究热情高涨，该主题成为了本年度研究的最热主题。本年度的研究同样表现出了纵深发展的趋势。从内容上看，研究既关注了企业合规整体制度本身的落实、整改与评估等问题，也关注了个体层面的合规监管人员的权利、义务及责任等。

在整体制度上，有学者选择了对实践中出现的疑难争议问题做出全面的回应。比如，中国人民大学的李奋飞教授从“合规不起诉”的适用对象、企业犯罪分离追诉的可行性、检察建议的实践性质、合规考察和第三方监督评估的关系、合规整改验收的决策主体、有效合规与不起诉决定的关系、第三方监督评估的工作属性、合规犯罪预防功能的绝对化等八个方面对涉案企业合规改革中的疑难争议问题进行了全面的回应。[116] 有的学者则选择了对企业合规的管理制度模式、合规考察模式等某一具体问题进行研究。如陈瑞华对我国企业采用的两种合规管理制度模式（日常性合规管理模式和合规整改模式）的适用对象、基本功能和制度构造进行了比较考察，在综合评估两种模式之优劣得失的基础上，讨论了两种模式的制度衔接问题。[117] 在个体层面上，陈瑞华认为合规监管人制度的良好实施，是企业合规改革顺利推进的基本保证，因此以合规监管人员为切入点，对合规监管人的角色定位作出了理论上的讨论，希望通过明确合规监管人的角色定位与有效合规的成功要素之间的关系，推动企业合规的有效整改。在此，如何实现有效合规是对合规制度研究的最终目标指引。

从研究视角上看，学者们主要采用了整体视角对合规改革进行研究。一方面，从刑事一体化视角探讨合规制度，对企业合规的程序立法及实体立法相关问题进行研究。比如，陈瑞华对传统单位犯罪理论进行反思，肯定了实践中对单位犯罪案件中涉案企业和内部责任人员进行分案处理的做法的正当性。[118] 李奋飞教授也认为随着涉案企业合规改革的深入推进，为了妥善处理单位犯罪案件，宜在刑诉法“特别程序”一编中增设“单位刑事案件诉讼程序”作为第二章。[119] 另一方面，将视野拓展于刑事程序之外，探讨企业合规的行刑衔接、行政监管等问题。注重发挥行政监管部门的作用，希望可以通过引入行政合规、行政激励，保证在刑事程序结束后仍然可以最大限度发挥企业合规预防违法犯罪的整体性功能、最大程度实现行政处罚与刑事处罚的一体化激励机制。[120]

除此之外，学界还对刑事数字合规等新问题，以及美国、英国等域外国家合规制度的新发展及其借鉴进行了研究。比如，中国人民公安大学企业合规与社会治理研究院研究员唐彬彬，在详细分析了检察机关合规不起诉裁量权限制的三种模式（美国的内部控制模式、英国的司法监督模式、我国的双重控制模式）的特征、优点和局限性之后，就我国的双重控制模式的完善提出了具体建议。[121]

综上，不难看出，本年度企业合规研究最大的特点在于聚焦中国问题，进行企业合规制度的本土化叙事。中国人民公安大学教授李玉华认为，在改革走向深水区的当下，亟须对刑诉法进行修改以回应实践中的普遍性问题。因此，她指出在面对企业合规实践中的“双不起诉”现象时，要厘清企业合规不起诉制度与认罪认罚从宽制度的关系，对小微企业的合规，应当立足国情，给予更多本土化的关照，正确看待“双不起诉”现象。[122]

3. 法律援助制度研究应运而起，推进制度落实和优化

2022年，首都刑事诉讼法学界以《法律援助法》的颁布为契机，一方面概括了我国援助制度的发展与完善的历程，总结了法律援助制度的中国特色。另一方面，对法律援助的范围、方式、保障机制等各种具体制度开展研究，重点关注了死刑复核案件中的法律援助。

从总体上看，经过从无到有的多年发展，中国法律特色法律援助制度随着《法律援助法》的颁布施行而初步形成。其特色主要体现在该制度是在党的领导下，秉持以人民为中心的构建宗旨，是国家治理能力与治理体系法治化的重要体现，实现了被追诉人权利保障和被害人权利保护二元价值的共同追求。[123]

从发展上看，法律援助制度的未来发展恰是具体制度研究的发力点所在。详言之：①继续扩大法律援助的范围。基于对律师介入可能影响侦查等顾虑，一般情况下被追诉人只有在进入审判阶段才能够获得律师的帮助，但这并不利于被审前羁押者的

权利保护。审前程序中的辩护活动，对于尽早维护被追诉人诉讼权利，及时纠正办案机关错误意义重大，因此，中国政法大学教授罗海敏指出仍有必要"在刑事辩护律师全覆盖试点逐步推广的基础上，在条件成熟的情况下还可作更大的拓展，例如可以将所有处于未决羁押状态的犯罪嫌疑人、被告人纳入法定法律援助辩护的范围。"[124]②明确委托辩护的优先地位。一方面，这是国际通行的刑事司法规则，另一方面根据我国刑事诉讼法及相关司法解释，委托辩护也优先于法律援助辩护。因此，实践中屡屡出现的办案机关通过指定法律援助律师担任辩护人，从而排除被追诉人或其近亲属委托的律师的做法是违背法律的。北京大学的陈永生教授也指出，委托辩护优先有其正当性根据。[125]③完善经费制度、追责机制等各种保障制度。法律援助范围扩大未能得到充分实现的重要原因在于保障机制的不足与缺失。[126]中国政法大学教授赵天红也认为，尽管《法律援助法》对法律援助经费问题进行了立法规制，但是并未为目前我国法援经费领域存在的总量不足、办案经费比例较低、经费分配地域不平衡等问题提供制度性的细化规范。有必要立足我国实际，从管理机构、法律援助提供方式等方面着手建立有中国特色的经费管理体系，吸收借鉴国外的计费方式，丰富资金来源，建立多元化的经费给付制度。[127]④解释死刑复核法律援助制度。2021年《法律援助法》正式确立了死刑复核案件的法律援助制度，但是死刑复核程序本身仍存在行政复核程序、特别救济程序、审判程序等性质之争。同时，学者们普遍认同应当建立权利告知机制、辩护准入制度、援助质量审查考核制度以及包括程序性违法后果在内的追责机制等制度以确保死刑复核法援制度的落实。此外，学者还对《法律援助法》在法规范层面的关系梳理与条文衔接进行了研究。比如，中国社会科学院法学研究所研究员董坤认为，《法律援助法》第 24 条可视为可以提供法律援助的"酌定援助"，即犯罪嫌疑人、被告人及其近亲属可以申请法律援助，最终能否获批需要经法律援助机构的审核和确认。而第 25 条第 1 款第 5 项可视为"法定援助"，一旦死刑复核案件的被告人提出申请，法律援助即行启动，办案机关"应当"为被告人提供法律援助辩护，不需要人民法院或法律援助机构再行审查。

4. 拥抱数字时代，广泛开展基础理论的数字化研究

《国民经济和社会发展第十四个五年规划和 2035 年远景目标纲要》提出："迎接数字时代，激活数据要素潜能，推进网络强国建设，加快建设数字经济、数字社会、数字政府，以数字化转型整体驱动生产方式、生活方式和治理方式变革。"在此背景之下，首都刑诉学者积极投身于数字法学建设，推进刑诉基础理论的数字化，为完善数字经济治理体系，健全法律法规和政策制度，提高我国数字经济治理体系和治理能力现代化水平出谋划策。

从整体上看，研究主题呈分散性，司法责任，管辖制度、证据证明理论、数字合规等话题均有涉及。其中，既有在宏观规划层面讨论如何将大数据、区块链等新兴技术运用到司法过程当中，推动传统司法向互联网司法的转型。比如中国人民公安大学教授马明亮就跳脱出既往区块链存证的讨论范围，将目光聚焦于如何将区块链技术扩容到更广泛的司法场景尤其是刑事司法领域，并从区块链技术融入司法领域的生发逻辑、区块链司法模式及其挑战等方面对此进行了详细的论述，为以区块链技术为重要支撑的司法转型建言献策。[128]最高人民检察院法律政策研究室主任高景峰也指出要探寻法律监督数字化智能化发展的方向与路径，以期助推大数据、区块链、人工智能等现代科技深度融入执法司法工作，实现数字化转型。[129]

其次，也有在中观设计层面讨论网络技术的运用对传统司法的影响和改变，帮助传统司法适应数字时代的洪流。北京航空航天大学教授裴炜就分别从管辖制度和刑事数字合规制度两方面讨论了这一问题。裴教授指出，随着网络技术的发展，不论是管辖还是合规问题都发展成为了具有跨地域性的问题。数据借由网络空间在全球范围的流动，犯罪的全球化全面冲击了强地域属性的刑事司法域外管辖制度。[130]同时，数据借由网络空间在全球范围进行流动，使得数字合规面临着域内法与域外法相冲突所引发的合规困境。因此，在网络空间开展数字侦查取证活动时，需要转变刑事诉讼制度设计的逻辑起点，转变当前刑事合规研究中诉讼程序的工具性视角，沿着去地域化的思路探索新的犯罪治理规则体系，推动私主体充分但同时合比例地协助域外刑事司法活动。[131]

最后，还有在微观运行层面研究司法应如何能动地应对网络犯罪，助力传统司法对网络犯罪的治

理。既有学者强调刑事一体化，从证据证明理论着手，指出在网络传销犯罪中需要运用证据规则充分地证明犯罪构成要件。详言之，应优先客观性证据，确立互联网电子数据的中枢证明作用，修正逐一收集参与传销活动人员的言辞证据规则。高童非则对刑事抽样证明这一近年来应对网络犯罪中电子证据等海量数据的重要证明方法进行了类型化重释。[132]也有学者从强制措施着手，探讨了电信网络诈骗案件紧急支付措施的规范基础。初殿清博士认为，尽管紧急支付措施作为冻结类对物强制措施，是应对电信诈骗犯罪给追赃挽损所带来的新挑战的有益探索。但其性质定位、适用条件、权限范围以及与冻结的衔接关系都有待进一步阐释，唯有如此才能保障其功效的发挥。[133]

5. 证据制度仍是关注重点，基础理论与具体规则并重

在基础理论方面，首都刑诉学者主要关注了证据概念和种类等关于证据本身的问题以及印证理论这一具有中国特色的证明机制问题。

就证据问题而言，中国人民大学教授李学军就在回顾我国传统理论对证据概念的理解的前提下，以杭州来某某失踪案为例，从动态生成的过程维度提出证据乃是“行为引发外界发生的各种变化”这一新的证据概念。[134]北京大学研究员吴洪淇从 2021 年刑诉司法解释确立的专门性问题和事故调查报告的证据地位出发，对刑事诉讼当中的专门性问题和普通性问题进行界分，分析传统路径下对专门性证据运用和规制的不足，并提出应对我国专门性证据审查框架进行重构。[135]

就证明问题而言，印证这一证明机制所存在的问题受到了越来越多的质疑。比如，中国政法大学教授刘静坤分析发现，印证证明最突出的风险就是虚假印证，虚假印证是导致事实认定偏离客观真相的重要原因。[136]更重要的是，这一问题的存在折射出了我国刑事诉讼制度中诸如缺乏侦查取证的框架指引刑事程序等一系列短板，有必要以此为导向，通过对非法取证风险进行隔离等措施完善。这也说明关于印证的研究已不再局限于印证这一模式本身，而是发展成为了指引刑事诉讼程序各阶段的证据收集和审查的规范和方法。同时，中国人民大学的博士研究生周慕涵也指出目前关于“印证”问题的研究视角也不断从诉讼价值论转向诉讼认识论，呈现出明显的“哲学化”倾向。[137]

就证据规则问题而言，如何实现庭审实质化成为了首都刑诉学者所关注的焦点。无论是中国社会科学院法学研究所的董坤研究员对口供补强规则进行的规范解释，还是中国人民大学教授陈卫东所提倡的对直接言辞原则的贯彻，其实都是为了强化法官与法庭在证据认定中的核心地位。详言之，董坤研究员认为，在口供补强规则的影响下，法官对口供证明力的审查，既要有内心确信的实质性判断，还要通过对一定数量补强证据的累积满足立法的“形式化要求”，这其实是对口供证明力进行内在心证与外部标准的综合性判断。因此，他对口供补强规则的适用逻辑、待补强证据的内涵、补强证据的适格性、补强对象的范围以及补强的强度等问题进行的一系列规范解释，实际上就是在为法官适用口供补强规则、审查证据证明力提供了体系性的指引。[138]陈卫东教授则是以直接言辞原则为基石，为司法体制改革构建了一系列的下位规则以及相关配套制度与机制。[139]

七、民法研究

本年度民法学者继续以解释论视角对《民法典》各编的规定进行精细化解读，为《民法典》的有效实施贡献力量。纵观法学核心期刊上民法论文的发表情况，民法学研究呈现出理论探讨和实务指导兼顾、宏观审视与精细解构并重、现实回应与未来探索齐进等特征。

1. 关于《总则编》的研究

2022 年民法学人对于总则的探索，对于一般规定的研究以民事基本原则的解读和习惯的界定为主，对民事主体规则的研究主要关注农村集体经济组织和基层群众性自治组织法人的民事主体资格问题。《法学研究》于 2022 年第 3 期发表系列论文，对农村集体产权制度改革展开深入讨论。其中刊发的宋志红教授的文章指出，农村集体产权制度改革围绕新型农村集体经济组织的设立和运行展开，集体经营性资产股份合作作为改革的重点任务，被“内嵌”于农村集体经济组织的治理结构之中，股份合作的载体——股份经济合作社本身被定性为农村集体经济组织，并成为行使全部集体资产所有权的主体。此种操作模式使农村集体经济组织行使集体土地所有权的核心职能被集体经营性资产股份合作的光环所“遮蔽”，导致集体土地所有权被变相股份合作，农村集体经济组织陷入股权管理困境。解困之策是将集体经营性资产股份合作从“内嵌”

转向“外置”，让股份合作的载体以农村集体经济组织出资设立的法人企业的身份存在，而非以农村集体经济组织本体存在。这一新的操作模式可以有效克服“内嵌”模式的弊端，在促使农村集体经济组织回归其核心职能的同时，也有利于充分释放集体经营性资产活力，是兼顾公平与效率的最优选择。[140]

在民事权利规则中，学界关注的是新兴民事权利（权益）的法理构建问题。例如王利明教授指出，有必要借鉴“权利束”理论作为数据权益的一种分析框架。依据该视角观察，数据权益是信息之上产生的多项集合的“权利束”，无法简单地将其看作某一类单一的权利。在信息主体的权利与数据权利主体产生冲突时，应当优先保护个人信息权益。数据的价值在于利用，只有利用才能产生价值，确认数据权益也要保障数据的有效利用。[141]在民事法律行为规则中，研究重点为欺诈、重大误解等导致意思表示不真实事由的理解适用、民事行为无效事由以及代理制度中无权代理的法律后果问题。例如李潇洋认为，我国《民法典》第147条与相关司法解释未对重大误解的构成提出实质标准。传统民法理论中的“错误论”在价值判断上面临交易安全与决定自由保护不足的双重困境，导致了教义学上不必要的复杂和不确定，难以为我国法提供解释指引。以缔约过失废止合同为代表的“归责论”打破了“动机错误不受关注”的教条，转而对相对方在错误形成中的作用进行规范评价，体系化地吸纳了先合同诚信关系的价值变迁。基于归责论的解释思路，相对方过失导致或维持的错误具有可撤销性；双方均无过失的共同错误不应允许一方通过撤销合同转嫁全部风险；作为归责论的例外，当错误造成重大损失时也可允许错误方撤销，从而形成以相对方过失为原则，以错误方重大损失为例外的实质标准。[142]在民法学人的不懈努力下，原本简练、抽象的民法总则制度开始立体化、具象化，并为这些规则在司法实践中的适用提供了重要指引。

2. 关于《物权编》的研究

物权法领域的研究热点继续落在了担保物权上，一方面因为担保制度是市场主体获得融资的重要制度工具，是市场经济制度完善的重要内容，另一方面则是我国的动产担保体系从形式主义到功能主义的转型中仍有许多重要的配套制度亟待完善，也有很多新设的规则等待解读。民法学者不仅研究抵押权、质押权、留置权等法定担保物权的登记、效力顺位、权利实现等传统问题，对于《最高人民法院适用〈中华人民共和国民法典〉有关担保制度的解释》中涉及的非典型担保、公司对外担保的公告等市场中担保实践的最新动向也提供了学理解释。例如，纪海龙教授认为，我国现行法下的矛盾规定源于规则和学理的混合继受。就担保权的产生而言，是保留卖主交付标的物的同时在标的物上保留担保物权，而非保留买主取得标的物后为保留卖主设定担保权。现行法下保留卖主和保留买主的法律地位以及所有权保留在破产和强制执行等情形中的处理，均应以担保权构成作为前提进行解释和设计。[143]王叶刚认为，当事人订立抵押合同的目的在于设立抵押权，未办理抵押登记的抵押合同无法在当事人之间产生设立保证或者其他非典型担保的效力。抵押人未按照约定办理抵押登记时的违约损害赔偿责任采用严格责任原则，其违约损害赔偿的范围限于债权人未从债务人处获得清偿的债权数额，同时，该责任受到当事人约定的担保范围、抵押权能够设立时抵押人应当承担的责任范围以及违约责任减轻规则的限制。抵押人未办理抵押登记的，债权人有权选择请求抵押人承担继续履行的责任与违约损害赔偿责任，并有权选择请求债务人或者抵押人承担责任。[144]

此外，农地三权分置权利体系改革、宅基地三权分置改革仍然是理论研究的热点，学者们积极探索农民集体成员的集体资产股份权、农民户的住房保障、宅基地的有效利用和流转等问题为相应规则的立法或政策制定提供了诸多行之有效的建议。

3. 关于《合同编》的研究

经过民法学人的不懈努力，我国的合同法研究成果已经足以构建完整的合同法理论体系，近年来合同法的研究正趋向于“精细化”，更多关注在法律适用中仍未完全的辨明的“小问题”，如合同解除权行使规则、撤回权的行使、情势变更等在司法实践中容易引起争议的问题均得到了民法学者的学理解读。例如，王利明指出，英美法的比较过失和大陆法的与有过失(过失相抵)存在明显的区别。我国《民法典》第1173条的规定实际上借鉴了英美法的比较过失规则，尤其是《民法典》第1173条在与第1174条相结合后，可以构建一个全新的比较过失规则。该规则虽然建立在过错责任的一般条款的基础上，但是不能完全被该一般条款所涵盖，因而具有独立的功能。该规则可以适用于自甘冒险、违反安全保障义务等情形，亦可在严格责任中适用。在损害根本无法避免或者加害人具有故意等情形下可以排除比较过失规则的适用。[145]高一寒认为，通过研究德日相关法律的沿袭变革经验并结合我国发展形势可知，在动机错误不应由意思表示人独自承担责任或交易安全和相对人的信赖不值得保护的情况下，应当产生意思表示被撤销的效果。具体而言，当出现协议约定的动机发生错误、接受人诱发的动机错误抑或是接受人知情并利用动机错误这三种情形时，动机错误应当被撤销。[146]另外，在数字经济时代愈发常见的智能合约、网络格式合同条款等也引起了学者的关注，不仅对其性质进行了分析，也提出了体系性的规范方案。

4. 关于《人格权编》的研究

作为立法重大创新的人格权独立成编带来的影响可谓深远，于学术研究而言，最直观的表现是学界越来越重视对于人格权的研究。在人格权中，由于个人信息保护的规定属于最新立法并且个人信息在数字经济时代是最容易被侵犯的法益，因此个人信息的保护、维护、利用，以及与隐私权、数据权等相关权利的关系继续成为本年度人格权研究的最大热点。同时，人格权禁令和人格标识等问题也仍然为学界的关注对象。例如，李永军认为，尽管我国民法典以独立成编的方式规定了人格权，但是，由于对人格权的概念存在巨大争议，所以，从民法典人格权编的具体内容和规范来反观人格权的实证概念对于理论研究取得的学术成果和司法实践更具有意义。从我国民法典的内容看，我国民法典人格权编实际上包括了两个部分：一是对人格权的保护，二是对人格尊严的保护。隐私权与信息的二元保护就清楚地说明了这一问题。因此，不能认为人格权编中保护的都是人格权。必须把人格权的概念与人格利益区分开来，从而决定其保护程度与救济措施的差别。[147]阮神裕认为，我国传统学说将物权领域的妨害定义适用于人格权领域，没有厘清停止侵害与排除妨碍的差别，导致排除妨碍在人格权领域中几乎没有适用空间。在人格权领域，妨碍人没有作为义务的、妨碍人实施合法行为却引起妨碍状态的、妨碍人究竟是否负有作为义务存在疑问的案件，不应适用停止侵害，而应适用排除妨碍，从而避免概念混淆和价值判断的失衡。[148]

5. 关于《婚姻家庭编》和《继承编》的研究

婚姻家庭编的研究主要集中在夫妻财产归属、夫妻共同债务、婚姻家庭中的损害赔偿等财产关系问题上。例如，杨立新和李东骏的合作研究认为，缔结婚姻关系的当事人缔结了婚姻关系，但是被依法宣告无效或者被撤销，使其婚姻关系自始无效，因过错行为致使婚姻无效或者被撤销并造成对方损害的一方，向无过错的对方当事人应当承担损害赔偿责任。婚姻缔结之际损害赔偿责任的性质属于侵权责任，适用过错责任原则，须具备违法行为、损害事实、因果关系和过错要件，且须受损害一方当事人无过错。无过错方当事人行使婚姻缔结之际损害赔偿请求权，应受诉讼时效期间的约束。[149]李永军认为，《民法典》婚姻家庭编第1054条和第1091条规定了“损害赔偿”，第1054条规定的是一种不同于合同编中的缔约过失责任的特殊缔约过失责任——因为它包括精神损害赔偿；第1091条规定的是不同于侵权责任编之一般侵权责任构成的“特殊侵权责任或者称为过错责任”，不能因为它要求过错+损害+因果关系，就认其为一般侵权责任。其所谓“过错”是由婚姻家庭编特别规定的不同于侵权责任编的特别过错，不适用过失相抵原则。但是，无论是第1054条还是第1091条，都不妨碍一般侵权行为的另外构成。[150]相比之下，继承编的研究依然是“小众”领域，相关研究有待进一步拓展深化。

6. 关于《侵权责任编》的研究

侵权责任编的研究热点落在了合同（债权）权利被第三人侵害的侵权责任问题。传统观点认为侵权责任法所保护的法益为具有排他性的权利，合同、无因管理等具有相对性的债权则由债法提供救济，但新近的观点则突破了侵权客体绝对性理论，提出在第三人侵害合同中适用侵权责任进行救济具有正当性法理基础，也具有经济上的合理性，多名学者对此问题进行了深入研究，产出了一批具有影响力的研究成果。例如，崔建远认为，法律就某些案型突破合同的相对性，其依据和机理不尽相同，有些确有必要和道理，有的则值得商榷。合同具有相对性，并不意味着在任何情况下第三人都不可以就合同的约定主张什么。不要说在合同为第三人约定了权利甚至义务的情况下，该第三人可以援用或拒绝此类约定，就是某合同及其项下的权利义务是一种客观事实，也可被第三人作为证据来举出并引出自己所需要的结论，如澄清法律关系，或证明系争的债权已被转让，或系争债务已由他人承担，对抗合同当事人；但第三人无权援用其以拒绝履行自己本应给付的义务，除非该合同属于《中华人民共和国民法典》第 523 条规定的类型。[151] 此外，对于共同侵权中侵权责任的承担、侵权责任中的过错认定等传统问题的研究也产出了不少高质量成果。[152]

7. 新兴领域的民法调整

数字经济时代，电商交易、大数据、人工智能、自动决策、基因编辑等领域的进步引起了人们日常生活、交往、交易等社会经济基本秩序的重大变更，民法学者以民法学的视角进行探索，为新兴领域的治理提供了民法调整方案。例如，张新宝主张，大型互联网平台企业应当健全个人信息保护合规体系，设立独立监督机构。独立监督机构的具体适用对象即大型互联网平台企业，对应的是《互联网平台分类分级指南 (征求意见稿)》中的超级平台经营者与大型平台经营者。外部独立监督机构既是大型互联网平台企业公司治理的一部分，又与公司内部机构保持相对独立性，其组成人员应满足一定的资质要求。在职责范围上，外部独立监督机构需要对大型互联网平台企业个人信息保护的合规情况，以及企业对商业用户的个人信息处理活动予以规范的合规情况进行监督、指导或提出建议和意见。[153] 申卫星教授认为，作为计算法学的秩序概念，隐私、信息与数据具有体系构造与规范适用的双重意义。然而，三者在当下的权利话语中处于混乱无序的状况，由此引发了法律规制难题。为此，必须在严格区分权利客体与权利本身的基础上，先对隐私、信息、数据在权利客体面向进行有序呈现，再在三者之上构造个人权利体系的差序格局。[154] 梅夏英指出，数据交易是一种隶属于网络数据访问和流动体系的数字技术现象，应当归入派生于网络技术体系的新理论范畴，且目前尚无现成的交易制度和规则与之相对应。数据交易在法律上应被作为服务类合同观待，在此基础上对应大数据生长的客观技术环境和价值释放方式，确立数据交易在动态网络生态体系中的地位。在数据服务范畴下理解数据交易，应从信息服务的附属性或劳务性，以及数据服务的控制性、流动性和结合匹配性角度来予以观察，以消弥数据“服务”和数据“交易”之间的观念冲突。[155]

八、民事诉讼法研究

观察 2022 年的首都刑法学研究动向可知，总体而言，首都刑法学科能够紧密结合刑事立法的发展和司法实践的需要，本年度研究呈现出重基础理论、关注新修《民事诉讼法》和聚焦“强制执行法”等特点。

1. 深挖基础理论，聚焦既判力研究

在 2022 年，首都学界研究进一步挖掘基础理论，拓展理论深度、升华理论品格，尤其聚焦于既判力研究。曹志勋提出，我国应将合同效力作为审理焦点，并实现对依职权审查规则的实质化改造，要求法官作出包含既判力范围释明的明确标识。在判断依职权审查规则的既判力效果时，应进一步解释禁止重复起诉规则的要件。[156] 中国人民大学博士金印在《既判力相对性法源地位之证成》一文中指出，既判力扩张不同于既判力绝对性。前者仍以相对性为基础，仅扩张既判力至特定的人，后者则将判决结果约束所有的人。矛盾判决符合民事诉讼的本质属性，既不制造矛盾的实体和程序法律关系，也不导致矛盾的强制执行，并不构成对既判力相对性的否定。我国《民事诉讼法》存在肯定既判力相对性的规范，不存在否定既判力相对性的规范。[157] 北京航空航天大学法学院副教授刘颖指出，既判力标准时后的形成权行使是一种诉讼行为，其将有可能从实质上推翻前诉判决，进而危及法的安定性。既判力标准时后的撤销权或解除权的行使构成不诚信的诉讼行为，属于对诉讼权利的滥用，依据实体法因素进行具体的价值判断后，应当适用诚信原则加以排斥，从而维护法的安定性；但抵销权的行使并未危及法的安定性，因而不受限制。[158] 首都学者聚焦既判力问题，有力地推动了中国裁判效力体系的形成和深化。

2. 关注新法修订，着重变动条文的解释

修订后的《民事诉讼法》主要围绕司法确认程序、小额程序、简易程序和独任制等问题展开，并于 2022 年 1 月 1 日正式施行。此次修订，相关变动条文自然成为首都学界关注和讨论的重点。比如，北京大学潘剑锋教授强调，需要明确民事诉讼法以公正为基本价值，以司法审判为基本功能，以合议制为基本制度，以普通程序为基本程序。其他制度和程序都服务于民事诉讼法的基本价值和基本功能。应当以“基本”与“其他”之间的关系衡平为核心线索，实现民事诉讼法律规范的体系化、科学化建构。[159]对于民事诉讼中“案多人少”的现实问题，清华大学张卫平教授指出，“案多人少”的体系化解决有赖挖掘既有诉讼制度的效力空间和建立应有的诉讼效率机制，并具体表现为审判方式再调整、以诉的制度为中心的诉讼制度和审理方式革新以及在当事人主义诉讼模式下对“元宇宙”等电子信息技术的有效应用。“案多人少”的应对是一个复杂的系统工程，只有诉讼内外形成合力，立法、行政、司法共同发力，才能真正有效地化解这一问题。[160]清华大学教授任重认为，“诉讼爆炸”虽能得到统计学支持，但并不构成“案多人少”的主要原因，“案多人少”缘起于法官员额制改革在短期内引发的“人少”。本次修法集中于“人”以及“人案关系”的程序简化。在法官员额短期内无法骤增，而当事人民事程序权利保障尚不充分的背景下，最大限度整合解决“案多”，是科学化解“案多人少”的必由之路。[161]以上不同角度的思考，为新法的有效实施提供了重要参考。

3. 聚焦强制执行，推动未来立法完善

《中华人民共和国民事强制执行法（草案）》于2022年6月21日提请全国人大常委会审议。草案甫一发布，即引起高度关注和热烈讨论。刘颖副教授指出，在典型担保的情形下，法院查封担保财产不会影响案外人享有的抵押权、质权、留置权，其可以通过参与分配路径和执行行为异议路径保护自身的优先受偿权和变价权，因此原则上不适用执行标的异议路径。在非典型担保的情形下，所有权保留买卖中的出卖人、融资租赁中的出租人享有的是功能化的所有权，应当将其作为担保权人处理；而保证金账户质权人则应参照典型担保中的质权人处理。[162]中国政法大学副教授刘君博提出，在“加强权能”与“强化监督”双重目标的塑造下，民事执行权在运行过程中呈现的“侦查化”演变趋势主要表现为责任财产调查的主动化与智能化、执行实施的警务化与信用惩戒的普遍化以及执行指挥中心的信息化与执行体制的垂直化。“侦查化”的民事执行权应当通过功能性分权和司法规制实现其“合法性”基础的制度重塑。[163]

4. 强化民事检察，继续推动民事公益诉讼的发展

2022年，是公益诉讼检察全面开展五周年。党的二十大报告明确提出，“完善公益诉讼制度”。有民事诉讼法学者对环境公益诉讼进行了专门系统研究。比如北京大学研究员巩固指出，《民法典》“生态损害赔偿条款”不是单一的具体制度规范，而是针对整个环境损害赔偿制度体系的基础规范，是环境民事公益诉讼、生态环境损害赔偿制度和行政恢复责任制度的共通基础，能够为它们确立统一的制度框架、基本规则和行使规范。[164]在《生态环境损害赔偿诉讼与环境民事公益诉讼关系探究——兼析〈民法典〉生态赔偿条款》一文中，巩固认为生态环境损害赔偿诉讼与环境民事公益诉讼大同小异、交叉重叠。生态环境损害赔偿诉讼属于以国家所有权为基础的“公产诉讼”，由监管者在必要时依法提起；环境民事公益诉讼属于由非监管者补充行使监管职权的“代位执法诉讼”以补充监管不足为必要。两诉关系的妥善处理应秉持类型化思维，正确认识两类诉讼的功能差异及不同主体的各自优势，合理分工、衔接配合。[165]

九、商法研究

随着《公司法》和《企业破产法》最新修订草案的相继形成，对于两部商法学领域重头法律修改问题的研究仍然是过去一年研究的热点。与公司和企业等组织形态的商主体相呼应的是，商法学领域对于个体形态商主体的发展促进和个人主体破产制度的建设投入了越来越多的关注，体现出商法学领域研究的全面性和系统性视角。证券法研究方面，本年度初由最高人民法院颁布的《关于审理证券市场虚假陈述侵权民事赔偿案件的若干规定》引爆了证券市场的广泛关注，并随之带动商法学者对于虚假陈述这一经典问题的新研究视角和研究热情，商法学者对于保底信托、资管计划、期货和衍生品的研究也仍然保有较大兴趣。随着党的二十大报告和2022年全国经济工作会议进一步明确了优化民营企业发展环境、支持民营企业发展的政策导向，国企合规建设进入新的阶段，国企和民企之间的关系面临着进一步的调整，这同样引发了商法学者较为广泛的关注与研究。此外，在全面数字化的浪潮下，商法学领域所遇到的一些数字化的新问题和新挑战，也不断进入商法学者的研究视野。

1. 关于商法总论的研究

商法学领域对于寻求独立商法典的执念虽已不再强烈，但对于推动商法总则的呼声仍然存在，商法学者在商法总论和商法基础理论的研究上保持着较为平稳的输出，为商法学领域的整体研究提供基础理论供给。李建伟阐释了习近平法治思想中的

营商环境法治观对于商法学研究的引领和推动作用，认为习近平法治思想的营商环境法治观回应了新时代可持续经济发展的内在制度需求，揭示了深化改革的宏大意旨，同时也强调以人为本，从微观层面回应市场主体的个体需求，以此作为社会多元需求之间以及社会和个人之间的价值平衡点——人民利益至上的根本价值立场。在此基础上，全面加强党的领导为营商环境法治化提供一般指引，构建“亲清”政商关系是实现营商环境法治化的关键路径。[166]在另一篇文章中，李建伟还讨论了如何确定商事习惯在商事法律渊源中的位阶。[167]刘斌认为，我国现行法上的商事关系呈现出偏重商事主体法、非企业商事主体偏离规范体系、以特殊商事关系为主的规范特征，由此形成对不同商事关系类型分层规制的规范现状。基于商事主体概念的语义表达能力、体系融贯能力、语言习惯等因素，立法应当选取商事主体作为商事关系的规范识别点，但并不影响对不同类型商事主体进行区别安排。[168]

2. 关于《公司法》的研究

在公司法全面修订的整体背景下，本年度公司法领域的研究既保持了对经典基础问题的深入探索，也对于修法改革中的热点和新兴问题给予了充分关注。公司治理一直是公司法当中经久不衰的重要议题，包括控股股东和实际控制人的不当行为规制、董事会制度和监事会制度的改革、公司监督机制的完善等，本年度亦有大量学者对如何实现更好的公司治理各抒己见。刘俊海论述了控股股东和实际控制人在滥用公司控制权时是否应当以及如何承担对中小股东的赔偿责任。[169]此外，刘俊海还指出，应当建立独立董事履职独立性和专业性的保障机制，完善独立董事勤勉义务和责任减免的判断机制，真正发挥独立董事的治理监督作用。[170]王谨提出，应当确立公司治理中的董事会中心地位，通过重构董事会的职权体系发挥董事会在公司治理中的应有作用。[171]林一英认为，在双层制下公司监督机制的完善应立足于强化监事会职权，在单层制下公司监督机制的完善应注重董事会审计委员会的职能建设。[172]

资本是公司赖以存在的基础，资本制度是公司制度的核心，公司资本制度改革是公司法改革中的“牛鼻子”，包括股东出资制度、法定或授权资本制度等的调整与完善，本年度关于公司资本制度的改革观点争鸣不断。张其鉴的《股东出资义务的请求权主体研究——兼评〈民法典〉合伙合同、利他合同条款》分析了股东出资义务的请求权主体的确定路径及法理基础，[173]认为我国公司法仍应坚持法定资本制模式而非偿付能力测试模式，在资本制度的定位上应注重债权人、公司、股东利益并重。[174]朱慈蕴探讨了股东出资义务的法定性与约定性，并强调公司法应当对股东出资义务的双重性予以维护。[175]沈朝晖认为引入授权股份制是中国公司法现代化的必然趋势，并认为应当对公司法修订草案一审稿中授权股份制下的不正当发行和原股东的事后救济等问题作进一步完善。[176]陈景善认为，需要平衡授权资本制下新股发行中的新旧股东利益，设定新股发行的救济程序，设置不当授权股份发行的董事会责任。[177]

公司担保是长期困扰实务和理论界的公司法难题，不仅仅是因为问题本身的复杂性，还因为在这一问题上相关规则已经形成一个既无法摆脱路径依赖又期望制度创新的庞大繁杂的内容体系，导致对于公司担保问题的解决难以一劳永逸，本年度仍有不同学者提出了对于公司担保问题的见解。殷秋实认为，应当以过错为线索，区分担保无效责任在性质和主体上的不同层次，校正担保无效的责任范围。[178]

公司决议效力相较于一般的法律行为效力存在特殊性，其属于公司团体法律行为，涉及多方面的利害关系人，关乎公司团体的组织安宁和商事交易的稳定，因此无法直接适用传统民法中关于法律行为无效或可撤销之一般规定，基于此，对于公司决议效力的研究也是公司法中的重要问题之一，本年度亦有关于此问题的论述。李建伟认为，对于公司决议效力的讨论要因循组织法的视角、基本原则与分析范式，注意区分公司成员的意思与公司的意思、成员行为与公司行为、公司的内部意思与外部意思、决议的内部效力与外部效力。[179]此外，李建伟还提出，可以将决议无效类型化为五种并构建不同的决议无效规则，并就每一类型之下的示例形态进行分析。[180]

除此之外，还有学者对公司代表制度展开深入研究。例如，王毓莹指出，在立法层面，与德日等国不同，我国囿于公司治理历史局限性和国企改革制度管控需要等原因，确立了法定唯一代表人制度。然而这一制度与公司法的私法自治理念相抵牾，当下愈发体现其理论上的缺陷和法律实践中的局限性，对法人及其代表人均潜存着特定的不利影响。值此《公司法》修改之契机，不妨考虑破除代表人人数的固有限制，改革法定代表人之登记规则，并允许公司根据章程自由选定代表人，最终使公司的对外代表机制回归其私法本质。[181]

3. 关于《破产法》的研究

在企业破产法和公司法联动修改、深圳市个人破产制度改革取得新进展等背景下，本年度破产法领域的研究多点开花、讨论热烈。在具体研究视角上，有的关注作为顶层建筑的破产法宪法依据问题，例如陈夏红认为，在宪法和部门法融合背景下，宪法和破产法的交互是大势所趋。宪法是破产法的根基所在。正在修订的破产法应在其立法宗旨中加入“根据宪法，制定本法”，借此确立破产法的宪法根基。确立破产法的宪法根基后，我国《宪法》中有诸多条款可以在未来为破产法立法和实施提供支撑与约束。强调破产法的宪法根基，也意味着在破产法实施中相关主体需要树立合宪性意识。[182]有的关注破产法中的程序制度构建，例如刘颖认为，《民事诉讼法》的繁简分流专项修改和各地对简单破产案件快速审理办法的积极探索，为《破产法》引入简易程序创造了良好的条件。适用简易程序的破产案件必须债权债务关系明确、债务人财产状况清楚、法院认为适宜简便快捷审理。简易破产程序由法院依职权启动，可以由审判员一人独任审理，审理期限为破产申请受理之日起6个月。在简易破产程序中，可以通过便捷方式、缩短期限、简化流程来简便快捷审理。[183]在具体研究问题上，破产重整制度是破产法领域中持续讨论的经典问题。代表性学者如王毓莹认为，“府院联动”是实现我国公司破产重整市场化、法治化的有效路径，但我国上市公司重整中存在的“府院失衡现象”直接影响了府院联动目的的实现。为解决“府院失衡现象”，应明确两者在上市公司重整中的角色定位，法院的主导地位不应动摇，政府仅应发挥辅助性作用。在此定位基础上，确立上市公司可重整性标准，并由法院指定专业人员调查重整可行性，成立破产重整管理人协会，除对债权人信息披露外还需强化重整中对法院的信息汇报等，以期实现府院关系的平衡。[184]

4. 关于《证券法》的研究

本年度关于证券法领域的研究呈现出较为发散的特点，但整体而言主要是针对不同类别的金融产品和交易工具展开研究。李东方[185]、王乐兵[186]、叶林[187]等学者的相关研究成果既包括了对公司债券等传统金融产品的基础理论问题研究，也包括对存托凭证、资管产品等规则体系尚不完善的金融产品的制度完善，还包括了对碳排放权等新兴交易产品的规则探索。此外，在本领域的具体问题方面，钟维对期货市场的市场操纵问题进行了创新研究。在他看来，要改变传统上对期货市场操纵行为的定义需要重点把握三个步骤。首先，在判断操纵行为是否造成人为价格时，所关注的重点应当是影响市场价格的力量和因素，而非操纵行为造成的价格是否偏离了正常供求力量下应有的价格水平。其次，应当将意图作为操纵的核心要件，运用价格影响测试的分析框架，以行为人的不正当行为和其他直接或间接证据为支撑，并辅以经济或经验分析等方法进行综合判断。最后，当行为人的操纵行为未造成或未能证明造成人为价格时，引入试图操纵进行规制。[188]

5. 关于《票据法》《信托法》《保险法》的研究

票据法、信托法和保险法相较于公司法、证券法等大部头在研究基数上不占优势，又没有时下破产法领域制度改革和修法推动下的研究热度，因此一直处于四平八稳的状态，但每年都有一定程度的产出。票据法研究方面，陈甦对票据质押的效力范畴展开深入剖析。[189]信托法研究方面，吴至诚对保底信托效力进行类型化分析。[190]保险法研究方面，吴奕锋围绕责任保险人抗辩义务的引入路径展开深入讨论。[191]

6. 关于数字法治的研究

势不可挡的数字化浪潮使得商法学领域的研究也面临新的挑战，不仅体现为对一系列创新行为的包容审慎监管，也包括对于数字化产品的合理规制。在具体商业模式和技术的监管问题上，包括对网络平台、算法黑箱、智慧司法、区块链、数据科技、人工智能的监管等，都是学者关注的热点问题。代表性学者如张凌寒指出，在智慧司法变革中，人(司法机关)与技术的关系从技术辅助走向技术主导，进而存在滑向技术依赖的隐忧。这种依赖关系也带来权力专属原则存疑、质量技术标准缺失、责任链条分配存在困境等挑战。应及时勘定技术嵌入司法活动的边界：采取信息准入与流出的控制机制，限制技术在司法裁判相关信息的收集与公开中的运用；合理分配人类与机器的决策分工，保证人机混合司法决策中人类的实质性参与；谨慎应对公权力与技术权力的共建，建立合理的责任分配与追责机制。[192] 在数字权益的讨论上，商法学者关注到数据产品和数据财产权的问题，例如郑佳宁指出，在构建数字财产权保护体系时，为了助益数据要素市场和数字产品市场的高质量发展，应当明确数字财产权的归属规则，并赋予财产保护的支配效力与排他效力。为了确保数字财产取得和利用的合法性，还应当注意与个人信息保护法律规范全方位的协调。[193]

十、经济法研究

2022 年度，在金融法、财税法、反垄断法、反不正当竞争法、消费者权益保护法等不同论域，首都地区经济法学者依然秉持立足实践需求，夯实研究根基，坚持战略导向、问题导向，聚焦国内经济发展前沿问题，关注数字经济发展态势的研究宗旨，从数字法学、信息法学等新兴法学视野出发，丰富和完善了经济法学科研究体系。从本年度论著发表情况来看，经济法学研究依然延续了往年“雨者恒雨、热者恒热”的倾向，市场规制法学持续发力，反垄断法和反不正当竞争法成果数量远超其他领域，在本学科体系内已经连续三年独占鳌头，可称为经济法学科领域内当之无愧的学术热点。作为密切关注国内经济改革动向、肩负经济法治化历史使命的法学学科，经济法学科坚持政策面向，以基础研究为阵地，优化研究体系，创新研究内容，响应实践趋向。

1. 竞争法学领域

对平台经济的反垄断规制一直是近几年的热点所在，学科投入日益深厚，研究队伍逐渐庞大，学者们的研究热情持续高涨，研究成果愈发丰硕。本年度，关涉平台经济反垄断的研究成果和往年的成果间形成了良好衔接，有效保持了研究进展的持续性和连贯性。在平台经济反垄断的研究框架层面，杨明指出，为了解决平台经济反垄断规制所面临的难题，从竞争结构的视角来准确把握创新、企业规模与市场势力之间的关系十分重要。循此路径不难发现，在反垄断分析中有必要引入“促进有效竞争”准则，从而与福利标准一起形成二元分析框架。藉此，反垄断规制得以超越静态效率、更多地关注动态效率，进而实现激励竞争与避免抑制创新的双重旨趣。[194] 在具体规制路径上，马平川认为，平台反垄断可谓势在必行，但平台毕竟是竞争繁荣的产物，在对其进行反垄断监管时也应保持一定的合理限度，应当确立数字正义的指导理念，遵循包容审慎的监管原则，完善竞争法治的制度框架，并最终寻求创新与秩序的动态平衡。[195] 孟雁北提出，在平台反垄断中，对剥削性滥用的规制不应改变反垄断法规制滥用市场支配地位的重点仍是排他性滥用的共识；反垄断法规制平台剥削性滥用应恪守各司法辖区反垄断法规制滥用行为的分析框架，且需要具备“显著的不公平交易”的后果要件和“很难寻求其他法律救济渠道”的前提条件。建议我国现行《反垄断法》第 6 条修订为“具有市场支配地位的经营者，不得滥用市场支配地位，排除、限制竞争或显著损害交易相对人的合法权益”。[196]

2. 金融法学领域

习近平总书记指出：“防范化解金融风险，特别是防止发生系统性金融风险，是金融工作的根本性任务，也是金融工作的永恒主题。”2022 年，在新冠肺炎疫情冲击和国际形势急速变化的双重激荡下，美联储政策加快转向，国际金融环境正发生重大改变。全球经济一体化模式下，我国要在经济下行的整体背景中逆流而上，就要前瞻性的做好足以充分应对外部冲击的准备，加强对金融活动的监管力度，推动金融监管能力在法治化轨道上稳步提升，健全金融风险处置机制，全面强化金融基础设施建设，引导金融领域资本健康发展。

顺应实践的渴盼，对金融风险的防范和金融监管体系的创新已然成为今年金融法学领域的热点话题。立法层面上，健全金融风险防范、化解和处置机制的《金融稳定法（草案）》正在积极征求各方意见之中；学术界也积极回应实践需求，对金融监管的性质、模式、路径进行回溯与反思，探讨新的有效进路。例如，邢会强着眼于现有的监管思路的整体不足，主张我国应在“道”的层面上进行理念与制度完善，即我国需要完善金融法治基础，建构金融法治哲学，制定《金融法典》或《金融法总则》，创新金融法的更新机制，创建市场型金融创新合法性裁定制度，完善市场型金融创新的法律责任，以便进一步提升我国对市场型金融创新监管的法治化水平。[197]

在数字经济蓬勃发展、金融体系正经变革的时代场景下，除了金融风险防范和监管值得关注外，金融法的体系规范本身及其架构下的货币、金融科技、金融基础设施所滋生的新需求也需要由金融法来作出回应。在宏观层面上，刑会强提出，我国现行的以银行为主导的金融体制，以银行法为核心的金融法体系，有其复杂的历史背景。在不久的将来，随着金融创新的加快，金融科技的进步，我国多层次资本市场的发展，以及《证券法》上“证券”概念的扩大，证券法会日益强大，并终将取代银行法成为金融法的核心。随着金融创新的进一步发展，证券法也将升级、进化为金融投资商品法。[198]李建伟认为，在新时代，我国金融安全由政策驱动向依法治理、由行业稳定向总体安全、由分散立法向体系构建转型中，应坚持以总体国家安全观和习近平法治思想为指导，科学把握金融安全的主权性、总体性和发展性等特点，做好党中央关于新时代金融安全工作政策主张的法律转化，构建包括“基本法律条款、专门普通法律、相关法律规定、行政法规、部门规章、地方性法规、涉外公约条约”等七位一体的金融安全法律规范体系，不断发展完善新时代金融安全立法的理论与制度体系。[199]在交叉视角下，金融法学者立足实践所需，适时与其他法学学科融合共谋发展、解决问题。冯辉着眼于传统民法规制不能的场景，以金融法价值理念为切入口，从金融法视野对《民法典》的适用场景作出有益回应，增强了经济法学科的实践运用价值。[200]

顺应部门法法典化潮流，立足金融法发展现状，邢会强建议，由中国人民银行牵头银保监会和证监会，制定一部适用于所有金融部门的统一的个人金融信息保护规章，以便对下位的金融相关规范进行引领，同时将个人金融信息保护法打造成个人金融信息的安全保护之法、开放共享之法。[201]但相关议题的细化与落地还有待金融法领域内的专家学者持续耕耘。

3. 财税法学领域

共同富裕作为社会主义现代化国家的价值目标，是解放和发展生产力的本质要求。长期以来，作为调节国家治理基础和重要支柱的法律规范，财税法凝聚了各方利益，既关乎“国计”，又影响“民生”，是有序实现共同富裕的直接保障。回顾2022年财税法领域的发文情况可知，本年度对基本理念的研究稳中有进，对基本原则、制度价值的重申、反思和改进几乎占据了今年财税法学科研究的“半壁江山”。例如，张世明认为，穿透课税原则的理论基础包括合伙企业税收集合体理论、导管理论、受益所有人课税理论、经济实质判断理论。穿透课税原则具体化为一般规则与特殊规则，后者包括受控外国公司规则、反导管规则。实质课税原则在规范的抽象性层面上固然与诚信原则堪可比拟，而穿透课税原则与方法涉及具体的规则应用。为反避税对公司在税法上法人人格的存在予以否认并不是公司法中的揭开公司法人面纱，冠以“穿透”之名的相同并不能否定税法与公司法彼此适用逻辑与边界分野的剖析。[202]张牧君提出，鉴于税收在本质上是向社会成员分摊的公共支出，而基于能力理论的量能原则使社会成员依社会正义要求按经济能力强弱承担税负，更具现实可行性和客观可测性，其应当成为我国税法制度设计向纳税人分配税负时普遍遵循的基本原则。受益原则可以被用于限制税法中额外增加或减轻个别纳税人税负的规则，避免弱者追求超越实现平等权利必要的政府支出。[203]汤洁茵主张，欲加强对反避税调整权的制约，司法机关应当成为对一般反避税条款加以具体化和续造的另一重要主体，并以审查结果传递其补充的规范内容。从个案的价值判断到类型化交易价值标准的选择再到裁量准则的形成，一般反避税条款才能真正实现由抽象到具体的转化，成为有效制约反避税调整权行使的重要规则基础。[204]在税收法典化框架内，张守文从“历史—系统”“价值—规范”维度对影响税收立法的要素展开分析，以印花税立法为切入点，以小见大，全面的揭示了各类立法要素对税种立法的普遍意义，有效推动了税收法治化进程。[205]叶姗从认识论层面和方法论意义上阐述了应税事实认定，优化了税收应用的标准体系。[206]

此外，对于数字经济带来的税收难题，财税法学者也作出了有益回应。例如郭昌盛和张牧君分别直面数字经济时代的税后争议，[207]或考察OECD和欧盟等国际组织规定，[208]从数字服务税的起源、理论基础、性质等维度构建了我国的应然应对方案；或围绕税基合法律性、税收管辖权正当性以及税制公平性的争议层面阐述了自己的思考。

4. 学科融合纵向加深

2022年，经济法学研究在坚守传统研究阵地的基础上，顺应数字经济持续向好的发展趋势，不仅踊跃推动经济法学科与数字法学、信息法学等新兴领域相融合，而且积极拓宽研究领土，强调经济法在《民法典》实施过程中所需调整的理论要素及应当肩负的学科责任。例如，薛克鹏认为，《民法典》背景下的经济法必须以尊重私权和私法自治为起点，但应从规制这一相反方向进行制度和理论构建。规制是以禁止、限制和强制方式限缩权利和自由的法律形式，源于并寓于经济法，由规制对象、目标、措施和机构等要素构成。作为一个枢纽型概念，规制集中反映了经济法的特质，并可将经济法与经济学及其他学科联结起来。规制是立法、行政和司法的共同行动，其源头是法律而非行政。行政规制的实质是执法，与规制完全不能等同。[209]

从法学核心期刊发文情况来看，本年度经济法学科与其他学科交叉推进的主要方式是基于研究对象的数字化，通过在原有进路的基础上融入新语境来创新规制模式和方法。从成果表现形式来看，经济法学与新领域的交叉融合描绘了经济法学融合发展的答卷。究其本质而言，这是经济法学传统领域在其所辖范围内的语境创新，更是经济法学科对社会发展新模式的适时回应。具体而言，平台经济主体的数字化倾向不仅催生着主体责任、[210]重构规则引导和执法条件的重新厘定，还促进了交易方式的变革，无形间让越来越多的内容实现了从信息到数据的跨越。这一维度诱发出的问题包括两个层面，一是个人信息和商业秘密的保护；二是因大量数据汇于企业、政府之手所带来的数据权属纠纷和垄断之争，以及由此衍生出的权益保护体系的构建之论。[211]相关研究立足实践，体现了反垄断法、反不正当竞争法、金融法、财税法等领域与数字经济发展新业态的直接融合，是经济法学科针对数字社会和经济变化所作出的理论回应。此外，张钦昱还专门围绕元宇宙的规则之治展开研究，认为消解元宇宙带来的伦理之困、维护良善有序的元宇宙空间秩序，有赖于元宇宙的伦理规则与自治规则。需要从元宇宙内部视阈、元宇宙与现实世界的比对交互以及元宇宙间的互联互通三个层次构建外在控制规则。元宇宙使得重塑社会平等规则成为可能。元宇宙与现实世界的联结规则，能够促进元宇宙与现实世界的协同发展。打破元宇宙间的壁垒，可在不同元宇宙之间建立互联互通机制。[212]

十一、知识产权法研究

2022年首都地区知识产权法学科的研究成果，存在热点分散与领域分散的特点。首先，从发文的热门关键词上看，随着上一轮知识产权领域法律的修订完成，2022年的热门话题不再深度聚焦于法律修改，研究者们各自重新回到其兴趣话题，呈百花齐放态势，相对热门的关键词包括：知识产权侵权责任、信息网络传播权、体育赛事直播画面、著作权合理使用、商标使用、商标注册制、标准必要专利、数据权益等。其次，从知识产权法学科的各个领域发文数量上看，著作权法领域仍旧数量最多，知识产权总论领域紧随其后。值得注意的是，数据与算法治理领域仅由那些以构建式思路、讨论数据与算法治理的论文构成，它们不易归类。新客体、新行为方式、新领域的归类困难，反映出知识产权法学是一个具有较高开放性的法学领域，随着技术不断发展，需要不断面对新情况。

1. 知识产权法总论领域

知识产权法总论领域的研究热点包括知识产权侵权责任规则完善、与《民法典》相关的知识产权问题研究、中国式知识产权治理模式研究、知识产权基本理论研究。第一，知识产权侵权责任规则完善保持热度。例如，刘银良提出，知识产权的不确定性决定了它与惩罚性赔偿有着根本冲突，难以全面适用惩罚性赔偿制度。从惩罚性赔偿制度的前提和侵权行为的道德可责性出发，可对知识产权惩罚性赔偿进行类型化适用，恶意知识产权侵权行为或可适用惩罚性赔偿，一般知识产权侵权行为则难以适用。在国际知识产权规则下，既要保护知识产权，又要为正当竞争保留合理空间，知识产权与竞争的平衡才可产生最优的创新激励效果。知识产权惩罚性赔偿可能造成过度威慑，打破知识产权与竞争的平衡，妨碍知识产权法基本目标的实现。类型化适用有利于降低或避免知识产权惩罚性赔偿的制度风险。[213]此外，刘银良还对知识产权惩罚性赔偿制度进行比较法上的考察，指出普通法系国家的知识产权惩罚性赔偿根植于普通法传统，体现为侵权法下的救济和知识产权法下的救济两种路径，其实施主要依据知识产权法，但仍需普通法的广泛支持。知识产权惩罚性赔偿所惩罚与威慑的行为应是具有可责性的恶意侵权行为，其实施亦须通过比例原则维护合理性。对普通法系国家知识产权惩罚性赔偿的比较法考察或可为我国知识产权惩罚性赔偿制度的构建与适用提供有益启示。[214]

第二，与《民法典》相关的知识产权问题研究同样保持热度。陶乾指出，我国民事制裁制度源于

《民法通则》第134条第3款，随后被引入到知识产权民事审判实践中。司法机关通过罚款、收缴、没收违法所得，对于应受行政处罚但尚未受到处罚的知识产权违法行为进行主动干预。然而，各地法院对民事制裁措施的适用范围、措施和条件的把握存在显著差异。种种适用乱象的成因在于民事制裁制度本身存有缺陷。民事制裁本质上是一种准行政处罚，其与民法规范的取向格格不入。《民法典》不再包含民事制裁条款,《著作权法》和《商标法》相关司法解释中的民事制裁规定已然缺乏民法依据。在目前全面加强知识产权保护的战略背景下，应当将民事制裁进行制度归位。一方面，将民事制裁措施回归为行政机关的行政处罚措施，法院不得在民事案件裁判中适用；另一方面，知识产权民事保护中的惩罚性赔偿制度与知识产权行政执法机制进行有机协作，共同发挥对严重侵权行为的惩戒和威慑功能。[215]

第三，随着我国发展与创新的体制机制改革日益深化，研究者越来越注重坚持中国意识、关注中国问题、提出中国方案。万勇指出，中国应辩证看待知识产权与公共健康的关系，采用标本兼治型方案，构建体系化的药品专利链接制度与科学化的药品专利强制许可制度，依此，既可回应知识产权正当性危机，也可应对公共健康危机。中国方案以分配正义为基本底色，以治标为先、治本为要为基本思路；对之可从理论基础、制度根基、实践路径三个维度进一步予以完善。[216]管育鹰主张，为顺利加入CPTPP这一新时代的国际贸易协议，我国有必要研究其知识产权条款并提出相关法律制度的应对之策。在商标制度完善方面，增加气味商标和强化驰名商标保护相对简单，需着重解决的是在广义的商业标识概念下，统筹协调地理标志与在先注册商标、通用名称的冲突问题。我国新修改的《专利法》已全面对标CPTPP，仅遗留了宽限期问题需要解决；同时，为提高专利审查质量，需要推进遗传资源和传统知识数据库建设。在农业方面，需要对农用化学品未披露的试验数据和其他数据延长保护期，加快修法以加强植物新品种保护。我国知识产权执法已基本与CPTPP接轨，但在加大刑事处罚力度方面需要考虑将某些具有商业规模的故意侵犯著作权和商业秘密的行为入罪。[217]张海征提出，知识产权信用体系法律框架下的具体规则仍需进一步细化和完善。在系统性建设知识产权信用体系原则的指导下，信用收集制度应合理限制收录范围，信用公开制度应明确分级标准，信用评价制度应动态分级管理，信用异议制度应灵活有效。在知识产权信用体系的法治化建设过程中，确保其基本要素“信用信息”的合法性、公正性、准确性、相关性和及时性。[218]

第四，知识产权基本理论仍存在完善空间，研究者着力于拓宽研究角度，加深认识层次。易继明与李春晖的合作研究指出，信息的流动性和外部性，使得其正当性解释须考虑整个自然法理论：先占即控制是自然权利的来源，劳动是权利归属的依据。自力控制的客体之上，产生一般知识产权；法律之力控制的客体之上，属于类型化的法定权利。一般性权利偏于自然权利，需要提高保护强度，但不能再由法律之力强化其控制。类型化的法定权利基于功利主义设权，一方面要严格遵守权利法定的边界，对于涵摄到的客体和权能要严格保护，另一方面保护强度要低于一般性权利。[219]冯晓青指出，知识产权制度通过专有领域与公共领域的人为安排构造了专有权与自由公地，在专有权的安排上体现了知识界分、沟通与转换的机制，进而形成了知识生产与传播的效率逻辑。在效率价值导向上，知识产权制度的效率逻辑与制度安排均指向以激励知识和技术创新活动、提高创新效率为目标的产权制度及其有效运转。推进中国特色知识产权制度的构建与创新，应当在知识产品的权益分配、要素流动、产权转化、产权保护与产权制度结构的建构上体现效率价值及其实现的制度安排与运行机制。[220]

2. 著作权法领域

著作权法领域的研究涉及著作权法基本理论、权利客体、权利归属、权利内容、侵权认定、权利例外、民间文学艺术作品等话题。首都学者本年度的研究主要聚焦于体育赛事转播权问题。姜栋认为，体育赛事转播权作为一种体育行业约定俗成的惯用语，在我国并未构成法律权利。体育赛事转播“三点三层”的商业模式和法律构架能够证明，体育赛事转播建筑于赛事组织者对于体育赛事所享有的某种未经法律认可的基础性权利。学理分析表明，“商品化权”和“无形财产权”的学说并不能正确解释此种基础权利，而“物权”和“民事权益”的解释方法也难以精确的定位该权利属性。因此，赛事组织者对体育赛事所拥有的绝对权难以在现有法律体系内得到妥善解释。在比较欧美体育强国有关体育赛事转播权法律定性的基础上，本文指出，赛事权利应由体育法进行规范，赋予体育协会赛事权利人的合法地位，从而借助民法和体育法间的一般法和特别法关系完整保障赛事权利，这也是解决具有行业特殊性的体育法律问题的一种有效方式。[221]

3. 商标法领域

商标法领域的研究涉及商标使用概念理解、商标注册制度完善、商标法规范微观分析、商标法其他一般性理论讨论等话题。第一，如何理解商标使用是贯穿整个商标法体系的长期焦点。殷少平认为，对商标使用概念的模糊认识长期存在，错误理解在实践中较长时间成为主导意见，原因在于欠缺体系思维和法律方法意识，以及商标法理论研究与实践脱节、难以及时解答实践中的疑问。综合运用比较解释、体系解释和目的解释等解释方法，可以厘清该概念的真实含义；辨析商标使用概念与商标专用权、禁用权之间的关系，可以从正反两面认识该概念。《商标法》第 48 条定义中"用于识别商品来源"的表述，意在界定商标使用概念的内涵，揭示其本质特征，并非要将范围限缩为商标已实际发挥识别作用的情形。在将来修改《商标法》时应该对该立法定义的表述进行完善，避免继续造成误解。[222]陈明涛主张，商标法的本质是商标使用之法，而非注册之法。商标使用是商标法的"主轴"，触及对商标本源的全方位认识，并在立法、执法与司法实践中不断验证。在商标法的语境下，对商标使用的全面理解应从标识来源、使用意图、保护范围、显著性四个维度进行。[223]

4. 专利法领域

专利法领域的研究涉及与标准必要专利纠纷相关的研究，专利授权确权无效制度的完善及其他专利法问题探析。马一德提出，可比许可法是一种"非国家化"的技术标准许可定价规则，能集中反映消费者愿为标准必要专利支付的信息，注重参考在市场作用下业已形成的许可费水平，从而克服分摊式专利价值评估方法的缺陷。可比许可协议的识别、可比许可协议中许可费信息的披露以及复杂标准必要专利许可情形中隐性单向许可费率的解析，是可比许可法适用的关键。专利劫持和技术标准化价值等问题的澄清，有利于认定标准必要专利许可费的范围，打破对部分可比许可协议参考价值的质疑，确保可比许可法适用的稳定性。作为一项由市场主导的技术标准许可定价规则，可比许可法有助于定价规则的"非国家化"，在不同国家的司法机关间形成"规则共识"。[224]刘影建议，将效率原则作为计算标准必要专利许可费率的基本原则，对假想交涉协商法作适应性条件修正，减少司法过多干预市场交易价格。[225]此外，刘影还建议通过我国专利法第 20 条，对标准必要专利权人过度行使权利合理限制，并遵依内部和外部评价路径，保障谈判对等、符合诚信，引导当事人达成关键问题的事前合意。[226]

5. 数据与算法治理领域

在数据与算法治理领域，研究呈多点喷发态势，不像著作权法领域长久聚焦那些与权利内容、侵权行为有关的争议，不像商标法领域沿着优化商标注册制、促进商标真实使用方向不断改革，不像专利法领域关注特定热点技术领域与争议类型，数据与算法治理领域的论文在研究主题、分析思路、观点结论上具有较强散发性，既反映出数字法治领域的复杂性，又体现出相关研究者的前沿性。例如，冯晓青指出，商业数据与知识产权涵盖相似的调整对象，存在权利理论基础的贯通与制度目标的契合，因此知识产权制度在保护商业数据方面具有潜在的适度性。然而，不同于知识产权类型化客体，商业数据在财产形态、利益诉求及价值内涵等方面呈现独立特征，导致既有知识产权制度对商业数据的保护存在适用困境，制度创设成为必要。商业数据法律保护路径的完善，可以借鉴现有知识产权制度原理与规范设计，构建起产权激励、加快数据市场化流通、激活数据要素价值、利益平衡等原则，建立健全以专门法为核心的商业数据保护立法体系，完善权利保护与权利限制的规范构造。[227]崔聪聪认为，数据限制处理权作为制止数据违法行为、防控数据安全风险的"暂停键"，可以弥补目的限制规则、删除权、更正权等数据权利和制度的"空隙"。数据限制处理权契合了数据处理场景深刻变化所引发的数据保护范式革新的理念。数据限制处理权既能中止数据滥用行为以保障个人的安全利益，也能避免个人仓促行使删除权而影响个人信息处理者正常开展业务，从而有效平衡数据安全和数据利用之间的冲突。在参考域外立法经验的基础上，我国数据限制处理权的规范构造应当包括数据限制处理的适用范围、行使程序、限制处理的解除等内容。[228]陶乾认为，非同质权益凭证（NFT）是用来标记特定数字内容的区块链上的元数据。数字作品非同质代币化交易模式的出现改变了传统的线上作品传播与利用生态，与此同时，也带来了关于权利归属、著作权侵权与否的困惑。同一数字内容在流通领域具备数字作品与数字商品的双重属性。从数字商品的角度，非同质代币化交易模式使其能够像实体商品一样发生财产权的移转，区块链上的即时权属信息变更发挥着公示的效用。从数字作品的角度，作品的非同质代币化交易虽不发生著作权的转让，但发生了作品的复制、发行与信息网络传播。未经许可将他人作品代币化构成著作权侵权，但著作权人或经其授权被代币化并已被首次交易的数字作品除外。在符合特定条件下，权利穷竭原则可延伸适用于数字作品交易场景。[229]

十二、环境法研究

2022年，首都地区环境法学研究在习近平生态文明思想的指引下稳步前进，总体呈现出“既重视基础理论研究，又积极回应实践需求”的特点。相关研究主要聚焦于环境法典编纂、“双碳”目标下的法律议题、环境司法的反思及优化、生态环境损害赔偿的基础问题、整体系统观的理论及实践、环境法律责任的深入探讨、自然保护地与自然资源管理及相关问题等主题。

1. 环境法典编纂及相关问题研究

吕忠梅对环境法典编纂的一些基础问题进行了深入研究论述，主张环境法典中的人性标准由理性经济人拓展至“生态理性经济人”。环境法典中的自然呈现出“资源—环境—生态”三个面向。可持续发展应作为中国环境法典的基础概念和逻辑主线，应当将可持续发展确定的价值体系外化为环境法典的调整范围与规范构造。[230]此外其还论述了环境法典“行政领域立法”的属性，并探讨了类型化思维下的环境法典规范体系建构，指出类型化思维的双向性、开放性、价值归依性等特性在方法论上有益于环境法典规范体系的建构。[231]曹炜则探讨了环境法典基本原则条款，认为环境法典基本原则条款应当排除综合治理原则和损害担责原则，增加环境利益公平分配原则、风险防范原则和环境责任者负担原则，从而构建以可持续发展为内在意义脉络，保护优先原则、风险防范原则、预防为主原则、公众参与原则、环境利益公平分配原则和环境责任者负担原则相互协作和制约的环境法典基本原则体系。[232]巩固不仅从资源、环境、生态概念的变迁切入，探讨了环境法典基石概念，还提出了环境法典自然生态保护编的构想。[233]于文轩从比较法的视角出发，指出我国环境法典应当分别在“总则编”“污染控制编”“自然生态保护编”和“绿色低碳发展编”作出绿色低碳能源促进机制相应规定。[234]还有一些学者则是以环境法典作为研究背景或视角来论述具体问题。如吕忠梅研究了环境法典视角下的生态环境法律责任，[235]吴凯杰分析了法典化背景下环境法规范的类型区分与体系归属。[236]

值得注意的是，有宪法学者加入到环境法典化的讨论中来，重点分析环境法典的宪法基础问题。例如，张翔认为，环境法典编纂，应主动回溯宪法基础，以“部门宪法”的思维，促进环境规范与学理的整合。环境宪法具有较为鲜明的赋权导向，一种客观的、首先指向立法者的、具有委托性和实质内容的“制度目标”，才是环境宪法下推进环境法治的方向，但相关制度的建构仍然可以被涵纳进密度较高的合宪性审查。我国宪法中的国家目标条款，可以为生态文明体制确定方向、圈定范围，并为部门环境法的发展提供规范宪法秩序上的坚实基础。以国家目标为视角，可以更好容纳环境系统自身的变迁规律，契合环境科学研究成果，填充环境法典中不确定概念的内涵，以及为相关合宪性审查提供更明确的刚性标准。[237]王锴认为，宪法作为调整国家与公民之间关系的根本大法，为环境法典的编纂提供了双重基础。在国家层面，编纂环境法典是对美丽中国的国家目标和环境保护的国家任务的落实，同时，联系宪法上的基本权利条款，国家的环境保护任务可以被解释为国家为了保护公民基本权利免受环境危害的环境保护义务，国家履行环境保护义务要符合“营造绿色安全的健康环境”的要求，不能保护不足。从“最严格的制度、最严密的法治”的角度，编纂环境法典是实现上述目标和任务的必要手段。在公民层面，制定环境法典是保护公民环境基本权利的需要。环境权作为请求国家积极作为的社会权，其保护范围需要立法来形成。同时，公民的环境保护义务作为法律义务，也需要通过环境法典的编纂来形成其具体内容。从而，构建起公私兼顾的、以环境权和环境保护义务为架构的环境法律关系。[238]

2. 生态环境损害赔偿的基础问题研究

生态环境损害赔偿制度仍然存在政府与社会组织之间提起环境民事公益诉讼的关系不甚明确、行政机关规避在行政诉讼中当被告或掩盖监管不力之嫌等问题。巩固比较了生态损害赔偿的私法和公法两种模式，认为前者通过扩张侵权规则救济生态损害，包括扩张责任规则的"恢复原状"、创设民事权利的"私法环境权"和创建新型制度的"特殊赔偿"。后者通过确立具有损害填补功能的监管责任制度来填补环境损害，包括扩展监管的行政恢复责任制度和作为其辅助的补充性执法机制。私法模式是环境法缺失时的过渡性产物，在环境监管体系普遍建立的背景下仅为公法模式的有限补充。欧陆国家多为公法模式，美国亦然，法国特例缺乏实践检验，须辩证认识。我国存在发展公法模式的良好基础和条件，应充分利用。我国民法典生态损害赔偿条款应以此为背景进行解释，定位于作为公法模式制度基础的公法规范。[239]此外，巩固还分析了生态环境损害赔偿诉讼与环境民事公益诉讼关系，认为两者大同小异，交叉重叠，关系有待厘清。生态环境损害赔偿诉讼属于以国家所有权为基础的"公产诉讼"，由监管者在必要时依法提起；环境民事公益诉讼属于由非监管者补充行使监管职权的"代位执法诉讼"，以补充监管不足为必要。两诉关系的妥善处理应秉持类型化思维，正确认识两类诉讼的功能差异及不同主体的各自优势，合理分工，衔接配合。《民法典》第 1234 条和 1235 条对两诉关系的处理存在诸多模糊之处，需要理论上的正确解读和后续配套立法的区别、完善。[240]

3. 整体系统观的理论及实践研究

整体系统观是连接习近平法治思想和习近平生态文明思想的重要视角。吕忠梅提出，全国人大常委会将环境法典确定为"行政立法领域的法典编纂"，需要正确把握环境法典的属性。生态文明入宪、生态文明体制改革的迅速推进、生态环境综合执法现状对认识环境法典的"行政立法领域"属性提出需求。从中国特色社会主义国家目的、国家目标、国家任务不断发展和国家治理体系不断演进的过程中，可以发现环境法典的"行政领域立法"属性的涵义。以此为基础，通过完善法律体系分类方法，明确环境法典"领域型"特性，提出环境法典编纂方案。[241]巩固认为，"山水林田湖草沙统筹治理"是习近平生态文明思想在自然生态保护领域的具体化，包含生态至上的自然价值论、系统整体的自然本体论、协同综合的自然实践论，需要为"生态保护优先""生态整体保护""生态系统治理"提供法治保障。我国现行法与理想模式存在较大差距，需要整体转型和全面提升，环境法典编纂为之提供了有利条件和宝贵契机，应充分利用。为此，环境法典应专设"自然生态保护"编，以"统筹治理"为主线安排体系结构，凝练具体规则，构建制度体系。[242]

4. 自然保护地与自然资源管理相关问题研讨

杜群研究了环境法体系化中的我国保护地体系，在其看来，中国保护地体系是生态文明建设在自然保护领域的重要成果，法典化背景下的环境法体系化发展应予回应。我国保护地体系在实践上形成了以自然保护地体系为本体、"自然生态空间格局下的生态保护红线体系"为基础的双重规制结构。自然保护地体系、自然生态空间和生态保护红线有着共同的法治逻辑特征，环境法体系应当对其进行一体化的法律调整，基本路径是开展保护自然原真性、维护空间正义的"实证自然保护法"的新法域建设。调整保护地体系的"实证自然保护法"对环境法体系化的贡献还在于基于法律调整社会劳动行为及其目的的法治逻辑分析方法，可通约应用于环境法体系基本法域构建，并为环境法体系中的"实证生态保护法"的二次调整法定位提供法理解释。[243]

5. 其他问题研究

金自宁关注的是科技不确定性与风险预防原则的制度化这一议题。她认为，引入风险预防原则处理"决策于不确定性之中"的法治难题在当前渐成共识，但风险预防原则也受到制度意涵含糊不清等批评；为回应此批评，研究者们提出了风险预防原则制度化的诸多方案。结合具体事例的考察能够更清晰地揭示科技不确定性风险对现有法律制度的挑战，即风险受害人无论通过私法还是公法上的传统进路寻求救济时均会遇上与"知识有限"相关的法律障碍；在引入风险预防原则以处理此类挑战时，有必要反思既有制度化方案忽略"知识有限"这一现实约束条件的可能偏差。考虑到不确定性的根源即"知识有限"，风险预防原则制度化的正确方向应是在具体情境中依据该原则的精神，在当下共同决策、共担风险；在未来则持续学习、动态调整。[244]

曹明德对我国绿色产品认证标识法律制度的路径进行了探析。他提出，我国绿色产品认证标识制度框架已初步形成。作为一项法律制度，绿色产品标识及认证中形成了两组法律关系：一是就产品认可认证，在行政主体、认证机构与申请人之间构成公私混合的规制关系；二是就绿色产品标识授权使用，在上述法律关系主体间构成的商业许可关系。两组法律关系的搭建，形成了我国绿色产品认证标识制度的基本格局。制度的具体完善路径是将现行同类环保产品认证标识纳入绿色产品标识与绿色属性产品标识的二元框架内，或吸收，或拆解，或由市场逐步淘汰，最终形成统一的绿色产品认证标识体系。在制度构建过程中，对第三方认证机构的规制成为制度有效运行的关键。参考域外经验，我国应当通过强化认证机构的独立性，平衡认证机构与申请人之间的制约关系，以及通过加强行政监管与社会监督，防止认证权力寻租，充分发挥绿色产品认证标识制度的实践效果。[245]

杜群分析了《巴黎协定》对气候变化诉讼发展的实证意义。她指出，广义气候变化诉讼实践在实体法上“助产”《巴黎协定》等气候变化国际法规则，后者也“反哺”着前者。《巴黎协定》为气候变化诉讼铺设了实证逻辑基础，其温控量化目标条款明确了气候变化诉讼客体，其国家自主贡献规则化解了政治问题的分权原则。《巴黎协定》展现出的实体法规范功能——拓展气候变化法律依据和气候变化因果关系原则的既定化，推动了2015年以后气候变化诉讼向核心主题实证嬗变。我国应依循公法、私法和交叉协同三条路径发展狭义气候变化诉讼。[246]

孙雪妍分析了气候司法的法理功能。她提出，气候司法应遵循“法理功能优先、兼顾社会功能”的基本原则，以推进、落实政策为目标的气候司法造成了司法评价对象泛化、诉讼效率拖延、过度解释侵蚀法律体系融贯等问题，其深层原因包括气候立法“空白”、气候立法的政策工具定向以及“实用主义”解释观泛滥。“回应型司法”“能动型司法”以气候政策目标为导向、侧重司法政策对规则的阐明或修正，不能以规范化方式维护气候司法法理功能。我国应秉持“整体主义”解释观，将原则解释、立法目的解释等作为宏观政策背景与微观规则含义的“中介”，强调“内部论证”(法律方法)优先于“外部论证”(司法政策方法)，以类型化思维明确气候司法的重点，以司法各环节的分工侧重整体性强化气候司法的法理功能。[247]

李智卓分析了我国荒漠化防治政府主导责任的实践困境及其应对之道。在他看来，我国荒漠化防治的政府责任尽管在相关法律中有所体现，但实践中还存在政府责任缺失、政府短视、央地矛盾等问题，主要原因在于我国相关法律对荒漠化防治政府责任规定不明确、任期目标责任考核制度不完善、中央环保督查的效果不佳等。因此，在我国推进国家治理体系和治理能力现代化的时代背景下，完善我国荒漠化防治的政府责任，不仅需要健全我国荒漠化防治政府责任各项制度，而且还要将该政府责任具体落实到荒漠化防治的实践中，明确荒漠化防治的主导责任及其主体，健全荒漠化防治任期目标责任考核制和中央环保督察制。[248]

十三、社会法研究

2022年，社会法理论与实务界针对新就业形态的劳动保护逐步达成共识。本年度首都社会法学者为有效应对社会实际问题不断贡献自己的力量，相关研究更加集中于推进数字工业时代劳动法基础理论及制度、平台用工权利保护以及特殊群体权利保护等方面。

1. 数字工业时代劳动法基础理论与制度的变革开始得到重视

产生于传统工业时代的劳动法，在进入数字工业时代后出现了诸多的适用难题。劳动法所依赖的传统工业时代的事实前提和核心假设已经发生了变化，这种变化是根本性和变革性的。因此，数字工业时代劳动法的基础理论与制度理应与时俱进得到发展。这种必要性与紧迫性，远非其他部门法可比。可以预见，数字工业化时代劳动法的解构与重构将是长期的议题。可喜的是，已经有部分学者关注到了数字工业时代对传统劳动法的根本性变革的问题并着手从事研究。比如，数字工业化时代传统劳动权利理应有新的内涵和表现形式，甚至发展出新型劳动权利。谢增毅提出，离线权作为数字时代劳动者的一项数字权利，属于衍生性权利、复合性权利，也是劳动者的一项基本权利。我国职场中广泛应用现代网络通信技术，远程办公也颇为流行，有必要在立法上引入劳动者的离线权。离线权的立法应平衡工作弹性和劳动者的休息权及安全健康权保护，充分尊重集体协议或劳动合同的内容，同时应完善相关的工时制度。离线权和传统的工时制度应相互补充、相互促进，以解决我国长期以来特别是数字时代部分劳动者工作时间过长的问题。[249]

沈建峰认为，在数字时代，去劳动关系化加速，劳动法陷入功能和存续危机。为解决此问题，出现了四种不同的方案，但这些方案将导致劳动法的调整对象混沌化。要实现从混沌到有序，应引入类型思维。用工关系协调中出现的劳务关系、类劳动关系、非标准劳动关系、劳动关系等属于类型而不是概念。应通过对常素的评价确定这些范畴，应将它们置于用工关系法律调整的规范谱系中，并通过将它们与谱系中的典型形态（或曰“里程碑”）相比较来确定它们的具体内涵。对于用工关系调整的法律适用，应采用评价式、分解式以及探究事物本质与立法目的式的规范适用方法。在我国，为了实现数字时代用工关系协调中的灵活与安全，应首先完善上述用工关系法律调整的规范谱系中作为“里程碑”的关于典型雇佣关系的法律规则。在此基础上，应按照类型思维，通过组合适用关于典型雇佣关系的法律规则和关于典型劳动关系的法律规则，使各种用工关系更贴合当事人之间的利益状况，更符合社会公正的要求。[250]

2. 平台用工劳动者权利保护的共识不断得到总结并付诸制度落地

作为数字工业时代的新型用工方式，平台用工近年来不断得到重视，平台用工的实践不断深入和发展。随着实践的推进，“让子弹飞”的阶段逐渐结束，平台用工劳动者权利保护的共识不断扩大，当前已经进入总结共识并构建具体权利保护制度的阶段，以此指导和规范平台用工健康可持续发展。本年度社会法论文主要集中在平台用工劳动者权利保护的具体制度构建的问题上。从劳动法整体的宏观层面，体系性建构平台用工劳动权益保护的立法进路；到劳动法下具体部门法的中观层面，建构平台用工的劳动基准；再到微观层面劳动者个人信息权利的保护、平台用工的主体责任、平台用工算法管理的责任规制、共享员工的法律规制等等，平台用工劳动者权利保护的蓝图逐渐清晰，也为具体实践的发展提供了明确的指导意见。例如，王天玉认为，平台用工因灵活性与自主性已突破“劳动过程受拘束”的劳动形态及劳动基准的雇主义务法理，形成承揽合同社会化的新形态，应探索基于经济从属性的任务计量型劳动基准，控制承揽任务单价、连续性和总量，并建立算法知情与集体同意规则，在劳动基准立法中采取“独立专章”的制度建构路径，在劳动条件领域推动劳动二分法向三分法转型。[251]范围指出，我国相关法律规范中仅规定共享员工与原单位维持劳动关系，而将员工与其他主体之间的关系排除在劳动法之外，沿袭了我国长久以来的多方雇佣用工“一重劳动关系”规制路径的传统。“借调说”和“劳动合同变更说”无法成为该规制路径的理论解释依据，且偏离了劳动关系认定理论和劳动者保护的价值，导致实践中共享员工权益可能受到侵害。为体现共享用工的本质特征，兼顾劳动者保护和弹性用工的需要，应基于“双重劳动关系”的路径重构共享用工的规制体系，在将多个主体相互间的多重关系纳入劳动法的同时，对原单位与缺工单位的义务进行适当整合，以此重构共享用工的劳动关系结构。[252]

可以预见，随着国家不断出台平台用工的规范文件，学术界对平台用工共识的扩大，已经持续多年保持高热度的平台用工议题将逐渐消退，由此释放出的社会法研究资源将会寻找新的其他的理论与实践问题，比如劳动基准法、劳动法典、共同富裕与第三次分配等等。

3. 特殊群体权利的保护不断关注实践中的问题并加以回应

特殊群体权利保护在中国社会早已达成共识。但是由于各类特殊群体差异性明显，目前尚未形成特殊群体整体研究的学术共同体，妇女、儿童、老年人、残障人士等各类具体特殊群体的研究仍存在法律壁垒，可能短期无法得到有效的突破。可喜的是，特殊群体权利保护的学者仍然不懈努力推进各类特殊群体的权利保护研究，本年度研究的特征是将视角关注到特殊群体权利保护的实践机制上，对实践运行机制的问题加以回应。例如，王雪梅指出，从权利理论冲突视角理解困境儿童群体权利问题时，能力发展理论、现代儿童福利理论等能更好地解释儿童赋能的合理性以及困境儿童利益优先的正当性。从家庭权利冲突的视角看待儿童的最大利益，既要考察父母在养育子女方面的自由裁量是否体现了儿童最大利益，也需探究在解决医疗生殖、离婚、家暴、收养等事件中儿童监护权归属是否体现了儿童最大利益。少年司法中儿童最大利益考量往往体现为与社会利益冲突的解决，从少年司法的发展演变中可以看到，少年司法所特有的原则、模式和干预措施，以及其所追求的矫治和促进罪错少年回归社会的目标，既符合儿童利益，也符合社会利益。[253]王天玉认为，参酌德国、日本、美国等国预防接种异常反应补偿的法理及制度，我国无过错补偿的法理应为国家承担的结果责任，并以基金制作为财务基础，实现国家责任的形式与实质分离，由生产者共同体承担疫苗风险的担保责任。据此，应将现行基于免疫规划疫苗和非免疫规划疫苗分类的“双入口”补偿结构合并为单一补偿机制，纳入社会保障体系，采取补偿项目三级分类制，以年金为基本给付方式，由社保经办机构办理，涵盖疫苗损害本身和受种者持续性保障。[254]

4. 劳动法服务经济社会高质量发展的功能更加突出

如何促进和保障经济高质量发展逐步成为法律的功能与重要任务。劳动法的功能和作用也在不断丰富和发展，从传统的劳动者权益保护法逐步丰富发展为人力资源保护法、人力资源配置法与人力资源开发法协同作用。劳动法从劳动力市场规制的手段逐渐发展为劳动力市场构成的关键组成部分。因此，如何更好地将劳动法与公司运行的相关法律制度相协调，可以预计是未来劳动法研究的一个主要方向。可喜的是，已经有部分学者关注到长期以来存在的劳动法与其他部门法协调问题的研究，例如，范围认为，在企业破产程序中，如何保障职工权益实质影响着整个破产案件的进程，社会保险债权在职工债权中具有特殊性，其破产清偿的理论依据和制度设置未能引起学界和立法的重视。理论上，国家因对公民的保护照顾义务，负有社保费征缴和待遇给付的义务或职责；制度上，受“单位保障”历史的影响，我国社会保险并未完全实现社会化，《企业破产法》第113条将部分社保之债作为单位债务纳入破产清偿，并将其主要部分置于与工资债权相同的清偿顺序。基于此，应该综合考量影响破产清偿顺序安排的多重因素，《企业破产法》关于社会保险债权破产清偿顺序的完善可选择长久和权宜两种路径进行设计：前者通过完善配套制度，减少甚至取消社会保险债权参与破产清偿；后者在维持现行破产清偿的基本制度框架下，根据债权涉及权利的位阶及紧迫性差异，区别劳动者和社保基金债权类清偿。[255]

十四、国际法研究

2022年，国际形势风云变幻，大国之间的角力依然未见平息。法律制度是社会现实的体现，而针对法律制度和其背后所蕴含思想进行的学术研究，正是当代社会最精彩的注脚。以下将主要从国际公法、国际私法与国际经济法三个角度对首都地区学者的相关研究进行分析。

1. 国际公法

本年度，国际公法领域仍然延续2021年的研究热点，继续在国际法治、全球治理领域发出中国声音。值得瞩目的是，学者们进一步围绕习近平法治思想涉外法治部分展开深入学习和论述。柳华文认为，习近平关于尊重和保障人权的系列论述是系统性的人权认识和人权思想，反映了当代中国人权观，是习近平新时代中国特色社会主义思想的重要组成部分，具有深刻的国内法和国际法的法理基础。中央文献出版社2021年12月出版的《习近平关于尊重和保障人权论述摘编》和2022年2月习近平在主持中共中央政治局以人权为主题的集体学习时所作的讲话，是对当代中国人权观的集中概括和阐述。人权的基础是人的固有尊严。人权是个人人权与集体人权的有机统一，是具有特定社会、历史和文化内涵的概念。当代中国人权观强调坚持中国共产党的领导、人民主体地位、从本国实际出发、以生存权和发展权为首要的基本人权、依法保障人权和积极推动全球人权治理这六个基本经验和基本特征。生存权和发展权、全人类共同价值、推动构建人类命运共同体等的提出是体现中国智慧和中国经验，促进全球人权治理和人权文明的发展。[256]

除了国际法治理论这一研究方向外，国际公法学者们还关注国际海洋法方向的国际公法问题。例如何田田认为，与以往的国际裁判案件相比，“南海仲裁案”程序推进中的指定专家问题有着不同寻常的程序特点。仲裁案中的指定专家虽然有基于《程序规则》的法律依据，但考察国际性法庭或仲裁庭利用法庭专家的过往判例、仲裁案的程序特点以及指定专家的时间等相关因素，仲裁庭在庭审结束后指定多名法庭专家的自由裁量权行使并不合理。除此之外，专家指定程序的不透明，以及指定专家结论所依赖的意见基础有瑕疵，也极大地影响了专家证据的证明价值。仲裁案中指定专家这一违背程序与证据法理的做法，足以使“南海仲裁案”的裁决归于无效。[257]廖雪霞认为，《联合国海洋法公约》第十五部分确立的争端解决机制为公约项下法庭或仲裁庭的管辖权设立了属事管辖权限制，只有与公约解释和适用有关的争端才能触发相应的程序。然而，属事管辖权扩张已成为实践中的突出问题，这表现在法庭或仲裁庭管辖了与公约无关或者关联度不足以触发公约争端解决机制的争端，或适用了与公约无关的外部规范来裁判争端。概括而言，公约项下法庭或仲裁庭采取了跨越属事管辖权障碍的不同路径：第一，降低建立争端与《海洋法公约》关联度的标准；第二，当缔约国之间的争端具有多面性或存在多个争端时，重塑争端或拆解争端的不同面向从而管辖与公约无关的外部事项；第三，不当解释公约条款以引入和适用外部规范裁判争端。为应对属事管辖权扩张趋势，应强化公约项下法庭或仲裁庭实践的统一性并纠正结构性偏见。[258]

另外，2022 年的国际公法领域中，碳中和问题受到了学者的关注。例如邵莉莉认为，现行国际法和国内法确立的跨国公司环境损害赔偿责任难以涵盖跨国公司环境损害救济的全部诉求，有必要辅以国家责任。跨国公司环境损害责任之所以可归因于国家，源于东道国以及母国对跨国公司的环境监管职责。跨国公司环境损害的国家责任由赔偿责任与补偿责任组成。前者表现为，国家未履行或者未适当履行对跨国公司的环境监管义务，应当对跨国公司造成的环境损害损失承担与其行为及其过错相适应的赔偿责任；后者表现为，即使国家已经履行了环境监管职责仍然产生了环境损害后果，可由国家在受害方的损害赔偿数额不足时承担补偿责任。为落实跨国公司环境损害的国家责任，应在国际投资协议中确立国家预防义务与补偿的相关条款；在国内相关法律、法规中增加涉外环境侵权责任条款，以国内环境法的域外效力实现跨国公司环境损害国家责任。国家责任是实现低碳经济与全球正义的联结点。在“双碳”背景下，国家应当主动承担应对气候变化的国际责任，发展低碳经济，在绿色经济中实现环境与人权的有机结合。[259]

2. 国际私法

2022 年的国际私法研究更加强调中国声音，比如沈涓指出，把国际私法的调整对象界定为国际或涉外民商事法律关系是国际私法学中的最大误解。法律选择规则的内容是指明涉外民商事法律关系应适用的实体法，并不确定当事人权利义务，即法律选择规则不具有调整涉外民商事法律关系的内容和功能，故不能以此为调整对象。法律选择规则的本质是规定法官选择法律的标准、方法和条件，属于程序性规则，也属于公法范畴的规则。国际私法虽不以涉外民商事法律关系为调整对象，但法律选择规则对其调整有着重要影响，近年来法律选择规则更是通过预设实体民商法适用结果来力争获得最好的调整结果。现代国际私法规则由国内规则和国际规则两部分组成，故国际私法既具有国内法性质，也具有国际法性质。[260]

在国际民商事领域的研究内容则显得较为分散，但仍然强调了中国思考，比如李贤森指出，国际商事仲裁在国际商事争议解决中占据重要地位，是涉外法治建设工作的有机组成部分，推动我国国际商事仲裁的发展对加强涉外法治建设意义重大。意思自治是国际商事仲裁的基础，强化意思自治保障是现代国际商事仲裁的主流声音，但是单纯强调国际商事仲裁意思自治保障具有片面性，意思自治限制对于国际商事仲裁的发展同样具有独特价值，适当限制是正常且必要的。在国家不断加强涉外法治建设与《仲裁法》面临重大修改的背景下，展开对国际商事仲裁意思自治的系统思考具有现实价值，表征了对中国国际商事仲裁发展的制度考量、实践观察及学术审思，尤其是《仲裁法》的修改应当坚持系统思维，把握国际商事仲裁意思自治保障与限制的辩证性，实现既突出重点又统筹兼顾的整体平衡。[261]

3. 国际经济法

在国际经济法领域，2022 年的国际贸易与国际投资仍然受到新冠疫情和贸易争端的影响，因此，国际经济法领域的研究者们在 2022 年度仍然将目光主要聚焦于含 WTO 研究在内的国际贸易规则和国际投资法两个方向。

在国际贸易规则研究中，多数学者都试图从 WTO 或者区域贸易协定的角度切入。例如赵春蕾认为，近年来，将劳工条款纳入国际经贸协定的做法日益普遍。2021 年 1 月，欧盟经贸协定下劳工争端解决第一案即欧韩劳工分歧处理案的专家组报告公布。该报告重点探讨了《欧韩贸易协定》中劳工规则的边界以及缔约国承担的劳工保护义务，这为解读我国与欧盟缔结的《中欧全面投资协定》中的劳工规则提供了重要参考。相较于《欧韩贸易协定》《中欧全面投资协定》中的劳工保护要求更为具体细致。就此，建议我国在劳工争端解决方面，合理使用该投资协定下的分歧处理机制，并建立劳工问题的预处理程序；对于劳工保护实体规则，进一步明确协定下劳工条款的范围，与此同时不断提高自身劳工保护水平，积极向国际劳工标准靠拢。[262] 梁意指出，基于WTO上诉机构的存废之争，WTO争端解决机制改革主张有改良派、革命派和扬弃派之分。改良派主张保留并改良上诉机制，提出改良上诉机构机制、构建上诉仲裁机制以及建立“超大型的诸边争端解决机制”等方案；革命派主张废除上诉机制，把WTO争端解决机制由“两审终审制”改为“一审终审制”，并把专家组由临时性改为常设性。这两派主张虽各有其合理之处，但都存在一定的局限性。相形之下，扬弃派遵循WTO争端解决机制发展的客观规律，对改良派和革命派的主张进行扬弃，在不同阶段提出和选择不同改革方案的主张更具全面性、前瞻性、灵活性、全局性和可行性，更符合中国利益和WTO成员的共同利益及人类命运共同体理念。为了推动WTO争端解决机制的发展尽早进入下一阶段，中国需要推动专家组机制的改革和吸引更多成员加入《多方临时上诉仲裁安排》。[263]

在2022年，国际投资法吸引了学者的关注。例如余劲松认为，投资条约仲裁制度有利于投资者保护，但其也存在易于导致东道国与投资者权益保护失衡等问题。中国应顺应国际上的改革大势和潮流，从实体规则和程序规则两个方面对投资条约仲裁制度进行改革，采取包括维护东道国的管理权、缩减仲裁庭自由解释条约的空间以及加强缔约国对条约解释的控制权等措施，以确保其能平衡保护投资者与东道国的权益。欧盟倡导的投资法院制度虽然对争端当事人的意思自治有一定的限制，但是能纠正投资条约仲裁制度的某些重要缺陷，中国可考虑在与欧盟的双边投资协定谈判中探索接受并改进这一制度的可能性。[264]

最后，国际经济法领域也针对跨境数据传输问题进行了讨论。比如，谭观福认为，跨境数据流动是进行数字贸易的前提，但各国对于跨境数据流动的规制分歧难以弥合。WTO框架下的一些安排推动了数字贸易基础设施的贸易自由化，从而促进了跨境数据流动。新近FTA通过确立“原则+例外”的规制模式为跨境数据流动构建了相对自由的法律框架；FTA还针对特殊数据规定了专门规则，包括个人数据保护和政府数据开放规则。WTO成员可以在WTO中为数据保护达成一个基本框架，成员还可以依据GATS第7条通过互认机制来协调个人数据保护标准，并加强与APEC或OECD的合作。我国对跨境数据流动的规制坚持了以风险为基础的思路，初步形成了分级分类管理的顶层设计框架。我国的国内规制措施已经与国际接轨，但还应进一步完善有关立法和标准，并加强对外协调。[265]敖海静建议，中国应当选择以侧重效率同时兼顾安全的软法规制模式为蓝本，积极主动地参与以经济合作与发展组织《关于隐私保护和个人数据跨境流动准则》和亚太经济合作组织《隐私框架》为代表的国际数据保护软法框架及其外部－内部双层实施机制的建构，促进数据的自由流动。中国应当考虑加入作为亚太经济合作组织《隐私框架》国际实施机制的《跨境隐私规则》体系，通过“软硬兼施”的途径完善数据保护法律体系，并在其他多边协调机制中推动数据保护领域多元兼容的国际软法规则的形成。[266]

综合来看，国际公法、国际私法与国际经济法三个领域在2022年中的研究热点可谓是各有特色。国际公法学者站在了国际法治的高位，研究中国路径，发出中国声音，力图在国际上为中国争取自己的话语权；国际私法学者从国家的现实需求出发，努力构建中国自己的相应制度体系，帮助国家在国际风云变幻中站稳脚跟；国际经济法学者紧紧贴合时代背景，对国际贸易规则和国际投资规则做出了更加深入的反思。此外，三个领域在新兴技术方面都有一定数量的研究，比如网络空间和数字经济为对象，展现出了国际法学人研究、探索新生事物的热情与信心。

（北京市法学会供稿；执笔人：莫纪宏等）

注：

[1] 张文显：《习近平法治思想的政理、法理和哲理》，《政法论坛》，2022年第3期。

[2] 邱水平：《论习近平法治思想的法理学创新》，《中国法学》，2022年第3期。

[3] 李林：《论习近平法治思想的制度逻辑》，《中国法学》，2022年第2期。

[4] 舒国滢：《法律上“可为”指令之语义与逻辑分析》，《清华法学》，2022年第5期。

[5] 陈景辉：《算法之治：法治的另一种可能性？》，《法制与社会发展》，2022年第4期。

[6] 齐延平：《数智化社会的法律调控》，《中国法学》，2022年第1期。

[7] 郑玉双：《自动驾驶的算法正义与法律责任体系》，《法制与社会发展》，2022年第4期。

[8] 张泽键：《权利无法新兴吗？——论既有权

利具体化的有限性》,《法制与社会发展》,2022 年第 3 期。

［9］丁晓东:《论“数字人权”的新型权利特征》,《法律科学》,2022 年第 6 期。

［10］雷磊:《司法裁判中的事实及其客观性》,《现代法学》,2022 年第 6 期。

［11］孙海波:《论道德对法官裁判的影响》,《法制与社会发展》,2022 年第 4 期。

［12］李广德:《裁判文书上网制度的价值取向及其法理反思》,《法商研究》,2022 年第 2 期。

［13］钟林燕:《论裁判文书说理的积极修辞及其限度》,《法学》,2022 年第 3 期。

［14］侯猛:《“科学”在司法中的运用——基于学者与法官互动的知识社会学考察》,《法学》,2022 年第 9 期。

［15］朱明哲:《司法如何参与气候治理——比较法视角下的观察》,《政治与法律》,2022 年第 7 期。

［16］李广德:《社会权司法化的正当性挑战及其出路》,《法律科学》,2022 年第 2 期。

［17］张晋藩:《论中国古代的民本思想》,《中国法学》,2022 年第 5 期。

［18］陈国平:《明代监察系统内部监察制度析论》,《法学研究》,2022 年第 6 期。

［19］陈国平:《明代监察类基本法律〈宪纲〉考论》,《中外法学》,2022 年第 6 期。

［20］张一民:《晚清杀尊亲属罪转型中的基本问题》,《法学研究》,2022 年第 3 期。

［21］张一民:《〈淡新档案〉所见清代地方司法裁判依据》,《中外法学》,2022 年第 3 期。

［22］聂鑫:《中国最高审判体制的刑民分立——传统与现代化》,《中国法学》,2022 年第 4 期。

［23］聂鑫:《第三审为法律审?——近代中国的学说、立法与司法实践》,《法律科学》,2022 年第 5 期。

［24］聂鑫:《公私协力传统与中国近代福利国家的起源》,《政法论坛》,2022 年第 5 期。

［25］聂鑫、何思萌:《判例之外:民国裁判文书公开的复调叙事》,《中外法学》,2022 年第 6 期。

［26］高鸿钧:《印度法研究与传统印度法的主要特征》,《清华法学》,2022 年第 1 期。

［27］鲁楠:《〈薄伽梵歌〉的平等观》,《清华法学》,2022 年第 1 期。

［28］张生:《中华法系的现代意义:以律典统编体系的演进为中心》,《东方法学》,2022 年第 1 期。

［29］文扬:《认识中国古代法理的三个维度》,《环球法律评论》,2022 年第 3 期。

［30］韩大元:《百年大变局之下的宪法学知识体系走向》,《法制与社会发展》,2022 年第 4 期。

［31］王旭:《大一统国家观的中国宪法学原理》,《法制与社会发展》,2022 年第 6 期。

［32］阎天:《中国劳动法学的宪法观:成形、嬗变与展望》,《学术月刊》,2022 年第 2 期。

［33］张翔:《宪法渊源作为方法》,《中国法律评论》,2022 年第 3 期。

［34］冯威:《法律渊源的冗余与宪法的自我指涉——从宪法渊源回归宪法原则规范与宪法解释》,《中国法律评论》,2022 年第 3 期。

［35］左亦鲁:《宪法渊源还是宪法解释?——一个功能替代的视角》,《中国法律评论》,2022 年第 3 期。

［36］王锴:《环境法典编纂的宪法基础》,《法学评论》,2022 年第 5 期。

［37］翟国强:《行政诉讼制度功能展开的宪法基础重思》,《中外法学》,2022 年第 4 期。

［38］杨登杰:《基本权利私人间效力:直接还是间接?》,《中外法学》,2022 年第 2 期。

［39］谢立斌:《基本权利审查中的法益权衡:困境与出路》,《清华法学》,2022 年第 5 期。

［40］汪庆华:《个人信息权的体系化解释——兼论〈个人信息保护法〉的公法属性》,《环球法律评论》,2022 年第 1 期。

［41］张翔:《个人信息权的宪法(学)证成——基于对区分保护论和支配权论的反思》,《环球法律评论》,2022 年第 1 期。

［42］王蔚:《数字规则体系中宪法的“规范性”》,《华东政法大学学报》,2022 年第 4 期。

［43］钱坤:《全国人大常委会宪法地位的历史变迁与体系展开》,《法学研究》,2022 年第 3 期。

［44］王理万:《论全国人大作为“四个机关”》,《政治与法律》,2022 年第 11 期。

[45] 郑毅:《规范视野下的地方性事务》,《中国法学》, 2022年第5期。

[46] 莫纪宏:《特别行政区制度法律特征的宪法学再释义》,《中外法学》, 2022年第5期。

[47] 莫纪宏:《特别行政区内的宪法适用问题研究》,《环球法律评论》, 2022年第5期。

[48] 韩大元:《八二宪法与"一国两制"香港实践25年》,《港澳研究》, 2022年第2期。

[49] 杜强强:《符合法律的宪法解释与宪法发展》,《中国法学》, 2022年第2期。

[50] 刘志鑫:《从法律保留到法律先定》,《中外法学》, 2022年第6期。

[51] 王锴:《法律位阶判断标准的反思与运用》,《中国法学》, 2022年第2期。

[52] 朱学磊:《法律规范事中合宪性审查的制度建构》,《中国法学》, 2022年第5期。

[53] 于文豪:《区域协调发展合作机制的内部规则》,《法学杂志》, 2022年第3期。

[54] 李忠夏:《宪法功能转型的社会机理与中国模式》,《法学研究》, 2022年第2期。

[55] 李霞:《完善党的自我革命制度规范体系》,《暨南学报(哲学社会科学版)》, 2022年第12期。

[56] 刘晗:《中国比较宪法学的重新定位与方法论重构》,《中国法学》, 2022年第2期。

[57] 王蔚:《国家治理、宪法规范与政治事实——以法兰西第五共和国总统职权运行为视角》,《中外法学》, 2022年第2期。

[58] 黎敏:《德国宪法史上的一次二元民主制探索及其思想意义》,《华东政法大学学报》, 2022年第1期。

[59] 马怀德:《在法治轨道上全面建设社会主义现代化国家》,《中国高校社会科学》, 2022年第6期。

[60] 周佑勇:《习近平法治思想的系统辩证方法论》,《党内法规研究》, 2022年第1期。

[61] 程琥:《习近平法治思想中的构建新型诉讼格局理论》,《中国法学》, 2022年第5期。

[62] 余凌云:《余凌云:诚信政府理论的本土化构建——诚实信用、信赖保护与合法预期的引入和发展》,《清华法学》, 2022年第4期。

[63] 刘飞:《行政法中信赖保护原则的适用要件——以授益行为的撤销与废止为基点的考察》,《比较法研究》, 2022年第4期。

[64] 王青斌:《民法典时代的法治政府建设转型》,《中国法学》, 2022年第6期。

[65] 王贵松:《风险行政与基本权利的动态保护》,《法商研究》, 2022年第4期。

[66] 胡建淼:《"无效行政行为"制度的追溯与认定标准的完善》,《中国法学》, 2022年第4期。

[67] 俞祺:《行政处罚设定权的"同位保留"原理》,《中外法学》, 2022年第4期。

[68] 金成波:《行政处罚中违法者主观认识论纲》,《当代法学》, 2022年第4期。

[69] 林华:《行政许可条件设定模式及其反思》,《中国法学》, 2022年第4期。

[70] 马怀德:《行政基本法典模式、内容与框架》,《政法论坛》, 2022年第3期。

[71] 马怀德:《中国行政法典的时代需求与制度供给》,《中外法学》, 2022年第4期。

[72] 应松年、张航:《中国行政法法典化的正当性与编纂逻辑》,《政法论坛》, 2022年第3期。

[73] 周佑勇:《中国行政基本法典的精神气质》,《政法论坛》, 2022年第3期。

[74] 杨伟东:《行政活动编的编纂思路》,《现代法学》, 2022年第5期。

[75] 王敬波:《行政基本法典的中国道路》,《当代法学》, 2022年第4期。

[76] 赵英男:《行政基本法典总则部分"提取公因式"技术的困境与出路》,《法律科学》, 2022年第6期。

[77] 余凌云:《论行政诉讼上的合理性审查》,《比较法研究》, 2022年第1期。

[78] 成协中:《从相邻权到空间利益公平分配权:规划许可诉讼中"合法权益"的内涵扩张》,《中国法学》, 2022年第4期。

[79] 赵宏:《规划许可诉讼中邻人保护的权利基础与审查构造》,《法学家》, 2022年第3期。

[80] 罗智敏:《意大利行政诉讼中原告资格的认定与反思》,《比较法研究》, 2022年第5期。

[81] 曹鎏:《行政复议制度革新的价值立场与核心问题》,《当代法学》, 2022年第2期。

[82] 于安:《论数字行政法——比较法视角的探讨》,《华东政法大学学报》, 2022年第1期。

[83] 刘权:《论互联网平台的主体责任》,《华

东政法大学学报》，2022 年第 5 期。

［84］赵鹏：《科技治理“伦理化”的法律意涵》，《中外法学》，2022 年第 5 期。

［85］王锡锌：《重思个人信息权利束的保障机制：行政监管还是民事诉讼》，《法学研究》，2022 年第 5 期。

［86］王锡锌：《行政机关处理个人信息活动的合法性分析框架》，《比较法研究》，2022 年第 3 期。

［87］彭錞：《论国家机关处理个人信息的合法性基础》，《比较法研究》，2022 年第 1 期。

［88］彭錞：《论国家机关处理的个人信息跨境流动制度——以〈个人信息保护法〉第 36 条为切入点》，《华东政法大学学报》，2022 年第 1 期。

［89］周光权：《我国应当坚持统一刑法典立法模式》，《比较法研究》，2022 年第 4 期。

［90］付立庆：《日本的行政刑法现象及其考察——兼谈我国行政犯立法模式的转换》，《比较法研究》，2022 年第 4 期。

［91］卢建平：《为什么说我国已经进入轻罪时代》，《中国应用法学》，2022 年第 3 期。

［92］卢建平：《轻罪时代的犯罪治理方略》，《政治与法律》，2022 年第 1 期。

［93］冀莹：《美国轻罪治理体系的现状、困境及反思》，《政治与法律》，2022 年第 1 期。

［94］张明楷：《犯罪的成立范围与处罚范围的分离》，《东方法学》，2022 年第 4 期。

［95］夏伟：《网络时代刑法理念转型：从积极预防走向消极预防》，《比较法研究》，2022 年第 2 期。

［96］江溯：《打击网络犯罪的国际法新机制》，《法学》，2022 年第 11 期。

［97］劳东燕：《“人脸识别第一案”判决的法理分析》，《环球法律评论》，2022 年第 1 期。

［98］刘艳红：《人工智能时代网络游戏外挂的刑法规制》，《华东政法大学学报》，2022 年第 1 期。

［99］黎宏：《企业合规不起诉改革的实体法障碍及其消除》，《中国法学》，2022 年第 3 期。

［100］刘艳红：《企业合规不起诉改革的刑法教义学根基》，《中国刑事法杂志》第 1 期。

［101］时延安：《单位刑事案件合规不起诉的实体条件》，《政法论坛》，2023 年第 1 期。

［102］罗翔：《论买卖人口犯罪的立法修正》，《政法论坛》，2022 年第 3 期。

［103］劳东燕：《买卖人口犯罪的保护法益与不法本质——基于对收买被拐卖妇女罪的立法论审视》，《国家检察官学院学报》，2022 年第 4 期。

［104］杨金彪：《负有照护职责人员性侵罪构成要素比较分析》，《环球法律评论》，2022 年第 3 期。

［105］刘仁文：《论我国刑法对性侵男童与性侵女童行为的平等规制》，《环球法律评论》，2022 年第 3 期。

［106］张明楷：《洗钱罪的保护法益》，《法学》，2022 年第 5 期。

［107］张明楷：《自洗钱入罪后的争议问题》，《比较法研究》，2022 年第 5 期。

［108］时方：《我国洗钱罪名体系的适用困局与法益认定》，《环球法律评论》，2022 年第 2 期。

［109］耿佳宁：《操纵证券市场罪归属根基的重塑——以控制信息操纵的评价困境切入》，《法学家》，2022 年第 4 期。

［110］孙道萃：《骗取贷款罪新论》，《政治与法律》，2022 年第 4 期。

［111］陈文聪：《论审判中心主义改革与认罪认罚从宽制度的关系》，《华东政法大学学报》，2022 年第 5 期。

［112］李章仙：《德国刑事协商制度改革述评与镜鉴》，《中国刑事法杂志》，2022 年第 5 期。

［113］陈卫东：《认罪认罚从宽制度与企业合规改革视角下逮捕筹码化的警惕与防范》，《政法论坛》，2022 年第 6 期。

［114］罗海敏：《论协商性司法与未决羁押的限制适用》，《法学评论》，2022 年第 3 期。

［115］陈子奇：《论认罪认罚案件证据开示的两种逻辑》，《法律科学（西北政法大学学报）》，2022 年第 4 期。

［116］李奋飞：《涉案企业合规改革中的疑难争议问题》，《华东政法大学学报》，2022 年第 6 期。

［117］陈瑞华：《有效合规管理的两种模式》，《法制与社会发展》，2022 年第 1 期。

［118］陈瑞华：《单位犯罪的有效治理——重大单位犯罪案件分案处理的理论分析》，《华东政法大学学报》，2022 年第 6 期。

[119] 李奋飞：《“单位刑事案件诉讼程序”立法建议条文设计与论证》，《中国刑事法杂志》，2022年第2期。

[120] 刘译矾：《论涉案企业合规的刑行衔接及其实现》，《中国刑事法杂志》2022年第6期；李奋飞：《涉案企业合规刑行衔接的初步研究》，《政法论坛》2022年第1期；毛逸潇：《“行检协同式”个人信息合规行刑衔接激励新模式研究》，《法学论坛》，2022年第6期。

[121] 唐彬彬：《检察机关合规不起诉裁量权限制的三种模式》，《法制与社会发展》，2022年第1期。

[122] 李玉华：《企业合规与刑事诉讼立法》，《政法论坛》2022年第5期；李玉华：《企业合规本土化中的“双不起诉”》，《法制与社会发展》，2022年第1期。

[123] 冀祥德：《论法律援助制度的中国特色》，《政治与法律》，2022年第6期。

[124] 罗海敏：《被审前羁押者获得律师帮助权探究》，《当代法学》，2022年第4期。

[125] 陈永生：《论委托辩护优于法律援助辩护》，《比较法研究》，2022年第6期。

[126] 陈永生：《论刑事法律援助的保障机制——以法律援助范围之扩大为分析重点》，《政治与法律》，2022年第6期。

[127] 赵天红：《法律援助经费保障制度研究——以我国〈法律援助法〉为导向》，《法学杂志》，2022年第2期。

[128] 马明亮：《区块链司法的生发逻辑与中国前景》，《比较法研究》，2022年第2期。

[129] 高景峰：《法律监督数字化智能化的改革图景》，《中国刑事法杂志》，2022年第5期。

[130] 裴炜：《网络空间刑事司法域外管辖权的数字化转型》，《法学杂志》，2022年第4期。

[131] 裴炜：《刑事数字合规困境：类型化及成因探析》，《东方法学》，2022年第2期。

[132] 高童非：《刑事抽样证明的类型化重释》，《中国刑事法杂志》，2022年第3期。

[133] 初殿清：《电信网络诈骗案件紧急止付的规范基础——兼论〈反电信网络诈骗法〉第20条》，《法学家》，2022年第6期。

[134] 李学军：《新证据概念视角下杭州来某某失踪案侦查推进的理论阐释》，《法学家》，2022年第3期。

[135] 吴洪淇：《刑事诉讼专门性证据的扩张与规制》，《法学研究》，2022年第4期。

[136] 刘静坤：《论刑事程序中的虚假印证及其制度防范》，《当代法学》，2022年第1期。

[137] 周慕涵：《印证原理的知识论诠释：理论纠偏与认知重构》，《法制与社会发展》，2022年第6期。

[138] 董坤：《规范语境下口供补强规则的解释图景》，《法学家》，2022年第1期。

[139] 陈卫东：《直接言词原则：以审判为中心的逻辑展开与实现路径》，《法学论坛》，2022年第6期。

[140] 宋志红：《集体经营性资产股份合作与农村集体经济组织之关系重构》，《法学研究》，2022年第3期。

[141] 王利明：《论数据权益：以“权利束”为视角》，《政治与法律》，2022年第7期。

[142] 李潇洋：《重大误解的范式之变——从错误论到归责论》，《中外法学》，2022年第5期。

[143] 纪海龙：《民法典所有权保留之担保权构成》，《法学研究》，2022年第6期。

[144] 王叶刚：《论未办理抵押登记时不动产抵押合同的效力——兼评〈民法典〉担保司法解释第46条》，《现代法学》，2022年第1期。

[145] 王利明：《论比较过失》，《法律科学》，2022年第2期。

[146] 高一寒：《作为意思表示撤销原因的动机错误》，《华东政法大学学报》，2022年第3期。

[147] 李永军：《论民法典中人格权的实证概念》，《比较法研究》，2022年第1期。

[148] 阮神裕：《论人格权的排除妨碍请求权》，《清华法学》，2022年第5期。

[149] 杨立新、李东骏：《婚姻缔结之际的损害赔偿责任》，《法学论坛》，2022年第5期。

[150] 李永军：《论〈民法典〉婚姻家庭编中损害赔偿的请求权基础》，《法学家》，2022年第6期。

[151] 崔建远：《论合同相对性原则》，《清华法学》，2022年第2期。

[152] 杨立新：《被侵权人对侵权连带责任人的选择权》，《当代法学》，2022年第1期。

[153] 张新宝：《大型互联网平台企业个人信息

保护独立监督机构研究》,《东方法学》,2022 年第 4 期。

[154] 申卫星:《数字权利体系再造:迈向隐私、信息与数据的差序格局》,《政法论坛》,2022 年第 3 期。

[155] 梅夏英:《数据交易的法律范畴界定与实现路径》,《比较法研究》,2022 年第 6 期。

[156] 曹志勋:《禁止重复起诉规则之重构:以合同效力的职权审查为背景》,《中国法学》,2022 年第 4 期。

[157] 金印:《既判力相对性法源地位之证成》,《法学》,2022 年第 10 期。

[158] 刘颖:《既判力标准时后的形成权行使的规制路径》,《现代法学》,2022 年第 2 期。

[159] 潘剑锋:《"基本"与"其他":对〈民事诉讼法〉相关制度和程序修订的体系化思考》,《法学评论》,2022 年第 2 期。

[160] 张卫平:《"案多人少"困境的程序应对之策》,《法治研究》,2022 年第 6 期。

[161] 任重:《"案多人少"的成因与出路——对本轮民事诉讼法修正之省思》,《法学评论》,2022 年第 2 期。

[162] 刘颖:《民事执行中案外担保权人的救济路径》,《环球法律评论》,2022 年第 5 期。

[163] 刘君博:《民事执行权"侦查化"的内在逻辑与制度重塑》,《法律科学(西北政法大学学报)》,2022 年第 6 期。

[164] 巩固:《公法视野下的〈民法典〉生态损害赔偿条款解析》,《行政法学研究》,2022 年第 6 期。

[165] 巩固:《生态环境损害赔偿诉讼与环境民事公益诉讼关系探究——兼析〈民法典〉生态赔偿条款》,《法学论坛》,2022 年第 1 期。

[166] 李建伟:《习近平法治思想中的营商环境法治观》,《法学论坛》,2022 年第 3 期。

[167] 李建伟:《论商事习惯的法源位阶》,《中国法学》,2022 年第 5 期。

[168] 刘斌:《商事关系的中国语境与解释选择》,《法商研究》,2022 年第 4 期。

[169] 刘俊海:《论控制股东和实控人滥用公司控制权时对弱势股东的赔偿责任》,《法学论坛》,2022 年第 2 期。

[170] 刘俊海:《上市公司独立董事制度的反思和重构——康美药业案中独董巨额连带赔偿责任的法律思考》,《法学杂志》,2022 年第 3 期。

[171] 王谨:《公司治理下的董事会职权体系完善研究》,《法学杂志》,2022 年第 2 期。

[172] 林一英:《公司监督机构的立法完善:超越单层制与双层制》,《法学杂志》,2022 年第 3 期。

[173] 张其鉴:《股东出资义务的请求权主体研究——兼评〈民法典〉合伙合同、利他合同条款》,《法商研究》,2022 年第 1 期。

[174] 张其鉴:《公司法修订背景下我国资本制度研究的主要误区及其修正》,《法学评论》,2022 年第 4 期。

[175] 朱慈蕴:《股东出资义务的性质与公司资本制度完善》,《清华法学》,2022 年第 3 期。

[176] 沈朝晖:《授权股份制的体系构造——兼评 2021 年〈公司法〉(修订草案)相关规定》,《当代法学》,2022 年第 2 期。

[177] 陈景善:《授权资本制下股份发行规制的重构》,《华东政法大学学报》,2022 年第 2 期。

[178] 殷秋实:《公司担保无效责任的复位——基于责任性质、主体与效果的区分视角》,《法学》,2022 年第 2 期。

[179] 李建伟:《决议的法律行为属性论争与证成——民法典第 134 条第 2 款的法教义学分析》,《政法论坛》,2022 年第 2 期。

[180] 李建伟:《公司决议无效的类型化研究》,《法学杂志》,2022 年第 4 期。

[181] 王毓莹:《公司法定唯一代表制:反思与改革》,《清华法学》,2022 年第 5 期。

[182] 陈夏红:《破产法的宪法根基》,《法学评论》,2022 年第 3 期。

[183] 刘颖:《论我国破产法上简易程序的构建》,《法学评论》,2022 年第 2 期。

[184] 王毓莹:《论我国上市公司重整中的"府院失衡现象"及其协调》,《法学评论》,2022 年第 2 期。

[185] 李东方:《存托凭证投资者权益保护制度的特殊性及其完善——兼论我国现行存托凭证制度的完善》,《法学评论》,2022 年第 3 期。

[186] 王乐兵:《资产收益权视角下资管交易的穿透式规范》,《政法论坛》,2022 年第 5 期。

[187] 叶林:《公司债券的私法本质及规则展

开》，《清华法学》，2022 年第 2 期。

［188］钟维：《基于价格影响的期货市场操纵规制理论：反思与重构》，《法学研究》，2022 年第 1 期。

［189］陈甦：《票据质押效力范畴界分辨析》，《政法论坛》，2022 年第 4 期。

［190］吴至诚：《保底信托效力认定的类型化》，《法学研究》，2022 年第 6 期。

［191］吴奕锋：《责任保险人抗辩义务的引入路径》，《法学》，2022 年第 7 期。

［192］张凌寒：《智慧司法中技术依赖的隐忧及应对》，《法制与社会发展》，2022 年第 4 期。

［193］郑佳宁：《数字财产权论纲》，《东方法学》，2022 年第 2 期。

［194］杨明：《平台经济反垄断的二元分析框架》，《中外法学》，2022 年第 2 期。

［195］马平川：《平台反垄断的监管变革及其应对》，《法学评论》，2022 年第 4 期。

［196］孟雁北：《反垄断法规制平台剥削性滥用的争议与抉择》，《中外法学》，2022 年第 2 期。

［197］邢会强：《市场型金融创新法律监管路径的反思与超越》，《现代法学》，2022 年第 2 期。

［198］邢会强：《金融法的未来：金融法内部结构之变动趋势展望》，《法学评论》，2022 年第 5 期。

［199］李建伟：《总体国家安全观视域下金融安全法律规范体系的构建》，《法学》，2022 年第 8 期。

［200］冯辉：《金融法视野下融资租赁中的承租人利益返还请求权》，《法商研究》，2022 年第 2 期。

［201］邢会强：《个人金融信息保护法的定位与定向》，《当代法学》，2022 年第 3 期。

［202］张世明：《论穿透课税原则》，《法学评论》，2022 年第 4 期。

［203］张牧君：《弱者的“对”与“错”：税法分配税负的理论和原则》，《法学家》，2022 年第 6 期。

［204］汤洁茵：《法治视野下一般反避税规则的续造》，《法学》，2022 年第 6 期。

［205］张守文：《税收立法要素探析——以印花税立法为例》，《政治与法律》，2022 年第 5 期。

［206］叶姗：《应税事实认定的权义构造》，《政治与法律》，2022 年第 5 期。

［207］郭昌盛：《应对数字经济直接税挑战的国际实践与中国进路》，《法律科学》，2022 年第 4 期。

［208］张牧君：《数字服务税的争议与法理辩释》，《法律科学》，2022 年第 3 期。

［209］薛克鹏：《规制的经济法属性及构成要素——〈民法典〉背景下的经济法理论变革》，《现代法学》，2022 年第 3 期。

［210］黄尹旭：《平台经济用户的责任规则重构——基于未授权支付的研究》，《华东政法大学学报》，2022 年第 3 期。

［211］高薇：《平台监管公用事业理论的话语展开》，《比较法研究》，2022 年第 4 期。

［212］张钦昱：《元宇宙的规则之治》，《东方法学》，2022 年第 2 期。

［213］刘银良：《知识产权惩罚性赔偿的类型化适用与风险避免——基于国际知识产权规则的视角》，《法学研究》，2022 年第 1 期。

［214］刘银良：《知识产权惩罚性赔偿的比较法考察及其启示》，《法学》，2022 年第 7 期。

［215］陶乾：《民法典视角下知识产权民事制裁制度的废止》，《法律科学》，2022 年第 4 期。

［216］万勇：《公共健康危机的知识产权法应对》，《中国法学》，2022 年第 5 期。

［217］管育鹰：《CPTPP 知识产权条款及我国法律制度的应对》，《法学杂志》，2022 年第 2 期。

［218］张海征：《知识产权信用体系法治化的实践与完善》，《法学杂志》，2022 年第 3 期。

［219］易继明、李春晖：《知识产权的边界：以客体可控性为线索》，《中国社会科学》，2022 年第 4 期。

［220］冯晓青：《知识产权制度的效率之维》，《现代法学》，2022 年第 4 期。

［221］姜栋：《论体育赛事转播权的体育法规制》，《法学家》，2022 年第 1 期。

［222］殷少平：《论商标使用概念及其立法定义的解释》，《法学家》，2022 年第 6 期。

［223］陈明涛：《“商标使用”之体系建构与反思》，《环球法律评论》，2022 年第 3 期。

［224］马一德：《技术标准之许可定价规则的“非国家化”——以可比许可法为中心》，《法学研

究》，2022 年第 3 期。

［225］刘影：《标准必要专利许可费率的计算：理念、原则与方法》，《清华法学》，2022 年第 4 期。

［226］刘影：《专利侵权诉讼中反垄断抗辩成立要件研究——以标准必要专利许可谈判行为规范为中心》，《比较法研究》，2022 年第 6 期。

［227］冯晓青：《知识产权视野下商业数据保护研究》，《比较法研究》，2022 年第 5 期。

［228］崔聪聪：《数据限制处理权的法理基础与制度建构》，《比较法研究》，2022 年第 5 期。

［229］陶乾：《论数字作品非同质代币化交易的法律意涵》，《东方法学》，2022 年第 2 期。

［230］吕忠梅：《环境法典编纂视阈中的人与自然》，《中外法学》，2022 年第 3 期。

［231］吕忠梅：《类型化思维下的环境法典规范体系建构》，《现代法学》，2022 年第 4 期。

［232］曹炜：《环境法典基本原则条款构建研究》，《中国法学》，2022 年第 6 期。

［233］巩固：《环境法典基石概念探究——从资源、环境、生态概念的变迁切入》，《中外法学》，2022 年第 6 期。

［234］于文轩：《绿色低碳能源促进机制的法典化呈现：一个比较法视角》，《比较法研究》，2022 年第 6 期。

［235］吕忠梅：《环境法典视角下的生态环境法律责任》，《环球法律评论》，2022 年第 6 期。

［236］吴凯杰：《法典化背景下环境法规范的类型区分与体系归属》，《法学》，2022 年第 6 期。

［237］张翔：《国家目标作为环境法典编纂的宪法基础》，《法学评论》，2022 年第 3 期。

［238］王锴：《环境法典编纂的宪法基础》，《法学评论》，2022 年第 5 期。

［239］巩固：《生态损害赔偿制度的模式比较与中国选择——〈民法典〉生态损害赔偿条款的解释基础与方向探究》，《比较法研究》，2022 年第 2 期。

［240］巩固：《生态环境损害赔偿诉讼与环境民事公益诉讼关系探究——兼析〈民法典〉生态赔偿条款》，《法学论坛》，2022 年第 1 期。

［241］吕忠梅：《论环境法典的“行政领域立法”属性》，《法学评论》，2022 年第 4 期。

［242］巩固：《山水林田湖草沙统筹治理的法制需求与法典表达》，《东方法学》，2022 年第 1 期。

［243］杜群：《环境法体系化中的我国保护地体系》，《中国社会科学》，2022 年第 2 期。

［244］金自宁：《科技不确定性与风险预防原则的制度化》，《中外法学》，2022 年第 2 期。

［245］曹明德：《我国绿色产品认证标识法律制度的路径探析》，《现代法学》，2022 年第 6 期。

［246］杜群：《〈巴黎协定〉对气候变化诉讼发展的实证意义》，《政治与法律》，2022 年第 7 期。

［247］孙雪妍：《气候司法法理功能的再思考》，《清华法学》，2022 年第 6 期。

［248］李智卓：《我国荒漠化防治政府主导责任的实践困境及其应对》，《法学论坛》，2022 年第 4 期。

［249］谢增毅：《离线权的法律属性与规则建构》，《政治与法律》，2022 年第 11 期。

［250］沈建峰：《数字时代劳动法的危机与用工关系法律调整的方法革新》，《法制与社会发展》，2022 年第 2 期。

［251］王天玉：《平台用工劳动基准的建构路径》，《政治与法律》，2022 年第 8 期。

［252］范围：《从“一重劳动关系”到“双重劳动关系”：共享用工规制路径的重构》，《环球法律评论》，2022 年第 4 期。

［253］王雪梅：《权利冲突视域下儿童最大利益原则的理解与适用》，《政法论坛》，2022 年第 6 期。

［254］王天玉：《预防接种异常反应的社会保障补偿论》，《法学》，2022 年第 8 期。

［255］范围：《社会保险债权破产清偿顺序的重构》，《法学》，2022 年第 9 期。

［256］柳华文：《论当代中国人权观的核心要义——基于习近平关于人权系列论述的解读》，《比较法研究》，2022 年第 4 期。

［257］何田田：《指定专家程序与证据的公正性、正当性研判——以“南海仲裁案”为例》，《法学》，2022 年第 3 期。

［258］廖雪霞：《〈联合国海洋法公约〉项下法庭与仲裁庭属事管辖权的扩张》，《环球法律评论》，2022 年第 6 期。

［259］邵莉莉：《碳中和背景下国际碳排放治理的“共同责任”构建——共同但有区别责任的困境及消解》，《环球法律评论》，2022 年第 6 期。

[260] 沈涓:《国际私法调整对象及相关问题再探讨》,《环球法律评论》, 2022年第5期。

[261] 李贤森:《国际商事仲裁意思自治的保障与限制问题——兼评〈仲裁法〉的修改》,《法学》, 2022年第4期。

[262] 赵春蕾:《国际经贸协定中劳工条款的解读——以欧韩劳工分歧处理案为例》,《政法论坛》, 2022年第6期。

[263] 梁意:《论上诉机构存废背景下的WTO争端解决机制改革》,《法学》, 2022年第12期。

[264] 余劲松:《投资条约仲裁制度改革的中国选择》,《法商研究》, 2022年第1期。

[265] 谭观福:《数字贸易中跨境数据流动的国际法规制》,《比较法研究》, 2022年第3期。

[266] 敖海静:《数据保护的国际软法之道》,《法商研究》, 2022年第2期。

年度推荐著作和论文

著 作

1. 王利明:《法治是一种生活方式》, 北京大学出版社, 2022年。
2. 高鸿钧主编:《法理学手册》, 商务印书馆, 2022年。
3. 莫纪宏:《新时代中国特色社会主义法治建设理论与实践研究》, 中国民主法制出版社, 2022年。
4. 林来梵:《宪法学的脉络:四个基础性概念研究》, 商务印书馆, 2022年。
5. 陈瑞华:《企业合规基本理论》, 法律出版社, 2022年。
6. 尤陈俊:《聚讼纷纭:清代的"健讼之风"话语及其表达性现实》, 北京大学出版社, 2022年。
7. 黎敏:《民主之殇:德国宪法史反思录》, 商务印书馆, 2022年。

论 作

1. 张文显:《习近平法治思想的政理、法理和哲理》,《政法论坛》, 2022年第3期。
2. 张晋藩:《论中国古代的民本思想》,《中国法学》, 2022年第5期。
3. 张守文:《税收立法要素探析——以印花税立法为例》,《政治与法律》, 2022年第5期。
4. 程琥:《习近平法治思想中的构建新型诉讼格局理论》,《中国法学》, 2022年第5期。
5. 申卫星:《数字权利体系再造:迈向隐私、信息与数据的差序格局》,《政法论坛》, 2022年第3期。
6. 柳华文:《论当代中国人权观的核心要义——基于习近平关于人权系列论述的解读》,《比较法研究》, 2022年第4期。
7. 吕忠梅:《环境法典编纂视阈中的人与自然》,《中外法学》, 2022年第3期。
8. 李建伟:《论商事习惯的法源位阶》,《中国法学》, 2022年第5期。
9. 刘银良:《知识产权惩罚性赔偿的类型化适用与风险避免——基于国际知识产权规则的视角》,《法学研究》, 2022年第1期。
10. 范围:《从"一重劳动关系"到"双重劳动关系":共享用工规制路径的重构》,《环球法律评论》, 2022年第4期。

政 治 学

总 论

政治学是哲学社会科学的基础性学科，是探求公共事务治道、谋求善秩与善治的专门学问；行政学是研究行政现象及其规律的科学，是研究如何实现政治目标、提高行政效率、保障公民权利、实现公共利益的专业知识。

2022 年，北京政治学行政学界以习近平新时代中国特色社会主义思想为指导，认真学习贯彻党的二十大精神，理论联系实际，建构中国政治学与公共管理自主知识体系的自为意识进一步明确，面向新时代中国特色社会主义伟大实践的政治学与公共管理学科建设、学术研究及话语体系建构持续深化拓展。在学科体系建设方面，作为中国政治学与公共管理自主知识体系重要组成部分的学科体系进一步完善，中国特色、北京风格进一步凸显，学科专业设置基础研究与交叉研究并重，学位授权点结构体系进一步巩固，学术会议主题多元，北京已成为多项政治学行政学国际国内重要学术会议的核心举办地，政治学行政学教材建设日趋成熟，人才队伍建设不断推进。在学术体系建设方面，作为中国政治学与公共管理自主知识体系核心部分的学术体系进一步发展，在研究阐释党的二十大精神、中国式现代化、全过程人民民主、中国政治与比较政治、行政改革、数字政府治理与公共政策、国际政治与大国外交、纪检监察与党内法规、政治学行政学研究的理论与方法、自主知识体系建设等方面产出了大量高质量学术论文论著，展现了中国政治学与公共管理研究的北京特点与首都标准。

一、学科体系建设的年度进展

2022 年 4 月 25 日，习近平总书记在中国人民大学考察时强调，“加快构建中国特色哲学社会科学，归根结底是建构中国自主的知识体系”。北京政治学行政学界认真学习贯彻习近平总书记的重要讲话精神，着力以学科体系建设助力中国政治学与公共管理自主知识体系建设。总体来看，政治学行政学学科体系建设继续呈现出高度的继承性、民族性，体现原创性、时代性，具有基础学科系统性、专业性的特点。从学科专业方向来看，学界对马克思主义政治学理论、中国古代政治思想、西方政治思想与理论、中国行政价值、中国行政过程以及中国特色行政关系等基础分支学科进行了研究。学者们普遍认为，要深入学习贯彻党的二十大精神，发展习近平新时代中国特色社会主义政治思想，以中国为方法，将中国经验、中国案例理论化，加快构建中国政治学与公共管理自主知识体系，增强学科主体性。从学科研究方法来看，学界坚持马克思主义为指导，吸收借鉴域外政治学行政学研究和其他研究的理论与方法，规范与经验并重，理论与实证齐驱，进一步发展了中国政治科学、政治哲学和公共行政学的方法理论库。政治学行政学分支学科建设进一步推进。

从有关学术会议来看，以中国式现代化为核心，生成中国概念、中国视角、中国方法，探讨中国政治学与公共管理自主知识体系的构建成为学术研讨热点。中国政治学会主办的“百年大党与世界变局——中俄政治学发展学术研讨会”关注中俄政治学自主化议题；中国行政管理学会主办的“深入学习贯彻党的二十大精神转变政府职能完善政府治理体系”学术研讨会关注中国公共管理自主知识体系与乡村治理自主知识体系的构建；清华大学社会科学学院举办的“中国式现代化与政治学的使命”学术研讨会聚焦中国政治学的发展与裂变、新时代政治学研究议程的设定与拓展等问题。此外，北京市政治学行政学学会充分发挥学会的纽带、平台和桥梁功能，举办了多场首都政治学行政学重要学术会议，重点关注中国特色政治学与公共管理学科体系与本土概念的生成。3 月，由学会主办，北京林业大学生态文明研究院承办的“制度自信与制度创新”学术研讨会召开，会上专家学者围绕“政治学研究的当前课题”等议题进行了讨论；9月，由学会主办，中国政法大学政治与公共管理学院承办的第六届北京市政治学行政学学会负责人及常务理事学术座谈会召开，与会专家学者就如何面向新征程进一步搞好学会工作，推进政治学行政学研究开展了深入讨论；12月，由学会主办，中国社会科学院大学党内法规与国家监察研究中心、中国社会科学院大学政府管理学院联合承办的“新征程与中国政治学”学术研讨会暨2022年北京市政治学行政学学会学术年会召开，会议围绕学习贯彻党的二十大精神，对中国式现代化与中华民族伟大复兴、中国式现代化的共性与个性、国家治理能力和治理体系现代化、行政管理体制改革、推进中国特色政治学“三大体系”建设，构建中国政治学自主知识体系等论题展开了深入研讨。

从政治学行政学学位点建设来看，年度北京市政治学行政学学位点基本格局进一步巩固。在已有中共中央党校（国家行政学院）、北京大学、清华大学、中国社会科学院大学、中国人民大学、北京师范大学、北京航空航天大学、中国政法大学、中央民族大学、国际关系学院、外交学院、对外经济贸易大学等政治学、行政管理博士学位授权单位的基础上，首都师范大学不再作为政治学一级学科硕士学位授予单位，新增清华大学为国内首家国际事务硕士专业学位授予单位。此外，多个在京高校、科研院所获得“大政治学”下综合（一级）学科的学位授权。其中包括交叉学科门类下的国家安全学以及法学门类下的中共党史党建学和纪检监察学。国家安全学方面，北京大学、清华大学、北京师范大学、国防大学、中国人民公安大学、国际关系学院、外交学院等已具有学位授权点；中共党史党建学方面，中国人民大学率先以中共党史系为基础，成立中共党史党建学院；纪检监察学方面，中国政法大学成立纪检监察学院、清华大学成立纪检监察研究院等。这些进展体现出北京政治学行政学学界对相关新兴学科雄厚的前期积累与普遍关注，政治安全、党史党建、纪检监察、反腐败与廉政建设等议题将成为北京政治学行政学乃至中国政治学和公共管理发展的新增长点。

从政治学行政学学科教材建设来看，新一批高质量的教材相继出版。李石所著的《政治哲学导论》由中国人民大学出版社出版；唐晓、王为、王春英等所著的《当代西方政治制度导论》由中国人民大学出版社出版；齐明山教授主编、中国人民大学行政管理学系组编的《行政学导论》（第三版）由中国人民大学出版社出版；清华大学公共管理学院中国公共管理案例中心编著的《中国公共管理案例》，由清华大学出版社出版。此外，一些聚焦政治学行政学学科建设专著的产生也进一步辅助、推动了教材建设。张小劲、景跃进主编的《百年变局与中国政治学的时代化：清华政治学系的探索》以百年变局为时代背景，以清华政治学系在推动中国政治学研究时代化中所做的尝试和努力为主线，展现了中国政治学探索的清华路径。

从政治学行政学人才队伍建设来看，“老、中、青”学术队伍结构合理，交流合作密切，青年人才影响力初现。首先，权威学者队伍进一步巩固，北京政治学行政学成为中国政治学和公共管理的一个核心增长点；其次，中年学者梯队持续发力，一批具有重要影响力的中青年学者突显；再次，具有跨学科背景和综合研究能力的青年人才不断显现；最后，学界相当一批重要的研究成果由资深学者和中青年学者或研究生合作完成，逐渐形成在国际国内有重要影响力的知名学术研究团队和流派，传帮带效果显著。

二、学术体系建设的年度进展

以中国式现代化为主线系统研究阐释党的二十大精神相关研究成为学术热点。习近平总书记在党的二十大报告中深刻指明了中国式现代化的本质要求、核心特质以及推进中国式现代化所遵循的重要原则。从政治学行政学的学理视域出发，以中国式现代化为主线，系统研究阐释党的二十大精神成为年度研究的热点与核心议题。学者们普遍强调中国共产党之于中国式现代化的本质意义以及党的领导与中国式现代化之间的核心联系，由此出发，学界进一步讨论了中国现代国家的形成与现当代中国政治制度、文化、行为的发生学问题，廓清了中国之治的学理内涵，为深入理解党的二十大精神和习近平新时代中国特色社会主义思想提供了智识支持。

推进全过程人民民主研究。民主是全人类共同价值。全过程人民民主理念是习近平新时代中国特色社会主义思想的最新成果之一，是对新时代人民民主新形态作出的重大判断，学界从全过程人民民主的价值、过程、比较、理论、实践与问题对策等多个维度对全过程人民民主开展了系统研究。学者们普遍认为，全过程人民民主充分彰显了新时代人民观的价值追求，系统总结了党领导人民进行民主探索的理论和实践成果，集中阐明了社会主义民主政治建设的实践逻辑，是党不断推进民主理论创新、制度创新、实践创新的经验结晶，为新征程发展社会主义民主政治、建设社会主义政治文明提供了科学指引和根本遵循。并且，全过程人民民主为人类政治文明发展探索出一条更符合民主本质的新路径，它具有全领域贯穿的理念优势、全方位展现的治理优势和全环节应用的结构优势。全过程人民民主研究以民主研究引领了政治学行政学研究的新潮流。

中外政治制度（中国政治与比较政治）研究。学界坚持中国特色社会主义是改革开放以来党的全部理论和实践的主题，认为中国特色社会主义政治制度体系由根本制度、基本制度、具体制度三个层面构成。围绕人大制度、新型政党制度、政协制度、基层自治制度等根本和基本政治制度，学者们力图在廓清各项制度生成发展、实际效用的基础上，以一种中西政治制度之间的对照视角辨明中国特色社会主义政治制度体系的特征与优势。此外，比较政治学是政治学的重要组成部分，学者们高度关注西方乃至亚非拉第三世界国家政治制度的运行，其中，特别关注西方民粹主义的兴起与运动过程、政治极化的产生与变迁、西方选举制度失效失灵以及部分亚非拉国家的国家建构历程等主要议题，为“百年未有之大变局”背景下的中国政治学研究提供了比较视野的宝贵经验。

行政改革、公共政策与数字政府治理研究。2022 年是全面深化改革的重要时间节点。学者们指出，进入中国特色社会主义新时代，通过政府主导下的多方合作，党和国家实现了集中体制下的治理创新；“放管服”改革取得重要成就；社会组织能够更加顺畅地在当下治理结构中运行。此外，学者们认为，信息技术的快速迭代和数字化转型催生着政府治理模式不断变革，数字政府和电子政务的长期共存与发展有助于推进国家治理现代化；智慧政务服务凸显了中国公共政策的价值理念与治理“数智”；中国公共政策的议程设置、执行、试点、更迭亦表现出新特点。

国际政治与大国外交研究。世界已经步入“后疫情时代”，国际政治形势更加复杂，中国特色大国外交更需智慧。在此背景下，北京国际政治与外交学的研究者深入研究习近平外交思想、国际安全、中国对外援助、亚太问题、中美关系、国际组织以及国际关系理论，普遍认为，党的十八大以来，在以习近平同志为核心的党中央坚强领导下，中国已走出了一条中国特色的大国外交之路，人类命运共同体的提出是中国特色大国外交理论成熟的标志。在国际政治领域，冷战结束后的“颜色革命”仍严重威胁着国际安全，对中国而言，必须筑牢意识形态安全防线，认清资本主义阵营冷战思维外交实践的本质，深化自身改革，完善话语体系，建立国际统一战线共同拒止资本主义阵营肆意干涉他国内政。研究者们系统地讨论了拜登政府对华政策的性质，呼吁重新审视学界对于美国“自由市场经济”和“弱国家”的传统定义，关注美国及其安全和发展同盟之间形成的新合力。最后，新型的非国家组织，特别是超国家机构得到学者们的广泛关注，成为相关研究的新热点。

纪检监察与党内法规研究。纪检监察与党内法规研究具有深度的学科交叉性，但其理论要旨和实践指向具有鲜明的“大政治学”特征。2022 年对于纪检监察与党内法规研究而言是重要的开局之年。学界对其学科体系、基本范畴和基础理论进行了深度探讨。在纪检监察研究方面，研究者们突出强调纪检监察学的学科建设，认为纪检监察学应该以纪检监察工作实际需求为导向，构建多层次、多类型、多方式的立体人才培养体系和联合培养模式。此外，学者们强调，纪检监察研究的逻辑起点是中国特色社会主义制度，逻辑中介是权力制约的实践活动，有必要深入挖掘纪检监察研究的理论内核。针对党内法规研究，研究者们强调，要重新审视中国共产党党内法规建设的历程、成就与经验；要关注党内法规运行的诸环节，从党内法规解释寻找党内法规基础理论的新增长点；要密切注意党内法规制度体系建设与习近平法治思想的紧密联系；要进一步通过党内法规增强基层党组织组织力建设；要全面系统完善我国生态文明党内法规体系。

政治学行政学研究的理论与方法。年度学界对于政治学研究的理论与方法亦有长足进展。研究者们立足中国政治实践，“以中国为方法”，对历史政治学比较方法进行了反思与回顾；对政治思想史的学科危机进行了讨论与评估，呼吁广大政治学研究者要坚持科学的政治学研究方法，既着眼于学科体系建设，又落脚在中国政治学的三大体系建设；行政学亦应关注其历史维度，深入探讨国家治理研究的历史之维。也有研究者指出，秩序维度是观察中国公共政策的一个可行视角；同时，要加快构建中国特色公共政策评估体系；中国公共管理的案例研究要专注于构建中国场景；人本范式则有可能是新时代中国公共行政学的突破口。

三、迈向自主知识体系：问题、反思与前瞻

2022年，北京政治学行政学界继续贯彻百家争鸣的方针，坚持实事求是的科学态度，对政治学行政学领域的重大理论和现实问题进行了开创性、系统性、引领性的研究，既借鉴人类政治文明成果又具有鲜明中国特色的政治学与公共管理学科体系、学术体系以及话语体系的建构初见成效，为坚持和完善中国特色社会主义政治制度，推进首都超大城市治理创新及社会主义现代化国家建设服务中提供了政治学行政学智识支持。然而，随着新兴学科、交叉学科不断出现，“大政治学”与“小政治学”之间的张力需要进一步关注。国务院学位委员会、教育部印发的《研究生教育学科专业目录（2022年）》对学科专业设置进行了调整，部分原属于政治学二级学科的研究独立为法学门类下的一级学科。一方面，这进一步拓展了“大政治学”的边界和范围；但另一方面，这也压缩了“小政治学”的议题和关注对象，并对其研究开展有着不小的影响；中国政治学与公共管理自主知识体系中的话语体系建构需要进一步加强。这突出表现为，基础理论研究尚需进一步深入，方法论与方法自主生成能力需要进一步提升，话语体系建构的对话性还需要加强等。这使得政治学行政学与其他社会科学、中国政治学与世界政治学的对话不够有效；政治学行政学自身的理论与实践之间还存在着相当大的可联结空间，留待规范与经验相统一的政治学与公共管理理论与实践去填补。这一现状有可能会影响政治学行政学服务国家重大战略、首都政策咨询以及社会发展的效果，亟待广大首都政治学行政学人重视。

未来五年是全面建设社会主义现代化国家开局起步的关键时期。新时代新形势给中国政治学与公共管理的发展提出了新任务新使命新挑战，面向未来，首都政治学行政学人要继续坚持以人民为中心，进一步增强中国政治学与公共管理的主体性，为不断推进中国政治学与公共管理自主知识体系建设彰显北京风格、贡献首都力量。

政治学理论

一、马克思主义政治学理论

1. 关于中国式现代化的研究

中国式现代化是马克思主义中国化时代化的重大理论创新，是2022年马克思主义政治学研究关注的重点领域。关于中国式现代化的历史探索和突出特征，胡鞍钢指出，中国式现代化道路产生自中国新民主主义革命时期，从其十个方面的特征来看，这一道路本质上区别于北方国家模式和南方国家模式。韩保江和李志斌则认为，中国式现代化道路的特征包括与世界各国的“一致性”和基于国情的“特殊性”两方面，这一道路的历史应当追溯至洋务运动时期，并持续至今，在中国共产党成立100周年时中国式现代化建设取得了具有里程碑意义的巨大胜利。秦宣认为，从洋务运动到辛亥革命再到新文化运动，中国历史上已经经历了三次现代化运动，但都遭遇了挫折。中国共产党的成立成为重要里程碑，自那时起，中国式现代化道路开始得到初步探索，并逐渐开辟、深化与拓展。关于中国式现代化理论对马克思主义的继承与发展，臧峰宇从马克思的现代性思想出发，指出这一思想从肯定现代化的进步意义和否定资本现代性的双重维度展开。他认为这一思想为中国的民族解放事业提供了科学指导，并激活了支撑中国现代化的现实历史的伟力。赵义良也从马克思语境的“现代社会”概念出发，指出西方现代化会产生人的动物化和人的异化后果，与人的发展相悖，而中国式现代化是“非资本主义现代化”，为人的现代化和全面发展开辟了全新道路。关于中国式现代化的重要意义，从理论意义上来看，郭晔认为中国式现代化理论实现了从资本逻辑向人的逻辑的转换、从纯粹工具理性向价值理性的守望回归、从“主体—客体”到“共同体”的关系变革。从实践意义上来看，张占斌等认为中国式现代化的民族意义在于破解了近代以来中国在走向现代化的过程中遇到的各种难题，使中华民族伟大复兴进入了不可逆转的历史进程。黄建军认为中国式现代化的世界意义在于提醒发展中国家选择现代化道路时要避开“依附模式”、“趋同模式”或“脱钩模式”，同时这一道路是对社会主义现代化道路“何去何从”的理论解答和实践探索，拓宽了科学社会主义实践的场域。关于中国式现代化的话语体系建构，肖政军和杨凤城认为在构建“中国式现代化”话语概念体系时，应该从现代化维度和社会主义维度展开。在新时代的基础上，这一话语建构必须坚持“从中国的特点出发”的原则，同时注重增强文化自觉、坚定文化自信，促进文明交流互鉴。王慧娟基于中国共产党现代化话语体系的百年演进，认为这一话语体系百年建构的演进逻辑在于概念范畴由分散单一趋向于综合多样、逻辑架构由不完整趋向于系统完整、价值取向由物的现代化趋向于人的现代化。

2. 关于全过程人民民主的研究

王衡和郭思瑶基于“全过程人民民主”主题文献数量与规模、关键词分布、核心作者群、来源期刊学科方向与质量、研究基金资助情况等要素的文献计量分析，得出当前全过程人民民主研究核心议题包括理论基础与历史演进、概念内涵与价值功能、制度体系与运行机理、发展前景与优化路径的研究。张君等认为现有研究成果主要围绕全过程人民民主的理论内涵、内在逻辑、重点场域和比较优势而展开。全过程人民民主理论是对西方民主理论的重大突破，相关研究注重在比较中阐释全过程人民民主的理论构成和基本特征，如林修能基于对西方“权利型民主”理论的反思，指出全过程人民民主具有“全链条、全方位、全覆盖”的特征，实现了对权利的“名”与“实”、人民的“多”与“少”的统一，超越了“权利型民主”，建构出“权利—能力型民主”。林毅同样从西方民主的当代危机出发，指出全过程人民民主为人民主权的实现提供了民主制度的保障、重塑了被西方民主所破坏的民主与治理的关系、重塑实质性的民主内容体系、具备不断更新调适、追求自我超越的特质，从而克服了西方民主的困境。刘小妹着眼于全过程人民民主的批判思维和辩证思维，从批判思维来看，这一理论的产生基于对西方精英民主理论批判、对民主“多数决”内涵的批判和重构、对民主“选举”局限性的批判和超越。从辩证思维来看，全过程人民民主实现了目的和手段的辩证统一、形式民主和实质民主的辩证统一、民主过程和治理效果的辩证统一。全过程人民民主的价值功能是学界关注的重点问题，孙莹认为全过程人民民主能实现价值、制度与治理的高度统一，其中的广泛参与、整体推进、高效管用和稳定有序等优势起到了关键作用。杨渊浩和程竹汝对民主和民生的关系进行了深入分析，并基于二者在逻辑、价值理念、制度体系、发展动力和实现路径等方面的密切联系，指出全过程人民民主可以成为新时代民生建设的有效途径。关于全过程人民民主的内涵和实践要求，强舸和蔡志强认为全过程人民民主具有以全过程覆盖取代仅在选举时授权、以人民为中心遏制资本至上、以协商民主完善票决民主、以党的领导保障民主实践等优势。王炳权在民主原则、民主精神和民主能力三维度下考察西式民主和全过程人民民主，认为在理论构成上，全过程人民民主实现了全过程原则、人民精神与民主能力三要素的聚合，这种三重逻辑的统一实现了对民主本质的重新挖掘。

3. 关于国家治理现代化的研究

国家治理体系和治理能力现代化这一重大命题自提出以来始终是学界研究的热点。张来明认为国家治理体系和治理能力现代化在社会主义现代化全局中具有重要地位，这主要是基于以下因素：第一，任何国家都离不开治理；第二，社会主义中国各项事业的发展离不开国家治理的有力保证；第三，推进国家治理体系和治理能力现代化是全面建设社会主义现代化国家战略安排的重要目标要求；第四，推进国家治理体系和治理能力现代化，不仅是我国社会主义现代化建设的重要目标要求，也是全面深化改革的重要目标要求。张树华和王阳亮从系统观出发，对国家治理体系的制度、体制与机制进行了系统分析，并提出了推动国家治理体系发展和完善要从系统整体涌现性的角度推动改革、以系统时空观念看待统一性与差异性的辩证关系、把握社会系统中制度有限性与主体能动性的关系、以动态平衡观调节治理体系运行的正负反馈的原则。陈树文和王敏则聚焦国家治理现代化以人民为中心的根本立场，认为这一立场的形成有历史与现实双重因素。他们指出，思想的时代性、导向的目标性、需求的多样性和实践的艰巨性是以人民为中心根本立场得以确立的主要因素。杨雪冬和陈晓彤运用空间政治学理论探讨国家治理现代化问题，他们从空间维度出发，思考国家治理现代化的发展和实施，分析空间变革为国家治理现代化带来的挑战，他们还讨论了国家治理现代化应遵循的空间治理规律。马得勇和黄敏璇以过度自信为理论基础，通过对中国网民和中国大学生的调查数据进行分析，以政治知识作为重要的衡量政治能力的要素，检验了中国民众的政治认知水平，发现当前我国民众的政治认知能力和参与能力仍然不足，他们据此评估了其对中国国家治理能力的影响。熊光清和蔡正道从现代化进程的角度考察了中国国家治理体系和治理能力现代化，从结构与功能关系的视角分析了国家治理体系与治理能力现代化的内涵及其相互关系。

4. 关于人类命运共同体的研究

人类命运共同体是新时代中国特色社会主义基本方略的重要内容之一，现有研究对这一理念的理论基础、内涵特质、现实表现等方面问题进行了探讨。王虎学和何潇潇对人类命运共同体进行历史溯源，发现这一理念吸收借鉴了马克思共同体思想、中华优秀传统文化以及中国共产党百年外交政策的思想精髓。张权与阎晓阳在世界历史视域下分析人类命运共同体，他们认为人类命运共同体的构建，是对世界历史理论的继承与发扬，也是世界历史发展的阶段性需要，基于此，无论是从中国共产党的历史使命来看，还是从世界历史发展的逻辑和目标来看，人类命运共同体的构建都是推动世界历史持续积极发展的一个“过渡阶段”。陈曙光从马克思主义经典理论出发，将人类命运共同体与马克思的“真正的共同体”理论相比较，在多维度的比较中，前者的关键词为社会状态、和而不同、世界主义、国家命运、时代纲领，后者的关键词为社会形态、天下大同、国际主义、个体命运、最高纲领。总体来看，人类命运共同体与真正的共同体是“小同大异”的。学界也关注到了人类命运共同体战略发展的当前困境问题，如任洪生从政治、经济、文化三维度深入分析，指出当前世界各国间政治信任难以建立、经济发展模式互相质疑、文化差异大是人类命运共同体建设面临的主要挑战。王义桅和江洋关注到西方国家对人类命运共同体的误解和质疑，他们认为这种误解主要源自于中西方之间在利益、体系—结构和思维方式等方面存在的问题。人类命运共同体的构建离不开对误解的消除，化解之道在于化旧知、求新知、致良知、行大道、行自觉、行稳致远。在实证研究方面，李曦辉等着眼于“一带一路”倡议，采用投入产出分析、社会网络分析和价值增值分解等方法，探讨了“一带一路”倡议对构建人类命运共同体的实施效果。

5. 关于马克思主义政治学基本原理及其当代意义研究

2022 年，学界对马克思主义政党理论、无产阶级革命理论以及马克思主义科学世界观等内容进行了重温和再思考。关于马克思主义政党理论，姚中秋重新考察了列宁基于帝国主义和殖民地理论构建的现代世界政治体系理论，认为列宁基于该理论体系构建了一个政党类型学框架：代表性 — 分利型政党和先进性 — 领导型政党。考虑到“超凡魅力型政党”的存在，他在此基础上构建了包含三大类型的政党类型学框架。宋朝龙和赖信添深入分析了马克思的“法国史三书”，认为马克思在这一时期确立了无产阶级政党的成长逻辑，即无产阶级政党从自在走向自为的过程包括对金融贵族和土地贵族本性的认识、破除对议会斗争与合法斗争的迷信、从各种主观主义的社会主义观念中解放出来、正确处理与各中间阶级的关系、实现革命阶级的联合专政等。关于无产阶级革命理论，方敏和赵华熹对列宁的《帝国主义是资本主义的最高阶段》出版以来帝国主义理论的发展进行了考察，并论证了列宁的帝国主义理论内容的原创性和方法的适当性。同时，他们回应了对列宁的帝国主义理论过时的批评和质疑，认为这一理论的基本分析在当前仍然适用。刘秀萍以《共产党宣言》文本为出发点，对其中批判的不同形态的社会主义派别的各种理论主张进行了梳理和再批判。她进一步探讨了马克思和恩格斯的批判所具有的理论价值和当代意义，从而深化了对科学社会主义的认识。赵睿夫和郇庆治重新审视了马克思和恩格斯对“工农对立论”的批判，并将其总结为“工农联盟论”。他们指出，“工农联盟论”在认识农民阶级双重性、处理工农关系的策略和实现工农联盟的进路等三个方面有着清晰的认知，超越了“工农对立论”的观点。这一理论揭示了解决社会阶层矛盾和构建共同体的治理要求，以及坚持和加强党的领导的重要意义，具有丰富的现实启示。除此之外，学界还关注到了马克思主义权威论、民主思想和政治共同体等思想。李紫娟基于对恩格斯的《论权威》的文本考察，总结恩格斯对巴枯宁“反权威论”的分析批判方法。通过研究恩格斯的观点，她得出了在认清和揭示权威现象、研究权威理论时所应秉持的态度和方法。王代月和胥玉洁认为麦克弗森对西方自由民主理论的反思具有一定的积极意义，但以马克思的民主思想来审视，就会发现他未能理解实现人民民主就要消灭资本主义私有制的革命路径，以及马克思对这种革命何以必然和可能的科学论证。臧峰宇对马克思的《克罗伊茨纳赫笔记》进行了文本结构和主导线索的分析，并注意到其中关于国家法与国家起源和发展的部分摘录以及关于法国大革命的摘录对马克思的《黑格尔法哲学批判》中的主要思想产生的影响和塑造。

二、中国古代政治思想与理论

1. 关于天下秩序构建的研究

构建正当而稳定的天下秩序是古代思想家进行政治思考的核心问题，也是近年来中国政治思想史领域的研究热点之一。2022 年，很多学者运用新的理论工具和研究方法，在这一领域取得了更丰富、更深入的研究成果。例如，王震中从我国古代国家形态结构的演变历程着手，考察“大一统”思想的由来与演进。他认为伴随着国家形态和结构的变化，先后产生了三种历史背景指向的“大一统”观念，即与尧舜禹时代“族邦联盟”机制相适应的带有“联盟一体”色彩的“天下一统”观念，与夏商西周“复合制王朝国家”相适应的“大一统”观念，以及与秦汉以后郡县制下中央集权帝制国家形态相适应的“大一统”思想观念。李大龙在强调“大一统”天下观是中国传统王朝治国理念的重要指导思想之外，还总结分析了古代王朝治理总体呈现出“因俗而治”、“华夷之辨”和“用夏变夷”的三大特征。在华夷之辨的问题上，江湄从正统论、道统论与华夷之辨三种思想脉络对南宋的“中国”认同进行分析，进而发现，宋代思想家并没有产生出现代的“国族意识”，而是构建出一套以道统、正统双线整合天下、整合中国文明的思想体系，形成一套继承汉朝“大一统”而又有所变化的“中国”原理，为新的“大一统”准备了思想条件。李浩然则重点考察了朱熹的华夷观念，认为朱熹没有把儒家传统中所强调的道统的正当性直接与自己的民族立场相连接，而是从更加抽象的性理学维度强调了一种道德修养上的普遍主义，并以此在某种程度上消弭了现实中华夷的绝对分别。卜宪群、袁宝龙着重梳理秦汉边疆治理思想的演进历程、实践经验与教训，认为秦汉边疆治理思想继承了先秦以来夷夏之辨的历史文化传统，同时又彰显出大一统的时代特征，秦汉统治者对大一统精神的坚持、适度保证“因俗而治”的制度机动性，以及妥善处理好民族观念，是其取得成功的重要原因。除此之外，还有学者试图重新梳理和分析先秦诸子思想中关于政治秩序构建的内在理路。冯莉提出，老子通过对天下万物及其关系的重新理解，以及对“天下—圣人”的“无为”政治秩序的诠释，建立了以“道”为基础的理想天下秩序。赖伯然通过分析墨家政治思想的文化渊源和逻辑结构，认为墨家设想的是一种基于“道德之天”的秩序建构。张广生则提出，相对于杨朱学说政治虚无主义的绝望和墨子学说道德理想主义的热望，孟子的仁义学说提供了“中道”的道德现实主义方案，通过仁义政教开辟出“权以归经”的文明重建之路。

2. 关于民本思想的研究

坚持以人民为中心的发展思想的提出，带动了学界关于民本思想的研究。张晋藩从历史和思想史的双重视角对中国古代的民本思想进行总体性梳理，认为夏商秦隋的四代兴亡史展示了民本的价值，并总结出古代民本思想的基本理念，包括：兴国安邦，在得民心；以农为本，改善民生；宽以养民，改善民生；爱民富民，民安国强；富则教之，移风易俗；矜恤弱者，重视人命等。在此基础上，他指出民本思想虽然不可避免地带有阶段性和局限性，但依然为今天以人民为中心的发展思想提供了丰富的历史镜鉴。沈敏荣对民本思想的渊源和运行机制进行了更加深入的分析。他认为，早期民本思想只是作为道德规范起到对统治者劝诫的作用，而自孔子的仁学开始，民本思想发展出民治的思想，随着教育私学化、礼乐生活化、日常生活主孝悌、乡里关系仁义化，实现了社会治理领域的主体化，使得民本思想有了社会制度的保障，给民间社会的发展与繁荣创造了条件。干春松通过分析陆九渊心学思想的实践指向而提出，陆九渊十分关注道德意识与道德政治实践之间的内在关系，这既是孟子以来儒家政治思想的基础，也体现出陆九渊发明本心和将其转化为政治实践的一致性，从而体现为对民间疾苦的关切和改善民生的行动。

3. 关于法家思想的研究

近年来，法家思想一直是政治思想史研究的热点领域之一，2022 年也不例外。宋洪兵从政治和法治的双视角出发，重新解读法家思想，他认为法家学说明确区分了以“君”的“术”“势”为核心的政治与以“法”为核心的法治，两者是并行不悖的关系。法家并不寻求以法治完全约束君权，但始终强调君权不得干预法治的公正落实，而且，法家企图通过新君主来缔造法治理想国的理论设想是无法实现的。在另一篇论文中，他还通过对《管子》与《韩非子》的研究指出，从《管子》应然的政治形上学到《韩非子》实然的政治形上学，法家的政治形上学经历了一个由关注政治伦理的视角转向关注人类政治实然形态的视角的过程，韩非子是真正从政治形上学的角度为人类政治奠基并指出人类政治实质的第一人。何哲关注法家思想对现代治理的启示，认为法家思想的要义是以信取民，以法治国，最终形成天下一法、贵贱平等、强国富民的法治格局。同时，法家思想承自道家，实质是以法度行无为去人治，以法止刑，以不仁行大仁。法家在百家争鸣中最终以政治上的成功证明了其思想上的重大实践价值，而在奠定中华大一统的政治格局后，历代强君强臣用其术而不用其名，用其制而非其过，形成了外儒内法的政治形态。同样是将法家思想与道家思想进行对比勾连，郑博思则以《慎子》《韩非子》《庄子》为核心，分析战国中晚期法道两家对“忠”德的反思。《慎子》一派从功利主义角度衡量作为“臣德”的“忠”所产生的政治效果，认为“忠”作为臣下的德行，不能必然地造成理想的政治效果，这种理想政治需要借助于某种制度而由君臣共同完成。《韩非子》从君主利益角度出发，在“趋利避害”的人性的基础上，通过“刑”“德”两种手段对群臣加以操纵利用，以此取代“忠”德的作用。《庄子》对于“忠”德的论述则是基于个体论的视角，通过批判对“忠”德的造作和利用，试图使“忠”德回归为人天然的情感。任健锋、杜晓娜侧重分析作为法家重要概念之一的“势”。“势”在法家政治思想中具有统摄性的地位，法家将“势”运用于权力的生成、掌握与运作这一基本政治过程，“术”与“法”是“势治”实现的方式方法，“势治”最终落实为一套“法治”模式，体现了理论逻辑与历史发展的统一。

4. 关于王霸之辨的研究

王霸之辨是战国时期儒家政治哲学的一个重要话题，也是儒家由道德哲学通向政治哲学的重要一步，反映了儒家对政治的最核心与最底色的看法。刘巍从儒家与法家思想的分野出发，分析王道霸道的分张。他认为，儒家“导德齐礼”，以天下归服为政治纲领，以从政者的德行风化为政治主轴，以伦理本位的礼贤、礼君、礼民等明“分”致“和”之治为政治目标，代表了中国政治的王道法统。法家变更“法”意，张扬霸道，主以刑法，期以富强，力主法自君出，去私明公，以权势为杠杆，以法令刑罚为工具，以吏治为入手，以强力独裁为价值追求，以严肃尊卑、恪守名分、维护君上之权为依归。双方各有所长，都对中国的政治传统有深远影响。王瀛昉从孟子和荀子思想的差异之处着眼，认为孟子与荀子所阐述的“霸”从起点上就不在同一层次，孟子与荀子关于“霸”的根本分歧在于“行仁”的方法及目的，以及“仁”与“先王之道”的顺序差异，这也使得孟子与荀子在各自致力构造一套完备学说时走上了不同道路。李雪丹参照孟子和荀子的王霸之辨，分析《吕氏春秋》对儒家与法家思想的吸收和改造，以及对王道与霸道手段的杂用，试图探明《吕氏春秋》所描绘的王治理想图景的真实面目。彭新武对作为中国古代基本治国方略的“王霸杂用”的多重内涵进行了分析和反思，包括：一是尚德与尚力结合，这一策略固然与“一治一乱”的传统社会相契合，但不利于维持社会秩序的基本稳定性；二是德治与法治并举，这一主张貌似公允，但在实践中往往导致“以德乱法”；三是作为社会规范的“礼”与“法”的一体化，在这一过程中，由于法的客观性常常为人之主观性所吞噬，中国古代社会难免步入“人治”的窠臼。

5. 关于明清之际思想的研究

明清易代的巨大历史变故极大刺激了当时的思想家，这就使明清之际的政治思想呈现出前所未有的新特点、新精神。对于黄宗羲、顾炎武、王夫之等启蒙思想家的一般性研究，学界已经有了很多积累，当前研究更多聚焦于对某些定论的重新审视，以及人物思想相互之间的比较。高海波以王艮、管志道、黄宗羲为中心，重点分析三者思想“师道”与“君道”的关系，总结出晚明清初社会改革理论与实践的三种路向，进而提醒研究者要以更为整全周到的视角和更为深入细致的考察来对待这一时期的思想。黄振萍尝试在特定的历史语境中重新考察明末清初“清谈误国”论的来龙去脉。王学“清谈误国”之说，在顾炎武等人那里，是因为理学内部的学术分歧，并受晚明国势日危的刺激而发出的激愤之词，在清初则有着国家功令的引导，两者机缘巧合地结在一起，遂成为定论。高思达细致考察了顾炎武《郡县论》的文本逻辑和历史脉络，认为顾炎武有关“寓封建之意于郡县之中”的主张是以“亲亲”之礼修正异地任官的弊端，以“贤贤”之意防范“亲亲”可能带来的吏治无能，总体上是对礼学之义理性与现实性的调和，是在治统与道统合一模式下对吏民一体化的精神重塑。赵腾、王浦劬则从理论上对明清之际的思想脉络进行更深入的剖析，他们提出，明清之际启蒙思潮的重要内容，是在明代思想对“私”与“利”正名的基础上，如何由“私”上升为“公”，一方面在承认“私”“利”的基础上重构公共空间，另一方面也为“私”“利”提供正当性理据。围绕这一问题，明末清初的启蒙思潮形成了“公理”与“公利”两种分析范式，即以公理为核心，规范性的“统私为公”进路与以公利为核心，经验性的“合私成公”进路。对这两种进路的背景、发展及局限的分析，对于厘清明末清初启蒙思潮的公私义利论证逻辑，扬弃性继承中国传统利益观，具有重要意义。这些研究都提醒我们，传统中国思想史有其独特性，研究者不能仅依靠文本文献，而必须深入历史语境进行考察，才能对学术与思想获得较为全面的历史认识。

6. 关于思想古今之变的研究

在“数千年未有之大变局”的政治局势和西学东渐的双重作用下，晚清政治思想逐渐开始了从传统向现代的转变，对这一转变过程的研究，既是对中国古代思想演变历程的最终审视，也为思考现代国家建设和社会转型积累了思想资源。马猛猛的研究关注晚清改良主义思想家的“复古维新论”。他认为，王韬、郑观应和陈炽等人对中国三代及世界史进行重塑，提出由“道器合一”到“道分为二”的古史演变框架，把中国和西方整合进一个整全的人类文明进程中，试图在中国文化的经制典章和西方社会政治现实之间建立内在义理的一致性。易冬冬对康有为的礼乐思想进行重新梳理，认为他的礼乐思想伴随其整体思想发展历程而不断深化，经历了立足传统理想、以现代批判传统、归本传统而反思现代的辩证发展过程。研究康有为对礼乐文化的思考，为我们理解儒家传统的现代性转化以及立足儒学传统反思现代性，具有一定的借鉴意义。通过深入细致地解读严复的《天演论》导言，任锋提出，严复有关“治化”论述的三重世界分别指向现代政治的三个向度，即富强（事功）的、礼法（民品）的与世界秩序（文明精神）的。这三重世界在道德关切上分别对应着众民、圣贤与国族种群的不同层次竞争，构成了现代政治精神内在不可化约的多维张力。严复的治化论述激活了中国思想传统内在的多样性，对于近世政治思维的大争议有所呼应，也在接纳现代西学思维范式的同时承续了中国道德政治传统的一些核心关切。熊光清、蔡正道则通过梳理近代国家观念在晚清的传播及其对传统国家观的解构，来观察和分析传统政治文化的现代转型。中国古代政治思想的现代转型，适应了中国发生的政治和社会变迁，为中国现代国家的建构奠定了思想基础。

三、西方政治思想史与理论

1. 对政治理论研究方法的反思

杨光斌重点论述了政治理论的“历史性”，他指出，几乎所有政治理论都是历史性的，“政治理论”应被称为“历史政治理论”，这是由政治理论知识论原理决定的。当今世界主流的社会科学理论体系、支撑理论体系的核心概念以及研究社会科学的方法论均是西方国家特定历史经验的产物，但却以普遍主义的方式传播且影响深远。因此，已经走进世界中心地带的中国，也自然要为国际社会科学贡献自己的政治理论，其出路就在于将马克思主义与中国实践和中国历史文明相结合。黄晨则认为，为了应对政治思想史学科所面临的危机，政治思想史的研究应当确立经验导向和规范导向两种不同的价值标准：经验导向旨在还原历史真实，可以在“思想—思想”“社会—思想”“思想—社会”等三个方向做出解释；规范导向旨在提出新的命题，以发现“更优的规范性概念”和“更优的论证”等两个方向为评判标准。周祎楠则强调了文明研究的视野对于人文社会科学研究的重要性。所谓文明研究的视野，就是将“文明”作为理解和研究世界的视角和学理路径，它不仅是从人之基本存在状态切入对社会和政治的分析，也激发研究者跳出固有的局部看法的桎梏，从更广阔的人类文明思想传统中重新寻找理解当下世界的视野和胸怀，看到更加丰富的理解世界之可能性。任剑涛则指出，若要改变现代知识体系之“中国议题”主要由西方国家和西方学者设置的现状，既需要中国学者坦然面对现代知识体系的中国议题主要由西方学者设定的既成事实，也需要对于现代知识建构共识之前提条件的依循，更需要在可公度性的知识准则规训下的国际学术共同体的检验。

2. 对美国政治思潮的研究

谢韬、纪文宇分析了特朗普和美国白人福音派群体之间的关系，特朗普之所以能够在2016年当选美国总统，很大程度上是因为他成功抓住了白人福音派的地位焦虑情绪，扮演了政治救星的角色，从而赢得了白人福音派的广泛认同。白人福音派在美国社会中仍然具有巨大的选举动员力和影响力，将对2024年的总统选举起到举足轻重的作用。欧树军强调了美国著名政治学家塞缪尔·亨廷顿的“现实主义的保守主义”面向，无论在学术生涯的哪个阶段，亨廷顿始终坚持现实主义的保守主义思想立场，对美国及其与世界的关系所面临的重大政治和社会困境进行道德层面的思考，正是这一立场使之成为理解“美国与世界”及其社会政治困境的一个理想窗口。刘颜俊、周礼为则对美国政治中的反智主义进行了细致考察，他们认为，政治生活中的反智主义集中体现为各政治行为者反理性智识、反知识分子和专家的言行。美国政治中反智主义的形成，受到个体心理与认知因素的影响，也根植于美国宗教、政治和社会发展的历史；媒体信息环境变化加剧其传播和培育，两党制、总统制、民粹主义以及对技治主义的恐惧使其称为一种政治策略。反智主义为思考日益不平等的现代社会中民主危机和治理变迁提供了独特视角。刘小枫则将美国的政治史和思想史置于世界历史的广阔视角下进行考察，美国行为中的“双重标准”源于自由民主的价值原则和不择手段的现实主义政治实践之间的矛盾，而这种矛盾之所以产生，是因为被清教式的普世道德理念所包装的马基雅维利之道，乃是美国崛起至今一以贯之的执政原则。建立在这种原则之上的国际秩序绝不会是和而不同的多极秩序，只可能是清教式“自由民主”的国际独裁，而后者不过是极具争议的诸多文明样式之一。

3. 对西式民主的批判分析

学者们也对西式民主的有关问题提出了自己的理论反思。张树华研究了政治思潮导致的各国制度变迁及其对世界秩序的直接影响。他探讨了美国如何通过输出民主，给世界政治带来混乱，分析了对美式民主的迷信如何使苏联—俄罗斯走向衰败，探究了政治道路、政治制度的不同选择和不同命运，并且讨论了如何摆脱对西方制度的迷信，开创中国道路和中国之治。王绍光对西方代议制民主的两个理论支柱“授权论”“问责论”暗含的六个假设进行了实证性研究，发现二者皆不能成立。通过对西方代议制民主理论支柱的厘清，揭示了其民主的真相：不是民主制，而是寡头制。林毅认为，要实现民主回归其多样性发展正规的目标，必须在深刻系统地反思“民主发展＝西方化”命题的基础上，将民主从其西方单一形态的束缚中解放出来。为此，沿着非西方化道路发展民主的国家需要从澄清对西方民主的误解、讲明非西方化的发展趋势、批判西方民主实践与总结“民主化”教训的角度，建构起针对西方民主失效问题的经验性反思维度；并在此基础上进一步发现西方民主理论内涵中的反民主矛盾，从检讨其在价值导向、议题设置和观点引导等方面所刻意造成的误导入手，建构起针对西方民主反对民主问题的理论性反思维度。景跃进则认为，既有的主流民主理论之所以无法对中国政治发展的实践给出令人满意的解释，是因为建立在西方现代化经验基础之上的政治学理论正面临着来自中国实践的挑战。为了解决这一问题，就需要超越“民主—威权”的二分法，将二分法转化为包容性的“三位一体”概念框架，将中国政治作为一种与西方民主相并列的亚类型来看待，并在正确处理普遍性与特殊性关系的基础上，重构真正具有普遍意义的民主理论。

4. 对世界政治体系理论的研究

强世功试图从帝国与文明的理论视角来理解中美竞争及全球化的未来。在他看来，冷战以来两种相互矛盾的主流理论——历史终结论与文明冲突论——之所以共同构成了美国所建构的世界帝国的意识形态基础，是因为存在着“世界历史的双向运动”。以“欲望社会”为代表的现代普世文明的崛起推动了古典文明的终结与世界帝国的形成，而世界帝国的形成始终伴随着文明冲突，即每一种文明试图争夺世界帝国主导权所引发的冲突。然而，文明冲突不仅是政治的，更是哲学的，即现代普世文明摧毁了古典文明的道德秩序，导致人类历史从区域性文明帝国的古典王道政治迈向世界帝国时代的霸道政治。这就意味着中国崛起必须要推动文明复兴，激活中国文明对全球秩序和人类文明未来的思考。姚中秋则着重讨论了列宁的帝国主义和民族、殖民地理论。他认为列宁实际上构建了一个现代世界政治体系理论。在这个体系内，殖民地、半殖民地反抗殖民主义、帝国主义，帝国主义之间也有激烈冲突；这些斗争、冲突推动该体系动态演进，到今天呈现为第三世界谋求自主发展与欧美发达资本主义国家垄断权之间的体系化斗争。既然动态演变的体系塑造了所有民族和国家的政治、意识形态、经济和社会的结构变迁，那么社会科学就应当超越方法论的国家本位主义，以世界体系作为基本方法。俞可平则认为，作为一种特殊的国家权力结构，帝国既不同于国家、民族、王国、联邦和民族国家，也不同于大国、霸权、殖民地和帝国主义，从某种意义上说，它是世界历史上一种特定的国际秩序体系。在全球化时代，人类需要一种全新的国际秩序结构，但不再是历史上盛极一时的帝国体系。尽管帝国主义还将存在，但帝国的时代已经一去不复返。

中外政治制度（比较政治、中国政治）

一、中国共产党及其制度体系研究

1. 关于党内法规制度体系的研究

党的十八大以来，党内法规制度体系建设取得了历史性成就，也是近年来中国共产党及其制度体系领域的研究热点之一。马宝成、成为杰从层级、领域、运行、形态四个维度着手，首先分析了“党内法规制度体系”与“党内法规体系”概念内涵、外延的异同，指出党内法规制度体系在经历了萌发初创、曲折探索、恢复发展、全面推进四阶段以来取得的基本经验：坚持以党章为根本，以民主集中制为核心；坚持依法治国与制度治党、依规治党统筹推进；坚持科学规范、系统完备的导向。他们还从指导思想和政治生态角度为党内法规制度体系的发展提出展望。同样以概念界定为起点，柴宝勇、陈若凡注意到研究频率更低的“党内法规制度”一词，着眼于制度视角，运用源于法律制度主义的后实证主义分析方法，引入本体论层面的制度事实概念，将“党内法规制度”定义为“体现党的统一意志、以党的纪律为保障的，用以调整作为制定主体的特定党组织和作用客体间关系，并由主客体共同付诸实施的，有关权力赋予和义务设定的规则”，并在此基础上对党内法规制度进行范畴划分。除概念探讨之外，相关研究还着眼于党内法规制度体系的各个组成部分，并进行了深入研究。例如，施新州聚焦于党内法规制度体系重要组成部分的党的组织法规制度，在厘清概念的基础上，他主要分析了党的组织法规制度建设的理论基础和目标及其构成，并指出了党的组织法规制度建设的三方面内在逻辑和五方面功能定位。庄德水则聚焦于党内法规制度体系中党的领导法规，在对 29 部代表性党的领导法规进行分析的基础上，讨论了党的领导法规的适用领域、制定主体、责任机制和运行机制等问题，指出当前党的领导法规建设在政治标准、制度覆盖面、制度规范化等方面存在的不足，并分别提出规范路径。除此之外，庄德水还关注到作为党内法规制度体系重要内容的党内法规监督规定，指出其价值定位在于作为内控机制、检查机制、保障机制和制度规定，并从制度设计和运行方式设计方面对党内法规监督进行分析，提出相关立法提升路径在于融入党内监督的体系化、实现党内责任的一致性和推动党内法规评估的常态化。郑娜娜关注到党内法规制度体系层级结构中的地方党内法规，在明确地方党内法规的理论前提、概念界定和基本特征的基础上，系统地分析了其内外部制度结构和结构性、规范性、治理性功能。

2. 关于党的领导制度体系的研究

党的十九届四中全会以来，学术界对“党的领导制度体系”这一重要概念产生了广泛关注，并取得了相应的研究成果。王前回顾了国内学术界对党的领导制度体系的研究，发现当前研究仍处于“破题”阶段，相关成果主要集中在党的领导制度体系的生成逻辑、丰富内容、内在逻辑、重要意义、完善路径等方面，仍存在研究内容不够深入、研究视野不够开阔、研究方法不够丰富的问题，未来需要在研究内容、研究视域和研究方法方面进一步完善。祝伟伟也对现有研究进行了回顾，但她主要对以“党的领导制度”为篇名的相关成果进行了梳理和分析，指出党的十九大以来关于党的领导制度研究主要内容包括概念内涵、内在逻辑、具体制度、与相关要素的重要关系、重大意义以及实践完善路径。新形势下，相关研究需要从深挖经典理论、拓宽研究视野、拔高研究视阈、细化具体内容和重视时代创新等方面进行扩展与转向。方涛从多重维度研究党的领导制度体系，指出其本质特征在于作为国家的根本领导制度的根本性、作为党的领导制度的集成的系统性、作为时代发展规律的反映的科学性和作为以人民为中心的价值立场的人民性。高春花从治理效能角度出发，认为党的领导制度体系能够强化人民立场的制度性安排，为中国之治奠定价值基础；强化党的领导方式制度化建设，为中国之治确立方向指引；提高党的自身建设制度化水平，为中国之治提供力量源泉。李正华将研究视野拓展到党的十八大以来，指出这一时期内以习近平同志为核心的党中央将党的领导制度体系建设置于根本制度建设地位、全面规划和周密部署党的领导制度体系建设、统筹推进和深入实施党的领导制度建设，使得党的领导制度的根本制度地位得以确立、党的全面领导制度体系得以形成、党的集中统一领导的结构体制得以强化发展、党的规范高效领导的运行机制得以创新优化。基于这些历史性成就，未来必须始终坚持以习近平新时代中国特色社会主义思想为指导、坚持和贯彻党的领导的政治原则、充分发挥党的领导制度体系对国家治理体系的统领作用，将坚持完善制度和遵守执行制度一体推进。

3. 关于党内监督体系的研究

学界对党内监督体系的研究包括党内监督体系的内部构成以及与国家监督体系的关系等角度。宋伟认为党内监督制度体系不仅是中国共产党制度体系的重要组成部分，更是其显性表征，它发挥着推动党的发展壮大、实现党的自我净化、提高党的执政能力和规范党员干部行为等重要作用。高刘阳认为习近平新时代中国特色社会主义思想的理论指导和监督实践探索的经验支撑共同塑造了党内监督体系，并使其制度化、科学化、规范化。当前党内监督制度理论创新和实践发展主要在于始终坚持正确的政治方向、明确制度与权力之间的关系、重视自律与他律相结合、制度设计坚持以责任为主线。未来党内监督制度建设需要从加强党内监督和外部监督的贯通融合、进一步理顺监督与被监督的关系、通过提升制度执行力捍卫制度权威等方面进一步优化。也有学者注意到作为党内监督战略性制度安排的巡视制度的特征优势，如刘诗林、蔡志强运用“统合”理论对巡视进行观察和研究，指出巡视制度具有高度权威性、鲜明政治性、相对独立性、机动灵活性和系统全面性五大特性。通过资源调度机制、信息集成机制、成果共用机制、协同契合机制四项机制的实施，巡视制度实现了“统合”功能。为了更好地发挥巡视的统合作用，可以采取完善法规制度明确巡视监督的地位和作用、深化巡视运行机制改革推进巡视工作高质量发展、坚持系统思维更好统合党和国家监督体系三项举措。在另一篇论文中，她还通过对政治巡视进行历史溯源，得出巡视制度是共产国际指导国际共产主义运动的重要途径、中国古代维护中央集权统治的重要方式、中国共产党百年历史进程中的重要制度安排的结论。吕瑶在概念溯源的基础上指出在党内监督制度安排下，党内巡视制度主要发挥了政治领导、政治监督和政治保障的功能，增强了党内监督制度实效。相关研究也会在党和国家监督体系框架下研究党内监督体系，如阳平认为当前党和国家监督体系的各监督主体之间缺乏顺畅高效的协调机制。为解决这一问题，必须健全以党内监督为主导、其他权力监督主体相互贯通协调的体制机制，以形成监督的合力。吕曼重点关注党和国家监督体系的完善，并从党的执政地位、全面从严治党以及党和国家监督体系的角度阐述了党内监督的重要意义。她立足于党内监督的政治监督基本属性，提出了深入推进新时代党内监督的关键方向，包括党内监督体系的内外部要素。

4. 关于全面从严治党体系的研究

党的十八大以来，全面从严治党制度体系取得了卓著的治理成效，党的二十大又对全面从严治党作出总体部署，引发学界热议。周家彬认为“全面从严治党体系”概念虽然初见于二十大报告，但它来自于对客观存在的全面从严治党体系生成与发展的总结，是对党的十八大以来全面从严治党的思想内涵和实践要求的理论概括。他还总结了习近平总书记对全面从严治党的主体构成、责任担当、任务布局、路径方法和制度规范方面的重要论述，指出全面从严治党体系的提出，有利于推动党的自我革命战略思想的发展、有利于推动马克思主义政党理论的发展，是深入推进新时代党的建设新的伟大工程的重要举措，将为新征程上党以自我革命引领社会革命提供重要助力。柳宝军基于国家治理现代化的研究视角，认为全面从严治党制度具有多方面的显著优势，主要包括集中统一、权威高效优势；自我革命、调适变革优势；联系群众、巩固执政优势。但如何构建将制度优势转化为治理效能的实践机制是关键，这需要从全面从严治党制度资源的整合优化机制、制度内核的价值彰显机制、制度运行的衔接协调机制、制度效能的集成提升机制和制度转化的能力保障机制五方面坚持完善。周新群从马克思主义执政党建设的角度考察全面从严治党制度，认为这是一项多维共振同向发力的强党工程，能增强党的政治领导力、思想引领力、组织凝聚力、队伍战斗力和精神感召力。冯颜利对于如何“坚持不懈把全面从严治党向纵深推进”进行了深入思考，并在充分理解其理论内涵的基础上，指出了其整体性、实效性和时代性的重要特征。此外，他还从历史价值、理论价值和实践价值三个方面对这一制度安排的时代价值进行了深入分析。张荣臣则从党的百年奋斗历程出发，强调坚持党要管党、全面从严治党是中国共产党的优良传统，他提出在深刻认识全面从严治党的内涵关键与实践成就的基础上，要不断推动全面从严治党向纵深发展。

二、人民代表大会制度研究

人民代表大会制度是保证人民当家作主的根本政治制度，是人民实现当家作主的重要途径和最高实现形式。党的十八大以来，在习近平总书记关于坚持和完善人民代表大会制度的重要思想指导下，我国坚持完善和发展人民代表大会制度，积极发挥人民代表大会制度的优势，在立法、监督和代表工作中取得了显著成效，也为发展和践行全过程人民民主提供了制度基础。2022 年，在京学者对人民代表大会制度的关注也主要集中于发挥制度优势及人民代表大会制度在发展全过程人民民主中的重要作用等方面。

王春英围绕人民代表大会制度确立的人民与人大、人大与政府的责任关系，探讨了人大在规范政府职能范围和权力行使、纠正政府失职失范行为等方面的重要作用，并指出，人民代表大会制度为构建责任政府提供了制度保障。王潇锐则指出人民代表大会制度对经济发展的保障作用，具体而言包括三方面：全国人大审查批准五年规划（计划），保障我国经济发展沿着既定目标和预期方向顺利进行；全国人大及其常委会行使立法职权，法治层面保障我国经济平稳健康依法有序运行；全国和地方各级人大及其常委会行使监督职权，保障经济发展各项工作合法合规、高质高效推进。万其刚关注进入新时代以来我国根本政治制度的创新发展，认为人民代表大会制度在理论、制度和实践层面都取得重大成就，呈现出了新气象、新风貌。程恩富等从“超越西方民主政治”的视角出发，借人民代表大会制度指出全过程人民民主是超越西方民主模式的真正民主。同时，他们也强调，要充分发挥人民代表大会制度作为实现我国全过程人民民主的重要制度载体作用，破除对西方制度、西方模式的盲目崇拜。韩旭则更进一步，从世界政治文明的高度看待人民代表大会制度，认为人民代表大会制度在发展全过程人民民主、坚持民主集中制原则、发挥非职业化人大代表等方面的作用，对于世界政治文明来说是有别于欧美国家政治制度的全新经验和特点，为广大发展中国家的国家建设和制度创新提供了新思路，也为解决世界政治文明面临的普遍问题提供了方案。

除此之外，也有学者关注了人民代表大会制度的认同问题。吴鲁平等基于 2011 年和 2021 年两次调查所获得的 4232 份问卷调查数据，刻画了大学生群体对人民代表大会制度认同的现状、影响因素及作用机制。数据显示，相较 2011 年，十年后大学生对人民代表大会制度呈现明显的积极变迁趋势，制度显著优势认同是影响大学生认同人民代表大会制度最显著的因素。

三、新型政党制度研究

1. 关于新型政党制度发展历程的研究

孔庚考察了新型政党制度的发展演变脉络，认为新中国成立初期是新型政党制度的初步探索时期，这一时期中国共产党从制度确立、党际关系、民主党派自身建设以及制度实施等方面展开了对新型政党制度的探索；改革开放时期是新型政党制度的复苏与发展时期，这一时期新型政党制度向科学化、程序化和规范化发展，相关理论深入发展、制度实施力度不断提高；党的十八大以来是新型政党制度的日臻完善期，理论和实践方面不断开拓创新，开启了新型政党制度的新发展阶段。张献生则基于对构成多党合作的基本要素和必要条件的科学界定，指出 1941 年中国民主同盟的成立应成为中国共产党与各民主党派多党合作的开端，同时也是我国新型政党制度的重要历史起点。蒋晶对中国新型政党制度的内生性演进历程进行了系统梳理，认为 1921—1945 年是制度的孕育成长期，“三三制”是这一时期最早的多党合作制度实践；1945—1949 年是制度的形成确立期，这一时期有了专门的多党合作协商机构；1949—1978 是制度的曲折发展期，这一时期的新型政党制度运行受政治路线影响较大；1978—2012年是制度的优化完善期，大量的相关法规制度文件是这一时期的主要特征；2012年至今是制度的全面强化期，理论建设和实践发展都不断丰富。同样是历史梳理，张峰则着眼于中国共产党统一战线工作的百年历史进程，总结出中国新型政党制度的五个发展阶段：孕育期，在反对国民党一党专制的过程中形成新式政党制度的构想；形成期，在成立新中国的过程中创造中国新型政党制度的组织载体中国人民政治协商会议；巩固期，在社会主义革命和建设时期形成多党合作基本方针；发展期，在改革开放新时期进行中国特色社会主义政党制度规范化建设；完善期，在中国特色社会主义新时代中国新型政党制度更加成熟更加定型。袁红基于历史政治学视野，从认识论、本体论和方法论三重维度考察了中国新型政党制度的生成逻辑，得出了文明基因、条件性和历史连续性三个方面，这三方面互相耦合，为从历史政治学新视野研究中国新型政党制度的生成逻辑提供了可能。

2. 关于新型政党制度的鲜明特征与独特优势研究

张博指出中国新型政党制度的鲜明特征和重要内容就是坚持中国共产党的领导，在这个过程中，中国共产党通过强化对重大工作的领导来巩固新型政党制度在治国理政全局中的重要地位，通过政治领导的方式坚持新型政党制度的方向与原则，通过上下贯通、执行有力的组织体系形成全党推进新型政党制度的工作合力，通过落实原则促进新型政党制度的重点领域和关键环节规范有序地运行，进而将新型政党制度的优势和效能转化为社会主义现代化国家建设的推动力量。李戈通过将中国共产党与西方“局部利益党”“票决政治党”相比较，分析中国共产党作为使命型政党的特有优势，并指出基于党的自我革命精神、全心全意为人民服务宗旨、伟大理想信念，中国政党制度现代化将会迎来多维度发展。李拓认为中国新型政党制度的独特优势主要体现在社会治理领域，具体表现为五大优势，分别为通过紧密团结的政党关系形成合作治理优势、通过科学民主的决策制定形成协商治理优势、通过广泛有力的凝聚共识形成民主治理优势、通过有效发挥的治理能力形成综合治理优势、通过和谐稳定的政治社会形成长久治理优势。杨彬彬从“党是最高政治领导力量”论断的内在逻辑出发，指出党领导的新型政党制度的突出特色是坚持一致性原则、秉承包容性价值、凝聚广泛性共识、形成融合性力量。张献生认为中国特色社会主义新型政党制度的鲜明特征必须从“中国特色”、“社会主义”和“新型”三方面来理解，从实践指引来看，“中国特色”要求不照搬别国，而是深入挖掘我国多党合作的制度效能；“社会主义”要求走中国特色社会主义政治发展道路和着力实现全过程人民民主；“新型”要求不断总结完善和探索创新，保持新型政党制度的旺盛活力。

3. 关于新型政党制度话语权构建的研究

柴宝勇和石春林回顾了关于新型政党制度话语建构的四种研究进路，指出增强现实话语权的唯一途径是建立与政治现实相一致的政治理论体系，并确保其在现实政治系统中的有效性。而要提升中国新型政党制度话语权的实际路径，则需要在增强政治效能的现实性、加强政治学研究的有效性以及重视基本价值观和概念的重塑这三个方面着力。叶子鹏指出要建构新型政党制度与全过程人民民主的认知逻辑和话语体系，需要从打破西方民主话语对中国民主话语的侵蚀和努力构建中国共产党的话语自觉两方面展开努力，即将“反思西方”与“立足本土”相结合。张文波则借鉴中国传统哲学概念，提出提升中国新型政党制度的话语权应从“察势”、“循道”和“重术”三方面努力，分别解决“为什么说”、“说什么”和“怎么说”的问题。邱永文从语言学的角度出发，强调了我国新型政党制度中建设话语权的重要性，并提出了遵循话语权生成规律的观点。他还结合网络时代的新变化和特点，提出了通过积极构建多元话语主体、准确应对不同话语客体、完善话语体系建设等手段，以科学、系统、稳步的方式推进话语权建设。

4. 关于新型政党制度的治理效能问题研究

陈家刚指出协商民主为新型政党制度的实践提供了多维度的拓展空间，在政治参与维度上，新型政党制度能够实现更有序的参与和更充分的表达；在科学决策维度上，新型政党制度能够实现更审慎的决策和更有效的施策；在社会治理维度上，新型政党制度能够实现更公平的协调和更包容的发展；在民主监督维度上，新型政党制度能够实现更建设性的批评和更合理的建议。从功能价值的角度来看，新型政党制度有助于解决政治极化、政治撕裂、政治动荡、政治懈怠和政治排斥等实践困境。王江燕基于我国新型政党制度在价值实现层面的掣肘因素，通过对制度实施相关主体的调研，搜集并分析不同层级主体对新型政党制度的认知认同、体制机制、民主监督、提升意愿等方面问题的看法，提出新型政党制度在基层的权威性不足、政策的顶层设计与基层实践脱节、基层党派成员成长需要与政党组织功能的不足是制度优势转化为治理效能的制约因素，为此必须从思想观念、体制机制和民主党派建设方面完善新型政党制度。冯玉丽在探讨新型政党制度在国家治理中的一般原理和典型实践时，从解构政党制度结构的逻辑关系出发，对政党与政权、政党与政党以及政党与社会之间的不同模式进行了深入剖析。基于这三种模式，她重点研究了新型政党制度在推进国家治理层面所具有的独特政治效能、党际效能和社会效能。

5. 关于新型政党制度与人民民主、人民政协的关联性研究

关于新型政党制度与人民民主的关系，李笑宇认为中国的人民民主的人民与国家、政府、政党关系结构体系是使其显著区别于西式民主的关键，在这一背景下，新型政党制度发挥着维护和谐共生的合作性政党关系的作用，并且致力于保障中国共产党的领导地位和执政地位。齐惠基于历史逻辑、现实基础和实践形式三重维度论证了新型政党制度的人民民主本质属性，并指出新型政党制度是实现人民民主的重要形式。张镭宝、王衡认为全过程人民民主与新型政党制度之间是相互依存、互为支撑的协同关系，全过程人民民主通过推动社会整合、维护社会稳定和促进利益表达，为新型政党制度奠定了共识基础、运行秩序和民意认同，它从宏观体系角度为新型政党制度的有效运转创造了良好的环境。而新型政党制度通过规范化的制度架构保障了人民当家作主的权利，拓展了全过程人民民主的制度主体、制度基础和制度效能，它从基本制度层面为全过程人民民主的实践提供了有力的发展动能。关于新型政党制度与人民政协的关系，周淑真基于从解放战争到新时代的历史逻辑，指出人民政协是新型政党制度的重要政治形式和组织形式，其作用的发挥对发展中国特色社会主义制度和创造人类文明新形态有重要意义。王怀超、张瑞也认为人民政协是坚持和完善新型政党制度的重要组织形式，因为其党的领导核心作用最为重要，多党合作和政治协商发挥的作用无可替代。同时，人民政协的组织构成和主要职能为新型政党制度的发展和完善提供了组织基础和制度保障。

四、民族区域自治制度研究

2022 年，在民族区域自治制度研究方面，学者们主要将其视作铸牢中华民族共同体意识的关键，从历史和现实的维度对二者的结合进行了分析，并将中国共产党作为切入民族区域自治制度研究的关键线索。首先，学者们基本都将民族区域制度置于历史特别是党史中进行考察，将民族区域制度的发展史融入党的历史中。陈建樾从建国最初十年这一相对较短的时间段考察民族区域自治制度在这一时期的指导原则与工作重点，具体梳理了民族区域自治制度建立之初的多种方案与具体的共识凝聚过程。刘玲将民族区域自治制度的发展置于百年的历史跨度下，从党的不同历史时期着手以理解民族区域自治制度在各阶段的发展沿革。其次，学者们关注党在民族区域自治制度当中的作用，强调党的组织、宗旨、政策在民族区域自治当中的积极作用。孙英、刘杰认为中国共产党的宗旨同铸牢中华民族共同体意识之间存在历史、政治和实践逻辑上的联系，并将民族区域自治制度的建立和发展视为其中的重要因素。第三，学者们结合党在新时代的精神，基于新时代的实践要求出发以分析民族区域自治制度。青觉从党的第三个历史决议出发，结合第五次中央民族工作会议精神，基于党在民族工作中的三“坚”考察民族区域自治制度的发展历程及未来展望。边巴拉姆及其合作者从总体国家安全观的视域考察西藏民族区域自治实践中的法治保障问题，在分析现有矛盾和短板的基础上强调要不断完善法治体系，加快形成完备的法律规范体系和党内法规体系、高效的法治实施体系、有力的法治保障体系。

五、基层民主自治制度研究

长期以来，基层民主自治制度一直都是我国政治学研究的重要内容。在我国，基层民主具有重要意义，而广泛且多样的基层民主自治制度实践始终是政治学研究的重要资源。围绕基层民主自治制度，学者们从理论和现实出发，从多角度探讨了基层民主自治的理论蕴涵、实践创新与未来发展的可能。

就基层民主自治制度而言，其发展必然同中国的实际相结合，而这首先体现为协商民主的发展。随着协商民主在基层民主自治领域不断发挥作用，学界也对协商民主投以了高度关注。赵秀玲总结了中国式基层协商民主的成功经验，在分析基层协商民主何以发挥积极作用的同时，也指出了协商民主

尚存在的如缺乏主动性等问题，并重点强调了协商不断下沉的意义。黄敏璇从历史制度主义出发，将中国基层协商民主的发展理解为渐进性调适的过程，并突出了变迁过程中强制性制度变迁与诱致性制度变迁相结合的特征。

对于基层民主自治而言，基层民主自治何以能、怎样能既是一个实践问题，也是一个理论问题，而对基层民主自治发挥作用的路径进行理论分析也是学者们关注的理论重点。王泽从国家基础性权力入手，以组织、技术和规则为分析框架，具体分析了中华人民共和国成立以来基层治理的演变，并重点强调了基层民主在当下的意义。白书宁、洪向华将基层民主自治置于技术变革的大背景下，指出技术变革在萌发新型基层治理结构、派生新型基层治理关系、衍生新型基层治理制度等方面能够发挥重要的积极作用。孙梦婷、王茜把握党建引领这一关键要素，基于“政党—政府—社会”的视角总结出基层党建引领社会组织参与基层共治的三种机制，即合法性机制、制度化合作网络建设机制和价值理性重塑机制。

作为全过程人民民主的重要体现，基层民主自治在我国拥有丰富的实践，为个案分析提供了充分的素材。陶周颖、王瑜关注党组织在基层民主自治中的作用，从主体嵌入与功能融入两个角度拓展了党组织引领基层协商治理的可行模式，并讨论了嵌入导向和功能定位对于党的领导的重要意义。常明等从灌溉系统多元合作入手，探讨了乡村公共事务多元合作治理的新路径，将其总结为“农村基层组织承担监督和兜底责任，并与乡村能人通过分工与激励机制，形成‘农村基层组织—乡村能人农户’的合作治理模式”的结构。

对民主的真实性的要求也进一步推动了基层民主自治的创新。伴随着基层民主自治创新的积极性不断提高，学者们不仅高度关注既有实践经验，而且积极总结和分析实践中涌现出的新经验。燕继荣、张志原总结了“接诉即办”的经验，以此出发具体讨论了社会治理重心下沉背景下社区如何在国家和居民间自处的问题，并将接诉即办理解为倒逼治理模式向社区居民诉求导向转型的重要抓手。宋洋以协同治理为分析框架，从协同动力、催化式领导、制度设计、协同过程和协同结果五个维度分析网格化基层治理展开的过程，并指出这种网格化模式具有相当的普遍意义。王印红、朱玉洁认为，在社区治理面临重重难题的情况下，应当将基层社会治理单元定位为小区，具体描述分析了以业主党支部委员会和业主委员会为核心的“新两委”治理模式，在强调其积极意义的同时也指出其仍存在“新两委”冲突等可能风险。

当前丰富的基层民主自治实践，为未来基层民主自治制度的发展提供了可供借鉴的经验；各类新技术的涌现，也为基层民主自治提供了新的工具。学者们围绕基层民主可能的未来发展，进行了多样化的讨论。在新技术赋能方面，学者们关注新技术对于基层治理革新的重要意义，并总结了可供参考的经验。姚清晨、黄璜关注大数据对基层民主的嵌入，结合既有实践案例总结出场景吸纳、空间刻画、技术执行与规则生产四类机制，提出了可能存在的问题并讨论了可能的应对策略。郝大海、胡颖基于数字化转型视角，分析了基层治理过程中数字赋能的潜力，并强调了增强数字韧性对于城市基层社区治理未来发展的重要意义。此外，学者们关注了基层民主自治实践中的深层机制运行，从机制变化的深层视角讨论基层民主自治实践可能的未来发展方向。杨宏山、李悟区分了政府学习的两种模式即问题应对型学习与现象溯因型学习，具体梳理了“接诉即办”到“未诉先办”的实践改革历程，并基于此强调增强现象溯因型学习对基层民主自治的发展具有重要意义。

六、社会主义重要政治制度研究

所谓重要制度，就是由根本制度和基本制度派生而来的、国家治理各领域各方面各环节的具体的主体性制度。它包括我国经济体制、政治体制、文化体制、社会体制、生态文明体制、法治体系、党的建设制度等。齐鹏飞总结了不同时期中国共产党关于统一问题的主张和经验，并重点论述了“一国两制”在当下和未来的意义。张静从巡视制度入手，总结了习近平关于巡视制度的论述及其内涵，并从党的巡视制度建设的战略意义、主要内容、主体框架、实践要求和提质路径等多个角度进行了讨论。黄种滨、孟天广建立了“灾难政治学”的分析框架，即国家能力、国家社会关系和政府质量的三角结构，并对灾难治理体系的未来进行了展望。钟开斌构建了“环境评估—战略规划—战略实施”的战略管理分析框架，对新中国成立以来我国发展和安全关系的演进过程展开刻画，在此基础上对国家安全制度的发展进行了讨论。庄德水在全过程人民民主视角下研究监察监督权的运行现状，总结了其政治性、人民性、全过程性的特征，指出其存在制度困境和制度困境，并从民主建构出发，为监察监督制度的未来发展提出了若干建议。王亚华、张鹏龙、胡羽珊考察社会保障制度如何影响农民集体行动，在统计分析的基础上指出了社会保障同样可能会给乡村治理带来集体行动能力不足的挑战，并建议应当采取多种途径增强乡村治理中的村民凝聚力。范围、苗钟元分析了中国工会制度下工会组织“维权”“维稳”双重身份的并存和冲突，具体讨论了实践中工会处理冲突的不同形式，并基于此提出了完善工会介入前的工会双重角色互动识别机制等建议。

七、西方政治制度研究

2022 年，学者们大多基于中西比较的立场，对西方政治制度进行了比较研究。

中国社会科学院政治学研究所所长张树华的专著《制度兴衰与道路成败：世界政治比较分析》出版，为中国政治学再添一部实证力作和前沿成果。在这本专著中，张树华探讨了美国如何输出民主、成为世界政治混乱的根源；苏联—俄罗斯如何因迷信美式民主而走向衰败；政治道路、政治制度的不同选择与不同命运以及走出美西方政治迷信的中国道路与中国之治。

在世界政治大动荡大变革的背景下，在京学者贡献了诸多具有反思性的成果。张一飞等人将“制度”作为评估英美等主流西方国家是否具有继续主导国际体系的能力和潜力的一项重要指标，并指出西方民主政治已然受到技术发展趋势排斥人力劳动、资本力量破坏社会规则等现实情况的冲击。柴尚金则聚焦新冠疫情下的中西方政治制度，考察了面对新冠疫情这一全球性危机之下西方政治制度暴露出的危机与中国政治制度所呈现出的优势。不同于西方将虚伪的“人权”与“自由”置于人的生命之上，中国坚持以人民为中心的社会主义价值本色，最大限度保护了人民生命安全和身体健康，并使我国经济发展和疫情防控保持全球领先地位。由此，柴尚金提出，社会主义价值观和人类命运共同体理念愈益成为引领人类社会发展进步的旗帜。相较之下，王瑶选择了相对微观的切口，考察了西方福利制度不同模式与改革经验，从而探究西方福利制度对中国可能的启示。研究依据社会支出和筹资来源、就业水平和就业结构等因素将西方国家福利制度划分为三种不同模式，并指出，尽管中国特色福利制度与西方福利制度存在着本质区别，但西方关于职业友好路线、弹性退休制度与多支柱社保体系等改革经验对中国社会福利制度建设仍然具有一定的启示作用。周楠从国际比较视野下探讨了拉美的民粹主义，周认为，近几十年来民粹主义在西方社会泛滥，应该从整个西方社会的视角去思考它们面对的这一共性问题，再进一步关注拉美民粹主义的某些特质，仅把民粹主义当作拉美专有“政治特色”来研究则有失全面。民粹主义内生于代议民主制，起源于政治建制的代表性危机。民粹主义在拉美兴盛，是这一地区政治建制包容性低、社会分化程度高、经济发展不稳定、民主制度脆弱等多种因素叠加的结果。此外，拉美民众乐于追随“克里斯玛”式的政治领袖，对公共体制缺乏信任，这种政治文化也给民粹主义的“一元”政治实践提供了社会基础。由于上述因素无法在短时间内消除，民粹主义仍将是拉美民主政治的“阴影”；就所有采用代议民主制的西方国家而言，只要政治建制的容量没有满足公众的参与需求，民粹主义就存在爆发的可能性。

国际关系、国际政治、外交学与国家安全学

一、国际关系研究

1. 全球治理研究：新格局、新力量和中国智慧

学者们普遍认为百年未有之大变局深刻影响了全球治理格局的变化，乌克兰危机、新冠疫情和全球经济和政治不确定性增强叠加使全球化发展乏力，复边主义抬头，旧的全球治理秩序效果薄弱，全球治理亟待新机制、新力量的注入。在此背景下，任琳认为全球治理格局呈现新变化：全球化的发展速度和发展质量面临弱化，全球经济整体正在滑入新一轮滞胀；全球化的安全基础面临异化，传统安全的影响再次上升；全球化的支撑载体面临分化，全球产业链供应链的断裂状态可能不断强化。部分国家在地缘博弈思维指导下的破坏行为，阻滞了多边改革，导致治理体系的碎片化，也加剧了全球治理

在遭遇突发事件时的脆弱性。这种变化一方面在于国际格局的客观发展，但是也不能忽视霸权国的主观塑造。在霸权国的议题安全化措施下，全球治理迎来新一轮的复边主义浪潮，排他联盟扩容，全球治理秩序面临碎片化、排他性和冲突性危机。卢静更多强调新冠疫情常态化引发的新困境：责任缺位导致全球公共产品供给匮乏，信任赤字阻碍国际协调与合作，共识危机动摇全球治理的观念基础，制度弱化降低全球治理体系的效能。除现实分析外，学者还在抽象的学理层面探讨了全球治理格局变化的原因。孙振民通过对欧盟和巴西在全球贸易之力中的案例分析，验证了提出的集团内追随、集团内领导、跨集团追随、跨集团领导四种基于权威的全球治理议题影响能力。任琳从霸权国联盟扩容政策的角度出发，用博弈论推演模型发现霸权国的联盟扩容行为是以霸权护持为目标的，并未考虑满足系统内国家应对全球性问题的诉求，反而减少成员的功能性收益，对全球治理秩序产生负面影响。

在如此严峻的挑战下，学术界对全球治理的已有经验、待解问题和未来方向等进行了深入研究，以求为摆脱现在的困境提供解决方案。吴志成通过梳理东盟参与全球治理的动因、实践表现和特征，发现东盟通过维持大国对冲战略、维护多边主义、加强多边合作、深化东盟一体化建设等具体措施，逐渐实现从全球治理跟随者向自觉推动者的转变。徐秀军发现在长期合作实践中，金砖国家将利益驱动、制度架构和行动导向融为一体，打造了全球治理的金砖模式，提出全球治理要坚持问题导向、政策导向和行动导向三位一体。运用现实建构主义“权力政治的社会建构”概念中权力的四种模式分析法对中俄参与叙利亚危机治理中的权力施加，刘莹总结了中俄两国不同的全球危机治理模式。有关我国进一步参与全球治理，刘铁娃采用文明政治的视角，分析联合国教科文组织文明间对话案例，提出我们要坚持倡导文明交流互鉴的“新文明观”、真正多边主义的全球治理观以及人类命运共同体的终极价值追求以缓解现有压力。徐秀丽在全球公共品体系去中心化转型的趋势下，提出中国务实的全球公共品体系与原有的全球公共品体系在理念、实践和机制化三个层面存在一定张力，需要解决理念、实践方案及机制设置等层面的挑战。唐丽霞认为中国通过援助参与全球治理的模式更要注重从制度建设、资金筹集、可持续性提升、受援国能动性发挥、国际话语权提升等方面做更充分准备。在全球治理的未来发展方面，学者们普遍认为价值观是全球治理的核心问题，中国方案是全球治理的强劲动力。赵可金认为全人类共同价值超越了中西方传统世界观，为全球治理改革指明了前进方向。夏文斌认为基于中华传统优秀文化的价值功能，我国能探寻全球治理改革与建设的新路径，为全球治理体系和治理能力现代化提供中国智慧。赵洋认为人类命运共同体理念是中国对国际关系理论的重要贡献和创新，它为人们提供了一种全新的理解世界政治的思路，并且可以成为一种由世界各国所共享的发展理念和模式。王义桅分析了习近平外交思想的全球治理观，认为其对于推动全球共同发展具有重要意义。刘贞晔论述了习近平全球治理观的理论体系和价值。在我国的具体方案和倡议方面，王志民研究了全球发展倡议，论述了其价值、经济和政治功能。赵可金论述了全球安全倡议的理念创新、规范创新和治理创新。刘卿讨论了全球安全倡议的理论价值与实践路径，将其视作对西方安全理论的超越，是构建普遍安全的人类命运共同体提供行动指南。

在具体的治理领域，气候治理、人工智能治理、海洋治理、生物安全治理、经济治理等议题得到学术界关注。全球碳中和大背景下，学者们对全球气候治理开展了广泛研究。张海滨系统地思考了全球气候治理的得失、气候治理作为全球治理的标本、气候俱乐部的作用、气候治理安全化和俄乌冲突下的气候治理等问题，并认为在历史进程中，全球气候治理呈现出竞争加剧和过分竞争的新形势，未来的全球气候治理将在合作与竞争并存的基调下向前推进。汪万发研究了城市作为行为体参与全球气候治理的机遇和困境。翟大宇从中美双边气候关系出发，建立了互动轨道和关系状态双因素的分析框架，研究不同状态下中美双边气候互动与该公约进程的相互影响。郇庆治研究了习近平生态文明思想并论述了其对全球环境治理在话语与制度构建的突出贡献。人工智能作为新兴治理对象开始受到关注。朱荣生回顾了人工智能全球安全治理实践，发现当前面临大国权力竞争、发展与安全平衡矛盾、规则制度不容通等挑战。认为我国要在理念和物质两方面引领全球人工智能治理。在可持续发展视域下，周慎在人工智能系统三层架构及可持续发展5P维度中建构可持续的人工智能发展矩阵，并在此基础上梳理治理目标、治理客体、治理主体、治理手段等，探索性地提出人工智能可持续发展全球治理范式。在其他治理领域中，卢静讨论了全球海洋战略形势变革下的海洋治理变革需求和挑战，以及构建海洋命运共同体的路径。徐秀军讨论了数字经济背景下的信息交换、风险防范、危机应对和政策效能评估等方面的变革引发的全球治理变革，提出中国要发展数字经济，提升全球数字经济治理制度性话语权。

2. 国际组织研究：制度复杂化、排他化和武器化

2022 年，受霸权国权力逻辑驱动和大国博弈直接或间接影响，如联合国安理会、WTO、G20 等国际组织和多边平台产生了诸多震荡效应。G7 和北约等组织不断强化排他性和安全考量，部分关键多边平台打破中立态度成为美西方制裁俄罗斯的“武器”。与此同时，美在多个领域诉诸联盟扩容政策，新建多个区域主义组织，使国际制度愈发复杂。总体来说，国际组织和国际制度呈现出令人担忧的复杂化、排他化和武器化趋势。在这一背景下，学者们对全球性国际组织和区域性国际组织以及新型合作机制的变迁开展深入研究，取得了一系列成果。

在全球性国际组织研究方面，宗华伟在自我与他者视角下审视了中国在联合国机构的国际角色，发现自我认知与他者评价之间还有差异。刘莲莲研究了美国与联合国教科文组织及其前身互动的失败案例，发现其失败原因在于组织设计取向为服务于其冷战初期的意识形态斗争，违背了国际组织的运行规律。徐秀军采用国际议程设置的分析视角，认为政治议题嵌入和经济议题外溢，使得世界贸易组织改革的议题选择和议题界定均朝着政治化方向发展，议程设置的工具化和武器化倾向日益凸显。汪万发研究了联合国环境大会的起源与发展进程，重点聚焦第五届联合国环境大会的治理进展和发展趋向。赵洋研究了世界卫生组织在全球卫生治理中的效用，具体讨论了其发挥规范倡导和危机应对两种功能时的效果和局限。全球性国际组织中，我国长期以来有职员数量和国家需求不匹配的矛盾，如何为国际组织输送人才也是研究重心。桂天晗通过对联合国人事数据和工作人员访谈的实证分析阐释了现阶段中国工作人员在联合国中的现状，并且探讨了从国家层面应该如何改进目前状况。覃云云系统梳理了我国 2006—2020 年关于“国际组织人才培养与输送”的主要研究成果，总结了国际组织人才培养与输送在国别研究中的主要特点。莫菲在经验研究的基础上提出气候谈判国际组织人才培养体系建设的初步思路。赵源研究了荷兰、意大利、德国、法国、日本、韩国六国促进 JPO 项目发展的过程，研究了国家层面对人才推送的助力。此外，赵源通过收集 149 名来自不同领域的国际组织“一把手”的履历信息，分析这些领导人晋升的影响因素，以此探究国际组织内部的晋升规律，开辟了国际组织人力研究的新方向。

在区域性国际组织方面，受乌克兰危机影响，学界研究对欧盟和北约变化关注度极高。在对欧盟整体研究中，欧盟的安全战略、对外战略以及整体政策得到关注。张健系统回顾欧盟“国家安全战略”，强调 2022 版战略表现欧盟将加快军事化进程，全力遏制俄罗斯，更加关注周边安全，对华政策摇摆性也将有所增大。卓华认为欧盟框架下的安全与防务议程正朝着实质性的战略自主方向显著推进，同北约、美国的竞争与合作并行。欧盟对外战略在近年调整较多。金玲认为欧盟对外战略表现出显著的地缘战略转向，其长期坚持和推动的全球化立场正日益被选择性全球化所取代，价值观被纳入地缘战略框架并完成全域链接。“全球门户”战略方面，陈超在绿色与数字化双转型背景下对战略进行分析，得出战略实施的负面因素和长期影响。史志钦认为“全球门户”战略既是欧盟的一项地缘经济工具，也是欧盟的一项地缘政治工具，对中国挑战与机遇并存。在欧盟印太战略研究中，房乐宪认为欧盟试图从深化经济联系、应对共同挑战、扩大安全与防务接触三个主要维度对欧盟与印太伙伴的合作进行部署，战略中价值观和务实并存。丁纯认为欧盟亚洲战略经历了从经济利益—政治安全—大国竞争的逻辑转变。当前欧盟的“印太战略”继承了亚洲战略对大国竞争的强调，在谋求战略自主的同时展现出配合美国战略的特征，但战略实施效力受制于内部分歧。在欧盟的政策研究中，刘作奎认为欧盟互联互通政策出现显著的泛安全化趋势，即互联互通产品内容扩大化、强化对互联互通产品投资的安全审查、突出意识形态和价值观划线、同中国争夺话语权等。鞠维伟在嵌入式关系视角下分析了中欧互联互通，论述了中欧互联互通的“嵌入式”关系所在的基础具有历史必然和欧洲因素。卓华认为基于技术地缘政治的权力和竞争逻辑，欧盟的科技政策从“开放世界”转向“开放性战略自主”并分析了其认

知、政策设计、具体实践和底层逻辑。房乐宪分析了欧盟出台的新北极政策，发现其较以往政策将北极事务纳入欧盟对外政策主流，更加关注地缘安全，同时试图塑造更高标准的规范。江思羽发现欧盟旨在通过引领理念、技术和规则成为全球低碳领导者，能源转型与气候行动是其实现经济复苏的重要抓手，并给出中欧气候领域合作的具体建议。汪万发亦对我国如何对接《欧洲绿色新政》，深化中欧绿色合作伙伴关系提出自己的建议。田慧芳重点分析了中欧气候合作的潜力和面临的挑战。在关于欧洲内部研究中，张健认为欧盟在一体化发展方向、经济发展理念及战略文化等方面均出现了明显的法国化趋向，表现为财政更多有再分配性质、工业政策及保护主义以及“欧洲主权”“战略自主”的地缘政治诉求。鞠豪发现俄乌冲突后欧盟政治在对外表现出前所未有的一致性，安全和地域政治色彩浓厚；内部领导力量与反对力量也随之发生了微妙的变化。在欧洲发展视角下，张健认为乌克兰危机显著改变欧盟的经济发展和运行逻辑，给欧盟带来比此前债务危机等更为严重的长期性影响；打断了欧盟战略自主进程，使其前景更加黯淡；给一体化带来新动能，同时强化了欧盟内部阻碍一体化的负面因素。

北约近年来进一步扩大自身势力范围和成员数量，这一变化趋势成为学者研究的重点。在北约的势力范围扩大主要表现为东扩和亚太化。韩克敌梳理了北约五轮东扩历史，发现俄罗斯对北约东扩的态度经历了从警惕到希望加入北约再到强烈反对的变化。吴文成认为乌克兰危机中，北约不断东扩以及俄罗斯对其态度的趋势性变化是重要解释因素，其中俄罗斯的“战略觉醒”发挥了关键性作用，2022年的新一轮危机则是俄罗斯与北约关系演进过程中的重大转折点。魏冰从威胁认知和安全供给两个变量出发解释北约扩张的逻辑，认为北约创建与维持的动力来源于成员国面临的安全威胁与联盟安全供给能力之间的匹配。北约亚太化是“全球北约”的新发展。金玲分析了“全球北约”转向亚太的原因及背后矛盾，得出其针对中国意图明显但面对内部和外部双重困境。孙茹认为这一转向代表欧洲盟友在对华政策上向美靠拢，与亚太盟友加强安全合作，增强了联动性。有助于美维护亚太地区秩序和国际秩序，对中国的国际与地区影响力形成制约作用，但面临多重困境。在北约扩员相关的研究中，肖洋分析了芬兰、瑞典加入北约的动因和其对北极地缘战略格局的影响，认为在俄乌冲突下，北欧中立国加入北约阵营增大了俄核心经济区地缘安全风险，完成了北极的北约化。在北约的其他战略方面，许海云回顾了北约集体防御的历史，对北约冷战后的方针变化和未来转型作出集体防御方针将会异化，集体安全理念将进一步放大的研判。孙成昊对北约人工智能的战略、动因和挑战进行研究，得出其有两大意图，三大动因和四方面的挑战。在对领导国权威和地位如何持续存在的问题关注下，邢悦以美国和北约互动为案例，提出与霸权相对应的、以领导为核心的理论框架，并以此展开领导国如何维护其领导地位的研究，强调关系性权利在生成领导——追随关系中的重要作用，并分析了关系性权利的生成和维护机制。

在其他区域性国际组织研究中，东盟和金砖国家得到部分关注。杨保筠以历史的眼光，回顾了东盟对外关系政策如何形成以及发展目标和当下面临的形势，认为其在主导东亚区域合作方面都取得了举世瞩目的成就。查雯聚焦东盟国家对不干预原则的选择性应用的理论解释，将族群问题引入解释之中，提出国内的族群政治竞争驱动东盟成员国干预其他成员国的族群冲突。翟崑认为中国与东盟能够不断克服地区合作的知行矛盾，进而带动优化东亚地区秩序，以此框架回答了为什么中国—东盟合作能够持续不断地优化东亚地区秩序这一有关周边战略和地区合作的重要问题。金砖国家有关研究中，贺文萍值金砖“中国年”契机，分析金砖合作机制在当下的发展机遇和未来的潜在挑战。沈陈对俄罗斯参与金砖国家合作的多项议程侧重和排序进行研究，将对冲策略和功能合作整合为统一框架，追踪了俄罗斯重要对外策略的变化，得出俄罗斯参与金砖国家合作的重点有转向经济对冲和功能合作变化的趋势。周志伟采用建构主义国际关系理论中关于国家身份构建、国际机制功能等学理逻辑，通过自我认知及国际社会两个视角对巴西的身份进行解释，进而分析其参与金砖国家合作机制的核心动机。在其他区域性国际组织研究中，李孝天对分析了阿富汗在塔利班掌权后与上合组织的关系和前景，认为关系中确定性与不确定性并存，但未来走向还不明朗。王跃生通过对《区域全面经济伙伴关系协定》（RCEP）实施的积极效应分析，得出RCEP为双循环新发展格局构建赋能的路径。在新近国际组织研究方面，美国打压中国而建立的美日印澳四边机制

（QUAD）、奥库斯安全同盟（AUKUS）和印太经济框架（IPEF）得到学界关注。许利平分析了印太经济框架的内容，认为其是拜登政府重整美国在东亚地区的“经济领导力”的尝试，目的是形成“应对21世纪挑战的经济安排”。王金波回顾印太经济框架的前身今世，系统介绍了其内涵、特征和我国可采取的应对策略。凌胜利重点关注日韩对印太经济框架的行为表现，认为日韩皆参与了“印太经济框架”的创设并有积极的认知与回应，但日本在全力支持“印太经济框架”的同时显示了更多担忧，而韩国则在积极加入“印太经济框架”的同时又在一定程度上寻求保持独立性。

此外，学者们亦对非具体的国际组织本体进行了理论研究。宗华伟采用后结构主义身份认同的视角，解释了专业性国际组织政治化的动力由何而来，补充了国际组织的本体论研究。郑海振以世界卫生组织为样本，采用反思型权威概念，探讨了财政危机对组织权威的认知基础、权威价值和弱指令的冲击，并得出构建反思型权威的基本路径。凌胜利基于中美日对地区开发银行的主导程度差异，探讨了大国权力在地区开发银行不同阶段的影响。罗杭以投票权力理论为基础，从单个组织内（各成员个体）的权力测算层次推进到跨组织间（即组织整体）的比较评价层次，构建了包含权力分配的公平、平等、均衡以及组织决策效率的四项评价指标体系。精确计算并比较了世界银行和亚投行的权力分配，发现亚投行在权力分配的公平性、均衡性和平等性上全面占优。

3. 全球政治社会发展研究：风险与全球化的十字路口

在剧变的国际形势中，世界各国的政治与社会发展在短期内的调整和发展趋势将出现较强的共性，北京社科界因此对全球政治社会新变化展开总的研究和观察。具体来看，研究集中在全球政治社会思潮、全球风险两大议题。

随着自由主义影响力的日益下降，全球政治社会思潮中的逆全球化、民粹主义、民族主义等不断扩张，不同思潮之间的对抗也持续升级。首先，在逆全球化现象大量出现的背景下，学者对全球化和自由主义国际秩序进行了研究与反思。王栋对后疫情时期全球化发展特征及趋势作出了研判，认为后疫情时期，全球化发展挑战严峻、困难重重，但是全球化的主要趋势不会改变。以中国为代表的新兴经济体国家将提供全球化的主要动力。王栋还对近年来西方学界对全球化的研究进行了评述，发现西方学者普遍承认，新冠肺炎疫情给全球化带来了强烈且持久的冲击。西方国家的内顾政策致使新自由主义全球化陷入困境。疫情放大了全球化的负面影响，而俄乌冲突也给全球化发展增加了更多的不确定性。但部分西方学者依然认为，后疫情时代全球化的前进方向不会改变，而且数字化、区域化等特征更加明显。他们还认为，美国等西方国家不应该放弃全球化，而是应重塑与再造全球化，引领再全球化的发展。在数据跨境流动的大幅增长的大背景下，王栋研究了数字化全球化的特点与中美在其中的战略竞争。认为中美战略竞争将聚焦科技领域，主要围绕数字要素、数字理念与数字治理三方面展开。耿协峰对全球化进程中的逆地区化现象进行了分析和概括，将逆地区化现象概括为：以“全球化”为借口的逆地区化、以“地区化”为借口的逆地区化和以“狭隘民族主义”为驱动的逆地区化三种类型。在对自由主义国际秩序反思后，蔡拓认为与自由主义国际秩序基于现代性规划所形成的强势决定论不同，以联合国为核心的国际秩序拥有明显的世界主义倾向。在全球化迅速发展、全球问题愈发严峻的今天，国家主义的思维模式注定无法获得广泛认同，以世界主义为指导，将人类视作相互依存的整体，进行平等的对话、协商与合作才是摆脱诸多困境的关键。其次，民粹主义继续在多国内盛行的现状引发了北京社科界对民粹主义的比较与区域研究，其中得到最多关注的是拉美的民粹主义。林红回顾了拉美民粹主义与新自由主义的较量史，认为拉美发展出新民粹主义与激进左翼民粹主义两种针锋相对的形态，将对拉美发展造成重重挑战。进一步，林红还分析了作为国家发展模式的“执政的民粹主义”，认为其是以经济增长和收入再分配为目标的宏观经济政策，也是以魅力领袖、宪政公投和多阶级联盟为特征的威权主义政治，其历史必然性由等级秩序观的文化传承和国家主义的制度惯性所形塑。周楠采从整个西方社会的视角去思考民粹主义问题，采用国际比较的视野，得出拉美地区与欧美地区的民粹主义思潮具有共同本质和相近的内在规律，但民粹主义在拉美又形成了鲜明的区域性特征的结论。张建立剖析了21世纪以来日本民粹主义的特点，认为21世纪日本民粹主义表现平和，罕见激进行为。在国政层面，民粹主义作为各种政治势力迎合大众的政治工具大行其道；在地方自治体层面，右翼民粹主义联动态势加强，总体上21世纪日本民粹主义的排外性有所加强。王程分析了台湾特色的“民粹式民主”的生成过程，认为其是民粹主义在台湾地区与民主政治相结合形成的一种特殊的民粹主义形式，造成台湾政治风险持续恶化。游楠对希腊民粹主义政党的历史和发展展开研究，基于“需求—供给”框架剖析影响希腊民粹主义政党兴衰的因素，对其未来发展进行预测，认为希腊民粹主义可能会出现某种周期性，会持续影响希腊民主，且左翼民粹势力影响更持久，当前希腊国内外面临诸多挑战也可能会引发希腊民粹主义势力的反攻。刘辰分析了民粹主义在阿拉伯国家产生根源与演变逻辑，发现在当前的地区变局下，民粹主义再度与民族主义、威权主义、伊斯兰主义深度融合，成为加剧阿拉伯国家内部官民对立、社会分裂和政治暴力的潜在要素。刘颜俊聚焦美国民粹主义中的反智主义，对反智主义的内涵、表现、成因及其影响进行了梳理和分析。此外，民族主义思想在多个国家与领域继续活跃，并与国家主义、保护主义或左翼思想等进行融合，成为各国民众理解对外关系的重要意识形态基础，学术界对民族和民族主义的关注如下：张永蓬研究了尼日利亚民族国家构建进程，发现比夫拉分离主义长期存在，并以战争或运动的形式体现出来，是民族国家构建的重大问题或挑战。该主义影响下的比拉夫战争是伊博族和许多东南部少数民族沉重的历史记忆和分离主义产生的根源。周少青回顾了土耳其国家认同产生的历史过程，认为在全球宗教民族主义兴起的背景下，长期遭到压制的伊斯兰文化传统开始卷土重来，未来有陷入“无所适从的国家”困境的风险。陈玉瑶以国际比较视野探讨了增进“国家民族”认同的法国经验，系统分析阐释了法国的民族问题、民族政策与成效及其对我国的启示。李睿恒认为具有独立倾向的库尔德民族主义已经成为当前伊拉克库尔德社会内部显著的政治思潮，采用历史的眼光在国家建构的框架下分析了库尔德民族主义的变化。许娟探讨了穆斯林民族主义在印度被极度边缘化的原因，从话语权与身份构建的关系方面建立“失语者—身份构建”模型，得出印度教徒的话语掩盖了印度穆斯林的内在自我，使得印度穆斯林整体身份叙事较为负面的结论。吴晓黎通过聚焦印度反改宗政治，对印度教民族主义的目标“印度教国家”进行探析，认为印度教国家”还处在建设过程之中，联邦制和印度的地区文化—政治多样性，对“印度教国家”的扩展尚起着防御和制约作用。郑立菲发现韩国趋向极端的民族主义背后，离不开其官方与民众对“单一民族”观念的固守与认同，并系统回顾了韩国“单一民族”建构的历史和事实。庞金友研究了美国保守主义在特朗普治期同民粹主义和民族主义冶于一炉的现实，认为其不仅加剧了政治极化态势，更将民主政治推向重重困境，为后特朗普时代保守主义的发展留下了重大隐患。在民族主义新形态研究中，美国为首的西方国家诞生的技术民族主义思想和以拉美国家为代表的资源民族主义得到越来越多的支持。文洋论述了技术民族主义的表现、影响和我国的应对措施。认为新一轮技术民族主义在美国强势回潮，带有霸权主义属性、意识形态色彩与“民粹化”特征，将对科技发展造成影响。吕文生通过梳理矿山资源国有化的案例进程，分析了3座矿山不同的资源国有化背景及起因，展现了资源民族主义现象的复杂性，并从资本的角度揭示了资源民族主义的实质。

乌克兰危机、新冠疫情使得全球经济和政治不确定性走强，并一同构成了新的全球政治社会危机。周立认为当前处于世界风险社会与全球治理危机的背景下，表现为新冠肺炎疫情加剧了全球脱钩趋势，似乎在埋葬全球化，各国“有组织地不负责任”。徐奇渊认为后疫情时代，滞胀和债务危机风险并存，成为全球经济的重要挑战。朱民、李长泰和潘柳认为乌克兰危机爆发，将全球高通胀水平推向更高，全球经济走向“滞胀”的趋势已经出现，并预计世界经济将发生趋势性的转变，由疫情后“三高一低”转变成“新三高一低”。乌克兰危机直接引发的粮食危机和能源危机也得到学者关注。韩冬研究了俄乌冲突对全球粮食市场的影响，认为俄乌冲突对全球粮食价格、供求和种植等方面均造成了严重的负面影响，也暴露出中国油料作物、饲料作物在进口环节所面临的潜在风险。魏蔚认为乌克兰危机升级主要从供给侧影响全球粮食市场，导致粮食供应短缺加剧、价格快速上涨，甚至可能在非洲国家引发大规模人道主义危机。赵玉菡构建了“乌克兰危机—全球农产品市场—全球粮食安全”分析框架，系统分析乌克兰危机对全球农产品市场的直接和间接影响，以及其连锁效应对全球粮食安全的潜在影响。李董林聚焦中东和非洲的粮食安全问题，发现本轮粮食安全危机加剧了区域内的农业资源毁灭性开发，同时由点到面扩散产生连锁反应，并导致外部势力加速向中东和非洲渗透，严重冲击了中东和非洲的社会稳定和可持续发展。郝宇认为乌克兰危机下，全球极端天气频发将叠加能源供需失衡，困扰欧洲的能源问题愈演愈烈。区域和国别风险研究中，陈星认为台湾社会中结构性的社会问题正在逐步浮出水面，其中又以少子化、能源危机、教育崩坏和贫富分化等结构性社会问题最为典型，将为台湾民粹主义提供土壤。朱锐认为资本主义的制度性缺陷在西班牙加速显现，该国在就业、贫困、人口和不平等等方面所呈现的问题也是欧洲各国面临的普遍性挑战。王国刚对美国失业率、经济增长、物价指数、国际收支情况和金融发展等方面的数据进行了全面梳理和系统分析，认为美国在未来两年爆发金融危机的可能性不大，但需要高度关注其债务问题及其可能带来的外溢效应。王伟研究了日本的社会变迁及其对中日关系的可能影响，他认为日本社会正处于旧的体系已经发生改变、新的体系尚待建设和完善的转型时期，这个过程会对日本的社会心理带来冲击，中日关系也会因此受到影响。

二、国际政治研究

2022 年，世界各国政治形势纷繁复杂，变化多样。大变局背景下，各国积极调整自己的内政和外交政策。同时 2022 年是重要的“大选年”，巴西、韩国、菲律宾、澳大利亚、法国等都迎来大选，美国迎来中期选举，而这也势必对这些国家的内政和外交产生重大影响。在政治极化的行为和价值取向作用下，各国政治对国际政治和世界经济产生深远影响，将进一步推动国际关系中各种力量的改组和分化。

1. 美国政治与外交研究：政治极化、战略调整与大国博弈

首先，学者们对美国的政治极化现象进行了大量研究。周琪考察了精英层面的政治极化，主要集中在政党以及国会立法上，发现美国国内的政治极化日益加剧，导致在所有重大议题的立法上，国会中的投票都以党派划界，将对美国民主制造成重大灾难。王格非从美国“冲击国会大厦”这一政治冲突事件出发，认为美国政治极化现象的直接原因就是政治冲突的“变质”，即良性政治冲突转变为恶性政治冲突，不同群体间敌对程度的加剧和对话空间的消失是主要原因。周淑真认为美国的政党政治已经从“论争式民主”转变为“敌对式民主”，政党极化、否决政治和民主衰败是美国政党政治演变层层递进的三部曲。姬虹考察了政治极化对美国种族问题的相互影响关系，发现美国的政治极化重塑了种族关系，种族冲突进一步加剧了党派斗争，加深了政治极化。庞金友从价值观角度出发论述政治极化的成因，认为冲突来源于物质主义者的“文化反冲”狂潮席卷而来，其矛头直指政府；后物质主义者的民粹情绪被激发，无节制的民主价值追求使其走向反精英和反体制。牛新春研究了政治极化与美国对华政策的关系，认为美国政治处于“极端极化”，政治极化增加了美对华政策的转型风险、极端倾向和不确定性。也有学者对美国政治极化持不同态度。任剑涛认为美国今天的政治极化，是现代国家运行的政治周期性表现，而不是美国政治的终结性标志。赵可金认为，美国政治的发展趋势是走向保守化而非极化，大多数美国人已经在不同程度上是不同派别的保守主义信徒。关于美国中期选举的研究中，谢韬认为其表现出美国政治的两大趋势，其一是两党在众议院的席位差距日趋缩小，造成两党不安全感和党派极化；其二是总统选举和国会选举的获胜者分属不同政党的分裂选区日渐减少，代表选民的政党认同强烈。刁大明认为此次选举后形成了“分立政府”，将对拜登政府内外政策形成较大影响。国内政策议程受阻时，拜登政府可能更加急于寻求在对外事务上展现领导力。在对华政策上，两党共同参与极可能导致当前分歧的复杂化。

其次，在美国外交和同盟研究方面，左希迎对美国外交政策危机进行研究，发现美国外交政策出现了危机，表现为外交决策功能失调和越发欠缺解决问题的能力，美国主导下全球范围的自由国际秩序面临瓦解之势，其根源在于美国国内的社会治理存在问题。张帆研究了乌克兰危机期间拜登政府对情报的披露内容和机制，认为其最终服务于美国的对俄混合战争的战略意图，为制裁和外交孤立的有效实施创造条件。达巍分析了中期选举后美国外交的持续，认为此次中期选举之后，美国政府的国际形象将得到持续改善，美国将在对中国、俄罗斯等国的重大战略上保持强硬，两党在与美国国内政治关系密切的外交议题上的党争与恶斗也将持续。张宏明聚焦拜登政府对非政策，认为拜登政府对非工作是沿着重点合作领域和重点合作国家两条路径展开的，但在政策落地过程中则偏重于满足美国自身

的利益需求，因此国别政策更能体现美国对非关系的本质内涵和战略意图。李莉分析了美国“印太战略”的经济外交取向，认为美国正围绕贸易、基建、供应链和标准四个方面在印太地区推进数字经济外交。赵菩研究了“印太战略”的新发展，认为拜登政府上台之后，美国在三方面加强了这一战略：在“印太”地区全面回归区域多边主义、为“印太”框架注入经济合作动能、积极打造美国在“印太”地区的战略支点国家。樊吉社认为美国的亚太安全战略完全转型为印太战略。翟福生聚焦美韩同盟，认为美韩同盟的新调整有从地区同盟向全球同盟转型和围遏中国的潜在意涵，将对朝鲜半岛局势、东北亚区域秩序和中韩关系造成冲击。李卓聚焦美菲、美泰同盟，通过对两个同盟的历史沿革、当前挑战和成本收益分析，归纳出非对称同盟的核心机理。王鹏在地缘战略视角下，聚焦“三边安全伙伴关系”，认为“三边安全伙伴关系”重申并强化了美国的“海洋原则”，意图以“海权联盟”的“小多边”体系克服“集体行动困境”，重塑美国全球霸权的内核，强化了澳大利亚的海军能力和美国联盟中的地位。

最后，大变局中最核心的中美关系和中美各个领域内的博弈得到了学者大量关注。金灿荣认为中美间战略互动呈现出新的特点，美国为维护霸权地位千方百计遏制中国发展，为转移国内矛盾肆意推责甩锅。肖河分析美国当前对华政策的战略逻辑，从较为系统的遏制理论视角分析美国对华政策，认为遏制仅是一种战略逻辑，并不必然意味着不可逆转的持续冲突和关系危机。达巍在美国国家战略的视角下，分析了中美关系五十年的变化，认为50年来，中美关系经历过两次转向和重构，目前第二次转向和重构仍在进行中。宫小飞分析了拜登政府发布的首份《国家安全战略》，认为报告推出将深化美国对华政策中的“新冷战”趋势、强化美国在关键技术领域的对华封锁、加速美国构建“去中国化”供应链的进程。李巍认为拜登政府以应对“供应链中断”为施政重点，在内政和外交两方面同时发力，全面推进实施“供应链韧性”战略，将对中国的产业升级和产业安全构成挑战。王栋回顾了美国的中国观变化，解构美国对华的“他者”叙事，指出建交以来美国对华“旧接触共识”存在的认识论谬误。左希迎讨论了美国对华常规威慑战略的调整，认为美国试图从加强国防科技建设、提升拒止性威慑能力和巩固亚太盟友关系三个方面着手，强化对中国的威慑效用。在权力政治的视角下，逄锐之使用皮尔森卡方检验检测权力转移、地理距离与大国战和关系的相关性，并依据其修正后的理论认为中美对峙将长期存在。仇朝兵研究了中美两国在全球“权力再分配”中相对位置的变化、两国对自身核心利益的界定和认知，以及各自国内政治与社会的制约等因素，认为中美关系的未来受这些变量影响。曹玮基于美国48个盟国2018—2021年的数据，利用模糊集定性比较分析方法（fs QCA）对影响美国盟国与中国和美国相对关系变化的因素进行了实证分析。结果显示，美国对盟国的拉拢和盟国对美国的军事安全依赖并不能完全阻止美国盟国与中国关系的相对改善，在特定条件下，这两个因素反而会促进美国盟国相对改善与中国的关系。刁大明回顾了中美城市外交的发展，认为其主要出于促进经济发展的愿望。在美国干涉我国内政方面的研究中，杜哲元分析了美国对中国新疆事务的干涉的四个意图、五类手段与八个特点。杨晶华考察了1949—2022年美国在台湾地区参与国际组织问题上的立场演变，发现美国挑起对华全面竞争的背景下，美国政府对台湾地区参与国际组织的支持明显增强。在中美博弈的研究中，肖河认为美国对华竞争表现出避险和威慑共存的取向，基于对中美战略定位和竞争态势的再认知，发展出由两项策略构成的复合对华政策。刘得手分析了美国话语霸权对“大国竞争”实质和真相的掩盖，认为“大国竞争”本质上是“美国优先”。时殷弘对美国同盟和联盟体系的对华的军体态势现状进行了分析，认为当前和可预见的未来时期内，最重要、最易波动的是中美战略军事竞斗，中美战略军事对抗互动局部消停与重新紧张反复交替，将成为“新常态”。科技、气候和台海作为中美博弈的主战场得到学者们的关注。徐奇渊认为中美科技博弈不断加剧，使平行体系出现的可能性上升；未来两国科技博弈将进入全政府一全社会模式；两国围绕新科技的国际规则和话语权之争将更为激烈。孙学峰讨论了中美数字技术竞争如何影响东亚安全秩序，他认为在数字技术竞争背景下，东亚安全秩序虽面临新的冲击，但中国和东亚国家的政策选择并未脱离既有的安全战略模式。戚凯回顾了拜登对华半导体政策的演变，认为拜登对中美半导体产业现状形成了一套带有强烈竞争性、敌视性的认知，以《芯片与科学法》遏制中国半导体，但违背规律效果有限。王瑞彬认为拜登政府视中国为全球气候治理主导地位的主要对手，持续施压以期让中国承担更多不合理减排责任，使中美在气候领域的竞争性日趋突出。曹群分析中美台海博弈的风险，认为今后中美台海博弈面临的风险变数将会持续增大，中美在台海“冲突”的可能性攀升。中美有必要协商在“战略”和“技术”层面上共同推进建立信任措施与危机管控合作。

2. 俄罗斯政治与外交研究：权力再集中与乌克兰危机

在俄罗斯政治的宏观研究中，赵可金系统评述国际学界关于俄罗斯研究的斯拉夫学范式、苏联学范式和转型学范式的贡献与不足。费海汀认为俄罗斯在延续政治观念一贯逻辑的同时，开始对国家未来的政治发展道路进行“权力再集中”的重新定向，并涵盖国际政治和国内政治两个面向，具体表现为国际上的逆全球化取向和国内的政策统一与激进化，标志俄罗斯政治开始进入新周期。柳丰华回顾了俄罗斯外交政策发展历程和理论，认为俄罗斯西方主义、斯拉夫主义、欧亚主义和强国主义等外交理论，对俄外交决策产生了重要影响。当前俄罗斯外交政策共识包括追求大国地位、重视维护国家安全、追求国际权力、利用国际机制和注重经济外交等，未来俄罗斯仍将奉行大国权力外交政策。王晨星分析了俄罗斯对东北亚周边的战略认知，涵盖俄罗斯对东北亚地区战略目标设定、对热点问题的基本看法和实施东北亚战略的路径选择。在对俄罗斯政治的中微观研究中，费海汀构建了六种模式的分析框架对俄罗斯现任联邦主体领导人的改革意愿进行评估，研究发现精英身份影响了改革策略的选择，而精英整体结构则影响了总体改革模式的塑造；改革的选择主要有三种模式，改革的次序比程度更加重要，且特定精英群体表现出了对特定改革模式的显著偏好。李勇慧系统回顾和分析了 2021 年俄罗斯亚太外交，认为其奉行加强地缘政治影响力与扩展经济利益同步并举的政策。王晨星分析了俄罗斯对金砖机制的战略定位和参与路径，认为当前俄罗斯通过金砖机制平台向非西方世界、新兴国家集团选择“一边倒”的策略，但未来仍可能谋求多向一体的复合型外交身份。蒲小平分析了俄罗斯在阿富汗变局中的外交策略，认为俄罗斯使用相对实用的外交策略处理与阿富汗的关系，通过“双轨外交”在阿富汗各派势力以及美国与塔利班之间实施战略对冲，并力图用“多边体系”将阿富汗政治进程纳入俄罗斯主导的解决框架中。

在对俄乌冲突的研究中，崔守军分析了冲突的地缘政治渊源与地缘战略逻辑，借鉴“战略三角”理论建立对俄乌冲突的理论分析框架，系统梳理了俄乌之间的政治关系、文化渊源，探讨了乌克兰的地缘环境与地缘战略选择的变化。赵会荣基于国际关系层次分析法，分别从国际体系、地区体系、国家层面和个体层面探究俄乌冲突的根源，认为俄罗斯追求巩固欧亚地区事务主导权与美国追求巩固全球霸权以及乌克兰通过加入西方阵营谋求独立权之间的矛盾是俄乌冲突中的主要矛盾，内外因素推动俄罗斯与西方及乌克兰的矛盾升级为军事冲突。庞大鹏分析了俄罗斯国家观念的本质化、在地化和系统化思考内政外交的联动性对俄乌冲突的影响，认为俄罗斯回归治理传统的同时，与西方产生认识差异和结构性矛盾，这是导致乌克兰危机难以调和并最终兵戎相见的重要原因。李永全分析了俄乌冲突主要利益攸关方之间的博弈和影响，认为俄乌冲突的实质是美俄战略博弈，是美国利用乌克兰危机遏制和打压俄罗斯，也是俄罗斯对美国和西方遏制俄政策的大反攻。张健在俄乌冲突背景下考察了俄美关系，认为俄乌冲突在恶化当事国关系的同时，也严重激化了俄美矛盾，俄美关系的持续恶化将给国际秩序、地缘政治、欧洲安全等带来更大变数和严重的负面影响。李巍系统梳理了西方对俄经济制裁的主要内容、特点、因素和对世界经济的短期与长期影响。数字时代中，俄乌冲突中的新特点得到关注。李恒阳分析了俄乌网络对抗及其对网络空间安全的影响。梁正研究了全球黑客组织介入俄乌冲突的手段和策略，特别关注了黑客组织对舆论走向的引导。此外，俄乌冲突虽然是地理空间上的局部热冲突，但其影响有超时空外溢的特征，北京国际政治学者们对此也进行了大量研究。贺文萍分析了俄乌冲突对非洲的影响，认为俄乌冲突加剧非洲粮食、能源和金融三重危机。唐志超聚焦乌克兰危机升级对中东的影响，认为虽然冲突对该地区产生一系列影响，但俄罗斯与中东地区国家关系并未受到严重负面影响。中东国家对冲突基本采取中立态度，不愿加入西方对俄制裁。佘纲正认为阿拉伯世界在俄乌冲突中总体上遵循“不选边站队”的中立原则并实施对冲政策。潘万历认为日本在联合西方国家制裁俄罗斯对日俄关系造成严重冲击，日本已不再将俄罗斯视为合作伙伴，而将其视为“需要应对的课题”，日俄关系跌入冰点。王健在俄乌冲突背景下分析了台海局势，认为美国借势俄乌冲突更加积极推行针对中国的印太战略，蓄意制造台海紧张局势，试图谋求对华制衡并遏制中国崛起。推动台湾问题“国际化”已成为美国既定战略，其重要策略就是纠集区域内外盟国合力介入台海。

在中俄关系研究中，李燕解读了2021年版《俄罗斯国家安全战略》，认为该安全战略呈现出涵盖面广、综合性强、战略内倾突出、去西方化明显等特征。该战略指导下，中俄两国将在理论创新、实践深化、区域与全球层面加强配合、推动全球安全秩序更合理及推动构建安全命运共同体方面继续深化合作。苗吉在分析经营稳固的“欧亚战略空间”是欧亚主义指导下俄罗斯的地缘政治目标后，提出中俄在欧亚战略空间的文化合作还面临的难题和未来中俄文化合作的方向。

3. 欧洲政治与外交研究：危机下的战略转型

2022年，欧洲经历了更为剧烈的地缘政治冲突、持久的能源危机和深化的全球大国博弈，迫使欧洲的政治有一定的调整。欧洲政治研究中，学界对英国、德国、法国等西欧国家关注较多。张蓓聚焦英国脱欧，认为其是改变欧美关系的重要变量，并推动欧盟内部力量变化和政策调整，也将改变欧美之间的互动方式，对欧美关系发展构成新的挑战。王传剑分析了英国启动了“向印太倾斜”进程和对南海政策的调整，认为调整是“全球英国”构想下战略重心调整的客观需求和维系英美特殊关系的结果，但无助于南海稳定。杨解朴采用共识政治与否决玩家的理论视角，结合“交通灯”政府治下政治派别多元化增强的现实，探讨了德国主要政党在联邦政府、联邦议院和联邦参议院进行合作与博弈的可能性，分析德国政治决策中共识与否决的变化趋势以及“后默克尔时代”德国政治的发展前景。熊炜对德国新政府的外交取向进行了分析，认为德国新政府提出的价值观外交是对默克尔政府开启的价值观外交的延续和继承，是作为后现代和后民族国家的德国成功转化身份的必然结果。中德关系研究方面，张浚分析了德国新政府对华政策取向，认为德国不会成为美国遏制中国的盟友，但德国新政府对华态度也极有可能更加强硬。陆娇娇聚焦德国绿党对华叙事，总结出自由主义价值叙事、欧洲一体化叙事、落后国家叙事、全球挑战叙事和全球公平叙事五类中国叙事。张晓玲侧重德国对华认知变化和原因研究，认为德国主流社会对华认知在广度和深度上均出现重大变化，将中国视为无法脱钩的合作伙伴、强劲的经济竞争对手以及制度性对手。熊炜采用“经济地缘—政治地缘”的分析框架，以中德在经济和政治两个维度上的相对位置和距离的变化来解释德国对华政策在过去50年中的调整和变化。杨成玉由法国大选分析了法国未来政策趋势和中法关系，认为马克龙成功连任法国总统，有望进一步延续法国内外政策，对于法国、欧洲乃至世界起到稳定作用，未来中法两国有望保持高水平政治互信。吴国庆聚焦败选的法国社会党，对其持续衰退的原因进行了研究，认为社会党在执政时期未兑现承诺、党内矛盾加剧、阶级基础削弱等因素加深了社会党衰退。程智鑫分析了“印太战略”下的法国与日本关系，发现两国在多领域开展合作，力图实现两国“印太战略”的对接，其动机在于两国对当前的中美关系和国际秩序看法相似，未来两国可能继续深化合作，并将两国战略合作向多边机制拓展。高毅概述和点评改革开放四十年来中国中法关系史研究的主要成果。孙彦红分析了意大利中右翼联盟胜选对欧盟的负面影响。此外，学者们对中东欧也有较宏观的研究。姜琍研究了中东欧政党政治发展变化的特点及根源，认为民族主义、保守主义、民粹主义和右翼极端主义在中东欧地区崛起，致使中东欧政党政治发展表现出多数国家政治危机常态化，地区左翼政党总体呈式微态势，一些国家的执政党在欧盟内谋求自主发展等新特点。刘作奎基于中国和中东欧国家合作的现实案例分析，认为当前理论均有缺陷，可以尝试提出“双边+多边”理论解释合作新形态。徐刚评估了中国—中东欧国家合作平台运行10年来取得的成绩，认为合作丰富了多边主义的实践，成为中欧关系发展的重要组成部分和跨区域合作的典范。

学术界对中国和欧洲整体的关系进行了宏观研究。王回顾了中欧合作的历史和成绩，认为二者合作共赢不仅造福彼此，也可惠及整个世界，未来应开拓合作新局面。傅聪聪利用清华大学国际关系研究院中外关系定量预测数据，发现2021年中欧关系持续下滑，但2022年后将有所缓和。寇蔻分析了中欧的经贸依赖关系变化，从全球价值链视角探究中欧经贸依赖关系的变化及其影响，发现中欧之间单向的非对称性依赖关系有所降低，欧盟对中国的依赖性上升。宋晓敏认为中欧关系的发展经历了从派生性走向独立性的过程，二者互有所求相互依赖，但欧盟对华认知发生重要变化，中欧关系的发展面临竞争与冲突加剧的挑战。

4. 东北亚政治与外交研究：周年之喜与结构矛盾

2022 年是中韩建交 30 周年，也是中日邦交正常化 50 周年。在韩国研究中，梁亚滨回顾了中韩建交 30 年的整体趋势、存在问题并提出面向未来的建议。他认为中韩关系总体上长期保持向好趋势，但是两国之间有潜在的政治不信任问题，美国施压下韩国将面临战略选边压力。陈向阳从务实性合作与结构性矛盾两个角度解析中韩建交 30 年的关系，认为两国务实性合作取得举世瞩目的成就，但当前结构性矛盾有所激化。对新政府的对外政策研究方面，王付东认为新政府的外交政策构想与文在寅政府的外交政策有很大区别，确立了“全球枢纽国家”的总体目标定位，将打造韩美全面同盟作为优先目标，对华强调“相互尊重”，强化对朝施压，改善对日关系和推进韩美日合作。刘天聪聚焦新政府对华政策，认为韩国的外交政策方向由“中美并重”一定程度上转为“向美西方倾斜”，中韩关系的不确定性有所上升，但“全面脱轨”的可能性不大。田德荣从身份认知、地位焦虑的角度分析新政府“全球枢纽国家”战略提出的原因，发现韩国经济高速发展使其身份认知转变，而国际秩序变化形成了地位焦虑，二者合力使韩国转变对外战略。李枏分析了新政府下美韩同盟与东北亚阵营化趋势，认为美韩同盟向“全球全面战略同盟关系”快速转型，在加强域外军事活动以及经济安全方面不断升级，将导致朝鲜半岛局势更为动荡，南北对立更为严重。宋文志回顾了美韩同盟再调整进程并论述了美韩双方的同盟诉求，认为当前在朝鲜半岛层次上韩国的主导性增强，在地区层次上美国对美韩同盟的控制得以加强。韩日关系研究中，谢若初认为韩日关系已在多个方面出现改善迹象，这既是两国基于自身利益考量的结果，也离不开其共同盟友美国的居中协调。周永生回顾了冷战后日韩关系的演变，发现两国关系全面退步，其中两国的历史因素最为关键。杨帆研究了拜登执政以来的美韩关系，发现拜登政府执政以来，美韩两国实现了联盟关系的修复、多边主义的契合发展和全球合作的再深化，但双方原有的对朝政策和对华政策分歧仍存。在中韩关系研究中，徐舟结合采用清华大学中外双边关系数据库与全球危机预警系统数据库对中韩关系事件进行梳理和剖析，分析表明：尽管中韩双方互动仍在持续，但是实质性合作却不断减少，负面事件不断增加。

在日本政治研究方面，杨伯江认为中日关系 50 年来的演变力量对比到互动模式都有重大变化，但日本国家战略特别是对外战略、安全战略对中日关系的演变发展有着重要的规定性作用，当前日本战略中，中日关系的政治安全性、战略竞争性进一步增强。吕耀东回顾了两国 50 年来坚持四个政治文件和四点原则共识处理矛盾取得的成果，认为未来两国坚持四个政治文件及四点原则共识的原则精神，才能更好地促成良性互动。胡澎回顾了中日两国建交 50 年来的社会治理经验的分享与相互借鉴，发现在社会治理领域的交流与合作未曾中断，中日两国在社会治理领域的交流、互鉴与合作是中日关系的基础。李爽聚焦于日本民间友好力量，回顾了其在中日邦交正常化进程中的角色，区分了各界民间友好力量对应的核心驱动因素。杨伯江研究了中日邦交正常化中的台湾问题，发现历史上中日之间台湾问题反复凸显。当先鉴于无法正面挑战《中日联合声明》，日本将日美安保体制的运用作为介入台湾问题的重要路径。江瑞平从基本发展态势、环绕周围的东亚地区秩序，以及身处其中的世界百年变局等三大层面分析了当前中日关系的新变化。刘江永介绍了岸田文雄内阁的启航之年的“新时代现实主义外交”方针，并分析了这一方针的内涵、矛盾以及现实困境。吕耀东在国家利益的视角下分析了日本对华政策，发现其常常从自身利益出发违背中日四个政治文件的原则精神。吴限认为后安倍时代日本最核心的政治议题是推进军事大国化，成为“正常国家”。在对华关系上，日本继续利用两国间的“结构性矛盾”，联手西方国家加剧对华博弈。中日美三角关系是决定亚太地区形势的关键，得到学者们一定关注。卢昊研究了美国加紧遏华对日本战略选择的影响，发现美日联合遏华态势加强，但美日在具体领域的对华政策仍有差别。日本以确保战略自主性为核心目标，倾向依托美国主导的盟友体系，但企图保持相对“灵活”立场，在国际秩序建构中着力加强“价值观外交”，加速改革国家安全战略以强化自主防卫态势。吴怀中回顾了复交 50 年来的日美同盟变迁，发现其对中日关系一直产生着战略性与结构性的影响作用。当前日本总体上对同盟恢复信心，但在对华强硬的同时也注意规避正面冲突。刘江永认为破解中日钓鱼岛争议需要通过正确信息的不断传播，防止在误判基础上出现一国对外决策失误和对他国感情恶化的“知的外交”，其是公共外交的一种重要形式。在日本的其他外交政策和战略方面，学者们有以下研究。邱静回顾了2020年日本的“对敌基地攻击能力”讨论，认为以安倍晋三内阁主张为代表的本轮讨论是对鸠山一郎内阁相关见解的断章取义，脱离了“专守防卫”方针，违背了《日本国宪法》并涉嫌违反国际法，意味着日本政界部分保守势力仍未摆脱战前实用主义思维模式。李乾研究了日本防卫省首次发布面向中小学生的儿童版《防卫白皮书》，发现其背后则隐藏着消极“安全化”与政治社会化的双重逻辑，有扭曲日本儿童和地区国家关系的可能。徐梅研究了日本强化经济安全保障的措施和影响，认为措施主要是健全和完善经济安全政策法规、强化政府相关职能、努力提升自主性，同时与欧美等国加强合作，以促成日本国家对外和国家战略实现。田正聚焦日本供应链安全政策，总结出日本的三大措施，并就日本完善该政策作了多原因分析。在日本对外政策研究中，焦健在日本提出“自由开放的印太战略”的视域下，分析了日本南亚外交的取向和特征，总结出战略跟随特征明显和主体性逐渐显露两个重要表现。王一晨基于“发展—安全关联”视角，分析了日本对非政策的目标和举措，认为日对非政策总体上保持了“发展和安全兼顾”的特点，且两者相互关联融合的特征也愈发明显，这种特点在未来还将持续。

学者对中日韩三边关系和东北亚宏观局势也有一定研究。李文回顾了2022年东北亚整体局势，认为东北亚地区局势复杂交织，美日、美韩关系趋于紧密，中日“信任赤字”居高不下，中韩关系各领域发展处于不平衡状态，朝鲜半岛紧张局势有增无减。RCEP的生效推动了中日韩三国的经贸合作，给东北亚地区经贸合作带来新气象。总体上，东北亚地区局势有望缓和。江瑞平结合大变局背景的四种变化，分析了中日韩合作的背景、机遇、挑战以及未来动力。项昊宇聚焦东北亚安全秩序，认为当前东北亚安全局势持续动荡，进入新旧秩序转换期，突出表现为安全困境加剧，缺乏合作共识和约束机制，存在滑向阵营对抗的可能，中日韩三边互动是平稳东北亚安全局势的关键。

5. 南亚、东南亚和南太政治与外交研究：大国争夺与战略竞争

2022年，因特殊的地理方位、受美及其盟友“印太战略”和中美地缘政治竞争影响，印太地区有成为全球地缘政治中心的潜力，因此该地区相关国家成为大国争夺的主要对象，也是学者们研究的主要对象。此外，2022年该地区内，菲律宾和马来西亚举行大选，新政府的政策调整和发展趋势得到关注。

在对这几个地区的国别研究中，印度得到最多关注。郑海琦研究了莫迪政府的南亚战略和该战略对地区秩序的影响，认为莫迪政府的多边转变虽然在短期内可为南亚其他国家提供更多的选择和机遇，但从长期看将加剧地区其他国家的选择困境，弱化其政策自主性。魏亮聚焦莫迪政府“西联政策”，分析了该政策产生的因素和发展面临的限制。他认为该政策下中东在印度外交中的地位显著提升。程智鑫关注印法战略伙伴关系的新动向，论述了双方合作的利益诉求和分歧。在中印关系研究中，候为刚基于微观认知心理机制解释莫迪政府对华政策凸显合作和转向竞争的演变逻辑，认为战略自主性是调整莫迪政府对华政策的重要动机。张伟玉利用清华大学国际关系研究院中外关系定量数据对中印关系进行了分析和预测，认为双边关系已从良好降至普通，且未来关系改善动力不足。学界对菲律宾的研究中，马宇晨对菲律宾2021年国家治理、经济建设、外交关系和中菲关系进行了系统回顾，认为2022年中菲关系可能因大选而改变。许利平对菲律宾大选后的中菲合作关系进行了分析，认为菲律宾大选后，菲律宾新政府将延续杜特尔特总统对华友好的政策。元首外交将引领中菲关系大方向，深化共建“一带一路”和落实“全球发展倡议”，将助推中菲关系提升到新的水平。在马来西亚研究中，苏莹莹分析了马来西亚对中美战略竞争的认知和应对，认为马来西亚面临选边站压力加大的复杂区域局势和新冠肺炎疫情带来的经济困境。但马来西亚坚守多边主义和保持战略选择的自主性，多渠道探索自己的发展空间。骆永昆在回顾了中马关系的历史和发展阶段，认为马来西亚领导人对华认知积极、巫统长期执政为中马关系发展奠定基础及中马关系根基稳固是中马关系稳定发展的主要原因，未来困难和挑战可能增多。在对该地区其他国家的国别研究中，宋清润评估了缅甸政局发展和前景，认为缅甸

处于近 10 年来最困难时期，未来缅甸局势将复杂多变，由于东盟和联合国加大斡旋与施压力度，缅甸国内政治和解有望出现进展，但面临的挑战仍多、冲突难止。宋清润还以利益—认知耦合解释泰国长期对华友好的原因，认为泰国在政治、经济、安全等领域对华有较多利益需求且泰国官民对华认知总体上是正面的，二者耦合成为泰国长期对华友好合作的两大互不可或缺的关键动因。王旭从中美博弈、印巴对抗和中东变局三个层面分析巴基斯坦所处国际战略困境，从民族国家建构、政治转型、安全治理与经济发展四个方面概括巴基斯坦国内治理困境。查雯以马来西亚、越南和菲律宾为案例，聚焦于对象国领导人合法性的主要来源，领导人合法性来源对经济依赖和外交政策的关系。

孙璐对太平洋岛国的历史、国情以及新中国与南太岛国开展 40 年友好合作的历史、现状等进行简介的基础上，梳理并分析了当前中国与南太地区在合作过程中面临的机遇与挑战。陈晓晨从地区权力格局、地区制度格局和地区规范格局角度分析了“印太战略”对太平洋岛国地区秩序的影响。聂文娟从东南亚地区的权力格局出发，探讨了东南亚地区在中美竞争格局下如何形成战略均衡的问题，指出了东南亚地区形成的中美竞争格局特殊性，并认为第三方受损机制将会在新的历史时期有助于东南亚地区形成战略均衡。魏玲聚焦中美在东南亚的基建投资竞争，以印度尼西亚和老挝两国案例论证东南亚国家在该格局中总体权力不对称和发展自主能动的特征。聂文娟系统回顾了东南亚国家战略格局随国际格局变化的转变，并认为非美盟友关系面临着共同战略威胁的消失、军事合作的不稳定性以及经济合作动力不足三大挑战。韩爱勇在结构性矛盾视角下，认为中国和南亚、东南亚和南太平洋等周边地区和主导国的结构性矛盾会在地区和次区域两个层面生成，并认为其为美国构建印太联盟体系提供了结构性驱动力。刘若楠分析了“印太战略”背景下的中国与东南亚关系，认为东南亚国家对中国的战略意义突出体现在三个方面，即安全缓冲地带、经贸桥梁和多边主义旗帜。双方对待彼此的政策反映出应对“印太战略”的压力，政策调整对彼此的合作产生了安全再保证和经合地区化两方面的影响。周冰鸿回顾了亚太合作的发展历程和不足，并论述了中国与东盟合作的理论意义、战略意义和现实意义以及 RCEP 的未来效果。

6. 非洲、中亚及其他地区政治热点研究

2022 年，面对全球新冠疫情叠加地区冲突、极端天气、通货膨胀、恐怖主义等挑战，多国面对防疫和保经济的两难抉择。肯尼亚、安哥拉和尼日利亚等国顺利迎来大选，成为非洲内部重要的政治事件。北京政学界对非洲的研究如下：许亮回顾了酋长制的历史发展和现状，认为非洲酋长制的“复兴”是冷战后非洲民主化进程、市场经济以及国际发展新范式共同作用的结果。李新烽讨论了中国式现代化道路对非洲发展的启示，认为非洲国家长期无法摆脱贫困陷阱，且部分国家在西方现代化方案和模式下反而陷入经济凋敝与政治衰败的困境，而中国式现代化道路为其提供了诸多启示和新的选项。邓延庭研究了非洲国家的社会主义发展，发现非洲现阶段带有社会主义性质的探索在取得一定成就的同时，也面临着前进道路上的曲折。刘海方对当今世界格局下的非洲现状进行了分析，高度评价了新泛非主义对抗疫的作用、粮食危机的自行解决和俄乌冲突下的主动外交。姚桂梅总结了新冠肺炎疫情下的政治安全和经济社会状况，并认为国际对非合作仍在高位运行且呈竞合态势，未来中非合作将有更广阔前景。于宏源聚焦气候治理，认为在气候地缘竞合影响下，非洲正在成为各大主要力量博弈和竞争的舞台，主要体现在气候领导力、气候方案供给和气候能力建设等方面，其中关键内涵是气候地缘竞合变化。

中亚形势在 2022 年表现出变乱交织但总体向稳的特点，同时，2022 年是阿富汗变局一周年和中亚五国整体重构三十周年，学界值此时机对阿富汗局势、中亚五国开展了研究。王世达详细介绍了阿富汗变局对地缘政治和安全格局的影响，认为在地缘政治格局方面，整体呈现“东升西降”趋势，美国、印度在阿富汗影响力下降，巴基斯坦、伊朗和俄罗斯在阿富汗影响力上升。在地区安全方面，阿塔重新夺取政权以及美国撤军并不意味着阿富汗及地区反恐战争就此结束，阿富汗和地区安全形势将面临一些新的挑战，呈现更大的不确定性。孙壮志聚焦阿富汗对中亚安全的影响，发现阿富汗变局后中亚地区面临的安全问题既呈现出本土化趋势，也具有国际化特征。王明昌系统回顾和梳理了中亚五国独立以来政体建设的 30 年历程，并归纳分析了其不同时期表现出的基本特点和主要得失。孙壮志考察了乌克兰危机和大国博弈对中亚国家的影响，认为中亚五国承受了政治、经济和安全等多重压力，大国博弈升级对中亚国家产生一系列负面效应。周卓玮以中亚地区为例，分析制度重合的影响及导致治理失效的原因——利益偏好和认知差异，但制度重合与失效不是必然因果关系，同时提出了四种制度间的合作方式：制度嵌套、主导大国对接、中亚自主对接、浅层次互动。

此外，王金岩研究了阿盟与中国关系的趋势，认为中东地区形势有望延续缓和势头，地区间合作有望加强，这将成为阿盟重新整合的机遇期，也是中国与阿盟关系新的发展期。李坤泽基于理性选择制度主义视角考察2008年全球金融危机以来国际政治经济形势对沙特欧佩克政策调整的影响，认为沙特主动改变欧佩克权力格局、推动建立“欧佩克+”的根本动力来自确保本国原油收入最大化的诉求。孙德刚提出“弱链式联盟”的概念，并用六组中东地区弱链式联盟案例检验发现，多极格局、多元身份与多重利益是弱链式联盟的生成条件；威胁塑造、宗教动员和分歧管控是弱链式联盟的管理手段；金字塔形、轴辐形和蜂窝形是弱链式联盟的主要类型。

三、中国特色大国外交研究

1. 习近平外交思想研究

习近平外交思想是中国特色大国外交的指导思想和行动指南，是新时代中国特色社会主义思想的重要组成部分，是以习近平同志为核心的党中央治国理政思想在外交领域的重大理论成果，是对中国传统智慧的深入挖掘和运用，是对马克思主义思想和方法的继承和发展，也是中国共产党百年外交智慧、当今时代外交精神和中国特色大国外交实践经验的重要结晶。学界对其进行了系统和深入的研究。吴志成论述了习近平外交思想何以为新时代中国特色大国外交砥砺奋进提供根本遵循。戴长征认为习近平外交思想具有时代性和超越性两个主要特性：时代性体现在对世界之问、时代之问的深刻回答，回应了百年变局下社会主义道路以及中国与世界关系的问题；超越性体现在对既有国际关系理论、西方普世价值、西方安全观和西方全球治理的超越。蒲傅在中国特色大国外交的历史进程中对习近平外交思想进行了研究，认为习近平外交思想是一个兼具时代精神和中国特色的科学体系，涵盖新时代中国外交的历史使命、基本原则和一系列方针政策，为探索解决世界大变局下的全球性问题提供中国方案。王义桅系统论述了习近平总书记关于治国理政和全球治理的理论，认为习近平外交思想的全球治理观，涵盖了全球经济治理、安全治理、人权治理、生态治理、卫生治理以及公域治理等不同领域，对于推动全球共同发展具有重要意义。赵磊聚焦“坚持以公平正义为理念引领全球治理体系改革”这一思想的指引作用，发现在习近平外交思想指导下中国为全球治理提供公共产品、携手各国构建人类命运共同体、践行真正的多边主义。张历历认为习近平外交思想为破解时代之问提供坚持真正的多边主义弘扬共商共建共享全球治理观、坚持互利共赢推动世界经济复苏与共同发展、坚持团结合作积极应对传统安全与非传统安全挑战的中国方案。吴志成聚焦习近平外交思想中的新型国际关系观，认为这一思想以相互尊重为前提，以公平正义为准则，以合作共赢为目标，具有鲜明的逻辑性、时代性、创新性、实践性和中国特色。于江同时研究了习近平外交思想与总体国家安全观，发现二者都是以习近平同志为核心的党中央从人民立场出发、面对百年未有之大变局推出的建设新时代中国特色社会主义的重大理论成果，且均取得突出实践成效，都是为服务民族复兴、促进人类进步贡献的中国智慧和中国方案。卫灵系统梳理和总结了习近平外交思想研究的主要特点和学术贡献，发现研究有成果数量迅速上升、支持力度大、研究主体集中且多学科分布以及注重马克思主义的研究方法和路径的特点，研究主要集中在人类命运共同体、新型国际关系、正确义利观、“一带一路”倡议、新型安全观、全球治理以及周边外交方针等问题上。于江对习近平外交思想研究进行了系统述评，总结了研究的概况和重点。

2. 中国特色大国外交理论研究

中国特色大国外交的成就一方面离不开有效的理论指引，另一方面又为外交理论发展提供了极有价值的现实素材。学界对中国特色大国外交理论研究取得了丰富的成果。赵可金论述了中国特色大国外交的理论基础，认为在指导思想方面，习近平外交思想作为构成性理论是中国特色大国外交的理论基础；在解释实践方面，共同体理论作为解释性理论是中国特色大国外交的学理基础。王帆认为在大变局下，中国外交面临三个历史使命的提升，要在引领、带动和融通三个方面发挥更加突出的独特作用，即以引领来提升影响力、以带动来扩大影响力、以融通来破解围堵。刘普对中国外交的内涵、功能和构建进行了系统论述。外交能力建设研究方面，罗建波认为新时代中国外交能力建设，以两个大局为时代坐标，着眼塑造和用好中国发展的重要战略机遇期，为实现中华民族伟大复兴提供更加有力的保障，为人类进步作出更大贡献。中国外交能力建设应以外交体制机制建设为基础，以外交理论创新为引领，以外交布局的谋划和推进为主线，以战略实施能力的全面提升为支撑。凌胜利认为中国外交能力建设具有长期性、系统性、复杂性、阶段性等特点，对此要在理论创新、战略运筹、机制建设、统筹协调、政策执行等方面不断加强，促进外交能力全面提升。周边命运共同体是新时代中国周边战略的目标，许利平基于既往研究并结合相关理论，发现构建周边命运共同体面临意识薄弱和紧密度欠缺的双层深层次现实难题，二者分别与中国和周边国家的认同困境、结构性矛盾相关。刘卿认为周边外交理论创新坚持马克思主义政治品质，立足中华民族优秀传统文化，突出中国与周边共同发展的核心内涵，强调原则性和灵活性相结合。孙吉胜认为中国外交实践为非西方国际关系理论发展提供了时代机遇和经验基础，未来中国国际关系理论创新需要系统研究当前国际关系整体演变态势对理论创新的影响，更好地总结和凝练中国外交传统与实践，从本体层面、经验层面、规范层面入手，把中国外交实践上升为理论认识和知识体系，使其成为国际关系理论体系的组成部分。

3. 中国外交战略与实践研究

学界对中国外交战略与实践的研究集中在党的战略解读和分析、战略思考以及各领域的外交实践。在对二十大报告中的战略解读和分析中，张清敏认为中国外交在指导思想、外交原则和外交布局等方面也表现出了稳定性和连续性。同时，二十大报告对当前国际形势和国际格局做出了新的判断和阐述，一方面是外部环境的不确定性，另一方面则是中国大国身份更加明确，大国外交内涵更加丰富。赵可金认为二十大报告指明新时代中国的全球战略目标任务是以中国式现代化全面推进中华民族伟大复兴，推动构建人类命运共同体。在对外工作中，中国的战略目标是实现国际地位和影响进一步提高，在全球治理中发挥更大作用。高祖贵认为党的二十大高举推动构建人类命运共同体的鲜明旗帜，再度明确这是我国外交的总目标；从中国式现代化重要特征的高度强调走和平发展道路这个外交原则之坚定；把奉行独立自主和平外交和推动构建新型国际关系、全球伙伴关系等外交政策贯通起来；把外交布局从对外工作的大国、周边、发展中国家、政党等主要对象，向经济、全球治理、全球发展和全球安全、价值观和文明间关系等主要领域深化；使新时代新征程上中国特色大国外交战略理论和实践变得更加完善。在对中国对外战略的思考中，刘斌在全球结构性权力变迁的视域下，解释全球结构性权力的变迁历程和主导因素，从理论和现实层面重点分析逆全球化背景下全球结构性权力由生产主导逐步转向知识主导的过程，从而得出我国要灵活运用国家和市场两种力量，抢占知识结构性权力制高点的战略路径。王帆聚焦战略排序与多目标决策，认为中国处于复兴征程之中，面临多维的战略目标，必须做出合理的战略决策。中国外交战略应在坚定维护“两个一百年”奋斗目标和中华民族伟大复兴的大目标前提下，注重若干战略方向：提升国际影响力，完善和变革国际秩序；提升综合国力，增强战略自主性；维护周边总体安全与发展。在决策过程中，必须坚定明确的战略方向，做好战略规划，科学精细地安排战略资源，把握战略重点和矛盾，协调和把握各战略目标之间的动态平衡。董向荣系统回顾了中国的多边外交实践，并认为中国的多边主义理念源于自身从联合国的“局外人”到“局内人”、从“批判者”到“维护者”的角色变化，源于百年来反殖民主义、反帝国主义的外交传统。在中国外交实践的宏观研究中，马孟启回顾和梳理了中国对东南亚国家的抗疫援助，认为在向东南亚国家进行抗疫援助的过程中，中国对各援助对象一视同仁、多方参与援助以及援助标语蕴含的深刻内涵等都充分体现了“人类命运共同体”理念，而对东南亚国家的全方位支援更是国家构建“人类命运共同体”的集中体现。王晨星探析在欧亚地区推动“一带一路”建设的实践成就和特点以及面临的机遇与挑战，并且探讨在欧亚地区推动“一带一路”高质量发展的路径选择。李庆四聚焦气候外交，发现中国在充分把握发展规律基础上，积极参与国际气候变化的应对，逐渐引领新能源革命，体现的是对新型能源发展的自信。

四、国家安全学研究

总体国家安全观提出以来，学界积极响应，持续开展全面和系统的研究，旨在深化国家安全学，为我国国家安全提供理论和智力支持。2022 年，党的二十大报告首次将“国家安全体系和能力现代化”作为独立章节进行专门论述，并提升到事关民族复兴根基的高度予以阐述，体现了党对新时代国内国际两个大局的战略判断和对解决复杂安全问题的统筹考虑，具有重大的时代性、进步性和世界性意义。在现实需求和理论关切下，2022年国家安全学相关议题被学界广泛关注，研究成果丰富，集中在以下三方面。

1. 国家安全学学科建设和理论研究

总体国家安全观的提出对国家安全研究和学科发展提出了丰富、复杂、综合与集成的思想与实践要求。唐士其认为构建未来大安全格局需要系统思维和整体、复合的研究路径。我国国家安全学学科的复合型发展方向，需要厘清该学科同时所具有的交叉与综合属性及其关系，综合运用多领域成果并聚焦解决国家安全问题。从科研、教学、资政服务三大职能出发，国家安全学作为兼有综合性和交叉性、兼具内生性与复合性的新兴学科，它的发展需要在学理建构、实践指导、社会分工等多个层面进行综合考量与协作，且作为交叉门类的国家安全学内涵不应缺失综合学科的属性。李文良认为国家安全问题催生国家安全学；国家安全学应用于国家安全问题的预防和化解，服务于国家安全目标的实现。国家安全学学科集交叉和综合属性于一身，呈横切延伸性特征和走向。国家安全学基础理论的构建是国家安全学学科建设的重要组成部分，应以国家安全问题为导向，遵循“问题→过程→结果”框架构建国家安全学基础理论，可使国家安全问题、国家安全认知、国家安全体系、国家安全能力、国家安全行为、国家安全极限等内容形成严密的逻辑整体。吴凡基于美国高校国家安全学学科专业建设和课程设置，发现我国可借鉴参考其优势之处，建设统筹全局、聚焦国际、文理兼顾的国家安全学二级学科或专业方向，构建体系化、模块化、多元化的国家安全学课程设计。在国家安全理论研究中，袁鹏认为中国特色国家安全道路的本质特征在于坚持人民安全、政治安全和国家利益至上的高度统一，坚持走和平发展道路与坚定维护国家利益的有机结合，坚持统筹发展和安全，坚持独立自主和构建人类命运共同体并重。贾庆国认为国家安全是一个内涵极为丰富的概念，具有多面性、关联性、变动性、相对性、非唯一性、主观性和社会性等特征，国家安全治理的路径选择至少应遵循总体、全面、兼顾、适度、平衡、顺势与合作等原则。董春岭采用系统思维视角，认为系统思维为我们理解总体国家安全观提供了方法路径，总体国家安全观也为我们掌握和运用系统思维提供了操作指南。黄丽达通过梳理当前我国国家安全的主要影响要素，构建了一种监测和评价国家安全综合风险的指标体系。在安全体系和能力现代化研究中，刘跃进认为只有健全与总体国家安全观内容相匹配的现代化的国家安全体系，增强与总体国家安全观要求相适应的现代化的维护国家安全能力，才能更好地统筹发展和安全，不断提高国家的总体安全度。赵磊认为新安全格局的核心就是推进国家安全体系和能力现代化，据此需要健全国家安全体系、增强维护国家安全能力、提高公共安全治理水平、完善社会治理体系。钟开斌聚焦应急管理，运用“理念—体系—能力”分析框架研究发现，党的十八大以来中国应急管理事业发展过程是一个以理念变革引领体系和能力变革，进而迈向应急管理理念、体系和能力三重现代化的过程。傅小强聚焦非传统安全，认为传统安全问题的武器化、工具化特征更加明显，导致传统安全和非传统安全相互转化、界限日益模糊，安全问题正在变得不分“冷热”，不分“传统非传统”，需要在认识和应对国家安全挑战时加以综合考虑。在统筹发展和安全研究方面，刘跃进系统回顾和梳理了统筹发展和安全的历史演进，发现进入新时代，我国“统筹发展和安全”恰当形式则是“发展和安全并重”，下一步需要制定出台统筹发展和安全、融国家发展和国家安全为一体的国家大战略文本。钟开斌构建了一个“环境评估—战略规划—战略实施”的战略管理分析框架，用时代主题、政策导向、行动策略三个指标分别来测度环境评估、战略规划和战略实施的情况，刻画新中国成立以来我国发展和安全关系的演进过程，分析党的十八大以来统筹发展和安全理论的提出过程，发现我国在发展和安全关系的处理上经历了三大阶段。黄大慧回顾历史，发现在处理发展和安全的关系上经历了三个时期，即改革开放前更加注重安全的时期，改革开放后到中共十八大更加注重发展的时期，中共十八大以后逐渐发展为二者并重的统筹发展和安全时期。龚维斌认为统筹发展和安全，坚持继承与创新相结合，体现了深邃的唯物辩证法思想，充分反映了马克思主义系统观，蕴含着以人民为中心的价值立场，具有鲜明的理论特质和理论品格。赵可金从认为国家安全建设要统筹好贯穿党和国家事业发展各方面全过程的十大关系，即统筹国际大局与国内大局，新发展格局与新安全格局，人民安全、政治安全与国家利益至上，外部安全与内部安全，国土安全与国民安全，传统安全和非传统安全，自身安全与共同安全，维护安全和塑造安全，安全体系和安全能力，国家安全与社会治理，确保国家安全和社会稳定。刘跃进认为习近平总书记提出的总体国家安全观，先后涉及国家安全领域七大关系的七个统筹，是总体国家安全观不可分割的重要组成部分。

2. 国家安全的具体领域研究

国家安全涵盖面广，涉及学科领域丰富，对其分领域的具体研究也在 2022 年出现一定数量的成果。在政治安全研究中，唐爱军聚焦意识形态，认为当前我国意识形态安全的内涵和外延更加丰富，时空领域更加宽广，各种因素更加错综复杂，面临着“多样化挑战”“市场逐利性挑战”“敌对势力渗透遏制的挑战”“新媒体新技术的挑战”等安全风险。当前不同意识形态之间的斗争主要表现为“认同竞争”。韩爱勇分析了全球安全倡议对周边安全新架构构建的作用，认为全球安全倡议作为一个完整的思想体系，为构建地区安全新架构提供了实践方案和理念指引，不仅有助于确立构建周边安全新架构的实践方向，而且给构建安全新架构的实践路径选择带来思想启发。韩娜在国际传播领域，探究社交机器人在涉华议题上的操纵行为，发现国际舆论中 16.5% 由社交机器人操纵，社交机器人更倾向于在行为上通过潜伏和模仿，利用多元路径发布更具煽动性的争议话题，涉华议题操纵活动明显。在生物安全研究中，保建云认为生物安全和主权安全是国家安全的基础内容，世界各国人民需要共同努力推动构建人类安全共同体，进而构建人类命运共同体。刘育金讨论了我国种子安全问题，发现当前我国种子安全存在以下问题：民族种业自主创新能力不强，外企先入为主；种子市场鱼龙混杂，执法监管乏力；涉种子犯罪错综复杂，公安机关打击困难；转基因、农业恐怖主义等安全性问题交叉出现。赵磊聚焦粮食安全，梳理了粮食安全面临的新挑战：新冠肺炎疫情致使粮食安全雪上加霜；气候变化等相关灾害加剧粮食危机；全球武装冲突和暴力事件频发影响粮食安全；碳中和进程在一定程度上导致能源危机转化为粮食危机；全球粮食安全治理依然存在结构性问题。在经济安全研究中，赵可金从安全化理论出发，对供应链安全的内涵进行重新界定，提出一国在参与全球供应链体系时所面临的三类安全问题，即绝对安全、相对安全和系统安全。并且发现国际机制在保障供应链安全实现方面发挥着关键作用，而当前的全球经济治理体系在供应链领域存在严重缺位。刘光宇分析了疫苗产业对国家安全的影响路径，从情报理论探析和情报实践探索两个层面入手，基于国家安全视阈阐述了对疫苗产业竞争情报工作的思考。在新兴安全领域，王逸舟在全球“高边疆”背景下，提出维护我国在全球“高边疆”的信息及数据安全是很重要的一项工作，需要把“高边疆”安全在内的各类安全问题置放在恰当位置，在充分考量形势与需求的前提下，加以统筹应对。杨郁娟进行了总体国家安全观视角下的智慧侦查研究，论述了其功能定位、体系架构和行动逻辑。在国家安全政策史研究中，葛蕾蕾对中央层面各部委发布的政策文本内容进行量化分析，并借鉴社会演化论中“变异—选择—遗传”这一核心机制，梳理我国国家安全治理政策的演变逻辑。发现国家安全治理逻辑从侧重安全的单一逻辑，逐渐向发展逻辑与安全逻辑统筹的结构演变。唐永胜回顾和总结新中国成立以来发展对外关系维护国家安全的历史演变和基本经验，思考了对外关系如何为中华民族伟大复兴提供安全保障。

3. 国际国家安全研究

在学界国家安全研究起步阶段，学者们广集他山之石，分别研究了国际上不同国家的国家安全设计和实践，借以充实我国国家安全研究经验。在对美国国家安全研究中，于铁军系统地将冷战时期美国国家安全的研究概括为三个阶段，并认为国家安全已经发展成为国际关系学科下一个相对独立的研究领域。美国国家安全研究的阶段性变化与国际环境的变迁和美国对外战略的调整相对应，体现了国家安全研究作为一门政策学科的基本属性。苗争鸣基于美国安全情报机构成立的涉华组织架构介绍、官方声明和相关报告，分析了涉华组织的形成机制、内容领域、机构特点及其发展趋势，发现美对华组织都是服务于美式的国家安全利益，且情报重心正在改变。吴凡基于美国情报总监办公室官网资料，发现在未来一定时间内，美国情报界仍会将中国视为首要国际安全威胁。在对英国的安全研究中，王梓元简要回顾和介绍了安全研究在英国拥有深厚的历史传统。发现在一个世纪的知识积累中，英国的安全研究在学科体系和学术研究方面逐步形成了突出历史、文化与规范研究的特色。英国的安全研究在方法上强调反思性而非科学性，追求历史经验的特殊性而非经验现象中的普遍规律。戴惟静聚焦俄罗斯，发现俄罗斯的国家安全研究一方面借鉴并批判西方的安全理论，另一方面努力形成本国的理论学派，并呈现学科交叉、议题和主体丰富的特征。吴昊昙分析了以色列的国家安全研究，发现在研究议题上，以色列的国家安全研究过于注重战争与冲突等传统安全议题；在国家安全政策制定上，以色列的案例表现出高度的非正式性、灵活性、务实性、流动性、透明性和军方主导性等特点。其最大的特色是极端情况下的国家安全研究。王彦飞介绍了澳大利亚网络空间安全体系建设的背景、原因和路径，发现总体而言，澳大利亚的网络安全体系建设呈现多领域安全并重，国内建设和国际合作并重，以及政府职责和个人责任并重的特点。孙建红对日本国家安全委员会的功能、机制与发展趋势进行了系统的研究，发现国家安全机构设立与日本保守势力寻求主动发展和积极利用军力密不可分。其功能包括国家安全重要事项的慎重审议、国家安全战略法律政策的制定、政策协调、应对重大紧急事态以及情报汇总等。

行政学（公共行政、行政管理）

一、行政管理理论与方法研究

1. 关于行政价值的研究

北京学者在行政价值方面的研究具有研究范围广、研究内容深、研究成果丰硕等特点，且研究大多采用定性研究的方法，对行政价值的研究主要集中于公共行政的公共性、公共利益、公平正义、法治、人本价值以及行政伦理等方面。值得注意的是，行政价值的研究得到了来自法学、政治学与公共管理以及哲学等多学科研究力量的关注。

一是关于公共性和公共利益的研究。有关公共性的研究大多从中西比较的视角，结合马克思主义的有关理论进行深入研究。李海青结合马克思主义政党的公共性追求，从描述性和规范性两个维度深入理解公共性。刘九勇从中西政治观念比较的视角以马克思主义对现代中国的公共价值进行科学化阐释，强调使命型政党的领导是落实公共价值的政治组织方式，实现公共价值主导的政治传统的现代化升级。刘舒杨从中西方关于现代性的概念辨析入手，指出合理的现代性是个体理性与社会公共性的有机结合，强调公共性是治理现代性不可或缺的一部分。数字时代的公共性也是一个关注点，阎国华等研究网络空间公共参与中的公共性和反公共性，强调需从培育公共参与所需的主体精神品质、增强重要公共议题的深度破圈能力等方面协同促进网络空间公共参与良好发展。公共利益的研究方面，谢新水引入"元宇宙"的概念，强调需要增强元宇宙增进公共利益、提升社会福祉的使命并提出相关策略。

二是关于公平正义的研究。社会主义的本质就是共同富裕，公平公正是社会主义的根本价值追求。冯颜利结合党的历史深入阐释中国共产党对马克思主义公平正义观的践行和发展，深化马克思主义公平正义理论的内涵。赵新锋等在环境治理方面提出构建地方政府绿色行政模式，强调环境正义对绿色行政的影响，以此应对环境治理问题。在共同富裕理论基础的研究方面，北京学者研究成果颇丰。张占斌等深入浅出阐述了习近平关于共同富裕重要论述的理论逻辑并提出实践要求。丁元竹指出实现基本公共服务均等化是实现共同富裕的基本内容，并阐明两者之间的关系。邓莉在政治哲学视野下理解共同富裕，指出其理论自觉和中国对马克思共同富裕理论在中国语境下的重构。李石则从政治哲学领域的分配公正研究的公正原则出发，讨论如何建构公正的社会分配制度和实现共同富裕的学理基础。还有杨立雄对面向共同富裕的社会救助问题进行探讨，认为社会救助需要从兜底保障转向适度的分配正义。吴本健等从空间正义的角度出发，指出民族地区实现共同富裕的理论逻辑与实践路径。

三是关于法治或法治化背景下的相关研究，集中于习近平法治思想和行政行为法治化的研究。基于习近平法治思想，深入探讨法治和国家治理体系治理能力之间的关系，马怀德指出法治是国家治理体系的依托和国家治理能力的体现。黄文艺深入阐释习近平法治思想中的政法理论，指出其是对马克思主义国家与法理论进行的完善和发展。还有学者指出建设法治政府需要从制定行政基本法典、全面落实法治政府实施纲要等五个方面着力。基于监察法出台的背景，曹鎏对监察法治的核心要义进行深入阐释，进一步探讨对权力监督和制约的问题。在行政法法典化背景下，罗智敏探讨了编纂行政法法典中对行政行为的基本概念、行政行为的功能、行政行为在法典中的地位等进行界定的问题，为行政行为构建基础理论体系做出贡献。此外，在数字化时代背景下，冯子轩对智能行政执法过程的机理和冲突调适也进行了探讨。

四是关于人本价值的研究，研究大多从国家视角和历史视角进行探讨。麻宝斌等提出将“以人为本”贯彻到公共管理的理论假设与价值、管理主体与对象、研究内容与方法等方面，创建公共管理研究的人本范式。吴鹏通过民族理论和民族政策实践的追溯和梳理，解析其内隐含的以人为本的立场和价值，发展“以人民为中心”的核心话语体系。赵义良从中国式现代化的角度指出中国式现代化是以人的现代化为主题，以人的自由全面发展和人类解放为根本价值追求的现代化，强调“人本”代替“物本”。除此之外，还有学者借鉴老子“无为而治”治理思想中的价值取向，从“上善”的伦理价值取向，“无欲”的心理价值取向，“不争”的利益价值取向和“无为”的行为价值取向启发当代中国治理。

2. 行政管理理论研究与提升

一是对既有理论和实践的总结性和体系性研究。如张来明等总结了新中国成立以来中国社会治理理论和实践的三次跃迁，总结中国社会治理体系发展进程和阶段特征，探讨我国社会治理的思想内涵，并指出中国社会治理的核心机制是引导社会力量的有序参与。杨志云对新时代环境治理体制改革的理论和实践逻辑进行了探讨。王伟玲系统梳理了我国数字政府绩效评估的理论研究与实践发展历程，归纳总结出数字绩效评估的三种典型模式：第三方评价模式、目标分解模式和价值分析模式。在公务员行为理论研究上，《历史、逻辑与规则——公务员日常行为研究》一书基于对政府实践的深入观察，对公务员进行行为研究，分析了公务员行为的历史和逻辑，对于理解政府运行具有创新价值。杨宏山于2022年3月出版的《市政管理学》（第五版）以城市公共事务管理为研究对象，构建了市政管理学的知识框架，包括城市与城市化、城市管理理论、市政管理体制、城市政策过程、重点领域政策、城市治理创新六个模块，并介绍近年来的新成果，如城市治理理论、邻避冲突管理、网格化城市管理等。《过程导向的国家治理》一书中提出了立足中国实践、对话国际理论的政府质量概念和理论体系，并从公众、精英、政治互动过程三个视角采集抽样调查数据和网络问政大数据，实证地评估了我国地方政府质量的现状，为构建政府与社会合作治理模式、实现治理能力现代化提供理论依据和实证支撑。《央地关系：寓活力于秩序》一书论述了中国总体央地关系的历史、逻辑和影响，探索构建一个有中国特色，实现“集分平衡”的央地关系制度框架。

二是对既有机制或现象进行深入阐述和创新构建的研究。研究机构改革或机构设立的机理方面，如孙彩虹论述从精兵简政到简政放权的转变逻辑，强调要实现“精兵简政放权”的三元整合与有机统一。杨兴坤对地方党政机构设立的机理进行探讨。石亚军等对我国地方政府设立法定机构的探索制度进行理论上的深入探讨。王文举等将“接诉即办”运行机制的逻辑关系作为研究对象，论述其以人民为中心发展思想的重要价值、内涵意蕴，进一步把握“接诉即办”运行机制的内在规律。汤利华基于“环境—结构”理论视角解释地方领导小组运行机制的适应模型，丰富地方政府协同过程理论。此外，对于政府职能扩大所带来的“行政负担”现象，北京学者也有较多研究。如马亮对行政负担进行综述性研究，提出值得研究的理论命题并对其所涉及的若干典型场景进行分析，提出研究前瞻问题。栗伊萱等解释乡镇政府负担的生成机制，即乡镇政府服从科层体制、回应社会问题和内部激励失灵三重机制作用的结果。构建创新性解释机制的理论研究方面，如杨志军等加入“民众个体”变量，建立起一个基于“中央总体—民众个体—地方单体”的双重委托—代理新机制，解码中国国家治理奇迹。安永军以“同乡同业”型电信诈骗为例，强调公共事务属性对治理产生的影响以及运动式治理如何在常规治理的基础上进行递进式的补充治理，从而提出常规治理与运动式治理纵向协同的双层治理。汤利华从跨部门协同的视野下对运动式治理进行了研究述评，进一步深化对运动式治理的理解。白浩然基于“激励响应—机制执行”视角对减贫机制进行深入探索。孙柏瑛对作为尝试回应城市社区物管纠纷的一种自下而上与自上而下相结合的治理机制——“信托制”进行理论阐述。

三是对既有理论进行新发展和新阐释的研究，主要集中在时代背景下政府建设的创新理论研究和时代背景下有关治理的创新理论研究方面。一是时代背景下政府建设的创新理论研究，如翟云提出中国数字政府建设的理论前沿问题，并在数字政府“大问题”研究的基础上，基于宏观、中观、微观三个维度聚焦“数字政府与治理场域”“数字政府与治理平台”“数字政府与治理能力”三个理论问题为着眼点进行治理现代化面向的理论诠释。此外，他还基于不同的叙事逻辑，辨析电子政务与数字政府之间的关系。刘开君等以“技术驱动—组织重塑—治理转型”为分析思路，阐释了数字化赋能服务型政府建设的理论逻辑。孟庆国等引入供需互动视角对公共部门的数字化转型进行理论阐释和探索。以数字中国为题材的系列著作，如周民、王晓冬的《走进数字经济》、张立的《走进数字社会》和翟云的《走进数字政府》，立足中国全域数字化改革的多样化实践，紧扣“十四五”规划中关于数字中国建设的任务部署，从理论、实践、政策多层面对数字中国建设进行深入阐述，多维度展示数字中国建设各个领域的发展成就和未来前景。其中翟云的《走进数字政府》重点围绕数字政府的理论逻辑、历史逻辑和现实逻辑，系统阐述了数字政府的来龙去脉、本质特征、运行形态、技术逻辑、数据赋能、管运模式、安全发展和数字素养等前沿议题，丰富数字政府相关理论。二是时代背景下有关治理的创新理论研究。数字治理有关研究方面，如孟天广从生态论视角理解政府数字化转型，提出数字治理生态的概念。李韬等从公共管理理论视角、双边市场理论视角等多重视角对数字治理概念的内涵进行深入阐述，并指明数字治理的基本要素。刘旭然对政务服务跨域治理提出分析框架，进一步充实数字政府治理理论。此外，黄璜等对数字化赋能治理协同的模式进行研究，归纳出行政式、市场式、网络式和“赛博格”模式等四种理想的协同范型。社会治理有关研究方面，何艳玲等对当代中国的社会治理变迁进行逻辑分析，指出构建韧性治理模式是回应复杂治理的必然要求，同时提出统合治理这一概念，综合党建引领社会治理和网络治理，并基于网络空间对城市治理的挑战，提出“孪生空间，平行治理”的理念，强调构建针对网络空间的治理理论与实践体系。叶裕民等建构“4W”城市治理一般分析框架，促进实践研究范式转移和完善理论研究范式，最终形成理论与实践相融合的新的城市治理研究范式。尹稚围绕“以人民为中心”的治理，阐释现代城市治理的基本内涵和发展。危机治理有关研究方面，王一鸣构建以人民为中心制度优势的政策实践和逻辑机理，解释突发公共卫生事件应急管理的机制设计。从问责角度研究中国疫情问责中突出的适应性问责特征，并提出问责的三种类型及其核心机制，进一步完善公共管理问责研究的理论基础。

3. 研究方法

专门的方法论研究上，在京学者们对网络分析方法、案例分析法、行为研究、视频研究法进行单独述评和介绍，并就量化研究中的细节问题进行探讨。吕立远等基于“网络复杂度—时序变化”的类型学研究框架，对网络分析在公共管理和公共政策研究中的应用进行评述。杨立华等在系统梳理国内外关于案例研究方法理论及其知识体系的基础上，探讨构建规范案例研究方法的基本路径。祁志伟探讨了行为研究在公共管理研究中的实践面向。吕孝礼等综述了组织研究、社会学等领域采用视频方法的研究，指出此方法对公共服务供给与监管等公共管理议题的潜力。在量化研究的细节方面，郭晟豪等对潜变量指标误用问题进行探讨并提出改进策略。

学者们采取的研究方法多样，定性、定量研究方法兼具。收集数据分析类方法多采用问卷调查、访谈法、个案研究法和定性比较分析法（QCA），数据分析方法多采用回归分析法、因子分析法等，二手文本分析方法上多采用文本分析法和文献计量法等，并且引入社会学、经济学等学科的方法进行混合研究。

采用定性研究方法的研究上，大部分学者采用案例研究法。如胡盼等基于案例探讨基层政府发展村庄产业的“经营平台”机制及其逻辑。杨宏山等构建城市治理的“双轨学习”分析框架，基于基层治理改革的案例对政府学习模式进行剖析。张权运用典型案例研究法，研究网络互动对政府公信力的影响。万鹏飞等结合具体案例分析城市基层跨域协同治理的缘起、特征与实现路径。宋洋通过案例研究提出网格化协同治理的模式。文献述评方法也被学者们普遍采纳，如郝玉明在对国外公务员制度有关文献综述的基础之上，从职位分类改革等方面提出新时代中国特色公务员管理创新的政策建议。孙柏瑛等在文献综述的基础上从心理学、组织学和政策科学三个层次对“政府注意力分配”这一概念进行理论溯源。同时也有学者运用扎根理论识别乡镇政府负担的生成机制，运用文本分析方法对改革方案进行分析，探讨地方党政机构的设置机理等。

采用定量研究方法的研究上，大部分学者采用回归分析、元分析、验证性因素分析等常见研究方法，也有采用实验方法和先进大数据方法的研究。如宋文娟利用数据库的发展中国家的 PPP 项目投资数据进行负二项回归分析，研究政府效能对 PPP 投资的影响。基于面板数据，张楠等进行回归分析探究不同类型绩效差距对地方在数字政府建设方向的注意力产生的影响。王亚华等采用回归分析法研究参加短期培训项目对个体公共服务动机水平的影响以探索公共服务动机是否可以被形塑。山少男等通过元分析和模糊集 QCA 的双重分析，研究复杂环境下准确识别多元主体参与公共危机治理行为的关键因素。王晔安等采用验证性因素分析和调节效应分析的方法验证组织公民行为在街头官僚“承上启下”的过程中比公共服务动机发挥着更大的作用，揭示由领导力激发的组织公民行为与公共服务动机对专业官僚和行政官僚具有不同的作用机理。在实验方法的采纳上，郑思尧等采用析因实验方法，研究信息公开与治理效度的关系。在先进大数据方法的采纳上，孟庆国等采用机器学习方法，基于省级政府网站数据研究影响数字时代中国地方政府组织声誉建构策略的因素。陈新明采用循证式测评的方式研究数字政府时代干部的政治素质等。

二、行政管理体制与改革

行政管理制度规定了管理国家行政事务的组织结构形式和工作制度。行政管理制度改革则是政治体制改革的重要内容，贯穿我国改革开放和社会主义现代化建设的全过程。进入新时代，高质量发展是全面建设社会主义现代化国家的首先任务，行政管理体制改革也应当以实现高质量发展为目标，遵循中国式现代化提出的新要求。对此，学者不仅从宏观层面围绕行政管理制度的改革方向与政治意义进行了阐释，还从细分领域入手，讨论了实践中不同维度行政管理体制的改革成果与进阶路径。

新时代的背景对行政管理体制及其改革提出了更高的要求。江小涓指出，如何加快构建新发展格局，着力推动高质量发展，是新时代政府职能转变与行政体制改革的重要立足点。作为其中的重要一环，行政管理体制改革与顺利迈进中国式现代化新征程紧密相关。因此，必须从国情、目标和方法三个方面理解中国式现代化提出的新要求，也即坚持问题导向，坚持人民至上和坚持胸怀天下，坚持自信自立、坚持守正创新和坚持系统观念，将其作为构建适应中国式现代化要求的行政管理体制的根本遵循。高小平将行政管理体制置于推进国家治理体系和治理能力现代化的视域之下，将历史进程与时代意义相结合，阐明了行政管理体制创新对于国家治理现代化的加速作用和对于制度供给能力的提升作用。而在分析了我国行政管理制度所具有的底层、中层和表层的“三重逻辑”后，他强调，在当前和今后一个时期，以国家治理现代化为目标的行政管理制度体系创新的重点是深化“放管服”改革。

在宏观层面以外，“城市行政管理体制改革”这一子主题在 2022 年受到较多关注。王垚综合考虑了新中国成立以来特别是改革开放之后城市行政管理实践带来的经验与教训，提出城市行政管理体制改革应以兼顾公平与效率、实施渐进式改革、坚持差异化分类为基本原则，以建立扁平化城市行政管理体制、平衡政府与市场之间的关系、走高质量的新型城镇化道路为主要路径。陆军则以十八大为关键节点，探讨了十八大以来我国城市管理体制的发展方向与改革内容，认为十八大之后的改革实践使我国城市管理体制建设的科学性、智能化、精细化和规范性、持续性日臻完善，未来应当持续巩固改革成果，探索统一执法法律依据、形成规范执法基础、构建督查考核体制、优化管理网络格局、开发市场化工具等深层次的体制瓶颈化解工作。

三、公共组织管理与发展

社会治理是国家治理的重要方面，社会治理现代化也是中国式现代化的重要命题。2022 年，北京社科界对社会组织的管理和发展的研究取得丰富成果，研究议题集中在以下三大方面。

第一，关于社会组织管理的研究。党的领导是中国特色社会主义最本质的特征，在社会组织领域坚持党的领导是应有之义，也是社会组织管理研究的重点。何艳玲通过研究党组织体系在基层治理的模式，提出统合治理的概念，认为统合治理是网络治理在中国的实现形态，发挥重塑基层社会和拓展复杂治理的能力。

在统合治理模式下，基层党组织支持和培育社会组织的生长，也依托社会组织巩固和推动了其组织发展，强化了国家权力对社会新生空间的覆盖。王杨以社会组织孵化器党建为案例，发现党通过社会组织塑造社会群体是一个政治身份认同—共同体意识—集体行动力的三维度塑造过程。党从身份、组织和制度三个层次进行整合性的政治表达，运用多元化政治表达工具，塑造社会群体政治身份认同，建构和巩固共同体意识，进而实现集体行动中的一致性和团结性。

参与网络治理的社会组织必然会和其他部门产生互动，社会组织和政府与国家的互动也得到学界关注。蓝煜昕对美、英、德、法、俄、日、印7个国家管理社会组织风险的制度体系进行了系统梳理，结合各国的历史和管理实践，分析比较了制度背后所体现的风险管理目标、管理思路和手段，总结出社会组织风险和国家管理社会组织的类型学。李健基于公共服务链和模块化理论，构建了超大城市社区政社协同治理机制创新分析框架，并结合具体案例发现超大城市社区政社协同包含“链”和“块”两种混合治理机制，其中“链”能提升公共服务敏捷力，“块”能增加公共服务供给。王伟进通过对国务院政策文件库以及社会组织的各领域政策文件的文本分析，发现社会组织管理先后经历了宽松放养体制、双重管理体制确立、双重管理体制小突破、后双重管理体制四阶段。相应地，在这个过程中，国家发展利用社会组织的逻辑日益超越管制防控逻辑，国家对改革发展与风险管控两大任务的平衡影响着社会组织管理政策的具体调整。

参与治理的社会组织有不同的治理功能，引起了学者们的研究兴趣。刘志鹏聚焦社会组织在生态环保政策执行过程中民众政策遵从意愿和行为催化的发生机制，发现面对特定问题时，强制性工具效果不佳，民众政策遵从度低而社会组织的参与和其引领的机制创新催化了民众政策遵从。李健聚焦社区社会组织参与在社区异质性与社区凝聚力之间发挥的中介作用。发现社区社会结构异质性、社区环境质量异质性以及社区文化异质性均有助于促进登记类社区社会组织参与，备案类社区社会组织参与仅与社区环境质量异质性正相关。高庆昆聚焦行业协会在互联网治理的功能，认为是作为“政府”和“非政府”互动关系的中间者。研究发现作为中介的行业协会，承担着政府和非政府的双重属性，具备自我管理与软性管理的治理手段，并且具有多个治理主体协同合作的创新模式。

第二，关于社会组织发展的研究。社会组织发展和外部环境密切相关，谢志强系统梳理构建城乡基层社会治理新格局的主要制约因素，指出城市和乡村面临政社关系适配度不高、公众参与水平低等共同难点，还存在社区公共精神水平、村民组织化程度不高等外部环境缺陷。郭梓焱聚焦于社会组织所面临的制度执行环境，以层级链条和部门协作两个维度进行分析，发现环境存在模糊化、选择性以及碎片化等问题。

社会组织发展议题涵盖能力提升、治理参与拓宽以及组织演变等方方面面，学者们对此研究如下。李健基于组织学习理论，以过程追踪的方式探究了一家社会组织参与社会治理的历程，发现社会组织能力建设呈现出“基础性能力—专业性能力—专有性能力—发展性能力”层级递进的动态过程；通过组织学习激发社会组织自身的能动性是社会组织能力建设和提升社会治理参与效能的关键；组织学习影响了政府与社会组织合作形态变化，并推动政社互动不断走向深入。张汝立聚焦社区治理共同体建设中的信任机制，将其概括为行政信任和人格信任两种类型，并提出了超越对社会组织的人格信任的路径。黄家亮聚焦社会组织参与基层社会治理的理论和实践研究，系统梳理了不同理论下的社会组织参与基层社会治理的深层逻辑与具体机制，提出了未来我国社会组织参与基层社会治理改进的具体路径。刘太基于需求溢出理论的视角，以成都市水井坊街道为例，分析了非营利组织嵌入城市老旧社区治理的动因、内在逻辑及实现路径。研究认为，老旧社区治理应当注重需求匹配而非一味“去行政化”，兼顾物质治理与心灵治理，并坚持具体问题具体分析，选择适合本社区的治理模式。甘甜从环境不确定性与组织权力视角出发，提出了公共危机治理中社会组织间协作形态的分析框架，揭示了环境不确定性和组织权力的共同作用下差异化的社会组织间协作关系形成和演进的内在机制。社会组织的国际化研究中，马庆钰认为非政府组织的组织属性、组织形态和国际认可度，决定了其在全球治理体系和国家软实力建设等相关国际事务中具有不可替代性，并总结了中国NGO参与全球治理的优势与时机。在他的另一个研究中，依据境外在华非营利组织注册数量和ODA位居前列国家及其非营利组织参与其中的程度，筛选出五个样本国家并基于直接资料和间接文献做了系统梳理分析，进而运用因素分析法对各样本国家助其非营利组织国际化发展的主要举措做了三种归纳。

第三，关于具体社会组织的研究。社会组织类型多元，2022年学者们还细分具体类别开展微观研究。在慈善组织相关研究中，李健在第三次分配视域下论述了慈善捐赠监督与管理，认为当前存在慈善捐赠意识不浓厚、慈善捐赠制度不通畅、慈善捐赠分配不科学、慈善捐赠使用不透明以及慈善捐赠监管不完善等问题。邓国胜聚焦网络慈善，基于2014年、2016年和2018年三期CFPS调查数据，考察了互联网使用对家庭捐赠行为的影响效果及作用机制。李健使用类型学研究方法从关系强度和结构自主性两个维度，将慈善组织联合行动模式划分为四种类型，并结合案例进行了实证分析。研究发现联动模式有多元性；强联结下的联合行动易于形成集中化网络，表现出高度协作，集体行动更易达成；弱联结下的联合行动则形成集成化网络，借助网络较高的对外延展性建立跨界合作网络；“互补机制”是慈善组织联合行动得以成功的关键，包括集权与分权的平衡和治理理念的互补。原珂基于D市政府发起型社区基金会的集合性个案观察分析，揭示该类社区基金会的发展成因及其运作机理，总结出其政府主导、自筹有限、服务为主和枢纽功能有限的特点。他的另一研究聚焦社区基金会治理结构及其优化策略，发现我国社区基金会治理结构分散，需要不断优化和健全。优化策略有理顺政府与社区基金会的关系、赋权社区基金会理事会、发挥监事会的积极作用以及加强秘书处的专业化运作。在环保组织研究中，刘伟关注环保组织资源禀赋与其行动的关联，并提出了一个“结构—组织”视角下的分析框架，以此分析新时期环保组织的行动策略，并总结出了四种环保组织的行动策略：内部倡导、试点孵化、公众布道与行动深耕。在科技社团研究方面，关磊分析了中国科协在参与枢纽型技术交易市场的活动中具有的优势、劣势、机遇，并提出了五点建议。汪涛基于扎根理论，从供、需整合视角，综合外部需求与社团能力开发了评价指标体系，并以工科学会为例开展实证，结果揭示了科技社团存在的问题。潘建红研究了科技社团参与科普的机制及实践路径。提出以科普主体、内容、媒介、受众这四要素及其相关关系为主线，完善科技社团在协同运作、监督审核、全媒体传播与评估反馈等过程中的实现机制。在另一项研究中，潘建红从发达国家科技社团独特的内部治理机制和健全的外部治理环境两个角度介绍了发达国家科技社团在国家治理中作用发挥的经验。王莉丽聚焦智库，提出一个“智库全球治理能力”分析框架，并对中、美、英三国智库的全球治理实践进行比较分析。提出了“智库全球治理能力”的全球公共思想产品供给、舆论影响力传播、跨国智库网络建构三个维度。

四、对京津冀协同发展战略的研究

1. 构建评价指标体系

京津冀协同发展是提升京津冀城市群影响力和竞争力的重要手段，因此，建立指标体系、测量协同发展指数对京津冀协同发展情况评价对促进京津冀协同发展具有重要意义。2022年，北京地区学者采用定量研究方法构建了多种评价指标体系，对京津冀协同发展政策的产业协同、人力资本、绿色发展等方面进行了评价分析。陆军等采用聚类分析、空间识别和数据分析等方法，将都市圈综合发展能力划分为资源要素集聚能力、中心城市辐射带动能力、突发事件应急能力和社会福利保障能力四方面，将都市圈协同发展水平框架界定为“统筹区域三生空间子系统、强化四元协同要素体系的统一和重点关注八大支撑领域的逻辑链条环节”，从综合发展能力与协同治理水平两个维度，构建了首都圈测度评价指标体系，发现首都圈的综合发展能力在全国都市圈中处于第一梯队，但协同治理水平较低，存在着区域发展要素分布不均、产业分工落差大、公共服务不均等、城镇体系失衡等问题。徐军委等从绿色生产、绿色生活及绿色生态三方面构建了京津冀城市绿色发展综合评价指标体系，采用熵权TOPSIS法测算京津冀地区13个城市2002—2018年的绿色发展指数，并引用空间杜宾模型对京津冀地区城市的绿色发展水平进行了测度，发现京津冀城市绿色发展水平具有显著的空间集聚性以及稳定上升态势，而经济发展水平、城镇化、科技进步等因素分别对绿色发展水平有不同程度影响，同时针对发展观念、产业结构、协同机制等主题提出了对策建议。

安树伟等采用公共政策效果评价中的双重差分法，以2015年为政策起点，通过对比实验组和对照组的结果对京津冀协同发展战略实施以来北京非首都功能疏解、生态环境协同治理、交通一体化发展及产业协同发展四个重点领域的政策中期效应进行定量评估。结果表明，京津冀协同发展战略对北京常住人口规模下降产生了较明显的作用、有效改善了京津冀三地的环境质量、促进了三地交通一体化发展，但尚未对产业协同发展产生明显影响。文余源等基于创新、协调、绿色、开放、共享五大新发展理念，加上高质量发展的依托经济因素，构建了一个包括六大准则的京津冀高质量发展评价指标体系，在对六个分项指数进行测度和计算后发现京津冀协同发展水平有所提高，但内部发展差距仍然较大，尤其是创新、开放发展方面，协同发展需加大力度向更深层次推进；京津冀内部高质量发展水平在空间上大致呈现由中心向外围递减的特征，京、津发展水平较高，河北各市相对落后，尤其是南部的邢台、邯郸、衡水等城市。刘洁等则聚焦“双碳”目标，建立了经济—人口—资源—环境评价指标体系，运用耦合协调度模型，系统分析了京津冀城市群经济—人口—资源—环境发展的时序特征与空间特征，并据此提出政策建议。

2. 战略现状与不足

自京津冀协同发展战略实施以来，其整体发展进展、现状、不足以及路径选择成为学界广泛关注的重要议题。2022 年，北京地区的学者们在能源、应急机制、科技创新等领域针对京津冀协同发展进行了深入分析，评估了当前战略的进展情况和存在的问题，并提出了未来发展的重点方向。李国平等总结京津冀协同发展战略成效，认为其在非首都职能疏解、区域交通一体化、生态环境质量改善、产业升级转移等方面成效显著，但存在着区域内部经济差异扩大、分工合理的创新发展格局尚未形成、城市规模等级体系需进一步优化调整等问题，未来仍需从落实国家政策要求和回应国内外新形势两方面推动京津冀协同发展走向深入。孙久文指出，京津冀协同发展的成效体现在发展协调、功能协同、治理协作、利益协调方面，并从产业结构、消费驱动、新区建设等方面提出政策建议。杨志云聚焦京津冀协同发展的公众感知和效果评价，通过对京津冀四个区县的问卷调查和结构性访谈发现：协同发展战略的公众知晓率和信息公开程度有待提高；区域交通一体化和生态环保成效显著；协同发展对增加就业机会、提高收入水平的积极影响显著但也衍生出部分毗邻区房价过高等消极结果；教育和医疗服务一体化总体满意度有待进一步提高。

胡宏伟等基于组织多重制度逻辑的视角，着眼于京津冀养老服务协同领域，阐释京津冀养老服务协同中政府驱动型治理的制度逻辑，进一步从大协同、中小协同两个层面，分析京津冀养老服务协同的困境挑战，以及对应的多重制度逻辑原因。胡红梅等聚焦跨区域应急协调机制，认为京津冀应急体系规划对三方应急协同的表述轻重不一、各有千秋，三地规划也都表现出不同程度的可提升之处。为推进京津冀应急协同发展，应确立“构建京津冀应急协同体系”的战略目标，对齐京津冀应急协同的各项具体工作，建立支撑应急协同体系建设的领导组织架构，编制实施京津冀应急协同体系专项规划，出台跨区域应急协同体系建设指导意见。张莹指出，北京冬奥会遗产对推动京津冀协同发展有深远影响，应发挥北京冬奥遗产作用，助力京津冀持续协同发展；共享北京冬奥遗产成果，推进京津冀高质量协同发展；深挖北京冬奥遗产潜能，打造京津冀协同发展新动能。

京津冀协同发展领导小组办公室发布的《京津冀协同发展报告（2021）》指出在能源发展方面，当前京津冀经济发展水平较高，但区域内部发展不均衡；京津冀能源供应保障条件较好，但严重依赖化石能源；京津冀协同发展促进生态环境持续改善，但形势仍严峻；京津冀能源高质量发展的重点是推进能源与经济、环境的协同发展。

3. 数字经济

数字经济对城市发展至关重要，它可以增加就业机会、促进经济增长，提升城市的竞争力和吸引力，推动高质量发展和智慧化建设，提升居民生活品质和创新能力。本年度北京地区学者关注数字经济为京津冀协同发展向高水平迈进带来的机遇与挑战。蓝庆新以算力网络国家枢纽节点建设为研究对象，分析了京津冀协同发展数字经济的有利因素，包括区位环境、政策支持、产业合作等，也指出了协同发展机制不完善、产业发展不均衡、市场功能发挥不够等方面短板制约京津冀数字经济发展。《2022 中国数字经济发展研究》也指出京津冀数字经济发展整体协同度仍需提升，要通过“通勤圈”“功能圈”“产业圈”不同组团定位，放大北京创新、要素源邻近优势，推动京津冀数字经济协同发展。首都经济贸易大学与社会科学文献出版社联合发布的《京津冀蓝皮书：京津冀发展报告（2022）——数字经济助推区域协同发展》指出数字城市建设是京津冀发展数字经济的有力支撑，数字消费在居民消费甚至在整个经济社会的发展中担任着越来越重要的角色，数字要素驱动产业对京津冀居民消费水平提升起到了显著的促进作用。孙久文等聚焦于数字经济对公共服务新发展的推动作用，他们指出京津冀城市群中，公共服务的高质量和丰富性在各地间还存在较大的差异，应抓住数字经济崭新契机，挖掘北京国际消费中心城市的优势、推进公共服务供给方式的创新、发挥数字经济的独特优势。

4. 社会网络分析

本年度北京地区学者分别采用社会网络分析方法研究了京津冀地区的产业投资网络、科技合作网络以及协同创新网络等主题。李聪等以京津冀城市群产业投资网络为研究对象，采用包括网络密度、中心度、核心—边缘结构等分析在内的社会网络分析方法研究其演变特征，发现京津冀产业投资规模呈阶段性增长，空间范围扩大，产业投资格局从单核辐射网络演变为“双层三角联动辐射网络”，核心—边缘结构明显但极化现象逐步减弱，节点城市的投资类型具有多样性，此外，该研究还分析了京津冀城市群产业投资网络演变的影响因素。席强敏等从基于知识创新的科研合作和基于技术创新的技术合作的维度构建京津冀协同创新网络，揭示了京津冀自实施协同发展战略以来区域协同创新网络的演变特征，并分析了其背后的影响因素，为完善京津冀科技合作网络、推动协同创新共同体的建设提出了针对性的建议。潘春苗等运用社会网络分析方法计算出反映京津冀、长三角和粤港澳大湾区三大城市群协同创新网络结构特征的网络密度、网络集聚系数、中心势指数、平均距离四项指标，据此比对分析了三大城市群知识创新合作网络特征、专利技术合作网络特征以及省际间的技术交易特征，并指出应重点解决好城市间协同创新不平衡问题，充分发挥核心节点城市的辐射带动作用，优化软硬配套环境。

总体而言，北京地区学者对京津冀协同发展战略的研究充分体现了关注领域的多样性、参与学科的交叉性以及研究方法的多元性，为推动京津冀协同发展提供了理论支撑和智力支持，为制定有效的发展战略和政策提供了重要参考。首先，关注领域的多样性。除了养老、生态环境、人口和交通等传统关注重点领域，他们还将目光拓展到冬奥会、算力引擎、数字经济等新兴领域。这种多样性的关注领域丰富了京津冀协同发展研究内容，使研究更贴合时代要求。其次，涉及学科的交叉性。相关研究来自不同学科领域，既包括行政学与公共管理学科，也包括经济学、政治学、管理学等。这种学科交叉的参与使研究成果更加综合和全面，能够从不同角度深入探讨京津冀协同发展战略的问题。最后，研究方法的多元性。相关研究既包括基于定量方法的评价指标体系构建与分析，如使用双重差分法、耦合协调度模型、空间面板计量模型等，又包括基于定性研究方法的对战略现状及存在问题的分析，如问卷调查、深入访谈、文本分析等，还包括使用社会网络分析方法的相关研究。这些多元化的研究方法使得研究结果更加可靠和实用，为实施京津冀协同发展战略提供了有力支持。

五、对雄安新区战略的研究

2022 年，围绕雄安新区战略，学者们大多以京津冀协同发展为着眼点，分析了雄安新区战略的发展现状，并为雄安新区实现高质量发展提供了路径选择。

李国平、朱婷客观分析了当前京津冀协同发展获得的成效和存在的问题，尽管已在北京非首都功能疏解、人口调控与布局优化、产业升级转移、雄安新区建设等方面都取得了积极进展，但仍面临着三省市经济发展差距过大、协同创新与产业合作不足、城市体系不完备等问题的挑战。在提出优化路径时，两位学者指出，促进核心区非首都功能疏解与城市副中心和河北雄安新区对相应功能的有序承接，对于深入推动京津冀一体化发展有着重要意义。孙久文在指出当前所取得的成就之外，还特别分析了京津冀协同发展的新特征，“雄安新区建设进入全面推进的新阶段”便是其中的重要一环，这为先行承接北京非首都功能疏解、探索创新城市开发建设模式创造了有利条件。进入新时期，京津冀协同发展仍要重视雄安新区这一增长极，促进雄安新区长期可持续性发展、使生产要素自发地向新区聚集。此外，京津冀协同发展八周年和雄安新区设立五周年座谈会上，高国力将雄安新区设立后的五年分为了前期规划和相对加快两部分，但总体而言，雄安新区仍处于起步阶段，想要实现将雄安新区打造成为保持战略定力的未来之城的目标，还需要分类精准地推动雄安新区承接北京非首都功能、客观地定位北京和雄安的通勤特征、率先在雄安启动一些体制机制试点和实验。

六、对超大城市治理的研究

在超大城市治理这一主题之下，学者们大多从具体案例出发展开研究。欧阳鹏等学者认为网络化时代下超大城市的治理要避免就城市论城市，应面向全球、国家、区域多尺度开展空间网络测度评价，在这一预设下对北京对外协同水平进行了评价，将全球、国家、区域之间的协同与产业经济、科技创新、社会文化和交通信息等不同功能网络交叉，提出了符合北京城市状况与发展方向的多尺度网络协同治理思路。李健、李雨洁则从北京“回天地区三年行动计划”出发，对基于公共服务链和模块化理论构建的超大城市社区政社协同治理机制创新分析框架进行实证分析，将超大城市社区政社协同分为横向有利于扩展公共服务分工的“链”和纵向有利于增加多元公共服务主体的“块”两种混合治理机制，两种机制的耦合使北京市回天社区取得了显著的治理成效，但在更大的范围内，超大城市社区政社协同治理的深层机理仍需充分挖掘、整合和应用。孟子龙聚焦超大城市的数字政府建设，基于中央和省级党委机关报中超大城市数字政府建设的相关文本，引入时间维度，分析了上海市数字政府建设议题从“松散均衡型网络”转向“密集协调型网络”的变迁路径。此外，他还指出，上海市数字政府建设受政策势能、治理任务、同侪压力和公众诉求四个维度影响。而由于数字政府建设策略是多种政策工具的混合使用，不同维度之间也存在着交互效应，未来这四个也维度将对数字政府产生叠加影响。

七、对数字政府与数字治理的研究

1. 政府数字化转型与发展的逻辑和实践

研究通过回顾我国数字政府发展历程，提出我国在政府信息化和现代化过程中取得了数字政府的建设目标更加清晰，信息技术实施架构和制度基础日益完善等成就，形成了以信息化推动国家治理现代化、坚持“先试点、后推广”的政策行动、设置“规划式”发展议程、理论创新与实践创新并重等典型经验。与此同时，也有研究归纳和反思数字政府建设存在的不足之处，如区域不平衡、信息孤岛、数字基础设施投入不足、在线政务服务不完善、数据安全风险日益突出等问题，以及技术风险、政府数据安全治理问题以及社会治理有效性问题等层面的安全风险。上述现实情况的背后，则是公共利益调适平衡难、政府数据价值释放难、技术应用风险消解难等亟待突破的瓶颈。

为此，研究也积极探索数字政府建设的科学评估模式和工具。有研究发现了绩效差距对于强化地方围绕数字政府建设注意力分配的激励机制，建议推动地方各级科学运用绩效评估工具。不过，也有分析指出，目前我国的数字政府绩效评估中，第三方评价模式注重客观准确、目标分解模式注重目标达成、价值分析模式注重公共价值，数字政府绩效评估面临着制度规范相对匮乏、绩效评估指标体系有待改进、绩效评估结果利用有失妥当等现实困境。针对上述不足之处，有研究创新性提出了从组织机构、制度体系、治理能力和治理效能四个维度建构数字政府发展评估的 OPCE 理论框架，并据此检验治理规模、经济发展、信息化程度、政府规模等因素对数字政府发展的影响机理。

2. 数字治理生态的理论转向与数字政府建设的着力方向

数字治理生态的理论转向和理论建构。立足结构视角，有研究指出，伴随着数字政府发展进入全新阶段，数字政府已经超越技术治理、数据治理、平台治理、虚拟治理等单一领域发展阶段，迈入了全面数字化转型的协同发展阶段，“数字治理生态理论”是契合协同发展阶段的理论范式。数字治理生态从生态论的视角理解政府数字化转型，强调治理体系的系统化、治理主体的包容性、治理资源的共享性。数字治理生态蕴含着数字治理主体和数字治理资源两大内生关联的要素系统，发挥着汇聚多元治理主体、共享数字治理资源的基础性作用，以构建数字政府、数字经济与数字社会协同演进的生态系统，实现包容性、协同性、智慧性和可持续性等治理价值。有研究针对性地提出，生态视角对关联性、层次性、聚集性、整体性和动态性更为关注，在把握数字治理格局问题上，具备匹配数字时代高度互联、复杂互动总体特征，关联更宽阔广泛问题域等具体优势。还有研究认为，数字政府能否降低行政负担取决于一系列因素，包括制度环境、社会文化、组织结构、领导风格等方面，引入数字治理生态建设有助于破解数字政府并不必然降低行政负担的命题，为更好降低行政负担创造更好条件。

与之相类似，有研究立足过程视角，依据“供给—需求”关系提出供给者视角对公共部门如何实现数字化进行探索，但忽视需求者要素，转型的最终效果可能偏离为人民服务的价值目标。供需互动视角的引入有利于推动数字政府建设向政府引导下合作共治方向前进。有研究立足功能视角，提出了“数字赋能的非均衡性”特征，强调数字政府建设应当贯彻数字包容的理念，更加突出价值兼容性、主体多元性、过程参与性、成果共享性特征，以推动数字政府建设更加有效、均衡、普惠。据此，有研究赋予了数字治理以全新的定义，即数字化赋能治理体系和治理能力、构建新型治理体系为目标，在政府主导下，平台与企业、社会组织、网络社群、公民个人等主体共同参与相关事务的制度安排和持续过程。

以数字政府建设引领全面数字化发展的方向和手段。总体来看，有研究强调数字政府建设的下一步行动应围绕数字化赋能治理协同展开，即围绕基于数字化提升协同能力一个核心目标，形成“协同数字化”和“数字化协同”的两条基本路径，面向决策协同、管理协同、服务协同三类协同场景，实现空间聚合、多元参与、无缝沟通、工具集成四种系统功能，呈现开放、平行、敏捷、穿透、迭代五大关键特征。治理协同的导向也直观反映在政府与市场、国家与社会、企业与用户的关系调适和优化之中，如有研究指出数据治理通过驱动政府与市场关系的变化促使政府职能转变，并在政府组织形态、治理工具运用和流程再造等方面发挥了关键性作用，可以从数据治理规则重构、政府与市场双向赋能以及政府与市场边界重组等路径入手，构建起面向数据治理的新型政府市场关系，推动数据治理领域的有为政府与有效市场的实现。这需要更加针对性地规范政商关系，合理引导和促进规范的政商关系在数字政府建设和数字治理发展过程之中发挥积极作用，进一步厘清“公”与“私”的治理边界问题，法律治理与技术治理作为治理工具的适用性问题，以及治理主体权力与责任的配置问题等，以有效应对平台崛起与社会权力结构的变迁。

在具体机制和功能层面，研究聚焦敏捷治理的范式，认为数字政府建设要在以公众需求为中心、学习型政府建构、回应型政府建构、适应性治理能力培育的四个维度强化努力，以能够准确识别公众所需，实现数字政府建设的人民性的价值依归与效率目标的完美融合。沿着这一路径，充分利用信息技术的可建构性特征，或许能够调和并超越控制与自治导向下的一系列对立逻辑，开辟出复杂性化约的“第三条道路”。另有研究强调了法律规制的重要性，突出发展数字时代行政法的特殊意义。还有研究聚焦典型制度创设，提出了首席数据官制度是在提高数字治理能力、提升公共部门数据价值目标下进行的组织体系创新，是推动数字政府建设的一项重要举措，认为未来推进该项制度必须更加重视其职能定位与权责配置，制定完备的知识培训体系与人才评价机制，并以法治理念健全政府数据制度体系。

以数字社会建设构筑数字治理的坚实基础。研究突出人民至上的理念，强调探索负面清单式激励、网络化治理等方式不断支持发展智慧城市和智慧社会建设新格局。要更加注重提升公民数字素养、有效弥补数字鸿沟，进而以降低数字治理的行政负担。研究指出，我国公民数字素养提升面临着准备失绪、能力失位、供需失衡、生态失序等一系列挑战和困难。“十四五”时期需精准聚焦挖掘制约公民数字素养提升的诸多藩篱，夯实“筑基、赋能、扩优、强治”的四大工程，有效消解公民数字素养面临的风险挑战。还有研究借鉴美国经验，提出了中国可结合自身实际推动弱势群体跨越公共信息“鸿沟”，应围绕逐步完善配套法规体系、建立多元协同服务机制、加快信息技术发展、培育民众“可行性能力”，有效解决服务过程中存在的各种难题，提供更具包容性的公共信息服务。另外，研究也积极发掘数字化激活群团组织和社会联系的作用，为建构数字社会提供了有益借鉴。有研究提出大数据技术对群团组织公共服务治理的嵌入，在治理路径上实现了需求数字化、服务标准化、管理闭环化，在治理体系上实现了主体多元、关系联结、角色调整，在服务效能上实现了决策更加科学、供给更加高效、服务更加精准、合作更加开放。还有研究捕捉了数字技术和智能技术创新所催生的新兴社会组织形态，提出政府可以通过拓宽自组织聚集渠道、提供公益法律援助、引导技术创新方向的方式对新兴自组织发挥“保底线”的政府职能，提高社会的团结和韧性。

3. 数字治理应用创新的重点场域和关键机制

调适“国家—社会”关系。研究认为，网络问政平台有效担当了政府了解民意的“传感器”、化解社会风险的“缓冲器”角色，但总体而言仍然受限于政府治理能力，关键在于提供有效的政务信息，尤其是减少文本间的重复和冗余。基于调查实验的研究进一步发现，政府供给高质量的信息可以提升民众信息鉴别能力，抑制谣言信息扩散，塑造民众风险认知，规避非理性集群行为，进而提升民众对政府信息满意度，强化政策遵从度。而且，政府数字化转型还具有重塑社会关系的作用，研究通过比较发现数字政府建设较好的地区，人们在获取公共服务或和政府办事的时候会更少找关系，而对于经常使用互联网和有亲友在政府工作的人，这种影响会则更加强烈。为此，政务新媒体应当更加积极主动适应新环境、新要求，围绕明确发展目标以提升政务新媒体的总体地位，实现规范化运营和自主性建设的平衡，全面优化内容产制过程，增加投入并完善运营者结构推动自身不断发展。

优化基本公共服务。有研究发现，“一网统管”应用项目下沉与资源输入、绩效诉求与行政考核以及获取社会认同与支持，并试图通过条线整合与秩序塑造来完成治理任务，但也存在轻视数字伦理、技术异化等社会风险防控困境。为此应在过程监管、完善规制、流程再造及细化算法等方面进一步加强，防范其社会风险、发挥其效能，并要维护和实现政府内部治理与社会公众需求的有效平衡，激发最大治理效能。以C市Q区“民生监察平台”为个案，研究发现了大数据嵌入通过场景吸纳机制促进多元主体协同，通过空间刻画机制重塑了信息流动逻辑，通过技术执行机制驱动了监督方式革新，通过规则生产机制建构了平台运行规程的作用机制。基于对移动政务应用和发展的比较研究发现，移动政务发展水平越高的地区，流动人口的定居意愿越强；在控制个体特征、家庭随迁、地域流动等影响后，移动政务发展水平对于流动人口定居意愿的促进作用仍然稳健，年龄较大、已经购房、跨省流动、收入水平较高、教育水平较高的流动人口则更容易感受到移动政务服务的便民性，从而提升定居意愿。

数字化政务服务和监管规制。政务服务方面，研究引入市场营销领域的服务便捷度，为比较和引导网上行政审批服务能力提升提供了涵盖审批事项可及度、搜索便捷度、咨询便捷度、要件准备便捷度、审批过程便捷度、审批结果获得便捷度等6个维度、26个指标构成的评估工具。针对公共部门聊天机器人相关应用场景，研究认为主要围绕公共信息服务与政民互动、政府数据开放与数据管理、突发公共事件应急管理等展开，而聊天机器人的应用及用户对聊天机器人的信任受到环境、组织、技术等诸多外部因素的影响。监管规制方面，研究通过分析市场监管领域的十大数字化应用实践，提出了数字化监管要突出“全流程交易信息留痕、公共资源智慧监管、安全清朗的网络空间保障”三个要素，未来要以新一代信息技术为支撑、以流程再造和制度重塑打破部门信息壁垒、以变革数字行政监管观念与监管原则优化营商环境，继承和创新包容审慎监管，着力构建主体权责明确、对象识别精准、方法敏捷智能、效能评估高效的监管框架体系。针对城市环境卫生监管，研究尝试提出“约束申报制”垃圾收费模式的设计思路，旨在运用“多污染多付费，不分类多付费”的价格调节机制，引导垃圾投放源头减量和自主分类，并依托申报的可溯源性特征，运用大数据科学来研判城市生活垃圾治理措施，促进资源配置优化和提升治理能力。

创新数字乡村建设赋能乡村治理与乡村振兴。立足于乡村治理的总体困境，有研究提出数字技术的嵌入有助于降低乡村治理规则集体选择和村规民约宣传修订的成本，提高乡村治理规则供给效率和适配性；有助于改善监督与惩罚机制和冲突解决机制的运行效率，促进规则有效落地；有助于促进乡村治理交流平台建设，为规则维护提供必要的软硬件支撑保障。为此，推进数字乡村平台化，构建数字乡村共同体是数字乡村建设的必由之路，要健全农村公共服务高质量发展的技术适配机制，完善农村公共服务高质量发展的质量管理体系，构建起符合乡村组织规模和文化习惯的村民自治数字空间。围绕推进乡村振兴，有研究聚焦浙江“浙里兴村共富”场景化应用，发现该应用创设出了以整体性治理理念为核心的“整体智治”范式，通过服务项目内容的整体统揽、组织体系架构的整体互联、平台数据资源的整体贯通，推动了乡村公共服务从碎片化供给走向整体化供给。聚焦B市P区“互联网+大桃”项目案例，发现了P区政府通过动员机制、互惠机制、激励机制与农民、企业和社会组织建立起合作关系，实现数字技术赋能传统大桃产业。

4. 优化技术治理与数据治理的路径和策略

围绕人工智能治理，研究提出我国新一代人工智能治理的核心问题主要包括整合技术社会复合体的离散性认知、实现系统生态主权的非均衡调适、突破包容审慎探索的有限性实践三个方面。未来应遵从自主决定、安全可靠、透明公开、隐私保护、公平公正、责任担当的伦理规则，并综合“硬”约束和“软”约束的双重手段推动技术更好地服务于人类社会。针对“硬”约束，研究认为欧盟《人工智能法案》所提出的风险分类思路、产品规制路径、负责任创新和实验主义治理理念对我国人工智能立法规制具有重要的借鉴意义，并建议我国坚持规范与发展并行的原则，形成覆盖“事前—事中—事后”全链条监管机制的人工智能法。围绕“软”约束，研究认为人工智能的复杂性决定其治理需建构的包容性框架以实现内生性逻辑与建构性逻辑、一般性逻辑与情境性逻辑的统一，进而提出基于“共性价值—结构要素—行业场景—微观操作”的综合性分层框架。聚焦算法治理，研究提出算法治理的价值在于规制算法权力并保障用户权利，应重点围绕可控、透明、安全、公平四个核心面向，促进算法向善，防范或化解算法支配、算法“黑箱”、算法歧视风险，保障算法使用的安全性。基于对欧盟和美国算法治理的比较和反思，研究具体指出了我国优化算法治理的关键路径，包括实现算法可问责与算法经济的高质量发展、通过部际联席会议制度形成算法治理合力、从算法应用主体和应用场景角度拓宽算法治理的范围、优化多元主体参与的协同共治模式、补强司法救济和技术治理措施。

研究积极捕捉人工智能技术和算法开发在国际合作和全球治理中日益重要的作用，倡导关注人工智能自身及衍生的可持续发展问题，在人工智能系统三层架构及可持续发展 5P 维度中建构可持续的人工智能发展矩阵。我国深入参与算法全球治理议题应注重以数据跨境流动全球治理为起点推进整体性治理体系建设进程、区分不同算法全球治理议题敏感性、加快完善国内相关议题治理制度建设。

围绕数据要素治理，研究提出数据要素的价值释放受制于数据的产权归属，依据“数据谁持有”与“数据谁生成”两个维度可分为自有数据、用户个人信息、用户数字痕迹和衍生数据，需遵循加强个人隐私与权益保护、促进数据要素共享流通、释放数据要素价值的逻辑，分门别类地应用治理原则、探索治理路径。针对公共数据和政府数据开放，有研究提出应当遵循“治理理念—治理技术—治理结构—治理机制”的政务数据共享体系的理论框架，加强数据开放政策的区域协同、扩大政策实施中的公众参与、完善隐私保护与安全保障。有研究借鉴了欧盟企业向政府共享数据的实践，认为开放共享、平等信任、负责合法的价值观和相应做法对于我国政府抓住数据机遇、发挥企业数据价值、推动经济和社会高质量发展具有重要的启示意义。针对数据流动，研究提出了目前国家间数据保护水平和市场环境的差异，各国对跨境数据流动治理缺乏共识成为各国及其在国际合作中制定跨境数据流动规则面临的挑战，欧盟、美国和相关组织框架中关于跨境数据流动规则值得重点关注，应逐步探索形成适合我国需要兼顾数据出境安全可控、支持跨境数据流动发展的方案。

新兴交叉前沿学科方向与领域

2022 年是政治学行政学学科大变化大调整的关键一年。在“大政治学”与“小政治学”的张力之下，有诸多政治学的研究对象因其重要地位和独特作用独立为一级学科；同时，也有诸多本作为政治学分支学科研究对象的研究议题上升为二级学科与研究重点。总的来看，这些研究议题大都形成了一定的学科交叉研究团队，使用了跨学科的研究方法，代表了当下首都乃至我国社会科学发展的新方向。本部分举隅三个目前颇有影响力的研究议题、方向和领域。

一、大数据政治学

大数据政治学研究的议题和方法创新。研究回顾过去十几年间大数据技术与社会计算方法对政治学领域所产生的深刻影响，指出大数据时代政治学研究的“可计算性”主要体现在两方面。一是政策文本、网络表达、新闻图片、视频等为观察和分析各类政治现象提供了海量有效的自然数据；二是大数据塑造了新的政治现象，将政治参与、政府治理等拓展至虚拟空间，进一步重构了政治主体的行为模式和“国家–社会”关系。这能为选举、社会抗争、政治决策、人口迁徙等研究提供更为真实和直接的观察资料，由此诞生的数字政府、网络政治参与等新的政治现象本身也构成了一种海量数据的载体，成为连接大数据与既有政治学理论的桥梁，将虚拟空间的政治现象进一步系统化为完整的研究领域。以过往研究案例为蓝本，有研究总结了融合大数据与社会科学理论的五种类型，分别是基于大数据的探索性研究、基于大数据的验证性研究、大数据与结构化数据整合下的探索性或验证性研究、基于大型互联网实验的验证性研究和基于大数据（或结合结构化数据）先探索后验证的整合研究。有研究专门强调了创新应用网络分析方法的意义和路径，指出未来应当进一步关注人机协作、跨层次协作等新兴网络关系类型，借助实体抽取等技术进展进一步提升网络关系采集的效率和稳健性，通过结合博弈论、多主体仿真等前沿方法，研究者可以实现分析“社会嵌入性”和“主观能动性”的统一，以复杂系统视角进一步加深对于复杂公共治理问题的理解。另外，也有研究结合现实需要和治理创新探索，倡导丰富数据资源创新政治学和行政学研究。比如，有研究回应疫情防控和公共卫生危机治理，提出了应用时空行为大数据驱动的流动人群精准健康治理分析框架，综合把控健康风险的复杂性、动态性和预测不确定性。有研究强调分析利用政务热线数据是实现技术赋权与技术赋能的关键，政务热线数据由公众主动参与生成，既是政府“用数据进行治理”的新型数据资源，也是“对数据进行治理”的全新回应对象。

在具体分析领域，大数据政治学研究呈现出诸多创新。在早前大数据政治学关注最为密切的国家社会互动过程和政府回应性领域，研究积极推动相关研究与中国政治现象的深度融合，如引入“条块关系”的分析发现下级政府在回应上级政府转交的诉求时回应质量更优，上级权威、回访、考核、激励等制度性因素是纵向权力关系促进地方政府回应性的关键动力，如引入国家能力和福利供给来考察地方性民族认同和国家认同的差异性，发现了国家能力对于防止民族认同和国家认同因全球化和社会信息多样性而削弱发挥着重要作用，如引入社会团结描绘社交媒体应用提供的点赞、评论、转发等表达机制，强化了名人偶像和意见领袖作为社会中介机制促进社会动员的积极影响。

此外，研究也深入政府组织内部，探索政府行为的潜在逻辑及其影响因素。有分析描绘了央地关系的复杂现实，来自上级的官僚主义控制可能会加重下属的负担，激励他们战略性地减少对上级强加控制的政策遵守。基于政策文本大数据的分析发现，随着上级官僚控制增加，地方可能会推迟发布或暂缓实施文件，减少相应上级要求内容。但是，当地方政府缺乏财政资源时，上述对上级官僚控制的反应就会减弱，甚至逆转为积极的迎合和配合。此外，上级动员减轻了官僚控制表面上的负面影响、强化监督有助于提高地方的整体遵从水平，但可能无法解决下属以隐蔽方式降低遵守情况的问题。有研究探索了政府形象和组织声誉的建构策略及其影响机制。基于结构主题模型对六万余篇新闻报道开展分析发现，英雄主义框架和对比叙事构成最为典型和普遍的信息传播框架，为营造政府形象和声誉发挥了关键的作用。基于2015—2019年31个省份全样本2000万政府网页数据，利用编码表和随机森林等机器学习算法对中国情境下的省级政府组织声誉建构进行测量，发现省级政府组织声誉建构策略会受到主政官员任期和财政资源等变量的显著影响，促使不同省级政府选择差异化的策略组合。在主政官员任期早期，地方政府更加重视呈现绩效性和道德性声誉；在任期后期，则更加重视呈现程序性和技术性声誉。财政资源少的地区，地方政府更倾向于呈现绩效性和道德性声誉；财政资源多的地区，则更倾向于呈现程序性和技术性声誉。

另外，司法和法律大数据也被纳入政治学观察视野，提供了分析政治过程的全新路径。如应用司法改革的政策实验，发现立案登记制的实施显著提升了行政诉讼率，对罚款和处罚、土地和财产等司法成本更高的纠纷领域与法治发展相对滞后的东北、中部和西部的行政纠纷进入司法程序进行了针对性调适，制度赋权、司法动员和内部监督机制在其中发挥了关键作用。基于1991—2019年全国人大常委会立法规划内法案的落实情况，发现法案审议中的利益分化和协商增加立法延宕的可能，多方利益的协调和共识的凝聚则会提高立法效率。立法规划对立法过程有正面指导效用。此外，法案类别、议题、成熟度和复杂度都会作用于立法效率，内外部环境的变化和立法程序的修改同样会对立法效率产生影响。再如研究发现人民陪审活跃度在全国范围内存在着明显的地方性差异，以司法公信力、陪审人力资源为代表的民主性资源，并不会带来高陪审活跃度；只有在法治水平、办案压力、财政资源供给等专业性资源的牵引和带动之下，才能激发较高的陪审活跃度。

二、党内法规与纪检监察学

党内法规学是一门研究中国共产党党内法规的理论、制度和实践的学科，它涉及党内法规的性质和特点、党内法规的历史演变、党内法规的体系结构、党内法规的实施与执行、党内法规的监督与制约以及党内法规的国际比较。纪检监察学是一门研究中国共产党领导下纪检监察理论、制度和实践的学科，其研究范围涉及党和国家监督体系、党风廉政建设和反腐败斗争等。党内法规与纪检监察学是具有鲜明的政治属性、时代特征和实践特色的新兴学科，是中国特色哲学社会科学学科体系、学术体系、话语体系建构过程中的重要成果。党内法规与纪检监察学融合了政治学、法学、社会学等多个重要学科的优势理论，形成了独具中国特色和优势的创新型立体理论系统。2022 年，北京相关学者立足新时代全面从严治党的现实需要、中国共产党党的建设理论体系发展以及中国自主知识体系建构的考量，系统地针对党内法规与纪检监察学的基础理论问题展开了研究与讨论。

中国共产党党内法规体系建设备受关注。在中共中央办公厅法规局撰写的《新时代党内法规制度建设的历史性成就》的背景下，首都学者围绕党内法规制度体系建设开展了卓有成效的研究。马宝成、成为杰梳理了党内法规制度体系的历史演进、基本经验与未来展望，提出党内法规制度体系建设的继续推进必须坚持党的领导；以体系化思维指导推进党内法规的规划、制定、执行、监督、清理等环节；涵养有利于党内法规实施的党内政治生态，营造好党内法规制度文化。赵淑梅、周明宽讨论了中国共产党党内法规建设的历程、成就与经验，将党内法规与党的建设研究相结合。庄德水就党内法规解释的规范性分析及完善思路展开了讨论。他认为，要强化党内法规解释的作用，应推动完善党内法规解释制度体系、重视非正式党内法规解释和建立完善指导性案例制度。在另一篇论文中，庄德水就党内法规监督规定的结构性分析及其提升路径进行了说明。他认为，党内法规监督规定的规范性和操作性存在不足，党内法规监督的独立性和严肃性亦有不足。推动完善党内法规监督规定体系，重点在于党内法规监督与党内监督相融合，实现主体责任与监督责任的统一，提升结果运用的权威性；党内法规监督与党内法规评估相衔接，采用党内法规评估标准和方式，减少党内法规监督的命令性色彩，提升党内法规监督的精准度和权威性。韩强、郭雯就党的全国代表大会制度展开了党内法规视角下的研究，他们认为，要明确党的全国代表大会制度的定位；制定关于党的全国代表大会的党内法规；健全完善党的全国代表大会的各项具体制度；从更宽广的视野认识健全完善党的全国代表大会制度问题。

党内法规与国家法律的衔接与协调是党内法规研究的关键领域。柯华庆指出，社会主义法治的形式原则是依规治党和依法治国有机统一，形成了中国共产党依据党内法规管党治党、依据国家法律治国理政和依据党导法规领导国家和人民的三法一体的法治体系。郭晔认为，由法治规范渊源有机构成的法治规范体系主要由四个支柱所支撑，即以宪法为核心的国家法律规范体系、以党章为核心的党内法规制度体系、以公序良俗为核心的社会自治规范体系、以算法伦理为核心的科技伦理规范体系，它们构成了全面依法治国的重要依据和基本遵循。屠凯、张天择指出，执纪执法指导性案例有利于对各级纪检监察机关处理同类问题时进行指导，在对其参照适用过程中，对执纪执法指导性案例的所有部分应全面参照，而非像各级法院参照最高人民法院的指导性案例那样，仅参照其裁判要点。并且，提取出的规则不得违反相关党内法规的规定，其参照适用范围不应超过执纪执法指导性案例本身规定的情境。强梅梅从党内法规与国家法律关系的实证分析入手，对 108 部中央党内法规制定依据的统计分析发现，党内法规和国家法律在实践中呈现出“你中有我、我中有你”的复杂样态，从国家治理体系的角度来看，党内法规和国家法律是党的主张在不同领域的具体体现，是实现党的主张的“两翼”。

此外，党内法规成为研究中国共产党的有力视角工具。陈家刚就党内法规视角下的基层党组织组织力建设展开了研究。他认为，基层党组织的组织力建设，关键在于建构规范、有效、权威性的制度体系。在中国共产党的百年奋斗历程中，党章以及党的组织法规、领导法规、自身建设法规和监督保障法规为组织力建设构筑了多维的制度支持体系。党内法规制度建设为新时代党的基层组织的组织力建设提供了稳定的制度基础，保证了党的基层组织的组织力建设方向明确、支撑有力、实践规范、动力强大。柴宝勇和陈若凡指出，“党内法规制度”作为一个新概念与范畴，还存在着进一步讨论的价值，有必要在中国的治党理政过程中厘清党内法规的概念和范畴。

对于纪检监察学而言，纪检监察学的基本范式、学科边界还仍存有争议。王冠、任建明就创建纪检监察学的意义、现状与建议进行了说明。他们认为，“纪检监察学”是研究纪检监察制度及相关活动的学说。将“纪检监察学”发展为一个专门的、独立的学科，对纪检监察事业发展意义重大。并且，他们提出，理想方案是在法学学科门类下设置一级学科，并设置四个二级学科；以纪检监察工作实际需求为导向，构建多层次、多类型、多方式的立体人才培养体系和联合培养模式；以高校为主推进学科建设，设立学科试点并建立学科建设联席会议制度；通过深化共建，加强融合，不断探索学科建设新模式。李莉、周睿志则聚焦国家监察学的渊源、价值与方案展开了讨论。张红哲则认为，监察法学的研究要确立其学科论域的基本构成，包括监察法基本原则的体系建构论、法律关系的主体适用论、监察制度的过程控制论和监察程序的衔接保障论等。在确立研究论域的基础上，监察法学应当坚持以现实问题为研究导向来保持其实践性品格，并继续兼蓄其他学科的思想资源和分析框架，以期形成具有中国特色、中国话语和中国气派的监察法学研究格局。王旭呼吁建构中国自主的纪检监察学知识体系。中国自主的纪检监察学知识体系应该具有本土性、独立性、融通性、稳定性和原创性的基本特征，由纪检监察理论、党的纪律学、监察法学、廉政学四个部分有机构成。建构中国自主的纪检监察学知识体系的基本途径是教材体系建设和深入地交叉研究。

此外，各学科视角下的廉政学与反腐败实证研究亦在广泛开展。孙大伟讨论了中国共产党加强纪律建设的方法论。他认为，党坚持完善制度，把制度建设贯穿于纪律建设始终；坚持建立健全组织机构，深化纪检监察体制改革创新；坚持开展党员干部教育，加强党员干部的思想教育、理论武装和党性修养。通过这些方式方法，党在纪律建设方面形成了权威、科学、严密、高效的方法论，产生了无穷的战斗力。冯军旗讨论了县级纪检监察体制改革的成效、问题和对策，认为应在增强政治监督、现代化信息技术应用、部分留置审批权下放、建立协同联动机制等方面积极探索，从而不断深化县级纪检监察体制改革。阳平则从行政法学的角度对监察取证规则进行了研究，他认为，监察取证规则的建构应以监察取证主体的“组织化”认识结构与“廉洁监察”价值追求为理论逻辑，实现求真与求善的有机统一。沈建波聚焦税务系统，就党的十八大以来税务系统纪检监察体制改革进行了探索，他认为，要立足税务系统纪检监察体制改革的新的历史方位，以“补短板”为抓手，全面深化税务系统纪检监察体制改革，促进一体化综合监督体系有效运转，促使税收在国家治理中的基础性、支柱性和保障性作用更加突出，成效更加显著。

三、历史政治学

2022年是历史政治学发展的重要年度。以中国人民大学国际关系学院为代表的历史政治学派在2022年系统地讨论了历史政治学的若干基本问题。杨光斌在《中国民主模式的理论表述问题》中指出，历史政治学是诞生于中国历史文化的政治学方法论，它有助于中国民主模式的理解与阐释。在另一场笔谈中，杨光斌说明了历史政治学的知识论原理。他认为，在理论体系层次、概念层次、方法论层次三个层面上，历史政治学是一种方法论，而非一个独立的领域。它与历史主义具有一定联系，也存在一定差异，其最大的不同在于历史主义在某种程度上是一种思维方式，而历史政治学通过研究政治史发现理论、概念、方法。谈火生则在对谈中表示，历史政治学应该致力于推动中国政治学学科自主性的重建；历史政治学应该致力于恢复政治学的实践品格；历史政治学应该致力于推动中国政治学从理论的消费者到生产者的身份转换。

在基础问题研究之外，研究者们也适用历史政治学的视野和方法探讨了中国政治的一些具体问题。严庆和王跃认为，历史政治学的视角不仅有助于清晰解释当下中国与传统中国的政治关联性，而且有助于全面认识当代中国的政治理念、制度及行为的由来。历史政治学的历史视野、经验研究取向和求治导向适用于解释中国多民族国家整合的历史合法性与内在机理。历史政治学可以成为中华民族共同体建设新的研究路径，而作为案例的中华民族共同体建设研究则为历史政治学增添了新的学术主题。任锋则以历史政治学的视野探讨了“家国关系”这一传统概念，他指出，超越政体论制度主义的观察视角，公家秩序的历史生成机制表现出共同体基于家而展开模拟融扩与修正矫治的内生二重性，生发原理与组织原理显现为主从关系。张飞岸、李海林进行了中国共产党“人民”概念的历史政治学考察，认为中国共产党的“人民”概念重生于马克思主义的理论改造，构建于实现中华民族伟大复兴的主题引领，丰富发展于“站起来、富起来、强起来”

的三个历史逻辑。在历史情状更迭、时代场域转换中，始终坚守马克思主义的人民立场，始终着眼于凝聚最广大人民的根本利益，是中国共产党立于不败之地的根本保障。姚中秋则关注秦汉间三场政治论辩，从历史政治学出发对“大一统”理念进行了解读，他认为，大一统理念以推进国家整合为中心，包含空间、政治结构、精神与社会、时间四个维度，体现为疆域一统、政治一统、文教一统、古今一统。袁红则进行了中国新型政党制度生成逻辑的历史政治学分析，他认为，新型政党制度生成逻辑的历史政治学分析产生了三个理论启示：其一，一个国家的政党制度是现代政党的种子在本国土壤中生长出来的结果；其二，政党是政党制度之基；其三，政党制度评价标准是民主标准和国家治理标准的统一。王续添和辛松峰就中心主义国家展开了历史政治学分析，他们认为，历史地科学地总结和阐释这种政治普遍性尤其是以中国为代表的中心主义国家政治形态的普遍意义，对丰富当代政治学理论以及建构中国自主的政治学知识体系具有重要价值。

但是，研究者们也认为，历史政治学的发展应“谨慎地喝彩”。杨阳指出，知识体系和研究范式的欧美化，以及中国政治知识含量不足和中国问题意识缺位问题；研究成果长期存在“中心塌陷”和“边缘繁荣”的情况；在官方与民间共振的互动中政治学基本处于“被动跟随”的地位。据此，杨阳提出了一些历史政治学研究中需要突出注意的问题：要有能力鉴别专业史学和非专业史学的研究成果；要破除对海外中国史研究的盲目崇拜；不能无视新中国成立后前30年大陆史学界的研究成果。释启鹏用“丰裕的贫困”描述对历史政治学比较方法的反思。他认为，历史政治学可以在实证主义之外赋予“讲故事”以因果性，即把传统的历史叙述建立在律则论因果观的基础之上，从而形成“历史性因果叙述”。历史性因果叙述关注研究对象在具有本体属性的历史进程中是如何被塑造及自我塑造的，研究者可以借此完成理论对话、假设检验并进一步探求因果规律，进而实现历史政治学“以史为鉴”的目的。任剑涛、黄璇和陈华文则就中国政治学话语建构的反思与前瞻展开了探讨。任剑涛认为，历史政治学“礼失求诸野”的策略值得关注其影响；陈华文则强调历史、历史主义之间的联系与区别，他指出，关于政治问题的思考，不能完全运用单一范畴，无论是科学的，还是历史的，更不可能是权力的。

（北京市政治学行政学学会供稿；执笔人：柴宝勇等）

年度推荐论文和著作

著　作

1. 张树华：《制度兴衰与道路成败：世界政治比较分析》，中国社会科学出版社，2022年。

2. 张树华、赵卫涛：《民主观与发展路：世界大变局与中国政治学》，中国社会科学出版社，2022年。

3. 孟天广：《过程导向的国家治理：政府质量的生成、效应与机制》，商务印书馆，2022年。

4. 周淑真：《世界政党政治发展研究报告（2021—2022）》，当代世界出版社，2022年。

5. 刘德斌：《国际关系研究的历史路径》，社会科学文献出版社，2022年。

6. 范娟娟、陶传进、卢玮静：《社会组织走出去：优势与挑战》，社会科学文献出版社，2022年。

7. 曲青山、高永中、吴德刚：《新民主主义革命口述史》，中国人民大学出版社，2022年。

8. 王伟光：《世界各国共产党和国际共产主义运动发展态势》，中国社会科学出版社，2022年。

9.[意]尼科洛·马基雅维利：《论李维（第2版）》，中央编译出版社，2022年。

10.[美]赫拉尔多·L. 芒克、[美]理查德·斯奈德：《激情、技艺与方法：比较政治访谈录》，当代世界出版社，2022年。

论　文

1. 臧峰宇：《马克思的现代性思想与中国式现代化的实践逻辑》，《中国社会科学》，2022年第7期。

2. 黄振萍：《明清之际王学“清谈误国”论质疑》，《清华大学学报（哲学社会科学版）》，2022年第3期。

3. 景跃进：《民主理论的发展：超越与重构》，《政治学研究》，2022 年第 1 期。

4. 张桂林：《百年来中国共产党公权力监督思想研究》，《政治学研究》，2022 年第 5 期。

5. 柴宝勇、黎田：《伟大建党精神政治功能研究——基于政党理论视角的分析》，《政治学研究》，2022 年第 3 期。

6. 秦亚青、金灿荣、倪峰、冯仲平、孙壮志、吴志成：《全球治理新形势下大国的竞争与合作》，《国际论坛》，2022 年第 2 期。

7. 何艳玲、王铮：《统合治理：党建引领社会治理及其对网络治理的再定义》，《管理世界》，2022 年第 5 期。

8. 张权、黄璜：《技术赋能与复杂性化约——基于“健康码”的分析》，《政治学研究》，2022 年第 2 期。

9. 罗祎楠：《中国治理的故事何以丰富？认识论视野中的田野案例研究》，《公共管理评论》，2022 年第 3 期。

10. 宋弘：《开会：华北抗日根据地的基层政治》，《清华大学学报（哲学社会科学版）》，2022 年第 4 期。

社 会 学

总 论

2022年4月，习近平总书记在中国人民大学考察时强调，“加快构建中国特色哲学社会科学，归根结底是建构中国自主的知识体系”。北京地区社会学界积极回应党和国家的时代要求，进一步推进社会学的学科体系、学术体系和话语体系的构建。综合来看，社会学界在系统探索构建社会学自主知识体系的进程中，学理化地探索了中国式现代化的实践逻辑和理论逻辑，为社会学的进一步发展提供了新思路，为中国式现代化的学术思考贡献了本学科的智慧。

一、学科年度发展情况

2022年，党的二十大胜利召开，标志着我国进入全面建设社会主义现代化国家阶段。这对改善民生、完善社会治理和社会建设具有直接而重要的影响。围绕这些时代主题，北京地区社会学界本着“扎实的社会调查、深入的理论探索”，坚持将学术论文写在中国大地上，积极探索推进构建共建共治共享社会治理格局的有效路径。面对互联网深刻改变社会结构的信息时代和全球化时代，积极探索中国式现代化的社会学表达方式。深刻阐释中国式现代化的内涵、特征、本质、原则和目标，以新时代中国社会学学者的使命担当在以中国式现代化推进中华民族伟大复兴的新征程中做出新贡献。

二、学科年度学术热点

（一）强调构建自主知识体系思想对学科的指导意义

2022年北京地区社会学界围绕如何建构自主的中国社会学理论范式和话语体系等相关问题展开深入研讨，发表了许多具有建设性的真知灼见。李培林提出新发展社会学概念，认为我们需要一种超越西方现代化理论的视野，基于中国式现代化的发展经验，构建中国式现代化的话语体系、理论框架和解释逻辑。新发展社会学的提出，是为了构建中国式现代化的自主知识体系而尝试的对中国式现代化实践和经验的学理性阐释、学术性表达。

张翼认为，中国式现代化的重大原则是坚持和加强党的全面领导，坚持中国特色社会主义道路，坚持以人民为中心的发展思想，坚持深化改革开放，坚持发扬斗争精神。中国式现代化不同于西方式现代化，我们有基于中国实际国情的现代化特征。中国式现代化的成功推进为中国社会学的现代化话语创新奠定了实践基础，社会学界的理论建构提炼了诸多具有标识性和专业化的核心概念。冯仕政指出，中国式现代化的伟大实践提出了大量亟待解决的新问题，迫切需要以中国为观照、以时代为观照，加快“建构中国自主的知识体系”。尤其是“在我国发展进程中具有里程碑意义”的新发展阶段，更加需要“从历史和现实、理论和实践的角度全面加以把握”。基于这一逻辑，中国社会学自主知识体系的建构，关键是直面科学与政治的张力，敢于打破社会学知识生产中的国际分工、分层以及由此而来的知识霸权，着力推动范式革命。

（二）探索中国式现代化的城乡建设体制机制

在城乡社会，构建基层社会治理体系尤为关键。中国社会科学院刘怡然从社区自治的角度推进了社区治理研究。居民参与意愿低是我国城市社区治理中亟须解决的一个难题，尤其是有些社区虽然具备充足的社区发展专项经费，但居民参与治理的意愿仍然不足。研究发现，建立属于社区“共同共有”的经费，有助于改变居民的认知、行为以及情感，培养居民“共有的惯习”，进而提升居民的参与意愿，形成“共治”的格局。刘亚秋提出家可以作为基层社区治理的抓手，从而同时推进家庭建设和社区建设。北京大学和中央财经大学的户雅琦、张樹沁、李贵才在理论上提出“找回社区分析框架”。社区概念最早由滕尼斯提出，是指一种亲密的内聚性群体关系，在其后的研究发展中，社区的含义逐渐实体化，丢失了原本的分析性价值。他们提出了“溢出性－工具性”二维分析框架，该框架包括三部分递进的内容，分别是社区关系的可操作化特征、社区关系的分类以及社区变迁的路径。这些研究提升了社区研究的自主知识体系的构建能力。

在乡村振兴和增加农业农民收入的大背景下，城乡基础设施建设和公共服务一体化、均等化，既能促进农村居民的非就业收入增长，又能为农村居民提供更多的发展机会进而增强其发展能力。王春光从共同富裕、社会福利、乡村振兴和城乡融合等多元视角来探讨乡村非就业收入的构成以及形成原因。城乡收入差距中非就业收入扮演重要作用，尤其是财产性收入少是城乡收入差距大的一个重要原因；在城乡非就业收入中，财政转移性收入差距相对小一些；社会福利的城乡差距依然很大，是构成城乡收入差距的重要方面之一。从社会福利角度来看，非就业收入增加有助于提高村民的就业稳定感、生活确定感。

经过长期的艰苦奋斗，我国脱贫攻坚战已经取得了全面胜利，区域性整体贫困得到解决，完成了消除绝对贫困的艰巨任务，当下我们面对的是如何巩固脱贫成果和解决相对贫困治理问题。北京师范大学尹栾玉、崔辰淼指出，相对贫困治理应该从开发式扶贫向参与式扶贫转变，通过赋权、赋能的制度安排，建构起具有经济收益性、主体自主性和长期可持续性的内生发展机制。

（三）探索实现中国式现代化的社会文化机制研究

家庭是社会文化的细胞。家庭家教家风建设在中国社会发展中具有特别突出的战略性意义。吴小英指出，近十年来，伴随着社会学的本土化浪潮，国内家庭研究也出现了在方法论和研究旨趣上的诸多转向，包括家庭社会学的历史转向、理论转向和工具性转向。这些转向带有明显的传统主义复苏的意味，不仅很大程度上拓展了家庭社会学的研究视野和学科界限，提醒我们更多关注家庭的道德文化意涵及其精神面向对于中国人的意义，而且也在对既有的西方主流理论框架和研究范式进行反思的基础上，开辟了家庭作为社会学研究本土化思考的切入点的独特路径。

中国社会科学院张丽萍、王广州以全国人口普查数据和中国社会状况综合调查数据为基础，研究中国家庭户规模、结构的变化趋势和面临的问题，发现同住家庭代际结构由 2 代、3 代为主向 2 代、1 代为主转变；家庭成员的主观认同依旧以夫妻轴、父子轴、从夫居为主，表现出单系倚重的特点。

民俗学一直将探索民间社会文化作为重要任务，民间社会文化即中国社会的底蕴。北京师范大学唐璐璐指出，在遗产保护实践中，不同利益相关方基于自身需求对本真性有不同认识。呈现这种复杂态度的原因主要有三方面：经典保护理论影响下对历史遗存进行“真实性”保护的惯习；社区在文化身份和实际利益上的追求；民俗学探求本真性的学术范式以及诸多民俗学家、人类学家参与非物质文化遗产相关国际事务的讨论。

董晓萍指出，经典民俗学的研究已成为近年国际民俗学工作的一个热点。它并不着眼于个别学派的兴衰，也不限于以往我们所说的“反思”和“反观”，而是在21世纪回看20世纪民俗学的成就，通过重读原典和田野作业笔记，寻检前人已经提出却被后人忽略的原创观点、研究方法与具体问题，肯定前人的历史贡献，也指出在不同社会历史条件下所出现的不足。这有助于推进当下的民俗学科建设。萧放、席辉从民俗学语境出发，对“方俗”做了深入研究。“方俗”指特定区域内民众相对稳定的地方性生活模式与惯习。在全球化高度发展的今天，正确审视方俗能够反窥和理解地方社会，合理利用方俗有益于地方社会治理，有助于实现因俗而治、因地善治。

（四）重视科技社会学研究

数字社会和数字治理是我们这个时代的主题，对数字社会的研究是科技社会学的重要组成部分。近年来，电子政务对于公共服务的改善作用得到广泛认可，北京大学张权研究发现，以促进组织运行效率和安全性为目标的电子政务，不必然导致效率的提升，反而可能带来安全风险的累积；在工作推进过程中，部门内部会出现组织实际运行与正式制度相分离的情况，但观念与利益的差异令该情况难以跨越部门边界。

数字乡村建设中的地方行动也是数字社会研究的主题之一。数字乡村建设的宏观政策为地方社会整合资源提供了触发器；地方政府对上级政策做出的地方化阐释具体地形塑了政策执行的形态，克服了宏观政策与具体情境之间的矛盾与张力。中国人民大学付堉琪的研究发现，在治理体系、地方社会的生产生活秩序、自然地理条件的约束下，地方政府会基于自身所处的情境采取自我定位与相互参照、地方化阐释、树立典型、关系运作等策略明晰对试点建设内涵的认知，进而确立重点工作，调动地方资源禀赋投入建设实践之中。

（五）探索搭建理论与实务之间的中间机制

在社会学领域，社会政策是一门以保障和改善民生、促进社会公平正义为使命的学科；是搭建理论建构与实务工作之间机制的重要研究方向。中国人民大学蔡康鑫认为，社会政策发展到今天已经形成了基本的学科体系和知识体系，但作为一门年轻的学科，社会政策仍然有很长的路要走。中央民族大学何钧力从构建社会政策学科自主知识体系入手，提出新时代需要怎样的社会政策人才之问，他通过考察世界主要国家的社会政策人才培养实践，从中总结经验，提出中国社会政策人才培养的可能路径。

社会工作是一门实务性很强的学科，要构建其自主性学科知识体系，有必要追溯其历史。中国人民大学岳永逸、熊诗维追溯了20世纪前半叶中国社会工作的架构与实践。抗日战争期间，为推动中国社会工作理论的体系化、学科的规范化，深度参与清河试验区调研和建设的蒋旨昂提出了一套集理论、方法与研习于一体的社会工作体系，积极推动高校社会工作人才培养方案的改革。对当下中国的社会工作、社会学的学科建设而言，这些与社会学互为表里的社会工作本土化的探索仍具启示意义。

在社会实践层面，北京大学马凤芝指出，社会工作教育院校作为一种社会力量积极参与脱贫攻坚，在助力社会工作参与国家脱贫攻坚的实践中展现出以人为本、激发服务对象内生动力、扶贫扶志的专业优势，为社会工作专业参与国家治理和重大社会发展战略积累了中国经验。“十四五”时期，中国进入全面脱贫与乡村振兴有效衔接和平稳转型的过渡期，社会工作教育也将为巩固脱贫攻坚成果、建立社会工作制度性融入贫困治理的长效机制提供知识建构和实践指导。

三、存在问题与应对建议

（一）社会调查较多，田野研究的理论提升相对薄弱

近年来各大学都设立了“田野课堂”，组织了大批社会学系的师生到国内外的田野中调研，取得了丰硕的成果，但同时也存在田野调查多、理论总结方面相对较弱的局面。主要原因在于针对田野调研的文章写作要困难很多；甚至相比较而言，纯理论研究要更为容易一些。可以说，纯理论研究是站在巨人的肩上；而基于田野的调研，就是在阅读中国社会。而阅读社会，所需要的不仅是到田野中去看，还要具有深厚的理论和学科素养。

（二）规范研究较多，重大创新性成果较少

中国社会学自1979年恢复重建以来，学科规范发展的速度较快。但目前存在规范研究多、创新性成果较少的局面。规范是一个学科发展的必要基础，没有规范，就少了对话的基础，但过度规范，就会限制学术创新。而要学术创新，必然经过一个库恩所谓的范式革命的过程，但目前学界还未能看到明显的范式革命。

（三）务实成果较多，学术梳理类研究较少

社会学领域对中国社会的研究中，社会治理是一个热点议题，也广受关注。由于社会治理研究在社会发展战略中居于重要地位，所以它还是一个跨学科的领域。但各学科的研究中，社会学的学科贡献尚不凸显。主要在于这一领域的成果特征是务实类较多，而对学术研究的梳理提升还远远不够。这样就不能突出社会学学科视角的独特贡献。只有进一步梳理学术史，总结已有研究成果的贡献和不足，才能将务实类成果提升为理论建构的素材。

（四）应对建议

综观既有研究的特点以及局限性，主要有以下建议：第一，围绕习近平总书记的构建中国特色哲学社会科学学科体系、学术体系、话语体系的指示精神，各分支学科应立足田野调研，进一步提升理论总结能力。第二，加强中西文明互鉴。在学理基础上，一方面继续借鉴西方研究的经验，另一方面重回中国古典社会理论，淬炼提升生产中国社会理论的能力。第三，进一步深入田野实践，以理论创新为目标，将论文写在祖国大地上。第四，在社会治理和社区研究方面，需要进一步的理论提升。针对跨学科的社区研究，社会学视角具有突出的重要性，但需要进一步构建社会学的解释框架，这对于学科建设具有重要的意义。

社　会　学

一、理论社会学

（一）积极探索中国实践，尝试提出社会学的中国式现代化理论

2022年北京地区社会学界围绕如何建构自主的中国社会学理论范式和话语体系等相关问题展开深入研讨。中国社会科学院李培林提出新发展社会学概念，认为我们需要一种超越西方现代化理论的视野，基于中国式现代化的发展经验，构建中国式现代化的话语体系、理论框架和解释逻辑。新发展社会学概念是为了构建中国式现代化的自主知识体系而尝试提出的对中国式现代化实践和经验的学理性阐释、学术性表达。基于走向现代化的中国经验，特别是中国近40年的改革和发展的经验，李培林尝试用“五论”来构建新发展社会学的基本理论框架，即新发展的本质论、阶段论、转型论、动力论和世界体系论。[1]

中国人民大学冯仕政指出，中国式现代化的伟大实践提出了大量亟待解决的新问题，迫切需要以中国为观照、以时代为观照，加快建构中国自主的知识体系。尤其是对在我国发展进程中具有里程碑意义的新发展阶段，更加需要从历史和现实、理论和实践的角度全面加以把握。建构自主知识体系对中国社会学提出了新的、更高的要求。他认为，知识的生产不是一个单纯的逻辑思维过程，与任何生产一样，它也是生产力与生产关系的矛盾运动，因此必然存在科学与政治的张力。基于这一逻辑，中国社会学自主知识体系的建构，关键是直面科学与政治的张力，敢于打破社会学知识生产中的国际分工、分层以及由此而来的知识霸权，着力推动范式革命。[2]

中国社会科学院张翼认为，党的二十大报告对中国式现代化作出了高度概括。中国式现代化的重大原则是坚持和加强党的全面领导，坚持中国特色社会主义道路，坚持以人民为中心的发展思想，坚持深化改革开放，坚持发扬斗争精神。中国式现代化总的战略安排是两步走：最近五年构想是打下坚实基础的“关键时期”，到2035年基本实现现代化，完成“第一步走”任务；到21世纪中叶建成富强、民主、文明、和谐、美丽的社会主义现代化强国，完成“第二步走”任务，实现第二个百年奋斗目标，以中国式现代化推进中华民族的伟大复兴。中国式现代化不同于西方式现代化，我们有基于中国实际国情的现代化特征：一是人口规模巨大的现代化，二是全体人民共同富裕的现代化，三是物质文明和精神文明相协调的现代化，四是人与自然和谐共生的现代化，五是走和平发展道路的现代化。这些表述进一步丰富了中国式现代化的话语体系。[3]中国式现代化的成功推进为中国社会学的现代化话语创新奠定了实践基础，社会学界的理论建构提炼了诸多具有标识性和专业化的核心概念。构建中国社会学自主知识体系还需要借鉴国外理论，以及回顾中国社会学早期的社会理论。

（二）对西方理论的研究和借鉴

北京大学谢立中指出，社会学是一门多范式的学科，对众多西方社会学理论之间的逻辑关系进行梳理对于社会学理论的发展具有重要意义。国内外社会学理论研究者在这方面已经做了不少工作，取得了一定的成果，但这些成果也存在不足之处。如果我们将西方社会学理论视为一个由马克思主义社会学理论和非马克思主义社会学理论两大阵营共同组成的领域，那么我们就可以建构出一个由马克思主义和非马克思主义两大理论阵营，以及结构论、建构论、互构论和复构论四种理论类型交叉构成的西方社会学理论分类模式，该模式可以帮助我们更好地理解迄今为止西方社会学各种理论之间的逻辑关系。[4] 谢立中所说的“西方社会学”指的是由西方国家的社会学家在西方传统话语体系的引导和约束下建构出来且以西方语言首次表达出来的那些社会学理论。

其中，帕森斯的结构功能主义理论是在韦伯、齐美尔等人文主义社会学理论产生之后才出现的，如果我们叙述的是西方社会学理论的历史进程，也应该把对帕森斯结构功能主义理论的叙述放在对韦伯、齐美尔等人文主义社会学理论的叙述之后。但依谢立中的理解，从逻辑关系上来看，帕森斯的结构功能主义理论同样是由孔德开创、由涂尔干奠基的实证主义社会学理论形成和完善的一个重要逻辑环节，甚至可以视为对这一社会学理论类型的最终完成。因此，如果不把对帕森斯结构功能主义理论的叙述作为实证主义社会学理论的一个内在逻辑环节来加以叙述，而是将其置于韦伯等人文主义社会学理论之后来加以叙述，那么，对实证主义社会学理论之基本内容、特征和逻辑的叙述也将是不完整的。

涂尔干是社会学的奠基性人物，近年来中国社会学界对涂尔干的研究有了新的深度。即便涂尔干不被视为社会学“去政治化”的重要推动者，也会被认为是这一思想倾向的典型代表。正如雷蒙·阿隆所言，涂尔干与他所传承的孔德学派的立场一样，用社会的重要性来贬低政治和经济。或者说，涂尔干所代表的社会学主义对社会结构或社会基础的重视要甚于政治秩序，他对真正的政治机制并不感兴趣。在他看来，所谓的议会、选举和政党制度都是社会的表面，并不服从严格的法则。但是，法国社会学的产生不仅与法国大革命直接相关，更与当时反思现代自然法学说的潮流紧密关联。涂尔干的社会学一开始就是从批判现代自然法学说建立起来的，有学者尖锐地指出，涂尔干要去除自然法学说中对个体主观权利和“基于个体自由选择的人为社会关系”的设定，涂尔干“去政治化”的同时也导致了社会学本身的“去社会化”。这更呈现了涂尔干社会学立场颇为矛盾的一面。

中国农业大学李英飞通过考察涂尔干的一般社会学及其论题的形成过程，发现涂尔干建立的从特殊科学（道德科学）到一般科学的社会科学体系与他力图扩展的政治学古典分析框架直接相关，他的一般社会学则扮演了传统政治学的角色。沿着涂尔干最初的论题，可以进一步探讨其理论与社会主义、个人主义和孟德斯鸠政治学说之间的关联，并搭建一个用以理解其政治学说的框架。涂尔干将政治范畴从纯粹的政府理论扩展至社会总体，目的是将后者作为现代政治的首要问题。李英飞认为，唯有在此框架下，涂尔干的政治理论才能得到恰当的理解。涂尔干并未否定政治的首要位置和政治家的地位，他主张的带有文明论和整体论色彩的政治理论作为政治社会学遗产的价值远未得到充分揭示。[5] 涂尔干的起点已由个体的自我保存变成了彼此如何共存，而由后者引发的一整套带有文明论和整体论色彩的政治理论，有待后来者的深入考察。

清华大学杜月认为，“个体是神圣的”这一命题是涂尔干理论的落脚点，也是戈夫曼理论的起始点，因而是现代与经典社会学理论的重要联结点。戈夫曼在何种意义上继承和改变了涂尔干的“神圣个体”命题？杜月试图还原涂尔干“神圣个体”命题背后的问题意识，并呈现涂尔干对个体被赋予神圣性之后的危机的思考。她指出，戈夫曼一方面继承和推进了涂尔干对于神圣个体的危机的思考，另一方面又借鉴莫斯与齐美尔的理论洞见阐发了神圣个体的自我富有的新的可能性。[6]

戈夫曼对个体神圣性这个理论命题的重构源于另外两位理论家提供的灵感。莫斯对脸面和礼物交换的研究使戈夫曼找到了个体通过横向的互动走出自我的可能，而齐美尔颇具禅意的“柄”的比喻激发了戈夫曼不断追寻个体创造性的努力。这种创造性使个体得以驾驭社会理想和个体现实间的分裂，将二者重新结合为一个整体。在看似愤世嫉俗的笔触下，戈夫曼继承了涂尔干将社会作为个体的神圣性来源的根本判断，并且在新的理论框架下不断地打破神圣性囿于个体自身或私人性的趋向，将神圣性一次次地带回社会的范畴。

19 世纪末，德国已经完成了政治上的统一，这为国家经济、科学和技术的发展提供了良好的环境。面对生产力的进步和物质生活的富足，不少乐观主义者为之称颂，但是也有一批知识分子为精神和文化的迅速衰落而担忧。北京大学张雨晴以《德国浪漫派的艺术批评概念》为核心文本，考察了瓦尔特·本雅明的浪漫派研究。在这部早期的作品中，本雅明讨论了耶拿浪漫派的“批评”概念，并在此基础上指出，这一思潮的精神气质不是迷醉而狂热的，而是冷静而清醒的：它不沉迷于主观幻想，而是通过严肃的沉思追求客观真理；它并非偏狭的特殊性，而是关照着人类精神整体的发展脉络。这一讨论为本雅明回应现代性危机奠定了基础，它跨越了艺术理论的范畴，呼应了德国在世纪之交的现实处境，分享着德国社会理论的问题视野。讨论“批评”概念及其冷静清醒的气质有助于我们理解现代社会的危机，以及本雅明早期作品对社会理论所做的贡献。[7]

总体上，在对德国社会危机的回应中，本雅明的批评理论及其冷静而清醒的气质提供的是一种在现代城市文明中坚定生活并寻求精神价值的方法，它可以在现代人与现实世界的关系中加以说明。同时，呈现了这样一种现代人的形象：他坚定地在尘世中生活，又与现实保持着一定的距离，能够对现实进行反思和审视。

（三）对中国古典理论的研究

北京大学周飞舟通过回顾中国社会学本土化的演进历程，梳理了社会学发展过程中的三波本土化争论，指出燕京学派促成了本土化讨论的前提，而此后的本土化讨论在议题方面进行了拓展。本土化的核心问题在于建立中国社会学的本位，要建立本位，一方面需要对西方社会学理论和方法的哲学预设进行系统而深入的反思，另一方面需要结合中国当代的经验研究，对中国传统社会思想和文化进行反思。[8]

瞿同祖是中国法律社会学与社会史研究领域的重要学者。他的《中国法律与中国社会》一书已经成为中国学术的经典，其中的“以礼入法”和“法律儒家化”概念，更是成为中国法律社会学的关键概念，在学术界广为人知。北京大学凌鹏指出，瞿同祖的“法律儒家化”和“以礼入法”是中国法律社会学中的经典概念。不过，在初版的《中国法律与中国社会》中，瞿同祖对于礼法间的关系有一种含义更为丰富的理解——礼法“调协”。凌鹏探讨了瞿同祖从礼法“调协”到“以礼入法”的理解变化，区分二者的异同，指出礼法“协调”所具有的意义。随后利用瞿同祖曾利用过的大清律例、清代的官箴书以及清代具体的司法档案等史料，进一步探究瞿同祖所提出的礼法“协调”的多重含义，并据此探索未来中国法律社会学研究的方向。[9]

凌鹏认为，在理解中国历史与社会中的法律－礼仪－社会的关系时，应该具体考虑在不同时代的社会与政治背景下的“礼法关系”，即“明刑弼教”的各种可能性。这不仅仅是一个历史研究的问题，更是中国法律社会学甚至是中国社会学本身的问题，若从中提炼出中国社会之特有的“法律－礼仪－社会”的理论结构，将十分有助于我们理解当今的中国社会。这也是瞿同祖的《中国法律与中国社会》及其礼法“调协”概念为今日的法律社会学与历史社会学研究所带来的重大启发意义。

“分家”是中国家庭的变化形式，与“诸子均分制”有着密切的关系。在世界各大文明中，家庭的延续形式以“长子继承制”为主，父母将财产遗传给长子，其他的子代自谋生路，家庭保持了一个整体延续的形态，所以谈不上“分家”。中国的“诸子均分制”则是在父母生前或去世后所有的儿子均分家庭财产，组成各自的家庭。这种分家制度自先秦战国时期就有了文献记载，一直是中国家庭制度的主要组成部分，中国经济、社会和文化中的许多重要特征都和分家制度有关。周飞舟、余朋翰认为，以诸子均分制为主要实践形态的分家制度，对中国社会具有深远影响。他们通过对先秦儒家文献中有关分家内容的分析和解读，挖掘诸子均分制与宗法制的内在关联，指出分家制度可能的理论起源。儒家文献中分家的理论形态是一个漫长的过程，《仪礼》和《礼记》的有关条目指出，宗法制下大功亲所组成的家庭既是异居同财的生活单位，又以“父子一体”为主轴协调多组“一体”关系，完成抚育、奉养和祭祀的过程。通过这种漫长的分家，大功家庭为小家庭做好日后变成新大功家庭的各种准备，也实现了宗法制下家族的延续和发展。[10]

费孝通先生指出中国家庭有独特的“反馈模式”，并没有指出“反馈模式”与诸子均分制之间的内在关系。周飞舟等通过追溯分家的理论源头，可以清楚地看到这二者之间密不可分的联系。分家和诸子均分，分的是家财，更是孝的责任，家财是用以完成孝的责任的助力。所以无论富贵之家还是贫寒之家，所分家财无论是连城之重还是针芥之轻，都要均分，孝是每个人成长的责任。相比之下，长子继承制的社会既无所谓分家，也就不会要求人人尽孝。

二、应用社会学

应用社会学是将社会学理论方法运用于社会实践研究中，目标是推动社会治理，助力于美好社会建设。2022年，应用社会学方面，表现较为突出的是农村社会学、家庭社会学、数字社会研究。

（一）农村社会学：探索推进乡村振兴的机制体制

在乡村振兴和增加农业农民收入的大背景下，城乡基础设施建设和公共服务一体化、均等化，既能促进农村居民的非就业收入增长，又能为农村居民提供更多的发展机会，进而增强其发展能力。王春光从共同富裕、社会福利、乡村振兴和城乡融合等多元视角探讨乡村非就业收入的构成以及形成原因。他的研究发现，城乡收入差距中非就业收入扮演重要角色，财产性收入少是城乡收入差距大的一个重要原因；在城乡非就业收入中，财政转移性收入差距相对小一些，表明最近几年国家向乡村增大了财政转移力度；社会福利的城乡差距依然很大，是构成城乡收入差距的重要方面。从社会福利角度来看，非就业收入增加有助于提高村民的就业稳定感、生活确定感。据此可发现，从缩小城乡差别、共同富裕、社会公平等角度来看，让村民获得更多的非就业收入，是乡村振兴构建未来乡村的一个图景，是中国式现代化的应有之义。[11]

经过长期的艰苦奋斗，我国脱贫攻坚战已经取得了全面胜利，区域性整体贫困得到解决，完成了消除绝对贫困的艰巨任务，当下我们面对的是如何巩固脱贫成果和解决相对贫困治理问题。北京师范大学尹栾玉、崔辰淼指出，相对贫困治理应该从开发式扶贫向参与式扶贫转变，以人本主义发展理念为价值基础，以多元主体协同网络为依托，遵循市场运行规律，通过赋权、赋能的制度安排，建构起具有经济收益性、主体自主性和长期可持续性的内生发展机制。[12]

党的十九大确定了乡村振兴战略，其关键是坚持农民的主体地位，强化基层治理主体的力量。2018年中央一号文件提出“汇聚全社会力量，强化乡村振兴人才支撑”，鼓励社会各界投身乡村建设，以乡情乡愁为纽带，吸引支持各类能人服务乡村振兴事业。国家和地方政府倡导能人返乡治村，希望通过发挥其基层治理主体的作用，激活村集体经济，促进美丽乡村建设，实现乡村社会的有效治理。在国家发展战略和政策号召下，大批能人返乡带动村民创业就业，投身村庄治理。北京工业大学陈锋、孙锦帆的研究发现，乡村振兴战略下，许多能人返乡经营村庄集体经济，参与村庄治理。他们的研究关注乡村振兴战略下返乡能人“经营村庄”的基本路径和风险，基于实地调研发现，返乡能人主要通过集体土地和政府项目经营村庄，其实质是能人以村庄集体资产和政府财政项目为资本进行的风险性市场经营行为。经历了以下过程：首先，在地方政府打造典型的政绩导向下，返乡能人积极争取项目，在村庄形成资源输入的集聚效应，进而使村庄成为“典型”村庄。其次，经营过程中形成的公私利益转化构成返乡能人经营村庄的内生动力。最后，处于裂变样态的村庄社会难以有效监督村庄经营过程，一些返乡能人易为项目利益俘获，建构起少数人主导的分利秩序。整体而言，返乡能人的经营行为可能盘活集体资产，短期亦能增进村民的福利，能人还可能利用个人权威与势力保持村庄秩序的相对稳定，但同时也存在经营失败风险转嫁和村庄公共性消散的隐患。[13]

乡村振兴战略不仅在于振兴乡村经济，更在于重塑乡村的公共秩序、提高村民的生活质量、让农民在乡村社区中重拾共同体的归属感。这不仅需要国家在乡村社会中投入大量的治理资源，提供更均衡的公共服务，还需要一批有情怀、有能力、有担当的精英群体带头参与，组织村民实现村庄发展。返乡能人承担着基层政府和村民们的双重期待。然而，在此过程中，一些能人或迎合地方政府的政绩需求，进行高风险的开发经营；或借机谋取利益，实现个人的经济政治目的；或构建垄断性的分利秩序，加速村庄社会的裂变。最终村庄成为能人的经营对象，返乡能人等少数人的权力关系网络不断扩张，多数村民的政治参与和社会纽带却在弱化，村庄发展与普通农民的关联变得愈加薄弱。

中国人民大学张有春、杜婷婷在广西壮族自治区乙丑村进行的田野调查发现，在人口、贫困、婚姻、时间感知等方面存在两种不同的真实：来自外部的文字、数字的真实与农民日常生活的真实之间既冲突、矛盾，又彼此影响、建构。张有春、杜婷婷的研究没有纠结于哪一种真实更本真的问题，而是将二者都视为饱含人们的主观意愿与实践策略的社会文化建构，并以两种真实的交汇界面为对象，揭示彼此之间产生不符的原因及其背后所隐含的当地民众日常行为逻辑，以呈现当地村民的生存样态。[14]

张有春、杜婷婷对本真性的探讨，并非要简单地澄清某一社会文化事项是真实还是虚假、是正确还是错误等问题，它是一个更为复杂的学术议题。乙丑村的案例中，生活现实与文本真实之间的互渗互构，客观事实与主观真实之间的交融共生，两种时间观的遭遇与冲突，都表明真实不是本质主义的、静态的、一元的，而是建构的、动态的、多元的。社会学人类学能够做的，不是揭示纷繁复杂的现象背后的本质，回答何者为本真的问题，而是把统计表、精准扶贫档案等文本与民众的日常行为一道作为一种文化文本加以解读，考察各种真实之间的关系及产生矛盾、抵牾的原因，进而揭示当地民众的复杂的生存样态与日常行为逻辑。

（二）家庭社会学：为推进家庭家教家风建设提供学理基础

家庭是社会的细胞。家庭家教家风建设在中国社会发展中具有特别突出的战略性意义。围绕这些问题的研究，是 2022 年家庭社会学的重心。吴小英指出，近十年来，伴随着社会学的本土化浪潮，国内家庭研究也出现了在方法论和研究旨趣上的诸多转向，包括家庭社会学的历史转向、理论转向和工具性转向。这些转向带有明显的传统主义复苏的意味，不仅很大程度上拓展了家庭社会学的研究视野和学科界限，提醒我们更多关注家庭的道德文化意涵及其精神面向对于中国人的意义，而且也在对既有的西方主流理论框架和研究范式进行反思的基础上，开辟了家庭作为社会学研究本土化思考的切入点的独特路径。[15]

关于家庭研究是社会学中一个热闹而深入的领域，关于此，也有分量较重的专著出版，例如杭苏红的专著指出，“新女性”的命运是中国现代化历程的一个重要缩影，她们身上的精神性追求及其内在困境，能最真切地反映中国现代人格重塑过程中的张力与缺失。该书以“离家”作为新女性生命史与精神史的起点；离家在开启她们追求独立之路的同时，亦使得“归属感”问题始终如影随形。独立与归属这两方面的紧张关系在此后的“学潮”、“爱情”、“革命”以及“物质”等历史环节中都有充分体现。在这一过程中，亦可感受到现代人格内在的主观性倾向及其得以形成的复杂的社会历史情境。而“革命”与“物质”作为两种典型的选择，在展示新女性群体某种现实出路的同时，亦以新的方式使“独立与归属”的结构走向了“一端”。[16]

中国社会科学院梁晨认为，改革开放以来，我国广大欠发达农村地区的家庭结构发生巨变，加之社会保障制度发展不够完善，这使得农村养老问题日渐凸显。其研究以华北某村为案例，结合当下农村社会文化、家庭结构变化现状，讨论农村老人自身的行为逻辑与村庄内部特征及约束，并分析了农村家庭养老在家庭结构发生变化的情况下得以持续的原因。该研究认为，村庄社区经验传承和软硬约束具体表现为“集体记忆”、“社区舆论”和“村庄福利”，从内在和外在两方面影响农村养老：村庄内的经验会塑造集体记忆，从维护家庭内部和谐角度出发实现养老目标；社区舆论和村庄福利从软硬两方面约束着子女的养老行为，使得农村家庭养老体系在社会的变迁中可以持续。[17]

梁晨的研究指出社区环境的软约束的重要性。在传统村落中，人们的生产、生活大多在同一片区域中，祖祖辈辈居住在这里，人与人熟识，村庄生活相对透明，社区舆论的约束作用较强。而人们关系紧密，相互依靠，社区舆论才会起作用。在现代城市由陌生人组成的社会中，人们的生产生活区域分开，相互不熟悉，社区舆论产生和发挥作用都相对困难。可以说，熟人社会是社区舆论产生和发挥作用的重要舞台。当下的农村地区，虽然人口流动越来越频繁，但村庄内部依然是比较紧密的共同体，熟人社会的氛围使得社区舆论依然存在于大部分农村。

如费孝通所言，在中国，家庭并不是一个明显的分析单位，家是可以伸缩自如的。大量研究表明，家庭规模小型化、家庭结构核心化已经成为家庭发展的主流，随着人口迁移流动的加剧以及城市化进程的加快，中国家庭结构类型更多样化、复杂化，家庭成员居住方式也发生改变，具有血缘关系的家庭人口从共同生活转向独立生活和居住。因此，家庭成员的主观认同规模、构成范围与共同生活、居住的成员构成人群是否存在显著的差距是一个值得深入研究的问题。中国社会科学院张丽萍、王广州以全国人口普查数据和中国社会状况综合调查数据为基础，研究中国家庭户规模、结构的变化趋势和面临的问题，并得出以下主要结论：（1）家庭同住人口由3人及以上为主向3人及以下为主转变；1人户的比例迅速上升，且速度有加快趋势；2020年人口普查1人户占25.39%，2人户占29.68%，CSS调查数据中同住人口2人户比例也超过四分之一。（2）同住家庭代际结构由2代、3代为主向2代、1代为主转变。（3）主观认同家庭的人口数量和代际结构转变都落后于同住家庭；城镇和乡村家庭结构无论是主观认同还是家庭居住都具有明显的同质化倾向。（4）家庭成员的主观认同依旧以夫妻轴、父子轴、从夫居为主，表现出单系倚重的特点：已婚儿子及儿媳被认同的比例高于女儿和女婿；男方父母被认同的比例远远高于女方父母。（5）家庭成员实际同住呈现出以夫妻为轴心、父系倚重特点，并与主观认同有不同程度的分离。[18]

改革开放以来，中国家庭经历了深刻、系统、全面的变化，幼有所育、劳有所得、老有所养等民生诉求成为家庭发展的基本矛盾。中国家庭发生的变化直指家庭福祉，亟须社会治理尤其是基层社会治理的关注。同时，基层作为社会的毛细血管，处于矛盾和问题的最前端，治理工作面临诸多困境。家庭作为连接个体与社会的轴心，是第一时间发现问题、倾听诉求、化解矛盾的场域，家教作为社会教化的源头，家风作为文化软实力的基底，在基层治理中具有独特作用。党的十九届四中全会明确提出"注重发挥家庭家教家风在基层社会治理中的重要作用"。家庭家教家风可给基层治理提供所需的治理元素与治理手段，二者互为倚持。中央民族大学杨菊华在界定家庭转变概念的基础上，辨识了家庭转变、基层社会治理与家庭家教家风之间的内在关联。一方面，因应新时代家庭转变面临的新特征、新问题，基层治理必须在"家"字上"做文章"，尽快推动家庭优先视角融入所有相关公共政策，打通婚—孕—生—养—育—赡养全链条中的阻梗，积极回应转变中的家庭诉求。另一方面，提升基层治理能力、构建基层治理新格局，须在小"家"上"做大文章"，以和谐家庭强固基层治理基础，以严正家教增强基层治理效能，以优良家风涵育基层治理软实力，进而以基层治理推动社会治理、国家治理，形成中国独特的社会治理之道。[19]

中国社会科学院和中国人民大学牛建林、齐亚强指出，随着家庭对子女教育的重视程度普遍提高，教育期望的代际对比特征与互动关系成为家庭生活的重要组成部分，对家庭成员关系质量及其身心健康产生着不可低估的影响。他们利用2010—2018年中国家庭追踪调查数据，考察了当代中国青少年与家长教育期望的代际差异、互动及其影响。研究发现，当前全国10~15岁青少年中，个人教育期望与家长明显偏离的占四到六成，家长教育期望偏高的现象相对多见。家庭教育期望的代际偏差具有显著的不利后果：在城镇地区，家长教育期望偏高极易引发亲子间激烈争吵，对青少年心理健康也有显著的不利影响。研究指出，由于亲子双方教育期望的影响机制和路径依赖程度不同，代际偏差一旦出现，往往不会在短期内消弭。化解家庭教育期望代际偏差的不利影响，既需要对微观家庭的教育期望进行科学引导，也要重视教育供求结构的变化，从根本上解决公众对高水平、优质教育需求上升与现阶段教育发展不充分的矛盾。[20]

北京大学李适源、刘爱玉关注中国大陆中学生课外补习参与及其负向情绪生成的因果关系。他们基于中国教育追踪调查两期数据，借助工具变量等方法来化解内生性偏误，在量化层面回答了课外补习参与"是否导致抑郁"以及"使谁抑郁"等问题。他们的研究发现如下：其一，课外补习参与对中学生的情绪健康状况具有显著的"导致抑郁效应"，但这种效应主要存在于家庭背景占劣势的较低阶层的子女当中，而家庭背景具有优势的较高阶层的子女对此类负向情绪有更强的抵御能力，表现出了"心理免疫"的现象；其二，他们从"情绪调节"的角度入手，对"导致抑郁效应"的阶层异质性做出了进一步解释。该研究结果有助于深入理解课外补习参与可能具有的健康不平等意涵。[21]

北京科技大学郭戈通过对代际特征的观察，以流行于中国家庭的"儿童自主进食"喂养方式作为切入点，检视了部分中国"80后""90后"父母充满张力的现代抚育逻辑。研究发现，比起单纯规训儿童与树立家长权威，寻求个人认同、疏解自身文化焦虑是他们积极投身教养实践的新动因。他们以追求天然、清淡的饮食方式来应对社会风险，进而塑造自身懂节制、不溺爱的教养者形象；他们让孩子自己进食，并容忍就餐过程中的无序与混乱，以此来践行以儿童为本位、尊重其身心发展规律的抚育方式；他们推行亲子间的分餐制度，却很难改变自己的饮食方式，这也体现出家长在塑造有别于自己的“新世代儿童”时的局限。[22]与既有研究相比，该研究力图呈现父母在教养过程中的“自我建构”面向。

这种教养新世代的抚育逻辑也使我们有机会观察到中国家庭更加生动的育儿图景：对父母来说，寻求个人认同是驱使他们积极投身抚育劳动的重要动因，它有效地调和了抚育压力与抚育动力间的关系，丰富了以往以关注焦虑为主的研究。对这些家长来说，“为人父母”的体验里不仅有广为社会关注的教养焦虑，还有对疏解成人世界问题的美好期待。他们将公共生活与私人生活变迁的希望一并寄托在成长中的儿童身上。

育儿焦虑作为近年的热门词汇，指的是家长对孩子的养育、教育、成长等多方面感到焦躁、忧虑的心态现象，这种现象蔓延范围广泛，几乎成为一种全球现象。现有研究多集中于母职领域，学者们将母亲作为分析核心，讨论了不确定的全球化未来里“拼教养”式的亲职焦虑、我国社会变迁中的亲职与抚育、“家长主义”与母职再造、市场化背下的母职变迁等议题。从这些议题中可以看出，学者们不仅建立了社会与家庭变迁的大视野，也更新了女性母职展演的细微过程，连接起宏观背景与微观事实。需要强调的是，现有研究在事实上构建了一个隐含的研究框架，育儿问题流转于私人领域与公共领域之间。北京市委党校刘秀秀指出，既有研究大多将育儿市场化当作叙事背景，并未对其运作方式做详细考察。事实上，市场主体已将技术作为联通公域与私域的桥梁，有意识地生产育儿焦虑。将市场主体纳入分析视野，能够补充母职研究的不足。市场主体的技术应用大致可以分为三种：传播技术、社群技术和生产技术。传播技术以意义和行动为轴，将育儿焦虑传递给家长群体，再利用社群技术打造“流量池”，将社群中的人转化为数据，最后利用生产技术促成消费，进行“收割”。三种技术相互配合、循环使用，不仅能够生产育儿焦虑，也可能在数据和流量的裹挟下影响市场主体的兴衰存亡。在“双减”政策的新制度环境下，颠覆数据王国、解除育儿焦虑、回归教育本心，将是一个重要的发展方向。[23]

中国社会科学院马春华以父母劳动力“去商品化”程度、儿童照顾“去家庭化”程度构建分析框架，使用数据分析欧洲 31 国儿童照顾现状。研究发现，北欧各国去家庭化程度最高，非正规照顾处于边缘；东欧各国去家庭化程度最低，以非正规照顾为主。父母劳动力性质、各国福利体制、性别平等指数等对非正规照顾程度存在一定影响。在国家和市场尚不能提供充足正规照顾资源的中国，儿童非正规照顾应受到重视和支持，使其与儿童正规照顾、父母照顾相互支撑，共同成为支持生育的重要工具。[24]

和欧洲各国类似，中国现在也面临着明显的儿童照顾赤字。多年来一直低迷的生育率、女性就业率的持续下滑，都和这个因素有着密切的关系。随着中国逐步实施“全面两孩”政策、“三孩”政策，对于儿童照顾的需求将进一步增加，照顾的供需不平衡将会进一步加剧。如何弥补照顾的缺口，是提高生育率和女性就业率无法回避的问题。因此，国家在“十四五”规划中提出要发展普惠托育服务体系，积极发展多种形式的婴幼儿照护服务机构，增加公共化的和市场化的儿童照顾供给。

（三）数字社会研究：为推进社会治理和社会建设服务

数字社会和数字治理是我们这个时代的主题，也是应用社会学 2022 年的研究主题之一。中国人民大学付堉琪以一个县的数字乡村建设行动为例，考察了地方政府的政策认知与策略建构机制。该研究发现，在治理体系、地方社会的生产生活秩序、自然地理条件的约束下，地方政府会基于自身所处的情境采取自我定位与相互参照、地方化阐释、树立典型、关系运作等策略明晰对试点建设内涵的认知，进而确立重点工作，调动地方资源禀赋投入到建设实践之中。[25]可见，数字乡村建设的宏观政策为地方社会整合资源提供了“触发器”；地方政府对上级政策做出的地方化阐释具体地形塑了政策执行的形态，克服了宏观政策与具体情境之间的矛盾与张力。

数字社会研究是社会学学科探索的主要议题，其表现形态十分复杂。1999 年 1 月，中国启动“政府上网工程”，中央及各地方政府纷纷掀起电子政务建设热潮，并赋予其优化组织运行和改善公共服务的双向功能。前者包括实现办公自动化、重塑工作流程、改造组织结构等，可称为电子政务的内向功能；后者包括提供一站式服务、搭建开放式政务平台、实现政务应用双向互动等，可称为电子政务的外向功能。与此同时，相关问题进入学者视野并引起广泛讨论。北京大学张权指出，近年来，电子政务对于公共服务的改善作用得到广泛认可，但是关于其对组织运行的优化效果仍待进一步探究。张权以某国有科研类事业单位为对象，基于新制度主义理论视角，对该单位实施办公电子化之后的组织调适进行了历时性考察。该研究发现，以促进组织运行效率和安全性为目标的电子政务，不必然导致效率的提升，反而可能带来安全风险的累积。研究还揭示了在信息技术全面嵌入的条件下组织调适的边界：在工作推进过程中，部门内部会出现组织实际运行与正式制度相分离的情况，观念与利益的差异令该情况难以跨越部门边界。[26]

数字平台企业在全球范围已然成为治理体系中的一个重要主体，有时甚至承担“首位责任”，但其引发的社会后果却喜忧参半。喜的是，作为重要的“科技支撑”力量，数字平台企业因为快速的反应能力、强大的社群优势、生动的知识输出、丰富的技术应用场景，在众多的公共事务中发挥了重要的作用。在我国，从数字政府、智慧城市这样的智能化基础设施，到海量数据的收集分析和场景运用，所谓“智治”在推进国家治理体系架构、实现政府决策科学化、社会治理精准化、公共服务高效化方面发挥了积极作用。忧的是，大量的数据、算法和算力掌握在数字平台企业手中，对资本和技术作恶的忧虑，已成为当今时代最受关注的问题。当前，智能社会建设中社会动员不足，老年人、打工人等弱势群体的权利问题日益突出，算法歧视、大数据杀熟、深度伪造等监管难题层出不穷。对资本之恶与技术之恶的反思和批判已突破知识界讨论的范畴，成为大众文化的一个组成部分，我们正处在新一轮的对数字技术的批判浪潮之中。

中国社会科学院吕鹏等提出，数字平台企业参与治理的正负效应是一个重大时代议题。他们从内部治理、外部治理、共同治理三个场域出发，建构了数字平台治理的分析框架，用于理解数字平台企业与国家、市场、社会之间的关系。该研究主张，从企业自主性出发，辩证看待平台企业参与社会治理带来的效能。促进平台善治，关键还是需要完善国家对平台的治理措施，以形成外部结构性压力，促进企业内生治理变革，形成可持续的共同治理模式。[27]

社会科学需要将计算本身的社会建构过程作为研究内容，当面对数字社会中技术可能带来和正在产生的社会风险时，社会学不能只有“批判”的立场和态度，还要能够通过“建设”的源头参与来规训和驾驭算法，使其向善、使能为善。在平台治理的各个环节中引入社会学的干预能够更好地调节科技与社会间的相互作用。既为有意于社会创新的平台企业提供认识、理解和解决社会问题的思路与能力，更好地体现出企业的自主性；又通过源头参与、内容审计、赋能社群等途径尽量减少平台企业对社会利益可能的损害，使其尽量发挥积极的作用。计算社会科学偏向于强调运用计算方法和复杂统计方法，对多形态数据进行挖掘与整合，实现对复杂社会现象的描述、解释与预测。但社会计算不仅是技术手段，也是社会现实的生成过程。计算社会学如何为“数字时代的基本法”做出贡献，应该成为社会学的一个重要使命。

数字社会的算法作为技术—社会实践过程，需要有人工规则、策略设计、定义和评估，涉及生产与消费、使用的社会过程。算法实践成为人与代码结合的运行规则，我们不能忽视人类在其中发挥的主观能动性。北京市社会科学院赵璐尝试结合组织的制度属性与行动者主观能动性，剖析算法实践的社会建构过程。他发现，核心社会行动者在权力－利益的影响机制下具有差异化的博弈地位，围绕内容可见性展开复杂的策略互动与博弈。该研究在案例剖析的基础上提炼出控制权强度与利益相关性两个关键影响维度，为AI技术与社会关系以及算法治理研究提供可能的思路。[28]

赵璐将算法实践过程看作技术系统与社会系统持续互动的过程，人的能动性和组织的制度属性可以在算法实践中并存。因此，将算法实践过程中不同行动者的能动性特征（人工规则、策略、评估、干预行动等）以及作用于特定组织内外部的制度性情境特征纳入算法设计、应用、迭代的整个生命周期进行研究，能够看到算法实践的社会建构过程中哪些行动者参与进来，又是如何参与算法实践的过程。在剖析算法实践的组织制度属性和个体能动性的过程中，将参与社会建构的核心行动主体纳入后，影响多元行动者参与算法实践的机制是什么呢？该研究认为要从多元行动者参与算法实践过程中的博弈地位、算法认知与行动策略入手，剖析隐藏在背后的权力－利益关系机制，这也是影响算法实践结果的深层动因。该研究发现，在平台的算法实践过程中，核心社会行动主体在复杂的权力－利益关系互动中形成了不同的博弈地位，各自对算法认知存在差异，展开了不同的策略互动，直接构成了影响算法实践结果的深层机制。

三、社会工作

社会工作是一门实务性很强的学科，要构建其自主性学科知识体系，有必要追溯其历史。中国人民大学岳永逸、熊诗维追溯了20世纪前半叶中国社会工作的架构与实践。抗日战争期间，国民政府正式将社会工作纳入国家建设的总体框架。由此，中国高校的社会工作教学与研究也走上新台阶。为推动中国社会工作理论的体系化、学科的规范化，深度参与清河试验区调研和建设的蒋旨昂将燕京大学乡村建设试验的理论与方法、人文区位学、西方社会工作理论、丰富的中国社会基层服务经验和克里斯塔勒（W. Christaller）的“中心地”学说相融合，在重新定义社区、社会制度的基础上，提出了一套集理论、方法与研习于一体的社会工作体系，积极推动高校社会工作人才培养方案的改革，并在成都郊外创办了“研究—服务—训练”三位一体的石羊场社会研习站。作为一门相对独立的学科，理论与实践意义兼具的社会工作与本土化社会学——社区社会学相互充实且殊途同归，共同成为认知和改善中国的工具。对当下中国的社会工作、社会学的学科建设而言仍具启示意义。[29]

在社会实务层面，北京大学马凤芝考察了贫困治理与社会工作教育对口扶贫的中国实践之间的关系。社会工作教育院校作为一种社会力量积极参与脱贫攻坚，在助力社会工作参与国家脱贫攻坚的实践中展现出以人为本、激发服务对象内生动力、扶贫扶志的专业优势，为社会工作专业参与国家治理和重大社会发展战略积累了中国经验。“十四五”时期，中国进入全面脱贫与乡村振兴有效衔接和平稳转型的过渡期，社会工作教育也将为巩固脱贫攻坚成果、建立社会工作制度性融入贫困治理的长效机制提供知识建构和实践指导。马凤芝在回顾国内外反贫困社会工作理论和实践的基础上，提炼中国新时代社会工作在贫困治理领域的工作范式以及理论和实务框架，对建构中国反贫困社会工作理论和实务方法具有重要意义，对国际反贫困社会工作理论的发展也具有重要的借鉴价值。[30]

在理论层面，更深入考察社会工作实务与自主知识体系构建之间的关系。经过三十多年的恢复重建，中国社会工作专业取得了长足的发展。但时至今日，就学科地位和社会地位而言，中国社会工作还未能获得应有的自主性。中央民族大学郭伟和认为，究其原因，一方面是社会工作具有强烈的实践性，这就要求其专业自主性不仅需要阐明其学术和学科属性，而且要求其展现出对应的实践效能；另一方面，作为一种实践导向的专业，更需要社会工作专业能够把理论与实践的关系阐述清楚。然而，无论是新生的中国社会工作，还是西方社会工作，对这个问题都未能给出满意的答案。综观社会工作发展史，始终存在着学科自主性和实践效能之间的张力：到底是从实践经验出发提炼概念和理论模式，以形成学科体系，还是从逻辑概念出发，演绎推理出实践原则，以指导实践？这不仅仅是认识论问题，还涉及本体论问题：如何界定和评估社会工作的实践效能？是把社会问题分解成个体行为问题来干预和评估，还是把它归结为文化、结构和制度因素进行干预和评估？这两个问题往往是连在一起的，形成了社会工作专业发展史上的核心争议：社会工作专业如何界定社会问题？是对个人进行诊断和治疗，还是对社会环境进行创设和改变？专业自主性是来自社会认可的权威，还是依靠有效证据？有效证据的判断标准是遵循行为科学的随机临床实验，还是基于人文主义的参与式观察和意义诠释？抑或是遵循结构主义的反思批判标准？

郭伟和对证据为本的实践模式和行动反思的实践模式两种社会工作实践模式背后的认识论进行了系统讨论，分析其与社会工作专业教育的关系。建基于实证主义之上的证据为本的实践模式大大提升了专业实践的效能与信心，然而，证据为本的实践模式窄化了专业实践的范围，导向一种个体行为主义的专业实践观和效能论。实用主义的行动反思实践模式试图把普遍的实证知识与具体的实践情景相结合，开展现场框架实验。这有助于形成专业实践能力的微观整合基础。这两种实践模式及其认识论基础有助于促进中国社会工作专业的发展，但也存在短板，对于介入中国社会转型缺乏思路。[31]

中国人民大学祝玉红、银少君指出，当前我国社会正在经历深刻的数字化转型，结合新技术创新服务模式是社会工作承担数字化使命的重要体现。在欠发达地区，农村家长对子女关怀不足，农村儿童各类行为和心理健康问题突出。以往研究表明，较高的家长亲职效能感水平对于缓解养育压力、促进儿童保护和身心健康发展具有重要作用。基于认知行为疗法，该研究首次尝试构建一个适合我国农村家长的线上亲职教育服务方案并进行初步应用，采用随机对照试验方法，将在湖北省黄冈市乘马岗镇某小学招募的学生家长随机分为干预组和对照组，通过腾讯会议软件为干预组开展四阶段、八节次的线上小组服务，采用过程评估和结果评估分别对服务效果进行前测、后测、追踪测量以及焦点小组访谈。研究发现，线上亲职小组服务作为一种成本效益良好、较能符合农村家长需求的服务方案，对提升农村家长的亲职效能感、改善亲子关系具有较为积极的作用。未来需继续完善干预方案和评估机制，通过扩大样本的范围，持续推广该干预项目。[32]

该研究是一项“互联网＋社会工作”介入家庭教育的探索性干预研究，尝试为家庭教育领域的社会工作实践提供方案设计和研究参考。研究者们通过开展线上小组社会工作服务，证实“互联网＋社会工作”服务介入农村家长的亲职效能感提升方面具有较为积极的效果。因此，基于该研究发展的干预项目具有一定的推广价值，可以应用于指导更广泛的家庭教育实践。此外，未来的研究还需基于证据为本的实践逻辑，综合运用多元化社会工作方法开展面向农村家长的亲职教育服务，积累“互联网＋社会工作”在家庭教育领域的实践证据，发展出符合我国家庭教育情况的、实际且行之有效的“最佳实践”，为农村儿童的身心健康发展营造友好的家庭和社区环境。

社会工作专业注重实务工作，在社会工作专业硕士教育中也注重学生的实务学习。我国的社会工作教育机构一般会设置600或800小时的社工硕士专业实习，以提升学生的实务能力。而在学生实习中，存在督导不足、专业实习机会有限、理论与现实脱节、伦理困境等现象。学生对实习和督导的期待与他们实际的实习体验之间存在差异。当面临实习中可能存在的诸多困境时，支持不足会导致他们产生消极情绪，这会对他们的专业和职业成长构成挑战。社工硕士学生的专业实习经历需要社会工作的从业人员、专业机构、行业和教育者们予以关注。中国人民大学吴蕾、李雯娟指出，社会工作专业硕士实务教育注重专业实习，而结案是微观社会工作实务流程中的重要环节。结案中实习生和案主都要面对专业关系结束可能带来的预期悲伤，而实习生需要处理案主和自身的结案反应，由此需要应对诸多挑战。在预期悲伤理论指导下，研究者们探寻社工硕士学生在个案工作实习中的结案经历，试图说明学生们在结案中面对的挑战。通过对十名社工硕士学生实习经历的回顾性研究发现，社工硕士学生在自然结案、案主发起的结案和强制结案的经历中体验到案主和自身的多种结案反应，学生们运用回顾和肯定、澄清身份等多项结案技巧结束了专业服务关系。在此过程中，学生们面对专业技能需要提升、案主依赖、结案后联络、学校教育和机构督导有待调整等方面的挑战。根据这些发现，研究者们提出了结案实务和研究方面的建议，以促进学生的实习收获和成长。[33]

中国人民大学吕楠指出，证据为本的实践（evidence-based practice）被广泛应用于西方社会科学领域，如教育、儿童福利、心理健康、社会政策以及社会工作等。发展至今，西方的社会工作研究者和实务人员已经开发出了一系列证据为本的干预方案与评估方法。换言之，证据为本的社会工作实践已经成为国际上社会工作发展的主流模式。随着社会工作本土化的推进，中国社会工作研究者、教育者与实务人员逐渐认识到社会工作的决策、干预需要用证据来依托，证据为本的实践思路被引入国内。证据为本的社会工作实践是一种社会工作实践思路，指引社会工作从业者基于一系列假设进行预估、干预与成效评估。证据为本的实践对社会工作从业者构建证据、评价证据以及将证据付诸实践的能力提出了要求。然而，社会环境复杂多变，刻板地依照西方思路进行证据为本的实践，从而忽略本土特色，可能导致证据质量不佳或水土不服等问题。因此，中国社会工作领域证据为本的实践在借鉴西方经验的基础上，更要立足本土，走具有中国特色的道路，积累本土化的高质量证据，进而指导适用于中国社会文化背景的社会工作实践的决策与干预。[34]

证据为本的社会工作实践不但是社会工作研究、教育、实践的重要思路，更有助于为扎实推动我国实现共同富裕的长远目标贡献社工的专业力量。为了实现这一目标，我们首先需要讨论清楚何为证据、证据的评价标准为何、如何积累和使用证据等重要议题。这个实践模式看起来思路清晰，但对其的高效应用却充满困难和挑战。最主要的问题之一就是如何确立一个放之四海皆准、大家都认同的证据评价体系和有效的证据积累路径；而另一个问题则是缺乏本土化证据。上述问题的解决需要整个行业深度参与和配合。总而言之，证据为本的社会工作实践具体步骤包括提出具体的问题、寻找最佳证据、客观评价证据以及基于证据采取行动。在整个环节中，最重要的就是积累本土化证据，在很多时候，基于西方证据开展的社会工作服务是不适当的。那么，如何积累本土化的社会工作实践证据？这不但需要社会工作研究方法和干预方法的专业培训，更需要沉得住气、专心做基础工作的精神，在积累本土化社会工作证据方面还需学界共同努力。

四、社会治理

基层社会治理是国家治理的基石。党的十九届四中全会指出“推动社会治理和服务重心向基层下移，把更多资源下沉到基层，更好提供精准化、精细化服务”。社会治理与中国式现代化建设之间有着密切关系。为了建设美好社会，就需要在社会治理的组织架构、体制机制方面做更深入探索。北京地区社会学界在 2022 年对这一议题有着较为深入的探索。在社会学角度，施行社会治理的一个重要载体就是社区，2022 年社会学在社区与社会治理研究方面有重要推进。

近年来，随着基层社会治理的重心转向城乡社区，人们的思想观念和需求日益多样化，这对社区治理提出了更高的要求，而资金则是满足这些要求的重要保障。城市社区的资金主要有三种来源：政府资金（包括中央政府财政和各级地方政府拨款）、社会资金（包括社会捐助、慈善资金、企业投入等），以及社区自筹资金（包括城乡社区自有资金、从企事业单位和社区居民筹集到的资金或实物），其中地方政府资金是最主要和最稳定的来源。

一般来讲，这些政府拨付的社区经费主要有三类用途：一是用于支付社区工作者的薪金及生活补贴；二是用于进行社区基本管理和服务所需的办公经费和事业经费；三是用于进行社区建设和发展的专项资金和社区公益资金，即社区发展专项经费。从资金的数量上看，地方政府对社区的投入经历了从少到多、从单一到丰富的过程。在早期，社区得到地方政府的支持十分有限。随着社区在治理中作用的逐渐提升，地方政府逐渐加大了对社区的支持。但是从资金的规模和结构上看，第一类资金的各地数额差异较大，第二类经费仅限于维持水平，第三类经费在很多社区很少甚至没有。然而，第三类经费却是提供社区服务和开展社区活动的最重要来源。中国社会科学院刘怡然基于成都的“公服资金”在调动居民参与社区治理方面的成功案例，发现相比于资金来源，资金权属对激发居民参与解决社区治理问题起到了更为基础性的作用。因此，建立属于社区“共同共有”的经费，有助于改变居民的认知、行为以及情感，培养居民“共有的惯习”，进而提升居民的参与意愿，形成“共治”的格局。[35]

资金是促进社区发展不可或缺的要素之一。如何让社区专项发展经费调动居民的参与积极性，在社区治理中发挥出最大的效果，是该研究探讨的议题。在以往的研究中，学者们虽然肯定了资金的重要作用，但并未对其影响治理的机制进行探索。学者们普遍认为，社区发展专项经费主要由政府提供，来源单一，所以容易出现经费不足、行政化趋势严重和居民依赖心理重等问题。然而这并没有解释为什么有些社区即便拥有了充足的资金，居民仍然缺乏参与社区治理的意愿。刘怡然通过调研发现，资金的权属而非来源，即资金的使用权、决策权和监督权归谁所有，对促进居民参与社区治理有更为重要的作用。从案例中看出，确保资金的共有确实在一定程度上满足了居民多元化的需求，拓宽了多元治理的参与主体，改变了社会组织服务的方式，也改变了居民之间相处的方式，唤醒了居民的主体意识，促进了共治的发展。沿此思路，很多资金不论来源为何，如果在设计上尽量保障其共同共有的权属，就能在很大程度上促进居民的意见表达和社区参与，形成共建、共治、共享的治理格局。

刘亚秋提出家可以作为基层社区治理的抓手，从而同时推进家庭建设和社区建设。[36]基层社区干部把家庭作为社会治理的方法用于解决基层社区治理的难题，正是抓住“家”作为中国人的“民心所向”。家庭伦理是社会底蕴的核心，在基层社会承担着某种动员居民自治、激发社会活力从而提高社会治理效能的作用。它是基层社会治理的抓手和基层社会的黏合机制，一直是构筑现代社会有机性的基石，在新的历史时期有了新的内容和特点。例如在基层社区治理实践中，社区干部的儿童视角之所以能取得成效，正是因为重视“世代之间的力量”中“为了子孙”的家庭观念。在一定意义上，家庭伦理可以作为构筑公共领域的社会性基础。由于儿童的介入，家庭在社区公共事务的参与中，呈现出一种积极的形象。种族绵延的观念成为最容易激发的社会活力。“家”也正在成为撬动治理实践的机制和工具。家在中国不仅是一个私人化的领域，还可以生产公共性，是自下而上的社会力的生长点，是能够对接社会和国家的一个独特场域，是构建美好社会的积极力量。

无论在城市社区，还是在农村社区，支撑一个社会持续而有效运转的秩序基础往往是它的文化底蕴，也可称之为社会底蕴。在很大程度上可以说，在中国社会，最为基础和核心，也是最难撼动的是家庭伦理。从社会变迁和社区发展的角度，有学者指出，家庭伦理是认识中国社会的底色，而中国社会转型的根本就取决于这种深层的社会意识以及与此相关的社会结构的转型。可以说，家的观念就是中国最深层的社会意识，它影响着人们的一言一行，也影响了社会建设和社会治理。刘亚秋在成都特大城市社区治理调研和浙江嘉善农村“共同富裕”社区调研中发现，无论在基层社区干部还是在社区居民那里，“家”都是经常被提起的字眼，它明示了家在居民日常生活的“过日子”和基层社会治理中的重要作用。

当然，家庭在社会治理中发挥作用，还主要是以“他治”的形式，即家庭在中国基层社会治理领域中的活力激发不是自然而然产生的，而需要借助“外力”。这一“外力”主要来自“党建引领”的力量，基层社区干部在其中发挥了不可或缺的积极作用。在这一意义上，家庭参与社区治理不是单一社会力量的“自治”。虽然其中也有“自治”的成分，但其“自治”程度显然不同于在经济领域中，家所发挥的那种自下而上的社会活力激发的作用。由此也说明，社会治理相比于经济发展，是一项难度更大的艰巨任务。也因此，需要构建多元主体参与的社会治理模式，打造共建共治共享的社会治理格局。针对此的一个延伸讨论是，家庭要持续而有效地发挥在基层治理中的积极作用，跨越从“私”到“公”的界限、参与社会公共性的构建，社会教育是一个不容忽视的重要机制。

对于社区的理论研究，北京大学和中央财经大学的户雅琦、张樹沁、李贯才提出“找回社区分析框架”，社区概念最早由滕尼斯提出，是指一种亲密的内聚性群体关系，在其后的研究发展中，社区的含义逐渐实体化，丢失了原本的分析性价值。他们提出了“溢出性－工具性”二维分析框架，该框架包括三部分递进的内容，分别是社区关系的可操作化特征、社区关系的分类以及社区变迁的路径。[37]

社区作为社会学研究领域的高频议题，受到了学界的持续性关注。“社区”作为一个社会学概念，起源于滕尼斯等人对不同类型社会关系的讨论，经过美国社会学家帕克的推进，社区研究逐渐融合于城市化研究，成为探讨都市变迁的重要透镜，费孝通、吴文藻等人更是将社区考察视为认识中国社会的最理想的方式。户雅琦、张樹沁、李贵才指出，在这种学术思想的指导之下，伴随着工业社会的演进和城市化的发展，社区研究日趋兴盛，却也导致了社区概念逐渐成为一个研究客体，越来越多地作为居住小区或者街道办事处管理之下的基层自治组织。透过行政区划的社区，研究者或者探讨城市空间形态，或者落脚于行政权力与社会的关系，社区仅作为表象而非能得到深入的分析。滕尼斯理论中充满分析意义的“社区”逐渐消失，失去了其作为社会关系的内在延展性。

在现实社会中，一些跨行政边界的社区在迅速涌现。譬如“广场舞社区”，互联网上的“趣缘群”，以及随微信普及而出现的各种“亲友群”等。此类具有“社区”色彩的非行政区划集群难以进入当下的社区研究中。虽然一些研究对社区关系的情感因素进行了拆解，对认同感、归属感、凝聚力和人际信任等在内的多个维度进行了探讨，但仍然缺乏系统的分析框架。卢雅琦等认为，需要重新审视社区的经典理论，回到社区关系与社会关系的理论张力中，基于“社区”这一概念建构分析框架，这不仅有助于找回“社区”的本源意义，而且可以扩展社区研究的视角，将跨空间的紧密关系和线上社群等新现象纳入统一的分析框架中。社区关系在本质上是一种人际关系，其基础要素是行动者，也不可避免地受到空间条件的影响。不论是行动者还是空间环境，都处在不断的变化之中，社区关系因此也总是处在变迁的过程之中。不论在哪个时期，空间都是社区关系建构的重要力量，空间环境的变迁是共同体与结合体之间、不同类型的共同体之间相互转化的重要契机。空间条件的变迁推动着社区关系的变迁。

习近平总书记于2020年3月在武汉考察时指出：“城市是生命体、有机体，要敬畏城市、善待城市，树立全周期管理意识，努力探索超大城市现代化治理新路子。”将城市类比为有机生命体的理念，是解决现代城市治理问题的战略洞见。尤其是在旧城危房改造的治理实践过程中，为应对具有历史性、多态性、复杂性以及总体性的城市治理问题指明科学的研究与解决方向。改革开放以来，我国的城市化建设取得了伟大成就，但也出现一些“城市病”，诸如一些城市居住环境恶化、中心区域“衰败”、城市自然和文化景观弱化等。

围绕着城市更新问题（尤其是危旧房改造），政府、学界、市场以及社会各界人士提出了各种相应的社会治理措施，以期预防和消除“城市病”，恢复和重建城市的历史文脉与社会活力。中央民族大学麻国庆认为，在城市化进程中，危旧房改造成为社会关注的焦点。实际上，城市中的危旧房建筑，不仅是城市景观中“物”的表达，同时也是“人”的历史文化表征，其中蕴含着多样的社会文化资源。当前，一些大城市危旧房改造面临着单线发展的困境，城市社会治理实践陷入了不同程度的社会文化困境。该研究参照国内外的相关治理模式，聚焦某市的危旧房改造的历史经验与现实实践，提出了“文化穿针”与“经济引线”的具体治理策略，以期构建政府主导下的多元联动城市治理模式。这对于城市危旧空间的改造更新，以及探寻城市现代生命的空间复兴之路具有借鉴意义。[38]

在实地调查的基础上，该研究将某市危旧房改造更新的治理策略概括为“文化统筹”和“社会支持”两个关键点。其中“文化统筹”是以文化资源的再生产做引线，统筹贯穿城市治理的历史与现实，将城市文化的脉络融入城市改造更新过程中，以增强城市的历史文化特色。此外，在推动城市产业结构升级的背景下，地方政府全面发挥文化创意产业的再生产策略。“社会支持”这一概念，本身就意味着危旧房改造更新不能单一依靠政府力量，而应该广泛吸收社会、民间资本，动员社会力量积极参与其中。社会支持的多元主体既有城市建设的传统践行者，也有基层治理的政府权力嵌入，以及外来资本引入后的城市空间复兴，甚至是短期的消费主体共同赋予了城市危旧空间价值共享、共创与共生的机会。引入社会支持与文化资源再生产的视角，意味着以政府为主导的多元联动城市治理模式具有更加多样性的治理活力。城市生命的展现需要文化创意的灵感，社会治理的可持续性需要社会自身的持续支撑。

在国家主导自上而下的城市化进程中，一方面城市的边界向外延展，空间体量不断增长，另一方面城市内部危旧房的拆除或局部更新成为关键，作为社会交往和集体记忆的历史街区与老旧空间存在复兴的潜能。在现实中，城市危旧空间在历史上长期沿袭单线发展模式，过程中存在文化缺失与主体缺位的困境。与此同时，各地危旧改造社区中的基层治理组织和普通市民都在根据新的空间特征和自身的使用需求来探索新的治理策略，并对城市空间的意义进行再定位，这其中不乏成功的经验，有待研究者的探索和提升。

在城市化进程中，志愿服务是一种能充分激发社会活力、让社会有效运转起来的重要手段。志愿服务的组织化是社会培育和社会自治的有效观察点，而理想的自治是参与打造共建共治共享社会治理格局的重要前提。然而，无论是以社区治理和社会建设为目标的社区志愿组织，还是以培育公共精神和自我效能为目标的大学社团类志愿组织，都高度依赖政府资源，并具有明显的行政化特征。政府更期待看到整合社会力量的社会组织模式。党的十九大以来，政府的工作重心转向“突出人民群众在社会治理中的主体地位和首创精神”。志愿服务就是一种试图发挥民间力量的公共平台，作为社会治理主体的民众可在社会活动空间中自我组织、自我成长、自我教化，实现依靠自组织、自我协调和管理来约束自身。

中国人民大学富晓星、刘上通过对一种“理想类型”意义上的资源有限但高度自主的志愿组织的生命史研究，检视了社会力量是如何被激活、运转、凝聚和延续的。基于志愿组织内部的日常生活情境，研究者们提出了“层级文化互动”分析框架，用以解析通过人际互动实现的不同层级文化的互动，探讨这类自治组织长期存续的动力和机制。在志愿服务蓬勃发展但又不乏功利化等负面行为的当下，组织化过程本身可作为独立的解释变量解析社会力量如何自治，为现有的组织研究提供了新的经验和方法维度。[39]

富晓星、刘上讲述的是一群新时代有理想、有知识、有爱心、善反思、很纯粹、能坚守的大学生结群发展志愿组织的故事。他们研究的志愿组织是一类数量很少的理想类型意义上的志愿组织。这类组织不依赖外部资源，运营成本较低，不模仿其他组织开展工作，却能实现社会力量的自我管理、决策和协调；这类组织较少与制度性组织网络中其他实体组织开展互动，而是通过组织内部日常生活完成其与制度环境在文化层面上的互动。少资源、轻管控、重价值是这类组织的鲜明特征。大学生在日常生活中实现自我管理，同时也可参与社会治理，履行社会责任，这是符合当代大学生精神追求的理想组织模式。

五、社会政策

社会政策是一门以保障和改善民生、促进社会公平正义为使命的学科；是实施社会建设和治理的方式方法。它常常与社会学、社会工作、社会保障、公共政策等学科联系在一起。社会政策学科坚持从党的基本方针和基本路线出发，立足于我国社会发展过程中出现的各种问题，强调理论与实践相结合，对政策的制定和实施产生积极影响。社会政策学科的本质特征高度契合了中国特色哲学社会科学体系构建的要求和方向，在哲学基础、理论范式、方法手段上具有明显的优势，是最能体现中国特色哲学社会科学体系思想要求的学科之一。

中国人民大学蔡康鑫认为，社会政策发展至今已经形成了基本的学科体系和知识体系，但作为一门年轻的学科，社会政策仍然有很长的路要走。[40]根据习近平总书记关于新时代哲学社会科学工作的系列讲话，结合社会政策学科的发展现状，社会政策的学科体系和知识体系建设还面临着一系列的挑战和要求。总的来说，我国的社会政策学科知识体系建设目前已经对我国的福利制度和现象有了较为充分的探索，但本土理论的创造性仍然有限，很大程度上仍然是用西方理论解释本土现象，尤其是在一些关键问题上还没有取得重大的理论突破，例如我国到底是什么样的福利国家，应该用哪些指标从根本上解释我国的福利制度等，社会政策的学科体系建设晚于知识体系建设。进入“社会政策时代”后，一些社会学专业的院系招收了国内最早的社会政策研究方向的博士生，在社会工作专业中社会政策作为一门专业课被纳入课程体系，但仍然缺乏独立的专业和相应的学科体系。随着在社会政策领域的研究越来越多，学科体系的构建也逐渐走向正轨。

目前来说，社会政策的学科建设已基本成型，参与社会政策专业教学科研的人员也具备了一定的规模，但仍需进一步完善。例如社会政策的科研人员较为分散，在社会学、社会工作、社会保障、公共管理专业领域都有从事社会政策研究的科研人员；分散化导致该学科容易受到所在专业的话语体系影响，难以形成合力，这对于社会政策专业的学科体系建设是不利的。蔡康鑫指出，社会政策要积极应对新的社会风险，推动社会政策理论的实践运用。社会政策是一门实践的学科，不仅要能解释社会问题，还要提供解决路径。我国近几年来的社会、经济已实现了跨越式发展，特别是在信息化、智能化技术及其运用上，我国已建成全世界最大的平台经济劳动力市场。走在时代最前列的中国实践更需要呼唤如何解决中国实际问题的政策研究，众多尚待解决的新问题为社会政策学科提供了广阔的实践空间。

回到社会政策学科的开端，费边社成员为了推动改良社会主义在英国的发展，组织建立了关注社会问题和提出政策方案的社会行政专业。随着以英国为主的欧洲国家在二战后建成福利国家，为了更好关注福利国家运行中的问题并提出解决方案，社会行政专业更名为社会政策专业。所以社会政策学科一直以来就具有以社会问题为切入点来推动政治社会发展的使命。社会政策研究或多或少成为推动政治发展、总结政党执政的规范性理论的重要手段。例如吉登斯等学者在世纪之交提出了第三条道路的解决方案并成功构建了新工党社会政策，而在金融危机后新自由主义势力将西方社会政策推向了紧缩，西方社会政策学科为了抵御新自由主义带来的社会不平等，又走向了更具批判性的社会主义范式。

在中国，社会政策是一门年轻的学科。自 1979 年中国社会学恢复重建以来，社会学界开拓了不少社会政策的研究领域，但同时在人才培养与体系建设方面仍有不足。相比之下，社会政策在主要西方国家有着更为悠久的发展历史，这些国家的人才培养经验或许能提供一些有益的参考。综观一些西方发达国家的实践，可以获得如下基本印象：一方面，这些国家均注重社会政策人才培养的跨学科基础；另一方面，社会政策的应用或实践是人才培养过程中不可或缺的内容。不过需要意识到，任何社会政策人才培养体系都深受国家体制与制度特点的影响，是适应社会发展需要的结果。中国的社会政策人才培养可借鉴国际有益经验，但更为重要的是结合中国实际有所取舍、去芜存菁。中央民族大学何钧力从构建社会政策学科自主知识体系入手，提出新时代需要怎样的社会政策人才之问，他通过梳理党和国家关于人才培养的方针政策，总结新时代需要什么样的人才；在此基础上，基于社会政策在社会学中的学科定位，指出新时代所需的社会政策人才类型；然后考察了世界主要国家的社会政策人才培养实践，从中总结经验，提出中国社会政策人才培养的可能路径。[41]

主要体现在，第一，强化价值观在社会政策人才培养中的地位。社会政策从来就不是价值中立的学科，有其自身的价值倾向，人才培养需要彰显中国特色社会主义的价值内涵。第二，进行学贯中西的社会政策理论教育。借鉴国际经验，社会政策的学生培养方案可适当增加社会科学通识课程，使学生具备跨学科的理论基础。第三，传授以交叉学科为基础的社会政策方法。当前，中国进入数字时代，信息通信技术革命带来了社会变革，对社会研究提出了新的范式、方法与思路要求。第四，为面向社会实践的社会转型管理提供支持。社会政策是一门强调应用性的学科，其人才培养不能不注重实务。社会政策可在培养过程中更好地平衡研究与实务的关系，以更精准地面向社会实践、对接社会需求。

在实践领域，社会长期护理保险制度的探索和建立，将是我国未来在人口老龄化形势下社会政策领域的重要议题。总体来看，目前我国长期护理保险试点的核心问题是，如何在筹资高度依赖医疗保险制度的情况下，实现制度的独立性和可持续性发展。未来实现独立筹资或者从医疗保险中持续获得筹资来源所具有高度的不确定性，或将成为我国社会长期护理保险独立建制的最大障碍。

在艰难探索的制度初创期，批判性地吸收国外经验，深入透彻地理解其他国家建立长期护理保险制度的历史根源和现实动机，有利于为我国长期护理保险的制度建构提供更加全面、透彻而深入的视角。中国社会科学院刘芳选择德国作为研究对象，缘于德国作为俾斯麦式社会保险国家的历史地位，也缘于德国建制过程的典型性：从 1883 年到 1994 年，德国的社会经济和政治环境发生巨大改变，但却重新确立了一项新的社会保险制度，在福利紧缩时期建立了一项旨在扩大社会福利的政策。基于此，刘芳聚焦德国长期护理保险制度的起源，考察德国制度建立的政治经济背景、深层动因以及对于我国建立长期护理保险制度的启示。[42]

该研究从历史制度主义的视角详细考察了德国长期护理保险制度建立的历史过程，提出四个深层动力机制：长期护理需求的现代性与传统制度供给模式的深刻矛盾是制度建立的起点；长期护理需求所引发的民众生存焦虑和福利国家合法性的需要是制度建立的政治社会动因；德国统一的关键节点深刻地改变了决策情境，民主选举推高了在时间上不断累积的决策风险和决策压力；德国福利国家的保守主义特征决定了社会保险的模式选择。基于对德国建制经验的系统考察，该研究认为，在推动我国长期护理保险制度的探索中，一要寻求经济发展和社会政策的平衡；二要改变长期护理保险筹资依赖医疗保险筹资的现状，构建稳定和可持续的筹资机制；三在制度设计方面既要维护家庭照护结构，又要避免走向“全面机构化”；四要把握乡村振兴和共同富裕的“机会窗口”，回应农村长期护理的需求。

（北京市社会学学会供稿）

注：

［1］李培林：《新发展社会学：理论框架的构建》，《社会》，2022 年第 6 期。

［2］冯仕政：《范式革命与中国社会学自主知识体系的建构》，《社会》，2022 年第 6 期。

［3］张翼：《现代化与现代化话语体系的形成》，《社会》，2022 年第 6 期。

［4］谢立中：《论西方社会学理论的逻辑》，《社会学评论》，2022 年第 5 期。

［5］李英飞：《从政治技艺到一般社会学：重新考察涂尔干的政治社会学遗产》，《社会》，2022 年第 1 期。

［6］杜月：《神圣个体：从涂尔干到戈夫曼》，《社会学研究》，2022 年第 1 期。

［7］张雨晴：《“迷醉”或“清醒”：瓦尔特·本雅明对耶拿浪漫派“批评”概念的研究初探》，《社会》，2022 年第 2 期。

［8］周飞舟：《社会学本土化的演进与本位》，《中国研究》，2022 年第 1 期。

［9］凌鹏：《礼法“调协”的多重含义——基于瞿同祖研究的再探讨》，《社会学评论》，2022 年第 1 期。

［10］周飞舟，余朋翰：《家中有家：“分家”的理论探源》，《中央民族大学学报》，2022 年第 5 期。

［11］王春光：《乡村非就业收入与中国式乡村现代化的未来可能图景》，《学术月刊》，2022 年第 12 期。

［12］尹栾玉，崔辰淼：《输血如何抑制造血——Y 县电商扶贫项目的运行逻辑和治理困境》，《社会

学评论》，2022 年第 4 期。

［13］陈锋，孙锦帆：《返乡能人“经营村庄”的路径、机制与风险探析——基于两个村庄的案例研究》，《社会建设》，2022 年第 3 期。

［14］张有春，杜婷婷：《两种真实的交织碰撞——一个西南贫困地区民族村落的田野与日常》，《社会学评论》，2022 年第 5 期。

［15］吴小英：《重返传统：家庭研究的方法论转向》，《理论月刊》，2022 年第 8 期。

［16］杭苏红：《独立与归属：民国新女性的精神史》，商务印书馆，2022 年。

［17］梁晨：《集体记忆、社区舆论与村庄福利：农村家庭养老的持续机制》，《社会发展研究》，2022 年第 1 期。

［18］张丽萍，王广州：《中国家庭结构变化及存在问题研究》，《社会发展研究》，2022 年第 2 期。

［19］杨菊华：《家庭转变与基层社会治理关系研究》，《社会发展研究》，2022 年第 2 期。

［20］牛建林，齐亚强：《家庭教育期望的代际偏差、互动及影响》，《社会发展研究》，2022 年第 3 期。

［21］李适源，刘爱玉：《“忧郁的孩子们”：课外补习会带来负向情绪吗？基于中国教育追踪调查（CEPS）两期数据的因果推断》，《社会》，2022 年第 2 期。

［22］郭戈：《从儿童自主进食看中国家庭的抚育逻辑》，《社会学评论》，2022 年第 3 期。

［23］刘秀秀：《技术的魅惑：育儿市场化中的焦虑生产与反生产》，《社会建设》，2022 年第 1 期。

［24］马春华：《去家庭化和儿童非正规照顾：欧洲跨国比较研究》，《社会学研究》，2022 年第 4 期。

［25］付堉琪：《数字乡村建设中的地方行动》，《社会发展研究》，2022 年第 1 期。

［26］张权：《电子政务悖论：促进安全与效率的预期及其反向效果》，《社会学评论》，2022 年第 1 期。

［27］吕鹏，周旅军，范晓光：《平台治理场域与社会学参与》，《社会学研究》，2022 第 3 期。

［28］赵璐：《算法实践的社会建构——以某信息分发平台为例》，《社会学研究》，2022 年第 4 期。

［29］岳永逸，熊诗维：《20 世纪前半叶中国社会工作的架构与实践》，《社会建设》，2022 年第 2 期。

［30］马凤芝：《贫困治理与社会工作教育对口扶贫的中国实践》，《社会建设》，2022 年第 1 期。

［31］郭伟和：《在实证主义与实用主义之间——对西方社会工作两种实践模式及其认识论基础的评析》，《社会学研究》，2022 年第 3 期。

［32］祝玉红，银少君：《线上亲职小组对农村家长亲职效能感提升的干预研究》，《社会建设》，2022 年第 6 期。

［33］吴蕾，李雯娟：《预期悲伤理论视域中社会工作专业硕士生结案经历与挑战》，《社会建设》，2022 年第 2 期。

［34］吕楠：《证据为本的社会工作实践本土化发展》，《社会建设》，2022 年第 6 期。

［35］刘怡然：《社区专项经费与居民参与提升——一个“资金权属”的分析视角》，《社会发展研究》，2022 年第 2 期。

［36］刘亚秋：《“家”何以成为基层社区治理的社会性基础》，《江苏社会科学》，2022 年第 1 期。

［37］户雅琦，张樹沁，李贵才：《找回作为分析框架的社区》，《社会学评论》，2022 年第 5 期。

［38］麻国庆：《城市更新背景下危旧房改造与社会治理策略研究》，《社会建设》，2022 年第 1 期。

［39］富晓星，刘上：《层级文化互动：一个志愿组织的生命史》，《社会学研究》，2022 年第 4 期。

［40］蔡康鑫：《从世界社会政策走向社会政策世界：试谈对社会政策学科建设的体会》，《社会建设》，2022 年第 4 期。

［41］何钧力：《新时代需要怎样的社会政策人才：社会学学科链框架下的分析与启示》，《社会建设》，2022 年第 4 期。

［42］刘芳：《德国社会长期护理保险制度的起源、动因及其启示》，《社会建设》，2022 年第 5 期。

人 类 学

构建人类学自主知识体系是2022年人类学界的一个主题。中国人民大学林丹结合习近平总书记讲话内容，梳理世界人类学相关的理论源流和发展，提出中国学者要发展中国的人类学，实际上与非英语学界发展“世界人类学”、本土人类学的理念一致，从“他者的人类学”发展为中国特色的人类学。要建构中国自主的知识体系，建构中国特色的人类学，既要扎根中国大地，认识到中国独特的历史、文化、国情，也要积极在国际学术界发出中国的声音，为加深对人类的认识贡献中国理论。在去西方中心化的“世界人类学”倡议里，保持中国人类学的特点，发展新阶段的中国人类学。[1]

中央民族大学常姝对人类学生命史研究方法进行了反思。现代西方人类学发展的一大趋向是对他者社会中个体主体体验的关注日渐增强，在本体论、认知论、方法论上对体验议题进行了颇富成效的探索。人类学生命史研究方法专注于构建特定主体在生命周期各阶段的生活经历，凸显出有效获知他者体验的方法效度和文本价值。该研究基于对三本经典人类学生命史民族志的评述，探讨人类学研究获知他者体验的一个关键方法论问题：如何缩短研究者和信息提供者在人际关系和体验理解上的双重距离，以激发信息提供者对个人体验的真诚讲述，并达成研究者对他者体验的精确理解阐释。恰当处理这两个距离，对于最大限度发挥生命史以及以体验为导向的民族志研究对个人体验的真实呈现至关重要。[2]

人类学作为社会学的二级学科，其独特的方法论一直以来对其他人文社会科学学科有重大启发，本年度更得到丰富的呈现。如清华大学黄一洋指出，电影与人类学之间发展出日益密切和多元的联结。以SSCI人类学期刊自2000年以来与电影相关的英文论文为分析对象，探讨这一跨学科领域的最新进展。该研究发现，人类学家对电影的研究展现出语境变迁和主体论转向的趋势。其中，前者包含现实语境和学术语境的双重变迁，后者则包含去人类中心论的转向、感官研究的转向，以及参与式与合作式研究的转向。上述发现为“电影何以纳入人类学”以及“电影人类学的未来”这两个话题提供了理论反思。[3]

人类学发展的历史轨迹不可避免地打上了各国社会、政治、文化、知识环境的烙印：英国人类学与功能主义式的田野调查、实证主义相关；德语、法语国家同属欧洲大陆，但前者人类学与政治力量共舞，民族主义色彩浓厚，后者倾向于共时性与整体论，深受社会学年鉴学派影响；美国人类学多元化取向突出，以历史学派为重要原则。可以说，英国、美国、欧洲大陆部分国家以及苏联构成了早期人类学、民族学发展的四大研究范式和国家传统。那么，中国人类学民族学的国家传统是什么？与其他国家的人类学民族学研究有何异同？是否可以称之为世界人类学民族学界的第五大学术传统？

中国社会科学院大学张继焦等认为，凭借西方人类学理论、古典马克思主义民族学、苏维埃民族学派、中国经验与理论研究等多元学术传统，中国人类学民族学已构建起一种具有本国特色的学科体系，继英国、美国、欧洲大陆、苏联等四大研究范式之后融汇成为世界人类学民族学的第五大学术传统，并逐步凝练出具有中国特色的人类学民族学理论与方法。作为世界人类学民族学第五大传统的中国人类学民族学有如下特点：历经几代学者探索新理论新方法的成果；综合借鉴世界各国人类学民族学的学术传统，以马克思主义和中国特色社会主义思想为指导原则；以人民为中心，与社会主义现代化建设全方位配套；将历史文献资料和人类学民族学研究相结合，具有深厚的史学渊源。[4]

从研究方法看，中国人类学民族学具有深厚的中国民族史学渊源，将史学与人类学相结合。利用各类史籍史书资料是中国人类学研究独特于西方的一个重要学术传统，将历史文献资料和田野调查相结合展现中国经验的独特智慧。我国早期的人类学民族学家部分是史学出身，而且绝大多数都经过正规的史学训练，用人类学的理论分析历史问题或是借用史料来探索人类学，是中国学者熟稔的研究方法。因而人类学作为一门独立学科诞生并引入我国后，中国人类学家多倾向于将历时性与共时性研究相结合，以展现所探讨问题的全貌和具体背景。如顾颉刚在国族危亡的背景下，为号召中华民族团结抗日，高呼“中华民族是一个”的政治立场和学术观点；白寿彝致力于民族问题研究，第一个系统论述了伊斯兰教史和回族史；方国瑜开创了西南民族历史的研究；钟敬文一直强调对中国多民族的民俗历史进行研究，我们的民俗学也可以说是民族学。

从研究目的看，中国人类学民族学旨在推动各民族的共同发展和社会主义建设，构建中国式现代化。“知行合一、经世致用”一直是中国学术的特点，作为中国式现代化进程的参与者与见证者，人类学亦是如此。从最开始为“救亡图存”而引进，到战争时期在吴文藻的倡导下为应对边疆危机、抗战建国而建立“边政学”，再到为实现“现代化”而进行的民族识别与两次少数民族全国性调查研究，以及近年来的铸牢中华民族共同意识研究，人类学民族学研究一直紧跟中国社会发展的时代潮流，重视学科的实践应用性，推进中华民族共同发展与繁荣。

每一门学科所运用的理论方法都和当地社会背景、文化传统有关。纵观人类学民族学在中国的百余年发展史，可以看到西方尤其是欧美国家、苏联学术传统在我国的轮番登场，中国人类学民族学的学科建制、理论探索、田野调查都先后受此影响并随之改变。它既受制于西方和苏联的人类学民族学体系，同时也将本国国情与马克思主义相结合，因而中国人类学民族学既是多国传统影响下的产物，也是在本国历史传统中诞生的结果。就学科建设来说，我国人类学民族学学科体系的构建实际上很早就已开始，这也是困扰中国学者一个世纪的难题，即如何在借鉴他国学术经验的基础上创建具有中国特色的人类学民族学，以构建与国家传统相适应的中国学派。

最近人类学领域出现“本体论转向”思潮，其中有一种主张认为：为强调本体相对主义视角，同时也是强调说话者视角。北京大学朱晓阳提出，要写出“能指”的民族志。所谓用能指写民族志，就是将地方说话或述说等看作“视角”的内在部分，即转向“日常语言视角实在论”。朱晓阳从日常语言视角实在论进路，回顾政治人类学最近百年的一些流派或范式。中国人类学的日常语言视角实在论传统，自20世纪30年代的“社会学中国化”时期就已经开始。虽然在同一语境中的“本土化”争论是“无意义”的问题，但对“社会学”同义词意涵的比较性（即拓展性）描述却是当下社会学和人类学的重要工作。此外，在同一语境中，用来把握现实的概念有是否更切近现实之差别。[5]

用语言人类学者的话来说，我们可能无法跳出“语言的盒子”进行思考，因为我们不会意识到语言对我们思维方式的影响。当本土化论者将翻译成汉语的广义社会学与本土同义词进行比较时，其实已经进入了同一种语言的述说视角或同一个语言盒子里，已经不是在讨论两种“语言视角”了。虽然日常语言视角的说法可能只是稍稍挪动了一小步，但这一步很关键。一般情况下，社会科学的写作是按照“科学”语言书写的。这类写作充斥学科教育和训练，比比皆是。这类写作的语词可能是翻译者生造，可能只是些某一小圈子内的行话。这些论说当然也可说是“日常语言”的一部分。但这些论说除了同一圈子的人为寻找参考文献外，少有普通读者阅读。因此，日常语言视角写作还有更重要的一步，即如何才能有费孝通那样的诗才，这是与现代汉语作家的文笔相当的一种文学写作能力。

中国社会科学院周泓认为，本体论人类学的哲学根基并非“转向”而是回归。西方哲学的发展迄今经历了三大进程，在古代以本体论为中心，在近代以认识论为中心，20世纪以语言意义为中心。早期希腊哲学以自然作为思考对象，称为自然哲学，主要探索“本原”问题，米利都派即致力于探索组成万物的最基本元素“本原”，成为本体论先声。亚里士多德认为，只有在研究有关自然的所有学问之后才能研究第一哲学（形而上学）。其形而上学包含关于终极原因和原则的科学、“作为存在的存在”的科学、探索不动之动者的“神学”。欧洲中世纪继承古希腊自然哲学与神学传统。人类学理论所由奠立的哲学根基依托于神学人学，其均经历了自然本体转为观念本体之过程。观念本体高度发达的中世纪神学，促使古典哲学回归文艺复兴；近现代文化反向促生后现代人文复兴之后的自然本体论回归，后者亦是对近代国家观、科学主义和现代性建构之反思。古典文明成为现代性更新自身的重要源泉。[6]

在乡村人类学领域，中国人民大学赵旭东指出，费孝通曾提出从农业化到工业化再到信息化时代的乡村发展的“三级两跳”，这种变化的结果直接带来了更多文化意义的事项下到了乡村之中去，形成了一种文化下乡的新模式。这种文化下乡也正在进行之中。我们需要对这一文化下乡的发生进行全面的考察，并特别关注乡村之中基于农业的文化转型。这一文化转型明显地是由网络世界所带来的改变。我们在这一转变的过程中特别是注意到了作为文化下乡的艺术先行者以及勾连城乡互动关系的乡村旅游的新发展为乡村的文化下乡所带来的先在性的影响，这个影响将会在乡村振兴的乡村文化再造中发挥其独特性的作用。[7]

北京市社会科学院陈学金等认为，近年来在华北一些村庄兴起一种百桌宴的传统文化实践，透过百桌宴的举办过程可以分析当前华北乡村建设与村庄的社会文化转型。元村和乔村自 2016 年开始分别举办以百桌宴为形式的传统文化活动。前者的百桌宴是家族祭祖过程的一部分，后者的百桌宴是重阳节孝老文化展演的一部分。与改革开放初期村庄传统文化与社会组织复兴的状况不同，百桌宴实际上表征着后税费时代华北转型农村社区振兴民间文化、重建象征体系、寻找新的社会整合方式的努力。这种传统文化复兴可以视为一种治理型的社会整合策略，是村庄精英、乡镇政府和其他相关机构共同合力的结果。复兴传统文化在一定程度上折射出转型村庄建设的内部动力和文化自觉，应予以重点关注和引导。[8]

在艺术人类学领域，中央民族大学朱靖江提出音乐影像志概念，这一概念是指以动态影像摄录、剪辑等方式，对音乐领域相关事项进行民族志记录与表述，建构有关音乐本体及其社会语境的深描式影音文本。以人类学理论方法为依托的音乐影像志能够强化社会语境，提供主体表达或主位发声的地方性知识，建构整体性的音乐文化叙事，促进民族音乐的跨文化交流。人类学强调音乐影像志在传统民族民间音乐延续、社会认同、文化传承与变迁等生活领域的重要意义，反对影像记录与创作中的“东方主义”。民族音乐学及其音乐影像志应与人类学同道，成为一门“在野与守望”的人文主义学科，提倡外来者与原住民之间在学术生产领域的合作与分享，守护人类的音乐文化多样性与文明延续性。[9]

中国社会科学院鲍江指出，影视人类学自 20 世纪 50 年代奠基迄今 70 年，从业者稀罕，但创造力旺盛，已建立起八条一阶电影道路，即解说电影、象征电影、观察电影、相处电影、谈话电影、分析电影、方人电影和能动电影。以生活世界为导向从电影制作视角考察一阶电影，我们发现它是作者作品，它的完整性来自人类学家“我”的生活世界视域。以生活世界为导向从电影接受视角考察一阶电影，发现它作为田野再现作品，是位于人类学家“我”与田野本身之间，它朝向观众的可接受性大于人类学家“我”的生活世界视域而小于田野本身。据此，着眼于超越一阶电影内生的局限性，并提升民族志电影描写田野生活世界的广度、深度和清晰度，鲍江提出二阶电影理论和方法。二阶电影是一种以生活世界、电影概念性和电影非概念性三方面为支撑，旨在有效开显田野诸多生活世界视域的民族志电影理论和方法。在一阶电影完整的工作流程基础上增设一个新的工作阶段，并在其中开展把“前片”（已完成的一阶电影作品）带回田野放映、与田野本地人交流该片的得失和“后片”（新制作的又一部作品）制作。经过这样完整的工作流程，前片与后片合二为一构成完整的二阶电影作品，它的前片特别展现人类学家“我”的生活世界视域，它的后片特别展现田野诸多本地人的诸多生活世界视域。[10]

（北京市社会学学会供稿）

注：

[1] 林丹：《从“世界人类学”中构建中国人类学》，《社会学评论》，2022 年第 3 期。

[2] 常姝：《靠近体验与缩短距离：对人类学生命史研究方法的反思》，《社会建设》，2022 年第 2 期。

[3] 黄一洋：《电影人类学的再出发——语境变迁与主体论转向》，《北京电影学院学报》，2022 年第 12 期。

[4] 张继焦，吴玥：《中国人类学民族学：世界人类学民族学的第五种学术传统》，《青海民族研究》，2022 年第 4 期。

[5] 朱晓阳：《日常语言视角与政治人类学传统和民族志写作》，《北京大学学报》，2022 年第 6 期。

[6] 周泓：《人类学本体论非“转向”而是回归》，《湖北民族大学学报》，2022 年第 6 期。

[7] 赵旭东：《从工业下乡到文化下乡——一种基于文化转型人类学视角的新观察》，《河北师范大学学报》，2022 年第 5 期。

[8] 陈学金，赵旭东：《传统复兴与乡村文化实践——基于华北两个村庄百桌宴的人类学分析》，

《学术界》，2022 年第 8 期。

［9］朱靖江：《基于影视人类学视角的音乐影像志理论与方法研究》，《民族艺术研究》，2022 年第 4 期。

［10］鲍江：《开显田野诸多生活世界视域的二阶电影》，《民族艺术》，2022 年第 4 期。

民 俗 学

民俗学作为社会学的二级学科，一直将探索民间社会文化作为重要任务，民间社会文化即中国社会的底蕴。北京师范大学唐璐璐通过对非物质文化遗产中本真性概念的研究，指出本真性是在《保护非物质文化遗产公约》框架下不恰当的语汇，与非物质文化遗产的活态性以及公约伦理原则相矛盾；但在遗产实践中，不同利益相关方基于自身需求对本真性有不同认识。呈现这种复杂态度的原因主要有三方面：经典保护理论影响下对历史遗存进行“真实性”保护的惯习；社区在文化身份和实际利益上的追求；民俗学探求本真性的学术范式以及诸多民俗学家、人类学家参与非物质文化遗产相关国际事务的讨论。[1]

北京师范大学董晓萍指出，经典民俗学的研究已成为近年国际民俗学工作的一个热点。它并不着眼于个别学派的兴衰，也不限于以往我们所说的“反思”和“反观”，而是在 21 世纪回看 20 世纪民俗学的成就，通过重读原典和田野作业笔记，寻检前人已经提出却被后人忽略的原创观点、研究方法与具体问题，肯定前人的历史贡献，也指出在不同社会历史条件下所出现的不足。这有助于推进当下的民俗学科建设。[2] 中国传媒大学王杰文重新追溯顾颉刚的民俗学思想在当代的意义。作为中国民俗学的奠基人之一，顾颉刚有关“民众（文化）”的学术观念为学科的确立奠定了思想基础；他努力“搜集材料”并进行“系统分析”的“科学方法”为学科的发展树立了学术典范。重新评估顾颉刚的民俗学遗产，不应该神化他的学术成就，而应该反思他为何从理解“民众”转变为解释“民众文化”，应该分析他为了科学地研究“民众文化”而采用的“文字中心主义”方法，揭示这种研究方法的局限性。[3]

北京师范大学萧放、席辉从民俗学语境出发，对“方俗”做了深入研究。“方俗”指特定区域内民众相对稳定的地方性生活模式与惯习。它具有如下特点。首先，辨析“方俗”与意涵相似的“风俗”一词之异同，方俗侧重地方性、静态性，风俗侧重流行性、扩布性与社会整体性，风俗与方俗犹如普遍与特殊的关系，风俗是方俗的“社会化”，方俗是风俗的在地化。其次，方俗作为地方社会的文化表征，在塑造区域地方性、构建民众地方感的过程中有重要功用。在全球化高度发展的今天，正确审视方俗能够反窥和理解地方社会，合理利用方俗有益于地方社会治理，有助于实现因俗而治、因地善治。[4]

民俗学作为一种研究范式，成形于世纪之交的批判遗产研究，在国际遗产领域具有深刻的影响。中国社会科学院朱刚认为，鉴于民俗学学科在非遗问题上存在着既肯定又批判的理论张力，该范式从认识论和方法论角度对既有以科学主义为主导的欧洲中心式遗产观及实践开展的批判和反思，很难与当前的非遗理论格局形成有效关联和直接对话。对于当前的非遗学科建设而言，批判遗产研究视遗产为政治、社会和文化现象的观念，以及重视学术话语在遗产相关知识生产中的作用，这些在理论和实践层面都具有重要的启示意义。[5]

北京师范大学鞠熙认为，顾炎武《日知录》第十三卷历数前代风俗，被认为是其历史观的集中体现。而顾炎武关于亡国与亡天下的理论亦出于本卷，旨在说明风俗乃天下攸关之大事。这种风俗概念与今天所说的“民俗”差距很大，早在《毛诗序》中就已奠定基调。《毛诗》中以人伦道德匡正男女之情、以岁时劳作追忆先王之治，沿着这两条路线，《风俗通义》和《荆楚岁时记》代表着中国古代两种不同的风俗学传统。前者旨在以正俗教化本俗，是以儒家道德为基础的天下式风俗学；后者则出现于儒家秩序崩溃之后，风俗脱离了儒家政治，成为内在于人间社会的超越性存在。这一历程与欧洲 16 世纪以后风俗画和风景画的同时兴起既相似又不同，“遗产”则是贯穿东西方民俗学历程的共有关键词。以风俗为遗产，这将民俗学从具体经验研究提升到超越性理念的范畴，正视以风俗为天下的中国古典知识系统，或许能大大扩展民俗学的未来前景。[6]

北京师范大学董晓萍认为，民俗学来自西方，自从钟敬文建成中国故事学，民俗学成了中国学问。他根据对中国故事学研究的发现、对中国经史子集与中国故事的历史联系的认识，以及对中国口头故事巨大存量的评估，将民间文艺学建成与民俗学并列的学科。从基本观点和方法论上看，这里的民间文艺学就是故事学，不过补充了中国古已有之的和需要以现代人文科学方法改造的歌谣学，以及其他民间文艺体裁的知识和理论。从建设故事学到建设民俗学和民间文艺学，体现了钟敬文的文化自觉和学术自信。研究钟敬文的故事学，可以认识他为民俗学的中国化所做的重要工作。[7]

中国社会科学院施爱东认为，任何学科体系都是与时俱进的动态体系，不是一成不变的静态体系。所谓学科界限，其实是学术共同体的自我设限，一切限定都是学术共同体自己制定的。无论我们用圈地的方式来搞学科建设，还是以蓝图规划的方式来做学科建设，在实际研究中都是一种束缚。事实上，对于那些具有创造性思维的学者来说，只要这条界线或者说这个蓝图困扰了他的具体工作，他自然就会选择突破这些束缚。所有研究者其实都是受到现实利益驱动的，而且每个学者都会根据他自己的条件和处境，选择从最利于学术发展的角度来从事学术研究。[8]

北京联合大学张勃指出，讨论新文科背景下民俗学的学科建设，首先要理解为什么要进行新文科建设，这是新形势对高校的新要求。近年来，我国高等教育领域特别是高校人文社科领域正在积极推进新文科建设。2020 年 11 月，教育部新文科建设工作组主办的新文科建设工作会议研究了新时代中国高等文科教育创新发展举措，发布了《新文科建设宣言》，对新文科建设作出了全面部署。新文科建设正式从概念提出迈向行动实施阶段。[9]

北京师范大学萧放指出，无论怎样，民俗学从 100 年之前由几位学者提倡或者实践，到 20 世纪 30 年代由一些学者提出理论，到 1949 年之后成为劳动人民的口头文学，再到改革开放之后恢复民俗学学会和在 1998 年成为二级学科，这个历程其实是非常艰难的。有钟敬文先生等一批学术前辈的坚持，中间也有很多优秀的学者离场，在初期还有顾颉刚先生、罗香林先生、董作宾先生等，但是后来只有钟先生坚持下来，把它建成国家二级学科，从在野之学到成为中国人文社会科学体系的组成部分，成为庙堂之学。[10]现在，国家讲双一流学科建设，学科建设是评估一个学科成绩的重要指标，在中国目前的体制之下，学科建设是特别重要的。我们要重视学科建设，重视目前的新文科背景，重视非遗为民俗学发展带来的机遇。我们需要借助这样的时机来增强民俗学师资，为民俗学毕业生找到出路。当然，学科发展最重要的指标是学术的提升和社会服务能力的增强。

北京师范大学康丽认为，女性主义民俗学的建设是民俗学者反思民俗文化传续过程中一个自觉反应。女性主义与民俗学结合的初衷，是弥合现有范式面对社会变迁在解释上的失效。但结合之后的成果能否独立为一个分支学科，取决于中国实践者在多大程度上能通过性别意识的养成，将来自女性主义的性别视角与性别敏感的范式规则内化为民俗学学科的常规法则。目前，在中国民俗学界，这一分支学科的建设尚处于萌发时期，而且建设过程中还要面对诸多来自女性主义内部张力的“性别麻烦”。但是，尝试学科范式的完善与革新，不仅是女性主义民俗学建设的需求，亦是学科整体继续发展的动力源泉。[11]

中国社会科学院户晓辉以赫尔曼·鲍辛格给实践民俗学带来的理论启迪为基础，来讨论民俗学如何成为一门现代学科。鲍辛格最引人注目的学术贡献也许是推动当代德国民俗学转向经验文化学和日常生活研究。他通过新的“传统”概念为民俗学展现出全新的学科观念，也打开了崭新的日常生活世界。鲍辛格在许多方面是实践民俗学的学术前辈，因为实践民俗学在一定意义上恰恰是沿着鲍辛格的方向继续思考和前进的，通过进一步区分知识启蒙和实践启蒙来说明实践启蒙优先于知识启蒙。只有把推进民众的实践启蒙当作学科目的，中国民俗学才能真正成为一门现代学科。[12]

（北京市社会学学会供稿）

注：

[1] 唐璐璐:《非物质文化遗产的本真性：实践中的概念误用与路径混淆》,《文化遗产》，2022 年第 6 期。

[2] 董晓萍:《经典民俗学的基本问题与主要发现》,《西北民族研究》，2022 年第 5 期。

[3] 王杰文:《超越“文字中心主义”——重估顾颉刚先生的民俗学方法论》,《文化遗产》,2022年第6期。

[4] 萧放,席辉:《风习的在地化——方俗的历史研究与当代价值》,《民俗研究》,2022年第2期。

[5] 朱刚:《从历史到现实:批判遗产研究探骊》,《民俗研究》,2022年第6期。

[6] 鞠熙:《天下与遗产:中国古代风俗学的两种面向》,《民俗研究》,2022年第6期。

[7] 董晓萍:《民俗学中国化的一块基石——论钟敬文的故事学研究》,《民俗研究》,2022年第6期。

[8] 施爱东:《学科发展与学术的自由生长》,《长江大学学报》,2022年第3期。

[9] 张勃:《新时代新文科新民俗学》,《长江大学学报》,2022年第3期。

[10] 萧放:《对民俗学学科发展的回顾、反思与展望》,《长江大学学报》,2022年第3期。

[11] 康丽:《从性别麻烦到范式变革:中国女性主义民俗学的建设》,《民俗研究》,2022年第3期。

[12] 户晓辉:《民俗学如何成为一门现代学科——赫尔曼·鲍辛格给实践民俗学带来的理论启迪》,《民俗研究》,2022年第3期。

年度推荐著作和论文

著 作

1. 杭苏红:《独立与归属:民国新女性的精神史》,商务印书馆,2022年。
2. 凌鹏:《中国传统租佃的情理结构》,商务印书馆,2022年。
3. 刘新宇:《礼俗时刻:转型社会的婴儿诞养与家计之道》,社会科学文献出版社,2022年。
4. 马冬玲:《关爱的专业化:护士工作的质性研究》,九州出版社,2022年。
5. 孙飞宇:《从灵魂到心理:关于经典精神分析的社会学研究》,生活·读书·新知三联书店,2022年。
6. 徐宗阳:《内外有别:资本下乡的社会基础》,社会科学文献出版社,2022年。
7. 张劼颖:《垃圾之战:废弃物的绿色治理、科技争议与环保行动》,社会科学文献出版社,2022年。
8. 折晓叶:《乡村制度变迁的社会过程》,商务印书馆,2022年。
9. 郑真真:《中国生育转变》,社会科学文献出版社,2022年。
10. 朱涛:《现代化征程中的社会治理与社会建设》,中国社会科学出版社,2022年。

论 文

1. 杜月:《神圣个体:从涂尔干到戈夫曼》,《社会学研究》,2022年第1期。
2. 冯仕政:《范式革命与中国社会学自主知识体系的建构》,《社会》,2022年第6期。
3. 李培林:《新发展社会学:理论框架的构建》,《社会》,2022年第6期。
4. 刘亚秋:《“家”何以成为基层社区治理的社会性基础》,《江苏社会科学》,2022年第1期。
5. 吕鹏、周旅军、范晓光:《平台治理场域与社会学参与》,《社会学研究》,2022年第3期。
6. 吴小英:《重返传统:家庭研究的方法论转向》,《理论月刊》,2022年第8期。
7. 萧放、席辉:《风习的在地化——方俗的历史研究与当代价值》,《民俗研究》,2022年第2期。
8. 杨菊华:《家庭转变与基层社会治理关系研究》,《社会发展研究》,2022年第2期。
9. 张翼:《现代化与现代化话语体系的形成》,《社会》,2022年第6期。
10. 周飞舟:《社会学本土化的演进与本位》,《中国研究》,2022年第1期。

人　口　学

2022年是北京人口学学术研究成果特别丰富的一年，代表科学研究前沿和创新的学术论文较前两年明显增多。这不仅获益于2020年举办的第七次全国人口普查和其他大型社会调查的数据支撑，也缘于近几年新的人口变化和所面临的新的重大人口问题迫切需要学术界做出回应。

一、学科学术研究进展

2020年“七普”数据显示，中国妇女总和生育率仅为1.3，已属于世界上人口生育水平最低的国家（或地区）之一，而在人口规模如此巨大的国家出现如此低的生育水平在全球更是独一无二。与此同时，全国有60岁及以上的老年人口2.64亿人，占全国人口的18.7%；其中65岁及以上的老年人口1.91亿人，占全国人口的13.5%；较之十年前的13.3%和8.9%均有大幅度提高，使中国不仅拥有世界上规模最为庞大的老年人口群体，而且还面临最快的人口老龄化速度。此外，2020年“七普”数据显示，中国[1]有约3.76亿流动人口，其中1.25亿为跨省流动人口，全国每4个人中就有1人为流动人口，“迁徙中国”已经成为中国社会具有标志性意义的基本社会“标签”。正是由于上述突出的新时代人口特征，生育及其作为重要内驱动因的婚姻家庭、人口老龄化与老龄问题、人口迁移流动以及作为国家战略发展目标的人口健康，继续成为2022年北京人口学研究成果数量最多、内容最丰富的五大主题。这不仅符合人口学的学科学术传统，而且越来越多跨学科学者的加入使得更宽泛意义上的人口变量与经济、社会、资源环境及文化等变量之间日趋紧密的相互关系得到更多关注和重视，反映出人口问题本质是复杂发展问题的多维属性和基本逻辑，也折射着人口学交叉学科与多学科互融的学科特点，主要进展及代表性的观点如下。

（一）生育与生育支持研究

近些年中国人口的超低生育率尤其是近两年近乎“断崖式”的年度出生人数衰减，将生育与生育支持话题推到了人口学学术研究的最前沿，并受到政府和全社会的广泛关注。2022年，有关生育与生育支持的研究主要围绕着低生育率及其影响因素和生育支持政策体系尤其是婴幼儿托育服务等专题展开。

1. 低生育率

近些年，中国的生育水平有多低？又有怎样的变动趋势？始终是政府、社会关注的焦点，也是学术界的争论所在。以往受到数据限制，不同学者对此各持己见。“七普”数据的获得，为回答这类问题提供了新的权威依据。翟振武、金光照和张逸杨在《中国生育水平再探索——基于第七次全国人口普查数据的分析》一文中认为，近十余年，中国的妇女总和生育率始终维持在1.6以上，一些年份超过1.7；2017—2020年总和生育率出现持续下降且存在较大波动，2020年达到最低值的1.3；2012年和2017年曾经出现1.89和1.88的峰值生育水平；15年间妇女总和生育率平均约为1.7。他们指出，“生育属相偏好、生育政策调整、新冠肺炎疫情造成了总和生育率的波动”。而“妇女平均活产子女数显示中国目前生育水平仍有提升空间和发展潜力”。

王广州和胡耀岭同样利用“七普”数据，对中国的低生育率现象进行了更细致的分析。他们采用总和递进生育率指标，对孩次结构进行分解。发现：“一孩递进生育率明显下降；育龄妇女平均生育年龄提高到28.98岁，峰值生育年龄推迟到28岁，一孩、二孩平均生育间隔时间由4年缩短到3.11年。年龄别育龄妇女有配偶比例迅速下降，育龄妇女年龄结构迅速老化，受教育程度较高的育龄妇女未婚比例快速上升，育龄人群受教育程度不同对子女的受教育预期明显不同，而受教育程度较高的育龄妇女比例迅速提高”，认为这进一步强化了生育率下降和生育水平的受教育“梯度差别”，从而“导致低生育率的人口学和社会学机制的形成且保持稳定”。

面对无论是政府还是社会都不想看到的超低生育水平，还有没有回升的余地？需要做出回答。陈佳鞠、靳永爱等年轻学者对此做出努力。她（他）们通过对北欧国家生育率波动历程的观察，尝试总结低生育率背景下生育水平的回升机制，并据此探讨中国生育水平回升的可能性。其研究发现，“在后生育转变阶段想要实现生育率回升需要具备良好的经济社会条件、全方位的性别平等环境、有助于生育实现的文化氛围、开放包容的婚育观念行为、提供多方面支持的生育友好政策”。而我国未来生育水平的回升，既面临“尚未实现的生育意愿、重视家庭的文化土壤、存在有较高生育意愿的地区、生育推迟效应将逐渐放缓、经济社会发展水平将持续提高等”积极因素，也面临“低生育意愿和行为不断蔓延、婚育适龄群体生存压力大、儿童养育成本攀升、公共政策支持缺位、公私领域性别分工不合理”等消极因素。

蔡昉研究员则对随社会经济发展水平提高而生育水平下降，同时较低生育率又会导致人口老龄化不断加深，反过来又削弱经济增长潜力、拖慢社会经济发展步伐的所谓“生育率悖论”进行了思考。他援引国际经验和对中国人口转变过程的分析，认为“中国目前形成的极低生育率不是一种宿命”，提出“通过更完整的经济社会发展，或通过人类发展指数的提升，特别是有针对性地解决制约家庭发展的诸因素，拓展家庭资源预算曲线，可以预期生育率朝着更替水平（同时也是意愿水平）的反弹，从而打破生育率悖论”。

2. 生育影响因素

相比于对人口生育水平的研究，对生育影响因素，特别是对导致超低生育率原因的探讨，不仅成果更为丰富，而且研究视角也更多样。

来自北京大学马克思主义学院的杨昭，基于历史唯物主义视角，探析了当代中国的生育率下降问题，指出这是物质生产和人的生产“两种生产”与二重制约的共同作用、负面生育意识、个体自主性与社会需要之间的矛盾所致。来自中国社会科学院大学的张蒙帅则在唯物史观视域下讨论了我国青年低生育率的成因，认为“物质生活状况是根本性因素，生育意识状况也起着能动的反作用”。

来自清华大学马克思主义学院的覃愿愿通过阐述中国当代婚姻伦理面临的进步、保守与失范并存等复杂现象在社会生活中的具体表现，探讨了婚姻伦理与我国低生育率现象的内在关联性。认为需要关注除经济和政策之外的其他促进生育率提升的着力点。

中国人民大学中国社会保障研究中心的雷悦橙则专门分析了年轻人为什么不愿生育的文化致因。认为其中包括计划生育政策的长期影响、先立业后成家的现实主义、精养模式下的生育恐惧以及单身文化与丁克主义潮流等深层次原因对年轻一代思维习惯、价值取向、思想转变的影响和制约。

北京大学社会学系的高韶峰在第二次人口转变视域下，特别关注到社会互动在人口生育意愿形成中的作用。他提出，“育龄妇女不再从众，她们在考虑生几个孩子最佳时主要依据自身实际情况”。“繁衍后代成为个人选择，社会力量难以介入”，“社会网络、非正式规范对个人失去了约束力，人们在进行生育决策时很可能不再参考邻里及社区的意见”。

中国人民大学宋健和胡波两位学者利用具有全国代表性的调查数据，探讨了“作为生育逻辑链前端的生育动机现状及其与生育意愿的关系”。在同样发现中国育龄人群的生育动机呈现较高自主性的同时，强调了“在各类动机中，内在动机更强；在生育效用动机中，情感型效用动机更强；在生育成本动机中，由强而弱依次是经济、时间、照料成本动机”。育龄人群最终呈现的生育意愿是多重因素触发综合动机导致的结果。

李志华和茅倬彦的相关研究提出，在低生育率时代，家庭生育特征发生了重大变化，一孩养育经历深刻影响着家庭的再生育决策。她们利用最新调查数据，从微观视角尝试解析当前我国家庭孩子养育成本的分担模式及其差异。其研究结果表明，“现代女性肩负的养育成本责任增多”。在承担着照料孩子主要角色的同时，还要分担传统中由父亲独自承担的养育经济成本，又要承担因养育导致的机会成本。所以新时代的家庭养育分担模式已不再主要表现为“男主外，女主内”。大量职业女性需要在家庭与工作之间寻找新的平衡。提出“对生育构成阻碍的是伴随女性经济成本承担出现的机会成本压力”。“丈夫在养育照料上的平等分担对女性再生育没有起到十分显著的影响”。

田志鹏则利用中国社会状况综合调查数据，阐述了家庭就业稳定性对不同收入群体生育意愿的影响。他的研究表明，“家庭就业稳定性对不同收入群体生育意愿的影响有所不同”，其中“中等收入群体的生育意愿高于低收入群体”。不稳定的就业对中等收入群体的生育意愿有抑制作用，而对低收入和高收入群体的影响则相反。

靳永爱和沈小杰同样利用较大规模调查数据，分析了生育动机对城市地区女性二孩生育计划的影响。发现：“社会经济地位较高的女性具有更强的个体价值取向的生育动机与子女发展取向的生育动机”，前者对二孩生育计划有负向影响，而后者则是正向影响。“二者综合影响下，社会经济地位越高的女性有二孩生育计划的可能性越大”。据此她（他）们提出，“在一个受全球化、现代化深入影响的社会，多元、开放的观念将成为影响生育行为与生育水平的重要因素”。

尹秋玲和夏柱智两位学者关注到我国农村青年妇女同样具有低生育意愿的原因。她（他）们基于家庭抚育模式的角度表示，“在一些高度城镇化的农村，抚育模式从夫妻粗放式养育转变为婆媳精细化培优。农民家庭抚育主体从夫妻变为婆媳，抚育成本变高，方式更精细”。由此带来的个体压力和代际支持压力机制共同“抑制了青年妇女的生育意愿”，反映出农村家庭在生育决策上“自己的行动逻辑”。

除上述外，一些学者还分别从当代青年的婚育观差异（郑航）、工作与家庭双重压力下职场母亲的生存境况（杨刚、李石）、家庭消费结构变化（申萌、马丽媛、郝宇彪）、互联网使用（邱磊菊、冯宜强等）、性别角色观念（姜春云）、丈夫家事分担（杨菊华）及女性劳动供给中的“母职惩罚”（杨凡、何雨辰）等众多侧面对影响人口生育意愿和行为选择的因素展开了多角度、全方位分析。

人们的生育决策与生育行为选择既受到各类因素的影响，也会对社会带来影响。陈卫、董浩月和刘金菊就从另一个角度、即生育会带来什么影响展开分析。他们利用中国健康与营养调查20余年、多达9期的追踪调查数据，定量分析了生育对我国女性工资水平及工资增长率的影响，并考察了这种影响的长期效应和队列效应。结果发现，“生育对女性工资率具有显著的负向影响，并且随着女性年龄增长，工资增长速度也随之减缓，显示出生育影响的长期效应；越晚出生的队列，生育对母亲工资水平及工资增长率的影响均越大；同时，市场部门影响的队列效应更为明显”。

3. 生育支持政策体系

2021年，作为优化生育政策的重要举措，中共中央决定在我国实施“三孩”生育政策及其配套支持措施。党的二十大报告进一步强调要“建立生育支持政策体系，降低生育、养育、教育成本”。在这样的政策和社会背景下，针对导致我国人口生育水平不断降低的新因素，如何建立统筹协同的生育支持政策体系，成为本年度人口学生育专题研究的重点话题之一。

来自教育学领域的李相禹和彭茜两位学者对“三孩”生育政策及配套支持措施的制度体系及其变迁进行了理论分析。他们指出，这一制度体系具有“三位一体、互动互构”的特征。建议应以规制性要素、规范性要素和文化—认知性要素“三位一体”的生育支持制度体系建设为重点，构建积极生育支持政策的制度场域，“实现政策法规先行、道德规范强化、文化—认知同化”的多重互动互构，从而更好地实现政策目标。

人口学者刘鸿雁和王波则梳理和阐释了我国生育支持政策的基本特点与主要内容，提出“积极生育支持政策的视角是以人为本”，“着眼点为平等地对待每一个孩子”，并“更关注长期目标的实现”以及“个体和家庭掌握生育的决策权”。同时，生育支持政策体系应通过落实产假和哺乳假、新增育儿假和男性陪产假、落实生育保险以及配置母婴设施等公共服务资源，关注性别平等、促进家庭与工作的平衡发展；生育支持政策体系还应通过奖励扶助政策的延续与落实、独生子女父母护理假制度的建立、对计划生育特殊家庭的特扶制度落实以及社会组织的参与，来保持政策的延续性并促进人口可持续发展。

中央民族大学的杨菊华教授提出应“从全要素和全生命周期双重视角出发，构建福利性、安全性、保障性的生育支持政策体系”，以满足具有不同生育意愿和行为选择人群的多样化需求，“扭转日渐淡化的积极婚育家庭观念”，推动育龄人群适龄婚嫁、适时孕育、适度生育，以“达成人口长期均衡发展目标”。她认为，在生育支持政策体系构建中，组织建设是“基础”、财务安稳是“保障”、幼育服务是“核心”，打好全要素政策组合拳是“关键”。

来自中国社科院财经战略研究院的马珺在梳理生育支持政策体系国际实践的基础上，基于生育经济分析视角，指出了在生育支持政策体系中传统认知的局限、工作挤压生育意愿的现实以及政策失灵的情境，提出在我国拟建立的生育支持政策体系中，应涵盖时间支持、资金支持、服务支持和观念支持四种类别。其中，“最独特和不可或缺的”是观念支持、即“生育支持政策工具的选择及其有效性，在很大程度上都依赖于观念的革新”。为此，她认为，中共中央、国务院发布的《关于优化生育政策促进人口长期均衡发展的决定》把“认可生育的社会价值”“鼓励夫妻共担育儿责任”写入，体现了决策层对这一问题重要性的深刻理解和认同，“这在全世界都是少见的”。

“三孩”生育政策和延长的产假必然增加企业生育成本负担，如何在促进生育政策落实和保证女性平等就业的前提下，建立合理的多方共担的生育成本长效机制，是“生育友好”政策落实的关键环节之一。来自全国妇联妇女研究所的杨慧利用相关数据和测算模型，给出了企业在女职工生育1至3个孩子时平均需要承担3.20万元到9.59万元的生育成本测算结果。其中，“社保性、工资性生育成本各约占3成，津贴性生育成本约占4.5成”。

生育保险制度是我国生育支持政策体系的核心制度之一。中国人口与发展研究中心的袁涛在《低生育率背景下完善生育保险制度的建议》一文中，从理论上诠释了生育保险制度的多重社会属性。认为生育保险制度不仅只是对女性职工生儿育女提供健康服务、医疗保障和经济补偿，还具有政府或社会围绕生育问题所提供的一系列公共政策、公共服务等经济福利和社会服务系统的广义保障功能；而在低生育率背景下，这一制度还具有调节和维护妇女生育权益、促进孕产健康、修复社会生育水平的功能。为此，他建议以完善生育保险为主体，整合人口和家庭福利政策，构建“一免除、两兜底、三分担、四促进”的现代生育保障体系。

首都经济贸易大学的许嘉琳则对我国专项附加扣除制度如何完善进行了专门研究。她认为，我国现行的附加扣税制度存在未将婴儿生计费纳入扣除范围、未考虑特殊人群的特殊需求、教育专项附加扣除存在不合理现象以及未考虑家庭结构因素等不足，并借鉴国际经验提出了改善的具体建议。

来自中国人民大学应用经济学院的张乐、陈璋和陈宸以《鼓励生育政策能否提高生育率?》为题，利用马斯洛的需求层次理论构建了“生育成本缺口递增假说”，并利用世界人口政策数据库和OECD家庭数据库数据，对具有转移支付色彩的鼓励生育政策进行了效果评估。他们的研究发现，“需求跃迁导致生育成本缺口增速快于收入增速，进而决定鼓励生育政策很难真正提升生育率”，“现行鼓励生育政策的本质在于转移支付，仅能在短期改变生育时序安排，并未在长期提升生育率”以及“与收入相挂钩的生育补贴较定额生育补贴更为有效”，为认识生育风险和制定合理有效的生育政策提供了新的视角和观点。

中共中央党校（国家行政学院）的陈偲、李志明则从社会投资和家庭友好的视角提出，我国儿童养育成本的家庭化与社会化有待进一步平衡，需促进儿童养育成本的社会化；同时，也需要进一步推进各类生育支持政策工具的协同与平衡，要以保障女性劳动参与为前提为家庭提供生育支持；需要增加资源投入，大力发展替代性服务和赋能性服务；发挥经济支持的兜底性、基础性功能，建立生育成本分担机制。

来自北京师范大学社会学院及其社会发展与公共政策学院的两位学者杨力超、张冰怡对普惠型儿童津贴的理论、政策及如何重构进行了探讨。他们认为，“我国的儿童福利和社会福利政策体系正处于适度普惠式的探索期”。从政策制定、政策结构和政策递送三个方面分析了国内外推行普惠型或非普惠型儿童津贴的利弊得失，并结合我国的特定历史文化背景和政治制度环境，提出建立普惠型儿童津贴制度、但要采取更加渐进、多元的制度设计。

低生育率并非中国所独有，生育支持也是一些发达国家的普遍做法。因此，立足中国、放眼世界，成为生育支持政策体系研究的一大特色。中国社会科学院大学政府管理学院的张金岭聚焦过去十余年生育率持续位居欧洲首位的法国，观察其一系列鼓励生育的机制和举措。发现：家庭一直是法国促进人口再生产最为核心的政策单位，也是该国倚重的一个重要的治理平台。在制度框架方面，将“促进人口再生产的机制内嵌于家庭政策，并融入更大范围的福利制度与社会政策之中”，政策机制是“以货币津贴为主、机制安排与设施建设为辅”，制度原则是“普遍施惠与特殊照顾兼顾，在社会团结和公平正义的框架下鼓励不同阶层育龄人口的生育意愿”。该项研究在使我们了解较为成熟、完整生育支持政策体系的同时，更看到了明确的制度安排及其导向。

另有多个学者关注到新加坡、日本、韩国的生育支持政策措施。因为所研究国家都是世界上的低生育率国家，因此这些研究实际集中回答了两个问题：第一是在鼓励生育的政策背景下，该国生育率是否有所回升？或者说政策有无效果；二是为鼓励人们生育，都采取了怎样的政策措施？从多个研究结果看，鼓励生育的政策效果都十分有限，被认为未能明显提高生育水平，但延缓了生育率的下降速度，或者避免了生育率进一步降低到极低水平，同时未能真正摆脱超低生育率“困境”。就采取的鼓励生育的政策措施看，几个国家都是由核心和外围政策措施共同组成，涵盖了津贴（儿童发展账户）、税收优惠（减免）、医疗和托幼保育服务、法定假期、住房支持、婚恋引导、工作—家庭平衡以及生育友好社会环境营造等多重相互协同的政策和制度安排。

除上述对生育支持政策的国别研究外，还有学者在更大的多国范围内，对生育支持政策及其实施效果进行了观察。其中，中国人民大学宋健教授以涵盖东亚、东南亚、北欧、西欧、南欧和大洋洲的 8 个低生育率国家为例，按照生育率有所上升、生育率持续下降以及生育率低水平波动起伏等不同走势，分类分析和比较了这些国家在生育领域的时间支持、服务支持及经济支持政策的内容与特点，并总结了所得到的政策启示。中国财政科学研究院的杨晓雯将国际比较分析聚焦于生育补贴政策体系，认为这一政策类型“被发达国家证明是一种行之有效的公共政策”。建议我国“构建系统的生育补贴制度，提高生育补贴的法律位阶；构建多元生育补贴融资机制，强化政府的财政支出责任”。

4. 婴幼儿托育服务

由于中央政府的高度重视，也缘于我国婴幼儿托育服务供给与需求存在巨大落差的社会现实，2022 年婴幼儿托育服务研究依旧延续了近两年的热度，成果较为丰富。其中特别值得关注的是，一批教育研究领域的专家、学者积极参与到这一专题研究中。在我们所收集到的数十篇有关婴幼儿托育服务的文献中，由教育研究领域学者所完成的成果大约占到三分之一，她（他）们研究的独特之处就是国际经验的分享和对我国启示的讨论，拓展了人口学的分析视野。

刘中一在“我国儿童公共照顾资源政府给付方式”的研究中提出，现代社会的意识形态导向使得“儿童照顾逐步从家庭内部事务转化为政府承担的公共事务”。为此，“政府通过各种政策工具和资源配置方式实现儿童照顾资源的公共化和福利化”。“现阶段，应当从我国的基本国情出发，特别重视普惠性托育服务的基础作用，不断丰富和创新儿童公共照顾资源给付方式，扩展受惠人群的覆盖范围，最终形成‘服务 + 津贴 + 票券’相结合的模式”。

在婴幼儿托育服务的国际比较分析中，既有对美国 3 岁以下婴幼儿照护服务体系政策框架与实践状况的阐述（罗丽、洪秀敏），也有对 21 世纪以来澳大利亚联邦政府托育改革新举措的介绍（张雅倩），还有对韩国高质量普惠托育服务体系建设路径的“本土思考”（洪秀敏、赵思婕）。这中间既包括托育服务体系建设“优结构”“增投入”“聚合力”“建课程”“强督评”的韩国经验，也涵盖澳大利亚全纳性、公平性以及“去家庭化”取向的政策定位，还包括美国托育服务中所突出的“身心健康、强健家庭和积极的早期学习”三大主题。而其中特别值得关注的，一是多国都强调了托育服务的“可获得”“能负担”“高质量”；二是各国也都认同托育服务的公共服务属性；三是专门提及并强调了“家庭式托育”形式的重要性，比如在美国的有些州，家庭式托育已成为婴幼儿托育的主要形式并已形成涉及准入条件、人员要求、日托照料内容以及安全和监管等一系列管理制度（史瑾、张静、潘婷）。

除上述外，3 岁以下婴幼儿社区公共托育服务的国际经验、家庭托育点规范化发展的国际经验、欧洲国家婴幼儿照护服务对促进儿童发展、推动女性就业、提高生育水平、促进社会包容、推动经济发展和社会公平所发挥的积极作用（郭青、李月）以及对 OECD 国家不同托育服务治理模式的类型分析（刘天子、杨立华、曾晓东）等研究，也都从不同侧面和角度开阔了我们的眼界，提供了新的参照和启示。所提及的经验主要涉及公共托育服务的顶层设计、管理体制、行业标准、监管体系以及财政保障等一系列相关问题。

曲玥、程杰和李冰冰等学者则转换了一个视角，从“托育服务对女性劳动参与和经济产出的影响”角度，探讨托育负担、托育行为与女性劳动力市场表现之间的关系。其研究成果发现，幼儿照料负担确实“明显降低了女性劳动参与比例和收入”，认为“建设 0—3 岁幼儿托育服务体系是促进性别平等和经济发展的有效举措，是提升人力资本、促进劳动参与、积极应对人口老龄化的重要政策担当”。该研究团队还在总结世界主要国家托育服务发展基本特征的前提下，探讨了托育服务与经济社会发展之间的一般规律。提出了“经济发展水平并非婴幼儿入托率的决定性因素，社会福利制度决定了托育服务社会化程度，背后蕴含着文化观念的深层次影响”；“托育服务并非提高生育水平的充分条件，发展托育服务对于提高总和生育率的效果并不明显，但有效地促进了女性参与劳动力市场，推动了性别平等”。这类研究使我们得以从一个新的角度认知托育服务的社会内涵及其功能定位，而不仅仅只是提高生育意愿、提振生育水平的狭义人口学理解。

上述对低生育率、生育影响因素、生育支持政策体系以及婴幼儿托育服务的研究，构成了2022年人口学生育领域研究的核心议题。多维度、多视角、跨学科、跨国界的丰富研究成果，可概括为如下主要特点：一是就生育谈生育的现象明显弱化，多学科、跨学科研究拓展和深化了对生育、生育影响因素及生育支持政策体系的认知与理解，使我们进一步认识到生育现象和生育问题的本质是发展问题，涵盖复杂的社会、经济和文化内涵；二是在新的人口数据和人口动态背景下，人口学界和人口研究者面对极低生育水平和人口负增长局面，对国家采取更为积极、有效和统筹协同的生育支持政策体系已达成共识；三是从作者来源学科的多元构成，可以看到人口学与经济学、社会学、管理学、教育学等多学科学者的共同努力，使得生育研究具有了“双向奔赴”的特点；四是在生育研究成果中，既有社会、经济、文化等诸多因素对生育影响的分析，也有生育所带来的社会经济后果的阐释，一个更为立体、多面的生育研究领域代表了现时期中国人口学学科学术发展的特色及方向。

（二）人口迁移流动与流动人口研究

“七普”数据显示，2020年我国有流动人口3.76亿人，其中跨省流动人口1.25亿人；较十年前的2010年，流动人口增加了1.54亿人，增幅69.73%，为近十年最令人瞩目的人口变化。流动人口规模日趋庞大、流迁形式越来越复杂多样，对城乡两类地区都产生了全方位、广泛、深刻和长远的影响。因此，人口迁移流动和流动人口成为人口学研究中一个常说常新的话题，使之近些年始终备受关注，成果异常丰硕。从2022年看，有关人口迁移流动和流动人口的研究，出现研究对象进一步拓展、议题更加多元、内容更为细致深入的特点，具体涉及流动人口新特征、流动劳动力、人才流动、流动人口社会融合以及影响人口流动的因素，特别是社会因素等专门研究。

1. 流动人口新特征

人口大规模迁移流动在我国已延续数十年。伴随着国家不断推进的改革、发展和社会进步，流动人口也表现出了与早期流动群体不同的新特征。从本年度有关我国流动人口新特征的研究成果看，主要是从两个角度展开：一是流动人口群体展现出的新特点；二是对流动人口群体间异质性特征的最新分析。

唐丹、闵欣伟、亓心茹、孙惠等学者关注到流动人口中数量越来越多的“漂老族”和“老漂族”两类不同的流动老年人口群体。他们以55岁为分界年龄划分两类流动老年人口（55岁以前为“漂老族”，以后为“老漂族”）并比较了其群体差异。研究结果显示，这是特征迥异的两类流动老年人口。其中，“漂老族”相对年轻，其生活质量综合看稍好于“老漂族”，但长期城市生活对其生活质量的积极作用被受教育水平较低、农业户籍占比高、生活困难相对更多等社会人口学特征所抵消。

冯丹萌、许天成和万君以“新村民群体”界定农村流动人口，认为他们的流动已从最初的“农村—城市”的单一维度逐渐转向“农村—农村”“城市—农村”的更多维度。他们的职业也从“简单的打工仔”变为“农业、休闲旅游、经营管理”等多样化的岗位。这就为城乡要素的双向流动和乡村振兴提供了“内在活力”，形成了互促互进的社会发展机制。这一研究通过梳理不同发展阶段“新村民”群体形成的原因、基本特征、发展需求及相关政策回应，旨在反映不同发展导向下，中国农民“在城乡间的穿梭和停留、前进与守望”，以为新时期城乡融合背景下农民的社会流动及其权益保障提供思考和启示。

彭姣、毕忠鹏和翟振武三位学者则利用大规模调查数据，对中国流动人口的婚姻稳定性展开了分析。他们发现：与更早出生队列相比，新一代流动人口同居和晚婚的可能性增大，离婚的相对风险变小；而随着流动范围的扩大，流动人口晚婚、同居和不婚的风险均相对增加。在流动人口中，高受教育水平群体的晚婚可能性最大，但婚后婚姻质量更高，离婚的可能性最小；高中受教育程度群体晚婚的可能性较小，但受婚姻质量和搜寻成本的影响，离婚可能性最大；低受教育程度群体特别是农村男性的离婚可能性较小，但不婚、同居的可能性最大，存在从未婚向已婚状态转化的困难。为进一步认识流动人口群体新的社会特点及其异质性提供了新的证据。

刘嘉杰、刘涛和曹广忠将迁移和流动纳入统一分析框架，专门对户籍迁移与非户籍迁移人口进行了比较。结果表明："户籍和非户籍迁移具有总体相似的空间正相关和内陆分异的局部聚类特征"。"两类迁移的新增数量均与已有流动人口存量正相关"，"新增户籍迁移受经济机会差异影响明显"，而"非户籍迁移主要响应教育、医疗等公共服务差异"。他们还发现，"户籍迁移的市场化特征随落户限制的放松而不断强化，但存在城市和人口的双向选择性，非户籍迁移出现从经济性迁移转向舒适性迁移的趋势"。

除上述外，一些学者对特定地区或特定人群的人口流动现象及最新特征做出了探讨。其中包括：对少数民族流动人口最新特征与变动趋势的分析（杨菊华、吴海平、卢逢佳）、基于新空间经济学视角对我国西北地区人口流动决策影响因素的研究（陈威、王菡、董亚宁）以及对中国老年流动人口健康城乡差异及影响因素的讨论（武玉）。此外，还有关注疫情防控背景下流动人口的协同治理问题（骆函绮、徐德顺；张丽媛、王子鸣）。北京大学的周皓教授则从人口普查视角，专门对中国迁移流动人口的统计定义进行了厘清和界定，并讨论了涉及人口迁移流动户口标准中的流动时间、无法识别和混合属性等带来的问题，体现了基础研究的重要性。

2. 流动劳动力

在流动人口中，流动劳动力是其中坚部分。根据国家统计局的年度国民经济和社会发展统计公报，2022 年我国有农民工约 2.96 亿人，是全国流动人口的主体，所以备受关注。聚焦流动劳动力的新特征和新群体，思考影响劳动力迁移流动的新因素和新变化，是本年度流动劳动力研究的突出特色。

张琛和孔祥智以"农村劳动力流动的演变历程、趋势与政策建议"为题，提出：我国乡村—城市的劳动力流动依次经历了"社会主义革命和建设时期的盲目流动到限制流动""改革开放和社会主义现代化建设新时期的逐步放开到全面放开""中国特色社会主义新时代推进以人为本的农业转移人口市民化"三个阶段。其中的典型特征是城乡之间的"钟摆式"流动和流动半径的缩小。他们认为，"未来，人口结构变化将会深刻影响农村劳动力供给，县域将是农村劳动力就业的主战场"。

来自中央财经大学经济学院的郭冬梅、王继彬、王韬和赵文哲关注到城市互联网发展对劳动力迁移模式和就业特征改变的影响。其研究结果显示，城市互联网发展确实"显著促进了劳动力的流动，特别是低技能劳动力的流动"；对农村劳动力、女性、年轻和低技能劳动力的影响更大。互联网发展对劳动力流动影响的作用机制可以表达为信息平台效应、溢出效应和心理成本效应。与之相对应，互联网发展也使大中城市增加了对劳动力的吸引力。同样关注互联网使用与流动人口就业的还有首都经贸大学的杨琳，她投射的是流动人口的就业质量。其分析结果表明，互联网使用对流动人口的就业质量整体有明显正向影响，其中对农村流动劳动力就业质量的促进作用更为显著。

北京大学经济学院的王蓉和黄桂田开展了城市落户门槛与流动劳动力落户意愿关联性的研究。他们发现，城市落户门槛的提升将显著降低流动劳动力的定居意愿，增加其离开或进行短期策略性流动的概率。其中特别提到，"中小城市和大城市落户门槛的变化对流动劳动力的居留意愿没有显著影响"；而在特大或超大城市中，高技能流动劳动力对落户门槛的变化相对"更加敏感"。

屈小博和胡植尧虽然也关注的是城市户籍门槛，但他们的研究更集中于这种门槛对流动劳动力工作溢价的影响。他们认为，"劳动力市场效率受户籍门槛抑制"。"城市户籍门槛越高，当地流动人口的平均工资越高"。但"户籍门槛对流动人口工资的影响仅在低人力资本群体中显著"。其机制分析发现，高户籍门槛会增强低人力资本流动人口的离开意愿，"导致劳动力供给减少，产生工资溢价"。他们将之称为"劳动力流动的'半透膜'"。

与上一研究视角相向，宋旭光、何佳佳的目光投向劳动力流入对本地居民工资的异质性影响及作用机理。他们提出，"劳动力流入对本地居民产生的福利效应非中性"，是"技能偏向性"的。也就是说，流动人口与本地居民的竞争关系只发生在低技能劳动力之间，这种竞争会降低"工资分布底端本地居民的工资"。同时，无论哪类劳动力流入，都将促进本地高技能劳动力的工资提升。因此劳动力流入会扩大本地不同类别劳动力的工资差距。技能的交叉互补性、劳动力流入的外部性以及户籍制度可以作为原因予以解释。

一些学者还进一步从交通、房价、跨国就业等诸多社会动因视角反映流动劳动力的就业及其新特征。其中，姚永玲、赵倚仟专门探讨了全新城市间铁路交通网通过资源和要素的重新配置，对城市经济增长产生的影响。他们的研究结论是，"铁路提速有利于高行政级别和大城市更多依靠吸引劳动力流入的间接效应来促进经济发展，低行政级别和中等城市突出体现了（铁路）可达性带来的直接空间溢出效应；铁路提速对国家五大城市群内城市的空间结构效应大于群外城市，尤其是群内城市的劳动力流入效应大于群外城市，反映了城市群交通网络和要素一体化对经济的贡献”。罗舒雯、张艺璇和施昱年通过构建多个测量指标或指数，以全国64个大中城市为研究对象，解析了各城市在空间上的聚集性和异质性。发现：劳动力流动和房价上涨对地区经济发展有积极意义，但对产业结构升级的影响不同，它们负向影响产业多样性。李琳则探讨了“劳动力市场歧视、非认知能力与流动人口社会融入”的问题，认为“户籍歧视、学历歧视、性别歧视仍然在阻碍着流动人口的社会融入”。“非认知能力和认知能力对不同技能水平流动人口的社会融入也会产生影响”。沈澈则对作为跨国流动就业典型现象的在韩中国朝鲜族人口的获得感与国家认同问题进行了探析。

近些年，城市“抢人大战”成为社会的热点话题。折射到人口流动研究，就是越来越多的学者开始对人才流动做出专门研究。其中既有对青年流动人才城市选择及其影响机制的研究（刘旭阳、原新），也有聚焦中国高技能人才省际迁移特征对地方创新影响的分析（温峰华、武雪儿），还有从个体特征、经济特征、区域流动特征和社会融合特征等多个维度，对影响青年流动人才居留和落户意愿因素的专门探讨（王福世）。此外，中西部地区人才聚集或去留的问题也受到关注，特别是对高等教育发展对中西部地区科技人才或青年人才到底发挥了怎样的聚散、去留等影响作用进行了专门讨论（田浩然、李清煜；田浩然、杨潇）。

3. 跨省迁移流动

跨省迁移流动具有远距离、长时间、流入地多样化等特点，突出体现了我国人口迁移流动的异质性，也受到特别关注。

有学者对不同等级城市流动人口的社会认同感、生活差异与居留意愿进行了比较分析。发现“城市等级越高，认为自己是本地人的比例越低；伴随着城市等级的下降，支出收入比呈现先下降后上升的趋势，小城市往往存在生意不好做、难以找到稳定工作、收入太低的困难，大城市则存在购房难、子女教育难的困境；一线城市中流动人口选择在本地定居的比例最高”。“受教育程度和收入在大城市能够提高流动人口的居留意愿，但是在小城市中起到的是抑制作用”（张芯悦）。

也有学者对我国省际人口流动的特征及其影响因素展开空间分析，得出“总体呈现非均衡‘双向流动’格局”、经济社会因素有显著影响且存在区域差异等结论（马胜春）。

还有学者基于复杂网络视角，对中国省际人口迁移网络组织结构及时空演化特征做出了系统分析。在阐述人口迁移规模、区域迁入迁出特性、网络分散和空间不平衡程度、社团结构等变化特征的基础上，提出“人口迁移网络格局演化是改革开放后经济调整、社会转型、政策利导的经济地理投影”（温峰华、古恒宇、许志斌）。

此外，邓仲良等在更宏观和综合层面，讨论了国内大循环背景下的人口流动与区域协调发展所面临的问题，提出“为促进国内大循环，应立足人口流动典型特征，加快探索构建城乡要素平等交换、双向流动的制度通道，逐步打破城乡分割；逐步健全城乡统一的社会保障体系，为建立基于常住地和身份证信息的基本公共服务提供制度平台；继续推动超大城市治理体系和治理能力现代化，因地制宜地以人口政策与经济社会发展融合促进人口负增长地区发展；不断完善适合人才发展的制度环境，促进高技能人才合理流动”。

4. 流动人口的社会融入

流动人口社会融入（融合）既是流动人口研究中已讨论多年的老话题，也是不断被深化的新话题。从本年度的相关研究成果看，一个突出特点是，相关学者大多采用了“社会融入”一词，而非“社会融合”，两者的差别值得关注。此外，针对流动人口社会融合（入）的经济融合、文化适应、社会适应、结构融合和身份认同等多个维度（周皓，2012- 流动人口社会融合的测量及理论思考 - 人口研究），学者们更多地是从某些特定角度更深入、细致地讨论流动人口的社会融入，构成了本年度该专题研究的另一个特点。

张晓敏、李亚男和徐慧专门阐述了教育对流动人口社会融入的作用，指出教育提升能积极促进流动人口的社会融入。

胡逸群、刘冰洁和赵彦云则聚焦流动人口的心理融入，发现流动人口的心理融入分布有显著的空间相关性，“心理融入水平的高低不仅受流动人口自身经济、社会等因素的影响，还与流入城市的规模以及公共服务水平有关”。

祝仲坤等学者从多个角度阐述了公共卫生服务均等化通过提升流动人口的人力资本、增强社会资本对其社会融入发挥的积极作用（祝仲坤、郑裕璇、陈淑龙、冷晨昕）。

刘金凤和魏后凯两位学者从社会融入视角，特别就方言距离对农民工永久迁移意愿的影响做出了分析。提出“方言距离无论对农民工制度性永久迁移意愿还是对农民工事实性永久迁移意愿都产生了显著的负向影响”。主要是因为方言距离阻碍了农民工在流入地区的经济整合、社会参与、文化适应和身份认同。而且方言距离对农民工永久迁移意愿的影响不存在“显著的代际差异”。

刘启超依据调查数据，论证了聚居选择对农民工城市融入意愿的影响机理。发现“与非本地人聚居会降低农民工城市融入的意愿”，因为这种聚居选择不利于农民工的人力资本积累和对流入地的文化认同。

除上述外，还有学者分析了医疗保险参保情况、居住证制度与流动人口市民化意愿的关系及其影响机制，表明两者的推进都增强了流动人口的市民化意愿（安超帆）；另有学者在整体性治理视域下，阐述了少数民族流动人口的城市融入机制，其中特别分析了作为流动人口新群体的少数民族流动人口自发流动、文化差异、自主就业创业、分散居住等特点对政府服务管理带来的挑战及政策建议（马雅琦、马素珍、彭谦）；黄凡和段成荣则基于人口普查并首次运用流向数据，对我国人口流动与民族空间互嵌格局的发展演化做出了系统分析，表示“21 世纪以来（我国）大多数民族的族际空间接触概率有所上升，民族空间互嵌进一步深化”；“人口流动对民族空间互嵌的三个方面（民族人口省际空间分布均匀化、各省民族构成多样性指数趋近于全国水平、族际空间接触概率上升）均有明显的积极影响”。这一研究在新的视角、层面拓展了对流动人口社会融入的认知和思考。

5. 影响人口流动的因素

探究影响人口流动的因素，特别是社会因素，是近年流动人口研究越来越受到重视的内容，2022 年也是研究成果异常丰富的年份。从其代表性成果看，住房成本、社会福利、生活消费、就业方式、社会保障、子女教育等都是影响人口流动样态的因素。其中，从社会文化因素做出的影响分析颇具新意，涉及族际通婚、小家庭崛起、关系流动性、就业机会的文化壁垒、照顾家人的驱动等，都让我们看到了在人口流动背后更为广泛、深刻的社会、文化动因。

马鑫和黄涛实证研究了跨方言区流动对流动者就业的影响。结果发现，与同方言区的流动人口相比，跨方言区流动对流动者的就业有多方面的影响。其中，性别、年龄、受教育程度、是否从事服务业以及沟通不畅、低身份认同、低信任水平及与当地人社会网络受限等都会影响流动者的就业。研究者称之为“就业机会的文化壁垒”。

有学者则注意到关系流动性、即人际关系网建立的难易对流动人口居住流动意愿有影响（陈满琪）。

除了关注人口流动或流动人口受哪些社会、经济、文化等因素的影响外，部分学者从另一侧面观察和探讨了人口流动对区域发展、人口特征等带来的影响。如：人口流动对区域老龄化进程的影响（刘涛、张家瑞、曹广忠）、人口流动对边境地区人口安全的影响及其机制（段成荣、盛丹阳、刘涛）、人口流动对我国族际通婚率变动的影响（徐世英、韩双嵘）、家庭流动对儿童发展的影响（洪秀敏、刘倩倩、张明珠），等等。这些研究话题并非崭新，但研究内容与方法富有新意。如：在人口流动对区域老龄化进程的影响研究中，研究者就提出并运用了基于规模效应和年龄结构效应的方法论框架，从而深化了对这一影响作用空间规律和内在机制的解读。而人口流动对边境地区人口安全影响的分析，则在研究对象和研究问题方面显现新意且有填补空白的作用。在家庭流动对儿童发展的影响分析中，使用了倾向值匹配的特定方法以比较流动与非流动婴幼儿发展的差异，提高了分析的可靠性和深度。

在对更宽泛意义上的人口流动或流动人口影响因素的分析中，住房问题是一个特别受到关注的影响因素。其中有来自经济学领域的学者从人口流动对房价的影响以及限购、限贷政策的调节作用展开的分析（郎昱、沈冰阳、施昱年、叶剑平），发现限购政策实施前，人口流动对房价的影响显著为正；而政策实施后这一影响减弱。郎昱等学者还利用多个理论对住房成本、人口流动和产业集群之间的关系进行了实证。结果显示“人口流动和产业集群发展相互影响；房价收入比过高对人口有挤出作用；住房租赁市场能有效抑制房价上涨对人口的排挤效应，助力落后地区吸引人口、促进产业集群发展”。

李帆和江波两位学者考察了住房公积金对流动人口购房选择的影响，发现缴纳公积金对流动人口的购房选择，包括购房行为与购房意愿都有显著的促进作用。孙伟增和张思思讨论了房租上涨对流动人口家庭消费和社会融入的影响，发现房租上涨挤出了非住房消费，导致流动人口的社会融合程度降低。罗朝阳和李雪松则从房地产周期和人口流动的角度探析了地方政府的债务风险，认为人口流入有助于降低地方政府的债务风险。张耀军和陈芸进一步讨论了城市住房价格和自有住房对流动人口回流的影响，发现流入地的高房价确实促进了流动人口的回流，而在流入地自有住房则规避了高房价带来的不利影响。

除了有关住房、房价或房租对人口流动带来的影响或人口流动对房地产的影响双向研究外，还有不少学者分别从福利获取成本对流动人口落户意愿的影响（杨浩天、陆军、丁凡琳、陈志远）、灵活就业流动人口参保是逆选择还是被选择（冉晓醒、仇雨临）、包吃包住的被雇用方式对流动青年社会融入的影响（董寅茜、何晓斌）、流动人口对流入地的选择机制（周皓、刘文博）、子女随迁与流动人口工资水平之间的关系（邢春冰、张晓敏）、人口流动对地方财政教育支出的影响（张翕）等众多角度和侧面对人口流动或流动人口居留、返乡、流动的影响因素展开了各具特色的研究。其中，卓云霞和刘涛两位学者基于事件史的分析，对迁移者居留、返乡与再迁移决策的研究，为改变现有研究表现出的重意愿轻行为、重状态轻过程、较少关注再迁移等局限做出了方法论的贡献。梁海伦、陶磊和王虎峰运用实践案例对“时空行为大数据何以驱动流动人群的健康治理提升”的研究，不仅提供了新的研究视角和分析框架，而且得出了有创新价值的结论，包括时空行为大数据涵盖的时间累计效应、行为动态效应及群体互动效应对实现人群健康的追踪与预测和把控健康风险的积极作用。

整体来看，有关人口流动和流动人口多层次、多侧面、多维度的丰富研究成果，表现出如下鲜明特点：一是绝大多数研究都利用了我国开展多年调查（2009—2018）获得的流动人口动态监测数据（CMDS），即便这一调查现已停止，但其显现专业性、全面性和深入性的数据，仍为来自不同学科的学者继续进行深入挖掘和开展专题研究提供了重要基础。此外，第七次全国人口普查数据的公布也为本专题研究提供了最新的权威数据支撑。二是对人口迁移流动和流动人口的研究，越来越多地体现出学科交叉和学科融合的研究特点。由上述可见，来自经济学、社会学、金融学、教育学等多学科的学者分别发挥不同学科的优势与特点、从不同角度开展的对人口流动和流动人口的研究，使这一领域不再只是人口学的固有“阵地”。三是在上述研究成果中，既有宏观层面的研究，也有微观层面的分析；既有大量的实证分析，也有新颖的理论阐释；体现了人口学科学术研究更为立体、丰富的特色。

当然，在本年度该专题研究成果中，与实证分析相比，理论研究仍相对薄弱，成果非常有限。但特别值得提及的是，由段成荣教授领衔的研究团队，在对中国人口迁移转变“三论”的基础上，本年度又贡献了“从657万到3.76亿：四论中国人口迁移转变”的最新成果，为人口迁移流动专题研究提供了具有代表性的理论研究成果。他们的研究利用历次人口普查数据，结合流动人口参与度和能见度、流动人口分布与跨省流动等方法和指标，从流出地、流入地和流向等多个角度，综合流动人口的性别—年龄结构、教育结构、城乡结构、人户分离状况、少数民族人口流动以及跨国（境）流动等多个侧面，总结和概括了中国人口迁移转变的演变脉络及新的特点，提出“人口的高流动性已然成为中国人口格局的新常态，不同地区人口迁移转变的进程不一，部分地区开始进入人口迁移转变新阶段”。“改革开放40多年来，中国流动人口内部结构迅速变化，新特点逐渐显现，中国的人口迁移已经经历并将延续全方位、多层次、多元化的转变历程”（段成荣、邱玉鼎、黄凡、谢东虹）。

（三）婚姻与家庭研究

对婚姻家庭的研究，并非人口学所独有，但从本年度相关研究成果看，人口学对婚姻家庭的研究呈现自身的学科特点，包括重视宏观与微观两个层面的量化分析、关注人口婚姻的结构性特征与异质性等。本年度人口婚姻研究成果主要聚焦于人口婚姻转变、年轻一代婚育观的变化、择偶与婚姻匹配、单身与离婚等话题。

1. 人口婚姻家庭新变化

北京大学光华管理学院社会研究中心的於嘉研究员基于第二次人口转变理论框架，利用人口普查、大规模综合性社会调查和网络专项调查数据，从代际、性别和社会经济地位三个维度，探讨了在国家快速现代化和社会变迁背景下，中国人口尤其是年轻人群在亲密关系、同居行为、结婚推迟、婚姻态度以及离婚与再婚等诸多方面的变化及特点，为我们展现了当代中国人口婚姻模式与特点的最新社会“轮廓”。其研究结果表明，中国男性和女性的初次性行为年龄不断提前，有过婚前性行为的比例也在逐渐增加；同时，同居变得越来越普遍，但同居依然难以取代婚姻成为“稳定的家庭模式”；而“随着婚姻经济成本与家庭生活成本的逐渐增加，‘男主外，女主内’的婚配模式可能不再是最优的选择”；“中国青年男女依然较为普遍地期望进入婚姻，且理想婚龄相对较早，比当前实际的平均初婚年龄更小”；虽然离婚与再婚的增加是第二次人口转变的标志性变化，但与一些发达国家或地区相比，中国人口的“婚姻稳定性依然较高”，“与同居和初婚相比，离婚的变化幅度相对较小”。在实证分析的基础上，该研究认为，上述观念与行为变化的不同步，特别是年轻人群更为明显的变化，以及“传统家庭文化与婚姻观念的惯性依然发挥着作用”，意味着“可能存在中国模式的第二次人口转变”。

中国人民大学李婷、郑叶昕和闫誉腾则以“中国的婚姻和生育去制度化了吗？”为题，探讨了第二次人口转变背景下基于婚姻转变的“去制度化”议题。她（他）们在归纳了所调查的“Z 世代”（多指 1995—2009 年出生的世代）青年群体基本特征的基础上，利用 2021 年“中国大学生婚育观调查”数据，分析发现：我国大学生的婚育观正在发生改变，但变化是“温和而渐进的”，“短时间内还无法动摇婚姻与生育的制度性基础”。认为以大学生为代表的中国青年的婚育观复杂且变化流动，“叠加了压缩的现代化，快速的社会转型，消费主义的兴起，互联网、社交媒体与数字化革命，全球化及其波折，以及个体化与风险社会等多重进程”，这些进程共同塑造了年轻一代的生活背景及其观念和行为。“婚育观不过是其中的一个缩影。”而“需要真正理解的是，低迷的婚育意愿只是社会演进中现实问题的延伸，而不是问题的症结所在”。

黄凡、段成荣和毕忠鹏三位学者总结、概括了“改革开放以来中国族际通婚变动的十大趋势”，即“一是族际通婚的普遍化，族际通婚的人口规模和比例均明显提升；二是族际通婚比例在各民族间的相对差异化；三是族际通婚圈进一步扩大，各族际通婚子圈相互交融；四是东北和西南地区的族际通婚程度相对较深；五是城镇化对族际通婚有积极影响；六是人口流动对族际通婚有促进作用；七是族际通婚人口性别比呈现梯级化差异；八是族际通婚人口中女性家庭地位不断提高；九是受教育程度与族际通婚比例呈正相关关系；十是族际通婚比例在职业类型上表现出分层化”。

2. 人口婚姻转变

陈卫和张凤飞聚焦中国人口初婚推迟的趋势及特征。他们利用多次人口普查和抽样调查数据，考察近三十年（1990—2020 年）来我国人口初婚的推迟水平与趋势。其研究结果显示，我国各类人群的平均初婚年龄均在推迟，且近年来有所加速，但人口的终身不婚率“依然很低”，中国人口婚姻“正在步入晚婚普婚模式”。而我国有着西方国家不同的初婚推迟路径，具有“行为先行”的特征。而“随着现代化进程的不断推进，婚姻的可取性、可行性、可获得性对婚姻的阻力会进一步增强”，中国人口的初婚“还存在继续推迟的空间，但短期内普婚的特征不会改变”。“中国农村男性正面临着越来越大的不婚风险”。他们在另一篇文章中进一步提出“中国正在经历快速婚姻变革”，认为社会变迁影响婚姻的可行性、可取性和可获得性。其中，婚姻的可获得性是婚姻变革的客观因素之一，可行性是导致当下婚姻变革的重要原因，而可取性在今天则面临严峻考验。提出快速的婚姻变革是“超低生育率的决定因素”。

与上述研究相对应的，是单身现象得到专门关注。王磊利用人口普查和全国代表性的抽样调查数据，从人口、就业、收入和消费等多个维度，较全面、系统地分析了我国单身人群的人口社会经济特征。他的研究发现，多年来，我国单身人群的独居比例提高，未婚独居人群呈现男性化和年轻化趋势；单身男性有工作比例低于有配偶人群，其“收入水平明显低于有配偶男性”；但“单身人群消费水平更高，单身独居人群消费的个人本位、超前消费和规模不经济特征突出”。

本年度人口婚姻研究中，较多的成果还涉及人口婚配研究，其中既包括对择偶方式与青年婚姻匹配的分析（康慧琳、孙凤），也包括对“外貌的‘幸福溢价’：基于就业表现与婚姻匹配的视角”的讨论（胡文馨、毛宇飞、李晓曼、张小红），还包括对中国城市中教育婚姻匹配的变迁如何影响家庭收入差距的探析（石磊、李路路）。另一个成果相对较多的则是人口离婚研究。除了关注离婚政策对人口离婚水平的影响（宋健、李灵春）外，还有学者特别对子女离婚对老年人健康的影响做出分析（宋月萍、刘志强、王记文）。

此外，有关婚姻挤压、婚姻质量、跨国婚姻、丧偶的健康后果以及婚姻的代际影响等也是本年度人口婚姻研究的议题。

3. 家庭结构与类型变迁

2022 年，有关家庭的专题研究成果丰富但内容分散。其中，从人口学视角探讨家庭规模、结构等的成果并不多见，而大量的研究主要聚焦于与家庭功能有关的诸多专题，特别是代际关系、家庭教育与养育、养老和养小、家庭制度化建设，等等。正源于此，家庭研究成果很大部分来自跨学科或他学科。

作为典型的人口学研究，张丽萍和王广州以人口普查和中国综合社会调查数据为基础，分析了中国家庭户规模、结构的变化趋势及存在的问题。其分析结果反映出现时期中国家庭规模与结构的多重转变特征，包括：家庭同住人口数量不断缩小，已向 3 人及以下为主转变；1 人户比例迅速、加快上升；同住家庭的代际结构由 2 代、3 代为主向 2 代、1 代为主转变；对家庭成员的主观认同“依旧以夫妻轴、父子轴、从夫居为主”，但对家庭人口数量与代际结构主观认同的转变滞后于家庭同住现状；家庭成员的居住格局呈现出以“夫妻为轴心、父系倚重、直系为主、子代倾斜的特点”，但女方父母被认同为家庭成员的比例“极低”等。

杨菊华在生命周期视角下对中国的家庭转变展开分析。她提出“近几十年中国的家庭转变具有‘一推迟、二压缩、二提前、一延长’的特点”。具体表现为“家庭形成期推迟，扩展与稳定期压缩，收缩与空巢期提前，解体期极大延展，各生命周期的时长由传统家庭的‘正态分布’转变为现代家庭的‘后倾分布’模式，过程更为减省”。这些变化与“家庭结构转型、功能转向、关系转轨互为因果、彼此支撑”，“使得当下中国家庭存在传统与现代、后现代特征共存的局面，在主线清晰的前提下，展现出多样化的特征”。

巫锡炜、曹增栋和武翰涛则从教育获得的视角为中国家庭的快速小型化提供了“一个可能的解释”。他们利用双重差分模型进行检验，得到的结论是“高等教育扩张增加了人口流动，促进了代际关系平等，通过婚姻、生育的延迟及生育子女数的减少降低了家庭户规模”。并且这一效应主要作用于城镇人口。

张春妮和谢宇两位学者基于人口学和社会学双重视角，提出“进入 21 世纪以来，家庭结构正逐渐成为影响中国社会分层的一个重要因素”。他们以两篇学术论文的长篇幅，“以过去半个世纪全球和中国在社会分层和家庭结构上的变迁趋势为背景”，回顾了西方学术研究中家庭与社会分层视角相融合的历史过程，指出了“在中国研究中将家庭结构变迁与社会分层研究相结合的学术价值”。并提出“进入 21 世纪以来，随着经济因素对家庭行为多样性影响的增强以及家庭行为在社会阶层中的分布向弱势模式变化，家庭结构在中国社会分层中的重要性正在上升”。同时给出了在中国情境下研究家庭结构变迁与社会分层的“思路和方向”。

除上述外，较多学者从不同侧面对家庭教育和养育问题展开探讨，包括：“家庭教育期望的代际偏差、互动及影响”（牛建林、齐亚强）、“文化、经济、阶层和性别：过度养育的四维探究”（韩丽丽、田国秀）、“收入不平等与家庭教养方式的选择：事实与机制”（李雅楠、朱志胜）、“家庭互动模式对大学生婚恋观影响研究”（沈纪、陈思颖、单可艺）以及“家庭教育支持政策国际比较：概念、特征与反思”（李莹）等。此外，宋健、李灵春、胡波等学者对人口与家庭发展基于“协调耦合关系的指数构建”方面进行了积极的探索；李云峰则对“中国家庭伦理共同体的世代变迁、现状审视及逻辑建构”做出了理论思考；吴柳财更聚焦“新三代家庭结构”，对中国社会的垂直代际整合展开了社会学研究。此外，有关构建“以人民为中心的家庭友好型社会——积极应对老龄化和超低生育率挑战”（于淼、胡鞍钢）、涵盖人口变量的城乡居民家庭消费总量与结构变化的分析（唐琦、夏庆杰、李实）、“中国化现代家庭福利目标、政策法规体系与家庭福利服务制度化建设”的研究（刘继同）等，也各具特色与价值，为丰富和深化中国家庭研究发挥了积极促进作用。

（四）人口老龄化与老龄问题研究

2022年，鉴于中国快速老龄化和异常庞大老年人口规模的社会背景，人口老龄化与老龄问题研究依旧是人口学学科学术研究成果最为丰富的专题领域。本年度该专题研究除继续集中于应对人口老龄化国家战略和养老服务两项主流研究外，还较多关注到老年人的社会参与、互联网与老年人以及老年照护等专题。

1.积极应对人口老龄化

在积极应对人口老龄化语境下，中国人民大学的杜鹏教授连续发表文章，分别对“积极老龄观视野下的‘人口规模巨大的现代化’”“积极应对人口老龄化，推进中国式现代化”“积极应对人口老龄化的中国道路”“中国特色积极应对人口老龄化道路：探索与实践”等重大理论问题进行了较系统和深入的思考与阐释。提出：“中国式现代化是人口规模巨大的现代化，也是老年人口规模巨大的现代化”。根据预测，2030年以后，中国老年人口数量将超过所有发达国家人口的总和，因此积极应对人口老龄化的中国道路艰巨性和复杂性“前所未有”。实施积极应对人口老龄化国家战略是中国式现代化的“应有之义”，“应当融入整个中国式现代化建设全过程”。为此，要“科学研判中国式现代化进程中的人口老龄化特点”，抓住农村养老服务推进这一关键，正确认知和规范对老龄社会各阶段的划分，以实现全体老年人享有基本养老服务促进高质量发展。“积极应对人口老龄化的中国道路是在中国共产党领导下，以人民为中心，把积极老龄观、健康老龄化理念融入经济社会发展全过程，大力弘扬中华民族孝亲敬老传统美德，依靠政府、市场、家庭、个人等多元主体共担责任，有效应对中国人口老龄化的理论与实践”。这是由“中国的社会主义制度、人口国情、经济发展水平和文化传统等因素共同决定的”。

在积极应对人口老龄化国家战略研究方面，郭金来、陈泰昌、翟德华对这一战略的“科学内涵、时代价值与实践路径”进行了较高站位的系统诠释。杨菊华则对积极应对人口老龄化“何以可能与何以可为”，即新时代积极应对人口老龄化国家战略的必要性、可能性和可行性进行了理论思考，提出了长者的积极老龄观和持续改善的资源与资本禀赋是积极应对人口老龄化的主客观基础，“积极看待的价值定位、积极对待的战术谋划与行动策略，是将可能化为可行的重要推力与保障”等观点。

穆光宗、胡刚、林进龙三位学者则在健康老龄化视域下对养老体系的“康养”内涵进行了理论思考。他们认为，“健康是最重要的养老资源和养老能力，如何保护与提高康养能力是积极应对人口老龄化的关键举措”。在当今的“长寿风险”社会，“根植于经济保障的传统养老体系必须从健康赋能的角度进行扩建和改造”。其中“全面赋能养老体系和打造养老责任共同体具有重要意义”。对于老龄化中国来说，应“高度重视‘自我康养、家庭康养和社会康养’新三支柱体系的建设，在康养体系中自我养老发挥的是主体作用，家庭养老发挥的是基础性作用，社会养老发挥的则是支撑性作用”。

开展相关理论研究的还有北京大学陆杰华教授“以增进民生福祉推动新时代养老服务高质量发展”的研究。该研究认为“新时代养老服务高质量发展的核心理念就是坚持以人民为中心的发展思想，以增进民生福祉为目标，不断提升新时代养老服务质量，全面提高老年人的获得感、幸福感、安全感”。主要内涵强调一方面要在横向协调性上提升，另一方面则是在纵向成长性上有所突破。为此，“必须以规模持续增长的老年群体多层次、差异化需求为导向，不断探索构建起政府、社会、家庭和个人多元主体责任共担，不同养老投资主体资源优化配置，居家、社区、机构以及医养康养等相关服务均衡发展的养老服务供给体制，养老服务设施、养老服务管理水平、专业化人才队伍以及养老规范标准、养老服务监管体系均达到指标规定的较高水平”。该研究还进一步提出了涉及城乡统筹发展、推进智慧养老与规范化建设、创制分层分类服务供给体系、健全养老服务标准及督查机制、构建多主体养老服务共同体等具体方略。

李志明和邢梓琳两位学者则从服务场域、服务层次和基础支撑三重视角探讨了养老服务高质量发展的具体思路。提出：“从服务场域看，要构建居家社区机构相协调、医养康养相结合的养老服务体系；从服务层次看，要形成基本养老服务与非基本养老服务协同发展的新发展格局；从基础支撑看，要尽快建立健全养老保障体系、完善老年人能力综合评估规范、老年人照护需求评估标准以及居家、社区、机构各场域养老服务标准等基础技术规范。”

2.老年人的社会参与

无论是从积极老龄化还是健康老龄化的角度，老年人口的社会参与都有着无可替代的重要意义和

“红利”价值。为此，老年人的社会参与成为本年度被涉猎较多的一个话题。

在本年度，对老年人社会参与的研究主要表现为三个方向：一是社会参与对老年群体的影响；二是老年人口本身的社会参与状况；三是老年人社会参与带来的社会影响。从相关成果看，年度成果主要集中于前两项研究，尤其是对老年人口自身社会参与状况的分析。

在社会参与对老年群体影响的研究中，代表性的成果是来自首都经贸大学盛亦男、刘远卓两位学者以“社会参与对老年人健康的影响”为题、利用大型调查数据对社会参与给老年人健康带来的影响及其作用机制的量化分析。她（他）们发现，社会参与显著改善了老年人的综合健康状况，抑制了其多种功能与能力的受损，降低了慢性疾病的发生风险；无论是劳动参与，还是志愿参与、娱乐参与，都能对老年人的健康产生影响。其作用机制分析表明，“社会参与可以显著缓解近期和早期负面生活事件对老年人健康的冲击”。而中国社会科学院大学的刘琪则基于中国农村社会转型的现实，探讨了社会性交往对满足老年人精神需求的重要作用，提出了“组织动员同辈群体与适老文娱活动、加强国家宣传下乡与村庄精英吸纳、重塑基层组织自主性与公共服务能力、创新土地确权模式和结平衡账四重路径”，来推动乡村社会交往秩序的再造，以满足老年人的精神需求，应对人口老龄化。

而在老年人社会参与状况的研究中，多数成果主要聚焦于老年人的教育参与、教育影响和老年人再就业问题。其中，在老年人的教育参与和教育影响研究中，有的学者系统阐述了“中国老年教育的新定位、多元功能与实现路径”（杜鹏、吴赐霖），也有的学者聚焦于“人口老龄化背景下构建终身教育体系的价值、实践与挑战”（谢立黎、韦煜堃）；还有学者专门分析了老年人受教育程度对其社会参与的影响路径（任嘉庆、苏彬彬、王一然、郑晓瑛）和基于老年教育社会贡献度视角的我国老年教育发展研究（吴莎莎、张春华）；等等。这些研究的共识就是教育是老年人社会参与的基础性影响因素，也是老年人力资源的重要体现，它不仅有助于老年群体更好地实现社会参与、发挥自身价值、做出更大的社会贡献，而且也有利于老年人口改善自身生存状态、丰富老年生活、提高养老质量。

而对于老年人的再就业，有学者分析了中国退休人口劳动参与率为什么始终很低的问题（程杰、李冉），认为较高的养老金替代率、较低的人力资本水平、快速变化的劳动力需求、家庭照料负担以及不友好的劳动力市场制度，“共同阻碍了退休人口重返劳动力市场”。也有学者探讨了如何促进老年人再就业，以更好地“继续发光发热”的问题。在对现实问题辨析的基础上，提出了有关再就业制度、再就业环境、再就业机会与类型以及老年人就业能力提高等政策建议（刘亚娜、褚琪）。

3. 老年照护服务

老年照护是近几年老龄问题研究领域越来越受到关注和重视的一个话题。究其原因，主要是与人口健康水平持续提高和平均预期寿命不断延长相伴随，老年人口带病或失能、半失能状态生存的时长同步延长密切相关，使得老年照护尤其是长期照护需求快速增长。基于我国基础薄弱的老年照护服务，有关老年照护包括长期照护的研究开始迅速增多。

2022年，有关老年照护的专题研究涉及面较广，内容较丰富。其中，既有探讨中国老年照护概念框架与发展路径的理论研究（杜鹏、高云霞、谢立黎），也有对长期照护者进行“喘息服务”制度支持的专门分析（黄建），还有在社会嵌入视角下对“初老服务老老”模式的探讨（蒋心悦）。此外，有关老年照护服务需求的发展趋势（李建伟、吉文桥、钱诚）、不同区域老年家庭照料需求成本的预测（白晨、陈华帅、王正联、曾毅）、照料劳动的社会价值（宋健）、长期照护保险制度建设（孙洁）、长期护理需求与制度保障（文太林；张建军、朱恒鹏）、如何搭建老年照护社区平台（唐钧）以及在快速老龄化时期我国城乡老年人的家庭养老照料负担（伍海霞）等，也受到学者的关注与研究。

杜鹏等学者结合国内外定义，回答了什么是老年照护服务、老年照护服务涵盖哪些内容、其服务性质如何定位等一些基本认识和理解的重要问题。他们首先明晰给出了“老年照护服务”这一概念的基本内涵，提出“老年照护服务是由国家、社会或者个人为失能失智老年人提供的集生活照料、医疗护理、康复服务、支持性服务以及临终关怀等服务于一体的服务形式，是社会养老服务体系的重要组成部分”。在老年照护服务的外延上，“根据老年人身体状况的不同”，可以划分为“预防性照护服务、补偿性照护服务和发展性照护服务”。在服务的核心内容上，认为至少应该包括生活照料（如日常生活照料、餐饮服务、交通接送等）、医疗康复（如疾病治疗和护理、家庭病床、社区康复和长期照护机构服务等）、支持性服务（如照顾者喘息服务、心理支持、适老化改造等）和临终关怀服务（如精神抚慰等）四大部分。对于老年服务的性质，在认同老年照护服务既具有基本公共服务属性也具有准公共服务产业属性的同时，指出我国需要构建包括“公共服务、市场服务和社会服务在内的多层次老年照护服务体系”。因此，有着微观“满足失能失智老年人照护需要”、中观“保证家庭负担减轻及老年照护行业健康发展”和宏观“保持社会的稳定并推动实现健康老龄化、积极老龄化”等多层意义。由此，有针对性地提出“明确政府、社会与家庭的责任分工，形成多元共治”“探索可持续、城乡均衡的发展模式”“鼓励发展连续性照护服务与社区居家照护服务”“发展合理的老年照护筹资体系”“建立专业化的行业标准和人才培养机制”等政策建议。

通过对本年度老年照护包括有所区别的长期照护服务相关研究成果的梳理，可以看到两条研究线索：一是在中国日益注重社会发展和快速老龄化的大背景下，面对老年人口规模日趋庞大且老年人口生活、居住状况和照料资源发生剧烈改变的社会现实（比如独居老人、失能或半失能老年人大量增多；家庭规模小型化和简单化等），对老年人口的照护现状、照护需求及其异质性（群体、城乡、地区）特点的阐述和分析，以帮助我们更清楚地看到所面临的需求、问题及供给差距；二是对于什么是老年照护服务、如何搭建老年照护社区平台、构建怎样的服务体系、如何建立社会支持和保障机制等基础性但又重大的理论问题的思考与辨析。

养老服务是老龄问题研究的传统话题。本年度相关研究成果涉及的内容依旧比较丰富，从居家养老、社区养老、互助养老，到医养结合、康复服务、智慧康养及老年志愿服务等，表现出从多层次、多视角、多侧面展开较广泛、深入和细致分析的特点，对全方位、立体式认知我国养老服务现状、特点及所面临的挑战提供了新的丰富证据。

（五）人口健康研究

本年度人口健康依然是成果最丰硕的一个热点议题。从数量可观的研究成果看，群体健康和专项健康是重点。前者主要涉及老年人口和少年儿童人口的多维健康问题，后者则主要包括对生育健康、心理健康（抑郁问题）等的关注。而在这一专题领域数量虽不多但特别值得瞩目的是有关人口健康的综合性、理论性研究。

如上文已经提及的，穆光宗等学者提出“健康是最重要的养老资源和养老能力”。“在‘长寿风险’社会，根植于经济保障的传统养老体系必须从健康赋能的角度进行扩建和改造”的观点，不仅对健康老龄化赋予了新的理解和定位，而且对于人口健康提供了新的视角与内涵。

黄凡和段成荣两位学者在梳理了人口红利和人口质量红利关系的基础上，利用人口普查数据和年度统计数据，对两者的“人口基础和经济贡献”进行了研究。指出我国正从传统人口红利向人口质量红利转变。其中人口健康水平的明显改善为人口质量红利提供了重要基础并对经济发展做出了正向贡献。

郑伟、韩笑和吕有吉利用统计数据，对我国人口慢性病的总体状况与群体差异进行了整体性分析。他们的研究显示，“过去二三十年，在人口年龄结构、生活方式和环境等多种因素作用下，中国人口慢性病患病率呈现先降后升的趋势”。因素分解表明，老龄化因素对人口慢性病的贡献率最大。提示在快速老龄化背景下要关注和重视人口尤其是中老年人口的慢性病防治问题。

和红、谈甜两位学者特别论证了中国居民健康状况的短期、中期和长期的代际传递及其城乡异质性。她们的分析表明，父母的短、中、长期健康状况对子代相应的健康状况有重要影响。城乡作为重要的生活和社会环境，调节了母亲—子代健康状况的传递。这一研究帮助我们更深刻和清晰地了解到人口健康的战略性与重要性。

杜宏武等学者对“健康城市与疗愈环境”广角度、多方位的深刻阐述，则为“健康中国”国家战略如何“把健康融入城乡规划、建设、治理的全过程”提供了看法。

近年，在社会快速变化和工作、生活压力不断加大的背景下，有关人口精神和心理健康的问题受到越来越多的关注。赵一帆、潘芝颖、胡乃文和陶沙聚焦于城市化与人口精神健康的关系。他们在从多个角度回顾并阐释了城市化是精神健康高危因素这一经典假设的基础上，提出“城市化可能并不必然是精神健康的高危因素”。原因在于城市化是影响个体发展的“远端因素”，与精神健康问题“没有直接联系”，“而是通过由城市化带来的人口密度增大、社交环境和自然环境恶化等风险因素对精神健康造成消极影响”。城市化的复杂性和影响的多维性，使得城市化对人口精神健康的近端影响具有积极和消极双重可能性。我国正经历迅速的城市化进程与社会变迁，导致基于心态、情绪等的人口精神健康出现明显变化。虽然以往多项研究显示城市化并不是人口精神健康的“高危因素”，但也仍有研究表明“居民精神健康与城市化具有量的共变关系”。该研究不仅提供了人口学和心理学交叉领域的新视角，而且展现了社会现代化进程中值得关注的一个重大命题。

与人口精神健康反向对应的是有关人口抑郁的问题。本年度对不同人群抑郁现象的研究不少。其中，关注的重点是青少年的抑郁问题；此外，有关老年人的抑郁问题和生育对产妇及其配偶抑郁产生的影响等也被关注到。

对青少年人口抑郁问题的关注，既包括家庭亲子关系对青少年抑郁的影响，如：二孩家庭父母偏爱情况与青少年抑郁的关系（罗芮、赵云燕、何然等）、教养方式的母子感知差异与儿童抑郁的关系（殷锦绣、蔺秀云、刘伟等）研究；也包括探析儿童期创伤与留守经历对大学生负面情绪的影响（张春阳、徐慰）以及负面生活事件与抑郁感的关系（谢玲平、邹维兴、王洪礼）等；还有专门针对我国青少年抑郁的核心症状及性别、抑郁程度间的比较研究（黄顺森、罗玉晗、来枭雄等），指出我国青少年抑郁的核心症状“为压抑情绪、失败感、悲伤和乏力”。此外，和红、王攀、闫辰聿等在家庭健康促进视角下，对青少年抑郁的代际传递现象进行了专门研究。他们的分析结果“父母抑郁水平显著影响青少年抑郁水平”“父母抑郁水平可通过青少年感知到的行踪关注来影响青少年的抑郁水平”“父母对青少年的学习和生活关怀可弱化父母抑郁对青少年抑郁的影响”等，为重视家庭心理健康建设、营造良好家庭环境提供了理论和政策依据。

总体来看，在人口健康研究领域，无论是对老年人口健康、青少年人口健康的分析，还是对生育与健康关系的探讨，抑或是对抑郁问题的关注，突出的一个特点就是跨学科、学科交叉研究的特色鲜明，其中心理学、教育学、人口学和社会学等共同做出贡献。

除上述热点研究外，对首都人口的研究也是本报告的应有之义。从2022年所收集到的研究成果看，有关首都人口的研究涉及面较广，包含了人口就业与经济活力、城乡融合和人口社会融合、人口与住房和城市更新、人口的健康与教育、居家养老与基层医疗服务、城市人口空间分布及其变化等不同层面、不同角度、不同内容的多样化研究。这些研究突出的特点是以问题导向、应用导向的研究为主。但整体看，首都人口研究相对薄弱的局面未能改观。

2022年度人口学（北京）学科学术研究成果并不仅仅局限于上述主要议题和核心话题，还涵盖了新型城镇化、民族人口、人口与经济、人口结构变化、人口与资源环境、人口预测、人口管理、死亡分析等众多各具特色、各有贡献的专题。限于篇幅，不再赘述。

学术著作也是本年度学科学术研究成果的重要组成部分。据不完全统计，2022年北京学者共出版人口学学术专著或著作15部。这些专著或著作主要涉及文化变迁与人口转变、家庭与老年人口、社会养老服务体系建设、特大城市流动人口及其社会经济影响、人口—产业与水资源环境协同治理、农业转移人口市民化、“一带一路”人口与发展、城市发展以及大都市社会治理等专题。其中，由北京市委党校（北京行政学院）撰写、作为北京哲学社会科学研究基地智库报告系列丛书暨北京人口蓝皮书的《北京人口发展研究报告2022》，受到社会关注并在国家发展改革委官网发布。

由中国人民大学人口与发展研究中心王东晖博士撰写的《文化变迁与人口转变——生命历程和空间视角》一书，旨在研究宏观经济社会结构和文化力量是如何相互作用，从而影响到不同空间和时间的人口模式与个人福祉。该书基于理论视角，总结了文化概念在不同人口学理论中是如何展现的；在实证层面，紧扣个体生命历程这一主线及空间视角副线，利用多个大型调查数据及人口普查数据，关注出生、成长、成年、变老等不同生命阶段，详细讨论了文化变量在生命历程不同阶段是如何影响人口学行为的。该书具有突出的创新性和学科前沿性，特别在文化底蕴深厚、人口国情独特的中国社会，这一研究彰显独到的学术价值和学科贡献。

由中国社会科学院人口与劳动经济研究所林宝研究员撰写的《中国社会养老服务体系建设研究》呼应国家积极应对人口老龄化国家战略，在对中国养老模式转变和养老社会化进行理论思考的基础上，围绕社会养老服务的重大理论和现实问题展开系统、深入的分析，并提出了改革思路与政策建议。

由首都经贸大学齐明珠、曾雪婷等学者共同撰写的《特大城市流动人口变动特征及社会经济影响》一书，利用大规模流动人口追踪调查数据，对我国特大城市流动人口变动趋势及主要特征进行了深入分析和比较，探讨了由此带来的社会经济影响。在阐述流动人口变动趋势与主要特征及其社会经济影响的基础上，探寻特大城市人口发展客观规律，并对特大城市人口治理进行了思考。

中国人口与发展研究中心组织编著出版的《"一带一路"人口与发展》系列丛书第一辑——亚洲篇。通过专题报告和国别报告的形式，系统总结、整理了"一带一路"沿线国家的人口状况、特点及趋势，并围绕健康与公共卫生、人口红利开发、消除贫困、性别平等促进等专题展开分析。不仅拓展了人口学研究的国际视野，而且对推进共建"一带一路"的倡议做出了积极贡献。

据不完全统计，2022 年北京市各人口学科研机构和高校共承担了各级、各类科研项目或课题约 70 余项。其中，既有国家社科基金、北京市社科基金等纵向课题，也有决策咨询、智库项目，还有中央政府部门或地方政府委托的项目。其中仅国家社科基金就包括《当代高学历青年婚育观念与行为研究》（首都经贸大学茅倬彦教授）、《科技进步对低生育率的影响机理与传导机制》（中国人口与发展研究中心黄匡时研究员）和《人口负增长经济后果与政策应对的国际经验及对中国的启示研究》（中国人民大学陶涛副教授）3 个重点项目。另有 9 个一般项目和 5 个青年项目获得立项，这些项目分别涉及老年人社会参与对其健康的影响、人口迁移转变、老龄化与货币政策转型、生育负担与教育支持、家庭养老照护能力提升、社区整合照护对老年失能的影响、家庭消费增长机制、老少代际项目、"一老一小"融合照护体系、低生育率反弹的模式与机制以及中国共产党百年人口思想史等诸多专题。此外，北京市委党校（北京行政学院）尹德挺教授领衔承担的北京市社科基金决策咨询重大项目《现代化首都都市圈"三个圈层"建设与人口协同发展研究》、全国老龄科研中心王莉莉研究员承担的北京社科基金项目《服务链视域下北京市居家养老服务供需匹配研究》以及国家科技部重点专项《多主体融合式智慧医养结合模式构建与推广》、中国社会科学院人口与劳动经济研究所王广州研究员承担的国家发展改革委作为国家高端智库项目的《三孩生育政策及配套支持措施实施效果评估》等，都反映出北京学者很高的学术造诣和重要的"智库"作用。

2022 年 11 月，中国人民大学翟振武教授团队与复旦大学胡湛教授团队联合提交的"中国老龄社会发展与老年友好型社会建设专题著作"荣获第十二届钱学森城市学金奖。其中，翟振武教授团队入选的专著为《中国老龄社会的特征、规律与前景》（翟振武、陈卫、张文娟等）和《中国老龄社会的数据、事实与分析》（翟振武、杜鹏、张文娟等）。该两本专著此前已入选"十三五"国家重点出版物规划项目和国家出版基金项目。中国老龄科研中心的伍小兰等《构建我国"一老一小"家庭支持政策体系研究》则获得该届钱学森城市学（人口）金奖提名奖。

由中国人民大学人口与发展研究中心出版的《人口研究》在 2022 年第 10 次荣获"中国最具国际影响力学术期刊"称号。

二、学科学术发展的主要特点

（一）积极回应时代呼唤，为国家改革发展大局做贡献

近些年，是中国人口全方位剧烈变化，国家生育、老龄、健康等相关政策密集出台的特殊历史时期。面对新的人口形态和新的政策与社会环境，迫切需要人口学及相关学科，包括专家、学者们，积极发挥专业特长与学术优势，直面最新的人口问题、政策需求和学科责任，提供指导实践的思想体系与知识体系，为中国人口的长远均衡发展和政策的有效落实提供科学的理论支撑、事实依据及实践指导。从本年度研究成果看，一些政府和社会大众都关注的重大理论与现实问题，比如：中国生育水平到底有多低？为什么这么低？会有什么样的经济社会影响与后果？应该构建怎样的积极生育支持政策体系？积极应对人口老龄化国家战略的科学内涵、时代价值和实践路径是什么？怎么理解积极应对人口老龄化的中国道路？如何看待铸牢中华民族共同体意识大背景下民族人口的最新发展趋势与特点？等等，恰恰构成了本年度学科学术研究最受瞩目的重点和前沿话题。学者们先行先思、积极探索，在为国家科学决策提供科学依据的同时，推动学科建设和学术研究能够紧扣时代脉搏，融入发展大局，不断成长、成熟与发展。

（二）呼应学科学术传统，体现科学研究的时代性和主体性

作为独具学科特点和学术传统的社会科学学科，狭义人口学聚焦人口变量、即人口数量、结构、素质和分布等人口系统内在要素的静态、动态特征及其演变规律性。为此，人口的出生、死亡和迁移成为传统人口学研究的基础三要素，人口的数量、结构、素质和分布也始终是人口学研究的基本维度。从2022年人口学（北京）学科学术研究主要成果看，生育（出生）、健康（死亡）和迁移（流动）依旧是最热门的议题，同时加上作为人口结构性特征基础表达的人口老龄化和婚姻家庭专题，共同构成了本年度人口学学科学术研究成果最为丰富的核心内容。这不仅呼应了人口学的学科学术传统，而且出生—生育、死亡—健康、迁移—迁移流动的变与不变，更集中体现了人口学研究伴随着时代变迁的成长性和创新性。进一步看，出生—生育、死亡—健康、迁移—迁移流动，绝不仅仅是字面的改变，更重要的是在现代文明、发达的社会，学术研究通过更深刻了解和认识人群的生育动机、生育选择、生育行为及其影响因素等，更好地反映出人口的“主体性”，体现“以人为本”和“生育友好”；通过对不同人群和大众健康及其影响因素的关注与了解，折射着人类发展和国家发展从手段向目的本身的转变，即：使最广大人民群众不仅要活得久，更要活得健康、活得有尊严且有质量；通过了解人口迁移流动的动因、特点及规律性，促进社会融合、公平正义，进而达成社会和谐。这些向人本位的复归充分体现了人口学研究和学科发展的主体性与时代性。

（三）回归人口现象本质，突出跨学科、多学科交叉互融

很长时间以来，人口学界有一个基本共识，即：人口问题的本质是发展问题，是复杂的社会、经济、文化现象。因此，对人口现象、人口变化、人口特征以及人口演变规律的认识，不能只就人口谈人口，囿于人口学单一学科。需要突破学科局限，融合多学科视角和跨学科视角，通过人口学和各相关学科的共同努力，推动对人口现象、特征及变化更全面、系统和深刻的理解与认知。2022年人口学（北京）的学科学术成果充分体现和印证了这一点。生育与生育支持、人口迁移流动、婚姻与家庭、人口老龄化与老龄问题及人口健康五大主题殊途同归，都有大量来自不同学科学者的共同努力与贡献，展现出跨学科和多学科紧密相连、息息相关的特点。

例如：在“生育与生育支持研究”中，除了人口学者对低生育率及其影响因素专业性极强的分析外，来自哲学研究领域学者对“两种生产”理论的解读和对中国当代婚姻伦理的阐释；来自社会学的学者对社会互动在人口生育意愿形成中作用的分析；教育学学者对托育服务政策框架和实践状况的研究及国际经验的分享；经济学学者有关生育成本、生育补贴和转移支付的阐述以及公共管理学科视角对普惠与特殊照顾进而对社会团结与公平正义的强调，等等，都从不同侧面丰富和拓展了对人口生育意愿、动机、行为选择及其影响因素与生育政策的认知，深化了学科知识，使人口学研究汲取到更多的学术“滋养”。这一特点在人口学所有专题领域都有不同程度的体现，而且随着学科的发展这一特点将越发突出和鲜明。

（四）植根调查研究，突出循证导向

人口学研究有着循证、实证传统，特别重视人口要素内部及人口变量与非人口变量之间的数量关系及其应用。因此，量化分析是人口学的标志性特征。近些年，在国家改革、发展跨入新阶段、踏上新征程的特定社会背景下，人口发生了众多新的变化，很多更是前所未有的变化。其中既包括一些宏观层面的变化，如：政策调整后短暂回应后继续不断降低的人口生育水平、快速老龄化和老年人口数量高峰叠加的老龄社会形态、传统与非传统交织的年轻一代的婚姻与家庭取向，等等；也包括微观、群体层面上的变化，如：“漂老族”和“老漂族”的出现，在城乡间穿梭和停留、前进与守望的“新村民群体”，新一代年轻人亲密行为、同居现象、单身选择、婚育态度及婚姻家庭的“去制度化”现象，等等；都迫切需要人口研究者能够科学、准确地回答“是什么”、“为什么”和“怎么样”的问题。为此，调查研究尤其是对大型社会调查数据的依托与利用异常重要，而基于调查数据开展实证研究也成为人口学学术研究成果的突出特点之一。其中，除对全国历次人口普查数据和抽样调查数据的利用与挖掘外，还有大量研究分别利用了流动人口动态监测（CMDS）、中国老年社会追踪调查（CLASS）、中国健康与养老追踪调查（CHARLS）及社会心态调查等专题调查数据和中国综合社会调查（CGSS）、中国家庭追踪调查（CFPS）以及中国社会状况综合调

查（CSS）等综合性调查数据。

三、问题思考与展望

2022 年度是人口学学科学术发展全面推进、成果丰富的一年。在党的二十大进一步做出人口发展战略部署和全国及北京市首现人口负增长的新形势下，北京人口学界和人口学研究者积极承担时代使命和历史责任，紧密围绕人口"新常态"及密切相关的重大理论与现实问题，开展了广泛、深入、注重前瞻性和前沿性的科学研究。尤其是突破就人口谈人口的局限，多学科、跨学科研究成果明显增多，在社会变迁和人口转变背景下对影响人口发展和带来人口新变化的更广泛、深刻的社会、经济、文化因素有了更深入和深度的认识。而在人口学与经济学、社会学、管理学、教育学等多学科学者的共同努力下，北京的人口研究更呈现出学科交叉、学科融合和"双向奔赴"的鲜明特色，一个更为立体、多元的人口研究领域代表了现时期中国人口学学科学术发展的特征及方向。

中国正处于前所未有、历史空前的人口新时代，不断有新的人口变化和人口现象需要认识，也有大量人口社会经济文化问题与矛盾需要破解，这些都给北京的人口学学术研究和学科建设提出了新的任务和挑战。从 2022 年的整体进展情况看，还有如下问题需要关注：一是相比于丰富的问题导向、应用导向和政策研究的成果，本年度理论研究成果依然相对薄弱。尽管新时代的人口学理论研究具有开拓、创新的难度，但正是学科学术研究的理论高度决定着学科学术发展的整体高度和质量。未来仍需特别关注和加强理论研究与理论创新。二是本年度受到疫情防控影响，学术交流活动的频率和内容有一定削弱，而包括国内、国外的学术交流活动所发挥的开阔视野、交流观点、成果共享的作用难以替代，未来仍需进一步加强。三是北京作为一个发达的国际化超大城市，社会经济发展和人口变化都走在全国的前列。无论是其他地区"明天"可能遇到、北京"今天"已经展现的问题，还是特大城市本身独有的人口发展问题，都需要先行研究、先行认识，也更需要开拓和创新性实践。但从近几年的情况看，对北京（首都）人口的研究始终相对薄弱和零散，这一局面亟待改观。

2022 年，无论对于中国人口发展还是对于北京市的人口发展，都是一个具有历史转折意义的年份。不但全国和北京都出现了人口负增长和生育率新低，而且也都正在迎接长达十余年的老年人口高峰的到来，另外还有庞大的流动人口群体，加上年轻一代晚婚少育甚至不婚不育、单身独居的冲击，都使得中国人口发展和北京市的人口发展从没有像今天这样复杂多样，这样具有不确定性，这样对人口新变化和新现象有如此迫切的认知需求。继续关注具有中国特色的人口数量、结构、素质、分布的新态势和新特征，继续在社会发展与变迁背景下探寻人口新的结构性特点及演变历程，观察和总结新时代、新一代人口婚姻、生育、家庭和迁移流动的规律性及其内在动因，继续为中国特色人口理论体系建设"添砖加瓦"，将是当前和未来人口学（北京）学科和人口研究者义不容辞的时代责任和学术担当。

（北京市人口学会供稿）

注：

［1］没有特别说明，都指的是大陆地区 31 个省、自治区和直辖市人口。

年度推荐著作和论文

著　作

1. 王东晖：《文化变迁与人口转变——生命历程和空间视角》，中国人口出版社，2022 年。

2. 林宝：《中国社会养老服务体系建设研究》，中国社会科学出版社，2022 年。

3. 齐明珠、曾雪婷、盛亦男、张航空：《特大城市流动人口变动特征及社会经济影响》，首都经济贸易大学出版社，2022 年。

4. 曾雪婷：《京津冀人口、产业绿色发展视阈下的水资源环境协同治理机制研究》，经济管理出版社，2022 年。

5. 洪小良、尹德挺、胡玉萍、吴军主编：《北京人口发展研究报告（2022）》，社会科学文献出版社，2022 年。

6. 薛伟玲：《家庭与老年人认知功能关系研究》，中国人口出版社，2022 年。

7. 吴军、营立成、王雪梅：《大都市社会治理创新组织、社区与城市更新》，人民出版社，2022 年。

8. 陈志光：《此心安处是吾乡——农业转移人口市民化推进机制》，社会科学文献出版社，2022 年。

9. 李晶、张秋霞、罗晓晖、魏彦彦：《文化养老》，华龄出版社，2022 年。

论 文

1. 翟振武、金光照、张逸杨：《中国生育水平再探索——基于第七次全国人口普查数据的分析》，《人口研究》，2022 年第 4 期。

2. 王广州、胡耀岭：《从第七次人口普查看中国低生育率问题》，《人口学刊》，2022 年第 6 期。

3. 於嘉：《何以为家：第二次人口转变下中国人的婚姻与生育》，《妇女研究论丛》，2022 年第 5 期

4. 杜鹏：《积极老龄观视野下的“人口规模巨大的现代化”》，《中国人口科学》，2022 年第 6 期。

5. 段成荣、邱玉鼎、黄凡、谢东虹：《从 657 万到 3.67 亿：四论中国人口迁移转变》，《人口研究》，2022 年第 6 期。

6. 李婷、郑叶昕、闫誉腾：《中国的婚姻和生育去制度化了吗？——基于中国大学生婚育观调查的发现与讨论》，《妇女研究论丛》，2022 年第 3 期。

7. 张春泥、谢宇：《家庭结构变迁与社会分层（上篇）：研究视角的融合》，《中华女子学院学报》，2022 年第 5 期；张春泥、谢宇：《家庭结构变迁与社会分层（下篇）：中国经验研究》，《中华女子学院学报》，2022 年第 6 期。

8. 申萌、马丽媛、郝宇彪：《孩子养育成本与福利补偿——基于家庭消费结构变化的视角》，《人口与经济》，2022 年第 6 期。

9. 陈佳鞠、靳永爱、夏海燕、朱小涵：《中国生育水平回升的可能性：基于北欧国家历史经验的分析》，《人口与发展》，2022 年第 3 期。

10. 卓云霞、刘涛：《迁移者的居留、返乡与再迁移决策——基于事件史的分析》，《地理研究》，2022 年第 5 期。

教育学

总 论

2022 年，北京地区各高校和研究机构的教育学研究团队贯彻落实习近平总书记关于教育的重要论述和全国教育大会精神，在各自的教育学研究领域努力耕耘，涌现出许多成就卓然的探索性研究成果，显示出不俗的发展劲头与潜力。本报告以我国教育学一级学科下设的 11 个二级学科为研究对象，汇总北京地区 2022 年度教育学的学术新进展，着重梳理 11 个二级学科的总体态势和前沿热点，为今后北京地区乃至全国教育学的发展提供新的参考视域。

一、教育学原理：探索教育学立场的百年新征程

北京地区教育学原理二级学科积极回应党的二十大报告中对教育的具体要求，以教育理论创新涵养教育实践的发展，在教育基本问题以及热点问题上成果丰硕，呈现出全面、多元发展的研究态势。

研究者基于教育基本理论视角，对智能时代的教育问题予以关注和回应，不仅面向本土教育情境，也积极与国际接轨，深入开展学术研究。研究重点主要包括："双减"组合拳助推全面修复和塑造教育生态、党的二十大对教育发展的新要求、聚焦实践取向的教育学理论研究、学校家庭社会协同育人机制研究、新时代的德育理论和实践研究、教师专业发展新路径探索以及教育法治建设研究。未来，教育学原理学科应加强教育学理论视角研究成果，以本土特色和国际视野兼容，促进理论与实践相互转化，构建高质量教育学话语体系。

二、课程与教学论研究：构建高质量课程教材教学体系

北京地区课程与教学论二级学科在课程论、教学论与教科书学这三大研究领域持续深入推进，并取得新的进展。首先，深化课程改革、构建高质量课程体系是新时代对课程论发展的要求。北京课程与教学论学者积极回应现实诉求，关于课程论的研究以核心素养为核心的课程改革研究、人工智能课程开发研究、高质量课程体系构建等成为研究要点。其次，教学论研究以探索优质化教学为方向，从推进教学信息化与智能化发展、聚焦核心素养的教学理论研究与实践、关注"双减"背景下教学的提质增效这三方面探析。最后，教科书研究以加快建设高质量教材体系为方向，以落实新课标、推进中华优秀传统进教材、探索新型教材开发为研究要点。2022年，教育与科技双向赋能，北京地区课程与教学论的研究成果与研究质量持续上升。基于这一年的研究成果、研究特点和问题呈现，未来北京地区课程与教学论可以关注以下趋势：一是在多元对话中构建中国本土课程理论；二是深化人工智能教学实践与研究，聚焦教学论的实践品性；三是培根铸魂、启智增慧，推进教材高质量发展。

三、教育史研究：在传统视域中观照教育现实，以创新范式回应经典问题

北京地区的教育史二级学科是国内教育史学界的研究重镇之一，回顾2022年北京地区教育史学科研究整体样貌，可以看到，教育史学科研究与当下时代背景、教育史学科发展与其他人文学科、教育史理论探索与具体实践路向、中国教育史与外国教育史等不同研究方向及其关注重心之间的多方张力正日益凸显，教育史思想理论建构的问题意识不断增强，对教育实践场域的关注和回应已基本成为教育史学人的自觉追求。从2022年北京地区教育史学科研究现状来看，中国教育史研究主要专注于在传统视域中观照教育现实，外国教育史研究则更偏重以创新范式回应经典问题。但宏观来看，2022年北京地区教育史学科研究仍存在一定发展空间，主要表现为四个方面：第一，学者应进一步思考如何将十八大以来党的教育理论和实践创新成果进一步学理化、系统化；第二，持续推动中华优秀传统教育智慧的创造性转化，提升其在人类文明意义上的国际影响力；第三，对教育史经典问题、研究范式的再诠释和再反思，灵活应用人工智能等数字化工具，创新既有研究方法及其路径；第四，在交叉学科研究基础上，借由知识体系与认知进路的延展而进行理论创新，实现教育史学科的包容性与丰富性。未来北京地区教育史二级学科研究应继续扎根中国特色社会主义新时代，深刻把握教育史研究更新迭代的内在规律，强化主体性，拥抱多样性，不断推进学科体系、学术体系和话语体系的建设与创新。

四、学前教育研究：构建普惠优质的"大学前"教育公共服务体系

北京地区学前教育二级学科的研究聚焦在学前教育政策与管理、学前教育基本理论、幼儿园课程与教学等主题，研究课题涵盖了幼儿园课程、幼儿心理、儿童发展评价、幼儿园教师、0~3岁婴幼儿托育等方面。北京地区学前教育研究者在研究定位上服务于学前教育领域关键性政策文件的制定与推行；在研究内容上坚持学前教育内涵建设与事业发展同步推进，凸显公益普惠底色；在研究价值取向上坚持理论与实践的贯通合一，本土特色与国际视野兼具。但北京地区学前教育领域学术共同体建设有待加强；对核心理论性问题缺乏深入探讨导致研究的延续性不强；人才培养结构需要调整，培养模式需要重构。未来学前教育二级学科将朝着完善普惠性学前教育公共服务体系、构建学前教育优质发展的中国式新样态、推进以信息技术为助力的学科研究范式的方向发展。

五、教育经济与管理研究：聚焦经济发展和教育强国建设

北京地区的教育经济与管理二级学科研究主题聚焦于经济发展与教育强国建设。总体态势稳中有进，更加规范化、体系化且有效应用于社会实践之中。其中，教育经济学热点集中在教育与经济发展、教育改革与"双减"政策、教育发展与政府经费投入、教育投入与家庭背景、教育与社会发展五个大方向；教育管理学研究热点集中在学校管理体制改革与创新、学校领导管理能力提升与教育发展、学校教师工作管理与能力培养、学校教学质量评估与学校教育教学改进四个方向。同时，其研究视角已不限于学科经典议题，在新时代背景下，更关注国家出台的政策与法规，研究热点结合时代发展特色、研究主题多样化、学科领域涉及广泛。然教育经济与管理学科仍“美中不足”：首先，在构建中国特色理论基础上，无论是教育经济学还是教育管理学均有待完善；其次，学科难点问题亟待深入细化；最后，研究方法创新性不足。未来应着力于构建中国特色教育经济与管理学理论基础和学科体系、增强多学科间的融通、引入多种研究方法，从而促进教育经济与管理学科的繁荣发展。

六、教育技术学：关注人工智能，推进技术赋能教育的基础理论与应用实践

北京地区教育技术学二级学科重点关注人工智能、在线学习、数字化转型、教师专业发展、深度学习等。从研究成果的合作形式来看，北京市高校教育技术学领域的学者主要是以校内团队内部合作为主，以校内团队间合作为辅，少有跨校合作；从关注对象来看，北京市高校教育技术学领域学者在国内和国际刊物上的发表文章均涉及人工智能教育应用这一研究热点；从研究内容来看，北京市高校教育技术学领域学者关注人工智能教育应用、在线教育、教育数字化转型、技术支持教师专业发展的基础理论和应用实践。未来的教育技术学科发展应不断推动与其他学科的深度融合，开展跨学科前沿研究；发挥学科平台重要作用，以有组织科研推动政产学研协同创新；积极开展国际交流与合作，讲好教育数字化转型的中国故事。

七、高等教育学：聚焦高等教育强国建设热点

2022年度北京地区高等教育研究集中在高等教育强国建设领域的新问题，包括本体问题研究、中国式现代化和高等教育研究、高等教育高质量发展、中西部高等教育发展研究等十二个方面。这些研究主题密切追踪新一年的政策热点，与上一年的研究重点具有一定的延续性，一方面通过阐明高等教育原理性问题以及高质量发展问题，强化高等教育学科本身的建设和规训；另一方面，研究主题显示了开放性，将高等教育置于社会宏观结构之中，关注高等教育与中国式现代化、与区域发展、与科技创新和产业结构升级等的互动关系。未来北京地区高等教育学学科建设仍需关注以下问题：首先，高等教育研究过程中的理论多借鉴于其他学科，不利于高等教育作为学科的可持续发展；其次，北京地区高等教育学科需要加快理论创新，构建中国特色的高等教育学科理论体系；最后，高等教育学领域应积极研究高等教育强国建设亟待解决的问题，服务北京地区高等教育建设，为政府部门提供科学精准的决策支持。

八、比较教育学：深化本土需求、增强国际话语

2022年，北京地区比较教育二级学科学术研究活跃，课题立项、中英文论文发表均较上年有所增长，研究内容涵盖基础教育、高等教育、职业教育、终身教育等各个领域。学者关注的领域呈现出多样化、专业化的特点，既在教育思想与理论研究、教育治理与改革、教育国际化等经典主题上持续深耕细作，也在“一带一路”国家教育、“人工智能＋教育”、“STEM教育”、“双减政策”等热点问题上紧跟时代需求。综观2022年度北京地区比较教育研究人员中英文期刊以及学术专著的研究成果，可以发现仍存在以下不足。第一，从已有研究成果的研究主题和内容来看，研究主要集中在基础教育、职业教育和高等教育领域，但能够形成国际理论对话的研究仍较为少见。第二，在比较教育研究人员的学术合作方面，校内和京内高校之间合作较多，跨地区、跨区域、跨国合作较为相对缺乏。第三，已有的比较教育研究成果较多主要围绕政策报告的文本内容分析、国别案例的比较研究展开，具有中国特色的比较教育研究方法论体系建构及其运用的相关研究仍需要进一步拓展和深化。第四，从已有研究成果的社会价值来看，比较教育学科的研究问题和研究内容如何既能立足本土的现实需求，又能引起国际社会的关注和思考，体现中国比较教育学科的话语权，仍需比较教育学术共同体的不懈努力。结合北京市各高校和科研院所比较教育学科发展的基本情况和主要问题，未来改进的方向包括以下几方面。第一，应进一步加强教育研究学术共同体与教育实践共同体的联动，拓展和优化与“一带一路”沿线国家的合作研究与实践交流。第二，比较教育的研究主题应逐渐从宏观走向微观、从文本走向经验、从单向介绍走向双向互动，关照教育和文化的多样性，增进国际理解。第三，比较教育的研究方法应更加注重跨国界、跨文化实证研究方法的开发和运用。

九、职业技术教育学：聚焦国家重要政策，实现突破性发展

北京地区职业技术教育学科二级学科不仅关注国家政策动态，围绕2022年国家最新政策开展一系列研究，例如新职业教育法、职业教育高质量发展、数字化转型等开展相关研究，为助力国家政策实施与发展提供理论和实践支持；而且也关注国外职业教育发展动态，注重国际经验的借鉴与学习，为国内职教高质量发展提供借鉴的意义。此外，职业教育宏观和微观的发展也是北京地区职业技术教育领域学者的关注点，例如职业教育高质量发展、院校治理与发展、人才培养、课程和教学改革、职教师资队伍建设等。2022年北京地区职业技术教育学科发展有所突破，新增一个职业技术教育学二级学科点并实际招生，但依然面临着学科体系建设较薄弱、缺少专门的职教师资培养机构、学术平台建设存在短板等问题。为促进北京地区职业技术教育学科的发展，未来职业技术教育学首先应在北京地区高校，尤其师范类高校中设立职业技术教育学二级学科点，增加硕士、博士点，扩大招生规模；其次成立专门的职业技术师范大学或师范学院，为中高职、职业教育本科、职业教育研究机构提供充足的后备研究型人才和专业人才。最后，建议建立职业技术教育学科的专门CSSCI期刊，为高质量、高水平的职业技术教育学科发展研究成果的发表提供更高的学术平台。

十、特殊教育学：强化普惠发展，建设高质量特殊教育体系

2022年，北京地区特殊教育二级学科硕果累累，逐渐形成了以特殊教育基本理论、政策研究为基础，以听力障碍、孤独症、超常等类型残疾儿童的教育与干预研究为重心，以融合教育和特殊教育师资队伍研究为热点，以特殊教育信息化研究为补充的研究格局。具体包括以下主题：一是基本理论、政策与实践研究，包括中国特色特殊教育理论性研究、特殊教育政策研究、美国与欧洲的特殊教育实践研究；二是残疾人教育与干预研究，涵盖听力障碍儿童与大学生、孤独症儿童、超常儿童等类型；三是师资队伍研究，包含特殊教育学校教师和普通教师融合教育态度、效能、素养等；四是特殊教育信息化研究，包括技术赋能特殊教育学校的教学创变、技术赋能残疾人群体的缺陷补偿与学习发展。研究内容丰富、研究方法多元、研究主体扩大，但短板突出：中国特色特殊教育理论研究逐渐凸显，但系统性仍不足；研究对象范围虽扩宽，但部分传统型和边缘型被忽略；研究学段逐渐向学前延伸，但职业教育和高等教育阶段研究薄弱；以师资队伍研究为热点，但巡回指导教师和资源教师研究数量少；研究方法颇具丰富性，但趋于传统；研究主体扩大，但均衡性和国际化不足。未来北京特殊教育学科发展应加强学术主体间的交流、合作、互助与共享，形成中国特色特殊教育学科体系；强化特殊教育惠普性，关注所有特殊人群的终身教育；探索信息技术赋能特殊教育的有效路径。

十一、成人教育学：关注终身教育与终身学习理念渗透，拓展国际成人教育新视野

2022年北京地区成人教育学二级学科领域在基本概念界定、发展困境与解决对策、发展经验反思和国际成人教育等研究内容方面取得了显著的成就，其研究视野在“终身教育与终身学习”的基础上，将目光更加聚焦于“老年教育”与“社区教育”领域，并积极向“国际成人教育”接轨。取得良好成绩，积累了一定数量的历史经验，但同时也存在着一些亟待解决的现实问题，如成人教育学科研究力量不足导致成人教育发展滞缓、成人教育研究特色不突出导致研究领域宽泛而浮于表面等，成人教育学科在教育学学科群中仍处于不利地位，存在着发展不平衡、不充分等问题。未来北京地区成人教育学科的研究可重点关注彰显成人教育与学习者的特殊性、打造高质量成人教育研究者队伍以及加强国内国际成人教育合作等方面。

教育学原理

一、学科建设情况

北京地区目前共有6所高校设立教育学原理二级学科，分别是北京师范大学、首都师范大学、北京大学、清华大学、北京理工大学和中央民族大学。2022年度北京市教育学原理方向的学者共申请课题立项62项，其中国家社科基金36项，北京市社会科学基金26项。就课题申请者所属单位而言，高等学校处于主体地位。立项数较多的单位包括北京师范大学（29项）、中国教育科学研究院（13项）、北京大学（11项）、北京教育科学研究院（10项）、清华大学（8项）、首都师范大学（7项）、北京理工大学（3项）、中央民族大学（3项）。

2022年度，北京地区的教育学学者在国际发表方面也取得了新的突破，北京师范大学、北京大学、清华大学的国际发表位居前三名，特别是北京师范大学教育学学者在SSCI、SCI期刊发文量超过100篇，目前公开统计到的有140篇。另外，北京地区教育学学者还出版了一些学术专著，这基本上是基于博士论文的著作。从北京地区教育学学者的成果内容来看，这些研究成果主要是量化研究或者质性研究方法为主，在教育学原理或者说教育学基本理论方面的学术成果还比较少。在未来的国际发表方面，教育学原理学者如何汲取中国优秀学术思想，讲好中国故事，阐述更多原创教育学理论思想，这成为教育学原理学者的学术努力方向。

二、研究现状及相关分析

1.“双减”组合拳助推全面修复和塑造教育生态

2022年是“双减”正式施行的第二年。学者们聚焦“双减”政策的价值意义、内在机制、政策落实与执行、实践路径等主题广泛进行探究。余雅风从“双减”背景下家长的教育焦虑去分析由优质师资稀缺引发的教育焦虑得到一定程度改善但仍存在次生风险，由学校作业管理不当引发的教育焦虑得到有效化解，“学而优则仕”等传统观念根植于家庭教育引发家长的阶层流动隐忧，学生评价机制不健全导致家长难以平衡短期利益与长远发展的关系，因此提出构建有利于学生全面发展和健康成长的良性教育生态是消解家长教育焦虑的根本途径。[1]薛二勇在探究“双减”政策执行的舆情监测、关键问题与路径调适中提出“双减”政策的科学、有效推进需要根据形势的变化、需求的转化、对象的转变进行适当调整，要建立健全校外教育培训机构关停风险预警、管理、干预机制，建立校外教育培训常态化监测以及家庭教育有效服务的机制，建立校外教育培训机构从业人员合理分流、有效充分就业的机制，监管与疏导相结合、统一治理与因地制宜结合推进政策执行。[2]

2.党的二十大对教育发展的新要求

教育学原理学者们聚焦党的二十大对教育的新要求，基于特定的研究视域，全方位多维度地讨论与分析中国教育事业的发展历程与现状，总结教育发展经验，展望未来教育图景。从宏观层面看，学者聚焦教育价值观、教育方针和政策、教育事业发展的历程和经验。教育价值观问题是教育的一个核心理论问题，石中英系统回顾党的十八大以来我国中小学校社会主义核心价值观教育取得的丰硕成果，寻绎和把握社会主义核心价值观教育的中国经验，对于未来进一步深化中小学校的社会主义核心价值观教育，持续增强亿万青少年的文化自信和价值自信，培养德智体美劳全面发展的社会主义建设者和接班人。[3]微观层面上，部分学者关注百年来道德教育、教育公平、中国传统文化教育、思想政治教育发展等主题，教育政策等具体学科系统梳理其发展历程和逻辑。和震提出提升职业学校师德师风建设水平，需重视职业学校课程思政建设，及时跟踪掌握师德师风建设发展动态情况，筑牢职业学校思想文化基础，完善职业学校师德师风的制度建构，将师德师风建设融入教师专业发展全过程。[4]展望未来，学者们普遍认为，在中国特色社会主义新百年征程，要坚持党的领导，立德树人，以更高远的历史站位、以广阔的国际视野加快促进教育公平、平稳和高质量发展。

3.聚焦实践取向的教育学理论研究

教育基本理论研究对教育发展具有支撑、驱动和引领作用。教育理论和实践的关系问题由来已久，北京地区学者以理论自觉的态度审视教育基本问题，尤其关注实践取向，围绕教育学研究范式、教育实践的哲学咨询、实践取向的教师教育等方面进行探究，为重新回答教育理论与实践关系的古老问题提供了新的理论视域。

张羽等批判性地审视了实证主义、解释主义和批判理论三种当前主流的研究范式，认为其危机在于研究无法系统指导实践改进、主流范式缺少中国本土文化的贡献。该研究以中国哲学、马克思主义、一般系统理论为基础，以实践改进为研究目的，建构出“指向实践改进的系统范式”。[5]余清臣区分了教育研究的实践取向和实务取向，认为面向更高质量的教育研究发展目标，实践取向和实务取向的教育研究都是一个体系中的核心组成部分，两者之间的积极关系因而更加值得明确：实践取向的教育研究在理想上能够通过理解和改进一般教育实践活动积累高质量知识，实现教育研究的学科化发展，为执行具体教育实务提供智力和知识支持；实务取向的教育研究在理想上一边将通过实践取向教育研究得到的高质量教育知识变成具体的“生产力”，一边为实践取向教育研究提供丰富而富有活力的情境化认识与智慧。[6]

4. 学校、家庭、社会协同育人机制研究

2021 年 10 月，《中华人民共和国家庭教育促进法》公布，这是我国首次就家庭教育进行专门立法，具有里程碑意义。家庭教育从“私事”变为“公事”，规范引导家庭教育，形成学校家庭社会育人合力，这成为北京教育学者关注的焦点问题。研究者们关注的具体主题包括家校合作历程，家校合作的制度设计，家校合作的内在动力、行动逻辑、实践路径，家校共同体建设，教师家校合作胜任力等。

在家校合作的内在动力方面，高书国、边玉芳探索乡村家庭教育指导服务体系的体制短板、制度短板、资源短板和人才短板，分析把握并揭示了未来乡村家庭教育指导服务“一体化”“新媒体”“特色化”三大趋势，富有建设性地提出制定框架、网络建设、资源建设、人才建设、本土特色和协同育人“六项措施”，为现代化乡村家庭教育服务体系建设提供中国方案。[7] 在构建覆盖城乡的家庭教育指导服务体系的背景下，区域推进是重要层级，在构建家庭教育指导服务体系，切实提升我国的家庭教育质量中具有重要的价值。吴重涵回顾了现代家庭教育的原型与变迁，指出家庭在儿童发展过程中，起着宏观的社会经济文化结构与变化和儿童的生命历程之间的中介性制度作用，儿童接受现代家庭生活不同形式的影响，并接受父母对其整体教育和社会经历的期望、规划和安排。现代家庭教育呈现一种家庭作为特殊社会组织的影响、家庭生活和父母教养组成的嵌套结构，家庭教育的新的概念体系由此演绎。[8]

5. 新时代的德育理论和实践研究

新时代赋予德育新机遇，也带来新挑战与新问题。将德育研究与当下的教育实践相结合，呈现德育时代价值，凸显德育研究的生命力是德育研究者的不懈追求。班建武基于国家出台的一系列文件中对德育一体化的要求，提出从社会综合治理的角度去思考德育一体化的实现，即社会路径的德育一体化重在用社会主义核心价值观来引领社会价值环境的综合治理；教育路径上的德育一体化则需要将立德树人根本任务落到实处；德育方向上的德育一体化就是要切实提升整个德育的专业化水平。[9] 余清臣分析了立德树人背景下中小学劳动教育的内涵与要点，认为劳动教育已正式和德智体美“四育”一同支撑起新时代的立德树人教育体系，对中小学教育来说，坚持从立德树人教育大格局出发，开展好劳动教育，已成为当前一项重要工作。因此，特别需要从新的思想认识入手，做好统筹安排。[10]

6. 教师专业发展新路径探索

教师专业发展与教师教育研究主要呈现以下几方面特点。

第一，高素质教师队伍建设。建设高质量教育就是要坚守教育培养什么人这一根本问题。孟繁华指出完成新时代教师教育面临的使命和挑战，必须要推动教师教育实现内涵式发展，以理论与实践内在统一的方式超越经验式成长，促进教师职业专业化及教师个体实现基于理论自觉的专业发展。[11] 第二，教师教育研究范式的转型。基于循证研究的教师教育范式变化，主要体现在对教师教育政策制定的影响，以及以循证教师教育理论建构，提升循证理论在教师教育研究中的解释力。基于人工智能和技术发展的背景，方海光等以自组织学习理论为基础，构建基于德尔菲法的教师教育培训内容演化自组织学习的新型教师教育模式为创新教师教育培训模式提供了理论和实践的参考。[12] 第三，教师教育体系建设研究。基于大学立场，朱晓宏秉承历史与逻辑相统一的研究原则，系统梳理大学介入教师教育的历史，重点考察教育研究与职前教师培养的关系演变，聚焦教师教育大学化进程中的主要矛盾，即教育理论课程与实习课程的割裂问题，重构大学视域教师教育改革的方法论，关注教育理论与教学经验之间的内在联系，探寻“理论—实验—实习”一体化的教师教育课程改革新路径。[13] 第四，教师情感的研究。贺文洁等通过对师范生在实践场景中的从教情感与情感变化模式，揭示实践学习场景中师范生五种不同的从教情感变化模式：积极模式、正向转折模式、负向模式、负向转折模式以及平淡模式，并基于此丰富对师范生情感的理解。[14] 第五，对教师个体发展的研究。张志祯等认为进入智能时代，尽管已有多种形式的智能机器承担了教学任务，但在弱人工智能时期智能教学系统的作用与应用有限。他在长期教师教育研究、实践与文献梳理的基础上，提出了六类十个教师专业学习的难题，基于对教师学习难题的系统分析，对教师个人学习及其支持、教师教育项目设计与教学原则以及促进教师学习的智能技术产品研发提出了对策建议。[15]

7. 教育法治建设研究

从教育学基本原理出发对教育法治的研究，首先是关注到《职业教育法》的相关内容。2022 年 4 月 20 日，全国人大常委会审议通过了新修订的《中华人民共和国职业教育法》(以下简称新《职业教育法》)，并于 5 月 1 日起正式实施。对于新《职业教育法》的颁布，王辉等认为以立法逻辑规范为起点的法理逻辑、以理论实践成果为基础的学理逻辑以及以解决现实问题为核心的事理逻辑共同构成了新《职业教育法》的内生逻辑，新《职业教育法》为职业教育改革和发展提出了新的制度安排，在责任担当上强化发展职业教育的国家义务；在目标构想上追求高质量的职业教育体系；在行动路向上优化职业教育的治理模式。[16] 孙善学认为新职教法建立健全中国特色职业教育体系和职业教育制度体系，将若干重要制度机制固化为法律规定；首次将职业教育概念法定化，提升了法律权威性、科学性、影响力，同时将技术技能人才等尚未明确定义的概念推到前台。[17]

其次是教育法法典化问题。劳凯声指出，中国社会正在进行的社会转型，导致了公域、私域和介于二者之间的第三部门的产生，对教育的法律调整已不再局限于传统的公法部门，而具有了跨部门的性质。只有通过体系化才能提升教育法的稳定性与社会遵从度，使之真正成为由多元主体参与，以多种形式呈现的法律调整机制。[18] 秦惠民等通过比较借鉴他国教育法典的基本形态，提出我国教育法法典化的基本路径应为，在顶层设计上确立受教育权和国家教育权的法律关系、教育与相关社会主体的法律关系，为高质量教育体系建设提供法治保障；在底层逻辑上加强教育法律基本问题研究，凝练反映教育教学规律的教育法律基本价值和原则，提供教育法典逻辑体系的核心要素。[19]

三、研究反思及学科发展未来展望

第一，加强教育学理论视角研究成果。教育学原理学科是以教育基本理论视角来分析和审视教育学问题，应站稳教育学理论视角。整体而言，北京地区的教育学研究范式偏重实证研究，从元教育学理论视角即回归教育本质的相关理论研究成果未来有待增强。这一方面因为实证研究的导向明显，另一方面因为理论研究需要较强的学理性和逻辑性，使得理论研究成果略显不足。

第二，以本土特色和国际视野兼容，促进理论与实践相互转化。教育的实践特点使之必然要回应实践问题，并且尽可能弥合理论与实践之间的鸿沟。关于教育基本问题的研究仍需要厘清理论与实践的关系，在构建教育高质量发展体系过程中，密切教育与生活的关系，了解人的发展需求，激活教育的活力，推进教育回归原点。教育理论研究要立足北京地区特点与地缘政治优势，加深开拓国际视野，在国内外理论融合共生中寻找新的实践生长点，形成具有本土特色的教育学原理体系、话语结构和研究范式。

第三，构建高质量教育学话语体系。北京地区教育学原理学科研究应发挥首都优势特点，回应党和国家对教育高质量建设的要求。促进人的全面实质性发展是教育质量话语建构的逻辑起点，建构教育高质量发展的教育学话语体系是教育理论面临的重大时代课题。面对中国式现代化的社会发展方向，教育学原理学科应要坚持推动话语体系创新发展，回到教育原点，以人为本，让人的存在成为衡量教育质量的尺度。

第四，拓展国际合作和教育学原理的比较研究，探索国际教育学原理的前沿性研究成果，并尝试将其引入中国教育学情境，结合本土化特点来探索新的契合点。与此同时，对国际研究成果也要进行批判性的分析与讨论，尝试构建具有中国特色的教育学原理学术研究体系和机制。通过国际比较来发出中国声音、讲好中国故事、做好中国教育研究，向国际学术平台传播国内教育学原理的原创性成果。

注：

[1] 余雅风，姚真：“双减”背景下家长的教育焦虑及消解路径 [J]. 新疆师范大学学报（哲学社会科学版），2022，43（04）：39–49+2.

[2] 薛二勇，李健，刘畅：“双减”政策执行的舆情监测、关键问题与路径调适 [J]. 中国电化教育，2022，No.423（04）：16–25.

[3] 石中英：帮助青少年扣好人生第一粒扣子——党的十八大以来中小学校社会主义核心价值观教育成效与重要经验 [J]. 人民教育，2022，No.875（Z3）：6–10.

[4] 和震，王羽菲，柳超：我国职业学校师德师风建设的现状与对策 [J]. 现代教育管理，2022，

No.392（11）：70–81.

［5］张羽，刘惠琴，石中英：指向教育实践改进的系统范式——主流教育研究范式的危机与重构 [J]. 清华大学教育研究，2021，42（04）：78–90.

［6］余清臣：教育研究的实践取向和实务取向之辩 [J]. 教育科学研究，2022，No.324（03）：1.

［7］高书国，边玉芳：乡村振兴背景下乡村家庭教育指导服务体系构建 [J]. 教育发展研究，2022，42（10）：26–32.

［8］吴重涵，张俊，刘莎莎：现代家庭教育：原型与变迁 [J]. 教育研究，2022，43（08）：54–66.

［9］班建武：德育一体化的社会向度及其实践要求 [J]. 国家教育行政学院学报，2022，No.291（03）：67–76.

［10］余清臣：立德树人背景下中小学劳动教育的内涵与要点 [J]. 中小学校长，2022，No.285（01）：35–37.

［11］孟繁华：造就高素质专业化创新型教师队伍 [J]. 中国高等教育，2022，No.687（06）：1.

［12］方海光，孔新梅，杜东燕等：教师教育培训内容演化自组织学习模型研究 [J]. 电化教育研究，2022，43（03）：121–128.

［13］朱晓宏，王蒙：教师教育大学化：反思与重构 [J]. 华东师范大学学报（教育科学版），2022，40（03）：75–88.

［14］贺文洁，黄嘉莉：实践学习场景中师范生从教情感变化模式的类型研究 [J]. 教师教育研究，2022，34（06）：95–101.

［15］张志祯，徐雪迎，李英杰等：智能时代教师学习的十大难题 [J]. 中国远程教育，2022，No.565（02）：1–12+76.

［16］王辉，和震：新《职业教育法》：修订历程、内生逻辑与价值追求 [J]. 中国高教研究，2022，No.350（10）：96–102.

［17］孙善学：新《职业教育法》立法指向、制度体系与关键概念研究 [J]. 中国职业技术教育，2022，No.812（16）：30–39.

［18］劳凯声：教育法的部门法定位与教育法法典化 [J]. 教育研究，2022，43（07）：17–30.

［19］秦惠民，王俊：比较与借鉴：我国教育法法典化的基本功能与基本路径 [J]. 华东师范大学学报（教育科学版），2022，40（05）：28–39.

课程与教学论研究

一、学科建设情况

北京地区开设课程与教学论学科的高校主要有北京师范大学课程与教学研究院、首都师范大学课程与教学论研究所、北京语言大学课程与教学论（对外汉语教学，现汉语国际教育）二级学科硕士点。除此之外，北京外国语大学、中央民族大学、北京理工大学、北京体育大学等在京高校也开设了与具体学科相关的课程与教学论专业，从事该领域研究和人才培养。主要研究机构有课程教材研究所、中国教育学会、中国教育科学研究院课程教学研究中心、北京教育科学研究院的基础教育课程教材发展中心、基础教育教学研究中心。

2022 年北京地区高校、研究机构与学术团队共发表课程与教学论研究相关的中文学术论文 709 篇。其中课程论研究 193 篇，教学论研究 378 篇，教科书研究 123 篇。英文学术论文 32 篇，其中涉及课程论研究 17 篇，教学论研究 10 篇，教科书研究 5 篇。2022 年北京地区学者共出版代表性学术著作 20 部。其中，课程论 8 部，教学论 6 部，其他专著 6 部，出版单位包括北京师范大学出版社、北京邮电大学出版社、高等教育出版社、教育科学出版社、首都师范大学出版社等。

通过对国家社会科学基金、全国教育科学规划、教育部人文社科、北京市社会科学基金、北京市教育科学规划、北京市教委社科计划（科技计划）查找，2022 年北京地区高校与研究机构主持国家社科基金项目 7 项，省部级科研项目 222 项。研究单位集中在北京师范大学、人民教育出版社、课程教材研究所等高校和科研院所。

此外，北京市课程与教学领域的工作者获奖共有 15 项。获得 2022 年基础教育国家级教学成果一等奖的有三项，获得 2022 年基础教育国家级教学成果二等奖的有九项，获得 2022 年高等教育（研究生）国家级教学成果奖二等奖和北京市教学成果奖一等奖（高等教育）的各有一项，获得2022年高等教育（本科）国家级教学成果奖三等奖的有一项。

二、研究现状及相关分析

1.课程论研究：构建高质量课程体系

（1）深度解读以核心素养为导向的新课标

为准确理解新方案、新标准精神，学者们对课程方案以及新课标进行了深入解读，新课标的解读主要集中在各科修订的主要背景和意义、修订的主要思路，重点阐述了修订的前后变化，包括强调核心素养导向、研制学业质量标准、优化课程内容组织形式、突出实践育人以及加强学段衔接等。

一方面，学者对整体的课程方案、课程标准基本精神、突出特点进行了深入解读。首先，张志勇[1]以《义务教育课程方案和课程标准（2022年版）》为对象，从政治、经济、社会等多维政策生态要素分析解读，在揭示新课程改革的教育使命与系统内生规律基础上，提出以课程实施新生态构建作为义务教育新课程落地实施的战略路径，以期为全面系统深入认识理解和实施新课程提供新视野和新思维。其次，杨明全[2]对新一轮义务教育课程修订的基本精神进行了深入讲解，基本精神体现为四个方面：落实“五育并举”，独立设置劳动课程；强化育人为本，聚焦核心素养；倡导课程综合化，设计跨学科主题学习活动；倡导综合学习，深化课堂教学改革。最后，2022年版义务教育课程标准的突出特点是核心素养导向，郭华对此进行了系统论述。郭华指出，2022年新版义务教育课程标准通过课程目标的素养表述、课程内容结构化、跨学科主题学习、学业质量的素养描述[3]，让学生进入课程[4]，让核心素养从理念变成实践，落地生根，实现课程育人的根本目的。

另一方面，学者们普遍关注各学科新版课标的解读以及教学建议，并以此推动新课标的落地实施。首先，新课标中的各学科实践受到了学者们的关注。王彤彦、徐鹏[5]从语文学科实践的理论支点、学科实践的内容载体、学科实践的功能指向三方面揭示了义务教育语文课程的育人路径。其次，各学科课标的新旧对比分析受到学者的青睐。郝赫[6]、古明[7]、尹志华[8]、覃遵君[9]对各个学科的课标对比进行了深入的研究，在核心素养与课程目标、课程内容、课程实施建议等方面进行比较与分析，以期促进教育工作者对新课标的深入理解。最后，回应智能时代与政策诉求，信息科技课标与艺术课程标准备受关注。此外，《义务教育艺术课程标准（2022年版）》发生了前所未有的重要变化，除音乐与美术之外，舞蹈、戏剧、影视被纳入艺术课程标准成为“新三科”。彭吉象[10]、尹少淳[11]、周星等[12]对这些变化进行了分析，这些变化体现了以美育人的艺术教育的根本思想，有助于引导学生领会中华民族优秀的艺术文化传统，激发民族自信心与自豪感，增强国家认同，同时更呼应了五育融合的时代育人诉求。

（2）探索人工智能课程的开发与建设

科技与教育双向赋能正成为人类教育发展史上的新命题。加快推进人工智能普及与专长教育，是应对国际竞争，尽早尽快培养人工智能拔尖创新人才的战略诉求。关于人工智能课程的研究主要集中于人工智能课程设计与开发、人工智能课程的建设与实施两个方面。欧阳嘉煜[13]等明确人工智能课程教什么和怎么教的问题，援用美国经验大概念课程设计经验，以课例分析的方式考察了从课程大概念到具体教学活动的设计过程，以期为我国人工智能课程设计和相关课程标准制定提供参考。此外，王学男[14]提出基于STEM的教育形态和学科融合的教育理念，系统研究了中小学机器人课程建设，以期为人工智能课程开发和课堂教学提供建议与启示。

（3）搭建创新人才培育的科学教育课程平台

全面实施创新驱动发展战略，构建高质量科学教育课程体系，发展英才教育是教育强国的必由之路。通过科学教育培养创新人才的研究主要集中在国内外的培养路径、具体培养方式等方面。一方面，北京学者关注科学教育人才培养的比较研究。例如，中国教育科学研究院比较教育研究所课题组[15]从国际视野出发，指明爱尔兰、美国、英国等从小学开始普及以融合课程为主的科学教育，美国、韩国等设立专门高中来实施科学教育。另一方面，学者们关注培养创新人才的具体路径与实施策略。比如，北京市十一学校为开展拔尖创新人才早期培养工作，通过对国家课程的校本化实施，构建起一套面向全体学生的分层、分类、综合、特需的课程体系，助力学生的个性潜能发展[16]。

（4）升级“双减”政策背景下课后服务课程机制

一方面，关于课后服务的现状研究学者们主要采用实证的研究方法，从不同维度来剖析课后服务中的问题，研究结论共同指向了课后服务支持及资源供应不足。比如，杨德军[17]等运用问卷调查法，经研究发现，目前课内课后课程关系有待厘清、课程内容和结构有待优化、课程安排和实施体现差异不够、校内教师负担重压力大等问题并对改进课后服务给予针对性建议。另一方面，放眼国际，课后服务的研究主要集中于新加坡和美国，提出了值得我国在今后完善课后服务制度建设过程中值得参照的建议。张网成[18]等介绍了新加坡中小学生课后服务的二元组合结构。该国的课后服务主要由学生关爱中心和课外辅助活动两个部分组成，其优势在于能为中小学生提供保护性照顾，促进中小学生的全面发展。

2. 教学论研究：探索优质化教学

（1）推进教学信息化与智能化发展

第一，在教学组织形式方面，深入探讨线上教学、机器人教学、人机协同等新形式。例如，谢沈惟[19]将线上课堂场景与基于计算机视觉的专注度评估技术紧密地结合起来，以人脸识别、情感计算等相关的深度学习技术为核心，设计出实时高效的线上教学专注度视觉评估系统。第二，在教学环境方面，基于智慧教室环境，推进教学改革。于婉莹和梁美玉等人[20]提出了融合课堂学生表情和行为状态的智能教学评估算法，实现了课堂教学视频中学生表情识别与智能教学评估。第三，在教学评价方面，基于人工智能的课堂教学智慧评价，提高教学质量。周文超和张寅等人[21]协同运用课堂教学智慧评价系统（CSMS）和学习发生知行理论推动课堂转型，有效支持教师自主优化课堂教学结构、指导教师激发学生有效内在认知活动、促进课堂从浅层思维与互动向深层思维与互动转变、有效降低教师自我诊断时的防御心理。同时，在教学评价的不断创新中也存在一定的问题。霍亮、孟璨和徐继存[22]认为当大数据野蛮生长与泛化应用到教学评价中时，有侵犯师生隐私权利、消解师生的主体性、框定师生的发展空间的危险。第四，在教学决策方面，基于数据驱动，深化教学评价与诊断。张学波和林书兵[23]构建了将数据驱动的差异化教学举措与学生实际学习效果相联动的评估机制，遵循从经验和直觉走向规范和客观的基本逻辑，尽量排除教师主观偏见的影响，保障差异化教学行稳致远。

（2）聚焦核心素养的教学理论研究与实践

核心素养是近年来的重点话题，2022年北京地区主要从理论和实践两方面展开讨论。第一，理论上关注教学目标的制定、课堂教学的变革。张春丽[24]基于教学目标的概念和功能，探讨怎样科学地制定核心素养视域下的教学目标，目的在于进一步发挥教学目标的作用，促进教学质效的进一步提升。第二，实践上结合数学、物理和地理等学科进行教学设计、提出教学策略。张健、王华和李春密[25]介绍核心素养导向的物理教学设计流程，并以“动量定理”为例进行教学设计和实践。李文胜和朱丽明[26]以“北极地区”为例，探讨在初中区域地理教学中如何落实地理学科核心素养的培养。

（3）关注“双减”背景下教学的提质增效

“双减”政策落地后，教学的主要定位是提质增效，2022年北京地区的研究也着力回应在“减负”的同时如何“提质”这一关键问题。第一，对实际教学层面的相关建议集中在提高教学效率和作业设计上。周序和郭羽菲[27]认为提高教学质量是减负工作的突破点。有效的课堂教学改革，应寻求课堂教学和学生“应试”需求的有效结合，需要从“应试”的角度来思考课堂教学改革的方向，既要通过高效的知识传授和知识训练来保证考试成绩，也要通过精心的设计，使知识传授和知识训练都成为学生乐意参与的过程，从而实现课堂教学的“减量提质”。第二，从优质教师资源的流动层面出发提高教学质量与效率。陈玲、张婧和刘静[28]深度挖掘了影响教师持续参与项目意愿的因素及其结构关系。教师的名誉期望、感知愉悦性、感知有用性、技术感知易用性积极影响教师持续参与课外在线辅导教学服务的意向；在线教学效能感不直接影响教师持续参与意向，但影响教师的名誉期望以及教师对项目的价值判断；社群影响积极影响教师的名誉期望；技术感知易用性积极影响教师对项目的价值感知。

（4）立足教学实践主体

教学理论知识通过教师独特的个人方式表现出来，教师吸纳并内化教学理论

为自身教育信念时，教学理论才真正起到作用。因此，2022年北京地区的教学论相关研究也立足于教学实践主体进行探讨，以提高教学质量。

第一，从学校支持服务体系出发，促进教师教学创新。刘胜男、郭嘉欣和赵新亮[29]认为丰富的专业培训、鼓励教师参与学校管理、营造开放包容的学校氛围有助于激发教师韧性，促进其教学创新。第二，从校长授权的角度出发，提高教师教学质量。鲍传友和马楠[30]认为学校需要全面、辩证地看待

校长授权对教师的作用，重视校长领导和教师自我领导的互动作用，要多渠道提升双方的领导力以实现高质量匹配，要采取城乡区别的授权匹配和干预措施，要引入信息化技术通过行为数据提高匹配的准确性，以提升教师教学质量。第三，通过评价指标的建构，提高教师教学效益。郭婉瑢和冯晓英[31]自下而上地构建了混合式教学胜任力评价指标体系，以期为有效诊断和精准提升教师混合式教学胜任力水平提供科学的测评依据和循证基础。

3. 教科书研究：加快建设高质量教材体系

（1）落实新课标，践行新理念，赋能新课堂

2022年3月25日，教育部印发了《义务教育课程方案和课程标准（2022年版）》（以下简称“义教新课标”），义教新课标涵盖了义务教育阶段所有学科，描绘了义务教育阶段的育人标准，明确了义务教育阶段人才培养目标。教材是对新课标的再创造、再组织，基于课程标准新价值、新要求、新方向的教材建设与改革迫在眉睫。[32]义教新课标的“教材编写建议”，“从教材的性质、价值、功能、要求、选文、体例、呈现方式和技术等方面对教材编写提出了建议”。[33]研究者们在对新课标、新教材和课堂有机融合的方面进行了有效的探索。

一是挖掘教材资源，聚焦核心素养。义教新课标坚持创新导向，坚持与时俱进，反映经济社会发展新变化、科学技术进步新成果，更新课程内容，体现课程时代性。对新教材中的新内容的研究成为研究者们关注的重点。卓峻峭[34]等深入挖掘了高中“新教材”中超分子、分子识别和自组装的相关内容，为教师深度备课和学生深度学习提供了参考。二是创设真实情境，提升学业质量。义教新课标“教材编写建议”提到，要加强情境创设和问题设计，引导学习方式和教学方式变革。学科核心素养的培养需通过情境知识的学习形成。赵波等[35]在物理课堂中创设真实情境，让学生在感受团结协作、劳动观念的基础上进行班级和小组合作探究，培养学生的物理学科核心素养。

（2）贯彻党的二十大精神，推进中华优秀传统文化进教材

教育部教材局2022年的工作要点，将推进党的二十大精神进教材和落实系列重大主题教育放在了最前面，体现了其重要性和紧迫性。党的二十大报告指出，要把马克思主义同中国具体实际和中华优秀传统文化相结合，做出符合中国实际和时代要求的正确回答。中华优秀传统文化进教材、进课堂一直都是教材研究的重点，教育部2021年印发的《革命传统进中小学课程教材指南》和《中华优秀传统文化进中小学课程教材指南》均指出，中小学课程教材应有机融入中华革命传统及中华优秀传统文化，是贯彻党的教育方针、落实立德树人根本任务的需要[36]。陈飞[37]等认为，应加大力度在中小学武术教材中融入武术文化，积极建设武术教材内容体系和开发数字化武术教材。

（3）加快教育数字化转型，探索新型教材开发

义教新课标再次强调了“时代性”、“典范性”和“整合性”，提出充分利用新技术优势，探索数字教材建设。随着教育数字化转型的不断深入，作为教育数字化转型中的关键一环，教材的数字化尤为重要。张爽等[38]梳理了2000—2022年国内外数字教材文献，发现教育出版可能是未来国内数字教材的研究方向，数字教材使用的教育影响可能是未来国际数字教材领域的研究趋势；国内外数字教材研究均聚焦数字教材的内涵、开发和应用，差异体现为数字教材的研究范式、使用主体和话语体系。严利等[39]认为，目前数字化教材在建设过程中还存在知识可视化方面的问题，采用整合可视化内容的分支结构、完善内容审核平台与流程、调整认知负荷与强化编码交互等方式，可以一定程度上解决该问题。知识图谱是一种快速发展的知识表达和处理工具，郭文革等[40]梳理了历史上的教育“基础设施”与教材形态的变革，厘清了数字“新基建”下教材形态变革，认为基于知识图谱的新型数字化教材对推动学科交叉融合，培养问题解决型人才，支持教育高质量发展都有重要作用。

三、研究反思及学科发展未来展望

1. 在多元对话中构建中国本土课程理论

基础教育课程改革，需关注如何通过课程理论与实践培养造就更多符合国家战略需求的拔尖创新人才。在学习西方课程理论的过程中，应妥善处理好全球化与本土化的矛盾，应结合中国本土课程实践问题；在批判性分析的基础上进行理论创新，在多元对话中批判地继承西方课程理论的优点；结合中国故事，做出中国课程理论学者应有的贡献。此外，构建多样化、选择性的课程体系即高质量的课程，既是课程改革深入发展的需要，更是当前“双减”政策能否赢得大众支持从而能够持续实施的关键，未来应继续推进基础教育如何高质量发展的研

究，在全球化视野下发展中国本土的课程理论。

2. 深化人工智能教学实践与研究，聚焦教学论的实践品性

第一，教学论学者积极参与到人工智能实践与研究的深化与创新、反思与改进中。一方面，未来的人工智能将会影响各个领域，教学论领域内的学者不可避免地要与之相关，前瞻未来，教学论学者应主动迎接挑战与创新，深入参与到人工智能实践应用的研究与创新发展中。例如，通过进一步实证研究持续深化现有评价指标与框架、挖掘新型的问题以及明晰各类数据驱动的教学变革路线。另一方面，在创新发展的过程中进一步反思其局限性并尽可能提早规避危害。例如，数据算法的持续应用促使教学获得便捷与高效，但同时也引发了伦理性等一系列问题。总而言之，未来的教学论研究会围绕着智能化的发展进程反思与改进。

第二，聚焦教学论的实践品性，着重教师实践主体的相关研究。传统思辨的思维方式及现实利益的纠葛让教学论研究实践品性缺失，不少研究者呼吁学者们应走出“书斋”，走向“田野”，回归“生活世界”。为实现教学论的实践品性，研究者也在更多地关注教师是如何实现知识的内化、形成教学决策并付诸教学实践的过程。

3. 培根铸魂、启智增慧，推进教材高质量发展

打造高质量教材体系是构建“五育并举”育人体系，落实立德树人根本任务，办好人民满意的教育的重要保障。教材建设应围绕课程改革的“新方向”，符合课程改革的“新要求”，体现课程改革的“新价值”。新时代教材建设须聚焦核心素养提升，体现育人为本的理念，树立正确的价值观，重视学生必备品格和关键能力的培育。必须加强教材审核，筑牢意识形态主阵地，完善教材管理体系，建立常态化质量监控和评价机制。重点是持续推进教材改革，保障教材改革的基础性、整体性、持续性，进一步提升教材建设治理能力现代化，落实教材建设的国家事权，切实提高教材建设水平。

注：

[1] 张志勇，张广斌：义务教育课程改革的政策逻辑与生态构建——《义务教育课程方案和课程标准（2022年版）》解读 [J]. 中国教育学刊，2022（05）：1–8.

[2] 杨明全：新一轮义务教育课程修订基本精神 [J]. 教育研究，2022，43（08）：77–84.

[3] 崔允漷，郭华，吕立杰等：义务教育课程改革的目标、标准与实践向度（笔谈）——《义务教育课程方案和课程标准（2022年版）》解读 [J]. 现代教育管理，2022（09）：6–19.DOI：10.16697/j.1674–5485.2022.09.002.

[4] 郭华：让学生进入课程——新版义务教育课程标准修订工作心得 [J]. 全球教育展望，2022，51（04）：12–13.

[5] 徐鹏，王彤彦：学科实践：义务教育语文课程的育人路径 [J]. 课程 . 教材 . 教法，2022，42（11）：14–20.

[6] 郝赫：迈向一体化的核心素养美术教学——《义务教育艺术课程标准（2022年版）》与《普通高中美术课程标准（2017年版2020年修订）》的对比与衔接 [J]. 美育学刊，2022，13（05）：113–120.

[7] 古明，卢兰平：两版《义务教育英语课程标准》对比研究 [J]. 现代教育科学，2022（05）：148–156.

[8] 尹志华，刘皓晖，孙铭珠：核心素养下《义务教育体育与健康课程标准》2022与2011年版比较分析 [J]. 天津体育学院学报，2022，37（04）：395–402.

[9] 覃遵君：新旧课标比较与初步解读 [J]. 中学政治教学参考，2022（26）：19–23.

[10] 彭吉象，项阳：2022年义务教育艺术课程标准解读 [J]. 北京舞蹈学院学报，2022（05）：142–150.

[11] 尹少淳：义务教育艺术课程标准中美术课程的样貌 [J]. 全球教育展望，2022，51（07）：14–24.

[12] 周星，任晟姝，王杰：《义务教育艺术课程标准（2022年版）》与基础艺术教育观念嬗变 [J]. 课程 . 教材 . 教法，2022，42（06）：52–56.

[13] 欧阳嘉煜，王宇，汪琼：美国K–12阶段人工智能课程大概念与课例设计解读 [J]. 现代教育技术，2022，32（12）：13–22.

[14] 王学男：STEM 教育创新与实践：中小学机器人课程建设的研究 [J]. 教育科学研究，2022（11）：91–95.

[15] 王素，张永军，方勇等：科学教育：大国博弈的前沿阵地——国际科学教育战略与发展路径研究 [J]. 中国教育学刊，2022（10）：25–31.

[16] 彭了，刘伟：面向全体适性扬长：拔尖创

新人才早期培养的普适性探索 [J]. 中小学管理，2022（12）：17–19.

［17］杨德军，黄晓玲，朱传世等：“双减”背景下学校课后服务课程实施现状及发展建议——基于对 B 市 285 所学校 61326 名学校管理者及师生的调查分析 [J]. 中小学管理，2022（07）：36–40.

［18］张网成，刘宇航，肖芝：新加坡中小学生课后服务的二元组合结构 [J]. 社会治理，2022（05）：65–76.

［19］谢沈惟：基于深度学习的线上教学专注度视觉评估系统 [J]. 互联网周刊，2022（20）：32–34.

［20］于婉莹，梁美玉，王笑笑等：基于深度注意力网络的课堂教学视频中学生表情识别与智能教学评估 [J]. 计算机应用，2022，42（03）：743–749.

［21］周文超、张寅、彭锋等：人工智能视域下课堂教学智慧评价：基于 CSMS 与学习发生知行理论的课堂转型实验研究 [J]. 教育测量与评价，2022(03).

［22］霍亮，孟璨，徐继存：大数据时代教学评价的伦理危机及化解 [J]. 中国教育科学（中英文），2022，5（06）：66–75.

［23］张学波，林书兵：数据驱动的差异化教学决策：症结、逻辑与机制 [J]. 现代远程教育研究，2022，34（03）：48–57.

［24］张春丽：核心素养视域下教学目标的制定 [J]. 中学物理教学参考，2022，51（13）：3–6.

［25］张健，王华，李春密：核心素养导向的高中物理教学设计——以“动量定理”教学为例 [J]. 物理教学，2022，44（04）：14–17.

［26］李文胜，朱丽明：聚焦地理学科核心素养的初中区域地理教学——以“北极地区”为例 [J]. 地理教学，2022（08）：37–39.

［27］周序，郭羽菲：减轻课后作业负担的关键在于提升课堂教学的有效性——“双减”政策引发的思考 [J]. 四川师范大学学报（社会科学版），2022，49（01）：110–116.

［28］陈玲，张婧，刘静：“双减”政策下如何促进优质教师资源在线流动——教师持续参与课外在线辅导教学服务意向的影响因素分析 [J]. 现代远程教育研究，2022，34（02）：11–20.

［29］刘胜男，郭嘉欣，赵新亮：学校支持服务体系对乡村青年教师教学创新的影响机制研究 [J]. 教师教育研究，2022，34（01）：78–85.

［30］鲍传友，马楠：校长授权型领导——教师自我领导匹配对教学质量影响的实证研究 [J]. 现代教育管理，2022（11）：54–62.

［31］郭婉瑢，冯晓英，孙洪涛等。“互联网 +”时代的教师混合式教学胜任力框架构建及指标体系研究——基于回溯定性建模法 [J]. 现代远距离教育，2022（05）：59–69.

［32］崔允漷，郭华，吕立杰等：义务教育课程改革的目标、标准与实践向度（笔谈）——《义务教育课程方案和课程标准（2022 年版）》解读 [J]. 现代教育管理，2022，No.390（09）：6–19.

［33］唐玖江，荣维东：义教新课标“教材编写建议”的解读与实施 [J]. 语文建设，2023，No.513（09）：18–24.

［34］卓峻峭，傅永平，王昀之等：高中化学新教材中超分子、分子识别和自组装的解读和拓展 [J]. 化学教育（中英文），2022，43（21）：34–42.

［35］赵波，李志坚，蒋灵：融合传统文化促进核心素养——以“力的合成”教学设计为例 [J]. 物理教学，2022，44（12）：21–23+80.

［36］张虹：专栏引言：外语教材文化呈现研究 [J]. 外语教育研究前沿，2022，5（04）：41.

［37］陈飞，耿培新，吕韶钧：新中国成立以来中小学武术教材建设的历程、成就与展望 [J]. 首都体育学院学报，2022，34（05）：501–506.

［38］张爽，张奂奂，张增田：基于知识图谱的国内外数字教材研究 [J]. 开放教育研究，2022，28（05）：105–112.

［39］严立，王芳，钱冬明：数字教材编制中的知识可视化问题研究 [J]. 课程 . 教材 . 教法，2022，42（10）：91–96.

［40］郭文革，黄荣怀，王宏宇等：教育数字化战略行动枢纽工程：基于知识图谱的新型教材建设 [J]. 中国远程教育，2022，No.567（04）：1–9+76.

教育史研究

北京地区教育史研究机构主要包括北京师范大学教育历史与文化研究院、中国教育科学研究院教育史研究所。此外，在首都师范大学教育学院、人民教育出版社、中国人民大学和北京大学等单位，也有一些学者研究教育史。

2022年，北京地区教育史学科发表文章数共计46篇，相关领域申请课题2项，其中，国家社科基金1项[1]，部级课题1项[2]，其主题分别聚焦于美国公共教育中的联邦战略与欧美家庭教师史。

一、学科研究现状及相关分析

1. 中国教育史研究：以传统视域观照教育现实

（1）追索时代强音，赓续文明根脉

以长时段的视野回顾和总结中国教育史学术发展历程、学科重大成就和教育历史经验，具有重要学术价值和鲜明现实意义，是2022年北京地区中国教育史研究的热点和亮点之一。

在“百年党史”的宏大时代背景下，学者纷纷将中华民族优秀传统文化与党的教育事业发展结合起来，洞见二者的价值同一性。如北京师范大学郭齐家教授即聚焦习近平总书记关于中华优秀传统文化的系列重要论述，指出其畅通了中华文化的精神生命，展现了中国人所追求的智慧、学问与修行之道，这一深刻思想对当今构建人类命运共同体与实现中华民族伟大复兴具有重大意义与价值。[3]此外，还有学者着眼于党的教育事业中某一系统要素的发展历史，如中国人民大学胡莉芳教授通过对新中国成立至中共十一大的教育方针政策进行回溯考察，从而认识到新中国的教育是民族的、科学的、大众的教育，社会主义的教育要培养有社会主义觉悟的有文化的劳动者。并指出这一时期我国的教育以培养德、智、体全面发展的社会主义建设人才为目标，具有为无产阶级革命与社会主义建设服务的鲜明特征。[4]

（2）深拓历史视域，凸显思辨意识

教育内涵随时代变迁而丰富，教育史所面向的问题也在时代变迁中被不断定义与重构。2022年北京地区的中国教育史研究在牢牢把握历史维度、尽可能客观还原研究对象真实历史样貌的同时，也着重提升思辨意识，系统探索并洞察教育史经典问题中的“变与不变”，充分关注并准确利用“有史料的思想”和“有思想的史料”，已经成为广大教育史研究者的共识。

部分学者对传统文化教育在学术史中的基本涵义、衍生形态及现实路径予以关注。首都师范大学徐勇教授即明确提出，掌握中国传统文化的精髓，有必要从中国传统文化最基本的经典、常识与技艺入手，从而使个体“形成文化记忆”。[5]同时，他也关注小学语文中的传统文化教育，从“统编教科书中的传统文化内容辨识”的角度，对小学语文中的传统文化教育教学内容与路径进行探索。[6]还有部分研究以中国近现代教育教学活动中的核心要素为研究对象。其中，首都师范大学石鸥教授聚焦“新学制教科书”的历史沿革、主要特色、局限与贡献，并指出其中最有挑战性和最需要研究的，一是如何让更多的学术资源进入教科书建设，二是何种课程标准最有利于教科书编写。[7]

此外，教育与社会二者间在教育史中的共生关系及变革形态，也成为2022年北京地区的中国教育史研究的重点主题之一。北京师范大学周慧梅教授的研究是代表性成果之一，其以展览会在社会教育空间营造方面的重要价值为对象，以浙江省立民众教育馆为中心，体现出社会教育与杭州城市社会在风俗改良、现代科学知识供给、国际形势、文化娱乐乃至政治行动等领域的多重互动，揭示了民众教育馆事业发展与城市现代化之间的内在统一性。[8]同时，她又着眼于图像启蒙对社会教育的作用，以晚清通俗画报为考察中心，呈现出近代中国精英阶层与普通大众的真实文化互动。[9]

（3）回溯教育经验，探寻当代路径

回归教育史“姓教”本质，以研究连通教育之古今，发现教育历史意义，实现教育当代价值，是2022年北京地区的中国教育史研究所呈现出的重要特点。因此，在中国教育人物思想与中国经典教育思想中发掘本土教育经验，洞见传统教育智慧，观照当代教育诉求，寻求教育实践新径，探索并实现中国教育史在古代与现代、理论与实践之间的贯通

与合一，也成为2022年北京地区的中国教育史研究的基本价值取向。

部分研究着眼于中国教育思想家在中国教育学术史中的位置、成就、贡献等，围绕其教育思想脉络展开综合性、系统性的回顾与阐释。如国家教育行政学院于建福教授即以黄济在国家教育行政学院的教育实践与工作经历为研究对象，梳理了其对国家教育行政学院筹建和后续发展所做的贡献，以及与学院首创院长董纯才及复办后首任院长张承先的工作关系和师友情谊。[10]还有部分研究将重点置于中国教育思想家在某一教育研究领域内的具体观点与探索成果，旨在通过洞察其教育理论与实践的内涵特点，为当下教育改革与探索提供学理依据。如人民教育出版社助理研究员曹周天对我国著名出版家金灿然在积极倡导教材租型制度、主抓教学地图出版工作、推动创办北京大学古典文献学专业并亲自授课、参加中国教育史教材编写座谈会等方面的贡献进行了回顾。[11]

在历史语境下重新审视当下教育问题，挖掘教育经典思想和史料中的新意义、新价值，是2022年北京地区教育史研究热点之一。如中国教育科学研究院研究员储朝晖即提出，开发、利用学校与地方教育史志资源，发挥其示范、比较、矫正作用，是确保高质量教育体系建设在正确方向前行的必要条件，并从历史机遇、发展困境与具体着力点等方面进行了阐述。[12]北京师范大学李云龙关注“曹冲称象”教科书文本，从这一经典蒙书的意义凸显、课文选编、变迁历史及其之于中华优秀传统文化传承的启示几个方面展开研究。[13]

（4）持守本土立场，坚定文化自信

中国教育从历史中一路走来，是本土教育智慧与民族精神境界的呈现，2022年北京地区的中国教育史研究牢牢抓住这一主线，旨在以中国传统教化哲学为枢机，以本土立场研究“中国的教育史”核心内涵，并深入探索与“中国传统教育”相契相谐的研究路向。同时，当代人文关怀也在这些研究中凸显出来，人在教育中的样貌、教人成人、人的原初及理想形态等主题，均为学者所关注。首都师范大学刘峻杉等学者着眼于先秦“化”的思想，并对其之于当代“文化”的教育意涵进行考察探索。研究提出，对先秦“文”观念的梳理，有助于中国教育学对本土“文—化”传统的自知自明，彰显“文”与“心”的关联意义以优化诠释“以文化之”，提炼“文—养”的观念来深化诠释“文而化之”，发掘“观—文”的思想以与时俱进、勇于创新并拓展对“文”“道”关系的讨论。[14]

以儒家典籍为资料，通过经学诠释等途径重回中国儒家传统教育历史之中，以中国传统教育哲学的视角审视本土教育所特有的精神本质与人文情怀，是2022年北京地区中国教育史研究的热点主题之一。其中，北京师范大学于述胜教授针对学界在孟子性善论之内涵上的歧解，指出其根本原因在于诠释者无视其方法论前提，只是根据孟子的某些个别言论推衍发挥。而孟子“道性善”的方法论前提是谈论人性，就是在谈论人生的正常状态；人生有何种自然（人性），则必有实现其自然之当然（道德价值）。[15]同以孟子学为研究对象，北京师范大学施克灿教授则关注孟子的苦难教育思想，并提出孟子的苦难教育是引导学生在悲惨的生命中选择存养本心的道德实践活动，对其进行分析，不仅有利于进一步丰富挫折教育理论的建构方式，而且对于培养人的独特性和社会性有着重要的现实启发。[16]同时，他还对先秦儒家语境中的师生伦理关系和父子伦理关系进行考察，并分别在形而上、理和事三个表现层面上予以辨析。[17]

2.外国教育史研究：创新研究范式回应经典问题

（1）专注教育史学，加固基础研究

关于经典教育思想与理论流派的研究。北京师范大学张斌贤教授关注夸美纽斯与班级授课制的关联，通过对班级授课制在欧美主要国家起源过程的梳理发现，教育学界经久流传的将夸美纽斯视为班级授课制的创立者或认为夸美纽斯对班级授课制的形成发挥了关键作用的“定论”违背基本史实，难以成立。[18]而北京师范大学副教授陈露茜则看到，近年来在国内学界热议的所谓“循证教育”缺乏学理上的系统整理，基于此，其通过对“循证教育”起点、实践、困境进行分析，指出“循证教育”之所以导致美国教育标准化运动走向失败，最核心的因素是教育研究中的“唯科学主义”倾向和新自由主义教育议程的全球化泛滥。对此，学界应有清醒认识。[19]由此可见，加强对学科基本问题、基本概念和基本范畴的研究，举偏补弊，正本清源，是教育史学为构建科学的教育学知识体系应做的贡献。

（2）深拓名家思想，加强学理阐释

关于教育史上教育家的思想和理论，是教育史研究中一个必不可少的部分。教育家的思想、理论往往代表一种教育发展趋向或一种教育思想潮流，影响着教育发展的进程。其中，杜威思想研究几乎是永恒不变的主题。如北京师范大学副教授陈露茜即以工业化浪潮之中的美国公共学校为背景，围绕杜威教育思想中对“职业”的诠释、杜威工业民主意涵中的“职业”与“教育”进行阐释。研究指出，杜威的职业教育思想是对美国公共教育制度的一种实践诉求，也是杜威教育思想的一种借助时势的阐释。[20]

此外，对外文史料的译校也是学者们所关注的重点之一，北京师范大学何灿时即对美国著名心理学家、教育家斯坦利·霍尔于 1901 年在《论坛》杂志上发表的一篇教育文献进行了翻译，将其译作“基于儿童研究的理想学校”，北京师范大学张斌贤教授对译文予以同步审校。

还有学者立足于教育家与教育改革之间的关系展开探索。为弥补已有研究之不足，北京师范大学张斌贤教授在借鉴儿童史、社会史等相关学科研究成果的基础上，着力挖掘霍尔青春期研究的历史价值和教育意义，探讨青春期概念“发现”对 19 到 20 世纪之交美国教育改革所发挥的推动作用，以此更新历史认识的视角，探讨观念变化对教育改革的影响。[21]

（3）革新研究方法，深化国际视野

为突破教育史学科外延增长效益的局限性，北京师范大学张斌贤教授主张借鉴相关学科研究成果，引入儿童年龄分期作为重构教育历史的概念工具，从年龄分期变迁与教育演进的相互关系出发考察教育的历史过程，以此更新研究的视角，深化问题意识，探索教育史学科内涵发展的新路径。[22]

与此同时，随着后现代史学的兴起，深刻地影响了教育史研究的范式。北京师范大学高爱平教授即以此为视角，以加拿大女性主义教育史学、城市教育史学以及家庭教育史学为例，对其后现代转向及研究特征进行分析。并指出加拿大后现代教育史学的借鉴意义在于关注边缘主题，强调教育历史中的“他者”；注重微观研究，肯定个体经验和个人能动性；运用跨学科研究方法，重视多渠道的史料来源。[23]

（4）聚焦学校场域，推进传统研究

北京师范大学副教授陈露茜聚焦“美国国家历史课程标准项目”，围绕美国历史课程标准改革的前奏、早期探索、成型及其争议进行了探索，并指出其争论围绕着究竟是否存在能够被“标准化”的“美国历史”这一核心议题展开，这实质上是 20 世纪 80 年代以来美国教育改革中文化冲突的体现。[24]

除课程理论研究外，北京师范大学副教授孙益通过对美国富兰克林研究所在 1824 年到 1829 年间的科学教育活动进行考察，围绕其组织讲座、举办工业展览会、建立中学、创办科学教育期刊等一系列措施进行分析，就富兰克林研究所在科学普及与科学教育方面的重要示范作用和后期功能转向做出了探讨。[25]

关于欧美教师史研究，北京师范大学张斌贤教授等学者通过梳理欧美家庭教师从兴起到衰落的主要发展阶段，在研究中呈现出其工作生活经历，探讨了其在促进文化和知识的传播以及精英阶层文明化中所发挥的独到作用。[26]此外，他还开展了学校空间史研究，基于历史文献的梳理，借鉴社会学等相关学科的研究成果，从宏观角度分析欧美国家学校空间从流动空间到固定空间再到专属空间，以及专属空间内部结构分化的演变过程，探讨学校空间演变的内在意义。[27]

关于学制流变与学校发展研究。对于教育史上几个关键学制的源流考辨，北京师范大学张斌贤教授聚焦“六三三学制”源流的认识误区，结合美国教育界始于 19 世纪后期学制改革探索拟解决的主要问题，指出该学制方案的变化过程本质上是不同社会利益冲突、调整和协调的过程，更是美国现代学校教育制度的改造和重组过程。[28]同时，他也对“壬戌学制”中的美国元素、欧洲元素、欧美共有元素进行了考证，提出壬戌学制是充分融合来自域外教育的多种影响、结合中国国情构建的一种新型学制，是一项重要的制度创新。[29]

综上所述，2022 年北京地区外国教育史研究的进展表现在以下方面：多角度、系统化创新外国教育史学研究工具，并结合后现代史学视野，以更开放的姿态构建研究新对象、新问题；对美国教育史的研究仍是学者们的研究重点，随着新史料的挖掘，原来鲜少涉及的历史时期与主题开始被重视，同时，结合当下我国教育热点，一些热门主题也被进行重新阐释与论述：学校空间、循证教育、儿童年龄分期等主题均从多方面进行新探；对于教育史上教育家的思想和理论，学者们开始在探讨杜威教育思想之余，有意识地扩展视域范围，围绕其他优秀教育家思想进行探索与诠释。可以说，2022年北京地区外国教育史研究聚焦传统问题，创新研究范式，强化基础领域研究，呈现出中国学者对外国教育经典问题及史料的深入解读与理性把握。但总的来看，外国教育史的研究还有一定发展空间：从研究所涉及的历史时期来看，现有研究呈“厚近”“薄古”之态势，外国古代教育史研究整体仍呈现出相对薄弱的状态；从研究方法来看，使用较多的方法仍是文献研究法，教育史研究量化分析相对薄弱；从学科建设来看，侧重于教育历史的研究，忽略了教育史学科的理论建设；从学科融合来看，跨学科研究的广度不断发展，深度有待加深。因此，未来的外国教育史研究依然要围绕“宏观研究”和“微观研究”互补开展，运用多视角、多理论对既有研究主题进行创新性探索，并将“外国研究”同“中国问题”进行结合探讨。

二、研究反思及学科未来发展展望

第一，如何把党的十八大以来党的教育理论和实践创新成果进一步学理化、系统化，为中国全面迈向教育现代化进程提供“更为生动的精神力量”，是教育史学界面临的一项重大课题。

第二，推动中华优秀传统教育智慧的创造性转化与创新性发展的动能有待进一步提升，尤其是在展现新时代教育史学科理论和方法资源、在文明交融互鉴视域中展现教育史学科竞争力方面，还需研究者主动融入中国教育现代化进程，着力使研究与那些源于传统但已萌发现代意蕴的思想精神相结合。

第三，对教育史基本概念、基本范畴、基本命题的再反思，是构建教育史学科体系、学术体系、话语体系的重要环节。目前来看，研究热点集中在关注教育史的当代价值、美国教育、高等教育、教育史的“元研究”、教育史学科建设、教育思想等，研究主题呈现出微观趋势，但如何在中国教育史方法论探索、外国古代教育史、西方以外地区的教育史等一些整体仍较薄弱的研究方向与主题上有所突破，是教育史学科研究者们所面临的共同挑战。

第四，在北京地区乃至国家重大战略与社会重大需求的教育史研究方面，应在实践交叉学科研究的基础上，借由知识体系与认知进路的延展而进行理论创新，从而构建真正意义上兼具中国特色与普遍性价值的教育史学术体系。

注：

［1］陈露茜：2022年度国家社科基金教育学一般项目“美国公共教育中的联邦战略研究”（项目批准号：BOA220186）

［2］张斌贤：2022年度教育部人文社会科学研究规划基金项目“欧美家庭教师史研究”（项目批准号：22YJA880083）

［3］郭齐家：从中华优秀传统文化中汲取新时代文化自信自强的力量[J].教育史研究，2022，4（04）：4–10.

［4］胡莉芳，白紫薇：教育为无产阶级革命与社会主义建设服务——新中国成立至中共“十一大”的教育方针政策研究[J].中国人民大学教育学刊，2022（04）：15–22.

［5］徐梓：再论传统文化教育中文化知识的重要性[J].湖南教育（A版），2022（08）：58–61.

［6］姚颖，徐梓，杨红兵，李之彤，刘慧琴：小学语文中的传统文化教育：内容与路径[J].小学语文，2022（Z1）：23–33.

［7］石鸥，刘予佳：新学制教科书的百年省思[J].教育史研究，2022，4（04）：26–39.

［8］周慧梅：展览会与社会教育空间营造——以浙江省立民众教育馆为中心[J].终身教育研究，2022，33（04）：55–63.

［9］周慧梅：图像启蒙与社会教育——以晚清通俗画报为考察中心[J].华东师范大学学报（教育科学版），2022，40（10）：117–126.

［10］于建福：念兹在兹　同舟共济——黄济与国家教育行政学院的甲子情愫[J].教育史研究，2022，4（02）：119–131.

［11］曹周天：金灿然对我国教材建设事业的贡献[J].教育史研究，2022，4（04）：174–184.

［12］储朝晖：利用学校与地方教育史志资源促进教育高质量发展[J].教育史研究，2022，4（02）：4–11.

［13］李云龙：人物史传·蒙学教材·经典课文——“曹冲称象”教科书文本的再造及启示[J].教育史研究，2022，4（04）：164–173.

［14］刘峻杉，王旎娜，代雅新：从先秦“文”的观念史中挖掘“文—化”的教育意涵[J].教育学报，2022，18（04）：167–181.

［15］于述胜，李晓美：孟子“道性善”的方法论意义[J].教育研究，2022，43（04）：61–67.

［16］施克灿，辜慧敏：论孟子的苦难教育思想[J].教育文化论坛，2022，14（02）：1–7.

[17] 施克灿，辜慧敏：先秦儒家师生与父子伦理关系比较 [J]. 教育史研究，2022，4（02）：43–53.

[18] 张斌贤，季楚潇，钱晓菲：夸美纽斯是班级授课制的“创立者”吗 [J]. 高等教育研究，2022，43（06）：80–94.

[19] 陈露茜，苏艺晴：循证教育溯源及其困境 [J]. 清华大学教育研究，2022，43（04）：44–52+113.

[20] 陈露茜，苏艺晴：工业时代的教育民主：对杜威教育观中“职业”概念的讨论（1899—1916）[J]. 教育史研究，2022，4（01）：138–152.

[21] 张斌贤，季楚潇：青春期“发现”与 19—20 世纪之交美国教育改革 [J]. 教育科学，2022，38（01）：1–9.

[22] 张斌贤：儿童年龄分期：重构教育历史的概念工具 [J]. 华东师范大学学报（教育科学版），2022，40（03）：1–9.

[23] 高爱平，李先军：借鉴与超越：后现代史学观下的加拿大教育史研究 [J]. 教育史研究，2022，4（04）：143–152.

[24] 陈露茜，刘彦男：20 世纪 80—90 年代美国国家历史课程标准研究 [J]. 天津市教科院学报，2022，34（06）：38–48.

[25] 孙益，刘梦玥：科学如何从精英走向大众——美国富兰克林研究所的科学教育活动（1824—1829）[J]. 教育史研究，2022，4（03）：129–140.

[26] 张斌贤，钱晓菲，何灿时：欧美家庭教师史论：源流、际遇与意义 [J]. 外国教育研究，2022，49（10）：3–30.

[27] 张斌贤，钱晓菲：学校空间史：场所位移与教育演变 [J]. 教育研究，2022，43（07）：65–78.

[28] 张斌贤：“六三三学制”源流辨析 [J]. 河北师范大学学报（教育科学版），2022，24（04）：5–24.

[29] 张斌贤，梅梦妮：壬戌学制中的外来元素辨析 [J]. 教育史研究，2022，4（04）：19–25.

学前教育研究

一、学科建设情况

北京地区涉及学前教育领域研究的机构，主要包括四类：第一类为设有学前教育专业的高校，如北京师范大学、首都师范大学。第二类为设有学前教育研究部门的科研院所，如中国教育科学研究院，其基础教育研究中心内设学前教育研究室；北京教育科学研究院，设有早期教育研究所；中国教育报刊社培训中心（人民教育家研究院），设有学前教育研究中心等。第三类为教育学院系统，如北京教育学院及下设的学前教研室，还有各区教师进修学校等。第四类为非营利性社会团体和学会团体，如北京市教育学会学前教育专业委员会、北京市学前教育研究会、北京学前教育协会、北京市电化教育研究会学前教育技术专业委员会、北京市职业技术教育学会学前教育专业委员等。

2022 年期间，北京地区学者有关学前教育领域的研究课题，在国内外学术期刊中发表中文论文共 169 篇、英文论文 22 篇，出版著作 35 本（包括译著）。研究主题涉及学前教育研究、学前教育政策、学前教育史、幼儿教师教育、0~3 岁婴幼儿照护、幼儿园管理、幼儿学习与发展、幼儿园课程与教学、幼儿园保育等方面。

2022 年北京地区学前教育研究领域，在社会科学基金项目中申请立项课题共 16 项。其中国家社会科学基金项目 1 项；全国教育科学规划课题 4 项；北京社会科学基金项目 3 项；北京市教育科学规划课题 8 项。获得立项的课题主要聚焦于幼儿园教师队伍建设研究、学前教育高质量发展、首都家庭校外教育、幼儿课程改革研究等方面。

二、研究现状及相关分析

1. 整体状况与研究进展

2022 年度北京地区学者在学前教育领域研究所发表的中文论文中，总参考数达 120 篇，总被引数达 244 次，篇均参考文献达 0.71 篇，所发表的文章具有很强的学术性。2022 年度北京学前教育学术交流活跃，在不到一年的时间内，篇均下载数高达 1038.12 次。

在 168 篇论文中，受到国家社会科学基金支持的占 13.69%，受到全国教育科学规划课题支持的占 13.1%，受到教育部人文社会科学研究项目支持的占8.33%，受到北京市教育科学规划课题支持的占5.95%，四者综合41.07%。这意味着，还有超过二分之一的学术论文并没有社科基金或课题的支持，虽然期刊对于论文发表并无基金、课题方面的硬性要求，但重大、重点基金或课题作为学术领域的导向标，有着较强的引领和示范作用，缺乏相应的基金或课题支持，在一定程度上可能会削弱文章影响力的传播。

在期刊来源类别方面，有8.93%来源于学前教育，5.36%来源于学前教育研究，其余文章均刊发于非学前教育领域类期刊。《学前教育研究》是学前教育领域唯一的CSSCI来源期刊，其所刊发的北京地区学前教育研究成果并不是特别多，由此可以推测，北京地区的学前教育学术研究仍有很大的提升空间。

在学者影响力方面，排名第一位是伍新春教授，作为北京师范大学二级教授、心理学部博士生导师，其研究领域聚焦在教育与学校心理学、儿童阅读与学习研究、心理健康教育等方面。其次是北京师范大学教育学部部长朱旭东教授，研究领域聚焦在教师教育、比较教育研究等方面。然后，北京师范大学庞丽娟影响力位列第三，作为全国人大代表，她的研究领域更为宏观，主要集中在学前教育政策、立法、投入体制、教师发展等方面。此外，北京师范大学洪秀敏教授、刘焱教授、首都师范大学王美芳教授以及北京大学的王海俊教授，在2022年度学前教育领域的影响力也很显著。

2. 主题分布与研究热点

关键词共现网络分析，发现出现次数最高的关键词为“幼儿园教师”，共16次。其次为“幼儿教师”（13次）；“幼儿园课程”“幼小衔接”（11次）；（10次）；“入学准备”“教育质量”（9次）；“普惠性”“早期教育”“教育质量评估”（8次）；“学前教育专业”“幼儿”“教育指导纲要”“三孩”（7次）。

研究主题方面，幼儿园教师与幼小衔接、幼儿园课程的关注最多，入学准备和教育质量次之。此外，普惠性与早期教育、学前教育专业与教育指导纲要也颇受关注。

围绕研究主题和研究热点，进一步挖掘较具影响力学者的关注点和学术观点所在。被引量排行前十的论文分别讨论了：普惠托育服务的内涵、实现路径与保障机制、超常儿童和教育事业发展面临的机遇、挑战与应对策略、学前教育专业本科教育实习评价标准构建研究、不同利益主题视域下幼小衔接的多维挑战与突围之路、有关儿童发展的评价、薪酬公平感知对普惠性幼儿园教师留任意愿的影响。

普惠性托育服务体系是2022年北京地区学者最为关注的研究点，这与当代城市家庭规模小型化、女性外出就业普遍化、托育服务市场化等社会现实问题密切相关。北京作为首善之区和国家重大政策的出台地，其学者在研究的过程中更倾向于“宏观理论与具体问题相结合，增强理论研究的现实关切”，以服务国家重大决策的需要。有学者研究指出，实现普惠托育服务的政策路径有：倡导新办和改办托育机构，增强托育服务的可利用性；突破居家和机构式二元类型体系，增强托育服务的可适应性；通过合理布局，提高托育服务的可接近性；发挥政府价格管制作用，增强托育服务的可负担性；注重日常评估监督和管理，提升托育服务的可接受性。建立健全体制机制保障普惠托育服务持续发展，将成为下一步工作的核心和着力点。需明确托育服务的性质；建立健全托育服务管理体制机制；重新设计政府经费补助的分配原则；促进发展私立托育服务。[1]

有关学前教育本科生和幼小衔接的研究也是学前教育领域重点关注的问题。有学者对国外和我国学前教育专业本科教育实习评价标准进行了探索，运用德尔菲法、问卷调查法、层次分析法，依据科学研究的数据结果，科学研制教育实习的评价标准的内容体系与权重分配。[2]有关幼小衔接的问题，有学者通过对东、中、西五个省份进行科学取样，发现幼小衔接当前的现状与主要挑战是：儿童入学准备与适应不足，集中表现在学习与社会方面；家长幼小衔接观念不科学普遍存在超前教育现象；幼小教师衔接教育胜任力不充分，教育教学能力有待提升；幼儿园入学准备工作尚不完善，小学入学适应工作面临挑战[3]；另有学者发现了“儿童视角”下幼小衔接的困境，学业压力主要来自教师为主体的“成人群体”，担忧生活规则和学业规则，担心会发生“同伴冲突”或“缺乏亲密伙伴”[4]。

3. 研究趋势与研究特点

第一，在研究方向定位上，服务于学前教育领域关键性政策文件的制定与推行是北京地区学前教育研究者的重要使命。随着各级党委、政府及相关部门对学前教育事业的重视，有关学前教育发展研究的热度总体上涨，广大学前教育工作者自觉承担起为党育人、为国育才的基本学术使命与办好社会满意学前教育的服务担当。相较于其他省市，北京地区的学术研究者更为关注社会现实问题，关注学前教育研究的时代性与适用性，体现时代声音、回应现实问题。其中包括：针对学前教育专业本科教育实习评价标准的构建，依据师范专业认证标准和循证评估理念，尝试构建科学严谨的学前教育专业本科教育实习评价标准体系，以促进教师教育机构评价更为标准。从而优化教师教育实践，增强其科学性。[5]除此，还有针对国家七大民生工程之首——“幼有所育”的重要论述，阐明此系列讲话的理论内涵并挖掘实践意蕴，指明托幼事业的改革与发展前进方向，保障每一位儿童享有公平而有质量的保育和教育。[6]

第二，在研究内容上，坚持学前教育内涵建设与事业发展同步推进，凸显公益普惠底色。在 2022 年中，北京地区学前教育研究者从我国学前教育改革的长期目标和发展需要出发，围绕城乡学前教育公共服务体系建设，着力构建以普惠性资源为主体的办园体系。针对学前教育培训机构“小学化”的治理困境，沈永辉分析其实践困境原因并从法理厘清、专家参与和系统治理三个方面指明突破路径。[7]针对儿童本位下的幼小双向衔接之不足，有学者采用半结构化访谈法、PMSSW 图示测量法和投票法对 126 名幼儿园大班儿童和 101 名一年级小学生进行了调查，并根据研究结果从学校规则、人际互动、学业衔接、物质环境四个方面对幼小衔接困境进行分析。[8]

第三，在研究价值取向上，坚持理论与实践的贯通合一，本土特色与国际视野兼具。在学前教育领域的研究中，既要立足本土特色，积极发挥我国制度优势，又要开拓国际视野，借鉴吸收国外理论与实践长处，在理论融合共生的实践过程中不断扩展契合点，创生新的实践生长点，涵育本土研究。针对高质量学前教育课程体系，有学者运用质性分析软件对芬兰、瑞典、英国、新西兰和法国五个国家的学前教育课程指南进行比较分析，从而给出落实课程指南的资源配置以提升结构性质量、凸显课程指南的全程育人以提升过程性质量、重视课程指南的评估导向以提升结果性质量的建议。[9]

三、研究反思及学科发展未来展望

1. 学前教育学科研究反思

（1）学术共同体建设有待加强

由于学前教育领域不仅涉及儿童早期教育研究的学者，也有专注于家庭教育研究的学者，还有心理学研究的学者、艺术与美育研究的学者、营养学与保健学研究的学者、公共管理学研究的学者，近年来随着婴幼儿照护服务作为人口政策的配套政策提出，不少人口学研究的学者也涉足该领域，于是目前学前教育领域很难形成统一的学术共同体，导致该学科学术共同体发展较为滞后，虽在中国教育学会下设有学前教育分会，但是该分会仍旧是以传统的学前教育研究者为主导，学者们自发的认同感未能充分建立起来，也未能形成以学科传承者为核心的学者差序格局，学者间缺乏对彼此研究的相互理解，这些都严重扭曲了学科的学者边界，影响了学科发展，所以学前教育领域亟须加强学术共同体的建设。

（2）对核心理论性问题缺乏深入探讨导致研究的延续性不强

目前学前教育研究者的研究较多属于回应政策与回应现实的应用研究，缺乏对核心问题展开深入的理论性研究，例如如何看待儿童与童年、儿童的思维模式是什么、儿童经验的建构是如何发生的、为什么要强调儿童视角、儿童参与的本源与实现、基于何种理论来进行家庭教育、发展学前教育与社会进步有何关系，等等。由于对核心理论问题缺乏深入探讨，导致学前教育领域的研究缺乏延续性，每年的研究关注点都发生变化，研究者多以社会热点问题为研究视域，研究兴趣也跟着政策而变动频繁，这不利于学科的长远发展与学科认同。在为数不多的探讨学前教育理论问题的研究中，谢维和教授发表在《教育研究》杂志上的文章《论学前教育的“学前性”》具有较高的学术品位与学术价值，需要后人在此基础上持续开拓。

（3）人才培养结构需要调整，培养模式需要重构

随着人口下行的趋势，未来幼儿园教师队伍在规模上必将持续减少，这就需要高校调整学前教育人才培养结构，重构人才培养模式。目前北京地区本专科生的培养仍占主体，未来北京地区应持续增加学前教育硕士博士的培养，发挥北京地区学前教育领域高水平学者和专业人才汇聚的优势，使培养的人才可以优先辐射全国各地，不过目前北京地区学前教育学科硕士点、博士点并不算多，仅北京师范大学设立博士点，这与北京地区的区位优势不符。同时，在为幼儿园输送教师队伍时，本专科阶段的人才培养模式也需重构，突出婴幼儿教师的实践导

向，在学院化培养模式的基础上大量增加实训与实习机会，实现人才培养与用人单位的无缝连接。

2. 学前教育学科发展未来展望

（1）完善普惠性学前教育公共服务体系

虽然普惠性学前教育资源建设和我国普惠性学前教育公共服务体系已经取得长足进步，但由于学前教育事业基础薄弱等历史原因，当前我国普惠性学前教育仍存在公共服务的普及、实惠、均衡程度依然不高，经费投入依然不足，家长的满意度不高等问题。持续推进普惠性学前教育公共服务体系建设，要不断完善经费投入机制与成效监测机制，促进普惠性学前教育的协调发展；不断完善托幼一体化公共服务政策机制，促进托幼一体化的长效发展；不断完善家园社多主体协同育人机制，促进协同育人、完整育人的全面推进。除此之外，还要坚决遏制社会层面资本在学前教育领域的恶性渗透，坚定普惠性学前教育公共服务体系完善的社会主义方向。

（2）构建学前教育优质发展的中国式新样态

中国式学前教育在中国式现代化发展过程中不断取得新的成绩，但学前教育的质量状况还有待进一步提高，要通过思维创新不断推动学前教育新样态全过程、全系统的全新建构，完成中国式学前教育从“有质量”到“高质量”的建设升级。为此，要大力传承中华文明，结合社会主义先进文化，充分挖掘当地历史文化架构的课程内容，积极引入现代科学创新的教学手段。再次，现代化资源，促进学前教育文化自醒、文化自觉、文化自信，加强以文化人、以文育人的学前教育建设理念。其次，要坚持品质和品牌发展，构建学前教育课程与教学的新样态，吸收与时俱进的课程理念，重视信息技术的本质是人的现代化，实现学前教育教师专业发展的现代化，必须以人为本构建教师专业发展的新样态，以和谐民主的现代理念发展学前教育教研，以人文关怀的精神回应学前教育教师的专业需要。第四，要充分发挥中国特色社会主义制度优势，构建学前教育现代化的治理体制，发挥制度育人功能，不断提高治理水平和治理能力。

（3）推进以信息技术为助力的学科研究范式

将以互联网、大数据、云计算、人工智能为代表的现代信息技术与学前教育学科研究相融合，进一步思考信息技术对学前教育学科带来的深刻变革，推动迈向智慧教育的中国学前教育数字化转型。通过教育环境数字化、课程教学个性化、教育治理精准化，建构面向人人、适合人人、更加开放灵活的高质量学前教育体系，培养更具价值信念、数字素养、创新能力、终身学习能力的时代新人。

注：

［1］刘中一：普惠托育服务的内涵、实现路径与保障机制 [J]. 中州学刊，2022（01）：99-105.

［2］于开莲，宋鹏雁，张慧，曹磊：循证师范专业认证视域下学前教育专业本科教育实习评价标准构建研究 [J]. 教师教育研究，2022（01）：40-48+56.

［3］洪秀敏，刘倩倩：不同利益主体视域下幼小衔接的多维挑战与突围之路——基于东中西部五省的实证调查 [J]. 中国教育学刊，2022（04）：1-6.

［4］宋烁琪，刘丽伟：“儿童的视角”下幼儿与小学生的衔接困境和需求分析 [J]. 学前教育研究，2022（05）：11-27.

［5］于开莲，宋鹏雁，张慧等：循证师范专业认证视域下学前教育专业本科教育实习评价标准构建研究 [J]. 教师教育研究，2022（01）：40-48+56.

［6］洪秀敏，刘友棚：“幼有所育”重要论述的理论内涵与实践意蕴 [J]. 北京师范大学学报（社会科学版），2022（02）：17-28.

［7］沈永辉，李曼，李硕：学前教育培训机构“小学化”治理困境与突破路径 [J]. 教育评论，2022（12）：10-17.

［8］宋烁琪，刘丽伟：“儿童的视角”下幼儿与小学生的衔接困境和需求分析 [J]. 学前教育研究，2022（05）：11-27.

［9］孙蔷蔷，霍力岩：高质量学前教育课程指南国际比较研究 [J]. 比较教育研究，2022（07）：95-104.

教育经济与管理研究

一、学科建设情况

教育经济与管理专业是为适应教育学、经济学、管理学不断交叉、融合以及快速发展的需求而设立的交叉学科，属于公共管理一级学科所辖的二级学科。北京地区有近二十所高校开设教育经济与管理专业，分别是北京大学、清华大学、北京师范大学、中国人民大学、北京航空航天大学、首都师范大学、中央财经大学、对外经贸大学、首都经贸大学、中央民族大学、北京科技大学、华北电力大学、中国农业大学、北京交通大学。其中，北京大学和北京师范大学的教育经济与管理专业是国家重点学科，中国人民大学和清华大学在公共管理一级学科上获得“双一流”的项目支持。

北京地区招收教育经济与管理硕士专业的高校，多数学校将其设置为公共管理下的二级学科，仅有两所院校将其设置为教育学类二级学科，其中清华大学的教育经济与管理为教育学专业中的一个研究方向，北京师范大学的教育经济与管理专业则属于教育学门类。招收教育经济与管理博士专业的高校中，除清华大学将其设在教育学专业下，其余高校均将其设置为公共管理下辖的二级学科。2022年北京地区教育经济与管理研究领域共申请立项课题6项，国家社会科学基金立项课题4项，分别为国家重大课题、国家重点课题和国家一般课题，其中北京师范大学获立一项国家重点课题、首都师范大学获立1项国家重大课题和一项国家重点课题、对外经济贸易大学获立一项国家一般课题；教育部人文社会科学研究规划青年基金项目2项，北京师范大学获立该项目。获得立项课题的研究主题主要聚焦于基础教育生态系统重构机制，“双减”政策落实的过程监测和成效评价，校外培训治理、教育经费投入，教育领域中资本的监管与风险应对等方面。

在第六届全国教育科学优秀成果奖评选中，北京地区教育经济与管理学科专业硕果累累，共计3项成果获得一等奖，5项成果获得二等奖，10项成果获得三等奖。其中包括：北京大学闵维方教授著作《教育经济学》获得一等奖；北京师范大学杜育红教授论文《教育对经济增长的贡献——理论与方法的演变及其启示》获得一等奖；中国人民大学李国立教授论文《什么是好的大学治理》获得一等奖；北京师范大学毛亚庆教授著作《社会情感学习与学校管理改进》获得二等奖；北京大学岳昌君教授著作《全国高校毕业生就业调查报告2019》获得二等奖；首都师范大学薛海平教授著作《新高考背景下高中生学业生涯规划》获得三等奖；首都师范大学张爽教授著作《超越边界：学校组织场域变革的理论与实践》获得三等奖。

北京地区教育经济与管理领域的研究者通过信息交流和资源共享形成学术共同体，提高该领域的学术影响力。2022年北京地区教育经济与管理专业的学术交流紧密有序。在教育经济学领域，以线上线下相结合的方式举办四场学术会议，分别是中国教育经济学学术年会、第7届中国教育财政学术研讨会暨2021年中国教育发展战略学会教育财政专业委员会年会、北京大学教育经济研究所青年学者系列讲座，以及第八届中国教育财政学术研讨会暨2022—2023年度中国教育发展战略学会教育财政专业委员会年会。在教育管理学领域，北京地区同样以线上、线下相结合的方式举办了四场学术会议，分别是中国教育学会教育管理分会2022年学术年会、中国高等教育学会高等教育管理分会2022年度学术年会、以及联合国教科文组织（UNESCO）国际工程教育中心（ICEE）理事会暨顾问委员会2022年会议、首都师范大学第二届首都未来教育论坛。

北京地区学者发表教育经济与管理领域文章情况上，中文文章数量稳步增长，英文文章质量不断提升，文章主题聚焦国家重大教育改革和人才培养战略需求。通过中国知网数据库检索到2022年北京地区教育经济与管理学学者在中国知网上发表了137篇论文（包括报纸、书评）。通过web of science检索北京市教育经济与管理学学者发表的国际期刊文章相关文献共23篇，以“双减”为关键词检索到文献共3篇，分别是首都师范大学薛海平教授发表的论文《Can After-School Tutoring Sustainably Empower

Preschoolers' Development ? —A Longitudinal Study》、北京师范大学薛二勇教授发表的论文《What is the value essence of "double reduction"(Shuang Jian) policy in China ? A policy narrative perspective》、北京大学学者发表的文章《Education investment "rat race" in China: how income inequality shapes family investment in shadow education》。

二、研究现状及相关分析

1. 教育经济学方向

首次，教育经济学确立了学科独特的分析视角和议题。近年来，教育经济学研究视角已不限于学科经典议题，更关注新时代背景下国家出台的相应政策与法规并对其进行研究，呈现出多样化研究主题、涉及更广泛学科领域。其次，教育经济学研究主题丰富，但多涉及教育财政与教育经费投入的地区、城乡、校际之间差异等宏观层面问题，对于家庭校外校内教育投入及其影响的微观层面研究内容关注度不足。最后，学科研究方法随着学科的发展不断更新，当前教育经济学研究方法呈现多样化，结合了实证研究和规范研究，定量研究和质性研究。学者们在研究中更倾向于选择实证研究，以作为提高研究科学性和增强说服性的有力手段，但对于定性研究方法的选择，如田野调查、个案分析等质性研究方法和混合研究方法的使用仍为有限。同时，当前的大部分研究在数据分析过程往往采用回归分析、倾向值匹配、固定效应模型等经典模型，在数据处理与分析方面缺乏创新。

2. 教育管理学方向

首先，近年来教育管理学研究视角立足于治理体系和治理能力现代化的背景下，以促进教育治理现代化，提高学校办学活力为教育管理学领域研究热点。当前，教育管理学研究主题还包括党组织领导下的校长负责制落实，校长领导模式，学校文化建设，教师教学自主权，集团化办学以及高校治理等研究热点。但目前对于教育管理学领域热点的研究，研究方法多采用理论思辨，缺乏实证研究方法的运用。其次，教育管理学研究主要集中于基础教育和高等教育领域，而且其研究对象主要聚焦于公办学校，但缺乏对各级各类民办学校中存在问题的研究。同时，教育管理学研究倾向于宏观层面研究，对于学校组织内部的微观研究关注度薄弱。最后，教育管理学以实践需求为导向，对中小学治理改革、家校社协同育人和教师交流轮岗等顺应时代背景而提出的热点问题上需要深入探讨管理理论在其中发挥的作用，并构建有效的机制与体系，以促进更好的解决热点问题。同时需加强理论与实践之间联系，并提出切实可行且较为完善的制度办法。

三、研究反思及学科发展未来展望

其一，构建中国特色的教育经济与管理学理论基础和学科体系。综观学者的研究内容，较多根植于教育经济与管理学科的基本理论探索，但值得注意的是，在构建中国教育经济与管理学科的过程中，无论是教育经济学还是教育管理学都受西方经济管理理论影响颇多，因而在构建本土化、中国特色的理论基础上，有待进一步完善，中国与西方国家的国情不同，教育经济与管理学科的发展阶段不同，理应"以我为主、博采众长"。

其二，增强多学科间的融通，扩大学术影响力。学者对教育经济与管理学科的探寻已从宏观层面逐步向中微观的区域教育经济与管理、学校教育经济与管理推进，这反映了教育经济与管理学科的细化和逐步成熟，但进一步梳理可知学者关注于基础教育、高等教育，兼具时代发展特点和现实价值的职业教育、继续教育、特殊教育领域"寂寥冷清"，制约了教育经济与管理学科的学术影响力，未来应在厘清学科边界的基础上，真正地实现与相邻学科交叉融合。

其三，均衡研究方法，引入多种研究方法。首先，实证研究中的量化研究占据了绝对性的地位，但量化研究和质性研究的混合研究相对较为缺乏。量化研究以数据为基础，能较为客观、准确地呈现研究问题的现状，而质性研究能够补充量化研究的不足，尤其是深入挖掘现象背后的因果机理和作用机制。其次，可考虑将国际前沿因果推断研究方法、控制实验以及准实验研究方法引入教育经济与管理学科研究中，运用科学实验的原理和方法，有目的地控制和调节某些教育因素或教育条件，通过观测控制条件下的由于教育要素、教育条件变化引起教育现象变化结果，以揭示教育活动规律。第三，其余研究方法如社会科学研究中的行动研究、历史研究更是寥寥无几，这些研究方法也应有一席之地。"工欲善其事，必先利其器"，研究方法的均衡、创新才能促进教育经济与管理学科的发展。

教育技术学研究

一、学科建设情况

北京市目前共有 10 所高校设立了教育技术学二级学科，分别是北京师范大学、首都师范大学、北京大学、清华大学、北京邮电大学、北京航空航天大学、北京理工大学、中央民族大学、北京工业大学和北京外国语大学。其中教育技术学本科专业数量为 2 个，分别由北京师范大学和首都师范大学两所师范类大学设立；硕士学位点数量为 10 个，覆盖了 2 所师范类大学、3 所综合性大学、4 所理工类大学和 1 所语言类大学；博士学位点数量为 5 个，分别由 2 所师范类大学、2 所综合性大学（北京大学和清华大学）、1 所理工类大学（北京理工大学）设立。校级及以上教育技术学科平台北京师范大学建设有 1 个国家级学科平台、2 个省部级学科平台、2 个市级学科平台、1 个校级学科平台；首都师范大学建设有 1 个省部级学科平台，1 个市级学科平台、2 个校级学科平台；北京大学建设有 4 个校级学科平台；中央民族大学建设有 1 个市级学科平台、1 个校级学科平台。北京师范大学教育技术学学科专任教师 46 人，首都师范大学有教育技术学学科专任教师 25 人，其他综合性大学、理工类大学的教育技术学学科专任教师人数均不超过 10 人。北京师范大学和首都师范大学的教育技术学专任教师队伍结构中教授、副教授、讲师等不同职称的教师占比更为均衡。

学科研究方向总的来说包括教育技术学、远程教育、科学与技术教育三个大方向。年度申请立项 11 项课题，其中包括 4 项国家自然科学基金项目、4 项全国教育科学规划基金项目、1 项北京市社会科学基金项目、2 项北京市教育科学规划基金项目。

二、研究现状及相关分析

1. 整体状况与研究进展

（1）学者学术影响力分析

H 指数和 G 指数权衡了评价对象发表文章的质量和数量，被广泛用于评估研究人员的学术产出数量与学术产出水平。北京市高校教育技术学领域的学者 H 指数排名前 10 位的学者是余胜泉、黄荣怀、陈丽、王陆、张伟远、刘美凤、杨开城、韩锡斌、汪琼、李芒；G 指数排名前 10 位的学者是余胜泉、黄荣怀、陈丽、杨开城、王陆、韩锡斌、张伟远、赵国栋、刘美凤、李芒（杨开城、王陆并列第四）。

（2）文献发表计量分析

在中文文献发表方面，以中国知网期刊数据库为检索数据来源，2022 年北京市高校教育技术学领域学者共发表核心期刊论文 152 篇，其中发表文献数量最多的 10 位学者依次是李芒、武法提、陈丽、韩锡斌、董艳、汪琼、郑永和、余胜泉、韩锡斌、郭文革。北京市各高校作为第一作者单位的所占比例中，北京师范大学发文量占总体的 71%，首都师范大学占 19%，北京大学占 8%，清华大学占 1%，北京外国语大学占 1%。2022 年北京市高校教育技术学领域的学者共在 25 个中文期刊发表文章，刊文数量最多的前 8 个期刊分别是《电化教育研究》《中国电化教育》《中国远程教育》《现代教育技术》《现代远程教育研究》《开放教育研究》《现代远距离教育》《远程教育杂志》。

在英文文献发表方面，以 Web of Science Core Collection 数据库为检索数据来源，2022 年北京市高校教育技术学领域学者共发表 68 篇论文。其中发表英文文献数量排名前十的学者是黄荣怀、李艳燕、余胜泉、马宁、赵国庆、周颖、卢宇、王辞晓、王晶莹、蔡苏、傅骞（后五位并列），均来自北京师范大学。北京市各高校作为通讯作者单位的所占比例中，北京师范大学发文量占总体的 85.71%，北京大学占 5.71%，清华大学占 2.86%，北京理工大学占 2.86%，北京邮电大学占 2.86%。2022 年北京市高校教育技术学领域的学者共在 45 个英文期刊发表文章，刊文数量最多的前 8 个期刊分别是 *Interactive Learning Environments*、*Frontiers in Psychology*、*Sustainability*、*Education and Information Technologies*、*Australasian Journal of Educational Technology*、*Educational Technology Research and Development*、*International Journal of Artificial Intelligence In Education*、*International Journal of Science Education*。

（3）研究合作网络分析

将 2022 年北京市高校教育技术学领域的学者发

表在核心期刊的文章作为数据来源，分析作者的合作网络情况。北京市高校教育技术学领域学者的合作研究大多集中于校内合作，也存在少量的跨校学者之间的合作。北京师范大学冯晓英、黄荣怀、陈丽、李芒、郑勤华、李爽形成了串联式合作团队。北京师范大学郑永和与王晶莹、北京师范大学余胜泉与董艳分别形成了双主体小规模合作团队。北京大学汪琼、清华大学韩锡斌分别形成了较为独立的合作团队。

2. 主题分布与研究热点

对北京市高校教育技术学领域学者2022年发表的151篇核心期刊文章的关键词作词云图分析，表明2022年北京市教育技术学领域学者关注的研究关键词有人工智能、互联网、数字化转型、教师专业发展、深度学习等。将北京市高校教育技术领域学者收录在Web of Science Core Collection数据库的68篇英文文章的关键词作词云图，可以发现，2022年北京市高校教育技术学领域学者关注的研究关键词有在线学习、教育数据挖掘、教师专业发展、学生参与、增强现实等。综合来看，北京市高校教育技术学领域学者的研究热点包括四个主题，分别是人工智能教育、在线教育、教育数字化转型、技术支持教师专业发展。

（1）人工智能教育

在人工智能教育的基础理论研究层面上，郭文革等人从内容表征、知识组织方式、教学应用等方面提出了一个基于知识图谱的新型教材的描述性定义[1]。在人工智能教育的教学实践层面上，卢宇等人以学习者模型的解释作为教育领域的典型案例，在此基础上，研究梳理和提出了可解释人工智能在微观、中观和宏观三个层面的教育应用模式[2]。在人工智能教育的产品研发层面上，张志祯等人基于对教师学习难题的系统分析，对促进教师学习的智能技术产品研发提出了对策建议[3]。

（2）在线教育

在在线教育的基础理论研究层面上，陈丽等人从学理上阐释“互联网+教育”发展的时代背景，互联网的空间特性与变革作用，辨析“互联网+教育”的内涵和外延[4]。在在线教育的教学实践层面上，马宁等人构建了面向在线异步交互文本的情感—认知自动化分析模型及其自动化分析流程，之后将模型应用于大规模教师在线培训课程[5]。在在线教育的学习资源开发层面上，王琦等人总结了资源设计的主要组成部分，并提出了“结构—内容松耦合”资源模型（学习单元模型）[6]。

（3）教育数字化转型

在教育数字化转型的基础理论研究层面上，黄荣怀指出学校可以从夯实学校信息化基础设施、强化优质数字资源的创新应用、全面提升师生数字素养与技能、构建数字化课堂教学新模式、创新数字化评价技术与手段、建构线上线下融合的协同教研网络六个方面推进数字化转型[7]。在教育数字化转型的微观实践层面上，万海鹏等人提出了开展适应性在线课程构建的数字化资源建设新思路，设计了适应性在线课程的信息模型，从组织框架和基于学习元平台的应用实践两个方面对适应性在线课程的建设和实施过程进行了深入阐述[8]。

（4）技术支持教师专业发展

在技术支持教师专业发展的基础理论研究层面上，李葆萍等人提出参与“双师教学”的乡村在地教师工作现状和专业发展的基本路径[9]。在技术支持教师专业发展的微观实践层面上，马宁等人将评价支架引入到大规模教师培训类MOOC中，对同伴互评中的整体型评价支架和分析型评价支架进行设计和开发[10]。

三、研究反思及学科发展未来展望

1. 推进教育技术学与多学科深度融合，开展跨学科前沿研究

教育技术作为交叉学科的特点越来越突出，为教育改革和发展提供理论和实践支持。各高校在教育技术领域的研究方应不断推动与其他学科的深度融合，增强与其他学科领域专家的合作研究，共同探索学科交叉点，整合不同学科的理论和研究方法，做好顶层规划布局，强化统筹联动，开展跨学科项目研究，不断拓宽专业视野，深化跨学科理念，带动学科建设发展。

2. 发挥学科平台重要作用，以有组织科研推动政产学研协同创新

高校教育技术学学科建设应发挥各类研究中心和学科平台的重要作用，以有组织科研推动政产学研协同创新。一方面，应面向国家战略需求，回应政府政策关切，把准学科发展方向；另一方面，应深化校企合作，推动科研成果转化，协同研发创新型教育技术、产品、资源。通过政府、学术界、企业、行业之间的有效沟通，促进信息共享、资源整合、合作交流，引领学科和产业的创新发展。

3. 积极开展国际交流与合作，讲好教育数字化转型的中国故事

北京高校教育技术学科学研究应积极开展国际交流与合作，展示中国在教育数字化转型方面的成功案例、有效经验以及研究进展，与其他国家共同探索教育数字化转型的最佳实践，促进经验和资源的共享，推动中国教育技术研究的国际化发展，讲好教育数字化转型的中国故事。

注：

［1］郭文革，黄荣怀，王宏宇，贾艺琛：教育数字化战略行动枢纽工程：基于知识图谱的新型教材建设 [J]. 中国远程教育，2022（04）：1–9+76.

［2］卢宇，章志，王德亮，陈鹏鹤，余胜泉：可解释人工智能在教育中的应用模式研究 [J]. 中国电化教育，2022（08）：9–15+23.

［3］张志祯，徐雪迎，李英杰，吕雅楠：智能时代教师学习的十大难题 [J]. 中国远程教育，2022（02）：1–12+76.

［4］陈丽，郑勤华，徐亚倩：互联网驱动教育变革的基本原理和总体思路——“互联网＋教育”创新发展的理论与政策研究（一）[J]. 电化教育研究，2022，43（03）：5–11.

［5］马宁，张燕玲，杜蕾，王琦：面向在线异步交互文本的情感—认知自动化分析模型研究——以大规模教师在线培训为例 [J]. 现代教育技术，2022，32（05）：83–92.

［6］Wang Q, Yu S. Investigating the mechanism for automatic generation of online learning resources[J]. *Interactive Learning Environments*, 2022：1–21.

［7］黄荣怀：加快教育数字化转型推动学校高质量发展 [J]. 人民教育，2022（Z3）：28–32.

［8］万海鹏，余胜泉，王琦：教育数字化转型视域下适应性在线课程的设计及应用研究 [J]. 中国电化教育，2022（10）：102–109+117.

［9］李葆萍，仁青草，桑国元，赵瞳瞳：“双师教学”模式下乡村教师能动性与教学专长的关系研究 [J]. 电化教育研究，2022，43（07）：114–121.

［10］马宁，路瑶，郭佳惠，刘春平：评价支架对教师在线同伴互评质量的影响研究 [J]. 电化教育研究，2022，43（02）：34–41.

高等教育学

一、学科建设情况

北京地区高等教育学研究分布如下：北京师范大学高等教育研究院研究团队在高等教育政策与理论、现代大学治理、大学筹资与基金投资、人才培养与质量保障、学位与研究生教育、教师与学生发展、民办高等教育等研究领域形成了比较优势和特色。北京大学高等教育科学研究所设有三个研究中心：国际高等教育研究中心、中国博士教育研究中心、蔡元培研究会，分别从事国际比较高等教育研究、研究生教育研究和高等教育史等方面的研究。在过去的 20 余年中，北京大学的高等教育学学科逐步形成了高等教育政策与管理，国际比较高等教育研究，学术、学术制度与学术训练三个特色鲜明的研究方向。清华大学高等教育研究所围绕建设世界水平中国特色一流大学的基础理论、重大政策和实践问题展开研究，突出“交叉—融合—创新”特色，努力在拔尖创新人才成长规律和清华大学拔尖创新人才培养模式方面取得标志性成果。北京航空航天大学高等教育研究院依托在北航高等教育研究所。高等教育研究中心的主要研究方向包括高等教育理论研究、高等教育质量保障及评价研究、高等工程教育等。北京理工大学高等教育研究室现有高等教育学、教育经济与管理专业、教育技术学、中国教育政策与法规、教育与发展心理学 5 个硕士点和一个教育硕士专业学位点[1]。北京科技大学教育经济与管理研究所中，教师团队的研究方向主要有教育管理学、教育经济学、教育技术、教育发展战略与政策、教育财政学、教育心理学、管理心理学、新时代行业高校发展、研究生教育与高质量就业等。中国人民大学教育学院开设有高等教育学、教育法学、行政管理（教育行政管理）、教育经济与管理四个学术硕士专业。北京工业大学高等教育研究院主要研究方向是高等教育管理、学生事务管理、学位与研究生教育、院校研究、大学质量管理与评价。研究院拥有“高等教育学”硕士学位授权点，下设有高等教育与大学管理、工程教育、大学课程与教

学论三个方向。北京外国语国际教育学院前身是北京外国语大学教育学院。2019年，学院获得教育学一级学科硕士学位授权点，2020年开始招生。在博士研究生阶段，学院挂靠二级学科“外国语言学及应用语言学”，招收攻读博士学位的研究生，研究方向为国际高等教育与法律政策，从2019年开始招生。

二、研究现状及相关分析

1. 高等教育本体问题研究

（1）中国高等教育起源。陈洪捷认为，中国高等教育的起源问题，既是历史问题，也是理论问题。他从这两个方面研究中国高等教育的起源，认为高等教育是以高深知识为基础的人才培养活动，高深知识构成判定高等教育的重要依据。先秦是中国的高深知识产生的时代，也是中国高等教育形成的时期。[2]

（2）高等教育理论的定义与类型。拥有独特理论体系是高等教育研究获取学科地位的前提条件。沈文钦指出，对高等教育理论的界定早期是一元论的，将其等同于哲学或是变量间的关系，20世纪70年代以后走向多元论。借鉴阿本德与其他学者对理论的定义和分类，高等教育理论在语义维度上存在六种类型，而在对象和范围维度上又可分为内部理论和外部理论两类。系统构建中国高等教育理论体系，可从深入阐释高等教育中国模式、全面比较中西高等教育传统、充分解读中国高等教育经典著述、积极参与高等教育理论国际对话着手。[3]

（3）高等教育发展的时代情境和应对之策。张男星和王新凤认为，乌卡时代境遇既带给高等教育被动应对的“具身之感”，也要求高等教育主动做出“处变之略”。时代境遇亟待高等教育做出积极应对，也在重塑着高等教育的形态。我国高等教育的行动选择应是以创新内涵建设、结构优化、数字化要素更新、多元协同治理实现高等教育的高质量发展、协同发展、数字化转型和治理能力现代化，在外部变化中寻找突围策略和发展机遇。[4]

（4）高等教育的社会经济功能。张心悦和马莉萍基于2004—2018年省级面板数据对高等教育提升全要素生产率的作用机制进行研究，发现高等教育数量和质量均能促进全要素生产率的增长，且质量的作用更大。高等教育数量既直接影响技术效率变动，也会通过增加人力资本存量，进而影响技术效率变动，而高等教育质量通过提升创新能力促进技术进步。[5]

2. 中国式现代化和高等教育研究

周海涛认为，优先建设高等教育强国，以高等教育现代化支撑国家现代化，是中国式现代化的题中之义。李立国则从文化视角阐释文化与中国式现代化的联结，指出以中国式现代化全面推进中华民族伟大复兴的历史进程中，中国大学要继承和弘扬文化之根和精神资源，并对其进行创造性转化和创新性发展，挖掘和阐释传统优秀教育思想，赋予其新的教育时代内涵和表现形式，激发其生命力，使之与现代高等教育相协调和相适应，化解大学近代以来在中西碰撞的文化危机中的迷茫、失落和混沌，在文化自觉中找到中国大学发展的方向感、认同感和归宿感。[6]

3. 高等教育高质量发展

施晓光在研究中厘析高等教育“高质量发展”概念的内涵和外延，他聚焦高等教育“高质量发展”概念，分析其特征，解读其意义。[7]他认为，高等教育高质量发展必须以构建相应的质量文化为前提，以不断追求卓越作为其努力方向和基本原则，将重视教师发展、促进教学改革作为核心内容。[8]另有学者对高等教育结构中不同类型和层次的高等教育高质量发展进行专门分析。钟秉林认为，新版《研究生教育学科专业目录》是高质量高等教育体系建设进程中的重要事件之一，是高层次人才培养、学科专业建设和学术治理体系构建的重要依据。本轮学科专业目录修订工作体现了鲜明的时代特征和中国特色，学校要抓住学科专业目录颁布的机遇，调整学科专业结构，优化学术治理体系，改革研究生培养模式，不断提高学科专业建设水平和研究生培养质量。[9]

4. 中西部高等教育发展研究

中西部高等教育振兴是区域高等教育战略发展的热点话题，在推进高等教育现代化与实现高等教育高质量发展进程中起着重要作用。李立国、孙杰远、刘振天、薛二勇等聚焦中西部高等教育问题，指出我国中西部高等教育与东部地区有着较大差距，这种差距不是体现在高校规模与数量方面，而主要是高等教育质量与结构的差距，是高等教育与经济社会发展相适应水平的差距。[10]

5. 高等教育数字化转型研究

世界经济数字化转型是大势所趋，我国正在加快布局数字经济。2022年，全国教育工作会议提出“实施教育数字化战略行动”，这既是国际经济发展的大趋势，也是信息技术与教育融合迭代的必然要求。

（1）概念厘清和廓定。郭文革和黄荣怀等人从数字新基建对知识生产和人类文明发展的影响、历史上的教育“基础设施”与教材形态的变革、数字媒介环境下教材形态变革的典型案例分析三个方面展开研究，以厘清“基于知识图谱的新型教材”的概念内涵，明确其在教育数字化战略行动中的地位和作用。

（2）数字化转型的机遇和挑战。钟秉林认为，在以数据要素与数字技术广泛使用为标志的数字经济时代，高等教育数字化转型面临难得机遇与严峻挑战，其主要体现在：①在线教学实践创新了教育教学模式，高校提高教学质量面临新挑战；②数字化转型呼唤数字经济人才，高校学科专业建设和人才培养模式变革面临新挑战；③数字化转型呼唤专业化、高素质师资队伍，高校师资队伍建设面临新挑战；④数字化转型提出数字治理新命题，高校治理面临新挑战。[11]

（3）数字化转型的具体方面。李铭和韩锡斌等人聚焦教学维度，采用二维框架来描述高等教育教学数字化转型的系统结构和发展过程。该框架将高等教育教学数字化转型分为融合、转型初级和转型高级三个发展阶段。就教学数字化转型所面临的挑战，他们认为主要包括技术变革带来的数字鸿沟、高等教育教学体系已有惯性的制约、基于经验的教学管理与决策缺乏规范性与科学性等方面。[12]

6. 交叉学科和学科交叉研究

随着交叉学科门类的设置，交叉学科成为政策解读和学术研究的热点议题。钟秉林指出，“学科交叉”是学术思想交融、系统辩证思维和研究范式变革的体现，学科交叉点往往是新学科的生长点，有可能产生重大的科学突破，催生新学科前沿、新科技领域和新产业形态。新版目录和急需清单的发布，要求高校调整学科专业结构，完善学科建设规划；加强学科专业一体化建设；优化内部学术治理结构，提高教育治理能力；深化研究生培养模式改革，提高培养质量。[13]

7. 拔尖创新人才培养研究

阎琨等人基于我国培养实践，并结合国际前沿理论，探讨了新时代拔尖人才培养中“为谁培养人”“培养什么人”“怎样培养人”三个核心命题，阐述了“为党育人、为国育才”教育思想的理论基础和实践方向，并详细论述了拔尖人才的价值定位和培养路径。[14]一些学者以我国拔尖创新人才培养实践为案例，总结拔尖创新人才培养的中国模式和中国经验。李曼丽等人以钱学森力学班（下称“钱班”）为案例探究新时期本科教育拔尖创新人才培养模式，发现相比于传统本科教育组织方式，“钱班”探索了“课程精深学习＋进阶性科研训练”双轴驱动培养模式，并从“知识和经验的整合、时间与空间的拓展、师生互动方式和学生自我建构”四个维度比较系统地对理工类本科拔尖人才培养的核心要素和运行机理作了重新界说。[15]另有一些学者从国际比较研究的角度，通过总结他国拔尖创新人才培养中可迁移的有益经验，为我国拔尖创新人才培养提供借鉴。翟雪辰和钟秉林对美国顶尖大学基础学科拔尖本科生选育模式进行深入探究，指出在本科教育阶段，美国顶尖大学主要采取“全员学术精英教育”“高年级专业荣誉项目”“四年制综合荣誉项目”“本硕学位连读项目”四种选育模式选拔和培养基础学科拔尖学生，形成了多维度的选育结构、多路径的发展通道，以及开放包容的培养环境和制度空间。[16]

8. 研究生教育研究

（1）研究生教育政策研究。王战军和李旖旎对党的十八大以来学位与研究生教育政策进行论析，指出我国学位与研究生教育确立了“立德树人、服务需求、提高质量、追求卓越”的工作主线。教育主管部门研究制定了一系列政策文件，指引和推进学位与研究生教育快速发展、高质量发展，在立德树人、服务需求、提高质量、“双一流”建设等方面取得了令人瞩目的成就。[17]

（2）研究生教育高质量发展的意蕴阐释。马永红和张飞龙指出，国内对研究生教育质量的认识经历了“质量—提高质量—内涵式发展”三个阶段，当前，对研究生教育质量的认识进入新时代研究生教育高质量发展阶段。新时代研究生教育高质量发展是一个以研究与创新为核心，兼具事实陈述与价值判断的二元概念，具体表征为创新能力提升、结构优化、稳定性强、效率提高、公平正义、长期可持续。[18]

（3）研究生教育高质量发展的路径研究。一方面，部分学者从全局视野研究研究生教育高质量发展的进路。王战军等人指出，新阶段研究生教育高质量发展需要遵循优化调整、效率优先、协同发展、服务贡献和全方位开放的逻辑，切实转变发展方式，聚焦优化完善研究生教育体系、提升高层次人才培养质量、加强研究生导师队伍建设、加快学科专业结构调整升级、不断深化国际与交流合作新局面。[19]另一方面，一些学者聚焦研究生教育过程的具体要素。马永红等人通过构建广义科教融合本质框架，提出研究生教育回归广义科教融合本质的实现路径，即通过倡导知识生产模式多元交融共存，建立多元主体合作网络，激活研究生创新动力，探索创新性人才成长机理，以及强化学科发展、科研形态和研究生教育的互动等具体措施，从而发挥研究生教育倍增效应、集群效应、内生效应、尖峰效应、可持续效应，以期促进新时代研究生教育高质量发展。[20]另一些学者则聚焦数字技术赋能研究生教育高质量发展。王战军和蔺跟荣进一步聚焦动态监测要素，指出构建动态监测数据平台，形成以高校为主体、以动态监测为手段的研究生教育管理决策监测评估体系，是实现大数据驱动的研究生教育管理新范式的主要途径。[21]

（4）研究生教育评估。周文辉和赵金敏指出，我国研究生教育外部评估体系在制度建设方面存在的问题具体表现为：指标体系的认同度有待提升、数据采集增大高校工作负担、评估引发参评对象同质化、评估的诊断改进功能较难发挥。审视这些问题，其背后的原因主要是：资源质量观主导评估标准、缺乏统筹规划和归口管理、技术理性主导评估设计、忽视高校教师的主体性。面向新时代教育评价的改革需求，应培育第三方评估机构、搭建监测数据平台、强化研究生教育督导、开展元评估，以此建成更加成熟的研究生教育外部评估体系。[22]

9. 博士生教育研究

（1）入口：博士生选拔研究。郭二榕等人采用混合研究方法，基于博士生导师的视角，探讨不同学科的“申请—考核”招生实践及其异同，分析不同招生实践下的改革效果。研究发现，由于学科知识认识论和共识度等学科文化的不同，各学科在笔试、面试和导师安排等环节的具体实践存在差异；在取消笔试、将导师个体权力与导师组权力有机结合的情况下，博导对“申请—考核”制的效果评价更高。[23]

（2）过程：博士生培养过程要素研究。许丹东和沈文钦等人基于全国261所博士生培养单位、15512名博士毕业生的调查数据，从博士毕业生的实际就读体验分析了我国博士生的培养状况，结果表明：博士毕业生对于导师、课题研究过程、科研硬件条件的评价较高，但对课题申请环节、课程教学、生活条件、教学能力提升的评价相对较低。[24]

叶晓梅和马莉萍关注博士生的贯通式培养，其发现，贯通式培养博士的科研创新能力呈现动态增长趋势，且直博与硕博连读两类贯通式培养在不同阶段与不同学科呈现差异化特征，博士生培养模式的创新发展需考虑学科差异，并遵循学生成长规律。[25]

（3）出口：博士生择业过程和毕业去向的描摹。罗洪川等基于2015—2020年我国博士毕业生数据，分析其去向、趋势及就业特征，并据此提出实现我国高等教育内涵式发展的对策举措。[26][27]翟月、张辉和沈文钦还对博士毕业生就业地点选择的理想样态、抉择过程进行研究，指出就业地点对博士毕业生而言是一个承载着多重功能的“集合体”，多数受访者在选择就业地点时都经历过权衡抉择的过程，无论选择在何处就业，博士毕业生都会主动建构起就业地点对整个未来生活的意义。[28]

10. 工程教育和工程人才培养研究

（1）工程教育。其一，工程教育制度和理念的国际比较研究。曾开富、王孙禺和陈丽萍采用批判话语分析方法研究中美两国工学系的热词、词丛等话语方式，发现两国工程教育的话语方式因为职称与学术头衔制度、学位制度、奖励制度等制度原因而具有很高的相似性。在此基础上，对工程、研究、工程师等核心概念进行了分析。[29]其二，工程教育治理体系构建。构建工程教育治理体系是国家治理体系和治理能力现代化对工程教育发展的新要求。林健和卢兴富立足中国本土，对工程教育治理和工程教育治理体系的概念进行界定，对其内涵进行解析，阐述了工程教育治理和工程教育治理体系的内涵和特征，提出并分析中国工程教育治理体系的7个构成要素，即治理目标、治理理念、治理主体、治理对象、制度安排、运行机制和成效评价。[30]其三，作为工程教育质量保障的工程教育认证。乔伟峰、王玉佳和王孙禺从理论起源、方法转向、准则参照、制度演化四个方面回顾了工程教育认证的百年发展历程，并结合国际工程联盟（IEA）《毕业要求与职业胜任力（GAPC）》国际基准框架的修订工作，对工程教育认证的未来发展趋势进行了展望。[31]

（2）卓越工程人才培养。第一，卓越工程人才的能力结构廓定。郑丽娜和姜子娇等人从核心能力出发阐释何为新时代卓越工程师，其认为，卓越工程师核心能力结构由基准行为能力、领域专属能力、领域通用能力、卓越行为能力四维度14项核心能力相互关联和作用所形成，并进一步指出“卓越”不是静态的学习成果要求，而是核心能力持续积累的动态行为，体现的不是等级而是肩负的责任。新时代卓越工程师培养需要构建基于核心能力的模块化课程体系、深化产教融合培养，强化社会责任与伦理教育，助力加快建设具有中国特色世界水平的工程师培养体系。[32]第二，卓越工程人才的培养路径。林健以新时代卓越工程师为主体，对培养过程中的核心要素和主要环节展开了全面的讨论，包括卓越工程师类型与培养层次、工程学科专业建设、各类高校分工合作、人才教育培养理念、培养目标和培养标准体系、人才培养方案制订、专业课程建设、教学方式改革、校企全程合作培养、工科教师队伍建设、多方协同育人机制等。[33]

11. 教师专业发展和教学能力建设研究

（1）教师评价和考核制度改革。王青和庞海芍以朱小蔓提出的“情感文明”为理论视角，基于叙事转写和相片合成的方法对“非升即走”预聘—长聘教师制度下高校青年教师的情感进行叙事建构，提出预聘—长聘制度应重视情感文明，包括学校氛围、情感支持、学术共同体及教师自身的情感素养等多方面的建设。[34]

（2）教师专业能力建设。针对我国大学教学的实际问题，李芒和段冬新尝试研制我国大学教师教学准入标准框架及标准草案。其中，标准框架以“专业价值观”“教学核心知识”和“教学能动行为”为3个核心维度，涵盖“教育理想”“专业道德”“自我认同”“本体性知识”“文化知识”“实践知识”“条件性知识”“设计与组织”“反思与评价”和“教学循证与合作”10个关键领域，并于标准草案中细化为39项基本要求，为大学教师的聘任准入、职前培养、入职培训、在职研修、上岗评估等工作提供资质认定标准和专业发展目标。[35]

12. 创新创业教育研究

创新创业教育是对“大众创业、万众创新”的落实，是教育高质量发展、人才高质量培养的主要平台。随着创新创业上升到国家战略层次，高校创新创业教育受到多方重视。马永霞和孟尚尚以50所在本科阶段开设创新创业教育课程的高校为案例样本，运用模糊集定性比较分析方法，探讨环境与组织两个层面六个维度的前因变量不同组合影响高校创新创业教育质量的内在机制。研究发现，导致高创新创业活跃度的驱动机制有3条路径，包括全面推进型提升路径、文化激励型提升路径与教学驱动型提升路径；导致非高创新创业活跃度的驱动机制有2条，表现为生态失调型制约路径，与高创新创业活跃度的驱动机制存在非对称性关系。据此，马永霞和孟尚尚建议我国高校可以通过加强顶层设计、调整资源配置、坚持共生原则、避免悬浮治理等方面选择创新创业教育质量提升路径。[36]马永霞和王琳又基于创业认知理论，运用扎根理论方法，构建了由创业感知能力、创业认知能力、创业执行能力构成的大学生数字创业能力三维模型，并以卡内基梅隆大学为案例探索了数字创业教育模式，进而指出我国高校应通过更新教育理念、建立跨学科创业教育体系、建设多方参与的创新创业支持平台，持续推进创新创业教育改革从而适应数字时代变革。[37]

三、学科研究反思

1. 研究集中在团队内部，团队间、机构间合作不足。部分研究主题下的研究成果虽然数量较多，但主要由同一机构，乃至同一团队贡献，而不是“百家争鸣”。这一方面凸显部分科研团队在研究领域拥有深厚的学术积累；但另一方面，团队边界的强化与学科交叉、机构交叉天然抵牾，不利于创新思路的产生。不难发现，同一团队产出的一些研究在研究内容、数据来源、研究结论等方面呈现一定的相似性，这就可能是由于团队封闭性所导致研究的创新性可能不足的问题。

2. 高等教育学科的理论建构意识不足。本年度高等教育领域的研究主要集中在形而下层面，研究问题的选择与现实问题和实践的关联性较强，研究结论也较为具体，其优点在于实用性强。但问题也是明显的，高等教育研究过程中的理论多借鉴于其他学科，而在理论框架指导下的研究也导向对于现实问题的解答，而不是理论生成，这不利于高等教育作为学科的可持续发展。并且，当高等教育不专注于研究高等教育的理论问题，厘清高等教育本体问题，容易丧失其在社会经济发展中的独特性地位。

3. 学术梯队建设需要得到更多关注。北京地区高等教育学科在2022年度产出数量可观的学术成果，如果以引用情况、期刊类型和期刊影响因子为标准筛选出高质量文献，可以发现这些文章集中由高等教育领域的资深学者产出，青年学者在高水平文章发表上的显现度不足。

4. 对北京地区高等教育问题的研究不足。在2022年度高等教育学科发表的学术论文中，基本上没有专门以北京地区高等教育为对象的研究。在地研究的不足一定程度上折射出其服务本地区高等教育发展的意识有待提升。

四、学科未来展望

1. 学习贯彻党的二十大精神，积极为教育强国建设提供科研支撑。党的二十大报告强调了教育、科技、人才对于全面建设社会主义现代化国家的基础性、战略性支撑作用，做出了加快建设高质量教育体系，全面提高人才自主培养质量，着力造就拔尖创新人才，聚天下英才而用之等重要部署。高等教育在教育强国、科技强国、人才强国建设中的地位进一步凸显。置身百年未有之大变局，高等教育要勇担历史使命，引领国家的教育改革发展，深度支撑国家战略，提升其对经济社会发展的综合贡献力。北京地区高等教育学科要加强高等教育发展内外部关系、各类人才培养模式、科研组织方式、教育评价方法等基本问题的研究，为教育强国建设做出新贡献。

2. 加强对于北京地区高等教育改革发展难点问题的研究。进入“十四五”以后，作为全国高等教育普及化程度最高的地区之一，北京高等教育已悄然站在新的历史起点。环境和形势的深刻变化，带来了新机遇和新挑战。未来北京推进高水平教育现代化、实现高质量发展新征程面临着深入推进分类发展、空间布局调整、城教融合和后疫情时代的国际化等一系列重要议题。北京地区高等教育研究机构要进一步强化属地责任，积极发挥智库作用，为北京地区高等教育高质量发展产出更多高水平资政成果。

注：

［1］北京理工大学：教育研究院简介 https://www.bit.edu.cn/gbxxgk/gbxysz2/jyyjy/99195.htm.

［2］陈洪捷：论中国高等教育的起源 [J]. 北京大学教育评论，2022，20（02）：49–55+188–189.

［3］沈文钦：高等教育理论的定义与类型 [J]. 高等教育研究，2022，43（07）：69–88.

［4］张男星，王新凤：乌卡时代高等教育发展的境遇及其应对思考 [J]. 中国高教研究，2022，No.349（09）：83–87.

［5］张心悦，马莉萍：高等教育提升全要素生产率的作用机制 [J]. 教育研究，2022，43（01）：35–46.

［6］李立国：中国式现代化与大学的文化自觉 [J]. 清华大学教育研究，2022，43（06）：1–6+64.

［7］施晓光：识读我国高等教育的“高质量发展”[J]. 北京教育（高教），2022，（01）：14–19.

［8］施晓光：中国高等教育“高质量发展”再识读 [J]. 高等教育评论，2022，10（02）：222–231.

［9］钟秉林：高质量高等教育体系建设进程中的重要事件——写在新版《研究生教育学科专业目录》颁布之际 [J]. 教育研究，2022，43（09）：98–106.

［10］李立国，田浩然：共同富裕与中西部高等教育发展的新使命 [J]. 河北师范大学学报（教育科学版），2022，24（05）：11–19.

［11］钟秉林：高等学校要主动应对数字化转型新挑战 [J]. 中国高等教育，2022，（Z2）：1.

［12］李铭，韩锡斌，李梦等：高等教育教学数字化转型的愿景、挑战与对策 [J]. 中国电化教育，2022，No.426（07）：23–30.

［13］钟秉林：瞄准国家重大需求积极发展交叉学科 [J]. 科技传播，2022，14（18）：13–14.

［14］阎琨，段江飞，张雨颀等：拔尖人才培养的价值定位和实现路径 [J]. 大学与学科，2022，3（01）：36–47.

［15］李曼丽，王金羽，郑泉水等：新时期本科教育拔尖创新人才培养模式探索——一项关于清华“钱班”12年试点的质性研究 [J]. 华东师范大学学报（教育科学版），2022，40（08）：31–43.

［16］翟雪辰，钟秉林：美国顶尖大学基础学科拔尖本科生选育模式探析 [J]. 高等教育研究，2022，43（01）：99–109.

［17］王战军，李旖旎：党的十八大以来学位与研究生教育政策论析 [J]. 研究生教育研究，2022，No.71（05）：1–9.

［18］马永红，张飞龙：研究生教育高质量发展的历史脉络及时代意蕴 [J]. 民族教育研究，2022，33（01）：15–22.

［19］王战军，常琅，张泽慧：研究生教育高质量发展：时代背景、逻辑意蕴和路径选择 [J]. 学位与研究生教育，2022，No.351（02）：8–15.

［20］马永红，张飞龙，刘润泽：广义科教融合：研究生教育的本质回归及实现路径 [J]. 清华大学教育研究，2022，43（04）：60–70.

［21］王战军，蔺跟荣：动态监测：大数据驱动的研究生教育管理新范式 [J]. 研究生教育研究，2022，No.68（02）：1–8.

［22］周文辉，赵金敏：中国研究生教育外部评估体系：政策检视、问题剖析与完善路径 [J]. 大学教育科学，2022，No.196（06）：52–61.

［23］郭二榕，张熙，刘天子："申请—考核"制实践及其效果的混合研究：基于某高水平大学博导的视角 [J]. 中国高教研究，2022，No.342（02）：62–68.

［24］许丹东，沈文钦，翟月等：中国博士生的培养现状与问题——基于 2021 年全国博士毕业生离校反馈调查的分析 [J]. 学位与研究生教育，2022，No.354（05）：73–80.

［25］叶晓梅，马莉萍：贯通式培养博士科研创新能力的动态发展——基于某顶尖大学不同学科十届博士的追踪研究 [J]. 高等教育研究，2022，43（12）：77–86.

［26］罗洪川，向体燕，高玉建等：我国博士毕业生去向及就业特征分析——基于 2015—2020 年博士毕业生数据的分析 [J]. 学位与研究生教育，2022，No.350（01）：53–62.

［27］向体燕，高玉建，罗洪川等：基础研究学术型博士研究生毕业后都去了哪？——基于全国学术型博士学位授予数据的分析 [J]. 学位与研究生教育，2022，No.354（05）：37–47.

［28］翟月，张辉，沈文钦：什么是"好地方"——博士毕业生就业地点选择的质性研究 [J]. 中国高教研究，2022，No.351（11）：81–88.

［29］曾开富，王孙禺，陈丽萍：中美研究型大学工程教育制度与理念研究——基于语料库的批判话语分析方法 [J]. 华东师范大学学报（教育科学版），2022，40（08）：19–30.

［30］林健，卢兴富：中国工程教育治理体系的内涵与构成要素 [J]. 高等工程教育研究，2022，No.195（04）：1–9.

［31］乔伟峰，王玉佳，王孙禺：基于共同体准则的治理：工程教育认证的理论源流与实践走向 [J]. 华东师范大学学报（教育科学版），2022，40（08）：9–18.

［32］郑丽娜，姜子娇，雷庆：新时代卓越工程师核心能力：基于扎根理论的探索性研究 [J]. 中国高教研究，2022，No.349（09）：38–45.

［33］林健：培养大批堪当民族复兴重任的新时代卓越工程师 [J]. 中国高教研究，2022，No.346（06）：41–49.

［34］王青，庞海芍：情感文明："非升即走"制度下高校青年教师的叙事探究 [J]. 当代青年研究，2022，No.380（05）：92–99.

［35］李芒，段冬新：我国大学教师教学准入标准的研制 [J]. 重庆高教研究，2022，10（01）：60–70.

［36］马永霞，孟尚尚：高质量发展背景下创新创业教育质量提升路径研究——基于 50 所高校的模糊集定性比较分析 [J]. 高教探索，2022，No.226（02）：13–21.

［37］马永霞，王琳：基于创业认知理论的数字创业教育模式探索——以卡内基梅隆大学为例 [J]. 高等工程教育研究，2022，No.193（02）：166–172.

比较教育学

一、学科建设情况

北京地区专门开展比较教育研究的机构主要有北京师范大学的国际与比较教育研究院、首都师范大学教育学院的国际与比较教育研究所、北京外国语大学的国际教育学院、中央民族大学教育学院、北京大学教育学院的高等教育科学研究所、中国教育科学研究院的国际与比较教育研究所、北京教育科学研究院教育发展中心下的国际比较室等 7 家单位。此外，在清华大学教育研究院、中国人民大学教育学院、中国农业大学高等教育研究中心、北京理工大学人文与社会科学学院、北京航空航天大学人文社会科学高等教育研究院、北京化工大学文法学院中也有一些学者进行比较教育研究，成为北京市比较教育学学科建设的有力补充。

目前在北京设有比较教育学硕士点的机构只有4家，分别是北京师范大学、首都师范大学、中央民族大学和北京外国语大学；设有比较教育学博士点的机构仅有3家，分别是北京师范大学、首都师范大学和北京外国语大学。

从研究人员来看，北京地区比较教育研究人员以高校教师居多，其中北京师范大学国际与比较教育研究院师资队伍实力最强，其次是首都师范大学国际与比较教育研究所，再次是中央民族大学教育学院。此外，中国教育科学研究院和北京教育科学研究院作为北京地区专门从事教育科学研究的机构，都设有专门的科室来进行比较教育研究，其研究人员成为高校之外一支重要的比较教育研究力量。

从比较教育学的人才培养来看，2022年招收的比较教育学方向的学术硕士有44人，学术博士有11人，相比于2021年，2022年比较教育学方向的学术硕士人数有所增加，比较教育学方向的学术博士人数维持在稳定水平。整体来看，比较教育学硕士的研究方向有高等教育比较研究、国际教育政策比较研究、基础教育比较研究、教师教育比较研究等，比较教育学博士的研究方向有教育政策与管理比较研究、高等教育比较研究、科学教育比较研究、基础教育比较研究、国际教育与发展教育研究等。

年度科研立项35项，相比于2021年有所增加。从科研项目的层次来看，国家级课题、省部级课题、企事业单位课题均有涉及。从研究主题来看，涉及全年龄段教育包含中小学、高等教育以及老年教育，其中关注领域有中小学理念、课程和教学研究、“双减”政策研究、世界一流大学研究、国际大都市教育研究、国际组织人才培养研究、国际教育理念研究、数字化教育研究、教师教育评价等，体现出比较教育研究的视野与关注面广，研究具有前瞻性和跨学科的特点。

作为北京地区比较教育研究的高校智库之首，以北京师范大学国际与比较教育研究院为例，共有政策咨询57项。主要委托机构有5个：教育部国际合作与交流司委托政策咨询22项，涉及13个国家和东盟地区的教育对外开放战略与政策；教育部政策法规司共27项政策咨询，主要涉及各国教育改革发展、高水平人才和创新高地建设、教育数字化转型、留学生教育、基础教育改革、职业教育和普通教育和高等教育、国际组织教育政策等方面的研究；中央教育工作领导小组秘书组秘书局关注中国教育软实力；教育部社会科学司关注世界主要国家教育战略发展和中国参与构建未来教育社会契约和国际组织人才的研究；中国教育与社会发展政策研究院委托世界主要国家教育强国的政策咨询。

总体而言，北京地区开展比较教育研究的高校和研究机构，主要为我国教育部等相关部门提供政策咨询，并为北京市、教育部等提供国际教育信息数据及最新动态，助力教育决策中重难点及热点问题，2022年度主要涉及重点研究领域遍布基础教育、职业教育和高等教育，研究热点领域包含教育数字化、“双减”、科学教育、教育对外开放战略、教育强国和国际组织教育研究等。

二、研究现状及相关分析

1. 中文期刊科研成果的研究现状分析

以中国知网期刊数据库为检索数据来源，对CSSCI（含扩展版）索引、北大核心索引上比较教育学者发表的相关论文进行检索发现，2022年北京地区比较教育领域共发表中文期刊论文约206篇，涉及89位作者。

（1）中文期刊论文的作者特征分析

采用Citespace软件对206篇论文的作者特征进行分析。根据普赖斯定律，核心作者的发文量至少为3篇，2022年发文不少于3篇的研究者共有44位，占研究者总数的43.69%。其中，选取发文量为7篇及以上的作者为本年度高产作者，共计11人，主要包括北京师范大学的刘宝存教授、马健生教授，中央民族大学的苏德教授，北京大学的陈洪捷教授、蒋凯教授、哈巍副教授，清华大学的李曼丽教授、王传毅副教授、文雯副教授，北京外国语大学的秦惠民教授、苑大勇副教授等学者。

（2）中文期刊论文的研究机构特征分析

采用Citespace软件对2022年北京地区比较教育领域发表的206篇中文期刊论文的所属研究机构进行文献计量分析发现，共有86个研究单位参与了比较教育的相关研究。

首先，在研究机构的发文数量方面，北京师范大学国际与比较教育研究院发表的中文期刊论文成果最多（共计54篇），遥遥领先于其他高校。发文量排名前5的还有北京外国语大学教育学院、清华大学教育研究院、北京大学教育学院、中央民族大学教育学院等4所科研院校。

其次，在研究机构的中文论文合作方面，在核心作者偏向于进行校内合作的背景下，北京地区的比较教育研究机构仍然与本地区和外省市的机构有较多合作关系。其中，北京师范大学国际与比较教育研究院、北京外国语大学国际教育学院、北京大学教育学院、中央民族大学教育学院、清华大学教育研究院与其他机构存在较多合作。首都师范大学与北京地区高校有5篇合作文章。与北京地区的研究机构合作较多的省外机构主要包括天津大学教育学院（合作文章3篇）、厦门大学教育研究院（合作文章3篇）、浙江大学教育学院（合作文章2篇）。机构之间合作的一个显著特点是：北京地区的高校校内合作仍是比较教育研究的主流，存在一定程度上的高校跨校、跨地区合作。

（3）中文期刊论文的研究热点分析

采用 Citespace 软件对206篇中文期刊论文的研究热点进行文献计量分析发现，词频超过4的关键词有德国、高等教育、职业教育、课程、基础教育、新建校区。

随后，对关键词进行聚类分析（find cluster）以提取比较教育相关研究领域的聚类4个。

对聚类浏览器的信息以及关键词聚类所得数据进行分析，得到2022年北京地区的比较教育研究共有4个热点主题，分别是基础教育、高等教育、职业教育和跨学科。

2. 英文期刊科研成果的研究现状分析

以 Web of Science（WOS）数据库作为检索数据来源，对 SSCI 期刊中涉及的比较教育专业领域期刊进行检索发现，2022年北京地区共计81位学者参与发表英文论文250篇。

（1）英文期刊论文的作者特征分析

采用 Citespace 软件对250篇论文的作者特征进行分析。根据普赖斯定律，核心作者的发文量至少为3篇，2022年发文不少于3篇的研究者共有35位，占研究者总数的43.21%。选取发文5篇及以上的作者为高产作者，经文献计量分析发现，高产学者主要有北京师范大学教育学部的薛二勇、李健、Ahmed Tlili、庄腾腾、周丹华、廖伟，中央民族大学教育学院的孙立会，北京外国语大学国际教育学院的 Adam Poole，北京语言大学的于中根，北京师范大学数学科学学院的 Tommy Wijaya。

（2）英文期刊论文的研究机构特征分析

首先，共有108家高校与科研院所参与了英文期刊论文的发表。其中，北京师范大学的发文数量最多，共产出133篇英文论文。除此之外，英文发文量较高的单位分别是清华大学（26篇）、北京外国语大学（22篇）、首都师范大学（20篇），以及北京大学（18篇）。

其次，在研究机构的合作方面，北京地区的研究机构与省外、国外院校均有合作。例如，与香港中文大学合作10次、与香港大学合作7次、与香港教育大学合作6次、与华东师范大学合作5次、与台湾师范大学合作4次，以及与美国加利福尼亚大学合作4次。可见，北京地区的研究机构与香港地区的院校进行了更多的英文论文合作发表，这可能是由于相较于与国外高校合作，北京地区的学者与香港地区的学者在语言上更容易沟通、在文化背景上更为接近。

（3）英文期刊论文的研究热点分析

采用软件进行文献计量分析得到6个热点主题，分别是可持续发展、信息技术教育、在线教育、教师专业发展、高等教育、学习动机。

3. 学术专著的研究现状分析

通过检索"中国国家版本馆（国家版本数据中心）""中国国家图书馆 · 中国国家数字图书馆"等权威网站发现，2022年，北京市各高校和科研院所出版了多部关于比较教育研究的著作，学者关注的领域呈现出多样化、专业化的特点，一方面，北京地区比较教育学者持续关注以下主题：教育思想与理论研究、基础教育治理与改革研究、高等教育治理与改革研究、教育国际化、"一带一路"国家教育专题研究，以及全球教育治理；另一方面，"人工智能+教育""STEM 教育"等教育热点问题也日益受到北京地区比较教育学者的关注。

三、研究反思及学科发展未来展望

综观2022年度北京地区比较教育研究人员中英文期刊以及学术专著的研究成果，可以发现比较教育学科发展存在着一些不足。第一，从已有研究成果的研究主题和内容来看，研究主要集中在基础教育、职业教育和高等教育领域。其中教育数字化、"双减"政策、科学教育、教育对外开放战略、教育强国和国际组织教育研究受到学者的重点关注，比较教育学科发展的理论体系和话语建构研究虽然越来越受到关注，但与国际层面的比较教育理论和实践研究相比，能够形成国际理论对话的研究仍较为少见。第二，在比较教育研究人员的学术合作方面，北京师范大学国际与比较教育研究院等专门组织机构更多倾向同校内和京内高校兄弟单位之间的学术合作，与其他学校的跨地区、跨区域、跨国合作较为相对缺乏。已有的合作形式更多倾向于期刊论文、学术专著等基于学术产出的合作，跨校、跨机构共同申请课题，组织合作研究项目，以及完成英文学术成果发表等深层次合作有待进一步加强。第三，已有的比较教育研究成果较多主要围绕政策报告的文本内容分析、国别案例的比较研究展开。虽然质性研究在比较教育研究中的运用越来越多见，但基于定量数据的实证研究较为缺失，导致研究方法存在某种程度的单一性。就方法论而言，在构建人类命运共同体的大背景下，具有中国特色的比较教育研究方法论体系建构及其运用的相关研究仍需要进一步拓展和深化。第四，从已有研究成果的社会价值来看，比较教育学科服务社会和国家战略的职能虽然愈加彰显。但比较教育学科的研究问题和研究内容如何既能立足本土，回应国家、社会及首都教育发展的现实需求，又能引起国际社会的关注和思考，进而影响国际教育宏观决策和发展，体现中国比较教育学科的话语权，仍需比较教育学术共同体的不懈努力。

结合北京市各高校和科研院所比较教育学科发展的基本情况和主要问题，未来改进的方向包括以下几方面。第一，从比较教育学科的机构发展和学术共同体建设来看，应进一步加强教育研究学术共同体与教育实践共同体的联动，促进大学和研究机构与中小学合作，助力中小学国际交流与合作的有效落实；同时，"走出去"与"引进来"相结合，加强北京地区教师、管理者、研究者等不同层面的国际人员和信息交流，与海外学校、学者乃至行政管理人员建立战略性合作关系。这一过程中，也应拓展和优化与"一带一路"沿线国家的合作研究与实践交流。第二，从比较教育的研究主题来看，在更为密切的人员交流和机构战略合作的基础上，比较研究的主题可逐渐从宏观走向微观、从文本走向经验、从单向介绍走向双向互动，深入到儿童成长、课堂教学、学校生活、社区生活等方方面面；同时加强对教育发达国家在高精尖人才培养方面的经验和案例进行深度剖析，探索国际社会卓越拔尖人才培养的奥秘。此外，关照教育和文化的多样性，从教育这个切入点更深刻地理解他国人民的生活，增进国际理解，这将更好地促使学者反观和挖掘中国比较教育的特色。第三，从比较教育的研究方法来看，应更加注重跨国界、跨文化实证研究方法的开发和运用，搭建平台，通过专题培训、国际合作等形式，切实提升研究者开展海外田野或海外民族志研究的能力；鼓励研究者积极利用国际教育测评数据库进行定量比较研究，提高比较教育研究的科学性、规范性和某种层面的全球"共通性"。建议未来拓展以北京地区比较教育学者为主力的国际教育调查项目，除了梳理和借鉴发达国家教育改革的经验外，思考如何同"一带一路"沿线国家以及发展中国家建设长期、可持续的教育科学研究合作关系也显得尤为重要。如此一来，方能更好地彰显中国比较教育研究的大格局和大视野。

职业技术教育学

一、学科建设情况

1. 学科基本情况

北京地区职业技术教育学研究机构主要集中在高校、部分中高职和其他事业单位。2022 年北京地区除北京师范大学外，新增北京外国语大学设立职业技术教育学二级学科并实际招生。

北京师范大学教育学部职业与成人教育研究所，是我国高校中最早开展职业教育学教学和科研的机构之一，是职业技术教育学学科形成与发展的重要策源地，也是我国职业技术教育学科领域的高水平科研，具有职业技术教育学硕士和博士学位授予权。现有专职教师 8 人，其中高级职称 4 人，副高级职称 3 人，中级职称 1 人，均具有博士学位。主要研究方向为职业教育理论、产教融合、职业教育教师专业发展、职业教育教学与课程、职业教育质量保障、比较职业教育、职业教育经济、职业教育心理学等，每年招收学术性博士研究生 3 名左右，学术性硕士研究生 7~8 名左右（其中 2~3 人为成人教育方向），职业教育方向主要研究职业教育基本理论、职业教育教学与课程、职业教育教师专业发展等。北京外国语大学国际教育学院 2019 年获批教育学一级学科硕士学位授权点，并设立了职业技术教育学二级学科，目前有 3 位教师从事职业技术教育研究，2023 年开始招收职业技术教育学方向学术型硕士研究生，每年预计招收 3 名左右。此外，北京联合大学应用科技学院招收职业技术教育专业硕士，2022 年招收 22 名专业硕士。首都师范大学也设立职业技术教育学二级学科，但未实际招生。除此之外，其他大学比如北京大学、清华大学等也有个别学者研究职业教育，但没有设立专门二级学科。

北京地区中高职中仅有少量学校设置了高职研究所或职业教育研究所（室）主要围绕学校（院）建设与规划、人才培养、课程、教学、师资队伍建设等中课题开展相关研究。2022 年北京现有高职院校 25 所，公办院校 16 所，民办院校 9 所[1]；其中国家级“双高校”（“中国特色高水平高职学校和专业建设计划”）7 所（占北京高职院校总数的 28%）、北京市“特高院校”（北京市特色高水平职业院校建设计划）8 所（占北京高职院校总数的 32%），其中有 4 个高职院校设立高职（职业教育）研究所。2022 年北京市有中等职业学校 102 所，比 2021 年减少 7 所[2]，其中有 5 个设立了职业教育研究所。

除此之外，北京地区目前有 4 个专门研究职业教育的研究机构，即教育部职业教育发展中心、中国教育科学研究院职业教育与继续教育研究所、北京教育科学研究院职业教育研究所、北京师范大学国家职业教育研究院（虚拟研究机构）。

2. 学科建设投入

通过对国家社会科学基金、全国教育规划课题基金、教育部人文社会科学研究基金、北京市教委课题基金的课题立项情况进行统计，发现北京职业技术教育领域 2022 年共申请立项课题 32 项，其中全国教育科学“十四五”规划 2022 年度课题 8 项，分别为国家重点、国家一般、教育部重点和教育部青年课题；2022 年度教育部人文社会科学研究规划基金项目 1 项。北京市教育科学“十四五”规划 2022 年度课题 23 项，其中优先关注课题 2 项、重点课题 3 项、青年专项课题 4 项、一般课题 14 项。获得立项的课题主要聚焦于职业教育本科、职业技能等级证书、职业教育数字化转型、职业教育政策、中等职业教育发展、职业启蒙教育课程体系、国外职业教育发展、职业教育治理、职业院校创新团队建设、专业群建设、高技能人才、质量保障体系、教师企业实践、人才培养模式、教育评价、产教融合、1+X 证书制度、“岗课赛证”融通育人模式、教学评价等。

二、研究现状及相关分析

1. 外文期刊论文和著作

通过 web of Science 和 Springer Online 等数据库进行检索，2022 年北京地区职业技术教育学科学者发表相关的英文期刊论文 9 篇，主题为高职毕业生职业发展、教师发展、学生心理健康、职教在线课程、课程设计、学习动机、学习效果等。

2. 中文期刊论文和著作

（1）北京职业技术教育学科学者发表的中文期刊论文成果分析

通过中国知网数据库进行检索，2022 年度北京市职业技术教育领域的学者们共发表 102 篇文章，其中核心期刊（包括 CSSCI 索引、北大核心索引）68 篇，占总发表数的 66.67%；非核心期刊 34 篇，占总发表数的 33.33%。对所有文章的主题作词云分析，表明新职业教育法、职教师资、国外职教、高质量发展、产教融合、人才培养、教育财政、职教发展、职业技能评价、数字化转型、职业教育质量、学徒制、职业教育适应性等是本年度学者们关注的热点，特别是新职业教育法。由主题分析可知，北京职业技术教育学界的学者们关注的主题非常丰富，且与国家政策紧密相关。

（2）北京职业技术教育领域的期刊发表的科研成果分析

目前，北京有两本杂志属于职业技术教育学科领域的期刊，均被北京大学核心期刊 2022 版收录，即《中国职业技术教育》和《教育与职业》。

《中国职业技术教育》期刊 2022 年度发表文章 461 篇，对所有文章的主题作词云分析，表明职教师资、人才培养、思政教育、职业教育法、国外职教、职教发展、课程教学、产教融合、院校治理、教材建设、职教本科、双高建设、1+X 证书制度、院校发展、专业建设、乡村振兴、职教国际化、中职发展教学改革、课程建设、高质量发展等为热点主题。

《教育与职业》期刊 2022 年度发表文章 424 篇，对所有文章的主题作词云分析，表明课程与教学、人才培养、职教师资、产教融合、高质量发展、国外职教、乡村振兴、职教本科、职教发展、职教发展、终身教育、德育、校企合作、农村职业教育、产业学院、劳动教育、职业教育适应性、创新创业、共同富裕、社区教育、职业教育法、专业群建设、“双高”建设、专业建设等是热点主题。

（3）图书文献成果分析

通过中国图书网进行检索发现，2022 年度北京职业教育界出版有关职业教育学科发展的著作 13 本，其中专著类图书 8 本，编著类图书 5 本，涉及主题包括职业教育国际合作、创新实践、学习型城市、新中国职业教育发展、产业发展、德国职业教育与培训体系、法国职业教育与培训体系、对外职业教育援助、职业教育法、职业教育本科、职业技能、高校转型发展等。

3. 职业技术教育学学科发展特点

从当前北京地区职业技术教育学科学者研究现状可以看出，职业教育领域的学者不仅关注国家政策动态，围绕 2022 年国家最新政策开展一系列研究，例如新职业教育法、职业教育高质量发展、数字化转型等相关研究，为助力国家政策实施与发展提供理论和实践支持；而且也关注国外职业教育发展动态，注重国际经验的借鉴与学习，为国内职教高质量发展提供借鉴的意义。此外，职业教育宏观和微观的发展也是北京地区职业技术教育领域学者的关注点，例如职业教育高质量发展、院校治理与发展、人才培养、课程和教学改革、职教师资队伍建设等。

三、研究反思及学科未来发展展望

与 2021 年相比，北京地区新增一所高校招收职业技术教育学硕士，学科发展有所进步，但依然面临着学科体系建设较薄弱、缺少专门的职教师资培养机构、学术平台建设存在短板等问题。首先，在学科体系建设方面较弱。北京高校设置职业技术教育学科点的数量非常少，研究职业教育的学者数量少，即将面临青黄不接的问题，大部分的高校都还未建立职业教育学科发展平台。北京地区尚且没有职业技术教育学本科专业，实际招生的硕士点为北京师范大学和北京外国语大学，博士点仅为北京师范大学，培养的学生数量非常有限。其次，缺少专门的职教师资培养机构。北京有 100 多所中职和 20 多所高职，对高水平职教师资的需求量大，况且职教师资学历提升需求强烈。但目前除了北京师范大学有硕士和博士点、北京外国语大学有硕士点、北京联合大学应用科技学院招收少量的专业硕士、北京联合大学师范学院为中职学校培养学前教育专业（本科层次）师资外，缺乏专门的职教师资培养培训和学历提升机构。在全国 4 各直辖市中就有 3 个成立了专门的职业技术师范大学或学院来培养职教师资，例如天津 1979 年成立天津职业技术师范大学、上海 2021 年也成立了上海市职业技术教师教育学院助力上海高水平职教师资培养和现代职业教育高质量发展、重庆 2022 年在重庆师范大学成立职业技术师范学院，旨在培养职业性、专业性、师范性“三性一体”的职业教育师资。但北京至今还没有成立专门的职教师资培养培训机构。再者，学术平台建设存在短板。目前北京地区有 4 个专门研究职业教育的研究机构（事业单位），同时有中华职业教育社、中国职业教育学会两个学术组织 / 团体，两个职业技术教育领域的期刊，为职业技术教育学科发展提供了重要的学术研究和发展平台。但是，目前职业教育领域还没有专门的 CSSCI 期刊，很多职业教育文章都需要发表在其他学科期刊上，这对于职业技术教育学科的发展非常不利。

为促进北京地区职业技术教育学科的发展，未来首先应在北京地区高校，尤其师范类高校中设立职业技术教育学二级学科点，增加硕士、博士点，扩大招生规模，尤其是专业硕士和在职教育博士招生人数，助力北京中高职院校师资队伍质量的提升，为北京地区职业教育研究机构输送人才，增强北京地区职业技术教育学科研究力量及后备力量。其次，职业教育的发展，离不开高水平的师资队伍，建议成立专门的职业技术师范大学或师范学院，为中高职、职业教育本科、职业教育研究机构提供充足的后备研究性人才和专业人才。再次，当前北京在养老服务、婴幼儿护理、学前教育等领域缺乏专业人才，建议加强养老服务、婴幼儿护理、学前教育等领域紧缺人才培养和相关理论与实践研究，助力北京社会发展。最后，建议建立职业技术教育学科的专门 CSSCI 期刊，为高质量、高水平的职业教育学科发展研究成果的发表提供更高的学术平台。

注：

［1］北京市教委：北京市高等职业教育质量年度报告 2023[EB/OL]. http://jw.beijing.gov.cn/bjzj/gdzyreport/gdreport/202304/P020230404545702998756.pdf，2023-06-13.

［2］北京市教委：北京市中等职业教育质量年度报告 2023[EB/OL]. http://jw.beijing.gov.cn/bjzj/gdzyreport/zdreport/202304/P020230410374864304802.pdf，2023-06-13.

特殊教育学

一、学科建设情况

北京地区目前共有 2 所高校设立了特殊教育学二级学科，分别是北京师范大学和北京联合大学。北京师范大学特殊教育学院的前身是成立于 1980 年的特殊教育研究室（后为特殊教育教研室），1986 年开始招收本科生。1993 年和 2005 年相继建立特殊教育硕士点、博士点。2008 年被教育部定为首批建设的国家特色专业。2019 年入选首批国家级一流本科专业建设点。培养高学历的特殊教育专业教师和高层次的学术研究人才。目前特殊教育学专业本、硕、博在校生为 113 人。现有教师 9 人，都具有博士或硕士学位以及国外进修半年以上或留学经历，涉及各类特殊需要儿童的生理、心理、教育、康复等学科领域。先后参与或主持国家《残疾人教育条例》《特殊学校课程方案》《特殊学校课程标准》《特殊教育教师专业标准》《特殊教育办学质量评价指南》等重要法规、文件的制定。主持了各级各类课题近百项，出版著作和教材多部。每年在国内外公开出版的刊物发表研究论文约 50 篇。北京联合大学特殊教育学院成立于 2000 年 9 月，现有教职工 96 人，学生 740 人，是我国第一所残健融合、综合性的特殊教育学院。学院现有硕士专业 2 个、本科专业 6 个。硕士专业为教育（特殊教育，专业硕士）、中医（针灸推拿，专业硕士、视力残疾大学生）。本科专业为特殊教育、教育康复学、视觉传达设计（听力残疾大学生）、计算机科学与技术（听力残疾大学生）、针灸推拿学（视力残疾大学生）、音乐学（视力残疾大学生）。特殊教育学院拥有一支适应高等特殊教育学科与专业建设和教学需要的、结构优化、素质良好、富有活力、勇于创新的教师队伍。现有专任教师 59 人，其中具有教授职务 5 人，副教授职务 22 人，讲师职务 29 人，其中有博士后 2 人，博士 20 人，硕士 36 人。教师中有北京市优秀教师 2 人，北京市人才强教骨干教师 6 人，北京市青年拔尖人才 3 人，北京市青年英才 2 人，北京市青年教师教学基本功比赛二等奖获得者 1 人。北京市优秀教学团队 1 个，北京市学术创新团队 1 个。

除两个高等教育机构外，中国教育科学研究院心理与特殊教育研究所和北京教育科学研究院特殊教育研究指导中心也承担特殊教育领域学术研究工作。

二、研究现状及相关分析

1. 科研立项、期刊文章及著作

从科研立项来看，2022 年各单位省部级及以上立项课题共 18 项。从期刊文章发表情况来看，2022 年北京市特殊教育学科的发文总量为 104 篇，其中中文文献 85 篇，英文文献 19 篇，61 篇发表于国内外 CSSCI、SSCI 或 SCI 期刊。从专著来看，2022 年北京师范大学出版著作 8 部。

2. 基本理论、政策与实践研究

（1）中国特色特殊教育理论性研究

2022 年，北京市特殊教育领域关于中国特色特殊教育理论性研究突显，提出了强化特殊教育普惠发展、构建优质均等的基本公共特殊教育服务体系、建设特教班等本土理念，还深入解读了习近平总书记残疾人观、总结了党的十八大以来我国特殊教育改革的成就与经验、探析了教育现代化背景下融合教育本土教学实践特色。李天顺等（2022）指出，强化特殊教育普惠发展，基础是普及，筋骨是投入，目标是办人民满意的特殊教育，内核是质量。全面贯彻落实党的二十大报告精神、强化特殊教育普惠发展，必须对标现代化要求，加快健全特殊教育体系；推进融合教育，努力提升人才培养质量；加大人、财、物投入，全面强化特殊的条件保障；加强督导评估，确保各项任务落到实处[1]。

融合教育是教育现代化的产物，也是实现教育现代化的必然途径。我国融合教育本土教学实践的探索开始于随班就读实验，经过几十年的发展，逐渐形成本土特色。王东升等（2022）对教育现代化背景下融合教育本土教学实践特色的探析发现，融合教育本土教学实践具有现代性和民族性的内在属性，在教育现代化的背景下，应坚持社会主义集体主义价值观，遵循“潜能开发优先，缺陷补偿其次，促进全面发展”的教育教学观，落实“特殊关爱”

的教育理念，形成“三位一体”本土实践特色结构。未来，我国融合教育教学应探究本土教学实践的文化基础，构建融合教育本土实践的教育生态体系，深化普通学校的融合教学变革，迈向融合教育教学的现代化[2]。

（2）特殊教育政策研究

特殊教育政策研究聚焦于基于教育公平视角考察学前特殊教育政策、基于新《职业教育法》解读残疾人职业教育的挑战与对策、基于政策文本内容分析特殊教育相关政策、解读《“十四五”特殊教育发展提升行动计划》及残疾人高等教育普通招生考试支持政策。学前特殊教育是学前教育的重要组成部分。以人民为中心，追求与发展“公平而有质量的教育”“更好更公平的教育”是新时代对教育公平提出的新要求。赵小红（2022）基于教育公平视角考察发现，学前特殊教育政策还存在专项法规效力层级较低、地方学前教育立法缺陷犹存、生均公用经费基本标准缺乏、师资保障政策笼统及质量监测亟待加强等问题，掣肘残疾儿童教育公平的进程[3]。

（3）国外特殊教育实践研究

国外特殊教育实践研究聚焦于解读美国特殊儿童委员会发布的《早期干预/学前特殊教育工作者基于实践的初级专业准备标准》、美国的高质量学前融合教育指标体系、美国高质量早期干预与学前特殊教育系统框架、欧洲特殊及融合教育发展署的“学前融合教育生态系统模式”并梳理俄罗斯全纳教育实践经验。童琳和顾定倩等（2022）解读了美国特殊儿童委员会发布的《早期干预/学前特殊教育工作者基于实践的初级专业准备标准》，该标准以“儿童本位”“融合教育”“教师专业发展”“实用主义”理念为基础建构内容条目，以教师专业发展的三维结构搭建内容框架，按“理论联系实践”的思路及教学过程的顺序逻辑进行条目编排[4]。

3. 残疾人教育与干预研究

（1）听力障碍

听力障碍儿童研究聚焦于数学计算能力、言语功能、学校满意度、学习投入等的现状调查。陈丽兰和王雁（2022）对来自2所特殊教育学校的247名聋哑儿童和来自中国一所普通学校的247名健听儿童（智力匹配）样本完成了智力和数学计算的测试以及数学焦虑和数学自我效能感的自我报告。利用PROCESS进行简单中介分析和调节中介分析发现：聋儿和健听儿的数学焦虑与数学计算、数学焦虑与数学自我效能感呈显著负相关。数学自我效能感部分中介了聋儿数学焦虑与数学计算的关系[5]。

听力障碍大学生研究聚焦于有效学习方式、职业能力培养等。孙岩等（2022）探讨了提升听障大学生英语能力的社团学习模式。通过课上和课下相结合、线上和线下相结合、校内和校外相结合的英语学习方式，陆续组织单词打卡、阅读打卡、大学英语四级辅导、四级模拟考试、听障大学生英语竞赛、学习方法分享、英语简历辅导、颁奖仪式等活动，使学生英语学习信心增强，学习积极性提高，大学英语四级通过率明显提升。实践证明，社团学习模式是听障生大学英语课堂的有益补充，值得参考借鉴和进一步推广[6]。

（2）孤独症

有效的孤独症教育与干预技术包括虚拟游戏支持、演绎推理教学、神经反馈训练、同伴介导干预。蒋艳双等（2022）对国际上利用虚拟游戏支持孤独症儿童干预的相关研究进行分析发现：①虚拟游戏支持孤独症儿童教育的关键技术包括可视化技术、虚拟代理技术和新兴技术。②虚拟游戏可作为孤独症儿童教育中的认知工具和教与学支持工具，帮助其进行词汇学习、数字化阅读与编程学习。我国孤独症儿童教育发展可运用多模态分析技术，拓展虚拟游戏教学效果的测评方式[7]。贺荟中等（2022）探讨孤独症儿童的限制性兴趣（Circumscribed interests，CI）发现，孤独症儿童对限制性兴趣相关刺激有注意偏好[8]。

父母对孤独症的认知、育儿压力、社会支持情况。傅王倩等（2022）采用家长对孤独症的感知问卷，收集了171个孤独症儿童家庭的信息，调查了家长关于孤独症儿童的知识以及家庭面临的困难。发现：母亲是孤独症儿童的主要照顾者，孤独症儿童父母对孤独症的症状、病因、发病年龄和干预措施有较好了解，对预后和未来生活期望较高，父母对社会接受度、家庭压力和干预措施有效性表示担忧[9]。贺荟中等（2022）探讨了孤独症谱系障碍儿童母亲的社会支持网络、感知的社会支持与其主观幸福感之间的关系。发现孤独症儿童母亲的主观幸福感与感知的社会支持之间存在显著相关性。同时，感知到的社会支持与整体社会支持的有效性显著相关。总体而言，社会支持有效性在社会支持网络对感知社会支持和主观幸福感方面起着重要作用[10]。

（3）超常儿童

超常儿童研究聚焦于超常儿童教育体系与经费保障机制建设、超常儿童教育教师培养。当前，拔尖创新人才培养已成为提升国家核心竞争力的重要诉求，国家政策对拔尖创新人才培养的关注度愈来愈高，超常儿童作为拔尖创新人才的重要后备力量得到的关注较多。程黎等（2022）梳理美国天才儿童协会与美国特殊儿童委员会联合颁布的《超常儿童教育教师准备标准》和《高阶超常儿童教育教师准备标准》内容构成基础之上，从专业知识、教学技能、社会沟通以及职业价值观等方面对其内涵进行深入解读与利弊分析。基于此，结合我国超常儿童教育发展现状与需求，为我国超常儿童教育教师培养提出建议[11]。

4. 师资队伍研究

（1）特殊教育学校教师

特殊教育学校教师研究聚焦于特殊教育教师专业标准与教师资格证、特殊教育教师与校长胜任力。侯金芹（2022）采用国际比较和历史演进的视角系统分析了我国特殊教育教师在专业标准、资格认证以及职前培养方面取得的成就和面临的挑战，并为融合视域下特殊教育教师队伍建设的发展方向提出了建议[12]。

（2）普通学校教师

普通教师融合教育态度与效能。汪新筱等（2022）采用人际反应指针量表、大学生社会责任心量表和教师融合教育多维态度量表对某高校 231 名小学教育专业师范生进行调查。结果显示：小学教育专业师范生对融合教育持“基本同意”的态度，同理心处于中等水平，社会责任心较强；同理心和社会责任心均能显著正向预测小学教育专业师范生的融合教育态度；社会责任心在同理心和融合教育态度之间起着部分中介作用[13]。

融合教育素养与社会支持。北京师范大学的省部级课题《融合教育能力提升国家级示范性培训》关注普通教师融合教育素养的提升。范文静等（2022）梳理了近十年国外通过增设融合教育课程提升职前教师融合教育素养的研究，分析其课程内容、教学方法和课程评价等要素，总结课程实施的效果，发现：当前融合教育课程多为一学期的必修课程，课程内容包括理论知识教学及丰富多样的融合实践活动，采用讲授、研讨会、小组讨论等相结合的教学方法，以及形成性与终结性相结合的评价方式。经过融合教育课程学习后，职前教师对融合教育的态度更加积极，教学效能感普遍提升，对实施融合教育的担忧减少[14]。

5. 特殊教育信息化研究

（1）技术赋能教育教学

信息技术赋能教学创变。内容获取播客是基于多媒体学习认知理论及其教学设计理论而产生的一种新颖的教学技术，王娇娇和唐佳益等（2022）介绍了内容获取播客的理论基础和实施步骤，梳理并归纳了其在提升职前教师融合教育素养中的实践应用，结合其优势与局限，对我国职前教师融合教育素养的培养提出启示与建议[15]。

特殊教育教师信息化能力。穆艳玲等（2022）指出，教师的信息与通信技术（Information and Communications Technology，ICT）包含技术层面上的操作技能，以及素养层面的应用技能。通过对特殊教育 ICT 应用研究成果进行分析，发现特殊教育信息化建设还存在信息化资源建设不足，特殊学生个体发展的评估有待于进一步开发，特殊教育教师的 ICT 应用能力有待提升等问题[16]。

（2）技术赋能残疾人群体

信息技术赋能残疾儿童和残疾大学生的学习。在技术支持的教育环境中，基于辅助技术的视觉设计和动画为学生提供了有趣且增强学习效果的积极体验。在当今的教育环境中，2D 和 3D 游戏动画技术能够支持有特殊教育需要个体的视觉、听力、阅读、写作、社交和沟通技能，促进他们的独立生活技能[17]。残疾大学生由于感知通道受阻，在学习中面临着信息获取不完整，理解困难，沟通交流不畅等各种障碍，造成极大的学习困难。教育信息化是消除残疾带来的不协调，促进学习无障碍的重要手段。刘志丽和姚登峰等（2022）指出，基于 SPOC 的混合学习有助于共享优质教学资源，变革课堂教学结构。研究从自主学习视角构建基于 SPOC 的听障大学生混合学习模式，并进行行动研究。结果显示，在该学习模式下，听障大学生的自主学习能力与课程成绩均有所提高[18]。

三、研究反思及学科发展未来展望

1. 加强学术主体间的交流、合作、互助与共享，形成中国特色特殊教育学科体系

现代学术已告别作坊式封闭的时代，特殊教育学科发展呼唤学术主体之间诚挚的交流、支持和协

作。特殊教育领域的研究主体主要集中于高校和科研机构，可喜的是，2022 年北京市特殊教育学校和承担融合教育工作的普通学校立项了 9 项省部级课题，这为吸纳特殊教育学校和融合学校加入学术共同体，多主体共同推进中国特殊教育学科体系建设提供了契机。未来，高校、科研机构需要发挥自身理论优势，一线学校贡献实践智慧，建立特殊教育领域学术共同体，拓宽学术合作的广度和深度。不同学术主体共同发力以中国理论研究与话语体系诠释中国特殊教育实践，持续归纳出理论联系实际的、科学与开放相融通的新概念、新范畴、新表述[19]，打造具有中国特色、中国味道、中国风格、中国气派的特殊教育研究体系。此外，还要提升研究的国际化水平和创新水平，与国际理论前沿积极对话、发出中国声音、贡献中国智慧与方案，实现本土化理论创新并提高国际学术话语权。

2. 强化特殊教育惠普性，关注所有特殊人群的终身教育

党的二十大报告提出“强化特殊教育普惠发展”，为新时代建设现代化的中国特殊教育指明了方向，具有历史性的重大意义。普惠发展，是中国式现代化赋予特殊教育的历史责任。有学者认为，“普惠性强调的是普遍惠及、人人享有，其核心属性是高包容性、非竞争性、非排他性”[20]，普惠的特殊教育，是指面向所有残疾学生的教育。研究对象上，2022 年，北京地区特殊教育研究者关注的重点类型为听力障碍、孤独症和超常儿童，对智力障碍、视力障碍两大传统类型有所忽略，对融合教育环境中的高发群体——学习障碍、情绪行为障碍、注意力缺陷多动障碍儿童等边缘型特殊儿童的关注不足。我国正进入特殊教育高质量发展新阶段，面对特殊教育发展格局的不断开拓、教育对象的不断扩大及教育需求的日益多样化，未来需站在普惠性视角，持续关注传统特殊儿童类型的基础上，给予学习障碍、情绪行为障碍等“边缘型”特殊儿童更多关注[21]。此外，现阶段强化特殊教育普惠发展，必须继续坚持以普及为基础，补齐短板，建立健全从学前教育到高等教育的高质量特殊教育体系，奠定终身发展的坚实基础[22]。未来研究需要从义务教育全面向两端延伸，在促进以义务教育阶段残疾儿童为重心的基础上快速向学前和高中及以上残疾人扩展，关注学前残疾儿童的融合教育及康复、高中阶段残疾学生的职业教育、残疾人高等融合教育、残疾人继续教育，形成残疾人终身教育研究体系。

3. 探索信息技术赋能特殊教育的有效路径

第四次工业革命正席卷全球，这场以数字经济、信息通信技术（Information and Communications Technology, ICT）驱动的变革迫使我们重新思考如何帮助所有人利用技术创造包容、以人为本的教育。《“十四五”特殊教育发展提升计划》明确了“信息技术与特殊教育融合”的行动目标[23]。特殊教育信息化是激活特殊教育提质增速的创新引擎。高质量教育体系一定是适应新时代工业革命的教育体系，新一代信息技术在后疫情时代背景下能够提供高品质、个性化、新范式的特殊教育，为改革教育教学模式、教学组织形式、教育管理模式及建设高质量教育体系提供新契机。特殊教育信息化建设促使特殊教育从学习空间，教学方式，环境创设，组织管理等方面发生了深刻的变化，未来研究需要充分探究利用现代化信息技术赋能残疾学生进行缺陷补偿和潜能开发的有效路径。进一步探究信息技术赋能教育教学、信息技术与特殊教育的深度融合等问题，为提升教育教学质量及干预效果提供更多依据。

注：

［1］李天顺，冯雅静：强化普惠是特殊教育的基本发展方向 [J]. 中国特殊教育，2022（11）：3-7.

［2］王东升，张玲，邓猛：教育现代化背景下融合教育本土教学实践特色的探析 [J]. 中国特殊教育，2022（09）：3-10+20.

［3］赵小红：教育公平视域下学前特殊教育政策的进路 [J]. 教育研究，2022，43（12）：65-75.

［4］童琳，顾定倩，鄢超云：美国学前特殊教育教师专业标准研究——基于《早期干预 / 学前特殊教育工作者基于实践的初级专业准备标准》的分析 [J]. 比较教育研究，2022，44（10）：94-102.

［5］Chen L, Wang Y: Mathematics anxiety and mathematical calculation in deaf children: A moderated mediation model of mathematics self-efficacy and intelligence[J]. Research in Developmental Disabilities, 2022，120：104-125.

［6］孙岩，李妍，刘志丽：提升听障大学生英语能力的社团学习模式实践 [J]. 绥化学院学报，2022，42（04）：61-64.

［7］蒋艳双，朱立新，逯行，高红英：虚拟游戏如何支持孤独症儿童教育？——基于国际研究的

系统性文献综述 [J]. 现代远程教育研究，2022，34（03）：104-112.

［8］Wang L, He H, Feng J, et al. Attentional bias toward pictures related to circumscribed interests in children with autism spectrum disorder[J]. International Journal of Developmental Disabilities, 2022: 1-10.

［9］Fu W, Xiao Y, Yin C, et al. Parents' perceptions of autism and their challenges in China[J]. Advances in Developmental and Educational Psychology, 2022, 4（1）: 130-142.

［10］Bi X, He H, Lin H, et al. Influence of social support network and perceived social support on the subjective wellbeing of mothers of children with autism spectrum disorder[J]. Frontiers in Psychology, 2022, 13.

［11］程黎，陈啸宇，张嘉桐：美国超常儿童教育教师准备标准解析及启示 [J]. 中国特殊教育，2022（11）：62-71.

［12］侯金芹：融合教育视域下特殊教育师资队伍建设研究 [J]. 中国成人教育，2022（22）：70-76.

［13］汪新筱，汪新卫，任永灿：小学教育专业师范生同理心、社会责任心及融合教育态度的特点及关系分析 [J]. 现代特殊教育，2022（08）：70-76.

［14］范文静，张文秀，王雁：职前教师融合教育课程的国际经验与启示 [J]. 中国特殊教育，2022（05）：80-87.

［15］王娇娇，唐佳益，朱楠，王雁：内容获取播客在国外职前教师融合教育素养培养中的应用及启示 [J]. 中国特殊教育，2022（08）：21-29.

［16］穆艳玲，郭楠，张俊玲：ICT 在特殊教育领域的应用现况 [J]. 北京联合大学学报，2022，36（03）：88-92.

［17］Baglama B, Evcimen E, Altinay F, et al. Analysis of Digital Leadership in School Management and Accessibility of Animation-Designed Game-Based Learning for Sustainability of Education for Children with Special Needs[J]. Sustainability, 2022, 14（13）：7730.

［18］刘志丽，姚登峰，李妍，李晗静：自主学习视角下基于 SPOC 的听障大学生混合学习效果实证研究 [J]. 北京联合大学学报，2022，36（01）：64-71.

［19］孙吉胜：中国国际话语权的塑造与提升路径——以党的十八大以来的中国外交实践为例 [J]. 世界经济与政治，2019（03）：19-43+156.

［20］李天顺，冯雅静：强化普惠是特殊教育的基本发展方向 [J]. 中国特殊教育，2022（11）：3-7.

［21］苗小燕，张冲：新时代我国特殊教育研究的可视化分析 [J]. 教育评论，2022（11）：138-144.

［22］李天顺，冯雅静：强化普惠是特殊教育的基本发展方向 [J]. 中国特殊教育，2022（11）：3-7.

［23］国务院办公厅：国务院办公厅关于转发教育部等部门“十四五”特殊教育发展提升行动计划的通知 [EB/OL].https://www.gov.cn/zhengce/zhengceku/2022-01/25/content_5670341.htm，2022-01-25.

成人教育学

一、学科建设情况

北京地区开展成人教育研究的机构主要有北京开放大学、北京师范大学教育学部、北京大学教育学院、国家开放大学、北京教育科学研究院等多家单位。此外，在北京开放大学、北京外国语大学、北京市朝阳区职工大学、北京市延庆区成人教育中心、北京宣武红旗业余大学中也有部分学者进行成人教育研究，成为北京市成人教育学学科建设的有力补充。

从研究人员来看，2022 年北京地区成人教育研究人员主要集中在高校当中，其中北京师范大学职业与成人教育研究所与基于现代信息技术，以服务市民终身学习和建设首都学习型城市为目的的北京开放大学是开展成人教育或终身教育等研究的主要阵地，其他高校包括北京大学、国家开放大学、北京外国语大学等之中的研究人员也为成人教育学研究贡献思考与行动。此外，部分研究中心、社区学院、成人教育中心等也作为北京地区从事成人教育研究的机构，其研究人员是高校之外一支重要的成人教育研究力量。

2022 年北京市高校和科研机构等在国家级、省部级等课题项目中与成人教育领域相关的立项课题一共有35项。其中，共有6项国家级课题项目。2项得到国家自然科学基金的支持，2项是中国成人教育协会“十四五”成人继续教育科研规划课题，1项为中国高等教育学会2022年度高等教育科学研究规划重点课题，1项为中国教育发展战略学会终身学习专业委员会重点立项课题。同时，共有15项省部级课题项目和各类区级以及校内课题项目10项。

二、研究现状及相关分析

以“成人教育”和“终身教育”为主题词在CNKI数据库进行检索，检索年份为2022年。在检索出的相关文献中，剔除作者所在机构为非北京市的文献，剔除报道、会议以及不相干的文献等，得到72篇中文文献。并以“adult education”、“andragogy”、“life long learning”、“continuing education”和“life long education”为主题词在Web of Science（WOS）数据库和ProQuest Education Journals教育学数据库当中进行检索，检索年份为2022年，剔除作者所在机构为非北京市的文献，剔除报道、会议以及不相干的文献等，最终得到5篇英文文献。同时，2022年由北京地区学者撰写的相关成人教育领域的著作共有5本。

1.中文文献主要作者可视化分析

应用可视化文献分析Citespace软件对72篇中文文献进行可视化分析，得到主要作者共现图谱。表明主要有于晶、刘逸楠、殷丙山、苑大勇等学者。同时，也可以看出，北京地区研究成人教育的学者并不多，部分学者之间有合作，但是整体合作的程度不高。所以针对成人教育的相关研究仍处于不断的探索过程中，需要得到更多人的关注与投入研究，并且作者之间应当加强交流与讨论。

2.中文文献主要研究机构可视化分析

应用Citespace软件分析72篇中文文献，得到主要研究机构共现图谱，表明研究力量主要集中于北京开放大学、北京师范大学教育学部、北京大学教育学院、国家开放大学、北京教育科学研究院、北京外国语大学国际教育学院。

3.北京市成人教育学科学术研究热点主题

对中文文献进行词频分析，表明“终身学习”“终身教育”“老年教育”“社区教育”“继续教育”等词出现频率较高，其中“终身学习”与“终身教育”两个节点中心度较高。通过Citespace软件对已有研究文献的关键词进行聚类分析，得到4个聚类，分别是“终身教育”“终身学习”“继续教育”和“社区教育”。

总体来说，2022年北京地区在成人教育领域的研究文献数量较少，研究范围较窄。结合Citespace的关键词分析结果，同时对已有文献的系统化阅读和梳理，发现2022年北京地区的专家学者们有关成人教育的研究主要聚焦在四个方面：对相关概念的重新理解、现实困境与解决对策、经验的总结与反思以及国际视野下的成人教育学。

（1）有关重新理解概念的研究

终身学习作为新出现的革命性学习范式，对其认识论和方法论仍在不断探索中。王青基于《德勒兹与终身学习：创造、事件和伦理》一书，以创造哲学视角，重新审视终身学习在突破已有学习观念和模式桎梏过程中的问题，致力于将终身学习打造为一种具有去中心化、多元性和不确定性的创造性事件。[1]

而对于如何具有中国韵味地理解“成人教育”，秦雨欣在儒家思想关于教与学的集中论述中，发现其勾勒出了一条完整的君子人格培育路径，孔子有关“成人”教育的智慧，也对当今时代更深入地认识“成人教育”提供养分。基于此，新时代的“成人”教育应对“兴于《诗》，立于礼，成于乐”施以创造性转化、创新性发展，将“兴于《诗》”的文化内涵转化为牢记初心使命、坚定理想信念、弘扬民族文化的时代精神，将“立于礼”的文化内涵转化为尊重客观规律、走科学发展道路、实现可持续发展的科学思维，将“成于乐”的文化内涵转化为构建和谐社会、实现共同富裕、助力美好生活的和谐理念。[2]

此外，“培训教育”作为当前继续教育实践中约定俗成的一个中文名词，对其概念的辨析也不可忽视。李森林便基于终身学习的视阈，对培训教育概念进行辨析，认为培训教育指的是，根据成人教育理论，依托社会现实需求，针对特定群体和成员所开展的一种教育活动，是介于教育和培训之间的一种社会实践活动，以教育为核心，以培训为形式，以服务为属性。[3]这既是对“培训教育”在学术上没有一个明确定义现状的突破，也对继续教育研究领域具有理论价值。

（2）有关现实困境与解决对策的研究

我国国民经济和社会发展“十四五”规划和2035年远景目标纲要中明确指出，要完善终身学习体系，建设学习型社会。终身学习是学习者满足自身生产生活需求、实现自我价值的重要途径，但是当前我国终身学习体系建设仍处于初级阶段，在宏观层面，普遍存在终身学习的法律体系和政策制度不健全，终身学习理念尚未普及，区域之间经济资源、教育资源分配还不均衡等问题；微观层面，存在终身学习成效受学习者年龄、受教育程度等影响；从现实层面，主要是全民主动参与终身学习的氛围还没有形成完备。因此，为破解上述这些终身学习困境，李烨认为可通过降低相对学习成本来提升学习的主动性，提升社会成员的受教育水平和信息技术素养以纠正和调节短视认知偏差，并采取锁定机制对短视认知偏差进行约束，进而使得终身学习能够真正做到提升个体生活质量、优化社会劳动力结构。[4]

为搭建全民终身学习立交桥，我国在终身教育理念指引下，设计了学分银行制度，以促进各级各类教育纵向衔接、横向沟通。目前，我国学分银行建设已近 20 年，认识在不断深化，但与此同时，也面临诸多障碍和阻力。张伟远主要关注地方学分银行的发展，但与韩民类似，表示在地方政府的支持下，虽然地方学分银行建设的热情很高，实践发展也很快，然而由于缺乏国家层面的标准和体制机制，学分银行建设仍旧充满重重困难。提出地方学分银行应实施“新职教法”，逐步形成以资历框架为标准、学习成果认证为保障、学分银行为平台的三位一体的具有中国特色的终身学习制度体系。[5]

同时，社区教育是实现学习型社会建设的有效途径和载体，是推进社区治理的重要抓手。经过近四十年的发展，北京市的社区教育事业成果丰硕，但在发展过程中也存在诸多问题，于晶表示其中经费投入问题是制约北京市社区教育发展的最大瓶颈，通过网络搜索、实地调研等方式对北京市社区教育经费投入进行调查发现北京市各区社区教育经费投入差异较大、社区教育经费收入渠道单一、基础建设经费和人员经费投入不足的问题，强调应当将社区教育纳入基本公共教育服务，提高对社区教育的关注度，并清晰界定社区教育各级执行主体的经费投入标准，拓宽社区教育经费收入渠道，整合资源以发挥外力优势，加强社区教育经费投入的立法监督工作。[6] 同时，农村社区教育也存在一些问题亟待解决。于仰飞指出在乡村振兴战略的持续推进过程中，农村社区教育在乡村振兴战略中缺位严重、体系不完善等问题暴露出来，并表示为了更好地服务乡村振兴，应着力提升农村社区教育的战略地位、完善农村社区教育网络体系、强化农村社区教育培养人才的匹配力度以及着力打造农村社区教育师资队伍建设，通过“走出去”交流培训和“引进来”，培养一批高学历、专业性强的专职社区教师队伍，同时建立“省、市、县乡、镇、村”五级社区教师人才库，实现农村社区教师优质资源共享。[7]

此外，老年教育是实现积极老龄化、健康老龄化国家战略的重要抓手，也是终身教育的重要组成部分。近年来，老年教育在理论和实践层面都得到了快速发展，但目前老年教育的开展仍面临许多新的问题和挑战。李琨表示老年教育的供给存在同质化，教学形式单一，引导作用不足，无法满足老年人学习需求的问题。因此，基于需求的视角，运用积极老龄化、需求幅度等理论，认为应当统一归口，理顺机制，优化老年教育课程开发的顶层设计，使课程开发精准对标老年教育需求，并积极实现“互联网＋老年教育”，实现多元主体参与，丰富老年教育的形式。[8]

（3）有关经验的总结与反思研究

中国高等教育的发展进入了由外延式扩张向内涵式发展转型的新阶段，其中大学继续教育作为大学人才培养的有机组成部分，也同样面临着这一过程。李森林表示国内第一家成立继续教育学院的清华大学，曾经见证和推动了国内大学继续教育的发展，因此回顾和反思清华大学继续教育的发展历程，探索大学继续教育内涵式发展的实现路径对当今大学继续教育的发展具有借鉴意义。李森林进一步指出，清华大学继续教育学院自 1985 年成立以来，便经历了以教育为初心的探索阶段，以培训为主导的发展阶段和回归教育初心的内涵式发展三个阶段。近 40 年的实践证明，坚守教育初心、聚焦终身学习是大学继续教育的内在要求，也是大学继续教育内涵式发展的必由之路。其中，坚守教育初心就是遵循教育规律，坚持立德树人根本任务，广育祖国和人民需要的各类人才。聚焦终身学习就是立足成人学习特点，准确把握学习者真实学习需求，强化学习设计，以终身学习为目标，改进教学方法，提高课程和教学质量，推动继续教育高质量内涵式发展。[9]

北京师范大学的鲍传友教授曾指出，社区教育是构建服务全民终身学习教育体系的重要一环。经过 30 多年的发展，我国社区教育从无到有，初步形成了覆盖全社会的社区教育网络，[10]但相关研究仍需要继续开展。

在关键时期，近些年来全球面对新冠肺炎疫情的暴发与蔓延，给社会治理带来个体心理健康、信息权威性及教育公平性等方面的挑战。因此，联合国教科文组织学习型城市联盟（GNLC）借助终身教育体系应对疫情引发的教育挑战和危机，体现了终身教育对社会治理重要的促进作用。苑大勇分析国际学习型城市疫情期间社会治理的策略发现，家庭教育成为市民面对挑战的"第一课堂"，社区和网络构成了危机应对的"重要支点"，图书馆、博物馆等非正规学习机构成为了教育项目的"供给平台"，疫情中有针对性的公民信息素养培训为"数字化治理"提供了可能。基于上述成功的实践经验，完善的终身教育体系已然是社会治理和危机应对的重要组成部分，未来要进一步加强社会中的跨部门合作机制，构建顺畅的社会治理体系；构建智慧型学习社会，关注终身教育的技术实现；深化教育公平理念，构建包容性的社会发展策略；将终身教育不断融入社会治理，促进未来社会的可持续发展。[11]

（4）国际视野下的成人教育学

20世纪60年代，随着终身教育思想在欧洲的广泛传播，终身教育引起了欧洲各国的关注。其中，德国、芬兰是欧洲终身教育最为发达的国家，有着丰富的成功经验，构建较为完备的体系和独树一帜的终身教育体系。任杨总结到德国、芬兰终身教育体系具有特色，其政策法规引领、教育方向明确，教育体系完整，目标清晰，资金来源多元，教育资金也充足，并且公众认同度高，教育氛围浓厚。这为新时代中国终身教育的发展提供了有益的参考和借鉴，强调新时代中国终身教育要加强政策法律供给，完善终身教育的顶层设计；完善终身教育体系，促进终身教育高质量发展；拓展教育资金渠道，提供终身教育的物质保障；优化教育环境，营造浓厚的终身教育氛围。[12]

继续教育（further education）也是英国教育体系的重要组成部分，但和中国教育语境中的继续教育（continuing education）概念不同，周京峰指出英国更多关注的是义务教育后为教育的普及、国民素质的改善、职业技能的提升等方面开展的教育活动。根据政策法律规定，英国继续教育覆盖的年龄范围主要是16~19岁的青年学生，高等教育不属于继续教育。[13]而英国的终身教育属于中国终身教育的范畴，金峰认为英国的终身教育发展确实走在世界前列，在其发展的过程中形成了制度完善、以技能为中心及雇主为核心等特点，对英国终身教育的探讨能够为我国推进终身教育提供参考和借鉴：一是，促进终身教育立法；二是，提升全民终身教育意识；三是，推进具有中国特色的终身教育体系建设。[14]

对于地区的开放教育资源建设，也能够促进成人教育的发展。Ahmed Tlili就表示尽管已经存在几项研究总结过特定地区开放教育资源（OER）的进展，但对于非洲的OER研究仍较少，因此，探索这一新兴研究领域的趋势、主题和模式，对于更细致的看到开放教育资源现状具有价值。研究结果表示非洲的OER研究主要有三方面，分支：一是，认为OER的采用应突破特定的非洲国家，实现合作，以确保教育公平；二是，非洲OER倡议要专注于包括创建过程外的其他重要观点；三是，在为不同的非洲国家推广和设计OER时，要超越典型的、对于基础建设的考量，也应考虑个人差异，如语言、个性和文化。[15]

面对当代中国已经迎来了老龄化社会的问题，老年教育需要越来越受到国家和社会的关注。谭琨表示我国的邻国日本先于我国进入老龄化社会，在老年教育工作的理论及实践探索中积累了丰富的经验，因此需要积极探寻日本相关老年教育的政策法规和分析日本老年教育模式中的成功案例，总结特点与其面临的挑战，对比我国的老年教育工作进行思考，为我国老年教育事业的发展提供些许值得借鉴的经验：首先，要加强顶层设计，发展多种行为体参与的多样化老年教育办学形式；其次，应及时更新课程资源，构建丰富完备的课程体系；最后，发挥老年开放大学作用，探索"互联网+老年教育"新模式。与此类似，孙维祎表示也可以借鉴波兰经验，提出基于波兰第三年龄大学经验，我国要树立本土特色的积极老龄观，引导老年人参加活动，实现人力资源再开发；要打造基于国情的老年教育体系，实行老年教育分层分区域规划；还要构建多渠道、多元化老年教育发展运行机制；同时，应致力于满足我国老年人对教育的真正需求，提升我国老年人生活质量。[16]

可见，终身教育理念、终身学习理念已经走向全球化，各国互相研究互相借鉴经验，整体助力成人教育的发展。国际劳工组织和欧洲终身学习平台也根据其组织特点展开政策推进和具体实践。

苑大勇总结认为国际劳工组织对终身学习的认知经历了三个阶段，即面向工人群体的继续教育理念萌芽期、促进平等的终身学习理念推进期和人人应享有终身学习权利的理念成熟期。而在实践路径方面，苑大勇认为国际劳工组织正在发挥其优势，以区域性、行业性及国际性会议等形式进行政策推广，并通过公约及建议等政策工具约束政策执行，体现出重视在职学习，强调终身学习的连贯性，以及明确多方主体责任、建构终身学习生态系统等体系特征。由此，中国作为国际劳工组织的创始成员国，应在明晰推进终身学习政策的动机、特点、规则与机制基础上，完善中国终身学习的话语体系，以终身学习为政策着力点深度参与全球教育治理。[17]

伴随继续教育的发展，国际社会开始越发关注其质量评估问题。白滨选取美国、欧盟等六个国家和国际组织的继续教育质量评估指标体系，通过分析，发现国际继续教育质量评估的发展趋势体现在加强继续教育机构的管理与组织建设、提高雇主和员工满意度、满足学习者需求三个方面，并结合国际继续教育质量评估的核心维度指标与发展趋势，以及我国现状，认为在构建我国的继续教育质量评估框架时，可引入自我评估，鼓励多元利益相关者共同参与，兼顾过程性指标与结果性指标，形成具备持续改进能力的继续教育学习型组织。[18]

综上所述，2022 年北京地区关于成人教育的研究主题主要集中于以上四大方面，从概念辨析、现状探究、经验共享到国际视野。既从理论视域解读成人教育的本质内涵，又深入到实践中去看到成人教育相关领域发展的整体样态，形成了以理论促深化、以实践助发展的研究现状。但是相对而言，有关成人教育的研究大多还是集中在经验学习与借鉴的层面，理论研究较少，仍需要更多的专家学者或者从事成人教育领域的研究者继续挖掘能够真正滋养成人教育学科生长的理论资源。

三、研究反思及学科发展未来展望

通过上述对 2022 年北京市成人教育学科领域研究文献的可视化分析及内容分析可以得出，成人教育学科研究在基本概念界定、发展困境与解决对策、发展经验反思和国际成人教育等研究内容方面取得了显著的成就，其研究视野在“终身教育与终身学习”的基础上，将目光更加聚焦于“老年教育”与“社区教育”领域，并积极向“国际成人教育”接轨。

在终身教育与终身学习的视域下，2022 年北京市成人教育学科学术研究取得了喜人的成绩，积累了一定数量的历史经验，但同时也存在着一些亟待解决的现实问题，如成人教育学科研究力量不足导致成人教育发展滞缓、成人教育研究特色不突出导致研究领域宽泛而浮于表面等，成人教育学科在教育学学科群中仍处于不利地位，存在着发展不平衡不充分的问题，反思并谋划未来成人教育学科的发展方向和路径，具有现实意义。

第一，彰显成人教育与学习者的特殊性。成人的学习目的和需求具有显著的差异性，比普通学习者相比，成人更注重学习内容的实用性。要正确认识成人教育与学习者的特殊性，维护各类成人群体的教育与学习权益，彰显成人特色，[19] 以学以致用和问题解决为教学导向，构建具有综合性、针对性的课程和教学体系，坚持渗透终身教育与终身学习的教育理念，培养具有扎实的专业素养、过硬的创新能力和实践能力、全面的信息素养的新时代复合型人才，切实发挥成人教育在提升公民素质、促进就业创业、促进终身教育与终身学习的作用。

第二，打造高质量成人教育研究者队伍。加强成人教育师资队伍的建设和培养，打造高质量成人教育研究者队伍。一方面，提高成人教育教学质量，培养优秀的成人教育研究生和博士生，加强人才储备，打造人才队伍；另一方面，通过制定相关政策和措施，吸引更多优秀的教育专业人才从事成人教育教学和研究工作。同时，加强教师培训和专业发展，提高教师的教学水平和专业素养，提高教师的信息化教学水平，以多角度全面满足成人学习者的学习需求。此外，增强成人教育研究者的职业认同感，促使他们更好地投身于成人教育学科发展与建设。

第三，加强国内国际成人教育合作。在国内，加强成人教育学科的研究机构和平台建设，促进学术界的交流与合作，有效实现学术交流和资源共享，鼓励高校、研究机构和各类企业的研究合作，共同推动成人教育学科发展。在国际，积极开展国际交流与合作，与国际成人教育对话，积极向成人教育学科发展领先的国家学习优秀经验，努力提升我国成人教育的教学质量与学习质量，形成一套规范的国际话语体系，并在国际成人教育领域拥有话语权。在未来，国际视野下的成人教育将继续发挥重要作用，帮助人们适应不断变化的社会和经济环境，它将成为培养全球公民和推动可持续发展的关键力量，为个人和社会的发展创造更加包容、创新和可持续的教育环境。

注：

［1］王青："创造"终身学习——兼评《德勒兹与终身学习：创造、事件和伦理》[J]. 终身教育研究，2022，33（04）：32-37+71.

［2］秦雨欣："诗""礼""乐"：儒家"成人"教育的内涵论析 [J]. 创新，2022，16（05）：103-110.

［3］李森林，钟周：终身学习视角下培训教育概念辨析 [J]. 中国成人教育，2022，No.548（19）：21-25.

［4］李烨，刘云波，刘奎：行为经济学视角下终身学习困境的破解路径 [J]. 现代远程教育研究，2022，34（01）：75-81+103.

［5］崔新有，韩民，别敦荣等：我国学分银行建设的问题审视和未来进路 [J]. 终身教育研究，2022，33（04）：9-23.

［6］于晶，胡振华：社区教育经费投入现状、问题及对策——以北京市为例 [J]. 天津电大学报，2022，26（01）：53-58.

［7］于仰飞：农村社区教育服务乡村振兴：内驱动力、困境剖析与策略探究 [J]. 云南开放大学学报，2022，24（02）：11-16+29.

［8］李琨，路建胜，高茜：积极老龄化视域下老年教育需求模型构建及供给侧反思 [J]. 中国成人教育，2022，No.539（10）：8-13.

［9］李森林：坚守教育初心聚焦终身学习：清华大学继续教育实践反思 [J]. 中国成人教育，2022，No.543（14）：51-54.

［10］鲍传友：终身学习背景下的社区教育：功能定位与体系构建 [J]. 开放学习研究，2022，27（06）：18-24.

［11］苑大勇，刘茹梦：国际学习型城市与社会治理的多维互动：基于教科文组织疫情应对的思考 [J]. 中国职业技术教育，2022，No.829（33）：63-69.

［12］任杨：德国、芬兰终身教育的特色及对我国的启示 [J]. 成人教育，2022，42（04）：79-83.

［13］周京峻，苑大勇：英格兰继续教育的历史轨迹、现实推进与转型策略 [J]. 职业技术教育，2022，43（34）：74-79.

［14］金峰，王雨芊：英国终身教育特点及启示 [J]. 中国高等教育，2022，No.693（12）：62-64.

［15］Tlili A, Altinay F, Huang R, Altinay Z, Olivier J, Mishra S, et al.（2022）Are we there yet? A systematic literature review of Open Educational Resources in Africa: A combined content and bibliometric analysis. PLoS ONE 17（1）: e0262615.https://doi.org/10.1371/journal.pone.0262615.

［16］孙维祎，陈炜：积极老龄化背景下波兰第三年龄大学发展研究 [J]. 开放学习研究，2022，27（03）：54-62.

［17］苑大勇，刘茹梦：国际劳工组织的终身学习理念：认知、嬗变与政策推进 [J]. 开放教育研究，2022，28（05）：113-120.

［18］白滨，吕欣姗：国际继续教育质量评估的核心维度与启示——基于六个国家和国际组织标准的共词分析 [J]. 河北师范大学学报（教育科学版），2022，24（03）：84-92.DOI：10.13763/j.cnki.jhebnu.ese.2022.03.012.

［19］冉芳，李中亮：党的二十大精神指引下我国继续教育改革创新研究 [J]. 成人教育，2023，43（06）：1-9.

（教育学课题组供稿）

年度推荐著作和论文

著　作

1. 石中英：《知识转型教育改革》，教育科学出版社，2022 年。
2. 教育研究杂志社编：《〈教育研究〉40 年典藏 · 课程与教学论》，教育科学出版社，2022 年。
3. 张斌贤等：《教育与美国社会改革（1890—1920）》，河北大学出版社，2022 年。
4. 洪秀敏：《0-3 岁婴幼儿发展与照护》，中国人民大学出版社，2022 年。
5. 薛海平：《赋能"双减"：我国中小学生参与课外补习的影响因素分析》，科学出版社，2022 年。
6. 李艳燕：《人工智能教育应用》，北京师范大学出版社，2022 年。

7. 杜瑞军、钟秉林：《中国高校自主招生政策研究》，学苑出版社，2022 年。

8. 顾明远、滕珺：《对话中国教育未来教育创新的建议》，中国人民大学出版社，2022 年。

9. 孙钰林：《职业技能竞赛中的技能评价方式研究》，大连理工大学出版社，2022 年。

10. 王雁和朱楠等：《特殊教育研究》，福建教育出版社，2022 年。

11. 张伟远：《构建服务全民终身学习体系的战略与政策》，人民教育出版社，2022 年。

论　文

1. 余清臣：教育事件的研究方法论：察知逻辑与推测逻辑 [J]. 教育研究，2022，43（05）：34-44.

2. 裴娣娜：主体教育的实践生成与发展 [J]. 教育研究，2022，43（11）：18-30.

3. 于述胜、李晓美：孟子“道性善”的方法论意义 [J]. 教育研究 . 2022，43（04）：61-67.

4. 刘中一：普惠托育服务的内涵、实现路径与保障机制 [J]. 中州学刊，2022（01）：99-105.

5. 王爽、孟繁华：对“双减”背景下教师活力状态的识别与激发 [J]. 中小学管理，2022（05）：52-54.

6. 黄荣怀：论科技与教育的系统性融合 [J]. 中国远程教育，2022（07）：4-12+78.

7. 胡娟、陈嘉雨：中国式现代化进程中高等教育类型结构的特征及变革趋势 [J]. 高等教育研究，2022，43（11）：33-43.

8. 刘宝存、张金明：国际视野下的高质量教育体系：内涵、挑战及建设路径 [J]. 重庆高教研究，2022，10（01）：6-14.

9. 赵志群：职业教育教学论：职业教育研究重要的基础性学科 [J]. 中国高教研究，2022（02）：95-101.

10. 李天顺、冯雅静：强化普惠是特殊教育的基本发展方向 [J]. 中国特殊教育，2022（11）.

11. 李烨：行为经济学视角下终身学习困境的破解路径 [J]. 现代远程教育研究，2022，34（01）.

文　学

总　论

2022 年度，北京地区文学学科学术继续稳步发展与深入推进，在与时俱进的方法论创新、理论空间的跨学科探索、面向当下的时代性关注、全新问题的前沿性开拓、经典问题的现代性重释等五个方面取得重要进展，总体上呈现出如下几个重要特征：第一，学科探索与学术研究、方法创新与理论阐释形成良性互动关系，学术研究的纵深发展、基础理论的重新阐释夯实了学科探索的理论基础，拓展了文学本体论研究的理论空间；第二，重视文学学科建设与学术研究的现实关注性，特别是注重探讨新时代语境下如何发挥文学的社会效应；第三，经典问题与前沿问题研究并重，尤其体现在文艺学、比较文学与世界文学、外国文学研究上。

一、与时俱进的方法论创新

文学学科内部一直存在的关于合法性危机与可能性理路发展的讨论为文学研究方法论的当代创新注入了活力，从方法论和本体论层面极大地扩展了文学研究的问题域，尤其是在文学学科不断全球化、跨学科化的当代语境下，文学研究方法论创新发展的重要性和必然性更是日益凸显，方法论创新及其基础理论研究不仅是文学学科长效发展的基础，也是深入拓展文学学科经典命题研究和延展开拓学科新生命题研究的根底。相关研究立足于文学学科当前时代语境中的新态势，紧密结合新时代中国文学发展的历史转向实际，既回溯传统文化与现代文艺理论的历史根源，又面向未来发展，做到根源回溯与创新发展并举，为文学学科建设发展提供了可能性路径启示。

全球文学发展语境中的文学方法论创新是2022年北京地区文学领域研究者讨论的热门话题。时胜勋从当代中国文论学科国际地位边缘化之隐忧及契机，以及全球文论学科的多元化格局与特色出发，讨论中国当代文论如何在积极进行全球跨学科对话过程中走向深度学科自主。方维规重新分析和评估了近年来国际学界关于“新世界文学”概念的代表性观点，把纷然杂陈的“新世界文学”观念看作后殖民思潮在文学领域的衍生品，探索世界文学不同于比较文学的方法理论。对外来的某个或某些概念的原义、使用类型、接受情况进行梳理，并对其折射出的作家思想指向与生命体验，以及社会时代语境的氛围进行分析，是本年度文学研究在概念史方法上的重要开拓。蔡岩峣对“现代派”的批评概念进行溯源，认为西方现代主义在中国的传播过程中，限于理论背景、立场、目的和所处时代环境的不同，批评家在引介和使用这一概念时难免发生术语的偏移，因此“现代派”概念的本质性定义难以追寻，只在批评家的阐释实践中形成“踪迹”。这类研究不仅辨析了文学学科的基础概念，溯清文学学科的学科定位和学术脉络，而且积极抓住全球化时代赋予文学研究的发展机遇，在回应时代文学诉求的过程中探讨文学研究在方法论上的推陈出新。

二、理论空间的跨学科探索

2022年文学与美学、科学、文化研究等的交叉学科研究取得新的研究进展，体现出文学学者敏锐的学术洞察力和紧跟前沿的学术眼光，极大地开拓了文学研究的理论空间。文学与科学的跨学科对话成为本年度文学研究的一大亮点。李洋、吴琼等学者围绕图像史和艺术史的关系、科学图像与艺术图像的异同等讨论了艺术创作与科学图像的相互征用问题。文学向文化研究的跨学科拓展深化了文学研究的理论探索。汪民安以“情动”、“物质”与“当代性”为三大主题，反思当下时代人的主体性是否已经被物质、符号、机器等取代甚至摧毁，揭示文化问题如何最终影响着人的情感、文学、艺术、商业，以及人与社会的关系。车琳在全球化的文化语境中，从世界文学视域重新审视法语文学的地位以及法语文学空间内部的动态变化。

本年度关于文学与艺术的互动关系研究格外深入，如武琳分析蒂克《金发的埃克伯特》中的文学与绘画、文学与音乐之间的多重媒介互动，揭示立体化的视听认识世界。王波涛解读约瑟夫·罗特小说《拉德茨基进行曲》中的音乐符号对文学意义表达的特殊作用。在文学与政治学的交叉研究中，希伯来文学叙事与犹太民族身份和以色列国家建构问题，阿里斯托芬喜剧中“致辞”手法的政治意涵，高乃依戏剧作品中的“国家理性”政治话语等得到重点分析。在文学与医学的交叉研究中，不少学者关注《哈德良回忆录》中的疾病主题，查尔斯·布劳克登·布朗《埃德加·亨特利》中的夜游症等。在文学与自然科学的交叉研究中，19世纪英国浪漫主义文学与脑科学的耦合关系，斯蒂芬森后赛博朋克文学代表作《雪崩》的元宇宙叙事等成为相关学者的研究主题。此外，文学与后人类学、文学与地理学、文学与伦理学、文学与生态学的跨学科研究新成果也不断涌现，为文学研究的未来发展与理路扩展提供了新思路。

三、面向当下的时代性关注

在习近平总书记构建人类命运共同体理念的正确引导下，如何加强文学学科内涵建设，打造学科发展新局面，努力产出具有国际影响力的学术成果，沿着时代化、中国化的根本方向，着力推动文学研究的守正创新，充分发挥中国文学在构建人类命运共同体事业中的作用，成为本年度文学研究的重点关注话题。有学者认为，基于相似的历史经历和社会背景，东欧各国文学既可以作为独立个体来深入探究，也可以作为共同整体来综合比较，而对东欧当代文学的考察与研究有助于推动中国与东欧的文化交流互鉴。有学者以典型作家作品为例，探讨其如何为处于百年未有之世界变局中的今人以对话超越对立、以交流互鉴抑制文明冲突提供启示。以上研究成果表明，关注并不断深化文学国际传播与文学共同体建设，不仅已经成为文学学科发展的新趋势，同时有利于拓展文学学科的发展路径，更好地服务于中国文学话语体系的国际传播能力建设。

2022年5月，恰逢毛泽东《在延安文艺座谈会上的讲话》发表80周年，毛泽东《在延安文艺座谈会上的讲话》文艺思想的当代价值及其赋予新时代当代文论发展的新使命、新挑战等成为年度重要学术关注点。多位专家学者就新时代文艺工作者如何在积极利用《讲话》当代资源的基础上体现历史使命与责任担当进行了探讨。丁国旗关注《在延安文艺座谈会上的讲话》中首先要解决的“文艺是为什么人的”的问题，从该问题的提出、问题没有得到解决的原因以及解决这一问题的途径等方面进行细致阐释，分析我国当代文艺发展中此问题尚未解决的原因所在，指出《讲话》中的具体思路对于解决当下文艺发展相关问题的启示和借鉴意义，并提出新时代文艺工作者需要树立有高度的历史自觉意识、强烈的历史担当意识与积极的历史创新意识。刘方喜提出要将马克思主义基本原理同中华优秀传统文化紧密结合，推进中华优秀传统文化创造性转化、创新性发展，树立更加科学而全面的文学观、文学史观，从而为构建个性的、和谐的、多样的世界生态文明做出中国贡献。张炯认为《讲话》指明了人民文艺的发展方向，其阐发的文艺与人民、文艺与现实、文艺与政治关系的理论，对于习近平新时代中国特色社会主义思想文艺论述具有重大影响。以上成果既是对《讲话》文艺思想的梳理与总结，更是对如何以此为资源进行当下性中国文学话语体系建构的深层讨论。

四、全新问题的前沿性开拓

互联网信息技术和新型媒介传播方式的发展和应用，使数字人文、媒介文化、人工智能等无可置疑地成为当前文学领域的热点和前沿问题。相关学者们就如何更新文学及文学理论的生产与传播方式，以应对世界范围内技术革命给文学艺术带来的巨大冲击，如何应对数字媒介时代为文学学科的未来发展带来的机遇和挑战等等问题做出积极回应，展现出与文学文化新形态同频共振并积极参与反思的学术风貌。数据分析、可视化等方法的引入为文学研究提供了新视角，赵薇明确提出只有以计算批评的方式介入更广泛的话语和文化实践，才有可能形成数字人文全新的文本阐释学，并对数字人文运用于古代文学研究的实例进行分析和探讨，认为数据驱动的探索过程和论证驱动的假设 / 验证范式的融合将有助于实现计算技术与文学阐释的有效结合。以刘方喜为代表的文学学者以工艺美学为切入点，对人工智能的意义生产、机器时代的人类命运、人工智能时代文学艺术生产的新形态等进行深入分析。当今人工智能所引发的机器智能自动化，将终结“脑工”时代，把人类精神生产力从人身（人脑）生物性限制下解放出来，而面对脑工终结时代的来临，重构马克思机器生产工艺学批判将有助于推动人工智能科学发展与合理应用。数字媒介时代的到来和人工智能的发展将无可避免地从方法逻辑、知识基础、体系网络等多个方面影响着文学学科的内部规律与自身发展，文学学者应打破藩篱，克服自身理论局限，从价值规范、评价机制、问题视域等方面为数字人文与文学批评的深度融合做出学术贡献。

本年度文学学者高度关注文学前沿动态发展，尤其围绕中国当代文学的新人新作、外国文学的及时译介、外国文学的当代创作和学术进展等问题展开细致分析，并在当代文化语境中对诸多文学动态进行定位和阐释。其中，历史叙事是被频繁利用的研究视角，学者们试图借此厘清文学与现实、个体与社会、过去与当下的关系，赋予当代作品更强的纵深感与宽阔感。最新获奖作品是学者们的关注重点，如 2021 年诺贝尔文学奖得主古尔纳的作品、阿拉伯约旦籍巴勒斯坦裔作家易卜拉欣·纳斯鲁拉的获奖小说、2022 年第 5 届“宝珀理想国文学奖”获得首奖的《潮汐图》等都得到深入研究。同时，当代外国重要文学奖项及其评价标准也成为研究亮点，这显示出中国学者越发重视对西方当代文学评价与生产机制的整体认识。

五、经典问题的现代性重释

经典作家作品、经典文学现象、经典文艺思潮不仅构成文学研究的核心内蕴，还为学术研究的推陈出新奠定坚实基础。概括而言，本年度北京地区文学学者主要从研究视域转换、经典作品重读等方面开启经典问题的现代性重释。

中国诗学基础理论研究在经典命题的现代再阐释方面取得重要进展，有研究者转换研究视域，以西方文论与古代文论相结合的理论视角为重新解读中国传统诗学问题提供另一种学术研究可能性路径。解志熙从更为开阔的文本—人文语境和更加通融的阅读互动关系出发，将训诂学和诠释学方法相结合，对《孟子·万章》篇“孔子，圣之时者也”和《庄子·逍遥游》篇“是其言也犹时女也”两句话进行再解读。李建盛以哲学诠释学为理论视角对文学作品的存在方式进行本体论阐释，提出只有在诠释学理解事件的时间性过程中，文学作品的意义和真理经验才能得到实现，文学作品的本体论存在方式才能得到理解，哲学诠释学在此意义上改变了传统的文本概念，拓展了文学理解和解释的诠释性空间。

任何一个作品在经历了历史化和经典化之后，都会不可避免地面临着如何继续保持焕新的问题，如何在新的时代语境下突破经典作家作品的解读框架因此成为文学研究的重点内容。鲁迅研究始终是现代经典作家作品再阐释中的重镇，作为现代文学的高地，鲁迅研究的深度和广度可以说直接决定着现代文学研究根基的坚实牢固与否。本年度研究者们从鲁迅的历史功过、《孤独者》原型与《查拉图斯特拉如是说》的关系、《秋夜》初刊版本中的“棗”字及其诗学物象生成等方面推进和深化了鲁迅研究。时值郭沫若诞辰130周年，本年度集中出现了一批对郭沫若创作进行新解的学术成果，如对郭沫若缘何于20世纪20年代发生理论思路“突变”；郭沫若在日本期间对马克思主义的介绍与传播等进行深入分析。

六、思考与展望

本年度文学学科发展与学术研究取得的实绩充分显示北京地区在文学专业领域所占据的首要地位，极大地展现北京地区在引领文学专业发展中的首都担当，但总体来看还可以继续加强如下四个方面的内容建设：（1）增强文学研究方法论的本土化创建，尤其是在中西文化交流日益向纵深阶段发展的时代语境下，建构符合中国特色文学与理论话语言说体系的、本土化的文学基础理论范式，或者积极推进外来方法论的本土化转化，将成为促进文学学科现代化、国际化发展的必要前提。（2）重视文学研究的比较视域与全球视域，加强国际传播的力度，进一步提升跨学科、跨文化的研究广度与深度，注重用经典研究滋养前沿理论，用前沿理论转化经典研究，深化对经典问题的理解与创新，推动对前沿问题的回应与反思。（3）本年度文学研究多以经典性案例分析为主，文学研究涵盖主题的覆盖性不足，在未来的研究中应更重视如何在经典论题以外创造新的学科增长点，以实现文学研究重点性与全面性的结合。（4）人工智能、媒介文学等新问题的不断涌现需要我们以更深的学术底蕴建立起其与经典化文学基础理论的根基联系，以确保能够开启具有延展性、可持续性的前沿问题深度研究。如何利用数字时代技术成果实现文学的跨界融合，如何利用新兴技术手段创新文学传播方式，数字赋能如何推动文学破圈传播等等都应成为未来文学研究应该积极思考的关键问题。

（北京市文艺学会供稿）

文艺学

2022年文艺学学科学术发展在当代文论发展与创新路径研究、中国诗学基础理论研究、西方文论基本概念与范畴研究、文艺理论与具体文艺作品的批评与融合研究、文艺学的跨学科研究等方面得到进一步推进。经典命题的重新阐释，前沿问题的深度追踪，全新议题的不断涌现，研究思路的逐渐拓展，都进一步深化了文艺学学科发展与学术研究的发展空间。

一、当代文论发展与创新路径研究

当代文论发展与创新路径研究是2022年文艺学学科反思的重要内容。文艺学学科内部一直存在的关于合法性危机与可能性理路发展的讨论为当代中国文论的创新注入了活力，从方法论和本体论层面极大地扩展了当代文论的问题域，尤其是在文艺学学科不断全球化、跨学科化的当代语境下，当代文论创新发展的重要性和必然性更是日益凸显；另一方面，对当代文论创新路径的关注同时也增强了文艺学学科关于“当下性”的问题意识，有利于文艺学学科的未来发展。

时胜勋从当代中国文论学科机制的繁荣与缺憾；当代中国文论学科反思的问题指向；当代中国文论学科国际地位边缘化之隐忧及契机；全球文论学科的多元化格局与特色出发，讨论中国当代文论如何在积极进行全球跨学科对话过程中走向深度学科自主。[1] 另外，当代中国文论的精神价值拓展也是当代文论发展与创新路径研究中的关键内容。时胜勋从人文学角度讨论如何增强当代中国文论的精神价值自觉，他在梳理当代中国人文学文论的现代性谱系的基础上，指出当代中国文论从人文学到后人文学的发展将从反思性、生态性等多重内涵深化当代文论的发展格局。[2]

2022年5月，恰逢毛泽东《在延安文艺座谈会上的讲话》发表80周年，毛泽东《在延安文艺座谈会上的讲话》文艺思想的当代价值及其赋予新时代当代文论发展的新使命、新挑战等成为年度重要学术关注点。丁国旗通过对《讲话》"引言"中所提出的立场、态度、工作对象、工作和学习等问题的深入解读，揭示这些文艺工作"元问题"的理论价值，并在对"引言"和"结论"的整体性阅读中重新认识《讲话》的现实意义。[3]另外，丁国旗还关注《在延安文艺座谈会上的讲话》中首先要解决的"文艺是为什么人的"的问题，从该问题的提出、问题没有得到解决的原因以及解决这一问题的途径等方面进行细致阐释，分析我国当代文艺发展中此问题尚未解决的原因所在，并指出《讲话》中的具体思路对于解决当下文艺发展相关问题的启示和借鉴意义。[4]张永清将《讲话》理解为马列主义中国化的教科书、马克思主义文艺理论中国化的里程碑、马克思主义批评理论中国化的典范，指出要进一步将《讲话》精神融入新时代的文艺事业发展中。[5]

多位专家学者就新时代文艺工作者如何在积极利用《讲话》当代资源的基础上体现历史使命与责任担当进行了探讨。丁国旗将"历史主动精神"理解为当代文艺工作的一个非常重要的概念，并提出，新时代文艺工作者需要树立有高度的历史自觉意识，在对文艺传统的"扬弃"中探寻有助于当下文艺创作的经验智慧；树立强烈的历史担当意识，坚守文艺引领时代风气的历史使命；树立积极的历史创新意识，处理好守正与创新的关系，处理好文艺的社会效益与经济效益的关系。[6]刘方喜的《"站在历史正确的一边"树立科学文学史观》提出要将马克思主义基本原理同中华优秀传统文化有机结合，推动中华优秀传统文化创造性转化、创新性发展，树立更加科学而全面的文学观、文学史观，从而为构建个性的、和谐的、多样的世界生态文明做出中国贡献。[7]王一川认为，文艺工作者要通过提升自身的学习和修养；深入体验现实社会生活的时代内涵；深化自身关于相关中外文艺发展史的了解和研习；提高自身理论水平和评论质量来增强文艺评论的朝气和锐气。[8]另外，王一川通过梳理《讲话》至20世纪70年代末、70年代末至90年代末、新时代以来三个阶段的现代中国文艺典型范式特征，回顾了现代中国文论范式从认知式典型到认知溯洄式典型的历史变迁，重点分析了新时代文艺认知溯洄式典型所发挥的根性源泉（即返归生活）与魂性源泉（即溯源传统文化）作用。[9]

此类研究成果既关注文艺学学科于当前时代语境中的新态势，又能紧密结合新时代中国文艺理论的历史转向实际；既回溯了传统文化与现代文艺理论根源，又能面向未来，做到根源回溯与创新发展并举，不仅为文艺学学科建设发展提供了可能性路径启示，同时为当下文艺形态注入了生气与活力。

二、中国诗学基础理论研究

中国诗学基础理论及其现代转换研究是本年度文艺学研究重点讨论的话题。不同于世纪初中国诗学中关键概念的单点研究，当下中国诗学基础理论研究更加注重中国诗学发展的精神建构、范式变迁与文脉延续，致力实现中国诗学之传统与中国诗学之现代转化之间的深层互动。中国诗学基础理论研究在经典命题的现代再阐释方面取得重要进展。解志熙认为，用孔子为"圣人"或"中庸"哲学的"时中"观来理解"圣之时"是对《孟子·万章》篇"孔子，圣之时者也"的误读，用"'时'，是也。'女'与汝同"来阐释《庄子·逍遥游》篇"是其言也犹时女也"也并不符合实际。他从更为开阔的文本—人文语境和更加通融的阅读互动关系出发，将训诂学和诠释学方法相结合，对"孔子，圣之时者也"和"是其言也犹时女也"两句话进行了再解读。[10]刘思宇认为朱熹的《诗经》阐释体现出情本体之于理性共识的重要意义，其因理学本体的统摄而不同于传统注疏，成为与中国传统的审美智慧相契的本体论阐释思想。[11]周兴陆的专著《文士精神与文论传统》以几篇"龙学"论文为切入点，以贯通古今的视野对近现代转型时期产生的一些文学基本观念进行重新审理，在对中国文学史上的南北问题与文化认同、民国初年通俗教育研究会的小说审查、现代的国文教育、现代杜诗学、"寒衣曲"的古今演变等专题的深入研究中，作者致力建构以审美超功利的"纯文学"为核心，以重视表现力和感染力的实用文章为基础的多层级文学系统。[12]

多位学者著文讨论中国诗学的理路发展与内涵延续。肖鹰的《从风骨到神韵：再探中国诗学之本（下）》[13]对中国诗学的发展脉络进行了细致梳理，文章认为从刘勰的"风骨"，经严羽的"气象"，到王士禛的"神韵"，建构了中国诗学的美学追求历史文脉与中国艺术的本体精神。该文重点在于用以"人"为本的基础视角解读中国诗学发展脉络，以诗人的培养、升华来揭示中国诗学之本。杨子彦以"发愤""托诗以怨""不平则鸣""穷而后工""孤愤""意淫"等学说为关键词梳理出中国创作动机理论最主要的发展脉络。[14]姚爱斌分析从顾恺之《论画》到谢赫《画品》的文艺观念演变，他认为，谢赫的《画品》借“用笔—气韵”关系呈现画家主体与表现对象整体生命力的融合，以及“笔迹—意思”关系揭示绘画作为画家内在精神的艺术表达这一重要性质，从而在整体上把握了绘画艺术的基本矛盾关系，实现了六朝文艺基本概念关系与整体绘画观念的范式转换。[15]杨子彦将清初文论家作为一个整体加以考察，构建清代文艺思想体系，并总结清代文艺思想体系中的整体观的共性特征，认为如史家观念、辩证思想、尊体意识等共性特征对建设当代文论体系具有重要的借鉴价值。[16]“文章”与“学问”的关系问题是清代文学史和学术史中的核心问题，胡琦的论文《言文之间：汉宋之争与清中后期的文章声气说》[17]认为，清代汉宋之争影响了“文”这一概念在清中叶至近代的嬗变，著作能否成“文”成为理解清代汉宋之争的重要线索，关于“文”是否需要成“声”（言语、文字之辨）以及如何成“声”（文气、文韵之辨）的“文”之本体论论述构成清代文论史发展的关键命题。姚爱斌的专著《中国文体论：原初生成与现代嬗变》从概念层面考察了从先秦两汉时期主导性的“文”和“文章”观到汉末魏时期出现的“文体”观的演进过程，通过运用语境还原、原典精析、史论融通等多种方法分析古代文体论生成、发展的文化与文学语境，揭示中国文体论从传统向现代嬗变的内在规律与动力机制。[18]

三、西方文论基本概念与范畴研究

对基本范畴与核心概念的研究和阐释是2022年西方文论研究的主要内容，“爱”“地球村”“无意识”“现代性”“语言”“图象”“时间”等成为重点研究命题。这方面的研究成果既能以开阔的理论视野凸显基本范畴与概念于文论史与思想史中的价值特性，又能在多种理论背景的共时性对读中激活基本范畴与概念的价值内涵。

汪民安在多维理论视角中阐释“爱”的观念的历史转变。他认为，欧洲关于爱的哲学和观念经历了几次转向，古希腊时代“爱”的观念主要体现为从柏拉图的身体之爱与真理之爱转向奥古斯丁的上帝之爱。柏拉图以男女身体之爱以及男人和男人之间的真理之爱为中介抵制死亡，[19]奥古斯丁用上帝之爱取代了柏拉图的肉体之爱与真理之爱，为“爱”的观念赋予了一种神秘的超感官的神圣内涵。[20]文艺复兴时代“爱”的观念主要体现为从世俗的激情之爱转向对爱进行科学和理性的分析。作为对奥古斯丁的上帝之爱的思想回应，笛卡尔和斯宾诺莎的爱的观念基于一种科学的解释模式，笛卡尔主张爱是一种特定的生理过程，是灵魂运动和身体运动的统一，斯宾诺莎则遵循情感几何学原理，论证爱基于关系而产生的可变性、多样性、内在性和非主体性。[21]汪民安的专著《论爱欲》以真理之爱、神圣之爱、尘世之爱、爱的几何学与地理学等的发展和转向为线索梳理西方思想史中有关“爱”的观念的讨论。[22]在梳理“爱”的观念的历史转变的同时，汪民安对“爱”的普遍化特质和功能目标进行了阐释，他在《作为事件的爱》[23]与《爱、承认和主奴辩证法》[24]中深入讨论了“爱”所具有的能够有效促进主体间相互承认、保留差异的中介作用。

李建盛对“文学审美意识形态论”的基本问题进行探讨，尤其对审美意识形态这一概念所蕴含的西方理论话语资源；文学审美意识形态论如何从理论命题过渡到文学理解和阐释的具体实践；文学审美意识形态与其他艺术审美意识形态之间的异同等方面进行了有益的思考。[25]张永清考察了“文学反映论”在20世纪80年代中后期的发展与深化，认为王元骧、钱中文等的理论阐发从哲学原理的普遍性与文学的特殊性两个向度实现了文学的形象反映论、特殊意识形态论这两个原有命题的系统化与知识化。[26]李昕揆对西方文论关键词“地球村”进行了详细阐释，指出麦克卢汉使用“地球村”一词来表达电子媒介条件下的世界图景、时空体验和审美感知，不仅为地球村赋予了丰富而深刻的思想内涵，而且围绕它形成了一系列内涵相近、表述相似的概念。[27]马元龙讨论了“无意识”概念从弗洛伊德到拉康的内涵转变。他认为，弗洛伊德从地形学的、动力学的、经济学的角度认识无意识并没有揭示出无意识的真正本质，而拉康受现代语言学的启发，为无意识提供的语言学解释则强有力地证明了无意识是一种话语的观点早就存在于弗洛伊德的理论实践中。[28]方维规的《语言的规定性——西方学者关于汉语汉字与中国文学之关系的早期思考》一文以洪堡、葛禄博和卫礼贤关于中国语言和文学之关系的理论分析为主线，考察西方人对汉语及其与中国文学表达方式之关系的早期思考。[29]汪尧翀讨论了维特根斯坦与本雅明“语言”哲思的同时性与亲缘性[30]；以及哈贝马斯如何推动批判理论哲学基础从“主体”向“语言”的转向，如何以语用学路径进克服“语言”内部的基础主义危机。[31]饶静的《拜物教与批判逻辑——朗西埃的批判观念解读》以“拜物教”观念为中心，分析朗西埃“批判”观念转变的内在动因。[32]

西方文论基础理论研究成果颇丰。李建盛以哲学诠释学为理论视角对文学作品的存在方式进行本体论阐释，提出只有在诠释学理解事件的时间性过程中，文学作品的意义和真理经验才能得到实现，文学作品的本体论存在方式才能得到理解，哲学诠释学在此意义上改变了传统的文本概念，拓展了文学理解和解释的诠释性空间。[33]钱翰的《图像对于罗兰·巴尔特意味着什么？》一文分析了巴尔特的书写中图像批评所占据的重要地位，论文指出，在巴尔特的文学观念中，语言文字与图像之间形成了一种复杂的对抗纠缠关系，即早期的巴尔特常常用文字来破除流行文化中图像制造的神话形象，而视觉形象对他而言又构成一种可以跳脱语言表意系统限制的契机。[34]梁心怡从吴增定与罗森关于尼采的两种不同批评路径出发，详细探讨《扎拉图斯特拉如是说》中大量使用的修辞。[35]梁心怡的《形式批评中的实用主义及逻辑实证主义之争——克兰与“新批评”派分歧的哲学根源》通过分析克兰文学批评与新批评派的不同哲学根基，呈现出20世纪美国人文智识领域逻辑分析与价值判断对立的基本格局。[36]柏奕旻论述和辻哲郎思想“转向”的审美理路及其转向内面的西化主体的内在审美逻辑。[37]

四、文艺理论与具体文艺作品的批评与融合研究

文艺学基础理论与研究方法为具体文艺作品的批评提供了基本立场与视角，尤其是文艺理论的当代创新性发展极大地拓展了文艺作品的阐释域，当代文艺作品的推陈出新反过来又促进了文艺理论的内涵提升，文艺理论与文艺作品之间的双向互动由此构成良性文化生态的基础。本年度，文艺理论与具体文艺作品的批评与融合仍是多位文艺学学者的研究重点。

肖鹰对三星堆青铜立人像、西周中期男铜人像和近东古代青铜巴尔神像等三个文化源地人像进行图像学比较研究，建立起青铜立人像与近东古代人像造型的亲缘性关系，为深入探讨青铜立人像的跨国文化来源提供了参考。[38]赵勇从严肃文学与大众文化的关系出发探讨路遥小说《平凡的世界》的定位问题，他认为《平凡的世界》是一项严肃的文学生产，延续着“经国之大业，不朽之盛事”的为文传统。[39]符鹏从政治、生活与历史的复杂关系维度重新审视周立波工业题材长篇小说《铁水奔流》所遭遇的典型塑造难题，并指出，正是由于该小说敏锐地探索了工业叙事的可能性，才使得《山乡巨变》取得了创造性呈现生活世界的可能性。[40]解志熙重读诗人鸥外鸥抗战时期的战斗诗篇，并追溯鸥外鸥从20世纪30年代前期的“新感觉派”诗人到1936年以后转变为左翼现代主义诗人的过程。[41]杜寒风以著名作家、学者和文学教育家许杰教授著的《鲁迅小说讲话》为重点分析文本，论述鲁迅小说中的人称使用。[42]许苗苗借《性感时代的小饭馆》《致我们终将腐朽的青春》《杜拉拉升职记》《星空战记》等网络文学文本将从借网出道、隐匿网后、因网而强、与网相生四个方面分析网络女作家媒介身份的类型与转变。[43]

五、文艺学的跨学科研究

2022年，文艺学与美学、科学、文化研究等的交叉学科研究取得新的研究进展，体现出文艺学学者敏锐的学术洞察力和紧跟前沿的学术眼光。文艺学与美学的学科融合以及由此展现的面向现实的美育关怀成为文艺学学科当代发展的主要脉络之一。刘方喜在艺术美学属性与货币属性相对抗的现实语境中重构马克思美学/经济学的二重性结构。[44]李圣传从20世纪五六十年代苏联美学学科状况及其美学论争；苏联美学在中国的译介、传播及其影响；五六十年代中苏“美学大讨论”的关联与差异；“美学大讨论”之后中苏美学的发展走向等四个方面梳理了苏联美学与20世纪五六十年代中国美学大讨论的历史脉络。[45]陈奇佳分析了法国新浪潮电影的标志性人物戈达尔在二战后“艺术暴力化”潮流形成过程中的作用，并指明戈达尔及其同时代人对暴力话题的过分热衷客观上带来了当代艺术过度暴力化的后果。[46]时胜勋认为，全球本土化、再东方化、社会主义文化现代化、跨文化身份建构分别构成了中国当代艺术的时代性、文化性、现实性、域外性情境，并通过提炼中国当代艺术“审美镜象”的话语范式阐释“何为中国当代艺术”和“中国当代艺术何为”的问题。[47]以上研究成果在文艺美学的学科视野中对文艺学相关问题展开多维度深度探索。

艺术批评承担着带领受众发现、感受与评判艺术之美的教化功能，对于文艺作品的审美体验与价

值评判可以健全人性，有助于美育之内在德育功能的实现。有鉴于此，李雷提出有必要将艺术批评教育纳入新时代学校美育课程体系建设。[48]柏奕旻结合西方美育精神的“游戏”范式与中华美育精神的“游艺”范式来探索当代美育精神的发展路径，指出“美育的生活化”与“美育的共育化”是美育精神“游艺”范式当代转化的两条路径，将为中华美育精神的创造性转化、创新性发展提供可鉴契机。[49]柏奕旻同时以现代日本的“民艺”方案为例，深入我国乡村审美文化经验，对何为有效的乡村美育、乡村何以走向自我美育等问题展开研究。[50]

文艺学与科学的跨学科对话成为本年度文艺学学术研究的一大亮点。李洋、吴琼等学者围绕图像史和艺术史的关系、科学图像与艺术图像的异同等讨论了艺术创作与科学图像的相互征用问题。[51]刘方喜在人工智能与机器工艺美学方面发表多篇论文，他的《无开源不通用：通用人工智能机器生产工艺学批判》讨论了人工智能的通用性、自动性、开源性及其与人类命运的关系[52]；他在《脑工终结时代的来临：通用人工智能机器生产工艺学批判》[53]和《脑工的终结：人工智能时代的机器生产工艺学命名》[54]中认为，当今人工智能所引发的机器智能自动化，将终结“脑工”时代，把人类精神生产力从人身（人脑）生物性限制下解放出来，而面对脑工终结时代的来临，重构马克思机器生产工艺学批判将有助于推动人工智能科学发展与合理应用。

文艺学向文化研究的跨学科拓展深化了文艺学理论研究的方法探索。汪民安以“情动”、“物质”与“当代性”为三大主题，反思当下时代人的主体性是否已经被物质、符号、机器等取代甚至摧毁，揭示文化问题如何最终影响着人的情感、文学、艺术、商业，以及人与社会的关系。[55]周兴陆的论文《现代“国文”教育中的文化思想与文体观念》总结了不同时代背景中关于“国文”的不同政治与文化立场，揭示出随着“纯文学”观念的引入而来的“国文”中美文/实用文的分类问题，文章认为当前的文学研究既应接受20世纪“纯文学”观念的合理内核，更需要借鉴中国的“大文学”传统，突破纯文学的狭隘限制。[56]王一川的《多元自明人、美美异和与共同性幻象》以《天龙八部》《庆余年》等为分析文本，借助对跨文化学视域下的多元自明人的讨论对文化现代性进程中跨文化和跨文化学的基本问题进行理论反思。[57]

六、重要课题立项情况

2022年文艺学专业立项的重要课题包括：2022年国家社科基金一般项目有《社交媒介时代网络文艺中的“玩劳动”研究》（许苗苗，首都师范大学）；《中国当代文学理论口述资料的发掘、整理与研究》（李世涛，北京外国语大学）；《本雅明“讽喻”美学观研究》（常培杰，中国人民大学）；《新中国马克思主义文艺理论学科教材建设研究》（兰善兴，北京第二外国语学院）；《20世纪法国奇幻文学理论研究（1951—1999）》（张怡，外交学院）。文艺学专业2022年国家社科基金青年项目有《情感政治视域下的解放区文艺研究》（路杨，北京大学）。2022年北京哲学社会科学基金青年项目有《中国古代书论的美学精神及当代价值》（常馨悦，中国共产党北京市委员会党校）；《网络影视批评的话语实践与价值建构研究》（张为，北京印刷学院）。2022年教育部人文社会科学研究青年项目有《弗洛伊德书信中的文学评论与理论范式研究》（徐胤，中国人民大学）；《社会选择视域下新世纪中国主流电影的美学建构研究》（侯杰耀，北京电影学院）；《智媒时代的交互式影像叙事理论研究》（孙可佳，中国传媒大学）。

七、思考与展望

本年度文艺学研究取得的实绩充分显示了北京地区在本专业研究领域所占据的首要地位，这表明北京地区文艺学学科学术建设在传承与创新、探索与争鸣的过程中已经走上了独具特色且稳健扎实的自我发展之路，极大地展现出北京地区在引领文艺学专业发展中的首都担当。另一方面，我们仍需辩证地看待本年度北京地区文艺学研究的新成果，正视其中有待强化的方面，为文艺学研究的未来发展提供一些前瞻性思考。首先，需要增强文艺学研究方法论的本土创建。文艺学与美学、科学、文化研究等的学科交叉研究为文艺学的当代发展与路径创新提供了基于不同理论视野的方法论启示。但是，“拿来主义”的方法论挪用实质上无法弥合中西文化与诗学传统之间客观存在着的深层结构和逻辑差异，尤其是在中西文化交流日益向纵深阶段发展的时代语境下，建构符合中国特色文学与理论话语言说体系的、本土化的文艺批评理论范式，或者积极推进外来方法论的本土化转化，将成为促进文艺学学科现代化、国际化发展的必要前提。其次，中国传统文艺理论的当代传承，尤其是中国传统文艺理论的域外传播仍是需要重点研究的课题。本年度古代文论研究在传统诗学文脉梳理与现代转化方面取得突出成绩，而如何在全球化趋势中彰显中国传统文艺理论的影响力却没有得到充分的研究，加强中国传统文艺理论的域外传播与影响力研究将在很大程度上有助于中国文学与文化的对外身份构建。最后，本年度文艺学研究多以基础理论、基本概念与核心范畴为主，在具体研究中以突出重点性与典型性的方式拓展文艺学学术研究的深度与广度，而对文艺学学科建设与学术发展的整体性探究与综合性反思不足。另一方面，人工智能、媒介文学等新问题的不断涌现需要我们以更深的学术底蕴建立起其与经典化文艺学基础理论的根基联系，以确保能够开启具有延展性、可持续性的前沿问题深度研究。

（北京市文艺学会供稿，主要执笔人：王淑娇）

注：

［1］时胜勋：《当代中国文论学科创新的路径选择——学科机制反思、全球跨学科对话与深度学科自主》，《文艺争鸣》，2022 年第 12 期。

［2］时胜勋：《从人文学到后人文学：当代中国文论的精神价值拓展》，《社会科学》，2022 年第 12 期。

［3］丁国旗：《新时代文艺工作者需要积极发挥历史主动精神》，《文艺理论研究》，2022 年第 6 期。

［4］丁国旗：《对“文艺是为什么人的”新认识》，《中国文艺评论》，2022 年第 6 期。

［5］张永清：《始终坚持“以人民为中心”的马克思主义文艺观——纪念毛泽东〈在延安文艺座谈会上的讲话〉发表 80 周年》，《艺术评论》，2022 年第 6 期。

［6］丁国旗：《新时代文艺工作者需要积极发挥历史主动精神》，《文艺理论研究》，2022 年第 6 期。

［7］刘方喜：《“站在历史正确的一边”树立科学文学史观》，《文学遗产》，2022 年第 4 期。

［8］王一川：《通向有朝气和锐气的文艺评论》，《中国文艺评论》，2022 年第 1 期。

［9］王一川：《现代中国文艺典型范式变迁 80 年——从认知式典型到认知溯洄式典型》，《中国文艺评论》，2022 年第 6 期。

［10］解志熙：《“孔子，圣之时者也”重诂——兼释〈庄子〉所谓“时女”》，《清华大学学报（哲学社会科学版）》，2022 年第 4 期。

［11］刘思宇：《朱熹〈诗集传〉的阐释思想》，《学术研究》，2022 年第 12 期。

［12］周兴陆：《文士精神与文论传统》，杭州：浙江工商大学出版社，2022 年 10 月。

［13］肖鹰：《从风骨到神韵：再探中国诗学之本（下）》，《贵州社会科学》，2022 年第 1 期。

［14］杨子彦：《从“发愤”到“意淫”：中国创作动机理论的发展》，《山东社会科学》，2022 年第 10 期。

［15］姚爱斌：《文艺观念的会通与六朝艺论范式的演变》，《文艺研究》，2022 年第 4 期。

［16］杨子彦：《清代文艺思想体系构建的整体观》，《哈尔滨工业大学学报（社会科学版）》，2022 年第 5 期。

［17］胡琦：《言文之间：汉宋之争与清中后期的文章声气说》，《文学遗产》，2022 年第 1 期。

［18］姚爱斌：《中国文体论：原初生成与现代嬗变》，北京：北京大学出版社，2022 年 05 月。

［19］汪民安：《论柏拉图的身体之爱和真理之爱》，《首都师范大学学报（社会科学版）》，2022 年第 1 期。

［20］汪民安：《奥古斯丁的神圣之爱》，《基督教文化学刊》，2022 年第 1 期。

［21］汪民安：《笛卡尔和斯宾诺莎的爱的观念》，《北京航空航天大学学报（社会科学版）》，2022 年第 2 期。

［22］汪民安：《论爱欲》，南京：南京大学出版社，2022 年 07 月。

［23］汪民安：《作为事件的爱》，《广州大学学报（社会科学版）》，2022 年第 1 期。

［24］汪民安：《爱、承认和主奴辩证法——黑格尔、拉康和列维纳斯的爱的观念》，《江海学刊》，2022 年第 2 期。

［25］李建盛：《文学审美意识形态论的语境性学理阐释和评估》，《中国文学研究》，2022 年第 1 期。

［26］张永清：《马克思主义文学反映论在 20 世纪 80 年代中后期的发展与深化》，《文学评论》，2022 年第 3 期。

［27］李昕揆：《西方文论关键词：地球村》，《外国文学》，2022 年第 6 期。

［28］马元龙：《无意识：从弗洛伊德到拉康》，《外国文学》，2022 年第 5 期。

［29］方维规：《语言的规定性——西方学者关

于汉语汉字与中国文学之关系的早期思考》,《文艺研究》,2022年第8期。

[30]汪尧翀:《论“语言”的限度:本雅明与维特根斯坦思想的错位》,《中国图书评论》,2022年第7期。

[31]汪尧翀:《批评作为论证:论哈贝马斯的批评观念》,《东南学术》,2022年第2期。

[32]饶静:《拜物教与批判逻辑——朗西埃的批判观念解读》,《中国人民大学学报》,2022年第2期。

[33]李建盛:《哲学诠释学与文学作品存在方式的本体论阐释》,《河北学刊》,2022年第5期。

[34]钱翰:《图像对于罗兰·巴尔特意味着什么?》,《文化与诗学》,2022年第2期。

[35]梁心怡:《尼采的面具与柏拉图主义——论〈扎拉图斯特拉如是说〉中的修辞》,《中外文论》,2022年第2期。

[36]梁心怡:《形式批评中的实用主义及逻辑实证主义之争——克兰与“新批评”派分歧的哲学根源》,《外国文学》,2022年第4期。

[37]柏奕旻:《“写实”的内面——和辻哲郎思想“转向”的审美理路与主体困境》,《湖北大学学报(哲学社会科学版)》,2022年第6期。

[38]肖鹰:《三星堆青铜立人像近东文化因素的图像学研究》,《文化艺术研究》,2022年第5期。

[39]赵勇:《严肃文学的生产秘密——〈平凡的世界〉的定位问题及其相关解读之一》,《文艺争鸣》,2022年第9期。

[40]符鹏:《政治、生活与自我感知的历史形变——重省〈铁水奔流〉作为失败之作的认识意涵》,《文艺理论与批评》,2022年第5期。

[41]解志熙:《“不降的兵”——鸥外鸥战时诗作引论》,《文艺理论与批评》,2022年第6期。

[42]杜寒风:《许杰〈鲁迅小说讲话〉中的小说人称论》,《中外文论》,2021年第1期。

[43]许苗苗:《新媒介时代的“大女主”:网络文学女作者媒介身份的转变》,《扬子江文学评论》,2022年第2期。

[44]刘方喜:《美学属性、奢侈品与自由时间:马克思美学/经济学二重性重构》,《云南社会科学》,2022年第5期。

[45]李圣传:《苏联美学与20世纪五六十年代中国美学大讨论》,《文艺理论与批评》,2022年第4期。

[46]陈奇佳:《戈达尔与当代艺术体制中的暴力批判问题》,《江苏行政学院学报》,2022年第2期。

[47]时胜勋:《审美的境象:中国当代艺术话语范式研究》,北京:社会科学文献出版社,2022年04月。

[48]李雷:《文艺批评参与美育的必要性探究》,《中国文艺评论》,2022年第11期。

[49]柏奕旻:《中西美育精神的比较阐释及“游艺”范式的当代转化》,《首都师范大学学报(社会科学版)》,2022年第3期。

[50]柏奕旻:《“民艺”美学与乡村美育:日本方案及其命运》,《美育学刊》,2022年第1期。

[51]李洋,吴琼等:《科学图像及其艺术史价值——围绕科学图像的跨学科对话》,《文艺研究》,2022年第1期。

[52]刘方喜:《无开源不通用:通用人工智能机器生产工艺学批判》,《求索》,2022年第2期。

[53]刘方喜:《脑工终结时代的来临:通用人工智能机器生产工艺学批判》,《社会科学战线》,2022年第3期。

[54]刘方喜:《脑工的终结:人工智能时代的机器生产工艺学命名》,《江西社会科学》,2022年第1期。

[55]汪民安:《情动、物质与当代性》,济南:山东人民出版社,2022年10月。

[56]周兴陆:《现代“国文”教育中的文化思想与文体观念》,《文学评论》,2022年第1期。

[57]王一川:《多元自明人、美美异和与共同性幻象》,《文艺争鸣》,2022年第8期。

中国古典文献学

2022年中国古典文献学学科在版本学、目录学、校勘学、辑佚学、辨伪学、专科文献、专人专书、物质形态、域外汉籍、数字人文、古籍保护等方面均有广泛进展[1]。

一、古籍目录、版本、校勘学研究

目录学方面，学界对代表性的古典目录的内容来源、图书抽改等问题进行了深入研究。相关研究对于今人研究时查考古书存藏的意义不言自明，亦对目录学史的探讨有所启发。如马楠考察了《郡斋读书志》杜、姚二本，认定其下限在绍兴末年，并未体现晁氏晚年工作；又考其收录范围，指出《郡斋》乃反映四川地区图书面貌，不可作为《宋史·艺文志》的研究参考[2]。《四库》学研究亦有推进。哈佛大学燕京图书馆藏《四库书目皮藏表》为直式《四库全书分架图》之一种，黄汉对比《文渊阁分架图》，发现其反映“北四阁”排架面貌，又可体现嘉庆时期图书抽改、架次调整的情况[3]。另外，在目录整理实践中，胡海帆考察了丛帖目录《帖目》的编纂过程、内容规模、学术价值等问题，并指出了《帖目》手稿整理工作的原则与方法[4]。

校勘学方面，首先值得关注的是学界对重要石经所做的校勘工作。如王天然以蜀石经《周礼·考工记》残拓与唐石经、婺本、八行本等《周礼》共九种对校，此乃蜀石经研究的基础，也为探究《周礼》经注文本源流提供有效的佐证[5]；关百益《汉熹平石经残字谱》所录拓片几乎不见他书著录，任哨奇首次对其全面释读考证，得《鲁诗》《仪礼》《尚书》等共63字，对《集存》《汉石经碑图》有补遗、纠谬之功，亦有助于传世文献整理与校读[6]。校勘学史研究方面，张亿据《毛诗注疏校勘记》讨论“以例校经”的校勘思路及弊端，并认为段顾对这一方法的认同一定程度地消弭了两人校勘实践的争论[7]。同时，对校勘学理论的探讨也具有启发性，李林芳以《老子平议》为例，发现中国校勘实践中存在使文本趋于整齐的倾向，与早期文本实际面貌不合，通过中西校勘学的比较，分析整齐化倾向的内在原因，并指出文本校勘应结合文献特征用更审慎的方式考量[8]；李小龙辨析了以校法四例校勘小说的用例，指出古代小说文本流动性强，存在校勘四法的不适用情况，提出应探索适用于古代小说的校勘原则[9]。

版本学方面，首先是对重要典籍的版本源流作系统梳理，如南宋绍兴府本《论衡》是此书今传诸本之共同祖本，郑易林考察其宋、元、明三代递修重印细节，揭示出不同印本分别衍生出其他刊本，为厘清《论衡》宋、元、明各本之间的源流提供了清晰线索[10]。周必大编刊《欧阳文忠公集》共三部宋版，董岑仕分别考察吉州原刻本、吉州翻刻本、饶州翻刻本的刊印情况，梳理三版各自的修版、印行、增添佚文校记等工作，对梳理宋以后欧集源流亦有助益[11]。丰子翔系统考察了现存十二种《东坡先生易解》版本，指出国图藏明初钞本卷数、文序等保留了部分宋本特征，保存异文独特，此后又经钱谦益等多人递藏，在此书的版本系统中价值较高[12]。吴晗对湖北问津书院所流传《问津院志》的版本作系统考察，澄清了当前学界对志书主修者的臆断，梳理了万历本、康熙本、道光本的编纂情况，并探讨其文献价值[13]。丁之涵考察了抄本《絸斋诗集》的版本信息、诗作收录概况，并综合考察张谦宜其他文集诗抄，恢复张氏中年以来的诗存面貌，兼及辨析诗选编校者等问题[14]。

其次是针对一书的重要版本作深入考察，并为当今利用该书提供有效的建议。如林嵩对东京大学藏宋元刊《资治通鉴》简注本进行考察，廓清了其刊刻年代并非北宋。同时辨析其夹注的文献来源，指出此本较之通行胡注本则面貌更古，价值值得重视[15]。杨复《仪礼图》现存元刊本均出自元十行本、元余氏勤有堂本，杜以恒考察了元十行本之刊刻时地、版本来源、后世重修等情况，发现勤有堂本亦据十行本系统重刻、而质量转精，为该书提供了今后版本使用的建议[16]。

基于版本研究，学界亦围绕相关学术制度、纂修流程、文化风气等展开讨论。蓬左文库藏天真书院本《阳明先生年谱》为稀见之本，向辉完整考察了其版本特征，通过年谱分析阳明思想的生成，同时考察明代学术赞助制度在著作刊行、学术思想传播中的推动作用[17]。《四库全书》著录王慎中《遵岩集》，但版本问题未清，饶益波据中科院藏《遵岩集》四库底本的墨批、浮签等信息考订《遵岩集》版本，并由此考察四库馆纂修的具体流程[18]。《吴梅村先生诗集》今见抄本有三，陈腾考察北大藏退轩本之内容、题跋，指出各抄本源流关系、杨注修订前后之差异，加深了对清代“学署抄书”文化现象的理解[19]。同时，印本研究亦有深入，古籍初印、后印本的差异能反映版片的历时剜改、修补、抽换情况，樊长远就《史通训故补》《十七史商榷》《季汉书》《尔雅翼》等十部典籍进行探讨，总结初印、后印本的不同特征，并对古籍编目著录的精细化提出展望[20]。

二、古籍辑佚、辨伪学研究

辑佚与辨伪是古籍整理、研究的重要组成部分，在具体实践方法上亦密切关联。

辑佚学方面，学者利用类书、丛书等资料钩稽亡佚之书、篇、句，对当今的古籍整理工作进行补缺、纠谬，亦探讨佚书取材来源、书籍性质等问题。宋初隐士陈抟诗已佚，王岚对《全宋诗》《宋诗纪事补正》等书所辑陈抟诗全面辨析，指出存在误收唐人、宋人诗的情况，并新辑佚诗23首、残句14则、存目一首，以补《全宋诗》之遗[21]。南宋《琐碎录》佚后，今仅存四种明钞残本《分门琐碎录》，陈晓兰揭示国图藏本的版本面貌，考述其文献取材来源，并利用《博文类纂》等资料进行正补，对今后此书的利用颇有裨益[22]。

另外，对古书阙佚原因的探讨是辑佚工作深化的表现，宋本《长短经》一般被认为刻于南宋初年，黄焕波据版式、用字等信息认定其版应属北宋，从《乾象新书》中辑佚千余字以补阙卷，认为其阙应与北宋“私习天文之禁”有关，并重新思考相术天文等知识在古代文化传统中的地位[23]。

对于古书辑佚，学者亦提出了系统性的方法论建议，张学谦对安居香山、中村璋八的《纬书集成》文献性质作讨论，认为《集成》以前人辑本为主、加入新辑佚文，篇目与文句多有舛误。据此提出了重新整理谶纬文献的应遵循的五项原则[24]；同时分析东汉官定图谶八十一篇的结构内容，认定河洛谶散佚时间早，据现有材料难以复原。并具体提出区分东汉与六朝谶书的三种方法，据此能断定《河图玉版》等谶书均属六朝时期[25]。

辨伪学方面，学者对古书作者、内容等进行考辨，同时在理论层面总结作伪条例、作伪原因、辨伪方法，对今后古籍辨伪学的开展具有良好的指导意义。作者辨伪方面，如《慧日永明寺智觉禅师自行录》的重校编集者文冲长期被认定为宋人，许红霞从文冲自署材料切入，重新厘定其人年代应在元大德以后，并考证了《自行录》一书在后世的流传情况[26]。又如针对张孝祥“于湖词”真伪问题，吴娟逐一辨析张孝祥与卢祖皋、朱熹、朱翌等人词作的讹混，并提出了以文本溯源为核心的词作辨伪三种方法，作为精细整理古典文学材料的重要尝试[27]。内容辨伪方面，高树伟对毛国瑶辑“靖藏《石头記》”批语150条逐一校勘辨伪，认定其为蓄意伪造，并总结作伪条例、揭示作伪目的，得以廓清对红学研究的负面影响[28]。

三、古典文献专科研究

专科文献学所涉门类广泛。在2022年的研究中，学者们利用相关专业背景，根据不同部类文献的具体内容及性质，对古籍展开了针对性的研究，在经、史、子、集诸种文献的研究上均取得了突出的进展。

在经部文献方面，学者运用目录著录、版本校勘、史料互证等方法，对经书注疏、经书注释体例、经学史传统等进行了深入的探究。如顾永新对《周易集解》所引注疏情况进行了系统考察，据宋刻《周易》及古写本对《周易集解》所引注疏通校，指出《集解》引用的注疏一定程度上能反映唐代《周易》样貌[29]。吴扬广发现唐前称引“十翼”存在不附“传”字的现象，由此认为王弼本《易》篇题本无“注”字，“传”即为注解名称，并指出古书称引与题名的更改的部分学术规律[30]。程苏东指出数术具有长久的知识传统，《洪范》五行学等汉代经传将数术知识引入经学阐释，呈现出数术作为异质性知识的经学化、汉儒经学知识数术化的发展趋势[31]。赵培对皮锡瑞的今古文分判进行总结及反思，并重新归纳两汉经学的主要特点，指出其对后世经学基本形态的影响[32]。

在史部文献方面，学者运用碑刻、稀见钞本、明清档案等材料，对正史、金石、舆图等领域均作出有益的考察。张彧梳理了东洋文库藏旧钞本《史记·夏本纪》在日本的著录、传抄问题，并对钞本进行校读，揭示其异文的价值，同时也为写本转向刻本时期的研究提供了重要实物材料[33]。刘敞《先秦古器记》是传统金石学的发轫，但长期不显于世，赵学艺依据宋人记述以及清人对残碑的记载，推测其存在碑刻、纸本两个明显差异的系统，在收录范围、体例上均不统一[34]。

舆图方面的成果较为丰富，学者一方面对舆图本身的流传衍生做出考察，另一方面则对行政地区变动、国界划定等历史问题做出充分回应。刘仕格、张萍通过考证国图藏清彩绘本《宁夏河渠图》中教场营建、官兵变动、县名置废的问题，纠正了对此图册绘制年代的判定，同时认为《府舆图》可能为参考此前地图信息绘制而成[35]；孙景超考察《云南舆地图说》相关档案文献，认定其为嘉庆间《伯麟图说》的组成部分，后者又作为两种文献分别衍生出不同版本与名称[36]；李花子分别考证朝鲜《西北界图》的中国与朝鲜图，两国之国界认定以及实际舆图标识有差异，《西北界图》调和了这两种对边界的认识[37]。

在子部文献方面，学者研究领域广泛，分别就不同性质文献进行考察，对文献的纂集、流传、所反映的社会面貌等方面均有探讨，研究涉及类书、戏曲、书法、佛教、道教等，力图勾勒出丰富全面的文献发展与社会风俗图景，具体如下。

类书研究历来受到学者的重视，多有对其文献纂集、递藏的考察，如吴同认为《国朝册府画一元龟》的引书、编目是科举实际要求与本朝史观的反映，同时梳理了明清以来此书的递藏状况[38]；高树伟利用新见明清文集、方志、谱牒等材料厘清《永乐大典》正本下落，梳理出《大典》正本在明代自永乐至崇祯间的流传线索[39]；刘瑛据《太平御览》所引《古今刀剑录》，对后者进行补缺、校勘，在恢复原书面貌上做出努力[40]；李更指出《梅花字字香》的集句诗与《锦绣万花谷》《分门纂类唐宋时贤千家诗选》等类书大量重合，反映其诗作存在"元件库"，侧面反映出对宋元普通文人的知识获取方式[41]。

书法、戏曲等艺术研究需综合考量一书的文本真伪、版本流传、文化影响，徐志超对王僧虔《论书》文本来源问题作系统考察，认为首段文字接近原貌，二、三段文本应分别来自萧子良《答王僧虔书》及羊欣《采古来能书人名》，后者可能是作为注文而混入正文中[42]；顾歆艺梳理了《千字文》作为开蒙读物自生成至流传的诸问题，其形成与王羲之书学传统密切相关，在帖学书法传统、文化教习层面均具有典范意义[43]；林杰祥考察晚明稀见曲选《乐府遴奇》的三种存世孤本，分析编选特点、版本流变，窥探万历年间编纂与刊刻的动态过程、时人的审美取向[44]。

宗教文献研究涉及佛教、道教，王帅首次厘清《印光法师文钞》的纂集过程与版本系统，此书刊行流通是印光形象转型的根本，亦可作为中国佛教近代化转型的缩影[45]；郜同麟指出敦煌写卷《灵宝化胡经》与十卷本《老子化胡经》存在许多不同，分析了《灵宝化胡经》思想观念的来源，并对成书时间作出拟测[46]。

在集部文献方面，学者不仅能疏证版本、考定相关史实，亦能阐发其文学意义，回应文学史上的重大问题。乌台诗案是文学史上的著名公案，周思成通过比勘现存各本《乌台诗案》，认为明重编本存在大量删改、讹误，不符宋代司法文书体式，指出在利用此本时需尤为审慎[47]；周昕辉分析了《乌桓纪行录》的内容来源与版本层次，并利用《瀚海缀藩集》补充《纪行录》收诗之不备，指出《纪行录》为了解蒙古驿路风俗提供了丰富史料[48]；蔡丹君认为陶集的编刊、注释、和诗等文学活动与易代诗学传统存在相互生发的过程，促进了我们对文献刊行与诗学传统互动关系的思考[49]。在理论建构方面，潘建国提出俗文学具有流动性强、印刷与写本共生、缺乏经典性等特征，有必要建立专门的"俗文学文献学"，在目录学、版本学、校勘学、流通学几个层面展开学术实践[50]。此外，曾祥波[51]、高策[52]、刘明[53]、徐阳[54]、李根利[55]、杨洋[56]等分别对集部文学文献的内容编纂、版本流变、文学价值等不同方面展开讨论，值得重视。

四、专人专书研究

专人、专书研究方面，对名家书信、稿本的发现与研究使得今人能借助一手材料，窥探学者学术思想的发展、学术著作的编纂历程，也生动呈现出学者交游的种种细节。

书信作为学者往来的一手材料，兼具较高的学术价值和文物价值，是呈现学术交往的鲜活断面。东洋文化研究所仓石文库藏有张聪咸致郝懿行信札一通，华喆指出信中对释字的讨论关乎《尔雅义疏》的成书，此信札为考察乾嘉学者往来之细节提供了重要佐证[57]；钱大昕与周春围绕《十三经音略》的讨论留有往来信件二则，李科通过对信中音韵问题的考察，指出了周春在叶音研究中的启发性观点与不足，对其学术成就做出客观的判断[58]；国图藏有邓之诚致傅增湘信札一则，肖刚指出信中所述为借抄《林居漫录》一事，此信札是晚清藏书家与学者往来论学的直接呈现[59]。

晚清近代藏书家的学术活动与当时书籍的收集、流散息息相关。洪琰对芝加哥大学东亚图书馆所藏吴引孙藏书作系统梳理，吴氏测海楼藏书出售后数度转手，今芝大藏书三十五种分别来自李宗侗及富晋书社，亦推动了中外交流、海外学术的发展[60]；赵瑶瑶对近代藏书家赵元方作全面考察，梳理了赵氏目录版本学之师承、购书来源、藏书种类及捐赠去向，赵氏之批校题跋在版本鉴定、交游记载方面均有价值，本文还关注了赵氏藏书印所反映的其人的藏书志趣[61]。

五、其他重要研究

随着文献学研究的深入开展，学界扩展研究视野、利用新研究方法，提出了文献研究的若干重要命题，以下将从文献物质形态、域外汉籍、数字人文、古籍保护等几个方面展开。

文献的物质形态近年受到学者的关注，在早期简帛、晚期版刻的研究中均有进展。徐建委利用传世及出土材料对战国秦汉时期《诗经》的阅读、讲授等问题进行探讨，同时据出土简策长短不同，区分了手持和挂壁两种阅读方式[62]；亦指出简与牍的书写方式不同，分别为伏案与手执，且牍作为先秦两汉的主要书写用具，其物质特性的潜在影响，使得短章成为西汉以前流传的主要文献类型[63]。张昇据《明别集版本志》统计书版保存情况，分为全失、损坏严重、损坏半数以内、基本完好四种，并分析其保存时间、损坏丢失原因、刊刻需求，总结出明清私家书版及总印数均偏低的基本特征[64]。

伴随着珍本古籍影印工作的开展，对域外汉籍的整理和研究逐年深入，在日本、朝鲜均藏有相当数量的珍贵汉籍，多有国内久佚之书，对于文献钩稽具有重要意义，也有助于今人对东亚文明圈形成更完整、系统的认识。

日本藏汉籍研究中，学者对版本流布与知识思想均有关注。版本研究方面，许红霞廓清了对多部版本留存现状的模糊认识，梳理了智圆《闲居编》自宋以降的刊刻流传情况，指出此书国内流传甚稀，而传入日本后则多次复刻，国内现存版本即影印自日藏本[65]；对释惟白《佛国禅师文殊指南图赞》在国内及日本的流传、刊刻情况亦作了系统梳理[66]。在知识思想研究方面，丁莉指出《长恨歌》文本在古代日本的传播极大得益于其图像的广泛流布，而图像作为独立的载体，又推动生成新的语言与审美范式，文图互动的"文化新生"成为此题材经久不衰的原因[67]；窦兆锐从思想史角度探究中日近世学术交流问题，指出山鹿素行作为近世日本学界对《韩非子》研究之始，对"礼""法"思想资源的重新整合，成为其政治思想的理论基础，这种理论再创造亦彰显出中国传统思想发展路径的不同可能性[68]。

朝鲜藏汉籍研究中，学者对相关历史事件、行政制度、文化心态的考察，使得典籍作为社会历史的生动载体而得到重视。刘玉才考察了奎章阁藏朝鲜写本《皇朝遗民录》所录九位明遗民事迹，尤其阐明了《黄陈问答》所载"丁未漂流人事件"在明清易代、东亚交通等方面的稀见史料价值，丰富了东亚文化圈的历史书写[69]。漆永祥对燕行使团核心职官的选拔、任命、活动、奖惩等进行了详细研究，阐明了其在出使过程中指挥与支配的作用，指出了其作为朝鲜外交政策制定者、执行者与实践者的身份；这有助于深入认识朝鲜燕行使团的活动与使命，并对处理中朝关系等也有借鉴和参考作用[70]。《型世言》《莽男儿》均为中土亡佚而保存于朝鲜的中国古小说善本，潘建国考察了朝鲜刊本及译本，并指出其书得以在朝鲜传播不孤的文化因素，包括汉语教学、文明情结、口传文化等[71]。

数字人文作为新的技术方法，为当今学界提供了新的研究思路。刘石指出数字化改变了传统文献的生产、使用方式，认为应致力推动数字化建设，实现由平面阅读向知识交互、可视化的转变，并指出文献学数字化转向面临的五个主要问题[72]。数字化趋势还促使古籍领域人才培养在目标、内容、方式等方面做出某些转变，杨海峥、王军提出，古籍数字化人才的培养是当前古籍整理和社会发展的需求，应加强理论和实践培训以促进这种转向[73]。

近代以来的古籍保护事业对当今的古籍整理具有启发意义，天禄琳琅旧藏宋元递修本《经典释文》在20世纪中叶分为三批流散，林世田、赵洪雅还原了此书流散、抢救之始末，揭示其古籍保护理念，并为今后古籍保护工作提供参考[74]；袁媛考察了20世纪50年代北京市文物局在港收购古籍的书目，认为此类目录具有重要的线索价值，对收购目录的研究能拓展利用古籍目录的维度，同时应从整理前代目录中，引发对今后古籍保护工作的思考[75]。

六、其他工作

2022 年本领域立项的重要课题如下：国家社科基金青年项目：《〈太玄〉文献整理与研究》（沈相辉，北京大学）；《〈元史〉纂修与版本研究》（张良，北京大学）；《故宫博物院藏康雍时期内府稿抄本整理与研究》（杨国彭，故宫博物院）；《中国亡佚古医籍目录综合研究》（葛政，中国中医科学院中医药信息研究所）。国家社科基金一般项目：《先秦诸子典籍的清人批校本研究》（冯坤，国家图书馆）；《〈钱注杜诗〉疏证与研究》（曾祥波，中国人民大学）；《〈礼记正义〉生成演变研究》（部同麟，中国社会科学院文学研究所）。国家社科基金重点项目：《北朝碑铭韵文文献集成与研究》（蔡丹君，中国人民大学）。教育部人文社会科学研究青年基金项目：《近代学者抄校戏曲文献研究》（杜雪，北京语言大学）。

本年度出版了许多重要的研究专著，包括《校勘学大纲（再版）》[76]《宋僧诗文集在日本的刊刻流传研究》[77]《攻玉集》[78]《诗经与楚简诗经类文献研究》[79]《三家〈诗〉辑佚史（全二册）》[80]《重要日本汉籍引原本〈玉篇〉辑考》[81]《中国古纸与传统手工纸植物纤维显微图谱》[82]等。

本年度也有许多重要的古籍整理、古籍注释及其他相关成果出版，包括《儒藏》精华编第 98—100 册《十三经注疏校勘记》[83]《和刻史记文献汇编（第二辑）》[84]《陆深全集》[85]《尚书新注》[86]《嘤其鸣矣：青年学者说文献学》[87]等。

七、结语

综观以上论述，北京地区中国古典文献学的相关研究与成果在 2022 年呈现出全面、系统的特点，传统文献学、专科文献学以及相关其他领域的研究成果均较丰硕。文献学本体研究呈现出高度专业化、精细化的特征，以文献考证作为方法的研究亦能回应文学、历史学、哲学、宗教、艺术等相关学科的重大问题，诸多残石、写本、信札的发现也为学界提供了宝贵的一手资料。同时，我们还注意到了某些可以进一步增强的方面。例如文献学本体研究多集中在版本考证，对其他领域如古典目录的取材与编修则关注较少；多集中在对文献版刻、流布的现象陈述，而对其成因及背景考察较少；具体古籍的整理实践多，而学科理论建设稍显不足。今后可以在整体关照、理论提升等方面进一步增强，从而深入推进本学科的持续发展。

（北京市文艺学会供稿，执笔人：周彦義、李林芳）

注：

［1］受限于篇幅，本报告主要收录的是与传世文献有关的研究。出土文献、敦煌文献等暂不包含在内。

［2］马楠：《从杜鹏举、姚应绩二本重审〈郡斋读书志〉》，《文史》，2022 年第 1 期。

［3］黄汉：《哈佛大学燕京图书馆藏〈四库书目皮藏表〉考》，《文献》，2022 年第 3 期。

［4］胡海帆，林志钧：《〈帖目〉手稿的初步研究》，《文献》，2022 年第 4 期。

［5］王天然：《蜀石经〈周礼·考工记〉残拓校理》，《中国典籍与文化论丛》第 26 辑，2022 年。

［6］任哨奇：《石经遗珠：关百益〈汉熹平石经残字谱〉考释》，《中华文史论丛》，2022 年第 2 期。

［7］张亿：《〈毛诗注疏校勘记〉“以例校经”现象论析》，《北京大学中国古文献研究中心集刊》第 24 辑，2022 年。

［8］李林芳：《〈老子平议〉所见古代校勘的整齐化倾向——兼论中西校勘学的处理差异》，《中国古典学（第二卷）》，2022 年，第 353—372 页。

［9］李小龙：《如何凝固流动的文本：中国古代小说整理适用校法四例辨析》，《北京大学学报（哲学社会科学版）》，2022 年第 4 期。

［10］郑易林：《〈论衡〉版本源流考》，《文献》，2022 年第 6 期。

［11］董岑仕：《周必大编〈欧阳文忠公集〉宋刻三版考》，《文献》，2022 年第 6 期。

［12］丰子翔：《国家图书馆藏明钞本〈东坡先生易解〉》考述》，《北京大学中国古文献研究中心集刊》第 24 辑，2022 年。

［13］吴晗：《明清〈问津院志〉编纂考论》，《历史文献研究》第 49 辑，2022 年。

［14］丁之涵：《北师大馆藏清抄本〈覞斋诗集〉考》，《版本目录学研究》第 13 辑，2022 年。

［15］林嵩：《宋元刊〈资治通鉴〉简注本管窥——以东京大学东洋文化研究所藏本为例》，《北京大学中国古文献研究中心集刊》第 25 辑，2022 年。

［16］杜以恒：《杨复〈仪礼图〉元刊本考》，《中国典籍与文化》，2022 年第 1 期。

［17］向辉：《学术赞助与版本之谜：以天真书院本〈阳明先生年谱〉为例》，《版本目录学研究》第 13 辑，2022 年。

［18］饶益波：《四库底本〈遵岩先生文集〉考论》，《中国典籍与文化》，2022年第1期。

［19］陈腾：《退轩抄本〈吴梅村先生诗集〉考述》，《文献》，2022年第2期。

［20］樊长远：《古籍初印、后印本例析十种》，《版本目录学研究》第13辑，2022年。

［21］王岚：《陈抟佚诗考辨》，《北京大学中国古文献研究中心集刊》第24辑，2022年。

［22］陈晓兰：《中国国家图书馆所藏明抄残本〈分门琐碎录〉卷一校证》，《北京大学中国古文献研究中心集刊》第24辑，2022年。

［23］黄焕波：《〈宋本长短经〉版本再议——兼及书中所阙卷十内容的拟测》，《版本目录学研究》第13辑，2022年。

［24］张学谦：《重理谶纬文献刍议》，《文史哲》，2022年第5期。

［25］张学谦：《东汉图谶的结构与篇目——兼论谶纬的断代标准》，《中国古典学（第二卷）》，2022年，第323—352页。

［26］许红霞：《〈慧日永明寺智觉禅师自行录〉重校编集者非宋人考》，《中国典籍与文化》，2022年第4期。

［27］吴娟：《张孝祥"于湖词"真伪考辨》，《清华大学学报（哲学社会科学版）》，2022年第6期。

［28］高树伟：《毛国瑶辑"靖藏本〈石头记〉"批语辨伪》，《文史》，2022年第4期。

［29］顾永新：《〈周易集解〉引注疏考》，《北京大学中国古文献研究中心集刊》第24辑，2022年。

［30］吴扬广：《王弼〈周易注〉本名〈周易传〉说——兼论"注"名起源等问题》，《经学文献研究集刊》第27辑，2022年。

［31］程苏东：《经学的数术化与数术的经学化——以汉代〈洪范〉五行学为中心》，《北京大学学报（哲学社会科学版）》，2022年第5期。

［32］赵培：《皮锡瑞今古文分判标准申说及两汉今古文学之经典观念》，《古籍研究》第76辑，2022年。

［33］张彧：《东洋文库藏旧抄本〈史记·夏本纪〉考略》，《中国典籍与文化》，2022年第1期。

［34］赵学艺：《刘敞〈先秦古器记〉考》，《文献》，2022年第4期。

［35］刘仕格，张萍：《国图藏清彩绘本〈宁夏河渠图〉绘制时间考》，《文献》，2022年第4期。

［36］孙景超：《台北故宫博物院藏〈云南舆地图说〉考论——兼及〈伯麟图说〉的版本与流传》，《文献》，2022年第4期。

［37］李花子：《朝鲜王朝〈西北界图〉考——兼论与清朝舆图、志书的关系》，《清华大学学报（哲学社会科学版）》，2022年第4期。

［38］吴同：《明抄孤本〈国朝册府画一元龟〉新考》，《文献》，2022年第3期。

［39］高树伟：《〈永乐大典〉正本流传史事考辨》，《历史研究》，2022年第1期。

［40］刘瑛：《〈太平御览〉引〈古今刀剑录〉考》，《北京大学中国古文献研究中心集刊》第25辑，2022年。

［41］李更：《集句诗背后的古人知识世界——以〈梅花字字香〉为例》，《北京大学中国古文献研究中心集刊》第25辑，2022年。

［42］徐志超：《王僧虔〈论书〉辨证》，《中国典籍与文化》，2022年第2期。

［43］顾歆艺：《〈千字文〉在书写史上的典范意义》，《北京大学中国古文献研究中心集刊》第25辑，2022年。

［44］林杰祥：《晚明稀见曲选〈乐府遴奇〉考》，《文献》，2022年第6期。

［45］王帅：《〈印光法师文钞〉编撰过程与版本源流考》，《古典文献研究》第25辑上，2022年。

［46］郜同麟：《S.2081〈太上灵宝老子化胡妙经〉考论》，《古典文献研究》第25辑下，2022年。

［47］周思成：《〈乌台诗案〉明重编本文献价值平议——以苏轼"供状"的校勘比较为中心》，《文献》，2022年第6期。

［48］周昕晖：《斌良〈乌桓纪行录〉文献价值述略》，《文献》，2022年第5期。

［49］蔡丹君：《〈陶渊明集〉文献与易代诗学传统之关系》，《清华大学学报（哲学社会科学版）》，2022年第5期。

［50］潘建国：《"俗文学文献学"若干问题刍议》，《北京大学学报（哲学社会科学版）》，2022年第4期。

［51］曾祥波：《〈仇池笔记〉的成书来源及其价值——以明刊〈重编东坡先生外集〉为切入点》，《文学遗产》，2022年第2期。

［52］高策：《〈彤管遗编〉编者、版本及编纂特

色考述》,《中国典籍与文化》, 2022 年第 1 期。

[53] 刘明:《贾谊集的文献史》,《中国典籍与文化》, 2022 年第 4 期。

[54] 徐阳:《再论程珌〈洺水集〉》的版本源流》,《文献》, 2022 年第 6 期。

[55] 李根利:《明太祖文集版本源流考》,《中国典籍与文化》, 2022 年第 1 期。

[56] 杨洋:《〈无弦琴谱〉的版本及文献价值》,《北京大学中国古文献研究中心集刊》第 24 辑, 2022 年。

[57] 华喆:《跋仓石文库藏张聪咸致郝懿行函一通》,《中国典籍与文化》, 2022 年第 1 期。

[58] 李科:《周春与钱大昕古音学之争——以〈十三经音略〉及相关书信为例》,《历史文献研究》第 49 辑, 2022 年。

[59] 萧刚:《邓之诚、傅增湘学术交往探例》,《中国典籍与文化论丛》第 26 辑, 2022 年。

[60] 洪琰:《芝加哥大学东亚图书馆藏吴引孙藏书考述附录:芝加哥大学东亚图书馆藏原吴引孙藏书目录》,《版本目录学研究》第 13 辑, 2022 年。

[61] 赵瑶瑶:《赵元方藏书考》,《北京大学中国古文献研究中心集刊》第 24 辑, 2022 年。

[62] 徐建委:《早期〈诗经〉的记诵、书写和阅读》,《北京大学学报(哲学社会科学版)》, 2022 年第 3 期。

[63] 徐建委:《牍与章:早期短章文本形成的物质背景》,《文献》, 2022 年第 1 期。

[64] 张升:《寿之梨枣:明清私刻书板的保存》,《文史》, 2022 年第 2 期。

[65] 许红霞:《智圆〈闲居编〉在国内外的刊刻流传考述》,《北京大学中国古文献研究中心集刊》第 24 辑, 2022 年。

[66] 许红霞:《宋释惟白〈佛国禅师文殊指南图赞〉在日本刊刻流传考述》,《北京大学中国古文献研究中心集刊》第 25 辑, 2022 年。

[67] 丁莉:《〈长恨歌〉在古代日本的文图传播——兼论文学经典传播中文本与图像的关系》,《中国古典学(第二卷)》, 2022 年, 第 373—404 页。

[68] 窦兆锐:《近世日本知识界的〈韩非子〉受容——以山鹿素行为中心的考察》,《首都师范大学学报(社会科学版)》, 2022 年第 2 期。

[69] 刘玉才:《朝鲜写本〈皇朝遗民录〉以及〈黄陈问答〉述议》,《汉籍与汉学》第 10 辑, 2022 年。

[70] 漆永祥:《朝鲜燕行使团中的正使、副使与书状官研究》,《中国文化》, 2022 年第 2 期。

[71] 潘建国:《“孤本”不孤:中国小说善本在朝鲜半岛的流播——以〈型世言〉与〈莽男儿〉为例》,《中国古典学(第二卷)》, 2022 年, 第 405—426 页。

[72] 刘石:《文献学的数字化转向》,《文学遗产》, 2022 年第 6 期。

[73] 杨海峥, 王军:《对新时代古籍人才培养的思考》,《出版广角》, 2022 年第 12 期。

[74] 林世田, 赵洪雅:《宋刻本〈经典释文〉的流散与合璧》,《文献》, 2022 年第 2 期。

[75] 袁媛:《作为工作方法的书目——1950 年代文化部文物局在港抢救文物工作所涉古籍书目考》,《文献》, 2022 年第 3 期。

[76] 倪其心:《校勘学大纲(再版)》, 北京:北京大学出版社, 2022 年。

[77] 许红霞:《宋僧诗文集在日本的刊刻流传研究》, 北京:北京大学出版社, 2022 年。

[78] 孙显斌:《攻玉集》, 北京联合出版公司, 2022 年。

[79] 姚小鸥:《诗经与楚简诗经类文献研究》, 北京:商务印书馆, 2022 年。

[80] 马昕:《三家〈诗〉辑佚史(全二册)》, 北京:中华书局, 2022 年。

[81] 李昕皓:《重要日本汉籍引原本〈玉篇〉辑考》, 北京:光明日报出版社, 2022 年。

[82] 易晓辉:《中国古纸与传统手工纸植物纤维显微图谱》, 桂林:广西师范大学出版社, 2022 年。

[83] 刘玉才总校点:《十三经注疏校勘记》,《儒藏》精华编第 98—100 册, 北京:北京大学出版社, 2022 年。

[84] 杨海峥:《和刻史记文献汇编(第二辑)》, 天津:天津人民出版社, 2022 年。

[85] 廖可斌主编:《陆深全集(4 册)》, 上海:复旦大学出版社, 2022 年。

[86] 何晋:《尚书新注》, 北京:中华书局, 2022 年。

[87] 南江涛主编:《嘤其鸣矣:青年学者说文献学》, 北京:国家图书馆出版社, 2022 年。

古代文学

2022年中国古代文学学科的研究热点集中在《诗经》、唐诗、《红楼梦》等传统领域，主要采取以文学鉴赏为主的文学本位研究法，对作家、作品的文学创作手法、艺术成就、文学价值进行详尽讨论。除此之外，北京学者重视文学文献研究，并广泛应用出土文献等新材料及文本生成、文体学等新方法、新视角。与前几年相比，本年度的研究内容更为集中，通代研究数量更多、质量更高，体现了北京学者在研究视野、思考深度上的明显提高。

一、先秦两汉文学

先秦两汉时期是包括古代文学在内的中国传统学术的发源期，对后世产生了深远影响。然而先秦两汉时期其实并没有完全独立的文学，孔子倡导“述而不作”的理念被先秦两汉普遍接受，因此在这一时期“作者”的合法性、独立性就难以成立，直到东汉王充《论衡》才开始谨慎地论及个人创作的可能。目前学界普遍认为先秦两汉文学是与史学、哲学、经学、文献学交叉的，聚焦文本生成与衍变的广义文学阶段。就研究内容而论，2022年先秦两汉文学研究热点是《诗经》，重点是《楚辞》、汉赋，就研究方法而论，北京学者主要从出土文献、文本生成、文学的时代性等视角展开研究。

1. 出土文献视角

《诗经》是中国最早的诗歌总集，同时也是中国最早的儒家经典之一，对后世文学乃至整个民族的文化特质、精神塑造都产生了深远影响，因此《诗经》始终是先秦两汉文学研究最关注的话题。然而古人尤其是清人已对《诗经》进行过大量周密翔实的研究，从传统方法入手对《诗经》展开研究日益困难，因此近几年学界研究《诗经》主要从新发现的出土文献中寻找突破点，2022年北京学者的《诗经》研究亦是如此。徐正英先后发表《上博简〈孔子诗论〉〈关雎〉组诗论发微》[1]《上博简〈孔子诗论〉“小雅”论及其诗学史创获》[2]二文，分别从上博简《孔子诗论》对《关雎》等7首组诗的讨论及上博简《孔子诗论》“小雅”论各简缺文的补足入手，并与传世文献及后世学说进行了深度比较，认为“兴于诗”“立于礼”“据于德”是孔子诗学批评体系的三个层级，孔子以“情”论诗和以“怨怼”定性“小雅”塑造了汉代以来人们对“小雅”风格特征的基本共识。张弛结合上博简《孔子诗论》相关记载，认为《诗经·邶风·绿衣》篇是卫庄姜因嬖妾上僭而失位伤己之作[3]。

2. 文本生成视角

所谓文本生成，就是不仅关注文学作品的品评、分析，也重视文学作品生产、传播的过程及其对文学作品的影响机制。这一方法近年来在整个中文、历史学科均产生了深远影响，衍生出大量前沿成果。2022年有不少学者运用这一方法在先秦两汉文学研究中取得了新突破，程苏东通过深入阐释刘歆《遂初赋》，提出刘歆并不认可汉儒普遍所持“诗赋同源说”。刘歆的真正观点是“诗赋异源”，即赋是在晚周政治动荡下完成了“大夫之赋”到晚周“贤人失志之赋”再到“辞人之赋”的发展历程[4]。徐建委综合运用传世文献、出土文献材料，讨论了口头与书写传统这两大传播方式对《诗经》文本流传的作用，最大程度再现了早期中国《诗经》阅读传播的动态过程[5]。沈相辉则从文学创作转向的角度揭示了扬雄由好赋到拟经重大转变背后的内在联系[6]。

3. 文学时代性的视角

所谓一代有一代之文学，时代背景是文学创作的土壤，文学与时代相互影响、相互塑造，因此文学作品的时代性亦是文学研究的重要课题。从文学时代性的角度展开文学研究的代表有钱志熙、赵敏俐等学者，钱志熙通过分析《诗经》中“君子”称谓从国君、大夫到士庶人推广的过程，认为以君子为代表的《国风》中大量称谓词的使用，是《诗经》时代世俗理性生命观确立的标志之一[7]；赵敏俐研究发现，《陌上桑》将传统采桑故事中的劳动主题、男女相会主题、女性之美主题和道德品性主题熔为一炉，加入了时尚元素，由传统的“民俗艺术”成功地转化成汉代的“流行艺术”[8]；周兴陆认为东汉王逸的《楚辞章句》受到当时广开言路、鼓励进谏氛围的影响，对屈原讽刺精神高度推崇，又受当时南阳刘氏阐发《春秋繁露》“公子无去国之义”的影响，归纳出屈原“同姓无去国之义”的理念，进而强调了东汉时代土壤对王逸《章句》的催生作用[9]。

总体而论，2022 年北京地区学者的先秦两汉文学研究较往年相比，采用了更多新方法、新视角，一定程度上摆脱了高度依赖出土文献展开前沿研究的局面，在研究广度和深度上均有突破。但本年度的研究总体偏重宏观层面，对具体篇目专门、深入的解读尚显不足。

二、魏晋隋唐文学

魏晋隋唐时期是文学自觉并走向成熟的关键阶段，在整个中国古代文学中居于承上启下的位置，也是文学的重要转型期，又可细分为魏晋南北朝文学与隋唐文学两个分支。从研究内容看，2022 年魏晋隋唐文学研究集中于陶渊明、李白、杜甫等名家诗歌，其余内容则较为零散，如文集编撰、都城文学等；从研究方法和研究视角上看，主要从文学鉴赏、文体诗体、文学文献等视角切入。

1. 文学鉴赏的视角

文学鉴赏，即对作家作品进行解读分析，是传统的文学本位研究。近年来，由于对文献材料的日益重视、新方法的逐渐引入，古代文学界有轻视文学鉴赏研究的趋势，这引起了部分学者的警惕，葛晓音明确倡导古代文学应回归本体研究，她身体力行地进行了大量研究实践，相继发表《“以文为诗”辨正——从诗文之辨看韩愈长篇古诗的节奏处理》《李贺诗歌“求取情状”的两种思路》《李贺部分七古中的“断片”现象及其内在脉理》三篇论文[10]，从文学创作的角度对韩愈、李贺诗歌进行了精深的解读、剖析，堪称文学本体研究的旗帜；张剑、吴晋邦分别对梅尧臣、杜牧的创作风格进行探究，得出“梅尧臣更推崇诗歌的刺美精神”[11]“拗峭是杜牧七律中的一种重要风格”[12]的结论；诸葛忆兵以言情题材为例，讨论陆游诗词创作实践中表现出的诗词同调现象[13]；袁济喜发现曹植将个人愁思与意象营构巧妙融合，通过比兴手法创构意在言外、高度概括的意象类型[14]；辛晓娟重点分析了唐代文学作品中的游侠形象及其与都城空间的矛盾关系[15]；洪越分析了中晚唐自述恋情的写作在伦理、文体的规约上遇到的问题，以及元稹为解决这些困难所采取的策略[16]。

2. 文体诗体的视角

文体学是近几年古代文学研究新兴的研究方法，其重点是研究文本体裁的特征、本质及其规律，在作家、作品、流派之外，又开辟出一条古代文学研究的线索。2022 年北京学者从文体诗体的视角进行了不少研究，如庄芸《西魏北周“大诰体”兴废考论》[17]，考察了苏绰、宇文泰在西魏大统年间奏行《大诰》，模仿《尚书》文体改革官文书，创制“大诰体”的过程，以及“大诰体”最终废止的政治动因；蔡丹君《理来情无存：谢灵运山水诗的篇体思想》[18]认为“理来情无存”观念下的谢灵运山水诗篇体结构，反映了他对玄学思想的继承与发展，对六朝诗学篇体思想的发展有重要意义；钱志熙考察李白游仙诗体制类型及渊源流变，发现李白继承汉魏诸子批评帝王求仙的理性传统，形成讽喻类型的游仙诗[19]；田雨鑫探究魏晋南北朝五言组诗的生成机制与题材倾向，认为魏晋南北朝时期的五言组诗题材倾向多集中在咏怀、赠答、拟古、咏史等范围，生成发展过程各不相同，又存在着相互融合的趋势[20]；李飞跃利用统计的方法对唐诗格律进行了新探讨[21]；张晶则对《文心雕龙》“赞”这一体式进行了详细考察[22]。

3. 文学文献的视角

古代文学研究主要依附于文学作品，而文学作品是以文献为载体流传至今，因此文学文献、文学考证是古代文学研究的必须重视的侧面。近年来学界对文学文献研究日益重视，北京地区学者在 2022 年就有不少以文学文献的视角研究魏晋隋唐文学的佳作，杜晓勤《唐代“格诗”体式考原》[23]对唐代不同时期、不同语境下“格诗”的含义进行了详细考证、辨析；蔡丹君《〈陶渊明集〉文献与易代诗学传统之关系》，认为易代诗学不但为陶集自身的文献形式获得了丰富，也使得集陶、和陶等陶集方面的派生文献应运而生[24]；洪越《〈香奁集〉的编录与唐末回忆性书写》[25]对唐末重臣韩偓在晚年结集保存自己艳诗这一独特行为进行了解析；范子烨对“陶集年号甲子案”的产生、流变进行了考证[26]；郭丽则对唐代燕射乐曲、歌辞在郭茂倩《乐府诗集》等文集中的收录、归类问题进行了系统梳理[27]。此外，陈贻焮的专著《杜甫评传》侧重文献考证，是杜甫研究的一大进展。

4. 其他视角

杜晓勤《唐代诗格对日本早期歌学之影响》[28]从文学传播的视角讨论了唐诗对日本早期诗歌的影响；蔡丹君《〈洛阳伽蓝记〉都城书写的多民族思想文化特质》[29]从思想文化的视角对《洛阳伽蓝记》

进行了新探讨；韩宁《诗以诗传”与唐诗经典化路径——以杜甫与崔涂〈孤雁〉诗的传播为例》[30]从经典化的视角对杜诗进行了新研究。

总体而论，2022年北京地区学者的魏晋隋唐文学研究数量、质量俱佳，且在重视文学本位的研究的同时，在新方法、新视角的探索上取得了不少突破。

三、宋元文学

宋代是中国古代政治、经济、文化高度繁荣的时代，得益于雕版印刷技术的普及，宋代文献、史料传世数量较多，因此宋代始终是整个人文学科关注的特殊时期，古代文学也不例外。从内容而论，2022年北京地区学者宋元文学研究热点是宋诗、宋词，从研究方法而论，北京学者主要从文学鉴赏、地理空间、文体等视角展开研究。

1. 文学鉴赏视角

与魏晋隋唐文学一样，北京地区学者在宋元文学研究方面也很注意进行文学本体研究，钱志熙梳理了南宋前期的重要诗人王十朋诗作的艺术渊源与创作成就[31]，弥补了南宋诗歌史的缺环；陶文鹏总结了辛弃疾词白描写实、想象夸张、场景细节、即事叙景等多种艺术手法及其词作中形神兼备、栩栩如生的南宋英杰形象[32]，引起了学界对辛词象征意象的重视；董烁则对宋词“卖花声”意象的特殊审美价值展开了讨论，揭示了该意向有助于词风雅化和词境深化的独特作用[33]；康倩则借助“桃花源”之幽径，探求苏轼之文艺精神与生命境界[34]；袁济喜认为竹林七贤所代表的魏晋风度、人格精神及其身上呈现出来的放诞、散淡的行为方式以及诗酒精神，感染了唐诗作者的思想与书写方式[35]。

2. 地理空间视角

文学书写会受到很多因素的影响，其中地理空间对文学创作的影响较为明显。面对相同的场景，不同的作家往往在创作上会产生共性；面对不同的场景，同一个作家在创作上则往往会产生差异。2022年北京学者在研究宋元文学时，较为重视地理空间对文学的影响，从地理空间切入，实现了不少新突破。周剑之分别从名山和都城两种不同的地理空间入手，探讨了溪山佳兴对曾巩诗歌创作的影响以及都城空间对宋代卖花题材诗词创作的影响[36]；陈才智则以徐州为中心，探讨了徐州对于苏轼钦慕、效仿白居易的特殊意义[37]；董希平认为辽宋所处南北地理空间对两国文学创作有影响，辽立国于草原，其文学先天具有游牧民族质朴爽朗的特色[38]；宋承袭中原传统，其文学则底蕴深厚、发展全面，具有恢弘开阔的正统气象；杨一泓则聚焦北宋汴京运河书写，归纳了北宋文人汴水书写的共性与个性[39]。

3. 文体视角

2022年北京学者宋元文学研究较往年更重视文体机制及其演变的研究，在文体学方面多有创获，比较有代表性的是余丹《“勤礼而颂”：宋初大礼献赋的体制新变与赋史意义》一文[40]，该文通过纵向对比，发现大礼献赋较之汉唐大赋在赋体功能、思想传统等方面有诸多新变，是宋初系列礼制活动程序中舆论性文本的突出代表；李法然则对宋代文集编选与公文文体嬗变的关系展开了研究，证明了宋代文集编纂意图、编辑态度与编选方式的变化直接导致公文文体的功能与价值的转变[41]。

总体而论，2022年北京地区学者宋元文学研究以文学鉴赏为主、地理空间观察为辅，实现了不少新突破。然而本年度研究偏重宋代，元代文学的研究较为薄弱。元代文学如何实现突围，尚须在下一年度加强思考、实践。

四、明清文学

2022年北京地区学者明清文学研究的热点是《红楼梦》研究，其次是宝卷故事及其他小说的研究。

1.《红楼梦》研究

《红楼梦》是明清文学乃至整个中国古代文学研究的重点，本年度北京学者继续对该领域保持强烈关注，取得不少新进展，具体而论：

（1）有的学者重视小说人物的深入分析，如丁岳《妒妇嘲谑与精怪想象：文学史视野中的夏金桂》[42]对夏金桂兼具悍妒和妖异、看似矛盾的面相进行了解析；朱姗《“蕉下客”考论》[43]认为“蕉鹿”典故是贾探春形象、命运，乃至《红楼梦》“无材补天”主旨的点睛之笔；杨婕《论〈红楼梦〉对阮籍多向度的汲取》[44]发现《红楼梦》中的人物汲取了阮籍的人格、精神特质，具体包括逸气人格的呈现、任情越礼之举、以矫情掩真情。

（2）有的学者对《红楼梦》中的诗词进行解读，如郭文仪《离合之间：清代词学视域下的〈柳絮词〉》[45]将《红楼梦》中的《柳絮词》置于清代词坛发展的背景下进行讨论。

（3）有的学者对《红楼梦》作者、书名问题进行再讨论，如李鹏飞《脂畸二人说与一人说之重审——没有靖批我们能否证明脂畸二人说？》[46]，证明即便没有靖批，我们仍能依据脂批证明脂畸二人说更有合理性。

（4）还有的学者关注红学文献问题，如夏薇《文字与视觉：〈红楼梦〉文本与孙温绘全本〈红楼梦图〉》《从〈风月宝鉴〉到〈红楼梦〉——成书与创作思想的嬗变》二文[47]，总结小说文本、绘画表现给读者带来的不同视觉效果，还认为《红楼梦》书名变化背后暗含了作者创作思想的转折。

2. 宝卷故事研究

宝卷故事研究也是近年来明清小说研究的热点，本年度北京学者的代表作有陈泳超《明清教派宝卷中神道叙事的情节模式与功能导向》[48]，他提出明清教派宝卷仪式文本的功能导向导致这类宝卷对于叙事的重视程度远不及宣教说理；俞明雅《从〈显应桥宝卷〉看时事故事宝卷的生成机制与叙事特征》[49]，指出《显应桥宝卷》是一部时事故事宝卷，具体的情节展开通过“简化”与“增饰”这两种文艺化策略实现。

3. 其他研究

刘勇强《“小说知识学”的艺术基础与批评实践——以明清小说评点为中心看“知识”维度在小说研究中的运用》[50]，提倡重视从知识角度揭示小说思想内涵和艺术趣味，并认为聚焦文学与知识的关系是小说知识学的核心。傅承洲《〈金瓶梅词话〉的编创方式及其小说史意义——兼与〈西游补〉比较》[51]，讨论了《金瓶梅词话》《西游补》相似的编创方式。杜桂萍《现状与反思：清代诗文研究的学术进境》[52]，对清代诗文研究进行了整体评价与反思。徐东日《明清中朝文士的京都书写与中国京城文化的异域流转》[53]，讨论了中国、朝鲜文人对日本京都书写的差异及其背后对母国都城的文化自觉。张剑专著《晚清日记中的世情、人物与文学》[54]，探讨了清人日记的文学性。白一瑾专著《清初京城诗坛研究》[55]力图在追忆中还原现场，从层次、关系、脉络的梳理中建立谱系，使清初三十多年“京城”这个空间的“诗坛”状况得以完整、有序、生动地展现。夏薇专著《明清小说中的性别问题初论》从原始社会中的性别战争、性别持久战的形成和发展等问题入手，以古代多种小说为例，从小说创作角度，探索中国古代社会男性中心主义的性别制度对小说作者性别观的影响及其在创作过程中的具体体现。

总的来看，2022 年北京地区学者明清文学研究的重点仍在《红楼梦》等小说，在小说研究中也注意从多重维度展开。但本年度对明清诗文的研究稍显薄弱，明清文学如何在小说之外开辟新的学术增长点是下一年度需要重点关注的问题。

五、通代文学研究

2022 年北京学者古代文学研究有不少通代研究成果，展示了宏大的研究视野，具有较高参考价值，其中比较有代表性的有：

1. 同一题材的通代梳理。如周兴陆从中国历史上国家分合、南北地理割裂归一给文人带来的心态变化为切入点，讨论了南游、北归对古代文学创作横向、纵向的影响[56]；殷富华研究了古代文学创作中对离魂的三种书写模式[57]；谢琰考察了白居易、苏轼、杨万里对西湖胜境的三种不同书写模式[58]；钟涛、张利国梳理了唐宋时期喜雨赋的类型与流变[59]。

2. 同一作家的历代接受。如吴晋邦总结了历代对谢惠连作品的接受[60]。

3. 同一文学观念的历代演变。如钱志熙考察了从先秦到唐代人文化成文学观产生发展的全过程[61]。

4. 同一研究方法的历代演变。如杨柳青、过常宝梳理了考诗本事法的产生及历代流变[62]。

5. 同一文学体裁的历代演变。如吴真探讨了俗文学“召将除妖”主题创作的历代演变[63]；周剑之专著《事象与事境——中国古典诗歌叙事传统研究》，探讨了历代古典诗歌叙事形态的演变；蒋绍愚专著《唐宋诗词的语言艺术》，探讨了唐宋诗词语言艺术的发展演变。

总体而论，2022 年北京学者跨代研究数量远多于近年，且研究视角的多样性亦达到了新高度，对古代文学学科的推动也显著提高。这说明本年度北京学者古代文学研究的视野提高、思考深入，是今后数年均应继续坚持的。

六、重要课题立项情况

2022 年中国古代文学专业立项的重要课题包括：2022 年国家社科基金重点项目有《战国秦汉衍生型文本的生成及其文学性研究》（程苏东，北京大学）、《北朝碑铭韵文文献集成与研究》（蔡丹君，中国人民大学）；国家社科基金一般项目有《中国诗教思想源流研究》（赵新，北京师范大学）、《魏晋重大事件与文学思潮走向研究》（袁济喜，中国人民大学）、《〈钱注杜诗〉疏证与研究》（曾祥波，中国人民大学）、《元祐文士题画诗研究》（康倩，北京大学）、《唐宋词雅俗互动研究》(何春环，中央民族大学)、《南宋都城文学演进与临安形象生成研究》(周剑之，北京师范大学)、《“真”的观念与明代文学演进研究》(都轶伦，社科院文学所)；国家社科基金青年项目有《中国古典小说在近代日本的流播与研究(1868—1945)》(周健强，北京外国语大学)。2022年教育部人文社会科学研究青年项目有《清代京师诗学地图研究》(吴蔚，北京联合大学)。

七、存在的问题及改进策略

上文主要梳理了2022年北京地区古代文学研究的成就，对存在的问题涉及较少。本年度北京学者古代文学研究虽然硕果累累、新见迭出、引领全国，但不免美中不足，其中最突出的问题是研究内容过于集中。本年度学者研究内容较往年研究有一个明显特点，即研究内容高度集中于唐诗、《红楼梦》等经典、热点内容，这虽然体现了研究者勇攀高峰、争做主流的研究气魄，但也导致一些二三流作家、作品几乎无人问津，降低了古代文学研究的覆盖面，这从长期来看对学科发展是不利的，如何在经典论题以外创造新的学科增长点是今后古代文学研究的最大难题。这一问题并非古代文学独有的难题，随着人文学科几十年的快速发展，文史哲各分支学科在本学科内几乎都遭遇了不同程度的增长困境，面临研究范式固定僵化、研究结论趋同的普遍问题。解决这一问题的根本方法，是加强学科交叉，加强古代文学与文艺学、语言学、经学、思想史、文化史等相近学科的沟通、交融，在不同学科的碰撞之中激发灵感，创造新的学术进路。

(北京市文艺学会供稿，执笔人：吴娟)

注：

[1] 徐正英：《上博简〈孔子诗论〉〈关雎〉组诗论发微》，《文艺研究》，2022年第1期。

[2] 徐正英：《上博简〈孔子诗论〉“小雅”论及其诗学史创获》，《文学评论》，2022年第2期。

[3] 张弛：《〈诗经·邶风·绿衣〉考论》，《文艺评论》，2022年第1期。

[4] 程苏东：《诗赋异源说与“贤人失志之赋”的建构——以刘歆〈遂初赋〉为中心》，《文艺研究》，2022年第2期。

[5] 徐建委：《早期〈诗经〉的记诵、书写和阅读》，《北京大学学报(哲学社会科学版)》，2022年第3期。

[6] 沈相辉：《论扬雄“拟经”与“作赋”之互动》，《文艺研究》，2022年第10期。

[7] 钱志熙：《论〈诗经〉“君子”称谓的时代内涵及价值》，《中国高校社会科学》，2022年第4期。

[8] 赵敏俐：《〈陌上桑〉的生成与汉代的“流行艺术”》，《中山大学学报(社会科学版)》，2022年第6期。

[9] 周兴陆：《王逸〈楚辞章句〉与东汉安帝朝政坛》，《华东师范大学学报(哲学社会科学版)》，2022年第4期。

[10] 葛晓音：《“以文为诗”辨正——从诗文之辨看韩愈长篇古诗的节奏处理》，《清华大学学报(哲学社会科学版)》，2022年第2期；《李贺诗歌“求取情状”的两种思路》，《文艺研究》，2022年第2期；《李贺部分七古中的“断片”现象及其内在脉理》，《北京大学学报(哲学社会科学版)》，2022年第6期。

[11] 张剑：《梅尧臣诗体诗论析疑》，《文学评论》，2022年第2期。

[12] 吴晋邦：《杜牧七律拗峭风格新论》，《文学遗产》，2022年第6期。

[13] 诸葛忆兵：《论陆游艳词情诗之同调》，《江淮论坛》，2022年第2期。

[14] 袁济喜：《曹植之“愁”与意象创变》，《河北大学学报(哲学社会科学版)》，2022年第4期。

[15] 辛晓娟：《唐诗中的游侠形象与都城空间》，《华中师范大学学报(人文社会科学版)》，2022年第2期。

[16] 洪越：《元稹：自述恋情的尝试与难题》，《北京大学学报(哲学社会科学版)》，2022年第1期。

[17] 庄芸：《西魏北周“大诰体”兴废考论》，《北京大学学报(哲学社会科学版)》，2022年第2期。

[18] 蔡丹君：《理来情无存：谢灵运山水诗的篇体思想》，《文学遗产》，2022年第5期。

[19] 钱志熙：《略论李白游仙诗体制类型及渊源流变》，《文学遗产》，2022年第4期。

[20] 田雨鑫：《魏晋南北朝五言组诗的生成机制与题材倾向》，《南京师大学报(社会科学版)》，2022年第6期。

[21] 李飞跃：《唐诗格律的统计分析及问题》，《文学遗产》，2022年第5期。

［22］张晶：《情与气偕，辞共体并——〈文心雕龙·风骨〉赞的美学命题意义》，《北京大学学报（哲学社会科学版）》，2022 年第 3 期。

［23］杜晓勤：《唐代“格诗”体式考原》，《文学遗产》，2022 年第 2 期。

［24］蔡丹君：《〈陶渊明集〉文献与易代诗学传统之关系》，《清华大学学报（哲学社会科学版）》，2022 年第 5 期。

［25］洪越：《〈香奁集〉的编录与唐末回忆性书写》，《中国人民大学学报》，2022 年第 5 期。

［26］范子烨：《“陶集年号甲子案”与陶渊明自定本集——对一桩文学史公案的还原考察》，《文学评论》，2022 年第 6 期。

［27］郭丽：《论唐代燕射乐曲、歌辞归类及相关问题》，《文学评论》，2022 年第 5 期。

［28］杜晓勤：《唐代诗格对日本早期歌学之影响》，《文艺研究》，2022 年第 1 期。

［29］蔡丹君：《〈洛阳伽蓝记〉都城书写的多民族思想文化特质》，《民族文学研究》，2022 年第 4 期。

［30］韩宁：《“诗以诗传”与唐诗经典化路径——以杜甫与崔涂〈孤雁〉诗的传播为例》，《湖南大学学报（社会科学版）》，2022 年第 1 期。

［31］钱志熙：《南宋前期诗人王十朋的艺术渊源与创作成就》，《兰州大学学报（社会科学版）》，2022 年第 3 期。

［32］陶文鹏：《辛弃疾词对南宋英杰形象的塑造》，《中南民族大学学报（人文社会科学版）》，2022 年第 4 期；《论辛弃疾词的象征意象和灵境》，《中山大学学报（社会科学版）》，2022 年第 5 期。

［33］董烁：《宋词“卖花声”流变与审美价值探微》，《江西社会科学》，2022 年第 12 期。

［34］康倩：《苏轼题画诗中的桃花源》，《甘肃社会科学》，2022 年第 2 期。

［35］袁济喜：《唐诗与竹林七贤》，《中国高校社会科学》，2022 年第 2 期。

［36］周剑之：《曾巩诗歌的溪山佳兴与自然观照》，《清华大学学报（哲学社会科学版）》，2022 年第 3 期；《花担上的帝京：宋代卖花诗词的都城感知及文学意蕴》，《文学评论》，2022 年第 3 期。

［37］陈才智：《苏东坡眼中的白乐天——以徐州为中心》，《河北大学学报（哲学社会科学版）》，2022 年第 3 期。

［38］董希平：《论辽宋文学的互动特征》，《民族文学研究》，2022 年第 6 期。

［39］杨一泓：《北宋运河时代语境下汴水的新书写》，《社会科学战线》，2022 年第 2 期。

［40］余丹：《“勤礼而颂”：宋初大礼献赋的体制新变与赋史意义》，《文艺研究》，2022 年第 2 期。

［41］李法然：《宋代文章纂集与公文文体转型》，《文艺研究》，2022 年第 11 期。

［42］丁岳：《妒妇嘲谑与精怪想象：文学史视野中的夏金桂》，《红楼梦学刊》，2022 年第 2 期。

［43］朱姗：《“蕉下客”考论》，《红楼梦学刊》，2022 年第 2 期。

［44］杨婕：《论〈红楼梦〉对阮籍多向度的汲取》，《红楼梦学刊》，2022 年第 3 期。

［45］郭文仪：《离合之间：清代词学视域下的〈柳絮词〉》，《红楼梦学刊》，2022 年第 5 期。

［46］李鹏飞：《脂畸二人说与一人说之重审——没有靖批我们能否证明脂畸二人说？》，《红楼梦学刊》，2022 年第 2 期。

［47］夏薇：《文字与视觉：〈红楼梦〉文本与孙温绘全本〈红楼梦图〉》，《红楼梦学刊》，2022 年第 2 期；《从〈风月宝鉴〉到〈红楼梦〉——成书与创作思想的嬗变》，《文学评论》，2022 年第 6 期。

［48］陈泳超：《明清教派宝卷中神道叙事的情节模式与功能导向》，《西北民族研究》，2022 年第 5 期。

［49］俞明雅：《从〈显应桥宝卷〉看时事故事宝卷的生成机制与叙事特征》，《民族文学研究》，2022 年第 6 期。

［50］刘勇强：《“小说知识学”的艺术基础与批评实践——以明清小说评点为中心看“知识”维度在小说研究中的运用》，《文学遗产》，2022 年第 4 期。

［51］傅承洲：《〈金瓶梅词话〉的编创方式及其小说史意义——兼与〈西游补〉比较》，《中国文化研究》，2022 年第 2 期。

［52］杜桂萍：《现状与反思：清代诗文研究的学术进境》，《求是学刊》，2022 年第 5 期。

［53］徐东日：《明清中朝文士的京都书写与中国京城文化的异域流转》，《外国文学评论》，2022 年第 4 期。

［54］张剑：《晚清日记中的世情、人物与文学》，南京：凤凰出版社，2022 年 7 月。

[55] 白一瑾:《清初京城诗坛研究》，北京：北京大学出版社，2022年12月。

[56] 周兴陆:《中国文学史上的北游南归与文化认同》,《民族文学研究》，2022年第1期。

[57] 殷富华:《身魂不属：论古代历史与文学中的离魂书写》,《浙江学刊》，2022年第3期。

[58] 谢琰:《论西湖诗歌的景观书写模式——以白居易、苏轼、杨万里为中心》,《文学遗产》，2022年第5期。

[59] 钟涛，张利国:《论唐宋喜雨赋的主题内容与言说策略》,《湖南师范大学社会科学学报》，2022年第3期。

[60] 吴晋邦:《从“小谢”到“三谢”：古近之辨与谢惠连的诗史地位》,《华南师范大学学报（社会科学版)》，2022年第2期。

[61] 钱志熙:《论南朝至唐代“人文化成”文学观的流行历史》,《北京大学学报（哲学社会科学版)》，2022年第5期。

[62] 杨柳青，过常宝:《从“〈诗〉本事”到“诗本事”：古代诗歌本事批评的传承与发展》,《中州学刊》，2022年第11期。

[63] 吴真:《俗文学的跨文体编创策略——以“召将除妖”主题为中心》,《北京大学学报（哲学社会科学版)》，2022年第4期。

中国现当代文学

2022年是进入“新时代”的第十个年头，也是纪念《在延安文艺座谈会上的讲话》发表80周年的重要节点，在这特殊时代语境下回首本年度北京地区中国现当代文学学科的整体发展，我们发现比较鲜明地呈现出一种“与历史对话、对现实的介入、与时代共振”的特点，学者们一方面重返历史现场，通过对重要概念的溯源、对文化语境的辨析，为经典命题的“再问题化”提供了新的思路；另一方面以当代性的视角介入社会生活，积极进行理论和方法创新，不断探寻学科建设的新理念、新方法和新的学术生长点，这些都有力地推动了中国现当代文学学科的深化与发展。

一、学科年度热点议题

总体来看，本年度学科的热点问题大概围绕着以下几个问题展开。

第一,“我们这十年”：新时代文学发展的总体回顾。今年是迈入新时代的第十个年头，在整体社会氛围逐渐走向文化自信的重要阶段，及时对“我们这十年”的文学发展进行总结有着关键的意义。自2022年8月开始,《文艺报》开设“新时代文学十年”专栏，以专论、笔谈、对话等形式对十年来文艺理论与批评的变化、儿童文学的观念变革、网络文学的发展、地方文学的新变等话题进行了讨论，展现了新时代文学的若干侧面。2022年11月20日，中央歌剧院举办了“中国文学盛典·鲁迅文学奖之夜”盛大启幕，35位获奖作家、评论家们对如何“新时代新征程中当代中国文学的历史方位”“如何展现新时代精神高度”等问题做出了精彩的回答。除了文化媒体组织的相关活动之外，很多专家学者也对新时代文学的核心价值与体系建构进行了理论上的阐释。比如刘琼等人将“新时代文学”作为一个理论命题，在定位和性质上对新时代文学进行了颇有创见的解读[1]。李朝全则运用习近平经济思想分析了新时代文学应该如何在创作、出版等多个环节达成高质量发展之路[2]。刘艳认为在新时代的语境中，先锋文学在重构本土与世界文学经验关系的方面体现出了新的续航可能性，而这对于当代文学写作也具有积极有效的启示[3]。

不难看出，在2022年这个“十年”的革新节点上，北京的专家学者与作家以及文化媒体一起，共同与时代对话、与历史对话，体现出敏锐的思想探索与厚重的历史眼光，在实现中国式现代化，释放中国文学潜能的过程中承担起了重要的责任。

第二,《讲话》80周年纪念：文学的民族主体性问题成热议。2022年，适逢毛泽东同志《在延安文艺座谈会上的讲话》发表80周年，如何在《讲话》和新时代中国特色社会主义文艺思想之间探寻中国文学的谱系发展，建构真正属于中国的文艺民族形式，学者们做出了积极的探索。张炯认为《讲话》指明了人民文艺的发展方向，它所阐发的文艺与人民、文艺与现实、文艺与政治关系的理论，对习近平新时代中国特色社会主义思想文艺论述的重大影响[4]。贺桂梅从《讲话》的历史语境和核心问题出发，讨论了人民文艺的原点性问题，进而探讨了“马克思主义中国化”的理论诉求和社会结构革命的问题意识[5]。姜涛以沙汀的《还乡记》为例，分析了《讲话》带来的冲击力以及国统区现实主义探索的限度[6]。程凯从革命主体论及历史、现实的辩证关系看《讲话》的历史意义[7]。张慧瑜则从新闻传播的角度，分析了自《讲话》以来中国共产党创造的一种深入基层、动员群众的社会实践以及文化宣传策[8]。毛巧晖[9]认为少数民族文学作为新中国人民文学的重要组成部分，其兴起与中国共产党的新民主主义革命思想及《在延安文艺座谈会上的讲话》精神紧密相关。可以看出，以上成果既是对《讲话》80周年的纪念，更是对中国现当代文学新航向的一次梳理与总结。

第三，人民的文学：现实主义浪潮的强势回归。近些年来，文学在如何开掘现实题材，如何回应社会问题，如何讲好中国故事等方面承担起了重要的角色和作用。在这样的情况下，文学的现实主义特性和原则被极大程度地调动和重启。2022年，无论是在创作上还是研究上，现实主义都成为一个强势的话题重回到人们的视野当中。年初，作为央视开年大戏的《人世间》爆火，电视剧的走红效益也带动了原著的阅读潮，与此相关的研究和讨论也纷纷出现。比如刘一村[10]以《人世间》为例，讨论了现实主义题材如何吸引青年群体的经验和启示。刘艳[11]则是以《人民的名义》《人民的财产》两部小说为例，探讨了改革文学与现实主义题材的深化与重构的问题。2022年7月，中国作家协会启动了“新时代山乡巨变创作计划”和“新时代文学攀登计划”，前往湖南举行了作家“深入生活、扎根人民”新时代文学实践点授牌仪式，这种以人民为中心的号召，让深入生活真正成为作家们写作的必修课。2022年4月和7月，中国作协年度定点深入生活项目扶持名单和重点作品扶持项目入选选题发布，北京公安作家吕铮的《打击队》、还有马伯庸的《大医》、周梅森的《大博弈》等作品入选，选题虽然题材不同，但都与“人民”这一关键词密不可分，反映了作家渴望在与人民共振的频次里表达生活，思考人生的需求。

在这种以“人民”为中心的现实主义题材关怀中，乡村文学又尤其成为关注的焦点。李云雷认为对新时代乡村书写的文化价值与美学价值进行探讨，可以从新时代的乡村经验及其美学呈现、新时代视野中的“传统”与“现代”、“人类文明新形态”的探索等角度展开[12]。在李壮看来，当前传统的乡土题材正在失去其在中国新文学版图中第“绝对中心”地位，因此一种全新意义的“新乡土叙事”急需被展开和探索新的可能[13]。阎连科则是从创作传统的角度提出当下的乡土文化中“聊斋”精神已经逐渐消逝，并认为乡土文学的创作不应该失去对爱与想象的召唤[14]。闫作雷关注的是返乡文学青年如何回嵌乡土的难题，而这一问题早在赵树理那里就有了相关的思考：现代知识如何回流乡村，农村与青年如何相互改造，背后依托的是包含农业集体化实践在内的现代性规划[15]。

第四，再造地方：作为新视角的地方路径研究。自20世纪80年代以来，对文学地域性的关注就已经成为现当代文学研究的重要话题，进入21世纪之后，随着互联网和全球化的进一步发展，如何“再造地方”再度成为文学研究当中的一个重要命题。杨庆祥近些年来提倡的“新南方写作”概念，在本年度继续得到研究深化，他以朱山坡的创作为对象，认为这种以“异质性”“差异性”的面目丰富世界史的叙述，不仅形塑了南方小镇的现代性映射，而且正是“新南方写作”的核心要义[16]。逄增玉等人认为从地方路径和角度重新进入东北地区文化与文学的研究，能够提供新的理论范式和思维方式[17]。张永新梳理了20世纪40年代到80年代赵树理小说研究的“地方色彩”逐渐被“发明”出来的过程，并认为在这一过程中，大众化、民族化等元素被重组、编入和安置于地方的特殊性之中[18]。以上这些研究，虽然关注的地方有南有北，但学者们都是通过地方叙事和地域文化意象的塑造，更新了21世纪之后中国社会发展的新面貌。除此之外，吴晓东、姜涛、李国华三位学者还进一步将“地方”纳入与“世界”相互对照的视野，讨论了40年代文学的“世界感觉”“流动性”和“地方性”等问题[19]，这些讨论不仅挖掘了地方文化资源的丰富性，也在一定程度上开启了中国现当代文学研究的新生面。

二、学科各领域核心议题

综观2022年北京地区的中国现当代文学研究，除了上述学术热点外，学界在文学史的重构与阐释、文学经典的重读与传播、文学思潮与生态的剖析等方面也产出了可喜的成果。这些议题在为现当代文学版图扩容的同时，也在价值上实现了多维的重建。

1. 文学史研究

从整体上看，对现当代文学史时间框架的讨论是本年度学者们关注的重点。事实上，中国现当代文学史自诞生之日起，就在时间和空间上不断修正调整自己的研究框架，从“二十世纪中国文学”到“没有晚清何来五四”，研究者们始终在这一问题上不断提出创见以期突破某一种文学史书写的遮蔽。2022 年现当代文学史的研究，依然体现出了这一特点，这集中体现在学者们对现当代文学“起点”“分段”等问题的讨论。比如刘勇从“过时”“分段”“建构”三个关键词考察了文学史经典建构的功能、现代文学经典泛化的现象、现代文学史编撰缺乏世界视野的观照的问题[20]，除了在整体上对现代文学框架进行审视，刘勇还从“第一篇”现代小说的争议谈起，阐释了“起点”的文学史意义，认为“第一篇”现代小说的争议，不仅是“时间”与“内容”之争，更是在深远、宏阔的世界文学视野下，还原中国文学现代转型复杂性与经典化的问题[21]。李浴洋认为严家炎先生对于现代文学“起点”问题的反复讨论，是其“文学现代性”观念最为根本的支撑与最为充分的实现，而这个问题也关涉着 20 世纪 80 年代以降整个学科的转型[22]。卢燕娟则把关注点放在了当代文学史上，不同于把 1949 年作为分界点的主流观念，卢燕娟当代文学的起点往前推到了延安文艺座谈会，并由此更新了当代文学基本观念和范式的起点[23]。

同时，对文学史中某一个时间段尤其是“九十年代”文学史意义的讨论，成为本年度学者们共同关切的问题。2022 年 12 月，《中国现代文学研究丛刊》组织“两个世纪之间的九十年代”笔谈栏目，陈晓明、程光炜、李洱、李云雷、丛治辰等人围绕该话题进行了讨论，涉及的内容既有从一个具体文本的版本变化管窥 90 年代的文学史意义[24]，也有从历史论和本体论的角度重审九十年代的思想价值[25]。《当代文坛》策划了“九十年代文学再出发”栏目，其中段美乔考察了 90 年代作为“低谷期”和“过渡期”的中国现当代文学史料工作的价值，认为 90 年代以来的“文化热”与社会科学的崛起，学术研究的职业化倾向，以学术话语、表述方式和论文的规范化为表征的学术转型等现象，不断引发文学研究本质如何应对商品经济大潮的冲击[26]。张桃洲对 90 年代诗歌的意识与观念进行了重审，认为应该突破孤立地看待 90 年代诗歌的思维和方式，只有将其放在中国当代乃至 20 世纪诗歌发展脉络和历史社会文化语境中，才能正确看待 90 年代的重要价值[27]。

除了在时间框架上对现代文学研究边界进行拓展之外，在空间范围上引入世界文学的视野，也是本年度文学史研究的一个重点。本年度洪子诚的专著《当代文学中的世界文学》[28]推出，该著集结了近几年来他对中国当代文学在建构自身的过程中，如何处理外国文学“资源”的探讨，引起了学界相当广泛的关注。钱理群[29]、吴晓东[30]、张洁宇[31]等学者围绕该话题展开讨论，各自从中国当代文学的创作、批评和研究实践出发，对当代文学如何“内化”世界文学等问题进行了热议。贺桂梅则是从历史性的世界局势中重新考察了 20 世纪 40—80 年代文学的发展变迁及其塑造民族形式的基本方式[32]，这种立足当代性和世界性视野重构文学史图景的尝试，为当代文学在历史性与实践性的辩证关系中塑造文化主体性对方式提供了新的思路。

2. 作家作品研究

经典作家的再解读。任何一个作品在经历了历史化和经典化之后，都会不可避免地面临着如何能够继续保持焕新的问题，对于拥挤的现代文学学科而言，更是如此。如何在新的时代语境下突破经典作家作品的解读框架，这对于学者们来说一种挑战，但也是一次生机。作为现代文学的高地，鲁迅研究的深度和广度可以说决定着现代文学研究的根基。老中青几代学者们以学术接力和传承的方式耕耘在这片沃土上，在本年度也取得了可喜的成果。陈漱渝从鲁迅研究的“神化”与“世俗化”两个倾向说起，认为要准确评价鲁迅的历史功过，需采用文史互证的方法，用确凿的历史事实证明鲁迅的历史贡献及其不可避免的时代局限[33]。王芳从巫史的角度对《铸剑》给予了新的阐释，认为黑色人以“巫”沟通天地人的方式，构成了庙堂政治之外的另一种力量，正是这种力量建构了知识分子与民众灵魂之间的有机联系[34]。黄开发认为《孤独者》的“我”告别魏连殳尸体的情节，其原型可以追溯到尼采《查拉图斯特拉如是说》中告别走绳演员的启迪[35]。吴海洋从翻译与创作的角度重新解读了鲁迅在小说创作上不够丰富的原因[36]。李哲关注到《秋夜》的初刊版本中“枣”字原为“棗”，认为鲁迅这种密集而复沓的书写，并在“语言反刍”中将其锤炼成具有实感的诗学物象[37]。刘勇和李浴洋主编的《无以归类的现代精神：鲁迅文化论集》[38] 收录的范围既有资深鲁迅研究专家，亦有青年学术先进。话题更是囊括了鲁迅生平、思想、文学创作、翻译实践以及鲁迅研究史与接受史等诸多领域，可谓对于近年学界鲁迅研究“实绩”的一次集中彰显。这些议题都从不同方面深化了鲁迅研究。

2022 年是郭沫若诞辰 130 周年，因此本年度集中出现了一批对郭沫若创作的新解、史料的考证等成果。比如熊权认为郭沫若在 20 世纪 20 年代发生“突变”，看似前后不一甚至自相矛盾，却贯穿着从本土语境出发来接受外来理论的思路[39]。郭平英从史料出发，考察了郭沫若为马克思主义理论在中国的翻译、传播所付出的贡献与努力[40]。蔡震考察了郭沫若在日本期间对马克思主义的介绍、传播与研究，并且认为郭沫若运用辩证唯物论研究中国古代社会，在“考验辩证唯物论的适应度”和使之“中国化”的过程中确认了马克思主义的真理性品格[41]。

在当代文学方面，路遥仍然是一个备受关注的对象。韩欣桐分析了路遥人生观中的“残酷”理念，并认为这种忍受苦痛和牺牲甚至自找苦吃去实现目标的行为模式鲜明地呈现在他的写作姿态和生活方式中，但这一人生观并不独属于路遥个人，它是社会潮流与个人历史交会后的产物，潜藏着意识形态上占据话语权和合法性的时代话语[42]。赵勇认为《平凡的世界》的小说定位至今在学界没有获得有效确认，进而提出应该打破雅俗之间的二元对立，在严肃文学与大众文化之间确认这部作品的价值与意义[43]。另外值得注意的是，当前对作品的新解读越来越体现出一种“以小见大”的模式，比如程凯从《创业史》中“第一部的第二十二章”的改写过程出发，认为这一细节体现出从五十年代语境向六十年代语境转换的特征，而这正是观察、剖析五十年代的“社会主义改造”如何向更激进的“社会主义革命”形态迈进的重要交叉点[44]。张莉的新著《小说风景》[45] 则是以一个个隐秘的切口重新进入到经典文本的“风景”中，并且融合了具体的课堂教育实践内容，勾连起了经典文本与当下生存的情感链接。

新作的出版与追踪。2022 年冯骥才以 80 岁的高龄推出了两本新作：《多瑙河峡谷》与《画室一洞天》，较之以往的作品，冯骥才此次的文风有了一定的变化，在真切现实中引入了梦幻、奇幻、奇遇等元素，给读者带来了充分的新鲜感与惊喜。与此同时，王蒙也带着中篇小说《霞满天》回归公众视野，作品因其富丽丰赡、汪洋恣肆的艺术创造力引发关注。在年初《人世间》影视改变大火之后，梁晓声在本年度继续推出了现实主义长篇小说《执否》，这一次他把目光投向年轻人成长过程中的职业理想和精神关怀，是一部直面现实饱含人文情怀的扎实新作。作为评论家和研究者，孙郁在《人民文学》上发表散文《他乡异客》，体现出一种学者散文的写作风范。同时他还对刘震云的新作《一日三秋》给予了关注，认为刘震云在新作中体现了不同于前期作品的“反雅化”文体，而呈现出以写意为主的审美特点，这种转变增加了一种神秘性体味的色彩[46]。

对新锐作家的关注。近些年来一批年轻的新人作家和批评家开始崭露头角，他们从不同角度书写着我们这个巨变时代人的命运，为当代文学创作与研究队伍补充了新鲜的血液与活力。在 2022 年第 5 届“宝珀理想国文学奖”中，青年作家林棹以作品《潮汐图》获得首奖，批评家们也给予了及时的关注，王思远认为虚构赋予了林棹书写历史的自由，但又具有内在的规定性：一方面，林棹在挥洒想象力的同时不得不掣肘于虚构自身的限度；另一方面，巨蛙所历经的主流现代性叙事模式又在一定程度上显示出《潮汐图》虚构的不足[47]。作为土生土长的北京作家，石一枫近几年来以其强烈的“京味儿”风格获得了一系列的关注。2022 年他的新作《漂洋过海来送你》出版后，张柠给予了很高的评价：“石一枫用‘素朴’的方式，建构了一个正常而应然的文学世界，给人们抚慰和信心。”[48] 谭雪晴则是从石一枫《漂洋过海来送你》来透视现实主义文学在 21 世纪的机遇与困境，认为石一枫仍旧试图召唤“应然世界”与“实然世界”之间存在巨大张力，这种张力导致了文本本身的撕裂[49]。此外，班宇、孙甘露等人也颇受瞩目，评论家者们分别从文学史传播[50]、女性视角[51] 等层面给予了关注。

3. 文学流派与思潮研究

在文学流派与社团的研究上，北京学者体现出了对京派文学的强烈关注。孙郁对京派文学在百年文学中的遭遇、渊源进行了回顾与勾勒，同时关注到 20 世纪 90 年代以来，“新京派”作家及学者所延续的“京派”超然特征与新的质素[52]。而在《“北京学”里的艺术问题》一文中，孙郁也提出了他的忧虑，认为“北京学”作为一个巨大的存在，北京可叙述的遗存很多，但系统勾勒起来却并不容易，倘没有多学科和多维度的思考，探入精神深处是有难度的。古老的都城进入现代的难题，“北京学”要处理的大概是虚与实、古与今、中与外的互渗性带来的多重性遗产[53]。刘淼则是从戏剧的角度，以北京人艺新排的《我这半辈子》作为“新京味”的新探索[54]。王建伟的新著《旧都新城：近代北京的社会变革与文化演进》[55]20世纪上半期北京社会政治与文化发展进程中几个典型历史横截面，由此展示了近代北京的社会变革与文化演进。

在思潮研究中，现实主义与大众化的问题得到了明显的重视。石一宁以王华的小说为对象，提出新时代的文学现实主义在人物塑造、表现方式等方面不仅仅蕴含着文学在面对时代生活、人物与情感方面的新发现，而且还要作家调动自己的生活阅历、思想观念与创作手法表现人与生活、人与人乃至人与文化传统之间关系的新探索及其达到的美学深度[56]。齐晓红关注的是20世纪30年代文艺大众化运动中的普及与提高问题衍生出的语言问题，认为在这场运动中，语言作为一种阶级斗争的场所，通过与大众言说的互动造成一种独立统一的“大众意识”，进而形成新的大众阶级[57]。

三、方法论的创新

作为一个不断走向成熟的学科，现当代文学想要寻求新的突破，除了对研究范围的扩容和研究对象的再解读之外，方法论的创新也成为了学者们努力的方向。正如陈平原在《新文科视野中的“现代文学”》一文中所说的，要“摆脱‘学科’的束缚，将‘现代文学’理解为一种视野、方法、风格、境界”，“以跨学科的视野、跨媒介的方法、跨文体的写作，来呈现有人有文、有动有静、有声有色的现代中国”。[58]

1. 概念史方法的溯源。对外来的某个或某些概念的原义、使用类型、接受情况进行梳理，并对其折射出的作家思想指向与生命体验，社会时代语境的氛围进行分析，这是本年度现当代文学研究在概念史方法上的重要开拓。比如蔡岩峣对“现代派”的批评概念进行了溯源，认为西方现代主义在中国的传播过程中，限于理论背景、立场、目的和所处时代环境的不同，批评家在引介和使用这一概念时难免发生术语的偏移，因此“现代派”概念的本质性定义难以追寻，只在批评家的阐释实践之中形成“踪迹”[59]。同样是对“现代”的关注，罗雅琳则是从汉学家普实克与夏志清、王德威之间的对话与分歧出发，认为普实克在中国现代文学中所找到的“现代性”，不是在西方的“冲击”之下作为“回应”的现代，而是一种根植于中国自身土壤的独立的现代[60]。除了对外来概念的分析，不少学者还对当前文学研究中一些重要概念的具体内涵进行了分析。比如说颜妍就从“人民—国家”这一不同于西方式现代民族国家的建构方式入手，试图厘清人民和国家的概念在20世纪40—70年代的具体内涵[61]。张高峰梳理了“第三代诗·后朦胧诗”的概念生成及历史化演变，发现了20世纪90年代诗歌个人化写作、叙事性质素、口语化及至世纪之交“盘峰论争”中知识分子写作与民间写作的观念性分歧[62]。

2. 日常生活史视域的融合。如果说中国文学的现代化转型是由精英知识分子所主导的运动与思潮开展的，那么这种转型真正从观念走向落实，应该是在世俗社会日常生活中得以实现。因此，在生活史的视域当中重新发掘人生与文学问题，在社会的基本状态中重新理解写作者和读者的思想与审美，这种研究视角越来越得到重视。比如胡鸣以一个城市职工的十年日记为线索，考察了20世纪六七十年代中国人日常生活中的报纸和杂志，以此来反观当时的文学环境[63]。陈平原通过考察一系列有关“五四运动”的老照片，将其与历史档案、新闻报道乃至回忆录等相对照，还原了一个较为完整的“演说现场”[64]。吴晓东认为只有建构文学、政治和社会的三维坐标，才能够更合理、更有效地安置文学研究的图景[65]。孙柏结合了多种史料，追索了梅兰芳从华盛顿初次试演受挫到纽约首演大获成功的事件，并在此基础上对戏剧研究中的理论与方法问题提出反思[66]。

3. 文学地理学视角的引入。在对文学与地理关系的相关研究经历了长时间的文化观照层面之后，当下的文学地理学已经进入了自觉的方法更新阶段。如何用文学地理学的方法重新审视文学与空间的研究，诸多学者提出了自己的看法。吴思敬从诗歌地理学的角度为西部诗歌向空间的展开提供了新的可能，并从自然地理的层面、人文地理的层面、民族心理的层面、诗人个体心理的层面对西部诗歌的建构加以分析研究[67]。刘威是从文学地理学的研究角度来分析沈从文小说《边城》中的地理空间构造[68]。赵静认为巴金早年在成都“家”和“城”的日常体验，造成了其小说《家》中的青年普遍“失父”—“寻父”思维逻辑[69]，这种地方经验也给予了我们重新审视现代文学的另外一种思路。丁文的专著《文学空间的重叠与蔓生："百草园"研究》[70]则是从"百草园"这个文学空间出发，将文学意象与历史图景相结合，打开了太平天国战后以家园重建为主题的诗文唱和与五四文学相贯通的可能性。

四、重要课题立项情况

2022年现当代文学专业立项的重要课题包括：2022年国家社科基金项目有《郭沫若文学著作版本收集整理与汇校》（李斌，中国社会科学院郭沫若纪念馆）、《北京鲁迅博物馆藏稀见及未刊文献整理与研究》（葛涛，北京鲁迅博物馆）、《五四新文学与晚明之关系研究》（刘春勇，中国传媒大学）、《左翼文学与中国近现代的士绅变局研究（1911—1949）》（熊权，中央民族大学）、《华人文化诗学研究》（张重岗，中国社会科学院文学研究所）、《第一次文代会与当代文学发生研究》（王秀涛，中国人民大学）、《中国当代文学中的城市想象研究》（丛治辰，北京大学）、《口头传统与书面文本关系研究》（杨霞，中国社会科学院民族文学研究所）、《中国现代文学早期英译与国家形象建构研究（1919—1949）》（刘月悦，中国社会科学院大学）、《性别视野中的当代中国儿童绘本研究》（王帅乃，北京师范大学）、《新世纪中国动画电影与古典文学传统转化研究》（白惠元，北京师范大学）、《中国当代科幻文学的想象力研究》（彭超，中国石油大学）。教育部人文社科项目有《谢六逸编译活动与新文学衍进的关系研究》（史瑞雪，北京邮电大学）、《近代学者抄校戏曲文献研究》（杜雪，北京语言大学）。

五、问题与前景

近些年来，虽然北京地区学者们在现当代文学的学科建设与专业发展上依然保持着强劲的势头，但一个不得不承认的事实是，在当前大力弘扬传统文化复兴的热潮下，曾经以反传统为文化立场的现代文学在学术领域的影响力已经逐渐遇冷。当前学界反复强调要勾连起文学研究的当代性，事实上就是对文学重回社会的一种号召和呼唤。如何保持现当代文学研究在当前文化语境中的生成价值？如何以积极的姿态在当代文化建设中发挥自身应有的意义，这是留给我们的未完成命题。

第一，从整体定位上看，如何在世界化与本土的交互视野中建构现当代文学自身的主体性，还是一个有待继续挖掘的问题。现当代文学作为当代中国的一种自我表述方式，它的建构过程是在世界化的视野下开展的，过去我们对"现代性"的强调、对西方理论的倚重、对海外汉学的推崇都体现了这一点。然而近些年来我们越来越意识到，如何塑造自身的民族形式，建构自己的文化主体性成为一个更加重要的命题，但这并不意味着要对世界化的扬弃，而是应该在与世界的关系中关注建构中国文学的民族特质。然而在这一过程中，如何分辨不同的学术语境中文化资源的差异，如何处理本土学界与海外学界的分歧，如何确认跨文化交流中的主体性，这都是我们应当积极回应和解决的问题。一方面我们应该更加重视基础背景传播、译介更多的本土研究成果，推动中外成果比较研究，另一方面应该推动国内外中国现当代文学研究学术共同体的形塑，在跨文化视野中，在讲述中国故事的框架中，反观中国当代文学的现状与未来，从而才可以在全球化视野中，为中国文化走向世界提供更多元的思考。

第二，从价值标准上看，当前的研究存在着"重思想轻审美"的偏至。在现实主义思潮强势回归的热浪下，中国现当代文学从创作到研究、批评都存在着对历史、现实与思想的重视，而相对远离了审美价值的分析，整体来看出现了一种不协调的局面。对史料的重视，对社会问题的参与和关怀自然是现当代文学的应有之义，然而文学区别与其他社科学科，还在于它的审美价值与体验。如果把研究对象通通做成做社会的、历史的、文化的逻辑阐释，那么丢失了"文学味"的文学研究也就丧失了自己的学科根基与主体性，也会在各种思想史研究、历史学、社会学研究中变得面目模糊。

第三，从转化形式来看，数字赋能如何推动文学破圈传播，在实践的方式和路径还有待加强。作为全国的文化中心，北京在文学资源的整合与资料保存方面都有着绝对的优势。然而相比于传统文学、历史研究等领域的数字化转化，现当代文学的相关建设还未有影响较大的成果。现代文学的史料保存和建设相对比较成熟，当代文学依然在发展过程中，这既是现当代文学数字化建设的幸事，也是一种挑战，面对浩繁的作家手稿、日记、文件资料，如何筛选、利用和传播，实现文学的跨界融合？如何利用新手段有效地传播文学的经典意义和时代价值？如何让技术真正服务于内容而不是流于形式？这对长期从事传统文学研究和批评的学者们提出了挑战。

综上，在传统复归的文化语境下，北京地区学者始终在为现当代文学学科寻找新的生机和拓展空间，一方面以积极的姿态和热忱介入现实的问题，体现出强烈的关怀性。另一方面也始终保持着对自我经验和知识结构更新，在与其他学科的融合中不断打开现当代文学的研究边界。我们有理由相信，也有信心期待，在2023年度中国现当代文学研究将以更加自由、更加鲜活的面貌踏上新的历史高度。

（北京市文艺学会供稿，执笔人：张悦）

注：

[1] 刘琼，胡妍妍：《新时代文学：在时代图景里淬炼文学质地》，《文艺论坛》，2022年第5期。

[2] 李朝全：《从高原到高峰——推动新时代文学高质量发展基本方略》，《南京师范大学文学院学报》，2022年第4期。

[3] 刘艳：《论新时代先锋派转型作家的再出发》，《文艺论坛》，2022年第6期。

[4] 张炯：《马克思主义文论中国化的光辉里程碑——纪念〈在延安文艺座谈会上的讲话〉发表80周年》，《文学评论》，2022年第3期。

[5] 贺桂梅：《〈讲话〉与人民文艺的原点性问题》，《中国现代文学研究丛刊》，2022年第6期。

[6] 姜涛：《〈还乡记〉与沙汀1940年代中期的文学调整——兼及国统区现实主义文学可能的路径》，《中国现代文学研究丛刊》，2022年第8期。

[7] 程凯：《从革命主体论及历史、现实的辩证关系看〈讲话〉》，《中国现代文学研究丛刊》，2022年第5期。

[8] 张慧瑜：《基层传播的理论来源与历史实践——以20世纪40年代〈解放日报〉改版和〈在延安文艺座谈会上的讲话〉为核心》，《现代中文学刊》，2022年第3期。

[9] 毛巧晖：《延安文艺与少数民族文学的兴起》，《民族文学研究》，2022年第4期。

[10] 刘一村：《现实主义题材影视剧如何圈粉年轻人——以〈人世间〉为例》，《南方文坛》，2022年第6期。

[11] 刘艳：《改革文学与现实主义题材的深化与重构——以周梅森〈人民的名义〉〈人民的财产〉为例证的思考》，《北方论丛》，2022年第6期。

[12] 李云雷：《新时代乡村书写的文化价值和美学价值》，《中国文学批评》，2022年第4期。

[13] 李壮：《历史逻辑、题材风格及“缝隙体验”：关于“新乡土叙事”》，《南方文坛》，2022年第5期。

[14] 阎连科：《乡土把聊斋丢到哪儿了》，《小说评论》，2022年第3期。

[15] 闫作雷：《返乡文学青年如何回嵌乡土？——20世纪60年代初赵树理的相关创作与思考》，《文学评论》，2022年第3期。

[16] 杨庆祥：《“新南方写作”和“间离化”的历史——以朱山坡近作为中心》，《扬子江文学评论》，2022年第3期。

[17] 逄增玉，逄乔：《区域文化和地方路径与文学研究的视域及方法——以现代东北区域文化和文学为例》，《现代中国文化与文学》，2022年第2期。

[18] 张永新：《“地方色彩”如何“发明”：1940—1980年代赵树理评价史中的地方性问题》，《文艺理论与批评》，2022年第2期。

[19] 吴晓东，姜涛，李国华：《在“世界”与“地方”的错综中建构诗学视野——关于20世纪40年代中国现代文学的对话》，《文艺研究》，2022年第7期。

[20] 刘勇：《中国现代文学史的“过时”“分段”与“经典建构”》，《当代文坛》，2022年第6期。

[21] 刘勇：《“起点”的文学史意义——从“第一篇”现代小说的争议谈起》，《中山大学学报》，2022年第2期。

[22] 李浴洋：《晚清与五四——“起点”问题与严家炎的文学史观》，《首都师范大学学报》，2022年第5期。

[23] 卢燕娟：《“当代”作为问题的发生——以延安文艺运动到“十七年”时期的文学史为对象》，《当代作家评论》，2022年第1期。

[24] 程光炜：《一个具体案例中的“九十年代文学”——林白〈一个人的战争〉的版本变动》，《中国现代文学研究丛刊》，2022年第12期。

[25] 陈晓明：《九十年代的历史本己性和本体》，《中国现代文学研究丛刊》，2922年第12期。

[26] 段美乔：《必要的“过渡”：在失落中开出花——对1990年代中国现代文学史料工作的微观考察》，《当代文坛》，2022年第6期。

[27] 张桃洲：《重审1990年代诗歌的意识与观念》，《当代文坛》，2022年第5期。

[28] 洪子诚：《当代文学中的世界文学》，北京：北京大学出版社，2022年版。

[29] 钱理群：《同代人谈当代文学中的世界文

学》，《文艺争鸣》，2022年第11期。

［30］吴晓东：《当代文学的结构性“他者”——洪子诚先生世界文学视野的意义》，《文艺争鸣》，2022年第11期。

［31］张洁宇：《世界的投影，历史的体温——读洪子诚先生〈当代文学中的世界文学〉》，《文艺争鸣》，2022年第11期。

［32］贺桂梅：《当代文学的民族形式建构与世界视野论纲》，《学术月刊》，2022年第12期。

［33］陈漱渝：《鲁迅是跟我们一起的——在上海憩园讲坛上的发言》，《鲁迅研究月刊》，2022年第12期。

［34］王芳：《知识分子的源头与制名之职：巫史视角下的〈铸剑〉》，《鲁迅研究月刊》，2022年第11期。

［35］黄开发：《〈孤独者〉与〈查拉图斯特拉如是说〉中的象征》，《东岳论丛》，2022年第7期。

［36］吴海洋：《“鲁迅为何没多写小说”新探》，《首都师范大学学报》，2022年第2期。

［37］李哲：《革命风潮转换中的文学与“汉字”问题——〈秋夜〉“棗”字释义》，《文学评论》，2022年第2期。

［38］刘勇，李浴洋：《无以归类的现代精神：鲁迅文化论集》，北京：文化艺术出版社，2022年版。

［39］熊权：《立足本土的“突变”：郭沫若与20世纪20年代社会科学思潮》，《首都师范大学学报》，2022年第4期。

［40］郭平英：《郭沫若研读翻译马克思主义理论著作若干史料的重温》，《中国现代文学研究丛刊》，2022年第11期。

［41］蔡震：《郭沫若与马克思主义》，《中国现代文学研究丛刊》，2022年第11期。

［42］韩欣桐：《路遥的“残酷”人生观及其文本呈现》，《文学评论》，2022年第3期。

［43］赵勇：《严肃文学的生产秘密——〈平凡的世界〉的定位问题及其相关解读之一》，《文艺争鸣》，2022年第9期。

［44］程凯：《“深山一家人”“无产阶级先锋战士”与“炼心”——〈创业史（第一部）〉第二十二章改写剖析》，《文艺争鸣》，2022年第10期。

［45］张莉：《小说风景》，北京：人民文学出版社，2022年版。

［46］孙郁：《刘震云：从〈一句顶一万句〉到〈一日三秋〉》，《当代文坛》，2022年第6期。

［47］王思远：《蛙眼的蜃景与虚构的疆域——论林棹〈潮汐图〉的历史虚构及其边界》，《当代文坛》，2022年第6期。

［48］张柠：《用文学构建一个应然的世界》，《光明日报》，2022年6月29日。

［49］谭雪晴：《广阔现实的内在撕裂——从石一枫〈漂洋过海来送你〉看现实主义文学的困境》，《当代文坛》，2022年第3期。

［50］谭复：《班宇作家形象的生成——兼及当代文学传播方式的新变》，《中国现代文学研究丛刊》，2022年第12期

［51］相宜：《孙甘露：她是谁——漫谈孙甘露小说的女性形象》，《当代文坛》，2022年第3期。

［52］孙郁：《从京派到新京派》，《中国当代文学研究》，2022年第6期。

［53］孙郁：《“北京学”里的艺术问题》，《文艺争鸣》，2022年第10期。

［54］刘淼：《从〈我这半辈子〉看黄盈“新京味”的新探索》，《戏剧文学》，2022年第12期。

［55］王建伟：《旧都新城：近代北京的社会变革与文化演进》，北京：中国社会科学出版社，2022年版。

［56］石一宁：《现实主义写作的新探求——王华小说论》，《中国文学批评》，2022年第4期。

［57］齐晓红：《大众意识与阶级意识——对1930年代大众语运动的一种考察》，《文艺理论与批评》，2022年第5期。

［58］陈平原：《新文科视野中的“现代文学”》，《探索与争鸣》，2022年第9期。

［59］蔡岩峣：《“现代派”概念的批评踪迹》，《文艺争鸣》，2022年第7期。

［60］罗雅琳：《“现代”是内生的还是外来的？——重返普实克与夏志清、王德威的对话》，《中国人民大学学报》，2022年第4期。

［61］颜妍：《“人民—国家”的民族建构与文学想象》，《汉语言文学研究》，2022年第3期。

［62］张高峰：《差异化的“哗变”与诗学探索的先锋群像——“第三代诗·后朦胧诗”的概念生成及历史化演变》，《文艺争鸣》，2022年第10期。

［63］胡鸣：《20世纪六七十年代中国人日常生活中的报纸和杂志——以一个城市职工的十年日记

来反观文学环境》,《文艺争鸣》，2022 年第 8 期。

［64］陈平原:《“演说”如何呈现——以“五四运动”照片为中心》,《当代文坛》，2022 年第 4 期。

［65］吴晓东:《在社会史语境和文本情境中理解“文学”》,《汉语言文学研究》，2022 年第 1 期。

［66］孙柏:《纽约进行时：梅兰芳的美国逆局——对一个戏剧史转折时刻的追索》,《中国现代文学研究丛刊》，2022 年第 11 期。

［67］吴思敬:《从诗歌地理学的角度看西部诗歌的建构》,《当代文坛》，2022 年第 6 期。

［68］刘威:《文学地理视域下沈从文湘西世界探寻》,《文学教育》，2022 年第 1 期。

［69］赵静:《“地方”体验与“失父”—“寻父”的文化机制——以巴金的〈家〉为考察中心》,《励耘学刊》，2022 年第 2 期。

［70］丁文:《文学空间的重叠与蔓生：“百草园”研究》，北京：中国社会科学出版社，2022 年版。

比较文学与世界文学

2022 年的比较文学与世界文学学科学术发展在方法论与基础理论研究、中国文学的海外译介与传播研究、中外文学经典的跨文化阐释研究、平行研究与影响研究、数字人文视域下的比较文学研究等方面均有推进，取得新的突破。专家学者对比较文学与世界文学学科的基本理论、基本问题、基本概念进行反思性和创新性阐释，丰富学科基础理论研究的理论深度和历史厚度；融通中西理论资源阐发中国文学海外译介与传播的重要议题，为中国文学与文化“走出去”注入新的生命力；探索中外文学经典跨文化阐释的方法与路径，以文化研究更新和深化比较文学与世界文学研究的边界与视野；持续推进平行研究和影响研究，多维度、多层次推进比较文学与世界文学研究；关注新文学文化现象，开拓数字时代的比较文学与世界文学研究，体现出学人们对比较文学与世界文学学科发展的致思方向和探索成果。

一、方法论及基础理论研究

方法论及基础理论研究是比较文学与世界文学学科长效发展的基础，也是深入拓展学科经典命题研究和延展开拓学科新生命题研究的根底。在 2022 年比较文学与世界文学学科方法论及基础理论的探讨中，既有对比较文学回归和深化“文学性”研究的呼唤，也有对“世界文学”的辨析，还有对比较文学与世界文学研究与历史学、艺术学交叉融合的研究。

田诗琪在《比较文学的“文学性”探究》中重申“文学性”应作为比较文学研究的基础属性。文章指出，在经历了更加广阔的社会和学科维度的深入考察之后重新回到文学研究，不能用跨文明、跨文化的立场冲淡甚至冲垮文学的立场，唯有如此，才能真正实现多元文化背景下比较文学研究。[1]

进入 21 世纪后，关于世界文学的讨论在卡萨诺瓦、莫莱蒂、达姆罗什等人的推动下逐渐升温，比较文学学科更是呈现出鲜明的世界文学转向。因此对世界文学的理论溯源和辨析成为 2022 年比较文学与世界文学学科研究的重要内容。李孟奇的《论世界文学观念起源的后殖民因素》对“世界文学”概念的殖民因素予以重新关注，在他看来，将世界文学观念的起源追溯至后殖民社会历史语境既是对世界文学谱系的有益探索，也更加突出了“世界”一词的所指意义。在文章中，作者将殖民历史、文本流通、东方主义机制等多重因素纳入世界文学观念的历史谱系，从而把歌德与马恩的世界文学观念还原至特定的后殖民语境之中，在重新认识世界文学观念起源的基础上重塑 19 世纪世界文学的空间。此外，作者还从比较文学学科与后殖民视角出发，将波斯奈特的世界文学观念列为与歌德、马恩并重的源头性文献，深入探讨其世界文学观念的价值中立原则与去中心化追求，在新的视野下对波斯奈特的世界文学观念予以重新解读。[2]

同样重思世界文学概念的方维规则重新分析和评估了近年来国际学界关于“新世界文学”概念的代表性观点。文章把纷然杂陈的“新世界文学”观念看作后殖民思潮在文学领域的衍生品，先以达姆罗什的《什么是世界文学？》为主轴，展开对各种新锐观点的讨论，解读“新世界文学”概念。关注作品如何成为世界文学的过程是新概念中的重要取向，另一研究重心是关注与迁徙和杂合相关的后殖民作品。这两种重要的研究取向也使世界文学研究在研究方法和路径上形成与比较文学研究不一样的理路。新世界文学研究关心的不是源于不同文化的文学之间的比较或对照，而是注重与文学作品的全球传播有关的问题，比如一部作品走出来源文化的疆界，得以在外流传和接受的特定条件，以及这部作品在多大程度上还保留着与来源文化的联系，它在全球传播过程中是否会改变自身特色，它是如何被其他文化感受的，还有它在全球文化语境中扮演的角色以及同其他世界文学作品的关系。[3]

比较文学与世界文学作为一门多元融合的学科，自诞生以来便以开放和包容的姿态与其他学科展开交流与对话，进而形成新的研究路径与方法。张辉在《“我的目的始终是书写历史”——奥尔巴赫论文学研究的命意与方法》一文中便关注比较文学研究与历史学的互动。文章从奥尔巴赫与德国历史主义、启蒙主义的不同入手，关注他书写文学史的思想动因，特别是他与维柯新科学的联系，在文学史中重思具体与普遍的关系，从而试图区别于当时德国历史主义的自我期许及其价值。在此基础上，作者进而讨论奥尔巴赫力图在大历史中融入个人、融入时代的文学方法论引入文学研究，彰显这位特殊主义者的决定论思想特质。[4]

彭吉象则致力于比较文学与比较艺术学的交叉研究，在其《努力加快比较艺术学“三大体系”建设》中深化比较文学研究中的跨学科、跨文化、跨文明的研究路径，对比较艺术学学科的学科体系建设、学术体系建设和话语体系建设提出方案，认为比较艺术学的“三大体系”建设应该在马克思主义和习近平新时代中国特色社会主义思想指导下，一方面要增强文化自信，立足中国，努力发掘中国优秀传统文化和艺术宝藏；另一方面也要借鉴国外的研究理论，吸收世界各国的优秀艺术研究成果，努力做到在比较艺术学的“三大体系”建设方面，充分体现出中国特色、中国风格和中国气派。[5]而刘小龙则将比较文学研究的具体方法融入比较艺术学的研究维度与实践方法。在他看来，比较艺术学在宏观与微观层面存在不同的研究维度：它的四个宏观维度是跨领域的艺术比较研究、跨时代的艺术比较研究、跨文化的艺术比较研究以及经典与流行艺术的比较研究；它的五个微观维度是艺术形式比较、艺术风格比较、艺术语境比较、艺术创作比较以及艺术观念比较。这是针对既有研究范围所做的具体设定与延伸扩展，并且不同维度的研究内容之间存在交互关系。此外，在艺术比较的实践方法上，应注意艺术比较关联区域的设定，艺术相似性与差异性的考察，论述主体和参照对象的明确，对艺术作品、现象与观念的阐释以及从现象到本质的思考等五方面，从而将学科研究方法充分运用于实践中。[6]

上述研究不仅辨析了比较文学与世界文学学科的基础概念，在此基础上也溯清了本学科的学科定位和学术脉络，夯实比较文学学科根基，推进比较文学研究的进深发展，而且也积极抓住全球化时代赋予比较文学研究的发展机遇，在回应时代文学诉求的过程中探讨比较文学研究与其他学科的交叉融合与新兴发展。

二、中国文学海外译介与传播研究

随着中国越来越融入世界，海外中国学的研究有助于我们知彼知己，平等对话。中国文学海外译介与传播研究，正日渐成为学界关注的热点话题，其也是比较文学学科学术研究的重要内容。当下正处于百年未有之大变局，如何从中国文学的海外译介与传播去思考并推动文明互鉴与交流，进而为构建人类命运共同体贡献中国智慧和中国精神资源，就具有极为紧迫而现实的意义。2022年度北京学者的中国文学海外译介与传播研究不仅有理论建构，也有具体个案分析，取得诸多新成果，生动展现我国学者的时代责任与学术担当。

中国古典文学一直是域外读者最感兴趣的领域，在中国文学海外译介与传播中占重要地位。王洪涛在《中国古典文论在西方英译与传播现状考察——基于英、美、澳三国问卷调查的分析与解读》一文中运用定量研究与定性研究相结合的方法，通过对采自英、美、澳三国11所高校251份有效问卷的调查结果进行量化统计和定性分析，从而揭示中国古典文论英译作品在西方英语国家的基本接受状况。作者认为，分析目标读者群体对中国古典文论外译作品的接受心理和阅读期待，进而据此为中国古典文论外译实践制定行之有效的策略、方法与技巧是当下推动包括中国古典文论在内的中国文化从“走出去”发展到“走进去”的关键一环。[7]另外，作者在另一篇文章中基于自建的英语类比语料库，对中国古代文论经典文本《文心雕龙》的三个代表性英译本进行对比研究。文章以英语同类原生文本

《诺顿文学理论与文学批评选集》为参照，分别对比分析了宇文所安、施友忠、杨国斌翻译的《文心雕龙》，揭示出这三个代表性英译本在类符形符比、词汇密度、词汇频度、平均句长、情感极性、情感级数等六个层面上的语言、文体、情感特征，发现宇文所安译本在多个层面上更加接近英语原生参照文本，而施友忠和杨国斌两个译本与英语原生参照文本相比各有长短，进而从社会翻译学的角度阐述了宇文所安译本较之施友忠译本和杨国斌译本更接近英语同类原生文本，且更容易在西方英语国家得到广泛关注、普遍认可和深入传播的深层原因。[8]

胡文婷、张西平则考察了蒙学经典《明心宝鉴》的拉丁语译本。作者立足于罗明坚的手稿，围绕源文本、译介背景及译本特点展开讨论，揭示了明末蒙书对早期来华西人汉语学习的具体影响，同时指出罗明坚对内容的删改和意译在一定程度上保证源文本信息的有效传递，而他对中国文化的调适及理解偏差亦影响到后来传教士的跨文化译介。[9]

周阅在《原典实证跨越华瀛　考索典籍引领学术——严绍璗先生与海外中国学》一文中结合中国著名比较文学家、古典文献学家、中国日本学家严绍璗先生的治学历程，在海外中国学研究视域中勾勒出日本传统汉学到近代中国学发展的大致脉络，呈现了严先生在日本中国学研究领域的学术成就。通过梳理严先生考索东传日本之中国文献的业绩，阐明中国典籍在域外的传播所具有的重要文化价值和世界意义。文章还从五个层面以实例分析了严先生所倡导的原典实证研究方法，总结其在海外中国学研究的整体学科构建中所做出的重大贡献。[10]

除了中国古典文学，中国当代文学海外译介与传播近年来也成为一个新兴热门研究领域，吸引众多学者关注，其研究成果多聚集于当代文学海外传播的翻译、形象、策略、方法等，或者是作家作品的案例及延展问题的研究。而刘江凯《中国当代文学海外传播的学科问题》则以宏观的理论视野，从学科发展角度思考中国当代文学海外传播的问题。作者认为，作为新兴交叉学科构成的中国当代文学海外传播，其学科建设有向内、向外两个方向：“向内”是作为中国现代文学、比较文学、语言学应用语言学里的翻译学，新闻与传播学下的国际传播、跨文化传播等学科的新兴研究领域，扩展并充实这些学科；“向外”则是作为新兴交叉学科的组成部分，发展出一片广阔的新天地来。这两个方向不但可以同时展开，而且还可以互相促进。[11]

除了理论的倡导，还有具体的研究。中国当代文学成为世界各国民众了解、认知中国的重要窗口，发挥塑造可信、可爱、可敬的中国形象的国际传播作用。中国当代文学在海外的接受如何是发挥中国当代文学的传播效应，推动中国文化传播的广度、深度的重要体现。何明星与后宗瑶合作的《进入世界舞台中央的中国当代文学——基于馆藏、书评、读者视角的中国当代文学海外传播研究》一文基于海外馆藏、媒体书评或同行评价、读者反馈等三个维度，全方位梳理了2019—2020年中国当代文学海外传播情况，并对上榜的96部作品从文学作品与作家、出版方式、译介模式、读者评价等四个方面加以分析，发现中国科幻文学、中国儿童文学传播范围广泛，媒体曝光增多，读者追捧，表明中国当代文学已经进入世界舞台中央。这同时预示着中国当代文学的传播媒体、中国当代文学的批评需要跟上这种国际地位的变化。中国当代文学的海外传播应是致力构建人类命运共同体的文化事业，着眼于持续推动文化传播的广度、深度，充分调动海内外多种文学创作力量、文学创作与传播的多元化、多样化主体，进而最大化地发挥文学的性质与功能，以我为主，使中国当代文学真正成为以文化人、以艺通心、反映全人类共同价值追求的一种跨文化传播实践。[12]

郝琳的《“世界诗歌”之辩中的翻译论题与中国当代诗歌的语境化阅读》围绕“世界诗歌”之辩中的翻译论题与对中国当代诗歌的语境化阅读这一话题进行深度探讨。文章向我们呈现了中国当代诗歌在世界文学空间中的真实境遇，同时也揭示出中国文学，尤其是中国当代诗歌在海外传播格局中的真实处境：中国当代诗歌的译文远未如宇文所安所形容的由于自身的“可译性”而趋向完美，相反，其粗糙与尚需打磨之处数不胜数，世界文学空间中的读者对中国当代诗歌译文的宽容在很大程度上只是由于其“语境化的阅读方式”。[13]

刘洪涛与邓子寒则对英语世界的中国网络文学研究进行了追踪式研究。通过对近20年来英语世界中国网络文学研究成果的搜集、整理和研究，发现中国网络文学文本的交互式创新、消费机制、审查机制最受西方学界关注。其重视交互式创新背后蕴藏着的是作者及读者对于文化历史和自我身份的构建。在研究中国网络文学的消费机制时，将中国网络文学空间视为各方关系交织的文化场，而互联网有效实现了其中各类角色的关系配置，促进了文学的生产流通。部分研究者认为中国网络文学具有一定模糊性的审查机制，实际具有作为文化实践内在环节的合理性，带来了“博弈”背后新的文学生产的可能性。研究者不仅将中国网络文学看作单纯的文学现象，还将其看作网络时代的社会现象，在研究中采用了多学科的研究方法。[14]

女性主义思潮是现今中国乃至全球学界的热点话题，海外对中国女性写作也颇多关注。谢丹凌在《跨文化视野下的中国女性书写——新时期女性小说的英译与海外传播》中表示，改革开放以来，当代中国女性小说对女性理想、社会地位、生存状况以及自我价值的描摹，引发了海外译者与出版媒介的广泛兴趣。新时期女性小说的英译成果逐渐增多，呈现多元化的传播样态。从接受情况来看，海外学者从西方女性批评理论出发，着力探究新时期女作家作品里女性解放、欲望表达以及话语权力，而域外大众读者也从当代女性书写中了解多元的文化社会形态与独立的个体心声。但受限于“东方主义”式的凝视，女作家作品里的审美元素在某种程度上被高高在上的西方话语遮蔽，其更多文本价值有待在今后的海外传播中进一步显现。因此，引导西方读者从对异域文化的猎奇心态逐渐转向聆听中国女性内心的真实呼声，完全打破西方在世界文学场域的霸权和其对华语文学的某些刻板印象和期待，仍然长路漫漫。[15]

而刘燕则更强调郑敏在海外作为中华民族语言承载者的诗人形象，而非女性诗人形象来讨论郑敏诗歌在海内外的译介与传播情况。通过梳理郑敏诗歌在海内外的译介现状、翻译策略、传播路径与效果，作者揭示出译介、传播和各种机构的推动对于民族文学、国别文学获得世界文学的地位愈显重要，不同国家的读者在阅读译作的过程中会提升对异国文化的认知与理解，获得独特的审美愉悦，这也有助于不同文化之间的互惠与创新。[16]

文学是民族的，也是世界的，文学的世界性与民族性往往交相辉映，而不同国家和民族的文学交流与对话离不开译介与传播的推动。上述的相关讨论不仅能够充实和丰富比较文学与世界文学的研究，同时也为促进中外深化文明交流互鉴的理解和认识。

三、中外文学经典的跨文化阐释研究

通过文化研究深化比较文学与世界文学学科的研究，将跨文化作为新的研究方法和研究视野一直是比较文学与世界文学学科学者重要且关键的实践，相关的研究层出不穷，持续重塑和更新着比较文学与世界文学的研究。在本年度中，中外文学经典的跨文化阐释再次有了新的推进。

首先是以文化视野观照文学研究。车琳的《世界文学视阈中的法语文学空间》在全球化的文化语境中，从世界文学视阈中重新审视法语文学的地位以及法语文学空间内部的动态变化。作者认为，法语文学是一个跨民族、跨语言、跨文化的空间，是全球化的一个缩影，对其丰富性和多样性的考察，将深化我们对于“文学世界共和国”的认知和理解。[17] 曹莉的《F.R. 利维斯在中国的接受与意义》则在中国现代性发展的进程中梳理 20 世纪著名的文学批评家、教育家 F.R. 利维斯在当代中国的接受过程及其背后的原因，并在此基础上对利维斯批评在中国学界的阶段性消长进行历史性辨析，指出中国现代性的发展脉络决定了利维斯及其批评在不同历史发展阶段对于中国的价值与意义。作者尤其强调，利维斯反对工业文明和功利主义的前瞻性和深刻性对当下正处于社会转型期的中国的文化传承和文化建设具有重要启示意义。[18] 张沛则在雅典民主文化的兴衰中探究阿里斯托芬喜剧的“致辞”，表示阿里斯托芬的的喜剧（特别是那些使用了“致辞”的作品）首先是即时干预和应对现实政治的时事剧或活报剧。雅典帝国失败后，阿里斯托芬仍在戏剧中指涉时事，但这已是希腊民主精神的回光返照和“阿里斯托芬喜剧”的明日黄花，从前民主的伟大时代已一去不返。[19] 张辉的《回答这个问题：爱米丽亚为什么死？》，重新审视莱辛最有影响力的剧作《爱米丽亚 · 迦洛蒂》的谋篇布局，阐释主人公爱米丽亚的死因，深化我们对启蒙运动以来现代自我所面临的伦理困境以及文化危机的再认识。[20] 周阅在《谁在丧失？——从叶真中显 *Lost Care* 看少子老龄化》中则关注日本作家叶真中显的长篇推理小说 *Lost Care* 中关于丧失之痛和老龄之困的描写，认为小说揭开了日本护理保险制度的种种问题，批判了社会制度存在的漏洞，同时提醒人们关注日渐严重的少子老龄化问题，这为同处东亚、同样面临少子老龄化局势的中国提供了深刻的启示，中国当代作家也有责任更多地关注少子老龄化社会。[21]

再者是阐释文学经典的跨文化特征。顾钧的《被解放了的〈堂吉诃德〉的译境与知识侨易》，通过对卢那卡尔斯基的新编历史剧《被解放了的堂吉诃德》在30年代由鲁迅和瞿秋白翻译成中文的个案译境与知识侨易展开分析，认为侨易学侨易学不仅可以将文学文本作为主体，把翻译、知识侨易问题纳入考察范围，更可以扩大视野将整个世界文学作为理论思考的重要内容。[22] 刑晨雨的《为何轻视文学：比较诗学视野下的曹植〈与杨德祖书〉》引入文体的视角，在古今文化的对话中分析曹植的《与杨德祖书》，认为此文的行文思路和论证逻辑都与曹植托请杨修刊定自己文集的现实目的直接相关。备受争议的“辞赋小道”之论，实质上反映出曹植对文学专业性的重视以及不同于一般儒者的“轻视”文学的态度，在文学史上亦自成线索。另外，在文章中作者还联系中西方文论为文学“辩护”的历史，表示曹植的文学观念从一个特殊的角度映射出现代以来文学实用性与独立性的多重辩证关系。[23]

另外，还有以跨文化视域重思比较文学研究。郭风华的《“神话”的终结与“风景”的发现——对王润华华文后殖民文学研究之反思》对王润华的华文后殖民文学研究展开讨论，作者认为王润华对“鲁迅神话”与“本土性”的思考充满悖论，一方面，中国对新马不存在殖民之实；另一方面，“鲁迅神话”给新马华文文学的本土性发展带来的影响，又与“文化殖民”有相似之处。面对这种矛盾之处，王润华以“本土性”来协调，但此“本土性”与“中国性”和他所推崇的多元文化存在龃龉。文章表示，“想象的共同体”理论可解答王润华华文后殖民文学研究的抵牾之处，即在跨文化的视域下，“鲁迅神话”可以被看作新马华文文学史内部发展的必经阶段，并非来自中国的外来殖民；去“中国性”特指去除以现代中国为“想象的共同体”的中国现代文学的“感时忧国”，而非中华文化传统；多元文化本身就是一种本土性。[24] 车琳的《马尔罗〈西方的诱惑〉中的危机与启示》，聚焦法国作家安德烈·马尔罗早期书信体作品《西方的诱惑》对文明危机的呈现展开讨论。作者认为，马尔罗以写作、艺术和行动作为摆脱个体危机的方式，同时尝试在东方传统思想中探求解决西方人信仰危机的方法，对东西方文化和思想进行双向审视和批判，以他者为镜像实现自我认知和自我检视，表达了第一次世界大战后欧洲知识分子的文明危机意识对于启示同样处于百年未有之世界变局中的今人具有重要的意义和价值，身处全球化时代的我们，面对多元的文化格局当以对话超越对立、以交流互鉴抑制文明冲突。[25] 刘燕在《密歇根大学的中国学之历史渊源与研究特色》中梳理了美国密歇根大学的中国学之历史渊源与研究特色。密歇根大学在汉语教学、图书馆学、哲学、政治、外交、经济、文学与艺术等专业领域的“中国研究”或“中国学”引领美国高校，尤其是人文、艺术与政治的跨学科研究领域引人注目，涌现了费维恺、孟旦、李侃如、包华石、博达伟等一批著名的汉学家。研究有助于我们了解密歇根大学的中国学研究成果，进一步推进中美之间的跨文化理解与合作。[26]

四、平行比较与交互影响研究

平行研究与影响研究是比较文学与世界文学学科学术研究的两大支柱，尽管对这两种研究一直有所争议，但在现代理论的激发下，总是呈现出新的研究形态。在本年度的相关探讨中，中西文学、古今文学、中外文化的平行比较与交互影响依然是比较文学与世界文学学科研究的重点和热点，多维度、多层次、多样化的平行研究与影响研究继续推动着比较文学学科的稳健发展。

曾艳兵的《“桑丘·潘沙的魔鬼”——卡夫卡对〈堂吉诃德〉的改写》，关注《堂吉诃德》这个经典文本对卡夫卡的影响，通过对比卡夫卡改写的桑丘与堂吉诃德，揭示出卡夫卡的改写不是对《堂吉诃德》的阐释或续写，而是非凡的创作，其中最突出之处就是“堂吉诃德与桑丘·潘沙关系的大逆转”。通过这种逆转，卡夫卡将一部更多作为喜剧或悲喜剧的《堂吉诃德》改写成了一则苦涩的犹太故事，呈现的是人性中坚定不移的不可摧毁性。[27] 而在《“走过来”与“放下”——卡夫卡与禅宗的表达方式》中，作者再度挖掘卡夫卡创作的思想来源，探讨卡夫卡的寓言与佛教禅宗寓言各自的特征及其隐秘的关联，认为卡夫卡的寓言写作不仅在思想观念、思维方式上，而且在表达方式上，与中国老庄还有佛教禅宗都非常接近，借由这种寓言写作，卡夫卡表达了他对生命的思索，充满智慧，影响深远。[28]

杨慧林的《“被作孽”与“自作孽”的悖谬及其消解——从〈李尔王〉读解“终极关怀”》，将莎士比亚的文本还原于“天下出了乱子”的历史语境，从蒂利希和弗莱对“终极关怀”的讨论中重读《李尔王》，为“终极关怀”这一命题提供一种生动的文学的解说:《李尔王》中“被作孽多过自作孽”的幻想,其实正是“自我神圣化”和“自我合法化”的虚妄;莎士比亚让“自作孽”与“被作孽”相互消解,又通过理性、历史甚至神明的内在悖谬,最终使“终极”的问题在“终极”的意义上重新提出,“何为终极”的追问转向“何以思考终极”,其关键也从“终极”转向我们自己。[29]

曲莉的《德富苏峰〈新日本的诗人〉的内在旨趣和隐性理路——比较文学视角下的考察》则在比较文学视角下考察德富苏峰《新日本的诗人》的内在旨趣和理路。文章以苏峰汲取资源的19世纪英美文论的思想关系网络为参照,结合文中对传统诗歌所陷入的程式化困境的批判,探讨苏峰以“诗人”论为起点进行“诗”的问题的讨论的内在规定性和启蒙意义。同时,通过比较研究,爬梳篇首、篇中和篇尾分别提到的“美妙观念”“人生生活的批评”及“日本风云”的关联,揭示深潜于文本中的内在理路。在此基础上,思索苏峰的文学思想结构中的“人生生活的批评”话语的意蕴内涵及浪漫主义和现实主义倾向。[30]

张沛在《尤利西斯的三次启蒙——〈特洛伊罗斯与克瑞希达〉解读》则对莎士比亚充满奇异性的经典剧作《特洛伊罗斯与克瑞希达》进行解读,通过分析莎士比亚制作和呈现的戏剧幻景,揭示了尤利西斯让特洛伊罗斯在克瑞希达与狄俄墨得斯不自觉的表演中照见爱欲的虚假—真相,并最终通过潘达罗斯向当时的观众和后代的读者表达了他对爱欲的惨痛记忆和真实怨念。如此使得被视为英雄悲剧和反英雄悲剧、浪漫喜剧和反浪漫喜剧的《特洛伊罗斯与克瑞希达》成为一部仿—反古典主义“人间喜剧”。[31]

五、数字人文视域下的比较文学研究

随着大数据技术的不断扩展,数据技术与人文学科的深度交流催生数字人文的诞生。大数据技术支撑下,数字人文在比较文学与世界文学学科中应用的可能性已得到充分的验证,数据分析、可视化等方法的引入将为研究提供新的视角。在本年度的相关讨论中,学人就数字时代给予比较文学研究的发展机遇与挑战做出积极回应,展现与文学文化新形态同频共振,积极参与讨论与反思的学术风貌。

赵薇在《作为计算批评的数字人文》中明确提出数字人文须超越工具阶段,其突破点在于如何以计算批评的方式介入更广泛的话语和文化实践中。计算批评是以数据化和计算建模为基础的知识表征和文本诠释过程,是一种全新的文本阐释学,属于广义的文化批评的范畴。它以作为社会实践的观念领域为对象,其前提是可解释的工具,强调模型在思考和推理过程中具有的意义。在“数据→模型→细读→理论→数据→……”的阐释循环中,人文学者从自身的领域知识和细读体验出发,通过巧妙的实验设计论证问题,激活工具的“自反性”,达到破除算法黑箱、发现文本背后的生产逻辑的目的,使“人”的维度在数字时代重放异彩。[32]除了理论的探索,作者在另一篇文章中则以近年数字人文在古代文学研究上的运用个案探索,探讨量化方法运用于古代文学研究的进展和问题。文章指出,近年来量化方法在古代文学研究诸多问题上进展迅速,计算技术与文学阐释结合,形成了可操作的批评路径,形成了一套其来有自,亦可接续传承的量化方法和独特体系。同时,作者还提请我们注意,数字人文取向的文学研究对反思性提出了更高要求。数字人文取向的文学研究应避免简单的工具化倾向,文学研究者须知晓工具的算法实质,将数据驱动的探索过程和论证驱动的假设—验证范式更好地结合起来,将建模整合进严密的论证中,获得有效的评价。[33]

刘燕的《结构—解构视角:〈诗人与死〉的时空意象与拓扑思维》也是一个个案探索的研究,在文章中其使用“结构—解构”视角和数字人文的研究方法,通过分析《诗人与死》中核心意象的词频数据,可以阐明《诗人与死》的多元复杂的时空意象,解码本诗的“结构—解构—重构”的拓扑思维特质以及延异、反讽、互文性、播撒等艺术手法。此哀诗彰显郑敏融通德里达解构哲学与古典道家思想而成的“结构—解构”诗学,这为中国现代汉诗的诗学创新与实践提供了一个独特的范例。[34]

六、重要课题立项情况

2022年比较文学与世界文学专业立项的重要课题包括:2022年国家社科基金一般项目:《百年来中国的世界意识与世界文学观念互动关系研究》(张珂,中央民族大学);《鲁迅译〈工人绥惠略夫〉考释与研究》(杨俊杰,北京师范大学);《十九世纪中国文化典籍在德语世界的译介、流传与影响研究》(吴晓樵,北京航天航空大学)。2022年国家社科基金青年项目:《中国古典小说在近代日本的流播与研究(1868—1945)》(周健强,北京外国语大学);《中国现代文学早期英译与国家形象建构研究（1919—1949）》（刘月悦，中国社会科学院大学）；《18世纪英国剧院中的中国想象研究》（逯璐，对外经济贸易大学）；《缪勒选译〈东方圣书〉的文明互鉴思想研究》（杨艳，中央民族大学）；《中国古代话本小说在法国的译介与接受研究》（吕如羽，中国人民大学）；《林语堂作品在日本的译介与传播研究》（张秀阁，北京科技大学）。2022年教育部人文社会科学研究青年基金项目：《谢六逸编译活动与新文学衍进的关系研究》（史瑞雪，北京邮电大学）；2022年教育部人文社会科学研究规划基金项目：《济慈在中国的接受研究》（刘海英，中国农业大学）。2022年北京哲学社会科学基金重点项目：《五四时期来华作家北京书写研究》（郭英剑，中国人民大学）；《翻译生成学视域下的霍克思英译〈红楼梦〉手稿研究》（马会娟，北京外国语大学）。2022年北京哲学社会科学基金青年项目：《〈阿Q正传〉在法国的传播、接受与改编》（郭彦娜，对外经济贸易大学）；《新世纪以来中国大众文化中的非洲形象研究》（胡亮宇，北京语言大学）；《"气韵生动"论的现代跨语际阐释研究》（吴键，北京师范大学）。

七、思考与展望

本年度北京地区比较文学与世界文学学科学术发展呈现出宏观性、长时段、整体性与微观性、短时期、局部性研究互补融合的研究格局，在方法论与基础理论研究、中国文学的海外译介与传播研究、中外文学经典的跨文化阐释研究、平行研究与影响研究、数字人文视域下的比较文学研究等方面都有实现新突破，不仅深化了基础理论研究，同时还开拓和丰富了研究的视野和角度，更对理论建构做出创新性探索。这将为把握比较文学与世界文学学科发展的内在规律和未来趋势，合理规划文艺学学科发展，完善学科体系架构，推进中国特色比较文学与世界文学话语体系建构提供经验与指导。但同时，我们也应看到北京地区2022年比较文学与世界文学学科学术发展前进与深化中仍可继续加强和推进的方面。首先，需要继续加强基础理论的创新阐释。2022年北京地区比较文学研究对比较文学的"文学性""世界文学"等理论进行再阐释，但尚缺少对诸理论在理论深度与历史厚度上更深入的挖掘及其与其他基础理论的互动关系研究。其二，拓展比较文学与世界文学研究的视野与角度，打破学科壁垒，融汇历史学、艺术学、政治学、文化学等学科的研究路径与方法，深化比较文学与世界文学研究，推动比较文学与世界文学学科的创新发展。再者，可借力数字革命开启比较文学与世界文学研究新契机。新媒介、元宇宙、人工智能等概念层出不穷，与经典的比较文学研究产生了张力，也为比较文学与世界文学话语创新带来了契机，因此，我们应该与时俱进，积极回应数字时代发展带来的机遇与挑战，为比较文学与世界文学学科注入新的研究动力。最后，还需要加强中国特色的比较文学与世界文学研究的讨论与反思，在与国际学界的对话和互动中强化主体意识，拓展世界眼光，不断推动比较文学与世界文学研究学科体系、学术体系和话语体系行稳致远。

（北京市文艺学会供稿，执笔人：黄兰花）

注：

［1］田诗琪：《比较文学的"文学性"探究》，重庆交通大学学报（社会科学版），2022年第5期。

［2］李孟奇：《论世界文学观念起源的后殖民因素》，《外国文学研究》，2022年第5期。

［3］方维规：《"新世界文学"与跨文化》，《中国比较文学》，2022年第1期。

［4］张辉：《"我的目的始终是书写历史"——奥尔巴赫论文学研究的命意与方法》，《天津师范大学学报（社会科学版）》，2022年第2期。

［5］彭吉象：《努力加快比较艺术学"三大体系"建设》，《民间艺术研究》，2022年第5期。

［6］刘小龙：《比较艺术学的研究维度与实践方法》，《民间艺术研究》，2022年第5期。

［7］王洪涛：《中国古典文论在西方英译与传播现状考察——基于英、美、澳三国问卷调查的分析与解读》，《当代外语研究》，2022年第4期。

［8］王洪涛，杨帆：《基于类比语料库的〈文心雕龙〉三个英译本对比研究：兼以社会翻译学视角的解析》，《西安外国语大学学报》，2022年第4期。

［9］胡文婷，张西平：《蒙学经典〈明心宝鉴〉的拉丁语译本初探》，《中国翻译》，2022年第4期。

［10］周阅：《原典实证跨越华瀛　考索典籍引领学术——严绍璗先生与海外中国学》，《国外社会科学》，2022年第6期。

［11］刘江凯：《中国当代文学海外传播的学科问题》，《扬子江文学评论》，2022年第5期。

［12］何明星，后宗瑶：《进入世界舞台中央的中国当代文学——基于馆藏、书评、读者视角的中

国当代文学海外传播研究》,《中国当代文学研究》, 2022 年第 5 期。

[13] 郝琳:《"世界诗歌" 之辩中的翻译论题与中国当代诗歌的语境化阅读》,《外国语文》, 2022 年第 1 期。

[14] 刘洪涛, 邓子寒:《英语世界中国网络文学研究的洞见与盲视》,《外国语文》, 2022 年第 1 期。

[15] 谢丹凌:《跨文化视野下的中国女性书写——新时期女性小说的英译与海外传播》,《海南大学学报(人文社会科学版)》, 2022 年第 6 期。

[16] 刘燕:《"时间之花": 郑敏诗歌在海内外的译介与传播研究》,《汉语言文学研究》, 2022 年第 1 期。

[17] 车琳:《世界文学视阈中的法语文学空间》,《中国比较文学》, 2022 年第 1 期。

[18] 曹莉:《F.R. 利维斯在中国的接受与意义》,《中国比较文学》, 2022 年第 1 期。

[19] 张沛:《诗人的 "直言": 论阿里斯托芬的喜剧 "致辞"》,《广东外语外贸大学学报》, 2022 年第 6 期。

[20] 张辉:《回答这个问题: 爱米丽亚为什么死? 》,《外国文学评论》, 2022 年第 1 期。

[21] 周阅:《谁在丧失? ——从叶真中显 Lost Care 看少子老龄化》,《东岳论丛》, 2022 年第 5 期。

[22] 顾钧:《〈被解放了的堂吉诃德〉的译境与知识侨易》,《政治思想史》, 2022 年第 4 期。

[23] 刑晨雨:《为何轻视文学: 比较诗学视野下的曹植〈与杨德祖书〉》,《文艺评论》, 2022 年第 5 期。

[24] 郭风华:《"神话" 的终结与 "风景" 的发现——对王润华华文后殖民文学研究之反思》,《华文文学》, 2022 年第 6 期。

[25] 车琳:《马尔罗〈西方的诱惑〉中的危机与启示》,《外国文学》, 2022 年第 5 期。

[26] 刘燕:《密歇根大学的中国学之历史渊源与研究特色》,《东北亚外语研究》, 2022 年第 1 期。

[27] 曾艳兵:《"桑丘·潘沙的魔鬼" ——卡夫卡对〈堂吉诃德〉的改写》,《外国文学》, 2022 年第 3 期。

[28] 曾艳兵:《"走过来" 与 "放下" ——卡夫卡与禅宗的表达方式》,《名作欣赏》, 2022 年第 7 期。

[29] 杨慧林:《"被作孽" 与 "自作孽" 的悖谬及其消解——从〈李尔王〉读解 "终极关怀"》,《国际比较文学》, 2022 年第五卷第 1 期。

[30] 曲莉:《德富苏峰〈新日本的诗人〉的内在旨趣和隐性理路——比较文学视角下的考察》,《日语学习与研究》, 2022 年第 5 期。

[31] 张沛:《尤利西斯的三次启蒙——〈特洛伊罗斯与克瑞希达〉解读》,《国外文学》, 2022 年第 4 期。

[32] 赵薇:《作为计算批评的数字人文》,《中国文学批评》, 2022 年第 2 期。

[33] 赵薇:《量化方法运用于古代文学研究的进展和问题——以近年数字人文脉络中的个案探索为中心》,《文学遗产》, 2022 年第 6 期。

[34] 刘燕, 周安馨:《结构—解构视角:〈诗人与死〉的时空意象与拓扑思维》,《江汉学术》, 2022 年第 2 期。

外国文学

2022 年北京市外国文学学科学术发展在外国文学研究的中国化时代化守正创新、外国文学边缘声音的去蔽与激活、外国文学经典作品的重读与新解、外国文学前沿动态的深度追踪、外国文学的跨学科研究等方面继续推进, 传承与创新有机融合, 经典与前沿紧密结合, 中心与边缘相关呼应, 新概念、新话题、新方法不断涌现, 进一步深化了外国文学学科发展与学术研究的前进空间。

一、外国文学研究的中国化时代化守正创新

2021 年 9 月 25 日, 习近平总书记给北京外国语大学老教授的回信充分肯定了外语学科的重要作用, 并为外国文学学科的发展指明了时代方位与前进方向。2022 年, 外国文学学科秉持习近平总书记回信的重要精神, 在百年未有之大变局中, 沿着时代化中国化的根本方向, 着力推动外国文学研究的守正创新。金莉指出必须加强外语学科内涵建设, 加快

学术人才的培养步伐，打造学科发展新局面，努力产出具有国际影响力的学术成果，充分发挥我们在构建人类命运共同体事业中的作用。[1]郭英剑指出，关注并不断深化国际传播研究，有利于拓展外语学科的发展路径，更好地服务于国际传播能力建设，这已成为外国语言文学学科发展的新趋向。[2]黄怡婷以当代印度英语文学的本土化建设为借鉴，提出要实现民族文学文论的古今通变，必须准确认识民族文学发展规律，坚持传统文学文化的主体性。[3]

在习近平总书记的构建人类命运共同体理念的正确引导下，2022年外国文学学科高度重视中外文学互鉴交流。高兴指出，基于相似的历史经历和社会背景，东欧各国文学既可以作为独立个体来深入探究，也可以作为共同整体来比较打量，对东欧当代文学的考察与研究，有助于推动中国与东欧文化交流互鉴。[4]车琳认为，法国作家马尔罗以写作、艺术和行动作为摆脱个体危机的方式，同时尝试在东方传统思想中探求解决西方人信仰危机的方法，从而启示同样处于百年未有之世界变局中的今人以对话超越对立、以交流互鉴抑制文明冲突。[5]魏然指出毛泽东《在延安文艺座谈会上的讲话》具有世界意义，启发了20世纪70年代阿根廷文艺批评对美学与政治关系的新反思，借助中国理论与经验，阿根廷新左派克服了美学先锋与艺术政治化之间的对立。[6]

二、外国文学边缘声音的去蔽与激活

解构陈旧的“中心—边缘”结构，令外国文学的边缘声音走出压抑与遮蔽的幽暗状态，激活边缘声音的丰富意蕴，呈现更为多元的世界文学图景，是2022年外国文学学科的重要突围方向。

针对殖民主义、奴隶贸易与种族隔离，美国少数族裔文学研究聚焦美国黑人文学和印第安人文学，超克旧有不平等结构。金莉指出《汤姆叔叔的小屋》由于谴责黑人奴隶制而成为美国文学史上最具社会轰动效应的小说，但其思想价值超越了既有研究探讨的社会制度改革而延展到道德、宗教、性别政治和文明话语领域，表达了对于作为“天生基督徒”的黑人的同情以及对于“母性化”社会的憧憬，展现了一种“浪漫种族主义”式的文学想象力。[7]郭巍指出萨拉·约瑟法·赫尔小说《利比里亚》积极回应《汤姆叔叔的小屋》，用圣经预表法表征美国殖民空间，将利比里亚比作上帝为黑人准备的“应许之地”，掩盖美国人通过殖民地占领对国家内部种族矛盾进行“空间修复”的真实目的，无视美国殖民者在利比里亚实施的领土侵占、资源掠夺和劳动压榨的帝国主义殖民空间实践。[8]刘晗指出怀特海德《萨格港》的成长主题构成了对当下美国“后黑人”意识形态的反驳。[9]周铭指出美国的乡土色彩文学和“美国的成年”文学借助印第安考古，强化了印第安人“消逝的种族”之形象，突出了其在美国社会的边缘位置，证明盎格鲁-撒克逊裔白人继承古印第安文明的合法性，呈现了不同历史时期美国“地方”与国家间的关系，完成了美国不同历史时期的国家身份建构。[10]

爱尔兰文学的重要地位及其与爱尔兰社会文化与民族情感的深刻联结得到充分凸显，堪称2022年本学科的重要亮点。傅浩指出叶芝的白鸟意象有相当大的部分源自爱尔兰神话和民间传说，人所共知的古老传统赋予了岛内常见物象以丰富的内涵。[11]龚璇分析了约翰·班维尔《物性论》以精巧的结构与丰富的主题体现了班维尔对欧洲现代主义文学传统的继承与革新以及他对20世纪七八十年代爱尔兰社会特有的“时代精神”的捕捉与再现。[12]闫梦梦反思了出生于爱尔兰的戈德史密斯关于“世界公民”这一概念的多重解读与文化相遇。[13]

对殖民主义与帝国主义的反思批判是本学科研究的热点。陈雷认为，海明威小说《弗朗西斯·麦康伯短促的幸福生活》和《老人与海》在隐蔽的层面探讨了一系列与“统治”相关的问题，具有特定的政治内涵，硬汉主人公是殖民者的原型和帝国扩张的基层动力。[14]张欢指出司各特的威弗莱苏格兰题材系列小说虽然初次尝试逆写帝国，首发反思殖民主义文化内涵之先声，但仍带有西方中心主义色彩。[15]张晖指出，德国左翼作家德布林的《山、海和巨人》是魏玛共和国文学的例外，关注由欧洲中心主义和西方殖民行径激起的其他文明的联合反抗。[16]范晶晶解析了印度梵语文学《沙恭达罗》中的性别建构，揭示了其在近现代接受中受到殖民主义、东方主义影响的性别错位问题。[17]聂品格分析了非洲作家恩吉古小说中的去殖民化思想及其语言实践。[18]张静宇指出日本文学中的“朝鲜征伐”叙事集中反映了日本对外侵略意识。[19]

除此之外，处于边缘地位的文学时代也逐渐走向舞台中央，本年度尤以维多利亚时代文学为最。乔修峰指出维多利亚时代是从忧郁向抑郁过渡的时期，罗斯金《现代画家》主张风景能够为观者提供情感教育的空间，有助于现代人摆脱抑郁，并在日渐严重的空间异化中重获自我与世界的亲密感。[20]傅燕晖指出，阶层和性别是维多利亚时代淑女身份的两大要素，而婚姻状况亦是不可忽略的身份要素，小说《克兰福镇》揭示了淑女优越的社会地位及其巩固社会地位的才干掩盖不了其在性别属性上处于附属地位的事实，也改变不了女性命运的底色。[21]

三、外国文学经典作品的重读与新解

经典作品是文学研究无法绕开的路标，2022 年外国文学学科对经典作品展开了重读工作，更新和创化传统理解，力图凸显经典作品在新时代语境中的独特意义。

在英语语言文学学科，作为“西方正典”（western canon）[22]的中心，莎士比亚作品的内在张力与政治意涵得到了进一步开掘，身体隐喻被反复言说。张沛指出，莎士比亚《特洛伊罗斯与克瑞希达》是一部充满奇异性的经典，属于仿—反古典主义“人间喜剧”，同时是英雄悲剧和反英雄悲剧、浪漫喜剧和反浪漫喜剧，并传达了（反）爱欲的启蒙与祛魅。[23]陈雷认为，莎士比亚《亨利四世》已初步提出了共同体想象形式，并在后续的《亨利五世》中进一步展现出它与民族主义的关联性。[24]王晶指出《理查三世》是英国早期现代社会对畸形身体探究的一个经典文本，理查三世打破了人们对畸形身体的刻板印象，他对身体政治的能动性操演反映出早期现代理性主义和平等主义对等级秩序的破坏和现代主体意识的觉醒。[25]理查三世的复杂形象是政治、宗教、历史和社会偏见共同形塑的结果。彭磊提出莎士比亚《科利奥兰纳斯》将罗马呈现为一个分裂的、病态的政治身体，其中平民与贵族分裂，护民官成为统治平民的头，而科利奥兰纳斯又是危害罗马共和的一个生病的肢体。莎士比亚借此既与古典以至同时代的政治思想传统实现了互动，又表达了他独特的政治思考。[26]

此外，诸多经典重读研究在史料上得到扩充，在方法上得到更新，从文本走向历史。梅申友重读柯勒律治《老水手行》，别出机杼地透过 1817 年版的旁注，结合诗人的现实经历，探析经典作家的隐秘心声。[27]在 T.S. 艾略特研究上，黄强指出新见书信史料有助于澄清学者既往误读，推动关注艾略特的文学与生平之关联，展现未来研究的新方向；[28]艾略特早期作品中美国人形象可被视作政治隐喻形塑，暗示了艾略特对于美国参加一战和威尔逊政府一战后外交政策的关注，表露了诗人对于美国一战后外交策略在欧洲战后和平重建过程中所发挥作用的反思。[29]而《荒原》通过描写具有不同阶级背景人物的生育问题，反映了当时英国人口发展情况与作者的阶级导向的优生学观点。[30]

在俄语语言文学学科，经典重读深受跨文化研究的形塑，着重不同经典的互文性。凌建侯探究了普希金长诗《安哲鲁》对莎士比亚《一报还一报》的改写，[31]分析了普希金对西方现代长篇小说的吸收与发展。[32]王炎对读了《战争与和平》与《静静的顿河》，探究了两部经典的风格差异与观念分歧。[33]

在法语语言文学学科，经典的创作机制备受关注。郭宏安通过对福楼拜创作漫谈的细读，总结了福楼拜以词句构造为灵魂的文学写作理念。[34]雨果作品的历史、政治与美学复杂性得到抉发。贵雪佼认为《巴黎圣母院》记录了雨果对自由主义思想的接纳方式，在反思法国大革命的基础上提出了以启蒙为宗旨的革命观，反映出他的核心诉求：将社会改革与艺术解放相互贯通，由文学来行使教权。[35]同时，雨果作品的崇高与怪诞两种美学风格，表现为不同形式，从对照走向同一，并且在道德、政治、宗教、哲学等多个维度产生意义。[36]

在德语语言文学学科，经典作品被置于现代性思想危机的整体语境和德国现代民族主义的独特历史中得到重解。张辉认为莱辛《爱米丽亚·迦洛蒂》取材于古罗马史实，出乎意料地采用了古典的戏剧形式，其情节看似简单，却充满了巧合与矛盾，遂使主人公爱米丽亚之死成了一个巨大的谜团。而重新审视该剧的谋篇布局，阐释爱米丽亚的死因，有助于深化我们对启蒙运动以来现代自我所面临的伦理困境的再认识。[37]李睿指出《尼伯龙人之歌》的解读经历了一个意识形态化的过程，推进了 19 世纪德意志民族主义建构。[38]徐畅指出，面对魏玛共和国复杂政治局势，穆齐尔捍卫理性价值，坚持文学与政治的功能分离，警惕精神理念直接转化为政治实践的危险性。[39]

在欧洲语言文学学科，引介外国最新研究成果、更新传统认识是重读经典的重要目标。常无名引介了但丁学界对《神学》的最新主流观点，分析了“历史托喻”问题。[40]

在日语语言文学学科，比较文学视角生成了东西方经典互读研究。丁莉探究了尤瑟纳尔《源氏公子最后的爱情》对《源氏物语》的续写，指出了日本经典在西方的接受与阐释的基本特征及其原因。[41]

王志松分析了西方经典《罪与罚》在日本的接受与阐释的情况及其原因，与丁莉的研究互为镜像。[42]

四、外国文学前沿动态的深度追踪

2022年外国文学学科高度关注外国文学前沿动态，及时译介和解析当代外国文学创作和学术进展，并在当代文化语境中予以定位和阐释。其中，历史叙事是被频繁利用的研究视角，学者们试图借此厘清文学与现实、个体与社会、过去与当下等关系，赋予当代作品更强的纵深感与宽阔感。

最新外国获奖作品是学者们的关注重点。2021年诺贝尔文学奖得主古尔纳的作品得到了深入研究。张峰从后殖民理论视角，解析了古尔纳的创作与批判思想，指出其思想主要体现在四个方面：第一，书写记忆与重塑历史是流散作家难以抗拒的使命；第二，后殖民写作中的语言选择是个人经历与现实需要协商的结果；第三，对非洲文化民族主义的批判；第四，对“后殖民”与“世界文学”的反思与超越。[43]张峰同时以古尔纳小说《赞赏沉默》为例，分析了其中的双重叙事、嵌套叙事、沉默等多重叙事策略，指出了作品所蕴含的对种族主义和殖民主义的批判、对后殖民社会黑暗面的抨击、对移民生存困境和身份焦虑的同情与反思等主题。余静远从历史的过程、历史的叙述、历史的认识三个层面对《来世》中的历史书写进行解读。[44]唐珺分析了阿拉伯约旦籍巴勒斯坦裔作家易卜拉欣·纳斯鲁拉的获奖小说《第二次狗战》，从社会学视角指出了其中的反乌托邦叙事下的现实隐喻。[45]

外国当代重要文学奖项及其内蕴的评价标准也成为研究的亮点，显示出中国学者愈发重视对西方当代文学评价与生产机制的整体认识。梁朝晖分析了英国布克奖小说中的女性历史叙事模式及其主要特点。[46]

此外，其他各国当代文学作品备受关注。俄语语言文学学科在此方面极为活跃：侯丹分析了安东·乌特金的著名历史小说《环舞》，指出小说的独创性在于作者将19世纪的文学材料纳入到一个全新的哲学轨道上，对经典现实主义文学传统进行了后现代主义的重塑；[47]颜宽指出，沃达拉兹金《岛的辩护》中的历史叙事结构表现为由岛屿的编年史与个人历史解读所形成的公共/私人话语对照的文本结构；[48]刘淼文探讨了古泽尔·雅辛娜2021年新作《撒马尔罕专列》的叙述史学，指出其对旅行小说与圣经文本的“借鉴”、叙事空间上成人世界与儿童世界的对照及成长小说独特人物造就的隐性叙事进程；[49]郑晓婷分析了维克多·佩列文的东方后现代主义创作实验及其贡献；[50]刘良辰探究了乌加罗夫《伊利亚·伊里奇之死》对冈察洛夫笔下的“奥勃洛莫夫性格”的重构。[51]在英语语言文学学科，惠子萱分析了当代美国先锋戏剧家罗伯特·威尔逊运用视觉和听觉效果的意象化叙述策略。[52]在阿拉伯语语言文学学科，任宏智分析了巴莱卡特《夜信》的迷宫叙事及其蕴含的阿拉伯民族独特生存境遇。[53]宗笑飞指出布尔汉新作《积恨成仇》思考了巴以问题的历史，揭示了作者符合人类命运共同体理念的理想主义情怀。[54]张洁颖分析了阿曼小说《月亮女人》中的空间构建。[55]在欧洲语言文学学科，樊星解析了巴西作家莱维2021年新作《华景亭》的“非特异性”。在亚非语言文学学科，钟志清分析了以色列当代作家拉宾雅作品中民族认同问题。[56]杜莉莉分析了土耳其当代作家帕慕克《我脑袋里的怪东西》，重点解读“窗”在城市空间所呈现的多重隐喻这一叙事暗线，集中分析“窗”作为城市历史与当下、城市孤独解药以及都市家宅这三大隐喻。[57]

五、外国文学的跨学科研究

跨学科研究是2022年外国文学学科越发重要的发展方向。文学与艺术的互动研究格外深入。武琳分析了蒂克《金发的埃克伯特》中的文学与绘画、文学与音乐之间的多重媒介互动，揭示了立体化的视听认识世界。[58]王波涛解读了约瑟夫·罗特小说《拉德茨基进行曲》中的音乐符号对文学意义表达的特殊作用。[59]胡蔚将认为艾兴多夫的自然诗学承袭和发展了巴洛克寓意画的范式，是一种融合了寓像传统、象征风景和自然之语的现代自然寓像诗。[60]在文学与政治学交叉领域，钟志清探究了希伯来文学叙事与犹太民族身份和以色列国家建构问题，解读分析犹太人的民族认同意识。[61]张沛分析了阿里斯托芬喜剧中“致辞”手法的政治意涵。[62]陈雷指出哥特小说《乌道弗之谜》中的城堡美学蕴含了霍布斯与柏克的政治哲学内涵。[63]高冀探究了高乃依戏剧作品中的“国家理性”政治话语，指出高乃依如果接受和批判了马基雅维里关于君主获得和保持权力的“国家理性”政治学说，并由此构筑了独特的戏剧崇高美学。[64]在文学与医学的交叉领域，张怡关注《哈德良回忆录》中的疾病主题，揭示文学改写历史的独特想象力。[65]李宛霖聚焦查尔斯·布劳克登·布朗《埃德加·亨特利》中的夜游症，在印刷文化大背景中揭示布朗的美国民族文学主张。[66] 在文学与自然科学的跨学科研究领域，段颖杰以德·昆西的《重写羊皮纸》为例，探讨 19 世纪英国浪漫主义文学与脑科学的耦合关系。[67] 同时，段颖杰分析了德·昆西如何通过对鸦片致幻作用的思考来展开鸦片写作。[68] 李睿分析了斯蒂芬森的后赛博朋克文学代表作《雪崩》的元宇宙叙事。[69]

此外，跨学科的新话题、新概念、新视角、新方法不断涌现。张生珍从当代后人类主义的视角出发，关注英美经典儿童文学中的“动物”问题，提出儿童与动物地位的相似性及其主体性建构的历史演进，成为认识人类社会文明发展的价值指向。[70] 同时，张生珍介绍了由跨界阅读与跨界写作构成的跨界小说，以儿童文学为例，说明了世界文学中的跨界现象。[71] 田俊武解析了美国路漂文学的文化源流、文学样态及其独特叙事形式。[72] 李靓以物质文化研究视角考察《大主教之死》中三份礼物的“社会生活”，探究物的轨迹中隐藏的历史文化内涵及作者凯瑟的创作与其所在时代之间的形塑关系。[73] 张洁颖从生态危机的角度解读了科威特小说《赛比利亚》的战争书写。[74] 由权借助书信这一独特体裁，探讨了纪德与瓦莱里超越分歧的友谊何以可能。[75]

六、重要课题立项情况

2022 年外国文学学科立项的重要课题如下：国家社科基金重点项目：《俄罗斯文学中“人”的观念研究》（王宗琥，首都师范大学）。国家社科基金一般项目：《十九世纪中国文化典籍在德语世界的译介、流传与影响研究》（吴晓樵，北京航空航天大学）、《奥地利犹太作家卡尔·克劳斯第一次世界大战时期经典作品研究》（张文鹏，中国政法大学）、《瑞士法语文学的身份构建研究》（王斯秧，北京大学）、《英·巴赫曼诗学中的现代性批判与审美修复研究》（张晓静，中国社会科学院）、《20 世纪法国奇幻文学理论研究（1951—1999）》（张怡，外交学院）、《美国〈党派评论〉杂志研究（1934—2003）》（刘雪岚，中国社会科学院）、《英国旅行文学史》（田俊武，北京航空航天大学）、《济慈诗歌中的医学伦理、疾病与死亡书写研究》（卢炜，北京大学）、《美国印第安城市文学与国家认同研究》（李靓，对外经济贸易大学）、《阿卜杜勒拉扎克·古尔纳的创作与批评研究》（张峰，北京外国语大学）。国家社科基金青年项目：《情感文体学理论建构与现代主义小说语篇研究》（黄荷，北京师范大学）、《印刷媒介对法国文艺复兴文学的影响研究》（高冀，北京大学）、《美国城市文学的生态叙事传统研究》（马特，中央财经大学）。教育部人文社会科学规划基金项目：《法国自传文学发展历程研究》（杨国政，北京大学）、《当代美国文学的寒山书写研究》（耿纪永，北京交通大学）、《济慈在中国的接受研究》（刘海英，中国农业大学）、《皮普斯日记中的伦敦大瘟疫书写研究》（王珊珊，中央财经大学）。教育部人文社会科学青年基金项目：《当代美国灾难文学的视觉叙事与后记忆建构研究》（高尔聪，北京航空航天大学）、《当代德国小说二战历史书写关键词研究》（武琳，北京语言大学）。北京哲学社会科学基金一般项目：《印度当代英语小说的“边缘现实主义”研究》（尹晶，北京科技大学）。北京哲学社会科学基金青年项目：《当代美国科幻小说中未来都市的发展伦理研究》（廖望，北京航空航天大学）。

七、思考与展望

2022 年外国文学学科学术发展状况彰显了北京地区在全国外国文学研究领域的主导地位和广泛影响力，表明北京地区外国文学学术研究与学科建设在中国化时代化守正创新的过程中，开辟了一条独具特色、推陈出新、全面发展、引领时代的道路，充分发挥了首都地区在学术发展与学科建设中的引领作用与时代担当。面对已取得的诸多成就，还需要秉持辩证视角，客观冷静进行分析，攻坚克难，补强薄弱环节，全面推进北京地区外国文学学科的健康发展。首先，需要进一步强化中国化时代化的守正创新工作，推动外国文学的学科体系、话语体系、学术体系全面建设，在创造性转化、创新性发展中国的外国文学优秀研究成果的基础上，在辨证地借鉴转化适应当代中国需要、契合当代中国文化、丰富当代中国学术的域外优秀外国文学研究成果的基础上，真正创建中国特色的当代外国文学研究范式、话语与理论，从“外国文学研究在中国”转化为“中国的外国文学研究”。其次，重视外国文学不同二级学科的全面均衡发展，尤其要关注和推动外国小语种文学的学科建设与学术研究，本年度北京地区外国文学学科的学术成就以英语语言文学和俄语语言文学为主，法语语言文学与德语语言文学贡献了一部分成果，但在日语语言文学、印度语言文学、西班牙语语言文学、阿拉伯语语言文学、欧洲语言文学、亚非语言文学等学科专业上仍存在巨大的发展空间，亟须进一步提升。同时，同一语种需要重视区域研究的协调发展，譬如英语语言文学研究仍然过于集中在英美世界（英国、美国、爱尔兰），对世界上其他英语国家文学的研究十分匮乏；俄语语言文学仍主要集中在对俄罗斯作家作品的研究，未注意其他国家和地区的俄语作家作品；法语语言文学集中在对法国作家的研究，鲜有对其他法语国家文学的研究。最后，外国文学学科需要打破专业壁垒、地域壁垒、文化壁垒，高度重视世界文学与比较文学视域，加强国际传播的力度，进一步提升跨学科、跨文化的研究广度与深度，注重用经典研究滋养前沿理论，用前沿理论转化经典研究，深化对经典问题的理解与创新，推动对前沿问题的回应与反思。

（北京市文艺学会供稿，执笔人：陈龙）

注：

［1］金莉：《加强外语学科内涵建设　打造学科发展新局面》，《中国外语》，2022年第3期。

［2］郭英剑：《国际传播是外语学科发展新趋向》，《中国社会科学报》，2022年9月13日。

［3］黄怡婷：《论当代印度英语文学的本土化建设——兼谈民族文学文论的古今通变问题》，《西南大学学报（社会科学版）》，2022年第6期。

［4］高兴：《“世界是由言语组成的”——东欧文学的几个特色和趋向》，《粤港澳大湾区文学评论》，2022年第5期。

［5］车琳：《马尔罗〈西方的诱惑〉中的危机与启示》，《外国文学》，2022年第5期。

［6］魏然：《南方的合奏——〈在延安文艺座谈会上的讲话〉与1970年代阿根廷文艺批评》，《中国现代文学研究丛刊》，2022年第5期。

［7］金莉：《〈汤姆叔叔的小屋〉与斯托的文学想象》，《外国文学评论》，2022年第4期。

［8］郭巍：《〈利比里亚〉与美国殖民空间生产》，《外国文学研究》，2022年第3期。

［9］刘晗：《论科尔森·怀特海德〈萨格港〉中的成长主题》，《外国文学动态研究》，2022年第5期。

［10］周铭：《“陌生人的国度”：十九、二十世纪之交美国文学中的考古、印第安人与空间政治》，《外国文学评论》，2022年第1期。

［11］傅浩：《叶芝的白鸟》，《外国文学评论》，2022年第4期。

［12］龚璇：《约翰·班维尔〈物性论〉中的未叙述、假设叙述与双重叙事进程》，《外国文学研究》，2022年第1期。

［13］闫梦梦：《“中国人和我们很像”——奥利弗·戈德史密斯〈世界公民〉中的文化相遇》，《国外文学》，2022年第2期。

［14］陈雷：《捕猎、统治、殖民——重读〈弗朗西斯·麦康伯短促的幸福生活〉和〈老人与海〉》，《外国文学动态研究》，2022年第6页。

［15］张欢：《司各特的文类辩证法——苏格兰帝国罗曼司的生成与逆写》，《国外文学》，2022年第3期。

［16］张晖：《魏玛共和国地缘政治文学中的亚欧冲突——以德布林小说〈山、海和巨人〉为例》，《外国文学动态研究》，2022年第6期。

［17］范晶晶：《法王还是贞妇？——梵剧〈沙恭达罗〉的性别建构与误读》，《国外文学》，2022年第3期。

［18］聂品格：《恩古吉小说中的去殖民化思想及其语言实践》，《当代外国文学》，2022年第4期。

［19］张静宇：《日本古代文学中的“朝鲜征伐”叙事》，《国外文学》，2022年第4期。

［20］乔修峰：《“心之晦暗”：罗斯金〈现代画家〉中的风景与忧郁》，《外国文学评论》，2022年第2期。

［21］傅燕晖：《老姑娘与维多利亚时代的文雅文化——〈克兰福镇〉的淑女兼及〈爱玛〉》，《外国文学》，2022年第4期。

［22］哈罗德·布鲁姆：《西方正典》，江宁康译，南京：译林出版社，2015年。

［23］张沛：《尤利西斯的三次启蒙——〈特洛伊罗斯与克瑞希达〉解读》，《国外文学》，2022年第4期。

［24］陈雷：《共同体想象与〈亨利五世〉中的民族主义》，《国外文学》，2022年第3期。

［25］王晶：《论理查三世畸形身体中的动物他性和国体隐喻》，《外国文学研究》，2022年第1期。

［26］彭磊：《〈科利奥兰纳斯〉中的政治身体寓言》，《国外文学》，2022年第2期。

［27］梅申友：《隐秘的自况——〈老水手行〉旁注者身份探析》，《国外文学》，2022年第1期。

［28］黄强：《“就让记录自己来陈述所有这一切吧”：艾米莉·黑尔信件与托·斯·艾略特诗歌解读新方向》，《外国文学动态研究》，2022年第3期。

［29］黄强：《艾略特早期作品中美国人形象的

政治隐喻》，《国外文学》，2022 年第 2 期。

[30] 黄强：《论〈荒原〉中的阶级导向优生学观点》，《外国文学》，2022 年第 5 期。

[31] 凌建侯：《普希金的莎士比亚情结——论〈安哲鲁〉对〈一报还一报〉的改写》，《国外文学》，2022 年第 1 期。

[32] 凌建侯：《西欧现代小说与普希金的长篇小说化创作》，《欧亚人文研究（中俄文）》，2022 年第 4 期。

[33] 王炎：《俄国小说中的战争》，《外国文学》，2022 年第 5 期。

[34] 郭宏安：《福楼拜的句子》，《外国文学动态研究》，2022 年第 5 期。

[35] 贵雪佼：《"杀死"巴黎圣母院与雨果的文学夺权》，《国外文学》，2022 年第 4 期。

[36] 贵雪佼：《从对照到同一：论雨果的怪诞与崇高》，《外国文学》，2022 年第 5 期。

[37] 张辉：《回答这个问题：爱米丽亚为什么死？》，《外国文学评论》，2022 年第 1 期。

[38] 李睿：《〈尼伯龙人之歌〉"西格夫里特之死"历史溯源研究》，《国外文学》，2022 年第 4 期。

[39] 徐畅：《罗伯特·穆齐尔的政治肖像》，《外国文学动态研究》，2022 年第 6 期。

[40] 常无名：《〈神曲〉的托喻问题：寓言、注疏与白话文学》，《外国文学评论》，2022 年第 2 期。

[41] 丁莉：《〈源氏公子最后的爱情〉——东方文学经典在西方如何被续写？》，《外国文学》，2022 年第 6 期。

[42] 王志松：《危机中的想象力——〈罪与罚〉与日本现代文学》，《俄罗斯文艺》，2022 年第 4 期。

[43] 张峰：《后殖民文学中的记忆、语言、异质性与地方性——古尔纳的创作与批评思想解析》，《外国文学动态研究》，2022 年第 2 期。

[44] 余静远：《"这片土地在人类成就史上无足轻重"——论古尔纳新作〈来世〉中的历史书写》，《外国文学动态研究》，2022 年第 2 期。

[45] 唐珺：《反乌托邦叙事下的现实隐喻——评阿拉伯小说国际奖获奖作品〈第二次狗战〉》，《外国文学动态研究》，2022 年第 3 期。

[46] 梁晓晖：《英国布克奖小说中的女性历史叙事：创作模式、动因与思想局限》，《当代外国文学》，2022 年第 1 期。

[47] 侯丹：《"现实主义的后现代主义"——评安东·乌特金的历史小说〈环舞〉》，《外国文学动态研究》，2022 年第 2 期。

[48] 颜宽：《历史是怎么制成的：沃达拉兹金〈岛的辩护〉中的历史叙事结构》，《外国文学动态研究》，2022 年第 2 期。

[49] 刘淼文：《旅行小说〈撒马尔罕专列〉的叙事诗学》，《外国文学动态研究》，2022 年第 1 期。

[50] 郑晓婷：《维克多·佩列文与东方后现代主义》，《外国文学动态研究》，2022 年第 1 期。

[51] 刘良辰：《做一个"完整的人"——"奥勃洛莫夫性格"的当代解读》，《外国文学动态研究》，2022 年第 6 期。

[52] 惠子萱：《反叛自然主义：论罗伯特·威尔逊〈奥德赛〉的意象化叙述》，《外国文学动态研究》，2022 年第 6 期。

[53] 任宏智：《〈夜信〉：迷宫叙事与阿拉伯民族的迷宫之境》，《外国文学研究》，2022 年第 4 期。

[54] 宗笑飞：《历史书写的现实意义——以〈积恨成仇〉为例》，《外国文学动态研究》，2022 年第 2 期。

[55] 张洁颖：《阿曼小说〈月亮女人〉中的空间构建》，《东方文学研究集刊》，2022 年第 1 辑。

[56] 钟志清：《爱能否跨越边界？》，《读书》，2022 年第 10 期。

[57] 杜莉莉：《〈我脑袋里的怪东西〉中"窗"的隐喻与城市书写》，《外国文学研究》，2022 年第 2 期。

[58] 武琳：《"以绘画和音乐为语言"——〈金发的埃克伯特〉中的视听认知世界》，《国外文学》，2022 年第 3 期。

[59] 王波涛：《约瑟夫·罗特小说〈拉德茨基进行曲〉中的音乐符号解读》，《外国文学动态研究》，2022 年第 6 期。

[60] 胡蔚：《自然虔诚和山水寓像——德国浪漫主义诗人艾兴多夫的自然之书》，《国外文学》，2022 年第 2 期。

[61] 钟志清：《希伯来叙事与民族认同研究》，北京：社会科学文献出版社，2022 年。

[62] 张沛：《诗人的"直言"：论阿里斯托芬的喜剧"致辞"》，《广东外语外贸大学学报》，2022 年第 6 期。

[63] 陈雷：《〈乌道弗之谜〉中的城堡美学》，《外国文学》，2022 年第 1 期。

［64］高冀：《高乃依〈西拿〉和〈庞培之死〉中的“国家理性”话语》，《外国文学研究》，2022年第5期。

［65］张怡：《〈哈德良回忆录〉中的历史与文学想象——以“面对疾病的哈德良”为例》，《国外文学》，2022年第3期。

［66］李宛霖：《〈埃德加·亨特利〉中夜游症的隐喻与布朗的民族文学主张》，《外国文学研究》，2022年第4期。

［67］段颖杰：《德·昆西的重写羊皮纸模型与脑文本》，《外国文学研究》，2022年第1期。

［68］段颖杰：《“浪漫”之外——德·昆西鸦片写作中的幻听》，《国外文学》，2022年第1期。

［69］李睿：《恶托邦的元病毒——论斯蒂芬森科幻小说〈雪崩〉的元宇宙叙事》，《外国文学动态研究》，2022年第6期。

［70］张生珍：《英美经典儿童文学中的“动物主义”》，《国外文学》，2022年第3期。

［71］张生珍：《跨界小说》，《外国文学》，2022第2期。

［72］田俊武：《美国路漂文化与路漂文学的源流》，《国外文学》，2022年第4期。

［73］李靓：《论〈大主教之死〉中物的社会生活》，《国外文学》，2022年第3期。

［74］张洁颖：《从生态视阈解读〈赛比利亚〉中的战争书写》，《当代外国文学》，2022年第2期。

［75］由权：《通往极境的二重奏——纪德与瓦莱里书信研究》，《国外文学》，2022年第1期。

年度推荐著作和论文

著　作

1. 姚爱斌：《中国文体论：原初生成与现代嬗变》，北京大学出版社，2022年版。
2. 周兴陆：《文士精神与文论传统》，浙江工商大学出版社，2022年版。
3. 李建盛：《文学诠释学》，北京大学出版社，2022年版。
4. 钟志清：《希伯来叙事与民族认同研究》，社会科学文献出版社，2022年版。
5. 张源：《靡不有初：柏拉图世界的开端》，华东师范大学出版社，2022年版。
6. 谷裕选编：《〈浮士德〉发微》，华夏出版社，2022年版。
7. 周剑之：《事象与事境——中国古典诗歌叙事传统研究》，商务印书馆，2022年版。
8. 白一瑾：《清初京城诗坛研究》，北京大学出版社，2022年版。
9. 丁文：《文学空间的重叠与蔓生：“百草园”研究》，中国社会科学出版社，2022年版。
10. 蒋绍愚：《唐宋诗词的语言艺术》，商务印书馆，2022年版。

论　文

1. 解志熙：《“孔子，圣之时者也”重诂——兼释〈庄子〉所谓“时女”》，《清华大学学报（哲学社会科学版）》，2022年第4期。
2. 胡琦：《言文之间：汉宋之争与清中后期的文章声气说》，《文学遗产》，2022年第1期。
3. 李小龙：《如何凝固流动的文本：中国古代小说整理适用校法四例辨析》，《北京大学学报（哲学社会科学版）》，2022年第4期。
4. 高树伟：《〈永乐大典〉正本流传史事考辨》，《历史研究》，2022年第1期。
5. 徐正英：《上博简〈孔子诗论〉“小雅”论及其诗学史创获》，《文学评论》，2022年第2期。
6. 沈相辉：《论扬雄“拟经”与“作赋”之互动》，《文艺研究》，2022年第10期。
7. 吴晓东、姜涛、李国华：《在“世界”与“地方”的错综中建构诗学视野——关于20世纪40年代中国现代文学的对话》，《文艺研究》，2022年第7期。
8. 陈晓明：《九十年代的历史本己性和本体》，《中国现代文学研究丛刊》，2922年第12期。
9. 周铭：《“陌生人的国度”：十九、二十世纪之交美国文学中的考古、印第安人与空间政治》，《外国文学评论》，2022年第1期。
10. 张辉：《回答这个问题：爱米丽亚为什么死？》，《外国文学评论》，2022年第1期。

语 言 学

总 论

2022年，北京地区语言学研究的重点主要集中在普通语言学理论、汉语言文字学、民族语言学、心理语言学、国际中文教育和语言服务等五个方面，各个分支学科和研究方向坚持守正创新，取得了突出成就。

一、语言学理论的研究

语言学理论的研究主要有两支队伍：一支来自外语学界，一支来自汉语学界。外语学界的研究比较注重理论取向（Theory-oriented），汉语学界的研究比较注重材料取向（Data-oriented）。但是我们看到近年来学者们的研究取向开始有所变化，外语学界的理论研究开始重视研究汉语的问题，汉语学界的问题研究也开始重视理论的建构。学者们开始把语言事实和语言理论结合起来，并开始注重用汉语的事实来构建语言学理论。2022年的语言学理论研究突出了这个特点。

语言学理论研究分为两个大的流派：一个流派是形式主义语言学（formalism）的研究，例如生成语法的研究、生成语义学的研究；一个流派是功能主义语言学（functionalism）的研究，例如认知语言学的研究、篇章语言学的研究、互动语言学的研究。2022年形式主义语言学在制图理论研究和生物语言学研究方面有所突破。而功能主义语言学则开始关注言语行为和语言互动，关注实验研究。

二、汉语言文字学的研究

汉语言文字学的研究主要集中在汉语语音研究、汉语词汇研究、汉语语法研究、汉语史研究、汉字学研究和汉语方言研究等方面。

语音研究又分为两个分支：一个是普通语音学（phonetics）的研究；一个是音系学（phonology）的研究。音系学的研究除了关注汉语方言的问题之外，也开始关注域外的语言。另外，从研究方法上来看，走进社会、走进田野、走进实验室成为2022年的研究趋势。

汉语词汇学的研究有新的变化，主要表现在认知语言学的理论、语言类型学的理论、构式语法理论在词汇学研究中得到广泛应用，基于语料库的研究也越来越多。2022年，在汉语语法研究方面，围绕学科基础理论和重大实证问题，在句法、语义、语用、汉外对比等方面取得了一系列重要突破。尤其是关于名词动词是否分立的问题，学术界展开了热烈的讨论，以沈家煊先生为代表的“名动包含”说和以陆俭明先生为代表的“名动分立”说在立场和观点上尖锐对立，这种针锋相对的学术争鸣是非常健康的。另外，语体语和韵律句法的研究也在向前推进。

汉语史的研究主要集中在汉语语音史的研究、汉语词汇史的研究和汉语语法史的研究方面。语音史的研究最突出的亮点是关于汉语语音断代史的研究，上古音、中古音和近代语音之间的界限问题持续成为焦点；词汇方面的研究更多的是借鉴了语言学理论的最新发展，在词义、词族、词源和词典编纂方面取得一些进展；语法史方面的研究比较突出的特点是方言语法的研究以及语言接触方面的研究。在汉语史研究方面传世文献与出土文献的结合也是近年来学术界的一个重要发展趋势。

汉字研究分为两个部分：一部分是汉字本体的研究，一部分是汉字发展史的研究。汉字本体的研究主要关注的是古文字考释和整理，包括甲骨文、金文和简帛文字的考释和整理，字书专题研究等；汉字发展史的研究重点关注汉字形音义的发展变化，在研究中不仅重视新旧材料的相互印证，而且注重文字学与训诂学、音韵学、哲学、历史学、考古学等学科的交叉融合。

汉语方言的研究注重对语言事实和材料挖掘整理，深化理论探索和研究，积极建设具有中国特色的语言学学科体系、学术体系和话语体系。具体表现为对汉语方言语音、词汇和语法的调查研究、方言地理学的研究、方言数据库的建设、方言对比研究等方面。

三、民族语言学的研究

民族语言学是以中国境内的少数民族语言为研究对象的学科，这个学科所涵盖的内容极其广泛，既包括对某一具体语言的描写、分析，也包括语言之间亲属关系的构拟，其中，描写语言学、历史比较语言学、社会语言学、文化语言学、人类语言学、语言类型学、语言规划与语言政策等实证性研究和计算语言学、实验语言学等实验性研究在民族语言学的研究中都有应用。中国境内的少数民族语言资源十分丰富，田野调查、语言资源保护成为研究的亮点。

四、心理语言学的研究

心理语言学是语言学与心理学交叉的分支学科，这个学科涵盖的内容也十分广泛，它包含了普通语言学、心理学、神经科学、计算机科学等现代科学的理论和方法，主要目标在于揭示语言理解、语言生成、语言发展和语言习得的过程，总结其内在规律。其中语音、词汇、句法、语义和语用等不同层面的语言加工和习得机制，其研究成果在语言教育、语言矫治、人工智能等领域有重要的应用价值。在过去的一年里，基于实验的研究是心理语言学研究的重点。2022年，心理学的实验方法和研究手段也被广泛应用于其他分支学科领域的语言研究。

五、国际中文教育研究和语言服务调查分析

从2019年开始汉语国际教育更名为国际中文教育。这不仅仅是学科名称的变化，学科的研究重点和学术内涵也随之发生变化。2022年国际中文教育研究重点主要集中在以下几个方面。

语言传播机构研究：不仅在业界首次探讨了国际语言传播机构的发展历程及功能与属性，更为中文传播机构的建立和发展提供了理论和实践参考。

中文纳入国民教育体系研究：中文纳入各国国民教育体系，是国际中文教育走向世界的重要标志，体现了中文价值得到国际认同，至2022年底已有82个国家通过不同的方式将中文纳入国民教育体系。

汉语中介语语料库研究：教育部重大攻关项目“全球汉语中介语语料库建设和研究”通过验收并上线服务。这是迄今国际汉语二语教学界规模最大的汉语中介语语料库。

中文教育信息化研究：教育信息化是一项长期的系统性工程，是时代之需、变革之需、创新之需，也是汉语二语教学学科发展的必由之路。

中文教育工程化研究：探讨了实施国际教育工程化的必要性和可能性、推进国际中文教育工程化的若干问题、国际中文教育工程化的基本特征及实施策略、国际中文教育工程化的大数据支撑及人才团队建设等问题。这是国际汉语教育研究的新概念、新话题。

等级大纲和等级标准研究：自2021年7月1日起，《国际中文教育中文水平等级标准》正式实施。《等级标准》由教育部中外语言交流合作中心组织研制，是国家语言文字工作委员会首个面向外国中文学习者，全面描绘评价学习者中文语言技能和水平的规范标准。2022年围绕《等级标准》的相关研究成为一个热点。

与此同时还在以下几个方面开辟了新的研究领域：职场汉语教学研究、专门用途汉语教学研究、职业中文能力等级标准研究、区域国别中文教育研究等。

在语言服务方面，我们重点围绕北京市的语言服务发展的政策环境、北京市的语言服务产业发展现状、北京市的语言人才供需状况、北京市核心区国际语言环境建设典型案例分析，对北京的语言服务发展现状进行了比较全面的梳理和分析，并提出有针对性的建议。

（北京市语言学会供稿；执笔人：崔希亮）

语言学理论

近年来，本土学者们逐渐摆脱重事实而轻方法的传统语言学研究范式，自觉地参与理论建设。赵博文和施春宏（2022）从“大语法”角度出发，总结出现代汉语研究存在领域多元互动，研究范式多向发展，基于汉语特征的理论逐渐涌现等若干取向。刘探宙（2022a）认为，汉语语言学研究对国外前沿理论进行了比较和取舍，提出了自成特色的研究方法。另一方面，在学科交叉与技术革新的背景下，新兴的实证性语言学分支迅速发展壮大，为传统语言学研究注入了新活力。在此背景下，我们将从理论照亮材料与材料指引理论两个视角出发，对2022年度北京地区语言学理论的研究进展和学科热点、难点问题进行全面回顾。

一、理论流派内部发展：理论照亮材料

1. 句法理论

（1）结构主义语法

从结构主义语法角度，陈保亚、鲁方昕（2022）提出了一套判定动词论元的方法，其主张包括：动词论元判定需要考虑格关系的唯一性并遵循直接关联原则；设定语义角色需要遵循奥卡姆剃刀准则；依据平行周遍原则区分固有论元/非固有论元，以此取代句法层面论元/附加语的区分。

周韧（2022a）对组合式和黏合式结构进行了理论反思，根据结构内部成分的特点提出了三条区别标准——扩展自由度、韵律结合松紧、信息焦点化，并论证了基于上述标准的现代汉语短语结构再分类，对汉语语法分析的重要意义。

（2）生成语法

近年来，生成语法中影响较大的理论主要是“句法一路向下”的分布式形态学和“特征与中心语一一对应”的制图理论。在理论方面，司富珍（2022）提出了“句法复杂词”的概念，将制图方法推广至复杂词研究；胡旭辉讨论了如何在保持分布式形态学自上而下框架的前提下引入词汇投射主义常常采用的变量绑定和题元角色指派分析（Hu 2022），尝试解决分布式形态学中的题元角色来源争议。

（3）认知语法

在认知语法内部，构式语法的研究在近十几年内大量涌现，但是许多个案研究简单套用“构式压制”等概念而缺乏统一的分析程序和方法论意识，这一现状引发了学者对构式语法理论的反思。2022年第三届构式语法研究高峰论坛集中呈现了近年来国内构式语法学者的理论思考，研究者重点关注结构分析与非结构分析、常规与异常、整体论与还原论的问题（赵博文、张伟丹、刘文秀，2022）。

施春宏等学者从构式理论的基本理念和底层逻辑（施春宏、蔡淑美，2022）、构式语法应用空间（郝暾、施春宏，2022）、构式演变机制（蔡淑美、施春宏，2022）等角度进行了系统性思考，对构式内涵和外延、构式性来源、构式特征浮现机制、构式多义性、构式如何分析等难题做出了尝试性回答。同时，上述研究也指出构式语法过度强调表层概括原则，忽视了构式间的形义差别和关联、语言单位的组合性和层级性。

构式语法理论突显了整体论和还原论的争议，而国内学者主要采取折中的立场。如陆俭明（2022a）主张以“词项内因作用”说和“语义和谐律”对“构式压制”说进行补充，并提倡对词语隐含的语义要素进行深入研究。施春宏、蔡淑美（2022）认为构式语法在本体论上主张表层概括和整体论，但在方法论上仍可以采用精致还原、派生的方法进行结构分析。

认知语法中，隐喻理论的发展体现在三方面：一是研究范围拓宽，逐渐涵盖手势等多模态信息（吴素伟、童瑶，2022）；二是隐喻理论模型趋于精细复杂，如杨京鹏，袁凤识（2022）提出隐转喻嵌套复合体的共存模型，以解释虚构运动的认知机制；三是理论实证性有所增强，比如在隐喻研究大类之下，具身认知/体认理论提出了许多可验证的假设（鹿士义、彭聪，2022；赵秀凤、黄伟玲，2022；林正军，2022），并得到一些实验研究支持（吴思娜、杨子、李莹丽，2022）。

（4）功能语法

汉语功能语法近年来出现了一些新兴理论分支，如对言语法、互动语言学及语体语法。

沈家煊（2022a）结合弹词文本讨论了汉语对言格式的历史源流，论证汉语以“对言语法”为本。沈家煊（2022b）提出对言语法的逻辑基础为0—2逻辑，即从一问一答式对话出发，将命题前后项视为并置的对等项，进一步丰富了“对言语法”的内涵。刘探宙（2022a）认为，“对言语法”作为一种并置句法观，与西方语言学的“主从观”形成对立，该理论吸收了功能—认知语法的信息结构观和构式整体观，更好地体现出汉语“话题—说明”关系的突显性。

方梅等学者近年来积极推动国内互动语言学研究。2022年，方梅主编出版了《汉语语用标记功能浮现的互动机制研究》，该书在互动语言学的研究范式下探索自然口语中语用标记用法的语境条件，并且通过多个典型个案的分析，指出语用标记功能的浮现机制是语用化而非语法化。在方法论方面，互动语言学强调意义动态浮现具有位置敏感和序列特定性（方梅，2022a）。通过对自然语篇 / 口语语料进行细致观察，研究者发现了大量被忽视的自然语言现象，而从互动角度对语言现象提出的功能性解释，也拓宽了语言研究的视野，引导研究者重新审视一些语法形式的语篇动因。

自冯胜利（2011）提出语体语法概念以来，其理论内涵便不断丰富，逐渐形成以交际距离、语距原则、“形式—功能对应律”等核心概念组成的理论体系。冯胜利（2022a）介绍了语体语法的理论框架、语体单位、“体原子”概念以及语体语法潜在的应用范围。施春宏、赵博文（2022）从语体语法的定距和调距的具体表现出发，探讨了语体语法运作的量度机制以及语体的鉴定策略。其主要理论贡献在于在语体语法中引入大小、长短、高低、轻重、多少、有无等量度概念，并定义了“语体机制的量度效应”。

2. 词汇和语义理论

（1）词法理论

董秀芳（2022a）对词法的研究范围和基本研究方法进行了反思，强调词法研究词汇构成规律，既要描写词法手段的能产性、使用条件和分布范围，又要描写这些手段的词法功能。文章主张通过可类推性强弱和出现层面区分句法现象、词法现象和词汇现象，通过透明度 / 组合性强弱区分词法词和词库词。董秀芳等学者也开始以类型学和历时演变的眼光重新审视本土语言中的特殊构词现象，揭示出本土语言词法的类型学特征。比如董秀芳（2022a），尹会霞、董秀芳（2022a、2022b）引入评价性形态，对境内语言和汉语方言中反映说话人立场和态度的构词现象进行描写。

（2）虚词语义分析

近年来虚词语义分析呈现出精细化的趋势。周韧（2022c、2022b）将概率、预期、管控特征引入虚词语义分析，对汉语中的近义副词的句法语义异同进行辨析。周韧提出，概率是对预期理论的精细化表述，但高概率事件和正预期事件存在细微差别，在对一些虚词用法的解释上概率特征优于以往的预期理论。在倡导对语义进行还原分析的前提下，郭锐（2022）也针对精细化分析法进行了反思，针对虚词的义项划分提出了四条原则：1. 语义结构同一性原则；2. 核心义原则；3. 无歧义原则；4. 直接性原则。文章指出，综合运用这四条原则，可以限制虚词义项划分的相对性。

（3）实词语义研究

生成词库理论丰富了词项的语义表征，可助力于词汇语义描写和句法语义生成机制的解释。宋作艳（2022a）从生成词库理论中提炼出名词视角和动词视角的区分，并以名词视角解释汉语动名定中复合词的语义关系，而金梦城（2022）从生成词库理论中提取了“恒常性”和“瞬时性”概念，对两类名词的句法行为进行预测。

袁毓林、曹宏（2022）立足于情境语义学和配价语法对动词用法进行表征，该文不仅提供了一个详细的动词分类描写体系，也介绍了其最终成果——《动词句法语义信息词典》。袁毓林等学者近几年借助“叙实性”视角考察汉语中的一批心理动词、名词和副词的语义功能，相关的理论研究主要涉及叙实性的分类及叙实心理动词的形成机制（崔璨，2022），“叙实性漂移”现象发生的句法语义条件（吉田泰谦、袁毓林，2022）。

在词汇类型学方面，近年来随着词向量训练技术的发展，研究者开始运用大规模数据驱动的方法从更多语义域对词汇语义进行跨语言比较（胡楠、张文强、胡韧奋，2022）。

3. 语用理论

语用理论的更新主要包含以下四个方面。

第一，信息结构理论近几年得到了国内学者的重新关注。陆俭明（2022b）强调语言信息结构既要研究句子信息结构，更要研究篇章信息结构。陈满华（2022）总结了汉语次话题易位的规律和特点，主张汉语式的递归性层次结构源自扁平结构，是并置结构的派生形式。

第二，言语行为理论应用范围有较大扩展，不再局限于言语行为动词分类，而成为观察各类特殊语言形式的语用功能的新视角。如唐正大（2022）引入了威权指数对社会性直指词“人家”所表达的言语行为进行描写。

第三，整体语用观的引入。完权（2022）在对条件强化句的分析中引入了整体语用观，强调自然语言中条件句的解读不仅关涉句内的逻辑推理，还需要综合考虑交际意图 / 言语行为类型、会话双方知识状态、个人身份、性格、经历等非语言因素。

第四，实验语用学范式的引介。马廷辉，高原（2022）对近 20 年级差含义的实验语用学进行了综述，介绍了实验语用学范式的研究视角、研究方法和研究问题，并对当前研究中语义 / 语用判别标准进行了反思。文章提倡开展级差含义的产出研究，加强级差含义影响因素的交互研究，进行知识整合性分析，推进级差含义的本土研究。

4. 语音和音系理论

（1）韵律与音系理论

韵律研究现出较强的界面性。冯胜利（2022b）主张建立韵律文学史，从韵律的角度研究汉语古今文学变迁以及中外文学差异。Feng（2022）提出“生理韵律 / 节律”理论，主张人类语言的生理机能不仅限于“合并”这一大脑机能，同时也包括“相对凸显”这一心跳机能，句法部门和韵律部门的生成机制共同决定人类语言句子的语法性。

周韧（2022d）对汉语词重音研究进行了反思，认为汉语的韵律语法研究应当考虑汉语单音节特征，从重音理论回归到更简约的音节数目对立，并且提出汉语不应基于重音组建音步，而应基于音节计数设定韵律阶层。作者提出了一种“音节—语义”关联模式，并应用该分析模式探讨了汉语中由韵律性质差异引起的分布差异及其成因。

2022 年出版译著包括《音系与句法：语音与结构的关系》（马秋武、翟红华译），《语调音系学》（马秋武、王平译）。在单篇论文中，尹玉霞、钱有用（2022）讨论了优选论下音系习得研究面临的争议以及相关研究的可行方向，马秋武（2022）在语调音系学框架内，讨论了汉语重音、声调、调域作用、语言类型模式研究中存在的问题和改进方法。

（2）语音理论

在语音方面，研究者一方面对语音研究中的常用概念，如松紧元音（汪锋、李煊、张小芳，2022）、声调（胡方，2022）的性质进行反思，另一方面开始从复杂系统的视角考察语音的个体变异，如汪锋等（2022）利用现代语音学方法研究了白语中发声类型的微观变异，发现不同个体以不同策略来实现嗓音松紧对立，白语嗓音的变异机制本质上是一种在演化中出现的声调适应机制。

三、热点问题作为理论方法的试验场：材料指引理论

1. 传统热点问题

2022 年，研究者继续关注词类、时体范畴、语序等传统热点问题。其中“名动包含说”再次引发了学者间的激烈讨论。陆俭明在多个讲座中表达了对“名动包含说”的质疑，在 2022 年的三篇论文（陆俭明，2022c、2022d、2022e）中，陆俭明回顾了关于汉语词类问题的两次大讨论，比较了黎锦熙、高本汉、朱德熙、郭锐的划类观点和实践，提出“名动包含说”所依据的单一标准，亦可能推导出“谓名包含说”，这种做法未达到真正的简洁，还牺牲了严谨性；而在方法论上，陆俭明认为“名动包含说”主张语用包含语法，忽视了“三个平面”说对汉语语法研究的推进作用。熊仲儒（2022）提出汉语的词类困境在于“词有定类”与“扩展规约”之间的冲突，文章主张通过引入零形式和将特定位置的词处理成短语来化解这一困境。

早期时体范畴的研究主要限于汉语普通话中的“了”“着”等成分，近年来方言和境内民族语言的研究逐渐深入，研究对象也逐渐扩展到兼表时体义的多功能成分（向思琦、范晓蕾，2022）。汉语时体成分的研究一方面呈现出与语体分类（张希，2022）、语篇功能（徐晶凝，2022b）相结合的趋势，另一方面更加关注时体成分功能、动词情状类型与句子现实性的配合关系（贺文翰、范晓蕾，2022；Fan and Chan，2022），强调汉语的完句研究应回归到方言口语中（Fan and Chan，2022）。在民族语领域，李蕾、陈前瑞（2022）从白语的一组多功能完成类体标记出发，把完成体功能节点细化为多种具有语用性质的用法，并基于这种多功能性推演了功能节点的扩展路径。

2022 年关于汉语语序的研究主要是王文斌团队发表的一系列文章。这些文章从语序的二语习得中的迁移（李雯雯、王文斌，2022；王文斌、李雯雯，2022）、指元状语的语义指向和句法分布（王文斌、杨静，2022a、2022b）等方面论证汉语语序具有强空间性特质，而王文斌、艾瑞（2022）进一步主张汉语语序的主导性原则是空间顺序原则。

2. 类型学新现象

在类型学新兴范畴研究中，研究者的关注逐渐转向更具元语言、元认知特征的范畴类型，在这一过程中，研究者区分出示证、惊异、自我中心 / 亲涉等主观范畴，并借助这些范畴重新观察汉语普通话及方言中的一些情态词、副词、语气词的认知功能。其中，示证范畴得到了相对充分的描写和论证（宗守云、唐正大，2022；田婷，2022），惊异范畴和预期研究相互交织（陈禹、陈晨，2022；周韧，2022b），而亲涉范畴研究尚处于萌芽中。

另一方面，区域类型学逐渐兴起。吴福祥（2022）介绍了区域类型学相关的若干问题，并结合几个实例介绍区域类型学的主要假设、基本原则、研究方法和关注焦点。鲁方昕（2022）提供了一个基于中国境内语言区别性格标记的区域类型学研究实例。

研究者也开始建立本土的类型学理论，如刘丹青（2022）介绍了语言库藏类型学的理念和研究方法，提出传统类型学研究“重事实轻理论”，而库藏类型学明确提出不同语义在不同语言中有不同的库藏地位，有词项的概念地位高于无词项的概念，有形态句法表征的语义范畴高于无形态句法表征的语义范畴，显赫范畴高于非显赫范畴。

3. 语言习得与失语症

胡建华、彭鹭鹭（2022）检讨了儿童语言习得的连续性假说、发育成熟假说和基于使用的获得假说，提出儿童的句法结构是一个从句法结构的两头（CP、VP）向中间（IP）生长的过程。杨萌萌、胡建华（2022）进一步比较了儿童句法结构的习得顺序和古今汉语句法结构层级的发展顺序，提出儿童语言的发展在某种程度上是人类语言发展的一个缩影。

在失语症方面，钟晓云、崔刚（2022）认为，通过观察失语症患者的手势是否出现与言语平行的损失，可以增进我们对手势和语言语之间的关系的理解，为手势言语“并行论”或“相互适应模态假说/分离论”提供更直接的证据。文章亦指出目前手势研究在分类标准、诱发产出方式、被试控制、研究范围、个体差异等方面存在很多局限，还有广阔的研究空间。

（北京市语言学会供稿；执笔人：程珊珊、汪锋）

语 音 学

总体来看，2022年度语音学的实体研究成果丰富，涉及领域广阔；音系学研究多为传统的音系描写，现代音系学理论背景下的研究成果较少。选题方面，既有关注“国之大者”的研究，也有对经典问题的深入探讨；应用方面，针对特殊、弱势群体的服务性语音研究也渐成热点。此外，对非洲语言的实验语音学研究开始在国内出现。随着“一带一路”建设的发展需要和人工智能的助力需求，对“一带一路”国家语言语音的研究必将成为新的热点，并将改变学界长期以来对一些富有特点的非洲等地语言的研究没有发言权、只能引用和依赖西方学者观点的局面。

从具体内容来看，语音学的研究热点主要集中在：对各种语言/方言语音现象的实证性描写；语音特点的概括及类型学比较；面向特殊、弱势群体的语音学相关研究。实验语音学的方法在诸多主题的研究中都得到了运用，包括音系的描写、语音的历史演变、音系与其他领域的接口问题、语音学的跨学科应用等。在历史音变的研究中，跨方言、跨语言的研究是大的研究趋势，学者们通常都会通过语音类型的归纳来达到解释的目的。语音学的应用研究不再局限于语言习得与教学，而是多与健康、医学等领域交叉。

展望未来，语音学研究有望在实证主义研究的方法上进一步深入，取得更为科学、真实的研究成果；音系学研究在新材料扩充的同时，可期待更多的新方法和新理论，在继承、借鉴的基础上有所创新。语音学和音系学无论在本体研究领域还是在应用研究领域，未来的趋势都应是学科交叉研究。就本体研究而言，语音学、音系学的研究应与形态、句法等领域进一步结合；在已有研究的基础上，进一步提升语音学、音系学在历史语言学、认知语言学等领域的地位；在方法上，更应注重实验语音学的方法以及大数据的使用，紧随科学实证主义的研究潮流。就应用而言，语音学、音系学研究要顺应时代发展的需要，扩展应用范围，除了既有的语言习得与教学研究，还要加强与医疗保健、人工智能等领域的合作。

一、项目

2022年，国家社科基金涉语言研究的8个重大项目中，有4个花落北京，其中3个跟语音学密切相关，且都属中华民族共同体意识建设范畴——中华民族语言文字接触交融研究（北京大学，孔江平）、我国民族音乐文化与语言数据集成及共演化研究（北京大学，陈保亚）、少数民族地区国家通用语言推广普及策略研究（教育部语用所，刘朋建）。

在国家社科其他项目中，北京学人所获涉语音研究的项目共8个，多与少数民族语言研究相关（4

个），另有与汉语特征（语气词）、音韵学、方言、外语相关项目各 1 个。

二、专著 / 译著

2022 年北京学人出版的语音学、音系学专 / 译著内容丰富，涉及方言、民族语、音系接口、语音教学和语言理论等多个领域，研究视野广阔，在研究方法上也体现出多样性的特点，这些研究对于各自领域的语音研究和相关应用具有重要的意义，为语音学理论的发展和语音教学提供了有益参考和指导。具体分述如下。

《白语方言发声的变异与演化》（汪锋等，2022）基于嗓音数据，发现不同个体嗓音上的松紧对立以不同的策略来实现，社会因素和内部的音系环境与发声也相互影响，因此白语嗓音的变异机制本质上是一种声调适应机制。《语音及语音习得研究》（曹文等，2022）针对国际中文教育语音教学与研究新时期的需求，介绍了现代语音学的基础知识和分析工具，梳理了近年汉语语音研究的新发现，并提供了多篇研究案例。

马秋武教授的两部重要译著——《音系与句法》（Selkirk 著）和《语调音系学》（Ladd 著）于 2022 年问世。近些年来，音系学理论研究在国内发展式微，但是，列入商务印书馆“语言学及应用语言学名著译丛”的这两部译著，一定程度上仍可以认为是国内音系学研究领域的重要成果。特别是《语调音系学》（Ladd，2022）汉译本中，有一些最新的观点是著者和译者沟通交流后首现于世的。

三、论文

在语音、音系研究的论文方面，北京学人 2022 年的核心期刊 / 集刊发表主要集中在《中国语文》《民族语文》《方言》《中国语音学报》。《中国语音学报》于 2022 年列入 AMI 语言学核心期刊，最能体现语音学研究的前沿进展情况。该学报全年 32 篇研究性论文，约 1/3（10 篇）为北京学人所作，说明北京学人在语音研究领域的努力和一定的优势及先进性。

本年度论文研究的主题主要可分为音系理论评述、音系描写与研究、历史音变研究、语音—音系接口研究、语音—音系和形态句法接口研究、语音教学与应用研究。

1. 音系理论评述

现代音系理论研究目前尚属语音、音系研究的薄弱环节，2022 年度该主题的论文只有一篇，为尹玉霞、钱有用（2022）对优选论（OT）进行的评述。该文从制约条件的类型与本质、语法的初始状态、错误驱动的获得机制三个方面介绍 OT 音系获得研究的标准假设，然后回顾两个经典研究个案，最后指出 OT 音系获得研究目前存在的争议以及未来可能发展的方向。

2. 音系描写与研究

音系描写研究仍以方言或民族语为主，且多采用传统的研究方法，以现代、实验手段研究者少——这样的局面应当尽快改变。此外，在这一领域，首次出现对非洲声调语言的系统描写研究，具有一定的开拓性。

方言同音字汇研究占音系描写研究的多数。方言的音系描写多关注南方非官话方言音系。

部分学者则关注民族语的音系特点。梁锋（2022）考察了山江苗语固有词、汉语借词、苗汉合璧词的连读变调，发现固有词、汉语借词的连读变调有前变式、后变式、前后变式，苗汉合璧词的连读变调只有前变式、后变式，他认为山江苗语的连读变调不是构词构形变调，而是韵律变调。乌日格喜乐图（2022）发现鄂温克语索伦、通古斯、敖鲁古雅 3 个方言的语音系统大致相同，而元音和辅音系统的音变以及元音和谐律各有特点，并根据词汇对比归纳了三个方言的语音对应规律。

莱昂、曹文（2022）通过声学实验研究，探讨了非洲高低型声调语言龚语（Gungbe）的双音节词声调变化，呈现并归纳了该语言中声调与音节结构和音节环境的互动关系。该研究是鲜见的、对非洲声调语言所做的实验语音学研究。

3. 历史音变研究

历史比较语言学的主要研究对象就是“音变”，历史音变研究也是语音、音系领域里成果最为丰富的一块。按照研究对象和范围，音变又可分为汉语方言音韵演变研究和民族语语音演变研究两大类。整体来看，跨语言、跨方言是该类研究的整体趋势，解释的角度多注重语言类型和音变链的归纳。该类研究还常与文献材料相结合，研究方法亦多为传统的音系归纳，少部分研究结合了实验语音学的方法和现代音系学的理论。

（1）汉语方言音韵

年内的汉语方言历史演变研究较少出现单一方言的研究，较为热点的话题为跨方言的方言地理研究及演化类型研究。此外，结合历史文献的方言研究也是本年度的研究热门。这体现了学界对汉语方言系统的整体面貌和演化规律的执着探究，并力求建立更全面、准确的方言分类体系，深入揭示方言的起源、发展和影响因素。具体分述如下。

崔传杏（2022）以沂水方言的浊音声母为研究对象，发现古全浊声母清化后合流到清声母之后，不送气的清塞擦音变成了浊塞擦音、浊擦音声母；这可以解释山东沂水方言精从、知澄、章母今读浊音，县城与乡镇之间浊音声母的不一致情况。沈明（2022）则归纳了内蒙古张呼片晋语入声调保留和舒化的规律。

还有学者结合历史文献对一些官话方言的语音演变进行了讨论。赵彤（2022）认为北京话 e、o、uo 三韵母的基本范畴初步形成于十七世纪，是在元代以来北京口语音的基础上，吸收明清时期读书音的部分字音形成的。在近代北京话的演变过程中，读书音对口语音的影响主要在字音层面，口语音对读书音的影响主要在音系层面。孙伯君（2022）根据西夏文对音、译音文献，发现 12 世纪汉语河西方印有的延续了唐五代时期汉语西北方音特点，有的则属于党项式汉语的变读。赵日新（2022）认为明中后期与清初以至今山东西区方言的儿化韵一脉相承，很可能不是卷舌型而是平舌型儿化，并对豫北方言四类儿化韵的层次关系作了进一步探讨。储泰松、陈云聪（2022）从认知的角度概括了汉人基于对梵文字母及其拼合方式的认识，总结出汉梵两种语言语音系统存在的差异；他们认为梵汉对音是感知汉语语音系统的重要催化剂，是观察汉语语音系统的重要参照物，是奠定汉语语音研究的基石。

跨方言研究也是本年度研究的热点。学者们关注的研究对象多为北方方言（包括官话和晋语），并多结合演化类型和语言地理来讨论。其中，王莉宁（2022）利用“汉语方言地图集数据库”对汉语方言入声归派的类型、地理分布和演变方式进行了分析，是汉语方言研究和大数据结合的实证范本，体现了当前科学研究的趋势。她发现，“入声归平”是最显著的归派类型；“清入归阴调、浊入归阳调”是入声归派的主要方式，说明了古声母的清浊是影响入声归派的重要因素；此外，“低调”也是影响入声韵舒化速度的因素之一，表现为古浊声母、特别是古全浊声母入声字率先舒化并归入平、上、去等各调类中。胡鸿雁（2022）以晋语和兰银官话为研究对象，发现其阳声韵分别表现为鼻音韵尾、鼻化元音和元音韵尾三种类型，相应元音的舌位也高低有异，这类复杂现象是不同历史层次叠加造成的结果，并将相关的历史演变按不同历史时期分成三个层次，认为元音高化的起因可能与鼻音韵尾的脱落有关，但两种现象的发生并不同步。熊燕（2022）归纳了官话方言一等寒桓韵与二等山删韵的分合关系，发现官话方言普遍发生了寒韵并入山删韵、桓韵并入山删韵的音变，另有山删韵牙喉音增 [-i-] 和并入三四等在北系官话是分步进行的，而在秦岭—淮河以南，其并入三四等的合流音变可能是明末以后以文读形式进入的。刘祥柏（2022）根据官话方言在歌戈韵、车遮韵上不同类型的分合归纳出两分型的南方官话、合流型的北方官话、洪混细分型的中部官话三种类型，这三类在地理上显示出从南到北逐渐过渡的演变特征。

（2）民族语

民族语的历史音变研究有的以单一语言点为研究对象来呈现，有的则以多个亲属语为研究对象。而民族语的相关研究较明显地倾向于以实验语音学和音系学理论相结合的方式来进行。与汉语方言研究相同的是，民族语研究亦多以文献材料为研究对象，体现了对传统研究方法的继承。

胡方（2022）将民族语研究跟实验语音学的方法和音系学理论相结合，通过对拉萨藏语音节产生中的辅音、元音、声调等发音动作的时间结构关系的考察，发现拉萨藏语声调同音节联系紧密，因此他认为声调不是与载调单位抽象连接的自主音段，而是音节产生的有机组成部分。龙润田（2022）基于声学特征、语音分布等对侗语清鼻、边音的演变趋势和历史来源进行分析，认为清鼻、边音的历史来源为 *hN、*hL，有浊化和塞化两个演变方向。陈国庆（2022）运用历史比较法结合音系学理论对佤语及其亲属语言复辅音的性质与演变进行研究，认为佤语的 Cl-、Cr- 型复辅音与塞擦音、唇化塞音、腭化塞音的发音特征高度相似，应是复杂辅音；而户语、克木语、布兴语等的 Cl-、Cr- 型复辅音与次要音节的关系密切，复辅音可以分裂为两个音节，前置音节为次要音节。Cl-、Cr- 型复辅音的演变，部分语言保留古音特征，部分语言脱落塞音成分，部分语言脱落流音成分。

有部分学者关注民族语的文献材料，结合讨论其语音演变问题。钱有用（2022）考察了 16 世纪朝鲜汉字音止摄开口三种读音的分布情况，指出其基本反映的是中古晚期第一期的汉语音系，精、庄组个别字中的 i 或是更早时期对音的遗留，而 ʌ 是内部音变的结果。郑仲桦（2022）根据不同时期的地名材料，推测排湾语南北方言分化的时间应在清朝统治台湾的两百年间，南部方言 tj、dj 逐渐由塞音变为塞擦音，分化至日本殖民时期大致完成。戴红亮、玉腊光罕（2022）讨论了傣文字母用 u 转写巴利语短元音 a 的现象，发现这一现象受到音节、韵尾等多种强制条件的限制，并认为并利用音变规律还原巴利语部分词的形式可以释读傣文古籍的一些疑难词。

燕海雄（2022a）通过对 95 个汉藏语言或方言的音系对比，并从塞音、塞擦音、擦音、鼻音、元音以及声调等角度归纳各种类型，发现各个音类在系属和地理上的分布特征以及从古到今的音变共性。燕海雄（2022b）又以汉藏语言的复元音韵母为研究对象，发现前高展唇元音和后高圆唇元音开头或结尾最为常见，并认为后响复元音韵母主要来自后置辅音的转化，前响复元音韵母主要来自韵母元音长短特征的转移，真性复元音韵母主要来自音节的合并。

4. 语音—音系接口研究

语音—音系接口研究均以实验语音学为研究方法，考察音系对立如何通过语音手段来实现。2022年的这类研究的对象均为某一藏缅语中的某一音类。这反映了民族语的语音研究相比汉语方言研究，更倾向于使用实验语音学的研究方法。

陈树雯（2022）发现北部彝语在音系上拥有 5 组松紧对立的元音，通过超声成像和元音共振峰数据发现，紧元音发音时舌根后缩，舌前部（舌叶及前舌面）较低，整体舌位也较低；松元音发音时舌根较前，舌前部较高，整体舌位也较高，并认为彝语松紧元音的区别不仅仅在于发声类型，同时也具有类似非洲语言的舌根前伸 / 舌根后置（[+ATR]/[+RTR]）的区别。王玲、刘岩（2022）发现：独龙语的弱化音节音长缩短，元音央化，声调趋向中平；通过多种手段凸显音节弱化双音节词的“弱—强”重音模式，包括声母送气、元音清化、韵尾促化、音节重组等方式强化了“弱”的特征。部分词语的两读现象说明独龙语正处于音节形式变换的过渡期。

5. 语音—音系和形态句法接口研究

语音—音系和形态句法的接口研究具有多样化的特点，本年度除了语调研究外，还有学者通过感知实验考察语音与形态的互动关系，以及语音和词汇识别的认知关系。此类研究值得探讨的地方还有很多，现今仍处在起步阶段。具体分述如下。

张欣阳、陈玉东（2022）以自然口语会话语料为研究依据，发现与陈述句和疑问句相比，陈述疑问句的音节较长、较弱，特别是调尾音节的持续延宕与句末音节骤然变弱的相互配合，构成其较明显的韵律特征。王炤宇、曹梦雪（2022）通过实验发现“吗”字句和“嘛”字句中语气词的目标音高是语气识别的重要线索。阿布尔哈斯木乌兰和孔江平（2022）发现，哈萨克语构形附加成分感知的主要声学贡献是共振峰；在行为学上，构形附加成分 /dɑ/–/də/ 的感知范式既有连续感知，也有范畴感知；/di/–/de/ 的感知范式为范畴感知。李梦锐、吴建设（2022）通过实验发现，声调信息参与了汉语复合词的视觉识别过程，且发挥比音段更为重要的作用；但这一作用更多体现于单词识别阶段，无论处于首字或尾字位置，声调信息的影响较为类似。

6. 语音教学与应用研究

语音教学与应用研究呈现出多样化的研究趋势。除了语言习得相关的主题，还涌现了一部分语音和医学交叉的研究，在数量上甚至超过了传统的语音习得与教学研究，这种趋势一定程度上体现了语言学、语音学对中国人民追求“共同富裕”和“幸福生活”的应有担当与贡献。

曹冲、李爱军（2022）通过行为产出和感知实验考察粤方言区英语学习者一般疑问句焦点重音的习得情况，并总结了不同边界调情况下，学习者的产出规律，还发现学习者感知句中焦点重音的正确率在 72% 左右，不同类型音高重音的感知结果没有显著差异。

将语音科学研究应用于弱势群体语言生活的改善，可见于以下两篇论文之中。祁晶、吴西愉等（2022）对比了自闭症儿童与典型发展儿童在识别高兴、生气、害怕、伤心四种情感语音时的表现，通过计算、分析后发现其实自闭症儿童在语音情感的感知能力上并无缺陷，只是其任务执行相关能力较弱，从而导致了情感识别准确率低的表象。方强（2022）则考察了运用表面肌电信号对肌肉紧张型发声障碍（MTD）进行自动诊断的可能性。他通过被试者的言语行为和非言语行为实验以及四种统计方法下的分类实验，论证了这一做法的有效性。

四、重要事件

社科院语言所主办的《中国语音学报》在中国社会科学评价研究院的“中国人文社会科学学术集刊AMI综合评价报告（2022年）”中，得以列入语言学核心期刊（集刊）。

（北京市语言学会供稿；执笔人：曹文、李翔）

词 汇 学

2022年，词汇学研究在夯实语言学理论、推进研究范式和方法的更新、跨学科融通研究等方面都有了长足的发展，研究成果产生了较大的学术影响。

一、发展基本情况

1. 继续探索语言学前沿理论与汉语词汇的结合问题

西方语言学前沿理论层出不穷，很多理论具有很强的普适性，但不可否认，多数理论是基于形态语言提出的，而汉语是典型的孤立语，语言类型的差异使得这些理论能否有效解释汉语事实？适用于语法研究的理论是否同样适用于词法研究？此类理论问题仍需分析和验证。

认知语言学一直是语言学研究的热门理论，本年度有2部词汇学专著在这一领域开展了深入探索。张未然（2022）通过分析现代汉语类词缀的语义范畴化、认知域概括、语义变体描写、语义识解等问题，证明了认知形态学与汉语构词研究具有较好的适配性，为该理论在汉语词法中的操作性分析提供了思路和范式。赵青青（2022）通过一部由语料库驱动的认知语言学与脑神经科学相结合的英文著作，以人类语言表达中常见的通感形容词为研究对象，提出了一种合并身体体验性机制和脑神经联结机制的理论模型，解释和预测现代汉语通感的映射方向性规律，并对概念隐喻理论进行修正。认知角度的研究还有高航（2022）。

其他语言学理论与词汇的融合和发展研究也不少，主要包括：（1）类型学视角的研究有邵斌、杨静（2022）对人类语言中最重要的两个范畴名动的边界渗透进行了英汉对比研究；尹会霞、董秀芳（2022）考察了52种世界语言和45种中国境内民族语言的动词评价性形态，发现了世界语言和我国境内民族语言的动词评价性形态在区域分布、发达程度、表现形式、意义丰富性等方面的特点与差异。（2）构式理论方面，宋作艳（2022a）进一步厘清了词类差异所适配的语言学理论也不同这一理念，用构式理论和物性结构对动名定中复合词进行了研究；宋作艳（2022b）和颜刚（2022）分别刻画了菜名的命名模式和词法构式“X手”，为推动构式理论的汉语词法应用研究提供了示范样本。（3）施春宏（2022）运用生成语法分析富有争议的跨层序列词法化的结构原理及词汇化表现，为汉语词法研究提供形式推导路径。（4）蒋梦晗、黄居仁（2022）通过大型语料库对比结果，参照模块假设和名词合并理论，论证了“动宾复合词不能接宾语”不是语法理论需要解释的共性，只是语言演变过程中的暂时倾向。（5）程工等（2022）针对与论元结构相关的语义问题，应用分布式形态学分析汉语各种特殊结构的生成机制，反映了句法构词的汉语研究现状。

2. 进一步拓宽词汇研究的对象范域

词汇现象纷繁迭出，有些研究对象虽已为学界所关注，但新近研究从新视角展开系统而深入的分析。江蓝生（2022a）探讨了两类中性词语义正向偏移的句法条件和“如意原则”这一根本动因，提出研究这一现象既可以丰富对词义演变转喻机制的理解，又可以深刻认识词义演变与语法意义演变的关系，还可以更好地指导和应用于语文辞书编纂和语文教学。王洁（2022）以中心语素入词义的同异为视点，深入挖掘定中复合平行式多义词义项关系的远近表现及其成因，为多义词与同音同形词的划分和辞书编纂提供系统的理论支撑。

有些研究对一些词汇新现象展开深入分析。张博（2022a）探讨了复合型同音同义词语的三种形成途径，分析了同义化路径不同的词语的关系特征。该研究有利于丰富同义词发展规律的理论知识，树立同义关系的动态观，为语言规范和语文词典处理相关问题提供指导和依据。孟凯（2022b）发现新词语中的“事件压制”和“功能/特征压制”特点突出，且往往交叠共词，表现出一定的选择倾向和强弱不同的类推性。语义压制视角的新词语研究可以管窥复杂语义与词语形式的适配关系，拓展新词语造词机制的研究。相关研究还有叶蕴、孙道功（2022）对新词语句法模新变化的分析。

3. 创新研究范式和方法

研究范式和方法的创新一直是词汇学研究不断尝试和追求的。张利蕊、姚双云（2022）利用英汉双语平行语料库，应用“语义镜像法”考察词汇的多义性，发现这一方法的解释力较强。李睿、王衍军（2022）通过卢与沙鲁斯卡（2017）评估框架对目前最受留学生欢迎的三款汉语学习词典 App 进行评估，提出了相应的词典编写建议。岂凡超等（2022）介绍了通过自然语言描述来查找词语的多通道反向词典 WantWords 的工作原理和应用价值。邓宇（2022）通过诱导实验法，对现代汉语实现事件的语义概念化和词汇化模式做了考察，发现概念化比较注重事件发生的结果，词汇化模式的整体趋势为卫星框架型＞动词框架型。郝瑜鑫等（2022）和张永伟、马琼英（2022）以依存句法关系为指导，分别研究了名词配价和词语搭配问题。

二、词汇研究状况

2022 年，词汇研究产出论著数十部 / 篇。其中，著作近十部，发表于语言类核心期刊的论文 40 余篇，反映出词汇学较高的研究水平。我们以回顾和简述北京语言学者的词汇研究为主，兼及全国词汇研究的主要成果。

1. 词汇本体研究

词汇本体研究秉承多元理论和接口研究的取向，继续探讨基础而重要的学理问题。

（1）复合词研究。汉语复合构词法的凸显地位，决定了复合词研究一直是词汇研究的重点。张博（2022a）敏锐地观察到现代汉语书面语中含有相同构词成分、语音相同且意义和用法也基本相同的复合型同音同义词语，通过探讨“音近趋同”“音近混同”“同音替换”三种形成途径及其所受到的语音联想和完形加工的共同作用，全面分析此类词语的理据性、同义度、组合关系、语体分布及使用频度等关系特征。施春宏（2022）从结构原理的角度重新审视“跨层序列词汇化”这一句法、韵律跟词法、词汇交互作用的接口现象。蒋梦晗、黄居仁（2022）运用模块假设和名词合并理论，探讨动宾复合词能否带宾现象在语言演变过程中的倾向性。张苗苗（2022）分析了由单纯动作义动词、准结果义动词、综合结果义动词和单纯结果义动词构成的句法语义连续统，并讨论结果义动词语义演变的特征和机制。刁晏斌（2022b）、李丽云（2022）、宋培杰（2022）、张舒（2022）等也对不同类型的复合词进行了精细研究。

（2）词义研究。词义的发展以及词义与结构、韵律、文化的关系也备受词汇研究关注。江蓝生（2022a）对两类语义偏移中动词和名词的作用、不同的句法条件以及根本动因“如意原则”的推力等进行了分析，提出了研究中性词语义偏移现象的重要意义。孟凯（2022a）通过分析 2 ＋ 1 动名定中复合词与 1 ＋ 1 复合词语构词和语义的非均衡对应，探讨韵律与语义在复合词法中的互动关系。周荐、王铭宇（2022）讨论了尊卑观念、敬谦态度对词语的构造、使用与存废等的影响。词义研究还包括池昌海和邢昭娣（2022）、刘芳和王云路（2022）、刘敏芝（2022）、潘薇薇（2022）、商怡和武建宇（2022）。

（3）不同实词类的研究。实词类别不同，性质差异较大，相关的专题研究体现出词汇与句法结合研究的取向。袁毓林（2022）揭示性质形容词表示性质的有无和极性的正反两个语义特点，这要求其出现在对比性语境中，不对称现象与属性量级的广域与窄域有关，而属性程度的概念结构对词汇和语法均有影响。崔璨（2022）通过追补测试、宾语小句叙实性增强测试和否定提升、双重否定转化测试，将心理动词分为叙实动词、非叙实动词和正反叙实动词三类，并分析了三类的句法表现。储泽祥、申小阳（2022）基于对 375 个状态形容词的考察和统计，发现状态形容词能否受程度副词修饰的一致性和差异性，并从词类功能、社会认定等角度分析了影响因素。储泽祥（2022）对度量衡量词前加“个”的语法功能进行了专项研究。

（4）词汇对比和外来词研究。跨语言词汇对比研究有两项，一是胡楠等（2022）基于汉语和日语 20 个概念语义场、897 个词对的概念词表和 3380 对同形汉字词的计算，通过空间对齐词向量，揭示汉日语义场的异同；二是张媛（2022）对比英汉反义词共现构式的语言表现、认知和思维本质等。在外来词研究方面，李洁（2022）基于语言接触、汉语构词等理论，结合社会语言学和统计学方法，全方位、多角度研究当代汉语词汇系统对新词中英源成分形成和构词的汉化作用。

（5）词汇综合研究。刘云（2022）从语言运用、新词新语、语言演化、统计计量、信息处理等多个视角对现代汉语词汇进行了研究；亢世勇等（2022）基于自建大规模标注语料库，讨论了主体、客体、凭借、情景四类语义角色句法实现的词汇语义制约及其特点。

2. 词汇应用研究

（1）词汇教学与习得研究。周小兵等（2022）系统考察了30多个国家和地区、16种媒介语的上千册汉语教材，对其中的词汇选取、难度、重现率、译释、多义词和难词处理、国别化适龄化等进行了系统研究，深入探讨词语解释、呈现、讲解、练习、话题与文化点等，为优化汉语教材编写提供具体建议。孙毅、周锦锦（2022）通过对比实验发现，培养和运用认知转喻能力对于激发学生学习兴趣、提高汉语词汇水平效用显著。罗艺（2022）也进行了词汇教学研究。

词汇习得研究包括：王佶旻、何赟（2022）以有限注意力模型和认知假设模型为理论基础，探讨任务复杂度对汉语二语写作词汇广度和深度的影响，发现随着任务复杂度的提升，学习者更倾向于将注意力资源集中到语言内容加工上，对语言形式有所忽视。陈建林等（2022）采用跨语言重复启动范式，探究二语英语和三语汉语词汇语义通达模式。结果表明，二语英语词汇可以直接通达语义，三语汉语词汇需要借助一语俄语词汇通达语义，二者通达模式不同；教学媒介语和语言水平在词汇语义通达中发挥作用。易维（2022）通过61名汉语二语者被试完成阅读任务和词形、词义的三项测试，探讨二语词汇量、工作记忆容量和语素意识对阅读中伴随性习得汉语复合词的影响。朱文文、陈天序（2022）以三项纸笔测试作为测量工具，通过考察74名汉语二语者，分析词内结构与字词知识对汉语二语词义猜测的影响。相关研究还有王浩学等（2022）。赵新等（2022）提供了一本不错的词汇学习工具书。

（2）辞书编纂研究。江蓝生（2022b）阐述了《现代汉语大词典》新的编纂理念：共时性与历时性相结合、规范性与描写性相结合、学术性与实用性相结合；学术特色主要体现在收词、释义、配例以及收录清末民国旧词语4个方面。谭景春（2022）通过分析述宾式动词和定中式名词的双音“满＋名”，说明在现代汉语语文词典的编修中要充分考虑不同的构词系统对收词、释义的影响。周荐（2022）厘清了“专名”“专有名词”“名词”“术语”之间的纠葛，从不同侧面探讨了语文词典对专名词条的处理。相关研究还包括王楠（2022）、王晓燕（2022）、郑泽芝和宋伯雯（2022）。

杨玉玲（2022）从宏观和微观两个层面讨论了外向型汉语融媒学习词典的编纂理念与实践，不仅可以解决二语者检索难、词典篇幅受限等问题，还可实现词汇知识、语义关系的网络化、可视化，多模态有助于提高释义、配例的可理解性。

（3）分级词表和学术汉语词汇研究。分级词表研究主要有：吴云芳等（2022）采用计算机自动处理与人工审核相结合的方式，研制了14459个汉语词语的七级词表，通过与义务教育词表、对外汉语词表比较，初步验证了分级词表的质量。谢婧怡等（2022）以儿童口语语料为基础，着重分析儿童口语中动词与名词的使用特点以及词汇数量、义项、意义类别表现出的阶梯性动态发展特点。

学术汉语词汇研究主要有：张博（2022b）主张以词语的语域分布为主标准，参考使用频率或常用度，将学术语言中的词汇三分为通用词汇、学术词汇和专业词汇。从词义、功能、语体色彩、构词力、语块等角度分析了学术汉语词汇的主要特点，并提供了具体实用的教学策略和方法。王笑然、王佶旻（2022）依托自建的经贸类学术汉语语料库，基于跨文本分布、专用性、词频、离散度等指标，研制了一份服务于经贸专业本科学习的学术汉语词表。

（4）词汇规范研究。侯瑞芬（2022）从使用倾向值及其反映的发展趋势分析了338组异形词的使用、规范效果及其成因，对整理异形词的三个主要原则做了进一步的深化。董思聪、徐杰（2022）基于民族共同语标准适度多元的理念，建议将现行普通话定义中的词汇标准微调为“以北京话词汇为基础词汇”，提出方言词汇进入民族共同语的条件和表现。

三、问题思考与研究建议

1. 问题思考

词汇研究的热点、难点主要集中于语义分析和词法系统。语义分析体现在词汇语义的描写、分析、理解以及层级体系、信息处理等；词法系统的多维研究是近年的热点和趋势，在不同理论或视角下如何构建具有汉语特色的词法系统、挖掘汉语词法的类型特征、分析汉语词法与句法的关联模式等，是值得深入探讨的理论问题。

词汇应用研究的多领域推进是近年来词汇研究蓬勃发展的体现。积极面对词汇现实问题，不断强化词汇研究的应用导向，全面服务于词汇规范、辞书编纂、国际中文词汇教学与学习、中文信息处理与人工智能等应用领域，是汉语词汇应用研究的重要使命与任务。

2. 研究建议

（1）应用新理论、新方法开展基础理论研究，如将统计学的方法和工具应用于词汇本体研究，以增强本体研究的科学性和验证性。

（2）推进交叉学科研究，如词汇研究与心理学、教育学、认知科学、信息学等学科的深度交叉融合，可以更有针对性地解决汉语词汇学习、中文词语的识别与处理等问题。

（3）加强专业词汇、专门词汇、文化词汇研究，如经贸、法律、医学等领域的词汇以及某些专门词汇的研究业已开展起来，如王笑然和王佶旻（2022）、吕文涛和姚双云（2022）、何洋洋（2022）、曾立英和王弘睿（2022）等。推进“中文＋专业”“中文＋技能”还需对更多专业领域的词汇开展研究。

（北京市语言学会供稿；执笔人：孟凯）

现代汉语语法

语言是一套音义结合的符号系统，也是人类最重要的交际工具。不同语言之间既包含共性，又富有个性。2022 年，北京市的广大语言学工作者脚踏实地，仰望星空，从汉语的语言实际情况出发，带着文化自信的觉悟，在借鉴西方语言学理论的同时，努力构建新时代中国语言学话语体系，围绕学科基础理论和重大实证问题，在句法、语义、语用、汉外对比等方面取得了一系列重要成果与突破。相关研究主要集中于核心期刊、著作出版和课题立项中。

一、句法—语义研究

1. 汉语语言学理论研究

过去一年的句法语义研究，学界在借鉴国外理论关照汉语的同时，更加注重从汉语事实出发，探索语法研究的新理论与新思路，构建中国语言学话语体系。

沈家煊在《从语言看中西方的范畴观》（商务印书馆，2021 年 12 月）一书中，扎根于中国文化的传统特征，带着世界语言的变异眼光，对汉语的本质做出了系统性的揭示，敏锐地指出汉语具有与印欧语不同的“名动包含”的词类模式、汉语句子表达以“对言格式”为主。该书将中西语言的比较上升到思维方式的高度，从语言比较来探讨中西方范畴观，为中国语法理论的建设提供了不同于西方的哲学基础，有助于我们从哲学的高度更简明到位地阐释中国概念。

此后，刘探宙在《主谓主语句还是主谓谓语句》（《中国语文》第 4 期）中讨论了主谓主语和主谓谓语两种切分，认为对言语法能将二者容纳，也能更好地揭示汉语特性跟语言共性的关系，有助于基于汉语特色的语法研究拓宽理论路径和发展空间，也有助于汉语语法研究的体系性创新。施春宏和陈艺骞合作的《跨层序列词法化的结构原理及词汇化表现》（《世界汉语教学》第 2 期）在学界既有认识的基础上，从跨层序列词法化结构原理的角度，重新审视了“跨层序列词汇化”这一句法、韵律跟词法、词汇交互作用的接口现象及其所蕴含的理论问题，就词法和词汇研究中的结构化、句法化、一致化问题提出了一些方法论意义上的思考，进一步充实了汉语词法学、词汇学的建构基础。

2. 汉语词类与词汇研究

关于汉语词类的划分、各类的属性特征一直是汉语语法研究基础且重要的一环。袁毓林的《形容词的极性程度意义及其完句限制条件》（《中国语文》第 2 期）分析了形容词及其相关形式的意义特点，对形容词谓语句的完句限制条件进行了解释。储泽祥则在《状态形容词与程度副词组配的一致性和差异性》（《语文研究》第 2 期）中通过对 375 个状态形容词进行逐一考察和数据统计，指出影响组配的主要是状态形容词的描摹功能、社会对状态形容词程度认定的差异以及程度副词表意功能三个因素。

郭锐的《虚词义项划分的原则》（《世界汉语教学》第 4 期）提出了语义结构同一性、核心义、无歧义、直接性四条虚词义项划分的原则，为虚词语义分析工作提供了操作标准。方梅在《从副词独用现象看位置敏感与意义浮现》（《中国语文》第 1 期）中指出，独用时多义副词往往都会发生表达功能的偏移，使其偏向于主观性的解读，并增加了行为解读。杨德峰在《程度副词的叠用初探》(《汉语学习》第4期)中讨论了不同的叠用形式与其他成分组成的结构的句法功能异同，指出程度副词叠用是一种句法—语用现象，且存在着范畴化现象。刘艳春教授和董家钰在《口语中的连词分布及其制约条件》(《语言教学与研究》第2期)一文中运用计量方法，考察了210个连词在口语中的分布，指出口语中的连词分布因口语类型不同，呈现出型符选择和例符分布的双重差异。

熊仲儒的《词类研究中的困境及化解方式》(《外语教学与研究》第6期)从生成语法的角度探讨了汉语词类研究的困境，提出了引进“零形式”和将特定位置的词确定为短语的化解方式。熊仲儒和杨义良合作的《从“进行”看动词名化的后果》(《语言教学与研究》第2期)以“进行”为切入点，讨论了动词名化及其后果，指出了在二语教学中明确其属性的重要意义。

刁彦斌的《“无色”指人名词初探》(《汉语学习》第5期)对“无色”指人名词这一汉语中独特的名词小类给予了关注，在研究取向上体现了由“抓大放小”到“细大不捐”的转向，展示了观察现代汉语发展的一个新路径。

除了从宏观上对某一类词进行研究之外，学者们还运用构式、主观性、话语标记、预期、立场、互动等理论，对典型个案展开了精彩的集中剖析。江蓝生在《中性词语义正向偏移的类型和动因》(《中国语文》第4期)中指出，中性词语义偏移的类型有构式内语义偏移(甲类)和构式外语义偏移(乙类)两种类型，虽然语义偏移发生的句法条件不同，但根本动因都是“如意原则”。崔希亮的《汉语“算了”的情态意义及语法化动因》(《中国语文》第5期)指出“算了”的核心情态意义是“不得已地放弃某种立场或接受某种选项”，经历了从“算+了(liǎo)罢”重新分析为“算了+罢”，最后只留下“算了”的语法化过程。周韧在《汉语副词语义分析中的概率特征——以一组确认义副词的辨析为例》(《汉语学报》第3期)中引入“概率”这一语义特征，实现了对预期理论的精细化描述。此后，他又在《概率、预期和管控三项特征下的“恰好、恰恰、恰巧”辨析》(《世界汉语教学》第2期)中提出了控制事件过程和关注事件完成的“管控性”特征这一副词研究的新角度。

3. 汉语句法结构研究

句法结构研究一直的语言学界关注的对象。周韧的《组合式结构与黏合式结构补议》(《中国语文》第4期)提出了区分组合式和黏合式的三条标准，并据此对现代汉语的述宾、主谓、述补、联合和状中结构进行了区别。北京大学宋作艳教授在《基于构式理论与物性结构的动名定中复合词研究——从动词视角到名词视角》(《世界汉语教学》第1期)中阐释了动名定中复合词物性结构语义实现关系，进一步更新了对构式观及生成机制的构想。宋文辉在《定语、谓语位置形容词并列结构的用法模式》(《汉语学习》第1期)中总结了现代汉语单/双音节性质形容词、状态形容词三者自身及跨类组合构成并列结构的规律，说明了各类形容词并列结构在两个句法位置上的用法模式，揭示了该现象的类型学特点。

4. 汉语复句与篇章研究

在复句与篇章研究方面，方梅的《从话题连续性看三类结构的篇章功能》(《中国语言学报》)发现非论元名词话题结构、重动式话题结构和“N的V”在所指概念的可及性、话题建立、话题管理和话题连续性等方面存在不同。徐晶凝的《书面叙述语篇中“了1”隐现的语篇架构动因——从述补式VP中“了1”的分布说起》(《当代语言学》第1期)从述补式VP与“了1”的共现规律切入，考察“了1”与汉语书面叙述语篇架构之间的关系，提出对“了1”的研究应放大到整个故事语篇。

李晋霞的《从篇章语法看叙事语篇的叙述节奏》(《汉语学习》第3期)借鉴了叙事学的研究成果，基于篇章语法考察了叙事语篇的叙述节奏规律，讨论了叙述节奏与表达类型、时间跨度和篇章结构之间的关系问题。王文斌和王佳敏合写的《汉英句子时序律和空序律对比探究》(《语言教学与研究》第3期)借助“显体—背衬”理论，探察了时间顺序原则和空间顺序原则对汉英语序的作用范围及其表现异同，从强弱时空性思维视角阐析了其深层缘由。王文斌与艾瑞合作的《汉语语序的主导性原则是“时间顺序”还是“空间顺序”？》(《世界汉语教学》第3期)以汉语具有强空间性特质这一观点为视野，探讨了汉语时间顺序原则，提出汉语具有较强的空间顺序相似性，其语序的主导性原则是空间顺序原则的观点。

二、语用学研究

2022年语用学的研究内容主要包括两方面。一方面是与句法、语义相结合的语用研究，比如某种语法结构的语用功能、语用条件、语用动因等。王灿龙的《试谈一种对仗式话题—说明结构》(《语言教学与研究》第 3 期）指出，对仗式话题—说明结构是对汉语传统的无系词判断表达式的继承与发展，缺省谓词的迂曲表达通过隐喻这一认知机制发挥作用。完权在《语用整体论视域中条件强化的语义不确定性》(《世界汉语教学》第 3 期）中强调整体语用状况，认为条件强化与否不是条件句本身就能决定的，而是会话人基于语言符号和语言使用中的整体语用因素做出的选择性解读。陈满华的《次话题易位及相关问题》(《中国语文》第 6 期）总结了次话题易位的规律和特点，检验了汉语式的递归性层次结构源自扁平结构，是并置结构的派生形式。

另一方面则主要是与交际相关的语用研究。随着语用学研究的深入开展，研究领域不断拓宽，会话含义、会话结构、言语行为、指示等方面均取得进展。李先银和张文贤合写的《汉语自然口语对话中的否定叠连》(《中国语文》第 3 期）基于互动语言学的理念和方法，分析了汉语自然口语对话中的否定叠连现象。崔玉珍的《法庭转述话语的论辩研究》(《当代修辞学》第 6 期）探讨了转述话语作为论证成分在法庭论辩话语中的结构、语义及功能。潘先军在《互动话语标记“瞧你说的”：从否定内容到否定情感》(《语言教学与研究》第 3 期）中指出，“瞧你说的”是一个在会话中处于回应位置的互动话语标记，它的基本功能是表示否定，其标记化是在现代汉语共时层面完成。方迪的《自然对话中指称选择的互动功能》(《中国语文》第 2 期）认为自然对话中的指称选择具有标示讲述进程、展现自我定位、协调立场一致性等互动功能，充分体现了语用需求对指称选择的驱动作用。

三、外语语法研究

在外语语法研究领域，2022 年的研究既有对英语、韩语、日语等单一语言的语法进行研究，也有不同语言之间的比较研究。崔延燕的《韩语句法使动句中主格役事的句法和语义研究》(《外语教学与研究》第 3 期）聚焦于韩语句法使动句中主格役事的句法语义表现，重点考察了动词的词汇语义及使动化前的句式结构对构造句法使动句的影响。王文斌和杨静合作的《从指元状语的句法位置分布看汉英的时空性特质差异》(《中国语文》第 3 期）发现，汉语指元状语侧重以物化的眼光看待事件，具有强空间性；英语指元状语则倾向于突显事件中的行为，具有强时间性。

此外，还有少数研究者对意识形态与语言理论进行了讨论。比如完权的《〈德意志意识形态〉的语言意识形态》(《中国语文》第 5 期）基于马克思主义立场，从理论语言学视角阐释《德意志意识形态》中的语言意识形态观。

（北京市语言学会供稿；执笔人：周韧）

汉　语　史

一、语音史研究

北京学者 2022 年在公开出版物上发表语音史论文 30 余篇，出版专著 1 部。成果呈现出如下特点：一是传统研究领域仍是关注重点，成果迭出；二是断代研究持续成为研究热点，新作不断；三是在语音史的研究中，文献资料和地域维度得到了广泛的认可。

1. 上古音研究

上古音研究主要集中在方法论层面。《锲不舍斋新传录》是纪念陈新雄教授逝世十周年的学术论文集，收录了冯蒸、张民权、张渭毅、赵彤所写的纪念论文。这些论文围绕陈新雄先生的上古音研究成果展开，展现了他对清代古音学以及章黄学派的承继和发展脉络，归纳了他的古音研究特色与方法。高永安《“林语堂之谜”及其博士学位论文平议》对林语堂的博士学位论文进行了评价，总结了林语堂的古音研究特色。孙玉文《汉语音符的特点和作用》主张对汉字音符的特点功用进行研究不能脱离非音符部分，强调汉字音符和表音文字的字母有本质区别。梁慧婧《从材料看白一平—沙加尔和斯塔罗思京两家的上古音构拟》分析了白、沙和斯氏在材料使用上的异同，并评价了两种音系。梁慧婧《上古之职蒸部唇音的开合口问题》从《切韵》音系出发，讨论了上古之职蒸部的重韵问题，解决了上古唇音开合口对立问题。

2. 中古音研究

中古音的研究成果主要集中在音系讨论和文献阐释上。郑林啸《〈篆隶万象名义〉中果摄的注音特点》利用反切系联法、几遇数统计和反切结构分析法，研究了《篆隶万象名义》果摄的音系特点。徐朝东、徐有声《玄应、慧琳注音差别考察》对玄应音义古写本之一《四分律音义》进行了研究，经与慧琳音对比，得出了初唐到晚唐语音的若干变化。麦耘、钱有用《三、四等见系在朝鲜汉字音中的表现及相关问题》，钱有用《朝鲜汉字音止摄开口的层次与对应》均利用了朝鲜对音资料。前者解释了朝鲜汉字音三、四等见系字的介音表现，后者考察了朝鲜汉字音止摄开口三种读音的分布情况，构拟了朝鲜汉字音止摄开口的对应过程。麦耘《中古音系研究框架》指出，中古音系研究当以介音研究为核心，以“重纽”为切入点，理解韵图“等”的含义和形成史。文章构拟了中古前后期的介音系统，讨论了中古前期到后期介音系统的传承和演变。孙伯君《十二世纪汉语河西方音声韵特征再探》根据《五音切韵》所载汉语“三十六字母”的西夏文译音，对12世纪河西方音的声韵特征做了详细考察。

除音系研究外，中古音韵文献整理、阐释工作，也一直是学界关注的焦点。李红《〈通志·七音略〉“谐声制字六图”校释与探解》阐明了郑樵六书理论与音学思想结合而成的谐声理论，并对“谐声制字六图”进行了校正。张民权、许文静《道光间学者〈广韵〉校勘研究》对道光年间一些学者的《广韵》校勘成果进行了梳理。张民权、赵凯雯《黄侃巾箱本〈广韵〉校勘及其音韵学研究》阐明了黄侃在《广韵》校勘及音系研究上的开掘之功。雷瑭洵《〈史记·项羽本纪〉“鲰生”音注断句考辨》指出，断句错误可能会造成错误的音注。

3. 近代音研究

近代语音的研究，特色有二：一是围绕主要音韵资料展开；二是与现代汉语方言，主要是与官话密切联系。

麦耘《〈蒙古字韵〉与〈中原音韵〉的几个音系差异》探讨了近代音的核心问题，如清浊、三四等、支思韵等问题，文章还提出“中原为中心，南北为边缘”的官话区域生态。石绍浪《从暗码看〈李氏音鉴〉音系及其性质》根据李氏暗码，重新构拟了22韵部，并分析了其音系结构上的问题。付芳、徐朝东《满汉对音文献中所见18世纪北京话的语音现象》对《清文启蒙》记录的18世纪中叶的北京话音系进行了研究。张振兴《重视语言学建设》是一篇书评报告，该报告认为《近代汉语官话方言韵书韵图文献集成》是语言学基础建设的一项重大成果。

丁启阵《村庄名“姓氏+各+庄”中“各”字源流考》探讨了“姓氏+各+庄”中“家”没有走上腭化道路的原因。熊燕《官话方言寒桓山删韵的演变》归纳了官话方言一等寒桓韵与二等山删韵的分合关系，根据历史文献和地理分布，探讨了其音变过程。赵日新《山东、河南方言的ιY类儿化韵》讨论了山东、河南方言中的前高元音型儿化，并借助文献资料，还原了儿化合音的过程。刘祥柏《官话方言歌戈、车遮两韵的分合》从《中原音韵》歌戈、车遮二韵的对立出发，观察了官话中两韵的分合关系。赵彤《十七世纪以来北京话韵母ｅ、ｏ、ｕｏ的演变》认为北京话ｅ、ｏ、ｕｏ三韵母的基本范畴初步形成于17世纪。钟雪珂《从日本〈东音谱〉看18世纪初之闽语语音》依据新井白石《东音谱》提供三种闽语语料，得出了18世纪初的闽语语音。

4. 泛时通史研究

以下的研究具有泛时通史性质，还有一些研究是理论性的，对整个语音史的研究有理论指导作用。

麦耘《江宕摄入声在近现代读萧豪韵与中古入声字有效摄又音的关系》认为中古江宕摄入声在方言中读萧豪韵和中古入声有效摄又音这两种音韵现象无相互继承机制。麦耘《汉语舌齿音声母演化史所见否定之否定规律》发现从上古经中古到近现代，舌音与齿音声母之间的关系是一种否定之否定的过程。赵彤的《关于重建语言连续性的思考》肯定了张光宇《汉语语音发展史》中关于重建语言连续性目标的正确性，并指出，重建语言的连续性需要同时使用方言和文献两方面的证据。丁启阵的《唇舌集——古今方言论稿》一书既有对方言分区、音系性质的宏观讨论，又有对字音演变轨迹的细致考索。胡鸿雁《从对音材料看汉语西北方言元音高化的历史层次》根据对音材料，指出汉语西北方言历史上经历了与鼻音韵尾脱落有关的三次元音高化。

二、词汇史研究

北京学者2022年汉语历史词汇的研究成果在许多方面取得了不少突破性创新。研究特点为：一是理论视角与研究方法不断创新；二是材料来源立体多元，利用日趋科学；三是重视与辞书编纂应用相结合；四是知识的推广普及及应用转化表现突出。

1. 词汇理论研究

传统汉语历史词汇研究不断借鉴语言学理论与方法，理论视角更加广阔。董秀芳《汉语词法研究中需要注意的一些问题》梳理了一些较为混乱的词法概念，针对语言形式的定性等问题提出了精到见解。王立军《训释系联焦点词的词汇语义特征与上古汉语核心词研究》借助“汉字全息资源应用系统”对《说文》等古代辞书中的直训材料进行了多层级系联，直观、全面地呈现了上古汉语词汇的系统性。

词义演变规律的探索仍是关注焦点。王贵元、李洁琼《汉语字词发展论纲》依据出土文献材料，对汉语字词发展初期状况进行了提纲挈领的阐述。王贵元《汉语词汇的发展阶段及其演进机制》将汉语词汇的发展概括为单义词发展、多义词发展、派生词发展和双音词发展四个阶段。朱冠明《佛典语言的中国化》结合实例讨论了佛典语言中国化的起因、过程和途径。江蓝生《中性词语义正向偏移的类型和动因》指明中性词的语义偏移研究有助于词义演变转喻机制、词义演变与语法演变联系的理解。张博《复合型同音同义词语的形成途径及关系特征》指出，通过形成途径观察同义词关系特征的视角有利于丰富同义词发展规律理论。

2. 词语考释研究

学者们运用综合互证、梵汉对勘、统计分析法等路径进行词语考释。冯胜利《“寡人”词义观念考与 2+1（三重）证据法》引入了“从古人的观念来考证词义”的方法，指出“建立义轨”“同律互证”是克服“词义引申”主观性的有效方法。董志翘《字形讹混与古书校读——以“面”“而”“向”“回”为例》从典型个例入手，分析了古代文献中字形讹混的原因。他的另一篇论文《汉文佛典与扬雄〈方言〉研究——兼及方言词的形、音、义关系》谈到了扬雄《方言》词语考释的方法问题。游帅《〈方言〉名物词命名理据辨析三则——兼示同实异名词的理据参照作用》对《方言》中三个名物词进行了命名理据的辨析，指出同实异名材料的命名理据往往存在可供参照的线索。王志平《“闯”字的历史演变》分析了“闯”字音义演变，指出分析词义演变应重视语音支持。晁福林《说〈五十二病方〉的“弁”》、朱圣洁《中古医籍中“淋沥”词义考》是训诂学与中医学参照互证的佳作。

对出土文献材料的考察和利用也取得了值得重视的成果。黄德宽《清华简〈摄命〉篇“劼侄毖摄”训释的再讨论》从句法、语义两个维度对清华简《摄命》篇“劼侄毖摄”进行了再释读。洪波《〈安徽大学藏战国竹简〉（二）献苴及其他》通过考察传世文献中“非 A 非 B”和“匪 A 匪 B”的用法，将“非山非泽”释读为“无论是山还是泽”。任荷、蒋文《清华简〈四告〉及金文中的及物状态动词“宜”》对上古传世文献中“宜”的用例做了穷尽性考察，揭示出“宜”的真正语义是“适配”。

3. 训诂学与阐释学

近年来，一些学者努力把训诂学与阐释学结合起来研究。张江《“训诂阐释学”构想》《训诂与阐释——阐释学体系建构讨论》《中国阐释学建构的若干难题》提出了“训诂阐释学”这一学科新设计，旨在充分发挥训诂学与阐释学各自的优势，为阐释学的发展奠定可靠的中国基础。其研究也指出，建构当代中国阐释学仍面临许多难题。孟琢《论中国训诂学与经典阐释的确定性》认为，训诂学的确定性传统为中国阐释学的自主之路提供了理论与实践上的双重支撑。他的另一篇文章《由解释到训诂：先秦文献正文训诂与中国训诂学的发生》指出，立足训诂学历史起点进行溯源反思，可以把握其学科特质与现代发展方向。凌丽君《论字词训诂与文本阐释的互动关系》指出，字词训诂和文本阐释的双向互动关系是中国传统典籍文本阐释呈现多样性和差异性的主要原因。

4. 词典编纂和修订

华学诚《以“一”为例谈谈〈汉语大词典〉的释义修订》指出，《汉语大词典》释义修订存在旧版误列义项修订本照单全收、与“一”义无关的同形词被列为义项、言语语境义被列为义项等问题。董志翘《互联网、大数据时代汉语字词典的编纂与修订》提出，要通过互联网、电子语料库、形象动态资料库，发展“在线”专家与读者相结合的“动态”字词典。李国英《〈汉语大字典〉收录汉译佛经口旁译音字考辨》利用梵汉对音材料，对《汉语大字典》收录的 19 个字进行了考辨。王建莉《〈汉语大词典〉“通草”组释义系统匡补》建立了词义参见系统，补充了一些书证及义项。

此外还有一些词义演变的个案研究，如汤传扬《汉语“噙含”“叼衔”义词的历时演变与共时分布》《汉语“邻居”义词的历时演变与共时分布》等。值得一提的是，北京学者2022年在历史词汇知识总结及应用转化方面，表现突出。江蓝生的《近代汉语探源》是作者近代汉语研究心得的阶段性汇总；王宁《餐桌上的训诂》，蒋绍愚《唐宋诗词的语言艺术》，华学诚、游帅译注的三全本《方言》属于文化普及方面的著作。

三、语法史研究

北京学者2022年在汉语语法史领域取得的成果比较丰硕，研究重点是句式、功能词演变及历史方言和语言接触等方面。研究特点为：不仅重视传世文献，也重视出土文献；不仅重视语法事实，也重视理论思考，如董志翘、孙咏芳提出虚词研究应具备更开阔的眼光、借鉴更多的语法理论，董秀芳提出词法研究中要辨析同一词法背后不同的生成过程、加强评价性形态研究等问题，孙玉文强调构建具有时代气息的汉语史理论，需要加强语音、词汇、语法各分支学科的内部联系。

1. 相关句式的历史演变研究

刘利、朱光鑫《汉语历史语法研究中判定复句的标准问题》提出确定复句的三条原则：一是着眼小句数量与事件表述；二是把握汉语句子的特点；三是从去句化角度探索各类句子的小句整合程度。刘探宙《主谓主语句还是主谓谓语句》对“他说话很快”是主谓主语句还是主谓谓语句进行了分析，认为“主谓主语”更能够反映汉语韵律现实。赵长才《中古汉语选择问句系统及相关问题的讨论》讨论了话题结构与回指的演变关系，这种演变反映了句法结构和代词指称在历时层面的相互影响。苏婧《从语体语法理论看上古反问型[何X之V]式》分析了上古时期的反问型[何X之V]式，证明了语体语法理论中体原子分析法的解释效力。杨萌萌、胡建华《从儿童语言获得视角看古今汉语演变》《儿童语言获得视角下的句法演化研究》指出古今汉语句法结构层级的发展与儿童句法结构的获得一致，遵循从VP层和CP层两头向中间IP层的虚实对称双向生长模式。董秀芳《汉语方式存在句的性质、特点与历史来源》指出，汉语中“处所+V着+NP”这一类句式可以称为方式存在句。方式存在句的特点和形成过程反映了话题结构和方式要素在汉语语法表达中的重要性。胡建华《从跨语言比较视角看〈诗经〉“于V”结构》认为《诗经》中“于V”结构中的“于”用作助动词或体貌助词/附着词与英语及其他语言中表示GO这一语义的动词一样，都有动态义。何治春《连动结构“VP_1来VP_2”的复句化及新兴小句连接词“来”的形成》认为，随着“VP_1来VP_2”发生复句化，“来”变为一个引出目的小句的逻辑连接词。这种复句化与“来VP_2”包含的信息量密切相关。姜南《从指称到陈述——试探古汉语“者”字结构的消亡》认为“者”字结构的瓦解与“为VP”结构的涌现、“主之谓”结构的消失等语法格式的兴衰共同呈现出汉语从指称到陈述的演变脉络。

2. 功能词的历史演变研究

杨荣祥《疑问强度与主观化强度：上古汉语语气词“乎”的功能变化》指出，“乎”在上古可以表疑问、测度、反问、祈使、感叹语气，这些不同语气的疑问度与主观性成反比。张世方《论助词“价”源于“个”》从文献材料和方言语料中“价”与“个”在形式、功能上的关系以及音韵分合关系等角度入手，认为中古麻韵的“价”字是助词“个”的记音字。张赪、林娣《唐宋时期事态助词“来”“了$_2$”“了也”对比研究》从时体特征、言者态度表达、分布语体几个方面考察了唐宋三部语料中事态助词“来、了$_2$、了也”功能的共时差异和历时变化。赵长才《上古汉语“诸”的再探讨》对上古文献中的“诸”及相关句式进行全面调查，从语音、句法的角度否定了合音说，认为“诸”与“之”在几种格式中句法功能高度一致。董正存、袁也《伴随副词“一处”的产生及演变》认为伴随副词“一处”来源于“同所义”处所词“一处”。“处所＞伴随”的语义演变模式在汉语史中虽罕见但具有类型学意义。董正存、张飘《半图式性构式“X手”的时间用法及其产生与发展》认为“X手”的时间用法主要从其动词用法经由隐喻发展而来，其句法位置促使它最终演变为了时间副词。

3. 历史方言及语言接触

祖生利、刘云晖《也谈句末时体助词“来着”的来源》考察了北京官话“来着”在清代文献里的使用情况，指出作为接触引起的突发语言演变，“来着”与汉语固有助词“来”及“着（者）”没有继承关系。王继红、全文灵《中古译经指示代词“如是”的用法》指出，佛经译者使用“如是”翻译梵语副词性指示代词evam，因此佛经译本中的指示代词“如是”增加了下指用法。龙国富《异质语言特殊用法与语言接触——以汉译佛经中全称量化词“敢”之来源为例》发现译师们将原典梵语中表充分条件和表全称的yat kimcid……sa sarva句式翻译为“敢……皆”句式，“敢”吸收了“敢……皆”构式的全称量化义。魏兆惠、徐玮琳《明代北京话文献的挖掘及对语言研究的意义》指出明代文人作品、民歌时曲、文人笔记、官话教科书、“朝天录”等文献可以互相补证，有助于揭示明代北京词汇、语法面貌。柯蔚南、张羽、王继红《十八世纪中国北方官话的样本》分析了《清文启蒙》的语音、词汇和句法特征，探讨了北方官话作为19世纪共通语的发展路径。龙国富《北京话“X+儿”结构构式化研究》勾勒了北京话儿化构式的形成和发展历程。

（北京市语言学会供稿；执笔人：梁慧婧、游帅、魏兆惠、华学诚）

汉字研究

2022年度北京地区学者的文字研究在多方面都有推进，涵盖汉字材料的整理与研究、汉字本体与相关理论研究、《说文》学、汉字文化阐释、汉字规范化、字词典、计算机技术与汉字、汉字教学等诸多领域。研究呈现出多样性的特点：既注重汉字本体形、音、义等方面的研究，又注重汉字文化与汉字教学研究；既重视既有文字学文献的延续传承，又重视对新出土文字数据的保护利用、与计算机技术的有效结合；不仅重视新旧材料的相互印证，而且注重文字学与训诂学、音韵学、哲学、历史学、考古学等学科的交叉融合。

一、汉字材料整理与研究

本年度出版的汉字材料，种类多、时间跨度大。古文字方面新材料的代表是甲骨文摹本集成性作品《甲骨文摹本大系》的出版和清华简新一辑整理报告《清华大学藏战国竹简（拾贰）》的公布。与《甲骨文合集》按照“五期”说编纂不同，前者是一部按照殷墟甲骨文“两系”说编纂的大型甲骨著录书。这不仅体现了“两系”说的生命力，也充分表明其是一部应时之作，响应了学界以新理论方法整理甲骨资料的需求，为甲骨文与殷商史研究提供了极大便利。后者收录一种名为《参不韦》的罕见长篇古佚书。它记载了参不韦对夏代开国君主夏启的训诫，核心则是以五则、五行、五音、五色、五味为内容的“五刑则”。该篇的特色是：以数为纪，且以“五”为数之“中”，紧紧围绕“五”而展开，将四方万物、思想道德，统统纳入“五”的范畴，并按规律予以一一对应，可视作后代“五行”思想的发端。它的出现为解决旧问题提供新契机，有学者便根据《参不韦》简文改释了相关古文字，并对篇中所涉官制、思想与夏史问题进行了探讨。与此同时，学界还对清华简《五纪》的研究保有热度，在对疑难字词进行考释的同时，将研究推进到思想观念层面，其中的“象神观”与“天人系统”因之得以披露。

《故宫博物院藏殷墟甲骨文·马衡卷》（全三册）、《故宫博物院藏殷墟甲骨文·谢伯殳卷》（全三册）搜辑、整理故宫藏甲骨及甲骨刻辞拓片，对中国史学及古文字学发展具有重要意义。王宇信《中国甲骨学（增订本）》（上下）系统介绍了甲骨文自身固有规律。

蔡万进《简帛学论稿》涉及云梦秦简、里耶秦简、张家山汉简、天长纪庄木牍、尹湾汉简等诸批重要简牍的专题研究，以及简帛学的学科分支、中国简帛学体系的构建、出土简帛整理的理论与实践、简帛学史的理论总结与研究等有关简帛学理论与学科建设问题的系列前沿思考。

杨小亮《五一广场东汉简牍册书复原研究》整理木质两行简，复原了部分册书。在对木质简牍进行重新缀合和释读的基础上，对百余份册书的首简、尾简、标题简及与册书关系密切的签牌，进行考察和分析，为五一简册书复原从内容和结构上搭建最基本的框架。该成果首次明确地将册书分为不带附件和带附件两种基本类型，在册书复原的过程中，修正、补释已发表释文，考释辨析所涉多个疑难字词、名物、制度、社会现象。

重版的马衡《封泥存真》一书收录封泥177枚，在刊布封泥拓片的同时附录封泥实物照片。

二、汉字本体与相关理论研究

2022年度汉字理论研究也更加深入，王宁先生的《汉字构形十二讲》阐释了汉字构形的构件演变、汉字字形与音义的关系、汉字字形演变与汉字教育、当代汉字的规范等问题。严志斌认为在二里岗文化最晚阶段（学者或称之为中商时期），汉字系统已被创制与使用。赵平安《先秦秦汉时代的讹字问题》重新界定了先秦秦汉时代的讹字，把讹字定义为书面语言中的错字。在此基础上，探讨了讹字的特性、发现讹字的方法、讹字的类型、历史上对讹字的处理方式、讹字致误的原因等。古文献中常见因字形讹变而导致文意误读的现象，董志翘以古文献中“面（靣）”“而”“向”“回”四字常常互讹为视角，对古文献中几个疑难问题进行了考释，并总结其中的字讹规律。汉字音符的研究是汉字学领域的重要内容之一，相关研究还不够深入与全面。孙玉文强调研究汉字音符的特点和作用不能脱离汉字的非音符部分。他认为汉字的音符跟表音文字的字母有本质区别，并探讨了汉字的特点，指出汉字是以最小的音义结合体为整体单位而分别为不同的词素和词构来造字的，它是一种词素、词构文字。关于汉字分化研究，陈青梳理了古文字借义分化淘汰表意初文的现象。

“变形意化”是与“变形音化”相对的一个概念，学者们对“变形意化”的概念存在分歧，针对这一现象，王鹏远对“变形意化”的概念进行了辨析，并对“意化”“变形意化”“理据重构”等概念之间的关系进行了梳理。

王贵元《现代汉字笔画与部首形成的原则及规律》依据笔画与部首的变化形态，分析其形成原则是书写便捷、整字优先。

在汉字演变研究上，常广宇讨论了汉字演变中的“同源同流”和“异源同流”现象。王志平探讨了“闯”字的历史演变情况。

李守奎认为汉字阐释是“综合运用古文字学、理论文字学、语言学、文献学、历史学、考古学等多学科知识对汉字构形、演变、关系、所蕴含的文化及各种功能等进行详细描写和充分解释的学术研究，属于多学科交叉的基础理论研究”。近年来，一些学者为加强汉字阐释学研究体系构建工作做了很多努力。张江阐述了建设新的当代中国阐释学面临的六大难题，指出要建立系统完备的当代中国阐释学。2022 年 10 月，全国古籍整理出版规划领导小组印发《2021—2035 年国家古籍工作规划》，指出要加强汉字阐释工程。李守奎对汉字阐释的实践进行理论概括。文章分析了汉字阐释理论衰微的原因及复兴的可能，探讨了汉字阐释的学理和内容，确立了研究的原则，并对汉字阐释的未来进行展望。

汉字职用学是汉字学的重要分支，是近几年汉字研究的热点。丰富的出土文献为汉字职用研究提供了较好的材料。如石小力探讨了清华简《五纪》中的几个新的用字现象，反映了楚文字字词关系的复杂性。李运富从历时的角度探讨了古今用字现象的错综复杂。

古文字考释是热点，旁涉文字风格、词义训释、篇章解读等方面，同时也注重探讨相关的历史名物、风俗制度与思想观念。例如李伯谦《晋侯晋都晋文化》中“也谈杨姞壶铭文的释读”“叔夨方鼎铭文考释”等。黄海对曶鼎铭文进行全面集释，汇集了自曶鼎面世 100 余年以来诸家的主要观点，并以铭文中的两个案例为出发点，对西周时期的一些法律制度进行了讨论。朱凤瀚《甲骨与青铜的王朝》收录了作者以往四十年来所撰写的论文，发表时间截止于 2019 年底，文章的内容涉及很多殷墟甲骨刻辞、青铜器铭文的文字考释。王英霄《卫姒簋的自名修饰语研究》考释故宫博物院一件藏器的疑难字，认为这个自名修饰语说明器物是“盛放荐献熟食 / 温食之簋”。蔡万进《简帛学论稿》收录了简帛文献字词考释文字的文章。

2022 年度对近代汉字疑难字词进行考释的论著有很多。中国社会科学院考古研究所、广州市文物考古研究院、南越王博物院编著的《南越木简》对南越国时期的木简文字进行了考释与整理。

少数民族语言文字和域外文字与汉字的比较、互证研究领域，也是硕果累累。孙伯君探讨了汉字对民族古文字的创制和书写的影响。汉字系统的文字符号有多种来源，蓝盛、李锦芳举例探讨了汉字系统中方块壮字的来源成分。布日古德、锡莉对元代汉语—蒙古语对译词典《至元译语》的诸版本中的音译汉字拼写方式进行比较分析与校勘，利于重构《至元译语》蒙古语音译汉字，为《至元译语》精确文本的呈现提供详细资料。

三、《说文》学研究

《说文》学研究包括对《说文解字》综合价值的深入发掘和《说文》版本的校勘等方面内容，体现出学界对《说文解字》这一传统语言文字学经典的持续热情。

《说文》作为一部“千古经典”，其对文字学、训诂学、字书学、古文字学乃至儒家经典研读、汉字教学研究、汉字规范研究都有着深刻影响。《说文》学与广义上文字学各个分支之间都存在着紧密联系，是文字学研究的枢纽与关键。当代学者注重从不同角度对《说文》的价值进行深入发掘。

《说文解字》的综合价值还体现在它对古文字研究的重要意义，多位学者都注意到了两者之间的密切关系。这些论述无一例外都肯定了《说文》的积极作用，即：由于它在大量收录篆形的同时，还广泛收集了许多籀文与古文，故而成为连接古今文字的桥梁，为后世古文字的研究、考释提供重要依据。对《说文》的研究自是层出不穷。

赵平安《说文》小篆研究（修订版）旨在廓清《说文》小篆的基本类型和在汉字演进序列中的地位，并利用古文字数据对《说文》进行研究。书中对许氏之说的修正、补充非常有助于学人对深入了解《说文》。另外，也有学者认为，从古文字角度看，可以将利用古文字研究《说文》与利用《说文》研习古文字结合起来。

四、汉字文化阐释研究

汉字的文化阐释是汉字研究的一个传统主题。作为汉民族发明用来记录语言的书写符号，汉字在产生之初便具有明确的文化属性，人们对它的文化阐释不可避免，并随着时间推移进一步发展，本年度的此类研究延续了这一传统。

文字的文化阐释研究往往需要从具体文字所处历史时期的风俗习惯、宗教信仰、典章制度等方面出发，揭示其背后的文化内涵。本年度的此类研究表明，有学者已经注意到汉字构形与中华民族历史文化的关系，故而能够自觉运用传统语言文字学知识去解读诸如中国烹饪饮食所体现出的文化，做一种“有趣又不搞噱头的学术普及”。

也有学者认为，汉字的文明演进是一张巨大的历史画卷，通过概述汉字演进的三个历史阶段，即汉字体系形成阶段（从新时期晚期到夏代）、古文字阶段（从殷商到秦代）、近代文字阶段（秦汉之际隶变以后），也可以看到汉字发展史研究对于传承弘扬汉字文明和中华优秀传统文化的重要意义。“汉文”名称的转变为“汉字”也从侧面反映了这一问题。

五、汉字规范化研究

为了维系国家长久的大一统局面，需要对汉字进行规范化整理，以便使用，本年度的汉字规范化研究就是在此背景下展开的。学者们紧紧围绕着当下日渐丰富的网络语言用字展开呼吁，并对《通用规范汉字表》的研制展开论述，这也是本年度汉字研究的又一个重点和难点。

有学者从汉字构形系统与汉字的整理与规范化入手，对当代汉字的规范问题展开讨论，也有学者从信息时代的语言生活出发，指出了当下规范汉字的迫切性与重要意义。为此，他们细致梳理了20世纪以来的历次汉字规范化运动，认真讨论了《字表》的研制原则，详细介绍了学界的主要意见和相关建议。这一工作是尤其需要给予肯定的。

六、字词典研究

对字典、文字编的增补修订工作一直在进行中，字词典的修订需要注意很多问题，董志翘强调汉语字词典的编纂与修订要充分发挥互联网、大数据的优势。李国英运用以音考字的方法，对《汉语大字典》收录的19个汉译佛经口旁译音字进行了考辨，为《汉语大字典》的修订提供了参考。域外字书的研究亦有学者关注，蔡园园分析了日本藏字书《世尊寺本字镜》的研究价值。

七、计算机技术与汉字研究

将汉字研究与计算机技术相结合是值得期待的。高未泽、陈善雄、莫伯峰、杨烨、苏本朋《R-UNet++：用于甲骨材质分类的局部分割网络》提出以R-UNet++为主的分类框架，采用ResNet50作为分类网络，对R-UNet++的分割图像进一步提取特征，并实现甲骨材质的分类。为同材质甲骨残片的缀合工作提供计算机技术支持。孙西瑾、张习文《计算机辅助对外汉字书写教学技术的沿革及发展趋势》指出汉字书写一直是对外汉语教学的难点，而各种技术手段不断提高其教学效率。计算机辅助对外汉字书写教学技术经历了单向的数字化演示、双向或多向的交互、大数据智能化服务三个发展阶段。这一沿革具有四个特点：从单向到多向、从静态到动态、从片面到全面、从共性到个性。这些特点一定程度上预示了对外汉字书写教学技术的发展前景，大数据智能化时代对汉字书写教学提出了鲜明要求，并给予了重要机遇。陈正正和周晓文《汉字编码问题的回顾与展望》回顾了1978—2021年汉字编码的研究成果，总结了汉字编码研究和工作的成就与不足，提出了加强学界与业界的分工合作、促进面向应用的大字符集软件开发、在信息处理领域落实面向社会规范用字的标准化应用平台建设、加强汉字编码的理论总结等方面的意见。

八、汉字教学研究

汉字教学研究以汉字研究为基础，主张通过研究汉字的形位系统启发汉字教学，并从不同角度阐发汉字研究与汉字教学及国际中文教育之间的关系。

中小学识字教学仍存在许多问题，相关研究成果也比较多，例如程荣分析了小学识字教学中的问题并探寻了较好的解决方式。王立军指出义务教育阶段识字教学应该注意把握汉字构形的特点；科学运用形声字的义符；注意了解汉字演变的历史；正确认识汉字之间的关系，提高规范意识。学者们将汉字构形研究与汉字教学相结合，形成了汉字研究与汉字教学的良性互动，极大促进了汉字学的普及与汉字教学的发展。

由上所述，可知2022年度北京地区文字学研究范围之广，时间跨度之大，与其他相关学科的交叉融合程度之深。在学术交流方面，2022年度有多场汉字研究学术会议在线上、线下举办。包括中华人民共和国教育部召开的2022年全国语言文字工作会议（视频形式）、2022年国际中文教育大会、北京语言大学汉语国际教育研究院举办的首届汉字教学与研究学术研讨会、中国人民大学国际文化交流学院和北京语言大学出版社《国际汉语教学研究》编辑部共同举办的首届“国际中文教育视阈下的汉字研究”学术研讨会等。

除了《中国语文》等学术期刊，北京地区出版的辑刊有中国社会科学院语言研究所《上古汉语研究》、中国社会科学院甲骨学殷商史研究中心编《殷商历史与文字（第一辑）》、王宁主编《民俗典籍文字研究》、北京师范大学文学院主办《励耘语言学刊》、华学诚主编《文献语言学》、洪波主编《燕京语言学（第四辑）古文字专号》等，都刊发了汉字研究成果。

2022年度受资助的汉字研究项目有数十项，包括国家社科基金、教育部人文社会科学研究项目、国家语委科研项目以及北京市社会科学基金等。集中在甲骨文、金文、新出简牍、传抄古文、禅宗文献、域外汉籍、民间文书俗字、历代石刻文献、字料库开发以及古文字识别等研究领域，文字、文献、文化、文明密不可分，汉字研究未来可期。

（北京市语言学会供稿；执笔人：王英霄、罗卫东、杨蒙生）

汉语方言学

一、学科发展基本情况

“汉语方言学”是文学学科门类下二级学科汉语言文字学的研究方向之一。2022年，汉语方言学继续坚持问题导向，注重对语言事实和材料挖掘整理，深化理论探索和研究，积极建设具有中国特色的语言学学科体系、学术体系和话语体系。

一是继承传统，推动多学科交叉融合。汉语方言学坚持语言本体研究，相关成果为语言资源学等应用类学科的建设提供重要支撑。2022年，北京语言大学语言资源学学科正式招收研究生，二者相互促进、互相支撑，不断增强学科优势，进一步推动汉语方言学的理论发展与内容创新。

二是兼收并蓄，创新发展学术理论。积极深化“普、方、古”的比较研究方法；对中国语言国情开展深入调研，在此基础上，进一步借鉴融合西方地理语言学的理论方法，形成了具有中国特色的历史比较与地理分类相结合的研究范式。

三是积极发挥汉语方言学理论方法的探索对语言学体系建设的贡献，在中国语言学学术体系建设中提出了具有标志性的概念和学术话语，坚持汉语方言学“摆事实、讲道理”的语言观和优良传统。

二、学术研究状况

（一）重视方言本体研究，继续搜集整理汉语方言语音、词汇、语法语料，挖掘汉语方言系统演变规律

教育部、国家语委重大语言文化工程“中国语言资源保护工程”共完成广东、广西、福建、江西、湖南、湖北、浙江、海南、安徽9个省区市40个濒危汉语方言点的调查和入库工作，完成河北、河南、贵州、上海、江西5个省市共计158个口头文化点的语料转写工作；推出标志性成果“中国语言资源集”的北京、辽宁、甘肃、宁夏共计4省（市）分地版，包括本地语音、词汇、语法、口头文化语料，全面呈现地方语言资源实态面貌，服务地方经济社会发展需求。

2022年国家社科基金支持汉语方言学本体研究项目共20项，研究内容包括地图集的绘制，如“京津冀地区汉语方言地图集”；语言接触，如“闽西南地区客、闽方言的语言接触研究”；语音变异研究，如“基于声学实验的山东方言语音变异研究”。研究

方法有地理语言学相关理论和方法等，如“地理语言学视域下胶辽、冀鲁、中原官话交界地区方言语音研究”等。

在重要学术会议方面，中国语言学会第二十一届学术年会共宣读方言本体类文章22篇，顾黔《江淮官话及其历史演变研究》、邵敬敏《上海方言程度补语及后缀的超夸张贬义倾向及其解释》为大会报告；国际中国语言学学会第28届年会（IACL-28）设汉语方言分组报告，共宣读汉语方言类文章6篇，如尤舒翔《音系短语构建的普遍性与多样性——来自闽东、莆仙与闽中方言的证据》。

单篇文章及专著方面，语音、词汇、语法及本体相关的理论研究成果颇丰，其中又以语音研究成果最为丰富。分项列举如下。

1. 语音

2022年，汉语方言学语音研究成果共359篇（部），其中北方方言（包括晋语）的文献共有215篇（部），东南方言的文献共有171篇（部）。从方言系属来看，官话方言的研究较集中于中原官话研究，共有57篇（部），代表性成果有李蓝《甘肃秦安方言声调的特点》，邢向东、张建军《西北方言部分曾梗摄韵母特殊读音的地域分布和历史层次》等；除中原官话外，其下依次为西南官话（40）、冀鲁官话（27）、江淮官话（21）、胶辽官话（13）、兰银官话（9）、北京官话（8）、东北官话（7）。东南方言的研究篇目数较官话方言研究略少，大多集中于闽方言，共有43篇（部），其后依次为吴语（36）、粤语（23）、客家话（22）、赣语（19）、湘语（17）、平话和土话（7）、徽语（4）。

从研究内容来看，汉语方言学语音研究成果大致可以分为以下4个方面。

（1）描写方言声韵调系统，开展古今比较，整理同音字汇。共54篇（部），论文如孙宇炜《山西清徐（陈家坪）方言同音字汇》；专著如沈明《晋语语音研究》。此外，还有研究也关注到了濒危方言的描写，如高薇、刘宇《极濒危的广西南宁平田平话音系及其语音特点》。

（2）对汉语方言的声、韵、调等任一方面开展专题研究。其中以声母为研究对象的文献有21篇。如李姣雷、秦鹏《湖南冷水江铎山方言古全浊声母的演变》，其中又以中古知庄章组声母为研究对象的文章占比最高，为10篇，如孙宇炜《晋语并州片方言古知庄章声母的读音类型》。以韵母为研究对象的文献有28篇，多以韵母的层次和历时演变为主要内容，共有11篇。层次研究的如谢留文《浙西南吴语“鸡嗉子”读音的本字——兼论浙西南吴语模、虞韵读如鱼韵白读现象》；历时演变的如刘祥柏《官话方言歌戈、车遮两韵的分合》。此外，变韵的研究也比较多，共有7篇，如赵日新《山东、河南方言的[ʅ ʏ]类儿化韵》。以声调为研究对象的文献有54篇（部），如沈明《内蒙古张呼片晋语的入声调》、王莉宁《汉语方言入声归派的类型及方式》。此外，变调相关的研究较为丰富，如曹志耘《吴语汤溪方言的量词调及阴去化的性质》。以方言的韵律（包括语调、重音、节奏等）为研究对象的篇目较少，仅有2篇，如刘春卉等人的《论声调语言的节奏与重音模式》。

（3）汉语语音史研究，共有47篇。如李军、徐宁景《江淮官话韵图抄本〈空谷传声原本〉与清代南京方音》。田范芬等人编著的《近代汉语湘方言文献集成（全三卷）》。

（4）采用实验等方法研究汉语方言，共有35篇（部）。如史濛辉、陈轶亚《湘语双峰方言的“清浊同调”——基于语音实验的探讨》。

2. 词汇

相较语音、语法而言，2022年词汇研究的学术论文较少，约有35篇（部），除此之外还有3部著作。根据研究内容和研究对象的不同，可分为以下4个方面。

（1）综述类研究，如陈虹羽、陈嘉杰《粤西吴川方言词汇的研究综述》。

（2）个案研究，如张树铮《方言词汇深层中的古文化词遗存举隅——没大萨、关目、穷迭剌、罟罟、摩诃罗》。

（3）比较研究，如张健雅《廉江粤客闽三方言词汇比较研究》。

（4）方言古语词研究，如冯爽《〈四川泸州方言研究〉中部分方言词本字考释》，宋洪民、张红梅《从山东方言文献看明清官话与方言词汇的义域差异——兼谈官话方言内部词义系统的差异问题》。

3. 语法

汉语方言语法研究成果丰硕，各类期刊文献约203篇。在系列研究方面，汪国胜教授主编的《汉语方言语法研究丛书》自2006年来已陆续出版相关成果12种，2022年新出版《罗田方言语法研究》（徐英）、《汉语方言疑问范畴比较研究》（李曌）、《汉语方言否定范畴比较研究》（陈芙）3辑，为方言语法单点研究和比较研究提供了新的材料。研究领域分为句法、词类、构形3个方面。

（1）句法研究。以疑问句式和被动句式的研究居多。如李曌《汉语方言疑问范畴比较研究》、梅那《南昌方言被动句研究》。

（2）词类研究。方言词类研究包括副词、动词小类、量词、代词等的考察，以及多功能词的来源、功能与语法化。其中多功能词及其语法化是汉语方言语法研究的热点，通常都是对某一方言词进行研究，同时着重分析其语法化路径，如吴福祥《晋语复数词尾“每（弭、们）”的多功能性》指出部分晋语的“每（弭、们）”既可以用作人称代词及指人名词的复数词尾，也能以词根身份直接用如第一人称代词。

对方言虚词的研究通常涉及各类虚词的功能，如各种标记：持续体标记得到不少学者的关注，是时体范畴研究中的热点。如敏春芳，肖雁云《甘肃民勤方言持续体标记“的[tə^{21}]”的来源及其语法化》初步推测，民勤方言中的“的”来源于唐代表动作持续的“着”。

（3）构形研究。主要集中在重叠和小称两个方面。重叠，尤其是量词与形容词的重叠仍旧是汉语方言构形研究的热点。如邢向东《关中方言的两种形容词名词化手段》指出关中方言中存在形容词名词化的现象。小称研究如刘大伟《汉语方言的名叠式小称》。

4. 理论

本体研究的理论成果集中在学科建设、汉语方言分区、地理语言学、语音层次4个方面。

（1）推动建设中国特色语言学学科体系。如邢向东《论汉语方言学在中国特色语言学学科体系、学术体系、话语体系建设中的价值》梳理了汉语方言学发展过程中的诸多重要理论和方法，论证了汉语方言学在建设中国特色语言学学科体系、学术体系、话语体系中的重要价值，并指出汉语方言学今后发展仍需坚持高度的责任感和使命感。

（2）采用实验统计等计量方法对汉语方言分区提供数据支撑。如江荻《汉语方言自动聚类与分区及相关计算方法》在汉语方言间相互关系的三种计量方法——特征统计、词源统计和词汇相似度计量——的基础上提出了 Levenshtein Distance 算法（莱文斯坦距离，或称编辑距离），利用该方法对汉语方言展开相似性计算，计算结果与传统分区基本一致，但更为精准，为汉语方言分区或具体方言的归属提供了参考。

（3）加强地理语言学的方法研究与实践运用。黄河《结构方言学对方言地理学的启示——基于共时结构的词形分类》借鉴了结构方言学的观点，指出方言之间的差别分为表层形式的变体差异和结构性的差异，结构性差异往往更加重要，因此地理语言学在进行词形分类时，需要把语言成分放到所属系统中，考察它和其他成分的关系，揭示系统之间的结构性差别。

（4）结合丰富的汉语方言材料，深入探讨汉语方言学的语音层次。如谷少华、乔全生《语音层次理论的中国化述论》梳理了文白异读、旁读音、训读音、扩散式音变断阶与语音层次的密切关联。瞿建慧《汉语方言文白异读的再思考》对汉语方言中文白异读的相关问题做了进一步的思考，认为文白异读分为音节层面和音类层面两种，就单个字来说，是音节层面上文读音和白读音的差异，就语音系统来说，是音类层面上文读层和白读层的不同。

（二）总结学科发展史，多方汇集文献材料

国家社科基金重大招标项目“近代汉语方言文献集成”出版项目成果《近代汉语客家方言域外文献集成》（乔全生主编、庄初升编著）、《近代汉语湘方言文献集成》（乔全生主编、田范芬编著）两辑，加上此前已出版的《近代汉语官话方言韵书韵图文献集成》（乔全生主编、李子君编著，2020），收录了上至晚唐五代，下至1949年的散见在历代文集中的诸多方言资料。项目为汉语史研究提供了较为充足的资料，对全面揭示汉语方言发展的逻辑线索与历史事实具有重要意义。另，国家社科基金涉汉语史研究主题者约4项，内容侧重于历史演变研究、音韵比较研究，如“基于历史层次分析的闽南方言虚词演变史研究”（黄瑞玲）、“明清濒危西文漳州方言文献历史音韵比较研究”（马睿哲）。

学术期刊方面，对学术史的梳理主要集中在以下3个方面。

（1）汇总汉语方言近年研究情况，如许佳佳、王琴《近二十年来的汉语方言研究》。

（2）总结某一方言区或某一地区的方言研究进展及成果，如乔全生、刘雨荷《晋方言研究史脞论——以山西大学为起始与中心》和辛永芬《中原官话学术史梳理与研究展望》分别回顾了晋语和中原官话的研究历程，呈现了两大方言区研究的重要节点和代表性成果。

（3）就汉语方言某项专题研究进行评述并提出展望，如于涵、赵建军《汉语方言声调实验研究的历史现状及展望》从单字调、变调以及声调与语调的关系方面总结了汉语方言声调实验研究的发展，指出其研究领域更加平衡、研究对象更加广泛和实证性更强等趋势。

（三）关注方言文化保护传承，推出重大标志性成果，传承弘扬中华优秀传统文化

中国语言资源保护工程标志性成果《中国语言文化典藏》丛书首批共推出 20 卷语言文化图册，并于 2022 年推出第二辑 30 册。典藏定位于“创新与存史并重、学术与科普结合”，以保证高标准的学术质量和出版质量为目标，该丛书在实地调查基础上，通过融媒体技术打造音像图文四位一体的阅读体验。典藏以调查条目为纲，收录方言文化图片及其方言名称（汉字）、读音（音标）、解说，以图带文，一图一文，图文并茂；书前附本地方言文化概述和方言音系，书后附田野调查笔记和条目索引。每册约 340 页，包括 600 多个方言文化条目，以词条、图片、音频、视频的方式同步呈现，EP 同步，音像图文四位一体。丛书得到国家出版基金项目资助，并先后列入“十三五”“十四五”国家重点图书出版规划项目。2022 年，荣获商务印书馆 2022 年度最佳媒体融合提名奖。

此外，约有 35 篇文章同步关注方言文化研究等主题，研究成果体现在以下 4 个方面。

（1）对相关概念的内涵进行阐释和讨论。王莉宁、康健侨《中国方言文化保护的现状与思考》厘清了方言文化及其保护的概念，并且对现有理论和理念进行了总结和归纳，在此基础上提出了方言文化开发应用的几种有效方式，即创建方言文化博物馆、创作方言文化艺术作品、组织方言文化校园活动、研发方言科技产品。同时讨论了与方言文化保护相关的重大问题，指出方言文化及其保护同国家多项重大政策和举措息息相关，也可为国际社会提供中国智慧、中国方案和中国经验。

（2）从共时或历时层面上展示方言与文化的密切关系。如李如龙教授的《福建方言与文化》以福建方言和文化为主线，考察了两者历史和现状，探讨其互动关系。该书在呈现福建诸方言的形成、变动和传播的基础上，论述了福建方言的文化类型以及福建各方言区的不同地域文化。此外，徐越《杭州方言是宋韵文化的主要载体和历史坐标》指出杭州方言承载着千年宋韵文化。

（3）探究新媒体快速发展背景下方言文化保护和开发应用的路径及相关问题。如郑燕芳《全媒体时代方言文化传播的路径与特点》对新媒体时代方言文化传播中可能存在的问题进行了反思，同时提出了相关的应对策略。

（4）论证方言文化应用及其服务其他领域的可行性并提出设想，主要集中在旅游文创、博物馆建设及乡村振兴方面。8 篇论文关注了方言文化在旅游文创方面的应用，显示了其较高的关注度。如陆薇伊《方言文化在城市旅游形象构建中的应用研究——以扬州古城为例》以扬州古城为例探讨了方言文化在彰显城市个性、构建城市旅游形象中的重要作用。2 篇论文探讨了方言博物馆的建设，如郭聪、严程极、钟丽佳《方言博物馆留住美丽乡愁》提出方言文化博物馆建设应注重其辐射性、生动性、时代性、生态性，使方言文化博物馆成为展示城市形象和友好交流的窗口。2 篇文章对方言文化及其保护在乡村振兴中发挥的作用进行了思考，如乔露《乡村振兴背景下方言“直播助农”的利用及优化》分析了方言“直播助农”的形式、内容和传播及其优化策略，为乡村振兴提供了新路径。

（四）积极推动标志性成果外译传播，推动方言研究成果更好地走向国际学术界

邢向东教授《陕北晋语语法比较研究》由 Routledge（劳特利奇）出版英文版。

三、问题思考与研究建议

第一，要坚持语言生活与社会需要驱动，不断挖掘语言社会中的新材料、新现象，关注语言事实，正确认识和积极发掘其价值。当前，亟须在深化本体研究的基础上进一步拓宽研究领域，特别要加强语言资源保护和开发利用、方言文化、方言与乡村振兴等方面的研究，有效服务首都功能发挥、国家发展需求。

第二，要建设具有中国特色的学科体系，密切关注新兴学科，积极推动汉语方言学与语言资源学、应急语言服务等专业领域的交叉发展与融合创新，建设发展国家急需的交叉学科与复合型专业。

第三，要重视青年学者的培养与人才队伍建设，进一步充实和完善汉语方言学及交叉学科人才队伍，积极培育学术领军人物、中青年学术骨干和创新团队，加强高水平国际化人才培养。

（北京市语言学会供稿；执笔人：王莉宁）

民族语言学

民族语言学科涵盖众多分支学科，如描写语言学、历史比较语言学、社会语言学、文化语言学、人类语言学、语言类型学、语言规划与语言政策等经验研究，还包括计算语言学、实验语言学等实验性分支学科。民族语言学科经过近百年的发展取得巨大成就，积累了宝贵的经验，形成了具有中国特色、世界上独一无二的较为系统和完善的民族语言学学科体系。

中国少数民族语言研究的传统优势在田野调查基础上的语言描写与比较研究，因此，语法描写研究始终是关注的热点，因此2022年语法成果最多。语音描写是研究的优势传统，但2022年发表的成果不是很多。词汇语义研究历来是民族语言研究的弱项。除此之外，在语言接触研究、国家通用语言文字普及推广等方面的研究卓有成效。

2022年少数民族语言接触研究成果主要集中在借词研究、语言接触与社会语言学、语言接触与方言研究等几个方面。其中借词研究成果最多，其次是语言接触与社会语言学方面的研究。

在民族地区推广普及国家通用语言文字，是提升各民族人民文化科学水平、促进各民族交往交流交融、构建各民族共有精神家园、铸牢中华民族共同体意识的重要工作任务，是民族语言工作者的重要使命。国家通用语言文字的推广普及已经进入全面攻坚阶段，民族地区的国家通用语言文字教育需要系统总结新中国成立以来特别是新时代以来的工作经验，在“融合、协同、精准、信息化”等方面进行积极探索，探寻更加高效、更加便利、更有针对性的工作策略和路径，为新时代国家通用语言文字全面普及、高质量普及做出更大贡献。

一、学科重要研究成果

2022年少数民族语言学学科研究在以往基础上有一定进展，涉及语言结构本体研究、语言文字应用研究、语音实验、自然语言处理、文字文献研究、地名、翻译等内容。

1. 民族语言本体研究

（1）理论

北京学者2022年出版的专著有《葛颇彝语形态句法研究》（姜静，2022）、《白语方言发声的变异与演化》（汪锋、李煊、张小芳，2022）。

（2）语音

语音方面的描写研究参差不齐，汉藏语语音研究比其他语系语音研究成果相对多些。北京学者戴庆厦、刘岩（2022）分析了这两种语言的词的音节结构、重音规则及其在历时演变中的作用等，并以此观察汉语普通话的词重音特点。米热古丽·黑力力（2022）根据文献资料，探讨古代维吾尔语硬腭鼻音 ń 在不同历史时期的演变过程和变化特点。斯钦朝克图（2022）认为东部裕固语的词首辅音 p- 当属古蒙古语乃至蒙古语族语言固有的辅音；而词首辅音 h- 应源于 p- 的演变，这种演变能够为兰司铁的阿尔泰语音规律 p>f>h> ？的可能性提供支持。

（3）词汇语义

词汇语义研究最弱，杨翠英、普忠良的（2022）介绍了纳苏彝语中 thu^{33}lu^{33}、ȵ̥e^{21} 与 mu^{33} 三个词的含义、来源及引申意义。曲木铁西（2022）根据味觉词系统的语义构成、亲属语言间的比较及味觉词与其他词类组合等情形，揭示出彝语义诺话味觉词语义产生的历史顺序。乔畅、周国炎（2022）从四音格词内部构成成分和语义特征的描写中揭示其构式化内涵，进而探究布依语四音格词能产性和活用值的构式化依据。

2022年度词汇特征的地理分布及解释仍然是地理语言学研究的热点，此外，语音特征的细致描写也逐渐成为热点。如崔桂荣（2022）考察朝鲜语方言音素的活用现象及其地理分布特征。

（4）语法

蒋颖（2022）通过普米语南北方言动词的人称、数、体、式以及助词差异的比较，揭示普米语的语言转型趋势，指出“北快南慢”的演变速度、“北简南繁”的规则系统。蒋颖（2022）揭示普米语南北方言的个体量词具有明显的共性，但南部方言形态发达，个体量词不太发达；北部方言形态简化，个体量词却相对发达。吴宇（2022）认为，西夏语第一人称代词复数的敬语形式“gia^{2}mji^{2}”受到了中古汉语西北方音的影响，“[gia²–mji²]”来源于汉语西北方言“我弥 ['ga'bi]”。此外，西夏语第一人称代词复数敬语“giamji”出现了合音现象，词尾弱化读为“–m”，黏合成“gia–m”。聂鸿音（2022）认为西夏文献中偶见谓词前面有连用两个趋向前缀的例子。原来表趋向兼表体式的前缀就只具有单一的意义。连用的两个前缀可以理解为“趋向＋体式”和“体式＋趋向”两种组合，前者至少包括一个祈愿式前缀，后者则由两个完成体前缀构成，第一个表示完成，第二个表示趋向。“趋向＋体式”的结构与现代羌语类似。姜静（2022）认为彝语的句子的基本结构是“话题—评述”结构，是语用关系决定句子语序的中和型语言。李蕾和陈前瑞（2022）指出大理白语的完成类体标记有 xɯ55、lɛ32、ɛ32、ŋɛ21 等 4 个，其中 ŋɛ21 是合音词。这些标记在功能上呈现出多样性。朱德康（2022）发现布依语连动结构的句法特征主要表现于单句性、语法范畴和论元 3 个方面。韦景云（2022）指出武鸣壮语 tɯk⁷ 作为虚词，具有标记语气、持续体、状语和补语的功能。洪波、黄涓（2022）根据指称对象及指称对象的空间距离分别进行描写，并据此归纳出巴别壮语的指示词系统。指称对象分为空间方所、空间事物、时间、行为事件和性状方式五类。罗美珍（2022）对汉语、傣语、苗语的“个”有一个相同的发展过程，即先从名词的性状标志发展为计量词，又从计量词产生了泛量词，最后泛量词发展为结构助词“的”“个”字结构。石德富、班庆梅（2022）认为鸭绒苗语存在普通型（X–ma22–X）和重叠型（X–X），其中 X 可为动词、形容词、介词、情态动词，重叠型来源于普通型，但会发生语音和语用的差异；语音上表现为跨音节变调现象，语用上表现为情态和交际等功能差异。

鲁方昕（2022）分析锡伯语母语者如何识解宾语的定指性，尤其当宾语成分是光杆名词时。并从区域类型学的视角探讨中国境内语言在论元标记策略上的差异，发现南方诸语言更注重生命度，而北方诸语言更注重定指性。

（5）语言接触

金海月（2022）从语义及句法两方面考察了朝鲜语汉源词 tsəmtsəm“渐渐”的本语化进程，同时通过与汉语比较，分析了实现本语化过程中表现出的新特点。

2. 民族语言应用研究

民族语言应用研究包括国家通用语言文字普及推广调查研究、语言资源保护、民族语言信息处理研究等。

截至 2022 年，民族语言信息处理研究经过几十年的发展，取得了大量的研究成果，积累了丰富的研究经验。但是与汉语、英语信息处理研究相比，民族语言信息处理研究的市场狭小，研究进展慢，研究团队弱，技术相对落后。针对此现状，龙从军和安波认为，民族语言本体研究和信息处理研究的有机结合和相互促进是今后民族语言研究的重要思路。

语言资源保护研究方面，王春辉、高莉（2022）认为语言文字事业是助力实现共同富裕的重要因素，体现在语言权利保障、语言能力提升、语言资源保护开发、社会语言沟通顺畅、语言治理现代化、语言生活和谐等方面。王莉宁、康健侨（2022）认为方言文化保护是中国“主体多样”语言政策的深化发展，对实施乡村振兴战略、制定国家关键语言战略至关重要，也是中国语保为世界语保提供理论、经验和技术的重要领域。

3. 民族文字文献研究

2022 年，20 世纪上半叶被外国人携去的一大批珍贵的民族古文献资料得以继续刊布，这些文献资料的刊布为学界提供了源源不断的养料。以此为基础，学界产出了大量研究成果，同时，社科基金设立了很多项目，结项成果也值得特别关注。

米热古丽·黑力力《鄂尔浑文回鹘碑铭研究》（米热古丽·黑力力，2022）以鄂尔浑流域出土的回鹘碑铭材料为研究对象，逐字逐句对照前辈学者对碑铭的转写和译本，找出学者之间的各种研究差异和共同点，并借助与古代、现代阿尔泰语系其他语言的比较，详细分析了碑铭的词语和语法结构。

二、学科重要研究项目

2022 年国家社科基金重点项目审批 24 项语言类项目，少数民族语言研究有 2 项，北京项目为尹蔚彬的《夏尔巴话调查与深度研究》。

2022 年北京学者主持的国家社科基金一般项目有燕海雄的《藏缅语言的音节类型及演变共性研究》、李旭练的《马克思主义在中国传播的少数民族语言文献搜集、整理与研究》。青年项目有张竞婷的《甘青河湟地区少数民族转用的汉语方言接触性语法特征研究》。

2022 年国家社科基金冷门绝学项目团队项目有

李锦芳的《濒危仡央语支的深度调查与语言文化资源数字化》，个人项目有普忠良的《清代彝族毕摩经典译注文献〈彝文账簿文书〉语言学研究》。

三、学科发展述评

1. 存在问题

民族语言研究人才培养面临诸多问题，国内民族语言研究队伍不断萎缩，学科发展平台严重削弱，如民族院校类学报、民族研究类期刊不刊登少数民族语言文字研究成果，对构建少数民族语言的学科体系、学术体系和话语体系以及传承优秀中华传统文化极为不利。

民族语言信息处理研究进展缓慢，与汉语、英语等语言的研究相比有较大差距。同时，民族语言信息处理研究成果在语言本体研究中的应用少，二者的结合比较松散。语言本体研究者在收集、整理和分析民族语言材料时，很少使用语言信息处理技术和产品，导致工作进度慢，加工规范性差；反过来无统一规范标准的民族语言文字材料也难以用于语言信息处理研究中。为解决此问题，培养语言本体研究和信息处理的复合型人才，建立跨学科人才团队是当务之急，也是长远的解决之道。

语言资源及濒危语言保护方面的一个明显不足，是理论发展滞后于社会发展和实践需求。对于如何进行语言资源研究和利用、如何开展濒危语言保护，还没有形成成熟的、体系化的方法理论共识。近年来国内部分高校（如北京语言大学）整合教学科研力量，在语言学及应用语言学专业下设置二级学科“语言资源学”，集中开展语言资源理论与实践、语言资源应用技术、语言资源管理与伦理等方面的学术研究和学科建设，并开始招收研究生。预期不久的将来语言资源研究和保护方面的进展会加快。

经过20余年的发展，国内地理语言学研究的语言和方言数量不断增多，但主要集中在吴语、粤语、闽语、客家话、拉祜语、蒙古语、藏语、纳西语、壮语、朝鲜语、临高语、阿昌语等几种语言或方言土语。在研究广度上涵盖了语音、词汇、语法3个方面，但大多数语言调查材料数据相对较少，研究深度还有待向更深层次挖掘。少数民族语言大多分布在边疆及多个区域的交界地区，受多种语言和方言交叉影响，地理语言学研究需要扩大研究视野，密切关注多种语言或方言的接触、交流和交融，深入开展多语言或方言的对比研究。此外，从事地理语言学研究的科研人员数量缺乏，且现有科研人员专业制图水平亟待提高。

2. 建议

深刻认识中国少数民族语言研究在中国民族研究和人文社会科学领域的地位和作用。提升少数民族语言研究人才培养水平。国内民族语言研究队伍不断萎缩迫切需要扩大其研究队伍、深入挖掘其研究内容，并提升其理论水平。

充分发挥国家级学会、学术期刊、出版机构等学科发展平台，积极推进学科高质量发展。尤其要向有关部门和高校领导呼吁民族院校类学报、民族研究类期刊恢复刊登少数民族语言文字研究成果，为构建少数民族语言的学科体系、学术体系和话语体系以及传承优秀中华传统文化做出少数民族语言研究应有的贡献。

在保持语言描写优势的基础上，深入开展跨语言比较研究和语言接触研究。充分发挥我国多民族交错杂居、多语言兼用的人文特点，进一步推动和深化国内的民族语言接触研究，从历时和共时层面科学阐释中华民族交往、交流、交融的历史文化基因，为构筑中华民族共有精神家园提供学术支撑。

正确认识我国濒危语言的现状和趋势，创新濒危语言调查研究的理论方法，采取切实有效的手段和措施来保护濒危语言资源。未来研究需要发挥濒危语言保存的实际效用，思考濒危语言的学习和传承路径，记录保存原态语料，实现语言资源共享，以保护人类语言的多样性。

民族地区国家通用语言文字教育关乎地方经济社会文化发展，实证研究更多是个案研究，缺少宏观把握和理论思考。今后的研究应更多将理论与实践有机结合，分析国家通用语言文字教育的发展。面向少数民族的国家通用语言文字推广普及是铸牢中华民族共同体意识的重要内容之一，不同地区、民族的学习者在学习国家通用语时，存在的语言偏误不尽相同，对语言学习偏误进行研究，并进行有针对性的指导和纠正，可以有效地提升学习者的语言水平，这是民族语言工作者的研究专长，也是新时代民族语言学研究的新扩展方向。

推进民族古籍的搜集整理保护与研究，让千百年来创造传承的文化遗产保留下来。推进民族文字文献研究进一步向纵深发展，推进多文种文献资料的关联研究，构建大文献、大历史的学科视野。强化本学科理论建设，利用经典的文献学、文字学等方法整理研究民族古籍文献，把民族古文字纳入“中国古文字”研究的大框架。推进民族文字文献研究团队建设，让研究队伍壮大起来。要培养兼通汉语与民族古文字的通才，搭建人才梯队。

（北京市语言学会供稿；执笔人：黄成龙）

心理语言学

心理语言学是语言学和心理学的新兴交叉学科，它综合运用语言学、心理学、神经科学、计算机科学等现代科学的理论和方法，揭示语言理解、产出和习得过程中语音、词汇、形态、句法、语义和语用等不同层面的语言加工和习得机制，其研究成果在语言教育、语言矫治、人工智能等领域有重要的应用价值。目前，国内心理语言学的最新研究成果主要发表在心理学、中国语言文学和外国语言文学等3个一级学科的期刊上。

一、汉语母语认知加工和习得研究

1. 语音加工研究

研究者考察了声调、言语节奏、韵律边界等因素在语言理解中的作用，并探讨了口语词汇产出问题。例如，李梦锐等（2022）发现声调信息参与了汉语复合词的视觉识别过程，而且发挥比音段更为重要的作用。晏芹、张清芳（2022）的元分析研究发现，个体对节奏违反非常敏感，言语节奏加工早于句法加工，任务类型会调节言语节奏对言语加工过程的影响。于秒等（2022b）发现韵律边界与语境一致时促进了歧义结构的歧义消解，为内隐韵律假说提供了汉语的支持证据。周雨汐等（2022）发现词汇产出中存在语义促进效应和语义抑制效应的权衡，支持了词汇竞争假说。

2. 汉字认知加工研究

研究者主要研究汉字饱和现象、词的语义饱和效应等问题。例如，王晨旭等（2022）通过梳理总结汉字饱和现象发生阶段及其影响因素的文献，认为汉字的饱和现象在字形加工、字形—语义联结和语义加工等阶段各自发生或相继发生，并且受到语义加工深度、实验材料的重复次数和实验材料类型等因素的影响，提出未来应将语义饱和与字形饱和分离，应探究汉语二语学习者的汉字饱和现象。吕明等（2022）考察了词的情绪效价对语义饱和进程的影响，发现词汇的情绪效价（积极词、消极词）会影响语义饱和的时间进程，提出未来的语义饱和效应研究应该考虑实验材料的情绪效价。

3. 词汇认知加工研究

研究者主要探究词的具体性和词素位置概率在词识别中的作用、具体概念的加工、词语的重复知盲现象以及惯用语加工等问题。罗文波等（2022）发现抽象词可能比具体词负载了更多的情绪信息，反映出对情绪信息的精细加工过程。金花和李想（2022）发现感觉运动系统参与抽象动词的表征，支持抽象概念的具身表征观点。曹海波等（2022）发现词素位置概率是中文词切分的有效线索，首、尾词素位置概率在词汇加工中均发挥了作用，但是梁菲菲等（2022）没有发现首词素位置概率信息作用于汉语阅读的词切分和词识别。石如彬等（2022）发现第二语言加工中也存在感知运动仿真，而且具体概念加工中的感知运动仿真不受空间信息和语义信息的调节，感知运动仿真能在一定程度上自动化产生。金丽等（2022）以汉语中反义字和成语为实验材料，探讨刺激的语义关联性对重复知盲的影响，发现语义关联性消解了重复知盲效应，实验结果支持竞争假设。付颖等（2022）采用眼动技术考察结构和熟悉性在惯用语加工中的作用，发现结构只影响低熟悉惯用语的晚期加工，偏正结构惯用语语义整合比动宾结构更容易，熟悉性影响惯用语整个加工过程，实验结果支持惯用语的混合模型。

4. 句法认知加工研究

关于句法加工的研究较少，只有两项研究分别探究了中心词和非中心词加工机制、句法优先理论的问题。例如，黄健等（2022）发现中心词与非中心词的加工机制可能是不同的，中心词重复所引发的词汇增强效应可能主要来自词汇表征和句法表征之间的互动关系，而非中心词重复所诱发的词汇增强效应可能主要由普遍性的学习和记忆机制所致。杨思琴、江铭虎（2022）发现汉语 [S+V+O] 简单句式加工可能不符合句法优先说。

5. 阅读认知加工研究

关于阅读认知加工的研究成果丰富。研究者主要采用眼动技术探究了词切分机制、副中央凹预视加工、汉字位置加工、词语跨行呈现、预期性效应、朗读的认知加工机制以及熟练读者的个体差异等问题。例如，陈茗静等（2022）发现文本熟悉性和词间空格的促进作用之间存在权衡，文本熟悉性影响词汇识别的早期加工阶段。王永胜等（2022a）发现词切分促进了从右向左呈现文本的阅读，但并不影响从左向右呈现文本的阅读，研究结果表明缺少阅读经验时词切分线索促进了阅读。鹿子佳等（2022）的研究没有发现读者从副中央凹提取到单音节名词和动词的词类信息，表明高水平信息（如词类信息）不能在副中央凹得到加工，倾向于支持序列注意转移模型（如 E—Z 读者模型）。王永胜等（2022b）也没有发现低频双字词的首字字频影响副中央凹预视效应的大小。顾俊娟等（2022）发现跨亚词边界汉字转置不影响词汇识别，而亚词首字转置干扰词汇识别。张明哲、白学军（2022）发现词跨行呈现干扰了阅读，且这种干扰作用受词频和阅读方式的影响。宋悉妮等（2022）发现预期性、词频和笔画数均影响阅读中的词汇识别，研究结果符合 E—Z 读者模型的假设。谭秀娟等（2022）发现汉语阅读也存在产出效应（production effect），但是没有发现产出效应随着学习次数增加（即项目编码强度的增强）而增强，研究结果支持产出效应的特异观。仝文等（2022）发现快速读者在早期眼动指标上就表现出了预测性效应，慢速读者在晚期眼动指标上才表现出预测性效应。张慢慢等（2022）发现熟练的快速读者与慢速读者的词汇加工模式具有差异，支持个体差异性观点与词汇质量假说。

6. 儿童语言认知加工和习得研究

（1）词汇认知加工和习得研究

研究者主要关注儿童语素意识、家庭读写环境等因素在汉字、词汇或阅读理解发展中的作用，心理动词的习得等。例如，夏月等（2022）发现小学一至三年级的汉字识别和词汇知识对语素意识具有预测作用，同形语素意识能够显著预测词汇知识。张潮等（2022）发现词语结构意识对小学中高年级儿童阅读理解有显著的预测作用。刘海丹和李敏谊（2022）的元分析研究结果显示，家庭读写环境与儿童接受性词汇发展之间为中等程度正相关（r=0.31），而且家庭读写环境效应值随年代发展显著降低，但其核心指标亲子阅读频率的效应值基本稳定。张笛（2022）发现心理动词的习得遵循从客观性到主观性获得的顺序，即先获得描述心理活动和感受的心理动词，后获得表达讲话者主观意愿、情感和推测等的心理动词。

（2）句法认知加工和习得

研究者主要考察关系从句理解、致使动词的习得、疑问代词指别性的习得、语气范畴的习得和儿童句法结构的发展模式等问题。例如，何文广、杨谢兰（2022）发现，3 ~ 4 岁儿童基本上具备了理解句式较简单的关系从句的能力，5 ~ 6 岁左右的儿童基本上具备了利用语义因素辅助关系从句加工的能力。刘金虹、禤倩映（2022）发现，对能描述两种事件完成情况（终结 + 未终结）的单语素致使动词，普通话儿童很难达到成人般准确的理解，因为这个理解依赖上下文，需要成熟的语用推理能力。李若凡（2022）发现习得序列首先受到疑问代词自身指别性质的影响，典型用法优先出现；通过简单语言形式实现的用法先于通过复杂形式实现的用法习得。高亮、张云秋（2022）发现独词阶段普通话儿童语气仍以自我导向方式和具有当时当地特征的内容为主，主导对话的互动方式以及具有跨时空特征的互动内容仍较少，表现出明显的等级性。胡建华、彭鹭鹭（2022）认为儿童的句法结构不是一个自下而上的生长过程，而是一个从句法结构的两头向中间区域生长的过程。儿童的 VP 层和 CP 层最早浮现，而 IP 层则最晚浮现；日语、韩语和英语儿童句法结构的发展数据，均支持儿童语言双向生长假说。张环等（2022）发现教师的对话语言以不同的内在过程影响不同年级儿童的语言理解，这为了解“对话语言易于理解”的发展性机制提供了依据。

7. 特殊群体的语言认知加工研究

（1）特殊儿童语言认知与发展研究

研究者主要探究自闭症儿童转喻加工、环境文字的阅读加工特点等问题。例如，靳羽西和梁丹丹（2022）采用脑电技术探究高功能自闭症儿童常规和新奇转喻的认知加工过程及发展轨迹，发现高功能自闭症儿童对常规和新奇转喻的加工比典型发展儿童更困难，而且从 6 岁到 11 岁，高功能自闭症儿童常规转喻加工随年龄增长显著提高，新奇转喻加工没出现明显变化，新奇转喻加工比常规转喻加工更困难。郑婉婷等（2022）采用命名任务考察自闭症谱系障碍儿童和正常儿童对环境文字进行阅读加工的特点，发现自闭症谱系障碍儿童在阅读环境文字时，受图标线索和字体线索的影响较大，这可为制订促进儿童早期识字的干预方案提供参考。

（2）失语症患者的语言认知加工研究

关于失语者患者语言加工的研究只有一项。祖合热·肉孜等（2022）比较维语和汉语运动性失语患者在执行动词产出任务时的脑激活区。研究结果表明，语言种类和失语都会影响大脑动词产生的神经机制，左侧额中回可能在维语动词形态加工中起重要作用，中央前回可能参与汉语语音编码输出过程。研究结果有助于维语、汉语运动性失语患者语言损伤的评估和治疗。

二、汉语二语认知加工与习得研究

1. 汉字认知加工研究

研究者重点关注汉字识别中的整体和成分加工、汉字书写中正字法意识的作用、汉字书写笔顺和速度的关系等问题。例如，徐彩华等（2022）比较不同汉语水平学习者与母语者在汉字识别加工过程中的异同，发现母语者和二语学习者的汉字识别都有整体加工倾向，随着汉语水平提高，二语学习者的汉字识别会先后出现成分增强和整体增强两种现象。郝美玲等（2022）以汉语二语初学者为对象，考察了正字法意识、部件工作记忆在汉字书写（延迟抄写和听写）中的作用。研究发现正字法意识和部件工作记忆均可显著预测汉字书写成绩，延迟抄写在部件工作记忆对汉字听写的影响中起着完全中介作用。徐晶晶、江新（2022）通过采用数码笔收集不同水平的汉语学习者抄写汉字的笔顺和速度的数据，考察二语者汉字书写笔顺与书写速度的关系，发现总体上笔顺正确率与汉字书写速度之间有正相关关系，即笔顺正确率越高，汉字书写速度越快，但二者的关系随汉字水平发生变化：对初级学习者，二者不相关；对高级学习者，二者显著相关。她们联系笔顺规则的认知特点对结果进行解释，并提出汉字教学要强调笔顺正确的重要性。

2. 词汇认知加工和习得研究

研究者主要探究词义通达模式、词义猜测、伴随性词汇习得、双字副词短语加工等问题。例如，陈建林等（2022a）以俄—英—汉三语者为研究对象，采用跨语言重复启动范式探究二语英语和三语汉语词汇语义通达模式。朱文文、陈天序（2022）采用纸笔测试考察词内结构在词义猜测中的作用，发现偏正结构类词语比并列结构和动宾结构更容易进行词义猜测。易维（2022）考察词汇量、语素意识对阅读中汉语复合词伴随性习得的影响，发现不论是透明词还是不透明词，二语词汇量、语素意识对伴随性词汇习得都有促进作用。侯晓明等（2022）发现整体频次和搭配强度影响汉语母语者和汉语二语学习者对副词短语的加工，汉语二语学习者对搭配强度的敏感度比汉语母语者弱。

3. 阅读认知加工和文本可读性研究

研究者主要采用眼动技术探究歧义句的阅读加工、拼音在阅读中的作用，采用计算建模研究文本可读性评估问题。例如，高晓雷等（2022）采用眼动技术考察藏—汉读者阅读汉语歧义句时的歧义效应以及语境在句子歧义消解中的作用，发现藏—汉读者在阅读汉语歧义句时存在歧义效应，语境对歧义消解起促进作用。于秒等（2022a）采用眼动技术对来华学习汉语的初级水平苏格兰留学生进行了为期一年的追踪研究，发现拼音能显著提高汉语阅读效率，随着汉语水平的提高，学习者对拼音的依赖逐渐减少，对汉字的注意力分配逐渐增多。

汉语二语文本难度自动分级是近年来引人关注的重要问题，有两项研究采用计算建模考察了这个问题。杜月明等（2022）对汉语水平考试（HSK）的阅读文本可读性进行评估，发现基于汉字、词汇、句法和篇章的全特征模型的预测准确率达 87.6%。朱君辉等（2022）发现融合语法点特征后多元逻辑回归算法的分级准确率为 86.40%，比基于现有语言特征的实验提升了 2.4%。

三、外语认知加工与习得研究

1. 语音认知加工与习得

有两项研究分别探究英语松紧元音感知和产出、日语促音和非促音对立的感知。张薇等（2022）发现在感知方面，重铸、引导、引导＋重铸这三种反馈方式对英语松紧元音感知均有显著效应，且三类反馈的有效性无显著差异；在产出方面，重铸、引导＋重铸两类修正性反馈的效用显著高于引导类修正性反馈。任宏昊（2022）探究日语母语者不同方言背景的高级日语学习者对促音、非促音对立的感知，发现刺激音拍数影响促音、非促音对立的感知，日语母语者和日语二语学习者均能以促音部时长与总词长比例为变量表现促音与非促音高水平的范畴感知。

2. 词汇认知加工与习得

（1）二语者词汇加工与习得研究

研究者主要关注二语词汇加工中一语的激活、一语词汇加工中二语的激活、情绪词的习得，以及语素意识在阅读中的作用、动词产出过程的重复启动效应等问题。例如，余清萍、田筱润（2022）发现在复合词加工中词素的一语词汇表征得以激活，而且二语水平影响一语词汇表征激活的时间进程。刘雪丽、倪传斌（2022）考察了一语听觉词汇加工中二语语音激活的情况，并基于 BIA+ 模型构建了适用于中国英语学习者听觉词汇加工的 R-BIA+ 模型，以阐释二语对一语影响的机制。赵思怡等（2022）发现成人与学龄前和学龄初期儿童均存在情绪效价—空间动作隐喻联结的心理表征，并且该联结影响成人及学龄前和学龄初期儿童外语情绪词学习效果。此外，陈天序、李晓萌（2022）考察英语学习者的语素意识如何通过语音解码及听力理解共同促进阅读理解，王震等（2022）考察非熟练汉—英双语者动词产出过程的重复启动效应。

（2）三语者词汇加工研究

多语使用者的语言表征和组织形式成为语言加工研究领域的新焦点。例如，张北镇等（2022）发现英语词汇加工中汉语的词汇层信息能够被激活，三语学习者大脑词库中以词汇层联结为主。布霄楠、乔晓妹（2022）采用掩蔽启动范式下的词判断任务，考察二语（汉语）占主导地位的维吾尔语—汉语—英语三语使用者的母语和二语之间的启动效应，发现汉语作为二语对母语维吾尔语有显著的启动效应，高熟练度的母语维吾尔语对二语汉语的启动效应接近显著。陈建林等（2022b）以藏—汉—英三语者为研究对象，采用图片命名实验，探究任意两种语言转换中的预先语言控制机制，发现语言转换时产生了优势语反转现象，结果支持预先抑制机制，不支持特定语言选择门槛调节说和预先激活说。

3. 语法、句法认知加工与习得

关于语法或句法加工和习得的研究数量最多、成果最丰硕。该领域的研究呈现以下特点。首先，研究目标结构多种多样。研究涉及的目标结构至少有 13 个，它们包括英语论元结构、词汇使役构式和迂回使役构式、非宾格结构、英语增元结构和介词与格结构、人工语言格标记规则、英语 wh- 论元问句、英语反身代词指称先行语、主谓一致结构、轻动词构式、关系从句、颜色词带宾构式、时间状语从句语序、与格转换结构等。其次，涉及了一些常见的理论模型或假设，包括固化假设、接口假说、跨语言相似性等。最后，研究方法多样。一些研究进行了纸笔，不少研究进行反应时实验，实验任务包括语法可接受度判断、自定步速阅读。个别研究采用了眼动或脑电技术。

固化（entrenchment）和占位（preemption）被认为是抑制构式泛化错误的重要认知机制，但对其抑制效果的研究结果存在争议。涉及固化和占位的研究有两项。何琴（2022）探究固化和占位这两种认知机制对抑制中国英语学习者习得英语论元结构转换的影响，发现致使转换最易习得，其次是与格转换，最不易习得的是方位转换；高水平组比中、低水平组更不能接受有竞争替代句的新造句，所有受试都更易接受合法句，支持了固化假设。王保昌等（2022）以词汇使役构式和迂回使役构式为目标构式，采用语法可接受度判断任务，考察固化、占位和动词语义对中国英语学习者抑制构式过度泛化的影响，发现动词的语义特征能显著预测学习者对使役构式的接受度，固化和占位对学习者避免泛化错误的作用显著，且对中等水平学习者作用更大，固化和占位效应大于语义效应。何琴（2022）和王保昌等（2022）的研究有助于认识和了解二语习得中过度泛化的抑制机制。

还有两项研究基于接口假说，采用自定步速阅读和语法判断任务，探究中国二语学习者对英语增元结构和介词与格结构（李钰茜等，2022）和非宾格结构（曾涛等，2022）的加工。此外，曾莉等（2022）考察维吾尔语—汉语—英语三语者英语反身代词指称先行语的习得。

上述研究均为成人二语加工和习得研究。关于儿童二语加工和习得的研究较少。梁利娟等（2022）基于统一竞争模型考察儿童英语二语学习者句法加工能力的发展以及抑制控制能力的作用，发现儿童二语句法加工能力随着二语学习经验的增加而不断提高，且在初中一年级阶段出现句法加工的自动化迹象；小学五年级和大学生的抑制控制能力影响二语句法加工。该研究揭示了儿童二语句法加工能力发展的趋势以及抑制控制能力的作用，并在一定程度上支持和扩充了统一竞争模型。吴菲（2022）测查了一组粤语—英语双语儿童习得宾语省略结构的语际影响，发现语际影响不仅发生于从粤语到英语，也可出现于从英语到粤语。

4. 语篇、语用加工与习得研究

研究者考察了反语理解、违实句理解和语用充实启动现象。例如，张雨等（2022）自定步速阅读任务探究二语反语的情感语用功能以及不同情感语境对二语反语在线加工的影响，发现无论是高情感语境还是低情感语境，二语反语陈述比字面语陈述皆能激活更少的消极情感状态与较低的情感唤醒度，而且情感语境对学习者二语反语加工产生影响。徐晓东等（2022）采用自定步速阅读技术，考察前提知识的真假以及外语水平的高低如何影响违实推理，发现外语环境下违实推理会受语境和外语水平的双重影响。当外语水平达到一定程度时，外语环境下的违实推理与母语环境下的违实推理均受前提知识真假的约束；但当外语水平一般时，违实推理就会遇阻，前提知识也无法对违实推理产生影响。

语用充实（pragmatic enrichment）是指将话语传达的逻辑形式发展成为完整的命题形式的过程。贾莉、杨连瑞（2022）考察二语互动中的语用充实启动效应及其影响因素，发现学习者的二语互动中存在语用充实启动现象，语用充实启动效应受二语水平和语境的调节。

四、总结和展望

综上所述，2022 年度我国心理语言学研究取得不少新进展，研究主题和研究对象类型不断增加，研究范式不断更新，跨学科研究不断增加。从研究主题和研究对象看，从母语和二语学习，到成人三语学习，从正常儿童到语障儿童语言发展。从研究范式看，从问卷调查、行为测试，到眼动实验、认知神经科学实验、计算建模。这些进展表明近年来我国心理语言学研究发展迅速，跨学科研究不断增强，学科影响力日益增强。

值得注意的是，虽然国内心理语言学研究的话题覆盖范围较广，但不够均衡。特别是汉语二语和外语的心理语言学研究中，语言习得研究较多，语言加工研究偏少，问卷调查、行为测试较多，眼动和认知神经科学研究较少。

未来我国的心理语言学研究发展将呈现以下特点：一是将更加凸显汉语的特点；二是汉语二语和外语学习的加工机制和神经机制研究将不断增加，研究技术不断更新；三是特殊群体的语言发展、评估与干预研究将成为热点；四是基于大数据、语言计算、计算建模的研究逐渐增加；五是人工智能和自然语言处理技术在心理语言学中的应用研究将不断增加，尤其是 ChatGPT 的出现代表着自然语言处理技术的新时代，如何利用这些技术推进心理学语言学领域的不断发展，如何利用心理语言学知识评估人工智能算法是当今的热点研究问题。

（北京市语言学会供稿；执笔人：江新）

国际中文教育

21 世纪以来，汉语的国际地位不断提升，汉语学习、教学和应用的国际化进程不断加快。越来越多的国家将汉语纳入国民教育体系，孔子学院和孔子课堂在海外各国生根开花。与此同时，伴随中国企业不断走出去和来华外国企业不断增多，中国企业的海外员工和来华企业的外籍人士对汉语的实用化、专门化需求愈加迫切。汉语二语教学呈现出低龄化和实用化发展趋势。

本报告梳理 2022 年国际汉语教育（汉语作为第二语言教学）各领域发展和建设的基本情况，重点综述其中的新进展、新观点和新话题，关注学科发展的热点、难点问题及多元发展的新现象、新趋势。为更好地凸显本年度国际汉语教育研究的主流倾向和发展趋势，重点考察了业界专业核心期刊《世界汉语教学》《语言教学与研究》《语言文字应用》《汉语学习》，代表性专业期刊《国际汉语教学研究》《国际中文教育（中英文）》和书刊《对外汉语研究》《汉语教学学刊》2022 年全部相关文献。

一、学科建设的宏观问题研究

1. 国际语言传播机构研究

研究和借鉴国际语言传播机构建设与发展历程，是中文教育研究的重要课题。李宇明、唐培兰《国际语言传播机构发展历史与趋势》（《世界汉语教学》第 1 期），指出国际语言传播机构多元化、传播地位凸显、传播产品商品化、运作更加民间化、重视平等与合作五大发展趋势，其使命可概括为国家使命、人类使命两大类八个方面，国家使命仍是其基本使命，核心任务是“促进本国语言文化传播”，但也正在建立人类使命的自觉意识，把国家使命与人类使命兼顾起来。

2. 中文纳入国民教育体系研究

中文纳入各国国民教育体系，是其走向世界的重要标志，至2021年底已有76个国家将中文纳入国民教育体系。尹冬民、唐培兰《中文纳入各国国民教育体系发展状况研究》(《语言文字应用》第4期)，指出中文纳入国民教育体系呈现出区域差别、质量差别和方式多样化特点。纳入的方式包括发布政令规划、签署协议备忘录、设立专门岗位、制定教学大纲、实施品牌项目、开办双语学校、开设必选修课程、设立院系专业、列入考试科目等。

3. 汉语中介语语料库研究

语料库建设是促进汉语国际化的重要支撑平台。张宝林、崔希亮《“全球汉语中介语语料库”的特点与功能》(《世界汉语教学》第1期)，阐述了“全球汉语中介语语料库”在设计理念、建设策略与方式、标注内容与方法、数据统计、检索方式等方面的特点。其动态建设功能可以使该库随着应用研究的不断深入而发现自身的问题与不足，从而能够与时俱进地服务汉语教学与研究。该语料库正式对外开放，显示了在汉语教学资源建设方面做出的“中国贡献”。此外，《国际中文教育（中英文）》2022年第2期，刊登尤易、曹贤文《20年来国内外学习者语料库建设及应用研究分析》，赵焕改《需求导向的汉语继承语学习者语料库建设研究》，刘运同《汉语口语中介语语料库转写若干问题探讨》，张宝林《扩大汉语中介语语料库来源的途径》等文章，探讨中介语语料库问题。

4. 中文教育信息化研究

信息化时代中文教育的发展趋势是一个前瞻性和引领性的课题。马箭飞《国际中文教育信息化成效及发展方向》(《世界汉语教学》第3期)，指出中文教育信息化建设未来的发展方向主要包括：(1)坚持标准引领，强化支撑能力，完善资源供给，加强多方协同。激励和支持中外教育机构、院校、企业等参与国际中文教育数字化建设，提升服务能力和水平。教育信息化是一项长期的系统性工程，是时代之需、变革之需、创新之需，也是汉语二语教学学科发展的必由之路。

5. 中文教育工程化研究

2020年新冠肺炎疫情以来的线上教学，促使教学观念和教学方式的改变，有学者提出国际中文教育工程化的观念。《语言教学与研究》编辑部本着深入参与和推动语言学应用研究创新探索的主旨，2022年组织了《“国际中文教育工程化问题”大家谈》(魏晖、施春宏等,《语言教学与研究》第1期)，探讨了实施国际教育工程化的必要性和可能性、推进国际中文教育工程化的若干问题、国际中文教育工程化的基本特征及实施策略、国际中文教育工程化的大数据支撑及人才团队建设等问题。这是国际汉语教育研究的新概念、新话题。

二、学科建设的领域问题研究

1. 海外华语文化遗产价值

海外华语是国际中文教育的重要资源，华语教学是国际中文教育的重要组成部分。郭熙、雷朔《论海外华语的文化遗产价值和研究领域拓展》(《语言文字应用》第1期)，指出海外华语不只是一种交际工具，也不单单是语言资源，更是一种文化遗产。作为一种文化遗产，海外华语具有不可再生性、地缘—历史性和文化韧性，传承模式独特。文章认为，工具性、资源性和文化遗产性，构成了对海外华语认识的新框架。

2. 职场汉语教学研究

随着“一带一路”建设持续发展和中国企业不断走出去，汉语专业化、职业化和实用化趋势愈加凸显。胡建刚、贾益民《国际职场汉语教学探讨》(《世界汉语教学》第3期)，提出国际职场汉语教学应遵循的五个原则：场景化教学为主、国外教学为主、业余培训为主、实践教学为主、培养口语交际能力为主。国际职场汉语教学体系由六部分构成：“6+N”教材体系，线上线下相结合的教学体系，职场汉语水平测试体系，学习者就业推荐、创业孵化帮扶体系，国际传播体系，“职场汉语＋职业教育”体系。

3. 专门用途汉语教学研究

新时代专门用途汉语教学的进一步研究，离不开对既有成果的梳理和总结、继承和发展。孙莹、李泉《专门用途汉语教学研究综论（1980—1999）》(《国际汉语教学研究》第4期)，指出专门用途汉语教学始自20世纪50年代的汉语预备教育。20世纪最后20年的专门用途汉语教学研究以科技汉语为主，这一阶段的研究注重务实，理论探讨不多，但相关成果为专门用途汉语教学研究奠定了基础。此外，2022年，外语教学与研究出版社出版了姜丽萍主编的《首届专门用途中文学术研讨会论文集》，分为专门用途中文词汇及词表研究、中文课程及教学研究、中文教材建设研究、中文教师发展研究等专栏，收论文 22 篇。

4. 职业中文能力等级标准研究

在“一带一路”建设和职业教育“走出去”大背景下，职业中文教学逐渐成为国际中文教育发展趋势之一。宋继华、马箭飞等《职业中文能力等级标准的构建》(《语言文字应用》(第 2 期)，指出鉴于目前职业中文能力培养面临着语言能力与职业技能难以同步提升、职业标准与中文标准难以融合的问题，提出了职业中文能力等级标准的基本框架，分别从基础理论、领域界定、研制方法、表达与应用等几方面对其进行阐释，以期为职业中文教学提供参考。

5. 区域国别中文教育研究

加强区域国别中文国际传播研究，构建区域国别研究范式，有助于切实增强中文国际传播的实效性。李宝贵、刘家宁《区域国别中文国际传播研究：内涵、进展与优化策略》(《语言文字应用》(第 1 期)，阐释了区域国别中文国际传播研究的内涵、特征及价值。建议加强区域国别理论研究，构建区域国别研究范式；加强中外合作交流，形成研究合力；借鉴其他语种的海外传播经验，夯实区域国别数据库建设。

此外，《国际中文教育（中英文）》2022 年第 1 期“区域国别中文教研究育”专刊，调查和研究了玻利维亚、秘鲁、苏里南、格林纳达、安哥拉、坦桑尼亚、马尔代夫、斯里兰卡、阿富汗、阿尔巴尼亚、保加利亚和意大利等 12 个国家中文教学的现状、问题和发展状况。《国际汉语教学研究》2022 年第 1 期，刊发了吴应辉《区域 / 国别中文教育研究功能的三重新》，张新生、李明芳《英国中文教育近年来的发展情况》，梁宇、卢星星等《阿联酋中文教育发展现状与展望》，吴强《喀麦隆中文教育发展历程与师资建设》，赵雨、吴应辉《柬埔寨中文教育发展报告（2019）》等文章。

三、汉语教学与习得研究

1. 语言类型学与中文教育

目前全球已有 70 个国家将中文教育纳入国民教育体系，国际中文教育中的语言类型学知识介入变得更加必要。刘丹青《语言类型学与国际中文教育》(《语言文字应用》第 1 期)，扼要介绍了国际中文教育需要了解的语言类型学知识，分析了类型学背景下汉语特点研究的成果，尤其是音节显赫、多样化语序类型和话题优先等重要特征，以及量词、语气词、动补式、连动式等显赫范畴，并结合部分语言有别于汉语的一些重要类型特征，进行了相关的案例分析。

2. 中文教育理念创新研究

加强国际传播能力和提升我国的国际话语权，国际中文教育责无旁贷。陆俭明《新时代国际中文教育理念创新和实践探索的若干思考》(《语言教学与研究》第 4 期)，提出国际中文教育六方面需要理念创新：开展国际中文教育的目的要有正确的认识与理念；国际中文教育核心教学内容是汉语言文字教学；境外中文教学应主要由本土教师来承担；抓好海外汉语教材建设；要压缩汉语国际教育本科专业；进一步做好孔子学院的定位和建设工作。

3. 国际中文智慧教育探讨

在人工智能、大数据等技术飞速发展的信息化时代，如何充分利用先进的技术，成为业界一个紧迫的课题。刘利、刘晓海《关于国际中文智慧教育的几点思考》(《语言教学与研究》第 5 期)，提出“国际中文智慧教育”的概念并阐释其内涵、样态和特征。中文智慧教育的基本内涵是学习智慧化、教学智慧化，核心样态是精准构建学习者的学习动机、语言背景、语言能力等信息，总体特征是智能化、精准化、模块化、标准化、规范化。

4. 语法教学及大纲研究

汉语语法是国际中文教育的核心知识，是学科内涵研究的重要体现。《对外汉语研究》(2022) 刊发了多篇相关文章。胡建锋《关于对外汉语语篇语法教学内容的一些思考》(第二十五期)，探讨了语篇包括哪些语法项目，就汉语二语教学而言，应该提取哪些具体的语法项目。段沫《基于语法能力视角的对外汉语教学语法大纲》(第二十六期)，认为语法大纲应该：一是以句子为核心，通过句子的内部结构、整体表达、句间衔接三大线索梳理语法项目；二是通过“形式—语义”双向路径呈现语法体系及排布语法项目。蔡瑱《新世纪对外汉语语法教学研究回顾与思考》(第二十六期)，对 21 世纪初汉语二语语法与教学研究进行了梳理，重点回顾了近 20 年来汉语语法教学研究与实践中取得的成果与发展态势。

5. 文化教学及大纲研究

文化教学及大纲研究是学科建设的重要内容。

教育部中外语言交流合作中心组编《国际中文教育用中国文化和国情教学参考框架》(华语教学出版社，2022)，描述了中国文化和当代国情的教学内容和目标。《框架》分初级(小学)、中学(中级)、高级(大学及成人)三个层次。这是业界正式出台的第一部文化教学参考框架。此外，《国际汉语教学研究》2022年第2期，刊发了宋永波《中国文化和国情教学的新框架和新理念》、吴勇毅《〈国际中文教育用中国文化和国情教学参考框架〉与教材编写》、吴中伟《中国文化教学与中文教学的结合途径》等文章。

6. 汉语教学行为大纲研究

基于现代语言学的理论来研究汉语二语教学，是国际中文教育界的一个良好传统。张文贤《互动语言学视角下汉语二语教学行为大纲的构建》(《语言教学与研究》第5期)，结合互动语言学的研究成果，构建了汉语二语教学行为大纲，将与教学相关的行为分为宽行为与窄行为。宽行为包括询问类、请求类、评价类、告知类、建议类五大类，窄行为包括问候、感谢等数十种。这是中文教学大纲建设的新探索。

7. 学习者汉语学习研究

汉语二语习得是国际中文教育的重要研究内容，在本文考察的期刊和书刊中都有文章发表。如袁博平《论二语习得中第一语言迁移的方向性及经济性原则——以二语句法和二语语篇为例》(《世界汉语教学》第3期)，陈默、安子逸等《社会网路和语言认同对汉语二语口语产出的影响》(《语言文字应用》第4期)，于秒、孙会等《拼音对汉语二语初学者汉语阅读作用的眼动追踪研究》(《语言教学与研究》第4期)，冯耀艺、骆健飞《中高级水平留学生嵌偶单音词的习得研究》(《国际汉语教学研究》第2期)，许晓羽、陈舒敏《汉语二语学习者自主学习“心理—能力—行为”的建构与量表制定》(《对外汉语研究》第二十五期)，陈天序、程荫等《美国汉语学习者词义猜测研究》(《汉语教学学刊》第2辑)等。

8. 外向型学习词典研究

外向型学习词典是国际中文教育的重要资源，其数量、种类、质量代表着中文教育资源建设的水平。崔希亮《汉语学习词典的元语言问题》(《汉语学习》第6期)，提出学习词典元语言研究的6个问题：(1)元语言词汇应该有哪些？与词汇等级大纲的关系是什么？(2)元语言词汇是如何提取出来的？(3)释义、配例、同义词辨析、近义词辨析和相关的知识信息都应该使用元语言词汇吗？(4)例句的句法难度和句长也应有元语言观念，但具体操作应怎样落实？(5)学习词典中的文化内容也应该有元语言的观念；(6)外向型汉语学习词典，如何观照自然语言中语义网络和认知概念网络等问题，并提出了相关的建议和思路。

9. 中文教育资源体系研究

近年来，中文教育资源成为学科研究的重要课题。赵金铭《国际中文教育资源体系的特点和构建》(《汉语教学学刊》第1辑)，指出资源体系的建设应紧紧扣住教授外国学习中文的学科本质。资源体系包括中文知识体系、中文赋能体系(中文能力养成体系)、测试与评估体系。国际中文教育资源体系的构建，应注重中外特点，突出中文特色。此外，教育部中外语言交流合作中心组编《国际中文教育教学资源发展报告(2022)》(北京语言大学出版社，2022)，分为总报告、标准篇、纸质篇(教材)、数字篇(数字资源)、国别篇、专题篇、参考篇。

10. 国际中文教师能力标准

推进国际中文教育事业的发展，提升国际中文教育质量，关键在于加强国际中文教师队伍的建设和促进教师专业能力的发展。世界汉语教学学会根据国际中文教育的发展变化和国际需求，组织海内外有关院校、社会团体等单位，联合制定了《国际中文教师专业能力标准》，于2022年8月26日发布。《标准》旨在为国际中文教师培养、培训、专业能力评定和认定、专业发展与职业规划等提供依据。《标准》是引领国际中文教师专业发展的基本准则。

(北京市语言学会供稿；执笔人：李泉、孙莹)

年度推荐著作和论文

著　作

1. 汪锋、李煊、张小芳：《白语方言发声的变异与演化》，北京大学出版社，2022年。

2. 姜静：《葛颇彝语形态句法研究》，中国社会科学出版社，2022年。

3. 周小兵等：《汉语教材词汇研究》，商务印书馆，2022年。

4. 曹志耘、王莉宁、李锦芳主编：《中国语言文化典藏》（第二辑，30卷），商务印书馆，2022年。

5. 丁启阵：《唇舌集——古今方言论稿》，巴蜀书社，2022年。

论　文

1. 董秀芳：《汉语方式存在句的性质、特点与历史来源》，《中国语文》，2022年第5期。

2. 陈保亚、鲁方昕：《论元判定的直接关联原则和平行周遍原则》，《语言学论丛》，2022年第1期。

3. 邢向东：《论汉语方言学在中国特色语言学学科体系、学术体系、话语体系建设中的价值》，《中国语文》，2022年第4期。

4. 鲁方昕：《锡伯语的区别宾语标记——兼论定指性与生命度作为隐性范畴在中国境内语言中的分布》，《中国语文》，2022年第2期。

5. 王立军：《训释系联焦点词的词汇语义特征与上古汉语核心词研究》，《北京师范大学学报（社会科学版）》，2022年第2期。

6. 鹿子佳、符颖、张慢慢、臧传丽、白学军：《中文词类信息在副中央凹中的加工》，《心理学报》，2022年第54卷第5期。

7. 江蓝生：《中性词语义正向偏移的类型和动因》，《中国语文》，2022年第4期。

历　史　学

总　论

2022年是党的二十大召开之年，也是向第二个百年奋斗目标进军和实施“十四五”规划的关键之年。在党中央的高度重视和广大史学工作者的努力工作下，北京地区历史学学科建设和学术研究取得了重要进展。

一、学科建设重大突破

以习近平同志为核心的党中央高度重视历史研究工作。4月，中央办公厅、国务院办公厅印发了《关于推进新时代古籍工作的意见》，全文包括总体要求、完善古籍工作体系、提升古籍工作质量、加快古籍资源转化利用、强化古籍工作保障等5个部分，这是新时代古籍事业一份纲领性、标志性的指导文件，对于推进中国古籍事业的繁荣发展将产生深远的意义和影响。5月27日，中共中央政治局就深化中华文明探源工程进行第三十九次集体学习。习近平总书记强调，要深入了解中华文明五千多年发展史，把中国文明历史研究引向深入；需要把考古探索和文献研究同自然科学技术手段有机结合起来，综合把握物质、精神和社会关系形态等因素，逐步还原文明从涓涓溪流到江河汇流的发展历程；要加强统筹规划和科学布局，坚持多学科、多角度、多层次、全方位，密切考古学和历史学、人文科学和自然科学的联合攻关；要建立中国特色、中国风格、中国气派的文明研究学科体系、学术体系、话语体系，为人类文明新形态实践提供有力理论支撑。《求是》杂志第14期刊发了习近平总书记在集体学习时的讲话《把中国文明历史研究引向深入，增强历史自觉坚定文化自信》。7月8日，习近平总书记在给中国国家博物馆老专家的回信中强调，守护好、传承好、展示好中华文明优秀成果，为发展文博事业、为建设社会主义文化强国不断做出新贡献。10月，习近平总书记在河南安阳考察殷墟遗址时指出，考古工作要继续重视和加强，继续深化中华文明探源工程。12月8日，习近平总书记致国史学会成立30周年贺信中，勉励国史学会深入学习贯彻党的二十大精神，不断提高研究水平，创新宣传方式，加强教育引导，激励人们坚定历史自信、增强历史主动，更好凝聚团结奋斗的精神力量，为全面建设社会主义现代化国家、全面推进中华民族伟大复兴做出新贡献。这些重要讲话或指示等为历史学科的发展指明了方向，在史学界引起了重大反响，北京地区的史学工作者以各种方式加以学习贯彻，落实到教学和研究工作中。7月6日，中国历史研究院召开“文明起源　文明比较　文明互鉴——学习习近平总书记‘5·27’重要讲话精神座谈会”。

本年度学科建设的最大亮点就是区域国别学的快速发展。2022年9月，在国务院学位委员会和教育部公布的新版学科目录中，区域国别学成为交叉学科门类下的一级学科，可授予历史学学位。区域国别学研究被纳入教育部哲学社会科学知识体系建构和高校智库服务能力提升工程四位一体工作格局，形成了自己的宏伟蓝图。为推动区域国别学学科建设与发展，构建中国特色区域国别学学科体系、知识体系、话语体系，探索区域国别研究和全球治理人才培养模式，提升服务国家、服务社会、服务人类命运共同体构建的能力，北京外国语大学联合全国多所高校倡议成立了“中国区域国别学共同体”。北京地区的高校和相关研究机构积极响应政府决策，纷纷整合资源，优化学科布局，全面落实区域国别学建设。中国人民大学成立欧亚研究院，举办首届“一带一路”与欧亚发展论坛，发布《欧亚地区发展报告》。首都师范大学依托世界史，设立国别区域研究新兴交叉学科博士学位点，正式招收培养国别区域研究方向的博士，并将文明区划研究中心升级为国别区域研究院。北京师范大学依托世界史、中央民族大学依托中国史，分别设立区域国别史区域国别学研究方向，纳入硕士博士招生目录。北京大学举办区域国别研究博士生论坛，举办“领潮行”写作营，加强研究培养力度；设立区域与国别研究学术基金，资助研究项目14项。7月9日，北京师范大学历史学院等召开“区域国别与世界历史研究”学术研讨会。

在学科建设实践推进的同时，学界还对区域国别研究展开理论探讨。钱乘旦认为，世界历史本身就是高度交叉和高度融合的知识体系，对区域国别研究来说是非常重要的支柱。瞿林东认为，区域国别研究不局限于历史知识，还要考虑到国家安全和国际战略等内容。于沛认为，区域国别理论的构建在中国特色的世界历史理论体系构建中具有重要作用。梁占军认为，应打通与其他学科交叉的有效路径，夯实国别史和区域研究史的学术积淀，扩展世界史的研究领域，开拓新的学术增长点。陈奉林认为，要明确新旧区域国别研究的根本区别，要确定区域国别研究的重点与核心问题，要构建理论体系。昝涛认为，高校的区域国别研究，应该既包括对策研究，更兼具基础研究的特点。

二、学术研究热点进展

本年度北京地区的历史学研究成果继续秉持服务国家重大战略和社会建设需求之宗旨，关注重大及热点问题，引领行业发展，成果十分丰富，在以下研究方面的进展尤为明显：

第一，中华早期文明起源研究。2022年是“中华文明探源工程”实施20周年，这项先后作为国家科技攻关、科技支撑、重点研发计划项目的研究，是迄今为止中国规模最大的综合性多学科参与研究人文科学重大问题的国家级研究项目，在科技部、国家文物局等部门的支持下，在参加工程的近20个学科（几乎涵盖了所有自然科学一级学科）的近400位学者的共同努力下，取得了显著成果。中央政治局第三十九次集体学习的主题就是深化中华文明探源工程，王巍在会上做了专题讲解。由王巍和赵辉共同完成的《“中华文明探源工程”及其主要收获》一文，对20年来“中华文明探源工程”所取得的成就进行了系统总结。“中华文明探源工程”秉持“多学科、多角度、多层次、全方位”的理念，围绕公元前3500年到公元前1500年期间黄河流域、长江流域、辽河流域的中心性遗址实施重点发掘、调查和综合研究，提出了判断进入文明社会的新标准。距今5300年前，在黄河中下游、长江中下游和辽河流域等地的社会上层之间，形成了一个交流互动圈，形成了对龙的崇拜、以玉为贵的理念，以某几类珍贵物品彰显持有者尊贵身份的礼制。中华早期各区域文明融合发展为中华文明，其中，中原地区以开放的心态，创造性吸收融合各种文明因素，得以发展壮大，多元融合是中华文明生生不息的源泉。

第二，中华民族发展史研究。中国文明五千年连续不中断发展及中华民族共同体意识也是史学界关注的重点。韩建业认为，持续的跨区域、跨族群的交流是中华文明持久兴旺的关键，是中华文明魅力永恒的支撑。中华文明有一个长期的起源、形成和早期发展过程，在距今8000多年前已经有文化上早期中国的萌芽，进入中华文明起源的第一阶段；距今约6000年正式形成文化上的早期中国，进入中华文明起源的第二阶段；距今约5100年中华文明形成，进入“古国文明”阶段；距今约4100年进入夏代和“王国文明”阶段。中华文明早期最鲜明的特征，就是具有“一元”宇宙观和“有中心多支一体”的格局，是将具有共同基础的多个支系的区域文明社会统一起来，形成的特殊文明，可称为“天下文明”模式。这种“天下文明”模式以及敬天法祖、诚信仁爱、和合大同等文化基因，是中华文明跌宕起伏而仍能连续发展的根本原因，也是中华文明伟大复兴的根基所在。杨共乐指出，中华文化是中国统一真正的凝固剂，是中华文明连续性的重要保障。

王震中指出，中国自秦汉开始出现统一的多民族国家起，作为“自在”的中华民族就已经形成，这是一个以统一的国家为框架，并与之互为表里的全中国的民族共同体。“中华民族”与我们称之为“中国”的秦汉以来的国家形态结构具有一体两面的关系，是中国历史发展道路的特色所在，也是由历史发展轨迹上的国家与民族的内在关系所规定的。我们不能因为“中华民族”一词出现在近代，就认为中华民族是从近代才开始形成的。晁福林认为，在中华民族形成过程中，诸族间的观念认同是中华民族形成的思想基础，起到了导夫先路的积极作用。中国古代虽无“中华民族”之名，但有中华民族之实。自古以来，中华民族如“滚雪球”般逐步壮大，其中包含着明确的层次和阶段，先有地区性的诸族融汇，然后才有大一统式的融汇。地区性的诸族融汇有些是融汇于华夏国家，但楚、秦、吴、越等“大夷”也为民族融合做出了独特的贡献。李帆指出，1907年杨度在《金铁主义说》中将“中华民族”称为“文化民族”，从而将中华文化视作民族认同的基础。杨共乐、晁福林等认为，两次国共合作是中华民族意识加强的重要契机，从梁启超、孙中山、李大钊到傅斯年、顾颉刚，中华民族共同体意识日渐强烈，他们的言论日益明确表达了中华民族共同体团结一致、不容分裂的坚定的民族信念，同时也成了中华民族自觉意识趋向深化的重要表征。郑师渠认为，顾颉刚发展了傅斯年“中华民族是整个的”观点，提出“中华民族是一个”观点，强调中华民族内部的唯一性，作为二者的学生辈学者费孝通和白寿彝，新中国成立后又在前辈基础上分别提出了中华民族“多元一体”格局理论和中国多民族统一国家的理论，白寿彝更是据此完成《中国通史》，为当下铸牢中华民族共同体意识，奠定了重要的思想基础。

第三，文明比较、交流与互鉴研究。中华文明在形成和发展过程中，也与域外其他文明发生交流、碰撞与融合。不同文明的交流互鉴是促进人类文明发展的动力。韩建业认为，具有“一元”宇宙观和“有中心多支一体”格局的早期中华“天下文明”模式，既不同于西亚、希腊式的“城邦文明”模式，也不同于社会文化高度同质的“埃及文明”模式。刘家和比较了中国史学与古希腊罗马史学中“编年史”的不同特点、它们在各自史学传统中的地位以及背后所蕴含的思想观念，从史学发展的角度揭示了中华文明历久弥新、绵延不绝的原因，也为历史研究提供了新的思考维度。马克垚认为，地理环境在生产力水平低下的古代社会对人类文明的发展走向产生了极为重要的影响。对比古希腊城邦、波斯帝国、罗马帝国与古代中国向海洋发展的过程与变化，与海洋的交集影响了不同文明的发展轨迹。古代中国发展重心偏向于陆上，忽略了海上发展的潜力。历朝历代虽然尝试经营与开发海洋，但受制于经济基础与政策倾斜，最终未能成功向海洋发展。杨共乐从中西文明比较视角论证了中华文明所具有的文化根系发达、多源汇流、多元交融、开放包容等特点。他指出，中华文明中“以史为师”“以史为鉴”的历史意识、民族间交汇凝聚后出现的新的人文气象以及以“修身”“自强”为重点的“自律”文化传统等，都对世界文明的进步推动具有重大意义。李红岩指出，中西文明比较研究应以文明交流互鉴为原则；统一性是进行跨文化、跨民族、跨区域观察与研究的首要前提与基础；中华思想始终保持着发达的辩证逻辑形式。董欣洁认为，文明间的交流互鉴能够推动人们形成新的认识和成果，是推动人类文明进步和世界和平发展的重要动力。邓京力等指出，中外史学交流史从中国视角出发，强调中外不同史学传统之间的互动与交流，这一跨文化探索的有益尝试将有助于我们以多中心、多主体的方式来解构西方中心主义，建构多元文化之间的互动交流网络。一些学者还进一步提出了建立“比较文明学”的设想。

第四，中国特色哲学社会科学“三大体系”建设研究。中国特色哲学社会科学“三大体系”建设仍是本年度的研究热点之一。12月3日，中国社会科学院史学理论研究中心在北京召开主题为“如何构建中国历史学的自主知识体系”的年度工作会议，学者们围绕构建中国历史学的自主知识体系、三大体系与自主知识体系的关系、史学理论学科的建设和发展等问题展开讨论。12月9日，中国历史研究院中国历史学学科体系学术体系话语体系研究中心和《史学理论研究》编辑部在北京联合主办“中国历史学‘三大体系’与史学期刊建设学术论坛”。12月10日，中国社会科学院历史理论研究所召开第二届“新时代历史思潮”学术研讨会。12月17—18日，教育部人文社会科学重点研究基地北京师范大学史学理论与史学史研究中心召开“2022年史学理论与史学史学术研讨会”，学科及学术体系建设也是关注度非常高的话题。

话语体系的生成离不开重要历史概念的支撑。廉敏从概念史的角度考察了“历史理论”在中国语境中的使用情况，认为宋明时期“历史”“理论”两个词已经出现，但合称“历史理论”是近代西方史学传入的结果，李大钊对这一概念在中国语境的传播有首倡之功。新中国成立至今，“历史理论”的内涵也得到更深入的探讨，成为以马克思主义为主要内涵而不断中国化的外来概念。吴英者认为，史学理论影响史学发展，因此构建有中国特色的史学理论学科体系和话语体系在历史学三大体系建设中居重要地位，要完成这一任务，则需要建立适应新时代的唯物史观解释体系、力戒唯物史观解释中的教条主义、处理好史学理论与史学史及历史理论与史学理论两对关系等方面着力。杨念群分析了“现代化论”支配与“逆现代化现象”影响之下的社会学与人类学分析框架在中国历史研究本土化过程中的利弊得失，论述了中国思想史日益边缘化的原因，提出了正确吸收社会科学理论与克服中国史研究“常识化阙失”的基本途径。

（北京市历史学会供稿）

考　古　学

一、学科发展及学术研究

2022年，北京地区多家重要考古单位迎来整数周年纪年：中国考古教育重镇北京大学考古百年、中国国家博物馆建馆110周年等。考古学界延续了考古百年的学科回顾与反思风潮，在学术史回顾与理论建设的研究方面表现较为突出，研究更加深入细节，考古学理论角度、研究思路进一步丰富。北京大学考古百年之际，推出《北京大学考古百年（1922—2022）》《考古学研究（十三）——北京大学考古百年考古专业七十年论文集》等系列图书，回顾了中国考古学科建设和人才培养的重要历程，深入梳理了中国考古学及重点分支方向的发展脉络和特色。2009版《田野考古工作规程》的主要制定者赵辉、秦岭、张海等出版的《田野考古学》，是对当前田野考古工作标准内在学术逻辑的系统总结和进一步阐发，集中体现了2022年度考古研究者对国内考古工作方法层面的进一步思考。

（一）学术史研究与学科建设

2022年度，北京考古学界在学术史方面的研究进一步深化细化，比较突出的内容包括考古教育史、中华文明探源工程回顾、考古学理论方法阐发等几个方面。相关著作约7部，论文约70篇。

2022年是北京大学考古百年、新中国考古专业教育70年，北京大学出版图书《北京大学考古百年（1922—2022）》，总结了北京大学考古教育的主要特点，回顾了以北京大学为代表的新中国考古高等教育事业的主要脉络。[1]当前考古学人才紧缺，特别是高层次人才紧缺的问题已经日益凸显。此书不仅能够为读者提供了解中国考古学史的新视角，对于考古学科的高等教育建设、人才培养等方面也具有独特的参考价值。

2022年是“中华文明探源工程”启动二十周年。

中华文明探源工程的首席专家中国社会科学院学部委员王巍、北京大学教授赵辉撰文论述了“中华探源工程”的方方面面。在回顾“探源工程”背景与缘起，阐明工程宗旨、特点与主要研究内容的基础之上，两人指出，“探源工程”建立了中华文明起源形成的年代框架，初步探明了中华文明演进与环境变化的关系，系统考察了各地区文明形成的生业基础，揭示出中华文明经历的古国时代三阶段；并根据实证材料，提出了判断文明社会的八个新标准，描绘分析了中华文明多元一体格局的形成过程与机制及中华文明与其他文明的交流互鉴。[2]“探源工程”是二十年来考古学研究中具有标志性意义的科研工程，其议题方向、研究理念、研究方法、科研组织模式等对中国考古学界影响重大。

《田野考古学》出版。此书详细阐发了 2009 版《田野考古工作规程》背后的学术理念和形成过程，并对规程中的诸多要求进行了进一步的阐发。赵辉在序言中指出，新规程形成的重要学术背景是 20 世纪 80—90 年代中国考古学从物质文化史研究向古代社会复原研究的转型，而严文明于 20 世纪 80 年代主持的长岛北庄遗址考古，是探索聚落考古方向方法的重要工作，[3] 张弛以严文明的学术实践为中心，“集中讨论和归纳史前聚落考古研究的理念与方法”。他指出，严文明对单个聚落考古的实践中，总结出两类研究方法及理念，即景观研究方法、探索建筑物功能和建筑内空间分割。当前单个聚落方面的研究仍延续了严文明总结出的两种理念[4]。

2022 年度，北京地区考古研究者对学术史的回顾更加深入肌理，特别是对学科思路和学科方法的总结与反思，具有较强的启发性。相关研究者对学科发展和学科建设的思考不仅着眼于学科本质，也包含了对考古学社会应用的关注。

（二）旧石器时代考古

石器工业相关研究在本年度较为突出，人类演化研究等方面亦有进展。相关著作约 8 部，论文约 52 篇。

高星出版论文集《拼合的石器》。此书精选旧石器研究论文 37 篇，内容分理论篇、方法篇、发现与研究篇三部分，涵盖了高星发表的多项重要成果[5]。除对各项重要发现的具体研究之外，此书展现了高星“通过对旧石器时代考古学文化遗物的系统分析，并结合人类学、遗传学等研究成果论证现代人起源的模式，提出了现代人类演化的‘区域性多样化模式’”[6]。

多学科参与旧石器时代考古研究，是当前的重要趋势。王幼平综合考古学、古人类学、古环境与年代学等学科的基础资料与最新进展，重新观察中国旧石器时代人类与文化发展的整体过程，勾勒了中国旧石器时代的时空框架。王幼平指出，汾渭裂谷带更可能是东亚地区最早出现的早期人类落脚点[7]。

四川稻城皮洛遗址是近年来发现的重要旧石器时代遗址。四川文物考古研究院和北京大学考古文博学院联合发表皮洛遗址简报。简报详细披露了皮洛遗址七个连续的文化层，介绍了皮洛遗址出土的目前所见世界上海拔最高的阿舍利技术遗存。[8] 皮洛遗址的初步考古成果，为深入探索中国西南地区的旧石器时代人群与文化提供了关键信息。

杨石霞等指出，泥河湾发现的赭石加工遗存距今 4 万年左右，是已知东亚地区最早的使用赭石的证据。下马碑遗址的赭石利用遗存、微型石制工具群等组成了独特的文化组合，显现出一种技术创新和文化多样化的进程。[9] 这项发表于 *Nature* 的研究，以赭石利用为核心，揭示了智人扩张的复杂演化场景，提示了人类演化的新模式。

（三）新石器时代考古

新石器时代考古是探索中华文明起源的重要时段。这一时段的重点课题包括早期文明、社会复杂化、生业经济、早期手工业等。相关著作约 12 部，发表论文约 112 篇。

文明起源及社会复杂化是新石器时代考古的重要课题。秦岭立足于龙山时代的整体框架，以玉器为线索，结合大量案例，归纳了龙山玉器使用方式与社会结构差异的关系，总结出玉器的同一化和公共性特征，并通过跨区域观察，描绘了玉器前所未有的流动性和超越性，勾勒出龙山时代不同区域的网络关系，[10] 提供了观察龙山时代的独特视角。张弛利用兴隆洼—红山文化雕塑等材料，探讨了燕辽地区史前社会复杂化进程中意识形态的特征。意识形态展演方式和展演规模的变化，显示出社群间激烈的竞争；红山文化与社会的发展道路与年代稍晚的良渚社会相比，是不同的形态。[11] 何努分阶段分析了陶寺遗址的发展变化，结合多学科证据论证了陶寺都城“尧舜并都”的观点，将陶寺遗址置于当时的时代整体性之下，探讨了陶寺的文明成就。[12]

在生业经济研究方面，秦岭结合我国研究案例，从技术、方法、成果、议题等方面对植物考古遗传学的发展现状进行了介绍。遗传学研究是近几十年来考古学最前沿的研究领域，可分为基于大数据的系统发育学、谱系地理学研究、对植物表型形状及功能性基因的研究三类。[13]粟和黍曾是我国北方最重要的粮食作物，并在欧亚大陆具有广泛影响。邓振华系统梳理了粟黍的起源和早期传播过程，指出粟黍起源时间可追溯至距今10000年前后，其在中国北方起源并对社会产生重要影响之后，渐次传播到欧亚大陆和周边几乎所有农业区。[14]

在早期手工业研究方面，陶器、铜器等一向受到研究者重视。崔剑锋团队通过多种科技方法分析了屈家岭遗址出土的黑彩或黑衣蛋壳陶，分析结果显示蛋壳陶的表层黑彩或黑衣表面基本不含锰，表面完全呈现玻璃态，呈色原理与后世黑釉完全一致，或已可被定义为高温黑釉瓷。[15]这一研究将中国高温黑釉技术提前1000年，也提示我们关注这一技术与原始瓷起源之间的关系。陈坤龙团队对石峁遗址出土22件铜器样品进行了科学分析，分析结果显示材质类型多样，金属物料可能存在多个来源，对探讨金属技术传播具有重要意义。[16]

（四）夏商周考古

夏商周考古在整体研究、重要都邑、重点遗址、手工业遗存等方面，均有推进。出版相关专著约19部，发表论文约166篇。

2022年，夏商周三代各有一些较具规模的专题探讨。李宏飞将邹衡先生的《试论夏文化》置于考古学史的情境之中重新考察，揭示分析了“二里头文化是夏文化”这一观点的形成过程和实质内涵。[17]围绕着周代年代学问题，徐良高指出，考古学突破了历史年代学的局限性，适于探讨长时段的趋势和历史发展的模式，而考古年代学的局限则在于如何将物质文化面貌和历史重大事件对应[18]；韩巍以“康宫说”为核心展开探讨，认为“标准器断代法”和“系联法”仍然是有效的研究方法，但其重要性已经让位于考古学方法。[19]

在夏商周都邑研究方面，二里头遗址、偃师商城、洹北商城等均有考古新收获刊布。2019年以来，考古工作者在二里头中心区新发现主干道路及两侧墙垣，由此揭示了二里头都邑的多网格式布局[20]。二里头遗址的新发现大大丰富了我们对于早期都邑规划和格局的认识。这一发掘项目也获评2022年度全国十大考古新发现。安阳殷墟商王陵及其周边遗存获评2022年度全国十大考古新发现。[21]安阳工作队1994年在殷墟刘家庄北地发现了一批商代墓葬，其中隶属于殷墟二期晚段的M793葬式清楚、随葬品丰富，并出土有带铭文铜器，整理者推测墓主人为亚弜或弜族中的小首领，推测刘家庄北地是亚弜或弜族的一处聚居地。[22]中国社会科学院考古研究所丰镐队介绍2017—2018年发掘的沣西大原村制陶遗址。这一遗址是目前所见最大一处西周制陶手工业遗址，具有一定专门性。[23]这一发现丰富了当前对丰镐都城遗址内手工业作坊生产和管理复杂性的认识。

以青铜器为代表的器物研究和其背后的冶金手工业研究，是三代考古的另一个重点领域。严志斌探索了通过“解构”分析铜器组合与铭文，判定商墓墓主及其族群归属的方法。[24]李宏飞尝试从考古学层面辨识殷商遗民青铜礼器群，总结了殷遗系铜器群的基本特征、时空分布、年代下限和历史背景，进而在研究理论与方法探讨了族群与器物群之间的关系。[25]曹斌通过梳理西周青铜器纹饰的源流，描绘纹饰抽象化、序列化过程，探究纹饰转变与国家礼制变革、社会转型等重大变化的关系。陈建立团队、崔剑锋团队、陈坤龙团队等继续在湖北、四川、山西、山东、江苏、辽宁等地展开青铜器科技分析、矿源研究等工作，探究夏商周三代铜料来源、青铜技术、产品流通等问题。[26]

除以上研究之外，三代时期还涉及多种议题。牛世山借助类型学分析方法，辨析了北方地区出土的商代前期原始瓷和印纹硬陶的来源，认为这些陶瓷产品来源于江西地区的赣西北、角山文化区、吴城文化核心区等地[27]。曹大志、张剑葳结合文献记载和图像、民族志等材料，探讨了商周时期临时性建筑庐的特征，进而结合金文材料，探讨了商代路政管理，并进而重审商代国家统治的形式。[28]这一研究结合多种材料，以小见大，在研究思路和研究方法上具有很强的启发性。

（五）历史时期考古

历史时期考古上自秦汉，下迄明清，时段漫长，内涵丰富。本部分分城址与建筑、墓葬、手工业与中外交流、宗教等几部分予以介绍。相关著作约43部，发表论文333篇。

在城市考古与建筑考古方面，几处重要城址阶段性报告和研究的出版、简报的发表，是2022年度最为重要的成果。中国社会科学院考古研究所等出版了《秦汉栎阳城：1980—1981 年考古报告》[29]《秦汉栎阳城：2012—2018 年考古报告（第一卷）》[30]《泉州城遗址考古发掘报告：泉州南外宗正司遗址 2020 年 · 泉州市舶司遗址 2019—2021 年》[31] 等，为相关城址后续研究的展开奠定重要基础。钱国祥基于汉魏洛阳城考古成果，探讨了东汉洛阳城的规模、城门、街道、宫苑、礼制建筑等要素，尝试复原东汉洛阳的空间格局[32]；另外，钱国祥着眼于历时性角度，描述总结了汉魏洛阳城的祭祀礼制建筑空间的阶段性变化[33]。沈丽华全面收集了汉唐都城地区的窑业遗存资料，对汉唐都城中窑业遗存的种类、性质、分布等展开了探讨[34]。这是立足于城市考古视角观察古代手工业的有益尝试。在建筑考古方面，北京大学文物建筑团队、清华大学建筑史团队等持续展开对河南、山西等地古代建筑遗存的调查、复原和研究[35]。

陵墓考古是历史时期考古的热点，其中又以帝陵最受关注。中国社会科学院考古研究所持续在辽祖陵展开工作，本年度出版了 2003—2010 年度调查发掘情况的考古报告[36]，为辽陵研究提供了重要资料。倪润安着眼于墓葬制度，在其所提出的“北魏制”基础之上，结合南北朝的政治局势和北魏朝廷的政治需求，进一步探索了墓葬文化的变迁过程和政治、社会背景。[37] 卢亚辉认为两湖地区出土神煞俑的隋唐墓葬在年代判定方面存在偏差，其在修正年代信息的基础上，分析了安史之乱、墓主宦游等因素对墓葬文化传播的影响[38]。这一年代重订研究，对于厘清墓葬发展脉络具有较为重要的意义。刘未全面收集宋元时期各类墓群资料，探讨宋元墓葬研究中的关键概念“五音墓地”。刘未甄别出皇陵区与普通墓地在布局理念层面的区别，并钩沉出以往未被研究界关注的规划因素。[39] 这一研究大大丰富了人们对五音墓地内涵的认识。

在历史时期手工业考古研究中，陶瓷考古和冶金考古受到的关注较多，而陶瓷和金属器又都是中外文化交流考古的重要物证。杨哲峰出版专著，对两汉陶器变化、低温釉陶传播、白瓷起源等重要问题多有探讨[40]，系统展现了汉唐陶瓷研究的前沿思路、方法与观点。秦大树在北京大学考古百年和宿白诞辰百年之际，回顾了北京大学陶瓷考古方向的建设历程[41]，总结了古代窑址的特点和瓷窑考古的方法特点[42]，在陶瓷考古所涉的中外交流课题方面，崔剑锋团队对南越国宫署遗址和“南海一号”沉船出土酱釉罐类进行成分分析和数据对比，确定其产地为广东奇石窑[43]，解决了以往的产地争议。在金属器研究及冶金考古方面，陈建立团队、崔剑锋团队、李延祥团队、刘思然团队持续开展历史时期冶金遗址的调研和科技分析工作。[44] 陈建立对东北亚地区早期铁器化进程进行了系统总结，探讨了东北亚早期铁器的发展脉络，以铁制品流传与技术传播为线索，观察战国秦汉时期中国与朝鲜半岛、日本等地的交流[45]。

在宗教考古方面，李裕群出版《中国石窟寺》，分区域介绍了中国石窟寺的分布，以石窟寺为基点展现了佛教的本土化过程[46]，是系统了解中国石窟寺发展历程的重要著作。肖小勇介绍了新疆喀什莫尔寺遗址的发掘工作[47]。莫尔寺是西域古国疏勒域内佛寺，而疏勒是佛教东传的必经之地。莫尔寺遗址建筑众多，规模宏大，其总体布局和建筑结构的揭示，有助于理解佛教文化的传播。2022 年中国人民大学在新疆奇台唐朝墩古城发掘时，清理出土一处景教寺院遗址。这处遗址的主体年代为高昌回鹘时期，位于城址北部中央。目前考古工作已经揭露出一部分功能分区。[48]

（六）外国考古

受疫情影响，2022 年我国无赴外考古活动，所刊布成果均基于此前资料积累或海外刊布资料进行研究。研究对象可粗分为遗址和遗物两类。相关著作 1 部，发表论文约 21 篇。

中国国家博物馆参与主持的蒙古国车勒县石特尔墓地发掘项目 2018 年成果刊布。石特尔墓地是匈奴帝国晚期普通游牧族群墓地，规模较小，内有一定等级差别；出土物以匈奴文化器物为主，大型墓中出土有中原汉地物品。[49] 此墓地出土遗存对了解匈奴文化和汉匈交流具有启示性。李新伟等对洪都拉斯科潘遗址出土的陶容器遗物进行了残留物分析，结果显示陶容器中原应存有发酵玉米酒精饮料和其他调味饮料。结合出土信息，推测发酵玉米饮品可能是贵族饮料，其或为生者和祖先、神灵在仪式上发生关联的重要媒介。[50]

（七）文化遗产保护、管理与利用

文化遗产保护、管理和利用近年来发展迅猛，相关理念、方法、技术受到了多方面的关注。2022 年出版相关著作 1 部，发表论文 120 篇。

在文物保护方面，北京大学、中国国家博物馆、故宫博物院、中国文化遗产研究院等单位相关科研团队有较为突出的表现。北京大学文保团队在金属、陶瓷、石质、漆木器、纸质文物保护和修复技术方面均有一定推进。[51]中国国家博物馆、故宫博物院文保团队主要立足于馆藏文物的保护实践展开技术探索，主要在预防性保护、加固修复处理等领域展开。[52]中国文化遗产研究院文保团队在不可移动文物保护方面表现较为突出，特别是在石窟寺岩体、古建筑木构件保护和遗址监测等方面有所推进。[53]

2022年是《世界遗产公约》制定50周年，文化遗产研究界围绕“如何理解国际遗产话语层出不穷的议题和挑战，并以中国知识来回应这些议题和挑战”这一问题，就文化遗产价值认知、管理、利用等方面展开讨论。燕海鸣提出，“中国的传统智慧，理应在充实世界遗产论述体系中扮演平等重要的角色”。张依萌、王喆介绍了中国文化遗产监测的理念源流、建设历程、相关方法。[54]黄薇基于多年对景德镇的研究和文化遗产开发，结合遗产廊道理论，提出了“景德镇小南河流域宋瓷遗产廊道”的概念，并对其构成、价值和保护利用方法进行了探讨。[55]黄薇这一研究立足于中观区域和多年多元实践，基于多维度的价值提炼，构建了瓷都区域的保护利用方向，具有较强的参考意义。

（八）博物馆学与公众考古

近年来，“文博热”在公众层面落实于博物馆，相关研究也由此热烈。2022年度出版相关著作约6部，发表论文约79篇。

如何以大遗址为中心建设博物馆，成为当前迫切需要思考的问题。孙华认为，遗址博物馆有自身的特点，不宜与区域博物馆和其他类型博物馆共用馆舍空间；出于保护需要，选址应注意选择遗址边缘位置或遗址原出入口位置；须处理好室内文物陈列和露天不可移动文物展示之间的空间关系。遗址博物馆与遗址公园关系密切，当前遗址公园建设存在诸多问题，应当“以遗址博物馆建设引导遗址公园建设，或许有助于遗址公园的发展”。[56]

二、问题思考及研究建议

2022年度，因新中国考古专业教育七十周年纪念活动的开展，亦因适逢全国多个重要高校考古专业周年纪年，北京地区考古学界带动全国考古专业高等教育从业人员反思我国考古学科人才培养的经验与教训。而这一反思也适逢考古学科发展的重要时期，全国考古机构编制扩张，人才匮乏问题凸显，因此具有十分重要的现实意义。

在重大课题的推进方面，各项研究也呈现出一些年度特征。在人类演化方面，在本年度，因高星、王幼平等重要研究者均有较为重要的著述发表，故旧石器时代文化和石器工业方向的研究显得更为突出。而*Nature*杂志刊发泥河湾遗址赭石加工相关研究显示，器物研究本身也具有解决重要议题的潜力。文明探源受到了党和国家领导人的高度重视。本年度，“探源工程”的主持者和重要参与者对探源工程的充分回顾，实际上是为“探源工程”未来的发展方向夯实基础。相关研究者对植物考古、农业起源、聚落考古、陶器手工业、年代学研究等重点研究方向的整体性回顾、展望和推进，也勾勒出未来几年更具体的前进方向。中华文明的发展演化问题，近年来受到历史时期考古研究者的重点关注。考古研究者从多个视角反思了考古材料相较于文献材料的独特性和优势。城址对于探讨规划思想的潜力，墓葬对于探讨等级制度和社会变迁的可能性，手工业材料对于社会经济、生产组织、文化技术交流方面的启示，宗教遗存对于探讨中外交流和意识形态变迁的意义，在2022年度多项研究中得到了体现，推动了新研究空间的开启。本年度，考古研究者对海外各类文明的认识明显向纵深发展，不仅继续深入展开文明互鉴研究，更将研究推向文明对比的层次。以往考古研究者更重视海外出土的与中国相关的材料，而2022年度的研究显现出，相关研究者对海外其他文明的研究已呈现出独立性，较深入地进入到域外文明的语境之中展开探讨，这无疑是学术意识进步的重要体现。

近年来，考古学科努力尝试展开更深入的多学科合作，但是从学科管理的角度来讲，研究经费与研究成果在多学科合作的情境之下如何分配、研究成果如何计算考量、如何与晋升机制挂钩，是从业者所面对的较为现实的问题。如想要进一步深化合作，将其他学科的前沿技术和理念引入考古学科，或有必要深化学科管理体制改革，优化激励机制，推动研究者有更大的动力取得对人类文明具有启示意义的实质成果。

（北京市历史学会供稿；执笔人：丁雨、戴恬、何燕）

注：

［1］北京大学考古文博学院编：《北京大学考古百年（1922—2022）》，北京：文物出版社，2022年。

[2] 王巍，赵辉：《“中华文明探源工程”及其主要收获》，《中国史研究》，2022年第4期。

[3] 赵辉、秦岭、张海：《田野考古学》，北京：文物出版社，2022年。

[4] 张弛：《聚落考古研究的理念与方法——以严文明学术实践为中心》，北京大学考古文博学院、北京大学中国考古学研究中心编《考古学研究（十五）——庆祝严文明先生九十寿辰论文集》，第197—207页，北京：科学出版社，2022年。

[5] 高星：《拼合的石器——高星考古论文选集》，北京：科学出版社，2022年。

[6] 李锋：《旧石器时代考古有点儿意思：〈拼合的石器——高星考古论文选集〉读后》，《中国文物报》，2022年4月20日。

[7] 王幼平：《多维视角下的中国旧石器时代》，北京大学考古文博学院、北京大学中国考古学研究中心编《考古学研究（十三）——北京大学考古百年考古专业七十年论文集》，第1—17页，北京：科学出版社，2022年。

[8] 四川省文物考古研究院、北京大学考古文博学院：《四川稻城县皮洛旧石器时代遗址》，《考古》，2022年第7期。

[9] Wang, F. G., Yang, S. X., Ge, J. Y., Ollé, A., Zhao, K. L., Yue, J. P., ... & Petraglia, M.(2022). Innovative ochre processing and tool use in China 40,000 years ago, *Nature*, 603(7900), 284–289.

[10] 秦岭：《龙山文化玉器和龙山时代》，北京大学考古文博学院、北京大学中国考古学研究中心编《考古学研究（十五）——庆祝严文明先生九十寿辰论文集》，第488—546页，北京：科学出版社，2022年。

[11] 张弛：《不变的信仰与竞争的社会——兴隆洼—红山文化雕塑的题材及展演形式》，《文物》，2022年第7期。

[12] 何努：《陶寺——中国文明核心形成的起点》，上海：上海古籍出版社，2022年。

[13] 秦岭：《应用与融合——植物考古遗传学的前沿与展望》，北京大学考古文博学院、北京大学中国考古学研究中心编《考古学研究（十三）——北京大学考古百年考古专业七十年论文集》，第592—619页，北京：科学出版社，2022年。

[14] 邓振华：《粟黍的起源与早期传播》，北京大学考古文博学院、北京大学中国考古学研究中心编《考古学研究（十三）——北京大学考古百年考古专业七十年论文集》，第172—214页，北京：科学出版社，2022年。

[15] 肖芮，罗运兵，陶洋，张德伟，崔剑锋：《屈家岭遗址史前黑釉蛋壳陶的研究》，《江汉考古》，2022年第2期。

[16] 刘娜妮、刘思然、陈坤龙等：《石峁遗址皇城台东护墙北段出土陶器的成分与岩相分析》，《考古与文物》，2022年第2期。

[17] 李宏飞：《稽古夏朝：解读〈试论夏文化〉》，北京：中国社会科学出版社，2022年。

[18] 徐良高：《考古年代学与西周历史年代研究》，《中国史研究动态》，2022年第3期。

[19] 韩巍：《今天的铜器断代研究本质上是考古学研究》，《中国史研究动态》，2022年第3期。

[20] 赵海涛：《二里头都邑布局和手工业考古的新收获》，《华夏考古》，2022年第6期。

[21] 班晓悦：《2022年度全国十大考古新发现揭晓》，《中国社会科学报》，2023年3月31日第1版。

[22] 岳洪彬，岳占伟，王祁：《河南安阳市殷墟刘家庄北地M793》，《考古》，2022年第8期。

[23] 付仲杨、王迪、徐良高：《西安市沣西大原村制陶遗址2017—2018年发掘简报》，《考古》，2022年第9期。

[24] 严志斌：《殷墟商墓铜器组合与墓主归属问题》，《文物》，2022年第11期。

[25] 李宏飞：《试论殷遗系铜器群》，《考古学报》，2022年第2期。

[26] 相关研究包括蔺诗芮，郭济桥，梁志龙，张吉，陈建立：《战国青铜货币所见燕、赵地区铅料资源类别及变迁》，北京大学考古文博学院、北京大学中国考古学研究中心编《考古学研究（十四）——科技考古专号》，北京：科学出版社，2022年；魏强兵，李秀辉，王鑫光，陈建立：《虢国墓地出土铁刃铜器的科学分析及相关问题》，《文物》，2022年8期；郁永彬、陈建立、梅建军、陈坤龙、常怀颖、黄凤春：《湖北随州叶家山西周墓地M111出土铜器的检测分析及相关问题》，《文物》，2022年第5期；张东峰，张天宇，徐吉峰，陈建立：《山东滕州庄里西遗址历年发现周代前期青铜器浅识》，《中国国家博物馆馆刊》，2022年第9期；张吉，何汉生，徐征，田建花，陈建立：《江苏镇江孙家村遗址出土青

铜器及铸铜遗物的分析研究》,《江汉考古》,2022年第5期;张吉、柏艺萌、梁志龙、刘振陆、崔剑锋、陈建立:《公元前一千纪通往辽东山地的青铜物料流动》,《南方文物》,2022年第5期;郁永彬、陈坤龙、梅建军、向光华、赵德祥、肖承云:《湖北宜昌万福垴遗址出土西周编钟的科学分析及相关问题》,《文物》,2022年第11期。

[27]牛世山:《北方地区出土商代前期的硬陶和原始瓷来源研究》,《考古与文物》,2022年第3期;牛世山:《北方地区出土商代前期硬陶和原始瓷的类型和年代研究》,《南方文物》,2022年第6期。

[28]曹大志,张剑葳:《商周时期的庐》,北京大学考古文博学院、北京大学中国考古学研究中心编《考古学研究(十三)——北京大学考古百年考古专业七十年论文集》,第323—358页,北京:科学出版社,2022年。

[29]中国社会科学院考古研究所:《秦汉栎阳城:1980—1981年考古报告》,北京:科学出版社,2022年。

[30]中国社会科学院考古研究所:《秦汉栎阳城:2012—2018年考古报告(第一卷)》,北京:科学出版社,2022年。

[31]中国社会科学院考古研究所、福建博物院、福建省考古研究所、泉州市海上丝绸之路申遗中心:《泉州城遗址考古发掘报告:泉州南外宗正司遗址2020年·泉州市舶司遗址2019—2021年》,北京:科学出版社,2022年。

[32]钱国祥:《东汉洛阳都城的空间格局复原研究》,《华夏考古》,2022年第3期。

[33]钱国祥:《汉魏洛阳城的祭祀礼制建筑空间》,《中原文物》,2022年第4期。

[34]沈丽华:《汉唐时期都城地区窑业生产略论》,《南方文物》,2022年第4期。

[35]俞莉娜,张剑葳,彭明浩,徐怡涛:《河南巩义蔡庄三官庙大殿调查与研究》,《故宫博物院院刊》2022年第11期;王雨晨,彭明浩,李波:《云南通海涌金寺古柏阁》,《文物》,2022年第1期;李路珂,杨怡菲:《开化寺大雄宝殿壁画建筑图像的测绘与复原制图》,《建筑史学刊》,2022年第2期;王贵祥:《北魏洛阳永宁寺塔可能原状再探讨》,《建筑史学刊》,2022年第3期。

[36]中国社会科学院考古研究所,内蒙古自治区文物考古研究院编:《辽祖陵:2003—2010年考古调查发掘报告》,北京:文物出版社,2022年。

[37]倪润安:《北朝至隋代墓葬文化的演变》,《社会科学战线》,2022年第2期。

[38]卢亚辉:《论两湖地区出土神煞俑的隋唐墓葬》,《考古学集刊》第27集,第176—200页,北京:社会科学文献出版社,2022年。

[39]刘未:《宋元时期的五音墓地》,北京大学中国考古学研究中心、北京大学震旦古代文明研究中心编《古代文明(第16卷)》,第195—264页,上海:上海古籍出版社,2022年。

[40]杨哲峰:《汉唐陶瓷考古初学集》,上海:上海古籍出版社,2022年。

[41]秦大树:《宿白先生与北京大学陶瓷考古学科的建立》,北京大学考古文博学院编:《宿白纪念文集》,第449—454页,北京:文物出版社,2022年。

[42]秦大树:《瓷窑遗址的组成与地层学》,北京大学考古文博学院、北京大学中国考古学研究中心编:《考古学研究(十三):北京大学考古百年考古专业七十年论文集》,第534—558页,北京:科学出版社,2022年。

[43]吴寒筠,李灶新,肖达顺,崔剑锋:《广州南越国宫署遗址和“南海Ⅰ号”沉船出土酱釉器产地分析》,《文博学刊》,2022年第2期。

[44]张周瑜,邹钰淇,孙凯,许鹤立,胡毅捷,潜伟,陈建立:《河南鲁山冶铁遗址群的技术特征研究》,《华夏考古》,2022年第2期;肖红艳、董新林、崔剑锋:《辽祖陵一号陪葬墓和四号建筑基址出土铜器的科技分析》,《北方文物》,2022年第5期;邹桂森、蒙长旺、黄全胜、李延祥:《广西平南六浊岭冶铁遗址出土冶金遗物初步研究》,《有色金属(冶炼部分)》,2022年第6期;邹桂森、蒙长旺、李延祥、黄全胜:《广西梧州后背山遗址冶炼技术初步研究》,《有色金属(冶炼部分)》,2022年第8期;刘田,刘思然,刘志岩:《白银文物主微量元素测试的数据质量与分析条件研究》,《南方文物》,2022年第5期。

[45]陈建立,张元阳:《东北亚地区早期铁器及铁器化进程研究》,北京大学考古文博学院、北京大学中国考古学研究中心编《考古学研究(十三)——北京大学考古百年考古专业七十年论文集》,第656—682页,北京:科学出版社,2022年。

[46] 李裕群:《中国石窟寺》,北京:科学出版社,2022年。

[47] 肖小勇:《佛教考古在新疆:莫尔寺考古的发现与意义》,《中华民族共同体研究》,2022年第4期。

[48] 任冠,魏坚:《2021年新疆奇台唐朝墩景教寺院遗址考古发掘主要收获》,《西域研究》,2022年第3期。

[49] 中国国家博物馆,蒙古国国家博物馆:《蒙古国车勒县石特尔墓地2018考古发掘主要收获》,《中国国家博物馆馆刊》,2022年第5期。

[50] Chen, Ran, Yahui He, Xinwei Li, Jorge Ramos, Moran Li, and Li Liu. "Fermented maize beverages as ritual offerings: Investigating elite drinking during Classic Maya period at Copan, Honduras." *Journal of Anthropological Archaeology*, 65 (2022): 101373.

[51] 如贾明浩,胡沛,胡钢:《儿茶素对模拟古代铁质文物的稳定化保护》,《腐蚀与防护》,2022年第1期;王嘉堃、周双林:《土遗址加固的非水分散体材料渗透性能研究》,《石窟与土遗址保护研究》,2022年第1期;王恺:《银朱与海上丝绸之路》,北京大学考古文博学院、北京大学中国考古学研究中心编《考古学研究(十三)——北京大学考古百年考古专业七十年论文集》,第738—746页,北京:科学出版社,2022年。

[52] 如王倩倩,石安美,唐铭,铁付德,陈星灿,丁莉:《博物馆环境空气中五种有机酸的定量分析——离子色谱法》,《文物保护与考古科学》,2022年第5期;丁莉,杨琴,李郑:《固相微萃取—气相色谱—质谱在〈江友渚等七挖书画轴〉挥发性有机化合物分析中的应用》,《文物保护与考古科学》,2022年第4期;张雪雁,段佩权,刘瀚文,高寒,张荣,王罨,曲亮:《故宫博物院藏一件景泰款掐丝珐琅器的科学分析》,《文物保护与考古科学》,2022年第34卷第6期;王婕,方小济,刘瀚文,雷勇:《养心殿唐卡〈吉祥天母挂像轴〉中两种金属线的科学分析研究》,《博物馆》,2022年第4期。

[53] 如兰恒星,吕洪涛,包含,李黎,陈卫昌,郭进京,刘世杰:《石窟寺岩体劣化机制与失稳机理研究进展》,《地球科学》,2023年第4期;马星霞、王麟、乔云飞、段恩泽、路易、方旋、张斌、王艳华、金琪军:《基于木蜂筑巢习性的古建筑木构件木蜂危害等级划分》,《林业科学》,2022年第3期;孙延忠、乔云飞:《不可移动文物脆弱性的概念及内涵》,《自然与文化遗产研究》,2022年第5期;胡云岗、林敬凯、乔云飞、邓扬、侯妙乐:《建筑遗产监测知识图谱构建方法研究》,《北京建筑大学学报》,2022年第4期。

[54] 吕舟等:《笔谈:世界遗产中国实践　面向国际语境的可持续发展与互鉴共享愿景》,《中国文化遗产》,2022年第5期。

[55] 黄薇:《刍议景德镇小南河流域宋瓷遗产廊道的保护与利用(之一)——概念、结构与构成要素》,《中国陶瓷工业》,2022年第4期;黄薇:《刍议景德镇小南河宋瓷遗产廊道的保护与利用(之二)——基于比较视野和VRIO模型的文化遗产价值分析》,《中国陶瓷工业》,2022年第6期。

[56] 孙华:《遗址博物馆的特点与规建》,《东南文化》,2022年第4期;孙华:《试论遗址博物馆与遗址公园的关系》,《博物院》,2022年第3期。

史学理论与中国史学史

一、学科发展及学术研究

(一)马克思主义史学研究

第一,唯物史观与中国历史研究。马克思主义社会形态理论不仅是唯物史观的核心概念,也对准确把握人类社会的历史发展与当下定位至关重要。其中,"亚细亚生产方式"与五种社会形态的关系历来聚讼纷纭,影响着对人类历史发展道路的理解与认识。有学者将"亚细亚的生产方式"重新置于马克思的文本原境,认为其带有原始部落血缘共同体、专制制度政治共同体的双重属性,这一复杂内涵决定了不可将其化约成原始社会或者奴隶社会,而应将其视为东方独有的生产方式,蕴含西方典型社会形态演进的另一种理论可能;而以亚细亚生产方式为历史前提的中国式现代化则将理论潜力化为了现实实践。[1] 阶级理论与阶级分析是马克思主义史学的另一重要构成。有学者指出,阶级话语深度介入了20世纪中国的革命实践，因此，阶级分析同样是理解20世纪中国历史的钥匙。[2]有学者回应了学界将阶级理论从唯物史观中边缘化的观点，认为阶级理论是唯物史观的核心要义，极大重塑了中国史学的面貌，对今天的史学研究仍有不可替代的价值。[3]有学者回顾了中国学界运用阶级理论的四个阶段，重申阶级分析在把握历史发展的本质和规律，阐明历史发展动力以及指明历史发展趋势上无可替代的重要地位，并对丰富阶级分析的研究方法提出了看法。[4]

第二，马克思主义史学的形成与发展研究。马克思主义史学的形成始终是学界关注的热点。有学者以涉及历史观、史学著作、基本问题、史学范式等众多要素的史学形态为标准，肯定中国社会性质和社会史论战适合作为中国马克思主义史学形成的坐标，而李大钊和郭沫若则分别是萌芽期和形成期的标志人物。[5]有学者认为20世纪30年代的中国社会史论战是因政治立场的歧异而引发的学术争论，各方均利用唯物史观作为分析工具，各自的结论却指向不同的政治诉求，由此形成了马克思主义史学与非马克思主义史学的区分，这场兼具学术性与政治性的论战推动了马克思主义史学的崛起，深刻塑造了马克思主义史学的学术风格，推动了20世纪中国史学的重大变革。[6]有学者从马克思主义史学体系形成的角度审视郭沫若的贡献，认为20世纪中国史学体系经历了从传统史学体系向近代史学体系转变，近代史学体系又向马克思主义史学体系转变两个重要变化，郭沫若是上述转化的亲历者和实践者，做出了杰出贡献。[7]当代马克思主义史学是马克思主义史学发展史的重要构成。有学者认为改革开放后当代中国史学形成了史学范式多元并存的格局，马克思主义史学在受到一定程度冲击与削弱的同时，也丰富了自身的研究视野、方法，依然保证着在重大学术问题上有力的解释效力；唯物史观史学和马克思主义史学史也在稳步推进与拓展之中，马克思主义史学有能力在新的时代条件下承担中国史学继续发展创新的历史责任。[8]

第三，马克思主义史家与经典著作研究。李大钊作为早期重要的马克思主义史家，持续受到学界关注。有学者从著作传播的角度入手，认为《史学要论》一书借助权威的传播主体、广泛先进的传播媒介、质量过硬的传播内容以及契合史学发展诉求的面世时机三个维度，促成了该书的广泛传播，最终铸成学术经典。[9]“马克思主义史学五老”为中国马克思史学的开创与发展做出了重要贡献，长期受到学者的重视。有学者认为郭沫若接受马克思主义后，便在马克思主义与中国传统文化的交叉维度上，尝试将其中国化，将唯物史观与格物致知融合，其研究是马克思主义与中国优秀传统文化结合的典范。[10]有学者将《中国古代社会研究》置于成书过程中加以考察，讨论该书写作前和写作途中郭沫若的思想变化以及该书出版后在不同学术群体中引发的反响，并认为该书并非出于组织委托而作，而是郭沫若接受马克思主义后主动的学术探究。[11]有学者通过考察侯外庐在不同阶段接受、传播、实践马克思主义史学的历程与方式，阐明了他在传播与发展马克思主义史学上的贡献。[12]有学者认为从社会史论战结束到1937年之间，马克思主义史学阵营尚未明确，马克思主义史家间的观点存在诸多异同，此期吕振羽、翦伯赞两人在各自的学术实践中既有一致观点，也存在和而不同的学术分歧，二人与郭沫若也在诸多重大问题上持不同意见，这是中国马克思主义史学整合与过渡阶段的实际反映。[13]有学者重新梳理20世纪50年代范文澜与尚钺的争论，认为这场争论的直接起因固然是学术观点的分歧，但背后也渗透着中国史学与苏联史学、史学与政治等复杂因素的影响。[14]

（二）中国古代史学研究

第一，中国古代史学的整体透视。有学者从史学思想的角度对中国古代史学中历史思维、历史教育、史学功用、经史关系、社会思潮与史学思想、历史文化认同、史学近代化、史学与统一多民族国家以及二十四史民族史撰述等重大理论问题的进行了综合探讨。[15]有学者认为中国历代史家对独立人格的执着追求形成了中国史学的垂范精神，在史学实践中表现为以史明志的著述目的、以史立言的治学旨趣、以史立德的职业操守，最终塑造了中国史学旨趣高远、气象宏大的特色。[16]并且用典型史料，提炼和归纳儒家史学理论，对中国古代史学进行整体审视，对经史关系论、史学旨趣论、史书义例论、名教风化论、信史求是论、史料考据论、直书史德论等进行了简要论述。[17]此外，中国古代史学的研究进路也是学界关注的重点。有学者从中国古代史学的民族特色出发，认为研究中国古代史学应具备大历史观，应具备政治史视角、四部学视角、多民族视角和中西比较视角等，在多种视角的综合审视下，方能建构完整的中国古代史学史知识体系，揭示中国史学的民族特色。[18]

第二，经史关系研究。有学者认为易学思想为欧阳修史学思想奠定了哲理基础，他的历史变易观、重人事的历史盛衰观以及贯彻在历史编纂与历史评论中的道德史观都有深厚的易学思想支撑。[19]有学者探讨宋代蜀中二李的经史之学，认为李焘的史学与易学交融互通，既以史学眼光审视易学，又引易证史；李心传则显露出更明显的以史法治易学的特色，其易学研究是史学研究的延续。[20]有学者认为清代前期浙东学派重要代表邵廷采将经学视为史学的根底，史学为经学的外在体现，两者都为治道服务，经史之间并无严格界限，他的此种经史观推动了浙东学派在清中期的学术转向。[21]有学者突破个案研究的视域局限，以多卷本撰述形式系统梳理了自先秦至民国经史关系发展演变的历史过程，澄清经史关系发展的基本线索，探讨了经史关系发展的特点和规律，以贯通的历史眼光力求彰显中国古代经史学术的民族特色。[22]

第三，历史编纂学研究。有学者从历史编纂学的角度出发，认为《史记》通过书志、列传与本纪作多层面配合、关联，打通了历史的古今脉络，出色完成了“通古今之变”的任务。[23]有学者从历史编纂的角度考察萧子显《南齐书》，认为萧子显通过精心挑选入传人物，较好地处理了史书断限问题，且为尊显其父对史书编次做了调整，通过使用类叙法、带叙法达成了整齐史书体例的作用。[24]有学者在汉宋间政治、社会、思想文化发展的视域下考察前四史的人物列传编纂，认为前四史人物列传编纂范式的形成、延续与变革背后，不仅是史家意图的转化，也蕴含史学与政治互动的现实基础。[25]重视历史叙事是中国古代历史编纂学的特色。有学者以《汉书》《汉纪》《后汉纪》《后汉书》四部史学著作为分析对象，考察中国史学上“叙事”相关术语、概念、命题的提出与运用，从中国古代史学主干的皇朝史叙事经验，窥探中国古代史书叙事风格，揭示中国古代史书叙事理论发展的路径和主流。[26]

第四，史家、史书的个案研究。有学者认为中华民族文化基因是推动中华民族历史发展的根脉，而《史记》在锻造和提升弘扬传统，革新创造，加强统一、团结凝聚，热爱和平、反抗压迫，包容、和谐这五大中华民族文化基因上发挥了关键作用。[27]有学者认为清初遗民史家孙奇逢秉持以史经世、以史明道的史学宗旨，从事明代历史、人物的研究，突出地反映了其重视当代史、地方史、学术史和人物史的特色，不仅在清初学术界具有重要影响，而且在清代学术发展史上也占有重要地位。[28]有学者从学术史脉络出发重新定位章学诚及《文史通义》的价值，认为章学诚在哲理探索、纠正时代学风以及历史编纂理论上做出了创新，在继承和创新传统学术上做出了贡献。[29]

（三）中国近现代与当代史学研究

第一，中华民族共同体意识研究。有学者认为两次国共合作是中华民族意识加强的重要契机，从梁启超、孙中山、李大钊到傅斯年、顾颉刚，中华民族共同体意识日渐强烈，他们的言论日益明确表达了中华民族共同体团结一致、不容分裂的坚定的民族信念，同时也成了中华民族自觉意识趋向深化的重要表征。[30]有学者探讨中华民族共同体意识在近代引发的，尤其是历史学界参与的思想论争，认为顾颉刚发展了傅斯年“中华民族是整个的”观点，提出“中华民族是一个”观点，强调中华民族内部的唯一性。新中国成立后费孝通、白寿彝又在前辈基础上分别提出了中华民族“多元一体”格局理论和中国多民族统一国家的理论，白寿彝更是据此完成《中国通史》，为当下铸牢中华民族共同体意识奠定了重要的思想基础。[31]

第二，历史学“三大体系”建设研究。话语体系建设是“三大体系”建设的重要构成，而话语体系的生成离不开重要历史概念的支撑。作为近代史学的重要概念，“历史理论”一词存在使用混乱的情形，有学者从概念史的角度考察“历史理论”在中国语境中的使用情况，认为宋明时期“历史”“理论”两个词已经出现，但合称“历史理论”是近代西方史学传入的结果，李大钊对这一概念在中国语境的传播有首倡之功。新中国成立至今，“历史理论”的内涵也得到更深入的探讨，成为以马克思主义为主要内涵而不断中国化的外来概念。[32]有学者认为史学理论影响史学发展，因此构建有中国特色的史学理论学科体系和话语体系在历史学“三大体系”建设中居重要地位，要完成这一任务，则需要建立适应新时代的唯物史观解释体系、力戒唯物史观解释中的教条主义、处理好史学理论与史学史及历史理论与史学理论两对关系等方面着力。[33]

第三，历史教育研究。有学者选择吕思勉、钱穆、陈垣、饶宗颐四位近代以来历史教育体制外而自学成才的史学大家，探讨他们与众不同的成才途径、读书门径、著述路径以及各自的思想与文章，认为他们是那个时代养育出来的学问，在漫长人生中活出来的史学精神。[34]有学者则以清华、北大为例探讨近代历史教育体制中通才教育与专才教育两种模式的角逐，认为近代北大历史学科“由通入专”开展专才教育，清华历史学科“出专入通”实施通才教育，两种模式均取得了显著成效，而两校的改革既受到学科发展规律等微观因素的影响，也受到国家需要等宏观因素的制约。[35]有学者探讨当代历史教育问题，认为当下中国历史教育应当提倡贯通，将学术研究成果转化为历史教育资源，历史教育工作者应承担起时代重担。[36]

第四，中共党史学史研究。有学者认为延安时期中共党史的学习与研究活动是延安整风运动的重要内容，也是政治转型的重要推力，经过学习与研究，中共党史撰述开始大体形成了一条道路、两种趋向、六重维度的叙述模式，并形成了《关于若干历史问题的决议》这一党内共识，是对中国历史书写传统的创造性发展和马克思主义中国化的产物。[37]有学者认为何干之是中共党史学的奠基人和开创者，他通过对马克思主义的接受、阐发，较早将唯物史观用于中国历史尤其中共党史的研究中，并在本体论、认识论和方法论上建立起系统的党史观，形成了党史研究的基本理论与方法，新中国成立后对推动了中共党史学的学科体系建设做出了重要贡献。[38]有学者认为张静如在为构建中共党史学科体系而进行党史学史研究过程中认识到党史批评的重要性，认识到史评对党史学史的重要性，并身体力行，运用史评检视党史学人和自己的党史著作，他的党史评论对今天党史学科建设仍具有重要的理论与现实意义。[39]

二、问题思考及研究建议

（一）问题思考

第一，史学理论研究意识增强，但仍不充分。改革开放后，学界反思以往对唯物史观的公式化套用对史学研究造成的伤害，有人提倡“回到乾嘉去”，从而使得重视史料的考证研究重新受到重视，甚至一定程度上出现了刻意淡化理论研究的趋向。然而，无论是从学术发展的内在理路看，还是学术研究回应社会发展的现实需求看，当前阶段都应该重新加强对史学理论的研究。从学术研究的自身逻辑看，理论与实证是推动史学研究不断前行的两条腿，对任何一方面的有意忽视都是对史学均衡发展的伤害。广义的史学理论涵盖关注历史发展进程和规律的历史理论与探索历史学发展规律的史学理论，两者都是对历史发展实际的全局关照与理论总结，实证研究无疑构成了理论阐释的坚实基础；而正确的理论阐发也利于拓宽实证研究的视野，推动其走向更宽广的领域，两者相辅相成、互相促进。另一方面，当下身处世界大变局的中国，亦急需将自身的历史与经验进行理论总结，从而将中国的地方经验升华为有引导与普遍借鉴意义的世界范例，以理论的形式自信地向世界发出中国声音。这都要求必须扭转当前史学理论研究相对薄弱的局面。我们看到，北京学界在2022年加强了对唯物史观的理论研究，重启了对阶级分析、亚细亚生产方式等史学理论的探讨，但对古代史学理论的总结以及史学理论研究总体仍相对匮乏，研究空间尚未全面打开。

第二，学者们尝试进行史学研究范式的个案创新，但从全局出发的整体探讨略显不足。史学理论与史学史作为一个成熟学科，已有一套行之有效的学科与话语体系，这固然是出于学科发展得以稳步推进而获得的可喜结果，另一方面也蕴含创新研究范式的契机。可以看到，无论是对历史编纂学、历史叙事、史学概念还是史学传播等问题的关注，都有一些不同于以往的研究视野与研究思路。显然，学者们尝试在以史家、史著为核心的史学史经典研究范式的基础上，更进一步，从叙事、概念等维度出发深入发掘中国的历史书写具有的固有特色，深入探讨史学文本蕴含的时代意志。然而，除了个别学者从多重视角对史学研究整体进行理论思考外，大多学者往往重视在自身领域内展开个案探讨，缺少从史学研究整体出发对自身理论方法的总结与反思；这就导致因为缺乏整体观照，学者各自的创新尝试在史学研究整体范畴内彼此之间有何种关联，以及最终整体上对推进当前的学科体系有何意义等方面，都显得模糊不清，这显然不利于学科的进一步发展。这些问题都有待于学者的进一步探索与突破。

（二）研究建议

第一，加强史学理论研究，构筑新时代中国特色史学理论体系。史学理论的研究可以从两方面入手。其一，深化对中国古代史学理论的研究与总结。中国古代在历史观、历史编纂学、经史关系、历史文学、历史教育等诸多领域都生成了丰富的史学理论资源。前辈学者做了许多探讨与总结，但对其中的相互关联还需要做出深入研究。中国古代史学将贯通作为学术的至高追求，这里的“通”既包含洞悉古今的变化与承续的纵通，也指涉提挈不同知识领域的横通。这就要求我们不能仅仅满足于对古人理论的静态归纳与总结，更要搞清理论生成与发展的历时性关联，以及不同史学理论之间如何互为支撑，保持着某种共时性关联，这样才能洞悉作为整体的史学理论体系如何既因时而变，又在变化中保持着完善的理论解释效度，最终形成了中国古代史学理论的独有特色，深刻影响着历史书写行为。其二，加强对以唯物史观为核心的马克思主义史学理论研究，构建以马克思主义史学理论为主体、兼收现当代史学理论成果的多元一体的新时代中国史学理论体系。马克思主义史学理论作为科学的史学理论体系，其科学性已获得了历史与实践的充分证明。历史同样证明，马克思主义史学理论不是僵化、封闭的体系，教条、机械地套用唯物史观完全违背了实事求是的科学精神。因此，必须立足历史与当下的实际条件，深入研究马克思主义史学理论，激发马克思主义史学理论的活性，借助古今中外丰富的思想资源，发展和完善马克思主义史学理论。

第二，增强学术对话，从全局出发规划史学理论与史学史的学科格局。以白寿彝先生为代表的前辈学者，以自身的创造力与学术勇气，从史学整体出发，为史学理论与史学史的发展奠定了坚实的学科基础，形成了自足的学科格局。今天，学者们在前人基础上，进行更进一步的学术创新，应该学习前辈学人，在全局视野的关照下进行学术研究。这就要求学者们要加强对话，具备充分的学科自觉，从学科发展的高度寻找学术创新的出路。这样，一方面学者能对自己的学术研究有准确定位，另一方面学术共同体的研究能有较为明确的全局导向，有助于形成较为完善的学科布局，形成自洽的学科体系，以避免史学理论与史学史研究的碎片化。这必然对学者的学科意识与理论自觉提出了更高的要求，然而，也唯有如此，才能有力推动史学理论与史学史学科的创新与发展。

（北京市历史学会供稿；执笔人：汪高鑫、王松）

注：

［1］宋培军：《马克思“亚细亚生产方式”理论与“中国式现代化”命题》，《文史哲》，2022 年第 6 期。

［2］夏静：《阶级分析是理解 20 世纪中国革命的重要取径》，《史学理论研究》，2022 年第 3 期。

［3］赵庆云：《阶级理论与马克思主义史学》，《史学理论研究》，2022 年第 3 期。

［4］王广：《阶级分析方法仍是认识历史、把握历史的科学方法》，《史学理论研究》，2022 年第 3 期。

［5］谢辉元：《李大钊、郭沫若与中国马克思主义史学的形成》，《江海学刊》，2022 年第 4 期。

［6］左玉河：《中国社会史论战与马克思主义史学的崛起》，《历史研究》，2022 年第 2 期。

［7］卜宪群：《郭沫若与中国马克思主义史学体系构建》，《中国史研究》，2022 年第 3 期。

［8］张越：《当代中国马克思主义史学的研究特点与发展趋向》，《史学月刊》，2022 年第 7 期。

［9］韦磊：《主体、媒介、内容：民国时期〈史学要论〉传播的三重维度》，《史学理论研究》，2022 年第 5 期。

［10］冯时：《唯物史观与格物致知——郭沫若马克思主义与中国文化相结合的史学贡献》，《中国史研究》，2022 年第 3 期。

［11］张越：《〈中国古代社会研究〉问世前后的学术史考察》，《天津社会科学》，2022 年第 5 期。

［12］崔存明，江建红：《侯外庐与马克思主义在中国的传播》，《史学理论与史学史学刊》，2021 年第 2 期。

［13］刘超燕：《吕振羽和翦伯赞史学观点的异同及特点——以 20 世纪 30 年代为中心的考察》，《天津社会科学》，2022 年第 5 期。

［14］赵庆云：《1950 年代范文澜与尚钺学术论争再析》，《天津社会科学》，2022 年第 5 期。

［15］汪高鑫：《中国史学思想史新论》，北京：北京师范大学出版社，2022 年。

［16］周文玖：《论中国史学的垂范精神》，《史学理论与史学史学刊》，2022 年第 1 期。

［17］周文玖：《儒家史学理论》，郑州：河南人民出版社，2022 年。

［18］汪高鑫：《多重视角下的中国古代史学史研究》，《史学理论研究》，2022 年第 3 期。

［19］汪高鑫：《易学视域下的欧阳修史学思想》，《史学史研究》，2022 年第 3 期。

［20］谢辉：《蜀中二李的易学与史学》，《史学史研究》，2022 年第 2 期。

[21] 姜海军:《邵廷采经史之学的传承、诠释及其思想》,《浙江师范大学学报(社会科学版)》,2022年第3期。

[22] 汪高鑫主编:《中国经史关系通史》,福州:福建人民出版社,2022年。

[23] 陈其泰:《贯通古今　交光映衬——司马迁如何出色地实现"通古今之变"》,《史学理论研究》,2022年第4期。

[24] 屈畅:《〈南齐书〉体例新探》,《史学理论与史学史学刊》,2022年上卷。

[25] 曲柄睿:《整齐世传——前四史人物列传编纂研究》,北京:中华书局,2022年。

[26] 朱露川:《中国古代史书叙事的风格:从班荀二体到范袁二家》,北京:社会科学文献出版社,2022年。

[27] 陈其泰:《史学经典与中华民族文化基因的锻造》,《东岳论丛》,2022年第7期。

[28] 黄爱平:《明末清初北方大儒孙奇逢史学探研》,《内蒙古师范大学学报(哲学社会科学版)》,2022年第2期。

[29] 陈其泰:《章学诚学术成就析论》,《学术研究》,2022年第6期。

[30] 杨共乐,晁福林,罗新慧等:《铸牢中华民族共同体意识笔谈》,《河南师范大学学报(哲学社会科学版)》,2022年第5期。

[31] 郑师渠:《中华民族共同体意识的近代思想论争——从傅斯年、顾颉刚到费孝通、白寿彝》,《中国高校社会科学》,2022年第1期。

[32] 廉敏:《"历史理论"一词在中国语境中的使用及其意义》,《史学理论研究》,2022年第6期。

[33] 吴英:《构建具有中国特色的史学理论学科体系和话语体系的思考》,《江海学刊》,2022年第1期。

[34] 陈平原:《"养"出来的学问与"活"出来的精神——教育史及学术史上的陈垣、吕思勉、钱穆、饶宗颐》,《北京大学学报(哲学社会科学版)》,2022年第1期。

[35] 张铭雨:《从"通专之变"看"通专之辩"——以近代北大、清华历史学科的培养模式为考察核心》,《教育史研究》,2022年第3期。

[36] 李凯,胡小溪:《中国历史教育的时代逻辑》,《史学理论与史学史学刊》,2021年第2期。

[37] 谢辉元:《延安时期中共党史学习和研究活动的学术史省思》,《淮阴师范学院学报(哲学社会科学版)》,2022年第1期。

[38] 宋学勤,孔梓菲:《何干之与中共党史学书写范式的开创》,《党史研究与教学》,2022年第6期。

[39] 周良书:《张静如对中共历史学批评的探索与贡献》,《党史研究与教学》,2022年第4期。

中国古代史(先秦—南北朝)

一、学科发展及学术研究

2022年4月,中央办公厅、国务院办公厅印发了《关于推进新时代古籍工作的意见》,全文包括总体要求、完善古籍工作体系、提升古籍工作质量、加快古籍资源转化利用、强化古籍工作保障等5个部分,这是一个新时代古籍事业的纲领性、标志性指导文件,对于推进我国古籍事业的繁荣发展将会产生深远的影响。6月,北京师范大学历史学院召开"学习《关于推进新时代古籍工作的意见》,加强古籍整理研究的学科建设"座谈会,组织学院古籍整理研究相关专家学者学习领会《意见》精神。

在学科发展上,清华大学率先设立古文字学一级学科,力求在多学科交叉融合的基础上,建构古文字学自身的学科和知识体系,形成符合古文字学科学研究和人才培养的理论和方法。据不完全统计,本年度先秦秦汉魏晋南北朝史出版著作80多部,发表论文200多篇。

朱凤瀚的《甲骨与青铜的世界》(全三册)[1]是其学术论文的结集,本书选取了朱凤瀚先生从1981年至2020年发表的文章80余篇,在一定程度上反映了朱先生治学的视野、旨趣、方法和取得的成就。晁福林《春秋战国的社会变迁(增订版)》[2]则以一种大历史的视角,将春秋战国作为一个上承夏商西周而来的完整历史阶段进行阐述,分别从社会政治历史的演进、社会经济的发展与社会生活的进步、社会性质的演变、社会结构与社会制度的变动、社会文化的发展五个方面，就春秋战国时期的社会政治、经济和文化的演进，进行了深入的研究，系统地展现了春秋战国时期社会变迁的历史脉络、相关内容的发展沿革以及前因后果，勾勒了一幅全景式春秋战国社会演变史。王子今出版了《汗室读书散记》《登高明望四海》《秦汉区域文化研究》(增订本)，提出许多重要的学术见解；侯旭东在政治史、制度史之外另辟蹊径，立足关系思维，聚焦两汉时期上自朝廷，下至临湘侯国、西北边地的侯官与各地传舍运作的日常形态，致力揭示反复进行的事务中形成的不同位置的人与律令、制度、机构的错综关系，展示了国家日常运转与维持的内在逻辑与生动细节，也对涉及两汉乃至整个王朝时期的不少基本看法提出新认识，为作者倡导开展的日常统治研究提供了一系列精彩个案；[3]张燕蕊分析和比较汉代及孙吴时期国家对基层民众所采取的管理手段，并展示其在较长时期发展过程中隐含的变化规律。作者认为，国家户籍、赋税、给贷制度的新变化因应对实际问题而采取的合理化措施，由于适应了新的形势之后，慢慢被基层民众所接受，进而成为正式的规则。国家对基层的管理控制虽然严密，但较少发生主动变化，即使出现变化通常也是被动的，常常只是顺势而为或试探性地改变。国家对户籍、赋役、给贷等制度的控制程度与国家的管理强度成正比，因此这些基层管理手段的变化过程也反映了政府管理力度及政策侧重点的变化；[4]陈苏镇探讨了西汉未央宫、东汉南北宫、魏晋洛阳宫的形制格局、主要建筑、机构分布，揭示出宫中机构所在区域和与皇帝的空间距离，往往决定着其权力大小和对最高决策过程的影响，皇帝身边的士人、外戚、宦官等势力间复杂的政治关系和权力争夺，与宫禁制度的变化直接相关。[5]张铭心对碑形墓志问题，墓表问题，神道石柱问题，墓砖书式、书法问题，墓砖墓志的出土时地问题，吐鲁番出土文书的总体性问题等均有探讨。作者出土文献与文物并重，对中古中国西北边疆历史的诸多学术议题提出了自己的独到见解。[6]

二、主要研究热点

甲骨文资料的再整理取得突出成果。其中最为重要的当属《甲骨文摹本大系》的出版，此书由著名甲骨学家黄天树教授率领其研究团队，通过选择良拓、剔除伪片、删除重片、缀合残片、分类断代、制作摹本、撰写释文、编制索引等工作，历时十年，终于告竣。本书是第一部以摹本形式按照新的理论和方法综合整理研究甲骨文资料的集大成之作，把原本"庞杂无序"的已刊布的70659片有字甲骨整理成井井有条的科学资料。全书共43册，由"图版""释文""索引"三部分组成.全书采用"两系"新说代替"五期"旧说，编排7万多片甲骨材料，开创了甲骨著录书编纂的新范式。书中给每一版有字甲骨标注字体类别，实现了全部甲骨的精确断代，大大增加了作为史料的研究价值。书中同时还收录了学者们2020年12月之前的所有缀合成果，有些甲骨缀合极为重要，复原出前所未见的新材料，极大地丰富了学界对殷商社会的新认识。

故宫博物院藏殷墟甲骨的整理工作也取得了阶段性的成果。故宫博物院藏殷墟甲骨总计21395片，仅次于国家图书馆和台北"中研院"，收藏数量排名世界第三，占世界现存甲骨总数的13%强。2022年12月，《故宫博物院藏殷墟甲骨文》之马衡卷、谢伯殳卷由中华书局正式推出，此二卷巨制是"故宫博物院藏殷墟甲骨文"系列图书的头两种，8开本，2函6巨册，可谓皇皇大观。这两卷甲骨著录书的出版，为甲骨文的研究提供了宝贵的第一手资料。

《夏商周断代工程报告》正式出版。"夏商周断代工程"是"九五"期间国家重点科技攻关项目，是我国第一个由人文社会科学与自然科学相结合、多学科交叉联合攻关的大型科学研究项目。《夏商周断代工程报告》是在《夏商周断代工程1996—2000年阶段成果报告：简本》的框架和结论的基础上编写修订而成，是对"夏商周断代工程"9大课题、44个专题研究的综合与总结，较为全面系统地反映了"夏商周断代工程"的实施和研究过程、取得的成果和结题后的重要新进展。"夏商周断代工程"是综合历史学、考古学、天文学和测年技术等不同学科的专家学者联合实施的研究项目，课题和专题的设置尽可能考虑有利于推动多学科交叉研究的原则，开创了多学科合作的先河，学术影响力十分深远。

简帛等出土材料的研究仍然是先秦秦汉魏晋南北朝史的重要热点。本年度战国简的研究仍然持续走热。特别是清华简第十二辑整理报告的问世，[7]公布了一篇佚失2000多年的有关夏代的文献《参不韦》,《参不韦》篇共124支简，收录了长篇战国竹书《参不韦》，主要内容是作为天帝使者的参不韦对夏代开国君主夏启的训诫。训诫的核心内容是"五刑则"，即五则、五行、五音、五色、五味，从而指导夏启设官建邦、修明刑罚、祭祀祝祷、治国理政。内容完整，总字数近3000字，这是继清华简《系年》《五纪》之后，整理公布的又一篇超百支简的长篇竹书，是前所未见的先秦佚籍，对于研究先秦时期的思想、官制等具有重要意义，为古史的研究提供了崭新资料，学者们已经从多个角度对这篇重要文献进行了初步探讨。[8]对于清华简已经公布的其他各辑，本年度也有大量的研究论文，在中国知网中，2022年度篇名中带有“清华简”三字的研究论文就达一百多篇，内容涉及清华简的《五纪》《摄命》《四告》等篇，其中的许多论文均由北京地区的学者所撰写。

秦汉时期的简帛研究和讨论也非常热烈。杨小亮以长沙五一广场东汉简牍为研究对象，以原为册书但现已散乱然且保存较好的木质两行简为切入点，对其中部分册书进行复原研究，进一步揭示了五一简册书的基本面貌，为相关整理研究工作提供扎实可靠的册书文本和样例。[9]蔡万进《简帛学论稿》既专注于中国境内出土的简牍帛书资料，亦涉及中国以外世界其他国家出土简牍的整理研究与国际合作；既关注东亚范围内汉文简牍的出土，亦留意我国古代民族文字简牍的价值与意义，具体研究实践与理论凝练提升并重，立足中国与全球视野并举，基本代表和反映了作者各时期简帛研究所取得的阶段性成果、进展和认识，以及长期以来从事简帛研究的学术心路历程和思考努力。[10]

秦汉史研究。由于行政文书简的层出不穷而不断更新认识，特别是地方基层社会的日常治理研究成为可能。卜宪群指出，乡里是秦汉国家的社会基础，也是国家治理的重要对象。在四百多年的历程中，秦汉国家在乡里治理上多有创新，开创了我国封建社会大一统中央集权国家乡里治理模式之先河。社会演变是国家治理方式转变的根本动因，国家治理方式的转变又是社会演变在政治领域里的反映。春秋战国以降的社会变革，推动了秦汉国家治理的革新，也推动了国家在乡里治理上的积极探索。在乡里社会演变过程中，国家通过对社会流动的控制与治理、对乡里社会结构变化所带来的社会问题的治理、对宗族组织兴起的管控与治理，体现了秦汉乡里社会治理的主要特点，既积累了丰富经验，也留下深刻教训。[11]孙闻博认为在秦代及汉初，县乡行政呈现为县廷与作为诸官之一的乡之间的政务往来。而“廷—官”模式进入实际运作层面时，令史在县乡行政中发挥着重要作用。一方面，令史居于县廷之内，“直”曹审计乡官事务；另一方面，令史又常被外派至乡，监督县下的物资出入、商品买卖与业务处理。令史对包括乡政在内的县下事务的参与，全面且深入。又因令史所为，代表县廷意志，背后伸张的乃是县廷权力，由此强化了县廷对下属诸乡的行政控制。而令史在县乡行政中的活跃，又为理解西汉中期“掾”的出现提供了启示。[12]陈侃理在厘清“里吏”概念的基础上，通过对秦统一前后法律规定的比较，揭示了里父老担任者身份的变化及其所反映的社会变迁。[13]冉艳红从秦代里的典、老关系和行政参与两方面来解释里在当时的行政体系及行政运作中究竟处于什么位置、发挥什么作用，以及里组织的性质，秦代乡—里编组的组成及乡的政区化趋势等。[14]徐畅依据出土汉、吴简牍对长沙郡首县临湘辖乡与分部情况进行的研究，先借助统计手段，考证东汉、三国临湘辖乡的数量和名称、乡部属吏的设置；继而考察县下方位部的划分。[15]刘自稳结合已公布里耶秦简的详细资料，全面梳理了其中所反映的秦代地方行政文书的形态。[16]

秦汉时期的边疆治理，也受到学者们的关注。于天宇认为，东汉对西羌的治理，直接关系到西北边疆的稳定。在国家统治战略上，东汉统治者没有认识到此时的汉羌关系已由中原农耕文化对草原游牧文化强势扩张阶段，进入到了深度融合阶段，因而未制订其长期发展规划，致使西北羌地治理战略缺失；在地方治理上，亦没有根据羌民的社会形态和文化习俗制定相应的治理政策，更无发展当地经济、提升羌民社会地位的积极治理措施，仅采取了被动防范和利用压榨等短视政策，致使汉羌矛盾与冲突不断升级。羌地治理的失当，动摇了东汉政权的统治根基。[17]卜宪群、袁宝龙认为，秦汉边疆治理思想继承了先秦以来夷夏之辨的历史文化传统，同时又充分彰显出大一统的时代特征，秦汉统治者对大一统精神的坚持、适度保证“因俗而治”的制度机动性，以及妥善处理好民族观念，是其取得成功的重要原因，对于当下之边疆治理亦具有重要的借鉴意义与参考价值。综观秦汉历史，边疆治理效果最好的时期，往往是夷夏观念相对淡化的时期；与此相反，一旦狭隘的种族观念成为民族观念的主流，那么边疆治理便往往会趋于恶化，乃至陷入困境。由是观之，破除狭隘的民族观念，淡化不必要的族群意识，以开放的胸襟、包容的心怀、宏大的视野构筑科学、合理的边疆治理体系，仍是从古至今边疆治理中的永恒主题。[18]

（北京市历史学会供稿；执笔人：刘国忠）

注：

［1］朱凤瀚：《甲骨与青铜的世界》，上海：上海古籍出版社，2022 年。

［2］晁福林：《春秋战国的社会变迁（增订版）》，北京：商务印书馆，2022 年。

［3］侯旭东：《汉家的日常》，北京：北京师范大学出版社，2022 年。

［4］张燕蕊：《汉代与孙吴国家基层管理手段比较研究：以出土简牍为中心》，北京：华夏出版社，2022 年。

［5］陈苏镇：《从未央宫到洛阳宫：两汉魏晋宫禁制度考论》，北京：生活 · 读书 · 新知三联书店，2022 年。

［6］张铭心：《出土文献与中国中古史研究》，桂林：广西师范大学出版社，2022 年。

［7］清华大学出土文献研究与保护中心编、黄德宽主编：《清华大学藏战国竹简》（第十二辑），上海：中西书局，2022 年。

［8］黄德宽：《清华简〈三不韦〉“赢明”解——兼说金文中的“𢍰明”》，《出土文献》，2022 年第 4 期；程浩：《清华简〈参不韦〉中的夏代史事》，《文物》，2022 年第 9 期；程浩：《清华简第十二辑整理报告拾遗》，《出土文献》，2022 年第 4 期；石小力：《清华简〈参不韦〉概述》，《文物》，2022 年第 9 期；石小力：《据〈参不韦〉说“罚”字的一种异体》，《出土文献》，2022 年第 4 期；贾连翔：《清华简〈参不韦〉的祷祀及有关思想问题》，《文物》，2022 年第 9 期；贾连翔：《跳出文本读文本：据书手特点释读〈参不韦〉的几处疑难文句》，《出土文献》，2022 年第 4 期；马楠：《清华简〈参不韦〉所见早期官制初探》，《文物》，2022 年第 9 期。

［9］杨小亮：《五一广场东汉简牍册书复原研究》，上海：中西书局，2022 年。

［10］蔡万进：《简帛学论稿》，北京：商务印书馆，2022 年。

［11］卜宪群：《秦汉乡里社会演变与国家治理的历史考察》，《中国社会科学》，2022 年第 3 期。

［12］孙闻博：《令史与秦及汉初的县乡行政》，《河北学刊》，2022 年第 3 期。

［13］陈侃理：《秦汉里吏与基层统治》，《历史研究》，2022 年第 1 期。

［14］冉艳红：《秦代行政体系中的里及其典、老》，《史学月刊》，2022 年第 11 期；《秦代乡里编组的形成：聚落设计与行政体制》，《中国历史地理论丛》第 4 辑。

［15］徐畅：《东汉三国长沙临湘县的辖乡与分部——兼论县下分部的治理方式与县廷属吏构成》，《中国史研究》，2022 年第 4 期。

［16］刘自稳：《秦代地方行政文书的形态——以里耶秦简为中心》，《文史哲》，2022 年第 5 期。

［17］于天宇：《东汉西羌治理的再思考——以国家统治战略制定为中心》，《西南民族大学学报》（人文社会科学版），2022 年第 6 期。

［18］卜宪群，袁宝龙：《秦汉边疆治理思想的演进历程、实践经验与教训》，《河北学刊》，2022 年第 1 期。

中国古代史（隋—清）

一、年度学术研究热点

据不完全统计，本年度隋唐至明清史领域发表学术论文 377 篇，出版学术著作 86 种。研究热点如下：

第一，政治史和制度史研究作为中国传统史学的基础领域，仍然是中国古代史研究的重中之重。学者多聚焦于中国古代的国家治理情况，尤为关注制度变化、治理实践方面，并不断探索新的研究路径。

刘后滨用“中书门下体制”的核心概念涵盖唐中后期的政治体制，梳理了唐代国家政务运行机制的初步建立和发展演变。他力图摆脱以往制度史研究中的静态描述，厘清宋人著述中对唐朝制度理解造成的混乱，以期建立有利于描述唐代政治体制总体变化的叙述框架。[1] 吴宗国论述了科举制度的产生过程和科举在唐代选官制度中的地位变化，对唐代科举制度中常科和制科等问题进行了较深入的阐述。[2] 陈丽萍对唐代十王宅制度进行全面梳理，强调十王宅制是唐代近支宗室出阁制度转变的关键，也是唐代宗室管理制度的分水岭。[3]

杨若薇讨论了契丹王朝独具特色的政治军事制度，对斡鲁朵及其州县的管治、中央政权机构的特征及功能等问题做出了诠释。[4]苗润博指出，元修《辽史》关于契丹早期史的记载是元朝史官对契丹历史的重构，他认为摆脱元人叙述框架的干扰，是辽金史研究开辟新局的必要前提。[5]包伟民将南宋临安作为观察传统时期行政地位与城市发展之间关系的典型例证，对传统时期的城市进行了深入的探讨。[6]邓小南对"走向'活'的制度史"这一说法进行了说明与补充，指出制度初衷与现实折中的张力，二者矛盾带来的"空间"是制度史研究富于魅力之处。[7]张宝坤以皇帝禁卫制度为切入点，勾勒不同情境下的禁卫运行模式，从侧面反映了金朝的政治特点。[8]张永富通过梳理和分析黑水城文献，指出西夏文献中的"帝师"只是"皇帝之师"的统称，并不是正式的官职称谓，进而推知西夏并未设置帝师制度。[9]张国旺研究委任札付对考察元代选官制度有着重要的意义，体现了元代选官的灵活性。[10]乌云高娃讨论了忽都鲁揭里迷失公主在元朝与高丽外交活动中的重要作用。[11]张晓慧按出身对元武宗重臣进行分类，并指出武宗拥立集团的分裂是受到武宗旧部政治背景差异与"武仁授受"特殊性的双重影响。[12]

赵现海从国家形态的角度，以"王朝国家"的概念来揭示中国古代独特的国家模式，并指出建构具有中国本土特色的理论体系尤为必要。[13]解扬梳理了明代荐举的演变过程，指出荐举从朝廷主导转为地方政府主动，说明中央政府整合地方资源，经历了从行政整合到政治整合的过程。[14]展龙指出朝参在明初的议政、理政中发挥了重要作用，至明中后期，朝参逐渐沦为皇威至上、皇权合法的外在形式和礼仪象征。[15]胡恒对清代"厅制"问题进行了再研究，指出厅制是清代所独有的一种行政区划形式，它的设立体现着明清地方行政制度的转型，体现了清代地方治理"因俗而治"的特色。[16]罗检秋分析了乾隆、嘉庆朝在文治领域的重重隐忧，体现了清中期武功彰显而文治偏失的格局，指出这也是清朝由盛而衰的重要根源。[17]卢树鑫围绕黔东南苗疆土弁的设立与嬗变，紧扣社会经济变迁，从地方人群的主观能动性出发，揭示出土弁实际上是一种权力来源多样，身份介于土司、流官、差役之间的职官。[18]

第二，经济史研究持续发力，视野开阔，其中对财政制度和税收体制与具体实施的关注热度不减。

有学者利用敦煌文献进行经济史研究。庆昭蓉、荣新江对和田出土的税粮文书进行考释，借新疆出土的胡汉文书探讨了唐代碛西地区税粮的征收、运用，总论其基本性质并略述其变迁历程。[19]朱丽双、荣新江据和田地区出土的于阗语和汉语文书，对唐代于阗农业生长和种植进行了整体考察。[20]此外，还有学者对经济史的具体问题进行探讨。霍宏伟对粮仓的布局进行了深入研究。[21]李锦绣探讨了唐与黠戛斯绢马贸易的发展历程，指出其曲折性、阶段性的特点，与漠北政治军事形势变化息息相关。[22]

俞菁慧指出宋代财政与经济的货币化进程中，王安石变法开启了新的经济与财政模式，并以货币运作为导向，拓展了货币化的广度与纵深。[23]张亦冰指出由于王安石与宋神宗"理财"理念与实践的分歧，二者对新法钱物的用途与管理方式也有所不同。[24]王申认为南宋货币议论中的北宋交子形象既不合史实，又非南宋纸币制度效法的典范，这是由理想模型自身的局限性和南宋财政状况决定的。[25]乌云高娃分析了元朝大力开拓海上丝绸之路并积极发展海外贸易的原因。[26]党宝海、马晓林、周思成翻译的著名德国汉学家傅汉斯有关马可·波罗的研究中，结合多年来对元代纸币、贝币、食盐生产、赋税、行政地理等方面的研究成果，一一回应了前人对于马可·波罗之书真实性的质疑，论证马可·波罗确实到过中国。[27]

明清经济领域关于财政体制的研究新见迭出。刘文鹏、屈成提出明清之际驿站财政体制发生重大变革的表象之下，是明代驿站摊派之弊的延续。[28]刘凤云在对清前期钱粮亏空案的考察中，认为清朝低存留的财政体制成为清朝国家难以解决的政治隐患。[29]龚浩分析了清代江苏亏空的原因，主要包括官侵、吏蚀、民欠三类，并指出亏空亦非清王朝无法有效治理的顽疾。[30]王正华对清代土地交易中典与活卖的认识进行了论证分析。[31]何永智认为，清嘉道两朝外省捐监彰显出强大的财政吸纳能力，成为清朝维持财政运转的重要支撑。[32]此外，明清时期的经济史研究亦呈现出广阔的视野。李思成通过新发现碑铭、文集及方志等材料揭示了明代蜀府的王庄来源和管业模式。[33]李坤指出明末至19世纪初，欧洲产品的奇巧特征迎合了明清上层社会的尚奇巧之风和开放性消费文化，推动了欧洲产品的消费和传播。[34]高福美考察了清代京城私酒现象的原因和影响。[35]王正华、仲伟民比照了17—19世纪中西禁酒的原因、过程和结果。[36]林展回顾百年来的清代经济史研究，已有研究范式没有足够重视经济活动中的风险因素，并谈到风险应对力概念对于清代经济史研究的价值。[37]

第三，社会史研究方面，领域更加丰富，角度取向更加多元。家族研究、群体研究、个案研究趋于深化，诗歌、小说、敦煌文献、墓志等材料得到充分利用，宗教信仰研究、妇女史研究持续升温。

唐代社会史的研究有针对唐代张孝忠、陕州张氏、代州聂氏的家族研究；[38]有对唐代才人的群体研究；[39]还有对李纵等人物的个案研究。[40]石云涛、辛晓娟等一批学者充分利用唐诗、唐代小说对唐代社会的细节问题进行深入考察。[41]敦煌文献也为学者还原古代社会生活提供了重要史料支撑。金滢坤通过考释敦煌蒙书，对唐代家教与童蒙教育的关系做了深度解析。[42]邓文宽将敦煌本辞书《字宝》中的俚语与现代语义比照，对其在中古时代的真实含义进行了深入探索。[43]妇女史研究作为唐史研究的重要方面，也获得了新的进展。李志生以日常生活之交往理论为经，以性别意义与等级差异为纬，指出唐人宴会不但贯穿着男女两性差异，更交织着不同社会等级的差别。[44]高世瑜通过对唐代妇女生活多方位的观察，还原了唐代妇女的生活样貌，丰富了人们对唐代社会的理解。[45]

明清时期的社会史研究既有相对传统扎实的制度运行对社会影响的研究，也有关注群体活动、地域认知或某一特定的明代社会现象的研究。

关于区域社会史的研究不断拓展。杨园章指出整体社会活力的衰退是晚明泉州科举兴盛的重要原因。该时期泉州科举新贵的出身越发多元，使得各乡族势力间的关系有所平衡；士大夫又呈现集中于府城和晋江南乡的分布态势，塑造出新的地方权力结构。[46]宋可达通过明代官私文献记载，指出时人对于“江南”核心地域的认知，发生了由明前期“苏松嘉湖”到明中后期“苏松常镇”的变迁，而清代省级政区的长期设置与省域意识的兴起、强化，对清代江南士人的身份认知影响深远。[47]卜凡将文安遥堤之争作为明清冀中地方社会治水矛盾的典型案例，反映出当时政治、经济等方面的社会危机，而以晚清时期表现得最为突出。[48]关锐、刘小萌利用《珲春档》等史料，以流民入境珲春后的生计问题为切入点，重点就流民生计方式及其与当地旗人的互动关系问题展开并作初步探讨。[49]

关注群体活动的研究热度不减。赵世瑜讨论了苏州太湖洞庭地区“刘猛将”传说的历史，指出近代及以前，有很多沿海、沿湖生活的无籍贯之人，随着时代发展，尤其是元明以来国家在赋役方面的需要，变成了定居人群。他们在编撰族谱以及修地方志时，往往附会为宋以来随宋室南迁。而负载这个历史故事的神话，就是“刘猛将”的历史传说。[50]谷曙光对清代北京戏曲行会组织——精忠庙的若干基本问题和诸多面向，进行了文献考辨和史实梳理，整体推进了精忠庙的研究。[51]毛立平利用清代巴县档案，对非贞洁类女性自杀案件进行研究，揭示出其较低的家庭和社会地位以及难以摆脱的生存困境，体现出女性自杀问题在社会和司法层面蕴含的深刻而独特的性别隐喻。[52]郭睿君对清代徽人同乡组织救助体系中的保人进行了讨论，指出保人是整个救助体系得以循序运行的关键，是救助成立必不可少的条件，映射出传统乡村关系网在城镇的迁移和复制。[53]德格吉日呼、刘小萌利用海峡两岸藏满汉文档案，以乾隆朝京旗移垦中的遣犯为研究对象，重点就遣犯的迁移、遣犯的特征、清廷遣犯政策等问题逐一考察，审视京旗移垦的影响及意义。[54]李汇群重点考察清代嘉庆道光年间江南文人与女性的交游唱和以及相应的文学创作。[55]另外，刘永华从方法论的角度，基于个体经历，论述了历史学田野调查的学科特点与实践方式，强调了田野调查对区域社会史研究的意义。[56]还有研究从图像考察明代日常社会生活等问题。杜新豪指出明代中后期，坊刻日用类书的“农桑门”中载有大量耕织图中蕴含着丰富的农事信息，描绘了一些传统农书所未载的农业技术，可以反映彼时农业活动的真实场景。[57]

第四，思想文化史研究收获颇丰，不断细分领域，角度多元，各方面研究不断深化。各断代学者在思想文化与物质文化方面的研究硕果累累。从宗教信仰与文本再解读的角度来窥探中国古代的思想文化也成为众学者关注的焦点。另外，图画、艺术、学校教育、建筑等其他方面的研究亦有所涉及。

游自勇对中古《五行志》的灾异书写进行研究，指出灾异书写是以反常之道表达常态下治道理念的一种途径。[58]李雪涛、雷闻、王永平等学者对佛教、道教、民间信仰问题进行研究。[59]袁济喜、王悦笛、杜晓勤从政治、思想、文化等诸多角度切入，既有对诗歌精神的形成与内涵的整体思考，也有对代表性人物思想的具体阐释。[60]吴福祥、吴元元、常茕心、孟彦弘、郜同麟等利用敦煌出土文献，研究成果不胜枚举[61]；荣新江、魏坚、武彤关注丝绸之路上的东西文化交流与多民族融合问题[62]；内藤湖南及“唐宋变革”相关讨论持续进行，陆扬认为我们需对“唐宋变革论”做历史层面和史学史层面的思考，包伟民指出唐宋之间社会生活不同层面的历史演进步伐，相互之间明显不同步，演进与延续是观察唐宋间历史的两个不可偏废的基本视角，只有改进我们的思想方法，才有可能真正“走出”变革论。罗祎楠提出应将“反思”作为理解“唐宋变革”问题的基本路径。[63]妇女史研究细分领域，有廖靖靖的妇女医疗史研究[64]、李志生的妇女情感史研究[65]。张铭心在文献学研究方向发力，对中古中国西北边疆历史的诸多学术议题提出了独到精当的见解。[66]沈睿文重点关注中古时期墓葬中的礼制与具体践行[67]。

苗润博对辽朝的文化史多个问题进行探究，对契丹的青牛白马传说与祭仪、契丹人自称轩辕黄帝后裔的时间、辽朝以漆水为郡望的历史记忆和阴山七骑图分别提出了自己的见解。[68]对西夏语言和文本的解读是目前西夏史研究的重要方向，张永富、吴宇、高艺鹏、麻晓芳就西夏语言语法本身展开分析探讨；[69]孙伯君、孙颖新、史金波结合汉语或其他民族语言对西夏语言和文本进行解读。[70]邵方通过分析西夏法典《天盛律令》的宏观规制，指出西夏契约的发展已达到一个较高的阶段，已形成有效的契约保障体系。[71]沈卫荣、安海燕利用近年发现的大量汉译藏传密教文献，通过将其与相应的藏文、西夏文、畏兀儿文等民族语言文献进行文本对勘和深入研究，试图恢复元朝宫廷所传藏传密教仪轨的真实面貌。[72]刘卫东、刘语寒指出北京房山云居寺里的唐、辽、金、元、明、清石经版上的文字的共同特点。[73]蔡春娟指出元代家训在教子读书修身、维系家庭伦理关系、提携子弟治生谋生等方面基本延续了宋代的教育理念。[74]陈博涵讨论了接受元廷任职的朝鲜半岛士人李谷、李穑父子的诗歌创作，体现了朝鲜半岛与中原王朝复杂微妙的关系。[75]史仲文从艺术领域对元代建筑和雕塑进行探讨。[76]王军以中国古代典籍为理论基础，以中国天文考古学为研究方法，揭示出元大都所具备的政治、文化等多重意义。[77]

李晗对明代前期台阁文人所撰文集序在文体选择、文体功能与文体内容进行了讨论。[78]郭素红对明代《尚书》学研究进行回顾，指出今后的研究应从《尚书》具有的政治功用着眼，展现《尚书》学在明代社会中发挥影响的诸多层面。[79]张广保以明代武当山、茅山、齐云山皇室道场为中心，重点探讨了明代官道组织及活动。[80]赵滕、王浦劬厘清了明末启蒙思潮的公私义利论证逻辑。[81]黄爱平探讨了明末清初著名思想家孙奇逢在清初学术界具有重要影响和地位。[82]黄振萍从王门后学与国家之间的行迹角度着力，指出王门后学以国家为己任，勇于任事，远非所谓“清谈误国”可涵盖。[83]

清代历来对思想文化有深入的关注，2022年，戚学民等学者继续关注乾嘉学派的问题，着重剖析了清史《文苑传》等史料背后的书写问题。[84]在宗教方面，韩星继续关注明清天主教等重要问题。[85]林巧薇通过考证清代档案记录下的道士娄近垣和大光明殿等材料，进一步探讨道士娄近垣在雍正、乾隆两朝的宫廷道教活动及清代宫廷道教的状况，以及龙虎山正一道从江西至京城的发展情况。[86]雷颐指出从乾隆时代起，以英国为代表的“现代性”开始在全球扩张，清王朝开始面临“夷夏之辨”与“满汉之别”、文化双重跨越与身份双重认同的困境，晚清统治者对中国近代社会面临现代性转型的反应迟滞，态度消极，严重阻碍了中国社会的发展进步，这也是清王朝最后覆亡的重要原因。[87]杨念群指出清朝创造出了一种新型“正统观”。围绕“大一统”在“观念”与“实践”两个方面的表现展开具体讨论，一方面探究“大一统”观的产生与演变过程及其在清代展现出的独特历史形态；另一方面探讨“大一统”观在清代政治、社会与文化实践过程中到底如何发挥其作用和影响力。[88]王东杰主要分析了清代学人与志怪小说之间的知识实践，探讨了作为重要知识来源和知识探索对象的幽冥故事，如何被士人获取、辨析、研讨和利用。[89]另外，故宫博物院等机构对所藏的文物、书法、工艺品的技术、形制等问题，做了大量整理研究。

第五，在民族史研究与中华民族交往交流交融史这一热点领域，学界研究成果丰富，层次多样，既有理论层面的关怀，也有实证方面的探索，还有从文献入手的考据，体现了北京学者对民族交往交流交融的重视与思考。

李鸿宾认为，李大龙的《政权与族群：中国边疆学基础理论研究》一书就中国边疆学的若干问题进行的研讨，在试图澄清以往政权与族群关系的分歧之时，也意味着新的理论阐述的开始。[90]周思成、林鹄、邱靖嘉、张帆、陈晓伟以辽、西夏、金、元四个政权为主体，剖析游牧族群如何建立国家体制、实施统治策略，以及经过长期的冲突与交融呈现出的多元特色。[91]姚大力详述了元代的民族融汇与“内蒙外汉”的二元政策。[92]彭勇、张无尽分析了明清两朝在处理边疆事务和民族关系时的共同点，揭示了中华民族历史发展的基本特征和中华文化传承的基本路径，有助于弘扬中华优秀传统文化，助力铸牢中华民族共同体意识。[93]丁慧倩通过讨论明清时期回族修撰族谱的活动，指出这是各民族群体努力把对自我的认识融入对国家、大一统观念、主流文化的认识中，形成更高层面的政治观念与文化的内在一致性，推动了中华民族的进一步形成和多民族国家发展。[94]

二、问题思考及研究建议

年度列入国家“十四五”重大文化工程和2035年发展纲要的《中华民族交往交流交融史》编纂工程，包括“三交”史的编纂以及史料汇编工程正在有条不紊地进行中。中华民族交往交流交融的研究取得新突破；国家治理研究得到凸显，学者尤为关注制度变化、治理实践以及边疆治理方面。但是，现有研究仍体现出以下不足：

第一，目前中国古代史学者的理论自觉程度不够。历史学的研究离不开相应的史学理论的关照。当前中国古代史学者较多侧重于对具体问题、史料的分析，对史学理论运用较为不足，因而导致学者对史实的基本性质缺乏全面的思考，也使得学者在历史研究中缺失独特的研究视角和问题意识。

第二，各个断代存在区隔，缺少对话，部分领域的研究冷热不均。若历史研究拘泥于某一断代的研究，往往会缺乏对某一事物纵向的、长时段的思考与观察。政治制度史、思想文化史等领域持续热门，研究内容逐渐细化，而诸如科技史、动植物史等领域较为冷门，尚待开拓，构建相对均衡的历史研究框架是未来历史学科发展亟待改进之处。

第三，历史学科缺乏与其他学科的对话。目前跨学科史学研究是当前的发展趋势之一，尤其是史学领域的专门史研究，诸如历史学界的医疗史学者应加强同医学界的医疗史学者对话，促进跨学科史学研究的发展与实践。

第四，历史学科的国外视野较为不足，需要进一步加强对国外史学研究和史学理论的关注，加快推进中国史学研究与国外汉学研究和历史研究的对话。

（北京市历史学会供稿；执笔人：彭勇）

[1]刘后滨：《唐代中书门下体制研究：公文形态、政务运行与制度变迁》（增订版），北京：中国人民大学出版社，2022年。

[2]吴宗国：《唐代科举制度研究》（第二版），北京：北京大学出版社，2022年。

[3]陈丽萍：《唐代宗室研究》，上海：中西书局，2022年。

[4]杨若薇：《契丹王朝政治军事制度研究》，北京：社会科学文献出版社，2022年。

[5]苗润博：《元修〈辽史〉契丹早期史观解构》，《中山大学学报》，2022年第4期；苗润博：《契丹建国以前部落发展史再探——〈辽史·营卫志〉“部族上”批判》，《中国边疆史地研究》，2022年第1期。

[6]包伟民：《行都的意义：南宋临安城研究再思考》，《江西社会科学》，2022年第5期。

[7]邓小南：《再谈走向“活”的制度史》，《史学月刊》，2022年第1期。

[8]张宝坤：《殿前都点检司与金代政局》，《宋史研究论丛》，2022年第2期；张宝珅：《金朝禁卫制度的构建与运行》，《内蒙古社会科学》，2022年第3期。

[9]张永富：《“元朝帝师制度源于西夏说”考辨》，《中国藏学》，2022年第5期。

[10]张国旺：《元代委任札付略论》，《河北师范大学学报》（哲学社会科学版），2022年第2期。

[11]乌云高娃：《元朝公主忽都鲁揭里迷失远嫁高丽及其影响》，《内蒙古民族大学学报》（社会科学版），2022年第5期

[12]张晓慧：《元武宗拥立集团及其派系变迁》，中国社会科学院历史所隋唐宋辽金元史研究室编《隋唐辽宋金元史论丛》，上海：上海古籍出版社，2022年，第187—196页。

[13]赵现海：《从“王朝国家”发现中国历史》，《中国史研究动态》，2022年第5期。

[14]解扬：《从行政整合到政治整合——明代荐举及地方实践》，《历史研究》，2022年第1期。

［15］展龙：《“仪”与“朝”：明代朝参议政及其沦失的历史考察》，《河南大学学报》（社会科学版），2022年第3期。

［16］胡恒：《边缘地带的行政治理：清代厅制再研究》，北京：社会科学文献出版社，2022年。

［17］罗检秋：《盛世隐忧：从乾嘉文治看清朝由盛而衰》，《史学集刊》，2022年第2期。

［18］卢树鑫：《再造土司：清代黔东南的社会治理及变迁》，北京：社会科学文献出版社，2022年。

［19］庆昭蓉，荣新江：《唐代碛西“税粮”制度钩沉》，《西域研究》，2022年第2期；庆昭蓉、荣新江：《和田出土大历建中年间税粮相关文书考释》，朱玉麒主编：《西域文史（第十六辑）》，北京：科学出版社，2022年；庆昭蓉、荣新江：《和田出土唐贞元年间杰谢税粮及相关文书考释》，郝春文主编：《敦煌吐鲁番研究（第二十一卷）》，上海：上海古籍出版社，2022年。

［20］朱丽双，荣新江：《出土文书所见唐代于阗的农业与种植》，《中国经济史研究》，2022年第3期。

［21］霍宏伟：《隋唐洛阳含嘉仓城布局略论》，《中原文物》，2022年第5期。

［22］李锦绣：《唐与黠戛斯的绢马贸易》，《晋阳学刊》，2022年第1期。

［23］俞菁慧：《王安石变法中国家经济与财政行为的货币化导向——基于青苗、免役二法的考察》，《首都师范大学学报》，2022年第5期。

［24］张亦冰：《论宋神宗朝“朝廷钱物”的封桩与征调》，《史学月刊》，2022年第12期。

［25］王申：《理想模型：南宋货币议论中的北宋交子形象》，《首都师范大学学报》，2022年第5期。

［26］乌云高娃：《忽必烈与元代海上丝绸之路》，《西夏研究》，2022年第4期。

［27］（瑞士）傅汉思著，党宝海、马晓林、周思成译：《马可·波罗到过中国：货币、食盐、税收的新证据》，北京：北京大学出版社，2022年。

［28］刘文鹏，屈成：《明清之际驿站财政制度的变革》，《山东社会科学》，2022年第10期。

［29］刘凤云：《由钱粮亏空看康雍乾时期财政制度创设中的因果关系——兼论清朝官僚政治的制度缺陷》，《史学集刊》，2022年第1期。

［30］龚浩：《行之有效：清代江苏亏空治理成效的再分析》，《西南大学学报》，2022年第1期。

［31］王正华：《合与分：清代乡村土地交易中的典与活卖》，《中国经济史研究》，2022年第5期。

［32］何永智：《经费筹济与财政汲取：清嘉道两朝外省捐监究探》，《中国社会经济史研究》，2022年第2期。

［33］李思成：《明代蜀府王庄的来源及管业模式探析》，《四川大学学报》（哲学社会科学版），2022年第4期。

［34］李坤：《明清时期中国社会对欧洲产品的早期消费》，《国际汉学》，2022年第2期。

［35］高福美：《清代京城私酒考论》，《历史档案》，2022年第3期。

［36］王正华，仲伟民：《清代禁酒演变与酿酒发展——兼论17—19世纪中英禁酒的异同》，《学术界》，2022年第3期。

［37］林展：《风险应对力——清代经济史研究的新视角》，《清史研究》，2022年第6期。

［38］王广通：《论唐代张孝忠家族身份认同之转变》，《青岛农业大学学报》（社会科学版），2022年第2期；陈红静：《唐代武将世家研究——以陕州张氏为例》，《南都学坛》（人文社会科学学报），2022年第3期；赵洋：《〈唐代郡李使君故聂氏夫人墓志铭并序〉考释——论后唐的一个晋商家族》，中国社会科学院大学古代史研究所、隋唐五代十国史研究室、宋辽西夏金史研究室、元史研究室编：《宋辽金元史论丛（第十二辑）》，上海：上海古籍出版社，2022年。

［39］李志生：《“辇前才人带弓箭”：唐代才人考析》，《山东女子学院学报》，2022年第2期。

［40］张驰：《唐代诗人李纵行年考述》，西安碑林博物馆编：《碑林集刊》，西安：三秦出版社，2022年。

［41］石云涛：《唐诗中的开元盛世——兼谈后世诗人对姚崇的肯定和颂扬》，《中原文化研究》，2022年第3期；石云涛：《从唐诗看甘州的历史变迁》，杜文玉主编：《唐史论丛（第三十五辑）》，西安：三秦出版社，2022年；石云涛：《诗家与僧家的因缘——唐诗中佛寺上人房（院）书写》，《社会科学战线》，2022年第6期；石云涛：《唐代小说中外来文明的传奇性书写》，《武汉科技大学学报（社会科学版）》，2022年第4期；辛晓娟：《唐诗中的游

侠形象与都城空间》,《华中师范大学学报(人文社会科学版)》,2022 年第 2 期。

[42] 金滢坤:《敦煌蒙书〈武王家教〉中唐代童蒙“形象”教育解析——以“八贱”为中心》,《浙江师范大学学报》(社会科学版),2022 年第 6 期;金滢坤:《〈唐代武王家教〉中的儿童“自知”教育解析——以“三痴”为中心》,《甘肃社会科学》,2022 年第 5 期。

[43] 邓文宽:《敦煌本〈字宝〉中的活俚语(入声)》,《敦煌学辑刊》,2022 年第 1 期。

[44] 李志生:《交往、性别和阶层:唐代妇女宴会活动探析》,杜文玉主编:《唐史论丛(第三十五辑)》,西安:三秦出版社,2022 年。

[45] 高世瑜:《唐代妇女生活》,北京:中国工人出版社,2022 年。

[46] 杨园章:《晚明泉州科举兴盛的原因及其社会影响》,《福建史志》,2022 年第 5 期。

[47] 宋可达:《从“苏松嘉湖”到“苏松常镇”——明代“江南”的地域分异探赜》,《古代文明》,2022 年第 2 期;宋可达:《从“地域”到“省域”:清代江南士人身份认知的转型》,《浙江师范大学学报》(社会科学版),2022 年第 5 期。

[48] 卜凡:《文安遥堤之争:明清冀中地方社会治水矛盾考察》,《中国农史》,2022 年第 3 期。

[49] 关锐,刘小萌:《清代东北封禁政策下的流民生计——以吉林珲春为中心的考察》,《贵州民族研究》,2022 年第 2 期。

[50] 赵世瑜:《猛将还乡:洞庭东山的新江南史》,北京:社会科学文献出版社,2022 年。

[51] 谷曙光:《“梨园家法”与沟通监管:清代北京戏曲行会组织“精忠庙”考论》,《戏曲艺术》,2022 年第 1 期。

[52] 毛立平:《清代女性自杀案件的司法审理与性别隐喻——以巴县档案为中心》,《浙江大学学报》,2022 年第 10 期。

[53] 郭睿君:《异乡的“熟人”——清代徽人同乡组织救助体系中的保人》,《史学月刊》,2022 年第 4 期。

[54] 德格吉日呼,刘小萌:《乾隆朝京旗移垦中的旗籍遣犯》,《历史档案》,2022 年第 1 期。

[55] 李汇群:《闺阁与画舫:清代江南文人的情感话语和女性书写(1796—1850)》,上海:上海人民出版社,2022 年。

[56] 刘永华:《田野调查与区域社会史研究:一个基于个人的观察》,《公共管理评论》,2022 年第 3 期。

[57] 杜新豪:《证史与阐幽:明代中后期日用类书中的耕织图研究》,《民俗研究》,2022 年第 4 期。

[58] 游自勇:《“弃常为妖”:中古正史〈五行志〉的灾异书写》,《历史研究》,2022 年第 2 期。

[59] 李雪涛:《韩愈辟佛及其对中国文化的深层影响》,《中华文化论坛》,2022 年第 3 期;雷闻:《长安道教的底色——隋大兴城道观及其唐代命运(上)》,《世界宗教研究》,2022 年第 12 期;王永平《祈福梦告:唐代华岳神信仰的一个独特面相——从建唐功臣裴寂“谒岳神以徼福”谈起》,《陕西师范大学学报(哲学社会科学版)》,2022 年第 5 期。

[60] 袁济喜:《唐诗与竹林七贤》,《中国高校社会科学》,2022 年第 2 期;王悦笛:《唐宋诗歌与园林植物审美》,北京:中国社会科学出版社,2022 年;杜晓勤:《唐代文学的文化视野》,北京:中华书局,2022 年。

[61] 吴福祥:《敦煌变文语法研究》(修订本),北京:商务印书馆,2022 年;吴元元:《敦煌蒙书〈兔园策府〉的流传与散佚》,《中国考试》,2022 年第 4 期;常荩心:《敦煌本〈千字文注〉之编撰特征——兼与上野本〈注千字文〉比较》,《敦煌学集刊》,2022 年第 1 期;孟彦弘:《散藏吐鲁番文书的蒐集、释录与研究——读〈吐鲁番出土文献散录〉》,《西域研究》,2022 年第 4 期;郜同麟:《试论敦煌道教文献的汉语史研究价值》,叶炜主编:《唐研究(第二十七卷)》,北京:北京大学出版社,2022 年。

[62] 荣新江:《丝绸之路上的中华文明》,北京:商务印书馆,2022 年;荣新江:《从张骞到马可·波罗:丝绸之路十八讲》,南昌:江西人民出版社,2022 年;荣新江:《丝绸之路上的粟特商人与粟特文化》,北京画院主编:《大匠之门(第 34 辑)》,桂林:广西师范大学出版社,2022 年;魏坚、武彤:《唐朝墩古城:丝路中西文化交流的见证》,《中国社会科学报》,2022 年 12 月 1 日。

[63] 陆扬:《“唐宋变革论”与唐宋变革:一个史学命题的方法论问题》,包伟民、刘后滨主编:《唐宋历史评论(第九辑)》,北京:社会科学文献出版社,2022 年;包伟民:《“唐宋变革论”:如何“走

出”？》，《社会科学文摘》，2022年第9期；罗祎楠：《“唐宋变革”的理论自觉与反思》，包伟民、刘后滨主编：《唐宋历史评论（第九辑）》，北京：社会科学文献出版社，2022年。

［64］廖靖靖：《医疾与志文：唐代妇女史研究的反思》，《史学理论研究》，2022年第2期。

［65］李志生：《路径与取向：情感史与中国古人情感》，《山东女子学院学报》，2022年第5期。

［66］张铭心：《出土文献与中国中古史研究》，桂林：广西师范大学出版社，2022年。

［67］沈睿文：《墓志中的礼与俗》，上海：上海古籍出版社，2022年。

［68］苗润博：《“青牛白马”源流新论——一种契丹文化形态的长时段观察》，《北京大学学报》（哲学社会科学版），2022年第3期；苗润博：《辽朝前期自称轩辕后裔说献疑》，《中国典籍与文化》，2022年第4期；苗润博：《民族记忆抑或家族标识？——契丹漆水郡望探赜》，《中国史研究》，2022年第2期；苗润博：《透视阴山七骑：图像、传说与历史记忆》，《美术研究》，2022年第2期。

［69］张永富：《西夏语第一、第二人称双数后缀与人称范畴再探讨》，《民族语文》，2022年第1期；吴宇：《西夏语第一人称代词复数敬语借自汉语“我弥”初探》，《北方民族大学学报》，2022年第3期；高艺鹏：《西夏反切中重唇音切上字的分类》，《西夏研究》，2022年第4期；麻晓芳：《西夏语复数后缀刍议》，《民族语言》，2022年第3期。

［70］孙伯君：《十二世纪汉语河西方音声韵特征再探》，《中国语文》，2022年第5期；孙颖新：《由汉语引发的西夏文同音借用——兼谈音义关系》，《宁夏社会科学》，2022年第4期；史金波：《民族交往交流交融的典型例证——中国古代合璧文字文献刍论》，《中央民族大学学报》（哲学社会科学版），2022年第3期。

［71］邵方：《西夏民间契约中的违约责任》，《法学评论》，2022年第4期。

［72］沈卫荣，安海燕：《从演蝶儿法中拯救历史——元代宫廷藏传密教史研究》，北京：中华书局，2022年。

［73］刘卫东，刘语寒：《北京房山云居寺的石经书法》，《中国书法》，2022年第5期。

［74］蔡春娟：《元代家训中的童蒙教育理念》，中国社会科学院历史研究所隋唐宋辽金元史研究室编《隋唐辽宋金元史论丛》，上海：上海古籍出版社，2022年，第176—186页。

［75］陈博涵：《李谷、李穑父子仕元及其诗歌创作倾向》，《民族文学研究》，2022年第1期。

［76］史仲文主编：《元代建筑雕塑史》，上海：上海科学技术文献出版社，2022年。

［77］王军：《尧风舜雨：元大都规划思想与古代中国》，北京：生活·读书·新知三联书店，2022年。

［78］李晗：《明代台阁文人文集序中古文统序与文道关系论》，《西北民族大学学报》（哲学社会科学版），2022年第3期。

［79］郭素红：《20世纪以来明代〈尚书〉学研究的回顾与反思》，《清华大学学报》（哲学社会科学版），2022年第6期。

［80］张广保：《武当山皇室家庙与明代官道的形成》，《世界宗教研究》，2022年第10期；张广保：《明代茅山、齐云山的道教与官道》，《宗教学研究》，2022年第2期。

［81］赵滕，王浦劬：《公理与公利：明清之际公共思想的分析范式初探》，《社会科学研究》，2022年第3期。

［82］黄爱平：《明末清初北方大儒孙奇逢史学探研》，《内蒙古师范大学学报》（哲学社会科学版），2022年第2期。

［83］黄振萍：《明清之际王学“清谈误国”论质疑》，《清华大学学报》（哲学社会科学版），2022年第3期。

［84］戚学民：《论清史〈续文苑底稿〉的经世学名义与嘉道学人谱系》，《社会科学研究》，2022年第3期；戚学民，唐铭鸿：《论〈续文苑底稿〉对桐城派史的续写》，《安徽史学》，2022年第1期；戚学民：《论清史〈儒林传〉对陈澧学术的记载》，《广东社会科学》，2022年第1期；戚学民：《性灵派登场：论〈续文苑底稿〉对乾隆朝诗学史的续写》，《东南学术》，2022年第6期。

［85］韩星：《重建信仰：明清之际儒者的上帝观——以儒家天主教徒为主》，《世界宗教研究》，2022年第3期。

［86］林巧薇：《清代正一道士娄近垣与北京大光明殿探研》，《世界宗教研究》，2022年第12期。

［87］雷颐：《“夷夏之辨”与“满汉之别”——乾隆时代双重认同困境与近代中国》，《学术界》，

2022 年第 6 期。

［88］杨念群：《“天命”如何转移：清朝“大一统”观的形成与实践》，上海：上海人民出版社，2022 年。

［89］王东杰：《探索幽冥：乾嘉时期两部志怪中的知识实践》，成都：巴蜀书社，2022 年。

［90］李鸿宾：《〈政权与族群：中国边疆学基础理论研究〉书后》，《中国史研究动态》，2022 年第 1 期。

［91］周思成，林鹄，邱靖嘉，张帆，陈晓伟：《辽夏金元史：多元族群的冲突与交融》，台北：三民书局，2022 年。

［92］姚大力：《边疆史地十讲》，上海：复旦大学出版社，2022 年。

［93］彭勇，张无尽：《明清民族事务处理和边疆管理的共同追求》，《中央社会主义学院学报》，2022 年第 2 期。

［94］丁慧倩：《从明清时期回族族谱修撰看回汉文化交融》，《中央民族大学学报》（哲学社会科学版），2022 年第 4 期。

中国近现代史

一、学科发展及学术研究

（一）政治史

经党中央批准，中共中央党史和文献研究院主持编写的《中国共产党一百年》丛书出版，分为“新民主主义革命时期”“社会主义革命和建设时期”“改革开放和社会主义现代化建设新时期”“中国特色社会主义新时代”四卷，共计 86 万字，是目前党史界时间跨度最长、内容最系统最完整的正史著作。[1] 崔禄春的专著论述了党的百年制度探索历程，彰显党的制度自信与制度优势。[2] 金冲及通过对国共合作、遵义会议、七七事变、新中国诞生等重大历史事件的深入分析，把握党如何在历史选择的关键时刻，在“自我革命”精神的指引下，不断反省与纠正自身错误，带领全国人民走好革命、建设、改革与发展道路的历史进程。[3]

杨凤城指出，具有鲜明资政育人特色、关注宏观历史、注重史论结合的传统党史学，应创造性地吸纳既有学术进步，在时代的机遇下实现振兴。[4] 孙会修认为，中共在 1925 年一改以往质量优先的党员发展策略，转为放宽标准的数量优先策略，虽然造成党员素质下降等，但党通过组织文化与制度建设的方式，适应党员规模的扩大，从而将党锻造为更具力量的革命政党。[5] 应星通过梳理 1930 年红军统一整编时 16 个军的发展历程，论证了红军发展与地势地貌、山川分布等地理学因素的密切关系。[6]

新中国成立前党的对外交流事业，成为 2022 年学界关注的新热点。张牧云通过分析多国史料，梳理了自中共成立前后到新中国成立前夕，党与美国共产党之间由共产国际的指导联络向独立主动交往的发展过程，进而指出，美共是当时美国人民了解中共的重要窗口。[7] 侯中军基于中美档案文献分析，美军延安观察组进驻延安是美方在对日作战需要下开启与中共的外交活动；美方出发点在于团结国共、共同对日作战，最终又因政治原因被其主动中止，进而指出抗战时期中共对美外交成效是有限的。[8]

晚清政治史研究在 2022 年取得了新的突破。顾建娣认为，李鸿章与曾国藩应对同治二年苗沛霖降而复叛，因水师调动问题发生龃龉、甚至出现正面对抗；李最终虽选择妥协致歉并派出水师参与作战，但仍达成了使淮军立足上海，进而攻取苏州的战略目的；反观清廷，通过调停曾李矛盾，培植了可以在日后抗衡湘军的淮军力量。[9] 马维熙对《辛丑条约》赔款问题进行再研究，认为早在一期赔款交付之初，中外即因还金还银的具体偿付问题出现龃龉。追根溯源，实由约本文义的自相矛盾所致，又因背后牵涉巨大的经济利益。中方的还银努力终因内外多重因素影响，理为势屈而失败。[10]

鸦片战争以来，西方列强在中国的出现与存在，打破了清廷既有的统治秩序，为中国历史注入了新的“变量”。欧阳哲生对英法联军在 1860 年劫掠圆明园、进占安定门、签署《北京条约》以及传教士与联军合作等细节加以梳理，指出第二次鸦片战争更应为中国近代史上的重要转折点。[11] 曹雯以“经营”奉天为切入点，分析日本在日俄战争中掠取南满铁路控制权后，在奉天日租界和奉天站铁道附属地开展的殖民活动。[12] 辛亥革命后，在《清室优待条件》庇护下的逊清朝廷成为特殊时期的独特存在。刘灿以盛京内务府在民国初年的存续作为切入点，在梳理盛京皇室产业收入对逊清朝廷的支持、盛京内务府与民国奉天巡按使的互动关系后指出，逊清朝廷与军阀共谋利益却忽视普通旗人生计，使得旗人上下离心，最终造成其在奉天特殊权益的最终瓦解。[13]对于“北京政变”、驱逐溥仪出宫一事，孙中山先生认为废止清室待遇“按之情理法律，皆无可议”；清室欲借孙中山到京之契机，致函孙中山望其维持《优待条件》遭到严词拒绝。对此，李在全认为，孙中山及国民党人持此态度，既是对冯玉祥等人驱逐溥仪出宫的助推、是对辛亥革命的继续，又坐实民国法律无法保护逊清皇室的客观事实。[14]

2022年适逢全面抗战爆发85周年，抗日战争研究仍旧成为学界关注的热点。徐志民指出，九一八事变爆发后，正遭到国民政府军事“围剿”的中国共产党和红军率先举起抗日旗帜，振奋全民族的抗战精神；党领导下的东北抗日武装不断打击日伪殖民统治；党根据国内外形势的变化，提出构建抗日民族统一战线的设想并付诸实践。[15]臧运祜指出，中央军委于1941年11月7日发出的《关于抗日根据地军事建设的指示》，进而提出并落实“精兵简政”政策，并通过构建“主力军—地方军—民兵三结合”的人民战争武装力量体制，从而度过了持久抗战的严重困难时期。[16]在全民族抗战的宏观视野下，学界对于抗战的具体研究则呈现出更为细致与多样的形态。吴敏超指出，国民政府为在西北打造“抗战建国”基地，于1941年起着力经营甘肃河西走廊，并派驻中央军巩固统治，密切国民政府中央与西北各省联络，为日后解决新疆盛世才之问题打下基础。[17]

近现代中外关系史依旧为学界关注。侯中军梳理了九一八事变后国民政府与日、英、法、美等国围绕国联开展的一系列交涉，以国联三次决议出台前后的外交博弈为切入，分析英美出于自身外交利益考量在中日间徘徊、进而选择避免中日战争的决策，亦论证了国民政府在局部抗战爆发后，外交上妥协退让立场的形成与微调过程。[18]张俊义指出，在全面抗战爆发、各沿海港口被日军占领或封锁的情况下，国民政府于1938年12月开始建造滇缅铁路云南段，并在交涉中以牺牲领土为代价，满足英缅当局需求，换取英方对滇缅铁路修建的支持。[19]

（二）思想文化史

在党的二十大精神指引下，学界对于党的思想与文化历程的探讨取得了进一步的成果。孙来斌指出，20世纪初期中国与俄国经济发展落后，但其深刻的社会矛盾造就了特殊的革命的形式，使得马克思主义在满足两国理论需要基础上得以迅速传播，并激励着一批有产阶级家庭出身的知识分子甘愿自我牺牲、转向无产阶级立场。[20]欧阳军喜认为，中国早期马克思主义者运用马克思主义改造中国，在探索中初步认识了中国的社会性质与革命性质、认识到与资产阶级民主派建立统一战线的必要性、形成了建立工农联盟的认识，结出了马克思主义中国化理论的初步成果。[21]左玉河认为，20世纪30年代，唯物史观在国内史学界受到普遍认同，在中国社会史论战中成为各方认可并共同使用的分析工具，从而推动了马克思主义史学在国内的兴起。[22]张太原认为，传统党史强调学术性和政治性的统一，而“新革命史”的意旨在于将革命史研究回归历史学轨道、强调社会史的视角与方法，在理论与实践的创新探索中亦坐实传统革命史观的重大结论。[23]

学术思想是中国近现代思想史的重要研究对象，在2022年度依旧备受关注。戚学民、唐铭鸿认为，19世纪末由清廷主持纂修的《续文苑底稿》对桐城派史的系统记录，进一步强化了该派的正统地位。王东杰认为，中国传统的理想社会“桃花源”合乎“天然”，康有为在《大同书》中构建的理想社会，其思想内核更倾向于“乌托邦”而非“桃花源”。[24]思想文化的变迁与政治局势的互动，成为2022年度学界关注的新热点。罗检秋认为，在“同治中兴”的表象之下，隐藏着清廷文治举措的杂乱无章、使得其治国理论顾此失彼、造成文化权力下移的潜流，进而加速所谓“中兴”的瓦解。[25]李欣然认为，甲午战争后，“中体西用”中“西用”的主流思想由“西艺”转为“西政”；“西政”的推崇者张之洞与其批评者展开了辩论，冲击了“中体西用”的理论框架。[26]刘晨指出，洪仁玕《资政新篇》则以英美基督教国家为模板，意图将太平天国改造为“上帝之国”，其中强化中央集权、不反对政教合一制度、不容许其他宗教派别存在的观点与洪秀全《天朝田亩制度》在根本旨趣上达成统一，因而为洪秀全所接受。[27]

概念话语研究在2022年度取得了新的进展。黄兴涛、黄娟指出，代指民族国家语言的“国语”概念自清末出现，在清末新政过程中受到清廷的主导、朝野人士的共同推动，成为构成“国族”意识的重要组成部分。[28] 刘文明指出，“大清帝国”一词最早为西方使用，直到中日《马关条约》交涉过程中，“帝国”一词才为清廷使用；此后，清廷与知识界对西方语境下的“帝国”概念由排斥逐渐趋向接受。[29] 李帆指出，1907 年杨度在《金铁主义说》中将“中华民族”称为“文化民族”，从而将中华文化视作民族认同的基础。[30]

（三）经济史

近代的商业金融和市场经济受到关注。王大任考察了近代东北的“人情贷”现象，指出这种以无息贷款为特征的“人情贷”，既不同于那些追求利息的贷款，也不能简单理解为“道义经济”的表现，而是商业资本在乡村社会人情网络的深入扩张。[31] 潘晓霞考察近代中国金融风潮的生成、发酵与最终爆发的过程，区别了解各个时期不同风潮的酝酿、形成、发生机制，探究政府和社会应对风潮的前后变化，从百年的长时段中发现金融风潮的不变与变，揭示社会、民众在非常态风潮下的日常。[32] 黄一彪、龙登高等以徽州“泰昌发介号”的《淳庄账簿》为主要史料，指出宗族成员参与同族茶商的产业经营，体现了传统商业在时代困局中的内生活力。[33]

在财政税收方面，刘文远考察了清代四川“按粮津贴”的税收化过程，认为“按粮津贴”的税收化，不仅体现了国家财政现代化的历史大势，而且是一次传统意义上的从“非法”到“合法”的“加赋”旅程。[34] 倪玉平发现，咸丰、同治时期，清廷面临巨大财政压力，在对内举债无法获得成功的同时，向外举债却屡次展开。[35] 颜色、雍前对以往视厘金制度为晚清地方政府剥削商户、阻碍国内商品经济发展和市场融合的“恶税”印象展开反思，以晚清棉布作为研究对象，认为内陆地区的厘金扩大了其市场，并非对外贸易中的恶税；相反，沿海地区的厘金却成为洋布竞销的帮凶，属于对外贸易中的恶税。[36]

近代中国的经济运行、发展与外国存在千丝万缕的联系。郭卫东指出，外国银行在华发钞的走势与列强的侵华路线相一致，外钞在华泛滥成灾，引起中国官绅商民的抵制，中外之间爆发了一场没有硝烟的“货币战争”。中方通过颁行统一币制的法令章程、建立中国的银行体系、积极发行中国纸钞、直接限禁外钞等举措，使外钞在 1934 年的法币改革后基本退出中国的发行市场。[37] 王强指出，第一次世界大战后，上海机制面粉工业利用世界麦产增加及麦价下跌的时机，大规模进口洋麦，获得显著的成本优势。洋麦与近代上海机制面粉工业的关系，是近代民族工业脱离本国农业生产、过度依赖资本主义世界市场的集中体现。[38] 崔志海指出，清末中美关于自开商埠与约开商埠之争，反映了中国近代开放的两条道路之争，即独立自主开放同殖民地与半殖民地开放之争。[39] 王慧颖考察了美国商人和侨民对清末中美商贸关系的观察和应对，认为中美《通商行船续订条约》谈判历时 10 个月之久，主要是美商的阻挠所造成的。[40]

解放区的经济运行和管理也是令人瞩目的议题。村财政浪费一直是抗日根据地面临的难题。李叶鹏认为，太行与太岳根据地管理村财政较为成功，这套制度使得根据地的村财政开支水平明显降低，村级经费征收与开支多符合规定，村级账簿体系也建立起来。[41] 欧阳军喜指出“饻”作为工资计算单位是华北解放区军事工业由军事管理转变为企业化管理、军工企业由供给制改为工资制的产物。饻工资的推行，最大限度地满足了战时工人的基本生活需要，也推动了解放区工业的恢复和发展。[42] 潘晓霞对东北解放区的通货膨胀问题及其处理展开论述，认为解放战争时期，东北解放区并没有出现国统区那样的恶性通货膨胀，固然与中共在东北军事战场上的节节胜利关系极大，同时也得益于中共强有力的控制和高效率的动员，最大限度地集中资源、有效抑制投机。[43]

最后，经济学史与经济史理论也获得研究者的关切。倪玉平呼吁从事近代经济史研究的学者，应突破时代断限的束缚，打通古今中外，做贯通式的研究。学界应该加强经济学理论和方法的应用，努力把历史学和经济学理论结合起来，加强问题意识和创新意识，把实证分析和规范分析结合起来，发现真问题，解决真问题，为推进国家治理体系和治理能力现代化提供历史借鉴，为加快构建中国特色哲学社会科学发挥基础性作用。[44] 林展提出，百年来的清代经济史研究，都受到生产力标准的影响。已有研究范式没有足够重视经济活动中的波动性，即风险因素，这不利于全面认识清代经济的特征和演进规律。基于学界新提出的“风险应对力”概念，他阐述了“生产力—风险应对力”分析框架的含义、对“风险应对力”进行量化评估的相关指标，并以大分流问题为例，指出这一分析框架带来的新启示，以及对清代经济史研究的价值。[45]

（四）社会史

姜涛以1850年为界，将晚清的人地关系分为太平天国战前与战后两个时期：前一时期人口持续而缓慢增长，后一时期人口空前损失。他进一步指出，中国近代史上的人地关系问题系统而复杂，仅仅依靠马尔萨斯的“两个比率”公式无法证明清王朝的鼎革由人口过剩引起。[46]吴敏超从浙南永嘉县的一起村民水利诉讼案件出发，认为该案可以呈现上下游村民重灌溉还是重通航的不同利益诉求，以及战乱时期多由乡民自行建筑水利设施、各级政府干预能力有限等情形，反映历史的共相与常情。[47]迟云飞、丁高杰从《徐世昌日记》中发现，自1902年后的10年间，徐世昌平均每年乘火车进行政务履行达10次以上，便于其开展会见袁世凯、检阅军队、考察东三省等政务活动，由此管窥近代化交通方式的出现对于中国人日常出行的巨大影响。[48]刘文鹏、李伯禹认为，依靠黑龙江漠河金厂而修建的嫩漠邮路自晚清即开始勘测、动议、筹备，直至民国建立后，才在防御沙俄等战略考虑下正式修建并开通，有力地促进了沿途的社会经济发展。[49]

关于北京地方史研究，王建伟通过对20世纪20—40年代北京的社会变革与文化演进的研究，通过城市管理与规划、城市形态演变、文化秩序、城市与政治的互动等维度加以思考，进而呈现出了一幅中国近现代史与北京城市史交会画卷。[50]1934年10月，在国民政府“新生活运动”与日本侵略华北危机不断加深的双重影响下，北平市政府颁布《整顿北平市风化暂行办法》；王建伟指出，北平市“整顿风化运动”既与政治影响有关，亦与贸易入超、振兴国货的需求相关联，不但未能振兴城市经济，反而因其禁令大多针对女性而遭到社会上的强烈反对。[51]刘仲华认为，圆明园民国时期继续遭遇到建筑遗存、木材石材遭受变卖，水田旱地被出租耕种等破坏，其划归清华大学的争议更反映出该园虽名义上设置“遗址保管委员会”但事实上无人管理的状况。[52]左承颖认为，南京国民政府自1931年6月起三次下令筹建城市森林公园，此后南京、北平和开封等城市分别响应并着手建造，其中以南京第一森林公园和山东省森林公园最具代表性；森林公园的建设，将自然美融入到了中国的近代城市生活之中。[53]

（五）交叉学科

近代中国面临“三千年未有之大变局”，以往学界论述的重点在于西力冲击所引发的政治、经济、思想、文化和社会等领域的变动，而甚少为人提及的是，这场变局还包含生态系统的剧烈变动，其最直观的表现是近代中国的严重灾荒。朱浒指出，1840—1949年的百余年间，在自然和社会的双重作用下，中国遭遇了一个自然灾害群发的时期，其发生频率和酷烈程度是其他历史时期所罕见的。[54]周琼探讨了中国西南地区灾害响应和社会治理之间的关系，厘清灾害文化的传承机制，剖析不同地域之间灾害响应方式与社会治理之间的内在机理。[55]

近年来活跃在医学史、疾病社会史与公共卫生防疫等领域的学者从各自不同的研究角度推出兼具学术价值与时代意蕴的作品。

以“瘟疫与人”为主题，余新忠和夏明方主编《瘟疫与人：历史的启示》一书，为人们了解并理解中外历史疫灾，提供思考途径和多向度的历史与思想背景。该书内容涉及疾病史（历史上的瘟疫），医疗史（救治、医学、药物），中医与西医，瘟疫与政治、文化、社会、公共卫生、慈善赈济，以及人类在应对疫灾的历史过程中所积累的历史经验。[56]周建波等以近代基督新教传教士在青州地区的活动为中心，梳理了西方医疗事业在该地区的早期发展历程。[57]纪浩鹏指出，1906年丙午官制改革后，清政府设立了专管民政的民政部，民政部所构建的卫生防疫体系是中国卫生防疫体系近代化的开端，也是国人探索近代化的过程中一次重要的努力。[58]近代港口检疫是医疗史与海关史共同关注的重要内容。刘苗指出，1895年天津海港检疫实施后，其组织机构的隶属关系迭经变迁，为中华人民共和国成立后华北海港检疫事业的发展打下了重要基础。[59]

在科学技术与近代中国社会变迁、近代中国重要科学社团组织等方面也涌现出颇具新意的佳作。如从科学技术与环境治理相结合的视角，李侃指出近代海河工程开展于新技术应用以及特定时期对技术和环境认知的背景下，也是近代中国通商口岸特殊政治生态的产物。[60]此外，她还专门研究了中外合作疏浚海河航道而设的海河工程局（1897—1949），指出该局在实践中表现出灵活多变的身份和角色，不断调整应对各方的策略，在国际政治、水利事业、地方社会中发挥独特的影响力。[61]焦雨楠探讨了北洋时期由外国倡导设立的顺直水利委员会，认为该会经营水利十年，为海河水利乃至华北水利的发展奠定了基础。它虽因“中外合办”饱受非议，但始终都是北洋政府设立的临时性建议机构。[62]中国科学社是较为典型的近代学会。左玉河指出，中国科学社既是中国现代学术体制化的结果，也是中国现代学术建制化的重要标识。中国科学社通过举办学术年会、建立研究所及其他学术设施，推动了现代学术体制的确立，堪称近代学会推进民国学术发展之典范。[63]

二、问题思考及研究建议

2022年度，北京地区高校科研机构在中国近现代史领域继续高歌猛进，在重大理论与实践问题研究，治史的新理论、新方法创新，交叉学科研究的拓展等方面取得了长足的进步，成果颇丰。

客观而言，北京地区高校科研机构的中国近现代史研究仍存在改进的余地。一是在教育部社科基金项目和北京市社科基金项目的申报和立项数量上仍偏少，相较以往进步有限，应深入总结经验；二是国家社科基金重大项目的立项数量相较去年有所回落，应提高重视，深入挖掘兼具研究价值与时代意义的“大哉问”；三是有关中国近现代史学科体系、学术体系、话语体系建设所取得成果数量还偏少，应继续加强重视，讲好中国故事，构建中国学派。

未来，中国近现代史领域在继续保持既有重要学术议题研究不断推陈出新、弥补相关研究不足的基础上，还应在以下几个方面培育新的学术增长点：一是在党的二十大精神指引下，坚持马克思主义唯物史观，进一步加强历史学科与中共党史学科科研力量的合作交流，促进“新革命史”与传统革命史的融会贯通，使中共党史研究向更高地水平迈进，进而推进中国近现代史学科的全面发展；二是继续推进新兴交叉学科特别是历史时期的灾害应急与管理、生态环境、医疗卫生、技术治理等方面的研究，从而为当下中国治理体系与治理能力现代化建设提供宝贵的历史资鉴。

（北京市历史学会供稿；执笔人：朱浒、李光伟、张燚明）

注：

［1］中央党史和文献研究院：《中国共产党的一百年》，北京：中共党史出版社，2022年。

［2］崔禄春：《中国共产党百年制度史》，北京：中国工人出版社，2022年。

［3］金冲及：《百年道路》，北京：生活·读书·新知三联书店，2022年。

［4］杨凤城：《把传统党史研究带回来，让主流党史研究强起来》，《中共党史研究》，2022年第4期。

［5］孙会修：《中国共产党早期发展策略转换与群众性政党的成长》，《近代史研究》，2022年第6期。

［6］应星：《主力红军在“五湖四海”的崛起（1927—1930）——再论中共革命的地理学视角》，《中共党史研究》，2022年第3期。

［7］张牧云：《新民主主义革命时期中国共产党与美国共产党的交往》，《中共党史研究》，2022年第2期。

［8］侯中军：《美军延安观察组与中共对美外交的转变》，《中共党史研究》，2022年第2期。

［9］顾建娣：《拒援临淮：同治二年李鸿章与曾国藩的战略分歧》，《安徽史学》，2022年第4期。

［10］马维熙：《还金还银？庚子赔款偿付问题再研究》，《清史研究》，2022年第5期。

［11］欧阳哲生：《庚申之变——1860年英法联军在北京研究》，《清华大学学报（哲学社会科学版）》，2022年第5期。

［12］曹雯：《日俄战争后日本在奉天的早期“经营”》，《清华大学学报（哲学社会科学版）》，2022年第3期。

［13］刘灿：《共和制下的皇室机关——民国时期清室盛京内务府存续考论》，《清史研究》，2022年第6期。

［14］李在全：《1924—1925年孙中山北上京津与逊清皇室的反应》，《史林》，2022年第1期。

［15］徐志民：《九一八事变与中国共产党的抗战》，《抗日战争研究》，2022年第3期。

［16］臧运祜：《抗战严重困难时期敌后根据地的军事建设》，《北京大学学报（哲学社会科学版）》，2022年第4期。

［17］吴敏超：《“嘉峪关为中华东西干线之中心”：全面抗战时期国民政府经略河西走廊》，《史学月刊》，2022年第12期。

［18］侯中军：《九一八事变后国联外交与国民政府对日政策》，《历史研究》，2022年第1期。

［19］张俊义：《全面抗战时期中英修筑滇缅铁路交涉》，《抗日战争研究》，2022年第4期。

［20］孙来斌：《马克思主义在东方早期传播的历史逻辑》，《北京大学学报（哲学社会科学版）》，2022年第4期。

［21］欧阳军喜：《马克思主义中国化时代化的历史基础》，《历史研究》，2022年第6期。

［22］左玉河：《中国社会史论战与马克思主义史学的崛起》，《历史研究》，2022年第2期。

［23］张太原：《术演进和时代变迁视野下的革命史研究——从“新革命史”的提出和讨论谈起》，《近代史研究》，2022年第3期。

［24］王东杰：《从“桃花源”到“乌托邦”：〈大同书〉关于理想社会的构想》，《近代史研究》，2022年第2期。

［25］罗检秋：《同光文治的内弱外强及其后果》，《安徽史学）》，2022年第6期。

［26］李欣然：《“政”在体、用之间——“西政”对晚清“中体西用”典范的冲击》，《清华大学学报（哲学社会科学版）》，2022年第5期。

［27］刘晨：《太平天国社会治理方略的近代化建构——〈资政新篇〉新解读》，《近代史研究》，2022年第3期。

［28］黄兴涛，黄娟：《清末“国语”的概念转换与国家通用语的最初构建》，《近代史研究》，2022年第2期。

［29］刘文明：《大清帝国”概念流变的考察》，《历史研究》，2022年第3期。

［30］李帆：《植根于中华文化的“中华民族”观念——以杨度〈金铁主义说〉为核心》，《北京师范大学学报（社会科学版）》，2022年第2期。

［31］王大任：《来自商人的“人情贷”——近代东北乡村商业资本对乡村基层社会网络的嵌入》，《清华大学学报（哲学社会科学版）》，2022年第6期。

［32］潘晓霞：《近代中国金融的非常与日常》，北京：社会科学文献出版社，2022年

［33］章毅，黄一彪：《晚清内销茶商的季节性经营和跨地域流动：以泰昌发介号〈淳庄账簿〉为中心》，《史林》，2022年第1期；黄一彪、龙登高：《晚清浙江京茶庄的歙县宗族伙计——基于泰昌发介号淳庄的考察》，《中国农史》，2022年第6期。

［34］刘文远：《“借资民力”与清代四川“按粮津贴”的税收化》，《清史研究》，2022年第3期。

［35］倪玉平：《清朝咸同时期的政府借债》，《清华大学学报（哲学社会科学版）》，2022年第2期。

［36］颜色，雍前：《厘金是恶税吗？来自晚清棉布市场的证据（1871—1890）》，《清史研究》，2022年第5期。

［37］郭卫东：《货币战争：近代中国对外国在华发行钞票的抵制》，《史学集刊》，2022年第1期。

［38］王强：《洋麦进口与近代上海机制面粉工业发展》，《中国农史》，2022年第1期。

［39］崔志海：《清末中美自开商埠与约开商埠之争》，《社会科学研究》，2022年第3期。

［40］王慧颖：《美国商人与中美〈通商行船续订条约〉谈判》，《社会科学研究》，2022年第4期。

［41］李叶鹏：《太行太岳抗日根据地村财政管理制度探析》，《史学月刊》，2022年第3期。

［42］欧阳军喜：《“饫”的历史：战争与革命时期华北解放区工人的生活状况与阶级意识》，《史学集刊》，2022年第6期。

［43］潘晓霞：《东北解放区的通货膨胀及中共的应对》，《史林》，2022年第1期。

［44］倪玉平：《“三大体系”建设与近代经济史研究》，《近代史研究》，2022年第4期。

［45］林展：《风险应对力——清代经济史研究的新视角》，《清史研究》，2022年第6期。

［46］姜涛：《晚清的人地关系》，《近代史研究》，2022年第2期。

［47］吴敏超；《乡民的逻辑：全面抗战时期浙南乡村的水利活动》，《抗日战争研究》，2022年第3期。

［48］迟云飞：《铁路开通与晚清北京官员出行——以〈徐世昌日记〉为中心的观察》，《安徽史学》，2022年第5期。

［49］刘文鹏，李伯禹：《“黄金之路”考辨——近代以来嫩漠路的沿革》，《近代史研究》，2022年第6期。

［50］王建伟：《旧都新城：近代北京的社会变革与文化演进》，北京：中国社会科学出版社，2022年。

［51］王建伟：《1930年代中期的北平：整顿风化、繁荣故都与新生活运动》，《史林》，2022年第1期。

［52］刘仲华：《民国时期圆明园的沉浮及其价值重构》，《安徽史学》，2022年第3期。

［53］左承颖：《“森林”进入城市：民国时期森林公园筹设研究》，《近代史研究》，2022年第3期。

[54] 朱浒:《近代中国的灾荒与社会变局》,《近代史研究》,2022年第2期。

[55] 周琼:《中国西南地区灾害响应与社会治理研究》,北京:科学出版社,2022年。

[56] 余新忠,夏明方主编:《瘟疫与人:历史的启示》,北京:商务印书馆,2022年。

[57] 周建波,于水婧,曾江:《传教士活动与近代青州医疗事业的发展——基于创新理论视角》,《安徽师范大学学报(人文社会科学版)》,2022年第2期。

[58] 纪浩鹏:《清末民政部与近代卫生防疫事业——兼及善耆之历史贡献》,《中国国家博物馆馆刊》,2022年第9期。

[59] 刘苗:《近代天津海港检疫机构的创建历程与检疫措施》,《广西民族大学学报(自然科学版)》,2022年第2期。

[60] 李侃:《"错误的开端":技术、环境与近代海河工程》,《中华文史论丛》,2022年第4期。

[61] 李侃:《民国时期海河工程局运行实态:在地方、国家、列强之间游走》,《重庆大学学报(社会科学报)》,2022年第2期。

[62] 焦雨楠:《顺直水利委员会的建立及性质辨析——兼论中国近代水政的统筹与制度转型》,《史学月刊》,2022年第8期。

[63] 左玉河:《中国科学社与民国学术体制之创建》,《社会科学辑刊》,2022年第4期。

史学理论与外国史学史

一、学科发展及学术研究

2022年,北京地区学者在史学理论与外国史学史研究领域收获了不少成果。相较往年,无论学科总体建设还是具体问题的探究,反思性在本年度研究中尤为突出。

(一)唯物史观及历史学的学科建设

唯物史观始终是史学理论研究的核心问题。丰子义指出,马克思"生产关系"概念的形成同唯物史观的创立过程一致,由此,他认为生产关系对于唯物史观的系统阐发具有决定性意义。[1]吴英重申了唯物史观对阐明重大历史和现实问题具有的科学解释力,他指出,唯物史观提供的终极原因追溯法、层次分析法、生产方式阶段划分法以及根据生产力发展水平来分析国家和文明之间交往状况的方法,能为解析当前重要历史问题提供科学的方法论指导。[2]他还认为,要建设中国特色的史学理论学科体系和话语体系,就必须重塑唯物史观对历史学的指导地位,力戒运用唯物史观的教条主义倾向,理顺史学理论与史学史学科内部的两种关系,加强史学理论尤其是历史理论研究。[3]李世安、李娜回溯了延安时期至新时代唯物史观在世界现代史学科体系建设中发挥的指导作用,他们指出,当前中国史学界存在的如现代化史观、文明史观、全球史观和整体史观等,其合理成分实际已蕴含在唯物史观中。[4]

还有学者从不同角度反思历史学学科建设的应有之义。孟广林和朱文旭关注1945年以来台湾地区世界史研究的发展历程,指出其存在的话语体系缺失、研究议题分散、学脉赓续孱弱、意识形态纷扰等流弊,建议加强与大陆之间的学术交流以破解这些难题。[5]李国强则强调历史研究工作者要以历史学特有的方式,发展有思想、有灵魂、有立场的史学研究,以在社会大变革、世界大变局的时代,引领潮流。[6]

(二)史学理论核心议题及主要流派、人物研究

除唯物史观外,对其他历史学关涉之重要理论问题的探讨,学者们亦有所推进。邓京力主编出版《史学理论核心观念研究》(中国社会科学出版社)一书,汇集21世纪以来国内史学理论界对历史解释、历史证据、历史客观性、历史叙事、历史时间、历史文化等核心观念的主要研究成果,向学界呈现近年来史学理论学科建设的突破性发展和成果。焦佩锋的力作《历史主义五论》(商务印书馆)以德国历史主义为研究对象,分别探讨历史主义与自然主义、相对主义、保守主义、民族主义、国家主义和纳粹主义之间的关系,全面展现德国历史主义学派思想发展的基本格局。张绪山则专门思考了"以史为鉴"这一论题,他指出,人的理性使人具有学习历史经验教训的能力,从这一层面看,永恒不变的人性在客观上可以成为理性认识的对象;然而,当人类借鉴历史经验教训时,不单单受理性的支配,更受到

与生俱来的欲望的强力干预，欲望泛滥常使得个体尤其统治者有史而不鉴。[7]

刘文楠认为，史家要揭示更深层的历史机制，对矛盾和反常做出合乎情理的解释，就需要研究者动用对具体的抽象能力、自身的共情能力以及生活阅历。[8]严飞认为，通过比较历史分析、注重历史行动者的时代环境以及强调事件序列性、历史偶变性的重要意义，历史叙事与机制分析能够有机勾连，从而成为一个互有补益的整体。[9]金嵌雯以20世纪90年代之后叙事主义者海登·怀特的史学理论为主要研究对象，探讨如比喻实在论、实践的过去等概念在怀特总体思想中的位置、其对前期思想的补正以及为我们重思后现代之后多元历史叙事问题可能提供的启发。[10]李理、刘洋围绕《历史与理论》《重思历史》《历史哲学杂志》这三本英文期刊，向中文学界介绍2020—2021年西方史学理论研究包括"人类世"历史哲学、思想史、新知识史、事件史和后殖民史学等热点话题的研究动态。[11]

此外，学界再版了何兆武先生的《历史理性批判论集》（清华大学出版社2022年版），以纪念何先生为史学理论研究做出的突出贡献。仲伟民发表纪念文章，通过生平事例讲述何先生在中西文化比较方面具有的深刻反思，展现了何先生深切的现实关怀和知识分子的使命感、责任感。[12]另外，西方学者如克里斯托弗·道森的历史理论名著《世界历史的动力》（武可译，上海书店出版社2022年版）出版。

（三）外国史学史研究动态

在古代、中世纪和近现代西方史学史研究领域，一些学者结合当前学界关心的主要议题，从新视角剖析已为人熟知的史家、史著。李渊细致考察了古希腊史家色诺芬《长征记》中的泛希腊主义书写及其反映的蛮族观念，由此将这部著作在当时个人、城邦和希腊共同体复杂关系的背景中定位。[13]张弩剖析了罗马史家阿里安《亚历山大远征纪》所塑造的亚历山大作为英雄、国王和将军的形象。通过这些形象，阿里安树立起一个文学、道德与事业的典范，由此将求真和求善思想共同结合在作品中。[14]张一博从如何书写世界史这一问题出发，比较了德国近代史家利奥波德·冯·兰克和弗里德利希·施洛塞尔的写史立场、方法和成果，进而指出，西方的史学专业化过程并非呈现为一种同质性模式，但即便他们的历史观各有差异，也仍共享着史学专业化这一精神价值。[15]王晴佳、冈本充弘和李隆国主编的《西方史学在东亚：传播、批判与比较》（*Western Historiography in Asia*: *Circulation*, *Critique and Comparison*）一书，由德国德古意特（De Gruyter）出版社出版。书中收录了中、日、韩三国学者对西方史学史的相关研究，其中包含12位中国学者的论文。该书对西方从古代至今的重要史家、学派和思潮进行了深入考察，为西方史学史研究提供了一种东亚视角。

也有学者对以往鲜少提及的史家、史著和史学问题加以研究，助力学界形成更为系统的西方史学史知识体系。安凤仙揭示了生活于罗马帝国的希腊史家狄奥尼修斯所澄明的罗马颂词背后暗含的希腊中心主义思想，由此突显《罗马古事纪》在古典史学研究中的地位。[16]莫凡根据《反异教徒历史七书》中的相关论述，阐明基督教史家奥罗修斯的战争观。他通过将历史上的战争区分出基督教时代之前和基督教时代两个阶段，定义不同时期的战争形式，彰显上帝在所有战争中的决定性意义，实现为基督教辩护的写作意图。[17]王珞通过聚焦于13世纪初期西欧出现的以当代普通俗人信徒为传主的新型圣徒传，窥探中世纪盛期基督教会因应社会巨变，尝试重整社会道德秩序的努力。[18]张一博以"萨尔普遍史"为案例，剖析近代欧洲历史书写如何将中国历史整合进基于《圣经》之世界历史书写的问题。[19]另外，他还探讨了基于《圣经》的欧洲历史观是如何解释美洲人起源的[20]。姚惠娜则关注于"新历史学家"这一20世纪80年代中后期在以色列兴起的历史学新流派及其领军人物本尼·莫里斯。这一史学流派主要采用实证主义的方法，利用解密档案研究犹太复国主义运动和以色列历史上的关键事件，反思与解构主流历史叙事，其历史书写在以色列国家构建中发挥着作用。[21]魏涛考察了二战以来欧美学界大西洋史研究的发展脉络、研究路径和学者的反思与批判，这些反思推动近年来大西洋史研究的陆地取向、跨洋取向、半球取向和全球取向，重新焕发生机。[22]赵博文指出，"新不列颠史"是英国史学家波考克在20世纪70年代发出的呼吁，他认为不列颠史学应该在研究"大西洋群岛"范畴内不同地区、国家和民众之间互动，关注这种互动在大西洋和太平洋维度的延伸。实质上是倡导大西洋英语世界的共享价值观，以此塑造身份认同。[23]

对非西方历史学的研究成为本年度史学史讨论

的一个重要议题和学术增长点。《史学理论研究》刊登一组“非西方视角下的当代史学”笔谈。侯艾君关注于苏联解体后中亚史学试图建立以本民族、本地区为中心之“新史学”的范式转换过程、其中出现的消极问题及其与俄罗斯史学之间的互动和张力。张旭鹏考察了在印度史学界庶民研究的启发下，拉丁美洲庶民研究小组的史学活动、其区别于印度学界研究的特点及其争议和影响。黄畅评述了近20年中尼日利亚史学所呈现的特点，如重反思、受长时段和全球史视角的影响、注重拓展新史料、突出“非洲性”等。[24]刘少楠依据20世纪美国非洲研究协会内部公报、会长报告、协会发展辩论、私人基金会年报、期刊等材料，从20世纪美国国内种族矛盾的演变、美国国际政治战略的变化和美国非洲研究学者群体内在的自省与革新能力三个角度，翔实考察了20世纪美国非洲研究的发展历程，向国内学界介绍有关情况。[25]

在新兴学科分支和研究方法层面，学界突出关注对学科体系、分支中重要概念及分支间关系的论述和思考。梅雪芹概述了自20世纪六七十年代至今，国际环境史学者在研究中所引用乃至构建的诸多新概念，这些新概念帮助构筑了一套新的历史知识体系，其与已有历史著述相整合，推动人们对历史的生态世界的认识。[26]王晴佳通过具体历史作品，描述了性别史和情感史这两个勃兴的史学流派之间的关联。他指出，性别史的兴盛，挑战了近代史学的“宏大叙事”，它们从“由内而外”的角度探究人自身，加深对人类历史的认识。[27]石烁探讨了20世纪80年代以来，女性主义在西方政治思想史研究中的影响，其勃兴促使政治思想史研究向历史上的女作家及其关心的话题开放。[28]在历史学的记忆转向方面，屠含章细致地辨析了“历史记忆”“历史—记忆”“历史与记忆”“记忆史”概念，为学界使用相关词汇提供参考。[29]宋平明和祁天娇在史料的整理和运用层面，分别探讨了口述历史和历史大数据这两个近年来日益受到关注的话题。前者主要介绍了美国史家唐纳德·里奇的口述历史研究和实践工作[30]，后者聚焦于“威尼斯时光机”这一当前以历史档案为依托建设历史大数据的典型项目，总结了该项目十年间探索的数字化、数据化、语义化和知识化的实践路径，以为国内的历史大数据建设提供经验。[31]

刘少楠叙述了非洲史研究中的数字转向。20世纪中后期开始，数字史学逐渐成为国际史学界的一股新潮流，而非洲史同样也在这一时期迅速数字化。除了在学术—商业史料数据库、开源免费数据库、数据库互通和标准化等方面都颇有建树外，它还因为非洲和非洲裔近代以来悲惨的历史遭遇而具有强烈的公众史学导向，并夹杂着数字化“瓜分非洲”的敏感道德议题。二是地图史料的挖掘。[32]宋念申从地图与资本主义的关系角度，探究16世纪后半期到17世纪欧洲社会对东亚的地理认知，对亚洲空间的新的权力关系想象。[33]

在译著方面，法国史学家尼古拉·奥芬斯塔特的《当代西方史学入门》（修毅译，北京大学出版社）和美国史学家杰瑞米·D.波普金的《从希罗多德到人文网络：史学的故事》（金嵌雯译，上海三联书店）获得出版。前者重点介绍了当代西方特别是20世纪以来欧洲史学的变化，后者则以人文思想领域的一些重要变革为节点，勾勒出西方历史学从希罗多德至21世纪的发展故事[34]。这两部著作为研习者熟悉西方史学的演变提供了较好的入门参考。

（四）全球史研究

学者们对如何书写全球史的理论问题多有思考。董立河关注到能够为当前全球史书写提供反思和启发的西方早期普遍史书写经验，他考察了希腊化时期历史学家狄奥多罗斯《史集》的普遍史思想，并指出，这部作品的空前普遍性，并不在于时空较前辈作品的进一步延展，而在于斯多葛哲学思想的贯通和对传统及神话的自觉坚守。[35]在《西方全球史学研究》（社会科学文献出版社）一书中，董欣洁在经济全球化的时代背景和世界历史学自身发展的学术背景下，以马克思主义唯物史观为理论指导，梳理了西方全球史的发展，并分析了其学术价值与局限。作者倡导要将中国世界史理论体系建设这个目标进一步具体化和细化，构建以马克思“世界历史”理论为基础的双主线、多支线的世界史编撰线索体系，进而运用马克思“世界历史”理论来研究和书写中国的世界通史。

王永平、牛宣岩在“全球史研究中的中国”笔谈中考察了美国历史学家麦克尼尔在其《西方的兴起》《世界简史》等著作中书写中国史的特点和范式，以为在全球史视域下研究中国史提供思路和借鉴。[36]张弢从全球史视域概述了世界环境史书写的理论、实践及问题。他指出，环境史将全球史所推崇的世界主义推广到人类与自然，反过来，全球史写作路径的理论总结，也为梳理和归类世界环境史著作提供了恰当的分析框架。[37]在“全球思想史”笔谈中，张旭鹏考察了全球范围内“革命”一词内涵的变迁。通过将海地革命等非西方事件纳入视域，作者明确表明，现代革命观念不只是欧洲的产物和产生于欧洲的观念全球传播的结果，它更多地体现为欧洲观念与不同地方因素彼此影响、相互成就的混合之物。[38]

2022年亦出版了多部全球史方面的译著，北京地区学者主持翻译的包括德国史学家多米尼克·萨克森迈尔的两部著作《在地之人的全球纠葛：朱宗元及其相互冲突的世界》（张旭鹏译，商务印书馆）、《全球视角中的全球史：连通世界中的理论与方法》（董欣洁译，社会科学文献出版社）和法国史学家塞尔日·格鲁金斯基的作品《世界的四个部分：一部全球化历史》（李征译，东方出版社）。

（五）中外文明的比较研究

中外文明比较研究在2022年度方兴未艾。刘家和比较了中国史学与古希腊罗马史学中“编年史”的不同特点、它们各自史学传统中的地位以及背后所蕴含的思想观念，为借助比较方法加深认识自身文化传统提供了范例。[39]王晴佳精选辑录了18篇学术论文，作成《融汇与互动：比较史学的新视野》（北京大学出版社）论文集。全书讨论了中国和西方治史方法与旨趣的异同、近现代史学的主要潮流和重要议题对历史研究和书写的冲击及影响、中日史学的交流与互动等话题，在史学理论与方法层面提出诸多重要观点。

李红岩指出，中西文明比较研究应以文明交流互鉴为原则；统一性是进行跨文化、跨民族、跨区域观察与研究的首要前提与基础。由此，他通过比较荀子和亚里士多德在各自知识领域中发挥的作用，论证了中华思想始终保持着发达的辩证逻辑形式。[40]董欣洁认为，文明间的交流互鉴能够推动人们形成新的认识和成果，它是“推动人类文明进步和世界和平发展的重要动力”。[41]杨共乐则从中西文明比较视角出发，重点论证了中华文明所具有的文化根系发达、多源汇流、多元交融、开放包容等特点。他指出，中华文明中“以史为师”“以史为鉴”的历史意识、民族间交会凝聚后出现的新的人文气象以及以“修身”“自强”为重点的“自律”文化传统等，都在推动世界文明的进步方面具有重大意义。[42]刘文明关注到世界文明史书写这一主题，他回顾了20世纪以来中西方学者在“文明反思”和“文化自觉”意识下书写世界文明史的历程，进而指出文化自觉对当代中国世界文明史书写的重要性。他还驳斥称中国以及“大清帝国”是“新帝国史”中的帝国，直接批驳“欧洲中心主义”，指出其国家形态理论将非欧洲式单一民族国家范式外的国家形态归入“帝国”的片面观点。[43]

此外，邓京力和苗志浩追溯了20世纪80年代以来国内中外史学交流史的发展。他们指出，中外史学交流史从中国视角出发，强调中外不同史学传统之间的互动与交流，这一跨文化探索的有益尝试将有助于以多中心、多主体的方式来解构西方中心主义，建构多元文化之间的互动交流网络。[44]杨念群提出，中国史学方法大体遵从的是“社会学化”的叙述策略，试图以“缩影说”取代“整体结构论”，结果导致中国史研究“常识化阙失”。这一观点对世界史研究也有借鉴意义。[45]

二、问题思考及研究建议

史学理论及外国史学史研究在2022年取得了一定成绩。结合已有状况，学界还可在以下方面加强研究。

首先，从研究对象上看，相较西方史学，对非西方历史学和历史思想的研究还很不够。虽然学者们已在2022年做出了诸多努力，向学界评介拉丁美洲、非洲等地区的历史学研究状况，但对这些地区史学思想的研究，稍显不足。除史料和研究方法外，史学思想恰可以鲜明地体现其与西方历史传统的异同。

其次，从研究内容上看，不少研究致力于对外国尤其是西方新进史学流派、视角和方法的追踪与介绍。一方面，清晰地评介国外研究状况、总结其发展趋向对我们拓宽视野，了解和认识历史学发展状况必不可少；但另一方面，如何在自身史学传统的基础上，对话和扬弃外国思潮，是建设中国特色史学理论与史学史研究体系的应有之义。

最后，从史家共同体的建设来看，受新冠肺炎疫情的影响，2022年学者们通过学术会议、学术讲座进行线下交流的机会并不多。除北京师范大学史学理论与史学史研究中心线上召开“2021年史学理论与史学史学术研讨会”外，一些重要的学术会议，如第25届全国史学理论研讨会推迟举办。但这一现象已随着新冠肺炎疫情的结束得到全面改善。

（北京市历史学会供稿；执笔人：董立河、金嵌雯）

注：

［1］丰子义：《“生产关系”与唯物史观关系的再认识》，《北京大学学报（哲学社会科学版）》，2022 年第 5 期。

［2］吴英：《唯物史观对重大历史和现实问题的科学解释》，《史学史研究》，2022 年第 3 期。

［3］吴英：《构建具有中国特色的史学理论学科体系和话语体系的思考》，《江海学刊》，2022 年第 1 期。

［4］李世安，李娜：《唯物史观与新时代中国世界现代史学科体系建设》，《史学理论研究》，2022 年第 5 期。

［5］孟广林，朱文旭：《台湾地区世界史研究的检视与反思（1945—2021）》，《史学月刊》，2022 年第 2 期。

［6］李国强：《史学的思想与思想的史学》，《河北师范大学学报（哲学社会科学版）》，2022 年第 1 期。

［7］张绪山：《论以史为鉴有效性的限度》，《清华大学学报》，2022 年第 3 期。

［8］刘文楠：《历史学研究如何把握“实在”》，《南京大学学报（哲学 · 人文科学 · 社会科学）》，2022 年第 2 期。

［9］严飞：《历史社会学与历史叙事和机制分析的反思》，《南京大学学报（哲学 · 人文科学 · 社会科学）》，2022 年第 2 期。

［10］金嵌雯：《海登 · 怀特“实践的过去”：概念、内涵及观照》，《江海学刊》，2022 年第 2 期；金嵌雯：《比喻、伦理和真实：海登 · 怀特论多元历史叙事问题》，《史学月刊》，2022 年第 10 期。

［11］李理，刘洋：《2020—2021 西方史学理论研究年度盘点——以〈历史与理论〉〈重思历史〉〈历史哲学杂志〉为中心》，《史学理论与史学史学刊》，2022 年第 1 期。

［12］仲伟民：《何兆武先生的中外融通》，《读书》，2022 年第 6 期。

［13］李渊：《色诺芬〈长征记〉中的泛希腊主义书写》，《史学史研究》，2022 年第 1 期。

［14］张弩：《阿里安笔下的亚历山大形象》，《史学理论与史学史学刊》，2022 年第 1 期。

［15］张一博：《近代德国史学的“南北之分”：以兰克和施洛塞尔的世界史书写为例》，《史学理论研究》，2022 年第 2 期。

［16］安凤仙：《狄奥尼修斯对早期罗马历史的构建——基于对〈罗马古事纪〉的考察》，《史学史研究》，2022 年第 3 期。

［17］莫凡：《奥罗修斯的战争观——以〈反异教徒历史七书〉为研究中心》，《史学理论与史学史学刊》，2022 年第 1 期。

［18］王珞：《圣徒传记与中世纪盛期西欧教俗关系变迁》，《史学月刊》，2022 年第 6 期。

［19］张一博：《“萨尔普遍史”的中国历史建构与欧洲近代学术转型》，《江海学刊》，2022 年第 2 期。

［20］张一博：《美洲人起源研究与近代历史意识变迁》，《史学月刊》，2022 年第 9 期。

［21］姚惠娜：《本尼 · 莫里斯与以色列“新历史学家”的发展》，《世界历史》，2022 年第 5 期。

［22］魏涛：《二战以来欧美学界大西洋史的研究路径和发展趋势》，《世界历史》，2022 年第 3 期。

［23］赵博文：《“新不列颠史”：波考克对英帝国史的反思》，《史林》，2022 年第 6 期。

［24］侯艾君：《互动与张力：中亚史学与俄罗斯史学》；张旭鹏：《“庶民研究”在拉美：对一种印度史学理念的跨文化考察》；黄畅：《近二十年尼日利亚史学述评》，《史学理论研究》，2022 年第 4 期。

［25］刘少楠：《20 世纪美国非洲研究的兴起与发展》，《世界历史》，2022 年第 4 期。

［26］梅雪芹：《新概念、新历史、新世界——环境史构建的新历史知识体系概论》，《城市与环境研究》，2022 年第 2 期。

［27］王晴佳：《性别史与情感史的交融：情感是否有性别差异的历史分析》，《史学集刊》，2022 年第 3 期。

［28］石烁：《西方政治思想史研究的女性主义进路》，《史学月刊》，2022 年第 10 期。

［29］屠含章：《历史记忆、历史—记忆或历史与记忆？——记忆史研究中的概念使用问题》，《史学理论研究》，2022 年第 1 期。

［30］宋平明：《唐纳德 · 里奇的口述历史研究和实践》，《史学理论研究》，2022 年第 4 期。

［31］祁天娇：《从历史档案到历史大数据：基于威尼斯时光机十年路径的探索》，《中国图书馆学报》，2022 年第 5 期。

［32］刘少楠：《非洲史研究的数字转向及其启

示》,《北京师范大学学报(社会科学版)》,2022年第1期。

[33]宋念申:《订制:资本时代的东亚画像》,《北京大学学报(哲学社会科学版)》,2022年第2期。

[34]金嵌雯:《史学研究与历史的多元化趋势——杰瑞米·D.波普金〈从希罗多德到人文网络:史学的故事〉评介》,《四川师范大学学报(社会科学版)》,2022年第3期。

[35]董立河:《狄奥多罗斯的普遍史学思想》,《史学史研究》,2022年第4期。

[36]王永平,牛宣岩:《麦克尼尔全球史研究中的中国》,《国际汉学》,2022年第4期。

[37]张戗:《全球史视阈下的世界环境史书写:理论、实践与问题》,《全球史评论》,2022年第1期。

[38]张旭鹏:《"革命"的内涵与变形:一项全球思想史的考察》,《华东师范大学学报》,2022年第4期。

[39]刘家和:《"编年史"在中西史学传统中含义的异同》,《史学月刊》,2022年第3期。

[40]李红岩:《文明比较与中华思想的逻辑特性》,《文化软实力》,2022年第1期。

[41]董欣洁:《中外文明交流互鉴与文明发展》,《中国社会科学报》,2022年6月13日。

[42]杨共乐:《中华文明及其对人类的重大贡献——中西文明比较的视角》,《北京师范大学学报》,2022年第2期。

[43]刘文明:《文化自觉与世界文明史书写》,《史学理论研究》,2022年第6期;《"帝国"化叙事解释不了中国历史》,《历史评论》,2022年第3期;《"大清帝国"概念流变的考察》,《历史研究》,2022年第3期。

[44]邓京力,苗志浩:《中外史学交流史研究的范式探讨》,《西方史学史研究》,2022年第1辑。

[45]杨念群:《中国史学引入社会科学方法的阶段性表现及其限度》,《北大史学》第21辑。

世界上古中古史

一、学科发展及学术研究

2022年度,首都师范大学历史学院晏绍祥教授课程团队的《古希腊罗马史史料与史学》入选北京高校课程思政示范课程,同时课程授课团队被评为课程思政教学团队。学术研究热点话题主要如下:

(一)古代近东文明研究

颜海英认为,阿赫(Akh)是指通过亡灵仪式而达成转换后的一种存在状态及其蕴含的力量,亦代表这种存在状态转换和维护条件。通过古埃及人来世信仰的三种表达形式,阿赫的内涵呈现出明显的变化。阿赫观念体现了古埃及人来世信仰的本质。她还认为,西斯崇拜在埃及本土和地中海地区吸引了众多的信徒,发展起了社团及其仪式。肖像画或成为信徒入会的重要标志。结合埃及宗教社团的资料,肖像画的考古发掘加深了其作为宗教社团形象标志的认识。木乃伊肖像画成为融合希腊罗马文化与古埃及文化的文化符号,展现出历经希腊化和罗马化的埃及民众的文化身份与价值取舍。将抓打图像作为史料来解读其细节变化、创作动机和现实原型,丰富了古埃及国王权力的文化内涵,体现了古埃及王权观念的演变与特征。[1]

郭子林认为,以"文明"为衡量标准,古埃及伴随着统一国家的建立、圣书体文字的成熟、多神崇拜与君权神授的观念成型而进入文明社会。这是建立在以国家、文字和认同为基础的文明兴衰的理论认识。在此理论路径下,长期处于外族统治下的古埃及逐渐失去其国家统一的存续基础,经济发展受到重创,生产力停滞;圣书体文字未能得到广泛传播与接受,被希腊文和拉丁文逐渐取代,进而走向消亡;"以神为本"的宗教观念未能发展出抽象化和贯通行的神祇,从而无力应对外族入侵和统治时的新问题与新变化。这导致古埃及文明缺乏民族凝聚、文明振兴和文化传承的动力,在长期的外族征服中逐渐失去自身的民族与文化特性,走向衰亡。[2]赵可馨认为,古埃及法老时代与罗马时期"希腊魔法纸草"的爱情咒语在文本与形式上表现出明显的继承关系。历经希腊与罗马文化影响的爱情咒语,体现了古代晚期地中海世界多文化的交流与融合。[3] 温静与黄庆娇以古埃及文明的消亡与再发现为引，以近现代考古发掘材料为基础，探寻埃及先民从石器时代到文明时代所经过的路径，呈现了古埃及文明独具特色的物质与精神世界。[4] 杨海利认为，古代近东及邻近文明有关蛇的记载和传说表现出多重历史起源和内涵。一方面，蛇神崇拜融合进不同文明，发展出相似或相悖的二元蛇神形象；另一方面，蛇神崇拜在流传与演变中发生了杂糅，难以寻找到一条清晰的传播脉络。[5]

李政认为，赫梯帝国灭亡的原因是多重的。内部政治失序与倾轧是赫梯帝国崩溃的根本原因，脆弱的经济基础更是在严重的气候灾害中暴露了帝国发展的短板。赫梯帝国灭亡的过程表明，生产力落后、经济基础薄弱及统治失序是古代政权衰亡的核心要素。[6] 蒋家瑜认为，安塔赫舒节日中的民俗文化、时令风俗、比赛仪式以及祭祖活动反映了统治阶级的思想文化与礼俗文化，建立起一套服务于统治者的等级秩序与规范原则。[7]

国洪更认为，亚述帝国通过和平谈判、技术突防、封锁围困、恐吓与欺骗的等策略为攻克城市创造了条件。这些策略不仅是留存于占卜文献或文书上文字记录，更是亚述帝国军事实践与作战经验的结晶，为亚述帝国拓宽疆域、建还立帝国提供了技术性支持。[8] 亚述帝国的崛起不仅归功于武力征服，统治者对农业生产的重视是支撑帝国崛起的经济策略，也是农业社会重农传统的延续。亚述国王对农业生产的重视反映了亚述帝国作为农业社会的本质。[9] 刘健认为，纳布尼德统治早期就针对王国境内的重要城市开展复建活动。复建对象以过去的宗教场所、军事建设和公共工程为主，客观上保护了古代建筑及其文物，暗合了考古发掘与文物修还复保护的现代理念。其活动具有强烈的政治色彩，为当下统治确立秩序与合法性，体现了新巴比伦王权的历史传统与政治内涵，进而反映出古代两河流域王权实践的普遍性与独特性。[10]

（二）古代希腊罗马研究

曾晨宇认为，钱币学的证据为认识伯罗奔尼撒战争时期小亚细亚希腊人同盟的性质与角色提供了新证据。小亚细亚希腊人同盟的币制选择与斯巴达、波斯有密切关系，但也保持造币的自主权。以伯罗奔尼撒战争为背景的小亚细亚希腊人同盟，既与多方势力保持联系，又保持着独立地位。这种复杂的同盟关系为认识希腊人城邦的发展趋向与战争博弈提供了细节支持。[11]

崔丽娜认为，塞琉古王朝的君主制是希腊马其顿传统与东方传统结合的产物王友集团与军队是塞琉古王朝君主制的支柱所在，父子共治为君主制的延续提供了制度保障，实现王位的顺利继承，确保王朝的稳定和延续，王权神化与君主崇拜在意识形态上保证了君主制的稳定实施。塞琉古王朝的统治彰显出东西文化传统互动的特征。[12] 熊宸认为，希腊化时期的神圣王权建立与亚历山大东征关系密切，更是希腊传统诗教传统和当时政治局势的产物。希腊传统中神—人之别的含混性影响了君王对政权统治的阐释与跨地域统治的宣传。君主神人兼备的形象导致神圣王权表现出明显的含混性，也对此后罗马统治者崇拜和元首统治产生深远影响。[13] 李渊认为，色诺芬通过强调希腊人的共性与突出蛮族观念，以构建泛希腊主义共同体。《长征记》作为色诺芬政治实践的写照，反映了泛希腊主义观念作为时代背景、政治现实与个人诉求之间纠葛的产物。[14]

胡玉娟认为，仪式研究为文献资料匮乏的早期罗马史研究提供了启发性视角。随着仪式考古成为可能，文本记载与实物证据共同为早期罗马从村落联合走向建城的过程提供了复原基础。仪式贯穿于罗马氏族时代、王政时期和共和政体时期，成为罗马的历史记忆与权力博弈的表征，推动了罗马国家的制度发展。[15] 何立波认为，屋大维在“国王（rex）”与“元首（princeps）”之间的权衡体现了罗马共和晚期的政治现实与个人野心。元首制使得实际权力隐蔽地从集体转移到元首一人手中，但也存在表面权力委托与实际个人专制之间的核本质矛盾。[16] 侯树栋认为，罗马帝国城市在晚期古代经历变革，其性质与功能发生了明显的变化。原本作为自治性有机体的城市，拥有地方行政、宗教文化与工商贸易的多重功能，成为罗马帝国社会治理的中枢。罗马帝国晚期城市社会的衰落为中世纪乡村社会的发展奠定了基础。罗马帝国城市的衰落俨然成为地中海世界在社会体制上结束的重要标志，为中世纪乡村社会的开启打下基础。[17]

李永斌认为，古典考古学作为古典学的分支，随着学术议题与兴趣的转移，吸收借鉴了历史学的研究方法，为历史学和考古学提供了新的研究框架。[18] 何立波认为，亚历山大里亚图书馆的建设体现了托勒密王朝在文化意义上对“世界帝国”的继承，也推动了地方学术的组织化与专业化，促进了希腊文化在东方世界的传播。[19]吕厚量认为，弗拉维乌斯·约瑟福斯深受希腊化时期史学传统的影响，其《犹太古事记》对摩西五经的叙述，诠释了双重文化影响下犹太先祖形象的二元性及其原因，揭示了约瑟福斯对犹太族群文化定位的矛盾性与复杂性。罗纳德·塞姆的《塔西佗》一书体现了传统史学与新史学之间的交融与张力，为拉丁史学的发展趋向提供了启示。[20]张弩认为，阿里安借助亚历山大的历史书写以树立典范和留名青史，彰显了时代背景、文化传统与个人观念的交互。[21]安凤仙认为，狄奥尼修斯的《罗马古事纪》为建构罗马治下希腊人的历史提供样本，展现了希腊中心主义影响下的希腊—罗马叙事模式。[22]莫凡认为，奥罗修斯将历史上的战争置于上帝意志下，以达到为基督教辩护的目的。[23]孙振民认为，罗马帝国“衰亡范式”与“转型范式”的反复，反映了“文明”概念与内涵的构建与嬗变。中国学界相关研究起步虽晚，但通过理论建设与中西文明比较，形成了独具特色的研究道路。[24]孙思萌认为拜占庭帝国出于文化与战略层面的考虑，一度重视与两河流域文明的交互。这直接影响了拜占庭史料对两河流域文明的记述。[25]

（三）中古政治与法律研究

李隆国认为，续留长发不仅是对日耳曼习俗的传承，更成为王室的代表性标志，为君世袭主制提供了制度性创新。纵观长发王历史变迁，墨洛温王朝从制度上缓解帝国分割带来的潜在问题，在权力分享的基础上平衡家族政治与个人权力之间的关系，成为后世欧洲分而和平的政治格局的证候。[26]

孟广林认为，西方学者为了证明近代民主宪政与法治的重要性，以社会契约论为基础构建了中世纪封建政治研究的学术理路。学者们将封建契约视为限制王权的有力武器，却忽略了中世纪西欧封建化的地区性和历时性差异。这导致中世纪封建契约的实际效力被夸大，从而影响了对西欧封建统属关系的认识。以《大宪章》为代表的各种封建契约反映了英国王权的强化与贵族的无力，而非契约准则下的权力对等和王权受限。剖析“封建契约决定论”塑造的英国王权为理解西方话语构建的“中世纪封建专制”提供了核心例证。[27]徐浩认为，西方学界关于英法封建君主制的研究深受约翰·福蒂斯丘爵士的影响。他区分了法兰西的“王室统治”与英格兰的“政治且王室的统治”政体类型，提出植根于日耳曼法的英国“有限君主制”优于罗马法影响下的法国“绝对君主制”，为后世英法封建君主制研究奠定了研究框架与理论基础。[28]杨军认为，王权神圣性的观念发轫于《圣经》的神话叙事，历经罗马帝国晚期的拉丁教父系统化叙述，在中世纪教俗之争中形成了教俗“二元”双轨并行的神权政治理论。[29]赵博文认为，在对女性统治者充满偏见的中世纪晚期，玛丽一世在逐步巩固女性王权的合法性，为后世英国女王统治奠定了基础，加速了民众对于女性君主王权的认同。[30]

陈志坚认为，现存1215年《大宪章》的四个原本在缮写和颁布上存在明显差异，主要原因是教会也参与到《大宪章》的缮写、颁布、整理以及保存过程中。四份幸存下来的1215年《大宪章》在来源、外观尺寸、制印方式与文本内容上存在差异。12世纪法律抄本书写主要有三大特征：古英语书写、古英语与法律紧密联系以及相似的书写风格。[31]柴荣认为，中世纪英国土地用益及其法律救济，展现了土地利益背后英国封建关系与教俗关系的脉络和逻辑。封君与封臣、国王与教会在土地上的角力与妥协反映了中世纪英国各方势力的此消彼长。随着成文法的发展，土地用益成为现代信托制度的孵化器。[32]侯兴隆认为，中世纪早期英格兰的税务评估陪审团作为陪审制度的表征，构建起一幅地方社会治理体系的独特景观。[33]朱健认为，中世纪英格兰世俗法官在王室法庭中占比不可小觑。这为冲击“教会垄断教育资源”的论断提供了实证。[34]

（四）中古经济与社会研究

黄春高认为，西方学界往往将领主经济等同于庄园经济。这种简单化的认识忽略了经济发展的一般规律与历史特征。领主庄园经济始终服从于时代社会经济发展的规律，也彰显出独特的时代特征。庄园、城市与封建关系为探索封建领主经济的构成与运作逻辑提供了窗口。权力运作、道德准则、市场贸易以及统属关系等多重要素互动交融，共同构成了封建经济的整体性与统一性。11—15世纪的英国封建主义经历了三个阶段，其经济特征逐渐从隐蔽状态发展到主导地位。经历了三个阶段的发展，英国封建主义在政治法律意义上从常态逐渐走向“变态”。内生性的封建经济要素孕育了摧毁自身的资本力量，推动了英国封建主义走向覆灭的进程。[35]王超华认为，对农民土地生产率的再认识展现了中世纪英国农民经济的复杂性与多样性，为更新中世纪英国经济发展、民众收入与消费水平的研究提供了新证据。霍曼斯关于英格兰乡村史的研究，结合社会学与历史学的方法，分析了农村社会结构、制度与伦理，奠定了小社会群体课题与社会交换理论的基础。[36] 徐浩认为，中世纪晚期英国社会结构的变化引起了一系列社会经济问题。英国统治者通过立法方式进行干预，成为西欧唯一通过议会法令在全国范围内制止过度消费的国家，从一个侧面表明转型时期英国城乡社会结构变革的普遍性和中央政府对全国的依法治理已经走在了西欧国家的前列。[37]

（五）中古思想与文化研究

王珞认为，13 世纪初期，圣徒传记出现了一批以当代普通俗人信徒为传主的新书写对象。这种转变为研究中世纪教俗关系和社会价值变迁提供了窗口。维特里的雅克以“尼韦勒的玛丽”为写作对象，诠释了欧洲社会新兴的城市中间阶层的心理活动与身份探索。新的圣徒传记无疑反映了城市经济逐步发展下贫富差距加剧的社会结构变化与教俗关系调整。中世纪盛期圣徒传记出现了新的撰写类型与对象，塑造了一批以慈善救济为特征的“当代圣徒”形象，折射了 12、13 世纪教会精英对教俗关系的调整，以实现世俗生活方式与基督教价值观的融合。[38]

林丽娟认为，作为西方古学新近的研究领域，希腊—阿拉伯学为古典学研究、中世纪史、中西文明比较提供了新视角。[39] 孙晓斌认为，蒙茅斯的杰佛里在《不列颠诸王史》中虚构了近百位国王，来证明该时期理想君主的形象。虽然大量虚构，但却反映了 12 世纪世俗社会对国王的诉求与政治理想，印证了中世纪英格兰教俗关系的对立统一，也阐释了 12 世纪英格兰政治现实与文化建构之间的交互。[40]

曹聪瑞认为，“Dominium”由教会法学家引入以论证教皇的“完全的权力”，从而建构起教皇对基督教世界的完全所有权和支配权。其政治含义的变迁，不仅是中世纪晚期神学教义之争和教俗权力冲突的表征，而且奠定了西方“权力必须以权利为基础”的政治构建原则的基础。[41] 余雄飞认为，葡萄酒取代啤酒成为斯堪的纳维亚地区的基督教礼拜仪式用酒，说明了基督教信仰统一性对北欧文化特殊性的胜利，反映了北欧地区基督教化进程中的独特道路与文化认同的嬗变。[42]

武海燕认为，“皮朗命题”的历史命运反映了近代西方中世纪早期研究的学术理路与发展趋向，契合了跨学科方法对传统研究模式的冲击与整体史与全球史研究浪潮的兴起。[43] 王宾认为，受苏联解体后东欧去俄化浪潮的影响，利沃尼亚十字军运动的动力被归因于宗教传播与贸易往来，而忽略了掠夺财富与殖民统治的历史现实。这种历史研究背后的身份建构与史料中的文化认同大相径庭。[44]

（六）中外古史比较研究

刘家和认为，中西史学传统中“编年史”存在根本性差异。中国的“编年史”亦为编年体，作为一种历史体裁，可以与纪传体、纪事本末体等相互转化，成为一种表达历史的方法。然而，西方的“编年史”指的是与当代精神发生断裂或曾发生过断裂的过去的精神。中国史学传统中作为历史体裁的“编年史”与代表和过去精神断裂的西方“编年史”指向存在根本不同。这从史学发展的角度揭示了中华文明历久弥新、延绵不绝的原因，也为历史研究提供了新的思考维度。[45] 杨共乐认为，中国古代的障扇从遮面消暑的利器发展到政治权力的象征，其社会礼仪性价值的发展与演变反映了礼仪文化背后蕴含的中华文明。古埃及的仪仗扇也表现出类似的功用。从中反映出中华文明与古埃及文明的发展脉络与异同。[46] 马克垚认为，地理环境在生产力水平低下古代社会对人类文明的发展走向产生了极为重要的影响。对比古希腊城邦、波斯帝国、罗马帝国与古代中国向海洋发展的过程与变化，与海洋的交集影响了不同文明的发展轨迹，为未来的发展趋向提供了重要参考。[47]

二、问题思考及研究建议

2022 年度，北京地区的世界上古中古史研究非常活跃，中国特色哲学社会科学三大体系建设、中西文明比较、国家治理等成为讨论重点。这些研究密切关注国家重大战略和服务社会建设需求，也取得了很好的成绩。不过，总体而言，也还存在一些问题，如重大核心问题的研究不足、宏观理论思考不足、多数研究比较细碎、学科交叉程度较弱、产生重大影响的成果不多等，需要在未来的研究中改进。

（北京市历史学会供稿；执笔人：李昭第、刘林海）

注：

[1] 颜海英：《成神之路：古埃及新王国时期亡灵观念与实践》，《杭州师范大学学报（社会科学版）》，2022 年第 6 期；《伊西斯女神的追随者——木乃伊肖像画再解读》，《首都师范大学学报（社会科学版）》，2022 年第 3 期；薛江、颜海英：《从抓

打图像看古埃及新王国时期的王权观念》,《史学理论与史学史学刊》,2022年第2期。

［2］郭子林:《古埃及文明消亡的现代反思》,《史学理论研究》,2022年第1期。

［3］赵可馨:《古埃及爱情咒语初探》,《世界历史评论》,2022年第3期。

［4］温静,黄庆娇:《尼罗河畔的曙光:古埃及文明探源》,北京:北京大学出版社,2022年。

［5］杨海利:《古代近东及临近文明之蛇观及蛇神崇拜的传播》,《中东研究》,2022年第1期。

［6］李政:《赫梯帝国灭亡再考察》,《世界历史》,2022年第6期。

［7］蒋家瑜:《礼仪与禁忌——赫梯王国宗教管理视域下的安塔赫舒节日礼俗探析》,《外国问题研究》,2022年第2期。

［8］国洪更:《亚述帝国的攻城战术论析》,《历史教学问题》,2022年第4期。

［9］国洪更:《亚述帝国国王与农业生产》,《历史教学问题》,2022年第20期。

［10］刘健:《新巴比伦王纳布尼德与古迹修葺》,《古代文明》,2022年第4期。

［11］曾晨宇:《公元前5世纪末小亚细亚希腊人同盟考》,《历史研究》,2022年第2期。

［12］崔丽娜:《塞琉古帝国君主制的特征及其合法性》,《首都师范大学学报(社会科学版)》,2022年第3期。

［13］熊宸:《希腊化时代早期希腊城邦王权政治礼仪中的神性问题》,《世界历史评论》,2022年第3期。

［14］李渊:《色诺芬〈长征记〉中的泛希腊主义书写》,《史学史研究》,2022年第1期。

［15］胡玉娟:《试析罗马国家起源与早期发展中的仪式因素》,《殷都学刊》,2022年第4期。

［16］何立波:《从屋大维到"奥古斯都":论罗马帝国元首头衔的形成》,《世界历史评论》,2022年第3期。

［17］侯树栋:《罗马帝国城市在古代晚期的变革及历史意义》,《光明日报》,2022年3月7日第14版。

［18］李永斌:《西方古典考古学的历史学转向》,《光明日报》,2022年11月21日。

［19］何立波:《亚历山大里亚图书馆与托勒密王朝的世界意识》,《古代文明》,2022年第4期。

［20］吕厚量:《约瑟福斯史著中犹太先祖形象的两面性——〈犹太古事记〉1—4卷对摩西五经的改写》,《中东研究》,2022年第1期;《罗纳德·塞姆与20世纪中期的塔西佗研究》,《世界历史评论》,2022年第3期。

［21］张驽:《阿里安笔下的亚历山大形象》,《史学理论与史学史学刊》,2022年第1期。

［22］安凤仙:《狄奥尼修斯对早期罗马历史的构建——基于对〈罗马古事纪〉的考察》,《史学史研究》,2022年第3期。

［23］莫凡:《奥罗修斯的战争观——以〈反异教徒历史七书〉为研究中心》,《史学理论与史学史学刊》,2022年第1期。

［24］孙振民:《罗马帝国衰亡问题研究:兴起、嬗变与趋向》,《史学理论与史学史学刊》,2022年第1期。

［25］孙思萌:《拜占庭与两河流域文明的互动》,《中国社会科学报》,2022年11月23日。

［26］李隆国:《长发王制度与西欧中世纪王权的开启》,《光明日报》,2022年8月8日。

［27］孟广林:《封建契约与中世纪英国王权》,《中国社会科学》,2022年第10期。

［28］徐浩:《福蒂斯丘与英法封建君主制比较》,《史学集刊》,2022年第2期。

［29］杨军:《西欧中世纪政治权威神圣性的基督教叙事》,《基督教文化学刊》,2022年第2期。

［30］赵博文:《女性执政困境:玛丽一世女性王权合法性的确立》,《史学集刊》,2022年第1期。

［31］陈志坚:《1215年大宪章正本文书缮写与颁行考》,《经济社会史评论》,2022年第1期;《12世纪英格兰古英语法律抄本书写——以CCCC MS 383号抄本为例》,《古代文明》,2022年第16期。

［32］柴荣:《中世纪英国土地用益及其法律救济——以国王与封臣、教会之争为视角》,《世界历史》,2022年第2期。

［33］侯兴隆:《中世纪中期英格兰税务评估陪审团初探》,《史学集刊》,2022年第3期。

［34］朱健:《13世纪英格兰世俗王室法官数量辨析》,《经济社会史评论》,2022年第1期。

［35］黄春高:《封建时代的领主经济》,《中国社会科学》,2022年第10期;《11—15世纪英国封建主义演变的经济逻辑》,《历史研究》,2022年第2期。

［36］王超华：《中世纪英国农民土地生产率辨析》，《中国社会科学报》2022 年 11 月 30 日；《评霍曼斯的英格兰乡村史研究》，《经济社会史评论》，2022 年第 3 期。

［37］徐浩：《14—16 世纪英国社会的过度消费问题与禁奢法令的实施》，《世界历史》，2022 年第 3 期。

［38］王珞：《圣徒传记与中世纪盛期西欧教俗关系变迁》，《史学月刊》，2022 年第 6 期。

［39］林丽娟：《巴格达翻译运动中的希腊哲学和医学——希腊—阿拉伯学的学术史考察》，《世界历史》，2022 年第 2 期。

［40］孙晓斌：《〈不列颠诸王史〉与 12 世纪英格兰的国王观念》，《世界历史评论》，2022 年第 2 期。

［41］曹聪瑞：《从“完全的权力”到“完全的权利”——中世纪晚期“dominium”政治含义变迁》，《政治思想史》，2022 年第 3 期。

［42］余雄飞：《教会信仰的统一性与异域文化的特殊性：以斯堪的纳维亚基督教的礼拜仪式用酒为例》，《史学集刊》，2022 年第 5 期。

［43］武海燕：《“皮朗命题”的历史命运》，《全球史评论》，2022 年第 1 期。

［44］王宾：《被遗忘的殖民：论利沃尼亚十字军运动的性质》，《全球史评论》，2022 年第 1 期。

［45］刘家和：《“编年史”在中西史学传统中含义的异同》，《史学月刊》，2022 年第 4 期。

［46］杨共乐：《中国障扇礼仪之演变——兼与古埃及相关文化之比较》，《陕西师范大学学报（哲学社会科学版）》，2022 年第 6 期。

［47］马克垚：《古代世界各国向海洋发展的比较（上）》，《经济社会史评论》，2022 年第 2 期；马克垚：《古代世界各国向海洋发展的比较（下）》，《经济社会史评论》，2022 年第 3 期。

世界近现代史

一、学科发展及学术研究

（一）区域和国别史研究

区域和国别史研究一直是世界近现代史研究的重要组成部分。年度区域国别学的建设成为学科建设的重大主题。在学科建设实践推进的同时，北京地区的区域和国别史研究不仅在延续传统的国别史领域产出了不少成果，而且在跨学科的区域史研究方面也有新的探索。

国别史研究方面。2022 年人民出版社出版 7 卷本“国别史”系列中包括了三本北京学者的作品，即王仲涛、汤重南《日本史（修订本）》，张建华《俄国史（修订本）》，林承节《印度史（修订本）》。此外，王新生的《日本简史》出版了第四版。郭家宏的新作《斯里兰卡通史》（上海社会科学院出版社）第一次展现了斯里兰卡从古至今的历史进程，并总结了斯里兰卡现代化的经验与教训。

王朝光、罗文东主编五卷本《21 世纪世界历史探微——中国社会科学院世界历史研究所学术文集（2004—2019）》（中国社会科学出版社）中，“苏俄东欧史”“西欧北美史研究”“亚非拉美史研究”方面的区域和国别史的研究内容非常丰富。

区域史研究方面。2022 年，国内巴尔干研究取得了显著的新进展。首先是首都师范大学文明区划研究中心在推进国内巴尔干研究方面取得突出成绩，为中国与巴尔干地区国家的交流做出许多贡献。中心聘任的外籍研究员左立明（Zvonimir Stopic）和历史学院考古系毕业的博士高山（Goran Durdevic）合著的《丝绸、龙和纸：中国文明、文化、历史和考古学》在克罗地亚出版，引起国内出版界的关注，被誉为中国文化、“走出去”“走进去”的一种新形式。中心与斯洛文尼亚科学院共同编辑的《中国、南斯拉夫和社会主义世界的形成：趋同与分歧》英文版在克罗地亚出版，这是中国学者第一次与巴尔干国家学者跨国合作研究的成果。中国社科院徐刚的《巴尔干联合思想与实践：1797—1948》（社会科学文献出版社）从巴尔干联合和南斯拉夫联合两个层面系统梳理了巴尔干人追求联合的思想史与实践史，从一个独特的视角梳理了巴尔干民族国家建构的宏大叙事。

此外，《首都师范大学学报》2022 年首次开设了巴尔干研究专栏，刊文五篇。其中，梁强叙述了 1940 年 6—9 月，苏联、匈牙利、保加利亚联合肢解了一战后才成立的“大罗马尼亚”王国。德国虽然不是肢解“大罗马尼亚”的直接参与方，但在其中发挥了极为重要的作用，并借此实现了将匈、保、罗三国都牢牢拴在自己战车上的目标。各方围绕此事的不同战略考虑和政策选择，很大程度上决定了苏德战争前巴尔干地区格局的演变。苏德关系就此从准盟友向潜在之敌加速转变，甚至围绕多瑙河入海口控制权展开公开军事政治争夺。“大罗马尼亚”的建立和肢解，凸显了地缘政治规律在20世纪上半叶中东欧局势演进中的深刻作用。[1]李建军从一战后黑山和塞尔维亚的“合并”入手，塞尔维亚人和黑山民族主义者对1918年波德戈里察大会的截然相反的认知，展示了巴尔干地区复杂的身份以及民族建构问题。[2]陈志强从长时段梳理了古代中世纪时期不同帝国在巴尔干地区的军事暴力冲突和宗教文化征服的历史表现，宏观揭示了近现代巴尔干纷争的历史根源及其对世界历史进程的影响；[3]马细谱和梁占军分别就两次世界大战期间巴尔干各国的历史选择及其后果进行了个案解读，举例说明巴尔干地区的历史纠葛在现实世界发生巨变时所呈现的不同张力与影响，进而展现巴尔干各民族是如何在帝国暴政与民族纷争的历史阴影下形塑今天的巴尔干现实的。[4]

（二）经济史

经济史研究方面，2022年的成果集中于传统的话题，比如国家现代化的经济条件、经济霸权的转换、国际经济秩序的构建等。其中，对城乡关系、土地所有权的探讨即源于对现代化研究的关注。现代化源于西欧，西欧城市的独立性是重要条件，而王倩提出，传统研究对中世纪欧洲城乡之间作截然对立的二元区分不符合事实。在16世纪德意志近代国家构建进程中，农村和城市进行了密切的互动与合作，近代民主制不能被仅仅视为市民阶级的创造。农村和城市在抵制封建领主权、修正诸侯等上层权贵主导的近代国家构建时，具有一致性。与此同时，早期资本主义体系下城市对农村的剥削以及由此引致的城乡矛盾，也使农民和市民之间存在着竞争和利益冲突的一面。二者共同表明，近代化转型离不开农民的贡献，也没有脱离农民需要的近代化。[5]庄仕琪关注苏联现代化进程中土地公有制走向失败的经验。[6]

经济霸权的转换是国际经贸格局和国际经济体系转变的基础和标志，是世界现代史的重要内容。英美霸权转换是距今天最近的一次转换，2022年有一些学者分析两国之间的竞争。邓超分析了1812年战争爆发前，英美两国在太平洋地区商业利益的消长。美英在太平洋地区的贸易冲突使1812年战争具有了明显的“太平洋特征”，成为美国历史从大西洋走向太平洋的主要推动力量。战争进程中，美国军舰第一次进入太平洋与英国皇家海军对抗，并对马克萨斯群岛实施了短暂的兼并，这是其在太平洋地区有明确历史记载的第一次武力兼并事件。这次行动最终遭遇失败，表明美国此时在太平洋扩张中有心无力的现实，迫使其将扩张的重点调整为大陆方向，其象征意义远大于实际得失，为日后大规模扩张先声。[7]

一战后，英美两国在更多领域发生竞争，能源的争夺是重要方面之一。李时雨叙述了一战结束后，英美对中东石油资源的争夺。美国为了打破英国在中东地区的石油资源垄断，打着“门户开放”与“商业机会均等”的旗号，支持本国资本积极进军中东的石油市场，初期遇到英国方面的强大阻力。此后，美英双方为了中东地区的石油权益展开多次博弈。经过多年的外交磋商，美英各方终于在1928年7月签署关于中东地区石油开发的《红线协定》，美国成功在中东确立自己的石油权力。文章认为，一战后美国在中东的石油扩张是一种有限的霸权，是以开拓海外市场为主要目的的“经济帝国主义”。对英美两国在经济霸权上的转换起到重大助推作用的是第二次世界大战。[8]尚彦军从二战后英国对外贸易政策的转变展示了英美在经济霸权上的转换。二战时，英国为了得到美国的租借援助，巩固与美国的政治关系不得不接受国际贸易非歧视原则，1945年底，为了获得美国的财政援助解决战争带来的财政危机，英国向美国承诺分阶段取消帝国特惠制，从而为战后建立以美国为主导的多边贸易体制奠定了基础。[9]

二战后，美国逐步确立自己的经济霸主地位，这在许多方面有所呈现，比如海洋和渔业资源分配。刘瑞探讨战后初期中日渔业发展的动态走向和美国在其中扮演的角色。两国渔业关系的变化，不仅体现了传统叙事中的国际关系因素，而且反映了海洋资源分配的转型——从强调公海的自由向强调沿岸国家利益转变。美国正是这种转变背后的驱动者。[10]

在经济史研究方面，美国一直是国内学者所关注，2022年首都师范大学周钢的论文集《美国西部牧区析论》(首都师范大学出版社)出版，书中收录了周钢撰写的30多篇论述美国西部牧业开发历史研究的论文，是国内研究美国西部牧区的重要成果。

在区域上，冷战时期的欧洲经济是一个方兴未艾的领域。王超分析1949年至1963年，受美苏冷战和阿登纳政府“实力政策”的影响，联邦德国对民主德国的经济政策存在明显的矛盾性。一方面，联邦德国秉持“一个德国”原则，主动同民主德国进行贸易，以此作为连接德国两部分的纽带，同时用于保障西柏林经济安全。1953年“6·17”事件发生后，联邦德国还向民主德国提供经济援助来缓和关系。另一方面，联邦德国又在同民主德国的贸易中设置一些限制，还以经济制裁来应对苏联和民主德国对西柏林通道的干扰。虽然阿登纳政府对民主德国的经济政策旨在缓和两德间的政治对立，然而经济限制、经济制裁又不可避免地削弱了它的“缓和”功能。[11]

进入21世纪，世界史研究对象空前广泛，移民、女性等全球共性话题也为我国世界史研究者所关注。杜娟以拉美地区的“种族大熔炉”——巴西为典型，分析外来移民对巴西的经济发展、现代文明、社会结构、多元文化等方面的贡献，揭示推动巴西东亚移民政策发生“弃中取日”转变的深层次原因。[12]张湉重点考察了德国妇女在20世纪30年代德国国会大选中对纳粹党的支持、亲纳粹德国妇女的政治活动和纳粹妇女组织的建立与发展、德国妇女对于纳粹东部计划和战时动员的态度、“希特勒的志愿女凶手”的思想和行动、基督教女教徒与纳粹运动的关系以及德国妇女对纳粹运动的政治抵抗等史实。[13]

(三)国际关系史

国际关系史一直是我国世界史研究的重要内容。2022年，在中国与周边国家的关系，太平洋地区、中东地区的研究有新成果问世。其中，以下3本著作值得关注。一是孟庆龙的《世界史视阈下的中印边界问题》(世界知识出版社)，该书是国家社科基金重大招标项目“中英美印俄五国有关中印边界问题解密档案文献整理与研究”结项成果。该书通过对中、英、美、印、俄等国档案文献资料的收集、整理、筛选和解读，力图对中印边界问题的历史根源、发展过程、对中印关系的影响以及与地区关系和国际关系的相互影响，进行较为系统、全面、深入的梳理和分析，进而做出有说服力的阐释。二是昝涛的《从巴格达到伊斯坦布尔：历史视野下的中东大变局》(中信出版社)一书。该书回顾了阿拉伯文明、波斯文明和奥斯曼—土耳其文明给当代中东留下的遗产，从不同角度观察伊朗、伊拉克、叙利亚、土耳其、埃及中东五个大国的现状，探讨传统与现代之间张力演化。三是徐蓝主编的《近现代国际关系史研究》(第19辑，世界知识出版社)，该辑刊收录了十五六篇学术论文，内容涉及美国外交和二战史专题等，还专门设有研究生论坛和史料翻译栏目，为国际关系史研究青年后备人才提供学术交流平台。

(四)文化史

文化史的研究内容庞杂，有美术、科学、博物、新闻宣传等，以欧美为主要研究对象，2022年没有关于亚非拉文化的重要成果出现。张瑾详述了18世纪中叶到19世纪上半叶盛行的新古典主义，以及它如何成为全欧洲的文艺运动，为深入认识法国大革命时期的社会文化提供一个视角。[14]李文靖追溯了近代早期直到19世纪中叶英国科学体制的建立过程，从三个角度对英国科学体制从民间业余传统向公共科学体制的转变，做了比较系统的追述。[15]

发源于欧洲的现代化在文化上对世界也有重要影响。吴羚靖从檀香植物的命名入手，让我们得以一窥西方文化的影响和传播。20世纪初全球檀香贸易格局变迁，中国檀香市场低迷，欧美檀香消费文化兴起。这导致当时全球两大檀香产地——印度迈索尔与西澳大利亚相继转向欧美市场。两地檀香业竞争因而渐趋激烈，就连檀香植物属名也成为双方商业论战的话语。檀香属名之争的焦点最初是迈索尔和西澳檀香品质孰优孰劣，后来转向西澳檀香究竟是否为檀香属植物。英帝国内部伦敦、迈索尔和西澳等地商界、政界乃至科学界相关群体先后卷入其中。该争论最后以一种前所未有的“折中方案”收场，将西澳檀香标注为“檀香桃属(类檀香属)”。此方案帮助西澳檀香获得欧美市场认可，但也加剧了印、澳檀香业竞争。这场论争是英帝国扩张、全球贸易竞争与现代科学传播的结果。它说明现代植物学知识生成于帝国殖民语境，也受帝国殖民地之间商贸竞争的影响。[16]

文化的传播离不开文宣系统，亦有学者对美国的文宣机构开展研究。尹佳宁详述了19世纪末至20世纪早期，美国联合通讯社以确保新闻的时效性、准确性、公正性为原则，开拓新闻收集渠道，注重提升驻外通讯员职业化水平，逐步建立起完备的驻外组织体系。与此同时，美国联合通讯社不断丰富国际新闻内容，对新闻生产、制作也加以制度化规范。世界主义思想与公共责任意识为美国国际新闻报道专业化进程提供了部分动力。[17]

（五）医疗史、环境史

2022 年度北京学者医疗史、环境史成果也有亮点。王广坤解读了 19 世纪中后期，为保障公共卫生安全，英国政府全面介入卫生管制，以保障公共卫生安全。注重立法规范与制度建设，先后通过创建卫生总署、枢密院医务部与地方政府事务部等机构统筹管理公共卫生，最终构建出一套以地方政府为核心、辅以中央政府监督引导的公共卫生管理制度。英国公共卫生管理制度在一定程度上保障了民众身心健康，推动了社会发展与国家实力提升，既有利于其殖民扩张，也对殖民地和其他资本主义国家影响深远。[18]

包茂红尝试建立一个新的分析框架，将地球有人类活动以来的时期称为“人类世”。人类世是一个新的地质时代，它与全新世的区别在于，人类活动代替自然营力成了改变地球环境的主要动力。这种改变不仅对陆地环境造成影响，也对海洋环境产生了深刻影响，并在一定程度上推动了海洋环境史研究。人类世的提出给海洋环境史研究提供了一个新的分析框架。在这个框架中，地质时间和社会时间、自然规律和社会规律、海洋环境和陆地环境等实现了有机统一。在这一框架下研究全球海洋环境变化和太平洋环境史，不仅有利于确定划分全新世和人类世的“金钉子”，且对认识人类世时期不同范围、不同层面的人与环境的相互作用具有指标性意义。[19]张弢认为，全球史的写作愿景带有世界主义倾向，它顺应了全球化的时代精神。环境史将这种世界主义推广到人类与自然，尤其注重其中的生态进程例如环境和气候。全球史的写作正是出于对全球关联的体察。对全球史写作路径的理论总结，则为梳理和归类世界环境史著作提供了恰当的分析框架。[20]

在环境史研究方面，高国荣挖掘了罗斯福“新政”时期美国的农业调整政策，提出“新政”时期的农业调整可以分为三个阶段。在第一阶段，生产控制成为农业调整的主要应急手段。土壤保护在第二、第三阶段则从农业调整的临时措施变成常规手段。罗斯福“新政”时期的农业调整政策有效地缓解了美国的农业危机，开创了生态补贴的先例，对推动进步主义时期的资源保护运动走向战后环保运动起到了承上启下的作用。[21]

二、问题思考及研究建议

通观 2022 年北京地区世界近现代史研究工作情况，存在以下特点。

第一，新的研究热点——区域国别学异军突起焕发了世界史学界的创新热情。学术理论界围绕我国需要什么样的区域国别学研究，怎样建立中国的区域国别学理论框架、研究方法、知识谱系和学科建制等核心问题，深入探讨了我国区域国别学研究的成就与问题、学科体系建设与人才培养的互动关系等重要课题。作为区域国别学交叉学科的主要支撑学科，世界史研究实为区域国别学学科建设和发展的必要基础和前提。面对区域国别学提供的发展机遇，世界史要主动参与，破除以往研究中的西方中心论，兼顾学术与国家需要，积极拓展新的研究领域，做好区域国别研究的基础性工作，尤其是语言的基础训练、档案文献收集与解释等工作，为深度参与区域国别交叉研究做好准备。

第二，专题研究、传统议题与新兴主题都有所进展。在土地制度、疆界问题等传统议题上，关注现实，积极为国家和社会服务；在国家治理体系和治理能力现代化方面，展示人类文明的优秀成果。同时，在文化、环境、医疗卫生、女性的历史角色等新兴主题上，也不断有新成果出现。

第三，多学科交叉和比较研究越来越普遍。借鉴政治学关于身份认同的概念，以此展开研究，既有大国心态的塑造，也有东方与西方视角差异的比较。在研究方法上，一些学者在文献基础上，注意到地图、数字化材料的价值。此外，从人和人群出发，关注文化在历史中作用，比如美术作品、新闻传播、科学体制、物品“名字”的争端等。

第四，研究领域明显扩大。以往学界更多地注重美西方等大国和重要地区的问题，目前随着区域国别学研究的全覆盖，原来被较为忽视的区域和国家得到更多的关注。太平洋地区成为新的关注点就是典型。此外，有关中东地区的研究成果也有所增多。

存在的问题如下：

第一，学术研究细分化、碎片化的延续与扩大。区域史或文化史研究日益碎片化，其实政治史研究也同样面临碎片化的危险。大量研究局限于某个局部专门琐细的领域，缺乏宏观的框架的论述。破除“西方中心论”已成共识，但只“破”难“立”，还没有建立新的认识论。

第二，地区国别史学科发展不均衡。现有国别和区域史研究主要集中在欧美等主要大国，欧洲史研究主要集中在英、法、德、意等西欧大国，对于东欧各国关注不够；亚洲史研究主要集中在日、韩等周边国家，其他如阿富汗、伊朗等南亚、西亚国家较少有人关注。特别是“一带一路”沿线的 65 个国家和地区的历史研究也不均衡。不少国别史研究领域后继乏人，此种局面短期内难以摆脱。

第三，对现实问题的关注度不够高。世界现代史受制于一手材料的不足，对当前热点问题如乌克兰、立陶宛、阿富汗等国的相关历史研究成果鲜见。

第四，全球史的影响力不足。全球史倡导超越西方中心和民族国家的史学视角，是克服西方中心论、走自己学术道路的尝试，它的影响力不断增加，但仍没有构建出中国的话语体系。国家关系研究的范式仍是主流，强调“分”，强调国家的“区隔”，专注于“界”。而全球史作为与国际关系不同的学术思维得到的重视仍不够。全球史作为世界局势从“多”到“一”、从“分”到“合”的产物，侧重点是国家之间的互相依存，互动联系，而不再专事博弈、制衡与均势等主题。鉴于过往对大国争霸历史的过多关注，应以全球史作为互补，但两者仍未平衡。

（北京市历史学会供稿；执笔人：梁占军、杨东）

注：

［1］梁强：《1940 年中“大罗马尼亚”的肢解与苏德关系的转变》,《首都师范大学学报（社会科学版）》，2022 年第 4 期。

［2］李建军：《“合并”还是“吞并”：1918 年波德戈里察大会研究》,《首都师范大学学报（社会科学版）》，2022 年第 4 期。

［3］陈志强：《古代视阈中的巴尔干冲突及其世界影响》,《首都师范大学学报（社会科学版）》,2022 年第 4 期。

［4］马细谱：《巴尔干国家与第一次世界大战》；梁占军：《二战中的巴尔干：历史与启示》,《首都师范大学学报（社会科学版）》，2022 年第 4 期。

［5］王倩：《近代国家构建视野下的德意志城乡关系》,《光明日报》，2022 年 10 月 3 日。

［6］庄仕琪：《苏联末期围绕农庄农场体制的方针较量》,《世界历史评论》，2022 年第 1 期。

［7］邓超：《1812 年英美战争中的太平洋因素与美国早期亚太政策的缘起》,《世界历史》，2022 年第 4 期。

［8］李时雨：《有限的霸权：一战后美国在中东的石油扩张》,《近现代国际关系史研究》第 19 辑。

［9］尚彦军：《第二次世界大战与 1945 年底英国外贸政策的转变》,《近现代国际关系史研究》第 19 辑。

［10］刘瑞：《重塑海洋亚洲：战后中日渔业关系与美国的参与》,《北大史学》第 21 辑。

［11］王超：《阿登纳时期联邦德国对民主德国的经济政策（1949—1963）》,《世界历史》，2022 年第 4 期。

［12］杜娟：《近代巴西的劳动力问题与移民政策》，北京：中国社会科学出版社，2022 年。

［13］张湉：《20 世纪 20—40 年代德国女性问题研究》，北京：中国社会科学出版社，2022 年。

［14］张瑾：《革命的古典主义——法国新古典主义美术研究》，北京：中国社会科学出版社，2022 年。

［15］李文靖：《近代英国科学体制的构建》，北京：社会科学文献出版社，2022 年。

［16］吴羚靖：《帝国的知识生产：20 世纪初全球檀香贸易与檀香植物属名之争》,《世界历史》,2022 年第 2 期。

［17］尹佳宁：《美国国际新闻报道的专业化进程——以美国联合通讯社为中心的考察（1893—1930）》,《近现代国际关系史研究》第 19 辑。

［18］王广坤：《19 世纪中后期英国公共卫生管理制度的发展及其影响》,《世界历史》，2022 年第 1 期。

［19］包茂红：《人类世与海洋环境史：一个新的分析框架》,《信睿周报》第 75 期。

［20］张弢：《全球史视域下的世界环境史书写：理论、实践与问题》,《全球史评论》，2022 年第 1 期。

［21］高国荣：《从生产控制到土壤保护——罗斯福“新政”时期美国农业调整政策的演变及其影响》,《北京师范大学学报（社会科学版）》，2022 年第 6 期。

艺术学理论

总 论

2022年是党的二十大胜利召开的历史性年份，也是延安文艺座谈会召开80周年。2022年9月《研究生教育学科专业目录（2022年）》的正式颁布，让艺术学理论学科发展迎来重大转折。在这一学科发展的关键节点上，北京地区艺术学理论学科在学位授权点发展、人才培养、学术研究、学术共同体建设、社会服务等方面积极开拓，取得了丰硕成果。

一、应对学科挑战，凝聚艺术研究理论共识

由于2022版学科目录尚处有待于落地和对应申报之际，而原有的艺术学理论学科面临的迫切问题是：如何切实将艺术学理论体现在新学科体系之中，需要重新理解和认识艺术学理论。本年度，北京艺术学理论学界对未来艺术学理论学科的学科定位、发展方向等展开了一系列探讨。

过去十余年间，由于艺术学理论作为单独一级学科的设立，极大地推动了艺术领域的学术研究，也极大地巩固了艺术学作为学科领域与文学、教育学等并列的学术基础地位。未来艺术学理论在艺术学学科门类下如何发展，相关学者展开了诸多讨论。有代表性的有周星的《廓清与辨析：中国艺术学理论疑难问题再辨析》、彭锋的《我国学科设置的制度优势》、张金尧的《论争·启示·新维度——写在修订“艺术学门类学科简介”与“培养基本要求”之际》等。艺术学理论（一般艺术学）与门类艺术学之间以及门类艺术学彼此之间关系，一直是学科经典命题，对此北京艺术学理论界也做出了扎实的学术探索。有代表性的有刘小龙的《比较艺术学的研究维度与实践方法》、李心峰教授的《试论文学与现代艺术体系》、祝帅的《“不通一艺莫谈艺”，还是“只知其一,一无所知”——从艺术学理论学科发展再探设计学的基本问题》等。

在一般艺术学的学科整体性视角之下，本年度北京艺术学学界还对跨学科的艺术学研究视角进行多维开拓，特别是在民族艺术学、艺术人类学与艺术社会学等方面做出突出科研实绩。民族艺术学方面，代表性成果有邓佑玲的《关于中国民族艺术学学科定位的思考》、肖璇的《从概念出发的学科互文与兼容》等。艺术人类学方面，代表性成果有安丽哲的《艺术人类学：中国艺术学的“超学科”路径》、方李莉的《语境跨越：艺术人类学研究范式的更新与发展》、赵旭东的《权力的时代及其文化的表达》等。在对于艺术的社会学与经济学研究方面，代表性成果有闻翔的《艺术市场全球化的社会学叙事：表现、机制与后果》、周正兵的《莱昂内尔·罗宾斯文化经济学思想述评》、黄隽与李越欣的《艺术品市场的学术研究脉络与发展》等。

二、攻关核心课题，探索艺术史学学科架构

在艺术学理论学科建设背景下，跨门类艺术史的学术建构成为近年来学界关注的热点话题。2021年的年末，在南京艺术学院举办的“艺术史学科发展研讨会”上，跨门类艺术史研究的问题是多位学者探讨的重点（相关会议综述发表于2022年）。会议认为，跨门类艺术史学理论与方法的探寻已经成为学界为构建艺术史学理论与方法而开辟的研究路径，其研究涉及领域极为丰富，出现了艺术史学与哲学、艺术史学与社会学、艺术史学与民族学等多维度和多层次的路径。而由门类进入艺术史学整体性研究的路径，需要跨入艺术一般的视角，在关注门类特殊性的同时，集中以案例映射艺术一般的通识性认知。强调以史实为前提，寻求各门类艺术的相互关系和普遍规律，架构史观间的逻辑性。

艺术学理论视域下的艺术史研究不仅需要艺术史书写，也需要对艺术史的反思。王一川教授在《论艺术史学》一文中提出：“在艺术史之外还需要艺术史学，直接的原因就在于，艺术史本身包含若干可能性和不确定性，因而需要作经常的回头反

思。”[1]蒋含韵在《艺术科学的本体之辨》一文中，将中国艺术史作为一种现代性知识装置加以深入考察，指出中国艺术史的现代生成以中国史学革命为契机，诞生于科学革命思潮，艺术史最初被当作科学知识的整体象征。[2]而李晶在《跨文化艺术史与人类命运共同体》一文中，对从苏立文到当代中国学者的跨文化艺术史书写加以梳理与解读，指出其间艺术史研究经历了“多元文化主义”“世界艺术史”“全球艺术史”等多个思潮。俞乐琦在《世界艺术史与跨文化艺术史的对象及其有效性问题》一文中，基于大卫·卡里尔《世界艺术史及其对象》考察全球化背景下西方艺术史学界所进行的自我反思，考量“世界艺术史”在理论上和实践中获得实现的可能性，通过引入被卡里尔所忽视的“跨文化艺术史”研究路径，探讨其研究侧重点及作为方法论的有效性，并从中揭露“世界艺术史”所回避的话语权力问题。[3]

三、把脉前沿趋势，聚焦媒介艺术学当代建构

信息技术引发的媒介革新深刻地改变了人类的生存境遇，也使得媒介艺术学研究成为2022年艺术学理论学科的热点话题。在媒介艺术学领域，目前引人关注的研究视角有跨媒介艺术研究、新媒体艺术研究等。

跨媒介艺术研究方面，有学者对媒介艺术学的历史流变与典型案例加以考察。其中孙晓霞的《艺术哲学与艺术的知识救赎》一文，清晰勾勒艺术媒介跨学科发展的历史脉络。[4]贺询在《“拉奥孔”的历程：18世纪德意志古典艺术理念刍论》一文中，深入研究诗画之间的“拉奥孔”这一媒介艺术学的起源事件。[5]张颖在《杜博的诗画对观与艺术理论的现代起源》一文中，勾勒文艺复兴之后“诗如画”语义向一律论方向的变迁，以及由此产生的画法上的诗化与诗论中的图画主义。[6]王次炤、苏哲在《语言的音乐和音乐的语言》中，深入探讨了音乐与文学比较这一媒介艺术学的经典命题。[7]

着眼于媒介的技术属性、表征符号、审美特质的综合研究的新媒体艺术学，也成为本年北京艺术学理论界的热点话题。代表性的著述有李笑男的《科技、现实与当代艺术——面对数码时代的艺术反思与实践》、朱锐的《工具、道具、元道具：人工智能艺术的技术本质及其创新能力》、向勇的《数字文化产业高质量发展的融合机制：连接、赋能与共生》、刘润坤的《数字媒介何以显现？——NFT艺术的创作趋势与数字艺术的范式转型》、耿弘明的《AI时代艺术概念的产生方式及其反思》、郭春宁与富晓星在《全景共情机制：虚拟现实在空间叙事与文化记忆中的应用》等。

四、开辟学术境界，推动中西艺术学理交融会通

本年度北京艺术学理论学界对于立足本来的中国艺术学学脉根基、吸收外来的西方艺术理论启迪，以及面向未来的跨文化艺术学建构这三个方面加以深入探索。

在面向未来的跨文化艺术学建构方面，王一川教授在《跨文化学视阈下的文化间涵》一文中对文化涵濡及其多重样态进行深入阐发，并独创性地提出了“文化间涵”这一概念。[8]王文娟在《艺术的民族性与世界性关系的当代理解》一文中指出，当代中国的艺术实践应超越“西方中心论”，积极借鉴其他各民族优秀文化资源，同时更要秉承自己的民族精神传统。[9]有学者从跨文化艺术学交流的具体案例入手加以考察，例如董丽慧的《思想与形象的变奏》、吴键的《诗画之分与文类政治——菲诺洛萨、冈仓天心与气韵美学的现代发生》等。

在探索立足本来的中国艺术学理论学脉方面，有代表性的有刘成纪的《殷商刻辞与中国艺术观念的本源》、彭锋的《兴与激情》、王一川的《现代中国文艺典型范式变迁80年》等。在吸收外来的西方艺术学理论启迪方面，王廷信教授在《管窥费德勒对艺术评判的看法》一文中，对德国“艺术科学”中核心人物费德勒艺术评判的学理脉络与理论语境加以考察。[10]常培杰在《介入艺术的三副面孔》一文中指出，作为前卫艺术的激进形态，介入艺术发生伊始就与政治领域关系密切，带有鲜明的马克思主义色彩。[11]有代表性的还有冯庆的《德意志浪漫派的隐喻哲学》、李科林的《再现与创造：海德格尔的艺术主体论》、时胜勋的《走向实践阐释的艺术理论》、陈奇佳的《精神的形式与艺术的斗争——朗西埃论模仿》、李修建的《阿尔弗雷德·盖尔的艺术人类学研究》等。

五、拓展美育维度，展现艺术教育时代风貌

本年度北京艺术学理论学界，在艺术教育的学理探索、社会美育的多维扩展、学校美育的实践反思方面，产生了一批高质量的科研成果。

在艺术教育的学理探索方面，王一川从现代美学和美育体制与中国古典“文心”传统相交融的角度，提出了“文心涵濡”这一独创性美育概念。在

《文心涵濡：大学美育新方案》一文中，他指出大学美育的实质在于文心涵濡，文心涵濡是大学生个体心灵对于天地人之纹理特征及其规律的直觉式领悟和持续浸润过程，着力关注大学生在其人格定型阶段对于天地人之纹理特征及其规律的感性直觉素养的涵养和成熟。[12]王德胜教授在《作为美育的艺术、艺术史如何可能？》一文中，探讨了艺术史与美育之间的关系。[13]其他有代表性的著述还有李雷的《文艺批评参与美育的必要性探究》、卢春红的《“以美育代宗教”：三条思路论争的源起与旨归》等文章。

在社会美育方面，北京艺术学理论界的相关探讨也异彩纷呈，涵盖了公共美育、乡村美育，并延展至日常生活审美乃至日常生态审美的层面。柏奕旻在《“民艺”美学与乡村美育：日本方案及其命运》一文中指出，“十四五”时期，乡村文化振兴的重要性越发突显，乡村美育的思路、方法问题需要获得合致现实境况的回应。[14]杨冬江、王兆的《“公共—艺术界”视阈中的北京城市公共艺术发展策略探究》一文通过将“艺术界”的理论引入公共艺术研究领域，力求为北京城市公共艺术的发展提供一个理论框架。[15]其他有代表性的著述还有宋炀的《艺术生活化的主题性社会实践》、刘悦笛的《“后人类纪”人类艺术的生态使命：走向一种“日常生态美学”》等。此外，北京师范大学艺术学理论学科郭必恒、张璐、李红菊、李宁、吴键等共同推出了“2021年中国艺术教育年度报告”，报告共5篇，涵盖了学前、小学、中学、高校与成人五个艺术教育的不同阶段，全方位地对中国学校艺术教育加以细致梳理与阐释。[16]

六、致力学术交流，促进艺术学共同体建设

2022年，北京地区艺术学理论学科的学术交流呈现线上与线下双面开花的局面，涌现出“2022年国际艺术理论研究学术论坛：艺术与人类未来”、“以美为媒、跨越分界”2022全球美育大会、“新时代中国美育学学科建设高端论坛”、“新学科目录背景下艺术专业教育建设的积极性思考”会议、“新时代中国美育理论”北京大学美育论坛暨高校优秀美育课程案例交流会、“新时代中国美育学学科建设高端论坛”、“第七届北京电影学院艺术学论坛”等一批重要学术活动。同时，2022年适逢延安文艺座谈会召开80周年，相关纪念研讨活动也如火如荼地召开，通过对延安文艺座谈会的回首和对《讲话》精神的重温，来观照当前中国文艺的发展，激发艺术学理论学科新的活力，成为本年度艺术学理论学科学术交流活动的一大风景。总体来看，“延安文艺座谈会”“艺术学学科建设”“美育事业发展”可谓2022年学术共同体建设的关键词。

七、推进学科服务，引导首都文化艺术发展

2022年，北京地区的艺术学理论学科不仅聚焦学科自身建设，更主动发挥介入社会文化发展的积极服务效能。本年度，北京地区艺术学理论学科学者在中国文联和中国文艺评论家协会中发挥积极作用。同时，在首届北京文化论坛、以“新时代北京文艺的价值向度与艺术创新”为主题的2022北京文艺论坛上，北京学人积极为北京文化艺术发展建言献策。与此同时，以王一川的《京味、京情、京风：北京文艺新构型》、孙郁的《“北京学”里的艺术问题》等为代表，北京学人更为自觉地通过艺术理论与评论等方式服务北京文化发展。此外，北京艺术学理论学科在2022年主动发挥学科优势，积极以各种项目课题、咨询报告等为首都社会文化发展提供必要的决策咨询与智力支持，有代表性的有卢蓉的《跨媒介影像实践中的新时代北京文化身份建构研究》、赵晖的《融媒时代剧集内容创意新格局建构与发展路径》、阮海云的《北京音乐类非遗在高校美育中的文化传承研究》、黄欣的《北京历史文化题材影视作品创作研究》、张芃的《文旅融合视域下北京戏曲文化空间建设研究》、李天语的《地方感视域下北京历史文化类短视频传播创新研究》等，可望对当前及未来北京地区的影视、动画、新媒体、演艺、网络文艺等产业提供较为切实深入的行业发展咨询建议。

注：

[1]王一川：论艺术史学[J].美术大观，2022（05）：32-35.

[2]李晶：跨文化艺术史与人类命运共同体——从苏立文到中国学者的多路径推进[J].美术观察，2022（01）：75-81.

[3]俞乐琦：世界艺术史与跨文化艺术史的对象及其有效性问题——对大卫·卡里尔理论的回应[J].美术研究，2022（04）：110-115.

[4]孙晓霞：艺术哲学与艺术的知识救赎——关于艺术媒介跨学科发展的历史解读[J].文艺争鸣，2022（11）：155-162.

[5]贺询：“拉奥孔”的历程：18世纪德意志古典艺术理念刍论[J].文艺研究，2022（11）：123-139.

［6］张颖：杜博的诗画对观与艺术理论的现代起源［J］. 文学评论，2022（04）：41–50.

［7］王次炤，苏哲：语言的音乐和音乐的语言［J］. 中央音乐学院学报，2022（03）：75–91.

［8］王一川：跨文化学视阈下的文化间涵［J］. 天津社会科学，2022（05）：110–115.

［9］王文娟：艺术的民族性与世界性关系的当代理解［J］. 文艺理论与批评，2022（06）：187–192.

［10］王廷信：管窥费德勒对艺术评判的看法［J］. 艺术管理（中英文），2022（01）：28–31.

［11］常培杰：介入艺术的三副面孔［J］. 文学评论，2022（05）：14–22.

［12］王一川：文心涵濡：大学美育新方案［J］. 美育学刊，2022，13（06）：1–10.

［13］王德胜：作为美育的艺术、艺术史如何可能？［J］. 中国文艺评论，2022（12）：4–13.

［14］柏奕旻："民艺"美学与乡村美育：日本方案及其命运［J］. 美育学刊，2022，13（01）：17–24.

［15］杨冬江，王兆："公共—艺术界"视阈中的北京城市公共艺术发展策略探究［J］. 艺术工作，2022（06）：97–100.

［16］李红菊，刘绮璇：2021 年中国艺术教育年度报告——学前篇［J］. 艺术教育，2022（10）：36–39；张璐，赵欣欣，宋芳菲：2021 年中国艺术教育年度报告——小学篇［J］. 艺术教育，2022（10）：33–36；吴键，霍妍君：2021 年中国艺术教育年度报告——中学篇［J］. 艺术教育，2022（10）：31–33；郭必恒：2021 年中国艺术教育年度报告——高校篇［J］. 艺术教育，2022（10）：28–30；李宁：2021 年中国艺术教育年度报告——成人篇［J］. 艺术教育，2022（10）：39–42.

艺术学理论

党的二十大报告所提出的推进中国式现代化、增强民族自信自强、加快构建中国特色哲学社会科学三大体系，以及实施国家文化数字化战略、健全现代文化产业体系和市场体系、实施重大文化产业项目带动战略、加大文物和文化遗产保护力度、坚守中华文化立场、提炼展示中华文明的精神标识和文化精髓、加快构建中国话语和中国叙事体系、加强国际传播能力建设、深化文明交流互鉴等一系列使命任务，为艺术学理论的研究与学科建设指明了方向。

对于艺术学理论学科而言，2022 年也是一个承前启后的关键节点。2022 年 9 月《研究生教育学科专业目录（2022 年）》正式颁布，与 2011 年版学科目录相比，新版目录中对于"艺术学"学科主要进行了如下调整：将所属的一级学科数量由原来的 5 个减少为 1 个，仅剩"1301 艺术学"属于一级学科。同时，增加 1352 音乐、1353 舞蹈、1354 戏剧与影视、1355 戏曲与曲艺、1356 美术与书法、1357 设计 6 个专业学位。

这一变化可谓剧烈，它意味着国内的艺术学术研究与创作实践将进入一个与过去差异性十分显著的新时期。艺术学理论学科在今后的发展面临着两种路径的选择："一是作为一个具有一定独立性的学科，被设定为艺术学一级学科下的二级学科；二是仅被视为是具有特殊性的泛称，指称在艺术学领域中的攸关理论探讨性质的各种学术研究。"[1] 艺术学学科发展的未来图景到底何如，仍是个探索中的问题，"学科建设者们都在找寻一种'新在何处，如何落实'的建设路径。"[2]

与此同时，艺术学理论在 2022 年还身处延安文艺座谈会召开 80 周年、"新文科建设"、"三大体系"建设等多重社会语境与历史节点中。2022 年是延安文艺座谈会召开 80 周年，重温毛泽东《在延安文艺座谈会上的讲话》并以此观照当前我国文艺发展，成为艺术学理论学界的重要话题。2022 年 4 月 25 日，习近平总书记在中国人民大学考察时强调指出，"加快构建中国特色哲学社会科学，归根结底是建构中国自主的知识体系"，这一表述阐明了构建"三大体系"与"中国自主的知识体系"之间的内在关联，为艺术学"三大体系"建设指引了方向。

在 2022 年这一学科发展的转折点与关键年份，北京地区艺术学理论学科在挑战与未知、希望与愿景的交织中勠力前行。作为该学科在全国的高层次平台和高水平人才最密集区域的特殊地位，北京地区艺术学理论界在2022年直面挑战，锐意进取，交出了一份令人满意的答卷。

一、学科发展概貌

自2011年艺术学理论擢升为一级学科以来，北京地区的艺术学理论学科建设就始终走在全国前列，在学位授权点、师资队伍、人才培养、学术组织、学术机构、学术期刊等方面，北京地区艺术学理论学科都保持着显著的区域优势。

（一）学位授权点的发展与调整状况

随着《研究生教育学科专业目录（2022年）》的颁布，新目录如何与《学位授予和人才培养学科目录（2011年）》平稳衔接成为各学科面临的重要任务。2022年底，国务院学位委员会办公室《关于对有关博士、硕士学位授权点进行对应调整的通知》（学位办〔2022〕21号），北京市学位委员会办公室则下发《北京市学位委员会办公室关于对有关博士、硕士学位授权点进行对应调整的通知》（京学位办〔2022〕5号）。根据上述文件精神，北京市艺术学理论学科在2022年底开展了相关的对应调整工作。

据不完全统计，截至2021年底，全国艺术学理论学科共计有23个一级学科博士学位授权点，69个一级学科硕士学位授权点[3]。其中，北京地区共计有一级学科博士学位授权点8个，一级学科硕士学位授权点15个，数量上位居全国各省份前列。

8个一级学科博士学位授权点如下：北京大学、清华大学、北京师范大学、中国艺术研究院、中国传媒大学、北京电影学院、中央美术学院、中央戏剧学院。其中，北京大学艺术学理论学科于2017年入选“双一流”建设学科名单，并在教育部第三、四次学科评估中位居第一名。北京师范大学、中国传媒大学等院校艺术学理论学科则是北京市重点一级学科。

15个一级学科硕士学位授权点如下：北京大学、清华大学、北京师范大学、中国艺术研究院、中国传媒大学、北京电影学院、中央美术学院、中央戏剧学院、北京服装学院、中国人民大学、北京舞蹈学院、中央财经大学、北京印刷学院、中国戏曲学院、北京语言大学。这15个硕士学位授权点既有2011年艺术学升门后在原有“艺术学”二级学科学位授权点基础上对应调整的结果，也有随后新增列的授权点。例如，中国人民大学与中国戏曲学院的一级学科硕士学位授权点均为2017年增列，北京舞蹈学院与北京印刷学院的一级学科硕士学位授权点均为2018年增列，中央财经大学的一级学科硕士学位授权点则为2019年增列，北京语言大学的一级学科硕士学位授权点则为2020年增列。这些授权点的增列，也反映出北京地区艺术学理论学科的蓬勃活力。

根据新颁布的研究生教育学科专业目录和相关对应调整政策，北京地区的艺术学理论学科学位授权点的对应调整工作陆续展开。对应调整的方案是8个一级学科博士学位授权点将原有的“1301艺术学理论”对应调整为“1301艺术学”；15个一级学科硕士学位授权点将原有的“1301艺术学理论”对应调整为“1301艺术学”。

（二）师资队伍与学科平台建设

北京大学是中国特色艺术学理论学科建设的探索者。2011年，北京大学艺术学理论学科获批成为艺术学升门以来全国首批一级学科博士点。在2012年和2017年教育部第三、四轮学科评估中，艺术学理论均位列全国第一。在2017年教育部“双一流”建设中，艺术学理论还被列为“双一流”学科。据不完全统计，艺术学理论学科现有教师29人；学科聚集了教育部长江学者、教育部新世纪优秀人才、国家“万人计划”领军人才和青年拔尖人才等高素质一流人才。从事教学研究的有彭锋、李道新、陈旭光、林一、李松、丁宁、郑岩、顾春芳、向勇、陈宇、邱章红、李洋、贾妍、唐宏峰、刘晨等多学科、多语种和跨门类背景的骨干人才。

清华大学的艺术学理论学科的主建单位为美术学院艺术史论教研室。清华大学在艺术学理论一级学科框架下，继承传统，发扬特色，整合资源，形成了艺术史、艺术理论、艺术批评与艺术管理全面发展、各有侧重的学科格局。该学科拥有实力雄厚的师资队伍。在中外美术史、艺术理论、艺术批评、艺术管理等方面，从事教学研究的有陈池渝、岛子、李静杰、张敢、陈岸瑛、邱才桢、章锐、刘平等多学科背景骨干人才，形成自身的优势与特色。

中国传媒大学的艺术学理论学科依托于2010年建立的艺术研究院。该院现拥有艺术史论、艺术批评、传媒艺术学、艺术管理共4个专业，10个方向。艺术研究院的发展目标为：提升理论研究的整体实力和学术水平，突出中国传媒大学在艺术学研究领域的特色和优势，为争取申报省部级重点学科和科研基地创造条件；整合全校艺术学科的学术力量，规范研究机构和研究人员的管理，改变目前力量分散的状况，形成合力，创新发展等。目前，该学科拥有仲呈祥、王廷信、张金尧、张晶、施旭升、徐辉、王黑特、张慧喆等一批骨干人才。

北京师范大学的艺术学理论学科是全国首批艺术门类的一级学科博士点，其主建单位为艺术与传媒学院艺术学系。艺术学系成立于2007年，目前不设本科专业，在硕士研究生以上培养高精尖前沿人才，并设立学术型硕士、专业型硕士和学术型博士等学位类型。艺术学系负责艺术学理论一级学科博士点相关研究和教学活动，近年来发展迅速，承担着“中国文艺评论（北京师范大学）基地”、北京师范大学国民艺术素养研究中心等多家高层次研究机构的协调和建设任务。学科现有校内高级职称专家16人，从事教学研究的有王一川、郭必恒、甄巍、邓宝剑、张璐、李红菊、吴键、李宁等多学科背景的高水平骨干人才，形成了艺术理论、艺术史论、艺术教育等方面的科研优势和特色。同时还聘请校内外、海内外高水平专家学者加入学科队伍，在建设综合性研究平台的背景下，有利于在更大的平台上建设复合型学科。

中国艺术研究院的艺术学理论学科生长在该院艺术学多学科博士点这一综合学科环境中，多年来在非物质文化遗产保护研究、中国文化史和学术思想史、艺术理论与批评、艺术美学、中国美学、艺术人类学、文化旅游政策研究、文化战略与文化传播、文化政策与文化制度研究、艺术经济学、艺术文化学等学科方向领域深耕厚植，拥有刘梦溪、王列生、李心峰、李世涛、李修建、田青、苑利、郑长铃、方李莉、孙伟科、摩罗、张颖等一批知名学者。

中央美术学院艺术学理论学科的硕博士学位授权点，是新中国成立以来较早建立的艺术学理论硕博士点之一。2015年在原美术史系美术理论教研室的基础上设立了艺术理论系。目前，该学科主要分布在中央美术学院的“两院一所”和两个研究中心，即人文学院、艺术管理与教育学院、国家艺术与文化政策研究所、美术教育研究中心、非物质文化遗产研究中心。中央美术学院的艺术学理论学科在中国艺术院校的教学和科研中率先建立了艺术管理学专业和文化遗产学专业两个新专业，既填补了国内空白，又回应了国际学术发展的新态势。艺术管理学专业发起建立了中国艺术管理学会，致力于中国艺术管理学科标准的建设，并成为国际艺术管理教育学会的会员单位。该学科拥有李军、王浩、贺西林、邵亦杨、邵彦、刘礼宾等一批知名学者。

中央戏剧学院的艺术学理论学科主要依托于戏剧管理系、戏剧文学系、舞台美术系、电影电视系等不同系所。其中，戏剧文学系主要培养戏剧影视文学创作、中外戏剧史论研究、戏剧评论以及戏剧艺术教学和科研的专业人才。戏剧管理系设有艺术管理专业，培养文化市场迫切需求的演出策划、制作、管理方面的高层次复合型人才。该校的艺术学理论学科拥有孙玉华、路海波、徐枫、李亦男、麻文琦、陈敏、张亚丽等一批骨干人才。

北京电影学院的艺术学理论学科主要依托于中国电影文化研究院、电影学系、基础部、文学系、声音学院、摄影系、导演系等不同部门。北京电影学院建立了完备的电影教育教学体系，形成了以教育教学为主体，以科学研究为基础，以艺术创作为支撑，教学、科研、创作“三位一体”的办学格局，支撑人才培养、科学研究、艺术创作和社会服务。其艺术学理论学科借助这些优势，打破院系壁垒，积极探索艺术学理论发展的新路径。自2016年创办的“北京电影学院艺术学论坛”已经成为该校艺术学理论学科重要的学术交流活动之一，也是学科建设的重要学术平台。该校的艺术学理论学科拥有侯光明、吴冠平、王海洲、侯克明、苏牧、何清等一批知名学者。

北京服装学院的艺术学理论学科主要依托于语言文化学院、美术学院等院系。该校的艺术学理论主要的发展方向为服装史论与风格、艺术理论、艺术设计理论等，近年来承担和参与的纵向和横向项目30余项，如北京服饰文化、辽金元时期服饰文化研究、时尚文化与传播专业课程体系建构与人才培养机制的探索与实践等。该学科拥有赵云川、陈芳、邱忠鸣、杨道圣、张玉安、周涛、韩雪岩等一批骨干人才。

中国人民大学艺术学理论学科的建设主要依托于艺术学院。该学科于2017年新增一级学科硕士学位授权点，专业方向主要包含的研究方向有艺术史、艺术理论与批评、艺术传播与管理等。该学科目前拥有祁小春、王文娟、黄隽、顾亚奇、付阳华、张建宇等一批骨干人才。

中国戏曲学院艺术学理论学科的主建单位为国际文化交流系。该校坚持以学科建设为龙头，形成了以戏剧戏曲学为核心，多学科相互补充、协调发展的学科专业格局。该校的艺术学理论学科主要倾向于培育与戏曲传播、戏曲研究等相关人才，于2017年新增一级学科硕士学位授权点。该学科目前拥有于建刚、覃爱东、马萱、曹林、刘三平等一批骨干人才。

北京舞蹈学院艺术学理论学科的主建单位为人文学院。该学科于2018年新增一级学科硕士学位授权点，其建设旨在与高校的优势专业“音乐与舞蹈学”一起，共同促进学校整体学科建设水平再上台阶，为建设中国特色、世界一流舞蹈大学夯实学科基础。目前，该学科拥有吴海清、陈建男、郑永乐、汤旭坤、任文惠、田冬云、王柯月等一批骨干人才。

北京印刷学院艺术学理论学科的建设主要依托于设计艺术学院、新媒体学院等。该学科以印刷艺术与印刷文化研究为特色，下设艺术原理与艺术创作研究、艺术科技与出版文化研究、艺术传播与媒体发展研究三个学科方向。该学科将培养具有一定艺术基础、理论研究和创作实践能力，同时兼有印刷艺术设计、印刷文化传承及创新能力的复合型专业人才。目前，该学科拥有目前龚小凡、李啸非等骨干人才13人。团队教师有多人担任中华美学学会理事、中国高等教育学会美育研究会理事、中国美术家协会插图装帧艺术委员会学术秘书、中国工艺美术学会理论委员会秘书等专业学术团体职务。

中央财经大学艺术学理论学科的主建单位为文化与传媒学院。该学科于2017年新增一级学科硕士学位授权点，下设艺术管理、艺术批评、艺术史、艺术与文化创意等四个专业方向。文化与传媒学院被评为北京市首批文化创意产业人才培养基地，文化产业管理专业在连续几年的中国同专业大学竞争力排行榜中位居前列。学科目前拥有何群、王强、魏鹏举、刘树勇、张冰、欧阳昌海、孙琳、宗娅琮等一批骨干人才。

北京语言大学艺术学理论学科的主建单位为艺术学院。该校的艺术学理论学科建设主要下设艺术史、艺术批评、艺术传播等方向，涵盖中国美术、中国书法、中国音乐和当代艺术等多个艺术门类。学科目前拥有朱天曙、梁文斌、王艳丽、尹成君、王杨、张宇辉、杨晓阳、齐鸣、陈霞等一批骨干人才。

（三）学术组织、学术机构与学术期刊建设

一个学科的发展离不开相关学术组织、学术机构与学术期刊的建设。学术组织与学术机构方面，2018年底，2018—2022年教育部高等学校艺术学理论类专业教学指导委员会成立，其中王一川教授担任主任委员，中国传媒大学范周教授、中央美术学院范迪安教授担任副主任委员，北京大学彭锋教授担任秘书长。2020年国务院学位委员会第八届艺术学理论学科评议组组成，北京大学彭锋教授、中国艺术研究院孙伟科研究员任委员兼召集人，中央美术学院李军教授、中国传媒大学张金尧教授和清华大学陈岸瑛教授等任委员。作为国家一级学会，中国艺术人类学学会由中国艺术研究院方李莉教授担任会长。在中国文联所属中国文艺评论家协会中，北京学人同样发挥着重要作用。2021年12月，中国社会科学评价研究院组织筹建的艺术学期刊评价专委会艺术学理论分委会成立，北京学者在其中扮演了重要角色，例如北京大学彭锋教授、中国艺术研究院张颖教授任主任委员，北京师范大学王一川教授、清华大学陈岸瑛教授、北京大学李洋教授、中国艺术研究院李修建教授、北京师范大学刘成纪教授、中国人民大学吴琼教授、中国艺术研究院孙伟科教授等北京学人任专家委员。

学术期刊方面，除了《文艺研究》《艺术评论》《北京电影学院学报》《现代传播》等北京地区原有学报、期刊之外，近年来还涌现出像《中国文艺评论》（中国文联文艺评论中心、中国文艺评论家协会主办）、《北大艺术评论》（北京大学艺术学院主办）、《艺术学研究》（中国艺术研究院主办）、《艺术传播研究》（中国传媒大学主办）、“复印报刊资料”《艺术学理论》（中国人民大学主办）等刊物，成为艺术学理论学科发展的重要阵地。值得一提的是，北京师范大学于2022年推出《艺道》集刊，集刊编辑部设在北京师范大学艺术与传媒学院，刊物设立艺术美学、艺术批评、艺术史论、前沿探讨、艺术创新等栏目，可以说是本年度北京艺术学理论学术期刊建设的新收获。刊物办刊定位为注重融合性，探索艺术学科协同发展与融合发展；注重前沿性，推进艺术研究领域重大前沿命题研究；注重开放性，荟萃国内外艺术学科的权威理论和深刻思想。

二、人才培养状况

2022年，北京地区艺术学理论学科的人才培养卓有成效。不同院校根据自身特色探索课程体系、设置培养目标，不断探索本科生、硕士研究生、博士研究生等不同层次的可持续人才培养机制，积累了丰厚的经验。

（一）本科生培养

根据教育部发布的《教育部关于公布 2019 年度普通高等学校本科专业备案和审批结果的通知》《教育部关于公布 2020 年度普通高等学校本科专业备案和审批结果的通知》[4]，艺术学理论一级学科目前共有艺术史论（专业代码：130101）、艺术管理（专业代码：130102T）、非物质文化遗产保护（专业代码：130103T）等 3 个专业。其中，艺术管理专业为 2016 年增设，非物质文化遗产保护专业为 2020 年增设。2022 年，北京地区招收的艺术学理论类本科生主要为艺术史论与艺术管理两个专业，共计国内招生规模约在 215 名左右。相较 2021 年的 225 名，数量略有下降。

1. 招生规模与专业方向

2022 年，北京地区招收艺术史论专业本科生的院校有北京大学、清华大学、中央美术学院等 3 所。其中，清华大学 2022 年艺术史论专业招生人数为 15 名，培养院系是美术学院。北京大学 2022 年在国内招收艺术类本科生 21 名，下设艺术史论、戏剧影视文学、文化产业管理 3 个专业方向，培养院系为艺术学院。除此之外，北京大学艺术史论专业在 2022 年度还招收留学生 17 人。中央美术学院的艺术史论在 2022 年招收本科生 30 名，培养单位为人文学院。

2022 年，招收艺术管理专业本科生的有中央美术学院、中央戏剧学院、北京舞蹈学院、中国戏曲学院、中国传媒大学、中国音乐学院等 7 所高校。其中，中央美术学院招收 30 人，培养单位为艺术管理与教育学院。中央戏剧学院 2022 年招收艺术管理（剧院管理）本科生 64 人，与 2021 年人数持平，培养院系为戏剧管理系。北京舞蹈学院 2022 年招收艺术管理本科生 10 人，相较 2021 年减少 6 人，培养院系为人文学院艺术传播系。中国戏曲学院 2022 年招收艺术管理（国际文化交流）专业本科生 26 人，培养院系为国际文化交流系。中国传媒大学 2022 年招收艺术管理专业本科生约 19 人，相较 2021 年减少 5 人，培养院系为文化产业管理学院。除此之外，中国人民大学 2022 年新增艺术管理本科专业，预计 2024 年开始招生[5]。

2. 课程设置

北京地区艺术学理论学科本科生的课程设置一般由通识教育与专业教育两部分构成，不同院校在设置艺术原理、艺术史等基础课程的同时，还会根据院系定位与主流学科设置形形色色的专业课程。

在此，可以以清华大学为例来管窥北京地区艺术学理论学科本科生的教学体系。清华大学的艺术史论专业教学依托于美术学院艺术史论系。本科生课程以通识教育和专业基础训练为主，专业课程涵盖艺术史、艺术理论、艺术批评和艺术管理等各方面，另安排暑期专业考察和专业实习。课程上，清华大学为艺术史论专业本科生开设中外美术史、中外设计艺术史、中外工艺美术史、艺术原理、中国现当代艺术史、西方现代艺术史、中国现代艺术理论与思潮、审美文化、中国书画艺术、艺术传播学、艺术批评、宗教艺术、民间艺术、艺术论文写作等课程。除此之外，学生还可在绘画、雕塑、陶艺、设计各系选修艺术实践类课程。

3. 培养目标

目前，艺术学理论学科的两个本科专业艺术史论与艺术管理显然是两个不同培养方向的学科。相较而言，艺术史论的理论性、基础性更强，艺术管理的实践性、应用性更强。2022 年北京招收艺术管理专业本科生的院校除中国传媒大学之外的 5 所，皆为专业艺术院校，招收艺术史论专业的除中央美术学院之外则是北京大学与清华大学两所综合类高校，由此可见专业定位的差异。

与此同时，由于不同院校的专业设置需适应该院校的发展定位、主流学科等，因而同一专业也可能体现出鲜明的培养方向差异。以艺术管理专业为例。中央戏剧学院艺术管理专业为剧院管理方向，致力于为社会培养优秀舞台艺术管理人才。管理系毕业生大多活跃在全国各地剧院（团）、剧场和文化公司，从事演出制作和运营的管理工作。他们担任演出制作负责人、剧场后台技术或前台服务负责人，或从事剧院（团）的行政事务管理和文艺演出活动管理工作，或策划并组织实施各种文化活动，或统筹、协调大型文化活动的舞台技术或行政事务工作。北京舞蹈学院的艺术管理人才也偏向剧院管理。而中国戏曲学院的艺术管理专业则偏向国际文化交流方向，专业致力培养能够熟练运用英语，通晓以戏曲艺术为代表的中西方文化艺术，具备跨文化交流能力，懂得经营与管理的复合型人才。

（二）硕士研究生培养

1. 招生规模与专业方向

据不完全统计，2022 年北京高校艺术学理论学科硕士研究生招生人数约在237人左右，与2021年的210人、2020年的214人扩招趋势显著。中国传媒大学的招生人数突破60人，位居招生规模之首，中央美术学院、中国人民大学、北京服装学院则位列其后。整体来看，北京地区招收艺术学理论学科的院校又可分为三类：第一类是综合性院校，以清华大学、北京师范大学、中国传媒大学、中国人民大学为代表；第二类为专业艺术类院校，以中央美术学院、中央戏剧学院、中国戏曲学院、北京舞蹈学院、北京服装学院等为代表；第三类为研究机构，以中国艺术研究院为代表。此外还有中央财经大学、北京印刷学院等行业类院校。

从研究方向可见，相比本科专业只有艺术管理与艺术史论而言，艺术学理论专业硕士研究生的研究方向更为多样。不同院校会根据自身特色设置相关专业与研究方向，例如中央美术学院的研究方向设置偏向艺术展览、美术教育，北京电影学院的研究方向偏向电影文化、电影教育，北京印刷学院的研究方向偏向印刷艺术、印刷文化，等等。由此便导致同一一级学科之下，硕士研究生的研究方向有过于多元化之嫌。但是整体看来，招生专业更偏向艺术教育、艺术管理、艺术传播、艺术人类学、艺术社会学等交叉学科或应用学科。

2. 课程设置

由于招生专业方向十分多元化，很难从综合性、总体性的角度来总结北京地区艺术学理论学科的硕士研究生课程设置。不同院校之间的课程设置差异较大。例如，北京师范大学的艺术学理论学科在研究生层次以上开设有艺术原理、艺术史论、艺术鉴赏与批评、艺术文化学、艺术社会学、艺术心理研究方法、文化遗产学、艺术前沿研究、艺术研究方法等课程，侧重于基础与人文特色。北京舞蹈学院的硕士学位点主要由人文学院艺术理论部承担。这一部门成立于2019年，由之前的文学、艺术理论教研室整合而成，是承担北京舞蹈学院文学及艺术理论教学科研的部门。艺术理论部除文学和艺术学必修课程之外，还开设了美学、中国美学史、艺术史、电影欣赏、古代汉语、古代舞蹈文献、西方现代文艺思潮、编剧艺术、国标舞发展史、当代大众文化热点研究等课程。

3. 培养目标

北京地区艺术学理论学科的硕士研究生教育除了培养一定数量的艺术理论、艺术史、艺术批评等方面的研究人才之外，更多的是培养艺术管理、艺术教育等领域的应用型人才。例如，北京印刷学院的艺术学理论学科旨在培养有一定艺术理论基础，理论研究和创作实践能力兼备，以及有印刷艺术、印刷文化传承创新能力的专门人才。毕业后可从事艺术教学与研究、艺术批评、艺术创作、艺术策划与管理、书籍出版及研究等相关工作。就业方向包括艺术及文博展馆、印刷出版、文化产业、艺术与文化管理、教育培训、互联网等领域。

（三）博士研究生培养

1. 招生规模与专业方向

据不完全统计，2022年北京地区艺术学理论学科博士研究生招生人数约97人，相较2021年的110人、2020年的103人略有下降。与硕士研究生招生数量差异较大相比，北京地区各大院校的艺术学理论学科的博士研究生招生规模相对而言还是较为均衡的。其中，中国传媒大学、中央美术学院、北京大学的招生规模位居北京地区前列。而在招生专业方面，博士研究生的研究方向更偏向艺术理论、艺术批评、艺术史或其他交叉学科的基础理论研究。

2. 课程设置

艺术学理论学科博士研究生的课程体系设置、培养方式相对来说更加自由开放。教学培养计划基本上都是导师根据博士研究生的实际情况，具体制定在学期间如何实施教学并达到培养目标。在课程设置上，普遍较为灵活。例如，北京大学的艺术学理论博士研究生的课程体系包括马克思主义理论课、外国语、基础理论课、专业课和相关学科课程等几个部分。课程学习的方式因学科特点和课程性质而异，可以是自学、听课、讨论等方式。课程考试的方式可以是口试、笔试或写读书报告等。北京电影学院的艺术学理论博士生课程设置分为必修课和选修课两大类。在必修课中包含三类课：一是由政治理论课、外语组成的共同课；二是基础理论课，即学科前沿课，由若干专题组成，主要介绍该学科学术研究的最新研究动态、学术争论的焦点、热点问题；三是专业课，必须带有科研性质，教学形式可以多样化。

3. 培养目标

综合来看，与硕士研究生偏向于培养交叉学科领域具有一定理论素养与人文素养的应用型人才相比，艺术学理论学科的博士研究生培养则主要旨在培养学术科研人才。例如，北京电影学院艺术学理论博士研究生的培养目标便是：掌握系统深入的艺术学专门知识，把握本学科的前沿课题；具有理论创新能力和迈向国内、国际学科前沿的能力；有较丰富的人文、社会、艺术知识修养和较强的艺术教育能力；深入探索和研究艺术创作理论与规律；熟练地运用第一外国语；具有独立从事艺术学理论研究和教学工作的能力，并做出创造性成果。同时，本专业的博士毕业生可以在高等院校、社会科学研究单位、艺术研究部门独立从事艺术学专业教学工作和理论研究工作；也能够在相关艺术部门担任策划、管理和其他实际工作。

三、学术研究概况

2022 年，伴随着艺术学新的学科目录的调整，国内的艺术的学术研究与创作实践进入一个与过去差异性十分显著的新时期。为变革时期的新态势所激发，北京艺术学理论学界在研讨学科发展方向、探索艺术史学架构、聚焦当代艺术媒介新变、汇通中西艺术学理、拓展艺术教育实践等方面做出突出实绩。

1. 应对新挑战，凝聚艺术研究理论共识

就艺术学理论学科而言，2022 年注定是一个承前启后的关键节点，这当然与新的学科目录调整有着紧密的关系，依据新的学科目录，“艺术学”作为一级学科的博士授权点的命名，关于它的由来存在着不同的解读方式。第一种解读是“艺术学一级学科”是原“艺术学理论一级学科”的对应调整，二者的分别只是名称的改变；第二种解读则是“艺术学一级学科”是全新的，与原有的艺术学理论关系不大，那么这也就意味着艺术学理论学科可能“消失”了。这两种解读法存在着根本性的区分，前者是最乐观和积极的，后者则是最悲观和消极的。那么，究竟该如何看待艺术学理论在新学科设置背景下的生存与发展呢？目前还未有较为确定性的答案，相信在今后相当长的时间内也很难寻找到一个解决之道。

由于 2022 版学科目录尚处于落地推行之际，而原有的艺术学理论面临的迫切问题是：如何切实将艺术学理论体现在新学科体系之中。可能性的解决方案与如何重新理解和认识艺术学理论有关，当下对艺术学理论的看法主要有两个层面。

首先，艺术学理论仍被视为一个具有一定独立性的学科，站在学科的视角来看待，则艺术学理论可以被归入艺术学一级学科下的独立二级学科。《国务院学位委员会办公室负责人就新版研究生教育学科专业目录和目录管理办法答记者问》一文中，明确提出了这一思路，负责人解释认为：“根据艺术类人才培养的特点，重点对艺术学门类下一级学科及专业学位类别设置进行了调整优化，在原有艺术学理论一级学科基础上，设置了艺术学一级学科，包含艺术学理论及相关专门艺术的历史、理论和评论研究，另设置了音乐、舞蹈、戏剧与影视、戏曲与曲艺、美术与书法、设计等 6 个博士专业学位类别。”[6] 根据这一解释，艺术学理论学科并没有消失，而是作为了新一级学科（名为“艺术学”）的一个部分被包含在其中，如此则点出了艺术学理论作为艺术学一级学科目录下单独设置的二级学科的可能性。当然由于各高校的实际情况存在着千差万别，愿不愿意独立设置艺术学理论二级学科是拥有艺术学一级学科的高校自主决定的分内之事，国家主管部门无意置喙或插手。

其次，艺术学理论仅被视为只具有模糊边界的一个泛称，即指称在艺术学领域中的攸关理论探讨性质的各种学术研究。其实，艺术学理论一级学科设置后经历了十年发展，最大的贡献可能正在于此，换言之，正是由于艺术学理论作为一个单独的一级学科的设立，极大地推动了艺术领域的学术研究，也极大地巩固了艺术学作为学科领域与文学、教育学等并列的学术基础。艺术学理论确立了有关艺术研究的“理论共识”，即艺术学具有融通性的理论共识。周星教授在《廓清与辨析：中国艺术学理论疑难问题再辨析》一文中提出：“首先，艺术本身就是人的一种精神情感需求的创造，因此这种创造有其相同性，理应要有一个艺术学的理论，或者说可以用一种贯穿始终的艺术史来看待精神创造的历史，或者审美创造的历史。但是，由于多个艺术门类之间在表现方法、呈现方式上存在差别——无论是肢体语言的延伸，抑或是旋律节奏的呈现，又或者是线条画面的造型等，都说明艺术千差万别，简单的融汇理论会产生各种歧义。但是，这并不能说明艺术学理论或艺术史是可以割裂的。”[7] 文中认为，理解艺术应有两个侧面，即丰富性与统一性，二者不可偏废，艺术学理论恰好就是要廓清关于艺术的统一性问题，而这一点只有建立在理论研究的融通性上才能实现。

从艺术学学科所具有的理论融通性、整体性与统一性出发，陈池瑜教授撰文认为，本次新学科目录调整，理顺了我国艺术学科研究生培养的内在逻辑，是艺术学科研究生教育事业发展的新机遇。他指出按照新学科目录要求，以后所有艺术类学术型硕博研究生归口到唯一的一个一级学科“艺术学”名下。这有益于艺术理论和艺术史学、艺术批评专业和部门艺术史论如美术史论、音乐史论结合。这次专业目录调整，给各艺术院系带来艺术人才培养新的机遇，可以放手培养创作、表演硕博研究生人才，为此开辟了新的宽广的道路；同时也带来新的挑战，既要保证专业博士创作表演达到较高的水平，又要提升他们的人文素养和理论研究能力。[8]而彭锋教授也持类似观点，指出以往艺术院校存在以“擦边球”的方式培养艺术家的博士或者说学者型艺术家，这往往能以兼顾创作与研究，而本次学科目录的调整能够规避这一局面。他指出这次学科目录调整，正好体现了我国学科设置的制度优势，应该要有这种制度自信。并且经过多年的摸索，在艺术实践人才的博士培养中已经积累了不少经验，正可借此让它更好地发展。[9]而张金尧教授则回顾了2011年“艺术学升门类”过程中的一些学术论争，从中考察对于新艺术学学科建设的启示意义。并强调如何在新文科语境中加强学科融合、如何使文艺评论成为艺术学理论的学科“增长极”、如何提升美育在艺术学理论中的学科地位等三个维度则是此次修订工作中值得思考的问题。[10]

艺术学理论被设置为一级学科还取得了另外一个令人瞩目的贡献，那就在于深化了对中国艺术学独特性的认识。彭吉象教授在《关于首先构建新时代中国艺术学理论“三大体系”的几点思考》中提出：“艺术学作为一门学科虽然在欧洲诞生，但是由于种种原因并未真正发展起来。相反，中国传统文化长期以来强调‘综合’与‘统一’，为中国艺术学理论建设奠定了基础。”这一观点符合中国艺术实践和理论发展的实际情况，仅就“美术”和“艺术”一词在中国的演进状况考察，便可看出其中的端倪。其实较早时候，在蔡元培、鲁迅等思想家引入“美术”，大力提倡审美教育之际，“美术”并不专指视觉艺术，而是泛指“审美之术”，它是综合性的。而在后来，“美术”演化为视觉艺术的一个特定概念，相应地中国传统文化之中的“六艺之术”又被现代转化而变为“艺术”。也正因“艺术”一词的来源是中国传统的，而非西方的，因此在中国现代汉语的语境下，“艺术”是综合性的，涵盖了视觉艺术、听觉艺术、综合艺术等多种类型。由此可见，综合地、整体地看待艺术现象是中国一个悠久的传统。我们都知道，西方语境下的“艺术”（Art）与汉语语境下的“艺术”存在着显著的指涉之别，这正反映出了中西文化关于艺术的认识差异。正如彭吉象教授所言：“中国传统文化长期以来强调‘综合’与‘统一’，为中国艺术学理论建设奠定了基础。”他进而强调艺术学理论一级学科对于中国艺术学建设的重要意义，认为：“我国2011年艺术学门类和艺术学理论一级学科的设定，为我们创造了十分有利的条件，使得我们有信心和有可能在这个领域实现突破，率先在艺术学理论这门学科建设方面，做出我们中国人的标准和贡献。”在彭教授的这篇长文中，他提到艺术学理论学科需要强化“三大体系”的建设，这“三大体系”是指学科体系、学术体系和话语体系，在字里行间所论及的“三大体系”建设目标，也都突出强调“中国特色”“中国气派”“中华美学精神”。[11]

艺术学理论（一般艺术学）与门类艺术学之间、以及门类艺术学彼此之间关系，一直是学科经典命题，对此北京艺术学理论界也做出了扎实的学术探索。其中刘小龙教授在《比较艺术学的研究维度与实践方法》一文中指出，比较艺术学在宏观与微观层面存在不同的研究维度：它的四个宏观维度是跨领域的艺术比较研究、跨时代的艺术比较研究、跨文化的艺术比较研究以及经典与流行艺术的比较研究；它的五个微观维度是艺术形式比较、艺术风格比较、艺术语境比较、艺术创作比较以及艺术观念比较。此外，在艺术比较的实践方法上，应注意艺术比较关联区域的设定，艺术相似性与差异性的考察，论述主体和参照对象的明确，对艺术作品、现象与观念的阐释以及从现象到本质的思考等五方面，从而将学科研究方法充分运用于实践中。[12]李心峰教授在《试论文学与现代艺术体系》中指出，把文学（语言艺术）看作艺术世界的中观层次上的艺术家族；与此同时，应该考虑把诗歌艺术、散文艺术、小说艺术确认为艺术的基本门类，与其他基本艺术门类相并列。这种全新的艺术体系范式，将给文学学乃至一般艺术学（艺术学理论）既有范式带来较大的冲击与革新的诉求，甚至会推动其各自整体结构的深刻变动以及彼此之间的深度交融，给艺术学和文学学研究打开新的理论与话语空间，带来新的生机与活力。[13]而祝帅则参考缪勒宗教学“只知其一，一无所知”的一般研究方法，提出设计学理论研究需要突破“不通一艺莫谈艺”的单一领域设计研究，上升到“只知其一，一无所知”的“一般设计学”理论建构，以此对设计学的“学科间性”问题进行深入的阐述与学术回应。[14]

在一般艺术学的学科整体性视角之下，本年度北京艺术学学界还对跨学科的艺术学研究视角进行多维开拓，特别是在民族艺术学、艺术人类学与艺术社会学等方面做出突出科研实绩。

在民族艺术学方面，邓佑玲教授在《关于中国民族艺术学学科定位的思考》一文中指出，中国民族艺术学学科建设要树立本土意识和根性意识，强调从族人生活出发的研究和语境中的研究，既关注中国化，又关注中国文化的世界化，进而为在新一轮全球化过程中发出“中国声音”做出应有的学科贡献。中国民族艺术学主要研究各民族艺术“中国性”或“中华民族性”的形成、结构、特征和机制及其规律。具体到少数民族艺术层面，中国民族艺术学既要研究各少数民族艺术的实践活动，更重要的是在“中华民族多元一体格局”和“铸牢中华民族共同体”理念指导下研究艺术的“中国性”或“中华民族性”的艺术征象、构建逻辑、表达逻辑、审美逻辑。[15]肖璇则在《从概念出发的学科互文与兼容》一文中，从音乐研究角度对民族艺术学的概念和建构加以审视，认为在艺术人类学倡导跨学科研究之后提出的民族艺术学，应超越以往建立在西方理论话语体系之上，克服艺术不能向下兼容、各门类艺术之融合不够的局限，从各艺术门类之间的关系视野中反思西方理论话语，建构跨越门类艺术的新艺术学科，音乐研究可进一步在门类艺术之跨越中形成音乐普遍和特殊规律的认识。[16]

在艺术人类学方面，安丽哲在《艺术人类学：中国艺术学的“超学科”路径》一文中指出当代艺术人类学展现出的“超学科性”为艺术学研究提供了这样一条路径：从不同的艺术门类入手，从整体性视角出发，在具体的空间与维度中，实现对艺术本体与社会、文化、人之间各种关系的探讨，并且能够在现实社会中尝试结合所有相关力量解决复杂问题，进而影响社会发展。这无疑为中国艺术学在新文科视野下的“超学科”建构探索出一条具体路径。[17]方李莉在《语境跨越：艺术人类学研究范式的更新与发展》一文中指出，艺术人类学将艺术置于其赖以生成的社会语境中加以研究，“语境中的艺术”成为艺术人类学的研究范畴与方法。20世纪90年代以来，社会语境发生变化，使“语境中的艺术”跨越多个空间进入动态语境，艺术人类学研究范式随之更新和发展，这不仅呼应了当代艺术界对艺术概念的重新定位和艺术创作的方向调整，也为人类学的发展，特别是艺术人类学理论前沿建构奠定了重要基础。[18]赵旭东在《权力的时代及其文化的表达》一文，以政治人类学的视角对艺术品创造这一经典命题做出新的分析与诠释，指出从人类学的角度去理解艺术，将不再是单单关注艺术本身，而是将其看成是一种权力的文化表达，这显然是要在一种艺术不是什么的维度上去予以新维度思考。这种思考关注于一种权力或权力支配时代的发生，体现了基于权力关系所设定的一种门槛效应和与之相应的知识权力的发生。在从一种权力支配的时代而转向于个人权利诉求的时代中，体现出了权力与文化的解释、权力与文化的表达、文化的控制性、权力的隐蔽性、权力的转化等诸多扩展性的人类学研究主题。[19]

在对于艺术的社会学与经济学研究方面，闻翔在《艺术市场全球化的社会学叙事：表现、机制与后果》一文中指出，全球化构成了当代艺术市场最基本的处境。作为艺术社会学的一个新兴议题，对艺术市场全球化的研究主要集中在表现、机制与后果三个层面。就表现而言，艺术市场的全球化呈现在地域扩张、跨国组织增多、销售渠道变更、买家群体迭代与价格变迁等多个维度。就机制而言，在艺术市场的全球化过程中，画廊、收藏家、策展人、拍卖行等传统市场主体与数据供应商、咨询公司及金融机构等新型市场主体分别扮演了不同的角色，代表了不同的实践机制。对艺术市场全球化的考察一方面有助于理解艺术及艺术界在当下的变迁逻辑，另一方面也有助于深化社会学对文化全球化的机理与限制的反思。随着中国艺术市场日益卷入全球化的浪潮且在很大程度上为后者所塑造，对中国艺术市场的全球化境遇及其影响的社会学研究亟待推进[20]。周正兵在《莱昂内尔·罗宾斯文化经济学思想述评》一文中，全面描述担任英国“艺术管家”的罗宾斯与艺术交往的历史，解读其文化经济学名篇——《艺术与政府》，并在此基础上深入剖析其如何利用艺术拓展经济学疆域，以及运用经济学方法分析艺术问题，总结其文化经济学的学术思想。[21]而黄隽、李越欣的论文《艺术品市场的学术研究脉络与发展》，从艺术品市场的发展、艺术品的特征、艺术品价格的影响因素和艺术品的金融属性等方面梳理和分析最近50年主要学术研究脉络和发展变化，通过借鉴国内外学者不同学科的研究视角和方法，拓展和丰富中国艺术品市场的理论框架和实践发展。指出最近50年是全球艺术品市场发展最快的时期。艺术品市场成为文化经济学研究较为深入的分支领域，多学科交叉融合丰富和拓展了艺术经济学的视野和范畴。[22]

2. 攻关新课题，探索艺术史学学科架构

任何学科从建立到被普遍认可，其研究对象的发展史和学术史的梳理是前提条件之一，特别是在中国这样一个高度重视史学的国度。以上两个方面的学术研究，可概括为“史实”和“史思”，对于中国艺术学理论学科而言，“史实”是不同于具体艺术类型史（诸如美术史、音乐史、舞蹈史等）的综合艺术史，“史思”则是艺术史学。艺术学理论是通观整体艺术的学问，其关注的艺术发展历程自然而然便应为整体的艺术演进史，如果仍只关注美术史，而笼统地命名为艺术史，则失之于以偏概全。检视当前国内多种艺术史著述，其实仍存在不少冠名为“艺术史”，实则为“美术史”的情况，客观上也造成了一些不必要的干扰和混乱。以国内颇为流行的英国学者迈克尔·苏立文（Michael Sullivan）的相关著作为例，其内容主要是美术方面的，被翻译为《中国艺术史》，而非《中国美术史》。与此类同的是，国内少部分学者的《中国艺术史》其实也是《中国美术史》，而非多艺术门类的综合史。如果英国学者的著述被“直译”或“硬译”尚有遵照英文习惯之理由，则国内中文著述也如此亦步亦趋便有可商榷之处。因此为避免在汉语语境下的不必要混淆，如若在艺术学理论视野下来考察中国艺术演进历程，也最好是综合性的，如此方为名副其实的“中国艺术史”。

在艺术学理论学科建设背景下跨门类艺术史的学术建构成为近年来学界关注的热点话题，2021年的年末，在南京艺术学院举办的“艺术史学科发展研讨会”上，跨门类艺术史研究的问题是多位学者探讨的重点（相关会议综述发表于2022年）。会议认为，跨门类艺术史学理论与方法的探寻已经成为学界为构建艺术史学理论与方法而开辟的研究路径，其研究涉及领域极为丰富，出现了艺术史学与哲学、艺术史学与社会学、艺术史学与民族学等多维度和多层次的路径。而由门类进入艺术史学整体性研究的路径，需要跨入艺术一般的视角，在关注门类特殊性的同时，集中以案例映射艺术一般的通识性认知。强调以史实为前提，寻求各门类艺术的相互关系和普遍规律，架构史观间的逻辑性。在会上，王一川教授发言认为艺术史的案例研究是十分必要的，他提出：“沉入典型作品、案例获取体验和观察，是建立艺术史学总体把握的有力方法。”他借助社会学家齐格蒙特·鲍曼“流动的现代性”理论，观察21世纪中国影视作品中对社会生活作事件性的艺术呈现，基于中国社会文化的特殊性，提出了关于艺术史学的整体性思考路径——“流溯的现代性”概念，这恰好成为了由门类案例进入艺术史学整体性研究的思考方式。[23]他强调跨门类艺术史中的案例研究的典型意义，当然这种案例研究由于在观照视角上是艺术学理论学科的，而非特定艺术类型的，故而须做到从具体到普遍、从特殊到一般的升华。王廷信教授提出，可脱出艺术门类的固有框架书写艺术史，例如可以按照艺术传承的基本内容去书写，即围绕形态传承书写；围绕技艺传承书写；围绕生态传承书写以及综合形态、技艺、生态三大领域书写跨门类艺术史。

艺术学理论视域下的艺术史研究不仅需要艺术史书写，也需要对艺术史的反思。王一川教授在《论艺术史学》[24]一文中提出：“在艺术史之外还需要艺术史学，直接的原因就在于，艺术史本身包含若干可能性和不确定性，因而需要作经常的回头反思。”艺术史本来是一种带有主观判断的写作文本，因此需要对其加以审视和反思。“艺术史学难免具备人为性或人类主体性，是人类关于艺术发展状况的主体记录样式。既然艺术史学具备这种人为性或人类主体性，那就需要而且可以对之加以反思或研究。当这样的对于艺术史学加以回头反思的自觉意识和著述出现，我们就有了艺术史学。”这里强调了艺术史的学术探讨中的两个互动要素，首先是艺术史，其次是反思艺术史的学术，即艺术史学。而且，此二者构成了一个不可分割的整体。“艺术史学是以艺术史的存在为前提和对象的，为的是让艺术史变得更加明晰。假如没有艺术史，艺术史学就可能丧失自身的工作前提和对象依托，也就失去自身的存在理由。同理，假如没有艺术史学，艺术史就无法获取自明性反思，也就难以发现自身的问题，无法继续进取和实施自我变革。”根据王一川教授的构想，艺术史学所应包括的主要内容有艺术史学原理、艺术思想史、观念艺术史等，其中首要的任务是“艺术史学原理”的建构，他提出了几个方面的内容：艺术史学的含义、艺术史学在中国的发展状况、艺术史学在西方的发展状况、艺术史学理论等。同时王一川教授在《艺术史理论中的科学性与思想性》一文中还指出，艺术学理论学科下的艺术史理论有两个不可缺少的维度，即科学性原理和思想性原理。艺术史理论的科学性原理主要指向其拟科学属性、知识统一性或社会进化论思想等追求，而艺术史理论的思想性原理则带有创立新史识、以新史识替换旧史识或借助跨学科方法去发现新史识等特定内涵，这使得艺术史中的科学性和思想性都分别不同于自然科学的科学性和其他人文社会科学的思想性，而是具有变异性和不确定性。这意味着艺术史理论中的科学性与思想性之间形成相互交融，即艺术史书写中的可靠性、可信度等确定性追求与艺术品中蕴含的思想、观念、情感等多重不确定内涵之间实现某种相互涵濡。[25]

此外，蒋含韵在《艺术科学的本体之辨》一文中，将中国艺术史作为一种现代性知识装置加以深入考察，指出中国艺术史的现代生成以中国史学革命为契机，诞生于科学革命思潮，艺术史最初被当作科学知识的整体象征。而在语义层面，art 译语的异质性反映了 20 世纪初中国艺术史家借用西方科学知识的概念实现中国艺术史学科本位现代性的意图，也是为了恢复艺术概念在中国古代已然蕴含的科学精神。由此，中国艺术和中华民族共同体同时实现历史化。[26] 而李晶在《跨文化艺术史与人类命运共同体》一文中，对从苏立文到当代中国学者的跨文化艺术史书写加以梳理与解读，指出其间艺术史研究经历了“多元文化主义”“世界艺术史”“全球艺术史”等多个思潮。中国学者结合自身学术传统，探索出多种跨文化艺术研究的可能性路径，也存有诸种待解决的问题。艺术史的跨文化研究标识出人文学科学术的意义并非仅限于阐述理论，也不限于整理物质材料，而是在此基础上达成人类智慧的交错与交流。俞乐琦在《世界艺术史与跨文化艺术史的对象及其有效性问题》一文中，基于大卫·卡里尔《世界艺术史及其对象》考察全球化背景下西方艺术史学界所进行的自我反思，考量“世界艺术史”在理论上和实践中获得实现的可能性，通过引入被卡里尔所忽视的“跨文化艺术史”研究路径，探讨其研究侧重点及作为方法论的有效性，并从中揭露“世界艺术史”所回避的话语权力问题。[27]

综上所述，可以看到北京艺术学学界，对于艺术史学建构中跨门类与跨文化议题的深入研讨与科研实绩，但也应客观地说明，在当下的中国即便是综合艺术史也告阙如，即使是前人全力网罗众才编撰的《中华艺术通史》，也是各门类艺术史的汇合，在编写体系和核心编撰观念上也不甚完备。故而，无论是综合艺术史还是艺术史学理论的建立和发展，仍需学界付出极大地辛劳和努力。

3. 把脉新趋势，聚焦媒介艺术学当代建构

信息技术引发的媒介革新深刻地改变了人类的生存境遇，而媒介变革与艺术生态的多种关系，其实可大致分为三个层面：第一，媒介革新改变了艺术呈现样式，产生了新艺术类型，诸如新媒体艺术、跨媒介艺术、数字艺术等均为代表性艺术形式；第二，媒介革新改变了审美观念和艺术理论，使媒介因素渗透或变革了艺术理论的研究范式；第三，媒介自身也建构起了以自身为主导因素的艺术理论和艺术史，尽管尚缺乏明确的命名，存在着新媒体艺术学、跨媒介艺术学、数字艺术学等多种称呼，但实质上都指向了一个聚焦的中心——媒介艺术学。也即从媒介的视角来审视和建构艺术学研究，而不是相反。在媒介艺术学领域，目前引人关注的研究视角有跨媒介艺术研究、新媒体艺术研究等。

跨媒介艺术研究的方法尽管是跨界的、复合的、比较的，但其着眼点仍在“媒介”，而不单纯是艺术表现。跨媒介艺术研究之所以受到艺术学理论界的重视，其根源仍在建立超越门类艺术的艺术学构想。秦兴华在《艺术媒介研究的理论分歧与类型建构》一文中，对艺术媒介的类型与形态进行了辨析，指出既有对于艺术媒介的界定有工具说、材料说和符号说等不同观点。具体看来，艺术作品的完成往往需要多种媒介的参与，有的媒介主要用于艺术构思与创作环节，有的媒介主要用于艺术传播与接受环节，有的媒介显现于最终的艺术作品中，有的媒介在艺术作品完成之后则隐匿了其存在的痕迹。根据媒介的不同形态及其所承担的具体功能，我们可以将纷繁复杂的艺术媒介概括为材料型媒介、工具型媒介、载体型媒介和符号型媒介等四种基本类型，四种媒介在形式和规则上的不断组合变换推动了艺术的一次次革新。[28]

可以看到随着各种新材料、新技术和新媒体进

入艺术领域，媒介研究逐渐成为艺术理论和艺术批评中的热门话题。而本年度北京艺术学理论学界对于这一当代学术热点的开掘与探索，是丰富而多元的。不仅有如上两位学者深入探讨了艺术媒介类型的宏观构架，也有学者对媒介艺术学的历史流变与典型案例加以考察。其中孙晓霞的《艺术哲学与艺术的知识救赎》一文，清晰勾勒艺术媒介跨学科发展的历史脉络，指出历史中的艺术更多是在与自然科学、哲学等学科的媒介关联中“进化”与独立的：早期艺术以超学科的融媒介形态存在，造就了艺术知识在自然科学、社会科学等领域的弥散化及其价值功能的多元化。文艺复兴时期各专业艺术门类在与科学的媒介博弈中塑造自身的知识主体性。18世纪的美的艺术体系之根基的不稳定性和思想的不彻底性激发出19世纪哲学世界对于艺术媒介统一性的论证与演绎。艺术哲学中的媒介研究，不仅实现了艺术知识自身的救赎，巩固了现代艺术体系的合法性和独立性，也为20世纪精彩纷呈的艺术哲学大厦奠定基石。[29]而贺询在《“拉奥孔”的历程：18世纪德意志古典艺术理念刍论》一文中，深入研究诗画之间的“拉奥孔”这一媒介艺术学的起源事件。指出拉奥孔雕塑在16世纪初重新发掘后，其修复方案和艺术风格引起了广泛争论。各类文献关于拉奥孔雕塑的认知充满矛盾，形成了一个古典话语的场域。从文艺复兴的古物研究出版物，到收藏品类的复制实物，再到18世纪学者笔下的拉奥孔图像，这一迁流过程揭示了不同艺术观念的更替。围绕拉奥孔雕塑的古典文化争论与民族观念分野，体现出温克尔曼“单纯静穆”说在艺术史学意义上的独特价值，即德意志古典主义者试图以古希腊文化为根源，树立民族艺术典范的复杂立场。[30]张颖在《杜博的诗画对观与艺术理论的现代起源》一文中，勾勒文艺复兴之后“诗如画”语义向一律论方向的变迁，以及由此产生的画法上的诗化与诗论中的图画主义。德·皮勒、艾迪生、杜博、凯姆斯伯爵、狄德罗、伯克、莱辛等先后阐发诗画关系。杜博在《对诗与画的批判性反思》中围绕诗画，论及艺术功能论、媒介论、题材论，也涉足艺术的跨媒介潜能，随着狄德罗、莱辛的发扬而形成一条理论脉络。“人工激情”论在本质上是一种模仿论版本，通过论证作为摹本的诗画作品以相似方式造成受众的心理效果而支持着体系观念。它比巴托版模仿论更开放，更方便容纳崇高感的鉴赏理据。在现代艺术理论史上，杜博的承启位置与起源价值应当得到彰显。[31]王次炤、苏哲在《语言的音乐和音乐的语言》中，深入探讨了音乐与文学比较这一媒介艺术学的经典命题。指出音乐的特殊性，导致它作为前语言学符号，引发听众的感觉体验；歌曲作为歌唱艺术的音乐表达，又体现了对语言的音韵学模仿。音乐主要通过音响结构传达情绪、美感和精神力量，当音响结构作为语言的表达时，音乐将融入语言艺术之中，于是就出现了象征主义诗歌的音乐性音韵和现代主义文学的音乐性结构。语言和音乐本属不同本质的表达方式，当它们融为一体的时候却显现出作为传媒体的共同基质：传达人类社会的一切物质行为和精神意蕴。[32]

社会进至现当代，在上述媒介艺术学的经典命题之外，不断涌现的视频艺术、数字艺术、电子游戏艺术、装置艺术、全息投影、追踪投影、3D打印艺术，生物艺术、互动艺术、虚拟现实（VR）、混合现实（MR）、扩展现实（XR）、人工智能（AI）等新媒体艺术现象，也如同汹涌的大潮，不仅是带来新的艺术类型，而且广泛渗透到艺术表现及艺术理论，持续地掀起令人瞩目的热浪。而着眼于媒介的技术属性、表征符号、审美特质的综合研究的新媒体艺术学也应运而生，成为本年北京艺术学理论界的热点话题。

李笑男《科技、现实与当代艺术——面对数码时代的艺术反思与实践》一文，一方面从米歇尔的图像本体论出发探讨新技术支持的图像本质带给艺术的新机遇；另一方面，通过斯蒂格勒的技术反思考察数码技术系统带给人类与艺术的新处境，并在这一基础上思考数码时代当代艺术实践的出路与责任。指出今天数码科技所推动的技术系统正在塑造着人类的生活与人类本身，现代科技的反思对于当代艺术实践具有迫切的必要性。[33]朱锐在《工具、道具、元道具：人工智能艺术的技术本质及其创新能力》一文中，对“人工智能艺术是否能实现真正的艺术创新”这一问题详加思考，通过将技术和艺术放在一起考察，并区分三种技术形态：工具、道具和元道具。指出固然人工智能艺术可以被看成是一种新的艺术生产方式，然而除非它能形成新的生产力、有真正的具身性或者能与人的想象力直接连接，自主的人工智能艺术不可能具有真正的创新能力。[34]向勇在《数字文化产业高质量发展的融合机制：连接、赋能与共生》一文中，认为数字文化产业体现了文化与科技的深度融合，是数字技术在文化生产领域的创新应用，已经成为我国文化产业转型升级和提质增效的新业态。数字文化产业的融合发展依靠社会驱动、文化经营、技术累积、人才资源和政策策略等多重要素。数字文化产业的内容建设要注重历史、时代和国际层面的文化连接。推动数字文化产业的协同治理，应加快构建包括数字产权共创、数字伙伴共商、数字平台共建、数字能量共享等板块的价值共生体系。[35] 刘润坤在《数字媒介何以显现？——NFT 艺术的创作趋势与数字艺术的范式转型》中，指出以艺术品“自毁”为表现形式的 NFT 艺术创作是 NFT 艺术的一种重要类型，也是当代艺术家探索 NFT 艺术的普遍选择。艺术品“自毁”同时生成 NFT，整个过程可看作对数字艺术再现范式的反思：物理世界中的艺术品被销毁，象征数字艺术再现的内容消失；NFT 的生成意味着，数字艺术的媒介现身了。再现是数字艺术发展至今的主要范式，它以虚拟现实再现客观世界、以数字复制再现艺术品、以人工智能模仿艺术家，将整个物理世界当作再现的内容。当数字艺术发展至元宇宙阶段，便成为艺术史上内容最真实、媒介最透明的艺术形式，带给人全方位的感知沉浸。而“自毁”式 NFT 艺术具有反沉浸的审美效果，指向数字艺术的本体反思、范式转型与价值重审。[36] 耿弘明的《AI 时代艺术概念的产生方式及其反思》一文，对思考媒介艺术学的理论范畴本身进行反思，认为从当下 AI 艺术领域新概念主要遵循的两种构词规则中，可以看出新概念产生的两种方式及其社会影响：第一种是“叠加式”概念，它们由计算机技术从业者命名，这些概念在大众媒介中保持着旺盛的生命力；第二种是移植了 20 世纪“法国理论”（French Theory）的“原创式”概念，虽然在学界内部有认知，但多数被实践者和消费者抛弃。与 AI 艺术相关的新概念时有出现，但与之关系最为密切的计算机与艺术领域却没能通过学科间的互动创造有持久生命力的理论体系。这种情况导致了 AI 艺术理论建立过程中，艺术理论界话语权的弥散甚至丧失。[37] 郭春宁、富晓星在《全景共情机制：虚拟现实在空间叙事与文化记忆中的应用》一文中，指出虚拟现实通过特有技术将观者纳入共同书写文化和记忆的过程中，观者与媒介互动，成为沉浸式共情体验的新主体，并在开放的空间中自由“发声”。更进一步，观众在全景中成为参与者和行动者，从对社会议题的观看，转化为介入式的、具有合作意义的社会行动。而近年来，借由关注囚室空间、难民记忆、灾后重建等社会议题，虚拟现实之技术艺术体系成为多元讨论的平台，更凸显了学科交叉的合力及潜能。[38]

4. 开辟新境界，推动中西艺术学理交融会通

将中华文化的可辨识性与世界人民对美好生活的追求结合起来，将中华美学精神与当代审美精神结合起来，创造出属于新时代的艺术理论，正是当代艺术学理论学界同人孜孜探索的核心命题。本年度北京艺术学理论学界带着这一关切，对于立足本来的中国艺术学学脉根基、吸收外来的西方艺术理论启迪，以及面向未来的跨文化艺术学建构这三个方面加以深入探索。

在面向未来的跨文化艺术学建构方面，王一川教授在《跨文化学视阈下的文化间涵》一文对文化涵濡及其多重样态进行深入阐发，并独创性地提出了“文化间涵”这一概念。指出文化间涵是跨文化学诸要素中处在居间或中介位置的中心要素，是指文化现代性进程中主体文化与异文化的间性关系及导致文化变迁的涵濡过程。文化间性是主体文化与异文化接触时在双方接触地带出现的居间的相互跨越或横越的过程，表明主体文化与异文化之间不可能是相互统一的而是存在或大或小的间距。文化涵濡表明文化间是开放的和可变的，但同时又是差异的和独特的。文化间涵是指主体文化与异文化之间在两相接触时出现的相互间隔而又相互涵濡的状况，可从文化间互异而平行、互依而互润、互变而终不同等三个层面去理解。文化间涵往往形成多元展开格局：顺涵律是主体文化在文化间涵中出现的与异文化相顺化的变迁情形；逆涵律是主体文化在文化间涵中出现的与异文化逆向而行的面向自身传统重新认同的变迁情形；互涵律是主体文化在文化间涵中出现的与异文化相互交融的大体平衡的变迁情形；全涵律是主体文化在文化间涵中出现的既参酌异文化但又有新创造的变迁情形。[39] 王文娟在《艺术的民族性与世界性关系的当代理解》一文中指出，艺术的民族性与世界性的关系，关乎当代世界格局里的民族文化身份认同及文化软实力与话语权等现实议题。当代中国的艺术实践应超越“西方中心论”，积极借鉴其他各民族优秀文化资源，同时更要秉承自己的民族精神传统。讲好中国故事，创作既具有中国审美风尚又能反映全人类共同价值的优秀艺术

作品，和世界平等对话，共同襄助人类命运共同体建设，是当代艺术人肩负的重大责任。[40]

在上述两位学者对于跨文化艺术学的普遍学理探索之外，还有学者从跨文化艺术学交流的具体案例入手加以考察。如董丽慧在《思想与形象的变奏》一文中，以中国文人画与20世纪西方艺术理论的3次相遇为切入点，考察本雅明对明清文人书画作为“思想形象”的体认、莱因哈特对宋元文人画“非形式”的经典地位追封，到丹托以明清文人书画佐证艺术作为寻常物“变容”的普适价值，指出3位西方学者借由对中国文人画的观展体验，围绕思想与形象之间的关系展开理论阐释，并通过还原20世纪西方艺术理论、艺术批评和海外中国艺术史研究前沿场域的彼此互动，呈现出史、论、评三者的有机结合。[41]吴键《诗画之分与文类政治——菲诺洛萨、冈仓天心与气韵美学的现代发生》一文，聚焦于传统气韵生动论的现代美学转型，以文类政治视角对其中的起源事件加以深入考察。指出菲诺洛萨虽然借由现代艺术体系中时间艺术与空间艺术的文类之分，抨击中国绘画与诗歌音乐相通的时间属性，在中日美术传统间强分高下，却从反面启发了冈仓天心，使得后者通过对古典“气韵”观念的现代阐释，彰显东方美术的时间艺术特性，以此与西方美术传统争胜。由此理路构造而出“气韵—节奏”论，在彼时近代东亚民族国家转型的历史语境之中，实现了现代艺术系统内部的文类互动与艺术系统外部的政治光谱的巧妙耦合，同时叩响了东西方学人与艺术家心弦，引起广泛而深切的共鸣。[42]

在探索立足本来的中国艺术学理论学脉方面，刘成纪教授《殷商刻辞与中国艺术观念的本源》一文，回到作为中国艺术观念的形成和奠基期的殷商时期，指出这一时期的甲骨刻辞虽然没有将艺术作为讨论对象，但其中出现的“艺”“乐”“舞”“画”“美”“丽”“丑”“品”“鉴”等字，却勾勒出了后世中国艺术形式和艺术批评的框架。刻辞文字按“依类象形”的原则构成，为“以形释义”提供了可能性。其中，“艺”“乐”“舞”“画”的构形方式，暗示了艺术与原始农耕文明的内在关联，“美”“丽”“丑”关乎艺术评价的维度，“品”“鉴”涉及艺术评鉴的方法。通过与殷商青铜器的相互参证则可看到，模仿与变形是殷商艺术的创制原则，象征与暧昧是其主导性的艺术风格，自然认知是其对艺术价值的基本定位。据此，殷商时期虽然尚未形成自觉的艺术观，但却为中国艺术史提供了观念的本源。[43]彭锋教授在《兴与激情》一文中，对“兴”这一源远流长的古典艺术学范畴加以重审，指出其两种解读：一是作为一种修辞手法；二是作为一种存在状态。以杜博斯为代表的激情导向的西方美学，认为艺术可以激发出激情，让生命力活跃起来，从而解除生存的沉闷。中国美学中作为存在状态的“兴”与这种激情美学相似，同样认为诗歌等艺术形式能对人的精神从总体上起到感发、激励、升华的作用，使人摆脱昏庸猥琐的境地，还原到本然的生存状态。这种生存状态，就是一种审美状态，不能用理性和逻辑来解释。无论中西美学，都强调对“兴”和激情的理解无法按照理性和规则，只能诉诸感觉，不能诉诸分析。[44]朱良志教授在《中国艺术的“不作时史”问题》一文中，指出中国艺术在唐宋以来出现一种思想观念：真正的艺术创造，不是追逐时尚潮流，艺术家应是冷静的思考者，而不是追赶热流的弄潮儿。“不作时史”便是在这一过程中凝结的重要观点。“不作时史”，不是否定历史、疏离时代，而带有突出的反思性特征。它要挣脱知识和目的的束缚，发掘人内在生命的力量。其根本理想是去直面鲜活的生命感受，去发现历史现象背后人的生命价值世界。来源于时代，又超越时代，是“不作时史”说的要旨。[45]王一川教授在《现代中国文艺典型范式变迁80年》一文中，对“典型”从认知式范式到认知溯洄式范式的发展脉络加以深入考索，提及毛泽东同志《在延安文艺座谈会上的讲话》问世80年以来，现代中国文艺典型范式变迁经历了三个时段：一是从《讲话》至20世纪70年代末，文艺典型化致力创造在富于特征的个性描写中显现社会本质的认知式典型；二是70年代末至90年代末，在典型反思中出现典型范式多样化拓展，有反思认知式典型、心理现实式典型和感兴意象式典型等路径，这种典型范式多样化中蕴含不确定性；三是新时代以来的文艺典型再构型趋向表现为认知溯洄式典型，即一种继续以个性化描绘去再现现实和发挥认知作用同时又溯洄古典传统并使其产生灵魂导向作用的典型形态。新时代标举认知溯洄式典型，旨在让文艺起到既返回生活源泉即根性源泉，又溯洄中国文化传统即魂性源泉的作用。[46]

在吸收外来的西方艺术学理论启迪方面，王廷信教授在《管窥费德勒对艺术评判的看法》一文中，对德国“艺术科学”中核心人物费德勒艺术评判的学理脉络与理论语境加以考察。在理解和评判艺术时，费德勒反对仅从“美”的角度认识艺术，但是他没有完全排斥美本身，他提倡的是从视觉领域自身的特殊性来看待艺术的认识方法、价值和特征。费德勒重视艺术研究，提倡“艺术科学”或“艺术哲学”的研究，这些研究更多地强调从整体上，而不是单一地从美的角度来理解艺术、理解世界，要把艺术家所创作的艺术作品当作人类的特殊的精神财富来认识，认为艺术作品是理解艺术的核心途径。[47] 冯庆在《德意志浪漫派的隐喻哲学》一文中认为，德意志浪漫派渴望基于文学艺术的隐喻机制，探究一种对绝对者之同一性进行全面把握的哲学方法论，其动机则是探求康德式认识论哲学和斯宾诺莎主义泛神论的“中道”，从而进一步推进审美启蒙。基于对作为起点的特殊自我和作为终点的普遍自我的区分，浪漫派设定了一种无限类比关联中的反思观，并使之获得更为通俗的有机自然的隐喻外观，在开展审美启蒙的同时，也让启蒙的重心发生根本性的转变。[48] 李科林在《再现与创造：海德格尔的艺术主体论》一文中指出，海德格尔在艺术理论和存在论之间构造了互文性论证。海德格尔智性导向理解艺术价值的方式仍然是一种延伸了的再现论，但突破之处在于，他在再现论的思辨结构之上嫁接了艺术创造的实践性主张。艺术作品不仅是理念的感性显现，更是于存在领域对真理的公开设立，是将理念引入共同生活之中的最直接的方式。艺术作品以自身闪烁的感性光芒拯救了现代技术对主体的剥夺和经验的毁灭，以自身所显现的决断重新敞开存在原初的充盈和丰富。正是在艺术作品的闪耀处，既照亮了主体所进入的澄明之地，也显露出其视野的边界。[49] 时胜勋在《走向实践阐释的艺术理论》一文中，对西方当代艺术理论生成的微观态势及其启示加以考察。指出西方当代艺术理论不是一个同质化、单线性的状态，而是由不同思想阵营、知识力量构成的一个对话的、循环的、再生产知识系统，在这一系统中，理论的实践阐释尤为重要。在这方面，辛西娅·弗里兰的新感知理论、特里·巴雷特的综合阐释理论、马克·盖特雷恩的意义解释学理论是较为独特的案例，其共同特点是注重对当代艺术的实践阐释，推进了对当代艺术的理解与传播，具有较突出的社会文化意义。这种微观型的艺术理论与哲学理论、文化理论共同构成了西方当代艺术理论的整体风貌。[50] 常培杰在《介入艺术的三副面孔》一文中指出，作为前卫艺术的激进形态，介入艺术发生伊始就与政治领域关系密切，带有鲜明的马克思主义色彩。恩格斯批判的“倾向文学”，是介入艺术的早期形态。“倾向文学”本身蕴含着主观政治意图与文本客观意义之间的矛盾。卢卡契和萨特试图从主观角度解决上述矛盾：卢卡契主张社会主义文艺要有明确的“党性”原则，萨特则提出了赋予作家更多自由的“介入”观念。与此不同，罗兰·巴特和阿多诺更为注重作品的审美形式蕴含的客观意义及其政治潜能。如果说在20世纪中期，“介入”取代“倾向”是无产阶级革命日趋激化的表征，那么在20世纪90年代兴起的“参与艺术”，则是左翼政治趋于低谷的具体表征。[51] 陈奇佳在《精神的形式与艺术的斗争——朗西埃论模仿》一文中指出朗西埃沿用黑格尔式的精神理论，指出了精神运动的模仿本质，并承继卢卡奇等人的理论，强调文体形式与精神模仿的内在逻辑关系。在此基础上，朗西埃考察了历史语境中关于模仿的艺术体制问题。朗西埃力图重构模仿论，这是他激进政治态度的美学阐释。尽管他的模仿论还未能完全自洽，但其于经典艺术与当代激进先锋艺术的平衡努力，仍有较大的理论启示价值。[52] 李修建撰文对阿尔弗雷德·盖尔的艺术人类学进行简明扼要的梳理，指出英国学者阿尔弗雷德·盖尔是当代西方最具原创性的艺术人类学家，《艺术与能动性》是其代表作。他秉承英国人类学界的传统，反对从美学、符号学和语言学的角度研究艺术。他认为艺术人类学研究的是艺术生产、流通和接受的社会语境。他将艺术看成一套技术体系和行动体系，主张对艺术做传记式研究。他受皮尔斯启发，提出了艺术关系网理论，认为艺术人类学的任务就是描述和解释艺术关系网。盖尔的理论不仅在艺术人类学界产生巨大影响，还深刻影响了艺术史研究，为艺术研究提供了一种新的方法论。[53]

5. 拓展新维度，展现艺术教育时代风貌

艺术教育与美育的实践反思与内在学理，一直都是艺术学理论学科的重点研究领域。本年度在艺术教育的学理探索方面，王一川教授从现代美学和美育体制与中国古典“文心”传统相交融的角度，提出了“文心涵濡”这一独创性美育概念。在《文心涵濡：大学美育新方案》一文中，他指出当前大学美育课程需要制订新的实施方案，其主要任务在于成为大学生人格养成过程中不可或缺的重要途径，其主要目标在于通过感性形象体验而促进大学生美好心灵养成。大学美育的实质在于文心涵濡，文心涵濡是大学生个体心灵对于天地人之纹理特征及其规律的直觉式领悟和持续浸润过程，着力关注大学生在其人格定型阶段对于天地人之纹理特征及其规律的感性直觉素养的涵养和成熟。文心涵濡在大学美育中的展开形态有自然之文心涵濡、人伦之文心涵濡、科学技术之文心涵濡、艺术之文心涵濡，在大学生人格养成中的功能有文心求真、文心润善、文心成趣和文心树信。[54]王德胜教授在《作为美育的艺术、艺术史如何可能？》一文中，探讨了艺术史与美育之间的关系，指出以人为核心、“成人”为目标的美育，对人的“全面发展”能力的关注，超越了对人的一般知识能力要求。艺术虽是一种通向“成人”目标的功能路径，但它并不天然地构成人的美育，艺术史更具有某种间接性。艺术、艺术史与美育发生具体关系的根本，在于能够超越一般知识构造的内化追求，在自身内部形成与美育“成人”目标的有效对接。在实践路径及手段层面体现美育育人的“化人”成效，是艺术、艺术史与美育关系建构的基本落脚点。[55]而李雷《文艺批评参与美育的必要性探究》一文，则探讨了文艺批评与美育之间的关系，他指出从育人的角度讲，艺术批评教育带领受教育者发现、感受与评判艺术之美的过程，亦是引导其接受美育的过程。而且，对于文艺作品价值的阐释与评判，可以促进受教育者的审美人格与道德人格的成熟，助力美育之内在德育功能的实现。更为关键的是，艺术批评教育，不止于培养和提升受教育者的艺术感知力、理解力和鉴赏力，且与美育的“完人”目标高度契合，同样指向情感的和谐与人性的健全。鉴于此，新时代学校美育课程体系建设，有必要将艺术批评教育纳入其中。[56]卢春红《“以美育代宗教”：三条思路论争的源起与旨归》一文回归现代中国美育经典命题，重思蔡元培美育思想的百年历程，之所以引发各种争执，在于伴随着“以美育代宗教说”的提出，“美育如何获得取代宗教的可能性”“美育如何获得取代宗教的必要性”“以何种方式来落实审美教育”三条不同思路的论争既由不同的视角所引发，又在本质上有着内在的相关性。剥离层层纠缠，揭示各自的源起，不仅消弭纷争，而且在三条思路的关联中呈现蔡元培美育思想的深层意旨：通过情感陶冶这一特殊方式，审美教育指向的是人性教化与心灵培育。正是这一点使蔡元培的主张穿过救亡图存的时代语境，在素质教育与通识教育两个层面彰显其当代意义。[57]

在社会美育方面，北京艺术学理论界的相关探讨也异彩纷呈，涵盖了公共美育、乡村美育，并延展至日常生活审美乃至日常生态审美的层面。柏奕旻在《“民艺”美学与乡村美育：日本方案及其命运》一文指出，“十四五”时期，乡村文化振兴的重要性越发突显，乡村美育的思路、方法问题需要获得合致现实境况的回应。深入我国乡村审美文化经验，从中提炼标识性的概念命题，既富有理论意义，还将为引导乡村美育乃至乡村文化建设的整体方向发挥有针对性的作用。现代日本的"民艺"方案作为他山之石，能够为我们思考当前的时代课题提供参照和借鉴。“民艺”美学发源于乡土，立足对资本主义、帝国主义的批判，探索建立反思现代性"艺术"的审美范畴。[58]杨冬江、王兆《“公共—艺术界”视阈中的北京城市公共艺术发展策略探究》一文认为，公共艺术日益成为助推城市文化发展的重要力量，对提升城市的整体艺术气质、满足市民对城市美好生活的向往等方面起着重要的作用。通过将“艺术界”的理论引入公共艺术研究领域，力求为北京城市公共艺术的发展提供一个理论框架，并将其置于“公共—艺术界”的视阈中进行审视与思考，探索适用于北京城市文化建设的公共艺术发展策略。[59]宋炀在《艺术生活化的主题性社会实践》一文中，对波西米亚时尚及知识分子艺术家文化立场的抉择加以历史考察，指出波西米亚时尚是知识分子艺术家通过另类服饰风格及其着装行为等反主流的外在生活方式，将波西米亚文化多层思想内涵付诸“艺术生活化”的主题性社会实践。通过对波西米亚时尚三次浪潮的发展历程进行系统梳理与研究，以揭示时尚现象背后的深层文化动因。三次时尚浪潮既反映出现当代艺术家们对知识分子特有的思想先锋性、哲学思辨性与文化责任感的持守，也说明他们所倡导的亚文化根本上也是资产阶级文化的一个必要组成部分。[60]刘悦笛在《“后人类纪”人类艺术的生态使命：走向一种“日常生态美学”》一文中认为，人类经由这种虚拟互联与生物科技的发展之途，正在走向“后人类生存”状况，这个事实已被昭显出来。危机恰恰便出现在生态上面，因为科技发展很多时候恰恰是“反生态”的，现代科技产生了大量的废弃芯片之类的垃圾，强调人类艺术的生态使命就变得尤为突出。人类艺术要肩负起生态责任，日常美学也要与生态美学融合起来，由此促成“日常生态美学”的拓展。当今时代的艺术在此路向上，将持续地“上下而求索”。[61]

2022 年北京师范大学迎来 120 周年华诞，北京师范大学艺术与传媒学院的专家学者撰文回顾 100 多年来北师大美育历程。其中李宁《北京师范大学美育历程与代表人物（1902—2022 年）》一文，勾勒自清末草创迄今，北京师范大学的美育事业历经初创与探索期（1902—1948 年）、调整与分化期（1949—1977 年）、重建与深化期（1978—2012 年）和守正与创新期（2013—2022 年）四个时期。120 年间，北京师范大学涌现出艺术领域的启功、陈师曾、萧友梅、贺绿汀、洪深、焦菊隐等，以及其他文史领域的陈垣、钟敬文、黄药眠、李长之等为代表的一批有影响的美育人物。文章指出，依托于综合艺术学科建设与深厚人文学科积淀，“美育师大”的文化品牌正日益形成。[62] 吴键《百廿北师大美育思想初探——以启功先生的艺术美育思想为中心》一文指出，北京师范大学有着深厚的美育传统与艺术学脉，这一悠久的学脉传统可以分为三个圈层，分别为居于核心圈层的启功先生的美育思想，居于中坚圈层的焦菊隐、陈师曾、萧友梅等北师大艺术诸贤的美育思想，以及居于底蕴圈层的陈垣、钟敬文、黄药眠等北师大文史名家的美育思想。[63] 其中，居于核心圈层的启功美育思想与实践具有综合性与典型性，真正打通了现代艺术美育的全维度与多层次，呈现出北京师范大学美育的典型风格与气派。蒯卫华、王钇丁、王一水《从〈伟大征程〉看北京师范大学美育实践嬗变》[64]，王韵、王娅姝《新文科背景下影视艺术教育的历史、现状与展望》[65]，陈亦水、刘梦霏《北师大美育历程中的数字美育》[66]，熙方方、刘聪聪《美育的“实用”与“素养”求索》[67]，武萌、周靖川《守正与创新：北京师范大学舞蹈教育路径探析》[68]，涵盖了北师大影视、音乐、舞蹈、美术、设计、书法等学科艺术教育发展历程。此外，北京师范大学艺术学理论学科郭必恒、张璐、李红菊、李宁、吴键等共同推出了“2021 年中国艺术教育年度报告”，报告共 5 篇，涵盖了学前、小学、中学、高校与成人五个艺术教育的不同阶段，全方位地对中国学校艺术教育加以细致梳理与阐释。[69]

四、学科发展问题与趋势

从上述总结和梳理可见，2022 年北京地区的艺术学理论学科在学位授权点发展、人才培养、学术研究、学术共同体建设等方面都取得了丰硕成果，同全国其他省份艺术学理论学科相比，属于博士和硕士学位授权点数量最多、学术人才会聚最集中、学术成果最丰硕的重镇，其中，博士点数量为全国的约三分之一、硕士点数量接近全国的四分之一。但与其他人文学科和社会科学学位授权点相比，艺术学理论学科毕竟是独立发展刚满十年的带有筚路蓝缕特点的新生学科，发展过程中不免存在着许多亟待正视、亟须完善的不足之处。同时，由于《研究生教育学科专业目录（2022 年）》的颁布，学科目录调整带来的艺术学理论发展调整、艺术学“三大体系”的构建以及未来艺术学人才培养的理论与实践分化问题是目前北京地区乃至全国艺术学理论学科发展所必须应对的难题。

（一）艺术学科调整下艺术学理论面临挑战

《研究生教育学科专业目录（2022 年）》对于“艺术学”学科的调整使得艺术学学科门类之下的“1301 艺术学”成为唯一硕果仅存的学术学位，这一一级学科“含音乐、舞蹈、戏剧与影视、戏曲与曲艺、美术与书法、设计等历史、理论和评论研究”。

由此对艺术学理论学科带来的一大挑战，就是如何厘清一般艺术学与特殊艺术学的研究层级。“1301 艺术学理论”是艺术学当中最新的学科，该学科在二级学科阶段（名称为“艺术学”）生存了 14 年（1997—2010），在一级学科阶段（名称为“艺术学理论”）生存了 11 年（2011—2021）。在该学科的建立过程中，诸多学人便致力于将艺术学理论构建为跨门类、普遍性的艺术学研究，而非具体化、特殊性的门类艺术研究，由此夯实艺术学理论学科的合法性。然而新的学科目录施行后，原有的“1301 艺术学理论”调整为“1301 艺术学”之后，不仅涵盖了以往作为一般艺术学 / 普遍艺术学的艺术学理论，同时也涵盖了其他各种门类艺术学，这就导致一般艺术学与特殊艺术学的关系重新成为学科发展的重要难题。艺术学理论学科是一个具有艺术门类覆盖性的宏观性学科，也是建立艺术学三大体系的纲领性学科，但目前的表述忽略了艺术学理论学科的位置，对涵盖众多艺术门类的普遍艺术学研究不利。艺术学理论学科看上去似乎“扩容”，但这种“扩容”却“降低了基础史论研究的地位，模糊了宏观性的基础史论研究与各艺术门类史论研究之间的界限”。[70]

因此，未来艺术学理论学科的发展仍要进一步探讨自身学科定位与学科性质，尤其是要进一步厘清一般艺术学与特殊艺术学的关系。此前，关于艺术学理论研究的内涵与外延，尤其是其研究的层级与分类及整个学科的定位等问题的认识，依然具有较大的模糊性或不确定性。问题集中的焦点之一便在于如何区分与明确艺术学理论学科与同处一级学科的音乐与舞蹈学、戏剧与影视学、美术学和设计学的研究界域，并且厘清这些学科的理论研究差异。新的学科目录调整后，又将这一问题摆上台面，让人不得不正视。正如有论者所言，“明确‘一般艺术学’与‘特殊艺术学’的概念及其关系，这是学科规划与建构的重要前提，如若这一点始终模糊，那么定会导致学科建设的方向偏离正轨。”[71]

同时，艺术学理论学科要进一步探讨明确学科观念与意识，在研究方法、人才培养等方面要进一步形成共识。实际上，艺术学理论学科升格为一级学科以来，伴随着对学科合法性质疑的同时，学科内部主体性的匮乏始终也是一大不容忽视的发展症结。艺术学理论学科中的成员绝大多数是携带其他不同的学科背景加入到这一学科共同体的，既有来自哲学、文艺学、美学等外部学科，也有艺术学内部的美术学、戏剧与影视学、音乐与舞蹈学、设计学等学科。加之艺术学理论学科的综合性较强，这就导致来自原有学科的人士对艺术学理论这一新生学科的学科内涵、学科边界、学科任务、学科层次等都缺乏充分的认识，因而在教学实践和学术研究中仍然固守原有的学科路径。与此同时，各大院校的艺术学理论学科建设往往要服从或适应该院校的主流学科专业。尤其是对于专业性艺术院校来说，艺术学理论学科建设起到的更多是对其艺术专业的一种保障性、服务性功能。

从上文对北京各大院校艺术学理论学科的师资队伍、专业设置、人才培养等方面的梳理不难发现，相比其他综合性高校、师范类高校或研究机构的艺术学理论学科建设，北京电影学院、中央美术学院、中央戏剧学院、北京舞蹈学院、中国戏曲学院等几所专业艺术类院校的艺术学理论学科都带有明显的门类艺术倾向。当然，其他院校的艺术学理论学科同样也或多或少地存在服从该院校发展定位与主流学科定位而忽视艺术学理论学科自身学科性质与学科规律的现象。由此导致的一个现象是，不同院校的艺术学理论学科之间尚且缺乏较为充分自由的对话交流，尚未形成一个有强烈身份认同感、价值认同感的学术共同体。

未来新学科目录正式公布后，艺术学理论学科又将迎来一轮关于学科性质、学科定位等方面的讨论。因此，北京地区艺术学理论学科的下一步发展尤其需要进一步提升学科主体性，在课程设置、人才培养、学术研究等方面进一步强化沟通交流，推动学术共同体凝聚力的提升，以此应对学科发展的新形势。

（二）艺术学“三大体系”构建仍然任重道远

近年来，建构具有中国特色的艺术学学科体系和话语体系已经成了整个学科面对的重要议题。构建中国特色艺术学学科体系，要在课程建设、学术研究、人才队伍建设等方面多方发力。

在课程建设方面，北京各院校艺术学理论学科目前的显著特征在于自主性很强，不同院校往往会根据人才培养目标、院校定位、师资情况等自主设置核心课程，但因此也容易流于自发性或散漫性。个别院校还存在以一套课程体系适应本科生、硕士研究生、博士研究生不同层次人才培养的做法，缺乏层次性。目前，艺术学理论学科的核心课程体系虽已编制，但尚待实施和检验，更有待于逐步调整和完善。未来，北京地区艺术学理论学科要在根据所在院校不同发展定位保持一定自主性的基础上，积极有效地贯彻实施教育部发布的学科核心课程体系，既要满足艺术学理论学科的学科内涵、学科定位等方面的基本要求，也要适应不同院校人才培养层面的特色与需求。

在学术研究方面，原创性、突破性、本土化的研究成果的数量与质量是衡量学科体系建设的重要指标。艺术学理论学科作为一门综合性、理论性学科，尤其需要在艺术理论、艺术史、艺术批评等领域形成一定数量的原创性成果，以此为学科发展奠定厚实的根基。但就目前来看，北京地区乃至全国的艺术学理论学科虽然在学术论文、学术著作的数量上稳步快速发展，但仍然缺乏重量级的富有突破意义的理论成果。从上文梳理的学术研究成果来看，由于学科成员的学术研究旨趣、学术研究精力等方面的限制，跨门类、跨媒介的艺术史研究还较为匮乏。未来，北京地区艺术学理论学科的发展需要在艺术理论、艺术史与艺术批评等核心领域取得有影响力的研究成果，需要进一步到传统艺术理论中寻找可资借鉴与转换的资源，创作出兼具本土问题关怀和全球学术视野的原创性成果。唯其如此，才能有效地推进中国特色的艺术学理论学科体系的构建。

（三）艺术人才培养面对理论与实践的分化

《研究生教育学科专业目录（2022 年）》的颁布体现出国家对高层次艺术人才培养的战略思考——加快加强对专业学位研究生教育的发展，着重培养高素质、应用型、技术技能型艺术人才。不过随着“1301 艺术学”成为艺术学学科门类下硕果仅存的学术学位，未来艺术学人才培养，尤其是学术学位研究生与专业学位研究生的培养可能面临着二元割裂的局面，培养方向、培养路径与培养目标等方面可能进一步分化。

新版目录的“1301 艺术学”设置有集中和提高培养学术型研究生的明确意图。是学科进一步整合的体现，凸显理论研究的特色。但由于“1301 艺术学”成为艺术学门下唯一的理论类学科，其他六个专业学位中曾经的理论研究部分被抽离出来，这就导致专业学位进一步与理论研究脱离。未来的专业学位研究生培养，将进一步走向应用型、实践型与技能型。简言之，新版学科目录或许会导致艺术类研究生培养路径进一步分化与对立：学术学位研究生的理论性进一步被凸显，专业学位研究生的实践性被凸显，从而可能使得二者形成一定的壁垒与鸿沟。

然而，从历史的角度来看，无论是学术学位研究生还是专业学位研究生，学术素养的培育都应当是基石。艺术学的研究大多落脚在具体艺术门类中的实践里，艺术门类研究生的培养大都是基于专业学位培养的基础之上。艺术学并不仅仅只是特殊艺术的集合体，艺术专业的研究生培养的应当是高素质的复合性人才，学术与实践应该是融合并举的关系。艺术学理论并不只是在艺术学中才会涉及的内容，而应当是各艺术门类研究生实践的基础，是落实在本体实践的基础上构建的艺术学知识体系，对艺术研究生的人才培养应当是艺理合一的，以面向国家艺术战略发展需求。因此，如何探索艺术学人才的融合培养路径，培养理论素养与实践技能兼具的复合型人才，将会是艺术学学科未来面临的一大难题。

（艺术学理论课题组供稿）

注：

［1］郭必恒：2022 年中国艺术学理论热点现象述评［J］. 民族艺术研究，2023，36（02）：41–46.

［2］张金尧：2022 艺术学：自信中开辟新境界［J］. 中国文艺评论，2023（03）：54–63+126.

［3］2020 年底前的数据参见王廷信的《时代机遇与艺术学理论学科前景》（《艺术学研》2021 年第 5 期）一文，2020 年审核增列的学位授权点信息参见：http：//www.moe.gov.cn/srcsite/A22/yjss_xwgl/moe_818/202111/t20211112_579351.html。

［4］分别参见：http：//www.moe.gov.cn/srcsite/A08/moe_1034/s4930/202103/t20210303_426853.html、http：//www.moe.gov.cn/srcsite/A08/moe_1034/s4930/202103/t20210301_516076.html。

［5］参见：http：//www.moe.gov.cn/srcsite/A08/moe_1034/s4930/202304/t20230419_1056224.html。

［6］中华人民共和国教育部，《国务院学位委员会办公室负责人就新版研究生教育学科专业目录和目录管理办法答记者问》，教育部官网，http：//www.moe.gov.cn/jyb_xwfb/s271/202209/t20220914_660966.html，2022 年 9 月 14 日。

［7］周星，夏燕靖：廓清与辨析：中国艺术学理论疑难问题再辨析［J］. 艺术百家，2022，38（01）：1–10.

［8］陈池瑜：我国艺术学科研究生教育事业发展的新机遇［J］. 艺术教育，2022（11）：12–15.

［9］彭锋：我国学科设置的制度优势［J］. 创意与设计，2022（04）：9–11.

［10］张金尧：论争 · 启示 · 新维度——写在修订“艺术学门类学科简介”与“培养基本要求”之际［J］. 视听理论与实践，2022（02）：5–10.

［11］彭吉象：关于首先构建新时代中国艺术学理论“三大体系”的几点思考［J］. 艺术评论，2022（01）：7–20.

［12］刘小龙：比较艺术学的研究维度与实践方法［J］. 民族艺术研究，2022，35（05）：35–40.

［13］李心峰：试论文学与现代艺术体系［J］. 艺术学研究，2022（02）：4–12.

［14］祝帅：“不通一艺莫谈艺”，还是“只知其一，一无所知”——从艺术学理论学科发展再探设计

学的基本问题［J］. 艺术工作，2022（04）：6–11.

［15］邓佑玲：关于中国民族艺术学学科定位的思考［J］. 民族艺术研究，2022，35（01）：55–61.

［16］肖璇：从概念出发的学科互文与兼容——从音乐研究角度看民族艺术学的概念和建构［J］. 民族艺术研究，2022，35（01）：69–76.

［17］安丽哲：艺术人类学：中国艺术学的“超学科”路径［J］. 艺术学研究，2022（04）：67–76.

［18］方李莉：语境跨越：艺术人类学研究范式的更新与发展［J］. 艺术学研究，2022（04）：56–66.

［19］赵旭东：权力的时代及其文化的表达——一种政治人类学用之于艺术品创造的分析与解释［J］. 民族艺术，2022（04）：116–131.

［20］闻翔：艺术市场全球化的社会学叙事：表现、机制与后果［J］. 学术月刊，2022，54（08）：118–128.

［21］周正兵：莱昂内尔·罗宾斯文化经济学思想述评［J］. 北京联合大学学报（人文社会科学版），2022，20（01）：82–88.

［22］黄隽，李越欣：艺术品市场的学术研究脉络与发展［J］. 美术研究，2022（03）：119–125.

［23］许欣悦：跨门类艺术史学的共识探讨——2021·艺术史学科发展研讨会述评［J］. 南京艺术学院学报（美术与设计），2022（03）：133–136.

［24］王一川：论艺术史学［J］. 美术大观，2022（05）：32–35.

［25］蒋含韵：艺术科学的本体之辨——论中国艺术史作为一种现代性知识装置［J］. 美育学刊，2022，13（05）：100–105.

［26］李晶：跨文化艺术史与人类命运共同体——从苏立文到中国学者的多路径推进［J］. 美术观察，2022（01）：75–81.

［27］俞乐琦：世界艺术史与跨文化艺术史的对象及其有效性问题——对大卫·卡里尔理论的回应［J］. 美术研究，2022（04）：110–115.

［28］秦兴华：艺术媒介研究的理论分歧与类型建构［J］. 艺术评论，2022（04）：130–144.

［29］孙晓霞：艺术哲学与艺术的知识救赎——关于艺术媒介跨学科发展的历史解读［J］. 文艺争鸣，2022（11）：155–162.

［30］贺询：“拉奥孔”的历程：18世纪德意志古典艺术理念刍论［J］. 文艺研究，2022（11）：123–139.

［31］张颖：杜博的诗画对观与艺术理论的现代起源［J］. 文学评论，2022（04）：41–50.

［32］王次炤，苏哲：语言的音乐和音乐的语言［J］. 中央音乐学院学报，2022（03）：75–91.

［33］李笑男：科技、现实与当代艺术——面对数码时代的艺术反思与实践［J］. 美术观察，2022（04）：17–20.

［34］朱锐：工具、道具、元道具：人工智能艺术的技术本质及其创新能力［J］. 中国文艺评论，2022（05）：50–61.

［35］向勇：数字文化产业高质量发展的融合机制：连接、赋能与共生［J］. 人民论坛·学术前沿，2022（23）：32–39.

［36］刘润坤：数字媒介何以显现？——NFT 艺术的创作趋势与数字艺术的范式转型［J］. 艺术设计研究，2022（05）：73–79.

［37］耿弘明：AI 时代艺术概念的产生方式及其反思［J］. 艺术学研究，2022（02）：83–90.

［38］郭春宁，富晓星：全景共情机制：虚拟现实在空间叙事与文化记忆中的应用［J］. 天津社会科学，2022（02）：122–126.

［39］王一川：跨文化学视阈下的文化间涵［J］. 天津社会科学，2022（05）：110–115.

［40］王文娟：艺术的民族性与世界性关系的当代理解［J］. 文艺理论与批评，2022（06）：187–192.

［41］董丽慧：思想与形象的变奏——中国文人画与 20 世纪西方艺术理论［J］. 美术，2022（09）：80–92.

［42］吴键：诗画之分与文类政治——菲诺洛萨、冈仓天心与气韵美学的现代发生［J］. 南京艺术学院学报（美术与设计），2022（04）：152–158.

［43］刘成纪：殷商刻辞与中国艺术观念的本源［J］. 中国书法，2022（10）：5–21.

［44］彭锋：兴与激情［J］. 中国文学批评，2022（01）：77–84+190–191.

［45］朱良志：中国艺术的“不作时史”问题［J］. 中国高校社会科学，2022（04）：113–125+159–160.

［46］王一川：现代中国文艺典型范式变迁 80 年——从认知式典型到认知溯洄式典型［J］. 中国文艺评论，2022（06）：68–80.

［47］王廷信：管窥费德勒对艺术评判的看法［J］. 艺术管理（中英文），2022（01）：28–31.

［48］冯庆：德意志浪漫派的隐喻哲学［J］. 文艺研究，2022（11）：15–27.

［49］李科林：再现与创造：海德格尔的艺术主体论［J］. 文艺研究，2022（08）：16–26.

［50］时胜勋：走向实践阐释的艺术理论——西方当代艺术理论生成的微观态势及其启示［J］. 学术月刊，2022，54（09）：148–158.

［51］常培杰：介入艺术的三副面孔［J］. 文学评论，2022（05）：14–22.

［52］陈奇佳：精神的形式与艺术的斗争——朗西埃论模仿［J］. 江苏社会科学，2022（03）：174–184+243–244.

［53］李修建：阿尔弗雷德·盖尔的艺术人类学研究［J］. 艺术设计研究，2022（06）：118–122.

［54］王一川：文心涵濡：大学美育新方案［J］. 美育学刊，2022，13（06）：1–10.

［55］王德胜：作为美育的艺术、艺术史如何可能？［J］. 中国文艺评论，2022（12）：4–13.

［56］李雷：文艺批评参与美育的必要性探究［J］. 中国文艺评论，2022（11）：90–99.

［57］卢春红："以美育代宗教"：三条思路论争的源起与旨归［J］. 美育学刊，2022，13(01)：6–16.

［58］柏奕旻："民艺"美学与乡村美育：日本方案及其命运［J］. 美育学刊，2022，13（01）：17–24.

［59］杨冬江，王兆："公共—艺术界"视阈中的北京城市公共艺术发展策略探究［J］. 艺术工作，2022（06）：97–100.

［60］宋炀：艺术生活化的主题性社会实践：波西米亚时尚及知识分子艺术家文化立场的抉择［J］. 南京艺术学院学报（美术与设计），2022（02）：81–88.

［61］刘悦笛："后人类纪"人类艺术的生态使命：走向一种"日常生态美学"［J］. 美术观察，2022（01）：12–13+11.

［62］李宁：北京师范大学美育历程与代表人物（1902—2022 年）［J］. 艺术教育，2022（03）：21–24.

［63］吴键：百廿北师大美育思想初探——以启功先生的艺术美育思想为中心［J］. 艺术教育，2022（03）：25–28.

［64］蒯卫华，王钇丁，王一水：从《伟大征程》看北京师范大学美育实践嬗变——以音乐与舞蹈学科为例［J］. 艺术教育，2022，No.379（03）：29–32.

［65］王韵，王娅姝：新文科背景下影视艺术教育的历史、现状与展望——以北京师范大学为例［J］. 艺术教育，2022，No.379（03）：33–36.

［66］陈亦水，刘梦霏：北师大美育历程中的数字美育——数字媒体专业教育发展与教学改革新模式［J］. 艺术教育，2022，No.379（03）：37–40.

［67］熙方方，刘聪聪：美育的"实用"与"素养"求索——北京师范大学美术与设计专业教育发展历程［J］. 艺术教育，2022，No.379（03）：41–44.

［68］武萌，周靖川：守正与创新：北京师范大学舞蹈教育路径探析［J］. 艺术教育，2022，No.379（03）：45–48.

［69］李红菊，刘绮璇：2021 年中国艺术教育年度报告——学前篇［J］. 艺术教育，2022（10）：36–39；张璐，赵欣欣，宋芳菲：2021 年中国艺术教育年度报告——小学篇［J］. 艺术教育，2022（10）：33–36；吴键，霍妍君：2021 年中国艺术教育年度报告——中学篇［J］. 艺术教育，2022（10）：31–33；郭必恒：2021 年中国艺术教育年度报告——高校篇［J］. 艺术教育，2022（10）：28–30；李宁：2021 年中国艺术教育年度报告——成人篇［J］. 艺术教育，2022（10）：39–42.

［70］王廷信：艺术学科调整中的思考与掘进——2022 年度艺术学理论学科热点研究问题扫描［J］. 艺术评论，2023，No.234（05）：7–22.

［71］夏燕靖：关于新学科专业目录"艺术学"学科的几点解读［J］. 艺术学研究，2022，No.22（06）：4–18.

年度推荐著作和论文

著　作

1. 彭锋：《艺术临界》，文化艺术出版社，2022 年。

2. 郑岩：《铁袈裟：艺术史中的毁灭与重生》，生活·读书·新知三联书店，2022 年。

3. 王一川：《跨文化学的要素》，中国大百科全书出版社，2022 年。

4. 唐宏峰：《透明：中国视觉现代性（1872—1911）》，生活·读书·新知三联书店，2022 年。

5. 安丽哲：《中国艺术人类学述论（1980—2020）》，中国文联出版社，2022 年。

6. 尹吉男：《知识生成的图像史》，生活·读书·新知三联书店，2022 年。

7. 方李莉：《艺术人类学田野中的思考》，中国文联出版社，2022 年。

8. 吴冠平、赵斌：《艺术的旅行：交叉学科视野中的艺术理论》，中国国际广播出版社，2022 年。

9. 陈奇佳：《技术、市场与中国的文艺问题：当代大众文化的观察与反思》，中国戏剧出版社，2022 年。

10. 荣树云、方李莉：《手艺深描：社会转型中杨家埠木版年画的艺术人类学研究》，中国文联出版社，2022 年。

论　文

1. 王一川：《论艺术史学》，《美术大观》，2022 年第 5 期。

2. 彭吉象：《关于首先构建新时代中国艺术学理论“三大体系”的几点思考》，《艺术评论》，2022 年第 1 期。

3. 王德胜：《作为美育的艺术、艺术史如何可能》，《中国文艺评论》，2022 年第 12 期。

4. 彭锋：《关于元宇宙的艺术想象》，《美术观察》，2022 年第 4 期。

5. 李心峰：《试论文学与现代艺术体系》，《艺术学研究》，2022 年第 2 期。

6. 孙晓霞：《艺术哲学与艺术的知识救赎——关于艺术媒介跨学科发展的历史解读》，《文艺争鸣》，2022 年第 11 期。

7. 贺询：《“拉奥孔”的历程：18 世纪德意志古典艺术理念刍论》，《文艺研究》，2022 年第 11 期。

8. 张颖：《杜博的诗画对观与艺术理论的现代起源》，《文学评论》，2022 年第 4 期。

9. 常培杰：《介入艺术的三副面孔》，《文学评论》，2022 年第 5 期。

10. 吴键：《诗画之分与文类政治——菲诺洛萨、冈仓天心与气韵美学的现代发生》，《南京艺术学院学报（美术与设计）》，2022 年第 4 期。

工商管理学

总　论

新一轮科技革命和产业变革加速发展，科研范式和组织模式深刻变革，交叉融合成为科学技术发展潮流，基础研究迎来了难得的历史机遇和前所未有的巨大挑战。工商管理学科主要聚焦以微观组织（包括各行业、各类企事业单位）为研究对象的管理理论、管理新技术与新方法的基础研究和应用研究。

从新中国成立到改革开放四十多年的建设与发展，从构建中国特色社会主义市场经济、落实企业主体地位到建设世界一流企业、服务中国式现代化建设，从引进学习西方管理理论到提供中国解决方案，从依靠生产要素成本驱动到创新驱动和高质量发展，以社会经济运行的微观组织为研究对象的工商管理学科，一直和经济发展、社会进步紧密相连。

2022 年是党的二十大召开之年，是向第二个百年奋斗目标进军和实施“十四五”规划的关键之年。站在新的发展高度和历史起点，北京工商管理学界学术活力依旧。虽然受到新冠肺炎疫情的冲击，但北京工商管理界仍然取得一系列富有特色的高质量研究成果，在若干前沿热点问题研究上取得进展，关注企业现实管理问题的趋势明显。同时，面向“十四五”时期，工商管理学科发展面临着新发展阶段的新要求、新趋势和新机遇。“十四五”时期科技变革和国际环境等复杂因素叠加交互，基于创新驱动的企业、产业乃至经济社会高质量发展都面临着新问题和新挑战，回应时代命题，解答现实关切，工商管理学科责无旁贷。此外，世界工商管理学科研究也在经历深刻转型，除了科技变革引致的研究工具和方法创新，新的企业实践与经典理论及其研究范式之间激烈碰撞，亟待突破通过微观研究累积碎片化理论的学术传统，重构立足微观研究来塑造全局性、系统性的纲领性理论的新学术风格。

2022 年北京地区工商管理学者关注的前沿热点问题体现出较强的时代特征，所关注的话题都是当下或未来将要发生的前沿问题。其中许多议题都与我国未来经济发展及企业战略制定息息相关。

1. 数字经济重塑企业竞争优势。数字经济是以数字技术为基础重新定义经济和社会运作的一种经济形态，数字化、智能化、共享化等是数字经济的主要特征。大数据和人工智能技术的不断发展，越来越多的企业开始注重数据的采集、管理、分析、挖掘和运用。在工商管理学科中，数据分析和商业智能也成为一个热点领域，研究者需要掌握数据分析的技能，以应对企业在大数据时代的挑战。

2. 人工智能的颠覆性作用。人工智能（AI）是通过利用大数据和机器学习技术，让计算机系统模拟人类智能的一种技术。随着科技的快速发展，人工智能在企业中的应用越来越广泛，对企业产生的影响也日益明显。企业可以借助人工智能技术实现生产流程自动化，降低劳动力成本，提高生产效率。人工智能可以挖掘并分析大量的数据，从而帮助企业深入了解客户需求，实现更加定制化的产品和服务。AI 技术使企业能够分析消费者的消费和趋势，并精确地根据需求制定策略，从而提高公司盈利。人工智能技术的广泛应用还会重塑行业结构，改变各领域的就业市场和人才需求。如何评估人工智能对企业的影响成为工商管理学者关心的重要议题。

3.ESG 与企业可持续发展。根据《哈佛商业评论》与贝恩公司的调研，很多企业已经将 ESG 和可持续发展视作公司未来发展的重要战略议题，其重要性不亚于研发创新、数字化转型等热点，中国上市企业的 ESG 报告披露比例也在近年出现了突破性增长。在此背景下，越来越多的学术共同体聚焦“中国式现代化背景下的企业可持续发展”，号召工商管理学者立足新发展阶段、新发展理念和新发展格局，结合中国的工商管理实践，重点关注绿色转型与可持续发展、数字化转型、企业创新等研究前沿，剖析中国工商管理问题，讲好中国工商管理故事。

总体来看，2022 年北京地区工商管理学科发展态势可喜，各二级学科方向成果丰硕，亮点突出，越来越多的研究成果在国际顶级期刊发表，对于向世界介绍中国工商管理的发展有所裨益。不过，如果从更高的标准来看，北京工商管理学科学术发展还有进一步提升的空间。

1. 工商管理学研究应面向学科前沿，实现理论突破创新的引领作用。目前，工商管理学科时空情境发生大变化。以互联网和数字技术等为代表的科技革命广泛渗透于工商领域，经济社会的微观组织形态和运行基础已经发生了根本性改变，新旧情境交互诱发管理问题易变性，新旧要素叠加强化管理问题复杂性，组织边界模糊交融强化管理问题系统性。管理实践变革具有鲜明的时代性、前沿性和全球性，相对于时代赋予的基础理论创新突破的紧迫性，目前相关研究大量涌现，但还处于支离破碎的拼凑阶段，国际研究态势基本也是如此。中国工商管理学科正处于基于理论创新来提升国际话语权的黄金机遇期。工商管理学研究要面向学科前沿、实现理论突破创新的引领作用，引领的不仅是方向，也是研究队伍，更是建立在共识基础上的广泛理论协同探索。

2. 工商管理学应直接回应国家宏观发展和企业发展新需求。工商管理学科要更好地服务创新驱动发展、高质量发展等国家战略需求。以企业为主要代表的微观组织是经济社会发展的微观基础，除了技术创新，数字经济带来了大量新产业、新模式和新业态的不断涌现，新产业、新模式和新业态塑造了中国相对于全球甚至是发达经济体的局部竞争优势，建设世界一流企业不再是口号而是责任，也是历史赋予的使命。世界一流企业是超越传统绩效指标的利益相关者的价值认同，甚至是人类命运共同体的价值认同。这一价值认同不仅来自管理实践创新，更来自基于新兴管理实践的科学理论创新，加强总结归纳中国企业成功实践的理论体系研究，打造中国企业管理学派，讲好中国故事。因此，工商管理学研究不但要适应新的管理实践，更要融合国家战略和产业发展趋势，促进企学共研共同创业，具备引领新兴研究领域特别是关键理论突破领域的潜力。

3. 工商管理学应强化研究范式变革和学科交叉。研究范式变革表面上看是理论和方法上的转变，本质上是探索学科交叉融通来强化学科解释、预测并解决复杂问题的效能。侧重对明确而具体的科学问题展开研究，是工商管理学科保持并强化科学性的前提，但也在一定程度上导致了工商管理学科研究过分碎片化倾向，强化学科基础上的交叉融通是应对这一挑战的关键举措，也是进一步提升并强化工商管理学科研究成果科学性的重要手段。促进研究范式融通，推动工商管理学科研究范式变革刻不容缓。

4. 工商管理学术共同体建设和交流应持续推进。受疫情影响，2022 年度工商管理各学术共同体的交流活动明显减少，国际交流活动几乎中断。更重要的是，尽管工商管理各二级学科拥有多个学术共同体，包括国家一级学会（协会）和研究会，但截至目前尚未有工商管理一级学科的学术共同体，这对推动工商管理学科和学术发展十分不利。建议在国家层面尽快成立工商管理一级学科方面的学会或研究会，通过工商管理学术共同体的共商共建，解决不同地区、不同学校工商管理学科发展不平衡逐步扩大的问题，推动工商管理学科和学术的可持续发展。考虑到北京具有工商管理硕士点和博士点的高校与科研院所较多，有必要尽快建立北京工商管理学术共同体，在期刊创办，特别是英文期刊创办等方面加大力度；研究制定工商管理人才培养标准，特别是博士生的培养标准，以提升工商管理学科研究的国际影响力和工商管理人才的竞争力。

工商管理学

工商管理一级学科的范围主要包括企业经营管理活动、管理职能和管理决策等方面问题。从研究生培养的角度来看，工商管理一级学科目前主要包括如下学科专业方向：会计学、财务管理、企业管理、市场营销、旅游管理等；在研究方面，会计学和财务管理方向的研究趋同性明显，而企业管理领域根据关注组织业务职能的不同，细分为战略与创新管理、人力资源管理等领域。

本报告按照会计学与财务管理、企业管理、市场营销、旅游管理四个学科研究领域对北京地区工商管理学科 2022 年度发展情况进行综述。

一、基本理论问题、研究范式和对象方法

1. 会计学与财务管理

会计学作为一门应用性较强的学科，在国际上一直是经济管理领域关注的重点。传统的会计领域包括财务会计、管理会计、审计等重要业务与实践。近年来，以移动互联网、物联网、云计算、大数据与人工智能为代表的新技术不断发展，推动当今社会步入大数据时代。会计作为记录、计量、分析和报告经济活动的学科，受到全新技术环境和颠覆式创新理念的剧烈冲击。大数据环境下，经济活动的数据来源愈加丰富、数据类型日益复杂、数据量级爆炸增长。危机相生，破而后立。这些潜在的问题给学术界带来了巨大的挑战，也催生了研究机遇。

目前会计研究中，实证方法占据支配地位。陆正飞和何捷（2021）的研究显示，研究方法方面，会计所有博士生均以实证研究作为主要研究方法，其次是案例研究方法，采用分析式研究、实验研究和实地研究方法的博士生较少。随着智能会计等新研究问题的出现，必须借助新方法、建立新范式。会计研究从传统的实证研究逐渐演化为数据、模型、分析相结合的“数据密集型研究”，并开始呈现出跨

学科、跨领域特征。

财务管理是以企业财务管理和决策问题为研究对象，以数理分析为主要研究手段，探讨和研究企业的财务绩效、财务政策、财务战略和财务安全的学科。基本理论问题主要涉及公司财务、公司治理和其他问题。进入 21 世纪财务管理领域研究基本问题呈现多学科交叉和融合研究，学术界对公司财务管理的研究重点开始由从研究企业内部的财务管理转向研究企业内部财务管理与外部金融市场之间的互动关系，例如与制度经济学、信息经济学、社会学和心理学等学科交叉，形成了政策变动与公司财务行为、财务信息与资本市场的关系、行为财务等基本问题。

目前财务管理学科领域学术研究中所用的研究方法与其他经济研究和管理研究中应用的研究方法类似，偏重实证研究，规范研究论文数量占比相对较低。究其原因主要包括：一是目前国外针对上市公司的商业研究数据库建设越发完善；二是档案研究数据更为可靠，财务管理研究论文、专著等成果中使用公开披露的上市公司数据资料，可以被重复，所得出结论更能被学界认可；三是目前国内外实证研究方法发展差距日趋减弱，已经形成了一套较为规范化、标准化的研究程序，国内学者大都在博士生培养阶段经历了系统专业的实证研究方法训练，能够熟练使用统计分析软件，构建实证分析模型和采用有效的识别策略对模型加以估计。

2. 企业管理

企业管理涉及的内容比较广，本报告主要分析战略与创新管理、人力资源管理两个方向。

（1）战略与创新管理

战略管理研究的核心问题是企业如何获取可持续的竞争优势。目前，战略管理研究与金融学和社会学等其他学科的交互性增强，同国际企业和创业的联系更加紧密，所涉及的基本理论包括：一般竞争战略、资源基础观和企业能力理论；企业成长和进化理论；组织学习理论以及制度理论。创新管理的研究是由实践驱动的，涉及的理论包括新制度经济学理论、战略管理理论和创新管理理论三大流派。基于新制度经济学视角的创新管理研究重点强调基于有限理性的共演关系；基于战略管理理论的创新管理研究则强调产业和资源对于企业通过创新获取竞争优势的影响；基于创新管理理论视角的研究则更具有应用性，但也利用了不少分析框架，例如互补性资产理论和吸收能力理论等，也借鉴了战略能力理论。上述三种视角都是随着情境的变化和消亡而动态变化的，它们都涉及对多样性选择的追求与创造，多样性选择所传递和获取的价值，在创造资源的同时能够实现循环投资学习的成功选择的传播。

目前战略与创新管理领域的研究与工商管理学科的研究方法保持了一致步调，理论研究方法包括统计学、运筹学、数学建模和优化技术等梳理分析方法；应用研究方法有案例研究、项目研究、行动研究、模拟研究和实验研究等；也包括心理试验、计算机仿真模拟技术、数据挖掘分析、非线性动力学、小波分析、多元分析技术等。2022 年的管理研究显著提高了数据挖掘（包括文本挖掘）、案例研究、质性分析、定性比较分析等具体研究方法的应用。

（2）人力资源管理

人力资源管理的基本研究问题围绕人力资源管理规划、工作分析、员工招募与选拔、员工培训与开发、绩效管理、薪酬管理以及员工关系管理等。随着数字经济的兴起和数字技术的快速发展，数字化技术在企业中的应用也拓展了人力资源管理基本研究问题的外延，人力资源管理的基本问题也在传统研究问题的基础上增加了员工对数字化技术的反应、员工与数字化技术之间的关系模式、数字技术如何赋能人力资源传统模块等。

人力资源管理学科是以管理学、经济学、社会学、人类学、心理学等多种学科知识为基础的一门综合性科学，具有很强的实践性和应用性。所用的研究方法主要分为三类，分别为案例研究、调查统计和实验研究。其中案例研究是指从实地观察到的某一企业的实际情况中归纳总结一般原理，再运用于指导其他企业的人力资源管理。统计调查的研究方法是通过问卷或访谈方式获得数据资料，运用数理统计分析归纳出其中的质理，再用于指导企业人力资源管理实践。实验研究就是在现场或实验室的严格控制条件下，有目的地引发某种行为，通过比较实验组和控制组的行为差异寻求导致各种行为的影响因素，得到一般性的原理结论，以指导企业人力资源管理实践。

3. 市场营销

市场营销学科的理论研究问题均是围绕怎样把价值通过创造与沟通的方式最大化地传递给顾客，

实现顾客、组织及利益相关体均能受益的过程。当前，以互联网等信息技术为代表的科技进步和以全球化为特征的经济发展正深刻地改变着企业的营销环境，尤其是消费者和市场营销者相互联系的方式，使消费者与公司的关系呈现许多新的特点。为此，营销学者们除了运用传统的营销方法外，还要利用互联网、智能手机、VR 等技术优势，以及社交媒体等工具来随时随地的与顾客进行对话。

市场营销学科有三个主流的研究范式，包括营销模型、消费者行为和营销战略。用到的研究方法包括定性和定量研究方法。所涉及的参与者有多个维度，包括最终消费的消费者、供应商、公司、竞争者、促销人员等，这些对象形成了一个较为完成的系统。

4. 旅游管理

旅游管理是以旅游活动发生和发展的一般规律为研究对象，探讨旅游活动及其引发的相关问题的一门学科，主要围绕旅游主体、旅游客体、媒介体（旅游业）、旅游影响等研究对象展开。近年来，旅游管理学科还高度关注旅游发展的可持续性问题和大数据环境下智慧文旅的相关问题。

旅游学科具有多学科的属性，相关研究从基础理论、跨学科交叉研究、案例实证与方法论等三方面体现出了独特的研究视角与系统化的研究方法。研究方法方面也相应呈现出交叉性和综合性的特点，地理学、社会学、管理学、统计学等多学科的方法被广泛使用，尤其是地理学的研究方法在旅游研究中被广泛采用（如 GIS 空间分析）。

二、重点学术成果

1. 会计学与财务管理

（1）期刊

2022 年北京高校会计学者在 UTD 24 期刊国际顶级期刊发表论文 7 篇，*The Accounting Review*（5 篇）、*Management Science*（1 篇）、*Journal of Financial Economics*（1 篇）；话题分别涉及内控审计、审计知识转移、信息获取成本、公平竞争、并购、慈善捐赠、客户集中度；主要涉及北京大学（3 篇）、中央财经大学（2 篇）、中国人民大学（1 篇）、对外经济贸易大学（1 篇）。这 7 篇文章中以中国背景为研究话题的有 4 篇，分别是中央财经大学吴溪教授团队发表在 *The Accounting Review* 的《Mandatory Internal Control Audits，Audit Adjustments，and Financial Reporting Quality：Evidence from China》，中央财经大学肖土盛教授团队发表在 *The Accounting Review* 的《Industry-Specific Knowledge Transfer in Audit Firms：Evidence from Audit Firm Mergers in China》，中国人民大学徐图教授团队发表在 *The Accounting Review* 的《Enhancing Auditors' Reliance on Data Analytics under Inspection Risk Using Fixed and Growth Mindsets》，对外经济贸易大学陈德球教授团队发表在 *Journal of Financial Economics* 的《On the fast track：Information acquisition costs and information production》。预示着中国故事走上世界学术舞台，越来越多的中国话题被学术界所认可。

2022 年北京高校会计学者在《经济研究》《管理世界》《中国社会科学》三本国内顶级经济学和管理学期刊发表论文 10 篇。其中，《经济研究》1 篇、《管理世界》8 篇、《中国社会科学》1 篇。话题分别涉及数字经济及数字化转型（4 篇）、国企改革（1 篇）、分析师报告（1 篇）、审计监督（1 篇）、资本市场监管（1 篇）、战略联盟（1 篇）、成本弹性（1 篇）；主要涉及清华大学（1 篇）、中国人民大学（3 篇）、对外经济贸易大学（6 篇）、中央财经大学（1 篇）、北京邮电大学（1 篇）。

（2）课题

国家自然科学基金项目方面，2022 年北京高校会计与财务方向共获批 36 项。其中面上项目 19 项、青年项目 17 项。面上项目中，中央财经大学 11 项，中国人民大学 2 项，中国政法大学 2 项，北京交通大学 2 项，北京工商大学 2 项；青年项目中，中央财经大学 4 项，中国人民大学 3 项，中国政法大学 3 项，北京工商大学 2 项，清华大学 1 项，北京科技大学 1 项，北京外国语大学 1 项，北京物资学院 1 项，首都经济贸易大学 1 项。内容涉及信息披露、企业社会责任、人力资本等。

国家社会基金项目方面，2022 年北京高校会计与财务方向共获批 11 项，其中重大项目 3 项、重点项目 1 项、一般项目 4 项、青年项目 1 项、后期资助项目 2 项。重大项目中，中国人民大学 1 项、北京邮电大学 1 项、北京工商大学 1 项，内容涉及金融风险防范、数字化、国资国企方向。重点项目中，北京交通大学 1 项，内容为企业创新。一般项目中，北京理工大学、北京工商大学、北京联合大学、中国石油大学各 1 项，涉及 ESG、股东资源、数字经济等热点话题。青年项目中，中国政法大学 1 项，内容为 ESG。后期资助项目中，北京工商大学、北京物资学院各 1 项，内容涉及会计史、独立董事制度。

2. 企业管理

2.1 战略与创新管理

（1）期刊

2022 年北京高校工商管理学科战略与创新研究领域中 UTD24 学术期刊发表论文 9 篇。主要涉及 *Academy of Management Journal*（1 篇）、*Organization Science*（1 篇）、*Production and Operations Management*（3 篇）、*Journal of Operations Management*（1 篇）、*Strategic Management Journal*（1 篇）、*Journal of International Business Studies*（1 篇）、*MIS Quarterly*（1 篇）；北京大学（2 篇），清华大学（2 篇，其中参与合著 1 篇），对外经济贸易大学（3 篇，其中参与合著 1 篇），中国人民大学（3 篇，其中参与合著 1 篇），北京理工大学（1 篇），北京工商大学（1 篇）。内容主要涉及供应链协同创新、企业战略更新、企业数字化平台建设等。

2022 年北京高校工商管理学科战略与创新研究领域中国内顶级期刊发表论文情况如下：9 篇发表在《管理世界》期刊，1 篇发表在《经济研究》期刊，无学者在《中国社会科学》发表文章。发表期刊论文最多的高校依次为中国人民大学（4 篇，其中参与合著 2 篇）、对外经济贸易大学（3 篇，其中参与合著 1 篇）、清华大学（2 篇）、北京航空航天大学（1 篇）、北京师范大学（1 篇）、中央财经大学（1 篇）。内容主要涉及企业数字化转型、战略联盟、企业组织身份变革等。

（2）课题

国家自然科学基金项目方面，2022 年北京高校本学科共获批 27 项。其中一般项目 12 项，青年项目 15 项。一般项目中，中国人民大学 4 项，北京师范大学 1 项，北京科技大学 1 项，中国政法大学 1 项，对外经济贸易大学 1 项，中央财经大学 4 项。青年项目中，清华大学 1 项，中国人民大学 4 项，北京工业大学获批 1 项，北京工商大学获批 1 项，北京科技大学 1 项，中国政法大学 1 项，对外经济贸易大学 4 项，中央财经大学 1 项，首都经济贸易大学 1 项。内容涉及企业突破式创新、企业社会责任、企业创新绩效等方向。

国家社会科学基金项目方面，2022 北京高校本学科共获批 10 项，其中重大项目 1 项，一般项目 8 项，青年项目 1 项。重大项目中，北京邮电大学获批 1 项，方向为数字化助推中小企业高质量发展。一般项目中，北京工商大学获批 1 项，北京理工大学 1 项，北京联合大学 2 项，北京信息科技大学 1 项，北京物资学院获批 1 项，北京交通大学 1 项，中国政法大学 1 项。国家社科基金的分布情况，共包含人力资源管理、数字平台价值共创、数字化转型等研究方向。青年项目中，首都经济贸易大学获批 1 项，内容涉及领先用户与企业协同创新方向。

2.2 人力资源管理

（1）期刊

2022 年北京高校企业管理学科的人力资源管理方向中 UTD24 学术期刊发表论文 2 篇，单位包含北京航空航天大学、北京大学和中国科学院大学。

（2）课题

2022 年度人力资源管理方向的学者主持国家自然科学基金项目共计 20 项，其中包含面上项目 9 项、青年项目 11 项。国家社会科学基金一般项目 2 项，其中包括一般项目 1 项、青年项目 1 项。

3. 市场营销

（1）期刊

2022 年度北京高校市场营销学科取得的顶级中外文期刊学术成果共计 17 项，其中中文期刊顶级成果 6 项，UTD24 期刊成果 11 项。其中，中文期刊顶级的发表主要集中在《管理世界》和《中国管理科学》上，其中《管理世界》2 篇，作者所在的单位分别为中国人民大学（1 篇）和中央财经大学（1 篇）（1 篇）这两所学校，研究问题主要集中在数字营销领域。其中教授成果 1 篇，副教授成果 1 篇。而 UTD24 期刊的发表主要集中在 *Journal of Consumer Research*、*Journal of Marketing*、*Journal of Marketing Research*、*Management Science*、*Information Systems Research* 和 *MIS Quarterly* 六本期刊上，涉及的高校有北京大学（2 篇）、中国人民大学（5 篇）和清华大学（4 篇），研究问题主要集中在营销模型和消费者行为领域。青年学者在英文期刊顶级成果显著。

（2）课题

2022 年度市场营销学科学者主持国家自然科学基金项目、国家社会科学基金项目，北京市自然科学、社科基金项目共计 22 项。其中国家自然科学基金项目 13 项，包含面上项目 8 项，主要以副教授和教授为主持人；青年项目 5 项，主要为青年教授作为主持人。高校方面主要分布于北京大学（1 项）、中国人民大学（2 项）、北京理工大学（1 项）、北京第二外国语学院（1项）、中央民族大学（1项）、中国石油大学（1项）、对外经济贸易大学（2项）、中央财经大学（1项）、首都经济贸易大学（2项）和北京航空航天大学（1项）。

国家社会科学基金一般项目2项，其中北京联合大学1项，北京化工大学1项。

北京市自科项目2项，面上项目2项。

北京市社科项目5项，其中重点项目1项，依托单位为中国人民大学，一般项目2项，依托单位分别为北京外国语大学和北方工业大学，青年项目2项，依托单位分别为北京第二外国语学院和北京师范大学。

（3）专著

2022年度市场营销学科共出版专著24本，涉及在京11所高校，其中北京大学2本，中国人民大学7本，北京交通大学1本，北京第二外国语学院3本，中央民族大学1本，对外经济贸易大学2本，中央财经大学2本，首都经济贸易大学2本，北京工商大学1本，北京师范大学3本，北京航空航天大学1本。

4. 旅游管理

（1）期刊

2022年北京高校旅游管理学科方向学者在UTD24期刊和三本国内顶级期刊中发表论文，在旅游管理学科中外文知名权威期刊发表学术成果共统计为149项。文献统计方法为：中文文章在知网文献分类中选择“经济与管理科学”中的“旅游”，年份2022，同时以作者单位（北京高校）及期刊类别（SCI/EI/SSCI/CSCD）进行文章检索；英文文章在web of science中以年份2022、关键词“tourist”“tourism”及地址“Beijing”进行检索和筛选，最终得到Q1区的旅游相关文章。涉及期刊75种，其中外文期刊25种，中文期刊50种。2022年发表论文数量4篇以上的高校为中国社会科学院大学（15），北京大学（5），北京第二外国语学院（14），北京联合大学（24），北京林业大学（7），北京交通大学（5），中央民族大学（8），首都经济贸易大学（5）。

外文期刊中发表数量最多的为*Tourism Management*（IF=12.879）5篇，其次为发表在*Journal of Hospitality and Tourism Management*（IF=7.629）3篇；此外，在期刊*Annals of Tourism Research*（IF=12.853）发表1篇；*Tourism Review*（IF=7.689）发表2篇；*Journal of Travel Research*（IF=8.933）发表2篇；*Journal of Travel & Tourism Marketing*（IF=8.178）发表2篇。内容主要涉及游客行为与体验（7），旅游目的地与吸引物特征（4）等；发表单位主要院校包括中国科学院大学（3），北京外国语大学（2）等。

中文代表期刊《旅游学刊》发表论文25篇，《社会科学家》发表5篇，《地理科学进展》发表3篇，《经济地理》发表3篇，《自然资源学报》发表2篇等。主要内容涉及数字经济与数字旅游（5），文化遗产地旅游发展（6），旅游行业和学科发展探讨（6），乡村旅游与乡村振兴（3）等；主要发表单位涉及北京联合大学（12），中国社会科学院大学（5），北京第二外国语学院（4）等。

（2）课题

2022年获批的旅游管理学科相关国家自然科学基金项目、国家社科基金项目共计12项。获得资助的国家自然科学基金项目共计7项，资助额度共计283万元。其中面上项目4项，主题包括旅游需求预测（1项）、城市旅游（2项）、废弃矿区旅游开发（1项），获资助单位分别为中国科学院大学（2项），北京联合大学（1项），北京大学（1）项。国家自然科学基金青年科学基金项目共计3项，主题包括旅游业碳效应（2项）及草原生态旅游（1项），获得资助的单位为中国科学院大学（2项）和北京工商大学（1项）。

获得资助的国家社会科学基金项目共计5项，其中一般项目3项，研究主题分别为民族地区旅游（中央民族大学）、文旅融合发展（中国旅游研究院）、入境旅游韧性（北京联合大学）等；获资助的青年项目2项，主题分别为体育非物质文化遗产资源开发（北京体育大学）和数字经济时代旅游消费者行为（北京第二外国语大学）。

（3）专著

从国图文津搜索、各设有旅游专业的学院网站统计得到2022年旅游学科专业教师出版专著43本。涉及北京高校及单位共计12家，其中，北京第二外国语大学参与或主编13部，北京联合大学参与或主编7部，中国旅游研究院参与或主编6部，北京师范大学参与或主编4部。相关出版社共计17家，包括中国旅游出版社（14部）、旅游教育出版社（9部）等。出版包括旅游市场、乡村旅游、区域旅游等主题发展报告13部，国家文化公园管理、红色旅游经典开发模式等典型案例（区）分析研究6部等。

三、代表性学者和文献核心观点

代表性学者和文献核心观点主要包括工商管理领域国家高层次人才在权威刊物上发表的核心观点，以及国家青年高层次人才在 UTD 24 期刊、《中国社会科学》《经济研究》《管理世界》上发表的核心观点。

1. 会计学与财务管理

（1）戴德明（中国人民大学），领域：会计理论、财务会计、审计理论

主要观点：公司财务舞弊大案要案频出，对注册会计师行业普遍面临信任危机进行交叉学科的历史溯源发现，美国《1933 年证券法》推行的“强制性注册会计师审计制度”是重要成因。建议修改强制性注册会计师审计制度，建立政府监管机构和单位内部监督机构自愿委托的注册会计师协助机制，实施增强监督合力的国家审计制度。基于统一社会信用代码，合理划分政府监管机构的监督权限，建立统一的财会监督信息平台，定能更好地实行全面审计、持续审计和跟踪审计。

（2）伊志宏（中国人民大学），领域：证券分析师与资本市场、公司财务、公司治理

主要观点：通过对分析师报告的“逻辑性”特征及其成因、后果等问题进行探索性研究，发现逻辑不一致的分析师报告在我国资本市场上较为常见；分析师策略性地处置和隐藏被跟踪公司的负面信息是导致研究报告逻辑不一致性的主要原因。分析师之所以隐藏公司负面信息，是为了给存在佣金分仓关联的基金客户提供调整投资组合的窗口期，减轻股价下跌给基金客户造成的损失。此外，逻辑不一致性降低了投资者对报告中信息的反应程度，加剧了公司未来的股价崩盘风险。

（3）张新民（对外经济贸易大学），领域：企业财务质量分析、企业价值评估、资本结构与公司治理

主要观点：从企业行为角度追溯和解构资产负债表的起源与演进，根据数字经济时代的企业行为特征重构资产负债表，建立了基于企业行为变迁的资产负债表演进框架，提出了适用于数字经济背景的资产负债表研究理论。研究认为：首先，关键生产要素撬动了社会生产和企业行为的变迁，进而推动资产负债表的演进。这是资产负债表研究的出发点和应当回归的本源。其次，数字经济时代企业行为的新变化可以用“连接红利”的商业模式导向和“价值共创型”的企业战略表现来阐述，重构后的资产负债表关系为“资产 = 资本”，结构为“开放的复式结构 + 向两个市场的延伸”，功能分为服务于“资本保值、追求共享价值最大化的增值与分配”的基础功能和服务于企业“管理、治理、共创决策”的衍生功能，特征为“动态呈现的，解构 / 具体 / 灵活性的报表”。最后，基于企业行为研究资产负债表，通过回答“企业创造什么价值”（目的）、“企业怎么创造价值”（行为）和“企业创造价值的能力如何”（能力）3 个层面的问题来辨识企业的商业模式、企业战略、管理效率和治理协调等，进而评估企业价值。

（4）谢德仁（清华大学），领域：会计信息、股票市场与行为金融的交叉研究

主要观点：通过将扣除非经常性损益后的净利润与报表净利润进行比较研究，发现扣非后净利润比报表净利润更能反映上市公司的盈利能力。投资者在使用财务指标时表现出显著的弃优用劣非理性倾向：关注报表净利润而不是质量更高的扣非后净利润。在盈余公告日，股票价格伴随报表净利润而不是扣非后净利润的变动而变动，投资者也主要根据报表净利润而非扣非后净利润交易股票。投资者容易在报表净利润与扣非后净利润的相异程度较大时对上市公司的未来盈利能力产生错误预期，利用投资者弃优用劣的行为偏误设计交易策略，可以获得 1% 左右的月度超额收益。

（5）吴溪（中央财经大学），领域：注册会计师审计执业行为与质量，会计师事务所内部治理与管理，会计与审计的公共政策、监管及后果，会计选择行为，财务舞弊检测

主要观点：通过考察审计调整是否是强制性内部控制审计影响财务报告质量的一种机制，发现在引入强制性内部控制审计后，审计调整会显著减少，这导致被审计过的财务报表存在的重大错报显著增加。相反地，如果在引入强制性内部控制审计后，被审计公司的审计调整没有减少，被审计过的财务报表存在的重大错报就会显著减少。上述两种效应相互抵消，解释了总体财务报告质量在引入强制性内部控制审计后没有提升的原因。

（6）陈德球（对外经济贸易大学），领域：公司治理、公司金融、创业投资、会计、审计与资本市场

主要观点：以数字经济推动公司治理观念与公司治理模式创新的需求为导向，立足数字经济时代不断涌现的公司治理创新实践，在系统梳理经典研究脉络的基础上，结合数字经济时代公司治理边界

突破的逻辑与路径，遵循“技术赋能—数据驱动—治理重构”的逻辑思路，提炼归纳新经济下的研究范式和研究框架：从股东中心向企业家中心转变，聚焦掌握企业核心技术和关键资源的创始人及业务团队，高度重视人力资本及技术资本的长效价值。

（7）祝继高（对外经济贸易大学），领域：公司财务、会计信息与资本市场、“一带一路”倡议与企业投融资、企业社会责任

主要观点：通过分析企业标准化建设对成本弹性的影响，发现企业标准化建设显著提升了成本弹性，且这一关系在产品多元化程度更高、产权性质为国有以及位于契约环境较差地区的企业中更为显著。企业标准化建设主要通过促进生产外包、优化资源配置效率和降低供应链集中度三个渠道提高成本弹性。此外，企业标准化建设还可以降低成本粘性。企业标准化建设所推动形成的弹性成本结构可以显著提高产品的获利能力，且这一效应主要在经济收缩期显著。

2. 企业管理

2.1 战略与创新管理

（1）陈国权（清华大学），领域：组织行为学

主要观点：提出员工的探索能力可通过员工开发来提升任务绩效。基于战略适配的角度，研究了员工探索—开发—任务绩效关系在不同组织竞争导向水平下的变化。通过对中国三家IT公司的问卷样本数据的研究，发现员工的探索和开发都对任务绩效有积极影响，而员工开发作为一种有效机制，部分解释了员工探索与任务绩效之间的关系。此外，当竞争导向水平较低时，员工探索—开发—任务绩效之间的路径关系更为强烈。

（2）毛基业（中国人民大学），领域：技术管理、数字化转型

主要观点：通过定性案例的深入探讨，围绕组织内外部环境和组织行为的动态性，提出了传统企业在缺少预设目标和整体规划的情况下转型为生态系统的过程模型。发现在缺少预设转型目标的情况下，传统科层制企业可以在应对环境变化的过程中，经过“试点、推广、整合”3个阶段，先调整组织结构和管理模式，再丰富业务类型，逐渐转型成企业级生态系统。区分和整合是促进生态系统形成的关键机制，前者通过鼓励内部单元的自组织行为激发创新和转型探索，而后者通过促进内部单元间的资源和信息交换、并降低彼此之间的冗余，促进生态系统中的协同效应。

（3）徐心（清华大学），领域：信息技术（IT）商业价值与IT治理、数字化转型、商务计算与分析

主要观点：首先，IT管理者应该采用投资组合配置的视角来管理企业系统实施。这就需要将重点从整体的生态系统实施级别转移到生态系统的模块化视角，这对应于不同的价值链活动及其相关的信息处理需求。其次，IT管理制度应该评估企业系统投资组合配置决策和财务过程背景下的信息处理需求之间的联系，建议负责为企业系统实施提供战略方向的高级IT管理者将信息风险纳入他们对如何配置企业系统组合和相应地分配IT预算的评估中。最后，要在公司治理过程中建立“共享和解决”的惯例，以协调信息风险和内部控制问题的解决。

（4）王辉（北京大学），领域：中国组织环境下领导行为、人力资源管理

主要观点：以创造为目标的活动的过程和结果都与不确定性有关。这种不确定性可能不仅会吓到个别员工，还会阻止他们为新想法而共同努力。研究发现，领导者谦逊可以通过提升团队的创造力效能来提高团队的创造力。因此，在需要提升员工集体创造力信心的团队中，最好任命谦逊的领导者。然而，谦卑并不是在与创造力相关的任务上获得集体信心的灵丹妙药。在任务相互依赖程度较低的团队中，任命一个谦逊的领导者会更有成效，领导者的谦逊能更有效地提高团队的创造力。此外，管理层可以重新设计任务结构，使团队成员的工作相互依赖程度降低，以最大限度地发挥谦逊的领导者对团队创造力的积极影响。一个谦逊的领导者可以通过将一个集体任务分解为单个任务来最大化团队的创造力效率和与创造力相关的工作成果。

（5）刘军（中国人民大学），领域：领导力、雇佣关系、人力资源管理

主要观点：组织应该鼓励领导对员工的贡献表达感激，进而降低员工的离职意愿。离职可能对企业造成重大损失（如增加培训成本、重新招聘成本等），因此降低组织的离职率是组织管理实践者十分关注的一个问题。领导感激表达可能仅耗费一句话或者一封邮件的成本就能降低员工离职率，对于组织和领导来说不仅节省了时间成本和精力，同时还节省了发放奖金等物质激励可能产生的成本。可以说，领导感激表达对员工离职意愿的抑制作用起到了“四两拨千斤”的效果。因此，组织应尽可能鼓

励领导向员工真诚表达感激，同时在提拔管理者时也应关注管理者的感恩特质。其次，组织应当关注员工基于组织的自尊和情感承诺，从工作设计、积极反馈和奖励等多个维度提升员工基于组织的自尊和情感承诺。最后，中国文化情境中的员工普遍持有较高的权力距离导向，但高水平的权力距离导向会削弱领导感激表达的作用和效果。因此，组织应当致力于营造平等的组织文化和组织氛围，通过组织培训教育员工平等地看待个人与领导之间的关系，降低员工的权力距离导向，帮助员工自由、开放、真诚地与领导进行沟通，强化领导感激表达对员工离职意愿的积极作用。

（6）路江涌（北京大学），领域：战略管理、创新创业管理、国际商务

主要观点：基于中国情境，提出中国上市公司倾向于选择一个与该市最高领导人（市长或党委书记）有联系的城市。然而，仅仅依靠城市中存在的政治关系对吸引公司并不具备普遍性。上市公司选择互联城市的倾向还与当地的失业率有关，其选择倾向会随着当地失业率的增加而下降。如果城市失业率非常高，则不会吸引到上市公司。当有关系的政治家担任主要负责解决失业问题的政治职位时，这种影响尤其强烈。这是因为中国的地方政治家会向有联系的公司施压，要求他们吸收多余的劳动力。据此，由于预期利用其政治关系的成本更高，企业对进入一个也受到这种经济条件影响的互联城市更加谨慎。

（7）陈煜波（清华大学），领域：数字经济与中国经济数字化转型、大数据与全球互联时代的商业创新、气候变化与可持续发展战略

主要观点：数字技术给全球经济和社会发展带来深远的影响，数字领域的技术创新正在推动各行各业的深刻变革，不仅重塑产品和要素市场，也对传统商业和工作模式带来巨大改变。随着数字领域技术创新步伐的加快，经济社会各领域对数字人才的需求急剧增长，针对人才和技能的培养不再局限于高技能人才，而是扩展到所有公民。2020 年以来，新冠肺炎疫情的全球流行让人们进一步意识到数字革命对经济发展的重要性，以及数字技能对疫情下维持经济和社会活动的重要支撑作用。疫情应对中，仅仅缩小基础设施方面的数字鸿沟是不够的，必须同时充分发挥人的数字技能，才能更好地发挥数字社会的优势。

（8）王兆华（北京理工大学），领域：能源资源与环境管理、大数据驱动的管理决策、创新与可持续发展政策建模

主要观点：我国现阶段电商平台整体节能信息曝光度不高，我国节能信息曝光度对节能家电销量的边际效应呈现单调上升趋势，仍需要加大节能信息的宣传曝光力度，让更多的消费者知晓产品的节能信息并参与到节能信息的宣传建设中来。同时，电子商务平台可以为节能产品设立“节能体验”专属评论板块，此板块能够与其余消费体验分离开来，更加关注了消费者对产品的节能体验。最后，要实现节能信息曝光的差异化，对处于节能信息低曝光度的产品，可以调整节能信息在页面中的曝光位置，如将节能关键词放置在产品名称中，或者优先曝光节能信息曝光度权重较大的评价指标，如将没有增值服务的产品纳入到节能补贴中来，通过增加节能信息的曝光来引导消费者产生绿色购买行为；对处于高曝光度的产品，可以通过改变节能信息曝光方式，将资源转移到其他影响因素上，如通过节能信息曝光的技术创新形成销量提升的驱动力和增长点。

（9）林志杰（清华大学），领域：共享经济、电子商务、数字经济、信息系统经济学、社交媒体

主要观点：数字经济发展与共同富裕实现有着密切关联。数字经济基于数字技术并由数据驱动，是互联网时代商业模式的创新。数字经济要发展，还需要加大对农村地区的投入。促进共同富裕，最艰巨最繁重的任务仍然在农村。乡村振兴，需要加快乡村数字基础设施建设、推动农业生产数字化转型、建立完善农村电商物流体系，发展智慧农业、智慧乡村旅游等乡村数字经济新业态。同时，数字化平台已经全面深入地影响和改变着我们的生产和生活。免费产品抽样是传统市场的有效促销方式，抽样规模对未来的销售有积极而显著的影响。提高抽样阈值会导致平均销售额和所涉及的电子零售商数量减少；抽样规模是电子零售商（即卖家）展示其产品质量的另一个有效信号。

（10）谢绚丽（北京大学），领域：互联网转型、企业创新创业、海外发展、公司治理

主要观点：数字政务主要是公共部门使用信息技术改善服务，鼓励公民参与决策的过程。中国数字政务服务的体验指数包括服务丰富度、创新便利度、用户满意度、功能易用度、安全保障度。我国的数字政务服务建设速度非常快，服务丰富度和功

能度的表现也很好，在用户满意度、安全度以及创新便利程度方面有待进一步提高。在创业中，平等可能对创业产生积极影响。因为它会引发社会比较，从而激励个人成为企业家。此外，这种影响对处于中等经济地位群体的人比对处于顶层或底层群体的人更强，因为中等经济地位群体既有创业行动的动力，也有能力。

2.2 人力资源管理

董韫韬（北京大学），领域：领导力、创造力与创新、情绪管理和情绪劳动

主要观点：在客户对产品的需求越来越精细化、创意化和透明化的当今市场中，企业对其产品和服务也越发追求极致，力求在追求完美的过程中不断实现创新。在这样的背景下，孕育了越来越多具有完美主义倾向的管理者，他们对下属不断提出高标准、严要求。然而，领导具备完美主义倾向能否促进下属的创造力尚难定论。通过实验和在高新技术企业中进行的调查发现，员工的一个重要特质——控制点，可以影响领导完美主义对下属创造力的影响效果。当员工具有内控倾向，即相信自己的行为可以对其环境产生影响时，他们会对领导完美主义的要求产生较为积极的反馈，通过更多的工作投入激发更高的创造力水平。当然，这一积极反馈是有限的，当领导的完美主义要求过于极端时，下属便很难再实现更高的创造力水平。而另一方面，当员工具有外控倾向，即不相信自己的行为可以改变环境时，他们会对领导完美主义的要求产生抵触情绪，即产生更多的情绪耗竭，从而导致更低的创造力水平。

3. 市场营销

（1）王永贵（首都经济贸易大学），研究领域：市场营销与服务营销、顾客关系与顾客行为、顾客创新与顾客满意

主要观点：战略合作是连接顾客参与和新产品绩效的重要机制，顾客参与积极影响战略合作，在考虑到不同类型的客户参与（即客户参与的广度和深度）和不同形式的模糊性（即基于需求的模糊性和基于知识的模糊性）时，顾客参与对战略合作的影响也有所不同；消费者的信心与绿色购买意向之间存在正相关关系。消费者对经济的积极评价将导致更多的绿色消费，环境和地位意识部分地调解了消费者信心和绿色购买意向之间的正向关系。

（2）张影（北京大学），研究领域：企业数字竞争战略、品牌数字化增长和消费者体验

主要观点：当奢侈品与沉浸式艺术展示一起出现时，体验艺术会诱发一种自我超越的精神状态，这将削弱消费者追求地位的动机，从而降低他们对奢侈品的渴望。但在艺术作品本身没有被体验到的情况下，例如艺术作品作为装饰出现在产品或包装上，或被分析性地处理而不是自然地处理，以及当奢侈品不被视为地位商品时，这种效应就不会出现。

（3）沈俏蔚（北京大学），研究领域：企业与消费者决策的量化模型、社交与新媒体以及营销策略

主要观点：直播行业中，来自观众的礼物是大多数广播公司和直播平台的主要收入来源，接受礼物的前因主要集中在社会互动上，直播环节中的社会互动越多，主播就越有可能收到更多的礼物，而当一个更有经验的主播参与其中时，这种效应就会加强。此外，接受礼物和社交互动都能在短期和长期内对主播的直播内容提供产生积极影响，而且这种影响随着主播经验的增加而改变。

（4）徐菁（北京大学），研究领域：消费者行为

主要观点：消费者经常将自己与他人进行比较，比较结果会影响其自我效能和关系需求，随之影响对能力型和温暖型产品的偏好。向上的比较（即与优越目标的比较）会导致自我威胁的感觉，这提高了对自我效能的需求，并增加了对传递能力的产品的偏好。相反，向下的比较（即与劣等目标的比较）会引起社会痛苦的感觉，从而提高对社会关系的需求，并增加对传递温暖的产品的偏爱。当比较是在与社会技能相关的领域中进行的，并且比较对象是外群体成员时，这些影响会被减轻。

（5）王雪（北京大学），研究领域：平台经济、网络营销、B2B 市场战略

主要观点：因为物质购买容易被单独消费而不是与其他人一起消费，物质产品提供的幸福感往往比体验要少，但当物质产品被拟人化（即被赋予类似人类的特征）时，消费者会获得更多的消费社会性感受，并反过来获得幸福感的提升，从而使他们从这些物质产品中获得的幸福感与从体验中获得的一样多。

（6）黄江明（中国人民大学），研究领域：市场营销、零售管理

主要观点：智能互联产品作为物联网时代的产物，其“物”与“物”智能连接的特征，模糊了传统企业边界，助力企业实现指数级增长。智能互联产品不仅产生了物物“新型分工”属性，还有物物“智能

连接”的新属性；智能互联产品的“新型分工”属性进一步提高效率、降低成本，改变了企业边界范围；智能互联产品的“智能连接”属性形成大规模、跨边界、高集成的连接，并进一步推动产品体系智能化，实现企业边界快速扩张与企业指数级增长。

（7）顾雷雷（中央财经大学），研究领域：营销战略、营销—金融对接问题、公司金融

主要观点：我国企业广泛采用了一种基于供应链资金占用和金融获利的商业模式：一方面通过增加营销投入和降低价格在产品市场竞争中提高市场份额，据此获得供应链的优势地位；另一方面通过延迟支付货款占用供应链上的资金，并进行金融投资获利。这一基于流量思维的模式能以微弱提升经营风险的代价，大幅提高企业的总盈利水平；然而，被占用资金的供应链上游企业虽实现了销售增长，却承受了更大的财务压力。

（8）黄靓（清华大学），研究领域：消费者决策、金融服务创新、财务决策、心理账户

主要观点：当消费者使用P2P支付时，他们会做出更合作的定价决策：买家愿意多付一点钱，卖家愿意接受少一点。这削弱了禀赋效应，增加了交易成功的概率。这是因为即使与陌生人进行交易，P2P支付也可以巧妙地激活社交交易环境，提示社交交易定价规范，即提供更多合作定价报价。

（9）梁屹天（清华大学），研究领域：大数据商务分析

主要观点：在购物时，育儿动机会刺激时间紧迫的感觉，导致消费者对多样性的追求减少。当存在节省时间的育儿支持（这减少了育儿中时间紧迫的感觉），消费者被引导相信他们有足够的时间购物，且他们对选择集中提供的任何品牌没有太多忠诚度，无法通过简单地选择最重要的产品来节省时间时，效果就会减弱。

（10）涂艳苹（北京大学），研究领域：消费者行为、决策与判断、行为改变与助推

主要观点：激励性客户推荐计划很普遍，但它们的推荐率通常很低。作者认为，其中一个原因是现有客户（推荐人）认为激励推荐是一种交流活动，与他们和朋友的公共关系不相容，导致心理障碍。在邀请信息中展示推荐人奖励可以通过使推荐行为看起来更符合社区规范并减少心理障碍来促进推荐。披露推荐人奖励可以提高接受度、转化率和销售额的潜力。

（11）张泽林（中国人民大学），研究领域：大数据营销、电商营销、博弈论与定价、营销金融学

主要观点：大量的在线文本评论可以为公司提供了解消费者体验的宝贵资源。这些评论包含丰富的语义属性，可以作为市场研究工具，为公司提供改进和创新的灵感。开发一个意见提取和效果估计框架，可以揭示客户意见的平均效果及其交互效果。当两种意见的共同出现产生的影响大于两部分的总和，则我们称之为紊乱时，意见之间的相互作用可以是协同的。

（12）高海兵（中国人民大学），研究领域：社交营销、平台营销

主要观点：提出了社会定价，指出这是一种新颖的定价框架，在该框架下，具有较高社会资本的消费者可以享受到更好的价格。

（13）庞隽（中国人民大学），研究领域：新技术环境下的消费者心理与行为、社会因素对消费行为的影响、感官营销、跨文化消费心理与行为

主要观点：表情符号可以通过增强接收者对发送者的同理心和信任的中介作用来提高网络口碑的说服力，并且这些影响因情况而异。具体来说，当收件人和发件人彼此靠近时，表情符号的说服效果会同时出现在正面和负面的网络口碑中。然而，当收件人和发件人关系疏远时，这种影响只发生在负面电子口碑上。

4. 旅游管理

（1）吴必虎（北京大学），领域：旅游规划与国家公园游憩

主要观点：要建设与国际接轨、具有中国特色的自然保护地体系，需要运用“可接受的改变极限”思想开展红线划定与管控，因地制策、因时制宜、持续监测；需要加大游憩机会谱的研究及应用实践，实现生态保护与旅游发展相得益彰；需要重视自然保护地内文化景观的提炼识别及其表征、传播，重视国家公园文化认同意义表达。

（2）厉新建（北京第二外国语学院），领域：旅游经济发展战略、休闲产业经济

主要观点：文化和旅游融合高质量发展是文化和旅游融合的重要目标，也是文化产业和旅游产业协调发展的主要方向。文化和旅游融合高质量发展是一项系统性工程，需要步步为营、久久为功。基于文化和旅游融合高质量发展的基本框架和辩证关系，未来发展需要从资源、产品、市场、空间和创

新视角出发，重点推动国家公园战略、解说提升战略、入境旅游战略、未来遗产战略和机制创新战略。

（3）邹统钎（北京第二外国语学院），领域：区域旅游品牌、丝绸之路旅游

主要观点：当下旅游产品同质化现象越来越明显，强势的目的地品牌形象日益成为吸引游客前往的关键因素。伴随着国家"一带一路"倡议的实施和推进，丝绸之路这一经典旅游品牌被赋予新内涵，面临新机遇，国内丝绸之路沿线核心地带，在区域旅游品牌建设过程中通过构建政府主导下的西北丝绸之路旅游品牌共建机制，整合和优化区域旅游资源，释放旅游业发展潜能，进而提升整个丝绸之路旅游品牌影响力。

（工商管理学课题组供稿）

年度推荐论文

论　文

1. 周华、戴德明、刘俊海：《增强审计监督合力——基于注册会计师行业职能的历史考察》，《中国社会科学》，2022 年第 4 期。

2. 马黎珺、吴雅倩、伊志宏、刘嫣然：《分析师报告的逻辑性特征研究：问题、成因与经济后果》，《管理世界》，2022 年第 8 期。

3. 张新民、金瑛：资产负债表重构：《基于数字经济时代企业行为的研究》，《管理世界》，2022 年第 9 期。

4. 崔宸瑜、何贵华、谢德仁：《A 股投资者忽视扣非业绩信息的异象研究》，《管理世界》，2022 年第 8 期。

5. 陈德球、胡晴：《数字经济时代下的公司治理研究：范式创新与实践前沿》，《管理世界》，2022 年第 6 期。

6. 王冰、毛基业、苏芳：《从科层制组织到企业级生态系统——非预设性变革的过程研究》，《管理世界》，2022 年第 5 期。

7.Xie，X.，Li，L.，and Zhou，G：Economic inequality and entrepreneurship，Micro-evidence from China，Strategic Entrepreneurship Journal，2022 年第 1 期。

8. 厉新建、宋昌耀、殷婷婷：《高质量文旅融合发展的学术再思考：难点和路径》，《旅游学刊》，2022 年第 2 期。

附：

2022 年度中国十大学术热点

光明日报理论部　学术月刊编辑部　中国人民大学书报资料中心

编者按

归纳、总结和梳理年度学术热点，既是对一年来我国哲学社会科学研究的系统回顾，也是对现实焦点问题、深层理论问题的关注和聚焦，有助于为建构中国自主的知识体系，建设中国特色、中国风格、中国气派的哲学社会科学提供智力支持。2022 年度中国十大学术热点，经过学界推荐、文献调研、专家研讨评议等程序，现已评选出来。今予公布，以飨读者。

热点 1 "两个结合"与马克思主义中国化时代化

入选理由：坚持把马克思主义基本原理同中国具体实际相结合、同中华优秀传统文化相结合，不断推进马克思主义中国化时代化，是中国共产党

百年奋斗的宝贵经验。自习近平总书记在庆祝中国共产党成立100周年大会上明确提出“两个结合”以来，这一命题迅即成为学术理论界关注的焦点。2022年度，围绕“两个结合”与马克思主义中国化时代化，学术理论界从以下方面展开深入研究。1. 结合中国共产党百年奋斗史，研究“两个结合”在不同历史时期的阶段性特征、创新性成果。2. 探讨“两个结合”的内涵、实质、辩证关系、实践路径等，分析“归根到底是马克思主义行，是中国化时代化的马克思主义行”的深层机理，挖掘习近平新时代中国特色社会主义思想对马克思主义的原创性贡献。3. 探讨马克思主义基本原理同中华优秀传统文化相结合的演进过程、时代内涵和理论意义，揭示中华优秀传统文化与科学社会主义价值观主张的内在契合性。4. 探讨新征程上如何继续推进马克思主义中国化时代化，提出发展当代中国马克思主义、21世纪马克思主义的新思路。

专家点评：2022年度，学术理论界围绕马克思主义中国化时代化的历史进程、基本经验、重大成果等，召开了一系列会议、推出了一大批论著，研究成果的数量和质量均达到新高度。面向未来，继续深化对“两个结合”与马克思主义中国化时代化这一重要议题的研究，学术理论界应当在已有成果基础上做到以下几点。1. 认真学习贯彻党的二十大精神，坚持运用辩证唯物主义和历史唯物主义，坚持守正创新，深入研究“两个结合”的重大意义、内在基础、实现路径等。2. 深化对当代中国马克思主义、21世纪马克思主义的研究，系统阐释习近平新时代中国特色社会主义思想的时代课题、主要内容、精髓要义、实践要求、历史地位和指导意义，增强贯彻落实的主动性和自觉性。3. 把握好习近平新时代中国特色社会主义思想的世界观和方法论，坚持好、运用好贯穿其中的立场观点方法，以中国为观照、以时代为观照，立足中国实际，解决中国问题，不断推进知识创新、理论创新、方法创新。4. 立足中华民族伟大复兴战略全局和世界百年未有之大变局，坚持以马克思主义中国化时代化最新成果为指导，以回答中国之问、世界之问、人民之问、时代之问为学术己任，在研究解决事关党和国家全局性、根本性、关键性的重大问题上拿出真本事、取得好成果。

（点评人：中国人民大学习近平新时代中国特色社会主义思想研究院教授秦宣）

热点2　中国式现代化研究

入选理由：中国式现代化是中国共产党和中国人民长期实践探索的成果，是一项伟大而艰巨的事业。2022年度，学术理论界围绕中国式现代化的理论探索和实践突破进行了系统深入的研究。1. 中国式现代化的探索历程。深入研究中国共产党团结带领中国人民在革命、建设、改革的实践进程中探索中国式现代化道路的历史进程、基本经验和伟大成就。2. 中国式现代化的科学内涵。学者们普遍认为，中国式现代化既遵循人类社会现代化的一般规律，又具有自身独特的本质要求、基本原则、鲜明特征和文化底蕴，是对西方资本主义现代化的超越，是马克思主义在中国这样一个发展中大国创造性运用的重要体现。3. 中国式现代化的丰富实践。研究了中国式现代化在经济、政治、文化、社会、生态等各个领域的制度安排、机制创新、实践成效等。4. 中国式现代化的重大意义。从中华民族发展史、世界社会主义发展史、人类文明发展史等角度，探讨了中国式现代化在推进中华民族伟大复兴、探索人类现代化新路径、丰富拓展人类文明形态等方面的重大意义。

专家点评：2022年度，围绕中国式现代化的研究，学术理论界在诸多方面取得了共识和成果。1. 关注中国式现代化之于中华民族伟大复兴的意义，认为中国式现代化是实现中华民族伟大复兴的必由之路。2. 在中西比较中阐明中国式现代化的特征和优势。例如，人口规模巨大造成的现代化“乘数效应”深刻影响中国现代化进程，也深刻改变世界“现代化版图”；人民至上的价值取向、实现全体人民共同富裕的本质要求，使中国式现代化成功规避了“资本至上”的陷阱；物质文明和精神文明相协调、人与自然和谐共生的路径选择，保证中国式现代化健康、协调、可持续推进；走和平发展、合作共赢之路，有助于人类命运共同体的构建。3. 中国式现代化道路植根于中华优秀传统文化的沃土，具有深厚的历史和文化底蕴。4. 中国共产党的领导为中国式现代化提供了根本保证。党不仅以经济持续发展满足人民对美好生活的向往，以社会建设成效促成不同群体互惠互利、相向而行，还以强大动员组织能力有效应对各种社会风险挑战。进一步推进中国式现代化研究，还需要在以下方面着力：加强现代化的元理论研究，以此支撑研究广度和深度；探究世界现代化的新趋势新发展及面临的新问题，并拓展国际比较研究；研究中国式现代化具有的独特优势和面临的特殊难题；研究中国现代化与世界现代化良性互动的基本特征；等等。

［点评人：中共中央党校（国家行政学院）社会和生态文明教研部教授吴忠民］

热点3　全过程人民民主的科学内涵与制度体现

入选理由：全过程人民民主是社会主义民主政治的本质属性，是我们党推进中国民主理论创新、制度创新、实践创新的结晶。2022年度，学术理论界围绕这一重大理论与实践成果，在以下几个方面进行了深入研究。1.全过程人民民主的理论定位。全过程人民民主是对马克思主义民主理论的继承与发展，是新时代我国民主政治理论与实践的重大创新，是最广泛、最真实、最管用的民主。2.全过程人民民主的科学内涵。全过程人民民主既体现了“人民性”的规定性内涵，又体现了“全过程”的程序性内涵，民主选举、民主协商、民主决策、民主管理、民主监督的制度和程序，充分体现了全过程人民民主的本质要义。3.全过程人民民主的制度体现。学术理论界对人民代表大会制度、中国共产党领导的多党合作和政治协商制度、民族区域自治制度以及基层群众自治制度等一整套制度载体进行了系统研究，指明其在体现全过程人民民主方面所具有的功能和绩效。4.全过程人民民主具有具体现实的民主实践。全过程人民民主涵盖经济、政治、文化、社会、生态文明等各个方面，具有时间上的连续性、内容上的整体性、运行上的协同性、人民参与上的广泛性和持续性。

专家点评：全过程人民民主概念的提出，是近年来学术理论界建构关于民主理论的中国话语的重要成果。2022年度，学术理论界围绕全过程人民民主的理论内涵、特点优势，以及全过程人民民主与我国社会主义民主政治发展的关系等进行了深入研究，涌现出诸多优秀论著。但也必须看到，关于这一议题的研究还有很多需要进一步深化之处。例如，全过程人民民主对我国民主政治发展提出了哪些新课题新任务、如何理解全过程人民民主与党内民主的关系、如何在科学民主决策中贯彻全过程人民民主的原则和精神等。以高质量研究成果助推全过程人民民主发展，是学术理论界面临的一项重要任务。

（点评人：复旦大学教授桑玉成）

热点4　多学科视域中的共同富裕研究

入选理由：共同富裕是中国特色社会主义的本质要求，中国式现代化是全体人民共同富裕的现代化。2022年度，学术理论界围绕共同富裕这一重要议题，从多学科、多维度进行了研究。1.深入探讨和解读共同富裕的内在逻辑、核心要义、政策适用等。2.从高质量发展、区域协调发展、社会公平正义、收入分配、发展结构转变、公共服务均等化等角度，探讨共同富裕的理论建构及测度评价，并深入研究地区、城镇、城乡、东西部协作等对推进共同富裕的影响及作用机理。3.对推进共同富裕的改革措施和实践路径进行研究和分析，涉及财政税收、数字经济、农业经营体制机制、社保改革、示范区探索、企业创新发展等方面。

专家点评：2022年度，学术理论界从不同学科角度对共同富裕的理论和实践问题进行了广泛研究，在共同富裕的内涵、方向等问题上形成了以下共识。1.共同富裕具有两层密不可分的含义——富裕和共享，富裕是高水平富裕，共享是高度共享。2.共同富裕是全体人民共同富裕，但不是无差别、均等化的富裕。3.共同富裕既包括物质上的富裕，也包括精神上的富足。4.实现共同富裕是一个长期过程，需要全体人民共同努力、克服各种艰难险阻。学术理论界还围绕共同富裕的实现方式进行了充分探讨，提出了多种推进路径。1.构建初次分配、再分配、第三次分配协调配套的制度体系，完善生产要素市场，发挥税收和转移支付的调节作用，发展社会慈善，建立更加完善的收入分配秩序和规范财富积累机制。2.实施乡村振兴战略，推动城乡融合发展，促进各种生产要素和资源自由流动，改革农村土地制度，实现基本公共服务均等化。3.缩小收入差距，重点是扩大中等收入人群规模和提高低收入人群的收入。共同富裕是一个新课题，仍有不少问题有待深入研究。特别是需要在如何形成发展与共享互相促进、互相强化的关系，如何促进城乡融合发展，如何提高低收入人群发展能力等问题上进行深入探讨。

（点评人：浙江大学公共管理学院教授李实）

热点5　百年变局下的国际经济体系重构

入选理由：当今世界正处于百年未有之大变局，国际形势不稳定、不确定与不安全的复杂格局，深刻影响着国际经济体系的底层逻辑。2022年度，百年变局下的国际经济体系重构成为学术理论界广泛关注的话题。1.从国际经贸与全球分工的角度，探讨了国际经济体系重构对全球产业链、价值链、分工链、创新链运行逻辑和发展动态的影响。2. 从地缘政治和全球公共卫生危机的角度，分析了俄乌冲突、新冠肺炎疫情等重大事件如何深层次、系统性重塑国际经贸格局和国际经济体系。3. 从全球合作与竞争的角度，剖析了逆全球化对全球经贸合作、技术创新合作、跨国公司全球活动等的长远影响，剖析了逆全球化的危害与各国应对措施，讨论了推动经济全球化不断向前的可能方案。

专家点评：近年来，国际格局深度调整，一系列重大新变量、新因素正深刻冲击和改变传统世界经济增长格局。我们需要从理论和实践相结合的角度思考大变局与世界经济增长新变革，以下几个方面需要格外关注。1. 新冠肺炎疫情对世界经济增长产生严重冲击，简单运用传统的供给冲击或需求冲击进行分析是不够的，需要从供需两侧双重冲击及其相互关系角度，全方位动态分析疫情对增长的影响。2. 全球范围内正在出现的高水平、高标准投资贸易新规则对未来国际经贸合作、对外直接投资以及世界经济增长带来深层次影响，需要运用新方法、新视角思考和分析新规则下世界经济增长的内生性趋势和新增长态势。3. 全球产业链分工客观上在明显收缩，安全性、稳定性正成为全球产业链空间布局的优先选项，既要深入研究和思考经济全球化与世界经济增长的内在关系，也要深入分析和思考区域化、周边化与世界经济增长的内在关系。此外，分析世界经济增长，从理论到方法都需要把大国宏观经济政策及其溢出效应等这些新变量、新变化充分纳入分析框架，形成一种宏观经济政策综合溢出效应与各国宏观经济政策协同机制和作用下的经济增长分析新思路。

（点评人：上海社会科学院研究员权衡）

热点 6　秦汉基层社会研究

入选理由：2022 年度，中国秦汉史学界从国家治理的视角重新审视和研究秦汉基层社会，并聚焦于以下几个方面。1. 探讨基层社会演变与国家治理方式的关系。指出春秋战国以降的社会变革推动了国家在基层治理上的积极探索，国家在乡里社会建立了多系统、多元的行政管理网，对基层社会形成强有力控制。2. 总结秦汉乡里社会治理的特点。认为国家对乡里社会结构变化所带来的社会问题的治理、对宗族组织兴起的管控与治理等，体现了秦汉乡里社会治理的主要特点。3. 从不同角度对比秦汉两朝基层治理模式差异及其产生的影响。

专家点评：2022 年度，秦汉基层社会再度成为学术理论界关注的重点。一方面，大批秦汉简牍资料持续性整理公布，内容大都涉及基层社会问题与社会治理，新资料带动了新的问题意识的出现；另一方面，对中国国家治理历史底蕴与历史借鉴的现实需求，推动了学者对秦汉大一统国家形态下基层社会治理模式的探究，这是时代需要与学术研究之间的积极互动。由此，2022 年度的相关研究尤为注重秦汉长时段历史发展过程中，基层社会流动、阶级结构变化与社会组织演变等重大问题与国家治理之间的互动，深刻揭示了基层社会与国家形态之间的复杂关系；注重基层社会聚落形态、闾里形态演变与国家基层行政组织设置以及吏员设置变化的内在演变逻辑；注重观察分析秦汉国家在基层社会治理、边疆治理上的多种方式方法。这些基于文献与简牍的多层次宏观与微观研究，涵盖王朝政治、地方社会、治理手段等多方面内容，极大丰富了秦汉基层社会研究的学术体系与话语体系，从多角度贴近了秦汉基层社会治理的实际形态。从现有成果看，关于秦汉基层社会的研究还远不够全面，揭示秦汉国家形态与基层社会之间的复杂关系及其走向的系统性成果尚不多，细碎化情况仍然存在。因此，从中国历史整体出发，将秦汉基层社会研究与大一统国家治理相结合，进一步探讨秦汉国家基层社会治理体系与治理能力，应当是未来研究的重点。

（点评人：中国社会科学院古代史研究所研究员卜宪群）

热点 7　中国现当代文学史料的整理与运用

入选理由：近年来，中国现当代文学研究出现了“史料学转向”，一系列以现当代文学史料研究为主题的学术会议频频召开，国家社科基金、出版基金等不同层次的基金项目向史料学选题倾斜，文学研究的重要刊物也越来越多地刊发与史料相关的文章。2022 年度，学术理论界主要从以下方面推进了中国现当代文学史料的研究与整理。1. 从经典化与历史化层面切入，对史料研究的现状与问题展开探讨。2. 从“文学史写作与史料叙述的关系”“当代文学史料本体特点与发掘、整理”“当代文学史料研究的学科规范”等不同维度切入，对史料学理论体系建构和史料学学科建设进行探讨。3. 具体的文学史料的爬梳、整理和研究全面展开，现代、当代作家的生平、书信、手稿、佚文、交往、自传与回忆录等的发掘、整理、辨析，以及与作品有关的史实考、版本考、改编考等实证研究都取得了丰硕成果。

专家点评：近十多年来，现当代文学研究领域出现了一波又一波史料整理热，在期刊目录、作家年谱、逸事钩沉、文学制度等诸多方面，均有引人注目的新成果。以下事件值得我们注意。1.《当代文学期刊目录》（44种）的整理。2. 陈忠实、路遥、高晓声等知名作家年谱的撰写与出版。3. 对“当代文学”中的“世界文学”诸多材料的发现和分析。4. 各省市“作家研究资料丛书”的先后出版。5. 中国人民大学、浙江大学、中山大学、杭州师范大学举办多次不同类型的“史料研讨会”。6. 作品版本、创作时间问题的考订和研究。以上种种，促进了现当代文学“文学史”和“文学批评”的进一步分化，奠定了现当代文学史研究在史料建设上的基础。现当代文学史料建设形成一个新热点，既有巩固强化本学科学术竞争力的意义，也有助于弥补新时期历史整体叙事中社会学、当代史史料丰厚，而文学史料相对薄弱的短板。

（点评人：中国人民大学文学院教授程光炜）

热点8　区域国别学的跨学科建构

入选理由：伴随中国在国际和地区事务中承担起日益重要的责任，加强对域外国家和地区全貌的综合性认知成为当今中国发展的战略性需求。2022年度，学术理论界围绕我国需要什么样的区域国别学研究，怎样建立中国的区域国别学理论框架、研究方法、知识谱系和学科建制等核心问题，深入探讨了我国区域国别学研究的成就与问题、学科体系建设与人才培养的互动关系等重要课题，阐释了区域国别学作为一级学科的重大理论和现实意义，明确了区域国别学发展的路径选择，强调了世界史研究对于区域国别学发展的基础作用。

专家点评：理解世界是一项复杂的系统工程，向世界解释中国离不开中国自己的声音，这取决于我们自身学科体系、学术体系和话语体系的构建与发达程度。伴随中国的快速发展，区域国别研究成为热点是必然结果。2021年12月公布的《博士、硕士学位授予和人才培养学科专业目录（征求意见稿）》，明确规定“区域国别学”作为交叉学科中的一个一级学科，可授予法学、文学、历史学学位，更是引发了学术理论界对这一问题的高度关注和深入思考。1. 区域国别学人才培养的重点是外国经济、外国法学、外国文学和外国历史。2. 新的世界政治、经济环境需要新的区域国别研究，新的区域国别研究要破除以往研究中的西方中心论，确立推动构建人类命运共同体的终极价值。3. 区域国别研究是能够兼顾学术与国家需要的战略学科，不仅是区域国家之间相互理解从而构建睦邻友好关系的需要，更是积极参与全球治理的有效途径。4. 要做好区域国别研究的基础性工作，尤其是语言的基础训练、档案文献收集与解释等工作；完善区域国别研究的体制机制工作，尽快实施外国语大学的转型；积极发展区域国别学术刊物，助力区域国别学学科体系建设；等等。

（点评人：上海师范大学教授陈恒）

热点9　新发展阶段的社会治理创新

入选理由：进入新发展阶段，我国发展环境面临深刻变化，社会治理面临新挑战、新机遇，也出现了新特点、新趋势。2022年度，学术理论界有关中国特色社会治理理论与实践的研究主要体现在以下方面。1. 探究新发展阶段的社会治理转型及其应对，并从主体赋能、机制创新、制度创设等维度入手，探讨风险治理、韧性治理的新路径。2. 探讨社会治理的数智化转型及数字平台企业参与治理的正负效应，从内部治理、外部治理、共同治理等维度出发，建构数字平台治理场域的分析框架，并提出促进平台善治的可行路径。3. 城乡社区是社会治理的基本单元，在全面推进乡村振兴和推动城乡融合发展的背景下，城乡基层社会治理空间所承载的治理主体、结构和功能不断扩展，基层社会的需求与利益日益多元化复杂化，迫切需要探索新治理模式，学术理论界针对这些基层治理实践创新进行了学理阐释和理论总结。

专家点评：2022年度，学术理论界聚焦新发展阶段为社会治理理论创新和实践探索带来的机遇和挑战，从不同角度进行了卓有成效的探索，取得了丰硕成果。同时，在核心概念的提炼、中层理论的创新等方面仍相对薄弱。未来该领域的研究应在以下方面继续推进。1. 立足中国自主的社会学知识体系建构，在健全共建共治共享的社会治理制度方面持续发力，重点围绕基层社区治理制度、基本公共服务制度、社会心态治理制度、社会矛盾化解制度、社会安全治理制度等进行系统深入研究。2. 坚持问题导向，聚焦我国全面建设社会主义现代化国家的战略需求以及现代化进程中社会治理面临的新的体制机制瓶颈问题、基层民众急难愁盼的民生问题、基层社区稳定与活力的张力问题，提出新理念、新思路新办法。3. 加强社会治理能力、社会治理效能、社会治理现代化的研究。4. 开展不同类型、不同区域的城市、乡村社会治理模式、方案和经验的比较分析和类型学分析，探索总结提炼各具特色的社会治理创新模式。

（点评人：南开大学周恩来政府管理学院教授张文宏）

热点 10　元宇宙与数字化生存新叙事

入选理由：2022 年度，元宇宙极大激发了社会各界对互联网未来发展的想象力，成为产学研各方共同瞩目的话题。学术理论界对元宇宙的研究，延续着对人与技术、虚拟与实在、身体与精神、自由与秩序等问题的深思，并将研究视角和方向集中于以下几个方面。1. 从技术—社会的媒介学路径探讨作为技术中介的元宇宙对个体存在和社会形态的影响。2. 基于本体论和存在论的哲学视角探讨作为虚拟世界的元宇宙与真实世界的关系。3. 基于文化批判视角下对元宇宙幻象的反思与忧虑，对元宇宙开启的虚拟生存模式可能存在的问题进行了省思。4. 元宇宙的产业布局与应用实践研究。

专家点评：元宇宙是人类对未来数字化生存的深远想象。2022 年度，学术理论界围绕经济运行态势、社会交往形式、空间构建方式、信息交互模式等的革新，展开了横跨文理工医的大讨论，主题聚焦技术应用、人文关怀、社会治理三个层次。1. 以技术融合为牵引，元宇宙研究关注人工智能、物联网、数字孪生、区块链、脑机接口、AR/VR/MR 等新兴技术的大融合，探索在商业活动、工业生产、文化教育和城市社群等领域的宏大叙事。2. 以人类发展为内核，碳基文明与硅基文明的对抗与合作、未来人类社会文明秩序的组织模式等成为讨论的焦点。3. 以社会演进为本质，社会、产业与政府在其中如何联动与螺旋上升，各界如何在未来数智时代形成敏捷治理机制，成为共同关切的问题。总体上，在这一阶段，元宇宙发展进路未定，应用场景稀缺，治理机制不明，挑战与机遇并存。未来研究可从三方面深入。1. 元宇宙相关学科都需要进一步凝练逻辑自洽的理论根基。2. 元宇宙是人类认知域的具象化，未来人类如何进入和合理使用这一空间，仍需探索。3. 以自主可控、虚实交互、以虚强实为指引，元宇宙所表征的数字化与生存实践如何在全球形成具有影响力的自主知识体系，是这一代中国学人需要探索的重要课题。

（点评人：复旦大学大数据研究院教授赵星）

《光明日报》（2022 年 12 月 30 日第 11 版）

·科研课题·

概　述

本栏目记述2022年度5个国家级哲学社会科学研究项目（北京地区）立项结果、3个教育部哲学社会科学研究项目（在京高校）立项结果、8个北京市级单位在哲学社会科学研究领域通过评审获准立项的课题，内容涉及20多个学科及众多研究领域，包括重大项目、重点项目、一般项目、青年项目、后期资助项目等，这些信息反映了北京哲学社会科学研究的概貌和特点。

2022年度国家社会科学基金项目立项名单（北京地区）

一、马列·科社

1. 重点项目

项目名称	负责人	工作单位	预期成果	完成时间
马克思主义人学及其当代价值研究	王虎学	中共中央党校（国家行政学院）	论文集	2027-12-31
《资本论》的社会批判理论及其当代价值研究	王峰明	清华大学	专著，论文集	2025-12-31
百年未有之大变局下马克思主义正义理论研究	刘曙辉	中国社会科学院马克思主义研究院	专著	2026-12-31
新时代中国共产党人的马克思主义话语创新研究	李双套	中共中央党校（国家行政学院）	专著	2025-12-31
中国共产党集体主义思想百年发展历程及其经验启示研究	邵士庆	中央民族大学	专著	2025-09-30

2. 一般项目

项目名称	负责人	工作单位	预期成果	完成时间
习近平新时代中国特色社会主义思想是中华文化和中国精神的时代精华研究	刘　仓	中国社会科学院当代中国研究所	专著	2024-08-31

续表

项目名称	负责人	工作单位	预期成果	完成时间
《德意志意识形态》的政治经济学批判逻辑及其当代价值研究	张永庆	首都师范大学	专著	2025-12-31
马克思对黑格尔主义的批判与唯物史观的创立研究	李彬彬	北京大学	专著	2025-12-31
马克思主义视域下的数字经济发展趋势和规律研究	蔡万焕	清华大学	论文集，研究报告	2025-12-31
马克思主义经济学几个重要理论的理性重建及其当代价值研究	王　瑶	中国社会科学院经济研究所	研究报告	2025-12-31
数字帝国主义的演化动向及其批判研究	徐宏潇	北京航空航天大学	专著	2025-12-31
21 世纪美国共产主义运动新发展研究	禚明亮	中国社会科学院马克思主义研究院	专著	2026-08-01
当代西方新无神论思潮研究	韩　琪	中国社会科学院马克思主义研究院	专著	2026-12-30
新时代保护传承红色资源的理论和实践研究	王　娜	中国农业大学	论文集，研究报告	2025-06-30
习近平总书记关于社会治理现代化重要论述的理论体系和原创性贡献研究	张李斌	中国人民公安大学	专著	2025-07-31
新时代中国特色社会主义公平正义理论体系研究	王晓青	北京交通大学	论文集，研究报告	2025-07-31
以人民为中心的人类文明新形态研究	李艳艳	北京科技大学	专著，论文集	2027-09-01
面向人类文明新形态构建的“马克思资本文明批判思想”研究	秦慧源	首都师范大学	专著	2025-12-31
将碳达峰碳中和纳入生态文明建设整体布局的基本问题研究	周　鑫	北京科技大学	专著	2025-06-30
新时代推进科技自立自强与开放创新有机协同的理论和路径研究	雷小苗	北京航空航天大学	论文集，研究报告	2025-12-31
共同富裕的社会主义思想源头研究	张　源	中共中央党校（国家行政学院）	研究报告	2025-06-30
共同富裕视域下推动高质量发展的分配制度改革研究	曹永栋	对外经济贸易大学	专著	2027-09-01
新时代铸牢中华民族共同体意识的路径研究	欧阳奇	中国人民大学	研究报告	2027-05-20
基于儒家仁学思想的人类命运共同体研究	陶　悦	首都师范大学	专著	2025-12-31

3. 青年项目

项目名称	负责人	工作单位	预期成果	完成时间
习近平总书记关于人类命运共同体理念的方法论研究	李　雪	中央民族大学	专著	2026-07-31

续表

项目名称	负责人	工作单位	预期成果	完成时间
习近平总书记关于促进文明交流互鉴的重要论述研究	张楠楠	中共中央党校（国家行政学院）	论文集，研究报告	2024-12-31
基于 MEGA2 文献的《资本论》经济危机理论再研究	田　曦	中国科学院大学	专著	2025-12-31
MEGA2 视域中的《资本论》第三卷虚拟资本理论及其当代价值研究	田　英	北京航空航天大学	专著	2025-12-31
西方马克思主义“灾难资本主义”理论研究	张彦琛	北京工商大学	专著	2025-12-31
新时代党的创新理论的国际认知与评价研究	付　正	北京邮电大学	专著	2026-07-31
中国共产党精神动力的实践转化研究	项敬尧	中国人民大学	专著	2025-12-31
马克思主义中国化历程中的国共两党学术话语权博弈研究（1921—1949）	郝思佳	北京物资学院	专著	2025-06-01
传统家国情怀的现代转型及伦理价值研究	刘　寒	中央民族大学	专著	2025-12-31
新时代中国特色社会主义公平正义观研究	邬巧飞	中国矿业大学（北京）	专著	2026-06-30
国际数字秩序构建中的意识形态风险及其防范策略研究	梁怀新	对外经济贸易大学	研究报告	2025-08-01
人工智能时代的数字劳动及其分配机制研究	张　雯	北京第二外国语学院	专著	2025-12-30
“人与自然和谐共生的现代化”绿色转型话语体系研究	李雪姣	北京航空航天大学	研究报告	2026-07-01
新时代民族题材影视生产与中华民族共同体形象建构研究	石谷岩	北京理工大学	专著	2025-12-31
新时代精神生活共同富裕研究	田书为	中共中央党校（国家行政学院）	研究报告	2025-06-30

二、党史·党建

1. 重点项目

项目名称	负责人	工作单位	预期成果	完成时间
习近平总书记关于推进党的自我革命重要论述研究	刘宝东	中共中央党校（国家行政学院）	专著	2025-06-30

2. 一般项目

项目名称	负责人	工作单位	预期成果	完成时间
破解历史周期率视域下党自我革命的历程与经验研究	杨云成	中共北京市委党校	研究报告	2024-12-31
中国共产党百年宣传思想工作重要历史影像文献整理与研究	张军锋	中共中央党史和文献研究院	专著	2025-02-20

续表

项目名称	负责人	工作单位	预期成果	完成时间
中国共产党农村基层组织建设的百年历程与经验研究	李桂华	中国农业大学	专著	2025-06-30
中国特色社会主义大党大国典礼制度研究	徐沐熙	中国社会科学院马克思主义研究院	专著	2025-06-15
抗日战争时期陕甘宁边区政府发行建设救国公债史料整理与研究	哈战荣	中央财经大学	专著	2025-12-31
抗战时期中国共产党维护党中央权威的实践路径研究	张孝芳	对外经济贸易大学	专著	2026-09-01
伟大建党精神研究	张旭东	中共中央党校（国家行政学院）	专著	2025-07-01
中国共产党运用五年规划治国理政研究	鄢一龙	清华大学	专著	2025-12-31
新时代党的建设新的伟大工程与国家治理现代化协同推进研究	郑士鹏	北京交通大学	专著	2025-07-15
新时代提高党的建设质量的逻辑体系与价值贡献研究	赵付科	中央财经大学	研究报告	2025-06-30
新时代中国共产党国际传播话语建构与优化研究	庞　宇	中共北京市委党校	研究报告	2024-12-31
党建话语体系构建理路研究	孙照红	首都师范大学	专著	2025-12-31
新时代党建引领社区治理制度创新研究	王　杨	北京科技大学	研究报告	2025-07-31
新时代高校党史学习教育长效机制研究	李基礼	首都师范大学	研究报告	2025-07-01

3. 青年项目

项目名称	负责人	工作单位	预期成果	完成时间
习近平总书记党史观及其当代价值研究	熊文景	北京航空航天大学	论文集，研究报告	2025-05-10
汉译日本马克思主义文献研究（1912—1949）	刘庆霖	北京大学	专著	2025-06-30
中国早期马克思主义者信仰生成研究	赵紫玉	北京理工大学	专著	2025-12-31
早期中国共产党人探索“第三新文明”的实践历程与历史经验研究	信　元	北京邮电大学	专著，论文集	2025-12-31
《新建设》杂志与马克思主义中国化研究	吴文珑	中共中央党校（国家行政学院）	专著	2025-06-30
中国共产党对中国革命与世界革命关系的探索历程研究（1921—1949）	周家彬	中国人民大学	专著	2026-12-31
党的宣传工作机制建设及历史经验研究（1949—1957）	史泽源	中共中央党校（国家行政学院）	研究报告	2026-06-30
新时代中国共产党构建新型大国关系的实践与经验研究	张尔葭	北京理工大学	专著	2025-03-06
坚持胸怀天下与中国共产党执政话语体系建构研究	熊道宏	中共中央党史和文献研究院	研究报告	2025-12-29

续表

项目名称	负责人	工作单位	预期成果	完成时间
新时代中国共产党人的党性研究	于　超	北京师范大学	研究报告	2025-10-20
全过程人民民主运转中新型政党制度结构与功能研究	叶子鹏	中共中央党校（国家行政学院）	专著，论文集	2025-06-30

三、哲学

1. 重点项目

项目名称	负责人	工作单位	预期成果	完成时间
中国式现代化道路的哲学研究	周　丹	中国社会科学院哲学研究所	专著	2025-06-30
《五礼通考・观象授时》与江永、戴震学术研究	李畅然	北京大学	论文集	2026-12-31
中国伦理学通论	焦国成	中国人民大学	专著	2027-08-30

2. 一般项目

项目名称	负责人	工作单位	预期成果	完成时间
经济学模型的哲学问题研究	初维峰	北京化工大学	专著	2025-06-30
夏甄陶哲学论著整理与研究	郭　湛	中国人民大学	其他	2026-12-31
马克思的资本权力批判及其当代价值研究	董　彪	北京大学	专著	2025-12-31
驱动认知革命的激进具身认知理论及扩展研究	薛少华	北京理工大学	专著	2025-06-30
魏晋玄学中的自然与治道研究	孟庆楠	北京大学	专著	2026-12-31
墨学的创造性转化与创新性发展研究	解启扬	中国政法大学	专著	2025-12-31
优绩主义及其分配正义理论研究	朱慧玲	首都师范大学	专著	2026-06-30
莱布尼茨与康德自由意志思想比较研究	罗　喜	中央民族大学	专著	2025-12-30
当代政治现实主义与政治道德主义的比较研究	周　濂	中国人民大学	专著	2025-03-14
贝克莱《奥西弗伦，或渺小哲学家》的翻译与研究	宫　睿	中国政法大学	译著	2025-07-01
以《遗著》为中心的康德晚期先验发生学体系研究	刘晚莹	北京大学	论文集	2025-12-31
康德哲学中关于幸福的价值选择问题研究	周黄正蜜	北京师范大学	专著	2026-06-30

3. 青年项目

项目名称	负责人	工作单位	预期成果	完成时间
MEGA 视域中马克思《博士论文》的范畴体系与思想史背景研究	周　阳	北京师范大学	专著	2024-10-01
青年马克思的自我异化理论研究	魏　博	中国人民大学	专著	2025-12-31

续表

项目名称	负责人	工作单位	预期成果	完成时间
21 世纪国外恩格斯研究的新进展研究	覃诗雅	中国社会科学院马克思主义研究院	专著，其他	2026-12-30
马克思法哲学理论及其当代价值研究	李灵婕	中国政法大学	专著	2027-06-30
量子场论的诠释问题研究	颜春玲	中国科学院大学	专著	2025-08-15
生态恢复工程的哲学研究	毕　丞	北京科技大学	专著	2026-08-31
新科技人文挑战下科学精神与人文精神的融合研究	雷环捷	中国社会科学院哲学研究所	专著	2025-12-31
元代《尚书》学研究	陈石军	北京体育大学	专著	2026-12-31
《大同书》校订、疏证与思想研究	宫志翀	中国人民大学	专著	2027-09-30
实践智慧视域中的儒家经权观研究	姜妮伶	中国社会科学院哲学研究所	专著，研究报告	2026-06-30
数字经济时代资本无序扩张的伦理规制研究	闫瑞峰	北京工业大学	研究报告	2025-06-30
资本与道德关系视域下的平台经济伦理研究	李欣隆	中国农业大学	专著	2025-06-30
脑机融合的神经伦理问题研究	顾心怡	清华大学	专著，研究报告，其他	2025-03-31
当代西方心灵哲学中现象意向性的核心问题及化解研究	刘　好	北京工商大学	专著	2025-06-30
认知美学基本问题研究	吕　鑫	北京工业大学	专著	2025-12-30
艺术哲学视野中的废墟图像问题研究	王　欣	北京师范大学	论文集，其他	2026-06-30
多主体交互的策略性、依赖性和稳定性逻辑研究	李大柱	中国科学院大学	专著	2026-06-30
带命题量词的模态逻辑及其哲学应用研究	丁一峰	北京大学	论文集	2026-12-31

四、理论经济

1. 重点项目

项目名称	负责人	工作单位	预期成果	完成时间
京津冀协同发展重大区域战略实施效果综合评估与政策优化研究	安树伟	首都经济贸易大学	专著	2025-12-31
劳动力市场灵活性与进口竞争的劳动力再配置效应研究	陈建伟	对外经济贸易大学	论文集	2025-12-31
数字经济推动农村地区共同富裕的机制与路径研究	王　轶	北京工商大学	论文集	2025-06-30
对标高标准国际经贸规则推动产业链与创新链深度融合研究	许　明	中国社会科学院工业经济研究所	论文集，研究报告	2025-03-20

续表

项目名称	负责人	工作单位	预期成果	完成时间
工业智能化应用对我国贸易高质量发展的影响研究	赵春明	北京师范大学	专著	2025-12-31
资本特性和行为规律研究	胡家勇	中国社会科学院经济研究所	研究报告	2025-12-31
平台经济反垄断监管与数据规制的联动效应研究	李建培	对外经济贸易大学	论文集，研究报告	2026-06-30

2. 一般项目

项目名称	负责人	工作单位	预期成果	完成时间
财政－金融结合视角的近代中国金融业态演进研究	曾　江	中国政法大学	专著	2025-06-30
中国增强产业链自主性的探索研究（1949—1978 年）	李天健	中国社会科学院经济研究所	研究报告	2025-06-30
从国际人口职业结构比较史的视角看西方的崛起和中西大分流研究	杨　成	中国人民大学	论文集	2026-09-01
全域土地综合整治视角下乡村振兴的机理与路径研究	何仁伟	北京市社会科学院	研究报告	2025-06-30
中国宏观杠杆率合意部门结构研究	刘　磊	中国社会科学院经济研究所	专著，论文集，研究报告	2025-12-31
数字货币促进绿色消费长效机制研究	陈　波	中央财经大学	研究报告	2025-12-31
数字经济赋能制造业绿色转型升级的机制与效率提升研究	吴卫红	北京化工大学	研究报告	2025-06-30
反身性视角下区域一体化发展的多尺度关系网络建构和跨尺度互馈机理研究——以长三角地区为例	赵　璐	中国科学院科技战略咨询研究院	研究报告，其他	2024-12-31
新发展阶段下以人为本推进城乡融合发展研究	王志锋	中央财经大学	研究报告	2025-08-31
机会平等视角下共同富裕的内涵、测度与实现路径研究	董丽霞	中国社会科学院经济研究所	论文集	2025-06-30
信息助推机制促进公共治理有效性的理论与实验研究	王　云	中国人民大学	论文集	2027-03-31
我国跨境服务贸易负面清单推进路径研究	胡　玫	对外经济贸易大学	论文集，研究报告	2025-06-30
环境治理与经济转型融合发展的国际经验及中国路径研究	马红旗	中国农业大学	研究报告	2025-06-30
新技术形态对国际分工与贸易格局的影响研究	张　宇	中国社会科学院财经战略研究院	专著，论文集	2025-06-30
促进产业升级与提高劳动者收入的协同发展研究	朱诗娥	首都经济贸易大学	专著	2025-12-31

续表

项目名称	负责人	工作单位	预期成果	完成时间
新发展格局下数字经济高质量发展的收入分配效应研究	李宏兵	北京邮电大学	研究报告	2025-05-31
我国科技治理与社会治理融合创新研究	孙　蕊	中国政法大学	专著	2025-06-30
“双碳”目标下传统能源与新能源优化组合机理与实现路径研究	王　辉	华北电力大学	专著，论文集	2025-06-30
第三次分配的供给侧研究	何　辉	中国社会科学院大学	专著，论文集	2026-06-30

3. 青年项目

项目名称	负责人	工作单位	预期成果	完成时间
我国城乡关系演进下农户代际分工和阶层分化问题研究	靳少泽	农业农村部农村经济研究中心	论文集，研究报告	2024-12-31
“极化－涓滴”平衡视角下中国南北区域协调发展思路研究	李　晨	中共中央党校（国家行政学院）	研究报告	2025-06-30
新发展格局下中国区域间循环潜力的测度、影响及实现路径研究	成丽红	首都经济贸易大学	研究报告	2025-06-30
新冠疫情冲击下数字金融提升我国中小企业出口韧性的路径及策略研究	文　磊	首都经济贸易大学	研究报告	2025-07-01
区域关系演变与国家产业体系竞争优势的强化路径研究	蔡之兵	中共中央党校（国家行政学院）	专著	2025-12-31
大国博弈背景下中国海外专利布局对全球价值链网络地位的影响研究	刘　霞	北京第二外国语学院	研究报告	2025-08-31
中国对非洲农业投资的减贫效应与提升策略研究	王静怡	中国农业科学院农业信息研究所	研究报告	2025-06-30
“双循环”背景下需求不确定性影响企业创新的机制研究	袁莉琳	北京工业大学	研究报告	2025-06-30
基于实验追踪数据的早期养育干预与农村儿童能力形成研究	白　钰	中央民族大学	研究报告	2025-12-31

五、应用经济

1. 重点项目

项目名称	负责人	工作单位	预期成果	完成时间
数字经济发展、企业组织结构变革与劳动就业研究	李力行	北京大学	论文集	2025-12-31
人工智能对制造业就业的影响研究	邓　洲	中国社会科学院工业经济研究所	专著，研究报告	2025-03-01

2. 一般项目

项目名称	负责人	工作单位	预期成果	完成时间
农村宅基地"三权分置"改革试点工作成效评估研究	刘俊杰	农业农村部农村经济研究中心	论文集，研究报告	2024-12-30
金融科技驱动下商业银行风险形成逻辑、变化特征与治理研究	周　晔	首都经济贸易大学	研究报告	2024-12-31
中国增值税出口退税税负归宿及其影响因素与政策优化研究	周　波	对外经济贸易大学	论文集	2025-12-31
数字经济发展对就业技能结构的影响研究	纪雯雯	中国劳动关系学院	论文集	2025-12-30
推进基本公共服务均等化背景下居民养老保险地区差距成因、影响和对策研究	王天宇	中国人民大学	论文集	2025-06-30
网络化调水格局下生态补偿标准测算方法与实现机制研究	许凤冉	中国水利水电科学研究院	论文集，研究报告	2024-12-31
公平视角下我国省域碳排放差异分析与省际碳补偿机制研究	张　静	生态环境部环境规划院	研究报告	2024-12-31
"双碳"目标下我国省域碳排放差异及公正、平等的碳补偿路径研究	陈　楠	北京市社会科学院	研究报告	2025-09-30
交通网络优化对劳动力资源时空配置影响机理及实现路径研究	唐代盛	北京交通大学	专著，研究报告	2025-07-15
全球碳中和愿景下关键矿产资源可持续供给与治理研究	丛晓男	中国社会科学院生态文明研究所	专著，论文集	2025-06-30
新型城镇化背景下农业转移人口的"落户悖论"及其应对策略研究	邹一南	中共中央党校（国家行政学院）	专著，论文集	2024-12-31
数字经济视角下垄断形成机制与反垄断规制研究	许　恒	中国政法大学	论文集	2025-09-30
移民空间配置对城市居民福利的影响机制和效应研究	王建国	北京信息科技大学	研究报告	2026-06-30
"双碳"背景下高耗能制造业绿色转型绩效测度与环境政策研究	王晓岭	北京科技大学	研究报告	2025-06-30
乡村振兴背景下农民专业合作社收益分配机制研究	张　舰	中央财经大学	研究报告	2025-12-31
激活乡村"三资"要素带动村级集体经济发展的优化路径和支持政策研究研究	郭淑敏	中国农业科学院农业资源与农业区划研究所	专著，研究报告，其他	2025-06-30
新发展阶段我国种业增产贡献评价及提升路径研究	钱加荣	中国农业科学院农业经济与发展研究所	专著	2024-12-31
工农两部门劳动生产率"不收敛之谜"与城乡融合路径研究	涂圣伟	国家发展和改革委员会产业经济与技术经济研究所	研究报告	2025-06-30
"双碳"背景下结构性交通碳减排政策及其全生命周期效应研究	周辉宇	北京交通大学	论文集	2025-12-31

续表

项目名称	负责人	工作单位	预期成果	完成时间
农村集体经济促进共同富裕的路径选择与政策优化研究	高　鸣	农业农村部农村经济研究中心	论文集，研究报告	2025-06-30
“双碳”目标下中国林产工业绿色低碳发展路径及政策研究	侯方淼	北京林业大学	研究报告	2024-09-30
高耗能制造业升级的转型金融支持研究	罗晓梅	北京工业大学	研究报告	2025-06-30
条件收敛背景下促进共同富裕的收入再分配政策优化研究	吕素香	北京工商大学	研究报告	2025-06-30
新发展格局下业态创新驱动居民消费潜力释放的机制与路径研究	刘　畅	北京第二外国语学院	研究报告	2025-12-31
新时代历史街区复兴的动力机制与路径选择研究	李　胜	北京联合大学	研究报告	2025-12-31
期权视角下我国农产品企业价格风险测度、管理与效果评价研究	樊鹏英	北京工商大学	研究报告	2025-07-31

3. 青年项目

项目名称	负责人	工作单位	预期成果	完成时间
数字化进程与通货膨胀的机制分析、影响估计及政策应对研究	黄宇轩	对外经济贸易大学	论文集	2024-12-31
大数据视角下产业数字化转型对职业技能需求变动的影响研究	毛宇飞	首都经济贸易大学	研究报告	2025-06-30
“双碳”目标下我国对外贸易绿色低碳发展路径及政策优化研究	段玉婉	中央财经大学	论文集	2025-08-31
“双碳”目标对中国跨境贸易网络的重塑及转型风险防范研究	韩梦瑶	中国科学院地理科学与资源研究所	研究报告，其他	2024-12-31
新发展格局下优化收入分配与释放居民消费潜力研究	李俊成	中国社会科学院金融研究所	研究报告	2025-03-20
产业基因赋能中西部地区制造业高质量发展的机制、路径与政策研究	秦　宇	中国社会科学院工业经济研究所	研究报告	2024-12-31
“双碳”目标背景下农业减碳增汇价值实现机制、富民效应及路径研究	胡　钰	农业农村部农村经济研究中心	专著，论文集	2024-12-31
新发展阶段下规模性返贫的预警及防范机制研究	郭沛瑶	北京物资学院	论文集，研究报告	2024-12-31
粮食和生态“双安全”下农户响应与政策优化研究	王　欢	北京工商大学	研究报告	2025-08-31
制造业数字化转型异质性特征与分类促进策略研究	陈　楠	中国社会科学院数量经济与技术经济研究所	研究报告	2025-03-20

续表

项目名称	负责人	工作单位	预期成果	完成时间
新发展格局下数字经济驱动市场整合的机制与对策研究	周玲玲	中国地质大学（北京）	专著，论文集，研究报告	2025-06-30
人口结构变迁趋势下家庭消费增长的动力机制及路径研究	周　珺	北京工商大学	研究报告	2025-09-30
数字经济、劳动力市场与共同富裕研究	周广肃	中国人民大学	论文集，研究报告	2025-07-31
区域发展不平衡下差异化生育补贴政策作用机制和实施路径研究	于也雯	北京工商大学	研究报告	2025-06-30

六、统计学

1. 一般项目

项目名称	负责人	工作单位	预期成果	完成时间
巨灾债券定价与风险管理的统计建模研究	孟生旺	中国人民大学	论文集，研究报告	2026-12-30
全球疫情背景下进口农产品供应链风险监测预警与防控策略研究	张　浩	北京工商大学	论文集，研究报告	2025-06-30

2. 一般项目

项目名称	负责人	工作单位	预期成果	完成时间
森林生态系统碳汇监测核算体系构建与评价研究	侯正阳	北京林业大学	论文集	2025-12-31
绿色金融政策社会福利效应的统计测度研究	刘　倩	中央财经大学	研究报告	2025-12-31
基于大数据及可解释集成学习的信用风险模型构建与应用研究	徐　昕	首都经济贸易大学	研究报告	2025-06-30
基于大数据和机器学习的教育双减政策评估研究	王耀璟	北京大学	研究报告	2025-09-30
全局模型视角下的复杂分层经济预测研究	李　丰	中央财经大学	论文集	2024-12-31
共享发展推动共同富裕的理论、测度方法与治理体系研究	阮　敬	首都经济贸易大学	专著	2025-06-30
边疆民族地区相对贫困地域异质性测度与动态监测指标体系构建研究	苏宇楠	中央民族大学	研究报告	2025-12-31
城乡融合发展的统计监测与优化路径研究	艾小青	北京工业大学	研究报告	2025-06-30

3. 青年项目

项目名称	负责人	工作单位	预期成果	完成时间
基于文本挖掘的新能源产业政策特征演化与实施效果研究	李　倩	北京物资学院	研究报告	2025-06-30
多源信息融合下中国公募基金投资风格漂移的统计测度与治理路径研究	李　琳	首都经济贸易大学	研究报告	2025-05-31
城乡居民机会不平等的生成机制、传导效应与应对策略研究	李　莹	中国社会科学院数量经济与技术经济研究所	研究报告	2025-03-16

七、政治学

1. 重点项目

项目名称	负责人	工作单位	预期成果	完成时间
比较视野下的大一统政治理论研究	任　锋	中国人民大学	论文集	2027-03-13
中国国家形象国际传播的受众心理机制比较研究	马得勇	中国人民大学	论文集，其他	2025-12-31
新形态政治传播学学科体系建构研究	荆学民	中国传媒大学	研究报告	2026-10-10
“算法政治推送”对我国意识形态安全的威胁与应对研究	李小波	中国人民公安大学	研究报告	2025-08-30

2. 一般项目

项目名称	负责人	工作单位	预期成果	完成时间
非洲马克思主义政权比较研究	闫　健	北京外国语大学	专著	2026-06-30
地方政协专门协商机构制度体系、运行机制及优化路径研究	张丽琴	北京工业大学	专著	2027-07-01
政党社会学的知识谱系与发展趋势研究	张　汉	北京师范大学	专著	2027-06-30
历史政治学视角下的中国政治文化研究	严　挺	中国政法大学	论文集	2025-09-01
社会主义分配正义视角下的共同富裕问题研究	汪琼枝	北京建筑大学	论文集，研究报告	2025-06-30
超大规模对国家治理现代化的影响与对策研究	赖先进	中共中央党校（国家行政学院）	专著，研究报告	2025-05-01
我国基层政府公务员工作动力及其机制创新研究	胡晓东	中国政法大学	专著，论文集，研究报告	2025-06-01
灾后应急财政支出绩效评价及提升路径研究	徐淑华	华北科技学院	专著，其他	2025-12-31
新时代全过程人民民主视域下人大预算治理能力研究	王淑杰	中央财经大学	研究报告	2024-12-31

3. 青年项目

项目名称	负责人	工作单位	预期成果	完成时间
海外中国政治研究的学术史考察（1978—2020）	刘晓玉	中国社会科学院中国社会科学评价研究院	研究报告	2025-12-31
比较政治视域下的公益诉讼“中国方案”研究	王越端	北京大学	论文集	2025-12-31
当代中西方民主模式的治理效能比较研究	释启鹏	北京外国语大学	专著	2026-09-30
新时代公众安全感与优化政府 – 公民关系的实证研究	郑姗姗	中共中央党校（国家行政学院）	论文集，研究报告	2024-12-30
组织学习视角下新中国政策试点的历史实践与经验研究	李　娉	华北电力大学	论文集，研究报告	2024-10-01
疫情防控效能与地方政府公信力关联机制研究	蒋安丽	北京师范大学	专著，论文集	2025-06-30
传统中国基于官吏任用的央地关系调节机制及其现代价值研究	黄承炳	中国政法大学	论文集	2025-06-30
市场监管数字化转型的机理及其实现路径研究	黄颖轩	清华大学	论文集，研究报告	2025-06-30

八、法学

1. 重点项目

项目名称	负责人	工作单位	预期成果	完成时间
通用行政法典编纂问题研究	罗智敏	中国政法大学	研究报告	2026-08-01
以“共建共治共享”为导向的刑事政策现代化研究	王志远	中国政法大学	专著	2026-12-30
中国特色未成年人司法基本原理研究	何　挺	北京师范大学	专著	2025-12-31
民法典实质债法规范体系研究	谢鸿飞	中国社会科学院法学研究所	专著	2025-06-30
非典型担保的构造及其法律规制研究	刘保玉	中国政法大学	专著，研究报告	2025-03-30
养老服务体系建设的立法研究	韩君玲	北京理工大学	研究报告	2025-12-31
国内法院对国际条约的解释问题研究	戴瑞君	中国社会科学院国际法研究所	研究报告	2025-03-20
构建“内外统筹 公私联动”的《反外国制裁法》实施机制研究	廖诗评	北京师范大学	研究报告	2024-06-30

2. 一般项目

项目名称	负责人	工作单位	预期成果	完成时间
推动党内法规制度建设高质量发展研究	王　勇	中共中央党校（国家行政学院）	研究报告	2024-07-01
算法解释制度的体系化构建研究	苏　宇	中国人民公安大学	研究报告	2025-12-31

续表

项目名称	负责人	工作单位	预期成果	完成时间
晚清立法新研究	陈新宇	清华大学	论文集	2026-12-31
家庭教育中的国家义务体系建构研究	陈　征	中国政法大学	专著	2025-09-01
数字经济包容审慎监管的行政法治研究	刘　权	中央财经大学	专著	2025-09-30
企业合规的行政监管研究	成协中	中国政法大学	研究报告	2025-12-31
风险社会背景下业务过失犯规制模式的体系化研究	陈　璇	中国人民大学	专著	2027-09-01
资本市场变革下证券犯罪刑法制裁体系研究	商浩文	北京师范大学	专著，研究报告，其他	2025-08-31
人工智能时代算法安全的刑法保障研究	李怀胜	中国政法大学	研究报告	2025-06-30
国际法视阈下的电子数据跨境直接调取研究	李　毅	北京师范大学	研究报告	2025-12-31
财产性判项执行与减刑假释关联制度研究	韩红兴	北方工业大学	专著	2025-12-31
民法典动产担保交易规则的规范构造与解释适用研究	高圣平	中国人民大学	专著，研究报告	2024-12-31
数据财产权的模块理论及其制度建构研究	许　可	对外经济贸易大学	论文集	2025-06-30
加密数字资产的税法规制研究	张春燕	外交学院	专著	2025-07-31
破产重整中的公司治理问题研究	刘　冰	华北电力大学	专著	2025-06-30
个人生物识别信息法律保护模式研究	吴文嫔	北京交通大学	专著	2025-12-01
平台经济反垄断规制问题研究	谭　袁	中国社会科学院大学	专著	2024-12-31
“双碳”目标下温室气体自愿减排交易机制法律保障研究	谭柏平	北京工业大学	研究报告	2024-12-31
“双碳”目标下自然资源资产国家所有权实现方式研究	陈　静	自然资源部信息中心	专著，研究报告	2025-05-30
国土空间开发保护立法研究	张忠利	中国社会科学院法学研究所	专著	2025-02-28
发展和完善中国特色反制裁法律体系实施机制研究	纪文华	对外经济贸易大学	研究报告	2025-03-31
《巴黎协定》的实施、成效、问题与中国对策研究	兰　花	中国政法大学	论文集，研究报告	2025-06-30
统筹推进国内法治和涉外法治视野下的国际民事诉讼管辖权制度完善研究	张文亮	中国人民大学	论文集	2026-06-30
粤港澳大湾区区际法律冲突问题研究	张美榕	中国社会科学院大学	专著	2027-03-20
新修辞学普遍听众理论的司法适用研究	杨　贝	对外经济贸易大学	专著，研究报告	2025-06-30
区块链争议解决机制研究	丁　颖	北京邮电大学	研究报告	2025-06-30

续表

项目名称	负责人	工作单位	预期成果	完成时间
出土文献与秦汉唐刑事证据制度研究	张琮军	中国政法大学	专著	2025-05-08
清代宫廷司法研究	陈　煜	中国政法大学	专著	2027-12-31
西塞罗《论法律》研究	汪　雄	中国政法大学	专著，译著	2027-06-30
大数据监管背景下政府获取企业经营数据的行政法规制研究	宋心然	首都经济贸易大学	研究报告	2025-06-30
教育法典编纂的基本理论问题研究	李红勃	中国政法大学	专著，研究报告	2025-12-30
轻罪背景下犯罪分类治理研究	刘传稿	首都经济贸易大学	研究报告	2027-06-30
重大传染病患者涉罪诉讼程序完善研究	雷小政	北京师范大学	专著，研究报告	2025-08-01
民法典时代抵销制度的体系整合与规范适用研究	张保华	北京交通大学	专著	2025-06-30
数据流通合同法原理体系的构建与展开研究	金　晶	中国政法大学	论文集	2025-12-31
民法典抗辩权体系化研究	申海恩	中国政法大学	论文集	2026-12-31
我国银行法修改中域外效力问题研究	张西峰	中国政法大学	专著，研究报告	2026-06-30
公司治理模式多元化选择的规则革新研究	周　游	中央财经大学	专著	2025-09-01
全球治理与国际组织法的理论重塑研究	陈一峰	北京大学	专著	2026-06-30

3. 青年项目

项目名称	负责人	工作单位	预期成果	完成时间
民行刑交叉视域下的法秩序统一性原理研究	张峰铭	中共中央党校（国家行政学院）	论文集，其他	2025-06-30
传统中国律典在近代欧洲的传播研究	马莎莎	中国政法大学	专著，其他	2025-12-31
行政法规合宪性审查体系化研究	孙如意	首都经济贸易大学	专著	2027-06-30
法典化时代行政法的请求权构造研究	王世杰	中央财经大学	专著	2024-06-05
轻罪化立法背景下罪量要素的体系与功能研究	李　梦	中国政法大学	专著	2025-12-31
规范视域下自动驾驶致损的刑事归责研究	吴尚赟	中央民族大学	专著	2025-12-31
量刑自由裁量权的影响因素及其规制路径研究	吴雨豪	北京大学	专著，电脑软件	2025-12-31
智慧侦查背景下数据安全的刑事司法保护研究	张　可	中国政法大学	专著	2025-12-31
最佳利益原则视域下未成年人参与权的体系化保护研究	尹泠然	中国政法大学	专著	2025-12-31

续表

项目名称	负责人	工作单位	预期成果	完成时间
我国地理标志保护制度之专门法设计研究	王晓艳	中国政法大学	论文集，研究报告	2025-07-31
新发展阶段资本规范健康发展的经济法保障研究	郝俊淇	中国社会科学院法学研究所	专著	2025-03-20
比例原则视角下生态环境损害法律责任体系化研究	程　玉	北京航空航天大学	研究报告	2025-07-01
CPTPP 投资争端解决机制及中国应对研究	赵春蕾	清华大学	论文集，研究报告	2025-03-31
中国空间站国际合作的法律机制研究	张鹿苹	中国政法大学	专著	2025-12-20
CPTPP 各缔约方国有企业规则谈判与合规状况比较研究	车路遥	中国政法大学	专著	2025-03-16
公共算法决策的法律规制研究	陈姿含	北京理工大学	专著	2025-12-31
人机协作视野下医疗人工智能临床应用法律问题研究	李润生	北京中医药大学	专著	2025-06-30
科技伦理规制的行政法治建构研究	谢尧雯	中国政法大学	研究报告	2025-07-01
行刑联动对积极刑法的合理调适与实践展开研究	王　帅	中央民族大学	专著	2025-07-01
数字经济时代新型财产犯罪认定规则研究	郑　洋	北京理工大学	专著	2025-09-01
回归技术现实主义的刑事证据数智化问题研究	黄　健	中国政法大学	论文集，研究报告	2025-06-30
刑事过程证据的功能定位及其实现机制研究	白　冰	中国政法大学	专著	2025-10-31
法典化视角下生态环境损害救济责任体系研究	林潇潇	中国社会科学院法学研究所	研究报告	2025-06-30
将来财产担保的理论范式转型与规则体系构建研究	赵申豪	中国人民大学	论文集，研究报告	2025-12-31
我国残障人信息无障碍权的法制保障研究	李　静	中国劳动关系学院	专著	2025-07-01
社会补偿视野下的高空抛（坠）物受害人权利救济研究	潘羿嘉	中国人民大学	研究报告	2027-03-14

九、社会学

1. 重点项目

项目名称	负责人	工作单位	预期成果	完成时间
有关社会理论的南部学派建树研究	景　军	清华大学	专著	2024-03-01
基层社会纠纷解决与治理现代化研究	朱　涛	中国社会科学院社会发展战略研究院	研究报告	2025-02-28
新的社会阶层符号资本与动员能力研究	廉　思	对外经济贸易大学	专著，研究报告	2025-06-30

续表

项目名称	负责人	工作单位	预期成果	完成时间
学前儿童饮食教养实践与社会支持体系研究	刘　谦	中国人民大学	专著，其他	2027-07-01
城镇居民绿色低碳社会生活方式研究	朱　迪	中国社会科学院社会学研究所	研究报告	2025-03-20
我国银发经济高质量发展的实现路径研究	李　璐	国家发展和改革委员会社会发展研究所	专著，研究报告，其他	2025-06-30
共同富裕视角下网约工社会保护政策创新研究	杨桂宏	北京工业大学	研究报告	2025-12-30

2. 一般项目

项目名称	负责人	工作单位	预期成果	完成时间
两地分居军人家庭教养方式对子女教育获得的影响研究	张　娜	北京科技大学	研究报告	2025-06-30
铸牢中华民族共同体意识路径的社会学分析研究	王利平	北京大学	论文集，研究报告	2025-09-30
进城农民工增收致富的实践策略与主体性经验研究	邢朝国	北京科技大学	论文集	2025-12-31
气候适应与韧性的底层逻辑研究	胡玉坤	北京大学	专著	2025-09-30
县域城乡流动、就业与家庭的人类学研究	白美妃	中国社会科学院哲学研究所	研究报告	2025-03-20
三孩政策背景下家政服务关系的协调机制研究	肖索未	北京师范大学	论文集，研究报告	2026-06-30
“双减”政策下不同类型家庭的应对策略及其影响研究	石金群	中国社会科学院社会学研究所	论文集，研究报告	2025-03-20
生命历程视域下中国居民家庭金融健康研究	赵思博	中央财经大学	研究报告	2025-12-30
乡情网络与新型城乡关系构建研究	蓝煜昕	清华大学	论文集，研究报告	2025-09-30
数字化条件下乡村公共文化空间变迁与治理转型研究	高春凤	北京建筑大学	研究报告	2024-12-28
健康公平视角下超大城市农村老年人整合照护模式研究	景丽伟	首都医科大学	论文集，研究报告	2025-12-31
中国社会工作发展的乡村转向及城乡协同演进机制研究	卫小将	中国人民大学	论文集	2027-09-30
新时代社工站振兴乡村公共价值的模式研究	王晔安	北京师范大学	论文集，研究报告	2025-06-30
四十年来中国人生产-生活观念变迁及政策启示研究	吴玉玲	北京科技大学	论文集，研究报告	2025-06-30
县域基本公共服务均等化的实践机制研究	焦长权	北京大学	论文集	2025-12-31

续表

项目名称	负责人	工作单位	预期成果	完成时间
日常生活视角下的街区更新与社区建设研究	李阿琳	北京工业大学	研究报告	2025-12-31
居家安宁疗护社会照护体系构建研究	岳　鹏	首都医科大学	研究报告	2025-12-31
灵活用工背景下的新型劳动秩序研究	汪建华	中国人民大学	研究报告	2025-12-31
中国艺术市场发展与变迁的社会学研究	闻　翔	中国人民大学	研究报告	2025-12-31

3. 青年项目

项目名称	负责人	工作单位	预期成果	完成时间
基于认知与环境的青年退役士兵就业行为模式及政策仿真研究	许明媛	中国政法大学	研究报告	2024-12-31
职业教育作为社会分层和共同富裕的新机制探究研究	周　扬	中央财经大学	研究报告	2025-10-31
东南亚佛教国家华人民俗信仰中的社会反哺观念与中华文化认同研究	马潇骁	中央民族大学	研究报告	2025-12-30
家庭生活中的公共性基础及其关联机制研究	罗　婧	中国社会科学院社会发展战略研究院	研究报告	2025-02-01
共同富裕视域下平台经济金融化对劳动者的影响和对策研究	封小郡	中国农业大学	研究报告	2025-12-31
新发展阶段城市家庭的文化消费实践与形态研究	刘新宇	中国艺术研究院	专著	2026-06-30
数字时代的地方金融风险治理研究	向静林	中国社会科学院社会学研究所	研究报告	2025-09-01
中小银行信贷市场高质量发展的社会学研究	董彦峰	清华大学	论文集，研究报告	2025-12-31
乡村振兴背景下小农户融入现代农业经营体系的实践路径研究	桑　坤	北京大学	研究报告	2024-12-31
拖延视角下生命意义感对锻炼行为的促进作用研究	苗　淼	北京大学	论文集	2025-12-31
职业女性生育意愿影响因素及政策支持体系研究	张　琳	中国劳动关系学院	研究报告	2025-06-30
新时代中国儿童早期发展和社会流动研究	李汪洋	北京师范大学	论文集，研究报告	2025-12-31
教育“双减”背景下城市家长参与子女教育的群体差异研究	张　越	中共北京市委党校	研究报告	2025-07-31
行为社会政策视域下社会救助对象积极就业研究	王燊成	中共中央党校（国家行政学院）	研究报告，其他	2025-06-30

十、人口学

1. 重点项目

项目名称	负责人	工作单位	预期成果	完成时间
人口负增长经济后果与政策应对的国际经验及对中国的启示研究	陶　涛	中国人民大学	研究报告	2026-09-30
当代高学历青年婚育观念与行为研究	茅倬彦	首都经济贸易大学	研究报告	2025-07-30
科学技术对低生育率的影响机理和模型建构研究	黄匡时	中国人口与发展研究中心	研究报告	2024-12-31

2. 一般项目

项目名称	负责人	工作单位	预期成果	完成时间
基于县域产业发展的回流农民工就业可持续性及提升路径研究	汪昕宇	北京联合大学	研究报告	2025-12-31
老年人社会参与对其健康的影响机制研究	艾　斌	中央民族大学	论文集，研究报告	2024-09-30
智能化时代老年人社会参与对其健康的影响机制研究	郭　静	中国人民大学	论文集	2025-06-30
人口老龄化与货币政策结构性转型研究	李　雪	首都经济贸易大学	专著	2025-12-31
中国人口迁移转变趋势与特征研究	刘金菊	北京城市学院	研究报告	2025-12-31
人口增长态势与中国城市群生长机制和尺度跃迁研究	李小萌	北京师范大学	论文集，研究报告，其他	2025-12-31
中国共产党人口思想史研究（1921—2021）	王钦池	中国人口与发展研究中心	专著	2025-12-31
我国生育负担结构与变化及教育支持对策研究	杨蓉蓉	中国社会科学院大学	专著	2024-12-31
基于发展导向的家庭养老照护能力提升与支持政策体系研究	王　雯	北京工商大学	研究报告	2025-06-30
社区整合照护对我国老年失能轨迹的影响效应与治理体系研究	胡宏伟	中国人民大学	专著	2025-06-30

3. 青年项目

项目名称	负责人	工作单位	预期成果	完成时间
“一老一小”融合照护体系实施路径与效果评估研究	张雅璐	北京大学	论文集	2024-12-31
动态轨迹视角下低生育率国家生育反弹的模式和机制研究	张　洋	中国人民大学	研究报告	2025-09-30
低生育率背景下国际生育反弹趋势及机制研究	范新光	北京大学	论文集	2025-12-31

十一、民族学

1. 一般项目

项目名称	负责人	工作单位	预期成果	完成时间
“生态文明”视域下绿色技术创新推进民族地区高质量发展的机制和路径研究	郭　捷	中央民族大学	论文集，研究报告	2025-12-31
清代边疆各民族国家法意识的发展与比较研究	文　晖	中央民族大学	专著	2026-12-31
交往交流交融视域下苯教藏文文献中的孔子形象研究	供邱泽仁	中央民族大学	专著	2025-07-30
非物质文化遗产的文化基因赓续与构筑中华民族共有精神家园研究	王　丹	中央民族大学	专著	2025-12-31
我国边境抵边村寨空心化问题的生成机理与跨越路径研究	何修良	中央民族大学	研究报告	2025-05-01
民族地区旅游业铸牢中华民族共同意识机制与路径研究	邓光奇	中央民族大学	研究报告	2025-12-31
俄罗斯旗人及其后裔研究	张　建	中国社会科学院近代史研究所	专著	2025-12-31
新时代大学生就业互嵌与各民族全方位嵌入发展研究	徐姗姗	中央民族大学	研究报告	2025-06-30
周边国家政治波动对我国边境地区经济影响的传导机制及应对策略研究	耿桂红	中央民族大学	研究报告，其他	2025-08-31
西藏历史上的铜资源利用与铜器手工业研究	袁凯铮	中央民族大学	专著，研究报告	2025-12-31
民国时期西藏和内地各民族交往交流交融史研究	裴儒弟	中国社会科学院中国边疆研究所	专著	2025-09-01
民族地区推广普及国家通用语言文字政策比较研究	陈丽明	中央民族大学	研究报告	2025-06-30
新形势下俄罗斯国家认同建构问题与启示研究	程春华	中央民族大学	研究报告	2025-01-30

2. 青年项目

项目名称	负责人	工作单位	预期成果	完成时间
中国共产党城市民族工作百年历程研究	乔国存	中国社会科学院民族学与人类学研究所	研究报告	2026-12-31
海外藏族华人群体调查研究	海　璐	中央民族大学	研究报告	2026-12-31
元代汉蒙民族饮食养生文化交互影响史证研究	高　雅	中国中医科学院中国医史文献研究所	专著，研究报告	2024-12-31

十二、国际问题研究

1. 重点项目

项目名称	负责人	工作单位	预期成果	完成时间
中美科技竞争背景下美国对华数字产业遏制动向及反制策略研究	戚 凯	中国政法大学	研究报告	2025-08-31
美国“印太新经济框架”下的数字贸易规则塑造及应对研究	周念利	对外经济贸易大学	研究报告	2024-12-31
美国政治生态变化和两党对华政策比较研究	张文宗	中国现代国际关系研究院	论文集，研究报告	2024-12-31
大变局下欧盟的国际地位与作用及对我影响研究	陈 新	中国社会科学院欧洲研究所	专著	2025-03-20

2. 一般项目

项目名称	负责人	工作单位	预期成果	完成时间
国际关系学的“关系转向”与中国国际关系研究的理论创新	陈纳慧	中国政法大学	研究报告	2025-06-30
美国对华科技遏制战略的国内政治与政策工具研究	池志培	中央财经大学	研究报告	2025-07-01
国际非政府组织境外涉华倡导与运作及中国的对策研究	徐 莹	中国人民大学	研究报告	2025-06-30
国际海底资源开发争端解决机制研究	刘 衡	中国社会科学院欧洲研究所	专著，研究报告	2025-06-30
高质量共建“一带一路”背景下深化中国—东盟数字合作机制研究	姜志达	中国国际问题研究院	研究报告	2025-06-30
人民币国际化应对中美战略竞争的有效性及推进策略研究	马光明	中央财经大学	研究报告	2026-10-01
RCEP 框架下中国重点产业链东亚重构研究	张晓兰	国家信息中心	研究报告	2025-06-30
中国加入《数字经济伙伴关系协定》的路径研究	文 洋	中共中央党校（国家行政学院）	研究报告	2024-03-01
大国数字竞争背景下算法治理的国际规则构建及我国参与路径研究	石贤泽	对外经济贸易大学	研究报告	2025-12-31
美国涉疆“混合战”发展态势与中国的应对研究	贾春阳	中国现代国际关系研究院	研究报告	2024-12-31
俄罗斯“后苏联空间政策”调整及对策研究	陈小沁	中国人民大学	专著，论文集，研究报告	2024-12-31

续表

项目名称	负责人	工作单位	预期成果	完成时间
大国竞争背景下南亚地区格局的演变及我国对策研究	吴　琳	外交学院	研究报告	2025-08-31
国家安全情报百年学术史研究	谢晓专	中国人民公安大学	专著，工具书	2025-12-30
全球治理中的中俄合作研究	刘　莹	外交学院	专著	2025-06-30
印度政府关于中印边界争端的历史叙事与我国的应对研究	王召东	中国人民大学	研究报告	2025-06-30
新发展格局下中拉共建“一带一路”高质量发展路径创新研究	郑　猛	中国社会科学院拉丁美洲研究所	专著	2025-12-31

3. 青年项目

项目名称	负责人	工作单位	预期成果	完成时间
中美网络空间竞争与权力测量研究	苗争鸣	清华大学	研究报告，其他	2024-06-30
中国通过国际组织平台提升人权影响力研究	武文扬	中国政法大学	研究报告	2025-12-31
上海合作组织的新发展与“上合命运共同体”的构建研究	李孝天	对外经济贸易大学	研究报告	2025-09-30
国内大循环与国际大循环相互促进视角下RCEP 经济效应的量化分析研究	马盈盈	中国社会科学院世界经济与政治研究所	专著	2024-12-31
全球价值链数字化转型的测度及税收对策研究	王婉如	首都经济贸易大学	研究报告	2025-12-31
数字贸易重塑全球经贸规则的逻辑、挑战及中国应对研究	赵新泉	商务部国际贸易经济合作研究院	研究报告	2025-06-30
“双碳”背景下中欧构建国际绿色经济循环的实现路径与长效促进机制研究	韩　萌	中国社会科学院欧洲研究所	论文集，研究报告	2024-12-31
百年变局下中东欧国家的外交选择及中国应对研究	王弘毅	北京外国语大学	论文集，研究报告	2024-07-01
日本右倾化下多层联盟体系的构建及其对华影响研究	于海龙	中共中央党校（国家行政学院）	论文集，研究报告	2024-06-30
欧亚“中间地带”国家的历史记忆与在地化政治逻辑研究	石　靖	清华大学	研究报告，其他	2025-08-31
国际劳工移民对当代东亚国家发展影响的比较研究	程多闻	北京外国语大学	专著，论文集	2025-12-31
日本对非洲政策走势及中国的应对研究	王一晨	中国社会科学院日本研究所	研究报告	2025-03-20
“印太战略”背景下美欧介入南海问题的影响及对策研究	王晓文	北京语言大学	研究报告	2025-12-31

续表

项目名称	负责人	工作单位	预期成果	完成时间
美欧“互联互通倡议”对共建“一带一路”的影响研究	张　超	中国社会科学院欧洲研究所	研究报告	2025-03-20
中国对拉美直接投资的国际比较与提升投资合作质量的路径研究	郭凌威	中国社会科学院拉丁美洲研究所	论文集，研究报告	2025-12-31

十三、中国历史

1. 重点项目

项目名称	负责人	工作单位	预期成果	完成时间
明清时代的契约与契约社会研究	阿　风	清华大学	专著	2026-12-31

2. 一般项目

项目名称	负责人	工作单位	预期成果	完成时间
中国古代历史理论基本命题研究	廉　敏	中国社会科学院历史理论研究所	专著	2025-08-31
五一广场东汉简牍官文书复原研究	杨小亮	中国文化遗产研究院	专著	2025-06-30
唐代嘉礼研究	王　博	中国社会科学院古代史研究所	专著	2027-02-28
宋明理学视域下中医学术中心南迁现象的研究	郑　齐	中国中医科学院中医基础理论研究所	专著	2024-12-31
金元以降河洛地区历史变迁与社会治理研究	户华为	光明日报社	专著	2025-12-31
商业化变迁中的明代国家运行机制研究	常文相	中国社会科学院历史理论研究所	研究报告	2026-12-31
明清以来经外奇穴文献整理与图文史料库建设研究	李宝金	北京中医药大学	论文集，电脑软件	2026-06-30
清代乾隆时期宫廷玉器变革与创新历史研究	郭福祥	故宫博物院	专著	2025-12-30
国家治理视域下的清代新疆立法与司法实践研究	王东平	北京师范大学	论文集	2026-12-30
清代新疆军事地理与边疆安全研究（1759—1884）	刘志佳	中国社会科学院中国边疆研究所	专著，研究报告	2027-03-20
清代儒医的交游网络研究：以徐大椿为例	陈昱良	北京中医药大学	专著，研究报告	2025-06-30
清代中医疫病学发展知识图谱构建研究	赵岩松	北京中医药大学	研究报告	2026-12-01
库伦办事大臣研究	乌兰巴根	中国社会科学院中国边疆研究所	专著	2025-12-31
晚清至民国时期的货币发行与币制改革研究（1845—1933）	熊昌锟	中国社会科学院经济研究所	专著，论文集	2025-12-31
近代中国礼制变革与国家治理研究	李俊领	中国社会科学院近代史研究所	专著	2025-12-31
近代中国家庭建设的思想与实践研究	赵妍杰	中国社会科学院近代史研究所	专著	2027-03-20

续表

项目名称	负责人	工作单位	预期成果	完成时间
民国时期日本人所办《北京周报》整理与研究	张昭军	北京师范大学	其他	2025-12-30
华北抗日根据地救国公粮征收中的政府与农民研究	周祖文	中国社会科学院近代史研究所	专著	2025-03-20
新中国初期城市公共卫生治理研究（1949—1966）	李自典	北京联合大学	研究报告	2027-06-30

3. 青年项目

项目名称	负责人	工作单位	预期成果	完成时间
古文书学视域下的里耶秦简整理与研究	刘自稳	中国政法大学	专著	2025-12-31
新出西北汉简地理史料的整理与研究	赵尔阳	清华大学	专著，论文集	2026-06-30
宋代货币与国家财政体系建设研究	王　申	中国社会科学院古代史研究所	论文集	2026-03-10
《棘寺平反》的整理与元明法律变迁研究	陈佳臻	中国政法大学	专著	2027-06-30
知识社会史视野下明代私修本朝史研究	张赟冰	北京师范大学	专著	2026-12-31
清代户部与国家财政治理研究	何永智	中央民族大学	专著	2026-06-30
清代杂税制度与财政关系研究	段旭颖	北京工商大学	专著	2025-12-30
清代海域勘界与海疆形成研究	宋可达	中国社会科学院中国边疆研究所	专著	2025-03-20
晚清台湾财政运作与海疆治理研究	赵　蒙	首都经济贸易大学	专著	2026-12-30
近代中国东北的林权嬗变、林木贸易与边疆治理研究（1861—1931）	池　翔	中国社会科学院近代史研究所	专著	2025-08-30
民国时期“中国农村派”与“乡村建设派”的农政理论研究	谭　星	中国社会科学院历史理论研究所	专著	2025-12-31
近代华北水政的统筹与变迁研究（1928—1937）	焦雨楠	中共中央党校（国家行政学院）	专著	2025-07-31
战后台湾经济建设体制的型塑研究（1945—1953）	冯健伦	中国社会科学院近代史研究所	专著	2025-12-31

十四、世界历史

1. 一般项目

项目名称	负责人	工作单位	预期成果	完成时间
俄罗斯重建二战史话语体系研究	梁　强	中国社会科学院俄罗斯东欧中亚研究所	论文集，研究报告	2026-07-20
明治时期日本驻华外交官的情报活动与对华决策研究	薛轶群	中国社会科学院近代史研究所	专著	2025-06-30

续表

项目名称	负责人	工作单位	预期成果	完成时间
全球史视野下日本的国际秩序认知模式演变研究（1853—1952）	熊淑娥	中国社会科学院日本研究所	专著	2025-12-31
希腊古典时代与中国春秋战国时期史籍中的政治思想比较研究	李　渊	北京师范大学	专著	2025-04-30
古代希腊与中国轴心期突破比较研究	王大庆	中国人民大学	专著	2027-06-30
公元前 4 世纪古希腊知识精英的历史记忆研究	吕厚量	中国社会科学院世界历史研究所	专著	2027-03-20
中世纪英格兰行会垄断与市场治理研究	康　宁	中国人民公安大学	专著	2026-06-30
16—18 世纪英格兰工资、收入与生活水平研究	王超华	中国社会科学院世界历史研究所	专著	2026-03-20
20 世纪以来地中海史学的嬗变研究	夏继果	首都师范大学	专著	2027-06-30
巴达维亚糖业与种植园全球史研究（1630—1800）	徐冠勉	北京大学	专著	2027-02-28

2. 青年项目

项目名称	负责人	工作单位	预期成果	完成时间
美国“争取进步联盟”下的非发展项目援助研究	杨晨桢	中国政法大学	专著	2026-07-31
墨西哥政教关系研究（1821—1940）	李　超	中国社会科学院世界历史研究所	专著	2027-03-20
民族主义兴起下的苏格兰行政制度改革研究（1853—1939）	胡　莉	北京师范大学	专著	2026-06-30
近代国家构建视野下的德意志社会主义起源研究	王　倩	北京大学	专著	2025-12-31
古希腊罗马药学文本与实践研究	杨舒娅	北京大学	专著	2026-12-31
神圣罗马帝国之意大利问题再研究（10—13 世纪）	李文丹	北京大学	专著	2027-03-31
后国家神道时代日本神社与国家、国民关系研究	罗　敏	中央民族大学	专著	2026-12-31

十五、考古学

1. 重点项目

项目名称	负责人	工作单位	预期成果	完成时间
细石叶技术遗存基础信息采集与文化谱系研究	仪明洁	中国人民大学	专著	2026-12-31
城河城居址区出土资料整理与研究	彭小军	中国社会科学院考古研究所	研究报告	2025-08-15
安阳殷墟北辛庄发掘报告	岳洪彬	中国社会科学院考古研究所	研究报告	2025-12-31
新疆吐鲁番胜金店墓地考古发掘资料整理与研究	陈晓露	中国人民大学	研究报告，其他	2027-06-30

2. 一般项目

项目名称	负责人	工作单位	预期成果	完成时间
双墩文化出土刻画符号的考古学研究	张　东	中国社会科学院考古研究所	研究报告，工具书	2025-07-01
扬州蜀岗古代城址考古发掘报告（2014—2018）	王　睿	中国社会科学院考古研究所	研究报告	2025-05-01
云南建水窑考古发掘报告整理与研究	高宪平	北京大学	研究报告	2025-12-31
尼泊尔杜巴广场王宫建筑考古与古代中尼文化交流研究	王　晶	中国文化遗产研究院	研究报告	2024-06-30
中亚南部早期青铜冶金研究	崔春鹏	中国国家博物馆	研究报告，其他	2025-08-31
新疆吐鲁番三至十三世纪期间的植物利用与文化交流研究	蒋洪恩	中国科学院大学	专著	2026-12-31
基于铸铜遗存的江淮地区商代青铜手工业考古研究	刘思然	北京科技大学	研究报告	2025-12-31
科技考古视角下的丝绸之路货币研究——以汉长安城铸币遗址和龟兹遗址为例	马　丁	中国科学院大学	研究报告	2025-09-30
新疆博尔塔拉河流域安德罗诺沃文化相关遗址考古年代学与生业经济研究	陈相龙	中国社会科学院考古研究所	研究报告	2026-08-15

3. 青年项目

项目名称	负责人	工作单位	预期成果	完成时间
马鞍山遗址 1997—1998 年发掘资料整理与综合研究	冯　玥	北京大学	研究报告	2025-12-31
社会变革视域下的汉代官吏墓丧葬礼制研究	魏　镇	北京师范大学	专著	2026-12-31
蒙古高原突厥、铁勒考古遗存资料整理与研究	徐　弛	中国人民大学	专著	2025-01-01
汉晋西域城址与军政建置研究	达吾力江·叶尔哈力克	中国人民大学	专著	2025-04-30
中原地区新石器时代晚期人群迁徙的多种同位素研究	吴晓桐	中国人民大学	专著	2025-02-28

十六、宗教学

1. 重点项目

项目名称	负责人	工作单位	预期成果	完成时间
当代宗教社会学理论争鸣与话语权之争研究	李华伟	中国社会科学院世界宗教研究所	专著，研究报告	2027-06-30

2. 一般项目

项目名称	负责人	工作单位	预期成果	完成时间
中古中国单层方形覆钵塔研究	王敏庆	中国社会科学院文学研究所	专著	2025-03-15
说一切有部与中国佛教的形成与展开研究	王丽娜	国家图书馆	研究报告	2027-06-30
中国近代天主教本土修会研究	刘　贤	中国人民大学	专著	2027-05-30
黄天道图形图像资料整理研究	梁景之	中国社会科学院民族学与人类学研究所	专著	2025-10-01
北京内城宗教金石的整理研究与数据库建设	鞠　熙	北京师范大学	电脑软件	2026-09-01
当代中国宗教民族志的理论与方法研究	曹南来	中国人民大学	论文集，研究报告	2025-09-30

3. 青年项目

项目名称	负责人	工作单位	预期成果	完成时间
印度新吠檀多思想对传统吠檀多思想的继承与改造研究	曹　政	中国社会科学院世界宗教研究所	专著，研究报告	2027-03-20
基于信仰的组织参与全球卫生外交研究	周　康	中央统战部宗教研究中心	研究报告	2025-01-31
20 世纪中亚地区的世俗化问题研究	董　雨	北京大学	研究报告	2026-12-31
印度教民族主义世界观及其对当代印度外交影响研究	张书剑	中国现代国际关系研究院	研究报告	2025-03-01
当代俄罗斯宗教安全研究	张　熙	中国社会科学院哲学研究所	专著	2025-03-20
17 世纪托忒文佛教经典典籍《法华经》研究	美　丽	中央民族大学	专著	2026-12-30
佛教中国化视域下的印光法师研究	王　帅	中国社会科学院世界宗教研究所	研究报告	2025-03-11
中古高昌佛教与社会研究	张重洲	清华大学	专著	2026-06-30
中国化佛教节日文化研究	何　莹	中国社会科学院社会学研究所	专著，其他	2026-07-30
东正教与后苏联空间的地缘政治研究	刘博玲	中国社会科学院俄罗斯东欧中亚研究所	研究报告	2026-03-20

十七、中国文学

1. 重点项目

项目名称	负责人	工作单位	预期成果	完成时间
中国当代乡村叙事的本土化理论建构研究	张志忠	首都师范大学	专著	2026-06-30
战国秦汉衍生型文本的生成及其文学性研究	程苏东	北京大学	专著	2025-03-31
北朝碑铭韵文文献集成与研究	蔡丹君	中国人民大学	专著	2027-09-30

2. 一般项目

项目名称	负责人	工作单位	预期成果	完成时间
中国诗教思想源流研究	赵　新	北京师范大学	专著	2025-12-31
百年来中国的世界意识与世界文学观念互动关系研究	张　珂	中央民族大学	专著	2027-06-30
魏晋重大事件与文学思潮走向研究	袁济喜	中国人民大学	专著	2025-06-06
社交媒体时代网络文艺中的“玩劳动”研究	许苗苗	首都师范大学	专著	2025-12-31
中国当代文学理论口述资料的发掘、整理与研究	李世涛	北京外国语大学	研究报告，其他	2026-06-30
本雅明“讽喻”美学观研究	常培杰	中国人民大学	专著	2027-09-01
新中国马克思主义文艺理论学科教材建设研究	兰善兴	北京第二外国语学院	专著	2026-06-30
《礼记正义》生成演变研究	郜同麟	中国社会科学院文学研究所	专著	2026-12-31
先秦诸子典籍的清人批校本研究	冯　坤	国家图书馆	专著	2026-06-30
《钱注杜诗》疏证与研究	曾祥波	中国人民大学	专著	2027-09-30
元祐文士题画诗研究	康　倩	中国社会科学院文学研究所	专著，其他	2025-06-30
唐宋词雅俗互动研究	何春环	中央民族大学	专著	2027-12-31
南宋都城文学演进与临安形象生成研究	周剑之	北京师范大学	专著	2026-12-31
“真”的观念与明代文学演进研究	都轶伦	中国社会科学院文学研究所	专著	2027-03-20
明清经典小说与当代网络小说关系研究	胡　晴	中国艺术研究院	专著	2027-03-01
郭沫若文学著作版本收集整理与汇校	李　斌	中国社会科学院郭沫若纪念馆	研究报告	2026-12-31
北京鲁迅博物馆藏稀见及未刊文献整理与研究	葛　涛	北京鲁迅博物馆	专著	2027-12-31
五四新文学与晚明之关系研究	刘春勇	中国传媒大学	专著	2025-12-31
左翼文学与中国近现代的士绅变局研究（1911—1949）	熊　权	中央民族大学	专著	2027-06-30
华人文化诗学研究	张重岗	中国社会科学院文学研究所	专著，其他	2026-12-31
第一次文代会与当代文学发生研究	王秀涛	中国人民大学	专著	2027-09-30
中国当代文学中的城市想象研究	丛治辰	北京大学	专著	2026-12-31
口头传统与书面文本关系研究	杨霞（丹珍草）	中国社会科学院民族文学研究所	专著	2025-12-31
中国壮侗语民族神话的多态传承与时代价值研究	李斯颖	中国社会科学院民族文学研究所	专著，研究报告	2026-12-01
五四文学革命与阅读文化的嬗变研究（1917—1937）	袁一丹	首都师范大学	专著	2027-06-30
新农村建设与文艺生产研究（1956—1977）	闫作雷	中央民族大学	专著	2025-08-01

3. 青年项目

项目名称	负责人	工作单位	预期成果	完成时间
《太玄》文献整理与研究	沈相辉	北京大学	专著	2025–10–31
魏晋南北朝文学文本的生成研究与相关文献整理	吴沂澐	北京师范大学	专著	2026–06–30
中国古典小说在近代日本的流播与研究（1868—1945）	周健强	北京外国语大学	专著	2027–05–01
中国现代文学早期英译与国家形象建构研究（1919—1949）	刘月悦	中国社会科学院大学	专著	2026–06–30
情感政治视域下的解放区文艺研究	路　杨	北京大学	专著	2026–06–30
新世纪中国动画电影与古典文学传统转化研究	白惠元	北京师范大学	专著，其他	2025–12–31
中国当代科幻文学的想象力研究	彭　超	中国石油大学（北京）	专著	2025–09–01

十八、外国文学

1. 重点项目

项目名称	负责人	工作单位	预期成果	完成时间
俄罗斯文学中“人”的观念研究	王宗琥	首都师范大学	专著	2026–06–30

2. 一般项目

项目名称	负责人	工作单位	预期成果	完成时间
理论、批评与阐释：热奈特诗学话语理论的形成与展开研究（1966—1987）	吴康茹	首都师范大学	专著	2025–12–31
鲁迅译《工人绥惠略夫》考释与研究	杨俊杰	北京师范大学	专著	2025–03–31
十九世纪中国文化典籍在德语世界的译介、流传与影响研究	吴晓樵	北京航空航天大学	专著	2027–06–30
当代英国作家手记中的影视与小说创作研究	沈安妮	清华大学	专著	2025–12–30
奥地利犹太作家卡尔·克劳斯第一次世界大战时期经典作品研究	张文鹏	中国政法大学	专著，译著	2025–06–30
瑞士法语文学的身份构建研究	王斯秧	北京大学	专著	2025–12–31
英·巴赫曼诗学中的现代性批判与审美修复研究	张晓静	中国社会科学院外国文学研究所	专著	2027–03–20
20世纪法国奇幻文学理论研究（1951—1999）	张　怡	外交学院	专著	2025–09–01
美国《党派评论》杂志研究（1934—2003）	刘雪岚	中国社会科学院外国文学研究所	专著	2026–12–31
英国旅行文学史	田俊武	北京航空航天大学	专著，论文集	2026–08–30
济慈诗歌中的医学伦理、疾病与死亡书写研究	卢　炜	北京大学	专著	2026–12–31

续表

项目名称	负责人	工作单位	预期成果	完成时间
美国印第安城市文学与国家认同研究	李　靓	对外经济贸易大学	专著	2025-12-30
阿卜杜勒拉扎克·古尔纳的创作与批评研究	张　峰	北京外国语大学	专著	2027-03-01
19 世纪英美小说的媒介技术诗学研究	于　雷	北京外国语大学	专著	2027-12-31

3. 青年项目

项目名称	负责人	工作单位	预期成果	完成时间
情感文体学理论建构与现代主义小说语篇研究	黄　荷	北京师范大学	专著	2025-06-05
18 世纪英国剧院中的中国想象研究	逯　璐	对外经济贸易大学	专著	2026-09-01
缪勒选译《东方圣书》的文明互鉴思想研究	杨　艳	中央民族大学	专著	2025-06-01
中国古代话本小说在法国的译介与接受研究	吕如羽	中国人民大学	专著	2025-12-31
印刷媒介对法国文艺复兴文学的影响研究	高　冀	北京大学	专著	2027-12-31
美国城市文学的生态叙事传统研究	马　特	中央财经大学	专著	2025-07-01
林语堂作品在日本的译介与传播研究	张秀阁	北京科技大学	专著	2025-06-30

十九、语言学

1. 重点项目

项目名称	负责人	工作单位	预期成果	完成时间
基于数据库的汉语古诗英译史研究	文　军	北京航空航天大学	专著	2027-12-31
基于大型语料库的汉英同声传译信息加工路径与机制研究	卢信朝	北京外国语大学	专著，其他	2027-06-30
国家外语能力指数构建和中国关键外语战略研究	张天伟	北京外国语大学	专著，论文集	2024-12-31
服务国家治理的语言舆情监测体系建构研究	邹　煜	中国传媒大学	研究报告	2025-08-31
甲骨单字考释史研究	王子杨	清华大学	研究报告，工具书	2027-07-01
汉语增宾表达机制研究	项开喜	中国社会科学院语言研究所	专著	2026-12-31
夏尔巴话调查与深度研究	尹蔚彬	中国社会科学院民族学与人类学研究所	专著	2027-03-20

2. 一般项目

项目名称	负责人	工作单位	预期成果	完成时间
语法隐喻视域下汉英外壳名词经验识解的比较研究	董　敏	北京航空航天大学	专著	2026-10-31

续表

项目名称	负责人	工作单位	预期成果	完成时间
中国神话在英语世界的翻译、传播与影响研究（1793—1949）	王　敏	外交学院	专著	2025-12-31
全媒体时代“三国文化”英译模态重构与多维传播模式研究	郭　昱	中国人民大学	专著	2027-05-31
数字人文视域下译者数字素养研究	王华树	北京外国语大学	专著，论文集	2025-06-30
基于英汉双向口笔译认知研究数据库的译者心理加工研究	冯　佳	中国人民大学	论文集，其他	2026-12-30
福建漳浦闽南方言深度调查与历史演变研究	徐睿渊	中国社会科学院语言研究所	专著	2027-03-01
人工智能生成语言的安全问题研究	秦　颖	北京外国语大学	论文集，研究报告	2025-07-01
法官庭审话语的修辞能力研究	张　清	中国政法大学	专著	2025-12-30
汉语儿童预设习得研究	徐　婷	清华大学	论文集	2026-12-31
基于统计模型的二语英文构式能产性形成机制研究	房印杰	北京邮电大学	专著	2025-12-31
融合句法信息的大规模汉语语料库分析工具研制研究	张永伟	中国社会科学院语言研究所	研究报告，电脑软件	2025-03-20
核心素养下的国家义务教育质量监测英语指标体系和范型题研究	林敦来	北京师范大学	专著	2025-08-01
“双一流”背景下学术英语写作思辨能力评价与提升路径研究	马利红	北京科技大学	专著	2025-12-31
清华大学藏战国竹简所见东周人物人名用字及其族系诸问题研究	杨蒙生	北京语言大学	专著	2025-06-30
黄季刚声通系统研究	韩　琳	中央民族大学	专著	2027-12-31
长沙东汉简牍集释与疑难字词考证	刘　玥	中国传媒大学	专著	2025-06-30
汉语量范畴的语义演变研究	董正存	中国人民大学	专著	2027-09-30
汉语相近相关词类的一致性研究	张　娟	中国社会科学院语言研究所	专著	2026-06-30
基于立场表达的汉语语气词多维研究	崔希亮	北京语言大学	专著	2025-12-01
现代汉语新闻语篇超复杂结构研究	娄开阳	中央民族大学	专著	2025-12-30
汉语双动式的功能类聚和组合扩展研究	高增霞	中国人民大学	专著，论文集	2026-12-30
国际中文教育跨文化误解冲突问题及应对策略研究	亓　华	北京师范大学	专著，研究报告	2025-05-01

续表

项目名称	负责人	工作单位	预期成果	完成时间
外向型汉语学习融媒词典的研发与创新研究	杨玉玲	北京语言大学	工具书，电脑软件	2025-06-30
面向国际中文教育的二语阅读能力发展阶梯与应用研究	陈天序	中央民族大学	论文集，其他	2025-12-30
蒙古语语音史研究	王色音巴雅尔	中央民族大学	专著	2025-12-30
藏缅语言的音节类型及演变共性研究	燕海雄	中国人民大学	专著	2027-09-30
工作记忆与词汇习得的横向作用和纵向发展研究	滕　锋	北京师范大学	论文集	2025-08-31
中俄媒体话语生成机制及功能建构对比研究	徐洪征	中国传媒大学	专著	2025-12-31
清代法律文本中的句式研究	张　文	中国政法大学	专著	2025-12-30

3. 青年项目

项目名称	负责人	工作单位	预期成果	完成时间
构式变体模型视角下英汉构式变异与演变的交叉验证研究	张　懂	北京航空航天大学	专著	2026-12-31
基于历时通用依存树库的翻译汉语对现代汉语影响研究	宫明玉	对外经济贸易大学	专著	2027-07-01
甘青河湟地区少数民族转用的汉语方言接触性语法特征研究	张竞婷	中国社会科学院语言研究所	论文集，研究报告	2027-03-20
线上问诊医患互动的话语研究	罗正鹏	北京大学	专著	2025-12-31
神经定位与调控技术相结合的汉语语法加工与学习的神经机制研究	陈路遥	北京师范大学	论文集，研究报告	2025-12-31
图式性构式化和语法化的关系研究	胡　亚	首都师范大学	专著	2026-12-31
基于多语自然会话语料库的会话动态性分层模型研究	张冬冰	对外经济贸易大学	论文集	2026-06-30

二十、新闻学与传播学

1. 重点项目

项目名称	负责人	工作单位	预期成果	完成时间
“中国版中国故事”的全球化、区域化、分众化传播研究	任孟山	中国传媒大学	专著	2025-06-30
大众恐慌情绪传播机制与应对策略研究	赵云泽	中国人民大学	专著，研究报告	2025-06-30

2. 一般项目

项目名称	负责人	工作单位	预期成果	完成时间
网络舆论空间公众同情疲劳的生成机理、伦理风险与对策研究	陈俊妮	中央民族大学	专著	2025-07-30
以国际组织为主体的国际传播理论创新和能力提升研究	姬德强	中国传媒大学	专著，论文集	2025-07-01
中非命运共同体视域下我国对非国际传播的话语实践创新研究	李玉洁	中国社会科学院西亚非洲研究所	论文集，研究报告	2025-03-20
百年未有之大变局下的国际传播战略研究	陆佳怡	中国传媒大学	论文集，研究报告	2025-12-30
新时代国际传播中的说理研究	林升栋	中国人民大学	专著，论文集	2025-12-31
国际社交媒体涉华计算宣传传播特征、影响机制及应对策略研究	相德宝	北京外国语大学	论文集，研究报告	2024-12-31
数字经济视阈下出版业深度融合发展的模式与路径研究	李　婧	清华大学	论文集，研究报告	2025-07-28
非公资本进入新媒体领域的影响及对策研究	鞠宏磊	中国政法大学	论文集，研究报告	2025-06-30
“健康中国 2030”战略下我国社交媒体平台虚假信息传播与治理研究	苏　婧	清华大学	专著，研究报告	2026-12-31
深度老龄化背景下智能媒体的适老化标准研究	刘　东	中国人民大学	专著，论文集，研究报告，其他	2025-12-31
人类命运共同体视域下“一带一路”合拍片的跨文化共情传播研究	杨　柳	北京工商大学	专著	2025-06-30
网络纪录片讲好中国故事的发展策略与创新路径研究	崔　莉	中国艺术研究院	研究报告	2024-12-31
阅读效果视域下国民数字阅读素养的内涵、评估与提升研究	周　斌	北京印刷学院	专著	2026-08-31
基于虚拟现实技术的化学类学术期刊增强出版模式及应用实践研究	董文杰	中国科学院文献情报中心	专著	2024-10-20
基于行为经济学的在线群体传播引导与干预实验研究	曲　慧	北京师范大学	论文集，研究报告，其他	2024-12-31

3. 青年项目

项目名称	负责人	工作单位	预期成果	完成时间
数字时代新闻学交往范式的哲学阐释研究	李泓江	中国传媒大学	专著	2025-12-31

续表

项目名称	负责人	工作单位	预期成果	完成时间
智能新闻在“信息舆论战”中的应用实践与效能评估研究	梁　爽	北京邮电大学	论文集，研究报告	2025-09-20
新媒体环境下中国多模态对外议程设置效能研究	张伊妍	中国人民大学	研究报告，其他	2025-12-31
“信息疫情”下互联网虚假信息演化机制与治理对策研究	苏　岩	北京大学	论文集，研究报告	2025-06-30
社交机器人对网络传播秩序的影响研究	赵　蓓	北京师范大学	论文集，研究报告	2025-06-30
产业组织理论视域下平台垄断危机与治理对策研究	张　枭	中国政法大学	论文集，研究报告	2025-12-31
“信息疫情”中的健康传播信任机制建构与影响研究	赵　睿	中央民族大学	论文集	2024-12-31
短视频意见领袖在国际传播中的角色与效能研究	王晓培	北京交通大学	研究报告	2025-07-15

二十一、图书馆·情报与文献学

1. 重点项目

项目名称	负责人	工作单位	预期成果	完成时间
开放科学视野下新型学术出版物的著作权保护与共享机制研究	黄国彬	北京大学	专著，论文集	2026-07-31
北京奥运档案开发利用体系研究	徐拥军	中国人民大学	论文集，研究报告	2024-12-31

2. 一般项目

项目名称	负责人	工作单位	预期成果	完成时间
藏汉双语藏文古籍知识图谱构建研究	安　波	中国社会科学院民族学与人类学研究所	研究报告，电脑软件，其他	2025-03-20
数据驱动学科分类体系的构建及其在社会科学评价中的应用研究	耿海英	中国社会科学院中国社会科学评价研究院	研究报告	2025-06-30
支撑 AI4Science 的科技图书馆知识服务内容研究	韩　涛	中国科学院文献情报中心	专著，论文集，研究报告	2025-09-30
以图书馆为主体的文旅融合发展路径与模式研究	张　玮	国家图书馆	研究报告	2025-12-31
基于危重症患者高分辨率混杂临床数据的循证支持与决策方法研究	尚小溥	北京交通大学	论文集，研究报告	2025-07-31

续表

项目名称	负责人	工作单位	预期成果	完成时间
学习型搜索中用户知识评价机制研究	赵　立	首都经济贸易大学	研究报告	2025-12-31
面向颠覆性技术早期识别的弱信号监测体系设计与应用研究	苏　成	中国科学技术信息研究所	论文集，研究报告	2024-12-31
基于图书全内容的知识发现与智能服务研究	夏　天	中国人民大学	研究报告，其他	2024-12-31
数据协同赋能企业竞争情报挖掘与决策效能提升研究	张　勤	北京物资学院	研究报告	2026-12-31
大国竞争背景下国家科技情报体系能力发展研究	李　辉	北京市科学技术研究院	专著	2025-06-30
多模态科技资源的语义组织与关联发现服务研究	黄永文	中国农业科学院农业信息研究所	研究报告	2025-06-30
面向红色叙事的档案数字编研研究	牛　力	中国人民大学	论文集，研究报告，电脑软件	2025-06-30
学术谱系视角下科学家的知识传承及贡献评价研究	赵　勇	中国农业大学	论文集，研究报告	2025-06-30
开放科学视域下科技期刊论文数据汇交模式研究	雷　雪	中国科学技术信息研究所	研究报告	2025-06-30
基于单套制的机构电子档案长期保存体系及其功能实现路径研究	谢永宪	北京联合大学	研究报告，电脑软件，其他	2025-06-30

3. 青年项目

项目名称	负责人	工作单位	预期成果	完成时间
故宫博物院藏康雍时期内府稿抄本整理与研究	杨国彭	故宫博物院	研究报告	2027-09-30
文化强国战略中世界一流城市图书馆建设研究	苗美娟	对外经济贸易大学	研究报告	2025-06-30
医学数字出版中的自动语义标注与对象链接研究	康宏宇	北京协和医学院	论文集，研究报告	2024-12-31
面向多语种社会科学数据的线索发现方法研究	聂　磊	北京外国语大学	研究报告	2024-06-30
科学数据安全边界研究	李宜展	中国科学院文献情报中心	论文集，研究报告	2025-06-30
数字时代档案治理的内在机理与实现路径研究	杨　文	中国人民大学	论文集，研究报告	2025-06-30
中国亡佚古医籍目录综合研究	葛　政	中国中医科学院中医药信息研究所	专著	2027-07-31
计算档案学视角下的网络档案信息资源建设研究	周文泓	中国人民大学	研究报告	2025-06-30

二十二、体育学

1. 重点项目

项目名称	负责人	工作单位	预期成果	完成时间
新发展阶段国家体育产业基地高质量发展的路径优化研究	王兆红	北京师范大学	专著，研究报告	2025-06-30
儿童青少年健康行为友好环境体系构建研究	贺　刚	首都体育学院	研究报告	2025-06-30

2. 一般项目

项目名称	负责人	工作单位	预期成果	完成时间
体育促进美好生活的哲学诠释与实践研究	赵　歌	北京师范大学	研究报告	2027-06-30
体育行为变迁对人口健康福利的影响研究	王富百慧	国家体育总局体育科学研究所	专著	2025-12-31
全民健身与全民健康深度融合的法治保障研究	张笑世	中国政法大学	专著	2025-12-30
中国体育法学学术史研究（1984—2024）	韩　勇	首都体育学院	研究报告	2026-07-01
奥林匹克运动与人权问题研究	兰　薇	北京体育大学	专著	2025-06-30
教师专业化视阈下卓越体育教师培养体系构建研究	李笋南	北京师范大学	专著，研究报告	2025-06-30
普通高校健康治理促进大学生体质健康研究	张　戈	北京大学	研究报告	2025-08-31
残疾人体育纳入全民健身公共服务体系协同治理研究	吴　卅	国家体育总局体育科学研究所	专著，研究报告	2025-12-31
奥林匹克可持续发展理念下双奥竞技体育遗产治理中国方案的实践智慧与世界意义研究	胡孝乾	清华大学	研究报告	2025-05-31
冬季奥林匹克运动可持续发展中国方案研究	张　磊	中国人民大学	专著	2025-02-15
中华文化视域下中国武举文化变迁研究	马学智	北京体育大学	专著	2026-03-12
后冬奥时代我国冰雪运动融媒体传播的创新范式与实践路径研究	薛文婷	北京体育大学	研究报告	2025-07-31

3. 青年项目

项目名称	负责人	工作单位	预期成果	完成时间
体育非物质文化遗产资源的旅游开发价值评价与创新利用路径研究	李　萍	北京体育大学	研究报告	2024-12-30

二十三、管理学

1. 重点项目

项目名称	负责人	工作单位	预期成果	完成时间
精准减税降费对企业创新绩效的影响效果及政策研究	姚立杰	北京交通大学	专著，论文集，研究报告，其他	2025-06-30
乡村振兴视阈下村党组织书记胜任能力数字测评研究	祁凡骅	中国人民大学	专著，研究报告，电脑软件	2025-06-30
我国粮食数量质量双安全的风险测度与协同共治机制研究	王可山	北京物资学院	论文集，研究报告	2025-06-30
农村改革试验区的实验主义治理研究	章文光	北京师范大学	专著，论文集，研究报告	2025-04-30
地方政府短视行为的机制分析与对策研究	唐　啸	清华大学	专著，论文集，研究报告	2025-12-31
新发展格局下城市群的功能定位及畅通循环机制研究	汪　彬	中共中央党校（国家行政学院）	论文集	2024-12-31

2. 一般项目

项目名称	负责人	工作单位	预期成果	完成时间
突发不利外部冲击下智能制造企业供应链韧性提升机制研究	姜　旭	北京物资学院	论文集，研究报告	2024-12-31
数字赋能中国制造业企业经济绩效与创新绩效协同提升研究	郭传银	北京信息科技大学	研究报告	2025-06-30
数字化背景下包容性创业行为的驱动机理与实现路径研究	张　叶	北京化工大学	论文集，研究报告	2025-06-30
养老保险第三支柱与养老金融市场的协同发展研究	王向楠	中国社会科学院金融研究所	论文集，研究报告	2025-03-20
数字经济下网络生态系统价值共创、收益共享及治理策略研究	徐　鲲	北京联合大学	研究报告	2025-06-30
股东资源对财务韧性的作用机制研究	刘　婷	北京工商大学	研究报告	2025-08-31
机构投资者投资偏好与企业 ESG 绩效提升研究	刘宁悦	北京理工大学	研究报告	2025-08-31
数字赋能制造业企业绿色转型影响机理、路径与政策研究	陈丽莉	北京工商大学	研究报告	2025-06-30
网络货运平台物流征信数据管理机制和信用币金融创新模式研究	杨　洋	中国矿业大学（北京）	研究报告	2025-12-30

续表

项目名称	负责人	工作单位	预期成果	完成时间
重大疫情情景下食品保障类应急物资储备、调配与断链恢复体系构建研究	吴　军	北京化工大学	论文集	2025-06-30
数字经济驱动下企业跨界合作创新的内在机制与实施路径研究	王　涛	中国社会科学院工业经济研究所	研究报告	2025-03-20
算法视角下人力资源管理数字化的负面效应与企业干预机制研究	唱小溪	中国政法大学	专著，论文集	2025-12-30
算法管理下在线平台劳动者适应性行为的形成机制及对职业可持续性的影响研究	杜　辉	北京联合大学	专著，研究报告	2024-12-31
“双碳”目标下游客绿色消费行为的心理机制和激励措施研究	雷　铭	北京第二外国语学院	论文集，研究报告	2025-12-31
有助于共同富裕的鲜活农产品电商供应链纵向整合模式研究	周向阳	中国农业科学院农业信息研究所	论文集，研究报告	2025-07-31
“双碳”目标下考虑投资者预期的政府石油储备市场调节机制研究	孙　梅	中国石油大学（北京）	研究报告	2025-12-31
基于大震巨灾情景的京津冀一体化应急物资共储共享体系建设研究	白鹏飞	首都经济贸易大学	研究报告	2025-06-30
疫苗应急接种社会动员与韧性治理的双元模式研究	崔富强	北京大学	研究报告	2025-09-30
疫情常态化视角下中外大城市公共卫生应急管理体系与策略研究	李　颖	首都医科大学	研究报告	2025-12-31
我国困境儿童“预防—发现—救助—效果评估”服务链全过程研究	徐富海	民政部社会福利与社会进步研究所	专著，研究报告	2025-09-30
多源信息融合视域下舆情风险动态测度及防控机制研究	姚翠友	首都经济贸易大学	研究报告	2025-06-30
网络谣言治理中的熟悉感逆火效应发生机理与抑制策略研究	熊　炎	北京邮电大学	专著	2025-12-31
城市空间扩张模式对财政健康的影响及作用机制研究	颜　燕	首都经济贸易大学	研究报告	2025-06-30
基于行为科学理论和数据驱动方法的城市精细化治理研究	许立言	北京大学	专著	2025-12-31
我国食物系统可持续发展指标评价、实现路径与政策优化研究	程广燕	农业农村部食物与营养发展研究所	专著，研究报告	2025-06-30
世纪疫情下我国入境旅游韧性演化机理及提升策略研究	孙梦阳	北京联合大学	专著，研究报告	2024-12-31
生态脆弱民族地区规模性返贫风险及其防范研究	赵　荣	中国林业科学研究院	研究报告	2024-12-31

3. 青年项目

项目名称	负责人	工作单位	预期成果	完成时间
实现共同富裕的社会保险调节机制及其精准性提升研究	谢予昭	清华大学	论文集	2024-12-31
国有企业 ESG 战略管理控制系统实现路径及经济后果研究	宋　迪	中国政法大学	研究报告，其他	2024-06-30
国有企业工业互联网平台生态系统构建与协同机制研究	张任之	中国社会科学院工业经济研究所	研究报告	2025-02-20
新发展阶段国有企业“二次混改”双重治理机制构建及其政策体系研究	曹晓芳	北京物资学院	论文集，研究报告	2025-12-31
双碳目标下餐饮业减少顾客餐盘浪费的“助推式”措施研究	薛　欣	北京第二外国语学院	论文集，研究报告	2025-06-30
数字经济时代免接触服务对旅游消费者行为的影响研究	刘　春	北京第二外国语学院	研究报告	2025-12-31
中国生猪疫情防控政策及优化路径研究	石自忠	中国农业科学院农业经济与发展研究所	专著，研究报告	2025-06-30
“双碳”目标下智能技术赋能需求侧绿色治理机制研究	沈娅云	清华大学	研究报告，其他	2024-12-31
房地产税对地方政府隐性债务风险的纾解效应预评估研究	刘清杰	北京师范大学	论文集	2025-08-31
数智乡村应用赋能农村人居环境整治集体行动的机制研究	舒全峰	清华大学	论文集，研究报告	2024-06-30
宅基地盘活利用模式选择、成效评价与政策规范研究	任育锋	中国农业科学院农业信息研究所	研究报告	2024-12-31
数字化转型背景下职业教育适应性人才培养模式研究	王　雯	中国教育科学研究院	论文集，研究报告	2025-09-30
数字赋能下重大突发公共卫生事件协同治理体系与政策仿真研究	蔡媛青	中国社会科学院中国社会科学评价研究院	论文集，研究报告	2024-12-31
领先用户企业牵引的关键核心技术“产用”协同创新模式和机制研究	郭年顺	首都经济贸易大学	研究报告	2025-07-31
劳动力外流背景下妇女参与对农村公共治理的影响研究	霍雨佳	清华大学	论文集，研究报告	2024-12-31
数字政府建设中的基层行政负担与减负增效策略研究	黄文浩	国家信息中心	论文集，研究报告	2025-06-30

（全国哲学社会科学工作办公室供稿）

2022 年度国家社会科学基金重大项目立项名单（在京部属高校）

序号	批准号	项目名称	所在单位	负责人	备注
1	22&ZD006	马克思主义文明观研究	北京科技大学	李艳艳	重大项目
2	22&ZD012	中国式现代化的理论内涵与实现路径研究	中国人民大学	侯衍社	重大项目
3	22&ZD014	中国式现代化道路的文明底蕴与人类文明新形态的实践创造研究	中国人民大学	臧峰宇	重大项目
4	22&ZD018	当代西方马克思主义的资本主义批判理论范式转换研究	清华大学	夏　莹	重大项目
5	22&ZD022	中国共产党对外话语和叙事体系建构的文献收集整理与研究（1921—1949）	中国人民大学	王海军	重大项目
6	22&ZD028	互联网发展与国家治理体系和治理能力现代化研究	中国农业大学	臧雷振	重大项目
7	22&ZD029	基层党组织引领乡村振兴的创新机制研究	中国农业大学	李　明	重大项目
8	22&ZD035	多民族语言《十三经》跨学科研究及数据库建设	中央民族大学	赵小兵	重大项目
9	22&ZD037	音乐创作“中国性”研究	中央音乐学院	贾国平	重大项目
10	22&ZD042	当代中国应用伦理学学科体系、学术体系、话语体系建设研究	中国人民大学	张　霄	重大项目
11	22&ZD045	大数据驱动下的生命科学研究范式变革研究	北京师范大学	李建会	重大项目
12	22&ZD054	当代资本主义的本质特征、重大问题和影响研究	清华大学	朱安东	重大项目
13	22&ZD056	劳动力要素市场化配置中的效率增进与协同推进共同富裕路径研究	中国人民大学	邢春冰	重大项目
14	22&ZD057	碳中和与稳增长协同推进机制及实现路径研究	北京大学	刘　俏	重大项目
15	22&ZD063	“三重压力”下“双支柱”调控的政策效应评估与优化研究	中央财经大学	姜富伟	重大项目
16	22&ZD070	数字经济高质量发展的创新与治理协同互促机制研究	中央财经大学	李　涛	重大项目

续表

序号	批准号	项目名称	所在单位	负责人	备注
17	22&ZD072	数字经济时代数据资产的估值和定价研究	对外经济贸易大学	秦　磊	重大项目
18	22&ZD084	推动农业机械化智能化保障粮食安全的路径和机制创新研究	北京大学	王晓兵	重大项目
19	22&ZD085	新形势下我国农业食物系统转型研究	中国农业大学	樊胜根	重大项目
20	22&ZD086	南南农业合作促进我国粮食安全的政策与机制研究	中国农业大学	林发勤	重大项目
21	22&ZD087	粮食全链条节约减损行动方案及政策体系研究	中国农业大学	武拉平	重大项目
22	22&ZD090	新时代我国财税再分配的精准调节机制研究	中国人民大学	岳希明	重大项目
23	22&ZD092	超大规模市场优势与我国产业的全球竞争力研究	中国人民大学	林　晨	重大项目
24	22&ZD096	数字经济推动产业链供应链现代化水平提升的机制与对策研究	中国人民大学	宋　华	重大项目
25	22&ZD103	“双碳”目标下能源结构转型路径与协同机制研究	中国石油大学（北京）	赵晓丽	重大项目
26	22&ZD123	数字普惠金融支持乡村振兴的政策与实践研究	中国农业大学	何　婧	重大项目
27	22&ZD130	防范化解房价波动引发的经济金融风险研究	中国人民大学	况伟大	重大项目
28	22&ZD131	防范化解房价波动引发的经济金融风险研究	中央财经大学	梅冬州	重大项目
29	22&ZD135	“一带一路”重大项目风险动态监测与预警研究	北京邮电大学	王长峰	重大项目
30	22&ZD141	新时代国家智慧公共卫生应急管理模式及实施路径研究	北京协和医学院	胡红濮	重大项目
31	22&ZD143	乡村振兴战略下县域医共体向健共体转型机制研究	北京大学	简伟研	重大项目
32	22&ZD144	乡村振兴战略下县域医共体向健共体转型机制研究	中国人民大学	王　俊	重大项目
33	22&ZD148	数字化变革推动中小企业高质量发展研究	北京邮电大学	何　瑛	重大项目

续表

序号	批准号	项目名称	所在单位	负责人	备注
34	22&ZD164	我国经济安全动态监测与风险防控机制研究	对外经济贸易大学	唐晓彬	重大项目
35	22&ZD167	习近平生态文明思想的科学体系研究	对外经济贸易大学	林智钦	重大项目
36	22&ZD172	超大城市治理的理论和路径研究	中国人民大学	李文钊	重大项目
37	22&ZD176	总体国家安全观下境外非政府组织的国家安全风险及防范研究（不公布题目）	国际关系学院	罗英杰	重大项目
38	22&ZD179	美国制造业回流的举措、效果和影响研究	中国人民大学	邓子梁	重大项目
39	22&ZD186	无障碍环境建设研究	清华大学	邵　磊	重大项目
40	22&ZD189	乡村振兴战略下县域城乡融合发展的理论与实践研究	北京大学	周飞舟	重大项目
41	22&ZD191	新时代促进劳动力返乡创业的高质量发展研究	清华大学	何晓斌	重大项目
42	22&ZD198	习近平法治思想的原创性贡献及其理论阐释研究	中国人民大学	冯玉军	重大项目
43	22&ZD202	农村集体所有制法律实现机制研究	中国人民大学	高圣平	重大项目
44	22&ZD206	民法典与民事诉讼法的协同实施研究	清华大学	任　重	重大项目
45	22&ZD210	坚持正确的中华民族历史观研究	中央民族大学	杨须爱	重大项目
46	22&ZD213	中华民族语言文字接触交融研究	北京大学	孔江平	重大项目
47	22&ZD216	少数民族地区国家通用语言推广普及策略研究	教育部语言文字应用研究所	刘朋建	重大项目、教育部直属科研机构由社科司代管
48	22&ZD218	我国民族音乐文化与语言数据集成及共演化研究	北京大学	陈保亚	重大项目
49	22&ZD224	明清华北核心区生态环境变迁与经济发展研究	清华大学	仲伟民	重大项目
50	22&ZD229	17—18 世纪西方汉学兴起研究	北京语言大学	张西平	重大项目
51	22&ZD231	19 世纪上半叶清朝的边疆与边政研究	中国人民大学	孙　喆	重大项目
52	22&ZD243	绿松石产源视角下先秦文化互动与交流研究	北京科技大学	李延祥	重大项目
53	22&ZD253	中国共产党宗教工作史料整理与研究	中国人民大学	何虎生	重大项目
54	22&ZD256	汉语系佛教解经古文献编目整理和诠释研究	北京大学	李四龙	重大项目

续表

序号	批准号	项目名称	所在单位	负责人	备注
55	22&ZD257	基于历代训释资源库的中国特色阐释学理论建构与实践研究	北京师范大学	王立军	重大项目
56	22&ZD286	俄罗斯诗学学派研究	北京大学	凌建侯	重大项目
57	22&ZD288	英国旅行文学史	北京航空航天大学	田俊武	重大项目
58	22&ZD294	现代汉语源流考	中国人民大学	陈前瑞	重大项目
59	22&ZD306	白话报刊多层标注语料库建设与研究（1815—1949）	对外经济贸易大学	刘　云	重大项目
60	22&ZD309	中国现代语文教育理论资料的搜集、整理与研究	北京师范大学	任　翔	重大项目
61	22&ZD310	多重突发事件下群体恐慌情绪传播综合评估与风险治理研究	中国人民大学	赵云泽	重大项目
62	22&ZD314	新时代媒体融合推进北京冬奥精神传播研究	北京外国语大学	魏　伟	重大项目
63	22&ZD315	建强新时代国际传播专门人才队伍研究	中国传媒大学	曾祥敏	重大项目
64	22&ZD318	基于人工智能的精准国际传播研究	北京大学	陈　刚	重大项目
65	22&ZD320	西方国家主要政党涉华传播话语体系研究	中国传媒大学	任孟山	重大项目
66	22&ZD328	面向健康中国战略的智慧养老数据资源体系建设研究	中国人民大学	左美云	重大项目
67	22ZDA003	习近平经济思想对马克思主义政治经济学发展的原创性贡献	中国人民大学	邱海平	研究阐释党的十九届六中全会精神国家社科基金重大项目
68	22ZDA007	中国共产党百年奋斗中坚持党的领导经验研究	对外经济贸易大学	张世飞	研究阐释党的十九届六中全会精神国家社科基金重大项目
69	22ZDA010	中国共产党百年奋斗中坚持理论创新经验研究	北京交通大学	高正礼	研究阐释党的十九届六中全会精神国家社科基金重大项目
70	22ZDA018	中国共产党的百年奋斗对世界历史进程的深刻影响研究	清华大学	陈明凡	研究阐释党的十九届六中全会精神国家社科基金重大项目
71	22ZDA022	以中国式现代化推进中华民族伟大复兴研究	北京大学	刘　军	研究阐释党的十九届六中全会精神国家社科基金重大项目
72	22ZDA027	推进中华民族伟大复兴进程中的中国式现代化理论与实践重大创新研究	清华大学	戴木才	研究阐释党的十九届六中全会精神国家社科基金重大项目
73	22ZDA041	党的十八大以来推动数字经济高质量发展的实践和经验研究	清华大学	戎　珂	研究阐释党的十九届六中全会精神国家社科基金重大项目

续表

序号	批准号	项目名称	所在单位	负责人	备注
74	22ZDA043	数字经济推动经济发展质量变革、效率变革、动力变革研究	中央财经大学	孙宝文	研究阐释党的十九届六中全会精神国家社科基金重大项目
75	22ZDA083	视听艺术精品推动中华优秀传统文化创造性转化、创新性发展研究	清华大学	司　若	研究阐释党的十九届六中全会精神国家社科基金重大项目
76	22ZDA085	扩大社会力量参与文化遗产保护问题研究	清华大学	吕　舟	研究阐释党的十九届六中全会精神国家社科基金重大项目
77	22ZDA086	加大文化遗产保护力度研究	中国传媒大学	贾旭东	研究阐释党的十九届六中全会精神国家社科基金重大项目
78	22ZDA091	伟大脱贫攻坚精神研究	北京师范大学	张　琦	研究阐释党的十九届六中全会精神国家社科基金重大项目
79	22ZDA094	实现更加充分、更高质量就业研究	北京师范大学	赖德胜	研究阐释党的十九届六中全会精神国家社科基金重大项目
80	22ZDA096	新时代健康观指导下的健康中国建设实施路径研究	中国人民大学	王虎峰	研究阐释党的十九届六中全会精神国家社科基金重大项目
81	22ZDA107	数字经济推动社会主义生产、生活以及生态和谐共生研究	北京理工大学	郝　宇	研究阐释党的十九届六中全会精神国家社科基金重大项目
82	22ZDA110	提升话语权与制度性权力，积极参与全球环境与气候治理	清华大学	滕　飞	研究阐释党的十九届六中全会精神国家社科基金重大项目
83	22ZDA119	基于系统韧性的统筹发展和安全研究：技术赋能、制度保障与指标引领	北京航空航天大学	詹承豫	研究阐释党的十九届六中全会精神国家社科基金重大项目
84	22ZDA126	弘扬和平、发展、公平、正义、民主、自由的全人类共同价值研究	北京大学	陈培永	研究阐释党的十九届六中全会精神国家社科基金重大项目

（高校社科管理中心供稿）

2022 年度国家社会科学基金艺术学重大项目立项名单（北京地区）

序号	批准号	课题名称	责任单位	首席专家
1	22ZD01	建成社会主义文化强国的标准和实现路径研究	中国传媒大学	李怀亮
2	22ZD02	建党百年艺术生产运行机制与制度研究	中央戏剧学院	宋　震
3	22ZD04	中国式现代化背景下艺术理论发展研究	北京大学	唐宏峰
4	22ZD08	中国皮影艺术传承创新研究	中国音乐学院	黄　虎

续表

序号	批准号	课题名称	责任单位	首席专家
5	22ZD09	中国纪录片的历史、理论与创新实践研究	中国传媒大学	何苏六
6	22ZD10	中国特色电影知识体系研究	北京大学	李道新
7	22ZD11	中华民族共同体认同与各民族音乐交融共生研究 *	中央民族大学	包爱军
8	22ZD16	新发展理念下乡村振兴艺术设计战略研究 *	中央美术学院	吕品晶

（全国艺术科学规划领导小组办公室供稿）

2022年度国家社会科学基金艺术学项目立项名单（北京地区）

序号	项目编号	项目类别	批准号	项目名称	负责人	责任单位
1	2022AA00730	重点	22AA001	事件理论视阈下的中国网络文艺批评研究	胡疆锋	首都师范大学
2	2022AB01933	重点	22AB002	1935年梅兰芳访苏相关文献整理与研究	周丽娟	中国戏曲学院
3	2022AB03154	重点	22AB220	欧阳予倩与新中国戏剧的构建	高　音	中央戏剧学院
4	2022AD01545	重点	22AD004	中国古代军乐文化研究	任方冰	中国音乐学院
5	2022AD03905	重点	22AD005	中国民族器乐创作的特色语汇研究	秦文琛	中央音乐学院
6	2022AE05483	重点	22AE007	中国舞蹈科学理论与实践发展研究	温　柔	北京舞蹈学院
7	2022AF05521	重点	22AF011	我国美术馆未来发展趋势研究	张子康	中央美术学院
8	2022AG04053	重点	22AG014	面向公共卫生危机的“健康设计”理论研究和创新方法体系建构	赵　超	清华大学
9	2022AH01136	重点	22AH016	我国国家文化公园政策体系构建研究	吴承忠	对外经济贸易大学
10	2022AA00883	一般	22BA020	法国近代艺术理论文献整理与研究	张　颖	中国艺术研究院
11	2022AA05548	一般	22BA021	百年中国美育史研究	傅怡静	中央美术学院
12	2022BA00370	一般	22BA022	艺术的“当代性”理论研究	董丽慧	北京大学
13	2022BB01059	一般	22BB032	民国戏曲序跋整理与研究	李志远	中国艺术研究院
14	2022BB01431	一般	22BB033	生旦体制与明清传奇的演进	王永恩	中国传媒大学
15	2022BC02624	一般	22BC042	中国主流纪录片的文化记忆建构研究	赵　曦	中国传媒大学
16	2022BC04047	一般	22BC045	智媒时代视听内容生产与价值体系建设研究	顾亚奇	中国人民大学
17	2022BC00938	一般	22BC047	中外比较视野下新时代中国电影院线高质量发展策略研究	俞剑红	北京电影学院
18	2022BC00535	一般	22BC050	中国类型电影声音创作与理论研究	王　珏	北京电影学院

续表

序号	项目编号	项目类别	批准号	项目名称	负责人	责任单位
19	2022BC03796	一般	22BC052	中华优秀传统文化在数字游戏中的创造性转化与创新性发展研究	何　威	北京师范大学
20	2022BC03841	一般	22BC053	讲好中国故事：短视频国际传播实践及创新话语体系研究	何其聪	北京师范大学
21	2022BC00416	一般	22BC054	香港电影文化史研究（1946—1979）	苏　涛	中国人民大学
22	2022AD04413	一般	22BD064	同源异流 相融共声——世界扬琴体系与多元音乐文化研究	刘月宁	中央音乐学院
23	2022BD03818	一般	22BD071	昆曲南曲曲牌曲腔关系研究	蒯卫华	北京师范大学
24	2022BD04150	一般	22BD077	西方歌剧流派研究	康　啸	中国音乐学院
25	2022BE01214	一般	22BE079	当代中国舞蹈思想文献与创作观念研究	闫桢桢	北京舞蹈学院
26	2022BE04304	一般	22BE081	当代中国舞剧批评研究	董　丽	中华女子学院
27	2022BF01080	一般	22BF105	宋代绘画的题跋研究	李方红	中国艺术研究院
28	2022AG00473	一般	22BG113	新中国室内设计 70 年（1949—2019）	宋立民	清华大学
29	2022BG04574	一般	22BG137	面向学习障碍儿童的智能交互产品设计研究	范　敏	中国传媒大学
30	2022AH04780	一般	22BH150	文化和旅游融合发展的典型模式和主导机制研究	宋子千	中国旅游研究院（文化和旅游部数据中心）
31	2022AH00992	一般	22BH156	新型数字文化消费对 Z 世代生活方式的影响研究	张　铮	清华大学
32	2022CC02195	青年	22CC166	基于人工智能的影视内容感知、评析及决策机制研究	徐芳依	中国传媒大学
33	2022CC01331	青年	22CC169	共同体建构视域下中国“新主流”电影的工业美学路径研究	刘祎祎	北京舞蹈学院
34	2022CF01144	青年	22CF178	现当代身体艺术理论研究	张　晨	中央美术学院
35	2022CF01042	青年	22CF179	宋元明清文人艺术中的苏轼图像研究	王一楠	中国艺术研究院
36	2022CG00217	青年	22CG183	甘丹颇章政权时期西藏官服文化研究	陈　果	北京服装学院
37	2022CH02191	青年	22CH186	构建人类命运共同体的文明对话机制和路径研究	张苏秋	中国传媒大学
38	2022BH01064	青年	22CH191	虚拟数字人的产业应用与文化生态研究	刘书亮	中国传媒大学

（全国艺术科学规划领导小组办公室供稿）

全国教育科学“十四五”规划2022年度立项课题名单（北京地区）

序号	课题批准号	课题类别	课题名称	姓名	工作单位
1	VAA220001	国家重大	十八大以来社会主义核心价值观教育的主要经验与深化机制研究	石中英	清华大学
2	VHA220005	国家重大	“双减”背景下基础教育生态系统重构机制研究	孟繁华	首都师范大学
3	VKA220009	国家重大	新时代老年教育服务体系建设研究	吴　峰	北京大学
4	AGA220011	国家重点	“双一流”大学全球战略研究	周作宇	北京师范大学
5	AIA220013	国家重点	新时代卓越工程师教育培养研究	林　健	清华大学
6	AGA220015	国家重点	城市群空间演进与区域高等教育布局重构研究	高书国	首都师范大学
7	AIA220018	国家重点	“冷门绝学”基础学科的人才培养体系研究	文　雯	清华大学
8	AHA220020	国家重点	“双减”政策落实的过程监测和成效评价研究	薛海平	首都师范大学
9	AJA220022	国家重点	职业本科教育的推进路径及实施策略研究	曾天山	教育部职业教育发展中心
10	AFA220025	国家重点	教育经费投入的可持续性及合理分配研究	曾晓东	北京师范大学
11	BAA220167	国家一般	中国教育人类学“三大体系”构建研究	巴战龙	北京师范大学
12	BCA220208	国家一般	基于大数据挖掘的学生智能评测和辅导研究	贾积有	北京大学
13	BCA220209	国家一般	碎片化学习的深度学习机制和应用效果研究	李葆萍	北京师范大学
14	BDA220033	国家一般	义务教育阶段学生作业政策国际比较研究	马健生	北京师范大学
15	BDA220034	国家一般	国际比较视野下中等教育普职分流模式研究	王晓燕	中国教育科学研究院
16	BEA220040	国家一般	完善新时代思想政治工作体系研究	冯　刚	北京师范大学
17	BEA220050	国家一般	社会主义核心价值观教育的质量评估研究	张宁娟	中国教育科学研究院
18	BFA220171	国家一般	新时代大学生劳动力市场景气监测与高校就业促进工作绩效评估研究	邓　峰	北京理工大学
19	BFA220176	国家一般	科技自立自强背景下理工科高校大学生创新创业绩效研究	曲绍卫	北京科技大学
20	BGA220149	国家一般	面向优质均衡的基本公共教育服务测度与指向研究	刘大伟	中国教育科学研究院
21	BGA220152	国家一般	“双减”背景下校外培训治理逻辑演进与路径优化研究	曲一帆	对外经济贸易大学
22	BGA220156	国家一般	“强基计划”下基础学科拔尖人才选拔－培养－评价机制研究	阎　琨	清华大学
23	BGA220159	国家一般	我国国际传播人才培养的现状、问题与对策研究	周建新	中国传媒大学
24	BHA220110	国家一般	共同富裕进程中乡村教师多形式补充与稳定机制研究	陈　飞	中国教育科学研究院

续表

序号	课题批准号	课题类别	课题名称	姓名	工作单位
25	BHA220112	国家一般	“普遍干预”理念下中小学校园欺凌治理体系研究	陈　琴	中国教育科学研究院
26	BHA220118	国家一般	我国当代中小学教学名师成长的本土路径与机制研究	胡　艳	北京师范大学
27	BHA220122	国家一般	中国基础教育教学方法的国际传播模式构建研究	阚　维	北京师范大学
28	BHA220130	国家一般	马克思主义劳动观视域下大中小学劳动教育课程一体化建设研究	曲　霞	中国劳动关系学院
29	BHA220132	国家一般	“全面三孩”政策下基于人口预测的超大城市普惠性托幼资源供需及统筹配置研究	沙　莉	首都师范大学
30	BHA220136	国家一般	基于国家事权的语文教材编制理论体系构建研究	王本华	人民教育出版社
31	BHA220142	国家一般	学校课后服务的资源供给体系研究	杨　清	中国教育科学研究院
32	BHA220143	国家一般	中小学生数学建模中视觉化表征的作用及其训练研究	杨　涛	北京师范大学
33	BIA220056	国家一般	新时代行业特色大学高质量转型发展战略与实施策略研究	储祖旺	中国地质大学（武汉）
34	BIA220070	国家一般	人类命运共同体视域下中国研究型大学可持续发展策略构建研究	金　帷	中国农业大学
35	BIA220095	国家一般	基于深度学习的高校课堂有效合作学习研究	杨春梅	北京理工大学
36	BIA220101	国家一般	我国高校性骚扰防治机制的本土建构	张　冉	北京大学
37	BIA220105	国家一般	质量文化视角下高校拔尖创新人才培养的实践逻辑及改革路径研究	周廷勇	中央民族大学
38	BJA220250	国家一般	职业技能等级证书体系构建及系统融入学历证书体系路经研究	唐以志	教育部职业教育发展中心
39	BJA220254	国家一般	教育数字化转型下职业教育学习空间建设研究	吴　虑	国家教育行政学院
40	BJA220260	国家一般	智能技术赋能职业教育增值评价研究	宗　诚	中国教育科学研究院
41	BLA220228	国家一般	构建人类卫生健康共同体背景下全球卫生教育的理论与实践研究	侯建林	北京大学
42	BLA220235	国家一般	基于加速追踪设计的幼儿身体成分科学发育及精准运动促进机制研究	屈　莎	北京体育大学
43	BLA220236	国家一般	国家文化安全观视域下中小学影视教育的模式创新与实践研究	任晟姝	北京师范大学
44	BLA220240	国家一般	基于农村全科医生置信职业行为的医学教育创新研究	朱纪明	清华大学
45	BMA220224	国家一般	新时代高校铸牢中华民族共同体意识常态化机制研究	李　芳	教育部民族教育发展中心

续表

序号	课题批准号	课题类别	课题名称	姓名	工作单位
46	BMA220226	国家一般	民族地区中小学中华民族共同体意识教育成效、问题与对策研究	钟志勇	中央民族大学
47	BOA220186	国家一般	美国公共教育中的联邦战略研究	陈露茜	北京师范大学
48	BOA220190	国家一般	想象与建构：近代教育的图像叙事研究（1884—1919）	刘　璐	北京大学
49	CCA220321	国家青年	面向围术期精细化质量控制的麻醉病历大数据重构与医师自助式模拟教学研究	特日格勒	北京协和医学院
50	CEA220276	国家青年	基于思政一体化的中小学德育教材建设研究	沈艳艳	人民教育出版社
51	CGA220303	国家青年	县域学前教育高质量发展评价指标体系研究	孙蔷蔷	中国教育科学研究院
52	CHA220294	国家青年	义务教育质量关键影响因素的识别与影响机制研究	贾　璞	北京师范大学
53	CHA220295	国家青年	新时代中小学教材质量评价指标体系构建研究	贾　瑜	首都师范大学
54	CHA220300	国家青年	人工智能支持下聚焦关键教学行为的课堂教学评价研究	赵文君	北京师范大学
55	CIA220282	国家青年	部属师范大学优师计划政策执行的过程追踪与效果评估研究	李　健	北京师范大学
56	CIA220284	国家青年	中国本科拔尖创新人才学习行为及其与环境互动机制研究	刘湉祎	课程教材研究所
57	CIA220287	国家青年	“国家专项计划”政策效果全过程评估与优化路径研究	王严淞	北京体育大学
58	CIA220288	国家青年	科教融合育人组织模式与协同机理的国际比较研究	徐艳茹	中国科学院大学
59	CKA220274	国家青年	幼儿园教师融合教育素养指标体系及培养体系的构建研究	赵梅菊	中华女子学院
60	CLA220325	国家青年	以家庭健康教育促进学龄前儿童睡眠健康和认知发展的干预研究	张之光	北京师范大学
61	CMA220322	国家青年	民族地区县域高质量教师培训组织的运行机制与保障模式研究	国建文	北京师范大学
62	CMA220323	国家青年	中华民族共同体视域下教育援藏援疆政策的实施及发展研究	黄基鑫	中央民族大学
63	DCA220448	教育部重点	疫情常态下 ISO+AI 驱动的线上教学质量保障与提升体系研究	刘经纬	首都经济贸易大学
64	DCA220449	教育部重点	“双减”背景下信息技术支持的差异化教学设计模型与干预策略研究	乔爱玲	首都师范大学
65	DCA220451	教育部重点	基于多模态数据的学习者沉浸体验评估模型构建与实证研究	沈　阳	北京师范大学

续表

序号	课题批准号	课题类别	课题名称	姓名	工作单位
66	DCA220452	教育部重点	教育数字化战略行动中信息化教学应用实践共同体机制探索与发展策略	沈　芸	教育部教育技术与资源发展中心（中央电化教育馆）
67	DCA220455	教育部重点	教育优质均衡发展背景下双师课堂有效教学行为体系建构研究	朱永海	首都师范大学
68	DDA220342	教育部重点	世界一流开放大学质量保障机制研究	李　薇	国家开放大学
69	DDA220343	教育部重点	开放教育资源服务全民终身学习的国际比较研究	王向旭	国家开放大学
70	DEA220353	教育部重点	人工智能辅助下未成年人罪错行为风险评估预警与干预策略研究	刘晓倩	中国政法大学
71	DEA220354	教育部重点	中小学教育惩戒纠纷中学校、家长、学生三方法律责任体系研究	孙　倩	北京教育学院
72	DFA220435	教育部重点	新高考结果评价改进的创新应用研究	章建石	教育部教育考试院
73	DFA220436	教育部重点	“双一流”高校毕业生就业质量提升策略研究——基于高影响力教学实践的视角	祝　军	北京外国语大学
74	DGA220424	教育部重点	新《教师法》背景下国家教师资格考试制度改革发展研究	冯加根	教育部教育考试院
75	DHA220392	教育部重点	新时代统编教科书建设的理论与实践研究	郭　戈	人民教育出版社
76	DHA220397	教育部重点	以大概念为支点的语文单元教学内容重构与实施策略研究	李卫东	北京教育科学研究院
77	DHA220400	教育部重点	核心素养视域下中美小学数学教科书比较研究	刘福林	人民教育出版社
78	DHA220403	教育部重点	区域层面推进初中学生综合素质评价现实路径研究	吕军梅	课程教材研究所
79	DHA220405	教育部重点	智能技术赋能区域中小学课堂教学评价研究	任炜东	北京市朝阳区教育科学研究院
80	DHA220412	教育部重点	学前儿童游戏中多模态话语互动与阅读理解关系的研究	王　玉	中华女子学院
81	DHA220414	教育部重点	五育融合时代“学科美育”的理论模型与实践机制研究	吴晗清	首都师范大学
82	DHA220416	教育部重点	利用地域资源开展生态文明教育的实践模式研究	吴颖惠	北京市海淀区教育科学研究院
83	DHA220504	教育部重点	构建特殊教育学校孤独症儿童教育评价体系的实践研究	王桂香	北京市健翔学校
84	DHA220506	教育部重点	中学国家安全教育课程建设与实施范式的实践研究	王佳雨	中国人民大学附属中学
85	DHA220510	教育部重点	学科能力导向的增值评价策略及其可视化研究	余彩芳	北京市十一学校

续表

序号	课题批准号	课题类别	课题名称	姓名	工作单位
86	DIA220367	教育部重点	生态理论视域下听障大学生的在线学习投入与提升路径研究	刘志丽	北京联合大学
87	DIA220377	教育部重点	基于大数据分析的基础学科博士生特征研究	向体燕	教育部学位与研究生教育发展中心
88	DIA220384	教育部重点	新时代高校哲学社会科学教材高质量发展的评价指标体系研究	袁　帅	课程教材研究所
89	DJA220466	教育部重点	中等职业教育多样化发展的理论内涵与制度设计	郭　静	国家教育行政学院
90	DJA220472	教育部重点	保民生视角下的职业教育政策优化研究	刘　红	教育部职业教育发展中心
91	DJA220474	教育部重点	新时代中小幼一体化职业启蒙教育课程体系构建研究	王敬杰	中国教育科学研究院
92	DJA220476	教育部重点	社会认同视野下瑞士职业教育发展特色及启示研究	许　竞	教育部职业教育发展中心
93	DKA220346	教育部重点	新时代中国特色老年教育服务体系建设研究	刘亚娜	首都师范大学
94	DLA220458	教育部重点	新时代全国中小学美育师资队伍建设研究	李红菊	北京师范大学
95	EBA220551	教育部青年	屏幕时间对幼儿自我调节能力的影响机制与干预研究	张和颐	北京师范大学
96	EDA220515	教育部青年	欧洲儿童校外教育空间创新机制研究	巫　锐	北京外国语大学
97	EEA220518	教育部青年	人工智能提升共同体意识的心理机制及干预研究	王从余	中国人民公安大学
98	EHA220532	教育部青年	“双减”背景下家长参与对学生校内外负担的影响研究	高　翔	北京教育科学研究院
99	EIA220524	教育部青年	应用型高校参与区域创新生态系统的产教融合机制及对策研究	沈佳坤	北京物资学院
100	EJA220560	教育部青年	本科职业学校组织转型的多案例研究	陈沛酉	课程教材研究所
101	ELA220556	教育部青年	美育视角下儿童设计思维培养策略研究	程　希	北京邮电大学
102	ELA220557	教育部青年	基于课程改革的“小空间”课堂舞蹈教学模式构建研究	王　倩	人民教育出版社
103	EOA220549	教育部青年	杜威来华新见史料的整理与研究	刘　幸	北京师范大学
104	DBZ220572	教育部专项	大数据视域下香港青年学生网络行为特征分析及引导教育研究	陈雍君	北京建筑大学
105	DIZ220579	教育部专项	新时代内地高校港澳学生国情教育体系创新研究	谢佩宏	北京大学
106	DIZ220581	教育部专项	台湾青年教师赴陆高校任教影响因素与因应策略研究：从推拉系住力模型的视角	叶建宏	北京师范大学

（全国教育科学规划领导小组办公室供稿）

2022 年度教育部人文社会科学研究一般项目立项名单（在京高校）

序号	项目批准号	项目名称	学校名称	申请人	项目类别	学科门类
1	22YJC630186	中国汽车品牌高端化的理论模型与实践路径研究	北方工业大学	杨一翁	青年基金项目	管理学
2	22YJA870003	基于深度学习的数字图书馆图像检索方法研究	北方工业大学	曹丹阳	规划基金项目	图书馆、情报与文献学
3	22YJAZH002	新媒体技术下程式动作拉班舞谱生成与戏曲艺术保护研究	北方工业大学	蔡兴泉	规划基金项目	交叉学科 / 综合研究
4	22YJAZH056	中国古书画修复的补绢研究	北京城市学院	李艳梅	规划基金项目	交叉学科 / 综合研究
5	22YJCZH044	HIV/AIDS 患者心理症状网络分析及精准化心理干预方案构建研究	北京大学	韩舒羽	青年基金项目	交叉学科 / 综合研究
6	22YJC880095	中国博士毕业生就业的区域流动：特征及个体决策机制	北京大学	许丹东	青年基金项目	教育学
7	22YJA630068	促进组织内个体创造力积极影响的探讨：悖论认知的作用	北京大学	任　润	规划基金项目	管理学
8	22YJC720009	儒学日本化进程研究	北京大学	刘　莹	青年基金项目	哲学
9	22YJC720011	公众科学视角下的健康自由意志主义研究	北京大学	潘龙飞	青年基金项目	哲学
10	22YJAZH076	国家治理制度能力的历史社会科学分析：以南北宋儒学思想的实践过程为例	北京大学	罗祎楠	规划基金项目	交叉学科 / 综合研究
11	22YJC790120	循环经济视角下中国特色可持续发展实现路径研究——基于全生命周期分析框架	北京大学	王　镝	青年基金项目	经济学
12	22YJC790164	数字农业背景下农户智能化技术采纳行为研究：以设施蔬菜为例	北京大学	张强强	青年基金项目	经济学
13	22YJA752022	法国自传文学发展历程研究	北京大学	杨国政	规划基金项目	外国文学
14	22YJC760048	海外藏明代戏曲文献研究	北京大学	林杰祥	青年基金项目	艺术学
15	22YJA630036	真实世界大数据驱动的学习型健康医疗系统研究与应用－以慢性肾脏病管理为例	北京大学	孔桂兰	规划基金项目	管理学
16	22YJCZH029	考古学视野下的汉晋北部边疆治理进程研究	北京大学	方笑天	青年基金项目	交叉学科 / 综合研究

续表

序号	项目批准号	项目名称	学校名称	申请人	项目类别	学科门类
17	22YJC710018	英国马克思主义国家理论研究	北京大学	郭　丁	青年基金项目	马克思主义/思想政治教育
18	22YJC880089	跨学科教育经历对博士生科研能力发展的影响机制研究	北京大学	谢　鑫	青年基金项目	教育学
19	22YJC740067	面向国际中文教育的虚拟现实教学资源建设研究	北京第二外国语学院	宋　飞	青年基金项目	语言学
20	22YJC760025	社会选择视域下新世纪中国主流电影的美学建构研究	北京电影学院	侯杰耀	青年基金项目	艺术学
21	22YJAZH118	乡村振兴下数字技术驱动的传统手工艺创造性转化研究	北京服装学院	谢天晓	规划基金项目	交叉学科/综合研究
22	22YJA760069	京绣文化研究	北京服装学院	沈　飞	规划基金项目	艺术学
23	22YJAZH037	文化自信视域下国潮服装的数字化设计与传播研究	北京服装学院	姜　延	规划基金项目	交叉学科/综合研究
24	22YJC760124	新时代城市更新战略中北京公共艺术建设发展研究	北京服装学院	张　楠	青年基金项目	艺术学
25	22YJC740012	中国境内语言话题标记的体系建构、历时演变和相关类型特征研究	北京工商大学	邓莹洁	青年基金项目	语言学
26	22YJCZH006	基于多维感知与智能计算的城市河湖污染应急决策机制研究	北京工商大学	白玉廷	青年基金项目	交叉学科/综合研究
27	22YJC820045	数据治理法律规则域外适用研究	北京工商大学	于华溢	青年基金项目	法学
28	22YJC630122	社交媒体营销背景下居民绿色消费行为形成机制及引导策略研究	北京工商大学	孙　莹	青年基金项目	管理学
29	22YJC630082	领导正念对下属及团队创新韧性的影响：认知与情感的双路径研究	北京工商大学	刘贝妮	青年基金项目	管理学
30	22YJC710087	马克思东方社会理论视域下中国式现代化道路研究	北京工商大学	袁　雷	青年基金项目	马克思主义/思想政治教育
31	22YJA790089	世界动荡变革期中国企业全球供应链韧性的测度与提升路径研究	北京工业大学	张鹏杨	规划基金项目	经济学
32	22YJC790132	公约受控卤代烃在建筑制冷部门的协同减排效应及路径研究	北京工业大学	王　旭	青年基金项目	经济学
33	22YJC630021	协同网络视角下产学研联盟断层的形成、动态影响与治理机制	北京工业大学	董玉杰	青年基金项目	管理学
34	22YJAZH154	后疫情时代在线课程黏性测量及跟踪研究	北京工业大学	张青妹	规划基金项目	交叉学科/综合研究

续表

序号	项目批准号	项目名称	学校名称	申请人	项目类别	学科门类
35	22YJCZH195	基于水能耦合的京津冀产业绿色协同发展优化路径研究	北京工业大学	相　楠	青年基金项目	交叉学科 / 综合研究
36	22YJA880091	基于细粒度柔性情感计算的学习状态智能感知模型研究	北京工业大学	郑　鲲	规划基金项目	教育学
37	22YJAZH047	多元民族集中驻防下的伊犁河谷军屯聚落共同体研究	北京工业大学	李　江	规划基金项目	交叉学科 / 综合研究
38	22YJA760026	大运河国家文化公园交互性景观活态文化资源挖掘与设计策略研究	北京工业大学	韩宇翃	规划基金项目	艺术学
39	22YJA880031	工科博士毕业生企业高质量就业的实证研究：内涵、影响机制与促进策略	北京工业大学	刘贤伟	规划基金项目	教育学
40	22YJC840047	教育“双减”政策对家庭教育阶层分化的影响、机制与后果研究	北京工业大学	朱美静	青年基金项目	社会学
41	22YJC740015	语言文字治理的理论体系与路径研究	北京工业职业技术学院	葛东雷	青年基金项目	语言学
42	22YJC630157	人工智能应用与公共服务满意度：基于中国政务服务热线的实验研究	北京航空航天大学	吴培熠	青年基金项目	管理学
43	22YJA760092	基于 XR 的智能表演感知生成与交互协同研究	北京航空航天大学	闫　烁	规划基金项目	艺术学
44	22YJC752004	当代美国灾难文学的视觉叙事与后记忆建构研究	北京航空航天大学	高尔聪	青年基金项目	外国文学
45	22YJC630120	政府干预下基于托运人绿色感知的航运公司岸电使用策略研究	北京航空航天大学	宋珠珠	青年基金项目	管理学
46	22YJC630188	碳中和目标下的电力系统优化建模与应用研究	北京航空航天大学	姚　星	青年基金项目	管理学
47	22YJA820019	网络服务提供者刑事责任的类型化研究	北京航空航天大学	孙运梁	规划基金项目	法学
48	22YJC630118	银行数字化转型对上市公司经营稳定性的影响研究	北京航空航天大学	石丽娜	青年基金项目	管理学
49	22YJA710036	习近平民生理论形成与发展研究	北京化工大学	王美玉	规划基金项目	马克思主义 / 思想政治教育
50	22YJCZH041	基于具身界面的影像叙事体验平台设计及叙事研究	北京化工大学	郭子淳	青年基金项目	交叉学科 / 综合研究
51	22YJC820015	网络犯罪刑法理论范式的体系化变革研究	北京化工大学	金鸿浩	青年基金项目	法学

续表

序号	项目批准号	项目名称	学校名称	申请人	项目类别	学科门类
52	22YJAZH110	元宇宙视域下新型智慧学习空间的构建方法研究	北京建筑大学	魏楚元	规划基金项目	交叉学科/综合研究
53	22YJA630111	双碳战略下移动源污染排放传输机制与监管策略研究	北京建筑大学	张　蕾	规划基金项目	管理学
54	22YJCZH140	城市更新视域下历史建筑保护利用的法治化路径研究	北京建筑大学	任　超	青年基金项目	交叉学科/综合研究
55	22YJC790070	粤港澳大湾区跨界水污染的边界效应与协同治理	北京建筑大学	林浩曦	青年基金项目	经济学
56	22YJCZH066	耦合水资源环境的京津冀城镇空间增长模拟与协同规划策略研究	北京建筑大学	贾梦圆	青年基金项目	交叉学科/综合研究
57	22YJC820011	《民法典》得利丧失抗辩规则研究	北京交通大学	黄赤橙	青年基金项目	法学
58	22YJA190004	人生“舍”与“得”：智慧对成年期无效目标脱离和新目标投入决策的影响及干预研究	北京交通大学	胡心怡	规划基金项目	心理学
59	22YJAZH050	可持续应急人居空间体系建构与设计方法研究	北京交通大学	李珺杰	规划基金项目	交叉学科/综合研究
60	22YJC630150	基于“资源更新-休闲需求”耦合的京津冀地区普速铁路闲置资源更新再利用研究	北京交通大学	王岳颐	青年基金项目	管理学
61	22YJA752005	当代美国文学的寒山书写研究	北京交通大学	耿纪永	规划基金项目	外国文学
62	22YJA710042	短视频语境下思想政治教育话语体系建设研究	北京交通大学	吴　琼	规划基金项目	马克思主义/思想政治教育
63	22YJAZH094	考虑个体差异的人体疲劳识别方法研究	北京交通大学	宋　琦	规划基金项目	交叉学科/综合研究
64	22YJA630123	高质量发展背景下技能人才创造力影响机制及提升对策研究：职业使命感视角	北京交通大学	周晓雪	规划基金项目	管理学
65	22YJA630037	企业基础研究行为的政策驱动机制与组合效应	北京科技大学	寇明婷	规划基金项目	管理学
66	22YJA630026	双碳目标下中国企业绿色投资驱动机制及绩效研究	北京科技大学	何　枫	规划基金项目	管理学
67	22YJA630083	政策规制与经济激励协同的城市生活垃圾回收体系构建与策略优化研究	北京科技大学	王　琛	规划基金项目	管理学
68	22YJE820001	新时代互联网拍卖信用监管机制研究	北京科技大学	郑　臻	自筹经费项目	法学
69	22YJA820005	算法自动化决策中的个人信息保护	北京科技大学	范小华	规划基金项目	法学

续表

序号	项目批准号	项目名称	学校名称	申请人	项目类别	学科门类
70	22YJC760142	近现代中国书法批评文献整理与研究（1889—1949）	北京科技大学	朱玉洁	青年基金项目	艺术学
71	22YJC790126	中国式证券集体诉讼、独立董事履职与上市公司质量	北京理工大学	王可第	青年基金项目	经济学
72	22YJA760055	国潮背景下新能源汽车设计创新策略研究	北京理工大学	卢兆麟	规划基金项目	艺术学
73	22YJA790017	注册制改革背景下分析师对提升券商 IPO 承销能力的作用研究	北京理工大学	韩　燕	规划基金项目	经济学
74	22YJA630115	双碳目标下我国企业 ESG 信息披露的驱动机制和实现路径研究	北京联合大学	张艳秋	规划基金项目	管理学
75	22YJA880054	基于学习共同体的应用型高校教师教学学术提升机制研究	北京联合大学	王莉方	规划基金项目	教育学
76	22YJC840031	多主体博弈下非正规空间治理机制研究	北京联合大学	肖葛根	青年基金项目	社会学
77	22YJA710041	新兴青年群体利益诉求与政治认同关系研究	北京联合大学	吴巧慧	规划基金项目	马克思主义 / 思想政治教育
78	22YJC190002	日常睡眠质量对青少年认知执行功能影响的密集纵向研究：多巴胺基因的调节机制	北京联合大学	陈雨露	青年基金项目	心理学
79	22YJA751020	清代京师诗学地图研究	北京联合大学	吴　蔚	规划基金项目	中国文学
80	22YJC740073	省略型汉语动名超常搭配的语义组配机制及处理方法研究	北京联合大学	汪梦翔	青年基金项目	语言学
81	22YJA880035	融合教育背景下建构幼儿园社会性情绪教育模式的研究	北京联合大学	刘宇洁	规划基金项目	教育学
82	22YJC190025	“举一反三，事半功倍”：“双减”背景下学龄儿童类比思维的提升	北京林业大学	于　晓	青年基金项目	心理学
83	22YJC760004	“事件 – 空间”视角下的北京老城街巷记忆及微更新转化途径研究	北京林业大学	边思敏	青年基金项目	艺术学
84	22YJA790015	低碳发展目标下绿色信贷促进重污染行业技术创新的机制、效果与政策优化研究	北京林业大学	顾雪松	规划基金项目	经济学
85	22YJAZH115	基于景观基因的文化线路沿线传统村落特征及保护研究	北京林业大学	向岚麟	规划基金项目	交叉学科 / 综合研究
86	22YJA740019	基于语料库的中国英语学习者学术话语能力发展研究	北京林业大学	李　芝	规划基金项目	语言学

续表

序号	项目批准号	项目名称	学校名称	申请人	项目类别	学科门类
87	22YJA760048	汉画像石装饰纹样的形式来源与流变研究	北京林业大学	刘　冠	规划基金项目	艺术学
88	22YJAZH010	后新冠疫情时期生鲜蔬菜供应链中零售与消费环节的微生物安全控制管理研究	北京农学院	成　黎	规划基金项目	交叉学科 / 综合研究
89	22YJA880058	"质"与"量"综合视角下的减负之道：基于广义倾向值的因果研究	北京师范大学	王烨晖	规划基金项目	教育学
90	22YJC770008	《楠日的纪尧姆编年史》译注与研究	北京师范大学	黄广连	青年基金项目	历史学
91	22YJC790184	专利保护对经济增长和收入分配的影响研究：基于个体异质性的动态一般均衡模型	北京师范大学	郑智杰	青年基金项目	经济学
92	22YJCZH102	中国企业策略性创新行为研究：基于大股东机会主义的理论分析与实证检验	北京师范大学	林志帆	青年基金项目	交叉学科 / 综合研究
93	22YJE880002	中小学生欺凌受害及相关因素的追踪研究	北京师范大学	李蓓蕾	自筹经费项目	教育学
94	22YJA760080	乡村艺术教师素养能力提升——"综合融通"的体系建构与实践	北京师范大学	王　杰	规划基金项目	艺术学
95	22YJC190012	亲子互动同步性与儿童感恩品质发展的关系：行为与认知神经机制	北京师范大学	梁　玥	青年基金项目	心理学
96	22YJA790070	人力资本投资的非认知技能效应：我国农村学生成长型思维干预实地实验	北京师范大学	徐　慧	规划基金项目	经济学
97	22YJCZH068	传承红色基因的功能游戏设计与评价研究	北京师范大学	蒋希娜	青年基金项目	交叉学科 / 综合研究
98	22YJC790036	低保救助对儿童教育期望的影响效应：理论机制、实证检验和政策优化	北京师范大学	韩华为	青年基金项目	经济学
99	22YJA770011	出土简牍与秦汉魏晋田租制度研究	北京师范大学	凌文超	规划基金项目	历史学
100	22YJC630221	卖空机制影响下的上市公司传闻应对策略及应对效果研究	北京师范大学	周　卉	青年基金项目	管理学
101	22YJC760141	叙事性游戏的修辞策略研究：视听与交互	北京师范大学	朱小枫	青年基金项目	艺术学
102	22YJA880030	后疫情时代来华留学教育质量保障问题研究	北京师范大学	刘水云	规划基金项目	教育学
103	22YJC880121	基于多模态数据的学前教师游戏支持能力评估研究	北京师范大学	朱文婷	青年基金项目	教育学

续表

序号	项目批准号	项目名称	学校名称	申请人	项目类别	学科门类
104	22YJA880061	多文本阅读中基于多模态数据的认知负荷作用机制研究	北京师范大学	吴　娟	规划基金项目	教育学
105	22YJC190022	孤独症污名的心理机制和干预研究：心理面孔表征的视角	北京师范大学	王乾东	青年基金项目	心理学
106	22YJA630122	数字化对企业颠覆性创新的影响机制研究	北京师范大学	周江华	规划基金项目	管理学
107	22YJA760110	新时代国家义务教育阶段美术学业质量监测研究	北京师范大学	甄　巍	规划基金项目	艺术学
108	22YJA880083	欧美家庭教师史研究	北京师范大学	张斌贤	规划基金项目	教育学
109	22YJAZH077	自闭症患儿的个性化智能干预方法研究	北京师范大学	骆　方	规划基金项目	交叉学科 / 综合研究
110	22YJA880073	资本进入教育领域的有效监管与风险应对研究	北京师范大学	杨小敏	规划基金项目	教育学
111	22YJC770025	辽朝驻防体系研究	北京师范大学	武文君	青年基金项目	历史学
112	22YJC190023	青少年创伤后心理危机的精准识别研究	北京师范大学	王文超	青年基金项目	心理学
113	22YJC850016	黔东南传统糯稻文化生态多样性重建——多物种民族志的个案研究	北京师范大学	张超雄	青年基金项目	民族学与文化学
114	22YJCZH218	公共交通与共享交通竞合机理及调控策略研究	北京石油化工学院	姚　迪	青年基金项目	交叉学科 / 综合研究
115	22YJC890011	体教融合背景下我国青少年体育赛事高质量发展研究	北京体育大学	李　健	青年基金项目	体育科学
116	22YJC880001	大国博弈背景下促进学生流动的国际经验与中国路径研究	北京体育大学	安亚伦	青年基金项目	教育学
117	22YJC880080	新制度主义视角下我国研究型大学学科交叉制度创新研究	北京体育大学	王轶玮	青年基金项目	教育学
118	22YJC890008	新发展阶段青少年体育环境、身体活动与体质健康的剂效关系和促进路径研究	北京体育大学	侯　筱	青年基金项目	体育科学
119	22YJC890031	法治视野下体育赛事监管制度优化研究	北京体育大学	田川颐	青年基金项目	体育科学
120	22YJCZH136	经颅直流电刺激对改善足球运动员运动疲劳后认知控制的影响及神经机制研究	北京体育大学	亓丰学	青年基金项目	交叉学科 / 综合研究
121	22YJA630018	基于智能化方法的在线医疗精准服务机理与策略研究	北京外国语大学	范　静	规划基金项目	管理学

续表

序号	项目批准号	项目名称	学校名称	申请人	项目类别	学科门类
122	22YJA760063	基于舞蹈教育人才美育能力提升的身感教学研究	北京舞蹈学院	朴荟霖	规划基金项目	艺术学
123	22YJA760013	舞蹈人类学研究	北京舞蹈学院	邓佑玲	规划基金项目	艺术学
124	22YJA880023	技能形成多元主体信任机制与合作治理研究	北京物资学院	李玉珠	规划基金项目	教育学
125	22YJCZH239	碳中和背景下中国最优电力能源嵌套结构研究：基于可计算一般均衡模型	北京物资学院	张恪渝	青年基金项目	交叉学科 / 综合研究
126	22YJC630196	针对我国居家痴呆患者非正式照料者的家庭医生签约服务干预及效果评价研究	北京协和医学院	袁莎莎	青年基金项目	管理学
127	22YJCZH241	平台权力扩张背景下算法推荐对网络舆情的影响及治理策略研究	北京信息科技大学	张　丽	青年基金项目	交叉学科 / 综合研究
128	22YJC760016	新媒体视域下中国历史文化题材纪录片创作研究	北京印刷学院	杜宜浩	青年基金项目	艺术学
129	22YJC740051	国际中文教师传播能力评价指标体系建构与实证研究	北京邮电大学	刘　旭	青年基金项目	语言学
130	22YJC790067	新发展格局下减税对县域经济发展的影响研究：理论、机制与经验证据	北京邮电大学	李　震	青年基金项目	经济学
131	22YJC710030	新民主主义话语体系的生成逻辑和经验启示研究	北京邮电大学	孔　娜	青年基金项目	马克思主义 / 思想政治教育
132	22YJC760035	沉浸式交互技术下的中国传统文化儿童绘本设计研究	北京邮电大学	李　萌	青年基金项目	艺术学
133	22YJC860009	社交机器人对老年群体心理健康的影响研究	北京邮电大学	韩　婷	青年基金项目	新闻学与传播学
134	22YJC751027	谢六逸编译活动与新文学衍进的关系研究	北京邮电大学	史瑞雪	青年基金项目	中国文学
135	22YJC630064	重大突发公共卫生事件非理性网络舆情扩散的阻断机制研究	北京邮电大学	李诗悦	青年基金项目	管理学
136	22YJC752013	当代德国小说二战历史书写关键词研究	北京语言大学	武　琳	青年基金项目	外国文学
137	22YJC880055	新时代教育评价观与教师专业发展的激励反馈机制研究	北京语言大学	孟静怡	青年基金项目	教育学
138	22YJC810010	早市与晚集：中国参与式预算的比较研究	北京语言大学	项　皓	青年基金项目	政治学

续表

序号	项目批准号	项目名称	学校名称	申请人	项目类别	学科门类
139	22YJC740082	语块训练和规则训练影响汉语二语动结式习得的行为与脑电研究	北京语言大学	魏岩军	青年基金项目	语言学
140	22YJC751010	近代学者抄校戏曲文献研究	北京语言大学	杜　雪	青年基金项目	中国文学
141	22YJCZH222	面向国际中文教育的文本智能分级系统研究与实现	北京语言大学	殷晓君	青年基金项目	交叉学科 / 综合研究
142	22YJCZH186	中国国家图书馆藏中医古籍稿抄孤本研究	北京中医药大学	温佳雨	青年基金项目	交叉学科 / 综合研究
143	22YJA710056	古代医德思想中的当代思政要素研究	北京中医药大学	周晓菲	规划基金项目	马克思主义 / 思想政治教育
144	22YJA630075	“碳达峰”、“碳中和”背景下绿色消费行为驱动机制研究——基于时间与金钱概念的视角	对外经济贸易大学	孙　瑾	规划基金项目	管理学
145	22YJC710026	习近平总书记关于英雄的重要论述融入高校思想政治理论课教育教学研究	对外经济贸易大学	黄戈林	青年基金项目	马克思主义 / 思想政治教育
146	22YJC790110	公立医院改革、地方财政状况与医院经济运行绩效—基于全国 189 家医院的实证证据	对外经济贸易大学	孙　玮	青年基金项目	经济学
147	22YJC630099	分析师报告的逻辑性特征研究——现状、成因与经济后果	对外经济贸易大学	马黎珺	青年基金项目	管理学
148	22YJC790045	国有与民营企业生产率演化问题：微观机制与宏观效应	对外经济贸易大学	黄小雨	青年基金项目	经济学
149	22YJA630056	工作游戏化对零工工作者情绪及行为的影响机制研究	对外经济贸易大学	刘小禹	规划基金项目	管理学
150	22YJC790194	异质性外资的持股网络、信息耦合与全球跨境一致性监管框架研究	对外经济贸易大学	祝小全	青年基金项目	经济学
151	22YJC790092	数字化转型驱动企业高质量发展的效应与政策研究	对外经济贸易大学	牛　华	青年基金项目	经济学
152	22YJC790054	数字技术对企业供应链空间分布的影响研究：机理与实证	对外经济贸易大学	李建桐	青年基金项目	经济学
153	22YJC790195	机构投资者有限注意与管理层行为：测度、影响机制与经济后果	对外经济贸易大学	庄　园	青年基金项目	经济学
154	22YJC790098	绿色发展背景下碳边境税对全球价值链分工的影响机制与效应研究	对外经济贸易大学	秦若冰	青年基金项目	经济学
155	22YJA630093	双碳目标下煤炭 – 油气 – 电力协同减排路径优化及保障机制研究	华北电力大学	王永利	规划基金项目	管理学

续表

序号	项目批准号	项目名称	学校名称	申请人	项目类别	学科门类
156	22YJA770013	1959年北京“十大建筑”建造历史研究：建筑形象、文化意涵与国家建构	清华大学	刘亦师	规划基金项目	历史学
157	22YJC840007	“双减”格局下的城市家庭教育焦虑及其治理研究	清华大学	戴思源	青年基金项目	社会学
158	22YJC630155	“数据赋能”背景下地方政府跨部门数据共享的运作图景、发展路径与治理机制研究	清华大学	吴金鹏	青年基金项目	管理学
159	22YJCZH097	“消费集聚区”导向的国际消费中心城市发展模式及北京实证研究	清华大学	梁迎亚	青年基金项目	交叉学科/综合研究
160	22YJCZH194	中国制造业创新能力演化路径研究：基于认知邻近与创新关联	清华大学	夏昕鸣	青年基金项目	交叉学科/综合研究
161	22YJC810011	公众网络诉求渠道的制度差异与地方政府回应模式研究	清华大学	严　宇	青年基金项目	政治学
162	22YJC790089	大数据时代个人数据价值创造的治理机制研究	清华大学	马　滔	青年基金项目	经济学
163	22YJCZH203	数字化赋能健康医疗养老服务设计创新理论方法与政策研究：价值共创视角	清华大学	徐　硼	青年基金项目	交叉学科/综合研究
164	22YJC810003	数字治理时代智能算法决策模式及效能研究	清华大学	李珍珍	青年基金项目	政治学
165	22YJC760107	石器时代至青铜时代变迁中的玉文化发展研究	清华大学	徐　飞	青年基金项目	艺术学
166	22YJA820010	积极老龄化理念下的老年人权利保护研究	清华大学	林来梵	规划基金项目	法学
167	22YJC730001	藏汉双语宗教概念空间“高/低”隐喻表征的实证研究	清华大学	管　芳	青年基金项目	宗教学
168	22YJCZH018	融合非自杀性自伤的学校心理健康普遍性预防干预研究	清华大学	陈润森	青年基金项目	交叉学科/综合研究
169	22YJC740024	跨语言致使–被动转换的微观句法研究	清华大学	胡笑适	青年基金项目	语言学
170	22YJC190009	选择和拒绝反应模式的机制探索与助推研究	清华大学	黄元娜	青年基金项目	心理学
171	22YJAZH123	乡村振兴战略下农民创业决策行为模型、仿真实验与创业政策组合	首都经济贸易大学	许敏玉	规划基金项目	交叉学科/综合研究

续表

序号	项目批准号	项目名称	学校名称	申请人	项目类别	学科门类
172	22YJA790071	全球价值链中跨境投资的碳排放转移效应与"双碳"目标的实现路径研究	首都经济贸易大学	闫云凤	规划基金项目	经济学
173	22YJAZH003	区域产业结构与经济、生态环境系统协同发展的演化研究	首都经济贸易大学	曹　娜	规划基金项目	交叉学科 / 综合研究
174	22YJC810009	多重委托代理下社区疫情防控应用人脸识别技术的政策偏差研究	首都经济贸易大学	王　烨	青年基金项目	政治学
175	22YJC860018	数字乡村建设背景下"新农人"数字素养提升及普惠机制研究	首都经济贸易大学	李先知	青年基金项目	新闻学与传播学
176	22YJAZH060	新冠肺炎中老年患者语言认知功能长期损伤的跟踪研究	首都经济贸易大学	廖　敏	规划基金项目	交叉学科 / 综合研究
177	22YJC780003	先秦至唐代新疆金银手工业与文化交流研究	首都师范大学	员雅丽	青年基金项目	考古学
178	22YJC760139	北京中轴线音乐遗产挖掘及其活态传承	首都师范大学	周　杏	青年基金项目	艺术学
179	22YJC760091	唐太宗时代的皇家纪念性美术工程研究	首都师范大学	唐　宇	青年基金项目	艺术学
180	22YJCZH020	应急领导力的结构、测量、形成机制与发展路径研究	首都师范大学	陈新明	青年基金项目	交叉学科 / 综合研究
181	22YJA760085	数字时代的博物馆体验设计研究	首都师范大学	温京博	规划基金项目	艺术学
182	22YJC760055	魏晋南北朝砖文书法辑汇、整理与研究	首都师范大学	刘　昕	青年基金项目	艺术学
183	22YJC890002	中国体育解说口述历史研究及音频库建设（1948—2022）	首都体育学院	陈岐岳	青年基金项目	体育科学
184	22YJA890028	周期性项目运动员的感觉运动同步能力特征及脑间同步机制研究	首都体育学院	文世林	规划基金项目	体育科学
185	22YJCZH027	关于台湾族群之华夏认同的体质人类学研究	首都医科大学	杜抱朴	青年基金项目	交叉学科 / 综合研究
186	22YJA910003	基于 AI+ 大数据的临床检验质量风险预测与实时监控模型关键技术研究 11.13.16	首都医科大学	刘向祎	规划基金项目	统计学
187	22YJA840008	基于精神疾病家庭照顾者体验及需求的家庭支持方案构建及适用性研究	首都医科大学	路孝琴	规划基金项目	社会学
188	22YJAZH082	数字鸿沟对老年人健康不平等的影响效应、作用机制与治理路径研究	首都医科大学	马骋宇	规划基金项目	交叉学科 / 综合研究
189	22YJC820030	国际争端解决中的科学证据研究	外交学院	宋　岩	青年基金项目	法学

续表

序号	项目批准号	项目名称	学校名称	申请人	项目类别	学科门类
190	22YJC790084	田头冷库建设行为选择与经济效应：基于大型自然实验的研究	外交学院	刘乃郗	青年基金项目	经济学
191	22YJC760098	中国动画理论百年谱系研究（1922—2022）	中国传媒大学	王　珏	青年基金项目	艺术学
192	22YJC630224	价值共创还是共毁？医智协同的影响机制及结果效应研究	中国传媒大学	朱镜蓉	青年基金项目	管理学
193	22YJC760028	再媒介化语境下电影形态变迁研究	中国传媒大学	黄天乐	青年基金项目	艺术学
194	22YJCZH093	宋元绘画外文文献的汉译研究	中国传媒大学	李宇屏	青年基金项目	交叉学科/综合研究
195	22YJC760076	影视受众认知心理智能识别研究	中国传媒大学	师　景	青年基金项目	艺术学
196	22YJC860004	无障碍传播视阈下的视障者社会参与能力提升研究	中国传媒大学	陈欣钢	青年基金项目	新闻学与传播学
197	22YJC760085	智媒时代的交互式影像叙事理论研究	中国传媒大学	孙可佳	青年基金项目	艺术学
198	22YJC760122	沉浸传播时代的未来电影形态研究	中国传媒大学	张净雨	青年基金项目	艺术学
199	22YJC760019	虚实融合的沉浸交互体验模式创新研究	中国传媒大学	高尔东	青年基金项目	艺术学
200	22YJA760079	非物质文化遗产全媒体传播设计研究	中国传媒大学	王洪亮	规划基金项目	艺术学
201	22YJC890024	时空行为视角下城市绿色空间对居民体力活动的影响与机制研究	中国地质大学（北京）	沈　晶	青年基金项目	体育科学
202	22YJC740039	基于历时学术英语学习者语料库的写作连贯性教学研究	中国科学院大学	李　晰	青年基金项目	语言学
203	22YJC770009	基于加工痕迹分析方法的山西地方木作工具史与工艺史研究	中国矿业大学（北京）	姜　铮	青年基金项目	历史学
204	22YJC890034	我国青少年足球赛事协同治理模型构建与路径优化研究	中国矿业大学（北京）	吴　放	青年基金项目	体育科学
205	22YJC840013	数字治理时代公众参与和政府行政吸纳互动机制研究	中国农业大学	金炜玲	青年基金项目	社会学
206	22YJA752014	济慈在中国的接受研究	中国农业大学	刘海英	规划基金项目	外国文学
207	22YJC710095	生态文明视域下提升农民振兴乡村的内生主体力量研究	中国农业大学	张月昕	青年基金项目	马克思主义/思想政治教育
208	22YJCZH055	习近平对中国优秀传统为政思想的继承创新研究	中国青年政治学院	胡　静	青年基金项目	交叉学科/综合研究
209	22YJA790023	“双循环”新发展格局下数字金融促进居民消费升级机制及政策研究	中国人民大学	胡德宝	规划基金项目	经济学

续表

序号	项目批准号	项目名称	学校名称	申请人	项目类别	学科门类
210	22YJCZH132	“双碳”背景下货币政策与环境气候的相互作用机理研究	中国人民大学	潘冬阳	青年基金项目	交叉学科 / 综合研究
211	22YJC880071	中国研究型大学“综合化”转型（1978—2018）的文化模式与动力机制	中国人民大学	万　静	青年基金项目	教育学
212	22YJC790001	人工智能、机器人与劳动力市场	中国人民大学	安子栋	青年基金项目	经济学
213	22YJC840033	健康的社会决定性因素视角下老年慢性病患者可避免住院机制研究	中国人民大学	徐　硕	青年基金项目	社会学
214	22YJA790096	减税政策对企业债务期限的影响	中国人民大学	邹静娴	规划基金项目	经济学
215	22YJA760050	十七年红色电影音乐创作传播的“人民性”研究	中国人民大学	刘　洁	规划基金项目	艺术学
216	22YJC790050	双重社会网络对消费行为的影响研究	中国人民大学	金　苗	青年基金项目	经济学
217	22YJA820036	在线纠纷解决机制研究：理论、规则与实践	中国人民大学	郑维炜	规划基金项目	法学
218	22YJA790076	地方政府土地出让行为的影响因素和福利分析：基于微观土地交易数据	中国人民大学	杨继东	规划基金项目	经济学
219	22YJCZH034	基于街景图像的城市街道热环境的测度与优化设计研究	中国人民大学	龚芳颖	青年基金项目	交叉学科 / 综合研究
220	22YJC850009	多语种文献所见明代西域诸民族交流交融史研究	中国人民大学	特尔巴衣尔	青年基金项目	民族学与文化学
221	22YJC880045	学科交叉视角下“双一流”高校服务国家急需的路径研究	中国人民大学	刘　昊	青年基金项目	教育学
222	22YJC752016	弗洛伊德书信中的文学评论与理论范式研究	中国人民大学	徐　胤	青年基金项目	外国文学
223	22YJAZH008	我国能源进口的福利成本核算及传导效应分析	中国人民大学	陈占明	规划基金项目	交叉学科 / 综合研究
224	22YJC820014	数字经济时代国际税收竞争秩序的法律规制	中国人民大学	蒋遐雏	青年基金项目	法学
225	22YJA630039	新型城镇化进程中转型社区的风险识别与韧性重塑	中国人民大学	李东泉	规划基金项目	管理学
226	22YJA740026	汉语方言述补结构的特色句法实现模式及规律研究	中国人民大学	孙天琦	规划基金项目	语言学
227	22YJC790171	生态约束下地方政府激励机制转变对资源型城市经济发展的作用机理研究	中国人民大学	张鑫宇	青年基金项目	经济学

续表

序号	项目批准号	项目名称	学校名称	申请人	项目类别	学科门类
228	22YJA790052	社会养老政策在新生育政策环境中对我国人力资本积累与收入分配的影响研究	中国人民大学	孙　伟	规划基金项目	经济学
229	22YJA710021	中国共产党思想政治教育历史经验研究	中国社会科学院大学	刘爱玲	规划基金项目	马克思主义 / 思想政治教育
230	22YJA630017	基于复广义正交模糊信息的多属性决策方法与应用研究	中国社会科学院大学	杜玉琴	规划基金项目	管理学
231	22YJC720004	爱德华·甘斯《自然法与普遍法历史》翻译与研究	中国社会科学院大学	黄钰洲	青年基金项目	哲学
232	22YJC790026	供应链视角下碳排放权交易对企业绿色创新的影响：机制、效应与对策研究	中国石油大学（北京）	冯晓晴	青年基金项目	经济学
233	22YJA760039	大运河文化带视野下的运河民歌价值挖掘与传承路径研究	中国音乐学院	李　琳	规划基金项目	艺术学
234	22YJA820022	中国法庭科学 / 司法鉴定标准问题研究	中国政法大学	王　旭	规划基金项目	法学
235	22YJC760114	乡村振兴背景下农村青年短视频的文化生产与价值导向研究	中国政法大学	杨盈龙	青年基金项目	艺术学
236	22YJA820034	区块链证据规则研究	中国政法大学	张　中	规划基金项目	法学
237	22YJC770017	唐代告身的搜集、整理与政务运行机制研究	中国政法大学	马俊杰	青年基金项目	历史学
238	22YJC190003	基于知识图谱的新时代中西方价值观维度研究	中国政法大学	丛颖男	青年基金项目	心理学
239	22YJAZH072	大数据驱动的司法知识表示与建模研究	中国政法大学	刘振宇	规划基金项目	交叉学科 / 综合研究
240	22YJC190026	夫妻精神病态人格与共情的关系：基于 fNIRS 的双脑同步活动与神经反馈训练	中国政法大学	于　悦	青年基金项目	心理学
241	22YJA890034	我国体育法律规范域外适用的挑战与应对	中国政法大学	袁　钢	规划基金项目	体育科学
242	22YJC820054	新时代律师职业伦理危机防范机制研究	中国政法大学	周　蔚	青年基金项目	法学
243	22YJA770003	民国时期慈善义赛研究	中国政法大学	白丽萍	规划基金项目	历史学
244	22YJA820003	民法典实质债法总则规范体系研究	中国政法大学	翟远见	规划基金项目	法学
245	22YJC720022	虚拟现实的基础伦理学问题研究	中国政法大学	张鑫毅	青年基金项目	哲学

续表

序号	项目批准号	项目名称	学校名称	申请人	项目类别	学科门类
246	22YJC820050	责任分配视角下紧急权利人的救助义务研究	中国政法大学	赵雪爽	青年基金项目	法学
247	22YJC880114	父母支持行为对流动儿童学校适应的影响机制与干预研究：自我决定理论的视角	中央财经大学	张　莹	青年基金项目	教育学
248	22YJA752019	皮普斯日记中的伦敦大瘟疫书写研究	中央财经大学	王珊珊	规划基金项目	外国文学
249	22YJC790069	积极老龄化视角下老年人再就业对相对贫困的影响研究	中央财经大学	梁银鹤	青年基金项目	经济学
250	22YJC720012	马克思财产权批判视域中的平等问题研究	中央财经大学	司晓静	青年基金项目	哲学
251	22YJC760010	新中国革命美术中“人民形象”的图像叙事研究	中央美术学院	陈青青	青年基金项目	艺术学
252	22YJC760093	明清时期献爵礼仪的图像研究	中央美术学院	万笑石	青年基金项目	艺术学
253	22YJC860030	平台生态下网络文化圈群的影响机制与治理策略研究	中央民族大学	徐　智	青年基金项目	新闻学与传播学
254	22YJA720007	西方光之美学思想史研究	中央民族大学	宋旭红	规划基金项目	哲学
255	22YJC880002	高校本科生学习成果的增值发展及影响因素研究	中央民族大学	白　华	青年基金项目	教育学
256	22YJA760014	音乐教育方向艺术硕士专业学位人才培养体系研究	中央音乐学院	丁　凡	规划基金项目	艺术学

（高校社科管理中心供稿）

2022 年度教育部哲学社会科学研究重大课题攻关项目立项名单（在京高校）

序号	项目批准号	课题名称	单位	首席专家
1	22JZD001	习近平总书记党的自我革命战略思想研究	中国人民大学	赵淑梅
2	22JZD004	马克思主义基本原理整体性研究	中国人民大学	张雷声
3	22JZD006	数字化时代世界资本主义新变化新问题研究	北京理工大学	贾利军
4	22JZD011	平台资本垄断视角下金融风险防控研究	中央财经大学	王　辉
5	22JZD013	世界主要经济体产业补贴与产业政策研究	中国人民大学	黄阳华
6	22JZD014	百年中国政法体制演进的经验与模式研究	中国人民大学	侯　猛

续表

序号	项目批准号	课题名称	单位	首席专家
7	22JZD018	数字化转型视域下数据价值与数据创新研究	中国人民大学	易靖韬
8	22JZD019	“大食物观”背景下的耕地保护问题研究	中国农业大学	张　倩
9	22JZD020	全球治理视野下我国社会组织“走出去”研究	清华大学	邓国胜
10	22JZD022	提高一体化推进“三不腐”能力和水平研究	中国政法大学	曹　鎏
11	22JZD023	新时代海外“中共观”研究	北京外国语大学	韩　强
12	22JZD033	世界文字资源库建设与研究	北京语言大学	罗卫东
13	22JZD034	中华文明精神特质和发展形态研究	中国政法大学	林存光
14	22JZD049	新时代中国高校内部治理能力提升研究	北京师范大学	周作宇
15	22JZD050	中国哲学社会科学自主知识体系建构研究	中国人民大学	刘　伟

（高校社科管理中主供稿）

2022年度教育部哲学社会科学研究后期资助项目立项名单（在京高校）

序号	项目批准号	项目名称	单位	项目负责人	立项类别
1	22JHQ010	交通强国战略下城市可持续交通管理方案研究	北京交通大学	王雅璨	重大项目
2	22JHQ014	非典型担保法论	中国人民大学	高圣平	重大项目
3	22JHQ017	以域外汉籍和出土文献为基础的《周易》新解	北京师范大学	张　涛	重大项目
4	22JHQ019	体育经纪行业的发展进程及商业模式研究	北京体育大学	肖淑红	重大项目
5	22JHQ026	1925年至1949年间毛泽东著作版本演变研究	中国青年政治学院	张治银	一般项目
6	22JHQ031	维特根斯坦《逻辑哲学论》的内在统一性研究	北京师范大学	代海强	一般项目
7	22JHQ046	19世纪德语叙事文学中的道德与社会研究	北京外国语大学	丁君君	一般项目
8	22JHQ048	中国传统文化视野中的舞蹈身体观研究	北京舞蹈学院	苏　娅	一般项目
9	22JHQ054	作为方法的全球史研究——从土耳其到中国	北京大学	昝　涛	一般项目
10	22JHQ056	西方比较史学研究	中国人民大学	徐　浩	一般项目
11	22JHQ062	“双循环”背景下数字经济驱动贸易高质量发展的路径研究	北京邮电大学	李宏兵	一般项目
12	22JHQ070	积极应对人口老龄化国家战略背景下我国老年友好型社区建设研究	对外经济贸易大学	郝君富	一般项目
13	22JHQ096	碳中和目标下我国发电企业高质量发展与转型研究	华北电力大学	张　健	一般项目
14	22JHQ101	中国甲骨医学集成研究	北京中医药大学	李良松	一般项目

（高校社科管理中心供稿）

北京市教育委员会 2023 年度科研计划社科重点项目立项名单

项目编号	项目名称	负责人	承担单位	研究类别	成果形式	完成时间
SZ202310005001	积极老龄化视阈下北京市社区养老服务体系优化整合研究	杨桂宏	北京工业大学	应用研究	研究报告，其他	2025 年 12 月
SZ202310005002	新发展格局背景下提升北京数字贸易国际竞争力路径与政策创新研究	姜　伟	北京工业大学	应用研究	研究报告	2025 年 12 月
SZ202310009003	提升京津冀基层应急治理体系和治理能力现代化对策研究	董慧凝	北方工业大学	应用研究	研究报告，论文	2025 年 12 月
SZ202310009004	“双碳”目标下考虑收入分配的北京市碳排放权交易机制设计	张雪峰	北方工业大学	综合研究	专著，研究报告，论文	2025 年 12 月
SZ202310011005	北京重大突发风险事件中媒介化治理能力提升研究	王　擎	北京工商大学	应用研究	研究报告，论文	2025 年 12 月
SZ202310016006	类型 . 困境 . 策略：北京市农村计生特殊家庭的养老问题研究	赵仲杰	北京建筑大学	应用研究	专著，研究报告，论文	2025 年 12 月
SZ202310025007	中国民族音乐促进大学生心理健康的应用研究	胡正娟	首都医科大学	应用研究	论文，其他	2025 年 12 月
SZ202310025008	社会生态视域下北京市互联网 + 智能化居家安宁疗护模式研究	岳　鹏	首都医科大学	综合研究	论文	2025 年 12 月
SZ202310025009	健康中国背景下北京市社区居民健康信息素养提升路径研究	季美华	首都医科大学	应用研究	研究报告，论文	2025 年 12 月
SZ202310028010	京津冀地区汉传密教建筑类型研究	江寿国	首都师范大学	基础研究	论文	2025 年 12 月
SZ202310028011	赏赐铭文视野下的商周史	闫　志	首都师范大学	基础研究	专著	2025 年 12 月
SZ202310028012	“十四五”时期北京市区县幼儿园保教质量评估的实施研究	夏　婧	首都师范大学	综合研究	论文	2025 年 12 月
SZ202310028013	流媒体的功用与使用环境对儿童心理健康的影响与干预研究	刘肖岑	首都师范大学	综合研究	论文	2025 年 12 月
SZ202310037014	北京市服务业扩大开放综合试点的政策效果研究	王贝贝	北京物资学院	应用研究	研究报告，论文	2025 年 12 月
SZ202310037015	双碳目标下北京市制造业创新发展与绿色提升对策研究	于晓辉	北京物资学院	应用研究	研究报告	2025 年 12 月
SZ202310038016	国际资本流动“突然停止”冲击的微观影响与治理对策：以北京地区上市公司为例	陈奉先	首都经济贸易大学	基础研究	研究报告，论文	2025 年 12 月

续表

项目编号	项目名称	负责人	承担单位	研究类别	成果形式	完成时间
SZ202310038017	北京人口老龄化对消费升级的影响、机制与对策研究	李　雪	首都经济贸易大学	应用研究	研究报告，论文	2025年12月
SZ202310038018	户籍差异与量刑偏差：基于北京市故意伤害案的实证分析	王剑波	首都经济贸易大学	基础研究	研究报告，论文	2025年12月
SZ202310038019	北京市产业链链主与国产关键配套企业协同创新路径及机制研究	郭年顺	首都经济贸易大学	应用研究	研究报告	2025年12月
SZ202310046020	数智时代首都演艺资源整合与共享机制研究	陈　楠	中国音乐学院	综合研究	论文	2025年12月
SZ202310046021	传统器乐工尺谱套曲研究	王先艳	中国音乐学院	基础研究	论文，其他	2025年12月
SZ202310050022	北京地区网络主播行业高质量发展策略研究	程　樯	北京电影学院	应用研究	研究报告	2025年12月
SZ202311232023	大运河文化带源头遗产的智能仿真与数字传播创新研究	杨孔雨	北京信息科技大学	综合研究	研究报告，论文，其他	2025年12月
SZ202311417024	文旅融合视野下北京地区大运河传统村镇民俗文化活态保护传承研究	时少华	北京联合大学	应用研究	专著	2025年12月
SZ202311417025	基于多模态分析的北京市适老化智能辅具产品－服务系统设计策略研究	刘　鹏	北京联合大学	应用研究	论文	2025年12月
SZ202314073026	北京高职旅游类专业与产业协同发展研究	王　粤	北京经济管理职业学院	应用研究	研究报告，论文，其他	2025年12月
SZ202350061027	基于课标理念的中小学体育与健康课程体系建构研究	胡峰光	北京教育学院	基础研究	论文	2025年7月
SZ202351638028	高校建筑工程类课程思政数据库建设研究	郭秋生	北京财贸职业学院	应用研究	研究报告，论文，其他	2025年10月

（北京市教育委员会供稿）

北京市教育委员会2023年度科研计划社科一般项目立项名单

项目编号	项目名称	负责人	承担单位	研究类别	成果形式	完成时间
SM202310005001	北京推动新能源汽车产业降碳的激励体系研究	夏　兵	北京工业大学	基础应用研究	研究报告，论文	2025年12月
SM202310005002	京津冀城市群碳足迹高分辨率时空分布与不平等性研究	杨远韬	北京工业大学	应用研究	研究报告，论文	2025年12月

续表

项目编号	项目名称	负责人	承担单位	研究类别	成果形式	完成时间
SM202310005003	北京市零碳用能服务体系及管理策略研究	庞越侠	北京工业大学	应用研究	研究报告，论文	2025 年 12 月
SM202310005004	碳中和背景下北京市居民碳抵消意愿及其机理研究	王正早	北京工业大学	应用研究	研究报告，论文	2025 年 12 月
SM202310005005	北京实现碳中和的综合技术集成路径选择与优化研究	张　坤	北京工业大学	应用研究	研究报告，论文	2025 年 12 月
SM202310005006	信息基础设施建设驱动北京企业 ESG 投资的影响路径研究	朱沛华	北京工业大学	应用研究	研究报告，论文	2025 年 12 月
SM202310005007	数字经济背景下京津冀地区芯片产业创新网络演化路径及影响研究	王　旭	北京工业大学	应用研究	论文	2025 年 12 月
SM202310005008	北京市韧性社区生活垃圾分类模式研究	胡广文	北京工业大学	应用研究	研究报告，论文	2025 年 12 月
SM202310005009	面向性能与美学双重优化的数字形态设计研究	曾绍庭	北京工业大学	基础研究	研究报告，论文，其他	2025 年 12 月
SM202310005010	财产权保护视野下刑事替代物没收研究	李　胥	北京工业大学	基础应用研究	研究报告，论文	2025 年 12 月
SM202310005011	数字经济环境下地方著作权私人自治的规制研究	周贺微	北京工业大学	基础应用研究	研究报告	2025 年 12 月
SM202310005012	社会主义核心价值观引领培育时代新人的实现机制研究	梁　瑶	北京工业大学	基础应用研究	研究报告，论文	2025 年 12 月
SM202310005013	“双减”背景下北京市家庭教育阶层分化研究	朱美静	北京工业大学	基础应用研究	研究报告	2025 年 12 月
SM202310009001	北京市“专精特新”中小企业数字化创新的政策效率提升研究	姜晓文	北方工业大学	应用研究	论文，其他	2025 年 12 月
SM202310009002	北京技术企业并购后“自主—实际形式”整合演化及风险评估：资源相关性视角	杨亚男	北方工业大学	基础研究	论文	2025 年 12 月
SM202310009003	京味小说地域文化英译研究——以《骆驼祥子》为例	张　潇	北方工业大学	基础研究	论文	2025 年 12 月
SM202310009004	新时代人类卫生健康共同体的机制构建与现实挑战	王瑜贺	北方工业大学	基础研究	论文	2025 年 12 月
SM202310011001	“双循环”新格局下首都现代流通体系高质量发展路径研究	闫　可	北京工商大学	应用研究	论文	2025 年 12 月
SM202310011002	数字溯源体系下北京市低碳食品认证机制设计及政策研究	罗　丰	北京工商大学	应用研究	论文	2025 年 12 月

续表

项目编号	项目名称	负责人	承担单位	研究类别	成果形式	完成时间
SM202310011003	公司治理结构视域下北京市制造业服务化转型的实施路径研究	段梦然	北京工商大学	应用研究	研究报告，论文	2025年12月
SM202310011004	北京市企业精准扶贫的自发性、效率性和可持续性研究	彭　斐	北京工商大学	应用研究	研究报告，论文	2025年12月
SM202310011005	社会力量参与北京“博物馆之城”建设的实现路径研究	张皓珏	北京工商大学	应用研究	专著，论文	2025年12月
SM202310011006	北京市预算绩效管理的元评估与激励机制研究	苗　珊	北京工商大学	应用研究	研究报告，论文	2025年12月
SM202310011007	北京市住房市场中教育溢价的时空演变及统筹调控研究	韩　璇	北京工商大学	应用研究	论文	2025年12月
SM202310011008	“双碳”目标下北京国际消费中心城市建设路径研究	于也雯	北京工商大学	应用研究	研究报告，论文	2025年12月
SM202310011009	高校大学生英语学习核心能力提升研究	吕　绵	北京工商大学	基础研究	研究报告，论文	2024年12月
SM202310011010	新中国初期北京保育政策实践及经验研究（1949—1956）	王　悦	北京工商大学	基础研究	专著	2025年12月
SM202310011011	基于短视频情感动员机制的北京突发公共卫生事件情感治理研究	刘　娟	北京工商大学	应用研究	研究报告，论文	2025年12月
SM202310012001	基于非遗手工艺传承创新的北京文创产品开发与商业推广研究	王润娜	北京服装学院	基础应用研究	研究报告，论文	2025年12月
SM202310012002	可穿戴乐器中的数字身体美学研究	蔡碧湾	北京服装学院	基础研究	论文，其他	2025年12月
SM202310012003	艺术考古学视野下的元代袍服结构与工艺研究	谢　非	北京服装学院	基础研究	研究报告，论文，其他	2025年12月
SM202310012004	基于数字技术的蒙古族服饰创新性研究与转化	王威仪	北京服装学院	基础应用研究	研究报告，论文，其他	2025年12月
SM202310012005	中国传统扎经染色工艺技术及应用研究	王　可	北京服装学院	基础应用研究	研究报告，其他	2025年12月
SM202310012006	社区服务语境下的可持续纺织品设计实践研究	黄　易	北京服装学院	应用研究	研究报告，论文，其他	2025年12月
SM202310015001	数字技术语境下动画表演研究	马潇婧	北京印刷学院	基础研究	研究报告，论文，其他	2025年12月
SM202310015002	新媒体视野下北京历史文化题材短视频创作研究	杜宜浩	北京印刷学院	基础研究	研究报告，论文	2024年12月
SM202310015003	新媒体环境下三山五园文化资源的活化方式研究	冯　杨	北京印刷学院	基础应用研究	研究报告，论文，其他	2025年12月

续表

项目编号	项目名称	负责人	承担单位	研究类别	成果形式	完成时间
SM202310015004	面向青少年的移动短视频在线教育平台设计研究	胡明辉	北京印刷学院	应用研究	研究报告，其他	2024 年 12 月
SM202310015005	北京中轴线文化形象数字化展示及传播策略研究	张娜娜	北京印刷学院	基础应用研究	研究报告，论文	2025 年 12 月
SM202310015006	跨媒介叙事视角下的知识生产与内容服务体系建构	石　昆	北京印刷学院	基础应用研究	研究报告，论文	2025 年 12 月
SM202310015007	数字出版标准化研究：理论构建、机制设计与应用策略	聂　弯	北京印刷学院	基础应用研究	研究报告，论文	2025 年 12 月
SM202310015008	北京融媒体客户端用户采纳意愿的影响因素研究	赵新星	北京印刷学院	应用研究	研究报告，论文	2025 年 12 月
SM202310015009	突发公共卫生事件影响下的大学生焦虑情绪传播及引导机制研究	刘　珍	北京印刷学院	基础应用研究	研究报告，论文	2025 年 12 月
SM202310015010	新时代中国共产党推进红色出版走出去的多重逻辑研究	周亚茹	北京印刷学院	基础应用研究	研究报告，论文	2025 年 12 月
SM202310016001	申遗背景下北京中轴线水系历史演变、文化价值与保护利用研究	周坤朋	北京建筑大学	基础研究	研究报告，论文	2025 年 12 月
SM202310016002	“以人民为中心的发展思想”对马克思主义哲学的原创性贡献研究	孙　赫	北京建筑大学	基础研究	研究报告，论文	2025 年 12 月
SM202310017001	移动短视频在“乡村振兴”主题宣传中的传播与应用问题研究	马　琳	北京石油化工学院	基础研究	研究报告，论文	2025 年 12 月
SM202310020001	北京市乡村民宿集群开发与乡村协同优化发展研究	龙　飞	北京农学院	基础应用研究	研究报告，论文	2025 年 12 月
SM202310025001	基于 SEM 和 QCA 方法的三级公立医院互联网诊疗绩效评价研究	王亚妮	首都医科大学	应用研究	研究报告，论文	2025 年 12 月
SM202310025002	基于语料库的医学口译源语文本难度研究	傅斯亮	首都医科大学	基础应用研究	论文	2025 年 12 月
SM202310025003	早期中医文献发生与流传背景下出土简帛医书用字比较研究	韦良玉	首都医科大学	基础研究	论文，其他	2025 年 12 月
SM202310025004	乡村振兴背景下农民收入均衡性增长研究	曹　红	首都医科大学	基础研究	论文	2025 年 12 月
SM202310025005	学龄期儿童家长对近视防控的认知现状调查及其与儿童近视进展的关系研究	延艳妮	首都医科大学	应用研究	论文	2025 年 12 月
SM202310025006	基于项群训练理论的运动模式干预对大学生睡眠质量的影响	张　茜	首都医科大学	基础研究	论文	2025 年 12 月

续表

项目编号	项目名称	负责人	承担单位	研究类别	成果形式	完成时间
SM202310028001	基于影片编创叙事结构的舞蹈运用研究	林智群	首都师范大学	基础应用研究	研究报告	2025年12月
SM202310028002	工作记忆视角下伴语手势对二语口语的提升作用	马　赛	首都师范大学	基础研究	论文	2025年12月
SM202310028003	朱德熙手稿《华语教材》研究	郝　琦	首都师范大学	基础研究	论文	2025年12月
SM202310028004	区域市场一体化中的京津冀协同立法	周泽夏	首都师范大学	基础应用研究	研究报告	2025年12月
SM202310028005	我国上市公司强制要约规则的法律移植与本土革变	包永慧	首都师范大学	基础应用研究	研究报告	2025年12月
SM202310028006	"帝国主义"概念在近代中国的传播与影响研究（1898—1949）	葛静波	首都师范大学	基础研究	研究报告，论文	2025年12月
SM202310028007	科技类课后服务项目对学生科技创新素养的提升效能及其路径研究	罗　天	首都师范大学	基础应用研究	论文	2025年12月
SM202310028008	跨学科实践背景下教师教学素养与提升路径研究	韩思思	首都师范大学	基础研究	论文	2025年12月
SM202310028009	"党的领导"教育融入高校思政课的规律与路径研究	李春华	首都师范大学	基础研究	论文	2025年12月
SM202310028010	课程思政的实践渊源、概念生成及长效机制构建研究	高静毅	首都师范大学	基础应用研究	论文	2025年12月
SM202310028011	参与困境与组织变革：研究型大学教师参与治理研究	晁亚群	首都师范大学	基础应用研究	论文	2025年12月
SM202310028012	"双减"政策下北京市家庭培育模式转变与儿童成长机制研究	刘祎莹	首都师范大学	基础应用研究	研究报告，论文	2025年12月
SM202310028013	北京市属高校学生科研诚信教育体系建设研究	刘一玮	首都师范大学	基础应用研究	研究报告	2025年12月
SM202310028014	基于提升大学公体学生体质健康水平对体育课程设计的研究	常　帅	首都师范大学	基础研究	研究报告	2025年12月
SM202310029001	北京市中小学体育与健康知识库问答系统研究	王燕妮	首都体育学院	基础应用研究	研究报告，论文	2025年12月
SM202310029002	医联体模式下体医融合人才培养体系的探索	杨一卓	首都体育学院	应用研究	研究报告，论文	2025年12月
SM202310031001	北京市旅游驱动乡村产业振兴的创新模式与优化策略	宋昌耀	北京第二外国语学院	应用研究	研究报告，论文	2025年12月
SM202310031002	不确定环境下的北京企业财务决策研究	牛伟宁	北京第二外国语学院	基础应用研究	论文	2025年12月

续表

项目编号	项目名称	负责人	承担单位	研究类别	成果形式	完成时间
SM202310031003	北京数字贸易高质量发展的测度评价、制约因素与推进路径研究	李　萍	北京第二外国语学院	应用研究	研究报告，论文	2025 年 12 月
SM202310031004	俄罗斯对美国认知演化与战略选择及中国应对	于优娟	北京第二外国语学院	基础应用研究	专著	2025 年 12 月
SM202310037001	城市副中心服务支撑北京国际科技创新中心建设的路径研究	沈佳坤	北京物资学院	应用研究	论文	2025 年 12 月
SM202310037002	北京市冷链物流企业供应链数字化转型机理及决策优化研究	李　民	北京物资学院	应用研究	研究报告，论文	2025 年 12 月
SM202310037003	非常规突发事件下北京市应急物流系统韧性评估及提升路径研究	陈亚红	北京物资学院	基础应用研究	研究报告，论文	2025 年 12 月
SM202310037004	北京市批发市场主导的农产品供应链数字化转型效应与路径研究	罗倩文	北京物资学院	应用研究	研究报告，论文	2025 年 12 月
SM202310037005	数字经济驱动生产性服务业效率提升研究	邹旭鑫	北京物资学院	应用研究	研究报告，论文	2025 年 12 月
SM202310037006	面向城市副中心社会治理现代化的“五治融合”体系构建	李凌云	北京物资学院	应用研究	研究报告，论文	2025 年 12 月
SM202310037007	数字内容驱动的北京大学生创业教育生态产城学融合治理研究	宋立丰	北京物资学院	应用研究	研究报告，论文	2025 年 12 月
SM202310037008	首都高校大学生体质健康测试数据的动态变化研究	练　丽	北京物资学院	基础研究	研究报告，论文	2025 年 12 月
SM202310038001	北京市数字消费驱动下在线用户的内容消费行为机理研究	时　笑	首都经济贸易大学	基础研究	专著	2025 年 12 月
SM202310038002	经济高质量发展视角下构建北京市企业数字治理机制的理论逻辑和实践路径研究	李瑞敬	首都经济贸易大学	应用研究	研究报告，论文	2025 年 12 月
SM202310038003	可持续发展视角下北京共享单车平台产品运维策略研究	张译文	首都经济贸易大学	应用研究	专著	2025 年 12 月
SM202310038004	北京市大学生灵活就业人员就业质量评价、影响因素及提升策略研究	梁潇杰	首都经济贸易大学	应用研究	研究报告	2025 年 12 月
SM202310038005	北京市独角兽企业创新体制研究	李　琛	首都经济贸易大学	基础研究	研究报告，论文	2025 年 12 月
SM202310038006	人口老龄化对北京就业结构的影响及优化路径研究	连慧君	首都经济贸易大学	基础研究	论文	2025 年 12 月
SM202310038007	北京城市风险防控与韧性城市建设研究	史晨辰	首都经济贸易大学	应用研究	研究报告，论文	2025 年 12 月

续表

项目编号	项目名称	负责人	承担单位	研究类别	成果形式	完成时间
SM202310038008	数字经济建设背景下北京市开放政府数据生态系统优化策略研究	林　彤	首都经济贸易大学	基础应用研究	研究报告，论文	2025年12月
SM202310038009	北京“两区”建设助推首都经济圈高质量发展的效果评价与路径选择	徐生霞	首都经济贸易大学	基础应用研究	研究报告，论文	2025年12月
SM202310038010	人口老龄化背景下北京市家庭住房财富对养老行为的影响研究	廖　毓	首都经济贸易大学	应用研究	专著，研究报告	2025年12月
SM202310038011	首都红色文化德育内涵的历史考察及当代价值	郝　然	首都经济贸易大学	基础应用研究	专著，论文	2025年12月
SM202310038012	京津冀“人才引进政策”的产业结构升级效应研究	袁　航	首都经济贸易大学	应用研究	论文	2025年12月
SM202310038013	“双碳”战略下北京市国有企业混合所有制改革对环境、社会、治理（ESG）绩效的影响研究	孔晓旭	首都经济贸易大学	应用研究	研究报告，论文	2025年12月
SM202310038014	价值链分工视角下京津冀产业协同发展的逻辑、经验与路径研究	陈锦然	首都经济贸易大学	基础应用研究	研究报告，论文	2025年12月
SM202310038015	“新时代新儿童”建构与北京大众文化研究	曾麒霖	首都经济贸易大学	基础研究	论文	2025年12月
SM202310038016	分层同化理论视角下北京流动人口的社会适应研究	郭笑蕾	首都经济贸易大学	基础应用研究	研究报告，论文	2025年12月
SM202310038017	数字经济对北京市外来新生代农民工就业的影响研究	李　帆	首都经济贸易大学	基础研究	研究报告，论文	2025年12月
SM202310050001	网络视听新形态对“Z世代”群体的引领策略研究	赵　丹	北京电影学院	基础应用研究	研究报告，论文	2025年12月
SM202310051001	数字网络空间中舞台艺术演播的媒介转化研究	高　超	北京舞蹈学院	基础应用研究	研究报告，论文	2025年1月
SM202310051002	基于意象引导的中国现代舞训练方法研究	李文祺	北京舞蹈学院	应用研究	研究报告，其他	2025年12月
SM202310051003	中国民族民间舞创作理论与技法研究	朱　律	北京舞蹈学院	应用研究	专著	2025年12月
SM202310051004	新课标下舞蹈教师教育现状调查与提升策略研究	马　骎	北京舞蹈学院	基础应用研究	研究报告，论文	2025年12月
SM202311232001	“双碳”目标下北京数字经济发展对能源利用效率影响机理研究	张思涵	北京信息科技大学	应用研究	论文	2025年12月
SM202311232002	公众参与视角下首都大学生科技争议的传播实践研究	江苏佳	北京信息科技大学	应用研究	论文	2025年12月
SM202311232003	重大疫情下网诊咨询情感互动话语研究	张　宇	北京信息科技大学	基础应用研究	论文	2025年12月

续表

项目编号	项目名称	负责人	承担单位	研究类别	成果形式	完成时间
SM202311232004	后奥运时期北京冬奥精神及其弘扬机制研究	陈　宇	北京信息科技大学	基础应用研究	研究报告，其他	2025 年 12 月
SM202311417001	北京新型职业农民参与乡村治理的路径及激励机制研究	蔡胤璐	北京联合大学	应用研究	研究报告，论文	2025 年 12 月
SM202311417002	北京传统制造业数字化转型过程中组织惯性的双元破解策略研究	刘淑桢	北京联合大学	基础研究	研究报告	2025 年 12 月
SM202311417003	数字化背景下北京中轴线文旅价值提升机理研究	周泽鲲	北京联合大学	基础应用研究	研究报告	2025 年 12 月
SM202311417004	北京市“减污降碳”协同治理下企业碳减排的动力机制及路径优化研究	周　行	北京联合大学	基础应用研究	论文	2025 年 12 月
SM202311417005	数字金融赋能下京津冀地区居民相对贫困缓解路径与政策研究	陈宝珍	北京联合大学	基础应用研究	研究报告，论文	2025 年 12 月
SM202311417006	数字鸿沟对京津冀家庭福利的影响研究	蒋佳伶	北京联合大学	应用研究	研究报告	2025 年 12 月
SM202311417007	民国前期北京地区美术社团与美术教育理念、模式变迁研究（1912—1937）	郝惠谋	北京联合大学	基础研究	研究报告，论文	2025 年 12 月
SM202311417008	房山农民画传承研究	王　聪	北京联合大学	基础应用研究	研究报告，论文，其他	2025 年 12 月
SM202311417009	基于无障碍设计的听障群体就业沟通工具包研究	陈　昱	北京联合大学	应用研究	研究报告，论文，其他	2025 年 12 月
SM202311417010	基于语料库的长度效应对汉语与格转换影响研究	樊　星	北京联合大学	基础研究	论文，其他	2025 年 12 月
SM202311417011	俄罗斯汉学史上的中国民俗文化研究	周峪竹	北京联合大学	基础研究	研究报告，论文，其他	2025 年 12 月
SM202311417012	协商型司法公正视角下北京市值班律师制度运行实效研究	李晓丽	北京联合大学	基础研究	研究报告，论文	2025 年 12 月
SM202311417013	首都老年群体网络参与的社会支持研究	高胤丰	北京联合大学	基础应用研究	研究报告，论文	2025 年 12 月
SM202311417014	京津冀地区新石器时代家户考古研究	姜仕炜	北京联合大学	基础研究	研究报告，论文	2025 年 12 月
SM202311417015	新课标背景下北京市小学劳动课程建设的提质策略研究	周美云	北京联合大学	基础应用研究	研究报告，论文	2025 年 12 月
SM202311417016	北京市小学跨学科课程开发的关键问题与提升策略	张学鹏	北京联合大学	基础应用研究	研究报告，论文	2025 年 12 月

续表

项目编号	项目名称	负责人	承担单位	研究类别	成果形式	完成时间
SM202311417017	教育实习情境中师范生学科教学知识的U-S协同培育路径研究	杨艺媛	北京联合大学	基础研究	论文	2025年12月
SM202311626001	首都高校大学生参与基层治理模式创新研究	景海俊	北京青年政治学院	应用研究	研究报告，论文，其他	2025年12月
SM202311626002	文化自信视角下的幼儿园传统文化体验课程体系研究	赵　飞	北京青年政治学院	应用研究	研究报告，论文，其他	2025年12月
SM202311626003	《纲要》颁布20年幼儿园社会领域课程改革成效研究	李春光	北京青年政治学院	基础研究	研究报告，论文	2025年12月
SM202314019001	非接触式网络犯罪案件证据体系变迁研究	申　蕾	北京警察学院	基础应用研究	研究报告，论文	2025年12月
SM202314073001	京剧文化的IP形象设计开发及数字化传播策略研究	赵泾钧	北京经济管理职业学院	应用研究	研究报告，论文，其他	2025年12月
SM202314073002	首都高校生态环境科普实践路径及保障机制研究	马媛媛	北京经济管理职业学院	基础应用研究	研究报告，论文	2025年12月
SM202350061001	“双减”背景下中小学学校治理模式的现状、挑战及对策研究	王　聪	北京教育学院	基础研究	论文	2025年12月
SM202351160001	开放教育合作办学教学过程评价体系构建研究	李　雪		基础应用研究	研究报告，论文	2025年12月
SM202351638001	北京新型城镇化发展与碳效率的耦合机理研究	庞　博	北京财贸职业学院	基础应用研究	论文	2025年12月

（北京市教育委员会供稿）

2022年北京市人大常委会调查研究课题

市人大常委会主任、副主任主持的全市重点调研课题

序号	题目	主持人	责任部门	负责人
1	市十五届人大常委会履职情况研究	李　伟	研究室	崔新建
2	党建引领常态化疫情防控的经验启示	张延昆		
3	关于北京加快推进国际科技创新中心建设相关立法的调研	杜飞进	教科文卫办公室	刘玉芳
4	建立完善联防联控联建工作模式，创新平安建设协调机制	齐　静		
5	★创办好“北京文化论坛”，助力全国文化中心建设	庞丽娟	民进北京市委	
6	★以落实中关村新一轮先行先试政策助推北京国际科技创新中心建设	闫傲霜	致公党北京市委	

续表

序号	题目	主持人	责任部门	负责人
7	关于北京市地方税调查研究	李颖津	财政经济办公室	张伯旭
8	全过程人民民主在代表工作中的实践思考	张　清	代表联络室	李　文
9	北京市家庭教育促进立法调研	侯君舒	社会委工作机构	丛骆骆

注：带★号题目为民主党派主委课题，由市委统战部统筹安排。

市人大常委会机关调研课题

序号	题目	责任部门	负责人
1	北京市地方性法规司法适用问题实证研究	办公厅	佟海生
2	我市涉疫防控信访问题的调研报告	信访办公室	董立柱
3	本市非机动车管理情况调研	监察和司法办公室	陈　永
4	加强政府固定资产投资监督相关问题研究	财政经济办公室	路海滨
5	本市托育服务体系建设情况的现状、问题及对策研究	教科文卫办公室	刘玉芳
6	★北京市建筑绿色发展立法研究	城建环保办公室	冶　冰
7	乡村振兴促进立法重点问题研究	农村办公室	潘爱兵
8	北京市人才促进立法调研	社会委工作机构	丛骆骆
9	北京市铸牢中华民族共同体意识情况调研	民宗侨外办公室	张喜发
10	关于做好市人大代表换届选举有关工作的调研报告	人事室	轩德祥
11	关于加强和改进市人大常委会机关工会工作的调研报告	机关工会	栾淑彬

注：带★号题目为法规立项论证项目。

（北京市人大常委会供稿）

2022 年北京市调查研究重点课题

序号	题目	主持人	研究单位
	一、市级领导研究课题		
1	高水平构建现代化首都都市圈研究	蔡　奇	市委研究室
2	北京推进共同富裕过程中的突出难点问题研究	陈吉宁	市政府研究室、市发展改革委等
3	市十五届人大常委会履职情况研究	李　伟	市人大常委会研究室
4	关于北京市政协专门协商机构建设探索实践的调研	魏小东	市政协研究室
5	北京市铸牢中华民族共同体意识实践路径研究	游　钧	市委统战部
6	北京高水平人才高地建设路径研究	孙梅君	市人才工作局
7	同级监督工作研究	陈　健	市纪委市监委

续表

序号	题目	主持人	研究单位
8	北京推动“科技为文化赋能、文化为城市赋能”实践研究	莫高义	市委宣传部
9	北京市大中小思政课一体化建设研究	夏林茂	市委教工委、市教委
10	共同富裕背景下的北京慈善体系建设研究	杨晋柏	市委社会工委市民政局
11	中关村建设世界领先科技园区的思路与路径研究	靳　伟	市科委、中关村管委会
12	突出问题导向聚焦重点领域安全风险，构建完善政治中心区一体化防控机制	孙军民	市委政法委
13	党建引领城市副中心基层社会治理的思考与实践	赵　磊	通州区委区政府研究室
14	关于推动中关村开展新一轮先行先试改革，加快建设世界领先的科技园区和创新高地的调研	崔述强	市政协科技委员会
15	北京双奥城市遗产传承路径研究	张建东	北京奥运城市发展促进中心
16	北京城市副中心建设国家绿色发展示范区实施路径研究	隋振江	城市副中心管委会
17	完善北京新型集体林场政策思考	卢　彦	市园林绿化局
18	首都公安“情指勤舆”一体化实战化运行机制的探索与实践	亓延军	市公安局
19	以流域为单元统筹山水林田湖草系统治理，构建首都特色水生态保护修复体制机制研究	谈绪祥	市水务局
20	党建引领常态化疫情防控的经验启示	张延昆	市委党建办
21	关于北京加快推进国际科技创新中心建设相关立法的调研	杜飞进	市人大常委会教科文卫办公室
22	建立完善联防联控联建工作模式，创新平安建设协调机制	齐　静	市委政法委
23	关于北京市地方税调查研究	李颖津	市人大常委会财政经济办公室
24	本届代表工作在全过程人民民主中的实践思考	张　清	市人大常委会代表联络室
25	本市家庭教育促进立法调研	侯君舒	市人大常委会社会建设委员会工作机构
26	关于推进建设“博物馆之城”，助力全国文化中心建设的调研	王　宁	市政协教文卫体委员会
27	关于加快推进韧性城市建设，筑牢首都公共安全防线的调研	张家明	市政协人口资源环境和建设委员会
28	关于加强和改进新时代区政协工作的调研	杨艺文	市政协人事联络室
29	关于提高提案工作质量的调研	程　红	市政协提案委员会
30	关于坚持中华优秀文化浸润，深入推进北京宗教中国化的调研	程　红	市政协民族和宗教委员会
31	关于加强减污降碳协同，全面推动经济社会发展绿色低碳转型的调研	杨　斌	市政协人口资源环境和建设委员会
32	关于聚焦共同富裕目标，多措并举促进农民增收的调研	王　红	市政协农业和农村委员会

续表

序号	题目	主持人	研究单位
33	数字服务建设助力利企便民服务效能升级	王　红	市政务服务局
34	关于积极对接国际高水平自由贸易协定规则，推动“两区”建设取得新进展的调研	林抚生	市政协经济委员会
35	以习近平法治思想为指引，着力推动诉源治理工作深入开展	寇　昉	市高级法院
36	轻罪治理体系研究	朱雅频	市人民检察院
	二、民主党派研究课题		
1	助力双碳目标实现，加快首都能源安全低碳转型	王　红	民革北京市委
2	“双减”政策背景下体育课程育人价值开发和实现路径	程　红	民盟北京市委
3	用好北京奥运遗产，推动冬奥场馆赛后可持续利用	程　红	民盟北京市委
4	首都建设“博物馆之城”的问题和对策研究	程　红	民盟北京市委
5	关于加快培育更多“专精特新”企业，完善企业高质量发展路径设计的建议	司马红	民建北京市委
6	创办好“北京文化论坛”助力全国文化中心建设	庞丽娟	民进北京市委
7	关于完善首都乡村卫生健康服务体系的调研	李亚兰	农工党北京市委
8	以落实中关村新一轮先行先试政策助推北京国际科技创新中心建设	闫傲霜	致公党北京市委
9	强化首都战略科技力量，推动北京国际科技创新中心建设	刘忠范	九三学社北京市委
10	强化首都战略科技力量，推动北京国际科技创新中心建设	杨　旭	台盟北京市委
	三、部委办局、各区研究课题		
1	关于北京高校高质量党建引领高质量发展研究	张　革	市委教育工委
2	新时代数字教育发展研究——以人工智能与基础教育融合发展为切入点	刘宇辉	市教委
3	综合执法与行业监管职责关系研究	李世新	市委编办
4	落实中央对台工作精准施策要求 积极推进新时代首都对台工作实践创新	霍光峰	市台办
5	市直机关党的建设经验研究	李彦来	市直机关工委
6	碳达峰碳中和背景下北京市能源绿色低碳转型体制机制和政策措施研究	穆　鹏	市发展改革委
7	完善落实各项政策，提升宗教活动场所规范化管理水平	钟百利	市民宗委
8	北京市面向大国强国首都的功能优化研究	张　维	首规委办
9	京津冀及国内主要城市群战略规划比较与协同发展研究	张　维	市规划和自然资源委
10	北京城市更新相关法律问题研究	王　飞	市住房和城乡建设委
11	首都超大城市运行管理风险隐患治理研究	陈　清	市城市管理委

续表

序号	题目	主持人	研究单位
12	智慧交通赋能交通转型发展战略途径及对策措施	谢正光	市交通委
13	北京市医疗服务规划体系与机制现代化研究	钟东波	市卫生健康委
14	人民防空设施建设与基础设施相结合的理论方法研究	刘宝杰	市人防办
15	超大城市（北京）人口疏散与掩蔽方法研究	刘宝杰	市人防办
16	离退休干部发挥作用途径创新的实践与思考	张彤军	市老干部局
17	数字化时代服务业与制造业融合发展路径研究	张劲松	市经济和信息化局
18	北京市共同富裕评价指标体系研究	徐志军	市民政局
19	北京市优化营商环境评估指标体系研究	崔　杨	市司法局
20	中小微企业财源建设管理研究	吴素芳	市财政局
21	关于大力发展技工教育促进高质量就业研究	章冬梅	市人力社保局
22	北京市大气污染物和温室气体协同控制路径研究	陈　添	市生态环保局
23	推进建立水资源战略储备制度	潘安君	市水务局
24	北京市“田长制”及耕地保护政策研究	付兆庚	市农业农村局
25	培育建设国际消费中心试点城市一周年建设成效对比研究	丁　勇	市商务局
26	文化强国语境下，“大戏看北京”的实施路径研究	杨　烁	市文化和旅游局
27	北京市贯彻落实退役军人工作法律政策现实矛盾困难研究	苗立峰	市退役军人事务局
28	关于推动加强基层应急管理体系和能力建设问题研究	张树森	市应急管理局
29	平台企业算法滥用垄断风险研究	高念东	市市场监管局
30	审计管理体制改革与作用发挥研究	马兰霞	市审计局
31	北京市广播电视网络视听领域加强事中事后监管研究	王杰群	市广电局
32	完善社会参与机制，助力“博物馆之城”建设	陈名杰	市文物局
33	后奥运北京竞技冰雪运动发展研究	赵　文	市体育局
34	北京市新就业形态统计监测研究	李素芳	市统计局
35	北京建设全球数字经济标杆城市监测体系研究	张铁军	市统计局
36	建立健全园林绿化资源生态补偿机制的思考	邓乃平	市园林绿化局
37	以场景化改革推动政策落地的思考和探索	张　强	市政务服务管理局
38	行政办公区食品采购分类、界面划分和修割标准研究	周家雷	市机关事务管理局
39	专利行政裁决工作前沿问题研究	杨东起	市知识产权局
40	国内重点城市数字经济与税收比较研究	张有乾	市税务局
41	北京经开区建区 30 年的经验与启示	杨秀玲	开发区工委
42	北京市职工队伍状况调查	张　良	市总工会
43	首都疫情“平战结合”心理支持模式探索与思考	李军会	团市委

续表

序号	题目	主持人	研究单位
44	北京市实施妇女权益保障法的情况调研	张雅君	市妇联
45	首都功能核心区使命价值研究	孙新军	东城区委研究室
46	关于提升消费能级，加快国际消费中心城市示范区建设的调研与思考	周金星	东城区商务局、东城区政府研究室
47	西城区加强韧性城市建设的实践与思考	孙军民	西城区委区政府研究室
48	发挥北京证券交易所平台作用 促进区域高质量发展的思考	孙　硕	西城区委区政府研究室
49	朝阳区推进韧性城市建设工作研究	文　献	朝阳区委区政府研究室
50	朝阳区推进科技创新发展路径研究	吴小杰	朝阳区委区政府研究室
51	海淀区创新雨林生态体系研究	王合生	海淀区委区政府研究室
52	经济破万亿标志性突破后推动高品质海淀建设的新思考	李俊杰	海淀区委区政府研究室
53	首都发展视域下的丰台城市形态再研究	王少峰	丰台区委区政府研究室
54	丰台区数字经济产业发展研究	初军威	丰台区委区政府研究室
55	关于以新首钢复兴带动京西八大厂整体复兴的调查与研究	常　卫	石景山区委区政府研究室
56	关于石景山区加快元宇宙发展布局、建设元宇宙创新中心的调研	李　新	石景山区委区政府研究室
57	探索生态产品价值实现机制 促进门头沟绿色高质量发展	金　晖	门头沟区委研究室
58	关于以绿色生态富民为导向 促进农民增收致富、农村集体经济壮大的实践与思考	喻华锋	门头沟区政府办
59	关于加快房山区“两基地三园区”建设的实践与思考	邹劲松	房山区委区政府研究室
60	关于房山区深化“前店后厂”发展 推动创新型企业成果产业化的实践与思考	阳　波	房山区委区政府研究室
61	通州区农村集体经营建设用地的开发利用及发展对策研究	孟景伟	通州区委区政府研究室
62	助力北京创新产业集群示范区建设，推动高精尖产业壮大发展——第三代半导体产业集聚区发展模式研究	龚宗元	顺义区委区政府研究室
63	关于建设高素质干部人才队伍的实践与思考	王有国	大兴区委研究室
64	优化营商环境、助力产业升级的实践与思考	刘学亮	大兴区政府办
65	进一步做强“两谷一园”、加快北京国际科创中心承载区建设的策略研究	甘靖中	未来科学城管委会、昌平区委研究室
66	关于优化营商环境，打通最后一公里的调查研究	支现伟	昌平区政府办
67	关于加强产业链强链补链延链，优化产业生态，提升三大千亿级产业集群的调查研究	支现伟	昌平区政府办

续表

序号	题目	主持人	研究单位
68	以服务保障冬奥为契机，加快国际会都扩容提升，打造服务国家顶层国际交往核心承载区	郭延红	怀柔区委研究室
69	关于将怀柔打造成为首都韧性城市示范“样板”的思路和举措	于庆丰	怀柔区政府办公室
70	关于建设高大尚平谷的实践与思考	唐海龙	平谷区委研究室
71	关于推动文旅产业融合发展的分析与思考	狄　涛	平谷区政府办
72	深入贯彻落实习近平总书记重要回信精神 继续守护好密云水库的思考与实践	余卫国	密云区委研究室
73	密云区生态价值实现机制研究	马新明	密云区发改委
74	关于聚焦农村集体经济发展和农村居民增收，推动乡村振兴发展的对策措施	于　波	延庆区委研究室
75	如何借势冬奥加快建设京张体育文化旅游带	叶大华	延庆区政府发展研究中心

（北京市委研究室供稿）

2022年度北京市习近平新时代中国特色社会主义思想研究中心立项课题名单

序号	项目编号	项目批次	项目级别	项目名称	项目负责人	项目承担单位	最终成果形式
1	22LLZZA001	2022年度特别委托	重大项目	“两个确立”的决定性意义研究	邹吉忠	中央民族大学	研究报告
2	22LLMLA002	2022年度特别委托	重大项目	习近平新时代中国特色社会主义思想的历史地位和重大意义研究	黄延敏	首都师范大学	研究报告
3	22LLMLA003	2022年度特别委托	重大项目	习近平新时代中国特色社会主义思想的科学体系和核心要义研究	韩振峰	北京交通大学	研究报告
4	22LLMLA004	2022年度特别委托	重大项目	习近平新时代中国特色社会主义思想是中华文化和中国精神的时代精华研究	谢　辉	北京市社会科学院	研究报告
5	22LLMLA005	2022年度特别委托	重大项目	“十个明确”的深刻内涵及其内在联系研究	袁吉富	北京市委党校	研究报告
6	22LLMLA006	2022年度特别委托	重大项目	习近平新时代中国特色社会主义思想对丰富和发展马克思主义作出的原创性贡献研究	孙来斌	北京大学	研究报告

续表

序号	项目编号	项目批次	项目级别	项目名称	项目负责人	项目承担单位	最终成果形式
7	22LLWXA007	2022 年度特别委托	重大项目	习近平新时代中国特色社会主义思想对传承和发展中华优秀传统文化作出的历史性贡献研究	王廷信	中国传媒大学	研究报告
8	22LLMLA008	2022 年度特别委托	重大项目	习近平新时代中国特色社会主义思想对推动人类文明进步作出的世界性贡献研究	文　君	对外经济贸易大学	研究报告
9	22LLMLA009	2022 年度特别委托	重大项目	中国式现代化与人类文明新形态研究	陶文昭	中国人民大学	研究报告
10	22LLMLA010	2022 年度特别委托	重大项目	全人类共同价值凝聚人类文明共识研究	苏大鹏	北京外国语大学	研究报告
11	22LLMLA011	2022 年度特别委托	重大项目	共同富裕的理论内涵、战略目标和实践路径研究	张　晖	中国农业大学	研究报告
12	22LLMLB013	2022 年度特别委托	重点项目	习近平新时代中国特色社会主义思想是当代中国马克思主义、二十一世纪马克思主义研究	刘新刚	北京理工大学	研究报告
13	22LLZZB014	2022 年度特别委托	重点项目	习近平总书记关于坚持和加强党的全面领导的重要论述研究	何秀超	中央财经大学	研究报告
14	22LLZZB015	2022 年度特别委托	重点项目	习近平总书记关于发展全过程人民民主的重要论述研究	楚国清	北京联合大学	研究报告
15	22LLZZB016	2022 年度特别委托	重点项目	习近平总书记关于全面从严治党的重要论述研究	刚文哲	中国政法大学	研究报告
16	22LLZZB017	2022 年度特别委托	重点项目	新时代建设长期执政的马克思主义政党的理论与实践研究	姜泽廷	北京工业大学	研究报告
17	22LLMLA018	2022 年度项目	重大项目	习近平生态文明思想研究	蓝庆新	对外经济贸易大学	研究报告
18	22LLMLA019	2022 年度项目	重大项目	习近平总书记关于全面从严治党的重要论述研究	张润枝	北京师范大学	研究报告
19	22LLMLA020	2022 年度项目	重大项目	习近平新时代中国特色社会主义思想对马克思主义哲学的原创性贡献研究	李怀涛	首都师范大学	研究报告
20	22LLLJA021	2022 年度项目	重大项目	习近平总书记关于科技创新的重要论述研究	伍建民	北京市科学技术研究院	研究报告
21	22LLYJA022	2022 年度项目	重大项目	新时代创新型国家建设统计监测研究	吴翌琳	中国人民大学	研究报告

续表

序号	项目编号	项目批次	项目级别	项目名称	项目负责人	项目承担单位	最终成果形式
22	22LLZZA023	2022年度项目	重大项目	习近平总书记关于依规治党的重要论述研究	韩　强	北京外国语大学	研究报告
23	22LLZZA024	2022年度项目	重大项目	新时代廉洁文化建设的系统进路研究	孙照红	首都师范大学	研究报告
24	22LLZZA025	2022年度项目	重大项目	数字环境下的意识形态风险及其防范策略研究	戴长征	对外经济贸易大学	研究报告
25	22LLFXA026	2022年度项目	重大项目	贯彻习近平法治思想推进综合交通治理体系治理能力现代化问题研究	李巍涛	北京交通大学	研究报告
26	22LLSMA027	2022年度项目	重大项目	巩固中华民族共同体思想基础研究	包路芳	北京市社会科学院	研究报告
27	22LLMLB028	2022年度项目	重点项目	习近平总书记关于意识形态工作重要论述的理论逻辑与实践路径研究	尤国珍	北京市社会科学院	研究报告
28	22LLMLB029	2022年度项目	重点项目	共同富裕的理论内涵、战略目标和实践路径研究	肖　潇	北京师范大学	研究报告
29	22LLMLB030	2022年度项目	重点项目	新时代实现人的全面发展的理论与实践研究	韩雪青	北京外国语大学	研究报告
30	22LLMLB031	2022年度项目	重点项目	习近平总书记关于风险防控重要论述的内在逻辑研究	张恒力	北京航空航天大学	研究报告
31	22LLLJB032	2022年度项目	重点项目	数字经济时代促进全体人民共同富裕研究	郭利华	中央民族大学	研究报告
32	22LLLJB033	2022年度项目	重点项目	数字乡村建设的北京实践及优化路径研究	张玉刚	中央民族大学	研究报告
33	22LLYJB035	2022年度项目	重点项目	完善社会保障再分配促进共同富裕研究	王亚柯	对外经济贸易大学	研究报告
34	22LLYJB036	2022年度项目	重点项目	深入实施新时代人才强国战略研究	陶庆华	北京市归国华侨联合会	研究报告
35	22LLZZB037	2022年度项目	重点项目	习近平总书记关于推进党的自我革命重要论述的逻辑体系研究	杨云成	北京市委党校	研究报告
36	22LLFXB038	2022年度项目	重点项目	习近平法治思想中知识产权保护重要论述研究：理论体系与实践应用	冯晓青	中国政法大学	专著
37	22LLSMB039	2022年度项目	重点项目	民族政治心理学视角下中华民族共同体思想基础的巩固路径研究	程春华	中央民族大学	研究报告

续表

序号	项目编号	项目批次	项目级别	项目名称	项目负责人	项目承担单位	最终成果形式
38	22LLJTB040	2022 年度项目	重点项目	“双奥之城”遗产传承利用研究	李志成	首都师范大学	研究报告
39	22LLJTB041	2022 年度项目	重点项目	习近平总书记关于学习重要论述指导构建基础教育新生态研究	方中雄	北京市学习科学学会	系列论文
40	22LLGLB042	2022 年度项目	重点项目	“五子”联动背景下北京高精尖产业科技资源配置效率研究	王海芸	北京市科学技术研究院	研究报告
41	22LLMLC043	2022 年度项目	一般项目	新时期北京市有效落实生态文明制度的样板机制研究	胡春立	北京工业大学	研究报告
42	22LLMLC044	2022 年度项目	一般项目	习近平总书记关于坚定历史自信的重要论述研究	王珊珊	北京交通大学	研究报告
43	22LLMLC045	2022 年度项目	一般项目	新时代中国历史虚无主义批判话语体系建构研究	解科珍	中国社会科学院大学	研究报告
44	22LLMLC046	2022 年度项目	一般项目	全过程人民民主的国际话语权提升研究	孙晨光	中国地质大学（北京）	研究报告
45	22LLMLC047	2022 年度项目	一般项目	习近平总书记关于加强历史文化名城保护重要论述及其北京实践研究	王国龙	首都经济贸易大学	研究报告
46	22LLMLC048	2022 年度项目	一般项目	新时代中国国际传播能力建设研究	陈明琨	中国人民大学	研究报告
47	22LLMLC049	2022 年度项目	一般项目	习近平总书记关于年轻干部工作的重要论述研究	徐　杰	北京青年政治学院	研究报告
48	22LLMLC050	2022 年度项目	一般项目	《资本论》语境中资本的特性和行为规律研究	刘　礼	中央财经大学	研究报告
49	22LLMLC051	2022 年度项目	一般项目	高校思政课铸牢中华民族共同体意识研究	季洪材	中国矿业大学（北京）	研究报告
50	22LLMLC052	2022 年度项目	一般项目	国际产能合作推进“一带一路”高质量发展研究	刘江宁	对外经济贸易大学	研究报告
51	22LLMLC053	2022 年度项目	一般项目	中国共产党早期北京革命活动的历史意义和时代价值研究	徐　爽	中央民族大学	研究报告
52	22LLMLC054	2022 年度项目	一般项目	中医药文化蕴含的治国理政智慧及其当代价值研究	程　旺	北京中医药大学	研究报告
53	22LLZXC055	2022 年度项目	一般项目	“文化自信”视域下的中国传统诚信传承问题研究	武林杰	首都师范大学	研究报告

续表

序号	项目编号	项目批次	项目级别	项目名称	项目负责人	项目承担单位	最终成果形式
54	22LLLJC056	2022 年度项目	一般项目	中国超大规模市场优势的政治经济学研究	李亚伟	北京大学	专著
55	22LLYJC057	2022 年度项目	一般项目	新发展阶段防范化解高校毕业生就业风险研究	王　轶	北京工商大学	研究报告
56	22LLZZC058	2022 年度项目	一般项目	习近平外交思想中关于气候外交重要论述研究	翟大宇	对外经济贸易大学	研究报告
57	22LLZZC059	2022 年度项目	一般项目	党的全面领导在共同富裕中的实现机制研究	祝奉明	中国政法大学	研究报告
58	22LLZZC060	2022 年度项目	一般项目	新时代以伟大自我革命引领伟大社会革命研究	何　妍	北京联合大学	专著
59	22LLFXC061	2022 年度项目	一般项目	中国人权发展道路的理论品格和世界意涵研究	杨博超	中国政法大学	研究报告
60	22LLSMC062	2022 年度项目	一般项目	习近平总书记关于城市工作重要论述的理论内涵与实践路径研究	吴　军	北京市委党校	研究报告
61	22LLLSC063	2022 年度项目	一般项目	中国共产党领导治黄事业的历程与经验研究	陈　静	北京交通大学	研究报告
62	22LLWXC064	2022 年度项目	一般项目	新时代首都公共传播体系与城市治理体系双向互构研究	高慧军	中国传媒大学	研究报告
63	22LLWXC065	2022 年度项目	一般项目	高校践行习近平总书记关于文艺工作重要论述研究	赵思童	北京联合大学	研究报告
64	22LLWXC066	2022 年度项目	一般项目	北京“双奥之城”国际形象的传播研究	王　丽	北京市社会科学院	研究报告
65	22LLJTC067	2022 年度项目	一般项目	习近平总书记关于劳动教育重要论述的丰富内涵与实践路径研究	李　珂	中国劳动关系学院	研究报告
66	22LLGLC068	2022 年度项目	一般项目	习近平总书记关于粮食安全的重要论述研究	普莫喆	中国农业科学院农业经济与发展研究所	研究报告
67	22LLGLC069	2022 年度项目	一般项目	RCEP 框架下打造国际经济合作和竞争新优势的路径研究	靳晓宏	北京市科学技术研究院	研究报告

（北京市社科联、北京市社科规划办供稿）

2022 年北京市社会科学基金决策咨询项目立项名单

序号	项目编号	项目名称	项目级别	项目负责人	项目承担单位
1	22JCB001	市民诉求驱动超大城市治理的驱动机理研究	重点项目	唐　军	北京工业大学
2	22JCA002	健全首都红色文化保护传承利用体系研究	重大项目	于小植	北京语言大学
3	22JCA003	大运河文化品牌国际传播的北京行动机制与战略研究	重大项目	曲　茹	北京第二外国语学院
4	22JCA004	北京加快推动国际组织落户研究	重大项目	刘　波	北京市社会科学院
5	22JCA005	利用既有铁路资源支撑北京三条文化带整体发展研究	重大项目	夏海山	北京交通大学
6	22JCA006	现代化首都都市圈“三个圈层”建设与人口协同发展研究	重大项目	尹德挺	中国共产党北京市委员会党校
7	22JCA007	韧性城市建设目标下北京市轨道交通系统空间布局应对研究	重大项目	张真继	北京交通大学
8	22JCA008	新媒体环境下北京市食品安全协同监管策略研究	重大项目	王瑞梅	中国农业大学
9	22JCA009	北京“街道乡镇养老服务联合体”建设与发展研究	重大项目	成海军	北京社会管理职业学院（民政部培训中心）
10	22JCA010	北京深化街道乡镇管理体制改革研究	重大项目	郝海波	北京工业大学
11	22JCA011	北京韧性城市建设创新路径研究	重大项目	张　强	清华大学
12	22JCB012	虚拟现实技术赋能首都数字艺术产业创新发展研究	重点项目	周　雯	北京师范大学
13	22JCB013	三山五园地区水文化遗产保护与利用研究	重点项目	陈喜波	北京联合大学
14	22JCB014	统筹推进大运河、长城、西山永定河三条文化带建设研究	重点项目	邹统钎	北京第二外国语学院
15	22JCB015	北京戏曲文化蕴含的社会主义核心价值观研究	重点项目	梁建明	中国戏曲学院
16	22JCB016	北京冬奥文化遗产保护利用的法治保障研究	重点项目	张万春	北京联合大学
17	22JCB017	“大戏看北京”视域下北京文化演艺生态建构研究	重点项目	胡　娜	中国戏曲学院
18	22JCB018	以北京冬奥遗产保护利用为抓手助推京津冀深度协同发展研究	重点项目	蒋依依	北京体育大学
19	22JCB019	北京中医药国际传播对策研究	重点项目	张立平	北京中医药大学
20	22JCB020	北京畜禽种业市场竞争力提升研究	重点项目	刘　芳	北京农学院
21	22JCB021	北京推进科创金融改革试验区建设研究	重点项目	李　原	北京市社会科学院

续表

序号	项目编号	项目名称	项目级别	项目负责人	项目承担单位
22	22JCB022	北京打造“双枢纽”国际消费桥头堡研究	重点项目	冯　丹	北京市经济社会发展研究院
23	22JCB023	北京推进国家实验室建设研究	重点项目	杨　帆	北京理工大学
24	22JCB024	环首都通勤圈交通融合发展对策研究	重点项目	王　超	北京交通大学
25	22JCB025	北京创新科技成果转化机制研究	重点项目	江　成	首都经济贸易大学
26	22JCB026	北京产业发展报告（2023）	重点项目	李孟刚	北京交通大学
27	22JCB027	中国企业海外发展报告（2023）	重点项目	张新民	对外经济贸易大学
28	22JCB028	首都文化贸易发展报告（2023）	重点项目	李嘉珊	北京第二外国语学院
29	22JCB029	中央商务区产业蓝皮书（2023）—数字服务提升城市能级	重点项目	张　杰	首都经济贸易大学
30	22JCB030	京津冀发展报告（2023）——国际科技创新中心助推区域协同发展	重点项目	叶堂林	首都经济贸易大学
31	22JCB031	移动短视频助力北京城市国际形象建构与传播研究	重点项目	邓秀军	北京外国语大学
32	22JCB032	北京打造一流国际航空“双枢纽”的策略和政策保障研究	重点项目	李艳华	北京交通大学
33	22JCB033	北京地区工程类专业学位研究生教育现状及质量提升研究	重点项目	王　悦	北京航空航天大学
34	22JCB034	北京市农村闲置宅基地和闲置住宅盘活利用的法律问题研究	重点项目	刘文忠	北京联合大学
35	22JCB035	数字经济税收改革与北京市财税可持续发展问题研究	重点项目	曹明星	中央财经大学
36	22JCB036	北京市老年健康教育服务体系构建研究	重点项目	李本友	北京开放大学
37	22JCB037	健康北京建设背景下中医药文化传播路径及实施成效研究	重点项目	王志伟	北京中医药大学
38	22JCB038	北京医疗保障与养老保障的协同机制研究	重点项目	曾雁冰	首都医科大学
39	22JCB039	北京高校人文社科跨学科研究平台建设研究	重点项目	张　惠	北京航空航天大学
40	22JCB040	北京市属高校工程教育高质量发展研究	重点项目	张优良	北京工业大学
41	22JCB042	优化营商环境目标下北京财政能力提升机制研究	重点项目	刘立国	北京联合大学
42	22JCB043	北京市国有企业廉洁合规体系建设研究	重点项目	过　勇	清华大学
43	22JCB044	北京市典型行业协同减碳路径研究	重点项目	郑建明	对外经济贸易大学
44	22JCB045	北京交通实现碳中和的模式与路径研究	重点项目	刘延平	北京交通大学

续表

序号	项目编号	项目名称	项目级别	项目负责人	项目承担单位
45	22JCB046	北京人口蓝皮书：北京人口发展研究报告（2023）	重点项目	闫　萍	中国共产党北京市委员会党校
46	22JCB047	中国城市管理报告（2023）	重点项目	刘承水	北京城市学院
47	22JCB048	中国法治政府发展报告（2023）	重点项目	赵　鹏	中国政法大学
48	22JCB049	健康城市蓝皮书：北京健康城市建设研究报告（2023）	重点项目	王鸿春	北京健康城市建设促进会
49	22JCB050	平安北京建设发展报告（2023）	重点项目	王建新	中国人民公安大学
50	22JCB051	北京市核心产业韧性提升研究	重点项目	李华姣	中国地质大学（北京）
51	22JCB052	北京加强经济金融风险防范化解研究	重点项目	韩　晗	北京大学
52	22JCB054	“双减”背景下教师循证教研的集体效能研究	重点项目	王　陆	首都师范大学
53	22JCC055	北京博物馆之城品牌体系建设与传播策略研究	一般项目	宫月晴	北京第二外国语学院
54	22JCC056	北京儿童戏剧发展研究	一般项目	杨春霞	北京师范大学
55	22JCC057	北京时尚产业高质量发展研究	一般项目	金　水	北京服装学院
56	22JCC058	推动北京市出版深度融合发展研究	一般项目	何志勇	北京印刷学院
57	22JCC059	北京市非遗保护与基层公共文化服务融合的实践探索及路径优化研究	一般项目	贺少雅	北京师范大学
58	22JCC060	北京城市副中心文旅区产业融合发展：问题、机理及对策	一般项目	赵雅萍	北京市社会科学院
59	22JCC061	北京冬奥文化翻译语料库建设研究	一般项目	王　淼	北京第二外国语学院
60	22JCC062	北京老城公有产权居住院落腾退利用机制研究	一般项目	石　炀	北京建筑大学
61	22JCC063	北京市自媒体企业商业行为规范性、创新性及价值观引导研究	一般项目	武　岩	北京工商大学
62	22JCC064	京张体育文化旅游带建设研究	一般项目	冯　珺	北京体育大学
63	22JCC065	北京青年国际交流现状、面临的挑战及对策研究	一般项目	于溪滨	北京青年政治学院
64	22JCC066	发挥北京证券交易所作用推动北京专精特新企业发展研究	一般项目	张　萍	首都经济贸易大学
65	22JCC067	北京推进数字贸易发展的路径与对策研究	一般项目	王分棉	对外经济贸易大学
66	22JCC068	北京推进绿色金融改革试验区建设研究	一般项目	李靖宇	北京工业大学
67	22JCC069	北京建设世界级商圈政策创新研究	一般项目	田　蕾	北京市社会科学院
68	22JCC070	更好发挥北京自贸区作用促进国际消费中心城市建设研究	一般项目	张晓敏	北京市经济社会发展研究院

续表

序号	项目编号	项目名称	项目级别	项目负责人	项目承担单位
69	22JCC071	北京推进跨境服务贸易负面清单管理研究	一般项目	贾瑞哲	北京第二外国语学院
70	22JCC072	北京企业海外利益执法司法保护研究	一般项目	张　钰	中国人民公安大学
71	22JCC073	元宇宙赋能北京传统商圈升级改造研究	一般项目	于　倩	中国共产党北京市委员会党校
72	22JCC075	高等教育国际化服务北京国际交往中心建设研究	一般项目	吕　莹	北京航空航天大学
73	22JCC077	促进北京市数字消费发展的对策研究	一般项目	陶晓波	北方工业大学
74	22JCC078	北京地区高校科技成果转化“政校行企社”协同发展模式和提升机制研究	一般项目	李　兰	北京工业大学
75	22JCC079	北京“揭榜挂帅”科研团队评价机制与遴选对策研究	一般项目	何　毅	中央财经大学
76	22JCC080	北京先进制造业与现代服务业融合发展研究	一般项目	季桓永	北京信息科技大学
77	22JCC081	北京高精尖产业创新链、产业链融合发展研究	一般项目	孙为政	首都经济贸易大学
78	22JCC082	北京高精尖产业供应链现代化水平提升策略研究	一般项目	宋　光	北京交通大学
79	22JCC083	北京数字贸易营商环境优化的制度路径研究	一般项目	雷震文	北京航空航天大学
80	22JCC084	以“双奥”遗产保护利用为抓手推进北京国际交往中心功能建设的思路和举措研究	一般项目	王　莉	外交学院
81	22JCC086	文化产业助力北京乡村振兴研究	一般项目	周俊良	北京化工大学
82	22JCC087	北京市促进构建“专精特新”企业创新联合体政策供给研究	一般项目	王　芳	北京工业大学
83	22JCC088	北京自贸区建设国际高水平数字经济治理体系中“创新容错”与“安全可控”协同法律机制研究	一般项目	魏露露	北京航空航天大学
84	22JCC089	北京建设“RCEP+”先行示范区研究	一般项目	伍晓光	中央财经大学
85	22JCC090	数字经济发展促进北京市女性创业活跃度研究	一般项目	高秀娟	中华女子学院
86	22JCC091	交通网络、人口迁移与京津冀地区高质量发展研究	一般项目	俞　峰	北京科技大学
87	22JCC092	“双碳”目标下北京市氢能产业高质量发展路径研究	一般项目	许传博	华北电力大学
88	22JCC093	北京市场化碳减排机制研究	一般项目	刘思义	对外经济贸易大学
89	22JCC094	北京高校学科共建成效评价研究	一般项目	高文娟	北京航空航天大学
90	22JCC095	北京市属高校教师心理健康服务体系建设研究	一般项目	王爱军	北京联合大学

续表

序号	项目编号	项目名称	项目级别	项目负责人	项目承担单位
91	22JCC096	北京市社区居家养老服务质量评价与政府监管对策研究	一般项目	张　琳	北京信息科技大学
92	22JCC097	北京市“专精特新”企业纾困解难研究	一般项目	王婉婷	首都经济贸易大学
93	22JCC098	深化北京市地方标准评价机制研究	一般项目	孟肖丽	北京信息科技大学
94	22JCC100	加强首都公共卫生应急管理体系建设研究	一般项目	王　篪	中国人民大学
95	22JCC101	疫情背景下北京无接触物流体系建设研究	一般项目	唐秀丽	北京物资学院
96	22JCC102	北京市老旧社区“信托制物业”治理模式的可行性研究	一般项目	关珊珊	北京工业大学
97	22JCC103	深化北京市属国企混合所有制改革的可行路径研究	一般项目	贾海波	北方工业大学
98	22JCC104	基于责任规划师制度的北京市老旧社区更新治理机制研究	一般项目	史雅娟	北京城市学院
99	22JCC105	北京市最低工资与最低生活保障间的梯度及调整机制研究	一般项目	王国洪	北京石油化工学院
100	22JCC106	北京市创建国家共同富裕示范区的财税支持政策研究	一般项目	胡　翔	首都经济贸易大学
101	22JCC107	北京地区国家医学中心高质量发展研究	一般项目	孟　开	首都医科大学
102	22JCC108	利用北京冬奥遗产促进首都全民健身公共服务体系高质量发展机制研究	一般项目	吴　迪	北京体育大学
103	22JCC109	北京冬奥场馆赛后利用与公共体育服务升级研究	一般项目	阮　飞	北京市社会科学院
104	22JCC110	老年人智能设备使用与北京建设老年友好型城市研究	一般项目	赵梦晗	中国人民大学
105	22JCC111	京津冀地区电力能源、经济、环境绿色协调发展机制与路径研究	一般项目	董馨月	华北电力大学
106	22JCC112	“双碳”目标下北京市先进制造业数字化转型战略规划与政策研究	一般项目	颜　瑞	北京科技大学
107	22JCC113	“双碳”目标下北京市中小型冷链物流企业绿色发展策略研究	一般项目	祁　琪	北京物资学院
108	22JCC114	“双碳”目标下北京市物流企业绿色转型的动力机制和推进策略研究	一般项目	王美英	北京物资学院
109	22JCC115	可再生能源发电与氢储能协同优化及效益分配机制研究	一般项目	王玉玮	华北电力大学
110	22JCC116	北京市隐形冠军企业绿色升级的路径、模式和政策研究	一般项目	林　敏	北京科技大学

续表

序号	项目编号	项目名称	项目级别	项目负责人	项目承担单位
111	22JCC117	“双碳”目标下北京社区绿色更新的多元主体共治模式及创新机制研究	一般项目	赵晓婧	北京理工大学
112	22JCC118	北京平台型灵活就业人员劳动标准及权益保障政策研究	一般项目	冯喜良	首都经济贸易大学
113	22JCC119	北京深化中小学教师轮岗制度研究	一般项目	朱　敏	北京师范大学
114	22JCC120	市属高校工科混合式教学效果评价与对策研究	一般项目	张　威	北京工业大学
115	22JCC121	北京市青少年心理健康现状及调适策略研究	一般项目	郑　磊	北京师范大学
116	22JCC122	北京市老年人语言健康现状及应对策略研究	一般项目	许小颖	北京师范大学
117	22JCC124	首都公共卫生人才供需对接机制研究	一般项目	杨　佳	首都医科大学
118	22JCB125	系统构建北京城市国际化环境研究	重点项目	宣宝剑	中国传媒大学
119	22JCB126	复杂外部环境对北京的影响及应对研究	重点项目	熊　炜	外交学院
120	22JCB127	提升北京全球资源配置能力路径研究	重点项目	曹　峰	清华大学
121	22JCB128	北京国际交往中心的“国际特征”与“中国特色”研究	重点项目	韩经太	北京语言大学
122	22JCB129	国际交往中心功能建设与首都高质量发展关系研究	重点项目	钟　新	中国人民大学

（北京市社科联、北京市社科规划办供稿）

2022年北京市社会科学基金规划项目立项名单

序号	项目编号	项目名称	项目级别	申报学科	项目负责人	科研信誉承担单位
1	22FXA003	共同富裕法治保障研究	重点项目	法学	叶　姗	北京大学
2	22FXB008	北京国际大数据交易所治理体系研究	一般项目	法学	董　彪	北京工商大学
3	22FXC022	北京数字自贸区建设的规制研究	青年项目	法学	邵　怿	北京化工大学
4	22FXC023	互联网零工经济用工模式的分析范式与认定标准研究	青年项目	法学	王倨璇	北京交通大学
5	22FXB012	数据产权保护法律制度研究	一般项目	法学	王　磊	北京理工大学
6	22FXB013	法秩序统一视角下的刑民占有关系界定	一般项目	法学	李会彬	北京市社会科学院
7	22FXC021	北京防范与化解并购重组金融风险研究	青年项目	法学	金晓文	北京外国语大学
8	22FXC025	北京自由贸易试验区金融担保模式创新的法治保障研究	青年项目	法学	金　曼	北京物资学院

序号	项目编号	项目名称	项目级别	申报学科	项目负责人	科研信誉承担单位
9	22FXC020	新业态从业人员职业伤害法律保障研究	青年项目	法学	雷杰淇	北京邮电大学
10	22FXB014	医疗数据产权保护法律问题研究	一般项目	法学	王丽莎	北京中医药大学
11	22FXB010	算法推荐下的平台版权治理	一般项目	法学	卢海君	对外经济贸易大学
12	22FXC017	新时代北京乡村治理法治化的路径优化研究	青年项目	法学	陈寒非	首都经济贸易大学
13	22FXC015	北京市“两区”建设中的法律服务市场对外开放问题研究	青年项目	法学	靳　也	外交学院
14	22FXA007	《北京市接诉即办工作条例》的创新机制研究	重点项目	法学	吕廷君	中国共产党北京市委员会党校
15	22FXB011	共同富裕导向下新业态就业人员职业伤害保险制度研究	一般项目	法学	向春华	中国劳动关系学院
16	22FXA005	“三权分置”下北京宅基地盘活利用的实践探索与法律表达	重点项目	法学	肖　鹏	中国农业大学
17	22FXC018	新冠肺炎疫情防控的法治保障研究	青年项目	法学	孟　涛	中国人民大学
18	22FXA006	全过程人民民主的宪法基础——基于中国宪法学自主知识体系的研究	重点项目	法学	李忠夏	中国人民大学
19	22FXC024	过程性监督视域下刑事涉案虚拟财产强制处分研究	青年项目	法学	田力男	中国人民公安大学
20	22FXA004	营商环境法治化与破产法现代化研究	重点项目	法学	李曙光	中国政法大学
21	22FXB009	数字人权的法理证成和法律保障研究	一般项目	法学	郑玉双	中国政法大学
22	22FXC026	互联网平台的市场退出研究	青年项目	法学	张钦昱	中国政法大学
23	22FXC016	北京法院执行公证债权文书制度研究	青年项目	法学	曹建军	中央财经大学
24	22FXC019	数字经济深化发展背景下企业衍生数据法定共享研究	青年项目	法学	武　腾	中央财经大学
25	22GLC062	多元大数据驱动的北京地铁站口生活圈服务功能更新研究	青年项目	管理学	孙　帅	北方工业大学
26	22GLB037	文化遗产资源视角下的北京文旅融合高质量发展研究	一般项目	管理学	李　艳	北京第二外国语学院
27	22GLB036	北京旅游型乡村振兴水平评价与提升研究	一般项目	管理学	唐承财	北京第二外国语学院
28	22GLC039	新发展格局下北京企业“并进型双循环”国际化战略重构的路径与对策	青年项目	管理学	高璆崚	北京第二外国语学院
29	22GLC044	创新价值链视域下北京市传统企业数字化转型路径研究	青年项目	管理学	王　玉	北京工商大学

续表

序号	项目编号	项目名称	项目级别	申报学科	项目负责人	科研信誉承担单位
30	22GLC047	常态化疫情防控背景下的北京市民涉疫信息大数据保护及治理研究	青年项目	管理学	洪　莹	北京工商大学
31	22GLC051	北京企业绿色治理（ESG）赋能经济高质量发展研究	青年项目	管理学	李金甜	北京工商大学
32	22GLB021	平疫交互冲击下北京市生活必需品供应链韧性提升策略研究	一般项目	管理学	赵　川	北京工商大学
33	22GLB017	网络子群视角下北京市创新联合体发展动力机制研究	一般项目	管理学	綦　萌	北京工业大学
34	22GLC060	面向智能网联混行场景的交通规划策略研究	青年项目	管理学	李同飞	北京工业大学
35	22GLA007	北京市专精特新“小巨人”企业高质量发展路径研究	重点项目	管理学	唐孝文	北京工业大学
36	22GLC072	碳中和目标下的京津冀国土空间分区管控与生态补偿体系研究	青年项目	管理学	夏楚瑜	北京工业大学
37	22GLC066	基于多源数据的北京市建筑碳排放时空演化特征及预测研究	青年项目	管理学	王京京	北京工业大学
38	22GLB034	社交媒体信息干预对家庭食物浪费的影响研究	一般项目	管理学	刘婷婷	北京工业大学
39	22GLB024	北京市基层治理“热线 + 网格”融合发展模式及实践路径研究	一般项目	管理学	周艳玲	北京化工大学
40	22GLC059	数据驱动的公交线路多模式动态联合调度优化研究	青年项目	管理学	马红光	北京化工大学
41	22GLC049	北京市建筑企业数字化转型发展路径研究	青年项目	管理学	花园园	北京建筑大学
42	22GLB022	面向社区化转型的北京中心城区工业遗存地段更新与改造研究	一般项目	管理学	孟璠磊	北京建筑大学
43	22GLC071	突发公共卫生事件下超大城市复合灾害风险评估与韧性规划响应研究	青年项目	管理学	赵　亮	北京建筑大学
44	22GLA006	共同富裕目标下北京农民持续增收路径研究	重点项目	管理学	谢天成	北京建筑大学
45	22GLB027	北京旧城商业聚散机制研究	一般项目	管理学	盛　强	北京交通大学
46	22GLC042	建筑施工安全沉默行为产生机理与人际传导研究	青年项目	管理学	梁化康	北京交通大学
47	22GLB035	大数据背景下供应链碳信息披露及其碳金融激励机制研究	一般项目	管理学	卞文良	北京交通大学
48	22GLA004	首都生态涵养区农民民宿创业机制与绩效研究	重点项目	管理学	殷　平	北京交通大学

续表

序号	项目编号	项目名称	项目级别	申报学科	项目负责人	科研信誉承担单位
49	22GLC068	北京市分级诊疗服务系统的优化与协调机制研究	青年项目	管理学	张　钰	北京科技大学
50	22GLB026	“接诉即办”改革中街道整体性行政协调的现实逻辑与优化路径	一般项目	管理学	吴群芳	北京科技大学
51	22GLA009	数据驱动的北京分级诊疗政策执行的行为机制与效果评价研究	重点项目	管理学	邓剑伟	北京理工大学
52	22GLB029	北京市中小企业数字化转型的模式与路径研究	一般项目	管理学	黄　艳	北京联合大学
53	22GLC074	京津冀城市群碳中和动力机制、效果评价与实现路径研究	青年项目	管理学	吕　明	北京联合大学
54	22GLC058	数字化转型对北京中小企业韧性的悖论效应及多组态赋能策略研究	青年项目	管理学	刘淑桢	北京联合大学
55	22GLA013	“双碳”目标下北京市生活垃圾分类碳排放效果评估与治理机制优化研究	重点项目	管理学	李小勇	北京林业大学
56	22GLC063	多模态情感数据驱动的北京中心城区街道活力空间特征研究	青年项目	管理学	张若诗	北京林业大学
57	22GLB023	基于公益众筹的京津冀纯公共类生态产品的多元主体协同供给研究	一般项目	管理学	尤薇佳	北京林业大学
58	22GLC064	大数据驱动的北京市智慧零售企业个性化营销效果研究	青年项目	管理学	龚诗阳	北京师范大学
59	22GLC075	碳中和背景下北京天然气供应体系转型风险分析	青年项目	管理学	宋　扬	北京市科学技术研究院
60	22GLC048	北京市居民参与社区治理的政策评估研究	青年项目	管理学	王艳芳	北京市科学技术研究院
61	22GLC065	开放数据环境下北京面临的科技文献泄密风险识别与消减机制研究	青年项目	管理学	谭　晓	北京市科学技术研究院
62	22GLB030	北京市乡村振兴中新型集体经济组织治理机制研究	一般项目	管理学	王丽红	中国农业科学院农业经济与发展研究所
63	22GLC050	北京生态涵养区生态碳汇补偿机制及其富民效应研究	青年项目	管理学	聂　莹	北京市农林科学院
64	22GLA005	北京市基于居民意愿构建垃圾分类长效机制研究	重点项目	管理学	王朝华	北京市社会科学院
65	22GLC057	数字化转型对京津冀企业 ESG 的影响及路径研究	青年项目	管理学	徐国铨	北京外国语大学

续表

序号	项目编号	项目名称	项目级别	申报学科	项目负责人	科研信誉承担单位
66	22GLB016	新发展格局下基于国家和城市形象的北京企业品牌国际营销传播策略研究	一般项目	管理学	马　琳	北京外国语大学
67	22GLC061	风险耦合视角下北京城市韧性关键要素识别及提升机制研究	青年项目	管理学	马珍珍	北京物资学院
68	22GLC040	扰动事件下北京天然气供应链网络韧性分析与优化研究	青年项目	管理学	周星远	北京物资学院
69	22GLC056	数字经济背景下北京智慧物流数据共享服务模式研究	青年项目	管理学	曹　阳	北京物资学院
70	22GLC043	基于劳动工时对北京市快递员劳动权益保障问题研究	青年项目	管理学	李淼淼	北京信息科技大学
71	22GLB028	基于多源异构用户行为数据的北京市平台型企业异质性及持续创新策略研究	一般项目	管理学	王宗水	北京信息科技大学
72	22GLC079	降碳减排驱动下北京碳定价机制优化研究	青年项目	管理学	吕晓敏	北京信息科技大学
73	22GLB033	数智时代北京高端服务业与先进制造业协同发展研究	一般项目	管理学	何　琼	北京信息科技大学
74	22GLC055	数字贸易、技术要素与北京数字经济产业链抗风险能力研究	青年项目	管理学	高凯烨	北京信息科技大学
75	22GLB018	数字经济背景下北京应急物流公共服务体系建设研究	一般项目	管理学	杨萌柯	北京邮电大学
76	22GLC052	疫情防控背景下北京市无人配送运营调度策略研究	青年项目	管理学	杨森炎	北京邮电大学
77	22GLA012	北京国际科技创新中心建设的产业生态韧性优化与治理研究	重点项目	管理学	许冠南	北京邮电大学
78	22GLB038	基于信任理论的北京老年人在线医疗咨询服务质量提升路径研究	一般项目	管理学	于晓丹	对外经济贸易大学
79	22GLC053	新发展格局下提升北京数字贸易国际竞争力研究	青年项目	管理学	徐金海	国家开放大学
80	22GLB032	双碳目标下北京市社区居民节电行为驱动机理及引导政策研究	一般项目	管理学	夏　珑	华北电力大学
81	22GLC041	考虑“碳”价值的北京市光伏产业价值链多主体竞合关系研究及仿真建模	青年项目	管理学	任东方	华北电力大学
82	22GLB020	京津冀区域新型电力系统演化趋优的市场协同机制研究	一般项目	管理学	张　硕	华北电力大学
83	22GLC078	北京城市风险防控中的应急学习机制研究	青年项目	管理学	李　娉	华北电力大学

续表

序号	项目编号	项目名称	项目级别	申报学科	项目负责人	科研信誉承担单位
84	22GLC070	北京国际科技创新中心税收激励制度建设研究	青年项目	管理学	曹　越	首都经济贸易大学
85	22GLC067	北京市政府数据运营模式与服务效能提升路径研究	青年项目	管理学	林　彤	首都经济贸易大学
86	22GLA008	数字化赋能北京市国有企业创新效率提升研究	重点项目	管理学	许晨曦	首都经济贸易大学
87	22GLA014	城市更新背景下北京历史街区的地方性变迁与保护传承研究	重点项目	管理学	刘爱利	首都师范大学
88	22GLC046	常态化疫情防控视角下首都护士群体职业倦怠感风险预测评估体系构建与干预研究	青年项目	管理学	张文玉	首都医科大学
89	22GLC045	车网融合模式下北京居民部门电动汽车分时电价政策研究	青年项目	管理学	马少超	中国地质大学（北京）
90	22GLB015	政府与公众双视角下北京市突发公共卫生事件风险沟通的理想模式、现状评估及优化路径	一般项目	管理学	谭　爽	中国矿业大学（北京）
91	22GLC076	北京航空双枢纽系统协同发展机理与评价研究	青年项目	管理学	王俣含	中国民航管理干部学院
92	22GLC073	京津冀协同发展背景下北京人口流动的多尺度集疏模式与靶向引导对策研究	青年项目	管理学	徐　姗	中国农业大学
93	22GLC077	北京城市更新驱动演化规律及多情景模拟优化策略研究	青年项目	管理学	郑敏睿	中国人民大学
94	22GLC054	北京市医联体改革效果评估研究	青年项目	管理学	刘　凯	中国人民大学
95	22GLC069	吹哨报到、接诉即办、未诉先办基层治理机制创新研究	青年项目	管理学	张友浪	中国人民大学
96	22GLA010	平台型企业数字化营销的外部效应及其市场治理研究	重点项目	管理学	刘凤军	中国人民大学
97	22GLA011	跨模态数据驱动的北京市网络舆情风险感知及防控策略研究	重点项目	管理学	刘忠轶	中国人民公安大学
98	22GLB031	受害人视角下新型网络诈骗犯罪治理策略研究	一般项目	管理学	李　辉	中国人民公安大学
99	22GLB025	首都双机场风险防控与韧性城市建设研究	一般项目	管理学	冯文刚	中国人民公安大学
100	22GLB019	京津冀新能源公共充电设施共建共享机制研究	一般项目	管理学	宋砚秋	中央财经大学
101	22JYA002	北京市中小学生心理健康状况及健康社会工作干预	重点项目	教育学	郭　静	北京大学

续表

序号	项目编号	项目名称	项目级别	申报学科	项目负责人	科研信誉承担单位
102	22JYB012	北京市中小学校外部督导机制及实施路径研究	一般项目	教育学	马效义	北京教育督导评估院
103	22JYA001	“双减”背景下学生学校教育重构研究	重点项目	教育学	黄晓玲	北京教育科学研究院
104	22JYC015	人机协同下的个性化教学策略与双向适应机制研究	青年项目	教育学	谭　璐	北京开放大学
105	22JYC019	“双减”政策背景下中学生学业发展现状及对策研究	青年项目	教育学	时悦琪	北京科技大学
106	22JYA004	首都教师数据素养能力及其培训支持策略研究	重点项目	教育学	周华丽	北京联合大学
107	22JYC020	北京市幼小衔接家园校协同支持机制的实证研究	青年项目	教育学	侯玉雪	北京联合大学
108	22JYB009	基于自我控制视角的北京市青少年亲环境行为的影响机制与干预研究	一般项目	教育学	王明怡	北京林业大学
109	22JYA005	智能技术促进高质量英语教研体系构建与完善研究	重点项目	教育学	周　颖	北京师范大学
110	22JYB013	低出生率背景下北京市学前教育资源优化配置研究	一般项目	教育学	冯婉桢	北京师范大学
111	22JYA006	父母教养行为对青少年性别角色发展的影响及其机制	重点项目	教育学	伍新春	北京师范大学
112	22JYC017	新发展格局下北京高等职业教育“走出去”的品牌建设研究	青年项目	教育学	尤　铮	北京外国语大学
113	22JYB007	数字社会的教育法治研究	一般项目	教育学	刘永林	北京信息科技大学
114	22JYB011	数字化时代初中生数据素养能力评估方法与发展路径研究	一般项目	教育学	李　青	北京邮电大学
115	22JYC022	医养结合人才协同培养体系优化研究	青年项目	教育学	王　黎	北京中医药大学
116	22JYB014	基于燕京流派名老中医思想境界挖掘的中医学科课程思政研究	一般项目	教育学	于　河	北京中医药大学
117	22JYC018	北京数字经济发展对大学生就业结构及质量的影响与优化策略研究	青年项目	教育学	杨中超	国家教育行政学院
118	22JYB010	校外培训治理的北京模式研究	一般项目	教育学	杨　程	国家教育行政学院
119	22JYA003	高水平研究生教育与国家创新发展研究	重点项目	教育学	李锋亮	清华大学
120	22JYB008	“三孩政策”下北京市多孩家庭同胞适应的现状与促进	一般项目	教育学	钱国英	首都师范大学

续表

序号	项目编号	项目名称	项目级别	申报学科	项目负责人	科研信誉承担单位
121	22JYC016	北京市“双减”政策实施现状与长效机制研究	青年项目	教育学	魏　戈	首都师范大学
122	22JYC021	儿童早期情绪问题的累积生态风险及家园社协同干预机制研究	青年项目	教育学	孙丽萍	首都师范大学
123	22JYC023	“双减”背景下首都儿童青少年校外时间利用的模式、影响机制及干预研究	青年项目	教育学	肖凤秋	中国儿童中心
124	22JJB017	产业协同视域下京津冀建筑产业链工业化转型研究	一般项目	经济学	齐　园	北方工业大学
125	22JJC027	全球数字经济标杆城市建设下北京数字流通发展研究	青年项目	经济学	王春娟	北京财贸职业学院
126	22JJA002	北京在建设全国统一大市场中的政府行为研究	重点项目	经济学	袁　诚	北京大学
127	22JJC036	应对北京老龄化问题的养老基金 ESG 投资研究	青年项目	经济学	翟　嘉	北京第二外国语学院
128	22JJC024	数字经济驱动北京产业结构升级的机制与路径研究	青年项目	经济学	孙乾坤	北京第二外国语学院
129	22JJC028	平台经济技术创新、资本运动与数字治理研究	青年项目	经济学	叶　青	北京工商大学
130	22JJA004	基于双循环高质量标准的首都现代流通体系构建与路径研究	重点项目	经济学	李　丽	北京工商大学
131	22JJB013	北京农地制度改革与农民增收研究	一般项目	经济学	孙琳琳	北京航空航天大学
132	22JJC035	投资者互动视角下北京企业 ESG 披露的数字治理优化研究	青年项目	经济学	吕文岱	北京化工大学
133	22JJA003	北京全球数字经济标杆城市建设研究	重点项目	经济学	冯　华	北京交通大学
134	22JJB009	基于成本病视角的北京服务业劳动生产率提升研究	一般项目	经济学	任　靓	北京联合大学
135	22JJC025	数字经济对北京市家庭消费升级的影响研究	青年项目	经济学	蒋佳伶	北京联合大学
136	22JJC022	数字经济新业态驱动下北京就业结构优化机制研究	青年项目	经济学	陆小莉	北京联合大学
137	22JJC038	北京数字人民币运行机制及未来发展研究	青年项目	经济学	江晶晶	北京联合大学
138	22JJC037	制度型开放对北京现代服务业劳动生产率提升的影响研究	青年项目	经济学	韩　嫣	北京石油化工学院

续表

序号	项目编号	项目名称	项目级别	申报学科	项目负责人	科研信誉承担单位
139	22JJB018	后冬奥时期北京冰雪产业链融合发展的动力机制与创新路径研究	一般项目	经济学	张　敏	北京市科学技术研究院
140	22JJC029	建设国际消费中心城市视角下北京拓展数字化体育消费新场景策略研究	青年项目	经济学	蒋金洁	北京市科学技术研究院
141	22JJB010	城乡融合进程中首都村庄的分化机制及振兴路径研究	一般项目	经济学	陈　慈	北京市农林科学院
142	22JJC026	数字经济背景下北京市绿色供应链融资策略研究	青年项目	经济学	王　迪	北京物资学院
143	22JJC023	数字经济驱动北京提升区域辐射带动作用研究	青年项目	经济学	李博雅	北京物资学院
144	22JJC042	双碳战略下首都能源绿色低碳发展的多市场协同机制研究	青年项目	经济学	王雅娴	北京物资学院
145	22JJC040	北京市数字化转型与本土企业价值链升级研究	青年项目	经济学	郭龙飞	北京物资学院
146	22JJB015	数智技术驱动物流全成本链重构的机理与路径研究	一般项目	经济学	郭　茜	北京物资学院
147	22JJA007	北京市生鲜农产品保供稳价机制完善研究	重点项目	经济学	洪　岚	北京物资学院
148	22JJA008	北京生鲜农产品供应链安全风险评价及应对策略研究	重点项目	经济学	张喜才	北京物资学院
149	22JJB014	双循环格局下北京出版业国际竞争新优势重塑研究	一般项目	经济学	付海燕	北京印刷学院
150	22JJA005	国际数字贸易规则新动向下北京市数字服务贸易制度创新研究	重点项目	经济学	刘　斌	对外经济贸易大学
151	22JJC021	数字经济助力北京制造业转型升级研究	青年项目	经济学	王姝勋	首都经济贸易大学
152	22JJC041	人口老龄化背景下北京市家庭财富对养老行为的影响研究	青年项目	经济学	廖　毓	首都经济贸易大学
153	22JJB012	北京企业数字化转型的数据赋能机制与效果评估测度研究	一般项目	经济学	陈　蕾	首都经济贸易大学
154	22JJC032	北京市经济结构高质量均衡发展路径研究	青年项目	经济学	刘乃郗	外交学院
155	22JJB020	全国统一大市场建设背景下的“双碳”目标与首都发展研究	一般项目	经济学	许　骞	中国农业大学
156	22JJB019	北京基本公共教育服务均等化的政策机制与实践路径研究	一般项目	经济学	赵丽秋	中国人民大学

续表

序号	项目编号	项目名称	项目级别	申报学科	项目负责人	科研信誉承担单位
157	22JJA001	缓解相对贫困路径研究及其对北京的政策含义	重点项目	经济学	罗楚亮	中国人民大学
158	22JJB016	基于资源禀赋的北京制造企业技术创新驱动式转型升级路径研究	一般项目	经济学	马春爱	中国石油大学（北京）
159	22JJC039	北京市预算绩效管理激励约束政策工具优化研究	青年项目	经济学	孙　静	中央财经大学
160	22JJC033	数字产业融合背景下京津冀城市群创新生态系统韧性测度与变化机制研究	青年项目	经济学	王文静	中央财经大学
161	22JJA006	强大国内市场对制造业企业参与“双循环”新发展模式的影响及机制研究	重点项目	经济学	王雅琦	中央财经大学
162	22JJC031	当前我国平台经济运行逻辑及健康发展研究	青年项目	经济学	彭俞超	中央财经大学
163	22JJC030	高标准自贸协定对北京市引进外资与对外投资的影响研究	青年项目	经济学	刘　悦	中央财经大学
164	22JJB011	北京市军民融合与产业结构耦合协调发展的机制与路径研究	一般项目	经济学	余冬平	中央财经大学
165	22JJC034	京津冀协同拓展延伸生态产品产业链价值链的路径研究	青年项目	经济学	龙贺兴	中央民族大学
166	22LSB004	北京博物馆之城参观路线规划方案与实践可行性研究	一般项目	历史学	黎婉欣	北京大学
167	22LSC014	崇孝寺金代佛塔地宫出土纺织品资料整理与研究	青年项目	历史学	宋彦杰	北京服装学院
168	22LSC011	民国时期北京的妇女救助研究	青年项目	历史学	王　悦	北京工商大学
169	22LSA003	首都功能核心区历史水系演变及恢复研究	重点项目	历史学	马东春	北京健康城市建设促进会
170	22LSB008	北京市文化遗产的气候变化风险评估与对策研究	一般项目	历史学	李惠民	北京建筑大学
171	22LSB006	北京铁路遗产全链式保护的再生机制与评价研究	一般项目	历史学	胡映东	北京交通大学
172	22LSC015	北京西山永定河文化带的山地景观特征研究	青年项目	历史学	李　正	北京林业大学
173	22LSA001	技术，观念与实践考察：当代北京农村改水的历史回顾与经验总结	重点项目	历史学	李小尉	北京师范大学
174	22LSC016	北京地区唐辽金墓葬文化研究	青年项目	历史学	张保卿	北京师范大学

续表

序号	项目编号	项目名称	项目级别	申报学科	项目负责人	科研信誉承担单位
175	22LSB009	清代以来北京的雅集图像与士人文化空间	一般项目	历史学	李文琪	北京市文物局
176	22LSB007	北京明长城考古调查资料整理与研究	一般项目	历史学	尚　珩	北京市文物局
177	22LSB010	北京药王庙中医药文化挖掘与利用研究	一般项目	历史学	裘　梧	北京中医药大学
178	22LSC013	中国共产党接管北平的历史文献整理与研究	青年项目	历史学	郎　琦	首都师范大学
179	22LSA002	史学理论话语体系与学科体系研究	重点项目	历史学	邓京力	首都师范大学
180	22LSC012	北京城市公共卫生史研究——基于卫生政策学视角	青年项目	历史学	董　屹	首都医科大学
181	22LSB005	民国北京中医药期刊疫病文献整理与研究	一般项目	历史学	陈　婷	首都医科大学
182	22LSC019	李大钊被捕就义文献整理与研究	青年项目	历史学	孙健伟	中国共产党北京市委员会党校
183	22LSC018	抗战时期晋察冀地区兵器工业的历史与经验研究	青年项目	历史学	宋庆伟	中国共产党北京市委员会党校
184	22LSC017	民国时期北京城市郊区发展史研究	青年项目	历史学	安劭凡	中央民族大学
185	22KDB007	传统教化哲学中思想政治教育资源的多维审思与现代运用研究	一般项目	马列·科社·党建	王润稼	北方工业大学
186	22KDC013	构建人类命运共同体进程中的“两制”关系现状、趋势和对策研究	青年项目	马列·科社·党建	汪　越	北京大学
187	22KDC011	中国共产党百年劳动教育的历史考察与经验启示研究	青年项目	马列·科社·党建	李岁月	北京第二外国语学院
188	22KDC010	习近平生态文明思想的世界意义研究	青年项目	马列·科社·党建	张真真	北京工业大学
189	22KDC016	新时代党的纪律建设成就与经验研究	青年项目	马列·科社·党建	韩云霄	北京航空航天大学
190	22KDC015	新民主主义革命时期党的集中统一领导制度建设与经验研究	青年项目	马列·科社·党建	李亚男	北京航空航天大学
191	22KDB004	习近平关于发展数字经济论述的内在逻辑与实践路径研究	一般项目	马列·科社·党建	徐宏潇	北京航空航天大学
192	22KDC017	常态化疫情防控背景下北京市意识形态安全评估问题研究	青年项目	马列·科社·党建	陈　阳	北京化工大学
193	22KDA001	基于经典文本阐释的马克思恩格斯理论教育思想及其当代价值研究	重点项目	马列·科社·党建	李晓光	北京科技大学
194	22KDC012	MEGA2I/5卷编辑原则对唯物史观思想体系的影响	青年项目	马列·科社·党建	王旭东	北京理工大学

续表

序号	项目编号	项目名称	项目级别	申报学科	项目负责人	科研信誉承担单位
195	22KDB005	海外关于习近平新时代中国特色社会主义思想的研究评析	一般项目	马列・科社・党建	张　雷	北京理工大学
196	22KDB006	“大思政课”视角下北京冬奥精神融入学校思想政治教育研究	一般项目	马列・科社・党建	孙瑞婷	北京联合大学
197	22KDC019	国家认同视阈下传承和弘扬北京冬奥精神研究	青年项目	马列・科社・党建	杜松石	北京体育大学
198	22KDC018	中国共产党共同富裕话语体系的历史嬗变及经验启示研究	青年项目	马列・科社・党建	齐秀强	华北电力大学
199	22KDC009	延安时期中国共产党对外宣传工作的历史经验与当代启示研究	青年项目	马列・科社・党建	张牧云	清华大学
200	22KDC014	接诉即办中党的领导制度优势转化研究	青年项目	马列・科社・党建	张勇杰	中共中央党校（国家行政学院）
201	22KDC023	北京市基层党组织领导力的结构维度与提升路径研究	青年项目	马列・科社・党建	仝嫦哲	中国共产党北京市委员会党校
202	22KDA003	党的基层组织政治功能发挥对中国共产党理论的贡献	重点项目	马列・科社・党建	刘汉峰	中国共产党北京市委员会党校
203	22KDC021	新时代社会主义意识形态话语传播机制研究	青年项目	马列・科社・党建	曾庆桃	中国矿业大学（北京）
204	22KDC020	首都零工青年工作者思想状况分析及引导研究	青年项目	马列・科社・党建	黄　帅	中国劳动关系学院
205	22KDC022	新时代基层党建引领农民农村共同富裕研究	青年项目	马列・科社・党建	孙乔婧	中国农业大学
206	22KDA002	习近平新时代“三农”理论创新对马克思主义政治经济学发展的原创性贡献研究	重点项目	马列・科社・党建	李　明	中国农业大学
207	22KDB008	习近平总书记关于青年工作重要论述核心要义研究	一般项目	马列・科社・党建	万资姿	中国青年政治学院
208	22SRC018	北京市社会养老保险对老年相对贫困的影响研究	青年项目	社会・人口学	庞　志	北京城市学院
209	22SRC011	智慧城市治理中技术与社会的双向驱动机制研究	青年项目	社会・人口学	闫泽华	北京工业大学
210	22SRC013	北京市中小学数字技术应用对家校互动的影响	青年项目	社会・人口学	张阳阳	北京工业大学
211	22SRB006	共同富裕视角下京郊农村转移劳动力就业问题追踪研究	一般项目	社会・人口学	宋国恺	北京工业大学

续表

序号	项目编号	项目名称	项目级别	申报学科	项目负责人	科研信誉承担单位
212	22SRC016	北京市老年人疫苗接种行为研究	青年项目	社会·人口学	郭　戈	北京科技大学
213	22SRB010	北京市“二道绿隔”地区居住空间分异对社会融合的影响机制研究	一般项目	社会·人口学	鲁莎莎	北京林业大学
214	22SRC019	基于接诉即办的北京社会风险识别与防控机制研究	青年项目	社会·人口学	杨　慧	北京市社会科学院
215	22SRC012	北京生活垃圾分类处理长效机制研究	青年项目	社会·人口学	帖　明	北京信息科技大学
216	22SRC020	基于北京的超大城市青年婚育意愿研究	青年项目	社会·人口学	翟世贤	农业农村部管理干部学院
217	22SRC014	社群主体视角下京西传统村落社区的时空变迁机理与空间干预方法研究	青年项目	社会·人口学	韦诗誉	清华大学
218	22SRC021	数字经济背景下北京市灵活就业人员就业质量研究	青年项目	社会·人口学	梁潇杰	首都经济贸易大学
219	22SRB008	北京市医养结合服务应对老年健康脆弱研究	一般项目	社会·人口学	彭迎春	首都医科大学
220	22SRC022	“数字弱势群体”融入北京智慧城市建设研究	青年项目	社会·人口学	王　倩	中国共产党北京市委员会党校
221	22SRA003	北京平台经济发展与灵活就业的社会学研究	重点项目	社会·人口学	刘秀秀	中国共产党北京市委员会党校
222	22SRB005	北京市垃圾分类政策执行的社区环境影响机制与分区治理研究	一般项目	社会·人口学	吕　晨	中国科学院大学
223	22SRC015	北京市乡村产业转型促进农民增收的机制研究	青年项目	社会·人口学	可靖涵	中国农业大学
224	22SRB007	新时代北京建设老年友好乡村路径研究	一般项目	社会·人口学	张艳霞	中国农业大学
225	22SRA001	北京市人口负增长与适度生育率研究	重点项目	社会·人口学	陈　卫	中国人民大学
226	22SRA002	智慧养老赋能的北京老年友好社会建设研究	重点项目	社会·人口学	左美云	中国人民大学
227	22SRC017	北京市低收入家庭社会救助政策的分化与整合研究	青年项目	社会·人口学	赵　晰	中国人民大学
228	22SRB009	“接诉即办”背景下首都信访工作机制创新研究	一般项目	社会·人口学	胡宝荣	中国人民公安大学

续表

序号	项目编号	项目名称	项目级别	申报学科	项目负责人	科研信誉承担单位
229	22SRB004	“双碳”战略下北京民营企业的环保压力及其政策引导探究	一般项目	社会·人口学	张　萍	中央财经大学
230	22WXC007	传统古文诵读的现代转型	青年项目	文学	胡　琦	北京大学
231	22WXC006	当代美国科幻小说中未来都市的发展伦理研究	青年项目	文学	廖　望	北京航空航天大学
232	22WXB004	印度当代英语小说的“边缘现实主义”研究	一般项目	文学	尹　晶	北京科技大学
233	22WXC010	新世纪以来中国大众文化中的非洲形象研究	青年项目	文学	胡亮宇	北京语言大学
234	22WXB003	三晋法家“商申慎韩”在英语世界的译介	一般项目	文学	孙亚鹏	北京语言大学
235	22WXC009	《阿 Q 正传》在法国的传播、接受与改编	青年项目	文学	郭彦娜	对外经济贸易大学
236	22WXC008	周代“诗教”与《诗经》经典化研究	青年项目	文学	李　辉	首都师范大学
237	22WXC005	早期中国新诗的北京书写（1917—1927）	青年项目	文学	张凯成	首都师范大学
238	22WXA001	五四时期来华作家北京书写研究	重点项目	文学	郭英剑	中国人民大学
239	22WXB002	元代帝都书写与共同体诗学研究	一般项目	文学	陈博涵	中国社会科学院民族文学研究所
240	22XCC013	北京公民算法素养研究	青年项目	新闻·传播学	闫　蒲	北京大学
241	22XCC015	北京市公民数字素养评价指标体系建构研究	青年项目	新闻·传播学	彭　飞	北京电子科技职业学院
242	22XCC016	新时代语境下社交媒体对北京高校青年亲社会行为的调节效应及影响因素研究	青年项目	新闻·传播学	张　琛	北京服装学院
243	22XCC014	北京中轴线地铁空间的声音景观构建研究	青年项目	新闻·传播学	蔡碧湾	北京服装学院
244	22XCC010	中国共产党早期在京办报活动研究（1921—1927）	青年项目	新闻·传播学	王雪驹	北京工商大学
245	22XCC011	智能传播环境下赋权式青少年个人信息保护路径研究	青年项目	新闻·传播学	孟禹熙	北京工商大学
246	22XCB006	叙事转向下的北京“博物馆之城”建设与传播研究	一般项目	新闻·传播学	刘永孜	北京工业大学
247	22XCB008	北京环境传播的创新路径研究	一般项目	新闻·传播学	周　敏	北京师范大学
248	22XCC018	互联网平台企业算法责任的风险成因及协同治理机制研究	青年项目	新闻·传播学	赵　璐	北京市社会科学院

续表

序号	项目编号	项目名称	项目级别	申报学科	项目负责人	科研信誉承担单位
249	22XCC009	北京市公民媒介素养与争议性科技认知研究	青年项目	新闻·传播学	江苏佳	北京信息科技大学
250	22XCC019	建国以来北京国际传播中的针灸史料整理与研究	青年项目	新闻·传播学	刘立安	北京中医药大学
251	22XCA004	数字技术赋能北京中轴线申遗研究	重点项目	新闻·传播学	彭　年	首都师范大学
252	22XCC012	后疫情时代“一带一路”沿线国家主流媒体的北京形象建构研究	青年项目	新闻·传播学	龚颖元	中国传媒大学
253	22XCA003	老年群体的数智融入与适老化传播研究	重点项目	新闻·传播学	刘燕南	中国传媒大学
254	22XCA005	常态化疫情防控背景下的公众认知、社会情绪与舆论引导研究	重点项目	新闻·传播学	赵曙光	中国人民大学
255	22XCB007	北京重大突发事件的网络议题生产与群体传播治理研究	一般项目	新闻·传播学	崔　凯	中国政法大学
256	22XCA001	财经传播与重大议题的舆论引导研究	重点项目	新闻·传播学	谭云明	中央财经大学
257	22XCC017	地方感视域下北京历史文化类短视频传播创新研究	青年项目	新闻·传播学	李天语	中央民族大学
258	22XCA002	首都互联网平台企业社会责任与协同治理体系研究	重点项目	新闻·传播学	郭全中	中央民族大学
259	22YTC032	基于文化基因图谱的长城国家文化公园（北京段）形象识别系统研究	青年项目	艺术·体育学	农丽媚	北方工业大学
260	22YTC037	“双减”政策背景下北京市学校体育高质量发展研究：基于综合性学校身体活动计划模型 (CSPAP) 的实践探索	青年项目	艺术·体育学	张展嘉	北京大学
261	22YTB007	“十四五”时期北京市老龄人口健身与健康研究	一般项目	艺术·体育学	王东敏	北京大学
262	22YTA002	百年中国动画——中国动画审美与民族影像创新性研究	重点项目	艺术·体育学	孙立军	北京电影学院
263	22YTB019	北京历史文化题材影视作品创作研究	一般项目	艺术·体育学	黄　欣	北京电影学院
264	22YTB014	未来高科技条件下电影影像发展前景研究	一般项目	艺术·体育学	王　竞	北京电影学院
265	22YTC023	印象主义美术论争史料整理与研究	青年项目	艺术·体育学	平　川	北京服装学院

续表

序号	项目编号	项目名称	项目级别	申报学科	项目负责人	科研信誉承担单位
266	22YTB016	国家重大项目服务中的服装设计叙事研究	一般项目	艺术·体育学	梁 燕	北京服装学院
267	22YTB017	北京中轴线及其环境中的古桥遗产整体研究	一般项目	艺术·体育学	严 雨	北京理工大学
268	22YTB011	北京音乐类非遗在高校美育中的文化传承研究	一般项目	艺术·体育学	阮海云	北京联合大学
269	22YTC034	体旅融合促进首都功能核心区发展的路径研究	青年项目	艺术·体育学	陈思宇	北京联合大学
270	22YTB013	类型学视角下京津冀传统建筑装饰研究	一般项目	艺术·体育学	郑慧铭	北京联合大学
271	22YTC026	清代北京园囿郊垧植物景观理论研究	青年项目	艺术·体育学	胡 楠	北京林业大学
272	22YTB018	北京高密度住区绿地“碳中和绩效”评价指标与优化机制研究	一般项目	艺术·体育学	李 飞	北京林业大学
273	22YTC022	“气韵生动”论的现代跨语际阐释研究	青年项目	艺术·体育学	吴 键	北京师范大学
274	22YTC035	“双减”背景下促进北京市中小学生身心健康全面发展的运动教育方案开发与应用研究	青年项目	艺术·体育学	崔 蕾	北京师范大学
275	22YTB009	数字技术赋能北京市全民健身公共服务高质量发展的机理和路径研究	一般项目	艺术·体育学	马运超	北京师范大学
276	22YTA003	文娱领域综合治理背景下审美风尚建设研究	重点项目	艺术·体育学	杨乘虎	北京师范大学
277	22YTA004	跨媒介影像实践中的新时代北京文化身份建构研究	重点项目	艺术·体育学	卢 蓉	北京市文学艺术界联合会
278	22YTA005	融媒时代剧集内容创意新格局建构与发展路径	重点项目	艺术·体育学	赵 晖	北京市文学艺术界联合会
279	22YTB020	中国舞蹈“当代性”创作实践与理论研究	一般项目	艺术·体育学	任文惠	北京舞蹈学院
280	22YTC030	舞蹈对人的认知功能改善研究	青年项目	艺术·体育学	胡琰茹	北京舞蹈学院
281	22YTC029	数字时代演艺跨文化传播创新研究	青年项目	艺术·体育学	高 超	北京舞蹈学院
282	22YTC033	数智设计视域下的北京社区智慧养老创新系统研究	青年项目	艺术·体育学	刘 毅	北京印刷学院

续表

序号	项目编号	项目名称	项目级别	申报学科	项目负责人	科研信誉承担单位
283	22YTC031	网络影视批评的话语实践与价值构建研究	青年项目	艺术·体育学	张　为	北京印刷学院
284	22YTB012	现代戏剧的媒介观念流变与供给方式创新研究	一般项目	艺术·体育学	徐海龙	首都师范大学
285	22YTB008	北京群众体育高质量发展研究	一般项目	艺术·体育学	郝晓岑	首都体育学院
286	22YTA006	北京体育非物质文化遗产传承与创新发展研究	重点项目	艺术·体育学	孟　涛	首都体育学院
287	22YTC038	北京市中小学日运功负荷监测与评价方法研究	青年项目	艺术·体育学	王燕妮	首都体育学院
288	22YTC039	健康老龄化背景下北京市“体医融合”促进健康机制及效果评价模式研究	青年项目	艺术·体育学	吴　涛	首都体育学院
289	22YTC036	“双减”政策背景下北京市课外体育高质量发展研究	青年项目	艺术·体育学	朱　姣	首都体育学院
290	22YTB010	北京禅乐资源发掘与保护研究	一般项目	艺术·体育学	杜寒风	中国传媒大学
291	22YTC025	跨媒介视域下北京城市夜形象的构建研究	青年项目	艺术·体育学	刘晓希	中国传媒大学
292	22YTC028	文旅融合视域下北京戏曲文化空间建设研究	青年项目	艺术·体育学	张　芃	中国戏曲学院
293	22YTA001	中国传统作曲技法的当代传承与创新研究	重点项目	艺术·体育学	冶鸿德	中国音乐学院
294	22YTC021	20世纪中国琵琶演奏艺术发展路径研究	青年项目	艺术·体育学	陈岸汀	中国音乐学院
295	22YTB015	《营造法式》传统技法及模数体系研究	一般项目	艺术·体育学	朱宁宁	中央美术学院
296	22YTC027	全媒体时代下戏剧影像化发展前景研究	青年项目	艺术·体育学	孙雪晴	中央戏剧学院
297	22YTC024	音乐产业可持续发展研究	青年项目	艺术·体育学	韩飞雪	中央音乐学院
298	22YYC012	晚清北京白话报刊与语文改革运动的互动关系研究	青年项目	语言学	杨　涛	北京第二外国语学院
299	22YYB007	中轴线景观中的语言及文化传承研究	一般项目	语言学	聂平俊	北京建筑大学
300	22YYB004	北京传统民俗文化语词英译研究	一般项目	语言学	卢明玉	北京交通大学

续表

序号	项目编号	项目名称	项目级别	申报学科	项目负责人	科研信誉承担单位
301	22YYC011	沉浸式虚拟现实环境下大学生英语学习成效研究	青年项目	语言学	王淑芳	北京交通大学
302	22YYA003	乾隆朝“钦定新清语”整理研究	重点项目	语言学	晓　春	北京市社会科学院
303	22YYA001	翻译生成学视域下的霍克思英译《红楼梦》手稿研究	重点项目	语言学	马会娟	北京外国语大学
304	22YYC014	面向国际中文教育的学术词表研究	青年项目	语言学	李加鋆	北京语言大学
305	22YYC016	汉语学习者自然阅读过程中词切分机制研究	青年项目	语言学	药盼盼	北京语言大学
306	22YYC013	晚清民国京郊地区方志见载方言语词类纂与研究	青年项目	语言学	游　帅	北京语言大学
307	22YYB006	面向国际中文教育的汉语韵律语体研究	一般项目	语言学	骆健飞	北京语言大学
308	22YYB005	北京企业商务英语通用语能力评价及提升研究	一般项目	语言学	史兴松	对外经济贸易大学
309	22YYB009	北京百年红色文化对外传播汉英术语知识图谱构建与应用研究	一般项目	语言学	李双燕	首都经济贸易大学
310	22YYA002	语言接触视域下近百年来北京话词汇的历史和现状研究	重点项目	语言学	王伟丽	首都师范大学
311	22YYC015	新时代中美媒体北京形象之语料库辅助的生态话语对比研究（2012—2022）	青年项目	语言学	魏　榕	中国矿业大学（北京）
312	22YYB010	《资本论》汉译概念史研究（1889—1949）	青年项目	语言学	胡　健	中央财经大学
313	22YYB008	基于自然对话语料的主题场景网络构建与研究	一般项目	语言学	马　千	中央民族大学
314	22ZXC008	社会行为科学伦理规范构建研究	青年项目	哲学	夏汇川	北京大学
315	22ZXA001	马克思国家理论的范式转换研究	重点项目	哲学	方　博	北京大学
316	22ZXC007	数字时代劳动形态变化及其前沿理论研究	青年项目	哲学	申文昊	北京航空航天大学
317	22ZXC012	生态系统本体的实在论问题研究	青年项目	哲学	赵绪涛	北京交通大学
318	22ZXC010	生命内在性与人的深层思想问题研究	青年项目	哲学	董　乐	北京师范大学
319	22ZXC015	康德意识哲学的当代认知哲学解读	青年项目	哲学	梁亦斌	北京师范大学
320	22ZXA004	历史唯物主义视域下元宇宙发展问题研究	重点项目	哲学	王建红	华北电力大学
321	22ZXC011	唐宋道家道教思想与北宋理学关系研究	青年项目	哲学	李　震	清华大学
322	22ZXC009	数字技术变革中的马克思主义精神生产理论创新研究	青年项目	哲学	李厚羿	首都经济贸易大学
323	22ZXC013	智能时代科技政策的伦理冲突与调适：基于负责任创新的视角	青年项目	哲学	樊姗姗	首都师范大学

续表

序号	项目编号	项目名称	项目级别	申报学科	项目负责人	科研信誉承担单位
324	22ZXA003	人类文明新形态的实质与意义研究	重点项目	哲学	杨生平	首都师范大学
325	22ZXC016	中国古代书论的美学精神及当代价值	青年项目	哲学	常馨悦	中国共产党北京市委员会党校
326	22ZXA005	道德建构主义研究	重点项目	哲学	董滨宇	中国共产党北京市委员会党校
327	22ZXC014	清中叶儒学“新义理”的哲学研究	青年项目	哲学	易冬冬	中国青年政治学院
328	22ZXB006	《周易》卦爻辞疑义研究	一般项目	哲学	辛亚民	中国人民大学
329	22ZXA002	先秦儒家成人思想研究	重点项目	哲学	李记芬	中国人民大学
330	22ZGB003	代表理论视角下的民主过程研究——以北京市为例	一般项目	政治学·国际问题研究	段德敏	北京大学
331	22ZGB004	“双碳”时代北京创建碳中和示范城市的协同增效机制研究	一般项目	政治学·国际问题研究	肖　洋	北京第二外国语学院
332	22ZGB006	公安警种融合执法范式研究	一般项目	政治学·国际问题研究	吕福鑫	北京警察学院
333	22ZGA002	太空军事对抗国际规则博弈态势及应对研究	重点项目	政治学·国际问题研究	王国语	北京理工大学
334	22ZGC010	美英“联合制华”倾向及对策研究	青年项目	政治学·国际问题研究	徐瑞珂	北京外国语大学
335	22ZGC009	美国构建新“四方同盟”的影响及对策研究	青年项目	政治学·国际问题研究	朱兆一	对外经济贸易大学
336	22ZGC007	抗日战争与中华民族共同体意识的呈现与延展研究	青年项目	政治学·国际问题研究	徐志浩	清华大学
337	22ZGB005	美欧对俄罗斯的金融制裁：影响与启示	一般项目	政治学·国际问题研究	张慧莲	外交学院
338	22ZGC011	铸牢中华民族共同体意识视角下的京台文化融合发展研究	青年项目	政治学·国际问题研究	王宇琛	中国共产党北京市委员会党校

续表

序号	项目编号	项目名称	项目级别	申报学科	项目负责人	科研信誉承担单位
339	22ZGC008	北京地区世卫组织合作中心参与全球卫生治理策略研究	青年项目	政治学·国际问题研究	马　琳	中国医学科学院医学信息研究所
340	22ZDA01	接诉即办地方性立法的实施及效果评估研究	重大项目	法学	王敬波	对外经济贸易大学
341	22ZDA02	热线＋网格融合机制研究	重大项目	法学	孟庆国	清华大学
342	22ZDA03	接诉即办践行全过程人民民主的理论与实践研究	重大项目	马列·科社·党建	祝灵君	中共中央党校（国家行政学院）
343	22ZDA04	北京市领导干部治理能力评价研究	重大项目	管理学	贾立政	《人民论坛》杂志社
344	22ZDA05	接诉即办改革的治理效能研究	重大项目	政治学·国际问题研究	燕继荣	北京大学
345	22ZDA06	中国之治的北京实践——接诉即办改革的理论升华与实践发展研究	重大项目	政治学·国际问题研究	张树华	中国社会科学院政治学研究所
346	22FXA001	诉求办理中的若干法律问题研究	重点项目	法学	王　磊	北京大学
347	22FXA002	主动治理中的多元参与机制研究	重点项目	法学	张世君	首都经济贸易大学
348	22GLA001	接诉即办工作体系中的问题与对策研究	重点项目	管理学	王文举	北京物资学院
349	22GLA002	接诉即办中党员干部担当作为的内生动力和行为模式研究	重点项目	管理学	辛自强	中国人民大学
350	22GLA003	北京市率先基本实现农业农村现代化的关键问题与推进路径研究	重点项目	管理学	王　会	北京林业大学
351	22ZGA001	接诉即办数字化转型研究	重点项目	法学	孟天广	清华大学
352	22JYA024	北京职业教育发展史及其展望研究	重点项目	教育学	姚光业	北京电子科技职业学院
353	22LSA020	建筑考古视野下北京中轴线历史建筑场景复原研究	重点项目	历史学	徐怡涛	北京大学
354	22LSA021	政海·京剧·诗钟:《吴焘日记》整理与研究	重点项目	历史学	韩　策	北京大学
355	22LSA022	北京旧石器时代考古发现与研究	重点项目	历史学	冯小波	北京联合大学
356	22LSA023	北京都城城墙和城门相关历史文献整理与研究	重点项目	历史学	朱永杰	北京联合大学
357	22LSA024	1949 年北平国共和谈文献资料整理与研究	重点项目	历史学	张　皓	北京师范大学
358	22LSA025	北京早期燕文化的考古学研究	重点项目	历史学	郭京宁	北京市文物局

续表

序号	项目编号	项目名称	项目级别	申报学科	项目负责人	科研信誉承担单位
359	22ZDA07	中关村发展历史研究	重大项目	历史学	赵慕兰	当代北京史研究会
360	22LSA026	现存北京古代著作叙录及相关研究	重点项目	历史学	韩　宁	首都师范大学
361	22LSA027	晚清民国时期北京民间艺人生活史资料的整理与研究	重点项目	历史学	王杰文	中国传媒大学
362	22ZDA08	北京地区馆藏清代南方民族图册的整理与研究	重大项目	历史学	苍　铭	中央民族大学
363	22LSA028	北京地区辽金元时期多元文化互动与交融的考古学研究	重点项目	历史学	肖小勇	中央民族大学
364	22WXA011	元明清北京地区文学文献叙录与研究	重点项目	文学	杜桂萍	北京师范大学
365	22YTA048	北京道情艺术资源挖掘整理及当代意义阐释	重点项目	艺术·体育学	张廷银	北京语言大学
366	22YTA049	首都师范大学书法文化博物馆藏金石拓片的整理保护研究	重点项目	艺术·体育学	甘中流	首都师范大学
367	22YTA050	北京书法文化资源系统挖掘整理研究	重点项目	艺术·体育学	张　冰	中央财经大学
368	22YTA051	北京地区唐代石刻造像与题刻研究	重点项目	艺术·体育学	邵　彦	中央美术学院
369	22YYA017	明清至民国京津冀方言历史文献整理与研究	重点项目	语言学	魏兆惠	北京语言大学

（北京市社科联、北京市社科规划办供稿）

2022 年北京市社会科学基金学科学术发展报告项目立项名单

序号	项目编号	项目名称	项目级别	负责人	责任单位
1	22XXB01	哲学 2021 年度（北京）学科学术发展报告	重点	杨学功	北京市哲学会
2	22XXB02	理论经济学 2021 年度（北京）学科学术发展报告	重点	刘元春	北京市经济学总会
3	22XXB03	应用经济学（含经济思想史、经济史）2021 年度（北京）学科学术发展报告	重点	苏　剑	北京外国经济学说研究会
4	22XXB04	法学 2021 年度（北京）学科学术发展报告	重点	莫纪宏	北京市法学会
5	22XXB05	政治学 2021 年度（北京）学科学术发展报告	一般	燕继荣	北京市政治学行政学学会
6	22XXB06	行政学 2021 年度（北京）学科学术发展报告	一般	章文光	北京市政治学行政学学会

续表

序号	项目编号	项目名称	项目级别	负责人	责任单位
7	22XXB07	马克思主义理论 2021 年度（北京）学科学术发展报告	一般	秦　宣	北京市科学社会主义学会
8	22XXB08	社会学 2021 年度（北京）学科学术发展报告	重点	张　翼	北京市社会学学会
9	22XXB09	教育学 2021 年度（北京）学科学术发展报告	重点	孟繁华	首都师范大学
10	22XXB10	文学 2021 年度（北京）学科学术发展报告	一般	李建盛	北京市文艺学会
11	22XXB11	历史学 2021 年度（北京）学科学术发展报告	重点	杨共乐 刘林海	北京市历史学会
12	22XXB12	艺术学 2021 年度（北京）学科学术发展报告	一般	王一川	北京师范大学
13	22XXB13	工商管理学 2021 年度（北京）学科学术发展报告	重点	龚六堂	北京工商大学
14	22XXB14	逻辑学 2021 年度（北京）学科学术发展报告	一般	刘奋荣	北京市逻辑学会
15	22XXB15	中共党史 2021 年度（北京）学科学术发展报告	一般	杨凤城	北京市中共党史学会
16	22XXB16	人口学 2021 年度（北京）学科学术发展报告	一般	宋　健	北京市人口学会
17	22XXB17	心理学 2021 年度（北京）学科学术发展报告	一般	李　纾	北京市社会心理学会
18	22XXB18	伦理学 2021 年度（北京）学科学术发展报告	一般	王淑芹	北京伦理学会

（北京市社科联、北京市社科规划办供稿）

·学术活动·

概　述

本栏目记述2022年度北京地区哲学社会科学各学科的重要学术活动简况。内容包括国内和国际理论研讨会、纪念座谈会、学术年会、学术论坛、学术报告会、学术讲座以及调查研究、社科普及活动等。简况包括活动主题、主协办单位、参与单位、主要出席人员、主要观点、主要成果等内容。

马克思主义

“中国式现代化与社会主义文化强国建设——学习贯彻党的二十大精神”学术研讨会　2月9日，中国社会科学院当代中国研究所文化史研究室主办、当代中国文化建设与发展史研究中心承办的“中国式现代化与社会主义文化强国建设——学习贯彻党的二十大精神”学术研讨会在线上举办。来自中共中央党史和文献研究院、中央文化和旅游管理干部学院、北京理工大学马克思主义学院、当代中国研究所的近20位学者以及中国社会科学院大学党史和国史专业的部分研究生参加会议。会议研讨的主要议题有“准确理解党的二十大报告关于文化建设的阐述”“充分利用文化资本发展文化产业促进社会主义文化强国建设”“邓小平与中国式现代化话语体系的建构”“‘第二个结合’的时代意义”“新时代中国哲学社会科学发展的几个重要特点”“十年来‘一带一路’文化品牌的拓展与内涵研究”“中国式现代化的文化基点”等。会议由当代中国文化建设与发展史研究中心主任欧阳雪梅研究员主持。

（中国社会科学院供稿）

习近平新时代中国特色社会主义思想研究工程启动仪式暨习近平新时代中国特色社会主义思想对马克思主义发展的原创性贡献学术报告会　3月10日，中国人民大学“习近平新时代中国特色社会主义思想研究工程”启动仪式暨“习近平新时代中国特色社会主义思想对马克思主义发展的原创性贡献”学术报告会在京举行。中国社会科学院副院长、党组成员、当代中国研究所所长姜辉，教育部副部长翁铁慧，中国人民大学党委书记张东刚，中央党校（国家行政学院）副校（院）长李毅，北京市社科联常务副主席张淼等出席会议并讲话。中央马克思主义理论研究和建设工程咨询委员、原中央党史研究室主任欧阳淞，北京大学马克思主义学院教授顾海良，南京大学原党委书记洪银兴，清华大学马克思主义学院院长艾四林等先后发言。

（中国社会科学院供稿）

“新时代的中国共产党”主题交流会　3月15日，中共中央对外联络部通过视频方式同阿拉伯国家政党媒体智库举行“新时代的中国共产党”主题交流会暨“讲好民主与发展的故事——政党媒体智库的责任与作用”研讨会。阿尔及利亚民族解放阵线党领导人、国民议会副议长本莱克哈勒，也门改革集团领导人、副议长巴西拉等来自 16 个阿拉伯国家的 18 个政党和 12 家媒体智库约 50 名代表出席。

中联部部长宋涛表示，党的十八大以来，中国特色社会主义进入新时代。习近平总书记与阿方领导人提出建立中阿战略伙伴关系，倡议打造中阿命运共同体，为中阿关系指明了发展方向。中国共产党愿同阿拉伯国家政党、媒体、智库一道，共同讲好新时代中国共产党的故事和中阿友好的故事，为中阿关系发展注入强大正能量。

与会阿方政党领导人和媒体智库负责人高度评价中国在以习近平同志为核心的中共中央领导下取得的重要成就和为人类社会作出的重要贡献，表示愿为深化民心相通和各领域合作，促进阿中关系发展，推动构建人类命运共同体作出积极贡献。

（摘自《人民日报》2022 年 3 月 16 日第 3 版）

纪念习近平总书记发表“3.18”重要讲话三周年暨思政课教师教研能力提升研讨会　3 月 18 日，纪念习近平总书记发表“3.18”重要讲话三周年暨思政课教师教研能力提升研讨会召开。本次研讨会由北京市习近平新时代中国特色社会主义思想研究中心北京工业大学研究基地主办，北京工业大学马克思主义学院承办。北京工业大学党委副书记李四平，党委常委、党委宣传部部长刘幸菡出席会议。会议由马克思主义学院党委书记高峰主持。校内外共计百余名师生参加了本次研讨会。中国人民大学原校长助理、马克思主义学院原院长郝立新教授，南开大学习近平新时代中国特色社会主义思想研究院常务副院长纪亚光教授，北京大学马克思主义学院副院长陈培永研究员，《经济日报》（理论版）主编欧阳优，《思想理论教育导刊》《马克思主义理论学科研究》副主编蒋旭东、北京工业大学马克思主义学院院长丁云教授等专家先后围绕主题进行了深入交流讨论。

（北京工业大学供稿）

第四届中古两党理论研讨会　3 月 23 日，以“加强党的建设，奋进新时代中古社会主义新征程”为主题的第四届中古两党理论研讨会以视频方式举行。中共中央总书记、国家主席习近平向会议致贺信，古共中央第一书记、国家主席迪亚斯－卡内尔向会议致祝贺视频。中共中央政治局委员、中央书记处书记、中宣部部长黄坤明在开幕式上宣读习近平总书记贺信并致辞，古共中央政治局委员、中央书记处书记莫拉莱斯出席并致辞。

黄坤明表示，习近平总书记和迪亚斯－卡内尔第一书记分别向会议致贺，为两党加强治国理政经验交流提供了重要遵循。中共十九届六中全会指出，“两个确立”对新时代党和国家事业发展、对推进中华民族伟大复兴历史进程具有决定性意义。中国党和人民在习近平新时代中国特色社会主义思想的指引下取得了历史性成就，也必将在这一思想指引下建设更加坚强的马克思主义执政党，夺取更加伟大的社会主义事业新胜利。新征程上，两党深入开展理论实践交流互鉴，有利于加强各自党的建设和执政能力建设，共同推动中古两党两国关系取得新发展。

莫拉莱斯高度评价以习近平同志为核心的中共中央领导中国取得辉煌成就，表示古共愿同中共加强治党治国经验交流，促进古中各领域合作，共同推动双方关系和社会主义事业发展。

（摘自《人民日报》2022 年 3 月 24 日第 3 版）

“中国农村改革四十年研究丛书”发布会暨全面推进乡村振兴理论研讨会　4 月 23 日，“中国农村改革四十年研究丛书”发布会暨全面推进乡村振兴理论研讨会在京召开。会议研讨的主要议题有“中国农村改革四十年研究丛书”“全面推进乡村振兴”“三农问题”。中国社会科学院马克思主义研究院党委书记辛向阳出席会议并致辞。中国社会科学院马克思主义研究院副院长龚云主持会议。

来自农业农村部、清华大学、中国人民大学、中国农业大学、中央社会主义学院、《毛泽东邓小平理论研究》编辑部等单位的三十余名专家学者以及《人民日报》《光明日报》《中国社会科学报》等媒体记者参加了会议。农业农村部农村经济研究中心副主任杨春华、中国社会科学院农村发展研究所党委书记杜志雄研究员、中国农业大学副校长林万龙教授等先后发言。中国社会科学院马克思主义研究院副院长龚云研究员进行了会议总结。

（中国社会科学院供稿）

北京大学马克思主义学院建院三十周年大会暨第九届全国高校马克思主义学院院长论坛　4 月 24 日，由北京大学马克思主义学院举办的建院三十周年大会暨第九届全国高校马克思主义学院院长论坛在京举行。北京大学党委书记邱水平，北京大学校长郝平，教育部社会科学司司长徐青森，教育部社会科学委员会副主任、北京大学博雅讲席教授顾海良，对外经济贸易大学校长夏文斌，北京大学党委常委、副校长王博，北京大学校长助理、总务长董志勇，清华大学马克思主义学院院长艾四林，北京大学马克思主义学院院长仰海峰出席大会。顾海良、北京大学马克思主义学院原院长陈占安作主旨报告。清华大学、中国人民大学、武汉大学、复旦大学、南开大学、山东大学、吉林大学、兰州大学、东北师范大学、新疆大学等首批全国重点马克思主义学院、入选“双一流”学科建设的马克思主义学院院长作主题发言。与会专家围绕推进新时代马克思主义学院建设进行了研讨。北京大学各院系和职能部门负责人，北京大学马克思主义学院教师代表和学生代表出席活动，100多位全国高校马克思主义学院院长线上参加会议。

（北京大学供稿）

百年来中国共青团的历史责任与使命担当——庆祝中国共青团成立100周年理论研讨会 5月13日，中央团校、团广东省委、团广州市委联合举办了“百年来中国共青团的历史责任与使命担当——庆祝中国共青团成立100周年理论研讨会”。中央团校（中国青年政治学院）党委书记倪邦文教授、团广东省委副书记梁均达出席会议并致辞。

在参会代表发言阶段，专家学者围绕百年来共青团奋斗历程、共青团百年奋斗历史经验、中国特色青年运动模式、团一大历史意义、新时代共青团工作、百年来共青团与中国青年发展等进行了交流。与会代表一致表示，要深入学习领会习近平总书记重要讲话所蕴含的理论内涵、重要观点和重要要求，深刻领会中国共青团成立的伟大意义及初心使命精神，把团史研究融入党史国史研究之中，把青年运动研究融入大时代。

本次研讨会以线上、线下相结合的方式召开，来自全国的中共党史、团史青运史、青年工作研究专家学者、青年工作者、获奖论文作者、部分高校师生共500多人参加了会议。会议共收到征文近300篇。

（中央团校供稿）

深入学习习近平总书记“5.17”重要讲话精神 贯彻落实《国家“十四五”时期哲学社会科学发展规划》座谈会 5月16日，中国社会科学院在京召开“深入学习习近平总书记‘5.17’重要讲话精神 贯彻落实《国家“十四五”时期哲学社会科学发展规划》”座谈会。中国社会科学院院长、党组书记石泰峰出席会议并讲话。中国社会科学院副院长、党组副书记高翔主持会议。中国社会科学院副院长、党组成员高培勇，中央纪委国家监委驻中国社会科学院纪检监察组组长、党组成员杨笑山，中国社会科学院秘书长、党组成员赵奇出席会议。座谈会上，辛向阳、张伯江、李国强、黄群慧、莫纪宏、孙壮志6位专家代表先后发言，深入交流学习体会。座谈会以线上线下相结合的方式举行。中国社会科学院副秘书长，院属单位主要负责人参加会议。

（中国社会科学院供稿）

学习贯彻习近平生态文明思想研讨会 5月18日，国务院发展研究中心召开“学习贯彻习近平生态文明思想”研讨会。国务院发展研究中心党组书记马建堂出席会议并作主旨报告。国务院发展研究中心党组成员、副主任隆国强主持会议开幕式。福建省委宣传部、中国（福建）生态文明建设研究院、中共浙江省委党校、正定县委、安吉县委有关人员，国务院发展研究中心生态文明建设调研基地代表参加会议。会上，资源与环境政策研究所研究人员深入学习和交流了《我是黄土地的儿子》《知之深 爱之切》《摆脱贫困》《之江新语》《干在实处 走在前列》《习近平关于社会主义生态文明建设论述摘编》《论坚持人与自然和谐共生》等集中体现习近平生态文明思想的原著原文。石家庄市委常委、正定县委书记王俊红交流了传承弘扬习近平总书记留下的宝贵财富、实现绿色高质量发展的实践案例。中国（福建）生态文明建设研究院执行院长黄茂兴系统介绍了习近平生态文明思想在福建的孕育和实践，以及指引福建加快走向绿色发展的生动范例。中共浙江省委党校郑燕伟介绍了浙江深入践行绿水青山就是金山银山理念，全面推进绿色发展取得的丰硕成果。湖州市委常委、安吉县委书记杨卫东介绍了绿水青山就是金山银山的安吉实践。

（国务院发展研究中心供稿）

纪念第一次全国劳动大会召开100周年研讨会 5月28日，由中国劳动关系学院与中国工人历史与现状研究会、全国工会学研究会联合主办的“赓续红色血脉，在第二个百年奋斗中继续前进——纪念第一次全国劳动大会召开 100 周年”研讨会在线举行。中华全国总工会宣传教育部部长张晓辉，中国劳动关系学院党委书记刘向兵出席开幕式并致辞。中华全国总工会、中国工运研究所、全国各地方工会干部培训院校的专家学者，中国劳动关系学院工会学院、工会干部培训学院、马克思主义学院、科研处等的教师代表、研究生代表共 140 余人参加研讨会。研讨会开幕式由中国劳动关系学院校长傅德印主持。研讨会围绕“第一次全国劳动大会的重要意义”“如何提高广州红色工运资源在全国的识别度”“中国劳动组合书记部与第一次全国劳动大会的召开”等专题内容进行研讨。

（中国劳动关系学院供稿）

当代中国马克思主义研究论坛　6 月 26 日，中国科学院大学马克思主义学院在建院五周年之际以线上会议形式举办当代中国马克思主义研究论坛，深入学习贯彻习近平新时代中国特色社会主义思想，深入研究探讨高校马院发挥学习研究宣传马克思主义主要阵地的重要作用。

中国科学院大学党委常务副书记、副校长董军社到会致辞，中国科学院大学党委常委、副校长苗建明作总结讲话。中国科学院大学马克思主义学院院长王庭大、中国社会科学院马克思主义研究院党委书记辛向阳、清华大学习近平新时代中国特色社会主义思想研究院院长艾四林、北京大学习近平新时代中国特色社会主义思想研究院常务副院长孙熙国、中国人民大学马克思主义学院党委书记王易、北京师范大学中共党史党建研究院院长王炳林、湖南大学马克思主义学院原院长柳礼泉分别作主旨发言。论坛由国科大马院副院长常征主持。大家一致认为，马克思主义是我们立党立国的根本指导思想，也是我们认识世界、把握规律、追求真理、改造世界的强大思想武器。高校马院是学习研究宣传马克思主义的重要阵地，要坚持“马院姓马、在马言马”的鲜明导向和办学原则，深入学习贯彻习近平新时代中国特色社会主义思想，在学懂弄通做实上下功夫。

（中国科学院大学供稿）

《十年伟大飞跃》出版座谈会　6 月 28 日，国务院发展研究中心、人民出版社在京召开党的十八大以来经济社会发展历史性成就暨《十年伟大飞跃》出版座谈会，回顾党的十八大以来我国经济社会发展的历史性成就，深刻阐述十年伟大成就的历史意义。国务院发展研究中心党组书记陆昊，全国政协经济委员会副主任、《十年伟大飞跃》主编马建堂，国务院发展研究中心副主任（正部长级）王安顺、副主任隆国强，中国社会科学院国家高端智库首席专家、学部委员蔡昉，人民出版社总编辑辛广伟，国际欧亚科学院院士、中国社会科学院生态文明研究所党委书记杨开忠，国务院发展研究中心发展战略与区域经济研究部部长侯永志等出席会议并发言，国务院发展研究中心副主任余斌主持会议。中央和国家机关有关单位领导、专家和人民出版社有关负责人员、国务院发展研究中心写作人员代表、媒体代表等共计 40 余人参加座谈会。

《十年伟大飞跃》坚持以习近平新时代中国特色社会主义思想为指导，紧紧围绕创新、协调、绿色、开放、共享的新发展理念这一逻辑主线，从十个方面展现了党的十八大以来我国经济社会领域取得的历史性成就、发生的历史性变革，系统阐述了习近平经济思想在新时代的成功实践，用丰富的实例阐明了马克思主义中国化实现新的飞跃。

（国务院发展研究中心供稿）

北大红楼与伟大建党精神学术研讨会　7 月 1 日，在中国共产党成立 101 周年之际，首届北大红楼与伟大建党精神学术研讨会以线上线下相结合的方式在北大红楼举办。研讨会在中央党史和文献研究院、国家文物局的指导下，由北京市委宣传部、北京市委党史研究室、中国李大钊研究会、北京市社会科学界联合会主办，收集到来自 20 个省份 100 余位专家学者撰写的学术论文。研讨会主会场设在具有百余年历史的北大红楼原北大教室，分会场设在中国共产党早期北京革命活动相关旧址。

研讨会汇集了多个学科领域的领军者，从历史内涵、实践意义和现实启迪上，全方位、多角度、多层次剖析了北大红楼与伟大建党精神的内在联系，提出了很多值得深思借鉴的学术观点。大会自今年 1 月中旬发布征文启事，到 6 月中旬共收集 132 篇学术论文，经过中央党史和文献研究院、中国李大钊研究会等机构权威专家审阅，精选了近百篇论文。论文围绕“北大红楼与伟大建党精神研究”“北大红楼与马克思主义在中国早期传播研究”“北大红楼与中国共产党的孕育研究”“新文化运动、五四运动相关事件与历史人物研究”“革命文物与纪念馆研究”等多个专题展开。

（摘自《人民日报》2022年7月5日第12版）

第十二届马克思主义中国化学术论坛 7月2日，中国社会科学院马克思主义研究院第十二届马克思主义中国化学术论坛，在北京和赣南师范大学以线上和线下相结合的方式同时举办。论坛主题是“习近平新时代中国特色社会主义思想与马克思主义中国化新飞跃”。开幕式环节，中国社会科学院马克思主义研究院辛向阳书记、赣南师范大学校长朱小理教授分别代表主办单位致辞。辛向阳书记作了题为“马克思主义激活中华文明的路径”的主旨报告。中国社会科学院马克思主义研究院副院长林建华研究员主持开幕式。主题报告环节，北京大学马克思主义学院孙熙国教授、北京师范大学马克思主义学院王树荫教授、中共中央党校（国家行政学院）马克思主义学院院长张占斌教授、江西师范大学副校长周利生教授分别作了主题报告。三场主题发言环节，来自中国社会科学院、江西财经大学、上海师范大学、中国社会科学院大学、安徽省社会科学院、苏州大学、厦门大学、南开大学、贵州大学等单位的专家分别作了主题发言。赣南师范大学副校长邱小云主持了论坛闭幕式并作了论坛总结。线上线下专家学者、老师、同学150余人参加论坛。

（中国社会科学院供稿）

“大思政课”视域下高校思想政治理论课改革创新研讨会 7月15日，北京工业大学举办“大思政课”视域下高校思想政治理论课改革创新研讨会。研讨会由北京市习近平新时代中国特色社会主义思想研究中心北京工业大学研究基地、北京高校中国特色社会主义理论研究协同创新中心主办，北京工业大学马克思主义学院承办，以线上线下相结合的方式进行。北京高校中国特色社会主义理论研究协同创新中心（北京工业大学）协同单位及中国传媒大学、北京建筑大学、广西大学等高校的500余名师生在线上参加会议。北京工业大学党委书记、北京市习近平新时代中国特色社会主义思想研究中心北京工业大学研究基地主任姜泽廷，北京市委宣传部理论处处长、北京市习近平新时代中国特色社会主义思想研究中心秘书处主任陈睿，北京市委教育工委宣教处处长寇红江、人民网中国共产党新闻网理论党史组主编万鹏、光明网理论部主任蒋正翔出席开幕式。开幕式由校党委副书记李四平主持。

（北京工业大学供稿）

第二届巡视理论与实践研讨会 7月22日，中国社会科学院主办的“中国共产党巡视理论研究中心第二届巡视理论与实践研讨会”在京举行。与会者围绕“深化政治巡视、推进自我革命”这一主题进行了研讨。

与会者提出，党的十八大以来，以习近平同志为核心的党中央高度重视巡视工作，始终坚守“政治巡视”定位，把巡视这一党内监督战略性制度安排纳入全面从严治党总体部署。党的十九大以来，巡视工作在坚持中深化、在深化中发展，工作方向更加明确、政治定位更加精准、制度体系更加完善、工作格局更加健全。巡视中注重运用科学思想方法和工作方法，把实事求是、依规依纪依法贯穿始终，紧紧依靠被巡视党组织开展工作，促进巡视监督与纪律监督、监察监督、派驻监督、审计监督、群众监督等各方面监督贯通融合。与会者强调，广大哲学社会科学工作者要坚持以习近平新时代中国特色社会主义思想为指导，深入开展政治巡视的重大理论和实践问题研究，在构建科学完整的巡视理论体系、深化对政治巡视的规律性认识上下功夫，推出高质量研究成果，为党中央决策服务。

（摘自《人民日报》2022年8月9日第11版）

第十届国际共产主义运动论坛暨《国际共产主义运动发展报告》（外文版）新书发布会 7月30日，第十届国际共产主义运动论坛暨《国际共产主义运动发展报告》（外文版）新书发布会在北京和昆明以线上与线下相结合的形式召开。会议由中国社会科学院马克思主义研究院、云南大学和中国社会科学院意识形态智库共同主办。会议研讨的主要议题有“国际共产主义运动发展新态势”“新时代中国特色社会主义对世界社会主义的影响和贡献”“新冠肺炎疫情背景下国外共产党理论与实践的新进展”“两制关系与国际格局发展态势特征”“国际共运发展新动态和国际共运黄皮书出版情况”等。

会议进行了《国际共产主义运动发展报告》（外文版）新书发布，包括《国际共产主义运动发展报告》（2019—2020 年）英文版、意大利语版和《国际共产主义运动发展报告》（2020—2021 年）越南语版。论坛还邀请了国内外 30 余位专家学者发言。来自中国、意大利、越南、老挝的百余位国内外学者通过线上方式聆听了会议。来自中共中央党校（国家行政学院）、中共中央对外联络部、上海社会科学院、云南大学、中国政法大学、山东大学、华中师范大学、苏州大学、厦门大学等单位的百余名专家学者通过线上线下方式参会。

（中国社会科学院供稿）

第二届中共党史党建学科建设高层论坛　7 月 30 日，为深入学习贯彻党的十九届六中全会精神和习近平总书记在中国人民大学考察时重要讲话精神，推动中共党史党建学科高质量发展，加快构建中国特色哲学社会科学体系，由中国人民大学主办，中国人民大学马克思主义学院和中共党史党建研究院承办的第二届中共党史党建学科建设高层论坛在北京召开。本届论坛的主题是“中共党史党建学科的新定位和建设进路”。中国人民大学党委书记张东刚，教育部学位管理与研究生教育司司长洪大用，教育部社会科学司司长徐青森，中央马克思主义理论研究和建设工程咨询委员、全国党建研究会顾问、原中共中央党史研究室主任欧阳淞，中共中央党史和文献研究院学术和编审委员会主任王均伟，中共中央党校（国家行政学院）中共党史教研部主任罗平汉，中共中央党校（国家行政学院）党的建设教研部副主任祝灵君，中共中央组织部《党建研究》杂志社副主编刘大秀等领导和专家出席开幕式并致辞，对论坛的召开表示祝贺。中国人民大学党委副书记齐鹏飞主持开幕式。

（中国人民大学供稿）

中国式现代化与中华民族伟大复兴高端论坛　8 月 17 日，中国人民大学举办“中国式现代化与中华民族伟大复兴”高端论坛，学校党委书记张东刚、中央党校（国家行政学院）副校（院）长龚维斌、中央党史与文献研究院副院长黄一兵、教育部社会科学司司长徐青森出席论坛并致辞。论坛紧紧围绕中国式现代化道路与中华民族伟大复兴这一核心主题，共话奋力谱写全面建设社会主义现代化国家崭新篇章的行动纲领、基本路径、理论内涵和实践逻辑。本次论坛的专家学者围绕“重大时代课题探索的理论特征与政治风范”“中国式现代化是中国共产党领导的社会主义现代化”“新发展理念与中国式现代化”“体制秩序变迁与中国式现代化”“中国式现代化的范畴定位”“中国式法治现代化的鲜明特色和独到贡献”“中国式现代化何以能够推进中华民族伟大复兴”“中国式现代化与人类文明新形态”“以中国式现代化推进中华民族伟大复兴的实践逻辑”等主题分别发言。研讨会拓展了对以中国式现代化推进中华民族伟大复兴的历史必然性、理论科学性、实践价值性的认识，有力推动了中国特色社会主义理论和现代化理论的创新发展。

（中国人民大学供稿）

智慧思政高端峰会暨思想政治理论课程群虚拟教研室建设启动会　8 月 25 日，北京理工大学通过线上线下相结合的形式举办智慧思政高峰论坛暨思想政治理论课程群虚拟教研室建设工作启动会。教育部高等学校马克思主义理论类专业教学指导委员会主任委员靳诺，北京市委教育工委副书记沈千帆，教育部社会科学司教学与出版处处长、二级巡视员陈睿，北京市委教育工委宣教处处长寇红江，房山高教园区管委会常务副主任路鹏，北京理工大学党委书记、中国工程院院士张军等出席会议。

会上举行“全国高校思政课虚拟仿真体验教学中心（北京理工大学）”与教育部“思想政治理论课程群虚拟教研室”专家指导委员会聘任仪式。靳诺教授代表专家指导委员会作发言。她强调：一是要把立德树人作为根本任务，加强思想政治理论课程群虚拟教研室建设。二是要以服务思想政治理论课建设为导向，不断提升思政课教师信息技术能力和素养，实现教学内容和信息技术的精准对接。三是要以发挥引领示范作用为目标，建设高质量虚拟教研室，孵化一批虚拟教研室标志性成果。

北京理工大学教务部部长薛正辉致辞。思想政治理论课程群虚拟教研室带头人李林英教授汇报了虚拟教研室的基本情况。孙英、贺苗、张晖、丁云、王宏宇、王涌天、肖贵清、孙熙国和刘新刚等教授展开交流研讨、作专家报告。第二届全国高校教学创新大赛一等奖获得者谢玉进教授、北京地区一等奖获得者吴倩进行了教学展示。北京理工大学马克思主义学院党委书记刘存福作总结发言。

来自教育部、北京市委教育工委、房山高教园区管委会等部门，北京理工大学、中国农业大学、中央民族大学、西北工业大学、北京工业大学、内蒙古财经大学等虚拟教研室联合申报高校，校内外师生代表近千人通过线上线下相结合的方式参加会议。

（北京理工大学供稿）

第三届雁栖湖马克思主义理论研究论坛 8月27日，第三届雁栖湖马克思主义理论研究论坛在京举办。论坛以“马克思主义基本理论与当代中国”为主题。中国科学院大学副校长苗建明，校长助理林晓出席开幕式并致辞。苗建明指出，雁栖湖马克思主义理论研究论坛，为马克思主义研究者营造了浓厚的学术氛围，提供了马克思主义理论研究的专业交流平台。林晓指出，国内外形势新变化和实践新发展，迫切需要我们深入回答一系列重大理论和实践问题，马克思主义作为“伟大的认识工具”，对于破解时代发展中出现的新问题发挥着重要作用。

雁栖湖马克思主义理论研究论坛由中国科学院大学马克思主义学院主办，已举办两届。本届论坛采用线上、线下相结合的方式，来自全国各地高校、党校的近百位专家学者、在读研究生参加会议。

（中国科学院大学供稿）

共同富裕理论研讨会暨《共同富裕理论探索》首发式 9月6日，由中国社会科学院和中共浙江省委联合主办的“共同富裕理论研讨会暨《共同富裕理论探索》首发式”以线上线下相结合的方式举行。中国社会科学院副院长、党组成员高培勇，浙江省委副书记黄建发出席会议并致辞。会议研讨的主要议题有“什么是共同富裕”“怎样推进共同富裕”。同时，会议发布了《共同富裕理论探索》一书。该书选编了中国社会科学院专家学者围绕共同富裕问题撰写的36篇理论文章，由中国社会科学出版社出版。

首发式上，中国社会科学院张树华、夏杰长、张翼、陈光金、王震、何德旭、张晓晶、姚枝仲、魏后凯，浙江省农业农村厅副厅长王宗明，中国社会科学出版社社长赵剑英等11位专家分别从科技支撑、社会建设、经济建设、协调发展等几个方面研讨了如何推进共同富裕的理论和实践问题。这本理论文集，是中国社会科学院学者围绕共同富裕问题所做理论探索的初步成果。

（中国社会科学院供稿）

首都当代中国马克思主义论坛·2022 9月26日“首都当代中国马克思主义论坛·2022”在京举行，论坛由北京市委宣传部、北京市习近平新时代中国特色社会主义思想研究中心、北京市社会科学界联合会等单位共同主办，主题为“习近平新时代中国特色社会主义思想的科学体系”。市社科联主席牛青山，北京师范大学党委常委、副校长康震，市委宣传部副部长张际在论坛开幕式上致辞，市社科联党组书记、常务副主席、市社科规划办主任、市习近平新时代中国特色思想研究中心常务副主任张淼主持论坛开幕式。北京师范大学学术委员会主任、教授韩震，中国人民大学法学院院长、教授黄文艺，中央民族大学原校长、教授黄泰岩，北京大学马克思主义学院教授郇庆治，外交学院外交学系教授张历历，清华大学社会科学学院政治学系主任、长聘教授杨雪冬作主题发言，北京师范大学马克思主义学院院长张润枝主持主题发言阶段。市社科联、市社科规划办一级巡视员李翠玲，鲁亚、刘红雷等研究基地负责人员和北京大学、清华大学、中国人民大学、北京师范大学等高校师生60余人参加论坛。

（北京市社科联、北京市社科规划办供稿）

第九届社会主义国际论坛 中国社会科学院马克思主义研究院、老挝经济与社会科学院、越南社会科学翰林院主办的第九届社会主义国际论坛，日前以视频会议方式在北京与河内同时举行。与会者围绕社会主义发展模式的理论和实践问题、社会主义发展模式的国际视角、中国特色社会主义成为振兴世界社会主义中流砥柱等问题展开研讨。与会者认为，中国特色社会主义在中国取得的巨大成功，表明科学社会主义正在焕发出蓬勃生机活力，为世界社会主义国家提供了重要经验和启示，对坚持和发展马克思主义、科学社会主义的意义十分重大。中国必将为人类文明进步、为科学社会主义发展作出更大贡献，让这个正义而前途光明的事业放射出更加夺目的光芒。

（摘自《人民日报》2022年9月27日第11版）

中国共产党创办新型正规高等教育的历史经验高端论坛 9月28日，中国共产党创办新型正规高等教育的历史经验高端论坛在京召开。全国人大常委会委员、教科文卫委员会副主任、教育部原党组副书记、副部长、中国高等教育学会会长杜玉波，中国延安精神研究会常务副会长兼秘书长、中共中央对外联络部原副部长艾平，中国延安精神研究会副会长、教育部关工委主任、教育部原副部长李卫红，教育部思想政治工作司司长魏士强；延河联盟高校领导中国人民大学党委书记张东刚、校长林尚立，北京理工大学党委书记张军，中国农业大学党委书记姜沛民，中央戏剧学院院长郝戎，北京外国语大学副校长孙有中，中央音乐学院副院长秦文琛，中央美术学院党委副书记王晓琳，中央民族大学副校长宋敏出席会议并围绕大会主题发言，延安大学校长高子伟通过视频参会并发言。开幕式及延河联盟高校轮值主席交接仪式由林尚立主持。当天下午，15个分论坛同时举办。各相关学科领域专家学者、中国人民大学校友代表、师生代表、媒体代表共同参会。

（中国人民大学供稿）

学习贯彻党的二十大精神理论研讨会　10月29日，北京航空航天大学马克思主义学院（工信部党的政治建设研究中心秘书处）主办的“学习贯彻党的二十大精神”理论研讨会在京举行。来自中国社会科学院、中共中央党校（国家行政学院）、清华大学、北京大学等高校院所，以及《中国特色社会主义研究》《人民日报》等期刊媒体编辑部的专家学者和北航师生代表共60余人参加会议。北航党委书记赵长禄、工信部直属机关党委常务副书记李勇出席会议。

中共中央党校（国家行政学院）教授陈曙光，清华大学教授肖贵清，中国人民大学教授陶文昭、侯衍社，中国社会科学院研究员余斌，北京师范大学教授王树荫，北京大学教授周良书，北京理工大学教授刘新刚，首都经济贸易大学教授冯培，中共北京市委党校（北京行政学院）教授袁吉富，首都师范大学教授黄延敏以及北航马克思主义学院教授王娜、孙润南等围绕党的二十大精神的主题主线、核心要义、习近平新时代中国特色社会主义思想的世界观和方法论、中国式现代化、“五个必由之路”的哲学意蕴等主题了精彩发言。

《中国教育报》理论周刊主编张金岭、《中国特色社会主义研究》副主编赵英臣就党的二十大精神的学习研究宣传、党的创新理论的新境界和新论断、理论研究的问题意识与现实关怀等问题进行分享与交流。

（北京航空航天大学供稿）

学习贯彻党的二十大精神座谈会　10月30日，中华人民共和国国史学会在京召开了学习贯彻党的二十大精神座谈会。国史学会副会长、原中央文献研究室常务副主任杨胜群，军事科学院原副院长曲爱国，北京师范大学党史党建研究院院长王炳林，国史学会秘书长、当代中国研究所原副所长张星星，国史学会常务理事、当代中国研究所副所长李正华、宋月红，世界历史研究所党委书记罗文东等学会常务理事、理事和分会负责人出席了会议。在座谈会上，杨胜群、王炳林、张星星、李正华、宋月红，常务理事、当代中国研究所原副所长武力，理事、中国社会科学院俄罗斯东欧中亚研究所原所长吴恩远和北京大学国际经济研究中心教授李玲等，分别以《新时代十年三件大事的里程碑意义》《捍卫两个确立，建设世界一流军队》《时刻保持解决大党独有难题的清醒和坚定》《巩固和发展最广泛的爱国统一战线》《新时代十年的重要历史地位》《历史主动精神的思想根基和时代内涵》《高质量发展是实现中国式现代化的关键》《俄罗斯共产党彻底否定苏共二十大和二十二大关于斯大林的评价——兼谈学习中共二十大报告体会》《中国式现代化》等为题作发言，畅谈学习习近平总书记报告的心得体会。

（中国社会科学院供稿）

第二届全国党建高端论坛——党的自我革命理论与实践　10月30日，由中央党校（国家行政学院）党的建设教研部与北京市委党校（北京行政学院）联合举办的第二届全国党建高端论坛“党的自我革命理论与实践”在京召开。中央党校（国家行政学院）副校（院）长谢春涛出席开幕式并讲话。北京市委副书记、代市长、市委党校（北京行政学院）校（院）长殷勇出席开幕式并致辞。开幕式由中央党校（国家行政学院）教育长兼文史部主任李文堂主持。

专家发言环节由中央党校（国家行政学院）党的建设教研部主任张志明主持。来自中央纪委国家监委机关、中央组织部、中央党校（国家行政学院）、中央党史和文献研究院、中国社会科学院、北京大学、清华大学、中国人民大学和北京市委党校（北京行政学院）的九位专家学者就党的自我革命永远在路上的理论渊源、内涵本质、知行关系、动力机制、制度支撑、政党优势、反腐败斗争、首都实践以及自我革命与人民民主新路有机结合等多个角度，进行了研讨。

全国党建高端论坛是去年建党百周年之际中央党校（国家行政学院）推出的特色学术品牌，旨在为来自各个系统的党建研究者搭建一年一度交流研讨的学术平台，加强党建学科建设。130余名党建研究专家学者和媒体代表参加了本届论坛。

（北京市委党校供稿）

“党的二十大与习近平新时代中国特色社会主义思想的新发展”学术研讨会 11月3日，由中央党校（国家行政学院）马克思主义学院和北京市委党校（行政学院）联合举办的“党的二十大与习近平新时代中国特色社会主义思想的新发展”学术研讨会在京举行。中央党校（国家行政学院）副校（院）长李毅出席开幕式。北京市委党校（行政学院）副校（院）长朱柏成出席开幕式并致辞。开幕式由中央党校（国家行政学院）马克思主义学院院长张占斌主持。

专家发言环节由中央党校（国家行政学院）马克思主义学院副院长陈曙光、专职副书记薛伟江主持。专家学者集中讨论了习近平新时代中国特色社会主义思想的世界观和方法论、中国式现代化、人类文明新形态以及党的建设等若干重大理论实践问题。

（北京市委党校供稿）

第九届习近平新时代中国特色社会主义思想论坛暨学习党的二十大精神理论研讨会 11月5日，中国社会科学院马克思主义研究院、中国社会科学院习近平新时代中国特色社会主义思想研究中心、云南省社会科学院联合主办的第九届习近平新时代中国特色社会主义思想论坛暨学习党的二十大精神理论研讨会在北京、昆明两地以线上线下相结合的方式召开。论坛的主题是“马克思主义中国化时代化新的飞跃”。论坛设置了四个分论坛，分别是：“开辟马克思主义中国化时代化新境界”“以中国式现代化推进中华民族伟大复兴”“全面建设社会主义现代化国家”“深入推进新时代党的建设新的伟大工程”。来自中国社会科学院、云南省社会科学院、北京大学、中国人民大学、天津大学、各省市党校、社会科学院等高校和研究机构的70多名专家学者参加会议。中国社会科学院马克思主义研究院党委书记辛向阳研究员致辞并作主题报告。主题发言阶段，由中国社会科学院研究员陈志刚和云南省社会科学院研究员黄小军先后主持。天津大学教授颜晓峰、中国人民大学教授郝立新、中国社会科学院研究员林建华、云南省社会科学院研究员黄小军等专家分别就新时代历史方位中的马克思主义中国化时代化问题、如何把握习近平新时代中国特色社会主义思想的世界观和方法论及其精髓、“三个务必”的新时代意蕴和旨归、时代化是马克思主义与时俱进的理论品质等理论进行阐发和论述。

（中国社会科学院供稿）

中国共产党与中国式现代化——学习贯彻党的二十大精神学术研讨会 11月12日，以“中国共产党与中国式现代化”为主题的学习贯彻党的二十大精神学术研讨会在京举办。此次研讨会由北京市习近平新时代中国特色社会主义思想研究中心、中共北京市委教育工作委员会、北京工业大学共同主办，北京市习近平新时代中国特色社会主义思想研究中心北京工业大学基地、北京高校中国特色社会主义理论研究协同创新中心（北京工业大学）和北京工业大学马克思主义学院承办。来自全国高校的500余名师生线上参加会议。

北京市习近平新时代中国特色社会主义思想研究中心常务副主任，北京市社科联党组书记、常务副主席张淼；中共北京市委教育工作委员会副书记沈千帆；北京工业大学党委书记姜泽廷；北京工业大学党委常委、宣传部部长刘幸菡；原中共中央党校校委委员、副教育长、一级教授韩庆祥；原中共中央编辑局秘书长、清华大学马克思主义学院教授杨金海；原国家教育行政学院党委书记、教授黄百炼；经济日报社副总编辑、研究员季正聚；中国社会科学院马克思主义研究院党委书记、研究员辛向阳；北京大学马克思主义学院党委书记、教授孙蚌珠；中国人民大学马克思主义学院教授、《教学与研究》副主编侯衍社出席本次会议。会议开幕式由北京工业大学党委副书记李四平主持。

（北京工业大学供稿）

学习贯彻党的二十大精神理论研讨会 11月13日，由北京市社会科学院、北京市习近平新时代中国特色社会主义思想研究中心北京市社会科学院研究基地、北京市马克思主义理论研究与传播基地主办的“学习贯彻党的二十大精神”理论研讨会在京召开。全国政协文化文史和学习委员会副主任叶小文，原中央党史研究室副主任李忠杰出席会议并进行主题发言。北京市社科联党组书记、常务副主席、市社科规划办主任张淼，北京市社会科学院党组书记谢辉出席会议并致辞。中央党校（国家行政学院）教授、中国行政体制改革研究会行政文化委员会主任祁述裕，新华文摘杂志社编审张学文，中国科学院大学公共政策与管理学院二级教授马一德，北京市社会科学院党组成员、副院长杨奎等专家学者参会发言。会议由北京市社会科学院党组成员、副院长鲁亚主持。来自北京市委宣传部、光明日报社、北京日报社、前线杂志社等单位的领导、专家及北京市社会科学院全体成员线上线下参加研讨会。

（北京市社会科学院供稿）

第九届科学社会主义论坛　11 月 19 日，由中国社会科学院马克思主义研究院和南京师范大学联合主办，中国社会科学院马克思主义研究院马克思主义中国化研究部、南京师范大学马克思主义学院、中国社会科学院大学马克思主义学院联合承办，《马克思主义研究》编辑部、《世界社会主义研究》编辑部联合协办的“中国社会科学院第九届科学社会主义论坛”在北京和南京以线上和线下相结合的方式举办。论坛主题是“学习贯彻党的二十大精神”。

开幕式上，中国社会科学院马克思主义研究院党委书记、副院长辛向阳研究员，南京师范大学党委常委、宣传部部长宋喆研究员分别致辞。辛向阳书记作主旨报告。主题报告分为两个环节。由中央党校（国家行政学院）陈曙光教授、河南省社会科学院王承哲研究员、清华大学王传利教授、华南师范大学陈金龙教授、兰州大学蔡文成教授、江南大学刘焕明教授等专家作主题发言。论坛共收到 500 多篇征文，在线直播观看人数达 37000 多次。

（中国社会科学院供稿）

中国共产党与中国式现代化学术研讨会　11 月 25 日，“中国共产党与中国式现代化”学术研讨会在线上举行，来自全国各地的高校马克思主义学院院长和专家学者参会并研讨。会议由中国农业大学马克思主义学院举办。全国各高校马克思主义学院 4000 余名师生线上参会。中国农业大学副校长林万龙致辞，希望与会专家围绕中国共产党与中国式现代化深入交流研讨，为全面推进中华民族伟大复兴提供理论智慧和智力支持。主旨报告环节，由中国农业大学马克思主义学院院长张晖主持，11 位与会学者结合党的二十大报告，从不同角度作了主题发言。张晖在总结中表示，中国农业大学马克思主义学院将继续深化对党的二十大精神的学术化研究、学理化阐释，做好思想政治理论课教学工作，坚持不懈地用习近平新时代中国特色社会主义思想凝心铸魂，推进马克思主义理论学科高质量发展。

（中国农业大学供稿）

“新征程中的青年思想政治引领”研讨会　11 月 25 日，中国青年政治学院青少年工作系举办“新征程中的青年思想政治引领”学术研讨会。会议旨在深入学习贯彻党的二十大精神，不断夯实新时代新征程开展青年思想政治引领的理论根基。来自清华大学、北京师范大学、中央财经大学、首都师范大学等高校的专家学者与青少系教师展开学术交流。中国青年政治学院青少年工作系全体师生总计 120 余人参加会议。

（中央团校供稿）

第三届“中国共产党与世界”国际学术会议　11 月 25—26 日，第三届“中国共产党与世界”国际学术会议——“中国式现代化与人类文明新形态”在京召开。会议以线上形式举行，来自南非、巴西、阿根廷、越南、秘鲁、津巴布韦等国的共产党和左翼政党领导人、国内外知名专家学者云端相聚，共同围绕探索符合自身实际的现代化发展道路、携手推动构建人类命运共同体深化交流和研讨。古共中央国际关系部特致贺信，预祝本次会议取得圆满成功。会议由中国人民大学主办，马克思主义学院联合当代政党研究平台、习近平新时代中国特色社会主义思想研究院、中共党史党建研究院等单位共同承办。中共中央对外联络部、中共中央组织部、教育部、人民日报社、中国外文局等中央单位负责人员在线上参会。

（中国人民大学供稿）

“深入学习贯彻党的二十大精神　全面推进新时代党的青年工作”理论研讨会　11 月 26 日，由中央团校与共青团中央中国特色社会主义理论体系研究中心、共青团与青年工作高端智库联合主办的“深入学习贯彻党的二十大精神 全面推进新时代党的青年工作”理论研讨会在京举行。中央团校党委书记倪邦文教授致辞并作主旨演讲。经济日报社副总编辑季正聚研究员，中国社会科学院房宁研究员，中国青少年研究中心党委书记、主任王学坤作主旨发言。复旦大学政党建设与国家发展研究中心主任郑长忠，党的二十大代表、中央团校党的青年运动史教研部主任王冬梅，中央团校共青团中央青运史档案馆馆长胡献忠，中央团校科研与智库工作部主任廉思等四位专家学者围绕新时代党的青年工作、青年使命、共青团发展等主题进行发言。

主论坛由中央团校党委常委、副校长林江教授主持。

研讨会设置“深入学习贯彻党的二十大精神 着力办好团属期刊”“党领导中国青年运动的百年历程和基本经验”“习近平总书记关于青年工作重要思想的研究阐释”三个分论坛，来自中国社会科学院、北京大学、北京师范大学、中国青少年研究中心、中央团校等单位的专家学者围绕深入学习贯彻党的二十大精神，全面推进新时代党的青年工作进行了交流。学者们从不同角度阐释了习近平总书记关于青年工作重要思想的科学内涵、核心要义和时代价值，并结合党领导青年运动的生动实践，剖析解读了习近平总书记关于青年工作的重要思想的逻辑机理和实践伟力。

（中央团校供稿）

第六届网络思想政治教育论坛 11月27日，第六届网络思想政治教育论坛“新时代网络意识形态建设的基本经验暨党的二十大精神学习研讨会”在京以线上形式召开。校党委书记黄先开出席论坛并致辞，校党委副书记李中奇主持论坛开幕式。北京市委宣传部理论处处长陈睿、北京高校中国特色社会主义理论研究协同创新中心（中国政法大学）执行主任中国政法大学邰丽华教授参会并致辞。此次论坛由北京高校中国特色社会主义理论研究协同创新中心（中国政法大学）、北京工商大学马克思主义学院联合发起，旨在学习研讨党的二十大会议精神，汇聚网络意识形态领域研究成果，探索高校网络思想政治教育和意识形态安全的理论和实践，并为青年学者提供展示自我、交流思想的学术平台。来自中共中央党校（国家行政学院）、中国人民大学、中央党史和文献研究院、南开大学、中国社科院、山东大学、南京师范大学、中国农业大学、华东师范大学、西南大学、西北工业大学、中南财经政法大学、中央财经大学、暨南大学、合肥工业大学等京内外百余所高校和科研院所的近300位专家学者和青年学子参会。

（北京工商大学供稿）

第八届国家治理高峰论坛年会 12月1日，由人民日报社指导、人民论坛杂志社主办的“深入学习贯彻党的二十大精神——第八届国家治理高峰论坛年会暨人民论坛创刊30周年座谈会”在北京举行。全国政协副主席辜胜阻，全国政协民族和宗教委员会主任王伟光，人民日报社副总编辑方江山，全国政协文化文史和学习委员会副主任叶小文，国务院发展研究中心党组成员、副主任余斌，中国社会科学院副院长、中国社会科学院大学党委书记高培勇，原中央党史研究室副主任李忠杰，中央党校（国家行政学院）教授韩庆祥等出席论坛。

论坛围绕学习贯彻党的二十大精神、推进健康中国建设的路径创新、党的理论创新与理论武装、中国式现代化与实践创新、党的创新理论传播与智库型全媒体建设等主题进行深入研讨。《人民论坛》杂志《二十大精神精要解读》特刊、“中国式现代化的生动实践”典型案例两大课题成果在此次论坛正式发布。

（摘自《人民日报》2022年12月2日第6版）

第三届发展中国家国家治理高端智库论坛 12月1日，由中央党校（国家行政学院）与中央党史和文献研究院、北京大学联合举办的第三届发展中国家国家治理高端智库论坛召开。

本届论坛的主题是“发展中国家的现代化道路：理念与实践”，旨在深入宣传贯彻党的二十大精神，讲好中国故事、中国共产党的故事，讲好中国式现代化的故事，推动发展中国家在国家治理领域的合作与交流。

论坛采取线上线下结合的方式进行，来自亚洲、非洲、拉丁美洲等地区20多个发展中国家的政府官员、专家学者，围绕中国式现代化的成就与经验启示、发展中国家如何探索适合本国国情的现代化道路等议题开展深入研讨。

（摘自《人民日报》2022年12月2日第6版）

第十四届全国马克思主义院长论坛 12月3日，由中国社会科学院马克思主义研究院和吉林大学联合主办的“第十四届全国马克思主义院长论坛”在线上召开。论坛主题为“学习贯彻党的二十大精神，开辟马克思主义中国化时代化新境界”，研讨的主要议题有“中国式现代化本质特征及其当代推进”“中国式现代化的世界历史意义与新时代的历史性成就”“世界观方法论与马克思主义中国化时代化新境界”“民族复兴与新时代的中国共产党”。来自清华大学、北京大学、中国社会科学院、中共中央党校（国家行政学院）等单位的近80位专家作了主旨报告。线上参会人数近300人。论坛分为主旨报告和分论坛主题报告两部分进行。

吉林大学党委副书记韩喜平、中国社会科学院马克思主义研究院党委书记辛向阳，吉林省委宣传部副部长刘立新，吉林省教育工委副书记、教育厅厅长张洪彬，吉林省社会科学院院长王颖分别作开幕式致辞。主旨报告环节，中国社会科学院研究员辛向阳、清华大学教授吴潜涛、天津大学教授颜晓峰、中共中央党校（国家行政学院）教授韩庆祥、东北师范大学教授杨晓慧、北京师范大学教授王树荫、清华大学教授艾四林等先后做报告。

（中国社会科学院供稿）

“比较视野下马克思主义与人类文明新形态研究”研讨会　12月5日，“比较视野下马克思主义与人类文明新形态研究”研讨会以线上形式举办。该会议由中国社会科学院欧洲研究所马克思主义与欧洲文明研究中心主办，《欧洲研究》编辑部协办。来自中国社会科学院和中央党校（国家行政学院）等单位的近20位专家学者参加会议。会议研讨的主要议题有“马克思主义文明观与人类文明新形态”“国际视野下的人类文明新形态与文明互动”等。

中国社会科学院欧洲研究所所长、马克思主义与欧洲文明研究中心主任、《欧洲研究》主编冯仲平研究员致开幕辞。

会议分为“马克思主义文明观与人类文明新形态”和“国际视野下的人类文明新形态与文明互动”两个单元。中国社会科学院的秦益成、张梅、李凯旋、张金岭、魏南枝、孔元、王晓玲、王聪悦、朱锐以及中央党校的赵柯等分别发言。

（中国社会科学院供稿）

“学习贯彻党的二十大精神，深化新时代中国工人运动史研究”学术研讨会暨2022年年会　12月17日，由中国工人历史与现状研究会主办、中国劳动关系学院马克思主义学院协办的“学习贯彻党的二十大精神，深化新时代中国工人运动史研究”学术研讨会暨2022年年会在线召开。本届年会的主题是“学习贯彻党的二十大精神，新时代中国工人运动、工会运动的成就、经验与发展趋势”。中国中共党史学会常务副会长李忠杰，全国总工会中国工运研究所副所长逄国君，中国工人历史与现状研究分会会长、中国劳动关系学院党委书记刘向兵，党委副书记、校长傅德印，中国李大钊研究会秘书长、北京大学李大钊研究中心主任胡俊等出席会议。开幕式由傅德印校长主持。

受中央党史和文献研究院院长、中国中共党史学会会长曲青山委托，副会长李忠杰出席会议并致辞。刘向兵书记、逄国君副所长和胡俊秘书长分别致辞。大会主题报告环节，李忠杰副会长做了“学习贯彻党的二十大精神”辅导报告。报告从党代会的历史地位、作用以及运行机制这一独特视角进行解读，从百年党史的宏阔视野，结合党章规定的演变过程，从党代会的“筹备、举行、落实”三个环节，深入浅出地阐释了党的二十大精神。专题报告环节，中共中央党校（国家行政学院）教授卢毅，中国社会科学院研究员武力，中国人民大学教授何虎生等分别作了《“坚持发扬斗争精神”的理论逻辑、历史逻辑、实践逻辑》《实现高质量发展必须加强工人阶级队伍建设》《新时代关于工人阶级与工会工作的理论创新与实践成就》专题报告。主题论坛环节，11位中青年学者分别做学术交流发言。

（中国劳动关系学院供稿）

第二届21世纪马克思主义研究峰会　12月21日，华北电力大学联合北京师范大学中共党史党建研究院、中共中央党校（国家行政学院）专家工作室举办的第二届21世纪马克思主义研究峰会开幕。华北电力大学校长杨勇平、教育部社会科学司副司长宋凌云、北京市委教育工委副书记沈千帆、北京市委宣传部理论处处长陈睿在开幕式上致辞。第十三届全国政协委员叶小文、韩庆祥等专家学者做主旨报告和主题演讲。华北电力大学党委副书记孙传新主持。峰会主题为“党的二十大精神和习近平新时代中国特色社会主义思想是中华文化和中国精神的时代精华”。来自全国部分高校的马克思主义学院院长、思政课教师和研究生，《马克思主义研究》等权威杂志的编审人员和《人民日报》、人民网等媒体记者千余人线上参加了峰会。峰会设置了五个分论坛。与会专家学者围绕习近平新时代中国特色社会主义思想是21世纪马克思主义、党的二十大精神融入高校思政课教育教学、中国共产党人的精神谱系与中国精神研究、中国共产党自我革命精神研究、党的二十大精神研究期刊编辑等开展了充分交流。峰会共收集了近500篇论文。

（华北电力大学供稿）

哲　学

第五届清华大学中日哲学论坛　2月19日，由清华大学和日本驹泽大学联合主办、清华大学马克思恩格斯文献研究中心和人文学院哲学系承办的“黑格尔与马克思——第五届清华大学中日哲学论坛”在京举办。来自清华大学、中国人民大学、北京师范大学、北京理工大学、北京科技大学、北京林业大学、日本一桥大学、日本驹泽大学、日本东京农工大学、日本京都大学、德国波鸿鲁尔大学等国内外高校的数十位学者，通过线上线下的方式进行了深入交流。清华大学马克思恩格斯文献研究中心主任、人文学院副院长、哲学系教授韩立新主持会议。

开幕式上，日本一桥大学荣誉教授岛崎隆表示，日本研究马克思和黑格尔的学者很多，但是能够真正结合二者进行研究的学者不多。从黑格尔和马克思的关系角度出发进行研究，可以加深对理论界很多重要问题的理解，正是在这个意义上，中日哲学论坛大有可为。

清华大学哲学系硕士研究生李闫涛作题为“Material Needs and Objective Activity: Reinterpretation of Young Marx’s Social Concept and Its Formation——Starting from Hiromatsu Wataru’s ‘Overwhelming Influence of Moses Hess’ Hypothesis”（《物质需要与对象性活动：对青年马克思社会概念形成的再解读——从广松涉“赫斯压倒性影响说”谈起》）的报告。日本东京农工大学特任助教柏崎正宪作题为“A Radical Perfectionist’s New Vision of Civil Society: Marx’s Critique of Hegel，Bauer and Stirner”（《一个激进完美主义者的市民社会新视域：马克思对黑格尔、鲍威尔和施蒂纳的批判》）的报告。日本京都大学特别研究员饭泉佑介作题为“Beings，Concepts or Something Else: On the Subject of Hegel’s Logic as Metaphysics”（《存在、概念或其他：论作为形而上学的黑格尔〈逻辑学〉的主题》）的报告。

（北京市哲学会供稿）

人工智能基础与应用国际会议　4月8—10日，由北京大学哲学系宗教学系与北京大学外国哲学研究所主办，北京大学人工智能研究院与北京大学哲学与人类未来研究中心协办的人工智能基础与应用国际会议在京召开。在为期两天半的会议中，共有46场报告，包含17场特邀报告，29场平行会议报告。

在致辞中，北京大学哲学系教授韩水法阐述了人工智能与哲学的关系。一是人工智能从产生伊始便与哲学有着紧密关联；二是人工智能无论在基础层面或是应用层面都直接关涉到人，而“人”正是哲学的核心和基础问题；三是展望了人工智能的发展，提出要始终关心人工智能对人的性质的改变，应从人文主义的角度来对待人工智能，哲学工作者应与科学工作者一起为人工智能的未来发展担负责任，这也是本次会议的重要意义。

本次会议是哲学、计算机技术、逻辑学、认知科学、伦理学等不同领域的一次综合性会议，就人工智能的哲学基础、逻辑基础、前沿技术发展、伦理道德风险等方面的重要问题展开了一次集中探讨。

（北京市哲学会供稿）

中国马克思主义哲学30人论坛　4月23日，第二届中国马克思主义哲学30人论坛暨中国马克思主义哲学史学会中国马克思主义哲学研究分会、中国社会科学院哲学研究所–延安大学中国马克思主义哲学研究院成立大会在京举行。本次会议由中国社会科学院哲学研究所、中国马克思主义哲学史学会中国马克思主义哲学研究分会、延安大学、曲阜师范大学、中国社会科学院大学哲学院主办，由中国社会科学院哲学研究所马克思主义哲学学科、中国社会科学院哲学研究所《哲学研究》编辑部、中国社会科学院哲学研究所中国马克思主义哲学研究室、延安大学政法与公共管理学院、中国社会科学院哲学研究所－延安大学中国马克思主义哲学研究院、曲阜师范大学政治与公共管理学院承办。会议采用线上和线下相结合的方式进行。

论坛开幕式由中国社会科学院哲学研究所副所长冯颜利主持，延安大学副校长付峰致辞。王立胜、梁树发、郝立新分别作主题发言。王立胜重点强调了中国马克思主义哲学的特征，认为实践是中国马克思主义哲学的理论硬核，并从方法的维度、活动的维度和自由的维度三个方面解读了中国马克思主义哲学的实践特征。梁树发集中阐述了中国马克思主义哲学的特征、实质和体系建构，认为中国马克思主义哲学的特征表现为一般特征、根本特征和具体特征三个层次，中国马克思主义哲学的实质是当代中国特色社会主义建设哲学，体系建构要实现“四个转化”，抓住起点、范畴和结构三个要素。郝立新着重指出，当代中国马克思主义哲学应在文本基础上把握时代特征和回应时代问题，包括对资本的全面认识，关于科学技术的新变化及其对社会和人的生活的深刻影响，对文明问题的研究，对后疫情时代的人权和交往观念的认识等。

（北京市哲学会供稿）

《纯粹理性批判》（韩林合新译本）出版座谈会　6月15日，《纯粹理性批判》（韩林合新译本）出版座谈会在商务印书馆举办。译者韩林合介绍了《纯粹理性批判》的翻译过程与心得，来自北京大学、清华大学、中国人民大学、中国社会科学院等多个高校和科研院所的30余位专家学者参加座谈并发言。《纯粹理性批判》的最新译本由北京大学教授韩林合翻译。韩林合以1787年经康德亲自修订的第二版（“B版”）为底本，辅之以1781年初版（“A版”），是对《纯粹理性批判》原书原版的翻译。这也是汉语学界首次以“A版”与“B版”为底本完成的足本汉语全译。

（北京市哲学会供稿）

马克思主义宗教学研究论坛（2022）　6月18—19日，中国社会科学院世界宗教研究所和中国宗教学会联合主办的马克思主义宗教学研究论坛（2022）以线上会议形式在京召开。会议研讨的主要议题有马克思主义宗教学学科建设、马克思主义宗教学的实践应用、宗教学研究队伍建设、引导中国宗教坚持中国化方向等。

中国社会科学院副院长、党组成员高培勇作开幕式讲话。中国社会科学院世界宗教研究所所长、中国宗教学会会长郑筱筠，中国社会科学院马克思主义研究院党委书记、副院长辛向阳，中国藏学研究中心原党组书记朱晓明，中央社会主义学院副院长袁莎，中国社会科学院马克思主义研究院副院长龚云，中国社会科学院哲学研究所副所长冯颜利，中央统战部宗教研究中心副主任加润国等作学术报告。

来自中央党校（国家行政学院）、中央统战部宗教研究中心、中央社会主义学院、中国藏学研究中心、中国社会科学院、中国人民大学、中央民族大学、浙江省民族宗教事务委员会、上海社会科学院、上海师范大学、山东大学、四川大学、武汉大学、辽宁大学、新疆师范大学、西藏自治区社会科学院的40余位专家学者参加会议。

（中国社会科学院供稿）

第十届中国社会科学院马克思主义哲学论坛　6月25日，中国社会科学院马克思主义研究院、中国社会科学院大学、北京第二外国语学院共同主办，中国社会科学院大学马克思主义学院、北京第二外国语学院马克思主义学院、文化与传播学院、“中国道路国际传播”工作室联合承办的第十届中国社会科学院马克思主义哲学论坛在北京第二外国语学院举行，主题为“马克思主义中国化新飞跃的哲学创新”。

会议以线上和线下相结合的方式进行。中国历史唯物主义学会会长侯惠勤，中国社会科学院马克思主义研究院党委书记辛向阳，中国社会科学院大学党委常务副书记、校长张政文，中共中央党校原副教育长韩庆祥，中国社会科学出版社党委书记、社长赵剑英，中国社会科学院哲学所党委书记王立胜，教育部高等学校社会科学发展研究中心原主任田心铭，北京第二外国语学院党委副书记、院长计金标等专家学者线上参会。

来自全国高校和研究院所的300多名专家围绕“马克思主义哲学中国化百年发展历程”“马克思主

义哲学理论与实践问题”“世界百年未有之大变局：哲学对话”“马克思主义哲学与意识形态建设”等议题展开研讨。社会科学院马克思主义哲学论坛于2013年创办，每年举办一次，教授侯惠勤担任论坛主席。

（北京第二外国语学院供稿）

纪念库恩诞辰100周年学术研讨会 7月18日，中国自然辩证法研究会、中国科学技术史学会和清华大学科学史系在北京举行纪念库恩诞辰100周年学术研讨会。来自国内高等院校、科研院所、学术出版机构的20余位嘉宾现场出席会议，另有500余名各界人士通过线上会议、直播等形式共同参会。

清华大学科学史系教授王巍在以“库恩与后库恩科学哲学”为题的报告中，梳理了自库恩同时代到21世纪的科学哲学教材中对库恩的不同评价，指出库恩思想在科学哲学界内部产生了巨大影响。北京化工大学文法学院教授崔伟奇在题为“库恩哲学对其他学科的影响”的报告中，对库恩在哲学、科学论学科内部及其外部的文化影响力作了全面而简练的综述，认为库恩的思想构成了科学哲学乃至科学论内部的转折点，库恩哲学引发了“科学观”的革命，“启发”了“后现代”思潮，引发了具有美国特色的创新哲学。清华大学科学史系教授吴国盛在题为“库恩与后库恩科学编史学”的报告中，讨论了库恩著作中的科学编史学自觉，探讨了后库恩的科学编史学，并介绍了国际科学史界的诸种新的编史学倾向，包括社会建构论转向、实践转向、关注科学知识的制造与传播等。本次会议进一步凸显了库恩思想及其研究在中国和当代语境中的重要性。

（北京市哲学会供稿）

“变化世界中的价值观2022”学术研讨会 8月20日，“变化世界中的价值观2022”学术研讨会在京举行。本次会议由国际价值学会、北京师范大学哲学学院、北京师范大学价值与文化研究中心、北京师范大学社会主义核心价值观协同创新中心、北京师范大学哲学国际中心（珠海）联合主办。

来自美国迈阿密大学、意大利都灵大学、俄罗斯莫斯科罗蒙诺索夫国立大学、罗马尼亚布加勒斯特大学、香港大学、中国社会科学院、北京大学、中国人民大学、北京师范大学、中国政法大学、复旦大学、南京大学、中山大学、吉林大学、武汉大学、山东大学等国内外高校和科研机构的专家学者以及《哲学研究》《新华文摘》《江海学刊》《当代中国价值观研究》等学术期刊和新闻媒体的代表200余人通过线上或线下方式与会。

中国政法大学人文学院教授李德顺，美国迈阿密大学哲学系教授斯洛特，国际价值学会前会长、美国督优维尔大学哲学系教授阿巴诺，北京师范大学哲学学院教授韩震，北京大学哲学系教授丰子义，复旦大学哲学学院教授吴晓明，国际价值学会前会长、华中师范大学政治学部教授江畅，分别以“世界的变化与价值和价值观念冲突”“阴阳环境伦理”“一个‘谦虚’的建议”“国际交流须遵循同情理解与和而不同的价值原则”“马克思视野中的‘世界主义’”“人类文明新形态与价值重估”“中国天下治理观的世界意义”为题作了第一场大会主题报告。

北京大学哲学学院教授何怀宏、南开大学哲学学院教授王南湜、华中科技大学哲学学院教授欧阳康、中国人民大学哲学学院教授龚群、北京师范大学哲学学院教授李景林就“人类命运共同体：事实与价值”“中华民族价值理想的当代重建何以可能”“新全球化时代的价值观博弈与当前中国的价值战略定位”“是与应当等同于事实与价值吗”“‘家’与哲学”作了第二场大会主题报告。

（北京师范大学供稿）

当前科技重大风险的伦理治理研讨会 9月3日，中国自然辩证法研究会未来哲学与发展战略专委会、科技风险治理与人类安全专委会和中国科学院自然科学史研究所科技与社会研究中心联合主办的当前科技重大风险的伦理治理研讨会在京召开。来自国内高等院校、科研院所、学术出版机构的20余位嘉宾现场出席会议，另有60多位学者在线参会。

专家学者就当代科技所引发的重大风险进行了研讨。节选如下：中国人民大学教授刘大椿认为，当代科技发展新浪潮带来各种不确定性，学界对于可引发毁灭性后果的科技的讨论并不充分，有效解决科技所可能带来的重大风险问题，要把管理的、行政的、政治等各方面的治理都纳入进来，形成社会综合治理模式。北京大学教授刘华杰认为应采取宏观上表现为被动的、速度慢、不至于造成全球性问题的达尔文式创新。中国科学院大学教授王大洲指出，应重新审视中国的文化资源，以“和文化”“天下意识”为本，有意识地在科技自立自强的基础上履行大国责任，谋求提供全球性公共物品，推动建构人类命运共同体。北京师范大学教授刘孝廷提出，科技文明步入新时代，人类要推动伦理时代的到来，使伦理成为第一原则，未来原则成为总原则；科学也应该随之发生根本性转变，科学家的思想和实践要伦理优先，使约束和抑制成为第一要务；哲学也必须重新构造。北京市社会科学院研究员程倩春指出，科技伦理治理之所以可能，源自于人们普遍具有的道德能力以及人们的理性选择与行动能力，但是风险社会治理仍然面临许多困难和诸多困境。中国气象局教授陈正洪指出，认识全球气候变化是否是确定性的风险事件是科学、认知、利益等多因素相互交织与博弈的过程。需要发展气候哲学，对气候领域中的风险形成机制、认知差异、利益博弈等进行深层次的学术分析。

与会学者一致认为，对科学的发展应保持多方面的反思与自觉，从而为中国乃至全球科学事业的发展及治理提供有益借鉴，使科学技术的发展真正造福于人。

（北京市哲学会供稿）

2022 和合文明论坛　9月9日，由国际儒学联合会（以下简称国际儒联）、清华大学联合主办的“2022和合文明论坛”在京举办。论坛采用线上线下相结合的方式，来自中国、日本、新加坡、美国、德国、英国、印度、斯洛文尼亚、文莱等国家和地区的众多参会嘉宾围绕“和合共生·迈向数字文明新时代”主题进行了研讨交流。中央政治局原委员、国务院原副总理、国际儒联会长刘延东出席开幕式并发表主旨演讲，国际儒联理事长、日本前首相福田康夫，清华大学党委书记、校务委员会主任邱勇等出席开幕式并致辞。刘延东表示，面对人类社会的信息化、数字化、网络化、智能化发展趋势，推动形成共生、共享、共赢的数字命运共同体，让数字文明造福各国人民，是我们必须认真思考的时代命题。要以古老东方的和合共生理念深化数字时代的文明内涵，让数字文明点亮人类命运共同体的美好未来。她提出四点希望：秉持以人为本，让数字文明惠及众生；提倡兼容并包，让数字文明“各美其美”；推动交流互鉴，让数字文明“美美与共”；促进开放合作，共塑数字文明新秩序。

主旨演讲环节，新加坡国立大学李光耀公共政策学院创始院长马凯硕分享了对于“人类合作管理人类所共享的数字空间”的见解；清华大学人文与社会科学高等研究所所长汪晖发表了题为“亚非团结的启示：和而不同与新国际主义”的演讲；国际儒联副会长、北京大学人文讲席教授安乐哲发表了题为“不断发展的数字文明及其新技术”的演讲；国际儒联副会长、德国图宾根大学教授施寒微发表了题为“和合共生——迈向数字文明新时代”的演讲；台湾大学政治系教授朱云汉发表了题为“数位文明与共享社会”的演讲；香港科技大学人文与社会科学学院院长李中清发表了题为“从基础到顶尖：大数据与数字人文如何改变我们对中国学术与科技人才的理解（1920—2020）”的演讲。本届论坛还设立了“数字时代的文字、文献与文明”“数字时代的文明交流互鉴”“数字时代的国际儒学研究”3个主题论坛。

（清华大学供稿）

马克思主义哲学中国化时代化的新境界学术研讨会　11月13日，由中国人民大学哲学院、中国人民大学国家治理现代化与应用伦理跨学科交叉平台主办的马克思主义哲学中国化时代化的新境界学术研讨会以线上线下相结合的方式举办。来自中共中央党校（国家行政学院）、中共中央编译局、北京大学、清华大学、中国人民大学、北京师范大学、中国社会科学出版社等单位的专家学者围绕习近平新时代中国特色社会主义思想的世界观和方法论、以中国式现代化全面推进中华民族伟大复兴、人类文明新形态的世界历史意义等展开深入研讨。

中国人民大学教授郭湛指出，我们要面对当代中国马克思主义哲学发展的总趋势，进一步凝练和挖掘马克思主义哲学学科中最具普遍性的内容，在做好本学科研究梳理的同时，也要打破狭隘的界限，走向大哲学发展状态，使马克思主义哲学发展呈现百花齐放的繁荣景象。中央党校教授韩庆祥强调，中国式现代化是从中国特色社会主义道路中走出来的，是对中国特色社会主义道路的进一步推进和拓展，中国式现代化新道路是在世界现代化进程中独立开拓出来的。中国社会科学出版社社长赵剑英指出，习近平新时代中国特色社会主义思想的“六个坚持”是对马克思主义世界观和方法论的新表达，以习近平同志为核心的党中央从世界观和方法论的高度开辟了马克思主义中国化时代化新境界。中国人民大学教授郝立新从“总体把握”和“贯穿其中的立场观点”两个层面阐明如何全面把握习近平新时代中国特色社会主义思想的世界观和方法论及其精髓，“六个坚持”体现了根本性和贯通性的统一、世界观和方法论的统一、价值立场与科学态度的统一、认识论和思想路线的统一、民族性和世界性的统一。北京大学教授杨学功阐明了马克思主义哲学中国形态的两种形式，提出要从三个方面入手，进一步发展中国马克思主义哲学的“学术形态”。北京师范大学教授沈湘平指出，把马克思主义基本原理同中华优秀传统文化相结合的根本和关键在于哲学。

（北京市哲学会供稿）

2022学术前沿论坛逻辑学会专场 11月20日，“2022学术前沿论坛逻辑学会专场”在线上举办。来自京津冀地区10余所高校和科研机构的100余位逻辑学专家学者、学生参加了会议。

围绕论坛主题“逻辑、认知与哲学——京津冀地区的逻辑学发展”，11位专家和3位博士生作专题报告，包括南开大学翟锦程的报告《论中国逻辑的思想基础与知识体系新构建》；河北大学张燕京的报告《论弗雷格的普遍性思想》；北京体育大学李慧华的报告《非形式逻辑与论证的动态模式》；中国社会科学院刘新文的报告《金岳霖论逻辑常项》；中国科学院哲学研究所孙振宇的报告《高阶结构的语言学》；南开大学刘叶涛的报告《自然种类词与理论同一性》；北京大学王彦晶的报告《打包算子的前世今生》；中国人民大学王垠丹的报告《逻辑学的描述性与规范性》；清华大学王亦岩的报告《群体意向性》等。

（北京市逻辑学会供稿）

“新时代中国哲学的处境、问题和使命”学术研讨会 11月19—20日，“新时代中国哲学的处境、问题和使命”学术研讨会暨中国哲学史学会2022年年会在京召开，线上会议同步举行。本次会议由中国哲学史学会、中国政法大学共同主办，中国政法大学发展规划与学科建设处、人文学院、国际儒学院承办。会议旨在总结中国哲学的特色与性质，反思新时代中国哲学面对的处境和挑战，凸显新时代背景下中国哲学的当代价值，承担中国哲学的使命，在中华文明与世界其他文明交流互鉴的背景下，持续丰富自身发展的多种可能性。

北京大学哲学系教授张学智、华东师范大学哲学系教授杨国荣、北京师范大学和四川大学哲学学院教授李景林、中国人民大学国学院教授向世陵、武汉大学哲学学院教授吴根友、复旦大学哲学学院教授吴震、中国社会科学院哲学研究所研究员张志强、北京大学哲学系教授杨立华、中国政法大学人文学院教授俞学明作主旨发言。

两天会议期间，国内外200多名专家学者齐聚云端，围绕“中国哲学的起源与传承”“新时代哲学传统的开展与经典文献新解”“中国哲学书写方式”“经史传统与中国哲学”“儒释道三教关系研究”“比较哲学视域下的中国哲学”“中国哲学与世界哲学”“中国传统价值观念与人类命运共同体”“中国哲学的未来与人类社会前沿问题”等9项子议题交流研讨。

（中国政法大学供稿）

中国社会科学院宗教研究智库论坛 12月16日，由中国社会科学院宗教研究智库主办，中国社会科学院世界宗教研究所和中国宗教学会联合承办的中国社会科学院宗教研究智库论坛（2022）暨“中国立场与世界视野：深入推进中国特色宗教研究智库高质量发展”学术研讨会在线上召开。论坛共有来自中央和国家部委、高等院校、科研机构的80余位专家学者出席会议并发表报告。会议研讨的主要议题有“宗教中国化研究与马克思主义宗教学学科建设”“中国本土经验与宗教学三大体系建设”“中阿命运共同体与中国－海湾国家战略伙伴关系”“世界视野与中国立场：区域与国别宗教研究”等。

中国社会科学院副院长、党组成员高培勇，中国社会科学院科研局副局长王子豪，中国社会科学院世界宗教研究所所长、中国宗教学会会长郑筱筠出席论坛开幕式并致辞。

中国社会科学院学部委员、世界经济与政治研究所所长张宇燕研究员，中国社会科学院学部委员、中国边疆研究所所长邢广程研究员，中央社会主义学院党组成员、副院长袁莎，中国社会科学院民族学与人类学研究所所长王延中研究员、云南省社会科学院院长杨正权研究员、中国社会科学院马克思主义研究院副院长龚云研究员、中国社会科学院美国研究所副所长袁征研究员、中国社会科学院世界宗教研究所所长、中国宗教学会会长郑筱筠研究员等作主旨发言。

（中国社会科学院供稿）

中国科学院大学人文学院“科学与人文讲座” 中国科学院大学人文学院主办的“科学与人文讲座”2022年度举办24期。讲座内容贯穿古今中外，融合基础理论与工程技术实践问题研究，兼具前沿性与包容性，对推进科学技术哲学学科建设具有重要的基础性意义。如“重审萨顿理想——科学思想的跨文化旅程”“科学思想的跨文明旅程”“科学文化的起源与概念演化”“贯穿人类文明史的sin1°”“赫森论题的提出和影响”“物理学名词moment中文译名的创制与变迁”等讲座对诸多科学史问题做了诠释；“物理主义框架下的可靠主义知识论”“物有能动性吗”“决策论与因果模型”“‘柏拉图的报复！’——略论近代空间观的中世纪因素”“思想实验与理论哲学”“‘元’的追问：从工程哲学说起”“技术意向性研究”等讲座针对诸多科学哲学和技术哲学基础性理论问题阐发了见解；“寻找看不见的宇宙”“器以藏礼——浅析殷墟玉器的加工与使用”“晷仪与元大都中轴线的确定”“中国古代冶铁竖炉炉型研究”等讲座展示了古今高超的技术水平与进步；“福柯与治理术”“电子游戏如何助力哲学研究”“数据和知识驱动的社会计算与决策智能浅析”等讲座剖析了颠覆性科技的广泛而深刻的影响；“科学家如何能够克服认知偏差”“从解读华罗庚的后半生谈中国现代科学家研究”“中世纪写本研究常识与有关科学史案例”“学术论文创作及撰写规范”等讲座从科学家和研究者的视角对科学研究与学术写作进行了探讨。

（北京市哲学会供稿）

经 济 学

第二十六届中国资本市场论坛 1月8日，第二十六届（2022年度）中国资本市场论坛举办。本次论坛由中国人民大学中国资本市场研究院、国融证券股份有限公司共同主办，中国人民大学财政金融学院、重阳金融研究院、《应用经济学评论》编辑部特别支持。论坛主题为“中国资本市场：新理念、新生态、新格局”。中央国家机关、高校、研究机构等相关单位负责人和专家学者，以及业界嘉宾和媒体记者与会。

开幕式环节，中国人民大学校长刘伟作开幕致辞，国融证券股份有限公司董事长侯守法致辞，中国人民大学中国资本市场研究院院长吴晓球作主题报告。中国人民大学财政金融学院院长庄毓敏主持开幕式与主题报告环节。

（中国人民大学供稿）

北京大学首都发展新年论坛（2022） 1月8日，北京大学首都发展新年论坛（2022）举行。第七届北京大学首都发展新年论坛由北京大学首都发展研究院主办，是首都与京津冀协同发展领域的重要学术交流平台。2022年论坛主题为“构建新发展格局与京津冀协同发展”，会上发布了《京津冀协同发展报告2022》和《京津冀协同创新指数（2021）》，总结了京津冀协同发展与治理的成效，对谋划京津冀区域协同发展具有重要参考价值。主旨报告环节专家学者们分别就京津冀的绿色创新、协同发展新进展、区域研究进展、绿色转型以及双循环背景下都市圈建设的理论与实践探索等主题分享了自己的见解。针对首都圈建设，学者们分别针对关于现代化都市圈建设中几个误区、现代化首都都市圈空间协同治理、“十四五”时期北京老旧小区改造政策研究创新、中国首都圈挑战与应对以及进一步加强现代化首都都市圈建设分享了各自的研究成果。

（北京市经济学总会供稿）

中国企业ESG披露标准专家研讨会 1月9日，中国企业ESG披露标准专家研讨会在首都经济贸易大学举行。本次研讨会是首都经济贸易大学中国ESG研究院中国企业ESG披露标准“1+N”体系的首次亮相。研究院理事长、第一创业监事会主席钱龙海出席会议并讲话，国务院国资委研究中心、中国质量万里行促进会、中国计量测试学会等政府部门和行业协会相关专家领导，中国标准科技集团有限公司、北京国有资本管理有限公司、北京首都创业集团有限公司等企业相关负责人，首都经济贸易大学中国ESG研究院执行院长柳学信，以及首都经济贸易大学、北京工商大学的专家学者参加研讨。会议将根据各界专家对ESG领域的信息交流、经验分享，进一步完善披露标准的建设工作。

（首都经济贸易大学供稿）

2022“一带一路”经济与环境合作论坛 1月10日，2022“一带一路”经济与环境合作论坛在京召开。论坛以“‘一带一路’绿色发展合作新格局、新机遇、新未来”为主题，由中华环保联合会主办，中华环保联合会“一带一路”生态产业合作工作委员会、北京世环生态科技发展研究院、大运长河生态文化中心承办。生态环境部副部长赵英民在主旨报告中指出，共建“一带一路”绿色发展取得积极进展，理念引领不断增强，交流机制不断完善，务实合作不断深化，主要体现在以下四个方面：一是“一带一路”绿色发展政策引领不断强化；二是“一带一路”绿色发展伙伴关系不断深化；三是海外建设项目的生态环境管理不断加强；四是与共建国家能力建设合作力度不断提升。

（北京市经济学总会供稿）

首届“会计诚信与高质量发展”论坛 北京国家会计学院联合财政部、中国注册会计师协会等日前在京举办首届“会计诚信与高质量发展”论坛。与会嘉宾认为，近年来我国会计法律制度体系建设成效显著，会计诚信建设取得长足进步，但当前会计诚信建设也面临诸多挑战。与会嘉宾呼吁，相关部门和机构要齐抓共管、协同发力，通过加大信用信息共享力度，推广信用承诺制，加强诚信宣传教育，完善信用监管机制特别是加大对涉嫌财务造假、欺诈行为、操纵并购、规避退市等风险领域的检查力度等手段，进一步加强会计领域诚信建设。

（摘自《人民日报》2022年1月10日第18版）

2022年财政投融资新年论坛 1月14日，由中央财经大学中财－中证鹏元地方财政投融资研究所、中国财政发展协同创新中心主办的2022年财政投融资新年论坛在线举办，年会主题为“财政投融资与2022年经济增长”。来自中央财经大学、北京师范大学、中财－中证鹏元地方财政投融资研究所、中证鹏元资信评估有限公司的近30位专家学者参加了论坛。

中央财经大学副校长马海涛致辞，中央财经大学财政税务学院院长白彦锋作主题发言。与会专家就“财政政策和货币政策协调联动”“实现共同富裕过程中的社会心理问题”“政策发力与中小企业发展”等问题进行了发言和探讨，分析了2022年经济增长与政府财政投融资政策的选择问题，认为2022年的经济形势更加严峻，稳增长的压力和难度都有所增加，合理控制新增政府债务和防范隐性债务风险是急需研究重大问题。

（中央财经大学供稿）

第十五届首都圈发展高层论坛 1月15日，由首都经济贸易大学主办，特大城市经济社会发展研究院、特大城市经济社会发展研究省部协同创新中心、京津冀大数据研究中心、京津冀研究中心承办的“2021首都圈发展高层论坛——数字经济助推区域协同发展”在京举行。首都经济贸易大学党委常委、副校长王永贵出席论坛并致辞。

国际欧亚科学院院士、中国社会科学院生态文明研究所党委书记杨开忠，中国人民大学应用经济学院教授、全国经济地理研究会原会长孙久文，北京市社会科学院党组副书记、院长朱柏成，北京市发展和改革委员会党组成员、一级巡视员、北京市推进京津冀协同发展领导小组办公室副主任刘伯正分别作主题演讲。北京大学首都发展研究院院长李国平、南开大学经济与社会发展研究院院长刘秉镰、河北经贸大学副校长武义青、首经贸特大城市经济社会发展研究院执行副院长叶堂林分别就“从协同创新指数变化看如何提升京津冀协同创新水平”“数字经济下的区域协调”“京津冀绿色低碳发展实证分析”“北京打造数字标杆城市存在的问题与对策研究”进行发言。

（首都经济贸易大学供稿）

2022·财经战略年会 2月8日，由中国社会科学院财经战略研究院主办的2022·财经战略年会在京召开（线上）。会议研讨的主要议题有“财政税收”“国内贸易”“国际贸易”“服务业高质量发展”“金融与宏观经济”“财经期刊建设”等。

中国社会科学院副院长、党组成员高培勇，十三届全国人大常务委员会委员、全国人大社会建设委员会副主任委员江小涓，国务院发展研究中心原副主任卢中原，中国社会科学院经济研究所所长黄群慧，中国社会科学院财经战略研究院院长何德旭，中国信息通信研究院院长余晓晖，中国人民大学经济学院院长刘守英等著名专家在主会场发表演讲。中国社会科学院财经战略研究院副院长夏杰长主持会议，中国社会科学院财经战略研究院副院长杨志勇作评议发言。

来自有关部门研究机构、国务院发展研究中心、中国社会科学院以及高等院校的专家学者等100余人参加会议。

（中国社会科学院供稿）

5G高质量发展支撑农业现代化和乡村振兴研讨会 2月23日，中国社会科学院中小企业研究中心、中国社会科学院工业经济研究所数字乡村课题组在京举办了5G高质量发展支撑农业现代化和乡村振兴研讨会。会议邀请农业农村部经济研究中心、中国农业大学、北京林业大学、农业农村部信息中心以及阿里研究院等的研究人员和企业专家参加会议。会议研主题为“数字乡村建设的战略要点以及5G支撑农业现代化和乡村振兴的战略要点”。

中国农业大学信息与电气工程学院教授李道亮，北京林业大学信息学院教授吴保国，阿里研究院高级专家、阿里新乡村研究中心秘书长左臣明，农业农村部农村经济研究中心副处长、副研究员吴天龙，农业农村部信息中心高级工程师尹国伟，中国社科院院农发所副研究员崔凯等分别发言。

会议认为，数字乡村是支撑农业现代化和乡村振兴的重要战略支点，5G是数字乡村的核心和关键，要充分发挥我国5G技术和产业优势，强化投融资体制、数字治理体制建设，加快5G赋能数字乡村建设步伐。

（中国社会科学院供稿）

新发展格局下中国对外开放与经济安全研讨会 3月19日，由北京师范大学经济与工商管理学院、首都经济贸易大学经济学院、首都经济贸易大学国家经济安全研究中心共同举办的“新发展格局下中国对外开放与经济安全”线上研讨会召开。来自国务院发展研究中心、中国社会科学院、国务院国资委研究中心、自然资源部油气战略研究中心、复旦大学、北京师范大学、中央财经大学、北京林业大学、首都经济贸易大学、国际关系学院、人民论坛网、光明网、中银证券等的政产学界专家应邀出席。

与会专家从不同角度阐述了新国际国内环境下在对外开放中国家经济安全的重要意义、路径，并建议：一是在高水平开放中实现经济安全。在宏观层面，在新发展格局下通过高水平自立自强推动实现高质量国内国际双循环。二是分析了经济安全的现状及面临的内外挑战。当今世界秩序在重构过程中，外部环境恶化。三是针对开放中经济安全问题的具体应对措施。在政策导向上，应继续坚持高水平的对外开放，不断拓宽国际合作路径，持续拓展基于“一带一路”、RCEP等国际合作的范围，在开放中探索维护安全的有效途径。

（首都经济贸易大学供稿）

2022年中美农业圆桌会议 4月8日，以“乡村振兴与气候变化”为主题的2022年中美农业圆桌会议——智库对话会在京以线上线下相结合的方式召开。会议由中国社会科学院农村发展研究所、中国社会科学院国际合作局、美国腹地中国协会主办，中国生态经济学学会、中国国外农业经济研究会承办。

会议由中国社会科学院国际合作局局长王镭主持开幕式环节，中国社会科学院国际合作局副局长廖凡主持学术报告环节。世界粮食奖基金会荣退主席、美国驻柬埔寨前大使肯尼思·奎因，中国社会科学院农村发展研究所所长、研究员魏后凯出席并致辞。来自中国社会科学院农村发展研究所、生态文明研究所、中国农业科学院等中美研究机构的专家学者参会。

学术报告环节，美国农民和牧场主联盟首席执行官艾琳·菲茨杰拉德，中国社会科学院农村发展研究所前所长、研究员李周，美国康奈尔大学戴森应用经济与管理学院副教授、《美国农业经济学杂志》副主编阿里尔·波比，中国农业科学院作物科学研究所二级研究员张卫建，美国兰德公司政治学家帕特里夏·斯泰普尔顿五位发言人分别就美国农业绿色发展转型、中国生态系统治理的固碳作用、气候变化与农业生产力、中国气候智慧型作物生产之实践以及新兴技术与农村繁荣等议题进行了发言。

中国社会科学院学部委员，生态文明研究所前所长、研究员潘家华对上述发言进行点评。世界资源研究所食品、森林、水和海洋事务副总裁克雷格·汉森与王镭作总结发言。

（中国社会科学院供稿）

第四届近代中国财税史青年学者论坛 4月9日，由中央财经大学财政税务学院、粤港澳大湾区（黄埔）

研究院财税研究中心主办，中央财经大学中国财政史研究所承办的第四届近代中国财税史青年学者论坛在线上举行。来自中国社会科学院、中国财政科学研究院、北京大学、清华大学、中国人民大学、厦门大学等高校、科研院所及多家编辑部的50余名专家学者参加了会议。

中央财经大学财政税务学院院长白彦锋和西南交通大学财税研究中心主任付志宇分别致开幕辞。论坛由中央财经大学财政税务学院教授马金华与中国社会科学院经济研究所研究员、《中国经济史研究》编辑部主任高超群联合主持。北京大学教授周建波、厦门大学教授张侃、宁波大学教授雷家琼、华中师范大学教授何家伟、商丘师范学院教授岁有生、清华大学教授仲伟民、中国人民大学教授何平分别进行了主题发言。与会专家还就“近代债务”“近代契税”“纸币滥发与物价波动”“党的治税思想内涵”“税收体制与税务干部的培养”等问题进行了探讨。华中师范大学魏文享教授在总结发言中指出：深挖财税历史史实，深研财税历史规律，是理解近代中国国家治理的重要路径。

（中央财经大学供稿）

“推进农村金融数字化转型　助力普惠金融高质量发展”学术研讨会　4月9日，由北京工商大学主办、北京工商大学数字金融研究中心和北京工商大学区域金融工程研究中心联合承办的“推进农村金融数字化转型 助力普惠金融高质量发展”学术研讨会在线上召开，听众近5000人。

本次会议由北京工商大学经济学院副院长张伟、区域金融工程研究中心主任杨德勇和数字金融研究中心主任张正平主持，北京工商大学经济学院院长倪国华教授到会致辞。北京工商大学金融学科负责人杨德勇教授、中国人民大学农业与农村发展学院马九杰教授、湖南大学金融与统计学院副院长王修华教授、华中农业大学经济管理学院刘西川教授等专家以及招联金融首席研究员董希淼、农商银行发展联合会执行副理事长吴红军、天津滨海农村商业银行科技部总经理唐志刚等业界专家发表了演讲。

（北京工商大学供稿）

国家高端智库论坛暨2021年经济形势座谈会　4月20—22日，中国社会科学院国家高端智库论坛暨2021年经济形势座谈会在京举行。中国社会科学院院长、党组书记、学部主席团主席谢伏瞻，副院长、党组成员高培勇，中央纪委国家监委驻中国社会科学院纪检监察组组长、党组成员杨笑山，副院长、党组成员王灵桂，秘书长、党组成员赵奇，国家高端智库首席专家、学部主席团秘书长蔡昉，经济学部主任、国家金融与发展实验室理事长李扬出席会议。会议研讨的主要议题有“‘十四五’与中国变局”“迈向‘碳中和’”“财政与金融”“经济发展新动能”等。

来自中国社会科学院经济学部的专家学者参加会议。会议由中国社会科学院经济学部、科研局、智库建设协调办公室主办，中国社会科学院金融研究所、国家金融与发展实验室承办，中国社会科学出版社、社会科学文献出版社、经济管理出版社支持。

（中国社会科学院供稿）

“世界贸易体系变革：机遇与挑战”国际研讨会　5月18日，“世界贸易体系变革：机遇与挑战”国际研讨会在线上召开。会议由中国社会科学院和新西兰惠灵顿维多利亚大学主办，由中国社会科学院世界经济与政治研究所、中国社会科学院国际合作局和新西兰当代中国研究中心承办。中国社会科学院世界经济与政治研究所副所长张斌主持会议。中国社会科学院学部委员、中国社会科学院世界经济与政治研究所所长、中国世界经济学会会长张宇燕和惠灵顿维多利亚大学教授、新西兰当代中国研究中心创始主任黄晓明（Xiaoming Huang）分别致辞。新西兰惠灵顿维多利亚大学战略伙伴关系与联络处处长丽贝卡·尼达姆女士（Rebecca Needham）和中国社会科学院世界经济与政治研究所国际贸易研究室主任东艳作总结发言。会议研讨的主要议题有“世界贸易组织改革”“亚太区域经济一体化”“中国新西兰双边经贸合作”等。

（中国社会科学院供稿）

第三届中国宏观经济学者论坛　5月28日，由中央财经大学经济学院和经济研究杂志社联合主办的第三届中国宏观经济学者论坛在线上召开。论坛旨在进一步推动中国宏观经济学领域的研究，促进中国特色宏观经济学学科体系和学术体系建设，加强中国宏观经济学者间的交流。

中央财经大学校长王瑶琪、中国社会科学院经济研究所所长黄群慧与会致辞。中国社会科学院经济研究所所长黄群慧、中国社会科学院经济政策研究中心主任郭克莎、北京工商大学副校长龚六堂、中国人民大学研究生院常务副院长陈彦斌、中央财经大学经济学院院长陈斌开分别发表主旨演讲。与会学者分别就宏观增长、高质量发展、开放宏观、宏观金融、货币政策与经济金融周期等领域进行论文汇报与点评。

（中央财经大学供稿）

2022金融可持续发展论坛　6月5日，由中央财经大学金融学院、财经研究院主办的“2022金融可持续发展论坛”在线上召开。中央财经大学副校长史建平参加论坛并在开幕式上致辞，中国科学院大学经济与管理学院院长洪永淼、北京工商大学副校长龚六堂作主旨演讲。来自全国20多所著名高校和科研院所的40多位专家学者参加论坛并发言，参会观众超过4000人。

中国系统工程学会理事长杨晓光、南方科技大学金融系讲席李仲飞、对外经济贸易大学副校长吴卫星、东北财经大学副校长齐鹰飞、海南大学副校长叶光亮、中国人民大学研究生院常务副院长陈彦斌以、北京大学深圳研究生院副院长王鹏飞、上海财经大学金融学院党委书记刘莉亚、湘潭大学商学院院长楚尔鸣、首都经济贸易大学国际经济管理学院院长李鲲鹏、复旦大学经济学院王永钦、厦门大学经济学院副院长郭晔、中央财经大学财经研究院院长林光彬、中央财经大学研究生院院长张学勇分别就“新形势下的经济可持续发展”“新发展理念下的金融政策与创新”“环境风险与银行决策”“绿色经济与绿色金融”“数字经济与金融科技”等问题进行了深入探讨。

（中央财经大学供稿）

首届金融支持与乡村振兴高端论坛　6月24日，首届金融支持与乡村振兴高端论坛于线上召开。论坛由中国区域经济学会金融专业委员会与中国扶贫发展中心乡村振兴智库平台联合主办，由北京工商大学区域金融工程研究中心、北京市区域经济学会、北京工商大学乡村振兴产融结合研究院、北京工商大学数字金融研究中心承办。北京工商大学副校长龚六堂出席论坛。北京工商大学经济学院党委书记吕素香，副院长张伟，学校区域金融工程研究中心主任、中国区域经济学会区域金融专委会主任杨德勇，学校数字金融研究中心主任张正平及师生听众100余人线上参会。论坛由北京工商大学经济学院院长倪国华主持。

论坛邀请国务院发展研究中心段炳德，农业发展银行研究院副院长王吉献，国家金融与发展实验室、中国人民大学国际货币研究院所特聘研究员朱太辉，浙江网商银行县域金融部总经理高翔，烟台金融服务股份有限公司董事长王可泉，中国农业大学经济管理学院教授、农村金融与投资研究中心主任何广文出席。研讨环节，与会专家围绕“金融支持乡村振兴的实践探索”“地方政府如何用好金融支持乡村振兴”两个主题进行讨论交流。

（北京工商大学供稿）

我国省级以下财政体制改革研讨会　6月25日，由中央财经大学中财－中证鹏元地方财政投融资研究所、中央财经大学财政税务学院、中国财政发展协同创新研究中心、中央财经大学粤港澳大湾区研究院财税研究中心主办的我国省级以下财政体制改革研讨会在线上举办。来自中国社会科学院、中国财政科学研究院、厦门国家会计学院、中国人民大学、辽宁大学、山东财经大学、中南财经政法大学、中央财经大学以及中证鹏元资信评估股份有限公司的专家学者以及社会各界人士7200多人通过腾讯会议、百度直播参加了研讨会。

会议由中央财经大学财政税务学院院长白彦锋主持，中央财经大学副校长马海涛致辞。厦门国家会计学院副院长郑涌、中国社会科学院财经战略研究院副院长杨志勇、中国财政科学研究院副院长傅志华、中国人民大学财政系主任吕冰洋、辽宁大学地方财政研究院院长王振宇、山东财经大学财税学院院长李森、中南财经政法大学财税学院教授胡洪曙等分别对《关于进一步推进省以下财政体制改革工作的指导意见》进行了深入的分析和阐释，认为加强地方政府债务管理需要落实省级党委政府总负责，省级财政部门加强专项管理，缓解基层财政收支的不匹配，控制和防范区县级的债务风险。

（中央财经大学供稿）

首届劳动与民生论坛——“稳经济、保就业”夏季论坛　7月2日，由首都经济贸易大学劳动经济学院、北京市经济社会发展政策研究基地主办，首都经济贸易大学科研处、《人口与经济》编辑部、首都经济贸易大学中国新就业形态研究中心协办的首届劳动与民生论坛——“稳经济、保就业”夏季论坛在线上举办。本次论坛会聚了国内众多知名高校、科研院所的专家学者，以“稳经济、保就业”为主题，着重探讨了中小企业的就业景气程度、积极就业政策、劳动力供求形势、青年人和大学生就业、城市群劳动力集聚的空间经济效益等方面的问题。近2000名来自各高校、学术科研机构等单位的相关人员在线参会。

本届论坛共设置了三个主旨综合论坛和两个主旨专题论坛。在主旨综合论坛上，六位专家围绕“稳经济、保就业”主题作主旨报告。此外，还有十余名专家学者分别在主旨综合论坛和主旨专题论坛上进行了发言。

（首都经济贸易大学供稿）

中国经济学思想与理论研讨会（2022） 7月9日，中国经济学思想与理论研讨会（2022）在北京工商大学举办。研讨会由经济研究杂志社、北京工商大学、中国人民大学国家经济学教材建设重点研究基地和香樟经济学术平台主办。会议采取线上线下相结合的方式进行，共40余家单位逾千名师生参加。会议研讨的主要议题有“创新与共享相结合的经济学思考”“如何讲好区域发展的中国故事”“构建中国特色的经济学理论体系”“数字化背景下经济与贸易的发展与思考”等。

北京工商大学党委书记黄先开出席开幕式并致辞。中国社会科学院经济研究所所长、《经济研究》主编黄群慧在开幕式上发言。

主旨演讲环节，全国人大农业与农村委员会副主任委员、中国社会科学院学部主席团秘书长蔡昉，国务院发展研究中心发展战略和区域经济研究部研究员李善同、山西大学校长黄桂田、对外经济贸易大学副校长洪俊杰、北京工商大学副校长龚六堂、中国人民大学国家经济学教材建设重点研究基地执行主任陈彦斌分别作专题报告。

研讨会八个分论坛以线上形式开展论文汇报与研讨，分会场主题涵盖“中国特色社会主义政治经济学”“中国特色发展经济学的思想与理论贡献”“经济高质量发展理论与政策”“数字经济”“市场改革与企业发展”“经济思想史”等。研讨会收到境内外高校及科研机构学者110篇来稿，经专家评选，其中33篇论文入选。逾千名学者、师生线上参加分论坛，听取论文汇报。

（中国社会科学院供稿）

第十七届京商论坛暨第九届北京国际商贸中心研究基地学术论坛 7月17日，由北京财贸职业学院、北京商业经济学会、北京国际商贸中心研究基地主办的第十七届京商论坛暨第九届北京国际商贸中心研究基地学术论坛在京举行。

参加本次论坛的有商务部原党组成员、部长助理、中国商业经济学会名誉会长黄海，中国商业经济学会会长马龙龙，中国商业联合会副会长傅龙成，中华供销合作总社研究室副主任陈安宁，中商商业研究中心主任姚力鸣，北京商业经济学会会长王成荣，北京财贸职业学院研究员、北京国际商贸中心研究基地首席专家赖阳，北京幸福列车科技发展有限公司总裁（CEO）、中晟金泰实业集团有限责任公司副总裁纪丕宾，新农人促进会会长、奕人科技创始人兼CEO张启亮，中国商业经济学会消费研究院研究员李亚琼，阿里研究院新消费研究中心主任吕志彬，阿里巴巴数字乡村事业部总裁助理窦伟，中国商业经济学会回晓、王洋洋、郭全威、何浩淼。会议由中国商业经济学会消费研究院院长刘普合主持，采取线上线下相结合的方式进行。

本届论坛围绕“县域流通体系建设”的理论和实践问题，进行了深入交流，为新发展格局下商业服务业的创新发展提供了思路和对策。与会专家一致认为，在新发展格局下，加强县域流通体系建设是十分重要和迫切的。针对当前县域流通体系中存在的问题，专家们进行了分析和研讨，提出了一些建议。

（北京财贸职业学院供稿）

数字贸易研讨会 7月28日，由中国社会科学院国家全球战略智库举办，中国社会科学院世界经济与政治研究所国际贸易室承办的数字贸易研讨会以线上线下结合的方式召开。中国社会科学院世界经济与政治研究所国际贸易室主任东艳研究员主持会议。

中国国际进口博览局财务总监马凤民，中国社会科学院世界经济与政治研究所所长、国家全球战略智库理事长张宇燕研究员作总结发言。浙江大学中国数字贸易研究院院长马述忠教授、南开大学经济学院院长盛斌教授、商务部国际贸易经济合作研究院国际服务贸易研究所所长李俊研究员、对外经济贸易大学中国世贸组织研究院教授周念利、上海对外经贸大学数字贸易研究院执行院长李墨丝教授、中国社会科学院数量经济与技术研究所研究室主任蔡跃洲研究员等参与会议研讨。中国国际进口博览局、山东财经大学、辽宁大学、中国社会科学院大学等的多位青年学者也参加了研讨会。

（中国社会科学院供稿）

“劳动经济学视角下的共同富裕”学者论坛　7月30日，中国劳动关系学院采用线上线下相结合的方式在京举办了“劳动经济学视角下的共同富裕”学者论坛。中国人民大学曾湘泉教授、浙江大学李实教授、中国经济体制改革杂志社副总编辑刘学军研究员、北京师范大学万海远教授、中国劳动关系学院校长傅德印教授出席论坛，来自中国劳动关系学院的百余名师生参加论坛。

本次论坛包括“专家主旨发言”和“青年学者论坛”两个环节，第一环节由中国劳动关系学院党委常委、科研处处长燕晓飞教授主持，第二环节由经济管理学院执行院长谢琦教授主持。与会专家分别就“变化中的中国劳动力市场：挑战、趋势及展望”“共同富裕与收入分配”“调节财富分配 促进共同富裕”“缩小工资差距，实现共同富裕”等内容进行发言交流。

（中国劳动关系学院供稿）

中国林牧渔业经济学会2022年年会暨大食物安全与林牧渔业现代化研讨会　8月13—14日，由中国林牧渔业经济学会和中国社会科学院农村发展研究所主办，由中国林牧渔业经济学会养猪经济专业委员会、中国林牧渔业经济学会畜牧业经济专业委员会、兰州大学中国草业发展战略研究中心共同承办的中国林牧渔业经济学会2022年年会暨大食物安全与林牧渔业现代化研讨会举办。会议采取现场会议和线上直播相结合的方式举办。来自全国的各级林牧渔业主管部门负责人、高校及科研院所专家学者、期刊媒体及相关企业负责人参加会议。

会议开幕式由中国林牧渔业经济学会秘书长刘长全主持。中国农业大学原校长柯炳生教授、魏后凯会长、国务院发展研究中心农村经济研究部部长叶兴庆研究员、农业农村部农村经济研究中心副主任陈洁研究员、中国人民大学农业与农村发展学院张利庠教授出席现场会议并分别作了《用大食物观落实国家粮食安全战略》《林牧渔业实现由大变强的战略思考》《新发展阶段农产品供给保障优先顺序问题》《践行大食物观，推动渔业多重价值实现和现代化发展》《大食物观与个性营养深度融合的农业5.0趋势》等主旨报告。

来自科研院校的学者、企业界的专家及在校博士生共35人分别围绕会议主题作了主题报告，研讨的主要议题有“生猪产业高质量发展”“生猪价格周期波动”“畜牧养殖规模与效率”“粗饲料与口粮供给”“草原生态保护”等。

（中国社会科学院供稿）

2022年北京产业经济学会、北京区域经济学会研讨会　8月28日，北京产业经济学会、北京区域经济学会共同主办的2022年北京产业经济学会、北京区域经济学会研讨会在京召开。中国社会科学院学部委员、中国区域经济学会会长、北京产业经济学会第二届名誉会长金碚研究员，北京师范大学经济与工商管理学院院长、北京产业经济学会第二届学术委员会主任戚聿东教授分别发表主题演讲。

研讨会由经济管理出版社社长、中国社会科学院工业经济研究所杨世伟研究员主持。来自中央民族大学、首都经济贸易大学、北京工商大学、中国社会科学院、北京师范大学、中央财经大学、北京交通大学、北京物资学院、管理世界杂志社、经济管理出版社等单位的会员和专家学者围绕产业经济发展、数字经济发展等主题展开研讨。

会议提出要用社会企业平衡中国国情下企业、政府和社会组织的关系，并根据中国数字经济的运行特征及发展态势、数字经济时代的企业变革现状，为数字时代下经济学管理学的发展提出了新方向，为产业经济的研究提出了新思考。

（北京产业经济学会供稿）

跨国公司视角下的服务贸易便利化高峰论坛　9月1日，由国务院发展研究中心和北京市人民政府联合主办的2022年中国国际服务贸易交易会·跨国公司视角下的服务贸易便利化高峰论坛在京召开。论坛以“共享服务贸易发展机遇 共促世界经济复苏增长”为主题，围绕加快服务贸易便利化等相关话题，开展深入解读与对话。国务院发展研究中心党组成员、副主任余斌，北京市委副书记殷勇，新开发银行行长马可，世界银行中国、蒙古和韩国局局长华玛雅等发表致辞暨主旨演讲。中央国家机关、地方政府部门、国家高端智库、国际组织与机构、世界500强企业等有关人员等约200人参加本次论坛。

中国国际经济交流中心副理事长、国务院发展研究中心原副主任王一鸣，高通公司全球高级副总裁、技术许可业务中国区总经理钱堃，走出去智库联合创始人吕立山，汇丰银行（中国）有限公司副董事长、行长兼行政总裁王云峰作了主题演讲。中国宏观经济研究院副院长毕吉耀，标普全球中国区主席、标普信评首席执行官黄直，AECOM中国区副总裁梁钦东，毕马威中国董事江立勤围绕“跨国公司视角下的服务贸易便利化：制度创新与营商环境”主题开展了战略对话。论坛还重点发布了研究成果《以消费为主导 有效扩大和更好满足内需》，中国社会科学院财经战略研究院副院长夏杰长作了点评和研讨。

（国务院发展研究中心供稿）

服务贸易开放发展新趋势高峰论坛 9月1日，由商务部、国务院发展研究中心和北京市人民政府联合主办的2022年中国国际服务贸易交易会·服务贸易开放发展新趋势高峰论坛在京召开。论坛以“以高水平开放 加速构建新发展格局”为主题，开展系统深入的对话与研讨。国务院发展研究中心党组成员、副主任（正部长级）王安顺，北京市人民政府市长陈吉宁，商务部党组副书记、国际贸易谈判代表（正部长级）兼副部长王受文，世界贸易组织副总干事张向晨，经济合作与发展组织副秘书长克努森发表致辞暨主旨演讲。中央国家机关、地方政府部门、国际组织机构、世界500强企业等的共200余人参加。

德勤中国副主席施能自，招商局集团有限公司总经理胡建华，中国国际经济贸易仲裁委员会副主任兼秘书长王承杰，安永大中华区战略与发展主管合伙人谢佳扬等围绕“数字技术与服务贸易”主题开展了战略对话。论坛还重点发布了《中国服务贸易发展报告2021》《数字贸易发展与合作报告2022》等成果，南开大学原副校长、中国世界经济学会副会长佟家栋作了点评和研讨。

（国务院发展研究中心供稿）

第十六届国际服务贸易论坛 9月3日，北京第二外国语学院与中国国际贸易学会共同主办的中国国际服务贸易交易会·第十六届国际服务贸易论坛在京举行。本次论坛主题为“经济韧性与全球合作：数字时代的服务贸易”。首都国际交往中心研究院名誉院长、中国奥委会名誉主席刘鹏，中国国际贸易学会会长金旭，商务部服务贸易和商贸服务业司副司长王志华，匈牙利驻华使馆文化与教育参赞、匈牙利国家文化中心主任艾登，北京第二外国语学院院长计金标教授以及来自联合国教科文组织、联合国贸发会议、世界知识产权组织等的代表及各界嘉宾共150余人线上线下出席了本次论坛。

中外各界专家、学者聚焦“经济韧性支撑全球服务贸易发展”“数字经济时代服务贸易竞争与合作”等热点议题展开研讨。

论坛首发《中国国际服务贸易发展报告2022》《中国国际文化贸易发展报告2022》《首都文化贸易发展报告2022》三部蓝皮书，《数字创意产业全球价值链研究》《多语种语料库的应用价值研究》两部数字产业创新研究丛书。同时，2022年全国服务贸易专题征文在论坛发布了一等奖1篇，二等奖3篇，三等奖10篇，优秀奖6篇的获奖名单。

（北京第二外国语学院供稿）

中华外国经济学说研究会第30届年会 9月4日，中华外国经济学说研究会第30届年会在线上召开。本届年会由中华外国经济学说研究会和四川大学共同主办，中国社会科学院经济社会发展研究中心、四川大学经济学院、四川大学中国特色社会主义政治经济学研究中心共同承办。程恩富会长致开幕词，他指出，本届年会是以马克思主义及其中国化理论为指导，以外国经济学说与当代中外经济为主题，将深入研讨外国经济学说发展、西方经济学的新进展，中外经济形势的新变化，马克思主义经济理论和西方经济理论的比较等问题。结合当前世界经济形势，应着重加强四方面研究：一是加强外国经济理论和国际经济局势的研究；二是加强世纪新冠疫情对各国和全球经济社会发展影响的研究；三是加强对外国非主流经济学的研究；四是加强对外国经济学说、西方经济学和当代资本主义经济的研究。

（北京外国经济学说研究会供稿）

2022北京国际合作论坛暨CBD论坛 9月6日，

2022 北京国际合作论坛暨 CBD 论坛在京举办，本届论坛以“深度融入全球合作，提升城市开放活力”为主题，重点聚焦新格局下国际合作和新时期首都发展，围绕“后疫情时代城市治理与国际合作”“金融赋能树立国际合作新典范”“国际合作推动产业可持续发展”等话题开展主旨演讲，为推进北京高水平对外开放注入新活力。

（北京市经济学总会供稿）

第四届可持续发展年会（2022）　10 月 22—23 日，由中国人民大学应用经济学院、国家发展与战略研究院联合中国人民大学双碳研究院、和平与发展经济学研究所举办了第四届可持续发展年会（2022）。本次年会聚焦 SDG 建设从脱贫攻坚到乡村振兴的新阶段。大会邀请了来自亚洲开发银行、哈佛大学、香港科技大学、新墨西哥州立大学、西蒙菲莎大学、西南财经大学、中国人民大学等多所高校和研究机构在可持续发展领域的顶尖学者以及领导和参与了我国脱贫攻坚伟大实践的一线工作者。他们通过主题报告的形式，展示了关于减贫、乡村振兴以及可持续发展的最新科研成果和实践智慧。

（北京外国经济学说研究会供稿）

2022（第十九届）北大赛瑟（CCISSR）论坛　10 月 28—29 日，由北京大学经济学院和北京大学中国保险与社会保障研究中心（CCISSR）主办的北大赛瑟（CCISSR）论坛 · 2022（第十九届）以“线下 + 线上”方式在京举行。论坛设开幕式和专题学术两部分。

专题学术论坛分为两个阶段，共设有六个分论坛。学术分论坛的主题分别为“保险与经济社会”“保险业务经营”“长期护理保险”“老龄化与养老保险”“健康保险”“保险与共同富裕”。来自高等院校、科研院所和业界的 20 余篇入选论文的作者在学术分论坛上分享了自己的论文，20 余位参会代表对论文进行了评议，大家就相关问题进行了交流和讨论。

（北京外国经济学说研究会供稿）

2022 年中国区域经济学会年会暨新时代区域协调发展与共同富裕学术研讨会　10 月 30 日，2022 年中国区域经济学会年会暨新时代区域协调发展与共同富裕学术研讨会召开。会议采用线上形式举行。年会是由中国区域经济学会、中国地质大学（武汉）共同主办，中国地质大学（武汉）经济管理学院、中国区域经济学会区域创新专业委员会、中国地质大学（武汉）区域经济与投资环境研究中心、湖北省区域创新能力监测与分析软科学研究基地承办，中国社会科学院西部发展研究中心和区域经济评论杂志社协办。来自中国社会科学院、国务院发展研究中心、北京大学、复旦大学、武汉大学等国内 60 多个机构的 1100 多名专家学者参加会议。

中国区域经济学会副会长、中国社会科学院工业经济研究所副所长张其仔和中国地质大学（武汉）党委副书记成金华分别代表主办单位致欢迎辞。会议由中国区域经济学会副会长兼秘书长陈耀研究员主持。年会分为两场大会主题发言和“区域协调发展”“乡村振兴与共同富裕”“绿色低碳经济与节能减排”“数字经济与区域创新”“现代化产业体系建设”五个平行论坛。

（中国社会科学院供稿）

中国式现代化：城市群高质量发展论坛　11 月 4 日，由北京市科学技术研究院主办、中国城市发展研究会城市研究所等机构承办的中国式现代化：城市群高质量发展论坛在京举行。开幕式致辞中，学者们探讨了中心城市、城市群以及区域经济高质量发展的重要意义。

主旨报告环节中，贾品荣发布了《中国三大城市群高质量发展及其影响力报告》，提出了城市群高质量发展的“1+6+5”战略。专家学者们指出要进一步强化城市群作为国家新型城镇化主体的战略引领地位，科学规划城市群内各城市功能定位和产业布局。同时要重视都市圈建设，“因市制宜”制订现代化都市圈规划，引导城市布局优化和都市圈的最终形成。对于京津冀产业高质量协同发展，与会专家认为还须完善政府间产业协作联动机制，鼓励重点产业链与主要创新链深度融合发展。

（北京市经济学总会供稿）

第十四届《中国农业经济评论》国际食物政策研究所国际学术年会　11 月 5 日，第 14 届《中国农业经济评论》国际食物政策研究所（CAER–IFPRI）国际学术年会开幕。大会主题是“中国农业和农村发展：反思、改革与更新”。《中国农业经济评论》总主编、中国农业大学副校长辛贤教授，中国农大副校长林万龙教授，华中农业大学校长李召虎教授和国际食物政策研究所所长 Johan Swinnen 教授等出席大会。

在北京会场，辛贤代表中国农业大学和《中国农业经济评论》编辑部对所有与会嘉宾、学者表示热烈欢迎，指出本次大会主题紧贴当下全球发展多维挑战并存的时代背景，强调疫情之下极端贫困人口急剧增加，全球有近两亿人口正遭受饥饿和营养不良的威胁，而大会的召开对克服艰难局面、建设共享经济具有重要意义。

Johan Swinnen 通过视频线上致辞，指出面对全球多元化挑战，当下正是中国回顾、改革、复兴其对农业和农村发展所作承诺的关键时机。同时，强调中国乃至世界应建立更加高效、更加健康、更加包容、更加可持续、更加有韧性的食物系统，而要实现这一目标，技术创新、体制改革、政策变革是关键。

大会由华中农业大学、中国农业大学、国际食物政策研究所和北京农学院联合主办，在华中农业大学和中国农业大学设立线下双主会场，并进行全网直播。此次会议的收看量达到 4000 余人次。

（中国农业大学供稿）

中国数量经济学会 2022 年（大连）年会 11 月 5—6 日，中国数量经济学会 2022 年（大连）年会以线上线下相结合的形式举行，线下设置北京和大连两个会场。本次年会由中国数量经济学会和东北财经大学联合主办，东北财经大学经济学院承办，中国社会科学院宏观经济研究智库、《数量经济技术经济研究》杂志社和《中国经济学》杂志社协办，来自中国社会科学院等科研院所以及清华大学、北京大学、中国人民大学、吉林大学等院校的 2000 多位专家学者在线参会，参会规模累计达到 14378 人次。

年会开幕式由中国社会科学院数量经济与技术经济研究所党委书记李海舰研究员主持。东北财经大学党委书记肖兴志教授和中国数量经济学会会长李雪松研究员分别致辞。会议的主题是“新时代新征程的中国经济高质量发展”。

主旨报告环节，中国社会科学院蔡昉，辽宁大学余淼杰、北京工商大学龚六堂，浙江大学陈松年、南京大学郑江淮、北京大学黄炜、清华大学陆毅等先后发言。

年会共收到投稿论文 1002 篇，创历史新高。年会邀请 66 位优秀的中青年学者参与了分论坛的主持和论文点评工作。

（中国社会科学院供稿）

经济结构转型全球研究联盟（GReCEST）2022 年年会 11 月 14—16 日，由北京大学新结构经济学研究院主办的第四届“经济结构转型全球研究联盟”（Global Research Consortium on Economic Structural Transformation, GReCEST）年会于线上举办。来自全球的 50 多位高校学者、智库专家和政策实践者与会，共同探讨了发展中国家经济结构转型这一重要议题。年会共有三场专题研讨会，分别是“包容性和可持续工业化”、“创新和转型变革”以及“发展融资”。数十位学者和专家围绕相关议题报告了研究成果并展开讨论。

GReCEST 由北京大学新结构经济学研究院发起，拥有来自全球的 36 名成员，该智库联盟由联合国开发计划署（UNDP）和联合国南南合作办公室（UNOSSC）共同召集。GReCEST 致力于培养知识伙伴关系，提供原创智力成果和促进创新实践，努力帮助发展中国家实现经济结构转型。

（北京大学供稿）

北京农业经济学会 2022 学术年会暨乡村振兴与共同富裕学术研讨会 11 月 19 日，北京农业经济学会主办，中国农业经济学会青年（工作）委员会、中国农业技术经济学会青年学者委员会、中国农村发展学会青年工作专业委员会共同协办，北京农学院经济管理学院、中国人民大学农业与农村发展学院、北京乡村振兴研究基地共同承办的北京农业经济学会 2022 学术年会暨乡村振兴与共同富裕学术研讨会在京召开，主题为“乡村振兴与共同富裕”。中央农办、农业农村部乡村振兴咨询委员会委员、原农业部常务副部长尹成杰，北京农学院党委书记赵锋，北京农学院党委常委、副院长段留生，北京市农业农村局总农艺师程晓仙，北京大学新农村发展研究院院长、发展中国家科学院院士黄季焜，美国俄亥俄州立大学学者胡武阳等出席会议。

中国科学院、中国社科院、中国农业科学院、清华大学、北京大学、中国人民大学、中国农业大学、华中农业大学、北京林业大学、北京农学院等 70 多个单位的 200 多位国内外专家学者参加会议，围绕“三农新任务新要求与绿色发展”“农业经济学研究现状及展望”“北京都市现代农业的高质量发展”

等议题展开研讨。年会设有7个分会场，选取42篇优秀投稿进行专题学术交流，12名学者获得“周诚农业经济学奖”。

（北京农学院供稿）

第二届（2022）银行与金融中介论坛　11月19日，第二届银行与金融中介论坛在线上举行。本届论坛由对外经济贸易大学主办、*International Journal of Finance and Economics*杂志社为学术支持单位、对外经济贸易大学金融学院承办，主题为“金融科技助力商业银行服务经济高质量发展”。来自全国高校和研究机构的40余名专家学者云端相聚，交流银行研究领域的最新学术成果，逾200人次在线共同参与了这场学术盛宴。

对外经济贸易大学金融学院院长邹亚生，*International Journal of Finance and Economics*主编、英国朴茨茅斯大学教授刘嘉，西南财经大学金融学院、中国金融研究院院长王擎，国家金融与发展实验室副主任曾刚等多位嘉宾出席本届论坛并发表主旨演讲。论坛评选出《银企预期分歧、权威媒体报道与企业期限错配》等四篇优秀论文。

（对外经济贸易大学供稿）

第十六届中国经济增长与周期高峰论坛　11月19日，由中国社会科学院经济研究所和首都经济贸易大学主办，首都经济贸易大学经济学院承办，经济研究杂志社、经济学动态杂志社等协办的第十六届中国经济增长与周期高峰论坛暨中国城市生活质量指数发布会在京举行。

论坛的主题为“稳定宏观经济与激发发展活力”，分为主旨发言、报告发布、青年论坛和平行论坛四个部分，以线上线下相结合的方式举行，来自国内外高等院校和科研机构的近百位专家学者与会。

首都经济贸易大学校党委书记韩宪洲、中国社会科学院经济研究所所长黄群慧参会并致辞。黄群慧、中国社会科学院金融研究所所长张晓晶、中国人民大学经济学院一级教授杨瑞龙、首都经济贸易大学副校长王永贵、首都经济贸易大学学术委员会主任杨春学、南京大学经济增长研究院院长沈坤荣、国务院发展研究中心社会和文化发展研究部部长李建伟、中南财经政法大学经济学院院长李小平等专家学者分别作主旨发言，就中国式现代化、经济稳增长、共同富裕、高质量发展等重要问题进行研讨。报告发布环节，中国社会科学院经济研究所与社会科学文献出版社共同发布《宏观经济蓝皮书：中国经济增长报告（2021—2022）——低碳转型与绿色可持续发展》。青年论坛和平行分论坛中，来自北京大学、清华大学、中国人民大学、中国社会科学院、首都经济贸易大学等高等院校和科研机构的多名学者报告了自己的相关研究成果。

（中国社会科学院供稿）

第三届大数据与产业创新国际学术会议　11月20日，由中国政法大学举办的第三届大数据与产业创新国际学术会议在京举行。会议主题为“数字经济发展的机遇与挑战”，来自美国、英国、日本等地区的学者与来自北京大学、清华大学、中国人民大学、北京师范大学、中国社会科学院等多个单位的学者齐聚云端，共同交流、探讨数字经济发展前沿问题。

大会开幕式由中国政法大学商学院副院长刘志雄主持，校党委副书记高浣月与商学院院长商文江参会并致辞。主论坛上，香港大学商学院教授楚军红、日本冈山大学经济学院副教授Xiaojing Cai、美国查普曼大学经济系教授Sougata Poddar、清华大学社会科学学院经济学研究所副所长王勇、北京大学光华管理学院副院长张峥、北京师范大学经济与工商管理学院院长戚聿东、中国社会科学院数量经济与技术经济研究所研究室主任蔡跃洲等围绕互联网健康平台、厄尔尼诺现象和商品价格、许可与专利搁置、构筑数字经济与国家竞争新优势、人工智能与中国经济增长等主题分享了最新研究成果。

此外，大会设有两个分论坛。会议紧紧围绕党的二十大提出的“建设现代化产业体系，坚持把发展经济的着力点放在实体经济上，推进新型工业化，加快建设数字中国”的要求，聚焦数字经济发展的热点问题，涉及绿色经济、数据要素市场、创新型增长、平台反垄断、风险规避、中国式现代化、提高人民获得感等理论和应用研究。

（中国政法大学供稿）

二〇二二金融街论坛年会　11月21日，以“踔厉奋发，共向未来——变局下的经济发展与金融合作”为主题的2022金融街论坛年会在京开幕。“中国经济韧性强、潜力足、回旋余地广”“中国经济长期向好基本面不会改变”……围绕年会主题，与会嘉宾深入讨论、建言献策。

北京市委书记尹力表示，我们要深入贯彻落实党的二十大精神和习近平总书记对北京一系列重要讲话精神，着力发展与大国首都地位相匹配的现代金融业，强化国家金融管理中心功能；增强金融服务实体经济质效，不断为实体经济注入“源头活水”；深化金融改革创新，促进科技、金融和产业良性循环；推动更高水平金融开放，积极参与国际金融治理；防范化解金融风险，维护首都金融安全稳定。

中国人民银行行长易纲表示，今年以来，稳健的货币政策及时加大实施力度，既有力支持了宏观经济大局稳定，又保持了物价形势基本稳定，还兼顾了内外均衡。稳健的货币政策不仅有总量上的支持，也有结构上的特色。人民银行聚焦供给侧结构性的堵点、难点，发挥结构性货币政策作用，持续加强对“三农”、小微企业、民营企业等领域的金融服务。

中国人民银行党委书记、中国银保监会主席郭树清表示，发展多层次、多支柱养老保险体系是改善社会领域供给的重要举措。经过清理整治，真正具有养老属性的保险产品快速增加，为人民群众积累了规模超过5万亿元的养老责任准备金。规范发展第三支柱养老保险，最要紧的是鼓励金融机构开发名实相符、运作安全的商业养老金融产品。

新华通讯社社长傅华表示，新征程上，新华社将深入贯彻落实党的二十大精神，紧紧围绕党和国家工作大局，充分发挥党中央喉舌、耳目、智库职责，做宣传习近平经济思想的“排头兵”、引导市场舆论的“扛旗者”、金融改革发展的“智囊团”、联接全球的“信息桥”，进一步加强金融领域新闻报道和信息服务，为推动我国金融事业健康发展提供有力支持。

中国证监会主席易会满表示，我们需要对中国特色现代资本市场的实现路径等作更加深入系统的思考。要探索建立具有中国特色的估值体系，促进市场资源配置功能更好发挥。要把资本市场一般规律与中国市场实际相结合，与中华优秀传统文化相结合。要在继续发展壮大机构投资力量同时，更加重视中小投资者合法权益保护。

中国人民银行副行长、国家外汇管理局局长潘功胜表示，中国外汇市场韧性不断增强，人民币资产避险属性日益凸显。我们将继续统筹发展和安全，全力构建与新发展格局相适应的外汇管理体制机制，维护外汇市场稳健运行和国家经济金融安全。

本届金融街论坛年会由北京市人民政府、中国人民银行、新华社、中国银保监会、中国证监会和国家外汇局共同主办。

（摘自《人民日报》2022年11月22日第2版）

2022年跨学科合作研究成果研讨会暨创新工程年度会议 11月25日，由中国社会科学院财政与财务研究中心、中国企业管理研究会财务管理专业委员会共同主办，《经济管理》编辑部、《中国工业经济》编辑部协办，中国社会科学院工业经济研究所会计与财务研究室承办的2022年跨学科合作研究成果研讨会暨创新工程年度会议采用线上形式举行。来自中国社会科学院、中国人民大学、天津财经大学、广东财经大学等国内20多个机构的80多名专家学者参加了会议。中国社会科学院工业经济研究所党委书记、中国社会科学院财政与财务研究中心主任曲永义研究员代表主办单位致辞。会议研讨的主要议题有“信息披露及其效应研究”“改革创新与商业银行相关研究”。

（中国社会科学院供稿）

中国宏观经济论坛（CMF）年度论坛 11月26日，“中国宏观经济论坛（CMF）年度论坛（2022—2023）——在大调整中温和复苏的中国宏观经济”于线上举行。中国人民大学副校长王轶出席论坛并致辞。论坛由中国人民大学一级教授、经济研究所联席所长、中国宏观经济论坛（CMF）联席主席杨瑞龙，中国人民大学经济研究所副所长、中国宏观经济论坛（CMF）副主席、中诚信国际信用评级有限责任公司董事长、总裁闫衍联合主持，十三届全国政协常委、全国政协经济委员会副主任杨伟民，全国政协经济委员会副主任刘世锦，中国社科院副院长、中国社科院大学党委书记高培勇，上海财经大学校长、中国人民大学原副校长、中国宏观经济论坛（CMF）联合创始人刘元春，中国人民大学经济研究所联席所长、教授、中国宏观经济论坛（CMF）联席主席、中诚信国际首席经济学家毛振华，中国人民大学经济学院教授、中国宏观经济论坛（CMF）主要成员于泽作演讲，对当前宏观经济形势展开解读。

（北京外国经济学说研究会供稿）

北京大数据协会会员大会和理事会暨 2022 年学术研讨会　11 月 26 日，由北京大数据协会主办，北京物资学院信息学院承办的北京大数据协会会员大会和理事会暨 2022 年学术研讨会召开。会议采取线上直播互动的模式，来自北京大学、中国人民大学等 15 所高校及 16 家数据公司的 150 名数据科学、统计领域的专家、学者和企业家参加会议，另有 2000 余人参与线上直播。北京物资学院党委书记王文举和北京物资学院党委副书记宋晓欣应邀出席会议。开幕式由北京物资学院信息学院副院长陈蕾主持。

会议的主题报告有：碳达峰目标下省级区域碳配额分配方案研究、高时空分辨经济统计数据集与数值模型、大数据条件下的统计学等。大会交流了大数据统计分析、应用统计及相关领域的最新研究成果和研究动态；展现大数据企业具有行业代表性、技术前瞻性的核心技术，为数据科学、统计领域的专家、学者和企业家提供一个良好的平台。

北京大数据协会副会长兼秘书长、首都经济贸易大学数据科学学院副院长阮敬主持会员大会和理事会暨“北京大数据企业”授牌仪式，为 16 家企业线上授牌。

（北京物资学院供稿）

第二届中国资本市场与国资国企改革国际学术研讨会　11 月 26 日，第二届中国资本市场与国资国企改革国际学术研讨会采用线上会议方式召开。本次会议由北京工商大学商学院、国有资产管理协同创新中心、国资国企研究院组织，《会计研究》杂志提供学术支持。来自香港大学、澳大利亚麦考瑞大学、香港城市大学、中国南方科技大学、中国人民大学、厦门大学、复旦大学等 30 余所高校的 150 余名专家学者围绕“ESG 与资本市场发展”“国资国企改革”等重要话题展开研讨。北京工商大学国资国企研究院在会议上发布《国有企业竞争力研究报告（2022）》。

（北京工商大学供稿）

北京平台经济发展专题研讨会　12 月 1 日，由对外经济贸易大学北京对外开放研究院主办的北京平台经济发展专题研讨会在线举行。对外经济贸易大学副校长、国家对外开放研究院执行院长王强教授出席会议，来自中国社会科学院、首都经济贸易大学、中央财经大学、山西财经大学的专家学者以及师生等 40 余人参加会议。

中国社会科学院数量经济与技术经济研究所数字经济研究室主任蔡跃洲，首都经济贸易大学特大城市经济社会发展研究院执行副院长、城市经济与公共管理学院的叶堂林等专家就会议主题发表主旨演讲。与会师生围绕平台经济的福利分配、数字鸿沟、未来监管方向等问题展开讨论。

（对外经济贸易大学供稿）

“全球视角下的碳达峰和碳中和：影响、路径与合作”社科论坛国际学术研讨会　12 月 2 日，由中国社会科学院国家全球战略智库主办、世界经济与政治研究所承办的“全球视角下的碳达峰和碳中和：影响、路径与合作”社科论坛国际学术研讨会以线上的方式召开。会议邀请了来自政府、国内外智库、国际机构的 30 余名专家，紧密围绕着习近平主席在 2020 年 9 月的联合国大会上宣布的中国“双碳”目标和中共二十大的“推动绿色发展和生态文明建设”的会议精神，讨论了“碳达峰碳中和与全球可持续发展进程”“碳达峰碳中和与全球能源发展趋势”“碳达峰碳中和的实践、挑战与国际合作”“碳达峰碳中和背景下投融资趋势与挑战”等议题。中国社会科学院世界经济与政治研究所所长张宇燕在开幕式上发表演讲。

中国社会科学院世界经济与政治研究所副所长张斌研究员主持了主旨演讲环节。中国社会科学院生态文明研究所所长张永生、联合国环境署驻华代表处首席代表涂瑞和、国家气候战略中心首任主任李俊锋、世界资源研究所（美国）北京代表处的副首席代表房伟权以及韩国庆北大学能源、环境和经济研究所所长金钟达分别从“全球碳中和与国际分工体系演变”“全球环境保护进展和挑战”“如何把握碳达峰碳中和的正确方向”“多方参与、共同推进全球气候治理进程”“环境、社会和公司治理（ESG）与碳中和”等角度作了主旨演讲。

（中国社会科学院供稿）

中国世界经济学会 2022 年年会暨中国世界经济学会中青年论坛　12 月 2—4 日，中国世界经济学会 2022 年年会暨中国世界经济学会中青年论坛以线上方式举行。年会由四川大学经济学院、四川省世界经济学会、《世界经济》编辑部、《国际经济评论》编辑部、*China & World Economy* 编辑部承办。论坛的主题为“变革中的世界经济新格局与中国经济”。

年会的主题演讲环节，四川大学经济学院院长蒋永穆教授，中国世界经济学会会长、中国社会科学院世界经济与政治研究所所长、中国社会科学院学部委员张宇燕研究员在开幕式上致辞。张宇燕研究员、上海社会科学院党委书记权衡研究员、浙江大学副校长黄先海教授等分别在主题演讲环节分享了自己的学术观点。年会分论坛和中青年论坛也以线上方式举行，共汇报论文170余篇，入选论文来自90所国内外高校和科研机构，线上参与者累计过万人。

（中国社会科学院供稿）

新就业形态与大学生就业研讨会 12月3日，由中国新就业形态研究中心主办，中国就业促进会、全国普通高校毕业生就业创业指导委员会新就业形态和创业指导专家组作为指导单位的新就业形态与大学生就业研讨会暨中国新就业形态研究中心第五届年度会议在线上举办。

人力资源社会保障部原副部长、中国就业促进会会长张小建致开幕辞。人力资源社会保障部就业促进司副司长运东来、教育部学生司副司长吴爱华参加了会议。中国新就业形态研究中心主任、首经贸劳动经济学院副教授张成刚，数字中国产业大数据研究院院长王学德，首都经济贸易大学劳动经济学院副教授毛宇飞，中国劳动和社会保障科学研究院副研究员鲍春雷主持会议。全国普通高校毕业生就业创业指导委员会、北京大学、西北农林科技大学、首都经济贸易大学、中国劳动和社会保障科学研究院等的共计30余人参加此次会议。会议主题为新就业形态如何推动和支持大学生就业创业。会议认为，新就业形态是实现高质量充分就业的重要途径。新就业形态扩大了就业容量，提高了从业者的就业灵活度。大学生进入新就业形态是一个普遍现实和长期趋势。新就业形态涌现出大批高质量就业岗位，已经成为大学生就业、创业的选择。

（首都经济贸易大学供稿）

首届“中国经济史研究：前沿与趋势”国际学术研讨会 12月3日，首届“中国经济史研究：前沿与趋势”国际学术研讨会在线上举行。会议由中国社会科学院经济研究所主办，中国社会科学院经济研究所体制改革研究室、《中国经济史研究》编辑部和中国经济史学会近代史分会联合承办。会议包括开幕式、专家报告、圆桌讨论及会议总结等环节。14位资深学者应邀出席研讨会并作专题报告。来自海内外多所高等院校和研究单位的百余名专家学者和青年学子在线参加会议。

会议研讨的主要议题有“如何实现研究中的‘外史研究内史化’”“如何评价中国历史上的金融实践”等。研讨会开幕式由中国社会科学院经济研究所副研究员熊昌锟主持。中国社会科学院经济研究所副所长朱恒鹏研究员、中国经济史学会会长魏明孔研究员在开幕式上致辞。专家报告环节共有四小节，由海内外14位资深学者分别就经济史研究的概念辨析、方法论、进展与缺失、环境现实、财政史研究、货币发展史等问题作专题报告。圆桌谈论环节由《中国经济史研究》主编魏众研究员主持。

（中国社会科学院供稿）

第七届劳动经济学会年会暨促进高质量充分就业推进共同富裕研讨会 12月3日，由劳动经济学会和中国社会科学院大学应用经济学院主办的第七届劳动经济学会年会暨促进高质量充分就业推进共同富裕研讨会召开，关注如何推进高质量就业来促进共同富裕的议题。其中“共同富裕大家谈”学术交流会，由中央社会主义学院统一战线高端智库、中国民营经济研究会和人民政协报社联合主办，汇集了多学科、多领域的学者和专家共同探究推动共同富裕的实现路径。

（北京市经济学总会供稿）

数字消费和商业模式创新国际研讨会 12月3日，由中国管理现代化研究会数字经济与商业模式专委会、中国科学学与科技政策研究会数字创新与管理专委会和北京工商大学共同主办，北京工商大学商学院、服务业发展与数字化研究院、消费大数据研究中心共同承办，《管理评论》编辑部、清华经管学院中国工商管理案例中心、《创新科技》编辑部共同协办，国家自然科学基金重大项目“数字经济中数据要素有效使用与消费者保护”支持的数字消费和商业模式创新国际研讨会召开。北京工商大学党委书记黄先开，北京工商大学党委常委、副校长龚六堂，北京市社科联党组成员、副主席兼秘书长、市社科规划办副主任、一级巡视员崔占辉，发展中国家科学院院士汪寿阳等出席会议并致辞，清华大学技术创新研究中心主任陈劲教授，首都经济贸易大学副校长王永贵教授作主题报告。线上会议共计8000余人参会。此次大会的举办不仅搭建了国际交流平台，激发了参会者的学术热情，还为进一步深化数字消费和商业模式创新研究提出了新视角。

（北京工商大学供稿）

全球经贸规则重构与北京市对外开放学术研讨会 12月4日，“全球经贸规则重构与北京市对外开放”学术研讨会在线举行，会议由对外经济贸易大学北京对外开放研究院、中国世界贸易组织研究院主办。中国世界贸易组织研究会、商务部世贸司原司长洪晓东，北京市政协经济委员会办公室主任徐学才，北京市商务局商务环境协调推进处副处长石龙，德勤事务所海关业务总监牟政，商务部国际贸易经济合作研究院副研究员庞超然，对外经济贸易大学北京对外开放研究院、中国世界贸易组织研究院研究员刘斌，国际经济研究院副研究员刘灿雷作主题发言并进行交流和讨论。

（对外经济贸易大学供稿）

第五届龙马会计与财务研讨会 12月4日，由中央财经大学主办的第五届龙马会计与财务研讨会在线召开，海内外200余位专家学者参加本次会议。本届研讨会旨在搭建国际化、精品化的高水准学术交流平台，推动中国会计与财务理论研究和实践发展。

中央财经大学副校长李涛到会致辞。新加坡南洋理工大学商学院教授张怀、中国人民大学商学院教授王玉涛、天津财经大学教授黄宏斌、澳门大学教授肖泽忠、纽卡斯尔大学教授 Sammy Xiaoyan Ying 等分别就“金融分析师监管与处罚”“分析师预测的依据”“智慧供应链政策的有关问题”“审计定价的依据”“财务舞弊的影响因素”等问题的研究进展进行汇报，并同与会专家进行了交流。

（中央财经大学供稿）

第四届 UIBE CCTER 交通运输国际研讨会 12月4日，第四届 UIBE CCTER 交通运输国际研讨会在对外经济贸易大学召开。本次研讨会由对外经济贸易大学国际经济贸易学院举办，中国交通运输经济研究中心承办。会议主题为“交通运输经济领域前沿话题的研究与探讨”，覆盖面包括交通运输政策，交通运输中的共享经济，以及与全球供应链和经济治理相关的交通运输举措等方面。

本次研讨会邀请了加拿大英属哥伦比亚大学讲席教授张安民、北京师范大学－香港浸会大学联合国际学院教授吴盖宇、美国明尼苏达大学教授曹新宇、美国西北大学教授聂宇等国内外9位华人学者交流分享。来自中国大陆及香港地区、加拿大、美国等国家和地区交通运输领域的专家学者与青年学子参会聆听。

（对外经济贸易大学供稿）

全球新趋势对两岸经济与产业的意涵研讨会 12月7日，全球新趋势对两岸经济与产业的意涵研讨会以线上线下结合方式在北京和台北举行。会议研讨的主要议题有“财政形势”“人口变化”“全球通胀”“全球半导体产业趋势”“净零转型与碳中和”“经济现代化的国际比较”等。

中国社会科学院副院长高培勇在开幕式发表视频致辞。台湾中华经济研究院院长张传章在台北出席开幕式并致辞。中国社会科学院经济研究所所长黄群慧、台湾中华经济研究院副院长王健全分别以“中国式现代化的理论内涵与经济前景”“全球新趋势对两岸经济发展的挑战与契机”为题发表主旨演讲。

专题讨论环节由中国社会科学院金融研究所党委书记、副所长胡滨和台湾中华经济研究院第一研究所所长刘孟俊共同主持。中国社会科学院人口与劳动经济研究所党委书记、副所长都阳，工业经济研究所副所长张其仔，财经战略研究院副院长杨志勇分别作专题发言。研讨会由中国社会科学院、台湾中华经济研究院主办，中国社会科学院经济研究所、台湾中华经济研究院第一研究所共同组织。

（中国社会科学院供稿）

京津冀金融研究联盟2022年会暨第九届中国金融风险高层论坛 12月9日，由京津冀金融研究联盟、首都经济贸易大学金融学院主办的京津冀金融研究联盟2022年会暨第九届中国金融风险高层论坛在线上召开。本次会议旨在聚焦京津冀金融研究热点问题，深入探索京津冀金融领域协同发展之道，以此促进京津冀地区高校之间的交流与合作，服务国家智库建设。

首都经济贸易大学党委常委、副校长王永贵出席会议并致辞。中国人民银行研究局前局长、华夏银行前行长、清华大学五道口金融学院张健华教授，北京大学国家发展研究院副院长、数字金融研究中心主任黄益平教授，南开大学党委副书记梁琪教授，首都经济贸易大学党委常委、副校长尹志超发表主旨演讲。

中国人民大学、对外经济贸易大学、中央财经大学、中国石油大学、北京师范大学、北京工商大学、北京联合大学、北京物资学院、北京石油化工学院、北京财贸职业学院、天津财经大学、河北大学等单位的专家学者，以及首都经济贸易大学的师生代表共同参加本次会议。

（首都经济贸易大学供稿）

2022年中国区域科学协会年会暨中国式现代化进程中的区域科学理论与实践研讨会 12月10日，由中国区域科学协会和东南大学主办，中国区域科学协会空间分析专业委员会、东南大学经济管理学院、东南大学国家发展与政策研究院、北京大学首都发展研究院联合承办的2022年中国区域科学协会年会暨中国式现代化进程中的区域科学理论与实践研讨会在线上举办。研讨会探讨了中国式现代化进程中的区域科学理论与实践，展望区域经济发展的新阶段、新趋势、新方向。会议下设以区域协调发展与共同富裕、双碳背景下的区域经济高质量发展、区域科学与计算社会科学交叉融合、都市圈建设与区域高质量发展、城市更新与城市数字化转型、文化旅游产业与区域高质量发展、“一带一路”建设与区位导向政策的效应评估、长三角一体化与区域高质量发展为主题的八个分论坛，与会专家学者参与积极讨论，对于促进区域科学学科的蓬勃发展有着重要意义。

（北京市经济学总会供稿）

中国公司治理50人论坛第三届主题论坛暨第十六届中国公司治理论坛——ESG与中国企业高质量发展研讨会 12月10日，中国公司治理50人论坛第三届主题论坛暨第十六届中国公司治理论坛—ESG与中国企业高质量发展研讨会以线上形式举办。本届论坛由中国公司治理50人论坛、中信改革发展研究基金会、北京师范大学公司治理与企业发展研究中心、北京师范大学经济与工商管理学院联合主办。

本届论坛发布了三份最新公司治理研究成果：《中国上市公司质量/ESG指数报告No.2（2022）》《中国上市公司治理分类指数报告No.21（2022）》《中国金融业上市公司治理指数报告No.3（2022）》。其中《中国上市公司质量/ESG指数报告No.2（2022）》是国内首部公开出版的、针对全部A股上市公司的ESG评价报告；《中国上市公司治理分类指数报告No.21（2022）》已连续出版21部，同时已建成国内最大规模的中国上市公司治理分类指数数据库。会议同时发布了“2022年度中国上市公司ESG百佳榜单”“2022年度中国典型行业上市公司ESG十佳榜单”“2022年度中国上市公司百佳企业家（总经理）榜单”。与会专家围绕“ESG与中国企业高质量发展”进行了主题演讲和对话交流。

（北京师范大学供稿）

“2022学术前沿论坛·北京产业经济学会专场”暨经济学管理学中国学派研究60人论坛第五届年会 12月10日，由经济学管理学中国学派研究60人论坛，北京市社科联、北京市社科规划办主办，中央民族大学管理学院、北京产业经济学会承办的2022学术前沿论坛·北京产业经济学会专场暨经济学管理学中国学派研究60人论坛第五届年会在云端举办，主题为“深入学习贯彻党的二十大精神”。中国社会科学院学部委员金碚，中央民族大学校党委副书记、副校长李计勇，中央民族大学管理学院院长、北京产业经济学会会长李曦辉等出席会议，《经济研究》《管理世界》《中国工业经济》《山东大学学报（哲学社会科学版）》提供学术支持。

中国社会科学院、中央党校（国家行政学院）、北京大学、中国人民大学、北京师范大学、哈尔滨工业大学、中央民族大学、郑州大学、西藏大学、中国出口信用保险公司等单位的约60位专家学者围绕“域观视域下政府与市场关系研究”“中国式现代化的金融使命”“全面建设社会主义现代化国家的经济增长问题”等议题展开研讨。

与会专家学者立足“中国情境”，全面深刻理解中国式现代化的科学内涵，探索总结中国本土实践的真谛，为推动经济学管理学中国学派的范式创新和理论突破，实现新征程下中国式现代化的发展与中华民族的伟大复兴贡献集体智慧。

（北京产业经济学会供稿）

中国财政投融资2022年年会 12月10日，由中财－中证鹏元地方财政投融资研究所、中国财政学会投融资研究专业委员会、中国财政发展协同创新中心、财政税务学院、粤港澳大湾区研究院财税研究中心联合主办，经济科学出版社《经济研究参考》杂志社协办的中国财政投融资 2022 年年会以线上形式举办，主题为“财政投融资与共同富裕”。来自全国各地的专家学者、学生，以及社会各界人士 200 多人参加会议。

中央财经大学副校长马海涛、中国财政学会投融资研究专业委员会副主任兼秘书长赵全厚、中证鹏元资信评估股份有限公司董事长张剑文分别致辞。中国社会科学院副院长高培勇、中央财经大学学术委员会主席李俊生、北京大学国民经济研究中心主任苏剑、中国社会科学院财经战略研究院副院长杨志勇、国务院发展研究中心宏观部副部长冯俏彬等专家分别就“安全发展与住房保障体系”“2023 年财政政策与经济增长”“政府投资结构与财政体制”“农业、教育、基础设施投资”等多个问题进行发言。最后，与会专家从不同的角度围绕“财政投融资与共同富裕”进行探讨，提出政策建议，对未来共同富裕的深入研究提供了重要的参考价值。

（中央财经大学供稿）

第二届中国环境经济学论坛（2022） 12 月 10—11 日，第二届中国环境经济学论坛（2022）在线上举行，论坛的主题为“高水平环境保护推动高质量发展”，会议由首都经济贸易大学经济学院主办，《管理世界》《世界经济》《中国人口 · 资源与环境》《经济学家》《国际贸易问题》《北京工商大学学报》《学习与探索》《经济与管理研究》《技术经济》等期刊提供学术支持，北京自贸区研究院、首经贸碳中和研究中心协办。

来自中国科学院、中国社会科学院、北京大学、中国人民大学、北京理工大学、北京航空航天大学、南京大学、日本名古屋大学等国内外多所高校、研究机构的百余名学者和高校师生参加会议，与会专家围绕碳达峰、碳中和、碳交易等现阶段我国生态文明建设所涉及的重要话题展开深入讨论。首都经济贸易大学党委常委、副校长尹志超，《管理世界》杂志社总编辑尚增健致辞。

平行论坛在 8 个线上分会场同时进行。来自北京大学、南京大学、中国人民大学、中央财经大学、厦门大学等国内知名院校的 56 位作者汇报入选论文，互相点评、深入交流，分论坛主题涉及“绿色金融与高质量发展”“碳排放权交易与增效”“环境经济政策评估”“气候变化与能源效率”“现代环境治理体系构建”“碳排放效率与转型”“环境规制与绿色创新”“环境税费改革与治理效能”等。线上参会人员达千余人次。

（首都经济贸易大学供稿）

第十届亚太经济与金融论坛 12 月 11 日，由中央财经大学金融学院、国际金融研究中心、中国全球经济治理 50 人论坛、《国际经济评论》编辑部共同主办的第十届亚太经济与金融论坛在京举行，本届论坛主题为“高水平对外金融开放与人民币国际化”。论坛采用闭门线上会议的形式进行，来自中国国际经济交流中心、中国社会科学院、国家外汇管理局、中国银行、丝路基金、中金公司、中银证券、万向集团、上海发展基金会、上海人工智能实验室、北京大学、武汉大学、深圳高等金融研究院、北京航空航天大学和中央财经大学等政府部门、研究机构、金融机构和高等院校的 20 余位嘉宾出席论坛并发表演讲，近 200 位专家学者在线参加论坛。

中央财经大学校长王瑶琪，亚太经济与金融论坛主席、中央财经大学国际金融研究中心主任张礼卿分别致辞。著名经济学家中国国际经济交流中心朱民先生、中国社科院余永定先生分别进行了主旨演讲。丝路基金有限责任公司董事长朱隽、武汉大学经济与管理学院院长宋敏、中国银行研究院院长陈卫东、北京大学国家发展研究院副院长黄益平、上海发展基金会副会长兼秘书长乔依德等分别围绕“高水平对外金融开放的进程与监管”“全球大变局中的人民币国际化：机遇与挑战”“有序推进人民币国际化的路径与策略”等问题分享了见解。

（中央财经大学供稿）

“全球战略对话（2022）：全球发展与合作共赢”国际研讨会 12 月 12 日，由中国日报社与中国社会科学院国家全球战略智库联合主办的“全球战略对话（2022）：全球发展与合作共赢”国际研讨会在线举办。来自中国、美国、日本、巴西、意大利、印度和摩洛哥的知名智库学者出席会议。会议研讨的主要议题有“全球治理与政策协调”和“经济发展与创新驱动”。

中国日报社社长兼总编辑曲莹璞在会上致辞、中国社会科学院秘书长赵奇分别在会上致辞。中国社会科学院国际合作局局长王镭、中国社会科学院世界经济与政治研究所所长张宇燕、中国社会科学院经济研究所所长黄群慧分别主持会议各环节。中国日报社美国分社社长纪涛作总结发言。论坛由中国社会科学院世界经济与政治研究所、中国日报新时代斯诺工作室、中国观察智库承办。

（中国社会科学院供稿）

第七届“一带一路”中巴科技与经济合作论坛 12月14日，北京工商大学联合经济合作组织科学基金会、巴基斯坦科技与经济及研究中心、唐风国际教育集团等单位共同举办了第七届“一带一路”中巴科技与经济合作论坛。北京工商大学党委常委、副校长刘敏华，中国科协国际合作部一级巡视员王庆林，北京市科协党组成员、副主席、一级巡视员田文，联合国教科文组织驻华代表处主任夏泽翰，巴基斯坦经济合作组织科学基金会主席萨义德·科迈尔·塔耶比，巴基斯坦科技信息中心主任阿卡姆·谢赫，巴基斯坦科技部国际合作司副司长汗·穆罕穆德·瓦泽等出席会议。

主旨发言环节由北京工商大学名誉教授、中国政府友谊奖获得者曼佐·侯赛因·索洛主持。中国工程师联合体秘书处办公室主任、中国科协培训和人才服务中心主任方四平，北京工程师学会秘书长、北京市科协科学技术创新部部长许炜，巴基斯坦工程师委员会注册处秘书长纳泽·马穆德·汗，中国建筑巴基斯坦公司董事长、中建巴基斯坦PKM项目总经理肖华等就中巴工程师互认、教育与培训等方面做主旨发言，为中巴工程师在教育、培训和互认等领域的深入合作建言献策。

论坛发布了北京工商大学与中科院国家纳米科学中心及巴基斯坦科技信息中心共同出版的*In Quest of Knowledge*一书。“一带一路”青年论坛环节由北京工商大学国际经管学院数字经济系副主任韩璐主持。10位国内外学生就“一带一路”国际合作主题展示了自己的研究成果。专家委员会对论文进行了点评，选出一等奖1名，二等奖2名，三等奖7名。

（北京工商大学供稿）

新商经学术年会（2022）暨第八届贸易强国论坛 12月17日，由北京工商大学主办，北京工商大学经济学院贸易经济系、北京工商大学新商经研究院和北京市哲学社会科学首都流通业研究基地共同承办，中国商业联合会消费者评价智能信息处理重点实验室、《北京工商大学学报》（社科版）编辑部共同协办的“新商经学术年会（2022）暨第八届贸易强国论坛”召开。会议采用线上方式举行，共计300余人参会。大会分为开幕式、新书发布和主题演讲三个阶段。开幕式上，北京工商大学党委书记黄先开，北京市商务局党组成员、副局长李燕凌，北京市教育委员会副主任柳长安分别致辞。浙江工商大学党委书记、校长郁建兴，中国拍卖行业协会会长黄小坚分别作大会主旨演讲，北京工商大学党委常委、副校长徐丹丹主持。

新书发布会由北京工商大学党委宣传部部长兼经济学院院长倪国华教授主持。经济管理出版社编辑张鹤溶女士介绍了经济管理出版社的发展以及与新商经研究团队的合作进展与计划。新商经研究院执行院长周清杰教授对团队新书《新时代新商经：理论溯源与创新》进行了整体介绍。

主题演讲环节由北京工商大学科学研究院人文社科处处长高丽华教授和北京工商大学经济学院党委书记吕素香教授共同主持。教育部“长江学者”特聘教授、清华大学华商研究中心主任龙登高，中国商业联合会副会长、香港利丰发展（中国）有限公司董事总经理张家敏，中国商业史学会副会长、中央财经大学兰日旭和中国商业经济学会、北京工业大学祝合良分别围绕中华商文化、全球供应链、商贸物流、品牌培育等问题作主题演讲。

（北京工商大学供稿）

第四届中国金融学术与政策论坛（2022） 12月17—18日，由对外经济贸易大学、*Journal of Empirical Finance*编辑部、对外经济贸易大学中国金融研究所共同主办，经济研究杂志社提供学术支持，对外经济贸易大学金融学院承办的第四届中国金融学术与政策论坛（2022）在线举办。300余位来自海内外高校、研究机构和政界、业界的专家学者和师生相聚云端。

对外经济贸易大学党委书记黄宝印，经济研究编辑部主任金成武出席会议并致辞。会议邀请了中国社会科学院学部委员、国家金融与发展实验室理事长李扬，中国人民银行金融研究所所长周诚君，清华大学五道口金融学院副院长张晓燕作主题报告。论坛颁发了“最佳论文奖”。经专家评选，《跨境资本流动、信贷配置风险与银行危机》等四篇论文获得本届论坛中文最佳论文奖，“Crowding-in in Venture Capital in China”等3篇论文获得英文最佳论文奖。

（对外经济贸易大学供稿）

统筹发展与安全研讨会　12月18日，由首都经济贸易大学国家经济安全中心举办的统筹发展与安全研讨会在线上举行，会议主题为"'一带一路'国际公共产品与中国经济安全"。来自国务院发展研究中心、中国社会科学院、复旦大学、北京师范大学、兰州大学、南京师范大学、中油国际等的多位学界和业界专家应邀出席，首都经济贸易大学经济学院部分师生参加。

首都经济贸易大学经济学院副院长赵家章教授致开幕词，首都经济贸易大学国家经济安全中心首席专家李婧教授主持会议。复旦大学国际经济与政治研究中心主任黄河教授、北京师范大学经济与工商管理学院副院长蔡宏波教授、中国社会科学院大学政府管理学院林跃勤教授、国务院发展研究中心产业研究部副部长李燕研究员等与会专家从不同角度阐述了在百年未有之大变局背景下，如何统筹安全与发展，"一带一路"国际公共产品与经济安全之间的逻辑脉络、理论意义与现实发展。首都经济贸易大学国家经济安全研究中心主任郝宇彪教授进行会议总结。

（首都经济贸易大学供稿）

第十三届国际政治经济学论坛　12月22日，由中国社会科学院世界经济与政治研究所与国际关系学院主办、中国社会科学院国家全球战略智库秘书处承办的第十三届国际政治经济学论坛在线上举行。会议的主题是"全球发展倡议和全球安全倡议：理论逻辑与实践基础"。会议研讨的主要议题有"和平赤字与人类命运共同体""发展赤字与全球发展倡议""安全赤字与全球安全倡议""治理赤字与共商共建共享的全球治理观"等。

中国社会科学院学部委员、世界经济与政治研究所所长、中国社会科学院大学国际政治经济学院院长张宇燕研究员、国际关系学院院长陶坚在会上致辞。北京大学国际关系学院国际政治经济学系主任王正毅教授、中国社会科学院拉丁美洲研究所副所长高程研究员、中国人民大学国际关系学院保建云教授等分别发言。来自中国社会科学院、国际关系学院、北京大学、中国人民大学、中国政法大学等国内知名高校和科研机构的近40位知名专家学者参加会议。

（中国社会科学院供稿）

中国林业经济学会2022年会暨第二十届中国林业经济论坛　12月24—25日，中国林业经济学会2022年会暨第二十届中国林业经济论坛在京举办。会议由中国林业经济学会、中国林业经济论坛主办，北京林业大学经济管理学院承办，线上累计参会人数2000余人次。

国家林业和草原局副局长李树铭、北京林业大学校长安黎哲、中国人民大学副校长朱信凯、中国林业经济论坛组委会主席陈建成、中国林业经济学会会长张泓文为大会致辞。开幕式由国家林业和草原局发展研究中心主任袁继明主持。中国人民大学副校长朱信凯、国家林业和草原局发展研究中心副主任刘璨、中国社会科学院农村发展研究所原所长李周、北京林业大学原校长宋维明作主旨报告。中国科学院生态环境研究中心主任、美国国家科学院外籍院士欧阳志云，西北农林科技大学副校长赵敏娟，浙江农林大学副校长沈月琴和中国生态经济学学会秘书长于法稳作专题报告。

大会同步设立了8个专题分会场，来自全国各高校、科研机构的82位教师和研究人员围绕林草碳汇、生态产品价值实现、林草国际贸易、林业产业发展、以国家公园为主的自然保护地体系建设、生态保护政策、林区改革发展与政策、林农行为、林业发展、乡村振兴等议题分享了最新学术成果。

（北京林业大学供稿）

中国城市论坛　12月25日，由中国社会科学院大学应用经济学院和中国社会科学院国家未来城市实验室承办的中国城市论坛在线举行。论坛以"'双碳'目标下的城市绿色转型发展"为主题，设置开幕式、主旨演讲及十个并行主题平行论坛。专家学者们从生态文明科学、绿色城镇化、未来城市规划、生态文明与中国式现代化、碳中和型城市群建设、新型城市高质量发展和城市更新等方面，提出了一系列的政策建议和技术路径，为推动我国城市高质量发展、实现人与自然和谐共生的现代化提供了有价值的参考。

（北京市经济学总会供稿）

第三届林业经济与政策高峰论坛　12月28日，由北京林业大学主办，北京林业大学经济管理学院承办的第三届林业经济与政策高峰论坛在京举行。

国家林草局改革发展司司长刘树人，北京林业大学副校长张志强，中国林学会副理事长兼秘书长陈幸良，中国林业科学研究院副院长陈绍志，中国社科院农村发展研究所研究员李周，国务院发展研究中心、管理世界杂志社副社长苏杨，国家林草局发展研究中心副主任刘璨，国际竹藤组织副总干事陆文明，美国奥本大学教授、国际林联终生成就奖获得者张道卫，瑞典农业大学教授公培臣，美国奥本大学教授张耀启，美国密歇根州立大学教授尹润生，美国佐治亚大学教授梅斌，北京大学博雅特聘教授徐晋涛，中国人民大学教授刘金龙，北京林业大学教授陈建成等以及来自北京林业大学、中国人民大学、南京林业大学、西北农林科技大学、东北林业大学、华南农业大学等单位约500位专家学者围绕“林业碳汇”“生态价值实现”“森林资源精准提升评价”“集体林权改革”“国内外林业经济热点问题”等主题开展学术研讨。

（北京林业大学供稿）

法　学

数字时代新业态用工法律问题研讨会　1月20日，由中国政法大学合规与风险防控研究中心、中国政法大学法律硕士学院共同主办的“数字时代新业态用工法律问题”研讨会举办。来自高校的专家学者、全国人大法工委民法室、最高人民法院民一庭、江浙沪法院系统的多名实务专家、互联网企业代表出席会议。中国政法大学合规与风险防控研究中心主任、中国政法大学法律硕士学院王毓莹教授主持会议。与会专家学者主要围绕以下三个主题展开研讨：一是新业态用工关系的认定；二是不完全劳动关系情形下，新业态劳动者与企业权利义务的边界探析；三是新业态劳动者致人损害责任承担问题。

（中国政法大学供稿）

两岸南海问题学术研讨会　3月26日，中国政法大学联合中国海洋法学会、台湾大学、台湾海洋事务与政策协会举办两岸南海问题学术研讨会。中国政法大学副校长时建中、中国海洋法学会会长高之国、台湾大学大陆问题研究中心执行长蔡季廷出席会议。中国政法大学港澳台事务办公室主任李居迁和台湾海洋事务与政策协会理事宋燕辉共同主持研讨会开幕式。两岸与会专家学者紧密围绕南海问题的最新动态与发展趋势展开研讨交流。在线听众近300人。

（中国政法大学供稿）

第七届中国法学博士后论坛　4月16日，由中国社会科学院、全国博士后管委会、中国博士后科学基金会主办，中国社会科学院博士后管委会、中国社会科学院法学研究所承办的第七届中国法学博士后论坛在京举行。论坛主题为“中国区域法治的理论与实践”。中国社会科学院法学研究所国际法研究所联合党委书记陈国平主持开幕式。最高人民检察院副检察长、中国法学会副会长孙谦，中国法学会党组成员、副会长王其江，人力资源和社会保障部专业技术人员管理司司长、全国博士后管理委员会办公室主任李金生等出席论坛。中国社会科学院法学研究所所长莫纪宏主持报告环节。全国政协常委、中国法学会副会长、中国法学会环境资源法学研究会会长吕忠梅，南京师范大学法学院教授、中国法治现代化研究院院长公丕祥及上海交通大学文科资深教授、中国法与社会研究院院长季卫东分别作题为《粤港澳大湾区民商事法律与司法规则衔接的思考》《新时代的中国区域法治发展》《元宇宙的交互关系与法律秩序》的主旨报告。19名博士后代表围绕区域法治的法理展开、区域法治的典型样态及大湾区法治建设的理论与实践专题先后发言。中国社会科学院国际法研究所副所长、研究员翟国强主持闭幕式，中国社会科学院法学研究所副所长、研究员李洪雷致闭幕辞。来自最高人民检察院、中国法学会、人力资源和社会保障部、中国社会科学院、全国博士后管理委员会、北京大学、清华大学、中国人民大学等单位的专家学者、博士后等280余人线上线下参加论坛。

（中国社会科学院供稿）

短视频版权合作与共治机制的构建学术研讨会　4月19日，由中国政法大学互联网治理研究中心主办的“短视频版权合作与共治机制的构建”研讨会在线举行。中国政法大学法律硕士学院院长、互联网治理研究中心主任许身健致开幕辞。中国政法大学民商经济法学院教授冯晓青和同济大学上海国际知识产权学院教授许春明作主旨发言。

在主题发言环节，华东政法大学知识产权学院副教授陈绍玲、中国传媒大学文化法治研究中心主任郑宁、中国社会科学院大学互联网法治研究中心执行主任刘晓春、中央财经大学法学院教师李陶、中国政法大学法律硕士学院教师张宪等分别围绕短视频版权合作机制构建的法理基础、短视频版权合作机制中的政府角色、剪辑类短视频的产业规范与未来发展、二创短视频制作与利用的著作权集体管理、版权方对平台短视频内容管理参与形式等几个方面发言。中国政法大学法律硕士学院副教授陶乾作总结发言。

（中国政法大学供稿）

首届监察法学学科建设与发展研讨会　4 月 23 日，由中国政法大学国家监察与反腐败研究中心主办、中国政法大学法治政府研究院承办的“首届监察法学学科建设与发展”研讨会在京召开。会议由中国政法大学国家监察与反腐败研究中心执行主任、法治政府研究院教授曹鎏主持。中国政法大学校长、中国法学会行政法学研究会会长、中国法学会副会长马怀德，全国人大常委会法工委国家法室副主任陈国刚致开幕辞。会议以“监察法学学科建设与发展”为主题，分为开幕式、研讨与交流、闭幕式三个环节，线上线下共谋监察法学科的建设与发展。来自国内 20 余所高校和科研机构的 40 余位专家学者参加会议。

（中国政法大学供稿）

首届世界法学家高端论坛　5 月 16 日，中国政法大学举办首届世界法学家高端论坛。中国政法大学副校长时建中主持论坛，中国政法大学校长马怀德致开幕辞。论坛以“数字时代法学教育变革”为主题，采取线上直播的方式，通过在线视频演讲为全球与会者呈现观点和洞见。来自亚洲、美洲、欧洲、大洋洲 18 个国家和地区的知名高校、国际组织的 28 位法学专家，围绕主题展开研讨。国内外近 600 个合作或兄弟院校、机构受邀参会，各机构师生通过视频旁听会议。在主旨报告环节，与会专家就数字时代法学教育面临的挑战、未来发展趋势与变革举措、新时代创新法学人才培养模式等多个议题进行深入探讨和交流。

（中国政法大学供稿）

涉外法治人才培养国际研讨会　5 月 17—18 日，中国政法大学法律硕士学院在线举办涉外法治人才培养国际研讨会。研讨会开幕式由中国政法大学法律硕士学院院长许身健主持，中国政法大学校长马怀德，韩国法学专门大学协议会理事长、首尔大学法学专门大学院院长韩基贞在开幕式上致辞。研讨会设有“涉外法治人才培养的目标与定位”“涉外法治人才培养的模式与创新”“法学教育国际化的比较与借鉴”“涉外律师研究生的教学与培养”“涉外法治人才培养学生论坛”五个主题论坛。与会嘉宾围绕涉外法治人才培养的目标、模式与创新等内容，分享了自己的观点和见解。来自国内外知名高校的专家学者和实务部门的代表共 100 多人参会。

（中国政法大学供稿）

中国国际法学会 2022 年学术年会　5 月 27—29 日，由中国国际法学会和辽宁大学主办的中国国际法学会 2022 年学术年会在线召开。年会主题为“以习近平法治思想为引领，迈向国际法研究和实践新征程”。中国国际法学会会长黄进、辽宁省高级人民法院院长郑青、辽宁大学党委书记周浩波致开幕辞，外交学院副院长、中国国际法学会常务副会长孙吉胜主持大会报告环节。外交部条法司司长贾桂德、商务部条法司司长李詠箑，分别以《当前国际法形势和我国外交条法工作》《发展与安全 国际经济法新课题》为题作报告。年会包括 20 项分议题专场研讨会和两个国际法青年学者论坛。年会共收到论文近 400 篇。来自外交学院、北京大学、清华大学、中国政法大学、香港大学、香港中文大学等几十所高校和中国社会科学院国际法研究所、自然资源部海洋发展战略研究所、司法部预防犯罪研究所、上海社会科学院、四川省社会科学院等科研院所以及实务部门的专家、学者和实务工作者 800 余人参会，4000 余人在线收看直播。

（外交学院供稿）

第二届民法典高峰论坛　5 月 28 日，由中国法学会民法学研究会、中国人民大学法学院、中国人民大学民商事法律科学研究中心、中国人民大学《法学家》杂志、中国人民大学法学院牵头法学专业虚拟教研室联合主办的第二届民法典高峰论坛——“民法典二周年：实施成就与展望”在线举办。来自全国人大常委会法制工作委员会、最高人民法院、最高人民检察院、司法部，以及中国人民大学、中国社会科学院法学研究所、北京大学、清华大学、中国政法大学、武汉大学、吉林大学、复旦大学、山东大学、北京理工大学、西南政法大学、黑龙江大学、广东外语外贸大学等10余家科研院所的专家学者和《人民日报》《光明日报》《法治日报》《南方周末》等媒体、期刊的代表参加会议。

（中国人民大学供稿）

民法典评注与适用研讨会暨《民法典》颁布二周年纪念会 5月30日，由中国社会科学院法学研究所与私法研究中心主办的民法典评注与适用研讨会暨《民法典》颁布二周年纪念会在线召开。中国社会科学院法学所民法室主任、私法研究中心主任谢鸿飞主持开幕式，中国社会科学院法学所所长莫纪宏研究员，中国社会科学院学部委员陈甦致开幕辞。北京航空航天大学法学院院长龙卫球教授主持基调发言环节。中国民法学研究会常务副会长、中国社会科学院学部委员孙宪忠以《实施好民法典的六点思考》为题发言。中国民法学研究会副会长、广东外语外贸大学教授陈小君，中国民法学研究会副会长、中国政法大学教授李永军等先后作基调发言。最高人民法院法官葛洪涛主持专题发言环节。北京航空航天大学法学院院长龙卫球、清华大学法学院院长申卫星等立足民法典的体系、功能，结合民法制度和社会实践的最新变化，针对民法典适用和体系更新的问题发言。中国人民大学法学院副院长高圣平、中国社会科学院法学研究所社会法室主任薛宁兰等在分组讨论环节发言。孙宪忠致闭幕辞。来自全国各地40余所高校、研究机构的专家学者参加会议。

（中国社会科学院供稿）

后疫情时代的法与经济学国际研讨会 6月10日，中国政法大学法与经济学研究院举办第八届法与经济学国际会议。会议开幕式由中国政法大学副校长时建中主持，中国政法大学校长马怀德、中国政法大学法与经济学研究院院长李曙光、中国经济体制改革研究会副会长、中国（深圳）综合开发研究院院长樊纲在开幕式上致辞。国内外知名法经济学学者围绕本次的会议主题“后疫情时代的法与经济学”，共同探讨新时代背景下法经济学的理论发展与实践应用。研讨会设有“法与经济学的理论前沿”“法律与金融”“监管法与经济学”“法律实证研究”四个主题单元，共48位全球知名法经济学学者进行主题报告和同行评议。与会专家结合法律监管与经济学理论工具，围绕市场经济与法治关系、监管影响的实证分析、部门法的法经济学理论发展、新兴科技平台企业治理等当下实践与理论热点问题展开讨论。来自国内外高校的师生和实务部门代表共400余人参加会议。

（中国政法大学供稿）

北京市法学会电子商务法治研究会第二次会员大会暨第九届电子商务法治高峰论坛 6月11日，由北京市法学会电子商务法治研究会主办，北京工商大学法学院等单位承办的北京市法学会电子商务法治研究会第二次会员大会暨第九届电子商务法治高峰论坛举办。北京市法学会党组书记、专职副会长萧有茂，北京工商大学副校长龚六堂，国家市场监管总局网监司原副司长韦犁，中国商法学研究会会长赵旭东，中国市场监管报社党委副书记张建出席会议并致辞。中国市场监管学会副会长孔祥俊、中国人民大学商法研究所所长刘俊海、北京大学电子商务法研究中心主任薛军、北京互联网法院院长张雯、清华大学法学院教授王洪亮、北京师范大学法学院教授薛虹等发表主题演讲。与会专家就平台经济治理市场化的法治保障与监管理念、平台经济治理中的消费者保护与不正当竞争的规制、平台经济治理中法律规则及技术实现以及平台经济治理的新问题与国际化制度建设等问题展开深入研讨。来自北京大学、清华大学、中国人民大学、中国政法大学、北京市法学会、北京互联网法院、北京市市场监管局、大型电商平台企业等40多家单位的160多位专家学者参加会议。

（北京工商大学供稿）

纪念香港基本法实施25周年学术研讨会 6月18日，由中国人民大学“一国两制”法律研究所、港澳台办公室、法学院、公法研究中心主办，许崇德宪法学发展基金承办的纪念香港基本法实施25周年学术研讨会在线举办。来自全国人大常委会、国务院港澳事务办公室、全国港澳研究会、中国人民大学、北京大学、清华大学、武汉大学、香港大学、香港城市大学、澳门大学等国家机关、高等院校的160余位专家学者围绕香港回归25年来“基本法理论研究回顾与展望”进行交流。

（中国人民大学供稿）

虚拟财产的法律保护学术研讨会　7月2日，由中国政法大学商业秘密保护法青年教师学术创新团队、中国政法大学法律硕士学院主办，中国政法大学知识产权创新与竞争研究中心承办的虚拟财产的法律保护学术研讨会在线举行。中国政法大学法律硕士学院院长许身健主持开幕式，中国政法大学副校长、数据法学研究院院长时建中致开幕辞。来自理论界、司法实务界、行业界以及律师界的20多位专家学者围绕虚拟财产法律保护这一主题展开交流。主旨发言环节，来自理论界的3位专家教授费安玲、马长山和姚佳围绕虚拟财产的概念溯源、宏观治理以及法律定性发表演讲。主题发言分为“虚拟财产的保护模式与法律规制”和“虚拟财产的交易规则与平台治理”两个单元。与会专家就虚拟财产保护的体系归属、民事与刑事保护、转让与账号交易、数据集合的竞争法规制等问题进行了深入研讨。中国政法大学法律硕士学院副教授陶乾作总结发言。

（中国政法大学供稿）

第20届中日比较法研讨会　9月5日，由中国社会科学院法学研究所和日本早稻田大学比较法研究所共同举办的第20届中日比较法研讨会以线下线上相结合的形式召开。会议的主题为“新技术与法（Ⅲ）”。中国社会科学院法学研究所所长莫纪宏和早稻田大学比较法研究所所长冈田正则在开幕式上致辞。与会专家围绕数字经济的著作权法规制、互联网医疗的法律规制、互联网金融与法律、平台工人的劳动法保护等展开研讨。中日双方30余位专家学者参加会议。

（中国社会科学院供稿）

第一届行政检察指导性案例学术研讨会　9月17日，由中国法学会行政法学研究会主办，中国法学会检察学研究会行政检察专业委员会、中国政法大学法治政府研究院、中国政法大学检察公益诉讼研究基地协办的第一届行政检察指导性案例学术研讨会在线召开。最高人民检察院行政检察厅厅长张相军主持会议，最高人民检察院党组成员、副检察长杨春雷，中国政法大学校长、中国法学会副会长、中国法学会行政法学研究会会长马怀德出席会议并致辞。研讨会共设四个单元，分别由中国政法大学法治政府研究院院长赵鹏，武汉大学法学院、行政检察研究中心主任秦前红，中国政法大学习近平法治思想研究院副院长林华和最高人民检察院理论研究所学术部主任陈磊主持，就“行政诉讼监督与行政非诉执行监督”“行政争议实质性化解”“行政检察类案监督”三个主题的13个行政检察指导性案例进行研讨。最高人民检察院行政检察厅副厅长、中央党校教授王勇主持总结环节，中国政法大学法治政府研究院教授刘艺、最高人民法院行政审判庭副庭长郭修江和最高人民检察院行政检察厅副厅长张步洪作总结发言。来自最高人民检察院、最高人民法院、北京市人民检察院、北京大学、清华大学、中国人民大学、中国政法大学、中央党校（国家行政学院）、对外经济贸易大学、北京师范大学等行政机关、高校、科研机构的50余名专家学者参加会议。

（中国政法大学供稿）

中国社会科学院刑法学重点学科暨创新工程论坛（2022）　9月17—18日，由中国社会科学院法学研究所和中国刑法学研究会共同主办，北京衡宁律师事务所协办的中国社会科学院刑法学重点学科暨创新工程论坛（2022）在线举行 。论坛的主题为“法典化背景下的刑法典再出发”。中国社会科学院刑法学重点学科负责人刘仁文主持开幕式及主旨演讲环节。中国社会科学院法学研究所所长莫纪宏、中国刑法学研究会会长贾宇、最高人民法院副院长高憬宏、最高人民检察院副检察长杨春雷、中国社会科学院法学研究所研究员陈泽宪等先后发表主旨演讲。与会专家围绕刑法再法典化的理念与技术、刑事合规制度、网络与金融犯罪问题、信息与数据犯罪问题、犯罪的法律后果问题、其他刑法前沿问题等议题展开研讨。来自中国社会科学院、北京大学、清华大学、中国人民大学、中国政法大学等全国数十所高校和科研机构的学者以及全国人大常委会法工委、最高人民法院、最高人民检察院等实务部门的专家近百人参加会议。

（中国社会科学院供稿）

第十一届京津沪渝法治论坛　9月29日，由中国法学会指导，北京、天津、上海、重庆四直辖市共同主办，天津市法学会承办的第十一届京津沪渝法治论坛召开。论坛主题为“以习近平法治思想为指导，推动新时代直辖市高质量发展的法治保障”，采取线上与线下结合的方式，中国法学会和四个直辖市分别设会场。中国政法大学党委常委、副校长时建中以《建设全国统一大市场与反垄断法实施》为题作主旨报告，与会专家围绕深化全面依法治市实践、生态文明建设法治实践、新技术新业态法律风险防范等十个分论题展开研讨交流。天津市法学会副会长、天津师范大学法学院院长郝磊作论坛综述。

（法学课题组供稿）

第一届国家安全法治发展高端论坛 10月29日，北京交通大学举办第一届国家安全法治发展高端论坛。论坛主题为“推进国家安全体系和能力现代化”。清华大学公共安全研究院院长范维澄院士、中国航天科工集团公司科技委高级顾问刘永才院士出席论坛并为国家安全法治发展研究院揭牌。与会专家围绕总体国家安全观、国家安全学学科建设、军事安全、国际安全、科技安全与科技创新、国家安全与系统观念、粮食安全等主题发言。

（北京交通大学供稿）

第十五届BESETO法学年会 11月5日，由北京大学法学院主办的第十五届BESETO法学年会在线举行。年会主题为“数字化转型与平台责任”，包含三场集中研讨。第一研讨环节“平台责任与行政监管”，由东京大学教授Gen Goto担任主持，首尔大学助理教授Sangchul Park作题为《阻碍东亚平台监管框架合理化的旧制度：聚焦电信法规与不公平商业惯例》的学术报告，北京大学法学院教授戴昕作题为《平台责任的边际进路与结构进路》的学术报告。第二研讨环节“平台责任与竞争政策”，由北京大学法学院助理教授彭錞担任主持，东京大学教授Simon Vande Walle作题为《数字平台与欧盟竞争法：失灵与当下的新路径》的学术报告，北京大学法学副教授院胡凌作题为《中国的平台发包制》的学术报告。第三研讨环节“平台责任与劳动者保护”，由首尔大学教授Jongik Chon担任主持，东京大学教授Takashi Araki作题为《平台经济时代的劳动者保护》的学术报告，首尔大学副教授Sukhwan Choi作题为《数字化转型与各类劳动者》的学术报告。

（北京大学供稿）

第十一届中国社会科学论坛（法治·2022） 11月10—11日，由中国社会科学院法学研究所承办的第十一届中国社会科学论坛（法治·2022）在京举行。论坛主题为“当代法典化理论与实践”。论坛分为两场，主题分别为“劳动法法典化的理论与实践”和“行政法法典化的理论与实践”。中国社会科学院法学研究所所长莫纪宏主持论坛开幕式。中国社会科学院法学研究所国际法研究所联合党委书记陈国平、全国人民代表大会宪法和法律委员会副主任委员江必新、中国政法大学校长马怀德先后发言。论坛4个单元主题分别为东亚行政法法典化、欧洲行政法法典化Ⅰ、欧洲行政法法典化Ⅱ、美洲行政法法典化。上海交通大学凯原法学院宪法与行政法研究所所长朱芒教授、中国政法大学中欧法学院院长刘飞教授、中国社会科学院法学研究所生态法室主任刘洪岩研究员、北京大学法学院王锡锌等多位专家学者发言。全国人大常委会法制工作委员会立法规划室副主任黄海华、中国社会科学院法学研究所副所长周汉华研究员作闭幕总结发言。来自全国人大常委会、中国法学会、北京大学、清华大学、中国政法大学、上海交通大学、对外经济贸易大学、西北政法大学和中国社会科学院等国内高校和科研机构，以及来自美国、德国、法国、意大利、俄罗斯、日本、韩国、巴西等国外机构的专家学者共60余人，以线上线下方式参加论坛。

（中国社会科学院供稿）

税务师行业立法与高质量发展研究论坛 11月12日，数字经济背景下税务师行业立法与高质量发展研究论坛暨中国税收筹划研究会第十六届年会在京召开。会议由国家税收法律研究基地和中国税收筹划研究会承办，采取线上和线下相结合的方式。首都经济贸易大学党委书记韩宪洲，全国人大第十一、十二届财经委副主任、国家税收法律研究基地首席专家、中国税收筹划研究会会长郝如玉，全国政协委员、中国注册税务师协会副会长、尤尼泰税务师事务所总裁蓝逢辉，国务院参事、中央财经大学刘桓教授，中国注册税务师行业党委副书记、中国注册税务师协会常务副会长谢滨，国家税务总局中国税务杂志社总编辑李万甫，国家法官学院副院长李晓民，北京市人大预工委主任刘星，中国法学会财税法研究会副会长贾绍华，国家税收法律研究基地主任曹静韬，副主任王竞达，中国税收筹划研究会副会长兼秘书长丁芸以及来自全国高校、税务机关、税务师事务所等的专家学者以及各高校学生 200 余人参加会议。

（首都经济贸易大学供稿）

第八届中国廉政理论高端论坛　11 月 12 日，中国行为法学会指导，中国行为法学会廉政研究委员会主办的以“自我革命永远在路上”为主题的第八届中国廉政理论高端论坛在北京举办。来自全国人大、中央党校（国家行政学院）、中国法学会等单位的近 200 名嘉宾参加了论坛。

与会嘉宾以“以自我革命精神走好新的赶考之路”“完善党的自我革命制度规范体系”“党的自我革命的制度化规范化”等为题，从不同角度阐述了党的自我革命的重大意义、丰富内涵和实践要求，展现了对党的自我革命理论研究成果的学习心得，并结合党风廉政建设进行了交流。

（摘自《人民日报》2022 年 11 月 16 日第 10 版）

《卫健法》背景下中国卫生健康高质量立法研讨会　11 月 19 日，由首都医科大学卫生法学研究中心和医学人文学院卫生法学系主办的《卫健法》背景下中国卫生健康高质量立法研讨会举行。国家卫生健康委法规司龚向光副司长致开幕辞。来自国家卫生健康委员会、中国卫生法学会、清华大学、北京大学、中国政法大学、华东政法大学、广东外语外贸大学、北京协和医学院、首都医科大学、中国医学科学院医学信息研究所、北京市华卫律师事务所的近 20 位专家学者齐聚云端，围绕《基本医疗卫生与健康促进法》颁行后中国卫生健康立法的模式与内容展开研讨。

（首都医科大学供稿）

第三届中国法治的国际传播学术研讨会　11 月 20 日，由中国政法大学全面依法治国研究院主办，中国政法大学国际法学院、仲裁研究院、中国外文局翻译院、国际商事争端预防与解决组织秘书处等单位协办的第三届“中国法治的国际传播”学术研讨会在京召开。中国政法大学副校长时建中主持开幕式。中国法学会副会长兼秘书长张鸣起，中国政法大学校长马怀德，最高人民法院知识产权法庭副庭长郃中林，国际商事争端预防与解决组织秘书长刘超，中国外文局翻译院院长王继雨和我校全面依法治国研究院教授黄进出席会议并致辞。研讨会以“涉外法治与国际传播”为主题，发布了由全面依法治国研究院和国际法学院共同组织编写的中国第一部《中国涉外法治蓝皮书》和 2022 年“中国法治国际传播十大典型案例”，并在线展示了四部“中国法英文视频公开课”视频。与会代表围绕中国法治国际传播基本战略、重大涉外法治事件传播策略以及中国法治国际传播能力建设等议题展开深入讨论。来自全国人民代表大会常务委员会法制工作委员会、最高人民法院、司法部、中国国际经济贸易仲裁委员会、中国对外书刊出版发行中心、中国翻译协会、北京市司法局、北京市市委宣传部等单位，北京大学、中国人民大学、北京师范大学、中国政法大学、华东政法大学等高等院校的 80 余位代表参会。

（中国政法大学供稿）

第六届创新与知识产权论坛暨 2022 知识产权学术年会　11 月 20 日，由中国科学院大学知识产权学院、中国科学院大学公共政策与管理学院、中国科学院科技战略咨询研究院和中国科学学与科技政策研究会共同主办的第六届创新与知识产权论坛暨 2022 知识产权学术年会在线举办。论坛主题为“面向中国式现代化的知识产权强国建设”。中国科学院大学公共政策与管理学院院长、中国科学院科技战略咨询研究院院长潘教峰主持开幕式。会议由主论坛和分论坛组成。主论坛由中国科学院大学知识产权学院马一德教授主持。国家知识产权专家咨询委员会主任肖兴威，全国政协文化文史和学习委员会副主任阎晓宏，中南财经政法大学教授吴汉东，国家知识产权局战略规划司司长葛树，世界知识产权组织中国办事处主任刘华，最高人民法院民事审判第三庭审判长、北京市知识产权局副局长秦元明分别作主旨发言。分论坛上，50 余位专家学者围绕知识产权强国建设、知识产权法律制度、知识产权管理运营和知识产权与竞争等议题展开交流研讨。1400 余人次在线参会。

（中国科学院大学供稿）

数字时代全球治理背景下首都法治人才建设研讨会　11 月 25 日，由北京市人才工作局、北京市法学会与北京工商大学联合举办的 2022 年首都法学家沙龙——数字时代全球治理背景下首都法治人才建设研讨会召开。北京市人才工作局综合协调处副处长李福升，北京市法学会一级巡视员贾沫微，北京工商大学党委常委、副校长刘敏华出席会议。贾沫微和刘敏华先后发言。中国政法大学数据法治研究院教授张凌寒、中国人民大学法学院教授杨建顺、中央民族大学法学院教授张步峰、中国人民大学未来法治研究院执行院长张吉豫、北京大学法律人工智能实验室研究员刘露、北京工商大学全球治理与企业社会责任研究院院长佟丽华等分别就数字时代法治人才建设的机遇与挑战、具体措施和实施路径等进行探讨。来自北京市人才工作局、北京市法学会、北京大学、中国人民大学、中国政法大学等机构和高校的专家40余人参加会议。

（北京工商大学供稿）

第19届中国社科论坛（国际法·2022） 11月25—26日，由国际法研究所承办的第19届中国社科论坛（国际法·2022）在线举行。论坛主题为“百年变局加速演进与国际法发展”。中国社会科学院法学研究所、国际法研究所联合党委书记陈国平在开幕式上致辞。中国社会科学院国际法研究所副所长翟国强研究员主持论坛开幕式以及主旨报告环节。中国国际法学会会长、中国政法大学教授黄进，海牙国际私法协会前秘书长汉斯·范鲁在开幕式上发言。与会专家围绕多边主义与国际法治的新发展、可持续发展与人权保障、涉外法治体系建设的方法与路径、全球经济治理体系的挑战与前景等议题展开研讨。来自北京大学、清华大学、中国人民大学、中国政法大学等国内高校，以及来自美国、英国、加拿大、荷兰、德国、匈牙利、挪威、葡萄牙、阿尔巴尼亚等国外高校和科研机构的专家学者共50人参加论坛。

（中国社会科学院供稿）

推动数字经济高质量发展的法治保障学术研讨会暨2022年《法学研究》青年论坛 11月26日，由中国社会科学院《法学研究》编辑部与厦门大学法学院联合主办的“推动数字经济高质量发展的法治保障”学术研讨会暨2022年《法学研究》青年论坛在线召开。中国社会科学院《法学研究》资深编辑张广兴研究员主持开幕式，《法学研究》主编、中国社会科学院学部委员陈甦、厦门大学法学院院长宋方青教授致开幕辞。与会专家从行政法、民商法、经济法、知识产权法、刑法、国际经济法等多学科多角度展开研讨。来自北京大学、清华大学、中国人民大学、中国人民公安大学、山东大学、武汉大学、华东政法大学、同济大学、华东理工大学、沈阳师范大学、中南财经政法大学、西南政法大学、厦门大学、《法学研究》编辑部等30多所高校和科研机构的40余名专家学者参加论坛。

（中国社会科学院供稿）

居家办公的劳动法规制国际论坛 11月26—27日，中国劳动关系学院、中国政法大学、德国弗里德里希·艾伯特基金会在线联合举办“居家办公的劳动法规制国际论坛”。中国劳动关系学院校长傅德印教授，中国社会法研究会副会长、中国社会法研究会劳动法分会会长、党委常委姜颖教授出席论坛。傅德印校长致辞。本次论坛分为居家办公对劳动法的挑战、居家办公法律的国际经验、居家办公的劳动法保护和居家办公法律的发展趋势4个单元。中国劳动关系学院姜颖教授、中国劳动关系学院法学院院长沈建峰、中国劳动关系学院执行院长肖竹担任与谈人与主持人；丁皖婧作题为《居家办公场景中劳动者隐私权的保护》的主题报告；向春华作题为《居家办公的职业伤害判定》的主题报告。来自中国、德国、西班牙、意大利、日本、美国、荷兰、法国的近40位学者参与主题报告和讨论。

（中国劳动关系学院供稿）

第六届法庭科学/司法鉴定标准建设研讨会 11月27日，由中国政法大学证据科学研究院、国家司法文明协同创新中心、最高人民检察院重罪检察证据分析研究基地、北京司法鉴定业协会主办，弘德网协办的第六届法庭科学/司法鉴定标准建设研讨会在线召开。中国政法大学证据科学研究院院长王旭主持开幕式。各主旨发言人分别从检察机关证据审查、司法鉴定标准化、法庭科学评价原则、不确定鉴定意见等视角，进行了分享和探讨。还讨论了法庭科学标准国际化及国内的研究动态与实践现状，包括标准数字化、标准可操作性、标准信任问题、诚信体系建设问题及标准争议解决机制研究等内容。来自全国多地公检法系统、高校科研部门、司法鉴定机构及其他企事业单位的共计2652人参加会议。

（中国政法大学供稿）

第二届惠园“一带一路”法治论坛　12月3日，由对外经济贸易大学主办，对外经济贸易大学“一带一路”法治研究中心、对外经济贸易大学法学院和对外经济贸易大学涉外法治研究院承办的第二届惠园“一带一路”法治论坛在线举办。论坛以“‘一带一路’法治建设与国际经贸规则变革”为主题。中国法学会张鸣起副会长、对外经济贸易大学党委书记黄宝印，中国国际法学会会长黄进教授，中国法学会国际经济法学研究会会长沈四宝教授，前WTO上诉机构主席、北京大学法学院赵宏教授，中国贸促会法律事务部刘超部长，最高人民法院国际合作局何帆副局长等出席论坛并致辞。来自最高人民法院、外交部、商务部、中国贸促会、丝路基金有限责任公司等部门的实务专家，对外经济贸易大学、北京大学、中国人民大学、中国政法大学、中国社科院、北京理工大学、北京外国语大学、南开大学、复旦大学、南京大学、浙江大学、武汉大学、华中科技大学等20多所高校和研究机构的学者作专题发言。

（对外经济贸易大学供稿）

中国法律史学会2022年年会暨中国法律史学的创新发展学术研讨会　12月3—4日，由中国法律史学会主办，教育部人文社会科学重点研究基地·中国政法大学法律史学研究院承办的中国法律史学会2022年年会暨“中国法律史学的创新发展”学术研讨会在线举办。中国政法大学终身教授、法律史学研究院名誉院长张晋藩、中国政法大学党委副书记高浣月、中国社会科学院法学研究所国际法研究所联合党委书记陈国平在开幕式上致辞，中国政法大学法律史学研究院朱勇教授发言，中国法律史学会会长、中国社会科学院法学研究所研究员张生作学会工作报告。年会由主题发言、分会场报告与评议、汇报交流与圆桌讨论三个环节组成。来自中国社会科学院、中国政法大学、清华大学、中国人民大学、武汉大学、南京大学、吉林大学、浙江大学、南开大学、中南财经政法大学、西南政法大学、西北政法大学等47所高校或研究机构的专家学者在线发言，300余名学者参与论坛直播，聚焦“中国古代法制考辩”“近现代法制变迁”“法律思想的传承与演变”“法史人才培养与学科展望”等主题，深入探讨了法律史学新的研究成果、理论方法和创新路径。会议对“积极回应国家对法律史学科的期待”“法律史学的史料问题”“法律史学的方法问题”“回应世界法律史学界对国内研究情况的关注”“法律史人才培养与学科创新发展”等五个主题进行了充分讨论。中国法律史学会执行会长、天津财经大学法学院侯欣一教授作总结发言。

（中国政法大学供稿）

第四届金融税法高峰论坛　12月11日，由北京工商大学法学院和北京大学财经法研究中心主办，北京工商大学财税法研究中心和海南华宜财经研究院承办，国富浩华（北京）税务师事务所有限公司及明税律师事务所协办的第四届金融税法高峰论坛举办。论坛主题为“规范资本市场财富积累的税法理论与实践创新”，分为规范资本市场财富积累与财税法律制度的完善、促进共同富裕与支持公益慈善事业发展的税收制度、财富合规积累的税法理论与实践创新三个部分。与会专家聚焦当前金融领域内若干重大税法问题展开研讨。来自各大高校、学术团体的专家学者和实务部门工作者共千余人线上参会。

（北京工商大学供稿）

北京市法学会电子商务法治研究会2022年年会暨第十届电子商务法治高峰论坛　12月25日，由北京市法学会电子商务法治研究会主办，北京工商大学法学院等单位承办北京市法学会电子商务法治研究会2022年年会暨第十届电子商务法治高峰论坛举办。北京工商大学党委常委、副校长左敏出席会议并致辞。北京市法学会电子商务法治研究会会长吕来明作北京市法学会电子商务法治研究会2022年工作报告，并作《反不正当竞争法修改与平台治理》主题发言。与会专家围绕高质量发展背景下的平台合规治理议题，就平台合规治理与常态化监管、平台合规治理与平台自治、平台合规治理与公平竞争、平台合规治理与消费者权益保护等问题进行深入研讨。来自国家市场监管总局、北京大学、清华大学、中国人民大学、中国政法大学、北京互联网法院、北京市消费者协会、中国市场监管报社、阿里、腾讯、京东等国内机构、高校及电商平台等40多家单位的百余位电子商务领域专家学者和研究会会员参加会议。

（北京工商大学供稿）

政治学　国际关系

中希文明对话学术研讨会　“文明、和平、友谊——中华文明与古希腊文明的精神对话”学术研讨会1月1日在北京举行。100余名专家学者、媒体记者通过线上线下方式参会。

与会学者围绕奥林匹克精神及其当代价值、中希文明对话与构建人类命运共同体等问题进行了发言与交流。他们认为，加强中希文明对话和交流不仅可以为奥林匹克精神赋予更加丰富与深刻的内涵，还可以为不同国家、地区与组织之间加强对话、理解与团结注入新的动力。

会上公布了希腊总统卡特里娜·萨克拉罗普卢致《文明》杂志社的贺信。萨克拉罗普卢在信中表示，希腊和中国都是具有悠久历史和文化传统的古国，2022年正值希中建交50周年，北京冬奥会的举办为加深两国文化和历史联结提供了新的契机，有助于深化双边关系，特别是推动文化与体育领域交流。她还提到，世界正面临着前所未有的挑战和危机，各国须携手合作，同心协力，才能共克时艰。汲取奥林匹克精神所体现的价值比以往任何时候都更显重要。

（摘自《人民日报》2022年1月2日第2版）

全球治理与大国关系学科动态研讨会　1月8日，“全球治理与大国关系学科动态研讨会”在线上召开。来自中国社会科学院、北京大学、清华大学、对外经济贸易大学、中央党校（国家行政学院）、中国社会科学杂志社、外交学院、北京外国语大学等机构的20余位专家参加会议。会议研讨的主要议题有“全球治理与全球政治经济学”和“大国关系与国际关系理论新发展”。中国社会科学院世界经济与政治研究所所长张宇燕出席会议并致辞，中国社会科学院世界经济与政治研究所任琳研究员主持会议。中央党校（国家行政学院）国际战略研究院副院长吴志成、清华大学社会科学学院副院长赵可金、对外经济贸易大学国际关系学院院长戴长征、中央党校（国家行政学院）经济学教研部教授时红秀等先后在“全球治理与全球政治经济学”单元发言。北京外国语大学国际关系学院院长谢韬、清华大学国际关系学系副教授漆海霞、清华大学国际关系学系教授刘丰等先后在“大国关系与国际关系理论新发展”单元发言。

（中国社会科学院供稿）

中欧城市与区域发展国际研讨会　1月13日，由中央财经大学和希腊色萨利大学联合主办的中欧城市与区域发展国际研讨会在两地同步召开。来自中国、希腊、英国等的10余所高校和研究机构的50余名专家学者，共同围绕“中欧城市发展比较”“城市与区域可持续发展”“城市与区域规划”等主题进行了探讨和交流。

中央财经大学副校长史建平、希腊色萨利大学副校长拉利奥图出席研讨会并致辞。中央财经大学副校长李涛、希腊色萨利大学孔子学院外方院长乔治·佩特拉科斯、希腊色萨利大学孔子学院中方院长王晓红、欧洲区域科学研究协会希腊分会会长扬尼斯·普卡里斯、希腊国家社会研究中心城市与农村社会学研究所主任托马斯·马卢塔斯、希腊经济发展私人投资部前秘书长洛伊丝·拉布里安迪斯、北京大学城市与环境学院院长贺灿飞、中山大学地理与规划学院副教授乔治·格雷库西斯等分析了中欧区域产业化、城市化、空间布局等模式发展的特点，探讨了区域经济协调发展与空间均衡关系问题，提出了地中海沿岸可持续性发展的测度指标体系，揭示了中、欧洲空间模式发展的新特点与新规律等重大问题。会议现场通过国际媒体网站同步直播。

（中央财经大学供稿）

“中国－东盟公共卫生合作”圆桌讨论会　1月29日，由中国医学科学院北京协和医学院和外交学院联合主办的“中国－东盟公共卫生合作”圆桌讨论会在京召开，外交学院院长徐坚、中国医学科学院北京协和医学院院校长王辰分别致开幕辞。外交部亚洲司、卫健委、全国妇联、中国国际扶贫中心、中华慈善总会和中国医学科学院北京协和医学院等单位领导和专家出席会议，并进行深入交流。

在中国－东盟全面战略伙伴关系的开局之年，以中国和东盟国家领导人的共识为指引来推进各领域的务实合作，继续发挥中国－东盟在东亚合作中的引领作用，聚焦“中国－东盟健康之盾”领导人倡议的落实，是本次圆桌讨论会的主要议题。在嘉宾发言和自由讨论环节，与会领导和专家围绕如何落实习主席提出的“中国－东盟健康之盾”倡议进行了深入研讨，与会代表一致认为，在中国－东盟关系提升为全面战略伙伴关系的背景下，倡导公共卫生合作，尤其是通过保障女性群体健康，实现健康与减贫事业相互促进，对于构建中国－东盟健康共同体具有重要意义。

（外交学院供稿）

纪念中墨建交50周年座谈会　2月15日，由中国社会科学院拉丁美洲研究所墨西哥研究中心主办的“纪念中墨建交50周年座谈会”在京举行。外交部、国家开发银行、中国国际贸易促进委员会、中国银行、中国现代国际关系研究院、中国国际问题研究院、清华大学、北京第二外国语学院以及中国社会科学院民族学与人类学研究所、拉丁美洲研究所的近50位专家学者和机构代表参加会议。

会议分为“回顾与展望”“合作与交流”“讨论和总结”三部分。中国社会科学院荣誉学部委员徐世澄研究员、中国现代国际关系研究院杨首国研究员、中国国际问题研究院宋均营、国家开发银行杨玲、中国银行刘文锐、中国外交部杜裕等先后发言。在“讨论和总结”环节。与会嘉宾就墨西哥总统所提出的“第四次变革”、拉美（墨西哥）现代化进程的经验和教训以及如何学习墨西哥处理民族问题和文化问题的经验等进行讨论。

（中国社会科学院供稿）

“俄乌危机与中欧关系”研讨会　3月13日，由中国欧洲学会、对外经济贸易大学国家对外开放研究院、对外经济贸易大学全球创新与治理研究院（中国－欧盟经济合作研究中心）共同主办的“俄乌危机与中欧关系”研讨会在京举行。会议主要议题有“俄乌危机对欧盟及中国的影响”“俄乌危机对中欧关系的影响”“如何解决俄乌危机”“促进中欧合作”等。中国欧洲学会会长、欧洲研究所所长冯仲平，中国欧洲学会副会长、欧洲研究所副所长陈新，中国欧洲学会秘书长宋晓敏出席会议并发言。会议邀请了外交部、商务部、中国社会科学院、中央党校、中国现代国际关系研究院、中国国际问题研究院、外交学院等多家单位的20余位专家学者参加会议。

（中国社会科学院供稿）

“俄乌冲突：大国战略、地区安全和国际秩序”学术研讨会　3月24日，外交学院国际关系研究所、国际安全研究中心共同举办“俄乌冲突：大国战略、地区安全和国际秩序”学术研讨会。来自清华大学、中国人民大学、中共中央党校、上海外国语大学、中国现代国际关系研究院、中国政法大学、吉林大学、国际关系学院、外交学院等单位的20多位专家学者与会。外交学院院长徐坚出席会议并作主旨发言，全面深入地分析了俄乌冲突的根源、大国战略及其对世界政治的影响。会议共分四个单元。与会专家深入讨论了俄罗斯的战略考虑、美国的战略考虑，以及俄乌冲突对国际和地区安全的冲击、对国际秩序的复杂影响等。

（外交学院供稿）

第十一届中国－摩洛哥文化与教育交流国际学术研讨会　3月24日，北京第二外国语学院联合摩洛哥穆罕默德五世大学举办的第十一届中国－摩洛哥文化与教育交流国际学术研讨会在京举行，主题为“新时代中国－摩洛哥人文交流”。

北京第二外国语学院副校长郑承军、摩洛哥穆罕默德五世大学校长代表穆罕默德·扎卡利亚·艾布扎哈卜出席会议并为开幕式致辞，教育部中外人文交流中心副主任杨晓春、前中国驻摩洛哥大使程涛、教育部外国语言文学类教学指导委员会副主任委员罗林作主旨演讲，来自中摩两国的近30位专家学者在会上进行交流。2008年，北京第二外国语学院与摩洛哥穆罕默德五世大学签署合作协议。2011年，“20+20”中非高校合作项目正式启动，依托北京第二外国语学院阿拉伯研究中心，每年举办“中摩文化教育交流合作研讨会”活动。

（北京第二外国语学院供稿）

第二届“中国与俄罗斯：共同发展与现代化”暨庆祝中俄友好、和平与发展委员会成立25周年国际研讨会　3月29日，第二届“中国与俄罗斯：共同发展与现代化”暨庆祝中俄友好、和平与发展委员会成立25周年国际研讨会举行。会议主要议题有“中国式现代化道路”“中国对外开放经济理论”“俄罗斯经济结构现代化”“全球化发展新趋势”“中俄低碳发展与能源合作”等。

全国政协副主席，中俄友好、和平与发展委员会中方主席夏宝龙，中国社会科学院院长谢伏瞻出席开幕式并致辞。俄罗斯国家杜马第一副主席梅利尼科夫，中俄友好、和平与发展委员会俄方主席季托夫，中国驻俄罗斯大使张汉晖，俄罗斯驻华大使杰尼索夫，俄罗斯科学院副院长马卡洛夫线上出席开幕式。来自中国和俄罗斯的10余位专家学者参加会议。与会学者认为，中国式现代化之所以成为新道路，不仅在于其创造了举世瞩目的历史成就，而且在于其相对既有的现代化道路具有超越性和优越性。中国式现代化道路深刻揭示了现代化发展的一般规律，系统总结了发展中国家追求现代化的历史经验，为人类社会建构文明形态提供了全新尝试和崭新路径，既具有鲜明的中国价值，也具有普遍的世界意义。中俄虽然国情不同，文化传统有很大差异，但是两国在选择发展模式上秉持相同的原则，都坚持开放合作，积极增进民生福祉。中俄合作符合两国人民的根本利益，双方应充分把握新一轮科技革命和产业变革带来的机遇，加强在疫苗研发生产、科技创新、数字经济、绿色能源、互联互通等领域的合作，共同开发新技术、新产业、新业态、新模式、新动能，促进实现更高质量发展。

（中国社会科学院供稿）

“中国与亚美尼亚建交三十年：现状与前景”研讨会 4月7日，“中国与亚美尼亚建交三十年：现状与前景”研讨会以线上线下相结合方式，在北京、埃里温两地同时举行。会议主要议题有“中亚各领域合作”“中亚共建‘一带一路’的潜力与前景”“欧亚地区形势及大国关系”“中亚在上海合作组织框架下的合作”等。

中国政府欧亚事务特别代表李辉，亚美尼亚外交部副部长姆纳察坎·萨法良，亚美尼亚国家科学院院长萨基扬，中国社会科学院秘书长赵奇，中国驻亚美尼亚大使范勇，亚美尼亚驻华大使谢尔盖·马纳萨良，中国社会科学院俄罗斯东欧中亚研究所所长孙壮志，亚美尼亚国家科学院东方研究所所长罗伯特·哈扎尔扬，上海合作组织睦邻友好合作委员会秘书长郑薇等出席会议并致辞。中国与亚美尼亚相关科研机构的专家学者出席会议。

（中国社会科学院供稿）

首届中非文明对话大会 4月9日，“首届中非文明对话大会”以线上线下相结合方式在京举行。会议的主题为“文明交流互鉴推动构建新时代中非命运共同体”，研讨的主要议题有“文明交往与中非友好合作精神”“文明互鉴与‘一带一路’”“文明多样性与中非文明史”“文明传承与青年责任”。中国社会科学院秘书长、党组成员赵奇和非洲联盟驻华代表处常驻代表拉赫曼塔拉·奥斯曼发表致辞。肯尼亚非洲政策研究所所长、中国非洲研究院国际顾问委员会委员彼得·卡格万加，中国社会科学院学部委员、中国边疆研究所所长邢广程研究员，厦门大学社会与人类学院教授、中国非洲研究院国际顾问委员会委员高畅，北京大学教授、中国非洲史学会会长李安山，非洲社会科学研究发展理事会前副会长、喀麦隆雅温得第一大学教授、中国非洲研究院国际顾问委员会委员恩科洛·福埃，先后发表主旨演讲。

中国非洲研究院副院长周云帆宣读了《首届中非文明对话大会宣言》。中国非洲研究院副院长王晓明宣布启动“中国非洲研究青年论坛”项目。中国社会科学院学部委员、国际研究学部副主任、世界经济与政治研究所所长张宇燕研究员致闭幕辞。

大会由中国社会科学院主办，中国非洲研究院、非洲联盟驻华代表处承办。来自中非双方的专家学者、青年代表、企业人士以及非洲国家驻华外交官等共180余人出席会议。共有近40位专家学者、青年代表、企业人士、非洲驻华外交官发言和评论。

（中国社会科学院供稿）

中俄青年发展论坛 4月21日，在中俄友好、和平与发展委员会成立25周年之际，中华全国青年联合会主办，外交学院承办的中俄青年发展论坛举办。中国政府欧亚事务特别代表、中国原驻俄大使李辉，俄罗斯驻华大使安德烈·杰尼索夫，全国青联副主席、共青团中央书记处书记傅振邦，外交学院院长徐坚致开幕辞。

论坛上，12位中俄青年就中俄青年如何响应全球发展倡议，加强数字经济等领域交流合作；如何树立共同、综合、合作、可持续的安全观，抵制技术封锁和数字霸权；如何反对冷战思维和阵营对抗，捍卫真正的多边主义、构建人类命运共同体等重要议题进行探讨。来自中国和俄罗斯的青年组织负责人代表、青年企业家代表、国际关系、人文合作等各领域的青年专家代表，以及百余名中俄优秀青年通过线上线下相结合的方式参加了论坛。

（外交学院供稿）

"纪念中希建交 50 周年：古老文明与现代伙伴"研讨会 5 月 27 日，"纪念中希建交 50 周年：古老文明与现代伙伴"研讨会以线上线下相结合的方式举行。希腊副总理帕纳约蒂斯·比克拉梅诺斯发来贺信，中国社会科学院秘书长赵奇、希腊发展和投资部长斯皮里宗－阿佐尼斯·乔治亚季斯、希腊外交部副部长科斯塔斯·弗兰戈扬尼斯、中国驻希腊大使肖军正、希腊驻华大使乔治·伊利奥普洛斯出席会议并致辞。会议主要议题有"古代文化的智慧对现代的影响""50 年的友谊与合作""'一带一路'倡议与'希腊 2.0'计划"等。主旨发言环节，中国社会科学院欧洲研究所所长、中国－中东欧国家交流与合作网络理事长冯仲平，希腊欧洲与外交政策基金会主席、巴黎政治学院教授卢卡斯·楚卡利斯先后发言。中国社会科学院欧洲研究所副所长陈新作总结发言。

（中国社会科学院供稿）

中俄智库高端论坛（2022）"中国与俄罗斯：新时代合作" 6 月 1—2 日，中俄智库高端论坛（2022）"中国与俄罗斯：新时代合作"以视频连线方式在北京和莫斯科召开。中国国务委员兼外交部部长王毅、俄罗斯外交部部长拉夫罗夫、中国社会科学院院长石泰峰、俄罗斯国际事务委员会主席伊万诺夫等出席开幕式并致辞。

王毅发表题为"加强团结合作，完善全球治理"的视频致辞。来自中俄两国政府、学界和企业界代表参加会议。会议研讨的主要议题有"中俄经济合作高质量发展""绿色合作""全球和地区治理"等。论坛由中国社会科学院和俄罗斯国际事务委员会共同主办，中国社会科学院俄罗斯东欧中亚研究所和中俄战略协作高端合作智库承办，中国社会科学院－俄罗斯国际事务委员会中俄思想库交流机制提供项目支持。

（中国社会科学院供稿）

东盟地区论坛（ARF）预防性外交与可持续和平研讨会 6 月 1—2 日，"东盟地区论坛（ARF）预防性外交与可持续和平"研讨会以视频会议的形式举行。研讨会由中国、文莱、缅甸和新加坡联合主办，外交学院亚洲研究所承办。中国外交部亚洲司副司长方虹、文莱东盟事务司副司长 Latifah Zaini、缅甸外交部东盟事务司副司长 Khin Thida Aye 和新加坡东盟事务司司长 Rajpal Singh 出席会议并致开幕辞。来自中国、美国、日本、东盟国家等 19 个 ARF 成员的近 60 余位官方和学界代表与会。

研讨会分 4 个议题，与会各国代表分别从"预防性外交与国际发展合作""发展中国家的预防性外交创新实践""预防性外交与疫情防控""预防性外交的新议题与新方案"四个方面探讨了预防性外交面临的现实挑战、理念与实践及未来发展趋向。研讨会试图将理论与实践、全球经验与地区实际、长远挑战与当前需求相结合，通过分享不同国家和地区的最佳实践，开拓 ARF 成员在创造性开展预防性外交方面的视野和思路，进一步凝聚共识，为加快本地区预防性外交发展，探索实现地区和世界持久和平的现实路径贡献智慧。与会代表一致认为，当前传统与非传统安全问题交织，技术变革日新月异，和平与安全面临的挑战日益多样和复杂，预防性外交作为构建可持续和平的重要手段，亟须开创新思路、新范式、新路径，加强各方的对话与沟通尤为重要。

（外交学院供稿）

2022 年金砖国家学术会议：面向高质量的共享发展 6 月 7 日，由中国社会科学院拉丁美洲研究所、国际合作局共同主办，厦门市金砖国家新工业革命伙伴关系创新基地领导小组办公室协办的"2022 年金砖国家学术会议：面向高质量的共享发展"以线上方式举行。会议主要议题有"国际体系与金砖国家""全球发展与金砖国家""战略对接与金砖国家"。来自中共中央对外联络部、巴西经济部、中国社科院、清华大学、北京师范大学、巴西卢拉研究所、里约热内卢联邦大学、巴西 CIP·研究网络、俄罗斯欧亚经济委员会等机构的 150 余名政府官员、专家学者以及媒体代表参加会议。

中国社会科学院国际合作局局长王镭，中共中央对外联络部研究室主任、金砖国家智库合作中方理事会秘书长金鑫出席开幕式并致辞。巴西前驻国际货币基金组织总代表保罗·巴蒂斯塔，中国社会科学院学部委员、世界经济与政治研究所所长张宇燕研究员作主旨演讲。会议分为 3 个单元，巴西卢拉研究所主席马尔西奥·波赫曼，欧亚经济委员会宏观经济与一体化部部长、俄罗斯科学院院士谢尔盖·格拉济耶夫，印度辩喜基金会高级研究员维诺德·阿南德，清华大学社会科学学院副院长赵可金教授，北京师范大学“一带一路”学院执行院长胡必亮教授，印度社会科学研究理事会东北中心副主任约书亚·托马斯教授，巴西经济部国际经济事务秘书处顾问伊万·奥利维拉，南非约翰内斯堡大学孔子学院外方院长孟大为，俄罗斯国际事务委员会执行主席安德烈·科尔图诺夫，巴西 CIP·研究网络研究员雷娜塔·阿尔伯克基·里贝罗等专家先后进行发言。

（中国社会科学院供稿）

第 16 届美国研究联络会（ASN）年会　6 月 11 日，由中美教育基金会和外交学院英语系联合主办的第 16 届美国研究联络会（ASN）年会召开。年会以“尼克松访华 50 周年：对中美关系的思考”为主题，与会专家和学者来自清华大学、北京大学、耶鲁大学、约翰·霍普金斯大学等国内外高校，以及中国社会科学院美国研究所、龙洲经讯研究所等研究机构。

年会分为上下两场，上半场以“如何应对环境挑战”“不同的时代：变化的社会”为主题。吉林大学副教授邹晓龙回顾了双方在气候变化治理方面的历程和互动。威尔逊国际学者中心詹妮弗·特纳探讨了中美相互学习，在竞争中合作实现双赢的经验。北京大学教授贾庆国指出中国领导人所采取的务实外交政策和中国人民的勤劳与创造力发挥了极其重要的作用。美国丹佛大学教授赵穗生阐述了 50 年来中美关系发展的五个特征，并表示作为双方关系的受益者，中美在新的历史时期应努力使两国关系回到正轨。

下半场以“中美经济关系展望：过去与现在”“中美关系五十年：经验与教训”为主题。北京大学教授王勇对中美 60 年来的合作历程加以阐释，并提出了中美关系重回正轨的建议。龙洲经讯研究所创始人葛艺豪表示中美关系的良好发展基于两国间特定的外交政策，得益于双方各级别的交流与互动，中美双方应明确两国共同的目标。北京大学教授查道炯从能源安全角度对中美关系的发展提出了建议。耶鲁大学高级研究员斯蒂芬·罗奇提出有必要建立一个国家交往制度性框架来构建两国关系。

（外交学院供稿）

中国“双循环”战略对欧洲的影响学术研讨会　6 月 21 日，中国－中东欧研究院、匈牙利外交与贸易研究所共同举办“中国‘双循环’战略对欧洲的影响”线上学术研讨会。会议主要议题有“中欧是重要合作伙伴”“‘双循环’战略及其对欧洲的影响”“以高水平开放促进‘双循环’”。匈牙利外交与贸易研究所所长乌格罗什迪·马尔通 (Ugrósdy Márton)，中国社会科学院欧洲研究所所长、中国－中东欧研究院院长冯仲平，上海市世界经济学会会长、复旦大学世界经济研究所教授罗长远、中国社会科学院世界经济与政治研究所副所长徐奇渊，法国国际关系研究所亚洲研究中心主任弗朗索娃·尼古拉斯等与会专家分别发言。

（中国社会科学院供稿）

“中国与乌兹别克斯坦：友好合作 30 年”研讨会　6 月 29 日，“中国与乌兹别克斯坦：友好合作 30 年”研讨会以线上线下相结合方式，在北京、塔什干两地同时举行。会议研讨的主要议题有“中乌各领域合作”“中乌共建‘一带一路’的前景”“中亚地区形势”“中乌在上海合作组织框架下的合作”等。

中国社会科学院俄罗斯东欧中亚研究所所长孙壮志，乌兹别克斯坦外交部信息分析中心主任达尼埃尔·库尔班诺夫，中国驻乌兹别克斯坦大使姜岩，乌兹别克斯坦驻华大使法尔霍特·阿尔济耶夫等出席会议并致辞。中国与乌兹别克斯坦相关科研机构的专家学者出席会议。研讨会由中国社会科学院俄罗斯东欧中亚研究所与乌兹别克斯坦外交部信息分析中心共同举办。乌兹别克斯坦驻华大使馆、西北大学丝绸之路研究院、陕西师范大学乌兹别克斯坦研究中心参与承办。

（中国社会科学院供稿）

“全球发展：共同使命与行动价值”智库媒体高端论坛　7 月 4 日，由国务院新闻办主办，中国社会科学院、国务院发展研究中心、中央广播电视总台共同承办的“全球发展：共同使命与行动价值”智库媒体高端论坛在京举行，中国国家主席习近平向论坛致贺信。中共中央政治局委员、中央书记处书记、中央宣传部部长黄坤明宣读习近平主席贺信并发表主旨演讲，中国社会科学院院长石泰峰、国务院发展研究中心党组书记陆昊出席开幕式并致辞。

联合国副秘书长兼亚洲与太平洋地区经济和社会委员会执行秘书阿里沙赫巴纳，埃及前总理伊萨姆·沙拉夫，塞尔维亚前总统鲍里斯·塔迪奇，国际农业发展基金总裁、多哥前总理吉尔伯特·洪博等来自全球60多个国家地区和国际组织的200余位代表以线上线下方式参会。在论坛成果发布环节，中国社会科学院副院长高翔发布《全球发展倡议：以人民为中心推动落实2030年议程》智库报告。该报告由中国社会科学院组织编写，约请国内外知名学者和国际发展合作专家从经济复苏、减少贫困、科技创新、伙伴关系等多重维度，深入阐析全球发展倡议的丰富内涵，分享促进发展有益经验。

（国务院发展研究中心供稿）

中非智库论坛第十一届会议　7月21日，为期两天的中非智库论坛第十一届会议在京闭幕。本届会议主题为“弘扬中非友好合作精神，携手践行全球发展倡议”，为深化中非友好合作、凝聚发展共识、践行全球发展倡议建言献策，贡献智慧。

会议由中非合作论坛中方后续行动委员会秘书处主办，中国非洲研究院承办，浙江师范大学非洲研究院和北京大学非洲研究中心协办。来自中非双方政府官员、部分非洲国家驻华使节、专家学者以及媒体人士等近200人通过线上线下相结合的方式出席会议。

（摘自《人民日报》2022年7月22日第3版）

中国中日关系史学会2022年年会暨纪念中日邦交正常化50周年学术研讨会　7月23日，中国中日关系史学会2022年年会暨纪念中日邦交正常化50周年学术研讨会在京召开。会议由首都师范大学东亚历史研究中心与中国中日关系史学会联合主办，北京市中日文化交流史研究会、北京大学东北亚研究所承办。

开幕式由中心主任史桂芳主持。首都师范大学党委常委、副校长雷兴山在致辞中指出，当今世界正经历百年未有之大变局，全球治理体系深刻重塑，国际格局加速演变。中日关系既迎来发展机遇，也面临复杂挑战。期盼与会专家发挥专长，为增进中日两国人民之间的友好交流，为开创两国关系更加美好的明天做出积极贡献。会议采取线上线下结合方式，来自北京大学、清华大学、复旦大学、北京师范大学、中国历史研究院、中国社科院日本所、南京大学、浙江大学、北京语言文化大学和首都师范大学等18家科研院所共25篇论文入选，涵盖中日邦交正常化、中国对日外交、中日经贸合作和文化交流史、日本民众对华态度等论题。

（首都师范大学供稿）

习近平外交思想学习座谈会　7月24日，习近平外交思想学习座谈会在京召开，国务委员兼外长王毅出席会议并讲话，强调要以习近平新时代中国特色社会主义思想和习近平外交思想为指引，奋力开创新时代中国特色大国外交新局面。

王毅表示，习近平总书记作为中国特色大国外交的总设计师，洞察国际风云、把握时代脉搏、引领世界潮流，提出一系列原创性外交战略策略和重大理念倡议，创立了习近平外交思想，为新时代中国外交提供了根本遵循和行动指南，为解决全球重大问题贡献了中国智慧和中国方案，为推动人类发展与进步凝聚了共识与合力。在习近平外交思想指引下，中国特色大国外交全面推进，为实现中华民族伟大复兴的中国梦营造了良好环境，为促进人类和平与发展的崇高事业作出了重大贡献。外交战线要进一步学习领会、贯彻落实习近平外交思想，提高政治站位，坚决做到“两个维护”；深化学习研究，持续加强理论武装；指导外交实践，着力增强工作实效；加强阐释宣介，充分彰显世界意义。

座谈会由习近平外交思想研究中心和学习时报社共同举办。

（摘自《人民日报》2022年7月25日第3版）

俄乌冲突后国际格局的演变趋势与中国角色国际研讨会　7月26日，由中国社会科学院国家高端智库主办，中国社会科学院亚太与全球战略研究院、中国社会科学院国际合作局承办的“俄乌冲突后国际格局的演变趋势与中国角色”国际研讨会在京举行。会议研讨的主要议题有“俄乌冲突后的国际格局演变”“美国‘印太战略’对全球秩序的影响”“推动国际关系健康发展的中国贡献”等。

与会专家认为俄乌冲突大大加剧了国际政治经济格局的两极化，并对国际能源、粮食市场构成了重大冲击。中国人民大学时教授殷弘、印度辨喜基金会研究员阿南德和日本国际论坛名誉主任委员菊池分别介绍了俄乌冲突对本国的影响。清华大学达巍、马来西亚马来亚大学饶兆斌、韩国世宗研究所郑载兴、国防大学唐永胜、中国国际问题研究院刘卿、中国社会科学院亚太与全球战略研究院许利平分别作发言。

（中国社会科学院供稿）

北约全球化的趋势与风险国际学术研讨会 7月27日，由中国社会科学院国家高端智库主办、中国社会科学院欧洲研究所承办的“北约全球化的趋势与风险”国际学术研讨会召开。来自国内外智库、高校等研究机构的专家学者通过线上与线下相结合的方式参加了研讨会。会议的主题是“北约全球化战略发展趋势及其影响”，研讨的主要议题有“北约全球化的当前动向”“北约全球化给欧洲和亚太地区造成的影响”“北约以及世界安全秩序的未来”。来自中国人民大学教授徐海云、巴黎政治学院政治学教授克里斯蒂安·勒奎斯纳（Christian Lequesne）、阿尔巴尼亚全球化研究院执行院长马尔塞拉·穆萨贝留（Marsela Musabelliu）、德国汉堡联邦国防军大学政治系教授迈克·施塔克（Michael Staack）、中国社会科学院欧洲研究所欧洲国际关系研究室主任赵晨、塞尔维亚国际政治经济研究所副所长伊沃娜·拉杰瓦茨（Ivona Ladjevac）、德国外交关系委员会前主任艾伯哈特·桑德施耐德（Eberhard Sandschneider），中国人民解放军国防大学国家安全学院副院长唐永胜，德国波恩大学高级安全、战略与一体化研究中心教授梅飞虎（Maximilian Mayer）等专家分别发言。

（中国社会科学院供稿）

网络安全态势与网络安全治理国际对话会议 7月28日，由中国社会科学院国家高端智库主办、国家全球战略智库承办的“网络安全态势与网络安全治理”国际对话会议在京举办。会议主要议题有“全球网络空间安全中的风险与合作”“全球数字治理中的挑战与应对”。世界经济与政治研究所所长、国家全球战略智库首席专家、中国世界经济学会会长张宇燕研究员致开幕词。欧洲互联网治理对话平台创始人、丹麦奥尔胡斯大学荣休教授、网络空间稳定全球委员会专家委员 Wolfgang Kleinwächter，世界经济与政治研究所国家安全研究室主任郎平研究员，卡内基国际和平基金会技术与国际事务项目非常驻高级 Ariel Levite 研究员，荷兰莱登大学现代中国研究助理教授、斯坦福大学网络政策中心“数字中国”项目共同创办人 Rogier Creemers，北京航空航天大学法学院副院长、网络空间国际治理研究基地常务副主任周学峰教授，日本庆应义塾大学全球问题研究所 Ken Katayama 研究员，中国传媒大学网络空间全球治理研究中心主任徐培喜教授等作交流和发言。

（中国社会科学院供稿）

“全球挑战下的新兴经济体”国际研讨会 7月29日，由中国社会科学院国家高端智库主办、中国社会科学院拉丁美洲研究所承办的“全球挑战下的新兴经济体”国际研讨会在京召开。来自中国社会科学院、新开发银行、国务院发展研究中心、清华大学、商务部研究院、中国现代国际关系研究院、阿根廷祖国研究所、巴西应用经济研究所、俄罗斯联邦储蓄银行、印度社会科学研究理事会、南非约翰内斯堡大学、马来西亚新亚洲战略研究中心、印尼战略与国际研究中心等13家中外研究机构和智库的、共计40余名专家学者以及媒体代表通过线上方式参会。会议主要议题有“全球挑战与共同发展”“全球治理与现实选择”“合作创新与中国倡议”。

中国社会科学院世界经济与政治研究所副所长、新兴经济体研究会会长姚枝仲，新开发银行副行长兼首席行政官周强武出席开幕式并致辞。会议共有三个单元，阿根廷参议员奥斯卡·帕利里，国务院发展研究中心对外经济研究部副部长吕刚，巴西应用经济研究所研究员雷纳托·鲍曼，清华大学社会科学学院副院长赵可金，印度社会科学研究理事会东北中心副主任约书亚·托马斯，马来西亚新亚洲战略研究中心理事长许庆琦，商务部研究院学术委员会副主任、区域经济研究中心主任张建平研究员等专家，分别就“全球挑战下阿根廷和拉丁美洲的作用”“新形势下加强新兴经济体经贸合作的紧迫性”“全球挑战与发展中经济体应对的共同路径”“全球治理的中国路径”“状态竞争：金砖国家寻求在全球治理中的影响”“全球安全与发展倡议的战略实践”“合作创新走向高质量发展”等题目进行发言。

（中国社会科学院供稿）

“2022中国－东盟媒体智库合作论坛”智库分论坛 8月5日，由中国社会科学院国家全球战略智库主办、新兴经济体研究会承办、中国（海南）改革发展研究院和广西大学中国－东盟研究院协办的“2022中国－东盟媒体智库合作论坛”智库分论坛在京举办。论坛的主题是“全球发展倡议与共建中国－东盟命运共同体”。包括“创新增长与可持续发展”“发展合作与共同繁荣”“推动构建更为紧密的中国－东盟命运共同体”等三个议题。来自中国、文莱、柬埔寨、老挝、印度尼西亚、泰国和越南等多国的智库与高校的专家学者参加会议。

中国社会科学院学部委员、中国社会科学院

国家全球战略智库首席专家、世界经济与政治研究所所长、中国世界经济学会会长张宇燕研究员在开幕式上致辞。中国（海南）改革发展研究院院长迟福林教授，老挝工业与贸易经济研究所副所长万萨旺·提帕冯（Viengsavang Thipphavong），印尼战略与国际问题研究中心执行主任约瑟（Yose Rizal Damuri），中国社会科学院学部委员、山东大学国际问题研究院院长张蕴岭研究员，中国社会科学院亚太与全球战略研究院王玉主研究员，越南社科院东南亚研究所所长阮辉煌（Nguyen Huy Hoang）等分别发言。

（中国社会科学院供稿）

“新时代中国统一事业”智库论坛　8月12日，“新时代中国统一事业”智库论坛在北京举行。此次论坛由中国社会科学院台湾研究所主办，30余位台湾问题专家学者与会，就《台湾问题与新时代中国统一事业》白皮书重要论述展开深入研讨。

与会专家认为，白皮书的发表正当其时、意义重大、振奋人心。白皮书系统梳理了台湾自古以来属于中国的历史经纬和法理事实，全面总结了中国共产党坚定不移推进祖国完全统一的奋斗历程、重大成就和宝贵经验，深刻揭批了民进党当局加紧谋“独”挑衅与美国加大力度打“台湾牌”的荒谬与风险，系统阐述了中国共产党和中国政府在新时代推进实现祖国统一的立场和政策，清晰展示了按照“一国两制”实现和平统一后的光明前景。

针对美国国会众议长佩洛西不顾中方强烈反对和严正交涉执意窜台，与会专家认为，这是美方对国际秩序和国际规则的严重破坏，是一次危险的恶意挑衅，性质恶劣、后果严重，再次暴露美“以台制华”和台当局“倚美谋独”的险恶用心，严重损害破坏台海和平和亚太稳定，激起中国人民强烈愤慨，引发国际社会高度警觉，注定被世人唾弃。中方对此进行坚决反制，及时必要，合理合法。

（摘自《人民日报》2022年8月13日第3版）

中华日本学会2022年年会暨“邦交正常化50周年：中日关系回顾与展望”学术研讨会　8月18日，由中华日本学会主办，北京大学国际关系学院与中国社会科学院日本研究所共同承办的中华日本学会2022年年会暨“邦交正常化50周年：中日关系回顾与展望”学术研讨会在京召开。北京大学党委书记郝平会见嘉宾代表。北京大学副校长王博，中日友协常务副会长、原驻日大使程永华，中国原驻美大使、中国原驻日大使、中国人民外交学会理事会顾问崔天凯，中华日本学会会长高洪，中国社会科学院前副院长、中华日本学会前会长武寅，中国社会科学院日本研究所党委书记、副所长闫坤等出席大会开幕式。来自国内众多高校和科研机构的150余名专家学者参会，与会者围绕“50年来的中日关系”“50年来的日本政治、社会、文化”“50年来的日本经济”“50年来的日本外交、安全”等研讨主题进行交流。

（北京大学供稿）

秉持初心 面向未来：纪念中韩建交三十周年国际研讨会　8月19日，“秉持初心　面向未来：纪念中韩建交三十周年国际研讨会”以线上与线下相结合的方式举行。会议研讨的主要议题有“增进政治互信”“加强经济合作”“促进民心相通”等 。

中国社会科学院秘书长赵奇、韩国经济人文社会研究会理事长丁海龟、中国驻韩国大使邢海明、韩国驻华大使郑在浩出席开幕式并致辞。韩国对外经济政策研究院院长金兴钟代表主办方致开幕词。原中国文化部部长蔡武和韩中友好协会会长辛正承做基调发言。来自中国社会科学院、中国国际问题研究院、中国外文局、中国国际经济交流中心、中国国际贸易促进委员会以及韩国对外经济政策研究院、韩国统一研究院、庆熙大学、西江大学等中韩机构的专家学者参加会议。会议由中国社会科学院亚太与全球战略研究院、韩国对外经济政策研究院共同举办。

（中国社会科学院供稿）

第四届国际社会文化比较研究学术研讨会　8月25日，由中国社会科学院欧洲研究所主办的第四届“国际社会文化比较研究”学术研讨会举办。会议的主题是“新形势下全球社会思潮的变化与挑战”，研讨的主要议题有“新时代、新形势背景之下全球社会文化领域内的新思潮、新变化、新挑战”“新局势、新思潮、新视角”“社会文化视角下的外交问题研究”“国家与社会治理”“民族与宗教问题研究”“俄乌冲突对欧洲社会的影响”“社会政策研究”。来自俄罗斯东欧中亚研究所、欧洲研究所、拉丁美洲研究所、日本研究所、亚太与全球战略研究院、美国研究所、世界经济与政治研究所彭成义、中国非洲研究院的学者分别发言。香港中国学术研究院常务副院长黄平研究员以“国际社会文化比较的视角与方法问题”为题发表主旨演讲。

（中国社会科学院供稿）

中国社会科学论坛（2022）“重温初心，面向未来”——纪念中日邦交正常化50周年国际学术研讨会 8月27日，中国社会科学论坛（2022）“重温初心，面向未来”——纪念中日邦交正常化50周年国际学术研讨会在京召开。会议由中国社会科学院主办，中国社会科学院日本研究所、中华日本学会承办。会议主要议题有“中日关系各领域发展的历程、现状、经验”“中日关系未来方向与改善路径”“为构建‘契合新时代要求的中日关系’提出新思路、新办法、新方案”“重温邦交正常化初心，深刻总结历史经验”“如何努力开拓中日关系的下一个50年”。中国国务院原副总理、国际儒学联合会会长刘延东，日本国原首相福田康夫、中国社会科学院院长石泰峰、日本国驻华大使垂秀夫、中国驻日大使孔铉佑通过线上和线下结合的方式出席开幕式并致辞。中日友好协会常务副会长、中国原驻日大使程永华和日本国原驻华大使宫本雄二分别做了纪念演讲。中国社会科学院世界经济与政治研究所所长张宇燕，日本兵库县立大学理事长、日本防卫大学原校长五百旗头真，中国社会科学院日本研究所所长杨伯江，日本国际交流基金原理事长、青山学院大学特聘教授小仓和夫，全国政协常委、北京大学国际关系学院教授贾庆国，日本京都大学法学部教授、日本国际政治学会原理事长中西宽分别作学术报告。在分科研讨会阶段，来自中日的代表共有32人，围绕“中日邦交正常化‘原点’的回顾与思考”“中日关系50年来的历程与经验”“面向新时代中日关系的思考与展望”等议题展开研讨。两国嘉宾、学者及媒体代表共100余人通过线上、线下参与了研讨。

（中国社会科学院供稿）

变化世界中的中意合作研讨会 8月30日，由中国社会科学院欧洲研究所主办的《意大利发展报告（2021—2022）》发布会暨“变化世界中的中意合作”研讨会在北京以线上线下结合方式举行。中意两国政府、智库、高校及媒体等各界人士参加了会议。

报告指出，2021年，中意两国克服新冠肺炎疫情影响，努力推进各层次、各领域交流合作，取得了不少新成绩。务实合作、互利共赢是中意两国关系的主流。

视频会上，中意双方专家学者围绕“变化世界中的中意合作”进行了深入研讨。意大利经济和财政部前首席经济学家洛伦佐·科多尼奥指出，意大利是首个加入“一带一路”倡议的七国集团国家，也是亚洲基础设施投资银行的创始成员国，确保中国继续成为贸易和投资的重要伙伴，对意大利来说具有重要战略意义。

（摘自《人民日报》2022年8月31日第3版）

公共关系与中国企业全球合作发展专题论坛 9月4日，为配合2022年中国国际服务贸易交易会举办，更好展现中国企业形象、推进国际合作，由中国公共关系协会主办，全国工商联国际合作部、中国人民大学新闻学院、清华大学苏世民书院共同协办的公共关系与中国企业全球合作发展专题论坛在京举办。

全国政协委员、中国公共关系协会会长、国务院新闻办公室原副主任郭卫民，全国工商联党组成员、副主席邱小平出席论坛并致辞。中国石化集团有限公司总经理、党组副书记赵东，人民日报社副总编辑崔士鑫，中国人民大学党委副书记、副校长胡百精，中国公共关系协会副会长杨秀萍等参加论坛并发表主旨演讲。来自世界500强企业、中外公关公司、媒体、智库、高校的代表参会，与会嘉宾围绕中国企业走出去的实践与思考、公共关系助力中国企业全球发展经验与交流等议题开展热烈讨论，论坛发布了《公共关系助力中国企业全球合作发展倡议》。

（摘自《人民日报》2022年9月5日第7版）

“大国竞争与海湾：挑战与趋势”学术研讨会 9月16日，中国社会科学院西亚非洲研究所以线上线下相结合的方式举办“大国竞争与海湾：挑战与趋势”学术研讨会。会议研讨的主要议题有“大国在中东战略竞争态势”“大国的海湾政策变化与挑战”“海湾国家的战略自主与发展转型”。中国前驻埃及、沙特大使、前中东问题特使吴思科，以及来自宁夏大学中国阿拉伯研究院、中国现代国际关系研究院、中国国际问题研究院、北京大学、北京外国语大学、中国社会科学院俄罗斯东欧中亚研究所、中国社会科学院西亚非洲研究所等研究机构和高校的30余位专家学者参会。吴思科大使、宁夏大学中国阿拉伯研究院院长李绍先、中国国际问题研究院研究员李国富、中国社会科学院西亚非洲研究所政治研究室主任唐志超研究员、中国国际问题研究院孙立昕研究员、北京外国语大学阿拉伯学院刘欣路院长、北京大学阿拉伯语言文化系主任吴冰冰教授、中国现代国际关系研究院中东所执行所长廖百智等分别发言。

研讨会由中国社会科学院登峰战略优势学科"当代中东研究"项目组、中国社会科学院登峰战略重点学科"大国与中东关系研究"项目组、中国社会科学院海湾研究中心、中国社会科学院西亚非洲研究所中东发展与治理研究中心联合主办。

（中国社会科学院供稿）

中墨建交 50 周年系列研讨会：中墨关系的过去、现在和未来　9 月 20 日，中国社会科学院拉丁美洲研究所墨西哥研究中心和《拉丁美洲研究》编辑部联合举办"中墨建交 50 周年系列研讨会：中墨关系的过去、现在和未来"。会议研讨的主要议题有"中美拉三边关系""'一带一路'倡议""中拉基础设施合作"。

墨西哥国立自治大学经济系教授、中墨研究中心主任、北京大学访问学者恩里克·杜塞尔教授做主旨发言。中国社会科学院拉丁美洲研究所所长柴瑜研究员出席会议并致辞，拉美所区域合作研究室主任、墨西哥研究中心执行主任杨志敏研究员主持会议，来自中国社会科学院美国研究所、《中国社会科学报》、拉丁美洲研究所的研究人员和媒体记者等参加会议。

（中国社会科学院供稿）

"以人民为中心：当代中国人权观的价值遵循"研讨会　9 月 26 日，"以人民为中心：当代中国人权观的价值遵循"研讨会以线上线下相结合方式举行。作为联合国人权理事会第五十一届会议"云上边会"之一，研讨会由中国人权发展基金会主办、中央民族大学承办，来自中国、俄罗斯、美国、巴基斯坦等国的专家学者围绕相关话题共同研讨交流。

中国人权发展基金会副理事长兼秘书长左锋表示，中国共产党是中国人权事业的坚强领导者，其性质和宗旨决定了当代中国人权观的人民性。国际社会应加强对当代中国人权观的了解，共同推动全球人权治理向更加公平公正合理包容的方向发展。

"尊重和保障人权是中国共产党人的不懈追求，中国共产党坚持把尊重和保障人权作为治国理政的一项重要工作。"中央民族大学校长郭广生认为，中国人权发展道路是对全球人权理念与实践的丰富和发展。

中央党校（国家行政学院）教授李云龙指出，"以人民为中心"的人权理念是当代中国人权观的核心，实现了集体人权和个人人权的有机统一，解决了各项人权协调发展问题。

中国外文局中东欧与中南亚传播中心俄罗斯籍专家亚历山大·库比什金表示，中国对人权的理解基于对保护人类生命、健康和尊严的共同追求。亚洲生态文明研究与发展研究所首席执行官沙基尔·艾哈迈德·拉迈以新疆人权事业发展为例，介绍了中国在保障人民生存权、发展权方面所做的不懈努力。

中国工合国际委员会主席团主席柯马凯呼吁，各国政府应保障人民利益，打破二元对立的思维模式，以开放包容的态度在人权领域开展建设性对话与合作。

（摘自《人民日报》2022 年 9 月 28 日第 3 版）

中国社会科学论坛（2022）——"创新发展：共筑中阿命运共同体"国际学术研讨会　9 月 27 日，中国社会科学论坛（2022）——"创新发展：共筑中阿命运共同体"国际学术研讨会以线上线下相结合的方式举办。研讨会包括开幕式、主旨演讲、专题讨论和闭幕式四个时段。

中国社会科学院秘书长、党组成员赵奇，埃及前总理伊萨姆·沙拉夫和中国政府中东问题特使、外交部原副部长翟隽应邀出席开幕式并先后致辞。在主旨演讲时段，中国外交部前中东问题特使吴思科、阿联酋驻华大使阿里·扎希里、约旦驻华大使胡萨姆·侯赛尼、巴勒斯坦前驻华大使穆斯塔法·萨法日尼、北京第二外国语学院原校长周烈、埃及外交事务委员会主任伊扎特·萨阿德、沙特科研与知识交流中心主席叶海亚·本·朱奈德、中国社会科学院西亚非洲研究所副所长王林聪等先后发表主旨演讲。

会议研讨的主要议题有"传承友谊与中阿文明互鉴""创新发展与中阿全面合作""战略互信与中阿命运共同体"等。来自国内外 20 多所高校和智库的 40 多名专家学者在研讨中发言。论坛由中国社会科学院学部主席团主办，中国社会科学院西亚非洲研究所、中国社会科学院海湾研究中心承办。

（中国社会科学院供稿）

区域国别研究高质量发展研讨会 10月6日，由对外经济贸易大学区域国别研究院主办的区域国别研究高质量发展研讨会在京举办。会议邀请到北京大学区域与国别研究院院长、北京大学博雅讲席教授钱乘旦，教育部高校国别和区域研究工作秘书处主任、北京语言大学国别和区域研究院院长罗林参会并作主题报告。对外经济贸易大学副校长王强，国家对外开放研究院党委书记庄芮，国际关系学院院长戴长征等50余人出席本次会议。研讨会对区域国别研究高质量发展、区域国别学学科建设和人才培养路径进行交流研讨，对如何发挥好学校特色和优势开展区域国别研究提供了路径指引。

（对外经济贸易大学供稿）

第二届中欧气候合作论坛 10月12日，由中国人民大学和爱尔兰都柏林大学主办，中国人民大学国家发展与战略研究院、都柏林大学孔子学院和爱尔兰中国研究所承办，都柏林大学能源所、中国人民大学“双碳”研究院、中国人民大学欧亚研究院和中国国际文化交流中心“一带一路”绿色发展研究院协办的中欧气候合作论坛举行。与会中外嘉宾围绕“中欧气候合作”主题，就促进中欧绿色经济转型和气候合作进行深入讨论，为促进中欧互利合作发挥积极有益的推动作用。中国、欧洲多国及联合国共30多个政府、国际组织、智库、大学及企业等的代表发言。论坛旨在推进中欧气候变化合作及学术研究，深化双边人文交流互鉴；从政府、国际组织、金融机构和企业等视角探讨能源安全、气候变化等关键议题；共同挖掘绿色经济发展新动能，开启中欧可持续合作新征程。

（中国人民大学供稿）

国际变局下的亚太形势与中日韩关系国际学术研讨会 10月12日，由中国社会科学院日本研究所和清华大学战略与安全研究中心、中国社会科学院东海问题研究中心共同主办的“国际变局下的亚太形势与中日韩关系”国际学术研讨会以线上线下结合形式举行。日本研究所所长杨伯江研究员、清华大学战略与安全研究中心主任达巍教授分别致开幕词。会议研讨的主要议题有“国际变局与亚太地区秩序”“处于历史节点的中日、中韩、韩日关系”“中日韩合作与东北亚未来前景”。中国国际战略研究基金会学术委员会研究员张沱生、东京大学教授佐桥亮、韩国世宗研究所理事长文正仁、韩国世宗研究所所长李成贤、北京大学国际战略研究院院长于铁军、早稻田大学教授李钟元、东京大学教授川岛真、檀国大学政治科学系主任李东民、中国人民大学国际关系学院副院长黄大慧分别发言。共有来自中日韩智库高校的24位专家学者出席会议。

（中国社会科学院供稿）

第二个百年目标与中国崛起的国际环境学术研讨会 10月19日，北京外国语大学《国际论坛》编辑部、国际关系学院举办“第二个百年目标与中国崛起的国际环境”学术研讨会，来自中国人民大学、南京大学、南开大学、复旦大学、山东大学、吉林大学、兰州大学、中国海洋大学、对外经济贸易大学、外交学院、中国政法大学、西安外国语大学、河南师范大学以及中国现代国际关系研究院等高校和研究机构专家学者共200余人参会。

主旨演讲环节，中共中央对外联络部原副部长于洪君对全球治理的中国方案与贡献进行了回顾和总结，南京大学国际关系学院执行院长朱锋教授对和平与发展新的时代环境与中国外交“第二个百年”新征程进行了深入研究，对外经济贸易大学国际关系学院院长戴长征教授对弘扬全人类共同价值和构建人类命运共同体进行了探讨，中国人民大学教授金灿荣分析了实现第二个百年目标中国所具有的优势和面对的挑战。与会代表结合党的二十大精神，对和平发展的时代主题与中国发展的战略机遇期、世界秩序之辩与中国的应对、大国博弈背景下的中国外交、影响未来我国和平崛起外部安全环境、美西方基础设施建设联盟构建、俄乌战争后中国面临的国际战略新环境等多个议题进行讨论。

（北京外国语大学供稿）

大变局下的国家安全与治理学术研讨会 10月29日，由对外经济贸易大学主办、对外经济贸易大学国际关系学院与对国家安全与治理研究院承办的“大变局下的国家安全与治理”学术研讨会在京举办。会议由对外经济贸易大学国家安全与治理研究院承办，来自北京大学、清华大学、中国人民大学、中国人民解放军国防大学、吉林大学、对外经济贸易大学、北京外国语大学、中国人民公安大学、郑州大学、外交学院、国际关系学院、中国现代国际关系研究院、中国社会科学院等国内多所高校和科研机构的50余位专家学者和300余名师生以线下或线上方式与会。经过主旨发言、主题研讨、报告发布等环节，会议就国家安全与治理的相关问题进行了深入讨论。会议发布了《国家安全与治理系列研究报告》。

（对外经济贸易大学供稿）

第二届“中国＋中亚五国”智库论坛　11月8日至9日，第二届“中国＋中亚五国”智库论坛以线上线下相结合的方式举行。此次论坛主题为“中国与中亚：走向共同发展的新路径”，参加论坛的专家学者围绕构建中国－中亚命运共同体、中国同中亚国家未来发展与合作等议题进行了深入研讨。

中国社会科学院副院长高翔表示，愿与中亚伙伴携手同行，落实全球发展倡议和全球安全倡议，维护地区和平稳定，共同实现更加强劲、绿色、健康的新发展，构建更加紧密的中国－中亚命运共同体。以平等互信促进共同发展，以互利合作推进共同发展，以包容互鉴夯实共同发展，以共同安全护航共同发展。

与会中亚五国驻华大使、专家学者等纷纷表示，期待同中国加强交流合作，进一步推动数字经济、粮食安全、减贫、能源等领域合作，共同维护本地区安全、稳定，为世界和平发展贡献力量。

（摘自《人民日报》2022年11月11日第3版）

新征程背景下中印尼关系展望学术研讨会　11月19日，由北京外国语大学东南亚研究中心主办的“新征程背景下中印尼关系展望学术研讨会”在线上举行。本次研讨会旨在回顾中印尼双边关系在过去取得的成果，同时对中印尼关系的未来前景进行展望。来自北京外国语大学、北京大学国际关系学院、中国社会科学院亚太与全球战略研究院等多所高校和研究机构的专家、学者和学生200余人参加研讨会。

北京大学国际关系学院教授翟崑以“印尼能否作为中美战略博弈的超级连接者”为题发言，宏观分析了印尼在中美战略博弈中的角色；中国社会科学院亚太与全球战略研究院许利平研究员作了题为“中印尼共建命运共同体的挑战与前景”的发言；北外国际关系学院院长谢韬教授以“新时代中国与东盟关系：以印尼为例”为题发言；华中师范大学印尼研究中心主任韦红教授在其发言“全球安全倡议下的中印尼安全合作”中认为印尼在中国的周边外交关系中具有举足轻重的地位。广西民族大学杨晓强教授以“印尼学界关于是否应在中美博弈中选边的看法”为题发言，分析了印尼学界对于印尼大国平衡外交战略的不同观点。

（北京外国语大学供稿）

首届中国与独联体国家区域合作发展研讨会　11月19日，由中国社会科学院中白发展分析中心、大连理工大学独联体国家研究中心、大连理工大学国际教育学院共同主办的“首届中国与独联体国家区域合作发展研讨会”召开。中国社会科学院俄罗斯东欧中亚研究所所长孙壮志，大连理工大学副校长罗钟铉出席会议并致辞。会议主要议题有“中国与独联体国家相关国际关系与地区问题”“战略对接与经贸合作”“教育合作与人文交流”等。

中国社会科学院荣誉学部委员、俄罗斯研究中心副主任、大连理工大学独联体国家研究中心学术委员会名誉主任陆南泉，中国－上海合作组织国际私法合作基地（上海政法学院）欧亚研究所所长李新，中国人民大学圣彼得堡国立大学俄罗斯研究中心副主任王宪举，中国社会科学院俄罗斯东欧中亚研究所副所长庞大鹏发表了主旨演讲。来自中国社会科学院俄罗斯东欧中亚研究所、大连理工大学、中国现代国际关系研究院欧亚所、中国人民大学、上海政法学院、华东师范大学、武汉大学、辽宁大学、北京第二外国语学院、中国石油大学、南京理工大学等十余家机构20余位专家参加会议。

（中国社会科学院供稿）

中国欧洲学会德国研究分会第17届年会暨“回顾与展望——中德建交50周年”学术研讨　11月19—20日，中国欧洲学会德国研究分会第17届年会暨“回顾与展望——中德建交50周年”学术研讨会召开。会议主要议题有“中德关系的回顾与展望”“中德关系的回顾与展望”“德国经济、科教与工业文明”。会议由中国欧洲学会德国研究分会、中国社会科学院欧洲研究所等单位联合主办。来自中国社会科学院、中国科学院、中国现代国际关系研究院、中国国际问题研究院、中央党校（国家行政学院）、北京大学，中国人民大学、北京外国语大学、对外经济贸易大学、同济大学、复旦大学等20余所高校和科研机构的50余名专家学者在线上参会。

开幕式由中国欧洲学会会长、中国社会科学院欧洲研究所所长冯仲平，深圳技术大学校长阮双琛先后致辞。中国前驻德大使、中德友好协会会长史明德发表主题演讲。中国欧洲学会德国研究分会会长顾俊礼研究员、北京大学国际关系学院连玉如教授、同济大学德国研究中心郑春荣教授、中央党校（国家行政学院）国际战略研究院俄罗斯与欧洲研究所赵柯副教授、上海理工大学外语学院MTI教育中心王婀娜教授、中国社会科学院欧洲研究所国别室胡琨副研究员、北京大学教育学院教授陈洪捷、浙江科技学院德语国家研究中心研究员徐理勤、四川外国语大学德国研究中心教授李大雪、山东大学移民研究所教授宋全成、中国人民大学外国语学院和德国研究中心教授孟虹等先后发言。会议闭幕式上，顾俊礼对德国研究分会换届情况做了介绍并主持表决，年会通过了新一届理事名单。

（中国社会科学院供稿）

亚太地区形势与中日美三边关系学术研讨会 11月20日，由中国社会科学院日本研究所与国防科技大学国际关系学院主办、日本研究所中日关系研究中心与国际关系学院东北亚研究中心承办的“亚太地区形势与中日美三边关系”学术研讨会以线上线下相结合的方式召开。国防科技大学国际关系学院副院长王波教授、中国社会科学院日本研究所所长杨伯江研究员分别致辞。国防科技大学国际关系学院战略与安全研究所执行所长宋德星教授作了题为“美地缘战略转向对中日关系的影响”的主旨发言。中国社会科学院日本研究所副所长、中日关系研究中心主任吴怀中研究员作了题为“同盟关系变化与日本对华政策”的主旨发言。环太国际战略研究中心学术委员会主席刘强高级研究员作了题为“未来岸田内阁的对华政策与中日关系”的主旨发言。南京大学国际关系学院执行院长朱锋教授作了题为“中美关系中的日本因素：从失衡走向失控”的主旨发言。来自国防科技大学国际关系学院、南京大学国际关系学院、上海环太国际战略研究中心、清华大学国家战略研究院、上海公共关系研究院、中国社会科学院日本研究所等相关机构的30余位专家学者出席会议。

（中国社会科学院供稿）

中国与中东欧国家交通、经济和社会协同发展论坛 11月26日，北京交通大学举办首届“中国与中东欧国家交通、经济和社会协同发展论坛”。来自中国社科院欧洲研究所、交通运输部科学研究院、中国中东欧国家创新合作研究中心及学校运输学院、法学院、语传学院及中东欧研究中心的专家学者们进行专题报告。与会专家围绕中国与中东欧国家互联互通、“一带一路”沿线国家的国际物流分布特征、绿色交通、创新发展、物流合作、产业合作等主题进行交流与探讨。与会专家一致表示，希望今后以中东欧研究中心为纽带，积极拓展与中东欧地区高校和科研机构更广范围、更深层次的交流与合作。

（北京交通大学供稿）

中德关系的回顾与展望国际研讨会 11月30日，“中德关系的回顾与展望”国际研讨会线上召开。会议由中国社会科学院欧洲研究所、阿登纳基金会（德国）北京代表处、中国欧洲学会德国研究分会，以及中国社会科学院中德合作中心联合举办。来自中国社会科学院、德国阿登纳基金会、外交学院、同济大学、德国汉堡国防军大学等研究机构与高校的数十名中、德学者参加会议。会议研讨的主要议题有“德国‘交通灯’政府成立以来的内政外交政策”“德国对外关系与中德关系回顾与展望”。阿登纳基金会北京代表处首席代表傅佑晗，中国社会科学院欧洲研究所所长、中国欧洲学会会长冯仲平研究员先后致辞。中国欧洲学会德国研究分会会长、中国社会科学院欧洲研究所顾俊礼研究员，德国阿登纳基金会数字化政治发展顾问Sebasitian Weise，中国社会科学院中德合作中心主任、中国社会科学院欧洲研究所杨解朴副研究员，德国阿登纳基金会全球秩序发展顾问Maximilian Roemer等先后发言。

（中国社会科学院供稿）

国际形势与中国外交研讨会 12月8日，由中国社会科学院世界经济与政治研究所主办的国际形势与中国外交研讨会在线上举行。会议的主题是“动荡变革期的国际政治走势”。

中国社会科学院学部委员、世界经济与政治研究所所长张宇燕在开幕式上致辞。外交学院院长王帆、国际关系学院院长陶坚、清华大学国际关系研究院院长阎学通、山东大学政治学与公共管理学院教授秦亚青等分别在会上发言。来自中国社会科学院、中央党校（国家行政学院）、清华大学、北京大学、中国人民大学、复旦大学、外交学院、国际关系学院、南京大学、山东大学、暨南大学、北京外国语大学、对外经济贸易大学、广东外语外贸大学等国内知名高校和科研机构的 20 多位知名专家学者出席了研讨会。

（中国社会科学院供稿）

中国欧洲学会欧洲政治研究分会 2022 年年会暨欧洲一体化向何处去学术研讨会　12 月 10 日，由中国欧洲学会欧洲政治分会、中国社会科学院欧洲研究所主办的“中国欧洲学会欧洲政治研究分会 2022 年年会暨‘欧洲一体化向何处去’学术研讨会”以线上形式召开。会议研讨的主要议题有“欧洲一体化的理论反思”“欧洲一体化的政策进展”“欧洲一体化与大国关系”“俄乌冲突下的欧洲一体化”等。

会议开幕式由中国社会科学院俄罗斯东欧中亚研究所研究员、中国欧洲学会欧洲政治研究分会会长田德文主持。中国社会科学院研究员冯仲平（中国欧洲学会会长）、黄平（香港中国学术研究院常务副院长、中国世界政治研究会会长）分别致辞。来自中国政法大学的贾文华教授、同济大学的伍慧萍教授、中国人民大学的房乐宪教授、同济大学的郑春荣教授、上海外国语大学的忻华研究员、中国国际问题研究院的崔洪建研究员、四川外国语大学的李大雪教授等分别发言。

（中国社会科学院供稿）

十字路口的世界与中国的对外战略研讨会暨中国世界政治研究会 2022 年年会　12 月 11 日，“十字路口的世界与中国的对外战略”研讨会暨中国世界政治研究会 2022 年年会以线上形式举办。会议由中国世界政治研究会主办，中国社会科学院欧洲研究所承办。来自中国社会科学院、北京大学、清华大学、中国人民大学、复旦大学等单位的 60 余位专家学者参会。会议研讨的主要议题有“世界政治经济走势和中国对外战略选择”“世界政治分析框架”“文化和意识形态对国际政治和战争的影响”“区域和国别研究”等。中国世界政治研究会会长，中国社会科学院欧洲所研究员黄平致开幕辞。会议分为两个单元，来自复旦大学的殷之光教授、北京大学的潘维教授和章永乐副教授、中国人民大学的翟东升教授和欧树军副教授、清华大学的鄢一龙副教授、中国社会科学院的魏南枝研究员、上海社会科学院周建明研究员、复旦大学思想史研究中心秘书长白钢等分别作大会发言。中国世界政治研究会副会长杨光斌和冯仲平作会议总结。

（中国社会科学院供稿）

中国行政管理学会 2022 年会暨“深入学习贯彻党的二十大全会精神 转变政府职能　完善政府治理体系”学术研讨会　12 月 24 日，由中国行政管理学会和中国政法大学联合主办的中国行政管理学会 2022 年会暨“深入学习贯彻党的二十大全会精神 转变政府职能 完善政府治理体系”学术研讨会召开。十三届全国政协副主席辜胜阻，国务院副秘书长刘建波，中国建设银行行长张金良，北京师范大学校长马骏，中国行政管理学会会长、全国人大社会建设委员会副主任委员江小涓，国家机关事务管理局副局长徐永胜，中国政法大学校长马怀德等出席开幕式并发表致辞和讲话。会议采取线上形式，来自中央和国家机关相关职能部门负责人、全国行政管理学术界的专家学者、中国行政管理学会会员理事、地方实务部门代表、地方学会代表、入选论文作者等近 5 万人参会。大会开幕式由中国行政管理学会常务副会长兼秘书长郑耀东主持。

主旨发言阶段，国务院办公厅政府职能转变办公室主任卢向东，北京大学教授周志忍，清华大学文科资深教授薛澜等分别以“深入学习贯彻党的二十大精神 坚持把转变政府职能向纵深推进”“中国式现代化视角下的政府职能改革”“中国式现代化背景下的应急管理研究与实践”为题作了演讲。主题发言阶段，来自政产学研的数十位与会代表就中国式现代化与政府治理、数字中国与数智治理、公共安全与城乡治理等重大理论和实践议题解读政策、总结经验、分析问题、建言献策。中国行政管理学会副会长陈建明、余兴安、鲍静、郑水泉、常保国、燕继荣等出席年会，并分别主持各专题研讨。本次年会共收到征文 425 篇，经评审，评出一等奖 3 篇、二等奖 10 篇、优秀奖 25 篇、入选会议论文 95 篇。

（中国政法大学供稿）

社会学　民族学　人口学

第三届社会工作与社会政策青年学者论坛　4月16日，由中国人民大学社会工作与社会政策系主办的第三届社会工作与社会政策青年学者论坛在京举办。来自中国人民大学、全国妇联妇女研究所等多家教学科研单位、社会组织和政府部门近300人通过线上和线下方式参会。论坛下设两个分论坛，分别围绕“社会工作干预”与“社会工作管理与政策”作了报告与评议。中国人民大学副校长、中国人民大学老年学研究所教授杜鹏，中国社会工作教育协会副会长兼秘书长、北京大学社会学系教授马凤芝在开幕式上致辞。

（中国人民大学供稿）

第九届中国边疆研究青年学者论坛　6月23—24日，由中国社会科学院中国边疆研究所、中国社会科学院边疆安全与发展研究中心、新疆智库主办的第九届中国边疆研究青年学者论坛在京举行。来自中国社会科学院、北京大学、中央民族大学、陕西师范大学、云南大学等机构的80余位学者，通过线上线下相结合的方式参加论坛。中国社会科学院学部委员、中国边疆研究所所长邢广程作了“如何构建中国边疆学”的学术报告。论坛研讨的主要议题有“多元一体格局下的中国古代族群互动与融合”“清代以来的中国西部边疆”“沿边开发开放经验总结与创新实践”“明清以来东南海疆开发与治理”和“边海疆视域下的中国与周边国家关系”。

（中国社会科学院供稿）

中国社会学会2022年学术年会“社会建设的理论与实践”论坛　9月17日，中国社会学会2022年学术年会“社会建设的理论与实践：新发展阶段的基层治理体系和治理能力现代化建设”论坛暨社会建设研究专业委员会第四届理事会第一次会议在线上举行。论坛由北京工业大学文法学部、中国社会科学院社会学研究所、北京社会管理研究基地、中国社会学会社会建设研究专业委员会、北京市社科院社会学所、广州市社科院社会所共同主办，北京市陆学艺社会学发展基金会、北京社会建设研究会、北京师范大学社会学院以及《中国社会科学院大学学报》《社会建设》《北京工业大学学报（社会科学版）》等期刊编辑部协办。本次论坛涉及基层治理、社会参与、共同富裕、城乡发展等议题，密切结合社会建设领域中的热点与重点问题进行学术探讨，促进了社会建设研究领域的研究者和实践者之间的交流，深化了社会建设领域相关议题的研究。

（北京工业大学供稿）

“中国式现代化：城市群高质量发展”论坛　11月4日，由北京市科学技术研究院主办、中国城市发展研究会城市研究所等机构承办的“中国式现代化：城市群高质量发展”论坛在京举行。国家发展和改革委员会原副主任、中国经济体制改革研究会会长彭森致辞，著名经济学家、中央党校(国家行政学院)原副校长、全国人大财经委员会委员王东京作特邀报告。

北京市科学技术研究院高质量发展研究中心主任贾品荣发布了《中国三大城市群高质量发展及其影响力报告》。报告从经济、社会、生态、创新、文化、治理六个维度建构了31个指标的城市群高质量发展及其影响力评价体系，对长三角、珠三角以及京津冀城市群进行了比较。报告提出了城市群高质量发展的“1+6+5”发展策略：一个引领——以城市群、都市圈为依托构建城市协调发展格局；六面抓手——经济、社会、生态、文化、创新、治理协同；五个特征——高影响力城市呈现综合职能强、现代服务业发达、科技创新能力突出、减量发展取得实效、人文作用显著五大特征。

（北京市科学技术研究院供稿）

超大城市社会治理与社会政策研究国际研讨会　11月6日，由北京工业大学文法学部、北京社会管理研究基地主办，岭南大学研究生院协办的“超大城市社会治理与社会政策研究”国际研讨会在线上举行。来自中国社会科学院、中国人民大学、华东师范大学、斯特灵大学等境内外十余所高等学校和科研机构的专家，就超大城市社会治理与社会政策的理论与实践问题展开交流，线上线下共计300余人参会。北京工业大学党委副书记李四平与岭南大学副校长莫家豪出席会议并致辞。

本次国际研讨会深度结合了城市建设与社会治理两个主题，既是对党的二十大精神的学习与贯彻，也是对新时期社会科学应对超大城市治理难题的分析与展望。

（北京工业大学供稿）

北京郑杭生社会发展基金会第七届青年学者论坛 11月12日，北京郑杭生社会发展基金会第七届青年学者论坛以视频会议形式举办。本届论坛由北京郑杭生社会发展基金会、中国人民大学社会学理论与方法研究中心和北京科技大学文法学院联合举办。北京郑杭生社会发展基金会理事长李路路和北京科技大学副校长闫相斌分别代表基金会和学校致辞。本届论坛围绕社会发展主题，设有“照料经济与美好生活”“老龄社会与健康中国”“社会组织与社区治理”“科技赋能与数字社会”四个单元。来自清华大学、北京大学、中国人民大学、复旦大学等单位的24名青年学者分享了研究成果，8位评议人对其进行了点评。

（北京市社会学学会供稿）

国家治理论坛 11月18日，北京大学国家治理研究院与哥伦比亚大学国际与公共事务学院联合举办的国家治理论坛“治理现代化的比较研究”在线上举行。16名学者围绕“情景与治理发展”和“地方治理与可持续发展”两个主题进行了发言，200余人参会。

北京大学国家治理研究院与哥伦比亚大学国际与公共事务学院的国际合作于2016年10月拉开序幕，并联合举办首届国家治理论坛“治理创新：理论与实践”学术研讨会。此后双方轮流承办，分别围绕：“政府创新：中外比较视角”“政府治理：中国改革与国际发展”“全球治理：公共服务与社区优化”“大数据与治理创新”“比较视域下的社会治理与民生保障”等主题进行了广泛的学术交流和讨论。

（北京大学供稿）

2022年学术前沿论坛北京市社会学学会专场 11月19日，由北京市社会科学界联合会、北京市哲学社会科学规划办公室主办，北京市社会学学会、北京市社会科学院承办的2022年学术前沿论坛北京市社会学学会专场暨学习二十大精神高端论坛在京召开。本次会议主题为“中国式现代化与中国社会发展”，来自中国社会科学院、中共中央党校（国家行政学院）、清华大学、北京大学、中国人民大学等单位的100余名学者参会。

全国人大常委、社会建设委员会副主任委员、中国社会科学院学部委员、社会政法学部主任李培林，北京市社会科学界联合会主席牛青山，北京市社会科学院党组书记谢辉出席会议并致辞。中国社会科学院社会发展战略研究院院长、北京市社会学学会会长张翼，中共中央党校（国家行政学院）一级教授吴忠民，教育部学位管理与研究生教育司司长洪大用，中央民族大学副校长麻国庆等出席会议。研讨会通过对党的二十大精神深入研讨学习，贯彻了在全面学习上下功夫、全面把握上下功夫、全面落实上下功夫的总要求，阐释了中国式现代化的内涵、特征、本质、原则和目标，助力加快构建中国自主的社会学知识体系。

（北京市社会学学会供稿）

“城市、移民与族群”国际学术研讨会 11月25—26日，“城市、移民与族群”国际学术研讨会在线上举办。会议由中央民族大学民族学与社会学学院、中央民族大学世界民族学人类学研究中心主办，中央民族大学“一带一路”与民族发展研究院和国家民委“一带一路”国别和区域研究中心（发展中国家社会文化研究中心）协办。

来自中央民族大学、清华大学、复旦大学、美国杜克大学、纽约市立大学、英国伦敦大学等23所国内外知名高校及研究机构的59位学者和研究生参会发言和研讨。杜克大学教授洛兰德·马托利（J. Lorand Matory）、复旦大学教授潘天舒、纽约市立大学教授伊曼纽尔·奈斯（Immanuel Ness）以及中央民族大学教授麻国庆，先后围绕“城市、移民与族群”相关议题进行了主旨发言。清华大学严海蓉教授、中国社会科学院张继焦研究员参会并进行评议。平行论坛共设5个分论坛，议题涵盖“移民的社会融入与文化适应”“移民的社会地位与身份重塑”“数字时代的移民与工作”“流动社会的群体认同”“生计变迁与人口的流动及治理”。会上，还为26位来自全球14所知名大学的外国专家颁发中央民族大学民族学与社会学院特聘研究员证书。

（中央民族大学供稿）

第六届中国社会风险治理高层论坛 11月26日，第六届中国社会风险治理高层论坛在京举办。此次论坛由清华大学中国社会风险评估研究中心主办，中央民族大学国家安全研究院承办，中国应急管理学会智慧应急工作委员会协办。论坛以“城乡社会风险治理与中国式现代化”为主题，深入贯彻党的二十大精神和习近平总书记关于防范和化解重大风险的系列论述精神，围绕当前国际环境变化和国内改革发展所面临的新情况、新问题、新挑战，探讨在战略机遇和风险挑战并存、不确定难预料因素增多的时期城乡基层社会风险的治理议题。

主旨演讲部分，清华大学教授彭宗超，国务院学位委员会国家安全学一级学科评议组召集人程琳，中国社会科学院学部委员、中国边疆研究所所长邢广程等进行主旨发言。圆桌论坛部分，围绕“城乡社会风险治理与新安全格局构建”的主题，中共中央党校（国家行政学院）教授马宝成、北京师范大学教授张强等分享了自己的研究心得。5个平行论坛主题分别为“城乡社会风险监测、预警与治理”“民族、宗教、边疆地区社会风险治理与国家安全”“社会稳定风险评估理论与实务探索”“智能技术应用、社会风险及其治理”“华人华侨文化认同与中华文化海外传播风险治理”。

（中央民族大学供稿）

中国式现代化与首都社会建设暨超大城市社会治理与人口发展战略年度论坛（2022） 12月10日，由北京社会建设研究会、北京人口与社会发展研究中心、社会科学文献出版社联合举办的中国式现代化与首都社会建设暨超大城市社会治理与人口发展战略年度论坛（2022）在线上举办。北京市社科联党组成员、副主席、北京市社科规划办副主任荣大力，北京市委党校副校（院）长袁吉富教授和北京工业大学文法学部主任、北京社会建设研究会会长唐军教授分别致辞。

来自社会科学文献出版社、北京大学、中国人民大学等单位10余位著名专家出席论坛，并围绕“中国式现代化与首都社会建设”做了发言，来自北京社会建设研究会各理事单位、北市党校系统近百名学者参与论坛。

（北京市委党校供稿）

教育学　体育学

北京冬奥会国际研讨会 2月17日，“冬季奥运会：北京精神与全球意涵——北京冬奥会线上国际研讨会”举办。本次研讨会由中国人民大学国家发展与战略研究院、中国人民大学体育产业研究院（正定）及中国人民大学人文北京（人文奥运）研究中心联合主办，国内外学者通过线上会议就“北京冬奥会的理念和精神”与“北京冬奥会的全球意涵”两个议题进行了探讨和交流。中国人民大学副校长刘元春，中国人民大学人文北京（人文奥运）研究中心主任冯惠玲，以及来自清华大学、中国人民大学、对外经贸大学、北京体育大学、首都体育学院、香港浸会大学、中山大学、德国美因茨约翰内斯古滕贝格大学的专家学者参会。

（中国人民大学供稿）

“关注乡村家庭教育，赋能乡村振兴”家庭教育论坛 5月15日，北京师范大学教育学部联合中国家庭教育学会等机构共同举办“关注乡村家庭教育，赋能乡村振兴”家庭教育线上论坛。北京师范大学副校长康震、原国务院扶贫办党组成员司树杰、中国社会工作联合会副会长李羚、麦田教育基金会执行理事长赵丹萍及多名乡村家庭教育问题的专家学者参加论坛。

专家们聚焦留守儿童家庭教育缺失、乡村地区家校社协同育人、乡村家庭亲子关系构建等问题，探讨乡村家庭教育困境的突破之道。北京师范大学教育学部教授郑新蓉、华中师范大学教育学院教授雷万鹏、贵阳幼儿师范高等专科学校校长翟理红、北京交通大学副教授张弛等作报告。云端对话邀请了西部地区乡村学校代表、西部地区乡村儿童家长代表、西部地区区域教育管理者代表就乡村家庭中的具体家庭教育实践进行了深入交流。北京师范大学教育学部儿童发展与家庭教育研究院在论坛上发布了《西部地区乡村儿童家庭教育行动计划》，分享当前乡村家庭教育研究成果、呼吁各界对乡村地区家庭教育的关注和支持。

（北京师范大学供稿）

美育视域下的音乐师范教育教学价值重构学术研讨会　6月25日，由北京师范大学艺术与传媒学院主办，北京师范大学艺术与传媒学院音乐系承办，北京师范大学出版社、《美育学刊》、《艺术教育》期刊等多家学术单位支持的美育视域下的音乐师范教育教学价值重构学术研讨会在线上召开。研讨会围绕美育与音乐师范教育、音乐师范教育课程建构、音乐师范教育人才培养、音乐师范教育应用评价等议题，交流探讨音乐师范教育的若干学术与实践问题，为新时代高等院校音乐师范生的培养体系、培养模式、培养路径提供了更多的思考方向。

（北京师范大学供稿）

“建设高质量的工程人才培养体系：使命与挑战”学术论坛　8月19日，首都工程教育发展研究基地举办“建设高质量的工程人才培养体系：使命与挑战”学术论坛，来自高等工程教育领域的专家、一线教师、学生等近200人参与此次论坛。北京工业大学副校长、首都工程教育发展研究基地理事长吴斌教授、文法学部主任唐军教授出席会议并致辞。

北京邮电大学副校长孙洪祥、加州大学校长办公室院校研究与学术规划主任教授常桐善、北京航空航天大学教授雷庆、浙江大学西部院社会发展与政策研究所所长辛越优、北京理工大学教授王顶明、北京工业大学教授王丹、华北电力大学研究员白逸仙、北京化工大学教授苏海佳、北京工业大学教授高国华、北京交通大学副教授路勇等10位专家作发言。

（北京工业大学供稿）

2022中国教学学术国际会议　8月19—21日，由北京理工大学主办、国际教学学术学会等协办的2022中国教学学术国际会议以线上线下相结合的方式在北京举办。会议主题为“教学学术：跨越边界”，教育部教师工作司司长任友群，北京理工大学校长、中国工程院院士龙腾，北京师范大学原校长、国家教育咨询委员会委员钟秉林，高等教育出版社副总编辑韩筠，国际教学学术学会现任主席Raj Chaudhury，厦门大学教育研究院院长别敦荣，北京大学教育学院教授陈向明、汪琼，国际教学学术学会前任主席Nancy Chick、Peter Felten，大连理工大学教务处处长刘志军，上海交通大学教学发展中心主任王丽伟，北京理工大学教务部部长薛正辉，北京理工大学人文与社会科学学院研究员庞海芍等出席会议并发言。

会议共收到125篇投稿，安排了11个主旨报告、6场研修坊、10个分论坛和1个海报展示环节，并汇编了会议论文集。会议吸引了国内外500余名专家学者，就跨学科的教学学术与教学创新、多主体参与的教学学术和教学社群、教学学术的国际交流与协作、教学学术中的信息技术赋能、高校教师发展与教学学术能力、教学学术的理论与实践等话题开展了研讨。

（北京理工大学供稿）

中国教育科学论坛（2022）特别高端会议　9月28日，以“中国智慧教育与教育智慧”为主题的中国教育科学论坛（2022）特别高端会议在京召开。中国教育科学研究院党委书记、院长崔保师致辞，北京师范大学资深教授顾明远、北京师范大学原校长董奇、香港中文大学（深圳）校长讲座教授郑永年、中国社会科学院哲学研究所所长张志强、清华大学教研院教授程建钢分别作主旨报告。中国教育科学研究院副院长刘贵华主持论坛。论坛由中国教育科学研究院主办，清华大学、中国人民大学、华东师范大学、中国教育报刊社、中国教育学会、中国高等教育学会协办。论坛采用“线上＋线下”相结合的形式，全国各省区市、计划单列市教科院（所）以及有关重点高校和教育机构等人员观看直播。

（清华大学供稿）

第十一届中国休闲体育·北京论坛　11月5日，由首都体育学院（北京国际奥林匹克学院）与中国体育科学学会体质与健康分会共同主办、首都体育学院休闲与社会体育学院承办的第十一届中国休闲体育·北京论坛在京举办。论坛以“中国休闲体育发展战略和专业人才培养”为主题，汇聚了来自北京体育大学、福建师范大学、北京师范大学、德国科隆体育大学等国内外休闲体育领域的专家学者、高校师生、社会组织和媒体从业者，共同探讨休闲体育的当下与未来。大会报告环节，专家们分别以“加快建设体育强国，推动体育事业高质量发展”“‘体育强国’建设视域下的体育专业人才培养”等为主题，对推动我国体育事业高质量发展，扩大体育学科影响，为体育强国建设培养专业人才和京津冀体育产业协同发展等方面进行了深入探讨。

（首都体育学院供稿）

第五届现象学教育学国际学术研讨会 11月19—20日，首都师范大学教育学院以“现象学教育学视域中的技术与教育变革”为主题，线上举办第五届现象学与教育学国际学术研讨会。来自德国柏林洪堡大学、加拿大阿尔伯塔大学、南京大学、浙江大学、中国社会科学院、北京师范大学、华东师范大学、华中师范大学等32所学术研究机构的百名专家学者共同进行了深入研讨，2万余人次进行观看。

与会学者提出，在持续推进教育全面现代化的进程中，有必要深入探索技术的内涵以及技术对教育发展的可能影响力。浙江大学教授孙周兴引导大家反思人工智能时代的学习环境，强调教育要珍视并培养儿童的创造性学习能力与艺术表现能力。德国柏林洪堡大学教授Malte Brinkmann通过现象学理论，指出循证教育学将教育科学转化为有效性研究的现状。首都师范大学教授朱晓宏提出人工智能支持师范生教学实践、诊断实验教学中出现的问题并形成教学案例研究的证据迭代与升级。北京师范大学教授余清臣认为，技术时代对教育世界的理解不仅指向呈现的状态，还要指向通过想象、经验与智慧可能抵及的世界。首都师范大学教授陈嘉映认为，智能时代需回归“是什么”的本质研究：研究者需要对机器智能与感知经验的关系、大数据的呈现与遮蔽、感性丰富与理知抽象的融合，以及技术给教育行政管理、教育公平带来的影响，甚至教育场景的典型性代替教育大数据的规律性等问题做出批判性与本质性的思考。

（首都师范大学供稿）

“联结思辨能力教学理论与实践：多学科对话”国际研讨会 11月26日，由北京外国语大学中国外语与教育研究中心主办的“联结思辨能力教学理论与实践：多学科对话”国际研讨会在线上举行，200余位专家学者参会。

北京师范大学教育学院特聘教授、伊利诺伊大学厄巴纳－香槟分校名誉教授、奥克兰大学高级研究员Michael Peters以“Critical Theory of Educational Practice”为题，回顾了思辨理论的起源。北京外国语大学教授文秋芳作题为“Issues of Teaching Critical Thinking Skills in the Chinese EFL Context”的发言，回顾了中国思辨能力教学发展的历程，分享了关于思辨能力教学的四点思考。澳门大学副教授袁睿以“How Do English-as-a-foreign-language (EFL) Teachers Perceive and Engage with Critical Thinking? Insights from a Systematic Review”为题，系统回顾了从2010年到2020年的25项关于英语教师对思辨能力教学认知和参与的实证研究。堪培拉大学兼职副教授Kate Wilson以“Critical Thinking in ELT: Let's Do it!”为题，阐述了如何在教育实践过程中贯彻思辨能力教学的相关理念。北京师范大学廖伟博士以“Defining, Measuring, and Evaluating Teacher Critical Thinking: A Methodological Review”为题，论证了教师思辨能力的重要价值。北京外国语大学教授张虹的发言“Exploring University EFL Teachers' Perceptions of Critical Thinking and its Teaching”，探究了中国高校英语教师对思辨能力及其教学的认知。京都大学教授Takashi Kusumi的发言“Cultivation of High School Students' Critical Thinking Skills and Dispositions Through Educational Practices”，介绍了日本的教育改革，以“超级科学高中”计划为例阐述思辨能力教学的重要性。

（北京外国语大学供稿）

第十届海峡两岸暨港澳地区教科书学术论坛 11月26—27日，首都师范大学主办的“第十届海峡两岸暨港澳地区教科书学术论坛”在线上举办。会议期间举办10场学术活动，直播观看人数累计近7900人次。来自日本追手门学院大学、新加坡南洋理工大学、香港教育大学、澳门城市大学、人民教育出版社、北京师范大学等近70所高校和科研机构的专家学者，以及相关学术期刊和媒体代表共计200余人参加了论坛。

本届论坛主题为“新时代高质量教材体系建设的使命与探索”，来自中国、新加坡、日本等的10余位专家学者作大会主旨发言。论坛设重大主题教育进入教科书、中小学统编教科书的分析与使用、教科书学的学科体系及话语体系构建、教科书设计思想与数字教科书发展、教科书历史研究5个分论坛和3个研究生专场。

（首都师范大学供稿）

2022 国际人工智能与教育会议　12 月 5—6 日，由中华人民共和国教育部、中国联合国教科文组织全国委员会与联合国教科文组织共同主办，北京师范大学、联合国教科文组织教育信息技术研究所和“人工智能与教育”教席承办的“2022 国际人工智能与教育会议”以线上方式举行。会议主题为“引导人工智能赋能教师 引领教学智能升级”。中国教育部部长怀进鹏出席会议并讲话。中国教育部副部长孙尧作主旨发言。中国教育部副部长、中国联合国教科文组织全委会主任田学军主持开幕式。联合国教科文组织大会主席穆朗、教育助理总干事贾尼尼在线致辞。包括南非、印度尼西亚、西班牙等 17 国部长、副部长在内的 50 余个国家的代表、有关国际机构代表、专家学者和私营部门代表、国内地方教育行政机构和高校代表共 500 余人在线出席会议。

（教育学课题组供稿）

第三届北外比较教育与国际教育论坛　12 月 9 日，由中国教育学会、北京外国语大学指导，中国教育学会国际教育分会、北京外国语大学国际教育学院主办，外语教学与研究出版社承办的 2022 中国教育学会国际教育分会学术年会暨第三届北外比较教育与国际教育论坛在线上开幕。100 余位国际教育领域专家学者、从业者围绕“新时代、新征程——中国现代化发展道路与中国国际教育新使命”主题，共议中国国际教育改革与发展。中国教育学会名誉会长、中国教育学会国际教育分会顾问、北京师范大学资深教授顾明远结合党的二十大精神，分析总结了中国教育现代化的主要特点。中国教育学会国际教育分会理事长、北京外国语大学党委书记王定华教授，西南大学副校长陈时见教授，华中师范大学副校长彭双阶教授，国家督学、中国教育学会国际教育分会副理事长杨慧文教授，北京大学教育学院蒋凯教授，加拿大西安大略大学教育学院终身教授李军作主旨报告。

大会举办了“国际教育成果发布”专题活动，发布“2022 年度国际基础教育十大事件”。

（北京外国语大学供稿）

2022 中国未来教育高峰论坛　12 月 10 日，北京师范大学经济与资源管理研究院未来教育研究中心、北京师范大学人文和社会科学高等研究院创新发展研究中心等联合主办 2022 中国未来教育高峰论坛。本次论坛主题为“可持续、创新与教育高质量发展”，设主旨演讲、成果发布、圆桌对话等环节。北京师范大学校务委员会副主任、创新发展研究院院长、经济与资源管理研究院未来教育研究中心主任关成华，国家教育咨询委员会秘书长、教育部原教育发展研究中心主任张力，教育部学校规划建设发展中心副主任邬国强，中国教育科学研究院副院长马陆亭作主旨演讲。

在圆桌对话中，与会专家就新时代高质量教育体系构建、双碳背景下的中国生态文明建设与绿色发展、可持续发展教育战略与实践等问题展开了深入讨论。

（教育学课题组供稿）

2022 年北京德育论坛　12 月 15—16 日，2022 年北京德育论坛以“深入领会党的二十大精神，京广沪三地教育者共商德育新思路”为主题，以线上形式举办。来自首都师范大学、华南师范大学、华东师范大学的专家学者及京广沪的德育校长，全国各地高校师生、德育领域研究人员及中小学一线德育工作者共计 500 余人次线上参会。

在德育理论研讨单元，华东师范大学黄向阳教授对“接班人是如何培养出来的”这一中国式现代化的教育难题作了系统阐释；华南师范大学郑航教授着眼于“儒家德育传统的创造性转化”，指出德育的“关系性”特征，揭示其向关系理性转化的必然趋势；首都师范大学朱晓宏教授论述“人的现代化与学校教育的贡献力”，对历史视域下的中国现代化道路探索，以及学校教育在国家层面上的贡献力作了深入阐发。在德育实践探索单元，来自京广沪三地中小学的德育负责人立足学校德育的实践经验展开报告。高校德育理论研究者与中小学德育领导们共同研讨，表达了通过建立大中小学校德育共同体，携手促进学校德育长足纵深发展的美好希冀。

（首都师范大学供稿）

2022 学习科学与未来教育前沿论坛　12 月 30—31 日，2022 学习科学与未来教育前沿论坛在线上举行，会议主题为“让学习更科学、更快乐、更有效”。本次论坛由北京大学教育学院主办，北京市朝阳区教师发展学院、北京市海淀区教育科学研究院和北京市顺义区教育研究和教师研修中心协办，北京大学教育学院学习科学实验室和北京大学基础教育研究中心承办。北京大学教育学院院长阎凤桥、北京市朝阳教师发展学院院长谢娟、北京市顺义区教育研究和教师研修中心主任张军堂等上百位国内外的学习科学领域专家学者、研究和实践人员、优秀校长和骨干教师在论坛发言，5000余人在线参与了主论坛和各分论坛。

（北京市教育学会供稿）

语言学　文学　艺术学

第六届全国高等学校外语教育改革与发展高端论坛 3月19—20日，北京外国语大学、教育部高等学校外国语言文学类专业教学指导委员会、教育部高等学校大学外语教学指导委员会与中国高等教育学会外语教学研究分会联合主办的第六届全国高等学校外语教育改革与发展高端论坛在京举办。论坛主题为“理解中国，沟通世界”。中宣部国际传播局副局长陈雪亮，教育部高等教育司副司长武世兴，中国原驻英国大使查培新，北京外国语大学党委书记王定华，北京外国语大学党委常委、副校长孙有中等出席论坛。陈雪亮、武世兴、查培新、王定华作聚焦百年变局下中国高等外语教育发展新格局、改革新方向的主旨报告。在论坛开设的9场专题论坛中，92位发言人围绕外语教育时代议题，共商中国高等外语教育新格局与新发展。

（北京外国语大学供稿）

马克思主义与中华优秀传统文化相结合的文艺路径论坛 日前，中国文艺评论家协会、中国文联文艺评论中心以线下线上相结合的形式，组织召开“马克思主义与中华优秀传统文化相结合的文艺路径”论坛，深入学习领会习近平总书记关于文艺工作重要论述，推进新时代马克思主义文艺理论和评论建设。

本次论坛采取与全国文艺评论工作研讨班套开的形式举办。与会人员认为，马克思主义与中华优秀传统文化相结合是重大理论命题，更是长期实践课题。对于文艺理论评论工作者而言，这一研究需要持续深入推进，不断深化认识、增进共识，推动中国文艺理论和评论的学科体系、学术体系和话语体系建设，在指导工作、推动实践中，实现马克思主义文艺理论建设的新进步。

（摘自《人民日报》2022年4月14日第13版）

国际中文教育论坛 4月20日，由教育部中外语言交流合作中心指导支持，北京语言大学主办，北京语言大学国际中文教育实践与研究基地承办的国际中文教育论坛在京召开。本次论坛以“新时代国际中文教育理论与实践创新”为主题，北京语言大学校长刘利主持论坛。教育部中外语言交流合作中心主任马箭飞、北京语言大学党委书记倪海东和各国大使致欢迎辞。与会专家和学者围绕深化推进国际中文教育工作、推动国际中文教育学科建设、加强国际中文教育师资培养及国际中文教育理论和实践研究等问题进行深入探讨。来自全球有关教育机构和中文院系的代表、专家学者和高校师生等5000余人通过线上线下参加论坛。

（北京语言大学供稿）

纪念延安文艺座谈会80周年研讨会 4月28日，由北京舞蹈学院主办的“为人民而舞”——纪念延安文艺座谈会80周年研讨会在京召开，会议采用线上线下相结合的方式。与会专家围绕延安文艺座谈会的历史意义和当代影响、文艺座谈会精神的一脉相承和创新发展研究、党领导艺术教育办学经验研究、为人民而舞的价值和实践研究、思政教育和艺术教育融合的路径研究等议题展开交流研讨。来自中国文联、中国舞蹈家协会、中国东方演艺集团、北京演出行业协会、北京舞蹈学院、中国戏曲学院、中国音乐学院等机构的专家学者、师生代表1500余人线上参会。

（北京舞蹈学院供稿）

2022全国基础外语教育改革与发展高端论坛 5月13—14日，由北京外国语大学主办，外语教学与研究出版社、北京外国语大学本科招生办公室共同承办的2022外语教育改革与发展高端论坛举行。北京外国语大学党委常委、副校长孙有中主持论坛开幕式。全国政协常委、副秘书长，民进中央副主席朱永新，教育部基础教育司司长吕玉刚，北京外国语大学党委书记王定华，中国教育学会秘书长杨银付，教育部课程教材研究所副所长刘月霞，北京师范大学中国教育政策研究院执行院长张志勇，外研集团党委书记、董事长，外研社社长王芳在线参会。论坛分为 9 个专题论坛，探讨新时代基础外语教育高质量发展和高素质国际化人才培养和基础外语教育阶段教学实践创新等议题。来自全国各地的教育行政主管部门负责人，中小学校长、教学主管、英语教研员及骨干教师，国际教育领域研究者及从业者，北京外国语大学国际化人才培养基地联盟成员，中国教育学会会员相聚云端，围绕“守正创新 铸魂育人——新课改背景下的基础外语教学改革与教师专业发展”主题展开深入研讨。累计近 28 万人次在线参会。

（北京外国语大学供稿）

北京大学美育论坛暨高校优秀美育课程案例交流会 5 月 15 日，“新时代中国美育理论”北京大学美育论坛暨高校优秀美育课程案例交流会在线召开。论坛由北京大学艺术学院、北京大学美学与美育研究中心联合中国高等教育学会美育专业委员会共同举办。杜卫、朱良志、谭好哲、彭锋、刘成纪、王德胜等学者分别以《作为人文教育的艺术教育》《中国古代超越美丑分别的思想》《中国现代人生论美育的当代意义》《完美主义与美育》《如何理解中国美育传统》《历史继承性与文化适应性——当代美育理论建构的两面》为题作主旨发言。

（艺术学理论课题组供稿）

第七届世界地图与世界文化国际学术论坛 5 月 20—22 日，由中英高等教育人文联盟主办，清华大学世界文学与文化研究院和新南威尔士大学艺术与设计学院共同承办，清华大学外文系文学史、思想史和文明史学科群协办的第七届“世界地图与世界文化”国际学术论坛在线举办。来自 13 个国家 34 所高校和机构的 46 位专家学者围绕“文化中国、翻译与当代性”，聚焦文学、电影、戏剧舞台与视觉艺术领域的翻译比较研究展开讨论。300 余名专业人士参与论坛。

（北京市文艺学会供稿）

“以人民为中心，走中国特色电影发展之路”论坛 5 月 21 日，“以人民为中心，走中国特色电影发展之路”论坛在京举办。论坛旨在纪念毛泽东同志《在延安文艺座谈会上的讲话》发表 80 周年，研究阐释中国电影以人民为中心的思想轨迹和艺术实践，创新探索人民电影精神的时代内涵和当代意义。郝戎、黄会林、王一川、周星、彭锋、尹鸿、贾磊磊等专家学者分别作题为《人民的、大众的美学及其评价体系和标准》《“以人民为中心”——关于习近平文艺思想的逻辑起点和主体性问题的思考》《辩证观与现实映射：纪念毛泽东〈在延安文艺座谈会上的讲话〉80 年》的主旨报告。

（艺术学理论课题组供稿）

“当代英语文学研究：理论与实践”高端论坛 7 月 2 日，由北京外国语大学王佐良外国文学高等研究院和英语学院共同主办的“当代英语文学研究：理论与实践”高端论坛在线举办。北京外国语大学党委常委、副校长赵刚教授，王佐良外国文学高等研究院院长金莉教授等出席论坛。社科院外文所陈众议研究员、上海交通大学王宁教授、厦门大学陆建德教授、上海外国语大学李维屏教授等国内 16 位知名学者围绕当代英语文学研究问题作主旨发言，杭州师范大学殷企平教授、北京外国语大学的王丽亚教授和姜红教授等主持主旨发言并点评。来自全国各地高校和科研机构的专家学者 1000 余人参加论坛。

（北京外国语大学供稿）

“庆祝中国现代外语非通用语高等教育 80 周年”欧洲文学研讨会暨欧洲语言文化论坛 7 月 8 日，“庆祝中国现代外语非通用语高等教育 80 周年”欧洲文学研讨会暨欧洲语言文化论坛在京举办。论坛由教育部高等学校大学外语教学指导委员会非通用语种类专业教学指导分委员会与北外欧洲语言文化学院联合举办，是“庆祝中国现代外语非通用语高等教育 80 周年”系列活动之一。

全国人大常委会委员、中国作家协会诗歌委员会主任、北京外国语大学名誉教授吉狄马加出席开幕式。北京外国语大学党委常委、副校长赵刚，教育部高等学校外国语言文学类专业教学指导委员会副主任委员、非通用语种类专业教学指导分委员会主任委员姜景奎，国务院外语学科评议组成员钟智翔，外语教学与研究出版社期刊分社社长孙凤兰在开幕式上致辞。吉狄马加、北京外国语大学张建华教授和中国社会科学院俄罗斯东欧中亚研究所朱晓中研究员分别围绕欧洲诗歌语言、当代斯拉夫文学、区域国别研究的主题作主旨报告。

活动包括欧洲语言研究、欧洲文学研究、欧洲社会与文化研究、中欧交流研究4个分论坛，开展了7场平行研讨交流活动。来自北京外国语大学、中国社会科学院、北京大学、清华大学、复旦大学、南开大学以及牛津大学、贝尔格莱德大学等国内外60多位资深专家和300多名师生参加研讨活动。

（北京外国语大学供稿）

中国外语教材研究高端论坛 7月9日，由北京外国语大学中国外语教材研究中心主办，英语学院、外语教学与研究出版社协办的第四届中国外语教材研究高端论坛在线举办。论坛主题为“外语教材研究的范式建构”。论坛开幕式由北京外国语大学党委常委、副校长、中国外语教材研究中心主任孙有中主持，北京外国语大学党委书记王定华出席论坛。教育部教材局副局长申继亮教授，国家教材委员会委员、北京外国语大学中国外语与教育研究中心文秋芳教授等8位专家，围绕外语教材编写的意义和形式，探讨教材编写的内涵和原理、具体教学内容设置、教材使用研究的方法与案例，以及外语教材的文化呈现等内容。来自北京外国语大学、上海外国语大学、对外经济贸易大学、湖南师范大学、山东大学等高校的7位专家围绕非通用语种教材、翻译教材、商务英语教材、职业教育外语教材、基础教育阶段英语教科书、新形态外语教材建设以及基于语料库语言学的教材开发等议题进行交流研讨。论坛通过网络同步直播，1.1万余人在线参会。

（北京外国语大学供稿）

2022中国公共政策翻译论坛 7月9日，由中国翻译研究院、北京第二外国语学院共同主办，北京第二外国语学院中国公共政策翻译研究院承办的2022中国公共政策翻译论坛在线举办。论坛主题为“融通中外——新时代中国政治话语对外译介”。北京第二外国语学院副校长程维、中国译协常务副会长黄友义、外交部大使陈明明、中国外文局当代中国与世界研究院党委书记杨平、北京市外办翻译中心主任管虎元、北京外国语大学高级翻译学院院长任文、清华大学新闻与传播学院院长周庆安、北京第二外国语学院中国公共政策翻译研究院执行院长张颖等出席会议。

来自中国外文局、中央党史和文献研究院、清华大学、北京外国语大学、北京第二外国语学院、外交学院、对外经贸大学、美国明德学院以及北京、上海、浙江、山东、江苏等省市外事部门和冬奥组委等单位约20位翻译专家和学者，围绕融通中外视阈下的中国核心政治话语对外翻译策略和地方政府工作报告翻译研究和术语库建设等议题进行深入研讨。

（北京第二外国语学院供稿）

外语教育理论与实践前沿高端论坛 7月12日，由北京外国语大学英语学院和外研社联合主办的外语教育理论与实践前沿高端论坛在线举办。北京外国语大学党委常委、副校长孙有中，北外英语学院院长张剑，外研社副总编辑常小玲在开幕式上致辞。7位国内外学者围绕“外语教育理论与实践前沿发展”发表主旨演讲。美国密歇根大学Diane Larsen-Freeman教授、美国宾州州立大学Matthew E. Poehner教授、北京外国语大学文秋芳教授、广东外语外贸大学王初明教授、北京师范大学王蔷教授、华中科技大学徐锦芬教授、北京外国语大学张莲教授分别做题为《复杂动态系统理论对外语教育的启示及其应用》《社会文化理论作为二语教育理论的发展导向》《为外语教学提质增效的续论》《从外语教学走向外语教育：新时代中小学英语课程体系的建构与发展》《中国特色内容语言融合：新时代对外语教育的要求》《高校外语教师专业身份认同的建构研究》的主旨报告。近五千名观众在线观看网络直播。

（北京外国语大学供稿）

艺术与生态系列学术论坛 7月13—15日，由北京林业大学艺术设计学院联合中国农林高校设计艺术联盟主办的“‘艺术与生态’系列学术论坛”在京举办。

论坛采用线上直播形式，分为可持续发展设计专题论坛、艺术赋能“一带一路”专题论坛、绿色可持续设计人才培养与创新实践论坛、绿色可持续设计青年论坛四个部分。来自清华大学未来实验室、首都师范大学、中央美术学院、南京艺术学院、西安美术学院、四川美术学院、麦积山石窟艺术研究所、挪威奥斯陆建筑与设计学院、广州美术学院建筑艺术与设计学院、山东工艺美术学院、北京林业大学艺术设计学院等不同领域的19位专家学者融合艺术、生态文明、可持续发展、绿色设计、文化研究（传承）等不同学科视域，探讨人与自然的和谐共生，力求在绿色可持续设计、艺术赋能生态文明建设方面有所启示。

（北京林业大学供稿）

第八届音乐产业高端论坛暨第三届数字时代的音乐传播学术论坛 7月23日，由中国传媒大学、北京音乐产业园主办，中国传媒大学音乐与录音艺术学院、中国传媒大学音乐产业发展研究中心承办的第八届音乐产业高端论坛暨第三届数字时代的音乐传播学术论坛在线开幕。论坛聚焦当下的音乐传播特质，促进音乐产、学、研一体化发展，展望未来音乐动向，从理论与实践双层维度共同探讨数字时代音乐传播的若干问题。来自中国传媒大学、中央音乐学院、中国音乐学院、人民音乐出版社等高校、科研院所和期刊社等百余名专家学者在线共享研究成果。

（中国传媒大学供稿）

文化强国短视频高峰论坛 8月17日，第十二届北京国际电影节文化强国短视频高峰论坛在线举办。论坛由中国传媒大学电视学院党委书记曾祥敏教授主持，汇聚传媒学界与业界专家，共同探讨文化强国短视频的功能、作用和意义，探索新形态促进讲好中国故事、提升国家文化软实力、推动中华文化传播的方法路径。国家广播电视总局发展研究中心党委书记、主任祝燕南，人民网股份有限公司党委书记、董事长、总裁叶蓁蓁，新华网党委常委、总编辑钱彤，北京电影学院党委副书记、副院长胡智锋等出席论坛。

（中国传媒大学供稿）

首届德语学科区域国别研究高端学术论坛 8月20日，正值中德建交50周年，北京外国语大学德语学院、中德人文交流研究中心以及德国研究中心联合在线举办首届德语学科区域国别研究高端学术论坛。论坛主题为“中德建交五十年来德语学科的区域国别研究：回顾与展望”。北京外国语大学党委副书记、副校长，外国语言文学类专业教学指导委员会德语专业教学指导分委会主任贾文键出席论坛开幕式并致辞。拥有文学、语言学、历史学、政治学、经济学、教育学等不同学科背景的与会专家围绕德语学科区域国别研究的人才培养、课程设计、科研实践以及项目申报等展开讨论。论坛同步网络平台直播，直播平台点击量突破1.2万人次。

（北京外国语大学供稿）

第七届全国生态语言学研讨会 8月20—21日，北京外国语大学国家语言能力发展研究中心、中国外语与教育研究中心、中国英汉语比较研究会生态语言学专业委员会联合主办的第七届全国生态语言学研讨会召开。会议主题为“新时代生态语言学研究与生态文明建设”。北京外国语大学国家语言能力发展研究中心及中国外语与教育研究中心主任、中国英汉语比较研究会生态语言学专业委员会名誉会长王文斌教授，北外国家语言能力发展研究中心及中国外语与教育研究中心副主任、中国英汉语比较研究会生态语言学专业委员会会长何伟教授分别在开幕式及闭幕式致辞。华南农业大学黄国文教授、暨南大学范俊军教授、北京语言大学卢德平教授、北京外国语大学张天伟教授等14位专家从宏观、微观角度出发，围绕生态语言学学科发展、生态哲学观、语言景观等多项议题作主旨发言。青年学者论坛共分为10个小组，140余人围绕新时代背景下的生态语言学内涵发展，生态语言学的融合与发展，语言政策、语言规划与语言生态等话题进行论文宣读与讨论。来自全国120多所院校及科研机构的240多位专家学者、高校师生在线参会。

（北京外国语大学供稿）

2022全球美育大会 8月27日，2022全球美育大会在京召开。大会以“以美为媒，跨越分界”为主题，以尚美、求真、向善为原点，从全球视野探索、思考美育的观念、价值与创新实践，倡导人类命运共同体意识，理解、建构新时代美育的意义与范式。来自中国、美国、加拿大等10余个国家和地区的90余名专家学者参会并发表演讲，会议设有含全球美育十人谈在内的9个专题研讨论坛，主要议题包括舞育未来·舞蹈美育论坛、数字艺术的创新与未来、书写的美育价值与意义、国际视域下的当代音乐美育、疫情之下艺术治疗研究及实践工作的全球视野、闳约深美·数字时代的设计教育、时代实感与青春锐见·国际青年美育学者论坛、数字化时代的影视戏剧教育等。

（艺术学理论课题组供稿）

新时代中国美育学学科建设高端论坛 8月30日，中央美术学院举办新时代中国美育学学科建设高端论坛，并与杭州师范大学共同举办第二届全国青年学者美育学论坛。杜卫、张政文、胡智锋、彭锋、王一川、王德胜等专家学者分别做题为《文心涵濡——大学美育新方案》《新时代的美育应关注具体实施问题》《美学与美好生活》等主旨报告。

（艺术学理论课题组供稿）

读懂乔姆斯基系列学术活动 9月20日，由北京语言大学主办的“读懂乔姆斯基”系列学术活动在京举办。活动由北京语言大学语言学系主任司富珍教授主持，著名语言学家、认知科学家、哲学家、思想家诺姆·乔姆斯基教授在线做客北京语言大学，并见证了“乔姆斯基研究所”揭牌仪式，北京语言大学校长刘利主礼授予乔姆斯基教授“生物语言学与人脑科学领军科学家”荣誉称号。与会专家和学者从语言与认知、语言的起源、语言与技术以及理论语言学的若干论题等方面提出一系列问题，乔姆斯基教授都做了详细的解答，并发表题为《理解我们自己：论语言与思维》的学术演讲，回顾了关于语言与思维研究的传统，为研究语言问题提供新的启发。

（北京语言大学供稿）

新文科背景下艺术理论的研究路径学术研讨会暨2022中国艺术学理论学会第十八届年会 9月24日，新文科背景下艺术理论的研究路径学术研讨会暨2022中国艺术学理论学会第十八届年会开幕，彭吉象、周由强、李新风等艺术学理论学人出席会议。与会专家学者围绕新文科理念与艺术理论新命题、新文科理念与艺术理论知识生产、新文科理念与艺术创作、传播、接受的关系、新文科理念与艺术的未来影响、文科理念与国际视野中艺术本土理论建构等议题，进行了深入的交流和研讨。

（艺术学理论课题组供稿）

中国社会科学论坛（2022年·语言学）——新时代语音学前沿问题国际研讨会 10月20—22日，社科院语言所、北京语言大学、中国语言学会语音学分会三家机构联合主办中国社会科学论坛（2022年，语言学）——新时代语音学前沿问题国际研讨会。26位主讲嘉宾作大会报告，其中海外学者占一半以上。多个报告从类型学角度出发，探索汉语对语音和音系理论的贡献，考察汉语方言、民族语言与其他语言的语音特征关系。报告及讨论内容除语音本体外，还有关于言语障碍、心理治疗、汉语语音教学、语音技术，以及与自闭症儿童和阿尔茨海默病人群相关的研究成果。

（北京市语言学会供稿）

“如何呈现文学的‘过去’——文学史与文献学”学术研讨会 10月22—23日，由北京大学人文学部、北京大学中文系、北京大学现代中国人文研究所主办的“如何呈现文学的‘过去’——文学史与文献学”学术研讨会在京召开，在线同步进行。会议回应了近年文学研究中的文献学热和国际人文学术的“物质转向”，从残篇、手稿、印刷文化与书籍史、仪式文艺、文本发生学以及文本社会学等角度，对文学史和文献学中的相关议题进行了探讨。

（北京市文艺学会供稿）

第九届全国语义功能语法学术研讨会 10月28—30日，由首都师范大学文学院、国际文化学院联合主办的第九届全国语义功能语法学术研讨会在京举行。会议采用线上线下相结合的方式，线下设南开大学分会场。开幕式由首都师范大学文学院教授史金生主持，文学院院长马自力教授致开幕辞。陈一、储泽祥、刁晏斌、洪波等汉语语法本体研究领域的专家，以及李宝贵、卢福波等语言教学和语言政策规划研究领域专家做了12场主题报告。来自首都师范大学、北京大学、中国社会科学院语言研究所、南开大学、复旦大学等全国近30所高校和科研院所的100余位专家学者，就结合语义、功能的语法研究、汉语语法习得研究、面向国际中文教育的语法及其教学研究等问题展开深入研讨。首都师范大学国际文化学院副教授李秉震主持闭幕式并作总结发言，首都师范大学国际文化学院党总支书记、教授姜国权致闭幕辞。

（首都师范大学供稿）

2022生物语言学暨语言习得学术研讨会 10月29日，麻省理工学院荣休教授、亚利桑那大学桂冠教授，语言学家诺姆·乔姆斯基先生在线做客“北外大讲堂”，发表题为《语言与语言中的奇幻信念》的主题演讲。至此，“2022生物语言学暨语言习得”学术研讨会拉开帷幕，活动由北京外国语大学外国语言研究所、中国外语与教育研究中心主办，《语言科学》协办。

乔姆斯基从新世纪生物神经科学、脑科学的迅猛发展给生物语言学研究带来的机遇与挑战出发，重点阐释了在新的科技发展形势下生物语言学的核心问题与前景。

会议还邀请了麻省理工学院语言学与哲学系苏珊妮·弗林教授、天津师范大学宁春岩教授和北京语言大学冯胜利教授作主旨发言。来自复旦大学、牛津大学、清华大学、中国科学院、图宾根大学、北京外国语大学、上海外国语大学、华东师范大学、中央民族大学、首都师范大学等高校和研究机构的专家学者参会。

（北京外国语大学供稿）

世界文明视野中的北京书写国际学术研讨会　10月29—30日，由北京师范大学文学院、北京师范大学鲁迅研究中心与国家社科基金重大项目“京津冀文脉谱系与大京派文学建构”研究课题组联合主办的“世界文明视野中的北京书写”国际学术研讨会召开。康震、王立军、刘勇、解志熙、孙郁等30多位国内外学者参会，会议以北京研究为基础，致力于在开阔的世界文明视野中寻觅传统文化的现代表达与中国文化的国际书写。

（北京市文艺学会供稿）

第五届功能语言学融合、创新与发展高端论坛　10月29—30日，由北京外国语大学中国外语与教育研究中心、国家语言能力发展研究中心、许国璋语言高等研究院主办，曲阜师范大学外国语学院承办的第五届功能语言学融合、创新与发展高端论坛在线举行，论坛主题为“互动互通·互鉴互融·创新发展”。北外中国外语与教育研究中心、国家语言能力发展研究中心主任、许国璋语言高等研究院副院长王文斌教授致辞。清华大学封宗信教授、华南农业大学黄国文教授、上海外国语大学束定芳教授等23位专家作主旨发言。论坛设置7个分论坛，来自北京外国语大学、北京师范大学、中国科学院大学等国内53所高校和科研院所的78位青年学者围绕功能语言学理论的发展前沿、功能语言学理论与其他学科理论之间的互鉴融合、功能语言学理论的本土化研究等议题发言，专家点评并提出指导意见。国内近百余所高等院校和科研院所的专家学者在线参会。

（北京外国语大学供稿）

首届全国社会翻译学研讨会　10月29—30日，由中国英汉语比较研究会社会翻译学专业委员会主办，南京师范大学外国语学院承办的首届全国社会翻译学研讨会暨中国英汉语比较研究会社会翻译学专业委员会2022年会在线举行。国务院学位委员会第六届、第七届外国语言文学学科评议组召集人许钧教授，国务院学位委员会第八届外国语言文学学科评议组召集人查明建教授等200余名专家学者参加会议，1800余名师生通过网络平台观看直播。

大会主旨报告环节，上海外国语大学查明建教授、广东外语外贸大学黄忠廉教授、华中农业大学覃江华教授、上海大学傅敬民教授先后发言。大会设置9个分论坛，与会专家学者围绕“社会翻译学前沿探索及相关研究”“社会翻译学理论与方法”“译者、行动者与翻译生产过程”等主题展开研讨，120余名学者宣读论文。

30日，大会举办外语期刊主编论坛。《当代外语研究》《解放军外国语学院学报》《外语研究》《中国翻译》《中国外语》《外语与外语教学》《外国语》等刊物的主编、编审参与研讨并先后发言。

（北京外国语大学供稿）

北京舞蹈学院BDA舞蹈论坛（2022）　11月1—3日，由北京舞蹈学院主办的BDA舞蹈论坛（2022）以线上线下相结合的方式举办。论坛以“新时代·中国舞蹈·机遇与挑战”为主题，聚焦新版学科专业目录调整与舞蹈人才培养、中国舞蹈学三个体系建设、国际视野下的舞蹈学术前沿动态、国民舞蹈教育体系的探索与建构等议题，凝聚包括中国在内的24个国家和地区的两百余位舞蹈艺术家和关注舞蹈艺术的各界专家学者，以中国立场与世界眼光，共同探讨舞蹈艺术与舞蹈教育发展的当下与未来，展现艺术家、学者的观察、思考、行动与价值追求。中国舞蹈家协会主席冯双白、中央文史研究馆馆员仲呈祥，北京舞蹈家协会主席、北京舞蹈学院创意学院名誉院长陈维亚，北京师范大学文艺学研究中心研究员、中华美学学会副会长王一川，北京大学艺术学院院长彭锋，国家艺术基金理事、中国演出行业协会副会长宋官林、北京师范大学艺术与传媒学院院长肖向荣等学术委员会专家、院系及职能部门负责人参加论坛。开幕式和主论坛通过央视频、中国知网、微博、bilibili 等平台直播，共吸引 434.5 万人次观看。

（北京舞蹈学院供稿）

第六届东亚日本研究者协议会国际学术大会 11月4—6日，由北京外国语大学主办，日语学院、日本学研究中心承办的第六届东亚日本研究者协议会国际学术大会召开。会议采用线上线下相结合的方式。北京外国语大学党委副书记、副校长贾文键致开幕辞，日本国际交流基金会理事佐藤百合，日本东芝国际交流财团专务理事大森圭介，东亚日本研究者协议会发起人代表、首尔大学国际学研究所所长朴喆熙教授，国际日本文化研究中心名誉教授小松和彦和北外徐一平教授在线致辞。

大会包括2个主题圆桌论坛、10个国际日本学研究热点高端论坛及日本语言、文学、文化、教育、政治、外交、社会、经济等10个主题论坛和30多个分论坛。来自中国、日本、韩国、美国等国家各高校和研究机构220余名专家学者先后发言。

圆桌论坛环节，来自英国牛津大学、日本东京大学、东京外国语大学、韩国世宗大学、天津外国语大学、台湾政治大学以及北京外国语大学的特邀专家围绕“多语言优势与日本研究”与“日本研究与新型日语人才培养”两大主题展开讨论。在国际日本学研究热点高端论坛、新生代研究者论坛环节中，来自各国高校、科研机构的专家学者就东亚研究的热点问题及日本社会经济等领域问题进行交流和讨论。

（北京外国语大学供稿）

多元视角下的中国语言文学研究与教学国际研讨会 11月5日，由北京师范大学文学院主办，韩国延世大学中文系、国际文化交流学术联盟·文学专委会、韩国延世大学中国研究院以及北京师范大学民俗典籍文字研究中心共同协办的“多元视角下的中国语言文学研究与教学”国际研讨会——第五届北京师范大学文学院—韩国延世大学中文系学术交流周在线举办。北京师范大学文学院院长王立军教授主持开幕式，北京师范大学副校长康震、延世大学副校长金银庆、美国新英格兰地区中文教师协会会长王命全分别致辞。来自美国塔夫茨大学中文部、印第安纳大学民俗学系、乔治梅森大学英语系，英国卡迪夫大学现代语言学院以及越南河内国家大学下属社会科学与人文大学文学系的5位专家学者，发表各自在中国语言、文学和文化领域的最新研究成果。来自国内外高校的与会者在线参会近800人次。

（北京师范大学供稿）

首届翻译与文化传播研讨会 11月5日，由中国政法大学共建罗马尼亚布加勒斯特大学孔子学院、布加勒斯特大学中文系、中国外文局翻译院、北京外国语大学欧洲语言文化学院、中国政法大学外国语学院共同主办的首届翻译与文化传播研讨会在线举办。会议主题为“多学科交叉视角下的翻译与文化传播”。会议由布加勒斯特大学孔子学院中方院长、中国政法大学副教授周佳磊主持，中国政法大学副校长时建中、北京外国语大学副校长赵刚、中国外文局翻译院院长王继雨出席会议并致辞。中国翻译协会常务副会长、中国翻译研究院副院长、中国外文局原副局长兼总编辑黄友义，中国政法大学外国语学院副院长张法连，布加勒斯特大学孔子学院罗方院长、外国语学院教授白罗米分别作主旨发言。北京外国语大学欧洲语言文化学院副院长、罗马尼亚研究中心主任董希骁，中国政法大学外国语学院院长张清，布加勒斯特大学中文专业讲师包心如分别主持3场分论坛。来自中国、罗马尼亚和塞尔维亚的20余位专家学者就各类典籍翻译与文化传播，文学、文化与翻译研究，法律、语言与翻译研究，翻译教学研究，翻译的跨学科研究，翻译与跨文化交流，翻译与中国文化走出去等话题作研讨交流。董希骁、张清、包心如分别作总结发言，赵刚致闭幕辞。

（中国政法大学供稿）

探撷文明根脉：比较神话学研讨会 11月5日，由中国国际文化书院、中国社会科学院比较文学研究中心联合主办的“探撷文明根脉：比较神话学研讨会”在京召开。会议采取线上与线下结合的方式。会议由中国国际文化书院秘书长张文涛研究员、中国社会科学院比较文学研究中心主任谭佳研究员联合主持，中国社会科学院世界历史所党委书记罗文东研究员致辞。会议研讨的主要议题有女神与文明、神话与观念、神话与仪式、比较研究与途径探索等。中国神话学会会长、上海交通大学叶舒宪教授做题为《上五千年生根，下五千年开花：玉石神话的美学深度》的主旨发言。中国社会科学院文学研究所谭佳研究员做题为《国际比较神话学发展前沿：兼论中国比较神话学特征》的总结发言 。来自北京大学、清华大学、首都师范大学、北京语言大学、中国社会科学院等高校和科研机构的 20 余名专家学者参加会议。

（中国社会科学院供稿）

“使行录”与东亚学术文化交流研讨会　11 月 5—6 日，由北京大学中国语言文学系主办，北京大学历史学系、外国语学院协办的“使行录”与东亚学术文化交流研讨会在线举行。60 余位专家学者围绕“使行录学”理论与方法研究、使行录与东亚学术文化交流研究、使行录与东亚诸国关系史研究、使行录语言学相关问题与翻译研究主题展开讨论交流。来自中国和日本、韩国、越南、美国、加拿大、新加坡等国高校和研究院所的专家学者与青年学子近 400 人在线参会。

（北京大学供稿）

多语种视域中的世界文学研讨会　11 月 5—6 日，由中央高校基本科研业务费专项资金资助的北京外国语大学高端学术会议项目——多语种视域中的世界文学研讨会以线上线下相结合的方式举办。研讨会的主题是全球化进程中的世界文学、批评理论与中外文学文化关系。研讨会设立两组主旨发言和 4 组交流发言。会议发言涉及英语、俄语、德语、法语、日语、豪萨语、孟加拉语、意大利语、芬兰语、波兰语、乌尔都语等十余个语种。不同语种专家学者围绕“多语种视域中的世界文学理论及概念”“世界文学中的中国文学”“世界文学与人类命运共同体构建”“多语种视域中文学批评理论的交流、发展与创新”“走向世界的国别、区域文学”等主题发表最新研究成果。来自北京大学、中国人民大学、中国社会科学院外国文学研究所、对外经济贸易大学、北京外国语大学、北京第二外国语学院、中国社会科学院大学等 13 所高校和研究机构的 60 余位专家学者参加会议。

（北京外国语大学供稿）

第三届国际中文教育研究方法学术研讨会　11 月 6 日，中央民族大学国际教育学院在北京举办第三届国际中文教育研究方法学术研讨会，会议在线同步进行。来自国内多所高校的专家学者与 500 多位师生以线上线下形式，分享国际中文教育研究方法及最新成果。

本次研讨会紧密围绕国际中文教育研究方法这一主题，展示了国际中文教育研究的不同方法及其应用成果。研讨会有 8 场主旨报告，分别是北京语言大学汉语国际教育研究院张博教授的《学术汉语词汇的主要特征及教学策略》，中国人民大学文学院陈默教授的《认同、社会语言因素和个体差异在汉语二语口语习得中的作用机制——基于定量和质性的分析》，华东师范大学国际汉语文化学院副院长、叶军教授的《研究国际中文教育实践的真问题》，华东师范大学国际汉语文化学院副院长、国际汉语教师研修基地副主任、丁安琪教授的《论智慧教育背景下的国际中文教师专业发展》，北京语言大学心理学院常务副院长、江新教授的《二语学习者汉字认知和学习的研究方法：回顾与展望》，南京大学海外教育学院副院长、曹贤文教授的《汉语二语学习者主语回指语显隐的多因素分析》，北京外国语大学中文学院副院长、朱勇教授的《国际中文教育研究范式：回顾与反思》，中央民族大学国际教育学院王萍丽博士的《汉语作为第二语言的互动研究》。

（中央民族大学供稿）

2022 年国际艺术理论研究学术论坛　11 月 9—13 日，由中国传媒大学艺术研究院主办的 2022 年国际艺术理论研究学术论坛在京举办。论坛主题为“艺术与人类未来”。中国传媒大学艺术研究院院长王廷信主持开幕式，中国传媒大学校长张树庭出席论坛并致辞。来自中国、美国、英国、法国、日本、新加坡等 6 个国家的 58 位专家学者，围绕艺术历史及理论的新视角与新方法、艺术与人类未来生活、艺术与科技发展、文化遗产和传统艺术的传承与发展、艺术传播与媒介融合五个单元的相关议题展开研讨。美国匹兹堡大学高名潞教授、美国达拉斯得州大学顾明栋教授、英国伯明翰大学伯尼 · 塞贝教授、剑桥大学艾伦 · 麦克法兰教授等分别以《再现求证和过程体认——艺术史的当代视角》《崇真还是崇善：中西艺术哲学为何采用不同的偏重态度？》《后殖民研究与艺术史：学科交叉与视野拓展》《为什么文艺复兴只发生在西欧，它对当今的艺术史有什么启示》为题作学术报告。国内外在线收看论坛约 8000 人次。

（中国传媒大学供稿）

2022中华文化国际传播论坛 11月10日，由中国外文局文化传播中心、北京外国语大学中华文化国际传播研究院、中华文化学院中华文明研究中心主办的2022中华文化国际传播论坛在京举办。论坛主题为“新时代中华文明国际传播与中外文明互鉴”。

中国外文局副局长陆彩荣主持论坛开幕式环节。第十三届全国政协民族和宗教委员会副主任蒋建国，中华文化学院第一副院长吉林，中国外文局局长杜占元，北京外国语大学校长杨丹，故宫博物院党委副书记、副院长罗先良，国际儒学联合会秘书长贾德永出席活动并致辞。北京大学哲学系东方哲学教研室主任、北京大学宗教研究院名誉院长楼宇烈，美国汉学家、芝加哥大学历史系教授艾恺等中外汉学家及中华文化国际传播研究名家通过视频方式发表致辞。

北京外国语大学党委常委、副校长赵刚主持主旨演讲环节。北京师范大学资深教授黄会林、北京外国语大学资深教授张西平、中国网总编辑王晓辉、中国国家画院副院长徐涟、故宫出版社有限公司董事长章宏伟、北京大学教授程曼丽、中华文化学院教授翁贺凯分别作主旨演讲。论坛下设4个平行论坛，从文明互鉴与中外融通、文化数字化与国际传播、跨国企业与中华文化传播、青年汉学家与中华文化传播的角度入手，近100位中外嘉宾展开深入交流，共同探讨中华文化国际传播之道。

（北京外国语大学供稿）

第十八届语言智能教学国际会议 11月11—13日，由中国英汉语比较研究会语言智能教学专业委员会主办，北京外国语大学网络教育学院和人工智能与人类语言重点实验室、西安电子科技大学外国语学院和外语教育数字化研究院联合承办，《语言智能教学》国际期刊编辑部协办的第十八届语言智能教学国际会议在线举行。

大会主题为“新兴技术与语言教育”，包括会前工作坊、专家主旨发言、专题发言、分会场发言以及学术圆桌论坛。来自北外、英国开放大学、美国斯坦福大学、西安电子科技大学，马来西亚精英大学、澳大利亚南昆士兰大学、香港大学等海内外高校的专家、学者、教师们相聚云端，深入探讨新技术与外语教学融合的现状与未来。英国开放大学语言与应用语言学学院副院长、EUROCALL主席Mirjam Hauck做题为《虚拟交际》发言。专题发言环节，西安电子科技大学副教授陈万庆、东北大学教授王勃然、西安电子科技大学副教授邹甜甜和ChinaCALL秘书长、北京外国语大学网络教育学院院长唐锦兰及其团队分别作主旨报告。

学术圆桌论坛环节，顾曰国、马刚、李佐文、王海啸和邹斌等学者围绕“Emerging Technologies and Language Education”展开深度探讨，就人工智能技术赋能语言教学的现实问题和未来趋势发表见解。

（北京外国语大学供稿）

“改革开放四十年中国新诗理论建设——吴思敬诗学思想研究”研讨会 11月12日，由首都师范大学中国诗歌研究中心、首都师范大学文学院、中国当代文学研究会联合举办的“改革开放四十年中国新诗理论建设——吴思敬诗学思想研究”研讨会在京举行。会议采用线上线下相结合的方式。会议由中国诗歌研究中心副主任孙晓娅主持。首都师范大学党委常委、副校长雷兴山，首都师范大学文学院党委书记牛亚君，首都师范大学中国诗歌研究中心主任左东岭，中国当代文学研究会副会长、中国人民大学文学院教授程光炜，首都师范大学中国诗歌研究中心前主任赵敏俐，首都师范大学教务处处长孙士聪，中国诗歌学会常务副会长、秘书长王山，《诗刊》社主编李少君，中国当代文学研究会会长、北京师范大学文学院教授张清华，作家出版社编审唐晓渡等致辞。来自全国各大高校和科研机构的70余位专家学者出席研讨会，就改革开放四十年中国新诗理论研究和吴思敬诗学思想研究等问题展开研讨。

（首都师范大学供稿）

2022年非洲语言与文化研究国际研讨会 11月12日，由全球外国语大学联盟与北外非洲学院联合主办的庆祝中国现代外语非通用语高等教育80周年暨2022年非洲语言与文化研究国际研讨会在京召开。教育部外指委主任委员、北京外国语大学党委常委、副校长孙有中，中国驻塞内加尔大使肖晗，国务院外语学科评议组成员钟智翔，教育部外指委非通用语分指委秘书长吴杰伟出席开幕式并致辞。来自南非、尼日利亚、博茨瓦纳、美国等地多所大学以及北京大学、中国社会科学院、北京师范大学、对外经济贸易大学、中国传媒大学和北京外国语大学等20多所国内高校的专家学者参会发言。与会学者分别在非洲文学·理论与革新、非洲文学·历史与现实两个分论坛进行学术分享与交流。发言议题涉及阿契贝、索因卡、古尔纳、阿迪契、伊芒等非洲代表作家的写作手法及创作理念、历史视域下的非洲本土语言文学、殖民语境下的非洲英语文学、法语文学、葡语文学及其译介对非洲文学传统的影响、非洲女性主义等话题，其中，茨瓦纳语文学、科萨语文学、索马里语文学均是首次出现在中国非洲文学研究界的视域中。

（北京外国语大学供稿）

第八届中华文化论坛　11月13日，由北京大学主办、中华全国台湾同胞联谊会合办、北京大学台湾研究院承办的第八届中华文化论坛在京举办，论坛采用线上线下相结合的形式。论坛主题为“中华文化建设与人类文明新形态”。开幕式由北京大学台湾研究院院长李义虎主持，国务院台湾事务办公室、教育部、文化和旅游部、北京市政府等相关单位部门负责人出席开幕式。中华全国台湾同胞联谊会会长黄志贤、副会长纪斌，中华文化总会原会长刘兆玄，原文化部部长蔡武，全国人大教科文卫委员会委员、军事科学院原副院长何雷，科技部原副部长张景安，北京大学校长龚旗煌、副校长王博等出席论坛，国务院台湾事务办公室原副主任王在希在线参会。海峡两岸暨港澳地区150余位专家学者参加论坛，论坛会务组共收到50余篇论文。专家学者围绕人类文明新形态与中华优秀传统文化、中华文明探源与海峡两岸和两岸艺术交流等分议题进行研讨。论坛在北京设主会场，在台北、高雄设分会场。

（北京大学供稿）

网络文学研究现状与学科建设学术研讨会　11月14日，由中国社会科学院文学研究所主办的“网络文学研究现状与学科建设”学术研讨会在京召开。中国社会科学院文学研究所纪委书记、副所长饶望京致辞。会议研讨的主要议题有网络文学研究现状、未来五年有潜力的研究方向和研究课题、未来五年学科建设重点等。中国社会科学院文学研究所党委书记、副所长刘玉宏作总结发言。来自中国社会科学院、北京大学、中国艺术研究院、首都师范大学、《光明日报》、《人民日报》海外版等多家单位的专家学者参加会议。

（中国社会科学院供稿）

新时代高校中国传统艺术文化的传承与创新研讨会　11月17日，由中国政法大学人文学院、艺术教育发展中心主办的“新时代高校中国传统艺术文化的传承与创新”研讨会在线召开。中国政法大学人文学院党委副书记康晨宇主持开幕式，中国政法大学副校长冯世勇出席会议并致开幕辞。会议围绕传统艺术文化的传承与创新、传统艺术文化与传承基地建设、传统艺术文化与美育教学展开交流与研讨。来自中央音乐学院、中国艺术研究院、中国东方歌舞团、北京师范大学、中国艺术研究院、中央美术学院、苏州大学、中国石油大学等单位的多位专家学者参会。

（中国政法大学供稿）

第八届亚洲大学生电影展国际论坛举办　11月19日，由中国传媒大学主办，中国传媒大学戏剧影视学院、厦门大学电影学院联合承办的第八届亚洲大学生电影展国际论坛在线举办。来自韩国、美国、日本、中国等多国学者和业界专家参加论坛。中国传媒大学戏剧影视学院副院长张宗伟、厦门大学电影学院副院长李晓红、中国传媒大学戏剧影视学院教授游飞、中国艺术研究院研究员贾磊磊、美国哥伦比亚大学艺术学院电影系教授理查德·佩尼亚、美国南加州大学电影学院教授约翰·罗森伯格、日本大学艺术学院电影系教授松岛哲也、韩国中央大学尖端映像大学院副教授崔祯仁等出席论坛。

（中国传媒大学供稿）

第六届全国特殊人群话语研究暨老年语言学研究求索论坛　11月19—20日，由北京外国语大学人工智能与人类语言重点实验室、网络教育学院和国家社科基金重大项目“我国老年人语言能力的常模、评估及干预体系研究”课题组主办的第六届全国特殊人群话语研究暨老年语言学研究求索论坛在线举办。论坛围绕特殊人群话语研究展开交流研讨，包括主旨报告、学术研讨、公益大讲堂三个部分。来自北京外国语大学、江苏师范大学、上海交通大学、浙江大学、山东大学等高校的专家学者相聚云端，围绕各类特殊人群话语的特征与神经机制研究、语言障碍研究与临床干预、老龄化语言蚀失及老年语言服务研究、人生历程、记忆智能与外语健脑强智研究、人工智能赋能特殊人群话语与神经机制研究、安宁疗护话语研究、临床语言学研究、医学叙事和医学人文研究、特殊人群话语研究的伦理问题、特殊人群多模态话语研究等相关领域前沿话题，深入探索人工智能技术背景下的中国特色特殊人群话语研究之路。

（北京外国语大学供稿）

全国第三届译者行为研究论坛 11月19—20日，由《北京第二外国语学院学报》编辑部主办、西南大学外国语学院承办的全国第三届译者行为研究论坛在线举办。论坛主题为“译者行为评价一体化研究”，分专家论坛和12个分论坛。论坛开幕式由西南大学外国语学院院长文旭教授主持，北京第二外国语学院党委副书记、校长计金标教授和浙江大学资深教授许钧致辞。来自北京外国语大学、上海外国语大学、北京师范大学等高校的20余名专家学者出席论坛并作主旨发言，10余位国内相关领域核心期刊负责人主持报告，上千名学者观看直播。专家论坛环节由董洪川、王和平、梁超群等分别主持。王克非、程维、朱振武、文军等学者作报告，专家们围绕周领顺开拓的译者行为研究领域和创建的译者行为批评理论，就著名翻译家翻译行为、译介策略和风格、新文科视野下的译者身份特征、译者行为评价、译者主体性、社会认知、话语重构、文化传播、译者翻译策略、译者行为决策、译者行为认知等角度深入探讨译者行为研究相关问题，分享最新研究成果。

（北京第二外国语学院供稿）

协同下的艺术与科技国际设计高峰论坛 11月20日，由北京印刷学院主办，北京印刷学院设计艺术学院、设计艺术学院艺术与科技专业承办的“协同下的艺术与科技”国际设计高峰论坛，以线上线下相结合的形式举办。论坛旨在聚焦国内外不同领域专家多视角下的前沿观点，探索基于当下社会发展与人类现实生活，艺术与科技协同创新的无限可能。

论坛上，国际艺术、设计与媒体学院联盟CUMULUS主席、罗马大学罗伦佐教授，以为和平设计为主题介绍了国际艺术、设计与媒体学院联盟的详细情况，近些年的学术活动和专业设置，以及北京印刷学院加入CUMULUS联盟的相关情况。英国超现实影像中心的阿迪奥桑洛教授从不同领域和视角介绍了全息影像技术的产生，及其同艺术设计交互的无限潜力。英国诺丁汉大学乔纳森教授从雅典卫城开始梳理了博物馆的叙事策略以及如何运用观众的身体来思考展览设计。英国德蒙福特大学的马丁教授从不同的领域介绍了全息影像技术的应用。香港城市大学的李吉星教授以人的听力为出发点，从语言学角度分析了人脑对语言的运行机制。

（北京印刷学院供稿）

首届全国外语教材研究学术研讨会暨外语教材研究会筹备会 11月26—27日，由北京外国语大学中国外语教材研究中心主办，外语教学与研究出版社承办，《跨文化研究论丛》《中国ESP研究》编辑部协办的首届全国外语教材研究学术研讨会暨外语教材研究会筹备会举行。会议主题为“外语教材研究：全球视角与本土创新”，近万名外语教育专家学者相聚云端，共同探讨新时代外语教材的研究方向和路径。教育部教材局副局长陈矛，北京外国语大学党委书记王定华出席开幕式。中国英汉语比较研究会会长罗选民、浙江大学副校长何莲珍、北外高级翻译学院院长任文、谢菲尔德大学教授Nigel Harwood、莫纳什大学高级讲师Dat Bao、北京外国语大学英语学院副院长杨鲁新分别作主旨发言。来自国内外80多位专家围绕大中小学及职业外语教材的编写、分析、使用与评价、教材文化思政研究、“理解当代中国”系列教材使用研究、国外外语教材研究、新形态外语教材研究、外语教材与教师发展等分享见解。

（北京外国语大学供稿）

“新时代背景下的外语教育：困境、挑战与出路”高端论坛 11月27日，由《北京第二外国语学院学报》编辑部主办、齐鲁工业大学外国语学院承办的“新时代背景下的外语教育：困境、挑战与出路”高端论坛举办。来自北京外国语大学、上海外国语大学、天津外国语大学、北京师范大学、中国人民大学、南京大学、上海财经大学和齐鲁工业大学（山东省科学院）的8位专家作主旨报告，来自全国50多所高校的300多名专家学者、硕博研究生相聚云端，共同探讨了新时代背景下我国外语教育所面临的机遇、挑战、困境及应对措施。

束定芳、王铭玉、程晓堂、刘振前、蔡金亭、杨金才、郭英剑、王文斌等学者分别以《语言输入与语言习得》《新时代条件下的课程改革》《新时代的基础英语教育：理念、目标与方法》《全语言：理论与启示》《我国外语教学中的母语迁移：现状与调控》《新时代课程思政与外语教育人才培养》《新时代外语教育的现状与未来》《瞄住国际传播，擘画我国外语教育新格局》为题作学术报告。

（北京外国语学院供稿）

2022 国际动画与数字艺术会议　11 月 30 日—12 月 1 日，由中国传媒大学主办的首届 2022 国际动画与数字艺术会议在线召开。会议以智媒时代广义的动画与数字艺术为研究对象，探索新文科建设背景下动画与数字艺术专业内涵式发展路径，构建中国当代文化的创新表达与国际传播新范式。

动画领域知名学者、英国拉夫堡大学保罗·威尔，加拿大皇家学会新学者、西蒙弗雷泽大学儿童实体交互设计实验室主任艾丽莎·安拓，美国宾夕法尼亚大学艺术史系系主任凯伦·雷德罗布担任会议单元主席，并分别发表题为《动画谱系 2.0》《基于交互设计研究的负责任创新》《面向全民的动画：海伦·希尔（1970—2007）未完成的世界建构事业》的主旨演讲。中国传媒大学动画与数字艺术学院党委书记黄心渊、院长王雷、副院长陈京炜、数字人研究院院长吕欣担任国内单元主席。刘书亮、范敏担任执行主席。

会议设置“动画”“游戏与交互设计”“新媒体艺术与先进影像”三大主题及主单元和青年研讨会单元两大板块，共收到国内外 79 所院校 176 篇稿件（含 46 篇英文稿件），经评选 29 篇入选主单元，14 篇入选青年单元。与会专家围绕学科交叉下当代动画与数字艺术现象进行了分享与研讨。会议累计在线观看人数 12600 余人。

（中国传媒大学供稿）

第八届学习词典与二语教学国际研讨会　12 月 2 日，由中国辞书学会双语辞书专业委员会与北京外国语大学联合主办的第八届学习词典与二语教学国际研讨会在京召开。会议主题为“融媒体时代的词典编纂与使用研究”。研讨会共设有 3 组分论坛，分别由复旦大学教授高永伟、华中农业大学副教授耿云冬、上海电机学院副教授杨娜、外研社综合出版分社辞书部副主任王莹主持。来自中国、英国、新西兰等国内外高校、科研机构和出版社的 100 余名专家学者齐聚云端，围绕新时代双语词典的发展、机遇、挑战等问题进行深入交流和讨论。会议采用网络直播，累计观看人数逾 7000 人次。

（北京外国语大学供稿）

2022 年国际中文教育大会　12 月 8 日，由教育部中外语言交流合作中心主办，北京外国语大学、外研社承办的国际中文教育大会在京举行。论坛主题为“联系、沟通、理解——通过语言和文化建立信任与合作”，采用线上线下相结合的方式。国务院副总理孙春兰出席开幕式并发表主旨演讲。中外语言交流合作中心主任马箭飞、阿联酋驻华大使阿里·扎希里出席论坛开幕式并致辞，北外许国璋语言高等研究院院长、中国外语与教育研究中心文秋芳教授发表主旨演讲。北京外国语大学校长、党委副书记杨丹出席开幕式，并在大会平行论坛之一的“首届中外语言交流合作论坛”开闭幕式上担任主持及致辞。圆桌论坛环节由北外国际中文教育实践与研究基地副主任、英语学院金利民教授主持，英国文化教育协会中国区代理主任、英国驻华大使馆文化教育公使衔参赞白怀德，韩国驻华大使馆公使衔参赞兼韩国文化院院长金辰坤，新航道中国故事研究院副院长斯明诚展开互动对谈。大会设置四个分论坛，聚焦“语言文化机构在促进文化理解方面的作用——案例研究”“语言教学和测试”“教育合作、流动和交流的影响力”“通过语言、艺术和文化合作”四大议题展开讨论。来自 90 多个国家和地区近 1800 名政府部门、学校、企业、中文教育机构代表参加大会。

（北京外国语大学供稿）

“文明交流互鉴·中国语言文学与‘一带一路’建设”国际学术研讨会　12 月 10 日，由中央民族大学中国少数民族语言文学学院主办的文明交流互鉴·中国语言文学与“一带一路”建设国际学术研讨会在线召开。会议主题为中国语言文学与“一带一路”建设，来自德国、日本、韩国、哈萨克斯坦、蒙古国等 100 余位国内外专家学者参加会议。大会主旨发言阶段，兰州大学教授吐送江·依明、南开大学教授意西微萨·阿错、韩国首尔国立大学教授方珉昊、中央民族大学中国少数民族语言文学学院教授叶尔达分别做题为《敦煌研究院旧藏回鹘文〈大乘无量寿宗要经〉残卷研究》《程章藏语的音系与重音问题》《申采浩在中国的文学活动及其成就》《再论中国所藏托忒蒙古文文献刻本》的发言。研讨会设 4 个分论坛，主题分别是中国语言文学在“一带一路”沿线国家的传播与影响、中国少数民族语言本体描写研究和语言接触研究、国外所藏中国少数民族古籍文献研究和中国少数民族文学比较研究，近百位国内外专家学者参与研讨。中国社会科学研究院研究员乌·纳钦，青海民族大学教授马伟，兰州大学教授白玉冬，中央民族大学教授崔鹤松作分论坛总结发言。

（中央民族大学供稿）

第十三届全国语文辞书学术研讨会暨第七届工具书和百科全书学术研讨会 12月10日，由中国辞书学会语文辞书专业委员会、中国编辑学会工具书和百科全书编辑专业委员会、全国语言与术语标准化技术委员会辞书编纂分技术委员会联合举办，中国社会科学院辞书编纂研究中心、中国大百科全书出版社、全国科学技术名词审定委员会事务中心、商务印书馆协办，人民教育出版社承办的第十三届全国语文辞书学术研讨会暨第七届工具书和百科全书学术研讨会在线举行。会议主题为“辞书百科条目与术语规范”。在开幕式上，人民教育出版社党委书记、社长黄强，中国编辑学会会长郝振省，中国辞书学会会长李宇明，全国语言与术语标准化技术委员会副主任、全国科学技术名词审定委员会专职副主任裴亚军等分别致辞。

大会设16场专题学术报告，来自中国编辑学会、中国社会科学院语言研究所、中国科学院动物研究所、全国科学技术名词审定委员会、北京大学、北京师范大学、复旦大学、大百科全书出版社、商务印书馆、外语教学与研究出版社、上海辞书出版社等单位的专家就语文辞书专科条目修订、术语规范与辞书编纂、百科条目与术语规范、动植物名称规范、英语词典新词收录等问题展开研讨。中国辞书学会副会长、语文辞书专业委员会主任、中国社会科学院语言研究所研究员谭景春做题为《词类标注对词典释义的促进作用》的学术报告。

“多人谈”环节，中国大百科全书出版社刘祚臣、气象出版社王存忠、化学工业出版社潘正安、上海辞书出版社陈崎、四川辞书出版社王祝英等5位专家就“百科条目与辞书编写”议题进行探讨。中国社会科学院语言研究所李志江、语文出版社王翠叶、外语教学与研究出版社刘捷、测绘出版社李国建、崇文书局王重阳等5位专家就“术语规范与辞书编写”议题展开交流。来自全国30多家科研机构、高等院校和出版机构的200多位专家学者参加会议。

（中国社会科学院供稿）

第六届韩国语翻译教学与研究学术研讨会 12月10日，由北京第二外国语学院亚洲学院主办的朝鲜语系五十周年学术研讨会暨第六届韩国语翻译教学与研究学术研讨会在线举行。北京第二外国语学院亚洲学院副院长、教授陈冰冰主持会议，北京第二外国语学院党委常委、副院长郑承军出席开幕式并致辞。北京大学外国语学院副院长、教授、教育部外指委非通用语分委员会委员、中国韩国（朝鲜）语教育研究学会会长王丹、北京外国语大学教授李丽秋作主旨发言。

对外经贸大学、北京大学出版社、中国传媒大学、大连外国语大学、广东外语外贸大学、北京语言大学、西安外国语大学等单位20多位韩国语专家教授，就新时代韩国语翻译教育的创新与发展进行交流与对话。

（北京第二外国语学院供稿）

新学科目录背景下艺术专业教育建设的积极性思考学术会议 12月12日，由中国艺术学理论学会艺术教育专业委员会、北京师范大学出版集团主办的“新学科目录背景下艺术专业教育建设的积极性思考”学术会议召开，来自全国各高校、各领域的多位艺术教育专家齐聚云端，共话新学科目录背景下的艺术专业教育建设。在专家论坛环节，9位专家围绕艺术教育的发展现状与未来走向，从多个维度展开研讨，对高层次应用型人才的培养与新型涉及学科建设中的融合创新等提出建议。在4场分论坛环节，30余位来自全国各高校、研究机构的专家学者从不同视角对新学科目录下艺术学学科建设的提出新构想和新思路，分析艺术学科及艺术教育领域的发展现状和面临的变革与挑战，对体系建设、课程设置、出版导向及艺术专业教育建设的未来发展提出宝贵建议。

（艺术学理论课题组供稿）

“‘融合·共创’第二届（2022）绿色可持续设计”国际学术论坛 12月16—17日，由北京林业大学艺术设计学院联合中国农林高校设计艺术联盟主办的“融合·共创”第二届（2022）绿色可持续设计国际学术论坛在京举办。论坛以“融合·共创”为主题，围绕“一带一路”文化艺术发展与可持续设计展开，重点探讨“艺术与科技、生态与发展、文化与交流”之间和谐共生的关系。代尔夫特温特大学、曼赫拉哈扎拉大学、匈牙利佩奇大学、日本国立千叶大学、爱奥尼亚大学、温州肯恩大学、布鲁塞尔 ESA 圣吕克高等艺术学院、北京林业大学、北京服装学院、北京工业大学、江南大学、清华大学美术学院、西安美术学院、中央美术学院、麦积山石窟艺术研究所等国内外知名院校及科研机构的 17 位专家学者，共聚云端，聚焦“绿色可持续”等议题，探讨全球语境下的中国绿色可持续艺术设计教育教学与科学研究路径。

（北京林业大学供稿）

2022 经学与服饰学术研讨会　12 月 17 日，由清华大学中国经学研究院、人文学院中国礼学研究中心，北京服装学院美术学院、服饰文化研究院、民族服饰博物馆联合主办的“衣冠崇礼——2022 经学与服饰学术研讨会”在线举办。

清华大学中国经学研究院院长彭林，中国社会科学院古代史所研究员、北京服装学院特聘教授赵连赏，中国社会科学院考古所研究员冯时，北京服装学院党委书记周志军，北京服装学院校长贾荣林，北京服装学院副校长王小艺，北京服装学院美术学院院长关立新，北京服装学院民族服饰博物馆书记袁宗刚，北京服装学院民族服饰博物馆教授贺阳等出席会议并发言。分会场 28 位专家及 8 位学术评议人围绕服饰名物考证、服饰制度研究、服饰仪礼研究三大议题展开研讨。

（北京服装学院供稿）

“科学、技术与艺术的多元共生”国际论坛　12 月 17—18 日，由北京印刷学院联合中国自然辩证法研究会科学与艺术专委会主办的“科学、技术与艺术的多元共生”国际论坛举行。北京印刷学院党委常委、副院长刘杰民主持开幕式，党委副书记、院长田忠利出席开幕式。论坛分为数字技术与艺术、元宇宙时代的数字艺术、数字人文与艺术设计教育、数字时代的博物馆、美术馆策展艺术、信息时代的设计服务与设计管理、数字媒体时代的艺术管理和艺术市场等 6 个分论坛。来自国内外 40 余家高校与研究机构的近 50 位专家、学者，围绕“科学、技术与艺术的多元共生”主题进行深入探讨与交流。

（北京印刷学院供稿）

第七届国际彝缅语言暨语言学会议　12 月 17—18 日，由中央民族大学主办，中国少数民族语言研究院承办，西昌学院彝族文化研究中心协办的第七届“国际彝缅语言暨语言学”会议在线召开。来自中国、美国、日本、澳大利亚 4 个国家 27 所大学和研究机构的 86 位专家学者参加会议。开幕式上，中国社会科学院荣誉学部委员、著名语言学家孙宏开对彝缅语的研究及首届在中国召开的国际彝缅语会的情况进行了回顾。

会议设 4 场主旨报告，美国加州大学伯克利分校语言学系教授马提索夫、中央民族大学资深教授戴庆厦、著名语言学家罗仁地和来自北京大学、中国人民大学、中国社会科学院、西南民族大学、云南民族大学、合肥工业大学、日本神户外国语大学、澳大利亚拉筹伯大学等高校和研究院的专家学者分别围绕彝缅语研究方法论、彝缅语与汉语的同源交融研究、彝缅语本体研究等主题发言。

（中央民族大学供稿）

中国高等教育学会外语教学研究分会 2022 年学术年会　12 月 23 日，由中国高等教育学会外语教学研究分会主办，北京外国语大学承办，外语教学与研究出版社协办的中国高等教育学会外语教学研究分会 2022 年学术年会在线举行。年会的主题为“《理解当代中国》多语种系列教材课程建设与教学研讨”。中国高等教育学会副会长、秘书长姜恩来出席会议并致开幕辞。分会理事长、北京外国语大学党委书记王定华，北京外国语大学党委常委、副校长孙有中，大连外国语大学党委副书记、校长刘宏，西安外国语大学副校长姜亚军先后作主旨报告。

年会设 2 个分论坛，主题分别为“《外语读写教程》《外语演讲教程》教学研讨”和“《汉外翻译教程》《高级汉外翻译教程》教学研讨”。来自全国 12 所高校 9 个语种的专家学者围绕大会主题展开深入讨论。来自 180 余所分会会员单位的 300 余名外语教学研究领域的专家学者参加会议，16000 余人观看直播。

（北京外国语大学供稿）

第二届国家话语能力与国际传播能力高层论坛　12 月 24 日，由北京外国语大学国家语言能力发展研究中心等单位主办，北京第二外国语学院首都对外文化传播研究院协办的第二届国家话语能力与国际传播能力高层论坛在线举办。

文秋芳、王文斌、孙吉胜、王波、姜飞、张辉、田海龙、陈新仁、杨枫、孙晓萌、曲茹、冉继军、赫琳、吴鹏、王磊等作主旨发言。与会学者分别从各自研究领域出发，探讨了外语学科人才培养的新视角：国家外语教育能力与国际传播能力的关系、区域国别研究的语言切入点、国家语言能力人才培养的国际经验；介绍了国家话语能力研究的新趋势：学术话语体系建设的路径、国家话语能力评价体系、批评认知语言学与社会本体论的影响；讨论了国际传播中安全话语的传播策略、大国竞争中的话语策略、国际传播中的话语互动与话语修辞、国际传播的知识翻译学阐释、城市品牌的国际传播、中华优秀传统文化的国际传播、外交话语中修辞与国际传播的策略。

（北京第二外国语学院供稿）

北京市语言学会第十五届学术年会暨2022年学术前沿论坛 12月25日，由北京市社会科学界联合会、北京市哲学社会科学规划办公室主办，北京市语言学会和北京语言大学联合承办，北京语言大学出版社和《国际汉语教学研究》编辑部协办的北京市语言学会第15届学术年会暨2022年学术前沿论坛在京举办。论坛主题为“语言与人类命运共同体”。5位专家分别做题为《中文与中国科技相互加持赋能，走向世界与太空》《中国语言学之问与三大体系建设》《国家语言政策与规划和语言治理》《新时代民族地区和谐健康语言生活构建》《北京国际语言服务竞争力评价研究与建议》的主旨报告。论坛采用线上线下相结合方式，国内外专家学者及语言学爱好者1000余人参与论坛。

（北京市语言学会供稿）

北京人文论坛 12月26日，首都师范大学中外文明传承与交流研究中心举办了以“中外文明起源研究的理论与实际”为主题的北京人文论坛。首都师范大学校长方复全院士、东北师范大学副校长韩东育教授、上海师范大学副校长陈恒教授、市教委科研处李善廷处长出席开幕式并致辞。论坛围绕“文明起源研究的理论”“中外文明起源比较研究”两个主题，在线展开交流与讨论，探索文明起源，研究当前的现状和未来可能的走向，以及中国学者如何在这个重要领域发出中国声音、做出自己独特贡献。北京师范大学郭小凌教授，南开大学陈志强教授，四川大学历史文化学院院长、国务院学科评议组成员霍巍教授，东北师范大学张强教授，国务院学科评议组成员东北师范大学韩东育教授，国务院学科评议组成员华东师范大学沐涛教授，清华大学张绪山教授，复旦大学金寿福教授，复旦大学历史系主任黄洋教授，上海师范大学陈恒教授，中国社会科学院世界历史研究所副所长刘健研究员，中国人民大学徐晓旭教授，中外文明传承与交流研究中心郝春文、刘城等30余人参加论坛。

（首都师范大学供稿）

第七届语言服务高级论坛 12月27—28日，第七届语言服务高级论坛开幕。论坛以“语言服务与数字中国”为主题，北京、广州、武汉三地共同举办。教育部语言文字信息管理司、教育部语言文字应用研究所、国家开放大学、华中师范大学、广州大学等单位负责人参加论坛并致辞，网易有道、方正电子、华夏出版社等企业负责人和专家学者参加论坛，来自内地和港澳地区的20余位知名专家作主旨报告。开幕式上，“国家语言资源服务平台”（fw.ywky.edu.cn）正式上线发布。论坛还发布了《中国语言生活状况报告（2022）》《中国语言政策研究报告（2022）》《世界语言生活状况报告（2022）》《粤港澳大湾区语言服务发展报告（2022）》四部皮书。

（北京市语言学会供稿）

历 史 学

中国边疆学讲坛暨新疆智库讲坛2022年第一期 1月12日，由中国边疆研究所主办的中国边疆学讲坛暨新疆智库讲坛2022年第一期在京举行。讲坛邀请原中国边疆史地研究中心主任马大正做题为“中国共产党治理新疆战略决策史说”的主题讲座，中国社会科学院学部委员、中国边疆研究所所长邢广程主持讲座。中国边疆研究所全体人员以及中国社会科学院大学中国边疆历史系的部分学生现场聆听讲座。

（中国社会科学院供稿）

第十八届北京大学史学论坛 4月16—17日，由北京大学历史学系主办的第十八届北京大学史学论坛举行。来自全国数十所高校和科研机构的近100位青年学者通过线上线下参加了论坛。历史学系教授何晋、研究员苗润博分别致辞，副教授李隆国做题为“加洛林帝王之名：艾因哈德所著〈查理大帝传〉札记一则”的主题讲座。本次史学论坛根据专业、时段、文章主题等划分为8个分论坛。自2003年创办至今，北京大学史学论坛已成功举办17届，逐步成为全国高校与研究机构优秀青年学者交流的重要平台。

（北京大学供稿）

北京大学考古百年、新中国考古专业教育七十年纪念大会 5月3日，北京大学考古百年、新中国考古专业教育七十年纪念大会在京举办。北京大学党委书记邱水平、校长郝平、副校长王博、孙庆伟，国家文物局党组成员解冰，考古司司长闫亚林，中国博物馆协会理事长刘曙光，中国社会科学院历史学部主任王巍，考古研究所所长陈星灿等参加大会。中国科学院古脊椎动物与古人类研究所研究员高星，北京大学考古文博学院教授赵辉、长聘副教授曹大志、教授秦大树、助理教授彭明浩先后作报告。

（北京大学供稿）

医学史青年学者论坛 5月22日，首都医科大学举办医学史青年学者论坛。来自北京大学、北京协和医学院、上海师范大学、上海社会科学院等单位的9名青年学者围绕“医学知识的生产与传播”主题进行了线上分享。此次青年学者论坛共分为4大板块，来自各地的学者通过线上交流的方式齐聚一堂，从学科史、医学机构史、疾病史、概念史等不同角度进行分享与研讨。

（首都医科大学供稿）

“文明起源、文明比较、文明互鉴——学习习近平总书记‘5·27’重要讲话精神”座谈会 7月6日，中国历史研究院中华文明与世界古文明（古埃及、古巴比伦、古印度）比较研究中心（以下简称文明中心）、中国社会科学院世界历史研究所以线上线下的方式举办“文明起源、文明比较、文明互鉴——学习习近平总书记‘5·27’重要讲话精神”座谈会。中国社会科学院副院长、党组副书记，中国历史研究院院长、党委书记高翔研究员出席会议开幕式并讲话。座谈会的主题是“文明起源、文明比较、文明互鉴”。会议研讨的主要议题有“习近平总书记的讲话对开展中华文明探源、中华文明与世界文明比较研究提出的具体的、明确的指示和要求的重大意义、深刻内涵和如何深入贯彻落实讲话精神”“文明的定义”“进入文明社会的标准”“古代两河流域文明”“埃及文明、希腊文明探源”“中华文明起源”“古文明比较研究”“古文明研究的当代意义”等。

座谈会开幕式由世界历史研究所党委书记、副所长罗文东研究员主持。文明中心主任汪朝光致辞。来自中国社会科学院、北京大学、北京师范大学、中国人民大学、首都师范大学、四川大学、上海师范大学等科研单位和高校的专家学者参加会议并发言交流。中国历史研究院古代史研究所所长、文明中心特邀研究员卜宪群就学习习近平总书记关于中华文明研究的重要论述作了大会主旨发言。

（中国社会科学院供稿）

中华民族抗日战争史与抗战精神传承研讨会 7月7日，中国抗日战争史学会、中华民族抗日战争纪念协会共同主办的中华民族抗日战争史与抗战精神传承研讨会在京开幕。海峡两岸退役将领、专家学者、教师学生代表100余人通过线上线下方式参会。会议研讨的主要议题有“纪念全民族抗战爆发85周年”“同盟作战与台湾同胞抗日史实”。

中国社会科学院副院长、中国历史研究院院长高翔，台湾中华民族抗日战争纪念协会会长黄幸强，中国抗日战争史学会荣誉理事戚建国，中国抗日战争史学会会长王建朗，台湾中华民族抗日战争纪念协会理事长黄炳麟，台湾世新大学副校长李功勤先后发表致辞。中国抗日战争史学会副会长兼秘书长、苏州城市学院特聘教授高士华，首都师范大学历史学院教授史桂芳，北京大学历史学系教授黄道炫，中国社会科学院世界历史研究所汪朝光研究员、中国人民大学国际关系学院副教授李晨等专家学者先后发言。

（中国社会科学院供稿）

《夏商周断代工程报告》新书首发式暨专家研讨会 7月29日，由夏商周断代工程专家组编著、科学出版社出版发行的《夏商周断代工程报告》新书首发式暨专家研讨会在京举行。来自中国社会科学院考古研究所、中国社会科学院自然科学史研究所、中国社会科学院古代史研究所、北京大学、清华大学的10余位夏商周断代工程项目专家及工作人员出席会议。

“夏商周断代工程”是“九五”国家重点科技攻关计划项目，是我国第一个人文社会科学与自然科学相结合、多学科交叉联合攻关的大型科学研究项目。《夏商周断代工程报告》是在《夏商周断代工程1996—2000年阶段成果报告：简本》的框架和结论的基础上编写而成，是对“夏商周断代工程”9大课题、44个专题研究的综合与总结，较为全面系统地反映了“夏商周断代工程”的实施和研究过程、取得的成果和结题后的重要新进展。

中国科技出版传媒股份有限公司副总经理、副总编辑闫向东，“夏商周断代工程”首席科学家、北京大学教授李伯谦，“夏商周断代工程”首席科学家、中国社会科学院荣誉学部委员、中国社会科学院考古研究所研究员仇士华先后发言。学者们围绕该书的编辑出版、相关甲骨专题研究、夏商周研究的发展等展开讨论。

“夏商周断代工程”使中华文明发展的重要时期——夏商周三代有了科学依据的年代学标尺，厘清了先秦历史的起承转合和发展脉络，填补了中国古史纪年的一段空白，制定了迄今为止最有科学依据的夏商周年代表，为继续探索中华文明的起源和早期发展打下了基础。同时，该工程的顺利完成也开启了21世纪多学科合作研究古史问题的范式。

（中国社会科学院供稿）

北京历史文化名城保护对话会 8月7日，2022“北京历史文化名城保护对话会”在北京中轴线北段地安门外举办，20多位国内外专家分享了他们在历史城市和文化遗产保护方面的宝贵经验，“万象中轴”北京中轴线数字文化体验展等5项特色展览也一同亮相。

在开幕式上，文化和旅游部副部长、国家文物局局长李群表示，近期，国家文物局党组已经研究确定，推荐“北京中轴线”作为中国2024年世界文化遗产申报项目。2022年恰逢联合国教科文组织通过《保护世界文化和自然遗产公约》50周年，中国设立历史文化名城制度暨北京成为首批国家历史文化名城40周年，更是北京中轴线申遗的关键之年。本届对话会以“历史文化名城与世界遗产保护”为主题，开展了精彩的主旨演讲和圆桌论坛。

（摘自《人民日报》2022年8月8日第12版）

文物史料中百年团史理论研讨会 8月21日，中央团校、共青团上海市委联合举办文物史料中百年团史理论研讨会。中央团校（中国青年政治学院）党委书记倪邦文、共青团上海市委书记上官剑出席会议并致辞。与会专家学者挖掘青运史文物史料的重要价值和背后的感人故事，一致表示要深入学习领会习近平总书记在庆祝中国共青团成立100周年大会上的重要讲话精神，深入学习领会习近平总书记关于文物保护利用的相关重要论述，做好史料开发利用工作，进一步发挥好爱国主义和革命传统教育功能。

本次研讨会是关于青运史文物史料和场馆建设的全国性专题研讨会，以线上线下相结合的方式召开，来自全国各地的红色纪念场馆负责人、党史团史研究专家、高校团校教师、共青团干部近100人参加会议。研讨会由共青团中央青运史档案馆、上海市团校、中国青少年研究会青运史专委会、上海市青年运动史研究会共同承办。

（中央团校供稿）

全国世界史博士后论坛 8月25—26日，全国世界史博士后论坛在京举行。论坛的主题是“世界历史上的国家治理”。论坛由中国社会科学院主办，中国社会科学院博士后管委会、中国历史研究院、中国社会科学院世界历史研究所承办，《世界历史》编辑部、中国社会科学院大学历史系协办。

中国社会科学院世界历史研究所党委书记罗文东、院人事教育局局长赵芮在会上致辞。中国社会科学院古代史研究所所长卜宪群、首都师范大学教授晏绍祥、首都师范大学教授刘城、东北师范大学教授韩东育、中国社会科学院世界历史研究所研究员吴必康分别作了主旨演讲。论坛共设有“古代世界历史上的国家治理”“欧洲中世纪的国家治理”“转型时期的国家治理”“近代历史上的国家治理”“现当代历史上的国家治理”“东亚文明视域下的国家治理”等6个分论坛。

来自中国社会科学院世界历史研究所、清华大学、北京大学、复旦大学等单位的学者参加了研讨，《历史研究》《世界历史》《中国人民大学复印报刊资料（世界史）》《史学集刊》《吉林大学社会科学学报》《社会科学战线》《探索与争鸣》《外国问题研究》《历史教学》（高校版）等专业学术期刊的学术编辑参与论坛的点评。

（中国社会科学院供稿）

第一届新中国史研究青年论坛　9月8日，当代中国研究所举办第一届新中国史研究青年论坛，来自中国社会科学院和各高校院所的众多专家学者通过线上线下相结合的方式参加会议。会议议题有“深刻领会党的第三个历史决议精神”“充分认识新时代十年伟大变革的里程碑意义”。论坛入选青年科研人员论文27篇，涉及政治、经济、文化、社会、外交、生态文明以及国史研究理论等新中国史学科多个领域。主要内容包括“学习贯彻习近平新时代中国特色社会主义思想”“深刻领悟新时代中国特色社会主义重要成就和重要经验”“深入研究新中国史重要议题”“推动开创新中国史研究新格局：在回答时代之问中开创新局面”，以大历史观深刻理解新中国史，挖掘新史料，开拓新思路。

（中国社会科学院供稿）

《新时代这十年》丛书出版座谈会暨首发式　9月23日，中国社会科学院当代中国研究所主办，当代中国出版社、重庆出版集团承办的《新时代这十年》丛书出版座谈会暨首发式在京召开。中国社会科学院副院长、党组成员甄占民，中央党校（国家行政学院）副校长（副院长）李毅，中央党史和文献研究院学术和编审委员会主任王均伟分别致辞。中央党史和文献研究院对外合作交流局局长杨明伟，中央党校（国家行政学院）党史教研部副主任李庆刚，中国社会科学院法学研究所所长莫纪宏，中国社会科学院马克思主义研究院副院长龚云，中国人民大学习近平新时代中国特色社会主义思想研究院院长秦宣，北京大学马克思主义学院教授仝华，北京发行集团党委书记郭小明等，就新时代十年的伟大变革和丛书编写出版的价值意义进行了深入交流研讨。

甄占民、李毅、王均伟，以及中宣部出版局图书处处长王为衡为丛书揭幕。丛书由《开创中国特色社会主义新时代》总卷和新时代的党的建设、经济建设、全面深化改革开放、政治建设、全面依法治国、文化建设、社会建设、生态文明建设、中国外交等9部专题卷组成，旨在推动国史研究创新发展，通过新时代十年历史的研究编纂，在加快构建国史研究的学科体系、学术体系和话语体系中取得新进展新成效。丛书是当代中国研究所国史研究创新工程的又一重要研究成果，被中宣部列为2022年主题出版重点出版物。

（中国社会科学院供稿）

第二十二届国史学术年会　9月28日，由中国社会科学院当代中国研究所、新疆大学、中华人民共和国国史学会主办的第二十二届国史学术年会以线上线下相结合的方式举办。会议的主题为“中国式现代化道路与新时代国史研究”。中国社会科学院副院长、党组成员甄占民出席会议并致辞。中国社会科学院原副院长、当代中国研究所原所长、中华人民共和国国史学会会长朱佳木做题为“中国式现代化道路的本质是社会主义基础上的现代化”的主旨发言。来自中国社会科学院、新疆大学、中国科学院大学、清华大学、南京大学等科研院所和高校的专家学者参加会议。

（中国社会科学院供稿）

第三届全球文明史研讨会　11月5日，中国社会科学院历史理论研究所中外文明比较研究室和中国社会科学院史学理论研究中心共同举办了第三届全球文明史研讨会，主题是“文明形态话语研究”。来自中国社会科学院历史理论研究所、世界历史研究所、古代史研究所、首都师范大学、南开大学、厦门大学等单位的专家学者参加了会议。

中国社会科学院世界历史研究所于沛研究员、姜芃研究员，首都师范大学历史学院夏继果教授，南开大学周恩来政府管理学院教授王存刚，中国人民大学历史学院教授曹刚华，中国社会科学院古代史研究所副研究员孙昊等分别就“人类文明形态的历史哲学思考”“佛教传入中国的路径和变化”“7—15世纪地中海世界不同社会之间的交往机制”“人类文明新形态的属性刍议”“中国佛教史学肇始中的印度因子”“东亚文明研究的‘边缘’转向及争议”等问题进行了主旨发言。

（中国社会科学院供稿）

世界史青年学者论坛暨世界历史上的交往与交流学术研讨会 11月12—13日，由中央民族大学历史文化学院主办的世界史青年学者论坛暨世界历史上的交往与交流学术研讨会在线上召开。来自中国社会科学院、北京大学、清华大学、复旦大学等数十所高校和科研机构的专家学者共80余人参会。

吉林大学国际关系研究所所长刘德斌、清华大学历史系教授梅学芹、南开大学历史学院教授赵学功、首都师范大学历史学院副院长姚百慧分别做了题为“全球史跨文化视野下的国际关系研究”“万物互联——从洛克到鲑鱼的考量及其意义”“核禁试问题与美国国内政治（1954—1963）”“略论档案的价值及其局限”的报告。参会的67篇论文分为6大主题12个小组，于3个会场开展分组讨论。北京师范大学历史学院院长杨共乐、北京大学历史系教授王新生、中国人民大学历史学院教授许海云进行了题为“障扇之问：是独立创作抑或文明交融之成果”“古代中日文化交流以及影响”“如何看待当代世界经济、社会与文化交流”的总结发言。

（中央民族大学供稿）

中国历史学“三大体系”与史学期刊建设学术论坛 12月5日，由中国历史研究院中国历史学学科体系学术体系话语体系研究中心和《史学理论研究》编辑部联合主办的中国历史学“三大体系”与史学期刊建设学术论坛在线上举办。论坛分为3场。第一场主题有“如何打破‘欧洲中心论’”“‘俄乌冲突’是否历史问题”“中国式现代化的本质特征”“战争是否是推动生产力发展的动力”等。中国社会科学院世界历史研究所党委书记、《世界历史》主编罗文东研究员做了“构建世界历史‘三大体系’的原则和方法”主题报告。第二场主题有“问题性学术”“中西关系史、理论建设”等。北京大学历史学系教授欧阳哲生做了“中国近代史‘三大体系’建设的回顾与前瞻”主题报告。第三场主题为“史学期刊建设与中国历史学‘三大体系’的关系”。中国社会科学院世界历史研究所王旭东研究员做了“标准、守正和创新发展——编辑规范与史学期刊建设的几点思考”的主题报告。来自北京大学、清华大学、中国人民大学、复旦大学、南开大学、中国社会科学院等单位的300余名专家学者参加会议。

（中国社会科学院供稿）

第九届三山五园学术研讨会 12月17日，由北京市文物局指导，中共北京市海淀区委宣传部、北京市海淀区文化和旅游局和北京联合大学主办，北京市海淀区文化发展促进中心、北京联合大学应用文理学院、北京三山五园研究院、北京学研究基地承办的“三山五园价值阐释与创新发展——第九届三山五园学术研讨会”在线上举办。北京市文物局党组书记、局长陈名杰和北京联合大学党委书记楚国清出席会议开幕式并致辞。20多位专家学者就三山五园历史文脉的梳理、文化内涵的挖掘、文化遗产的保护利用等方面进行交流。

（北京联合大学供稿）

管 理 学

中国城市百人论坛 3月15日，中国城市百人论坛2022年冬春论坛在京举办。中国城市百人论坛是由中国社会科学院、中国科学院和中国工程院共同支持主办的多学科交流平台。冬春论坛围绕“城市化与人口流失：挑战与应对”主题，指出高质量的新型城镇化之路将是未来中国城镇化的基本方向，要理性看待人口流动和城市收缩，推动以人为核心的新型城镇化进程。

4月28日，中国城市百人论坛2022年春季论坛在京举办。春季论坛主题为“县域·县城·就地城镇化”，学者们聚焦县域和县城在新型城镇化中的重要作用，从管理模式创新、建制镇和就地城镇化等角度探讨了推进城镇化进程的途径，并提出城镇化外溢效应能够为乡村振兴带来新的发展机遇。

（北京市经济学总会供稿）

第四届强邮论坛暨邮政快递业数字化转型与高质量发展峰会 4月2日，由国家邮政局指导、北京邮电大学主办，现代邮政学院（自动化学院）承办的第四届强邮论坛暨邮政快递业数字化转型与高质量发展峰会以线上线下相结合的方式举行。国家邮政局副局长刘君，北京邮电大学校长徐坤，国家邮政局人事司副司长李幼平，国家邮政局职鉴中心主任张小宁，北京市邮政管理局副局长廖凌竹，中国邮政北京分公司副总经理王贺利等出席论坛，来自相关高校、行业知名企业及媒体的1200余名代表线上参会。

国家邮政局副局长刘君、北京邮电大学校长徐坤分别发表致辞。论坛设置主论坛及3个分论坛和圆桌会议。亚太邮联秘书长林洪亮、中国邮政集团有限公司计划建设部总经理马占红以及来自国家邮政局邮政业安全中心、国家邮政局发展研究中心、京东物流集团、顺丰科技等单位的20多名专家学者围绕“科技赋能与邮政快递业高质量发展”“数据要素价值挖掘与治理效能提升”“行业数字化转型示范场景与创新实践”“学生培养发展及就业状况研讨”“邮政快递学科专业建设与人才培养”等专题进行深入的交流研讨。

本次论坛立足国家战略要求和行业发展需求，顺应数字化发展趋势，汇聚业内优秀资源，多维度、多视角探讨了邮政快递业数字化转型与高质量发展面临的机遇、挑战和创新路径，为加快产业数字化、数字产业化，推动现代化邮政强国建设贡献智慧。

（北京邮电大学供稿）

信息技术赋能公共安全治理高端论坛　4月25日，信息技术赋能公共安全治理高端论坛在京举行。17名中国工程院院士与30位相关领域专家学者围绕新一代信息技术赋能公共安全治理，开展深入交流与探讨。

与会专家认为，我国信息技术赋能疫情防控取得实效，数字政府建设大踏步推进，“码上”服务成为防疫利器；多渠道监测预警一体化平台不断完善，逐步实现管理智能化精细化高效化；数字技术为复工复产复学按下“快捷键”，远程服务成为新常态；我国数字化防疫为世界各国提供了中国经验，展现了中国担当。

本次论坛依托中国工程院“新一代信息技术赋能重大突发事件应急能力建设战略研究”和“国家城市安全风险智能管控战略研究”两个战略咨询研究项目，中国工程院信息与电子工程学部、国家自然科学基金委员会信息科学部为指导单位，由中国工程科技前沿交叉战略研究中心、北京理工大学国家安全与发展研究院和管理与经济学院联合主办。

（北京理工大学供稿）

《中国工业经济》第五届中国管理学高端前沿论坛　5月7日，由中国工业经济杂志社、中国科学院大学经济与管理学院、中国科学院大学数字经济监测预测预警与政策仿真实验室共同主办的《中国工业经济》第五届中国管理学高端前沿论坛暨数字经济和实体经济融合发展研讨会在线举办。来自全国高校、科研院所的3000余位专家学者和师生们参会，共同探讨数字经济与数字管理理论问题研究，助力中国数字经济高质量发展。

论坛开幕式由中国科学院大学经济与管理学院院长洪永淼教授主持。中国科学院大学党委常务副书记、副校长董军社和中国社会科学院工业经济研究所所长、《中国工业经济》主编史丹研究员代表主办方致欢迎辞。

（中国科学院大学供稿）

第九届首都治理论坛　5月21日，由中国人民大学首都发展与战略研究院、中国人民大学智能时代中国特色超大城市治理创新研究跨学科平台主办的第九届首都治理论坛：“市民诉求驱动超大城市治理创新”以线上形式举办。中国人民大学副校长王轶、北京市政务服务管理局孙舫致辞，国家发展改革委原副秘书长范恒山，浙江工商大学校长、浙江大学社会治理研究院院长郁建兴，中国人民大学公共管理学院院长严金明、党委书记孙柏瑛，北京大学政府管理学院城市治理研究院执行院长沈体雁，清华大学公共管理学院执行院长朱旭峰等，以及来自中国人民大学、北京大学、清华大学、上海交通大学、四川大学、厦门大学的16位专家学者参加会议。学者们围绕超大城市治理、接诉即办、社区韧性、市民诉求、政府回应性、公众角色等主题展开深入的讨论。

（中国人民大学供稿）

第二届新时代人力资源管理创新与发展高端学术论坛　5月27—28日，由中国社会科学院大学、中国社会科学院财经战略研究院、中国人事科学研究院共同举办的第二届新时代人力资源管理创新与发展高端学术论坛以线上形式召开。本次论坛汇聚了国内众多知名高校、科研院所的专家学者，国内顶级期刊的负责人员以及政产学研创等各界精英，以“数字经济时代与人力资源管理变革”为主题，着重探讨“人力资源管理的理论与创新发展”和“人力资源管理的实践与挑战应对”两个方面的问题。

中国社会科学院科研局、学部工作局郭建宏副局长，中国社会科学院大学副校长王新清教授，中国人事科学研究院院长余兴安研究员，中国社会科学院财经战略研究院院长何德旭教授等出席论坛开幕式并致辞。开幕式由中国社会科学院大学副校长高文书研究员主持。

本届学术论坛包括“人力资源管理的理论与创新发展”“论坛入选优秀论文研讨”“人力资源管理的实践与挑战应对”“科研论文工作坊”等单元。论坛设置了优秀论文研讨环节。对收到的来自全国各高校、科研院所、社会团体的57篇征文进行专业评审，共评选出18篇论文入选本届论坛，其中一等奖3篇、二等奖4篇、三等奖8篇、入围奖3篇。

（中国社会科学院大学供稿）

2022年中德物流论坛 5月28日，物流学院以线上形式举办2022年中德物流论坛。本次论坛主题为“提升物流愿景”，特邀德国维尔茨堡－施维因福特应用科技大学教授布莱默、科隆商学院市场营销系教授霍斯特曼、德国巴登符腾堡合作州立大学教授施沃根、飞格物流远东公司战略发展与业务整合部门负责人奥斯特曼、德国维尔茨堡－施维因福特应用科技大学教授卡森、北京物资学院物流学院副教授常祎妹作为演讲嘉宾，分享在各自专业领域的相关见解。北京物资学院物流学院教师、学院中德交换生项目学生，以及国际物流班学生线上参加论坛。

论坛包括6个主题：多式联运物流中的公铁接口，德国的物流图景：仍有提升空间，物流产品与服务的品牌化，市场中合约物流的定位，数字探源——如何提升供应链生态系统的韧性与可持续性，一带一路初衷及中欧班列。本次论坛对经济全球化背景下如何提高推动物流业快速发展的相关课题进行了探讨，为国内国际物流和供应链的发展新动向及如何畅通国内国际双循环提供了新的视角和思路。

（北京物资学院供稿）

第五届清华领导力论坛 7月2—3日，清华大学经管学院举办第五届清华领导力论坛——全球视角下的中国领导力。论坛旨在为中国领导力的研究、实践搭建交流平台，通过探索领导力前沿思想及实践趋势，推动学术研究与管理实践的互相促进与融合。

在学术分论坛上，清华大学领导力与组织管理系主任李宁教授、系副主任陈国权分别致开幕辞和闭幕词，学术论坛由领导力与组织管理系副教授王小晔主持。陈国权介绍了时空领导力理论中企业领导者的四维理论和四维智慧。俄亥俄州立大学费舍尔商学院胡佳教授的发言聚焦高管团队的性别多样性话题。上海财经大学陈志俊教授围绕授权型领导行为展开讨论。

在实践分论坛上，经管学院院长白重恩致欢迎辞。实践分论坛由学院领导力与组织管理系教授、中国工商管理案例中心主任郑晓明主持。马里兰大学史密斯商学院院长席教授、清华大学杰出访问教授廖卉，TCL创始人、董事长李东生，五矿集团副总经理、党组成员焦健，木屋烧烤创始人、董事长兼CEO隋政军，学院领导力与组织管理系教授、清华大学经济管理学院领导力研究中心主任杨斌等分享了观点。本次论坛以线上方式进行，学术分论坛的参与人数超过300人，实践分论坛的观看人数超过19万人次。

（清华大学供稿）

中国会计学会2022年学术年会 7月9—10日，由中国会计学会会计教育分会主办、桂林理工大学商学院承办的中国会计学会2022年学术年会在线上召开，参会人数约300人，累计观看人次达万人。本次年会的主题是“创新驱动发展战略下的会计理论研究与实践”，重点关注我国创新驱动发展战略下的会计学术研究的新成果和会计实践发展的新变化，研讨国内外会计理论的新进展和会计教育改革的新动态，旨在推进会计理论与实务的创新，促进创新驱动发展战略的落实，推动会计在我国经济社会发展中更好地发挥作用。会议主要围绕以下选题展开研讨：会计与国家治理体系建设问题研究、会计准则问题研究、财务管理创新和发展研究、管理会计创新和发展研究、审计创新和发展研究、会计学科建设与会计教育研究、“双碳”目标下的会计创新和发展研究等。

（北京市经济学总会供稿）

中国工商管理研究年度高端论坛 7月16日，由经济管理杂志社主办、暨南大学国际商学院承办的中国工商管理研究年度高端论坛（2022）以线上方式举行。论坛的主题为“大变局下的数字经济与管理创新”，研讨的主要议题有“数字经济时代的产业升级”“平台经济反垄断”“数字战略”“供应链”“智能制造”“企业数字化转型”“工业互联网平台”等。

论坛由开幕式、主旨演讲、平行分论坛、期刊论坛以及闭幕式五部分组成。来自国内高校、科研院所及企业界人士的线上参与人数达 1500 余位。

开幕式由中国社会科学院工业经济研究所曲永义书记主持。暨南大学宋献中校长和中国社会科学院工业经济研究所史丹所长分别代表论坛承办方和主办方致辞。中国社会科学院工业经济研究所所长、《经济管理》主编史丹研究员，东北财经大学副校长汪旭晖，浙江大学管理学院院长魏江，中国科学技术大学管理学院执行院长余玉刚等学者发表主旨演讲。平行分论坛环节设置了“创新管理”“数字经济与企业数字化转型”“数字时代的战略管理”“金融与财务管理”“组织、人力资源与企业变革”等 5 个分论坛。

（中国社会科学院供稿）

2022 智能决策与大数据应用国际会议 7 月 16 日，由北京信息科技大学、北京科技人才研究会主办，北京科技国际交流中心、北京大学、北京拓尔思信息技术股份有限公司、中国科学院中丹学院协办的 2022 智能决策与大数据应用国际会议（IDBDA2022）通过线上形式召开。

会议主席由中国工程院院士杨善林与北京信息科技大学科技处处长张健共同担任，北京信息科技大学副校长陈昕出席会议并致辞，北京科技国际交流中心主任苏国民出席大会。来自中国、美国、英国、爱尔兰、加拿大、中国香港等多个国家和地区的 200 余位代表参加会议。会议聚焦大数据背景下智能决策与系统的基础理论研究与发展，旨在促进该领域的学术交流和深度发展。

会上，杨善林院士做《科学、技术、工程、产业》主题报告，唐立新院士做《面向智能行业的数据分析与优化》主题报告。英国剑桥大学教授 Vesselin Popov、爱尔兰科克大学教授 O’ Sullivan Finbarr、加拿大温莎大学教授 MaZhenzhong、香港科技大学教授 ChenLei 等围绕智能决策与大数据应用领域的前沿问题分别作报告。会议为智能决策与系统应用领域专家学者提供了学术交流的平台，充分展现了智能决策与大数据应用领域的最新研究成果。

（北京信息科技大学供稿）

第 24 届国际运输与交通理论会议 7 月 24—26 日，由北京航空航天大学经济管理学院联合北京交通大学、香港科技大学主办的第 24 届国际运输与交通理论会议（The 24th International Symposium on Transportation and Traffic Theory，ISTTT24）在京举行。本届会议采用线上线下相结合的方式，来自全球 16 个国家和地区的近 300 位专家学者和研究人员参加。

会议共收到海内外 316 篇论文投稿，经过多轮审稿，最终确定 33 篇大会报告和 19 篇墙报展示，其中 47 篇作为会议专辑论文发表在 Transportation Research Part B/C/E 等国际交通运输领域顶级学术刊物上。来自海内外 70 余所高校和机构的 170 余位学者分为 10 个专题汇报和 1 组墙报展示，对交通运输理论领域的多个前沿热点进行了学术分享，并与来自全球各地的研究人员进行了研讨。

（北京航空航天大学供稿）

第十四届中国青年创新论坛 8 月 20 日，中国科学院大学公共政策与管理学院（以下简称“国科大公管学院”）联合中国科学学与科技政策研究会青年工作委员会承办的第十四届中国青年创新论坛（2022）在京举行，主题为“新时期创新发展挑战与战略”，本次论坛采取线上线下相结合的方式进行。中国科学院原党组副书记、中国科学学与科技政策研究会名誉理事长方新，中国科学院大学党委常务副书记、副校长董军社，国科大公管学院院长、中国科学学与科技政策研究会理事长穆荣平，国科大公管学院副院长刘云、王海燕，院长助理宋河发、阎文军出席论坛。来自清华大学、上海交通大学、浙江大学、武汉大学、同济大学、北京师范大学、中国科学院科技战略咨询研究院、中国科学院大学等高校科研机构的专家学者，线上线下 700 余人参加论坛。国科大公管学院教授、中国科学学会与科技政策研究会副秘书长、青年工作委员会主任陈凯华，国科大公管学院副教授张古鹏、黄天航、孙茜，特别研究助理郭锐、曲冠楠等参与会议筹备与组织工作。

（中国科学院大学供稿）

2022年服贸会·绿色低碳城市国际科技创新论坛暨北京国际前沿科学对话会 9月5日，2022年中国国际服务贸易交易会·绿色低碳城市国际科技创新论坛暨北京国际前沿科学对话会在国家会议中心举办。本次论坛的主题是“共推绿色发展，同创低碳未来”，由北京市科学技术研究院主办，北京市科学技术研究院资源环境研究所、北京市科学技术研究院国际与区域合作中心承办。北科院党组书记方力、大韩民国驻中国大使馆公使衔参赞（环境官）黄启荣为论坛致辞。北科院党组副书记、院长伍建民主持论坛开幕式和主旨报告环节，北科院党组成员、副院长刘清珺主持政策宣讲和专题报告环节，北京市科学技术协会副主席郭鲁钢主持专题报告环节。来自政府、高校、院所、企业、科技服务机构、投资服务机构等单位的100余位代表参加论坛。

论坛邀请到1名中国科学院院士、1名中国工程院院士、1名美国工程院和科学院院士发表主旨报告，4名嘉宾作了政策宣讲，以及8名行业领域专家和企业负责人发表专题报告，交流研究观点、展示科研成果、推动交流合作，内容涉及绿色低碳理念、碳中和与碳达峰、绿色化学、智慧城市、污染治理技术等多项热点领域，重点分享国内外绿色低碳产业的政策、技术、管理等方面创新成果，为相关国家、机构及科技、管理等人员交流与合作提供重要机遇。

（北京市科学技术研究院供稿）

中国审计学会审计教育分会2022学术年会 9月24—25日，由中国审计学会审计教育分会举办、北京物资学院会计学院承办的2022学术年会以线上会议的形式召开。来自审计机关、高校等国内审计领域的专家学者相聚云端，累计900余位师生参会。本次学术年会共完成13场主题报告、47篇论文的汇报和点评，专家学者们围绕大会主题对新思想、新方法与新观点进行交流。

本次会议聚焦国家审计、审计意见购买、审计质量、审计投入、共享审计、财务违规、共同审计师、内部控制、会计信息质量、审计师行为与新冠疫情、预防性监管、内部审计路径、审计与数字化、大数据审计等问题，进行了探讨与交流。会议促进全面深入学习与宣传第二次修订的《审计法》，加强相关制度、理论的研究，推进更高质量研究成果的形成，提高高端审计人才的培养质量。

（北京物资学院供稿）

第六届中国青年旅游论坛暨首届全国旅游研究生学术年会 9月24—25日，由北京第二外国语学院主办，北京第二外国语学院旅游科学学院、研究生院共同承办，学术志提供网络直播支持的第六届中国青年旅游论坛暨首届全国旅游研究生学术年会在线上举办，主题为“新时代中国特色旅游学的理论创新与实践关切”。北京第二外国语学院党委委员、副校长程维，《管理世界》杂志社总编辑尚增健等参加会议。

中国青年旅游论坛以8个平行分论坛的形式分别围绕不同议题进行，来自海内外的近200名专家学者汇报了各自研究的最新进展，并就热点旅游研究话题进行了讨论，对旅游学科和旅游专业建设、研究生教育和人才培养改革具有重要意义。

全国旅游研究生学术年会围绕全国旅游研究生的学术成长与经验分享，聚焦我国旅游发展中高层次、创新型人才培养问题，通过“青年旅游学者经验分享与交流”“研究方法训练营”“论文工作坊”三个板块开展深度学术交流，为全国旅游研究生展现学术风采提供了平台，是国内旅游院校在该领域的创新尝试。

（北京第二外国语学院供稿）

第七届老年服务科学与创新国际论坛暨北京国际前沿科学对话会 10月20日，由北京市科学技术研究院、北京市科学技术协会联合主办，北京市科学技术研究院智慧养老研究所、北京市科学技术研究院国际与区域合作中心、北京科技国际交流中心、中关村全球高端智库联盟承办，北京劳动保障职业学院、北京怡养科技有限公司、北京乐活堂养老服务促进中心协办的第七届老年服务科学与创新国际论坛暨北京国际前沿科学对话会举办。本届论坛采用线上方式举办，2千余人在线注册参加大会，累计1万余人次观看，“昱言养老”平台、“AgeClub官方”平台、“智能健康养老产业联盟”平台、“创意老龄”平台进行同步直播，《人民日报》《北京科技报》等新闻媒体进行了相关报道。本届论坛的主题是“老龄社会治理背景下的智慧养老创新”，目的是交流老龄社会治理背景下世界各国智慧健康养老的最新进展。来自中国、英国、荷兰、日本、新加坡等国家的政府部门、科研院所、高等院校、企业和科技服务机构的30位专家学者就全球智慧健康养老创新相关议题作主题发言。

（北京市科学技术研究院供稿）

第一届北京工商大学“模拟上合组织”青年会议 10月29日，由北京工商大学和上合国家青年平台（SCLOAR Network）联合举办了第一届北京工商大学“模拟上合组织”青年会议。本次活动由北京工商大学—经济合作组织科学基金会“一带一路”科技与经济合作联合培训中心、北京工商大学国际经管学院承办，受到中国科协“一带一路”国际科技组织合作平台建设项目和北京科技国际交流中心的项目支持。北京工商大学党委常委、副校长刘敏华出席开幕式并致辞。上合国家青年平台联合创始人及主席胡凤兰（Victoria Khu）表示，上合国家青年平台成立于2017年，总部位于北京，秉承着“互信、互利、平等、协商、尊重多样文明、谋求共同发展”的精神，致力于通过教育、创业、文化和体育项目，凝聚上合组织地区的青年领袖，促进上合国家的文化融合和经济发展。

此次会议的主题为“上合国家如何驱动数字经济治理”。各国代表首先宣读各自所代表的国家对议题的立场，然后共同对联合声明开展磋商，并最终形成联合声明。会议由轮值主席国印度代表团主持，通过线上与线下相结合方式参加活动。会议最后颁发代表证书，评选出最佳代表奖、最佳立场文件奖和最佳表现奖等奖项。由联合培训中心主任邸玉娜和国际商务管理系副主任韩璐为获奖者颁奖。

（北京工商大学供稿）

第三届首都高端智库北京交通发展论坛暨北京交通蓝皮书发布会 11月6日，第三届首都高端智库北京交通发展论坛暨北京交通蓝皮书发布会在京举办。中国工程院院士何华武，北京市交通委员会党组成员、副主任容军，交通运输部科学研究院副院长兼总工程师、全国政协委员王先进，清华大学交通研究所所长陆化普，北京市基础设施投资有限公司党委书记、董事长张燕友，北京市社科联、北京市社科规划办智库工作部副主任刘军等出席论坛。

论坛以“构建高质量发展的综合交通运输体系”为主题，与会专家围绕新时代首都发展、首都新城市战略定位、有序疏解非首都功能等，探讨北京交通发展新思路和新模式。此次会议紧贴交通强国建设目标，既有针对性政策解读，也有前瞻性形式研判，既锚定战略性问题，又聚焦具体问题，共同为首都加快建设交通强国、构建现代化综合交通运输体系建言献策。论坛“线上+线下”共计万余人参加。

（北京交通大学供稿）

第五届医药卫生体制改革与公共管理创新论坛 11月6日，第五届医药卫生体制改革与公共管理创新论坛在京开幕。论坛由首都卫生管理与政策研究基地、首都医科大学国家医疗保障研究院、首都医科大学医院管理研究所、天津市卫生健康发展研究中心、河北新型智库河北省健康发展研究中心联合主办，由《中华医院管理杂志》《中国医疗管理科学》《医学教育管理》共同协办。北京市社科联党组成员、副主席兼秘书长，市社科规划办副主任，一级巡视员崔占辉，天津市卫生健康发展研究中心副主任孙建忠，河北医科大学党委书记翟海魂，首都医科大学党委书记呼文亮出席论坛开幕式并致辞。

论坛汇聚京津冀三地卫生健康力量，围绕中国在卫生健康领域促进高质量发展实践中产生的创新管理方法、管理技术、管理手段、管理模式等，探索行之有效的卫生健康治理经验和做法，为建设优质高效的卫生健康服务体系贡献智慧成果。

本次论坛围绕京津冀地区在卫生健康领域中开展的工作实践，向京津冀地区各级卫生健康行政部门、医疗卫生机构、医保经办机构、社会组织等单位征集了在促进卫生健康高质量发展过程中取得显著成效的创新管理案例，包括创新管理方法、管理技术、管理手段、管理模式等。论坛共收到来自京津冀地区的22项案例申报。经过组织三地专家评审，评选出优秀案例4项、二等奖案例3项、一等奖案例2项。

（首都医科大学供稿）

第五届公共治理与创新发展高峰论坛暨2022年全国公共管理学术年会 11月19日，第五届公共治理与创新发展高峰论坛暨2022年全国公共管理学术年会在京举行。本次会议由中国科学院大学公共政策与管理学院（以下简称国科大公管学院）、中国科学院科技战略咨询研究院（以下简称战略咨询院）和中国科学学与科技政策研究会共同主办，主题为“面向中国式现代化的公共管理创新”。国科大公管学院院长、战略咨询院院长潘教峰主持会议并作主旨报告。会议由主论坛、院长论坛、分组报告、期刊圆桌会议组成，在线参加近7000人次。

当日下午在线举行院长论坛，主题为“中国式现代化与公共管理变革”，20余位来自高校、国家决策部门、科技界的专家学者分别围绕“中国式现代化与国家治理和全球治理”“治理体系和治理能力现代化的智库理论方法创新”“中国式现代化与公共管理自主知识体系构建”等议题展开交流研讨，形成了一些有深度的观点和意见建议。

在分组报告会上，专家学者围绕政府治理，国家治理与创新，政府治理与公共人力资源，社会治理，公共政策、大数据与创新管理，可持续发展等主题进行了在线交流研讨。

在期刊圆桌会议环节，《中国软科学》《中国行政管理》《中国科学院院刊》《科研管理》《情报工程》《科学学与科学技术管理》期刊的负责人围绕“公共管理视域下的中国式现代化——选题与用稿规范”主题进行讨论，会议由国科大公管学院副院长王海燕主持。

（中国科学院大学供稿）

2022年中日物流论坛 11月19日，北京物资学院物流学院采取线上模式举办了2022年中日物流论坛。此次论坛特邀请NX国际物流（中国）有限公司东亚总部高级顾问赵经验，日本流通经济大学流通与物流系统专业教授矢野裕儿、教授味水佑毅、副教授宫武宏辅，以及物流专业教授林克彦和副教授铃木理沙，北京物资学院物流学院副教授常祎妹、邵舒羽博士担任线上嘉宾，针对国际物流作业、后疫情时代物流行业发展对策和绿色物流发展新理念等主题，进行了学术演讲。

论坛上各位专家围绕新冠疫情和俄乌冲突对全球物流的影响、碳中和物流、新冠疫情对日本消费者行为和包裹运输的影响、铁路水运集装箱多式联运码头出港集装箱联合存储空间分配与装卸作业建模与求解、救灾物资必要信息研究、日本高速公路休息区大型车辆停车拥堵问题、中国冷链物流发展现状、日本消费者对新鲜食品配送服务的反应等热点议题展开了分享和讨论。

（北京物资学院供稿）

清华大学公共管理学院全球学术顾问委员会2022年会议 11月19日，清华大学公共管理学院全球学术顾问委员会2022年会议在京举行。本届会议主题是“全球发展与中国现代化进程”，会议以线上线下相结合的方式举行。全国政协副主席、致公党中央主席、中国科学技术协会主席万钢出席上午会议开幕式并致辞，全国政协副主席、经济学家辜胜阻出席下午国际论坛开幕式并作主旨演讲。全国政协常委、外事委员会主任楼继伟，全国人大常委会委员、社会建设委员会副主任委员、中国行政管理学会会长江小涓，中国政府欧洲事务特别代表、联合国前副秘书长、中国国际公共关系协会会长吴红波，北京师范大学校长马骏等嘉宾，原中国发展研究基金会副理事长卢迈、北京大学政府管理学院院长燕继荣、中国人民大学公共管理学院院长严金明等出席会议并发言。与会嘉宾和委员表示，公共管理学院和公共管理学科应为增进人民福祉和促进人类进步做出新的更大贡献。

（清华大学供稿）

全球发展与中国现代化进程国际论坛 11月19日，清华大学公共管理学院举办全球发展与中国现代化进程国际论坛。全国政协副主席、经济学家辜胜阻，中国国家国际发展合作署署长、党组书记罗照辉，全国人大常委会委员、社会建设委员会副主任委员、中国行政管理学会会长江小涓，中国政府欧洲事务特别代表、联合国前副秘书长吴红波，联合国教科文组织（UNESCO）前总干事伊琳娜·博科娃（Irina Bokova）等中外嘉宾出席会议，并围绕全球发展与中国式现代化建设中的重大问题进行了深入研讨。

公共管理学科在全球化发展和中国式现代化过程中要发挥独特的学科作用，提供知识、理论和思想的助力，为人类文明的智慧增进做出贡献。国际论坛分为“主题一：全球发展与国际合作”“主题二：中国式现代化道路”“公共管理院长对话：公共管理学院在全球发展治理中的作用”三个环节。

（清华大学供稿）

首届中国管理前沿学术论坛 11月19—20日，首届中国管理前沿学术论坛在线上举办。清华大学副校长、公共管理学院院长杨斌，清华大学经济管理学院院长、中国现代国有企业研究院院长白重恩，《管理世界》杂志社社长李志军出席论坛开幕式并致辞。

清华大学经济管理学院党委书记陈煜波主持开幕式。中国工程院院士、湖南工商大学党委书记陈晓红，国家自然科学基金委管理学部副主任刘作仪，清华大学经济管理学院管理科学与工程系主任陈剑分别作主旨报告。

学术报告环节，来自国内数十所高校及研究院所的学者围绕“全球治理”“创新创业与发展”“公共政策管理”“数字化转型”“国有企业”等12个主题（共14场学术汇报）进行讨论交流。为加强青年学者与学术期刊的交流，论坛特别设置了“与编辑面对面”环节，《管理世界》编辑部主任闫研，《公共管理评论》副主编兼编辑部主任梅赐琪，《营销科学学报》编委会副主任、专业主编孙亚程，《经济学报》副主编施新政，《政治经济学季刊》执行主编兼编辑部主任李帮喜介绍各自期刊的基本情况和审稿流程。本次论坛由清华大学经管学院和公管学院联合主办，清华大学中国现代国有企业研究院、北京水木现代国有企业研究院联合承办，《管理世界》提供学术支持。

（清华大学供稿）

第二届数字经济国际学术会议　11月21日，由北京邮电大学主办、北京邮电大学经济管理学院经济系承办的第二届数字经济国际学术会议在京举行。本次会议采取线上线下相结合的方式，以“开放条件下的技术变革与数字经济高质量发展”为主题，由中国通信学会经济与管理创新委员会、北京邮电大学—中国科学院科技战略咨询研究院数字战略联合研究中心（智库）、全国高校国际贸易学科协作组服务经济与贸易论坛等协办；Journal of Digital Economy、《经济研究》、《世界经济》和《统计研究》等高水平期刊支持；围绕北邮“信息网络科学与技术学科群”和“计算机科学与网络安全学科群”两个学科群建设展开，重点探讨数字经济背景下，数字贸易、数字产业、数字技术与金融科技等关键领域的发展与变革，吸引了国内外众多专家学者和业界实践者的关注和参与。

（北京邮电大学供稿）

2022年数字化和管理创新国际会议　11月26日，北京物资学院商学院在线上举办2022年数字化和管理创新国际会议。会议邀请英国萨福克大学、曼彻斯特大学、伦敦伯克贝克大学、威斯敏斯特大学、罗伯特戈登大学以及国内北京师范大学、华北电力大学、北京信息科技大学、上海对外经贸大学等高校的专家学者作主题报告及分论坛报告；北京物资学院7位教师、16位研究生参与会议报告和论文宣讲。来自各界的学者、研究生近200人参加了会议，大会由北京物资学院副教授季靖主持。

2022数字化和管理创新国际会议意在连接学术界和企业界，推动数字化与商业模式、数字化转型中的组织行为、创新管理等方面的研究与实践，明晰数字化与管理创新深层价值、转型机遇与挑战、新路径与新方法，赋予企业数字化转型新动能。

本次会议共征集到来自美国、英国、越南、马来西亚、孟加拉、丹麦、新西兰等10多个国家和地区的近100篇投稿，近60篇将发表到DMI2022会议论文集，由荷兰IOS Press出版，并提交EI会议收录。

（北京物资学院供稿）

第四届中国青年管理学者论坛·工商管理论坛　11月26日，第四届中国青年管理学者论坛·工商管理论坛召开。此次会议采取线上线下相结合的方式进行，来自清华大学、北京大学、中国人民大学、复旦大学等国内高校和科研机构的专家学者参加此次会议。首都经济贸易大学党委常委、副校长尹志超、《管理世界》杂志社总编辑尚增健、中国社会科学院经济研究所所长黄群慧、中国人民大学商学院教授毛基业、德勤中国副主席施能自、南方科技大学商学院教授曾晓亮、首都经济贸易大学会计学院教授杨世忠、首都经济贸易大学工商管理学院教授贾甫、首都经济贸易大学工商管理学院院长柳学信、首都经济贸易大学会计学院党委书记许江波、首都经济贸易大学科研处杂志总社社长范合君等应邀参加。

中国青年管理学者论坛·工商管理论坛是首经贸与《管理世界》杂志社的战略性合作开展的一项重要学术活动，旨在为中国青年管理学者搭建起氛围浓厚的高水准、高规格学术交流平台，切实推动中国工商管理研究发展，推动工商管理学为中国企业实践服务。

（首都经济贸易大学供稿）

第四届可持续发展与企业社会责任学术研讨会　12月10日，由中国企业管理研究会、中国企业管理研究会社会责任与可持续发展专业委员会、中国社会科学院管理科学与创新发展研究中心、北京工商大学国际经管学院、北京工商大学法学院、北京大学战略研究所、北京师范大学经济与工商管理学院、暨南大学管理学院和北京融智企业社会责任研究院联合主办第四届可持续发展与企业社会责任学术研讨会，会议采用线上形式，共有来自100余所高校专家学者及企事业代表4000余人次参加研讨。

本次研讨会以“大变局下的责任领导力与伦理决策”为主题，通过理论与现实对话、历史与未来对话、微观与宏观对话，共同探讨大变局下责任领导力和伦理决策的新内涵、新意义和新作用。会议共设置开幕式、主旨演讲、案例大赛启动仪式、主题报告、平行论坛、主编论坛、闭幕式七大环节。

（北京工商大学供稿）

第二十四届中国管理科学学术年会 12月10—11日，第二十四届中国管理科学学术年会举办。本次会议以“数字经济与管理科学”为主题，由中国优选法统筹法与经济数学研究会、中央财经大学、山西财经大学、中国科学院科技战略咨询研究院、《中国管理科学》编辑部主办，中央财经大学管理科学与工程学院、山西财经大学管理科学与工程学院共同承办。年会通过网络直播的方式举行。

中央财经大学校长王瑶琪、中国科协科学技术创新部副部长杨书宣、中国工程院院士杨善林、发展中国家科学院院士石勇、中国优选法统筹法与经济数学研究会理事长池宏、中科院科技战略研究院院长潘教峰、中科院科技战略研究院徐伟宣、管理科学与工程学会理事长高自友、中国系统工程学会理事长杨晓光、《中国管理科学》主编李建平、山西财经大学校长田祥宇、中央财经大学管理科学与工程学院院长刘志东、山西财经大学管理科学与工程学院院长闫绪娴等到会发言。来自全国管理科学学术界、企业界、科研机构相关专家学者近万人在线上参加会议。与会嘉宾表示本次大会主题紧跟国内经济发展形势，紧盯国家战略前沿，具有很强的现实意义。

（中央财经大学供稿）

第二十一届中国实证会计研讨会 12月16-18日，由《中国会计评论》理事会、浙江大学管理学院、教育部哲学社会科学研究重大课题攻关项目组主办，浙江大学管理学院财务与会计学系、浙江大学财务与会计研究所承办的第二十一届中国实证会计研讨会在线上召开。来自浙江大学、北京大学、清华大学、复旦大学、上海交通大学、厦门大学、新加坡国立大学、北京理工大学、中国人民大学、中央财经大学等海内外近100所高校的财会领域专家学者，以及《会计研究》、《中国会计评论》、*British Accounting Review*、*Journal of International Accounting Auditing and Taxation* 等国内外著名期刊编辑共聚云端，共享学术盛宴，在线参会共计2万余人次。

会议内容涵盖资本市场与监管、信息披露、会计信息质量、企业数字化转型、数字化与审计、ESG、一带一路与政策、企业创新、审计与治理、环境与社会责任、税收规避、公司治理、分析师、会计行为研究等多个领域，会议的召开旨在引领中国会计研究走向国际舞台，会议指出未来需要思考和探索如何让中国会计研究与会计实务取得更好发展，实现与国际接轨并逐步走向世界领先。

（北京市经济学总会供稿）

中国式现代化的数字治理路径研讨会 12月17日，对外经济贸易大学“中国式现代化的数字治理路径”研讨会在京召开。本次会议由对外经济贸易大学政府管理学院承办，旨在通过学术交流促进数字治理研究。会议邀请了清华大学社会科学学院副教授孟天广，清华大学公共管理学院副教授张楠，北京大学政府管理学院教授黄璜，浙江大学公共管理学院教授高翔，中国人民大学公共管理学院教授马亮等专家学者作主题报告。来自全国多所普通高校的公共管理、社会学、政治学、经济学等学科的教师、学生通过腾讯会议、网络直播的方式参加了本次会议，参与人数超过3000人。

（对外经济贸易大学供稿）

北京运筹学会2022学术年会 12月18日，由北京运筹学会与北京大学光华管理学院联合举办的北京运筹学会2022学术年会在线上召开。本届学术年会聚焦“双碳”愿景下的运筹学理论与实践，邀请了“双碳”与运筹领域的顶尖学者，科技创新与人工智能领域的业界专家共同交流。来自多所高校与科研机构的600余位师生学者参会。北京大学光华管理学院院长刘俏，中国运筹学会理事长、中国科学院数学与系统科学研究院冯康首席研究员戴彧虹，北京运筹学会理事长、北京理工大学杰出教授、副校长魏一鸣先后为大会致辞。东北大学副校长、中国工程院院士唐立新，北京大学讲席教授、中国科学院院士陈松蹊，清华大学经济管理学院联想讲席教授陈剑，华为科学家咨询委员会CTO王纪奎分别就智能产业的系统优化、大气污染排放的统计度量与评估、信息不对称环境下绿色技术创新与采纳的动态管制策略、数字技术创新使能行业绿色数字化转型等主题作大会报告。

（北京大学供稿）

第五届“一带一路”旅游论坛 12月22日，第五届“一带一路”旅游论坛在线举办。本届论坛以“疫后‘一带一路’旅游开放与合作”为主题，共同探讨了疫情之后“一带一路”沿线国家旅游产业开放与合作的策略。本届论坛由东盟经济、文化和旅游研究中心、中亚文化和旅游研究中心、马来西亚管理与科学大学、丝绸之路国际旅游与文化遗产大学、和田师范高等专科学校主办，北京旅游学会、学术志支持。北京第二外国语学院党委副书记、校长计金标、世界旅游城市联合会秘书长李宝春、马来西亚管理与科学大学校长舒客瑞、和田师范高等专科学校校长赛甫鼎·艾拜出席开幕式并致辞。来自中国、马来西亚、匈牙利、蒙古国、乌兹别克斯坦、赞比亚、伊朗、印度、塞尔维亚、乌兹别克斯坦等国家的19位专家学者发表主题演讲，从旅游、教育、体育、语言等不同维度探讨疫后“一带一路”旅游开放与合作。丝绸之路国际旅游与文化遗产大学副校长邹统钎致闭幕词，指出继续加强理论研究和实践探索，加强开放，从硬联通到标准、语言等软联通，关注民生，关注社会福利，通过旅游，让“一带一路”沿线国家走向更深入的合作。

（北京第二外国语学院供稿）

第二届碳中和与能源创新发展论坛 12月24日，中国石油大学（北京）主办、中国石油大学（北京）经济管理学院和联合国教科文组织“碳中和绿色转型与气候变化”教席共同承（筹）办、碳中和与能源创新发展研究院协办的第二届碳中和与能源创新发展论坛在线上举行，主题为“迈向碳中和：行动与挑战”。中国工程院院士杜祥琬，中国工程院院士赵文智，中国工程院院士张来斌，中国社会科学院学部委员潘家华，中国海油集团能源经济研究院党委书记、院长王震，北京航空航天大学经济管理学院院长范英，中国社会科学院工业经济研究所所长史丹，中国石油大学（北京）经济管理学院名誉院长杨晓光，中国石油大学（北京）校长吴小林出席论坛。

来自多所高校和研究机构的专家学者、企业界人士、社会公众等参加线上论坛，共同探讨实现“双碳”目标、能源绿色低碳转型与经济高质量发展等热点问题。观看论坛直播近20万人次。

本次论坛发布了《迈向“双碳”》2022年度智库报告，包括以中国石油生产碳强度指数、中国天然气生产碳强度指数、石油公司低碳转型指数、中国天然气发展路径与对策为代表的“行业”研究类成果；以省域研发创新碳排放影响效应、中国电动汽车替代燃油车的温室气体排放回收期量化评估为代表的“综合”研究类成果。

（中国石油大学供稿）

2022年度劳模创新工作室论坛 12月31日，由中国劳动关系学院劳模学院发起主办，全国总工会劳动和经济工作部指导，工人日报社工会新闻部、中国劳动关系学院劳动关系与人力资源学院协办的2022年度劳模创新工作室论坛在线上举行。本届论坛聚焦劳模创新工作室联盟，主题为“共享共赢 互联互通”。

全国总工会劳动和经济工作部副部长姜文良、劳模管理处处长朱洵，中国劳动关系学院校长傅德印、副校长吴万雄，北京师范大学职业与成人教育研究所所长、国家职业教育研究院院长和震等出席论坛。

劳模创新工作室论坛是中国劳动关系学院劳模学院围绕办学宗旨和人才培养目标，进一步创新劳模教育教学模式、提升劳模综合素养、发挥劳模示范作用的重要载体，旨在通过学术研讨、经验交流，搭建“工会、劳模、企业、高校”四方参与的创新合作平台，打造传承劳模精神、劳动精神、工匠精神的“新平台”，助力产业工人队伍技能提升，推动社会经济高质量发展。

（中国劳动关系学院供稿）

新闻传播学

新时代中国传播学研讨会 3月26日，由清华大学马克思主义新闻学与新闻教育改革研究中心、中国社会科学院新闻与传播研究所联合主办的新时代中国传播学研讨会在清华大学举办。与会者围绕新时代中国传播学的研究视角、范式转型和主体构建等问题展开深入交流。

清华大学党委常委、副校长彭刚，人民日报社副总编辑崔士鑫，清华大学新闻与传播学院常务副院长陈昌凤出席开幕式并致辞。来自中国社会科学院新闻与传播研究所、中国人民大学新闻学院、复旦大学新闻学院、中国传媒大学新闻传播学部和新华社等机构与媒体的专家、学者和业界人士参与研讨交流。大家在研讨中认为，历经40多年发展的中国传播学在新时代肩负重要职责使命，在全面建设社会主义现代化国家、向第二个百年奋斗目标进军新征程上，要坚持“守正创新、融通中外、根植实践、引领时代”，促进新时代中国传播学的创新发展。

（摘自《人民日报》2022年3月28日第8版）

历史传承与当代发展：马克思主义中国化新闻舆论思想学术论坛 5月8日，由中国人民大学新闻学院、中国人民大学新闻与社会发展研究中心、中国新闻史学会、中国高等教育学会新闻学与传播学专业委员会、中国人民大学马克思主义新闻观研究中心、中国人民大学国家治理与舆论生态研究院等主办，国内13所新闻院校协办的主题是历史传承与当代发展：马克思主义中国化新闻舆论思想学术论坛召开。来自50余家学院、科研机构、学术期刊、媒体等100余位学者、专家、学生等齐聚云端，共话马克思主义中国化新闻舆论思想的辉煌历程，畅议马克思主义中国化新闻舆论思想的时代新篇章。随后的专题论坛环节，9大平行论坛同时举行，包括3个平行院长论坛、1个主编论坛、1个马克思主义新闻观研究与教学论坛以及4个学术论坛，各论坛围绕不同主题分别进行了交流研讨。

（中国人民大学供稿）

指数全球2022——国际传播能力指数方阵发布会 5月28日，在习近平总书记关于加强国际传播能力建设重要讲话发表一周年之际，北京外国语大学举办指数全球2022——国际传播能力指数方阵发布会，首发国际传播能力系列指数方阵。北京外国语大学校长、党委副书记杨丹，中联部原副部长于洪君，新华社原副社长严文斌出席发布会并致辞，中德友好协会会长史明德，北京语言大学原党委书记李宇明教授发表主旨演讲。

指数发布环节，北京外国语大学发布了依托101个语种的特有优势开发的“国家语言能力指数”“国家翻译能力指数”“国家国际传播能力指数”“城市国际传播能力指数”“中国企业国际传播能力指数”“全球媒体网络传播指数”“世界中国学研究指数”等全球语言系列指数。

圆桌论坛环节北京外国语大学国际新闻与传播学院院长姜飞，中国社科院新闻所所长胡正荣，中国传媒大学副校长段鹏，中国外文局当代中国与世界研究院院长于运全，北外许国璋语言高等研究院院长文秋芳，北外中华文化国际传播研究院首席专家张西平等与会专家围绕国际传播能力系列指数方阵进行讨论。新华社、人民网记者全程参会采访。新华社、《中国日报》、《中国青年报》、光明网、人民网、CGTN及其英、德、西、法、俄、阿、日、葡语等多语种平台均对发布会进行报道。

（北京外国语大学供稿）

《中国海外网络传播力建设报告》研讨会 6月28日，北京师范大学新闻传播学院、中国日报网和光明网联合主办的第八届国际传播能力建设暨《中国海外网络传播力建设报告》研讨会在线上召开。光明网总裁、总编辑杨谷代表发布方致辞。

清华大学新闻与传播学院常务副院长陈昌凤、中国社科院新闻传播所所长胡正荣、中国传媒大学教授张毓强、北京外国语大学国际新闻与传播学院院长姜飞、中国外文局当代中国与世界研究院院长于运全、北京师范大学新闻传播学院教授喻国明、中国人民大学公共外交研究院副院长钟新、中国日报网国际传播部副主任董继荣等围绕“国际传播的新科技化转向”“国际传播的多元化主体”“在全球交往意义上认识高校企业的海外信息存有”“高校在国际传播中的角色”“国际传播经验”等议题分享了学术观点。

本次研讨会搭建了多主体的国际传播交流平台，实现了理论创新和实践一线相结合、研究课题和优秀案例相结合。总体而言，2021中国城市、企业和大学海外网络传播的优秀案例呈现出与参照指标差距缩小、具有中国国际传播新路径特色和具有典型示范作用三个特点。

（北京师范大学供稿）

国际媒介与传播研究学会2022年年会　7月11—15日，国际媒介与传播研究学会（IAMCR）2022年年会在清华大学举行。来自近100个国家和地区的近2000位学者在线参加会议。大会以“新全球化时代的传播研究：再定位、挑战与变化的语境”为主题，共有3场全体大会、15个分会的数十个论坛，以及18个工作组的数十场专题讨论和分组研讨会。

清华大学校长王希勤说，本次年会体现了建立互信对促进跨文化传播与合作的价值，为当下重新思考媒介与传播在构建人类命运共同体中的作用提供了宝贵的交流机会。

本次年会由国际媒介与传播研究学会和清华大学新闻与传播学院主办，西交利物浦大学人文社科学院媒体与传播学系和中国新闻史学会协办。国际媒介与传播研究学会于1957年在联合国教科文组织总部创设，目前已发展成为享誉世界的国际学术组织，拥有150多个国家和地区的近3000位学者会员，每年举办大型学术年会。该学会2023年年会将在法国里昂举行。

（摘自《人民日报》2022年7月18日第6版）

中国特色对外话语译介效果评价与模式探索高端论坛　7月23日，北京外国语大学英语学院举办“中国特色对外话语译介效果评价与模式探索”高端论坛，来自新闻传播、翻译等领域的17位专家参会，进行10场主旨演讲，655人在线参加会议。

《中国翻译》主编杨平、上海外国语大学教授郭可、广东外语外贸大学教授侯迎忠、中央广播电视总台国际传播规划局处长李宇、同济大学教授吴赟、中国翻译协会常务副会长黄友义、杭州师范大学教授施旭、郑州大学教授杨明星、上海外国语大学教授胡开宝以及曲阜师范大学教授秦洪武等分别从中国特色话语的译介实践、新时代中国外交话语与国际传播等角度进行主旨发言。会议集中探讨中国话语对外翻译与传播的实际效果评价。

（北京外国语大学供稿）

第九届国家传播战略高峰论坛　8月24日，第九届国家传播战略高峰论坛在京召开。本次论坛由大数据与国家传播战略教育部哲学社会科学实验室、中央民族大学新闻与传播学院、华中科技大学国家传播战略研究院、华中科技大学新闻与信息传播学院共同主办。会议围绕“智能新媒体与国际传播能力建设”“寰球民意与国际政治”“新型国际关系与国家形象传播”等3个议题展开，来自学界、业界的50余位专家学者和媒体从业者参与会议分享观点，共同探讨国际传播的新格局、新战略与新路径。

在主旨演讲环节，中国社会科学院新闻与传播研究所所长胡正荣、新华社原副社长、高级编辑严文斌、国务院参事室国际交流合作司原司长、北京第二外国语学院区域与国别学院（研究院）特聘院长孙维佳等围绕“智能新媒体与国际传播能力建设”主题进行了学术分享。此外，会议设置了以“新型国际关系与国家形象传播”为主题的学术论坛，以及以“寰球民意与国际传播”和“国际新闻传播人才培养与教育创新”为主题的两场圆桌论坛。与会嘉宾围绕当前国家形象传播与国际传播人才培养的特点、重点、痛点进行了讨论。

会议现场发布了《寰球民意指数（2020）数据可视化报告》，报告基于大数据调研，对中国公众的大国意识、美国观、邻国观、国际事务观、国家认同，以及寰球公众的世界观与中国观等问题进行了多维剖析。

（中央民族大学供稿）

第八届中国新闻史青年学者论坛　8月25—26日，以“把论文写在祖国大地上——新闻史研究的实践视野与价值建构”为主题的第八届中国新闻史青年学者论坛在京召开。中国社会科学院新闻与传播研究所所长胡正荣，中央民族大学党委副书记邹吉忠，中国新闻史学会会长、中国人民大学新闻学院副院长王润泽，中央民族大学新闻与传播学院特聘院长、华中科技大学学术委员会副主任张昆等出席论坛并致辞。

论坛围绕“整风运动与中共新闻传播”“媒体政

治功能与权力机制”“舆论动员与基层治理实践”“对外宣传与国际传播思想演变”等议题展开。主旨演讲环节，王润泽发表题为“实践转向与元问题思考——中国新闻学知识体系创新的思考”的报告；曼丽发表题为“谈中国新闻史研究的唯物史观”的报告。学人报告环节，中国传媒大学新闻学院艾红红、中央民族大学新闻与传播学院赵丽芳等先后发言。

最后，论坛举行了专场研讨会和闭幕交接仪式。专场研讨会以“影像史学的想象力——从胶片中感受历史”为主题，放映和解读了一系列“看中国”的珍贵影像，结合影视人类学、影像民族志等展开讨论和交流。闭幕交接仪式进行论坛吉祥物的“云交接”。

论坛由中国新闻史学会、中国社会科学院新闻与传播研究所、中央民族大学主办，中央民族大学新闻与传播学院、中国人民大学马克思主义新闻观与新闻实践研究中心、中央民族大学马克思主义新闻观与新闻实践研究中心承办。来自50余所高校和研究机构的学者参会。

（中国社会科学院供稿）

第六届媒介与信息素养国际学术研讨会 9月24日，由中国传媒大学传播研究院主办的第六届媒介与信息素养国际学术研讨会在京召开。本次会议以“融合·发展·合力——媒介与信息素养与全球发展”为主题，紧密围绕媒介与信息素养和文化强国、国际传播、数字生态、人才培养等议题，深化媒介与信息素养的理论研究和实践探索。来自中国、美国、墨西哥、斯里兰卡等中外30多所高校、科研院所的70多名专家、学者及学生参加研讨。本届研讨会不仅关注新概念、新理论，也注重对国别和区域媒介与信息素养实践的研讨，努力为媒介与信息素养研究和实践提供理论思想和教育实践支撑。

（中国传媒大学供稿）

第九届政治传播与社会发展论坛暨第六届“政治与传播”研究生论坛 10月29日，第九届政治传播与社会发展论坛暨第六届“政治与传播”研究生论坛在线上举办。30余家学界和业界相关单位的50余位学者、专家及博硕士研究生在论坛上汇报成果、交流思想。本届论坛由中国社会科学院大学主办，主题为“数字中国建设与政治传播研究”。旨在为加速推进数字中国建设，确定关键研究问题，提供基础研究进路。

在主题演讲中，与会专家学者围绕“治理现实”“传播理想”“国际政治传播问题”“新世纪的公共性与民主问题”“如何构建面向数字经济时代的监管和执法能力”“大数据的舆情治理及其限度”“大数据治理过程中可能存在的问题”等议题展开讨论。

论坛闭幕式上，中国社会科学院大学新闻传播学院副院长、教授杜智涛为研究生论坛获奖者颁奖。来自天津师范大学新闻传播学院的博士研究生李世强获得本次论坛博士组优秀学术论文一等奖；来自武汉大学新闻与传播学院的硕士研究生张璐璐和来自湖北师范大学历史文化学院硕士研究生张小健、蔡明伦获得本次论坛硕士组优秀学术论文一等奖。

（中国社会科学院大学供稿）

首届全球发展与健康传播论坛 10月29日，由清华大学新闻与传播学院主办、当代中国与世界研究院协办的首届“全球发展与健康传播论坛”暨清华大学全球发展与健康传播研究中心成立仪式在清华大学举行。清华大学全球发展与健康传播研究中心的成立旨在响应全球发展趋势和国家重大需求，整合学术机构、政府、媒体、企业、社会组织等各方资源，从传播角度探索产学研领域的创新合作，开展引领性的研究与实践。

论坛设有主旨论坛及4个平行论坛，分别围绕“全球健康传播与全球卫生治理的挑战与应对”“后疫情时代健康传播与发展传播的趋势”“全球挑战下的媒体担当”“全球发展与健康传播中的企业社会责任”“全球发展与健康传播中的中国故事”等话题展开讨论。本次论坛还就“全球健康传播”与“全球发展传播”进行了相关发布。来自新闻传播和公共卫生等领域的学者希望以此激发各界对这两个概念的界定与实践展开进一步讨论，呼吁各方大力支持这两个领域的传播实践，促进社会各界的参与和投入。

（摘自《人民日报》2022年10月31日第6版）

深·融：媒体未来趋势学术研讨会 11月10日，为全面学习贯彻习近平总书记在党的二十大报告中提出的“加强全媒体传播体系建设，塑造主流舆论新格局，健全网络综合治理体系，推动形成良好网络生态”要求，落实北京市媒体深度融合三年行动方案，在《新京报》创刊19周年之际，新京报社联合中国传媒大学共同举办了“深 · 融：媒体未来趋势学术研讨会”。

研讨会邀请了中国报业协会、北京市委网信办、北京市记协、北京市新闻学会相关领导，北京大学、中国人民大学和中国传媒大学新闻与传播学院的专家学者，腾讯、百度、快手、一点资讯等平台负责人，围绕“媒体深度融合的趋势与路径”“媒体传播介质与应用场景创新”“短视频内容生产传播的变与不变”“新闻伦理与现代传播生态的碰撞”四个议题进行学术交流，助力打造更加完备的全媒体传播体系、建设更加优质的移动传播生态。

（中国传媒大学供稿）

第十九届党报论坛　日前，党报论坛第十九届年会在线直播的形式举办。本届论坛以“建功新时代：十八大以来党媒的融合 · 创新 · 引领”为主题，来自 14 家媒体，中国传媒大学、中国人民大学、河北大学等 17 所高校及有关科研机构的 80 余名专家，围绕 10 年来各级党媒在媒体融合、改革创新方面的路径、经验与启示，以及党的二十大报道创新实践等议题，展开交流研讨。

党报论坛自 2004 年以来已连续举办 19 届年会，成为我国党报党刊研究领域的知名品牌，搭建了融通业界与学界的桥梁。本届年会由中国传媒大学党报党刊研究中心、中国传媒大学新闻学院、河北大学新闻传播学院、传媒杂志社联合主办。

（摘自《人民日报》2022 年 11 月 14 日第 8 版）

第八届“口述历史在中国”国际研讨会　11 月 19 日，由中国传媒大学主办、中国传媒大学崔永元口述历史研究中心承办的第八届“口述历史在中国”国际研讨会在线上举办，主题为“承继 · 创新——口述历史记录与呈现的多元探索”。中国社会科学院历史理论研究所副所长左玉河、中国社会科学院历史研究所研究员定宜庄、北京大学历史学系教授王奇生、中国人民大学历史学院教授杨祥银和姜萌、中国传媒大学学术委员会副主任、崔永元口述历史研究中心主任丁俊杰等出席会议。

澳大利亚蒙纳仕大学、新加坡国立大学、中国社会科学院、北京大学、中国人民大学、中国传媒大学等十余位专家学者就“口述历史与纪录影像”“口述历史的理论探究”“口述历史的实践应用”等议题展开研讨。

会议就口述历史的法律与伦理问题达成一致的观点，即口述历史的采集以不能对口述当事人造成二次伤害为准则。此外，发言者和评议者畅所欲言，发表了新的研究和实践的成果。此次参会论文将会收录在《口述历史在中国》系列丛书中。

（中国传媒大学供稿）

第十一届新闻学与传播学博士生国际学术研讨会　11 月 26 日，第十一届新闻学与传播学博士生国际学术研讨会在北京和苏州线上线下同步举行，来自 42 所高校 70 余名师生共同参加。本次研讨会由中国传媒大学和苏州大学联合举办，中国传媒大学传播研究院和苏州大学传媒学院联合承办。中国传媒大学副校长刘守训教授出席开幕式并致辞，开幕式由中国传媒大学传播研究院副院长李继东教授主持。

8 个分论坛分别围绕“中国共产党新闻传播理论与实践”“数字化与文化强国”“信息传播与智能社会”“健康传播与公共卫生事件”“乡村传播与社会治理”“跨文化传播与文明互鉴”“政治传播与国家认同”“Global media platform and China”展开。会议组委会共收到来自包括中国传媒大学、苏州大学、中国人民大学、中央财经大学、武汉大学、南京大学等 20 多所著名高校的 100 余篇高质量稿件。

（中国传媒大学供稿）

国际传播能力建设与北京对外文化传播学术研讨会　12 月 9 日，由北京市人民政府新闻办公室指导，中国新闻网、北京第二外国语学院、外交学院主办，北京对外文化传播研究基地等单位承办的国际传播能力建设与北京对外文化传播学术研讨会在京举行。来自国际传播旗舰媒体、高校学术机构、智库组织的 30 多位专家学者围绕“北京国际传播能力建设”“北京国际形象与短视频传播”“城市形象构建与对外文化传播及智能新媒体”“北京国际传播能力建设”四个议题展开深入研讨。

此次学术研讨会为专业学者搭建起一个友好交流合作共享的平台，为加快构建中国话语和中国叙事体系提供了更多可能性与借鉴，为讲好中国故事，传播好中国声音，有效提升中华文明传播力影响力提供了更多思考。

（北京第二外国语学院供稿）

“新技术 +”城市发展与文化创新研讨会　12 月 14

日，首都经济贸易大学文化与传播学院以线上形式举办“新技术+”城市发展与文化创新研讨会。中国社会科学院新闻与传播研究所所长、中国社会科学院大学新闻传播学院院长胡正荣，中国传媒大学新闻学院院长隋岩，北京京企中轴线保护公益基金会副理事长兼秘书长、北京文化产业发展研究院首席专家兼专家委员会主任梅松老师，文化与传播学院全体教师，以及部分学生近160余人参加了会议。

胡正荣、隋岩、梅松分别以《中华文明国际传播：“双创”与价值、意义》《用时间征服空间的传播趋势》《北京中轴线文化遗产传承与创新》为题作主题发言，文化与传播学院党总支书记、中国人民对外友好协会中德友协副会长于九涛以《重新定义真实：元宇宙与城市文化的未来想象》作主题发言。

（首都经济贸易大学供稿）

第九届联合国教科文组织媒介与女性教席论坛 12月28日，中华女子学院和中国传媒大学共同主办的第九届联合国教科文组织媒介与女性教席论坛在京举行，论坛主题为“中国国际传播的创新与实践”。联合国教科文组织驻华代表处代表夏泽翰，中国传媒大学党委书记、校长廖祥忠，中华女子学院党委书记李明舜，联合国教科文组织媒介与女性教席主持人、中华女子学院院长刘利群，中华全国新闻工作者协会原书记处书记、中国国际公共关系协会副会长王冬梅，全国妇联妇女研究所所长杜洁，中国妇女报社长兼总编辑孙钱斌，北京电影学院党委副书记、副校长胡智锋等出席论坛。

来自联合国教科文组织驻华代表处、中华全国新闻工作者协会、北京大学、复旦大学、北京师范大学、中国传媒大学、中华女子学院、全国妇联妇女研究所、中国妇女报、北京电影学院等10余家机构的30余名专家学者参与本次论坛。与会嘉宾围绕“新时代国际传播战略”“国际传播能力建设”“国际传播与女性发展”“性别视野的国际传播实践”等主题进行了交流探讨。

（中国传媒大学供稿）

其　他

2022首都医科大学医学人文高峰论坛 5月28日，由首都医科大学医学人文学院主办的2022首都医科大学医学人文高峰论坛召开。论坛分为主论坛和6个分论坛。首都医科大学党委副书记刘芳教授、中国社会科学院大学王新清教授、中国科学院心理研究所陈雪峰研究员、福建医科大学附属漳州市医院蒋辉助理研究员分别以“科技伦理的法治化建设和社会化治理”“大学精神与教育理念”“人与环境的平衡——基于生态系统理论的应急心理服务”“医学人文的伦理抉择与经济学视角”为题作主旨报告。卫生法学、医学心理学、医学伦理学与医学史学、外语教育、体育教育、艺术教育等6个分论坛在云端举办，从各自学科角度聚焦医学人文在新时代面对的需求，审视医学人文学科承担的责任，思考医学人文学科的未来发展。

（首都医科大学供稿）

首届北京文化论坛 7月25日，首届北京文化论坛在京开幕。中共中央政治局委员、中宣部部长黄坤明出席并致辞，强调要深入学习贯彻习近平总书记关于社会主义文化建设的重要论述，坚守文化建设的灵魂，坚定先进文化的方向，把北京文化论坛打造成建言文化发展、推动文化创新的一流平台，塑造为具有中国风韵、国际影响的文化品牌，更好推动全国文化中心建设，为建设社会主义文化强国做出新贡献。

黄坤明指出，党的十八大以来，我国文化建设取得历史性成就和历史性变革，彰显了新时代中国自信自强、守正创新的文化底色，焕发了中国人民团结奋斗、昂扬向上的精神风貌。新征程上开创文化建设新局面，要高擎思想火炬，以真理之光、信仰之光引领文化发展方向，巩固全党全国人民团结奋斗的共同思想基础。要坚定文化自信，做好保护与活化的大文章，以固本培元、守正创新焕发中华文化时代光彩。要坚持以人民为中心，推动文化高质量发展，以改革创新、激发活力满足人民精神文化需求。要深化文明对话，拉紧文化纽带，以交流互鉴、讲好故事展现中华文明形象。

中共中央政治局委员、北京市委书记蔡奇出席开幕式并致辞。

北京文化论坛以“传承·创新·互鉴”为主题，本届论坛由主论坛、4个分论坛及相关活动组成。

（摘自《人民日报》2022年7月26日第4版）

首届全国出版学科共建工作会　7月24日，首届全国出版学科共建工作会在北京大学召开。5所高校新设的出版学院、出版研究院集中亮相，将以共建工作为抓手，进一步建强出版学科，为文化强国、出版强国建设贡献智慧力量。

会议强调，要坚持以习近平新时代中国特色社会主义思想为指导，深刻认识建强中国特色出版学科的重要意义，坚持马克思主义出版观，贯通政产学研用，高起点谋划部署出版学科共建工作。要完善出版专业设置，打造雄厚师资队伍，健全人才培养体系，扎实推进共建工作重点任务。各共建参与方要强化责任担当，加大支持力度，深化试点探索，形成工作合力，共同推动出版学科建设迈上新台阶。

首批参与共建的单位包括：北京大学和中国出版集团、北京师范大学和广东省委宣传部、华东师范大学和上海市委宣传部、四川大学和四川省委宣传部、北京印刷学院和中国出版协会。中宣部、教育部和部分高校、出版单位有关负责人员参会。

（摘自《人民日报》2022年7月27日第8版）

北京自然科学界和社会科学界联席会议高峰论坛　8月18日，北京自然科学界和社会科学界联席会议高峰论坛在怀柔科学城举办。论坛以“国际科技创新中心：科学·技术·文化·经济·社会”为主题，邀请两界专家学者共同探讨科学、技术、文化、经济、社会融合发展，助力国际科技创新中心建设等诸多问题。

怀柔科学城管委会介绍了怀柔科学城建设进展和未来发展情况。中国国际发展知识中心主任赵昌文，中国工程院院士、中国建材集团有限公司总工程师彭寿，清华大学经济管理学院教授雷家骕，中国人民大学哲学院教授刘永谋，中国科学院科技战略咨询研究院副院长张凤等6位嘉宾作主题报告。

本届论坛由北京市社科联和北京市科协共同主办，怀柔区科协协办。北京市社科联主席牛青山出席论坛并致辞。北京市科协党组书记沈洁、怀柔区副区长季学伟分别致辞，北京市社科联党组书记、常务副主席张淼，北京市社科联党组成员、副主席兼秘书长崔占辉主持会议。北京市科协常务副主席司马红、中共北京市委党校副校长朱柏成，两界社会组织代表、首都高端智库和北京社科基金相关课题组专家学者近100人参加论坛。

（北京市社科联、北京市社科规划办供稿）

“学术中国·2022”国际高峰论坛　8月26日，以“大变局中的文明：中国与世界”为主题的“学术中国·2022”国际高峰论坛在北京开幕。中共中央政治局委员、中宣部部长黄坤明出席并发表主旨演讲。

黄坤明指出，当前，百年变局和世纪疫情交织叠加，国际格局深刻复杂演变，人类发展面临的机遇和挑战并存。抓住发展机遇、应对共同挑战，迫切要求推动文明交流互鉴，深化文明相处之道。要坚持平等相待、彼此尊重，加强互学互鉴、交流交融，倡导开放包容、美美与共，促进和平共处、和谐共生，以文明交流超越文明隔阂、以文明互鉴超越文明冲突、以文明共存超越文明优越。要高扬人类命运共同体理念，大力弘扬和平、发展、公平、正义、民主、自由的全人类共同价值，充分挖掘各种文明在解决现实问题上的有益成果，以文明之光照亮世界和平发展之路，推动建设一个更加多彩、更有活力的大美世界。

黄坤明表示，希望各位专家学者充分运用“学术中国”这个中外哲学社会科学交流的重要平台，围绕年度主题深入讨论，碰撞思想火花、提出真知灼见，为中国和世界的发展贡献智慧力量。

本次论坛由中国社科院主办，以线上线下相结合方式举行，来自中国和15个国家的100多名学者参加。

（摘自《人民日报》2022年8月27日第4版）

“北京社科”智库2022系列皮书、集刊、论丛成果发布暨学术研讨会　9月7日，由北京市社会科学院与社会科学文献出版社共同主办的“北京社科”智库2022系列皮书、集刊、论丛成果发布暨学术研讨会在京举办。北京市委宣传部副部长张际，北京市社科联党组书记、常务副主席，市社科规划办主任张淼，社会科学文献出版社社长王利民，北京市社会科学院党组书记谢辉等出席会议。北京市社会科学院副院长鲁亚主持会议。来自北京大学、中国人民大学、北京师范大学、北京外国语大学、国家发改委宏观经济研究院、北京市委党校、首都经济贸易大学、首都师范大学的11位专家作为点评专家出席会议。人民日报社、光明日报社、经济日报社、北京市委研究室、市经信局、市社科联、市市民服务中心、北京日报社、前线杂志社、美团总部等单位领导、专家以及“北京社科”2022系列成果编委会成员以线上线下方式参加会议。

（北京市社会科学院供稿）

2022·学术前沿论坛 9月9日，北京市社科联、北京市社科规划办举办“2022·学术前沿论坛——首都哲学社会科学学科学术发展报告”。北京市社科联主席牛青山出席论坛并致辞，北京市社科联党组书记、常务副主席，北京市社科规划办主任张淼，北京市社科联党组成员、副主席兼秘书长，北京市社科规划办副主任崔占辉主持论坛。首都哲学社会科学界专家学者及新闻媒体约80人参加论坛。

北京市哲学会会长杨学功，北京市经济学总会秘书长邱海平，北京市法学会立法学研究会会长莫纪宏，北京市政治学行政学学会副会长燕继荣、章文光，北京市历史学会会长杨共乐，北京市人口学会会长段成荣，首都师范大学教育学部常务副主任、教育学院院长蔡春等8位学者代表课题组，发布2021年度北京哲学、法学、政治学等学科学术发展报告，其他基础学科学会和课题组进行了书面报告发布。

（北京市社科联、北京市社科规划办供稿）

第十届北京洪堡论坛 9月17—18日，第十届北京洪堡论坛视频会议举行。本次论坛以“文化传承、绿色经济、区域国别研究”为主题，由对外经济贸易大学主办，中国石油安全环保技术研究院有限公司、中国科学院土壤所、浙江大学、同济大学、北京外国语大学、广东外语外贸大学、莱布尼茨协会欧洲经济研究院、德国马丁路德哈勒维滕贝格大学、德国锂材料经济研究院等单位联合承办。

本次论坛下设14场主题论坛，包括能源行业绿色低碳发展、侨易学的方法、地球科学与可持续发展、通过公众参与生物多样性保护适应气候变化、中国文学在欧美的翻译与阐释、留德学人研究、锂资源的可持续发展、数字经济与数据保护、全球史与中国、中德视角与经验的全球共同发展前沿、国际政治合作与竞争的新格局、区域国别研究、中欧合作与全球发展倡议、非通用语专业特色人才培养等多个重要话题。来自中国、德国、奥地利、日本、法国、土耳其等国的各方专家学者作报告，近千名各界人士以及对外经济贸易大学师生参与了分论坛活动。

（对外经济贸易大学供稿）

第十六届北京中青年社科理论人才“百人工程”学者论坛 9月18日，由北京市委宣传部，北京市社科联、北京市社科规划办主办的第十六届北京中青年社科理论人才“百人工程”学者论坛在京举办。论坛以“中国式现代化：理论自觉与实践自觉”为主题，对中国式现代化理论的内涵和外延进行了深入的研究探讨。北京市社科联主席牛青山出席论坛并致辞。北京市社科联党组书记、北京市社科规划办主任张淼主持会议。来自北京地区50多所高校、科研院所的青年学者代表，“北京社科基金青年学术带头人项目”课题承担人参加论坛。

北京大学哲学系助理教授张梧、清华大学哲学系副教授赵金刚、北京大学中文系副教授陆胤、对外经济贸易大学教授李明、中国农业大学教授潘璐分别以“中国式现代化的人学支撑”“超越民本：中国传统政治哲学的现代性转化”“中国文学传统创造性转化的历史经验”“立足中国式现代化推进财政制度现代化”“现代化中的农民与农业”为题作报告。

北京大学博雅讲席教授、北京大学区域与国别研究院院长钱乘旦，中国人民大学社会与人口学院院长冯仕政进行了学术点评。

（北京市社科联、北京市社科规划办供稿）

“黄河流域发展指数”发布暨研讨会 9月27日，由国务院发展研究中心资源与环境政策研究所、水利部发展研究中心、黄河勘测规划设计研究院有限公司共同主办的“黄河流域发展指数”发布暨研讨会在京举行。国务院发展研究中心副主任、党组成员隆国强，黄河水利委员会副主任、党组副书记苏茂林出席开幕式并致辞。黄河勘测规划设计研究院有限公司董事长、正高级高级工程师张金良，水利部发展研究中心主任、正高级工程师陈茂山，国务院发展研究中心资源与环境政策研究所所长、研究员高世楫分别发言。多位专家学者与会并围绕黄河流域生态环境保护与高质量发展进行研讨交流。

研讨会上，水利部政策法规司副司长（正司级）

陈东明，国务院发展研究中心资源与环境政策研究所三级职员、研究员谷树忠，中国工程院院士邓铭江、张建云，国务院发展研究中心发展战略和区域经济研究部研究员李善同分别发言并参与研讨。

（国务院发展研究中心供稿）

“走出一条建设中国特色、世界一流大学的新路”学术论坛　10月3日，“走出一条建设中国特色，世界一流大学的新路”学术论坛在中国人民大学举办。中国人民大学党委书记张东刚主持论坛，中国人民大学校长林尚立，北京大学副校长、教务长王博，清华大学副校长彭刚，南开大学党委书记杨庆山，吉林大学党委书记姜治莹，哈尔滨工业大学党委书记熊四皓，复旦大学校长、党委副书记金力，厦门大学党委书记张荣，南京大学校长吕建，中山大学党委书记陈春声，俄罗斯莫斯科国立大学副校长尤里·马泽毅，意大利博洛尼亚大学校长乔瓦尼·莫拉里等作主旨演讲。为了全面贯彻习近平总书记在中国人民大学考察调研时重要讲话精神，中国人民大学发布了《建构中国自主的知识体系倡议书》。10月3日下午，16个主题分论坛同时举办。

（中国人民大学供稿）

第二届自然文化高端论坛　11月2日，第二届自然文化高端论坛暨《中国地质公园发展报告》发布会召开。论坛以“建设人与自然和谐共生的新文化”为主题，由中国地质大学（北京）自然文化研究院等单位承办。与会人员围绕自然文化的内涵、时代价值以及在生态文明建设中的应用与实践等方面开展交流研讨。

《中国地质公园发展报告2000—2020》回顾总结了中国地质公园的发展历程，梳理了中国地质公园的区域分布，评述了地质公园管理体制的变迁，总结了我国地质公园对经济社会发展的贡献，并对我国世界地质公园进行了图文并茂的介绍。

（中国地质大学（北京）供稿）

全国工会学研究会2022年年会　11月12日，全国工会学研究会2022年年会暨第38次全国工会理论教学研讨会以线上线下相结合的形式，在中国劳动关系学院召开。中国科学社会主义学会副会长、中共中央党校（国家行政学院）教授倪德刚，中华全国总工会研究室主任王利中，全国工会学研究会会长、中国劳动关系学院党委书记刘向兵分别做题为“党的二十大的若干理论创新”“全面学习把握落实党的二十大精神、推动新时代新征程党的工运理论创新发展”“以党的二十大精神为指引、推进新时代中国工会学学科建设”的大会报告。专题论坛环节，专家学者围绕“赓续红色血脉，奋进新时代新征程”“新时代工会理论与创新”两个主题，聚焦中国式现代化与中国工运时代主题、共同富裕背景下工会作为与担当、新就业形态劳动者权益保障、产业工人队伍改革、工会改革创新、职工思想政治引领、劳动领域政治安全、干部培训教育等新时代工运事业和工会工作热点、焦点等问题，进行了深入交流研讨。

（中国劳动关系学院供稿）

北京论坛（2022）　11月18日，由北京大学、北京市教育委员会和韩国崔钟贤学术院联合主办，联合国教科文组织支持的第十九届北京论坛——北京论坛（2022）在钓鱼台国宾馆开幕。本届论坛以“文明的和谐与共同繁荣——共创人类文明的未来：信任、对话与合作”为主题，立足于全球一体化持续演进的现实语境，探讨多元文明如何在互信互利的基础上展开对话与合作，在互补互鉴的过程中走向和谐繁荣，为人类社会发展提供价值引领和精神支撑。第十届、十一届全国人大常委会副委员长、第十二届全国政协副主席韩启德，教育部党组书记、部长怀进鹏，北京市委常委、教育工委书记夏林茂，科技部副部长李萌，新华社副总编辑、党组成员周宗敏，中国日报副总编辑王浩，以及新西兰、埃及等10个国家的大使、使节和非洲联盟驻华代表，北京大学党委书记、校务委员会主任郝平，校长龚旗煌，常务副校长乔杰，副校长、教务长王博等出席开幕式。论坛下设12个分论坛和1个海外分论坛。12个分论坛围绕全球视野下的安全治理、人口格局、文明互鉴、环境健康和能源转型等议题展开学术探讨；海外分论坛主题为“北京大学——芝加哥大学联合论坛：应对气候与能源的挑战”。

（北京大学供稿）

2022（第六届）北京国际城市设计大会　11月19日，2022（第六届）北京国际城市设计大会在北京城市副中心张家湾设计小镇开幕。本届大会以“城市更新与高质量发展”为主题，汇聚了国内外100余位城市设计与城市更新领域的专家学者，围绕当代城市更新理论与实践前沿、文化遗产保护与历史城市更新方法、住区更新和社区治理模式、城市更新中的新技术应用等重点领域开展学术交流，力求精准服务北京城市更新行动实施，提升北京城市空间品质与活力，推进人民满意城市建设。

会上，《北京建筑大学服务北京建设人民城市三年行动计划》对外发布，《行动计划》提出1个中心目标“助力北京建设人民满意的城市”，规划了遗产保护与活化利用、生态修复与环境治理等8项重点任务，明确了创新人才培养模式、优化团队建设体制等5项举措。

（北京建筑大学供稿）

第14届中韩人文交流政策论坛 11月19日，由中国社会科学院与韩国经济人文社会研究会主办、中国社会科学院信息情报研究院承办的第14届中韩人文交流政策论坛，以线上线下相结合的方式举行。会议主题为“文化软实力、文化多样性与人文学”。中国社会科学院秘书长、党组成员赵奇，韩国经济人文社会研究会理事长丁海龟出席开幕式并致辞。中国社会科学院信息情报研究院院长张冠梓主持论坛。韩国文化遗产厅原厅长郑在淑、中国社会科学院学部委员魏道儒分别作演讲。

来自中韩两国的50多位专家学者参加会议，并从“文化软实力与国家竞争力：人文学的价值”“人文学在文化交流中的作用”“中韩构建文化软实力的实践与经验”三个分议题展开深入交流与讨论，系统阐述了文化软实力与国际竞争力之间的关系，强调了人文学建设、文化软实力建设对于中韩人文交流及两国经济社会发展所起到的重要推动作用。

（中国社会科学院供稿）

首届天坛文明对话暨世界文明与奥林匹克论坛 11月25日，首届“天坛文明对话暨世界文明与奥林匹克论坛”在北京举办，该论坛以奥林匹克文化为切入点，以“奥林匹克与全人类共同价值”为主题展开探讨。

国际奥委会主席巴赫向论坛发来贺信。巴赫在贺信中指出，“1892年11月25日，29岁的皮埃尔·德·顾拜旦在巴黎索邦大学发表演讲，提出了复兴奥林匹克运动会的理念……在这份演讲手稿中，顾拜旦明确指出，奥林匹克运动的宗旨是体育应为人类和平发展服务。”

巴赫还表示：“我相信，皮埃尔·德·顾拜旦一定会非常高兴地了解到，在他发表《奥林匹克宣言》的130年之后，他关于和平与团结的共同价值在当今的世界中比以往任何时候都更加重要。”

包括法国驻华大使罗梁、亚奥理事会终身名誉副主席魏纪中在内的20余位嘉宾出席该论坛并围绕主题发言，并在对话交流环节做了进一步的研讨。

该论坛由国际奥委会指导，首都文明工程基金会和《文明》杂志社联合新京报社共同主办。

（摘自《人民日报》2022年11月26日第5版）

第三届高质量发展论坛 12月17日，由中央党校（国家行政学院）经济学教研部、北京市社会科学院与中国市场经济研究会共同主办，以“深入学习贯彻党的二十大精神，深化推动新时代首都高质量发展”为主题的第三届高质量发展论坛——高质量发展蓝皮书（2022）发布会暨新时代首都高质量发展研讨会在京举行。社会科学文献出版社副总编辑、皮书研究院院长蔡继辉，中央党校（国家行政学院）经济学教研部主任韩保江，中央党校（国家行政学院）科研部副主任孙晓莉出席会议并致辞。北京市社会科学院党组书记谢辉，中央党校（国家行政学院）经济学教研部主任韩保江，副主任许正中，北京市社会科学院副院长鲁亚分别主持论坛开幕及致辞、高质量发展蓝皮书发布会、嘉宾演讲、首都高质量发展研讨四阶段会议。中央党校（国家行政学院）、国务院发展研究中心、中国社会科学院、中国科学院、人民日报、光明日报、经济日报、北京大学、中国人民大学、社会科学文献出版社、中国社会科学网、国家电网有限公司、中国民生银行、中国信息通信研究院、中国城市规划设计研究院、辽宁大学、北京市社会科学院、北京日报、北京电视台、前线杂志社等单位领导和专家出席会议并研讨交流。

（北京市社会科学院供稿）

第五届首都社会安全论坛 12月31日，由中国人民公安大学首都社会安全研究基地、社会科学文献出版社、中国发展战略学研究会公共安全战略专委会共同主办的“平安京津冀建设发展报告（2022）”发布会暨第五届首都社会安全论坛，以线上线下相结合的形式在京召开。本届论坛主题是“走向协同的区域安全”。中国人民公安大学首都社会安全研究基地首席专家台运启教授，南开大学周恩来政府管理学院教授郭道久、河北农业大学太行学者教授李砚忠、首都师范大学燕京学者赵新峰作报告，从不同角度阐释了平安京津冀建设的理论思考和实践探索。来自中国发展战略学研究会、清华大学、首都师范大学、南开大学、河北农业大学等京津冀三地的高校和科研院所共50余名专家学者参加会议。

（中国人民公安大学首都社会安全研究基地供稿）

·大 事 记·

2022年

1月

7日　由市习近平新时代中国特色社会主义思想研究中心与对外经济贸易大学联合主办的第三届马克思主义与新时代中国对外开放新年论坛在对外经济贸易大学召开。

（北京市社科联、北京市社科规划办供稿）

9日　北京外国语大学“双一流”建设标志性成果——《马来西亚发展报告（2021）》新书发布会在线上举行。该书由北京外国语大学区域与全球治理高等研究院、亚洲学院、中国马来研究中心与北京大学东盟国家研究中心合作，组织国内外知名高校和研究机构的专家学者撰写，是“国别和区域研究蓝皮书系列”成果的重要组成部分。蓝皮书以马来西亚内外形势发展变化为核心主题，集中研讨马来西亚2020年的政治、经济、外交、安全等议题，包括总报告、分报告、专题报告、中马关系篇和附录五部分。

（北京外国语大学供稿）

15日　对外经济贸易大学首届北京对外开放发展论坛暨《北京对外开放发展报告（2021）》蓝皮书发布会在京举办。该报告对当前北京的对外开放进行了全方位、多视角、深层次的解析，旨在为推动北京加快实现更高水平对外开放新格局提供智力支持。

（对外经济贸易大学供稿）

是日　中国国际文化交流中心下属公共政策研究中心、共同富裕研究中心在京举办座谈会暨成立仪式。公共政策研究中心、共同富裕研究中心将紧扣国家政策和决策部署，以推动“一带一路”沿线国家加强人文交流合作和构建人类命运共同体为具体抓手，坚持创新引领，汇聚智力资源，增进交流互鉴，开展涉及经济、文化、民生、社会等公共领域的项目调研与研究。第一批课题围绕“推进人口与老龄化公共体系建设”“促进数字化平台经济健康发展”“构建低碳社会——2030碳达峰、2060碳中和目标”3个方面开展。在中心成立仪式上，聘任了一批在全国各个领域做出重要贡献、担任重要岗位的有关负责人和专家、学者担任专家委员会成员、特聘专家和研究员。

（摘自《人民日报》2022年1月17日第11版）

17日　北京外国语大学区域与全球治理高等研究院、北京外国语大学英国研究中心与中国欧洲学会英国研究分会和社会科学文献出版社共同发布《英国蓝皮书：英国发展报告（2020—2021）》。蓝皮书追踪2020年7月以来英国在脱欧与新冠肺炎疫情双重挑战下内政外交、经济社会的走势，并结合中英关系的发展、英国国际地位与角色的变化等前沿问题进行了深入探讨。

（北京外国语大学供稿）

18日　习近平经济思想研究中心在北京正式挂牌。经党中央批准，习近平经济思想研究中心在国家发展改革委成立。中心紧紧围绕“国家级、权威性、开放型、有影响”的目标，努力建设成为深入学习习近平经济思想的重要载体、系统研究习近平经济思想的重要智库、宣传贯彻习近平经济思想的重要平台、阐释传播习近平经济思想的重要阵地。

（摘自《人民日报》2022年1月19日第3版）

是日　由中国社会科学院法学研究所、中国社会科学院国际法研究所、中国社会科学出版社联合主办的《国际法研究导论》新书发布会在京举行。

该书是中国社会科学院 2019—2022 年大型调研项目“‘一带一路’法律风险防范与法律机制构建”的重要阶段性研究成果，是“当代国际法研究丛书”系列论著之一。由研究员柳华文牵头主编、国际法研究所科研人员合作完成，由中国社会科学出版社出版。该书概括了中国国际法学研究的基本框架、范畴和主要观点，尝试总结不同国际法领域的发展趋势、面临的任务、值得进一步研究的问题和方向。

（中国社会科学院供稿）

是日　中国葡语国家研究中心成立 10 周年暨《葡语国家发展报告（2021）》发布会在对外经济贸易大学举办。

（对外经济贸易大学供稿）

22 日　由中央党校（国家行政学院）经济学教研部与北京市社会科学院共同主办，以“深入学习贯彻党的十九届六中全会精神，推动新时代首都高质量发展”为主题的第二届高质量发展论坛——首都发展研讨暨高质量发展蓝皮书（2021）发布会在京举行。

（北京市社会科学院供稿）

24 日　由最高人民检察院第七检察厅、中国法学会行政法学研究会主办，对外经济贸易大学法学院、《经贸法律评论》编辑部承办的 2021 年度十大行政检察典型案例发布会在对外经济贸易大学召开。会议评选出“2021 年度十大行政检察典型案例”和“2021 年度行政检察优秀案例”。

（对外经济贸易大学供稿）

25 日　中国社会科学院国家金融与发展实验室、中国社会科学院金融研究所共同发布了《金融风险报告 2021》。

（中国社会科学院供稿）

是月　国务院学位委员会办公室印发《关于推进“政府运行保障管理”专业方向（二级学科）建设的通知》，确定北京大学等 11 所高校在公共管理一级学科下增设政府运行保障管理二级学科。北京大学政府管理学院从 2023 年起面向全国招收政府运行保障管理方向公共管理硕士（MPA），为全国党政机关及相关行业培养政府运行保障管理方向的专业人才。

（北京大学供稿）

是月　综合性学术著作《中国考古学百年史（1921—2021）》由中国社会科学出版社出版发行。全书共 4 卷 12 册 900 多万字，由 276 名考古人通力合作、历时 3 年完成。这部书将重要的学术领域划分为四大部分 200 多个考古专题，对百年来取得的重大考古发现和重要考古成果进行系统梳理，同时结合国内外学术背景和研究动态，对各研究领域进行学术前瞻，具有很强的资料性和学术性。

（摘自《人民日报》2022 年 1 月 5 日第 12 版）

是月　“新时代的思想旗帜研究文库”丛书《新时代首都发展的战略擘画》由人民出版社出版。

（北京市社科联、北京市社科规划办供稿）

是月　市委党史研究室、市地方志办与市委组织部、歌华传媒集团共同编著的《北京党史慕课 100 讲》由中共党史出版社出版。全书约 20 万字，讲述京华大地上党的故事、革命的故事、英雄的故事，生动呈现了中国共产党带领北京人民进行新民主主义革命的壮阔历程。

（北京市委党史研究室供稿）

2月

18 日　中国人民大学与河南省南阳市人民政府在京签订战略合作框架协议，共建中国人民大学南水北调高质量发展战略研究院（国家发展与战略研究院南阳分院）。双方结合“双一流”大学建设目标，围绕国家战略和区域发展重大需求，努力打通“北京—南阳”两地的高端人才链、发展资源链、科研创新链、多元价值链，构建政、学、研、产相结合的新型高端智库，为国家南水北调绿色生态高质量发展重大战略实施，为南阳高质量高效率跨越式发展，提供决策咨询和智力支撑。

（中国人民大学供稿）

25 日　由国家民委主管、中央民族大学主办的《中华民族共同体研究》正式创刊。这是首个面向国内外公开发行的以中华民族共同体为研究对象的期刊。《中华民族共同体研究》为大 16 开，双月刊，设有习近平总书记关于加强和改进民族工作的重要思想研究；中国特色解决民族问题的正确道路研究；中华民族共同体理论研究；中华民族历史研究；中华民族文化研究；铸牢中华民族共同体意识教育和实践研究；中华民族共有精神家园研究；各民族交往交流交融研究；各民族共同走向社会主义现代化研究；民族事务治理体系与治理能力现代化研究；世界民族与人类命运共同体研究等栏目。

（中央民族大学供稿）

27 日　中国人民大学交叉科学研究院揭牌仪式

暨首届交叉科学国际学术研讨会在京举行。交叉科学研究院以人文理工深度交叉融合为核心特色，以“揭榜挂帅”和教师双聘制为建设方式，致力于打造研究水平高、发展潜力大、战略聚焦性强的高水平跨学科团队和培养复合型高层次创新人才，围绕数字经济、区块链、人工智能、国家治理等关键领域培育新兴交叉学科，推进学科交叉政产学研协同，为我国交叉研究与交叉学科建设做出原创性贡献。首届交叉科学国际学术研讨会主题为“元宇宙、数字经济、数字资产与交叉科学”。

（中国人民大学供稿）

是日　中国社会科学院大学应用经济学院成立暨经济学院商学院学科建设大会在京举行。

（中国社会科学院供稿）

28日　由北京市科学技术研究院、经济科学出版社主办的《高精尖产业发展研究》新书发布会暨研讨会在北京市科学技术研究院举行。会上发布《高精尖产业发展研究》和《高精尖产业发展趋势报告（2022）》。《高精尖产业发展研究》提出高精尖产业的四大核心特征、评价指标，建构了高精尖企业技术先进性评价模型和高精尖企业市场成熟度评价模型，提出高精尖产业发展的“三循环”支撑体系及“一纵六横”实现机制。《高精尖产业发展趋势报告（2022）》以北京高精尖产业发展为例，反映发展成效，分析存在的问题，展望未来发展。

（北京市科学技术研究院供稿）

3月

2日　《中国社会科学院大学学报》新刊发布会暨哲学社会科学创新与学术期刊繁荣发展研讨会在京召开。《中国社会科学院研究生院学报》正式更名为《中国社会科学院大学学报》，同时，由双月刊改为月刊。

（中国社会科学院大学供稿）

3日　“人民法院司法改革研究基地”在中国政法大学举行揭牌仪式。基地依托中国政法大学诉讼法学研究院建立，立足中国法治建设和司法改革的实践需求，致力于开展司法改革的重点、难点和前沿问题研究，打造司法改革理论研究与实践应用相结合的高端法治智库。

（中国政法大学供稿）

16日　由中国社会科学院法学研究所、社会科学文献出版社联合主办，中国社会科学院国家法治指数研究中心承办的“2022年法治蓝皮书系列成果发布会”在京举行。会上发布《中国地方法治发展报告》《中国司法制度发展报告》《中国前海法治发展报告》《中国卫生法治发展报告》4本法治蓝皮书。

（中国社会科学院供稿）

17日　北京大学首届数字人文作品展开幕式在北京大学全球大学生创新创业中心举行。与会专家分别以“北京大学汉画研究所的计算艺术史探索”“更上层楼：人工智能助力数字人文”“人工智能助力北大新文科建设”“中国古典诗歌声律分析系统及其应用举隅”“数字人文中的可视化”“作为信息基础设施的数字人文”为题发表主旨演讲。北京大学将2022年定为“数字与人文年”，推动“科技为人文赋能，人文为科技赋值”。

（北京大学供稿）

18日　“中国社会科学院考古学论坛·2021年中国考古新发现”在京召开。四川稻城县皮洛旧石器时代遗址、河南南阳市黄山新石器时代遗址、四川广汉市三星堆商代遗址、江西樟树市国字山战国墓葬、湖北云梦县郑家湖战国秦汉墓地、甘肃武威市唐代吐谷浑王族墓葬群6个项目入选2021年中国考古新发现。

（中国社会科学院供稿）

19日　《中国涉外法治发展报告（2021）》发布会暨第二届“涉外法治高端论坛”在对外经济贸易大学举办。这是我国科研院校首次以年度报告形式发布的中国涉外法治发展蓝皮书。专家学者就“参与全球治理、制裁与反制裁”“涉外司法和涉外执法”等问题进行了专题研讨。

（对外经济贸易大学供稿）

19—20日　中国政法大学国际教育学院联合民商经济法学院、孔子学院办公室、国际合作与交流处在线举办“国际化叙事与人类命运共同体”暨中国政法大学第三届国际中文教育学术研讨会。本届研讨会共收到论文摘要77篇，论坛发言73人，在线旁听的业内师生近1500人次。

（中国政法大学供稿）

23日　由最高人民法院与北京师范大学共建的“人民法院社会矛盾纠纷综合治理研究基地”揭牌仪式暨中国特色一站式纠纷解决机制建设理论与实务研讨会在京举行。

（北京师范大学供稿）

26日　由经济日报出版社出版的“学思践悟习

近平经济思想丛书”——《习近平经济思想研究文集（2021）》《践行习近平经济思想调研文集（2021）》在全国发行。《习近平经济思想研究文集（2021）》梳理了《经济日报》2021 年发表的国内外专家学者宣传阐释习近平经济思想的理论文章；《践行习近平经济思想调研文集（2021）》梳理了经济日报 2021 年刊发的践行习近平经济思想深度调研报道，生动展示各地学习贯彻习近平经济思想的实践探索。

（摘自《人民日报》2022 年 3 月 27 日第 2 版）

29 日　由中俄友好、和平与发展委员会及中国社会科学院、俄罗斯科学院共同主办，中国社会科学院俄罗斯东欧中亚研究所、俄罗斯科学院经济研究所承办的第二届“中国与俄罗斯：共同发展与现代化”暨庆祝中俄友好、和平与发展委员会成立 25 周年国际研讨会举行。与会专家学者围绕中国式现代化道路、中国对外开放经济理论、俄罗斯经济结构现代化、全球化发展新趋势以及中俄低碳发展与能源合作、绿色金融合作、政党合作等议题进行交流。

（中国社会科学院供稿）

4 月

1 日　中国翻译协会第八次会员代表大会召开，会上举行“翻译文化终身成就奖”表彰活动，北京大学外国语学院教授、资深翻译家赵振江荣膺代表中国翻译界最高荣誉的“翻译文化终身成就奖”。

（北京大学供稿）

6 日　《中国与人类命运共同体：探讨共同的价值观与目标》英文版新书发布会暨主题论坛以线上线下相结合的方式在北京和伦敦两地同步举行。该书作者是全球知名社会学家、英国社会科学院院士马丁 · 阿尔布劳。全书围绕人类命运共同体、全球化理论与实践、全球治理与中国、脱贫减贫、新冠肺炎疫情、“一带一路”、气候变化等关键词，结合中国实践，进行了深刻而全面的阐述。

（中国社会科学院供稿）

是日　首都师范大学文学院教授赵敏俐主持的 2010 年国家社会科学基金重大项目“中华吟诵的抢救、整理与研究”的重要成果《中华吟诵田野调查研究》由现代出版社和人民文学出版社联合出版，全书共 21 卷，545.4 万字。该书由赵敏俐主编，徐健顺、朱立侠任副主编，上百位吟诵志愿者参与编辑整理。这是学界首次大规模出版的吟诵资料，也是吟诵访谈实录的第一次公开出版。

（首都师范大学供稿）

9 日　中国传媒大学中国故事研究院正式挂牌成立；同日，中国作家协会著作权保护与开发委员会与中国传媒大学中国故事研究院召开现实题材精品影视剧创作研讨会；由中国传媒大学中国故事研究院作为联合承办单位的“中华礼赞：中华传统文化服饰 VR 城市巡展”（北京站 · 第二场）启幕仪式也于当日举行。

（中国传媒大学供稿）

13 日　《中国企业海外发展报告（2021）》蓝皮书发布会在对外经济贸易大学召开，该报告由基地首席专家张新民教授领衔完成，报告从四个方面系统分析与评价了中国及北京企业海外成长轨迹，研究了在新国际形势下，中国及北京企业如何抓住新机遇来拓展海外新市场。

（对外经济贸易大学供稿）

15 日　北京师范大学与中央广播电视总台签署全面战略合作伙伴关系框架协议。仪式上双方共同为“中央广播电视总台 – 北京师范大学媒体传播系统工程研究院”揭牌。

（北京师范大学供稿）

是日　北方工业大学北京城市治理研究基地研究团队与清华大学水利水电工程系合作，以河北雄安新区管理委员会应急管理局为工作联系单位，北方工业大学为牵头单位，成立“河北雄安新区城市安全新兴风险研究中心”。中心以新区城市安全风险防范化解为样本，研发、应用更多科研成果，为新区城市安全建设发展提供智力支撑，努力打造成为国内领先的国家级城市安全新兴风险研究中心。

（北方工业大学供稿）

是日　最高人民检察院和中国政法大学共同成立“重罪检察证据分析研究基地”和“企业合规检察研究基地”。重罪检察证据分析研究基地依托中国政法大学证据科学研究院建立，重点开展重罪检察证据领域的专业研究，努力建成国内权威、国际知名的重罪检察证据分析智库，为中国重罪检察事业发展提供智力支持，提升检察官审查分析证据的水平，提高重罪案件办理质量，减少重罪领域的冤假错案；企业合规检察研究基地依托中国政法大学刑事司法学院建立，重点关注最高人民检察院开展企业合规改革的实践经验和理论需求，充分发挥学校法学特色优势，整合刑法学、刑事诉讼法学、犯罪学等刑事法学科力量集中攻关，为企业合规改革提供智力支持。

（中国政法大学供稿）

15—17日　由中国比较文学学会教学研究分会、北京师范大学文理学院中文系、北京师范大学文学院联合主办的中国比较文学学会教学研究分会第七届年会暨学术研讨会在线召开。陈惇、叶舒宪、杨慧林、曹顺庆等学者参加会议。会议旨在在新时代、新文科建设的背景下，为比较文学与世界文学学科的跨界与融合、课程与教学体系的创新与发展、高素质国际化人才的培养贡献力量。

（北京市文艺学会供稿）

16日　清华大学新闻与传播学院建院20周年大会举行。院庆期间，同时举办“新闻传播学科论坛”等学术活动，中国社会科学院、北京大学、中国人民大学、中国传媒大学等科研机构和高校负责人、媒体机构负责人等参加会议、参与研讨。

（摘自《人民日报》2022年4月18日第8版）

20日　中共中央党史和文献研究院马克思主义传播研究基地揭牌仪式暨学术研讨会在中国传媒大学举行。研究基地是中共中央党史和文献研究院在北京市的首家高校合作单位，致力于打造马克思主义传播研究的优质高端智库平台。

（中国传媒大学供稿）

23日　北京大学国家安全学学科建设研讨会暨国际关系学院国家安全学系成立大会举行。与会专家围绕“总体国家安全观与国家安全学”“国家安全学的学科建设与人才培养”“国家安全学的学理搭建与领域融合”“国家安全学的学科公共产品建设”“区域国别研究视域下的国家安全学”等主题展开研讨交流。

（北京大学供稿）

24日　教育部国别区域研究培育基地北京外国语大学中东欧研究中心成立十周年学术研讨会暨《中东欧国家发展报告2021》发布会在北京外国语大学举行。该报告全方位、多角度地展示了中东欧地区政治、经济、社会、文化等领域的发展状况，特别关注了该区域的热点问题。

（北京外国语大学供稿）

29日　由中国社会科学院农村发展研究所、社会科学文献出版社和中国社会科学院城乡发展一体化智库共同主办的中国农村经济形势分析与预测研讨会暨《农村绿皮书（2021—2022）》发布会在京召开。研讨会的主题是“全面推进乡村振兴与农业稳产保供”。

（中国社会科学院供稿）

是日　全球区域国别学共同体（Consortium for Country and Area Studies, CCAS）启动仪式暨学科发展论坛在北京外国语大学举行。全球区域国别学共同体是全球外国语大学联盟（GAFSU）发起的，由来自181个国家覆盖100多种语言的学者，秉持“增进国际理解，共创美好未来”（Better Understanding, Better World）理念形成的国际学者学习网络，聚合各国区域国别学学者的知识与智慧，促进区域国别学知识体系的发展。

（北京外国语大学供稿）

5月

6日　中国社会科学院农村发展研究所与中国社会科学出版社联合在京举办乡村振兴战略实施进展评估研讨会暨《中国乡村振兴综合调查研究报告2021》发布会。

（中国社会科学院供稿）

10日　中国—东盟发展知识网络秘书处在京设立，揭牌仪式后举办中国—东盟发展知识合作研讨会。

（国务院发展研究中心供稿）

11日　中央宣传部理论局组织撰写2022年通俗理论读物《百年大党面对面》。该书由学习出版社、人民出版社联合出版。“理论热点面对面”通俗理论读物从2003年开始编写，每年推出一本，《百年大党面对面》是第二十本。该书以习近平新时代中国特色社会主义思想为指导，以《中共中央关于党的百年奋斗重大成就和历史经验的决议》为遵循，梳理出为什么建党百年之际我们党要做出第三个历史决议、为什么说“两个确立”具有决定性意义、为什么说习近平新时代中国特色社会主义思想实现了马克思主义中国化新的飞跃等13个重大问题。

（摘自《人民日报》2022年5月12日第1版）

20日　由联合国教科文组织高等教育创新中心与清华大学教育研究院联合开展的“高等教育数字化转型”系列研究成果（“3+1”项目，即3本手册和1份研究报告）在第三届联合国教科文组织世界高等教育大会面向全球正式发布。研究项目由李铭、程建钢和韩锡斌共同领导，组织国内外50多位专家学者开展联合研究完成。《高等教育教学数字化转型研究报告》包括中文、英文、法文和西班牙文四个版本，试图为国际组织、政府、高校、企业以及其他利益相关方，提供应对教学数字化转型的理念、思路、方法、挑战及对策。《混合教学改革手册》《高等教育教师教学能力手册》《职业教育教师教学能力手册》包括中文版和英文版，侧重提供混合教学改革、教师数字化教学能力及其发展方面的理论、标准、方法和策略，聚焦解决数字化教学“最后一公里问题”，供实践者和研究者参考。三本手册的中文版由清华大学出版社出版，英文版由斯普林格出版社出版。

（清华大学供稿）

24 日　经党中央批准，中央党史和文献研究院编写的《马克思主义中国化一百年大事记（1921—2021 年）》，近日由中央文献出版社出版发行。《大事记》采用编年体形式，以翔实的文献资料，全面记述以毛泽东同志为主要代表的中国共产党人，创造性运用和发展马克思列宁主义，创立毛泽东思想，实现马克思主义中国化第一次历史性飞跃的历史进程和理论贡献；全面记述以邓小平同志为主要代表的中国共产党人、以江泽民同志为主要代表的中国共产党人、以胡锦涛同志为主要代表的中国共产党人，从新的实践和时代特征出发坚持和发展马克思主义，形成中国特色社会主义理论体系，实现马克思主义中国化新的飞跃的历史进程和理论贡献；重点反映党的十八大以来以习近平同志为主要代表的中国共产党人，深刻总结并充分运用党成立以来的历史经验，从新的实际出发，创立习近平新时代中国特色社会主义思想，实现马克思主义中国化新的飞跃的历史进程和理论贡献。该书全面反映了马克思主义中国化既一脉相承又与时俱进的理论品质和宝贵经验。

（摘自《人民日报》2022 年 5 月 25 日第 1 版）

25 日　由北京外国语大学中华文化国际传播研究院主办的“文明互鉴：中华文化的世界意义 2022”暨《新编中华文化海外传播史》新书推介国际学术研讨会在线上举行。

（摘自《人民日报》2022 年 5 月 30 日第 3 版）

是日　中国艺术研究院以线上线下相结合的方式举办纪念毛泽东同志《在延安文艺座谈会上的讲话》发表 80 周年学术研讨会。田青、田沁鑫、杨飞云、董学文、吴为山、鲁太光等艺术家与学者围绕文艺为人民、如何创作精品力作、怎样推动中华优秀传统文化创造性转化和创新性发展等主题发言。

（艺术学理论课题组供稿）

是日　由中国社会科学院世界经济与政治研究所、中国社会科学院国家全球战略智库和中国社会科学出版社联合主办的《中国海外投资国家风险评级报告（2022）》发布会在线上举行。报告涵盖了 114 个样本国家，从中国企业和主权财富的海外投资视角出发，构建了经济基础、偿债能力、社会弹性、政治风险和对华关系五大指标共 42 个子指标的评级体系，全面量化评估了中国企业海外投资所面临的国别风险。

（中国社会科学院供稿）

是日　北京外国语大学中华文化国际传播研究院举办“文明互鉴：中华文化的世界意义 2022”国际学术研讨会。大会启动了《和合文明全球行动计划》和《新编中华文化海外传播史》推介仪式。《和合文明全球行动计划》以“中华文化全球行”“中华文化在世界海外青年创研项目”为抓手，致力推动中外文明互鉴和人文交流，揭示中华文化的当代价值和世界意义。《新编中华文化海外传播史》作者为中华文化国际传播研究院教授武斌，全书共 6 卷，480 余万字，是全球首部全面论述中华文化走向世界历史进程的专著。

（北京外国语大学供稿）

是月　“新时代的思想旗帜研究文库”丛书《新时代脱贫攻坚的理论与实践》《新时代生态文明建设的理论创新》由人民出版社出版。

（北京市社科联、北京市社科规划办供稿）

是月　教育部哲学社会科学研究重大课题攻关项目《儒藏》“精华编”中国部分 282 册全部出版。“《儒藏》编纂与研究”工程是 2003 年由教育部批准立项的哲学社会科学研究重大课题攻关项目，由北京大学资深教授汤一介担任项目首席专家，北京大学联合国内外几十家高校和科研机构共同承担。这是中华人民共和国成立以来最大规模地系统整理海内外儒学典籍的一项基础性文化建设工程，分《儒藏》“精华编”与《儒藏》全本。先期成果《儒藏》“精华编”收录中国历史上最具影响力和代表性的儒学文献，全本计划收书 3500 余种（含“精华编”），10 亿 ~ 12 亿字，将基本囊括中国、韩国、日本、越南四国历史上有价值的儒学文献。

（北京大学供稿）

6月

2日　北京大学社会学系与江阴市人民政府举行“北京大学乡村振兴研究与实践基地”线上签约仪式。北京大学社会学系将与江阴市人民政府在政策指导、项目咨询、人才培育、学术转化等方面探索有效的校地合作模式，促进双方开展产学研深度合作，共同推动形成乡村振兴、共同富裕的江阴实践，总结提炼出一套可推广的乡村振兴新路径和新模式。

（北京大学供稿）

10日　外交学院成立国家安全学院，为直属学校领导的国家安全学教学科研处级机构，与亚洲研究所“一个机构、两块牌子”，调整后的名称为“亚洲研究所（国家安全学院）”。主要职能为：建立并维护东亚思想库网站，加强思想库网络的对外联络，协调东亚地区13国和国内各成员单位及专家单位工作，开展各类型的学术交流，为促进东亚区域合作提出政策性建议；负责国家安全学学科建设、人才培养、科学研究和社会服务等工作。

（外交学院供稿）

11日　北京外国语大学与中国英汉语比较研究会社会翻译学专业委员会联合主办的全国首届“翻译与社会”高端论坛暨中国英汉语比较研究会社会翻译学专业委员会成立大会在线上举行。

（北京外国语大学供稿）

15日　中国社会科学院大学国际政治经济学院等6学院命名重组大会在京召开。此次学院重组是中国社会科学院大学按照学科归属或学科关联度，整合之前未进入科教融合学院的14个学系及其所属学科，重新组建国际政治经济学院、社会与民族学院、哲学院、文学院、历史学院和政府管理学院。

（中国社会科学院供稿）

17日　在国家协调劳动关系三方会议第二十七次会议上，中国劳动关系学院劳动关系与人力资源学院、中国人民大学劳动人事学院、首都经济贸易大学劳动经济学院正式签约成为国家协调劳动关系三方会议首批“新时代和谐劳动关系创新研究基地”。

（中国劳动关系学院供稿）

20日　由中国国际发展知识中心撰写的首期《全球发展报告》在京发布。

（国务院发展研究中心供稿）

27日　清华大学新闻与传播学院气候传播与风险治理研究中心成立仪式暨“气候叙事研究”项目开题会在线上举办。本次活动分为开幕式与项目圆桌讨论两部分。中心的建立旨在搭建学术界与实践者的沟通桥梁，促进气候相关领域研究及建设，同时致力于领域人才培育与学科创建、促进公共传播与国际学术交流。

（清华大学供稿）

是月　“新时代的思想旗帜研究文库”丛书《中国特色社会主义政治制度的伟大创造》由人民出版社出版。

（北京市社科联、北京市社科规划办供稿）

7月

3日　由首都师范大学、中国社科院民族所、社科文献出版社共同主办，首都师范大学管理学院承办的“民生保障与数字治理”学术研讨会暨《社会保障绿皮书（2022）》发布会在线举行。

（首都师范大学供稿）

8日　由北京市科学技术研究院、社科文献出版社主办的“第三届首都高质量发展研讨会暨2022北京高质量发展蓝皮书发布会”在北京市科学技术研究院举行。会上发布《2022北京高质量发展报告》及《2022北京产业高质量报告》。

（北京市科学技术研究院供稿）

9日　天山研究院框架协议签约暨揭牌仪式在中共克拉玛依市委举行。天山研究院由克拉玛依市委宣传部与北京外国语大学、中国石油大学（北京）联合筹建，北京外国语大学党委副书记、校长杨丹担任院长。研究院将坚持学术发展与智库建设双向发力，积极搭建高水平学术交流平台，精心打造学术品牌，为推动“一带一路”建设、“治边稳疆”和“建设美丽新疆”提供决策建议。

（北京外国语大学供稿）

是日　由首都经济贸易大学和社会科学文献出版社共同举办的《京津冀发展报告（2022）——数字经济助推区域协同发展》信息发布会在社会科学文献出版社举行。

（首都经济贸易大学供稿）

13日　“两个确立”与坚持和发展新时代中国特色社会主义学术研讨会暨《世界社会主义黄皮书》（2021—2022）发布会以线上线下相结合的方式举行。黄皮书由中国社会科学院世界社会主义研究中心编撰，该系列已连续出版 18 年。

（中国社会科学院供稿）

15 日　做好新时代的古籍出版学术研讨会暨中国社会科学出版社古籍分社成立仪式在京举行。会议为中国社会科学院古代史研究所所长卜宪群、哲学研究所所长张志强，中国人民大学荣誉一级教授王子今等 8 位学者颁发聘书，聘请其担任中国社会科学出版社古籍分社学术顾问。

（中国社会科学院供稿）

是日　北京第二外国语学院区域国别学院（研究院）成立仪式暨“新学科、新动力、新未来”——百年变局下区域国别研究的机遇与挑战高峰论坛在京举办。北京第二外国语学院区域国别学院（研究院）以服务国家发展战略和北京“四个中心”建设为目标，着力打造集区域国别人才培养、科学研究和智库建设为一体的高水平教学、科研机构，既培养专业人才，又发挥智库作用，推动学校在服务国家和首都建设中贡献更多更强二外智慧、二外力量。

（北京第二外国语学院供稿）

是日　中国劳动关系学院“教育部首批虚拟教研室法学专业（劳动法和社会保障法方向）虚拟教研室”启动仪式与建设研讨会在京举行。

（中国劳动关系学院供稿）

20 日　《明清宫藏丝绸之路档案图典》发布座谈会在京召开。该书是国家社会科学基金重点项目“明清宫藏丝绸之路档案的整理与研究”的阶段性研究成果，由中国历史研究院和中国第一历史档案馆共同编纂，中国社会科学院古代史研究所研究员鱼宏亮与中国第一历史档案馆原副馆长李国荣任总主编。全书共 8 卷，对中国第一历史档案馆馆藏 7 万余件涉及明清时期丝绸之路历史的珍贵档案进行甄选考证，梳理重要历史节点和相关史实，配以相关舆图、文物、历史图片及典籍记载，对明清时期的丝绸之路进行了全面的历史阐释。

（中国社会科学院供稿）

21 日　最高人民检察院与首都师范大学举行“未成年人检察社会支持体系研究基地”协议签署仪式暨研讨会。研究基地旨在成为未成年人检察社会支持体系建设的重大理论研究平台、政策咨询高端智库、人才培养重要基地、基层实践指导中心和国际交流窗口，为完善中国特色社会主义少年司法制度做出贡献。

（首都师范大学供稿）

22 日　中央财经大学联合中南财经政法大学、浙江财经大学、江西财经大学、山东财经大学、新疆财经大学、广西财经学院、湖北经济学院举办“财经创业教育研究虚拟教研室”启动仪式暨首届财经创业教育研究论坛。该虚拟教研室入选教育部第二批虚拟教研室建设试点名单，将围绕“创新教研形态、加强教学研究、共享优质资源、开展教师培训”等重点任务，联合不同地区院校，在科学研究、教学活动、企业实践方面实现积极的科—产—教协同作用。

（中央财经大学供稿）

23 日　中国国家版本馆举行落成典礼。中共中央政治局委员、中宣部部长黄坤明在京出席并讲话。中国国家版本馆是国家版本资源总库和中华文化种子基因库，由中央总馆文瀚阁、西安分馆文济阁、杭州分馆文润阁、广州分馆文沁阁组成，历时三年建设均已竣工，开馆后将全面履行国家版本资源保藏传承职责。

（摘自《人民日报》2022 年 7 月 24 日第 4 版）

26 日　《中国农村发展报告 2022》发布会暨“十四五”时期中国农村发展高层论坛在京召开。此次发布的《中国农村发展报告 2022》是该系列报告的第 7 本，主题为“促进农民农村共同富裕”。

（中国社会科学院供稿）

是日　启功先生诞辰 110 周年纪念活动暨启功先生书法作品展在京举办。北京师范大学、中国教育学会、中国书法家协会、北京书法家协会等有关单位领导专家和启功先生家属代表出席活动。

（北京师范大学供稿）

28 日　国家应急语言服务团专家委员会在京成立。北京语言大学李宇明教授被推选为专家委员会主任，秘书处设在北京语言大学。国家应急语言服务团主要围绕《国家应急语言服务团三年行动计划》发表意见和建议、推荐应急语言服务重点研究选题，并发挥好引领作用、智库作用、项目规划实施支撑作用。

（北京语言大学供稿）

29 日　为深入学习贯彻习近平新时代中国特色社会主义思想特别是习近平生态文明思想，中央宣传部、生态环境部组织编写《习近平生态文明思想学习纲要》一书，已由学习出版社、人民出版社联合出版，即日起在全国发行。全书共 10 章 31 目 87 条，5.1 万字，系统阐释了习近平生态文明思想的核心要义、精神实质、丰富内涵、实践要求，全面反映习近平新时代中国特色社会主义思想在生态文明建设领域的原创性贡献。

（摘自《人民日报》2022年7月31日第1版）

30日 “强师工程”县域教育发展论坛暨“百千万计划”启动会在京举行。“百千万计划”是北京师范大学“强师工程”的有机组成部分，这一计划面向中西部欠发达地区，以“县域”为出发点和落脚点，围绕县域教师和学校发展设定了“百县”“千校”“万师”三个维度实施目标，由点到面、分步实施，是学校着眼县域教育、推行乡村教师职后培养的一个新起点。

（北京师范大学供稿）

是日 北京基层治理研究中心揭牌仪式暨“创新基层治理共创美好生活”论坛（2022）在北京市委党校举办。该中心由北京市委社会工委市民政局、北京市委党校、清华大学社会学系联合成立，职责是整合学科资源、汇聚研究力量，突出跨学科、交叉学科的性质，聚焦北京基层治理面临的重大理论和现实问题，促进北京基层治理的教学、科研和决策咨询工作发展。

（北京市委党校供稿）

是月 北京交通大学与交通运输部科学研究院联合建设的“可持续交通创新中心”获批国家高端智库建设培育单位。这是北京交通大学首个直接服务中央决策的国家高端智库。

（北京交通大学供稿）

8月

2日 第九届新结构经济学国际研讨会在线上举行。本次研讨会由北京大学新结构经济学研究院举办，来自哈佛大学、斯坦福大学、杜克大学、国立首尔大学、北京大学等海内外高校、研究机构的近百位学者通过线上会议就“资源分配、生产力和市场效率”“区域、产业和宏观经济学”“增长与政治经济学”3个专题进行交流讨论。

（北京大学供稿）

13日 对外文化交流（文化贸易）研究基地授牌仪式在北京第二外国语学院举行。该基地由中央宣传部批准设立，基地主任由北京第二外国语学院党委书记顾晓园担任，副校长李小牧担任基地首席专家，国家文化发展国际战略研究院承担基地秘书处工作，国家文化发展国际战略研究院常务副院长李嘉珊教授担任基地秘书长。

（北京第二外国语学院供稿）

20日 习近平总书记关于“三农”工作重要论述研究中心揭牌。该研究中心由习近平新时代中国特色社会主义思想研究院、中国乡村振兴研究院、农业与农村发展学院共同组建，是全国第一家习近平总书记关于“三农”工作重要论述研究中心，旨在加强对习近平总书记关于“三农”工作重要论述的理论体系、丰富内涵、实践要求、科学方法的全面系统研究，促进完整、准确、全面贯彻落实习近平总书记关于“三农”工作的重要论述，推动以科学理论为指引奋力开创全面推进乡村振兴新局面。

（中国人民大学供稿）

23日 中国社会科学院俄罗斯东欧中亚研究所与社会科学文献出版社联合发布《俄罗斯黄皮书：俄罗斯发展报告（2022）》。

（中国社会科学院供稿）

26日 由国际儒学联合会和北京外国语大学联合主办，外研社承办的“《国际儒学》（英文版）首期发布暨学术研讨会”在北京外国语大学举行。

（北京外国语大学供稿）

27—28日 由北京大学历史学系、中国古代史研究中心共同主办的中国古代史研究中心成立四十周年纪念会在京举行。

（北京大学供稿）

是月 高等学校“理解当代中国”系列教材共39册正式出版，涵盖英语、俄语、德语、法语、西班牙语、阿拉伯语、日语、意大利语、葡萄牙语等9个外语语种及国际中文，于2022年秋季学期面向全国普通本科高校外国语言文学类专业本科生、研究生和语言类留学生推广使用。外国语言文学类专业系列教材本科阶段包括《外语读写教程》《外语演讲教程》《汉外翻译教程》；研究生阶段为《高级汉外翻译教程》，其中英语系列包括《高级汉英笔译教程》和《高级汉英口译教程》。国际中文系列教材包括《高级中文读写教程》和《高级中文听说教程》。

（北京外国语大学供稿）

9月

2日 北京师范大学和故宫博物院战略合作协议签字仪式暨“中华优秀传统文化赋能教育发展——同上一堂课”活动在故宫举行。

（北京师范大学供稿）

3日　由北京师范大学“一带一路”学院主办的第四届京师“一带一路”论坛暨《高质量共建“一带一路”丛书》发布会在京举行。论坛主题为“高质量共建‘一带一路’促进发展中国家共同发展”。

（北京师范大学供稿）

是日　中国国际服务贸易交易会期间，北京联合大学商务学院和中国卫星应用产业协会教育分会共建的“数字经贸国际教育卫星应用联合实验室”亮相“瑞士主题日——数字贸易促进中欧国际经贸高质量发展论坛”。该实验室依托工信部中国卫星应用解决方案联合实验室，是卫星互联网在教育领域的首个落地项目。

（北京联合大学供稿）

是日　由北京联合大学商务学院北京数字货币研究中心、中国人民大学国际货币研究所主办，北京非凡创新信息科技有限公司承办，数字人民币产业联盟协办的“2022数字货币技术与应用论坛”在京举办。论坛举行了北京联合大学、中国银行股份有限公司北京市分行和北京亚大数字科技有限公司三方的“数字人民币场景应用战略合作”的签约仪式。发布北京数字货币研究中心最新的研究成果——《北京数字人民币未来发展白皮书》。

（北京联合大学供稿）

6日　教育部哲学社会科学研究重大委托项目“中国共产党百年教育史研究”重要研究成果——《中国共产党领导下的百年教育》新书出版座谈会在北京师范大学举行。

（北京师范大学供稿）

8日　庆祝第38个教师节暨北京师范大学建校120周年大会举行。教育部党组书记、部长怀进鹏现场宣读中共中央总书记、国家主席、中央军委主席习近平给北师大“优师计划”师范生的重要回信并致辞。大会举行第三届“四有”好老师终身成就奖颁奖仪式及“启航计划”毕业生授旗仪式。

（北京师范大学供稿）

是日　北京市文物局重点科研基地（北京信息科技大学）工作站在首都博物馆揭牌。

（北京信息科技大学供稿）

16日　北京印刷学院出版学院挂牌仪式举行。中国出版协会副理事长李朋义受聘出任出版学院院长。

（北京印刷学院供稿）

17日　中国文艺评论（首都师范大学）基地揭牌仪式暨“新时代文艺评论的趋势与建设”研讨会在首都师范大学举行。

（首都师范大学供稿）

是日　北京教育学院举行习近平新时代中国特色社会主义思想“三进”研究中心启动仪式。作为北京基础教育领域首家研究中心，“三进”研究中心设在北京教育学院思想政治教育与德育学院，发展定位为综合研究平台，服务北京市基础教育思政教育与课程思政改革创新，力求在教育教学、学科建设、课题研究、决策咨询、培养科研骨干与新秀等方面发挥重要作用，推动落实国家教材委印发的《习近平新时代中国特色社会主义思想进课程教材指南》，推进全市《习近平新时代中国特色社会主义思想学生读本》教育教学。

（北京教育学院供稿）

19日　由国际儒学联合会和人民出版社共同策划的“典亮世界丛书”新书发布会在北京孔庙和国子监博物馆举行。“典亮世界丛书”共15册，丛书在中华典籍中精选典文，并对其进行节选、注释、译文和解析。

（清华大学供稿）

20日　由北京师范大学中国教育与社会发展研究院及经济与资源管理研究院、人民出版社、江西人民出版社主办，北师大中国扶贫研究院和中国乡村振兴与发展研究中心承办的《中国教育扶贫典型案例100》和《全面推进乡村振兴——理论与实践》新书发布会暨专家座谈会在京举行。

（北京师范大学供稿）

23日　由北京第二外国语学院承担的APEC项目“APEC区域疫后旅游复苏：现状、趋势与挑战”以线上线下结合的方式举办成果发布会。会上发布项目核心成果“APEC疫后跨境旅游复苏指数”。该项目为APEC秘书处于2021年6月批准的中国首批旅游领域APEC研究项目，实现了该领域中国零的突破。

（北京第二外国语学院供稿）

25日　北京大学现代中国人文研究所成立大会举行。北京大学博雅讲席教授、中央文史研究馆馆员、著名学者陈平原担任研究所所长，北京大学中文系长聘副教授王风担任副所长。

（北京大学供稿）

28日　经北京市委宣传部批准，中国农业大学设立北京市习近平新时代中国特色主义思想研究中心研究基地。

（北京市社科联、北京市社科规划办供稿）

是日　中国文艺评论（中国人民大学）基地揭牌仪式暨“新时代文艺评论的问题意识”学术论坛举行。中国文艺评论（中国人民大学）基地作为第二批获批建立的中国文艺评论基地，致力于推动文艺批评工作的开展，使之更为有系统性、针对性，团结不同风格的批评家汇聚于此，并且培育一批有热情和创造精神的青年。

（中国人民大学供稿）

是月　国家市场监督管理总局与北京大学联合设立“数字经济监管研究基地”。基地依托校内虚体研究机构“北京大学电子商务法研究中心”具体承建，法学院教授薛军担任基地负责人。

（北京大学供稿）

是月　北京大学法学院教授陈兴良领衔编写的500万字大型工具书《注释刑法全书》由北京大学出版社出版。《注释刑法全书》是在中国现有的刑法立法和司法成果的基础上编撰而成，在一定程度上反映了中国在刑事法治建设中所取得的重大进步，并为刑法的司法适用和学术研究提供便利，是一部迄今为止文献最为齐全的中国刑法实用工具书。

（北京大学供稿）

是月　“一带一路”国家文化教育大系《印度文化教育研究》《伊朗文化教育研究》《古巴文化教育研究》《肯尼亚文化教育研究》相继出版，累计20卷。已出版的内容涵盖阿尔巴尼亚、阿联酋、埃塞俄比亚、安哥拉、北马其顿、刚果（布）、古巴、肯尼亚、蒙古国、摩洛哥、莫桑比克、尼泊尔、塞内加尔、塔吉克斯坦、坦桑尼亚、乌克兰、新加坡、伊朗、印度、约旦等20个“一带一路”国家的国情概览、文化传统、教育历史、学前教育、基础教育、高等教育、职业教育、成人教育、教师教育、教育政策、教育行政以及与我国的教育交流。大系是国家社会科学基金（教育学）重大项目“新时代提升中国参与全球教育治理的能力及策略研究”的阶段性研究成果。

（北京外国语大学供稿）

是月　《中国语言文化典藏》（第二辑，30册）由商务印书馆出版。全书主编曹志耘、王莉宁、李锦芳，共30册（其中汉语方言18册，民族语言12册），是教育部、国家语委重大语言文化工程“中国语言资源保护工程”的标志性成果，获得国家出版基金项目资助，列入“十四五”国家重点图书出版规划项目。丛书在统一规划、实地调查的基础上，开展传统语言文化调查记录和保存保护，每册包括600多个语言文化条目，收录语言文化图片及其名称、读音、解说，图文并茂。

（北京语言大学供稿）

10月

3日　“遥远的记忆——古代于阗文书展”在中国人民大学博物馆亮相。2019年，中国人民大学博物馆与信息资源管理学院、历史学院、国学院等联合开展唐代西域文书的保护修复和研究利用工作。截至2022年，600余件于阗文书基本修复完毕，相关研究工作持续推进并已形成论文20余篇，专著2本。中国人民大学博物馆成为全世界收藏于阗文书最多的博物馆之一。

（中国人民大学供稿）

18日　中国政法大学金融科技法治研究院成立。学院主要任务是探索金融科技监管法治路径，研究制定相应的法律法规，完善金融科技法律体系和监管规定，促进金融科技创新活动有序开展，对金融科技法治的新型业态的理论进行研究。

（中国政法大学供稿）

23日　“中国区域国别学共同体”成立大会在北京外国语大学举行。区域国别学是国家新设立的交叉学科门类一级学科，共同体的主要任务是构建中国特色区域国别学学科体系、知识体系、话语体系，探索区域国别研究和全球治理人才培养模式，提升服务国家、服务社会、服务人类命运共同体构建的能力。

（北京外国语大学供稿）

28日　中国文艺评论（北京师范大学）基地揭牌仪式暨“文化自信自强与中华美学精神”学术论坛在京举行。

（北京师范大学供稿）

是日　“首都师范大学小学教师专业发展研究中心”成立仪式在首都师范大学举办。中心旨在推动北京市乃至全国小学教师专业发展的理论研究与实践探索，努力打造国内、国际小学教师教育交流与合作平台。

（首都师范大学供稿）

29日　清华大学人文学院成立十周年庆祝大会举行。

（清华大学供稿）

是日　首都师范大学艺术学部成立大会暨“面向新时代的中国艺术学科建设”高端论坛在京举行。艺术学部致力于统筹美术学院、音乐学院、中国书法文化研究院、艺术和美育研究院等力量，在重大项目攻关、重大成果培育、高层次人才队伍建设等领域集中发力，推进高质量艺术研究与创作成果的产出，提升艺术学科群的综合实力。

（首都师范大学供稿）

30 日　中央财经大学召开《新时代中国财税体制改革与展望》新书发布会暨深化财税体制改革研讨会。

（中央财经大学供稿）

31 日　由社会科学文献出版社主办的深入学习贯彻党的二十大精神暨“人类文明新形态研究丛书”出版座谈会在京举行。

（中国社会科学院供稿）

是月　“首都当代中国马克思主义研究巡礼文库”丛书由北京联合出版公司出版。丛书共 15 册，分别是《党的领导是党和国家的根本所在命脉所在》《以中国式现代化推进中华民族伟大复兴》《坚持以人民为中心的发展思想》《坚持和完善社会主义基本经济制度》《加快构建新发展格局》《加快建设世界科技强国》《发展社会主义民主政治》《推动中华文化繁荣兴盛》《中国特色反贫困理论与实践》《新时代教育事业发展与创新》《办好思想政治理论课》《坚定走生态文明之路》《推进中国特色大国外交》《永葆马克思主义政党本色》《掌握马克思主义思想方法和工作方法》。

（北京市社科联、北京市社科规划办供稿）

是月　《中国特色社会主义研究》杂志作为期刊代表入选由中央宣传部、国家发展和改革委员会、中央军委政治工作部和北京市委市政府共同主办的“奋进新时代”主题成就展，在中央综合展区第五单元“坚定文化自信 建设社会主义文化强国”展厅，受到中央有关部门高度肯定和褒奖。

（北京市社科联、北京市社科规划办供稿）

是月　教育部组织北京外国语大学翻译的《习近平总书记教育重要论述讲义》英文版，由外语教学与研究出版社、高等教育出版社出版发行。

（北京外国语大学供稿）

11 月

4 日　由北京大学中国语言文学系、北京大学中国语言学研究中心《语言学论丛》编辑部主办的《语言学论丛》期刊创刊号发布会在北京大学举行。《语言学论丛》创刊于 1957 年，是北大中文系编辑的不定期同人论集；2002 年第 26 辑起，改由北京大学中国语言学研究中心承办，每年 2 辑，实行双向匿名审稿制；2021 年，国家新闻出版署批准北京大学创办《语言学论丛》期刊。

（北京大学供稿）

是日　北京第二外国语学院中国红色旅游研究院成立。研究院旨在培养红色旅游专业人才，做好红色旅游行业发展智力支撑，有效整合科研资源、推进产学研深度融合、促进红色旅游高质量发展。

（北京第二外国语学院供稿）

6 日　中国社会科学院大学国际能源安全研究中心与社会科学文献出版社联合发布了《世界能源蓝皮书：世界能源发展报告（2022）》。该报告阐述了全球能源局势与中国能源发展概况，梳理并分析了 2021 年世界石油、天然气、煤炭、电力、核能和可再生能源等各个能源行业的发展情况、市场走向以及未来趋势，聚焦中国和世界能源行业的热点话题。

（中国社会科学院大学供稿）

8 日　“中国新闻传播大讲堂”（2022 年）启动仪式在中国传媒大学举办，主题为“新时代，新征程：记者的使命与担当”。

（中国传媒大学供稿）

12 日　北京大学哲学系创立 110 周年庆祝大会在北京大学举行。

（北京大学供稿）

是日　北京外国语大学法语学院教育部备案法国研究中心、区域与全球治理高等研究院、中国欧洲学会法国研究分会和社会科学文献出版社联合发布法国蓝皮书——《法国发展报告（2022）》，并举行新时期法德关系与欧洲一体化学术研讨会。

（北京外国语大学供稿）

17 日　北京印刷学院出版学院学术指导、经济管理学院新媒体运营、设计艺术学院版式设计的《数字出版研究》创刊号首发式在线上线下举行。《数字出版研究》是精准面向数字出版领域的学术期刊，由中国机械工业联合会主管、北京卓众出版有限公司主办，刊载数字出版领域的政策研究、创新理论、先进技术和实践成果相关内容，于 2022 年 10 月正式创刊。该刊以北京印刷学院出版学院为学术指导单位，陈丹任主编。

（北京印刷学院供稿）

21日　中国政法大学数字检察研究基地成立。基地主要任务是以创新和完善数字检察理论为出发点，建设国内外数字检察研究的知名机构、检察人员数据监督工作能力提升的重要平台、检察官和学校教师相互交流挂职、数字检察工作进展及其效果评估和数字检察理论的学术权威机构。

（中国政法大学供稿）

22日　中国社会科学院经济研究所、中国社会科学院上市公司研究中心与社会科学文献出版社联合发布《中国上市公司蓝皮书：中国上市公司发展报告（2022）》。蓝皮书指出：中国数字化转型前景将决定数字投资组合未来的市场表现；应从四个方面促进中国数字经济高质量发展；绿色债券市场发展空间大，发行结构还需进一步优化。

（中国社会科学院供稿）

23日　“中国式现代化与文明新形态研究院”揭牌仪式暨文明史与现代化研究高端论坛举办，中国人民大学“文明史研究工程”正式启动。“文明史研究工程”以系统性的文明史研究学理化阐释党的创新理论；以标志性成果为中国国际话语权提供成果支持；以系统性工程为文史哲学科建设提供资源支持，打造人文社会科学创新高地。

（中国人民大学供稿）

是月　北京大学历史学系教授、人文社会科学研究院院长邓小南的学术专著《祖宗之法：北宋前期政治述略》英译本由荷兰莱顿博睿（Brill）出版社出版，收入 Brill's Humanities in China Library 丛书。该书论述“祖宗之法”在宋朝的发展与变化，考察两宋君臣在不同情势下选择、解释、运用祖宗言行的过程，揭示了宋朝政治文化发展的关键线索。

（北京大学供稿）

是月　《中国艺术学》辑刊第一辑由山东教育出版社出版。该辑刊由清华大学美术学院中国艺术学理论研究所编辑，主编陈池瑜，拟每年出版两辑，以中国书法、绘画、工艺美术和设计艺术等视觉艺术和中国音乐、舞蹈、戏曲、戏剧等表演艺术，以及诗词、文赋及电影电视等艺术创作为研究对象，并以中国书论、画论、乐论、诗论、文论、曲论等为研究内容，重视中国现当代艺术理论、艺术史学、艺术批评研究成果，关注和借鉴西方现当代艺术理论与批评新的观念与方法，并在艺术史、艺术理论研究领域开展国际交流。

（清华大学供稿）

是月　中国传媒大学推出的外译论文集 *Media Study Frontiers in China*（《中国媒介研究前沿》）由国际学术出版机构 AuthorHouse 出版。论文集从不同方面呈现了当前中国传媒研究的新观点、新进展、新趋势，勾勒和描摹了中国社会正在加速信息化的图景，显示了传媒在当代中国社会演进中的重要影响。

（中国传媒大学供稿）

12月

2日　第八届学习词典与二语教学国际研讨会在外研社召开。本届研讨会由中国辞书学会双语辞书专业委员会与北京外国语大学联合主办，主题为“融媒体时代的词典编纂与使用研究”。大会发布了“汉外多语言词典数据库”，该数据库建成伊始，全部10个语种内容获海外认可。基于该数据库打造的《汉英词典》《汉阿词典》《汉泰词典》《汉葡词典》《汉越词典》五种词典入选“十四五”国家重点出版物出版规划。

（北京外国语大学供稿）

9日　由北京市哲学社会科学 CBD 发展研究基地、首经贸科研处和社会科学文献出版社共同主办的2022CBD发展论坛暨《中央商务区产业发展报告（2022）》蓝皮书发布会在线上举行。

（首都经济贸易大学供稿）

13日　由中国社会科学院数量经济与技术经济研究所、社会科学文献出版社共同主办的2023年《经济蓝皮书》发布暨中国经济形势报告会在线举行。会议发布的《经济蓝皮书：2023年中国经济形势分析与预测》是中国社会科学院创新工程的重要研究成果。

（中国社会科学院供稿）

17日　由中国政法大学法学院法律史研究所主办的《曾炳钧文集》出版暨法律史课程教学学术研讨会以线上形式召开。

（中国政法大学供稿）

18日　由对外经济贸易大学国际经济研究院主办的《中国外商投资发展报告（2022）》发布会暨“不确定冲击下的外商直接投资”研讨会召开。《中国外商投资发展报告（2022）》总共分为12个章节，从外商投资的总体发展状况、制造业外商直接投资趋势、服务业外商直接投资趋势、特殊经济区的外商直接投资、高水平开放与外商直接投资、高水平开放下的外商直接投资规则与政策变迁、外商直接投资在国内经济循环中的功能、新冠疫情冲击下的外商直接投资、反腐败与外商直接投资、"逆全球化"与外商直接投资、宏观经济政策调整下的外商直接投资和经济下行压力下的外商直接投资的多个研究角度对外商投资做出研究与分析。

（对外经济贸易大学供稿）

21 日　由中国社会科学院生态文明研究所、中国气象局国家气候中心、社会科学文献出版社联合主办的 2022 年气候变化绿皮书发布会暨落实"双碳"目标高峰论坛在线召开。气候变化绿皮书由中国社会科学院和中国气象局联合国内气候变化领域的专家学者共同编撰。本年度绿皮书聚焦落实"双碳"目标的政策和实践，深入分析国际气候进程面临的新形势、新问题，全面展现我国落实"双碳"目标的政策行动和付出的艰苦努力。

（中国社会科学院供稿）

是日　由北京外国语大学与社会科学文献出版社主办，北京外国语大学英语学院澳大利亚研究中心承办，中国亚太学会澳大利亚分会、北外区域与全球治理高等研究院协办的庆祝中澳建交五十周年——《澳大利亚发展报告（2022）》发布会在线上举行。本书由北外英语学院澳大利亚研究中心组织编写。

（北京外国语大学供稿）

23 日　由中国社会科学院工业经济研究所举办、中国社会科学院能源经济研究中心承办的"能源蓝皮书（2022）：中国能源发展前沿报告"线上研讨会召开。蓝皮书主要研究内容包括煤炭、油气、电力、核电、可再生能源等能源行业研究，以及能源市场、能源安全、能源管理体制、新型电力系统、能源金融、能源国际合作、能源区域协调、农村能源等专题问题分析。

（中国社会科学院供稿）

24 日　由首都师范大学、教育部学校规划建设发展中心和教育部小学教育专业虚拟教研室等联合主办的"第三届首都未来教育论坛暨《未来教育学刊》集刊创刊号发布会"在线举办。《未来教育学刊》由首都师范大学主管、儿童与未来教育创新研究院主办，是国内第一本以未来教育为主题的集刊，以构建未来教育话语体系，促进未来教育创新发展等为办刊目标。

（首都师范大学供稿）

27 日　中国科学院科技战略咨询研究院、中国科学院文献情报中心与科睿唯安联合发布《2022 研究前沿》报告和《2022 研究前沿热度指数》报告。报告评估了中国、美国、德国和日本等国家在 11 大学科领域的 110 个热点前沿和 55 个新兴前沿的研究活跃程度。《2022 研究前沿》反映出当前科学研究的趋势特点：人工智能赋能各学科领域并开拓科学研究新范式；地球科学重大突破仍是一段时期内保障"能源安全"的主要科技支撑；"粮食安全"和"健康问题"的解决需要"基因组技术基础研究"方面的开放大科学计划；深空探索和微观调控不断拓展物质科学知识体系的边界；挑战人类认知极限的复杂前沿问题日益打破自然科学、工程科学和社会科学研究的界限。从 11 大学科领域整体层面的研究前沿热度指数来看，中国稳居第二；从科学领域具体热度指数得分来看，中国在农业科学、植物学和动物学领域，生态与环境科学领域，化学与材料科学领域，物理学领域均排名第一。

（摘自《人民日报》2022 年 12 月 29 日第 10 版）

30 日　由中国社会科学院世界经济与政治研究所、社会科学文献出版社共同主办的 2023 年《世界经济黄皮书》《国际形势黄皮书》发布会召开。会议研讨的主要议题有"国际金融形势回顾与展望""国际贸易形式回顾与展望""大国关系有喜有忧""全球能源政治"等。

（中国社会科学院供稿）

是日　由北京市归国华侨联合会与北京师范大学新闻传播学院、国际中文教育学院主办的 2022 国际中文教育海外网络传播力论坛在京落幕，与会者围绕"加强国际传播能力建设，国际中文教育海外网络传播探索与实践"主题研讨，《国际中文教育海外传播力报告（2022）》同期发布。

（北京师范大学供稿）

是月　中国人民大学成立中共党史党建学院、纪检监察学院。中国人民大学中共党史党建学院为全国首家中共党史党建学院，其为学校下属学院，主要负责中共党史党建学学科相关的本硕博人才培养、学科规划与建设、师资队伍建设、科学研究、社会服务、国际合作与交流等。纪检监察学院是学校下属学院，主要承担纪检监察学学科相关的本硕博人才培养、学科规划与建设、师资队伍建设、科学研究、社会服务、国际交流与合作等工作任务。

（中国人民大学供稿）

是月　中国人民大学成立祖国完全统一研究中心。该中心旨在建构完整的“祖国完全统一”概念范畴体系、制度规范体系和实践对策体系，切实研究透、回答好在实现祖国完全统一事业进程中的重大理论问题、现实问题，以问题推动研究，以研究涵养思想，用思想破解问题，形成国家统一理论的人大气派和人大智慧。

（中国人民大学供稿）

是月　北京航空航天大学“数据智能与智慧管理”工信部重点实验室获批成立。该实验室横跨北京航空航天大学管理科学与工程、计算机科学、数学和系统工程 4 个一级学科，科研团队共 50 余人。实验室服务数字经济与智能社会国家需求，包括 3 个主要研究方向：基于网络空间大数据的安全计算；基于物联空间大数据的城市计算；数据智能基础理论与核心方法研究。

（北京航空航天大学供稿）

是月　北京市科学技术研究院科技情报研究所张京成研究员主持编撰的首都高端智库研究报告“创意城市蓝皮书”之《中国创意产业发展报告（2022）》与《北京文化创意产业发展报告（2022）》相继出版。“创意城市蓝皮书”系列著作，是以创意城市为观察对象，深入研究中国及北京等创意城市文化创意产业的发展成就与趋势。

（北京市科学技术研究院供稿）

是年　北京市习近平新时代中国特色社会主义思想研究中心在《人民日报》《求是》《光明日报》《经济日报》发表署名文章 372 篇。

（北京市社科联、北京市社科规划办供稿）

是年　《中国特色社会主义研究》再次被评为《中国人文社会科学期刊 AMI 综合评价报告（2022 年）》“马克思主义理论”类权威期刊。这是继《中国人文社会科学期刊评价报告（2018 年）》后，该刊第二次被评为权威期刊。

（北京市社科联、北京市社科规划办供稿）

是年　北京大学土耳其研究中心获教育部国别和区域研究中心备案。该中心挂靠北京大学历史学系，联合外国语学院、国际关系学院等单位相关科研力量，旨在促进跨院系、跨学科的交叉合作，对土耳其相关历史、文化、政治、经贸、区域安全及国际关系等问题进行深入的综合性研究，尤其关注土耳其涉我国相关因素的研究。

（北京大学供稿）

是年　北京大学社会学系重建 40 周年，燕京大学社会学系建系 100 周年。

（北京大学供稿）

是年　中国科学院大学人文学院考古学与人类学系与陕西省考古研究院合作，在梁带村芮国遗址博物馆的支持下，对梁带村遗址出土春秋早期微型铜容器内的白色残留物进行了综合分析，证实其为世界上最早的人造铅白。研究成果“Beauty and chemistry: the independent origins of synthetic lead white in east and west Eurasia”，发表在 *Nature* 旗下的人文社科期刊 *Humanities & Social Sciences Communications*。

（中国科学院大学供稿）